甲骨文字詁林

第一册

主編 于省吾

按語編撰 姚孝遂

中華書局

圖書在版編目(CIP)數據

甲骨文字詁林/于省吾主編. —北京:中華書局,1996. 5
(2023. 11 重印)

ISBN 978-7-101-01430-3

Ⅰ. 甲…　Ⅱ. 于…　Ⅲ. 甲骨文-研究　Ⅳ. K877. 14

中國版本圖書館 CIP 數據核字(1999)第 76710 號

責任印製: 管　斌

甲骨文字詁林

(全四册)

于省吾 主编

姚孝遂 按語編撰

*

中 華 書 局 出 版 發 行

(北京市豐臺區太平橋西里 38 號　100073)

http://www.zhbc.com.cn

E-mail:zhbc@zhbc.com.cn

北京虎彩文化傳播有限公司印刷

*

880×1230 毫米 1/16 · 231½印張

1996 年 5 月第 1 版　2023 年 11 月第 8 次印刷

印數:4601-4900 册　定價:1980.00 元

ISBN 978-7-101-01430-3

甲骨文字詁林目錄

序

甲骨文字詁林經過一十八年的努力，終於全部完稿。當此之際，不禁思緒萬千。早在一九七三年，思泊師與肖丁同志即籌劃醞釀甲骨文考釋類編的編寫工作。一九七四年，有關資料的蒐集整理工作即已着手進行。一九七五年，我剛剛結束大安漢書遺址發掘不久，即匆匆趕往北京，參加由思泊師主持召集的甲骨文考釋類編編寫工作會議。當時參加會議的還有肖丁、王貴民、王宇信、謝濟諸同志。會議上確定了編寫體例及分工。思泊師囑我擔任按語的撰寫工作。我雖然感到擔子的沉重，但仍欣然承諾。當時決定以李孝定的甲骨文字集釋為基礎，進一步加以訂正和增補。增補的原則是：嚴格要求，凡是缺乏參考價值的說解一概不錄。由肖丁同志負責規劃、組織和協調工作，由肖丁、王貴民、王宇信、謝濟同志負責資料的增補及修訂工作。

由於我當時已應湖北省博物館之邀，參加江陵鳳凰山漢墓的發掘工作，一九七五年夏即帶領吉林大學考古專業學生前往荊州。發掘工作結束後，又承擔了鳳凰山漢墓簡牘的整理工作。直至一九七六年九月，始趕赴北京着手按語的撰寫工作。我在中華書局寓居達三年半之久，全力以赴趕寫按語。在此期間，陳雍同志幫助我做了大量的工作，直至一九八○年初，當按語撰寫接近完稿的時候，突然接到學校的通知，由於教學工作的需要，令我立即返校，甲骨文考釋類編（現改名為甲骨文字詁林）按語的撰寫工作功虧一簣，完全停頓下來。而這一停頓，前後共歷時達八年之久。

返校後，立即投入緊張而繁忙的教學工作，同時承擔了本科、研究生及高教部委托開辦的古文字研討班的古文字、古文獻的授課任務。一直持續到一九八五年初。在此期間，都忙於教學和行政工作，基本沒有時間從事任何科研工作。

不幸的是，一九八四年七月，思泊師遽然病逝。當時我正帶領第二期古文字研討班學員外出實習，竟未能趕上與思泊師見上最後一面。我在思泊師靈前發誓，一定要完成思泊師未竟之業，無論有多大的困難，一定要將甲骨文字詁林編寫完成，以慰思泊師在天之靈。

長時期以來，我在精神上承受着巨大的壓力。經常處於強烈的緊迫感與危機感之中。一九七六年冬，我初到北京不久，即因患青光眼疾住院治療，結果手術失敗，右眼完全失明，年已就木，而一事無成，心實有所不甘。只希望能在有限的時間內爭取多做一點工作，以不至於虛度此生。甲骨文字詁林的中途而廢，給我在精神上以極大的打擊。但我並未因此而灰心喪氣。許慎與說文解字、小屯南地甲骨考釋就是在八一至八三年抓緊於授課之暇，經過無數不眠之夜。

撰寫完成的。然而我也不能不因此而受到更為沉重的打擊，一九八三年元旦，我是在醫院中度過的。我剩下的另一隻眼睛又因青光眼急性發作，不得不動手術。這次手術較為成功，使我得以保存一點點視力，不至於完全失明。這時我面臨着兩條道路的選擇，或者是遵從醫生的勸告，再也不能看書寫字，以保護殘存的微弱視力；或者是冒着完全失明的危險，繼續堅持已經擬定的科研計劃。我毅然地選擇了後者。我是這樣考慮的：人活着而不能有所作為，只顧苟且偷生，則無異於行尸走肉，人生將變得毫無意義。事實已經證明，我的選擇是正確的，由於大家的同心協力，我們終於究成了全面整理研究甲骨刻辭系列着作五部中的三部，即殷墟甲骨刻辭纂釋總集、殷墟甲骨刻辭類纂及甲骨文字詁林。目前已着手進行最後兩部著作殷墟甲骨刻辭大系和甲骨文選的撰寫工作。

殷墟甲骨刻辭摹釋總集是純屬於資料整理性質，殷墟甲骨刻辭類纂則是在此基礎上進一步加以分類，使之成為一部可供大家實用的工具書。甲骨文字詁林則是廣泛地搜集了自本世紀初以直至一九八九年底，甲骨文字被發現以來九十年間有關甲骨文字考釋的研究成果，並試圖加以總結，明辨其是非得失，提出我們的結論性意見，以供大家參考。任何學科的發展，都只能是在百家爭鳴的基礎上不斷加以總結，明辨其是非得失，始能不斷提高的。許慎著說文解字，他首先是博采通人，這在某種程度上具有一定的集釋意義。可能由於受到當時書寫條件的限制，他不可能大規模地保存當時已有的研究成果，而只能是以「斷以己意」為主，也就是提出總結性的意見。

甲骨文字的考釋經過半個多世紀的研究，李孝定先生於六十年代初撰成甲骨文字集釋，廣錄眾說，並提出了總結性的意見，為甲骨學的開拓與發展作出了重大的貢獻。現在又過去了三十年。在此期間，有關研究成果數倍於前，有必要再一次加以總結。我們的工作就是在李孝定先生集釋的基礎上繼續進行的。

根據思泊師生前擬定的原則，我們在采錄諸家之說時是有選擇的。對於那些缺乏依據，但憑揣測臆想·毫無參考價值者，一概摒而不錄，所謂「不塞不流，不止不行」。許慎早就說過「巧說邪解」，只能「使天下學者疑」。為了避免徒增困擾，我們認為加以刪削是必要的。在這裏需要鄭重聲明的是：由於我們的見聞有限，有一些卓越的見解我們疏漏失收也是難免的。進一步加以補苴，則有待於異日。我深深體會到原則的確定是一回事，而原則的貫徹則是另一回事，恰如其分地掌握原則，並不那麼容易。

本書所收錄的有關考釋，其中仍然有一部分是缺乏根據的臆測妄斷。有這麼一點點作為反面教材，倒也不算壞事。什麼是真科學，什麼是偽科學，大家可以一目了然。我們深信讀者有足夠的分辨能力。思泊師生前曾一再強調「道不同，不相為謀」，誰也不會與江湖上的測字先生從事無益的辯論。科學本身存在着認識上的是非差異，這可以通過討論得到認識上的統一。至於有一些奇談怪論，以類似測字先生的拆字方法來考釋古文字，則只能一笑置之，沒有必要與之爭一日之短長。

在撰寫按語的過程中，我深有感觸。我發現有相當數量考釋的錯誤是由於對原始資料的錯誤理解，甚至是由於根本未查對原始資料，而是以譌傳譌。這不是一種嚴肅認真對待科學的態度。我充分吸取了這個教訓。我在分析判斷過去的研究成果，並作出結論的時候，每一個字、每一片甲骨，我都反復仔細地核對原文，這是據以立論的基礎，在這個問題上決不能有絲毫的差錯。至於分析與判斷的準確程度與可靠程度，則屬於個人的認識水平問題，是難以強求的。

本書對《刻辭類纂》的釋讀有所是正。其較為重要的改釋及補釋是：

0324「魄」改為「鬼日」合文。0339改釋為「既」。0451補釋為「娀」。0456「妃」改釋為「娰」。0561「娘」改釋為「嬛」。0683原隸作「肢」誤，字乃从「斧」不从「耳」。0777改釋為「咰」。0908改釋為「肘」。1187改釋為「竊」。1238「炘」改釋為「斤山」合文。1403「木丁」改釋為「莫」。1683「虢」改釋為「虢」。1862補釋為「禺」。1864補釋為「湡」。2095補釋為「客」。2260「姛」改為「司母」合文。2301補釋為「違」。2354補釋為「巡」。2681補釋為「罙」。3053改釋為「單子」合文。2726「配」改釋為「饗」。3023改「旋」為「旋」。3037補釋為「中」。3090釋「疴」有誤，字不從「可」，當刪。3156釋「糾」為「絕」。3217「升」改釋為「斗」。3389改釋為「段伯」合文。3543補釋為「匠」，即「筐」。

與此同時，我們在文字形體的分合方面也進行了一些調整。在編寫《刻辭類纂》的時候，我們特別強調其「分」。其原因就在於：作為文字符號，不同的形體，最優先的考慮應該是它屬於不同的文字。我們贊同島邦男的處理辨法，首先將不同的文字形體分開來再說。因此，在這次調整中，能夠「分」的很少。其中比較重要的是，我們從「明」字不同形體中，將「卯」和「卯」兩種形體分離出來，改釋為「朝」。王玉哲先生早已釋為「朝」（參見1154「明」字條引錄）。在一九九一年於洛陽召開的夏商文化國際學術討論會上，我提交大會的論文題為《「明」字的啓示》，申述了我的觀點。有的同志曾提出質疑，認為「明」亦有「朝」義，不必改釋。考釋文字，必須首先確定其形體，然後才能在此基礎上考慮其餘。事實上，只要看一看甲骨文及金文「朝」字形體的演變過程，則「朝」為「卯」和「卯」這一形體的繁化，就可以一目了然，無庸置疑。

在文字形體「合」的方面，這一次調整的幅度較大。這些都是在辭例方面證據確鑿的。凡辭例稍有差異的，我們都主張「分」，而不強求「合」。這一次經過慎重考慮後，將下列這些文字形體加以合併：

0034 0641「老」、0051 0057 1328 1329「河」、0302 0303 0412「臽」、0387 2782「[illegible]」、0361 0407「[illegible]」、0461 0544「毓」、0479 0575「嫜」、0474 0553「[illegible]」、0691 0696「閑」、0736 3271「毛」、0833 0834「[illegible]」、0830 0831「步」、0907 0908「肘」、

叀」、2406 2401 2409「毌」、2445 2441「戚」、2422 2412「戠」、2491 2498 2499「薛」、2518 2524 2525「权」、2661 2663「盡」、2671 2675 2696「盟」、2646 2647 2670「益」、2721 2726 2727「饗」、2745 2751「膚」、2872 3069「葬」、2288 2890 3285「衛」、2941 2942 2943 2944「删」、2986 2998「帚」、2311 3045「虎」、3063 3082「牀」、3071 3090「㧗」、3054 3055「斳」、3154 3155「雜」、3191 3192 3197 3198 3199「索」、3203 3204「給」、3206 3207「牲」、3296 3297「芔」、3277 3541「盤」。

0871 0872「寏」、0850 0898「叅」、1243 1247「炏」、1001 1732「做」、1043 1415 1535 1536 1589 1590「遹」、1414 1465「相」、1698 2208 2217「盧」、1699 1700「虘」、1659 1667「皀」、1651 1708「兕」、1705 1706「戥」、1541 1542「閙」、1508 1509「來」、1670 1688「虢」、1694 1695「虐」、1873 1875「龜」、1884 1885「甾」、1890 1897「卣」、1948 1949 1951「衣」、2122 2123「闢」、2140 2141「丙」、2205 2206「窗」、2270 2272 2277 2280「磬」、0270 2328「逆」、1038 2343「伯」、2397 2398 2399「肇」、2401 2402

人們對於客觀事物的認識，只能是逐步地接近真理。任何科學的探索，永遠不會終結。我們深信，仍然還未被認識的許多甲骨文字，通過大家的共同努力，經過不斷地總結，終究能夠加以辨識。這是一個艱難的積累過程，不可能象某些人所幻想的那樣，「發明」某種破譯方法，輕而易舉地在一夜之間能夠將所有未認識的字全都「破譯」出來。事實已經充分證明，所有那些所謂的破譯方法及其所謂的破譯成果，只不過是一些低級的騙術。

在此我還要表示深深歉意的是，在撰寫按語的時候，除了思泊師稱為于先生以外，一律未加尊稱。這不過是仿效許慎在博采通人的時候，只對他的老師賈逵稱賈侍中而不名。所有古文字學界的專家學者，對我來說，非師即友。正是借助他們的辛勤研究成果，使我才有可能從事按語的撰寫，在此也深深表達我的敬意與謝意。

本書有關甲骨文考釋資料的蒐集整理，一九七八年以前由肖丁、王貴民、王宇信、謝濟同志負責，一九七八年至一九八九年的有關資料由何琳儀、吳振武、湯餘惠、劉釗同志負責。

本書的編寫工作，得到全國高等院校古籍整理研究工作委員會以及全國高等院校博士點重點科研項目基金的資助，同時，還得到中國社會科學院歷史研究所及中華書局的大力協助和支持，謹此致以衷心的感謝。

一九九二年仲夏姚孝遂識於長春

編輯人員

肖　丁　編審

王貴民　研究員

王宇信　研究員

謝　濟　研究員

何琳儀　副教授

吳振武　教授

湯余惠　教授

劉　釗　副教授

著錄簡稱表

序號	著錄	作者	簡稱
一	鐵雲藏龜	劉鶚	鐵
二	殷虛書契前編	羅振玉	前
三	殷虛書契菁華	羅振玉	菁
四	鐵雲藏龜之餘	羅振玉	餘
五	殷虛古器物圖錄	羅振玉	殷古
六	殷虛卜辭	明義士	明
七	戩壽堂所藏殷虛文字	姬佛陀	戩
八	龜甲獸骨文字	林泰輔	林
九	簠室殷契徵文	王襄	簠
一〇	鐵雲藏龜拾遺	葉玉森	拾
一一	新獲卜辭寫本	董作賓	寫
一二	福氏所藏甲骨文字	商承祚	福
一三	殷契卜辭	容庚	（契）卜
一四	卜辭通纂	郭沫若	卜通
一五	殷虛書契續編	羅振玉	續
一六	殷契佚存	商承祚	佚
一七	鄴中片羽	黃濬	鄴
一八	庫方二氏藏甲骨卜辭	方法斂	庫
一九	柏根氏舊藏甲骨卜辭	明義士	柏
二〇	甲骨文錄	孫海波	（河）文錄
二一	甲骨卜辭七集	方法斂	七
二二	天壤閣甲骨文存	唐蘭	天
二三	鐵雲藏龜零拾	李旦丘	零
二四	殷契遺珠	金祖同	（珠）遺
二五	金璋所藏甲骨卜辭	方法斂	金
二六	誠齋殷虛文字	孫海波	誠
二七	河南安陽遺寶	梅原末治	安

序號	書名	作者	簡稱
二八	雙劍誃古器物圖錄	于省吾	雙古
二九	殷契摭佚	李旦丘	摭
三〇	慶應義塾圖書館藏甲骨文字	保坂三郎	慶
三一	厦門大學所藏甲骨文字	胡厚宣	厦
三二	Bone Culture of Ancient China	W.C.White	坎
三三	甲骨六錄	胡厚宣	六
三四	龜卜	金祖同	龜
三五	小屯·殷虛文字甲編	董作賓	甲
三六	小屯·殷虛文字乙編	董作賓	乙
三七	殷契摭佚續編	李亞農	摭續
三八	甲骨綴合編付圖	曾毅公	綴付
三九	戰後寧滬新獲甲骨集	胡厚宣	寧
四〇	戰後南北所見甲骨錄	胡厚宣	南
四一	殷契拾掇	郭若愚	掇一
四二	殷契拾掇第二編	郭若愚	掇二
四三	戰後京津新獲甲骨集	胡厚宣	（京津）京
四四	甲骨續存	胡厚宣	存
四五	殷虛文字外編	董作賓	外
四六	日本所見甲骨錄	饒宗頤	饒
四七	巴黎所見甲骨錄	饒宗頤	巴
四八	殷虛卜辭綜述圖版	陳夢家	綜圖
四九	海外甲骨錄遺	饒宗頤	海
五〇	書道博物館藏甲骨文字	青木木菟哉	書
五一	日本散見甲骨文字蒐彙	松丸道雄	散
五二	京都大學人文科學研究所藏甲骨文字	貝塚茂樹	（京都）人
五三	甲骨文零拾	陳邦懷	陳
五四	甲骨叕存	曾毅公	叕
五五	甲骨綴合編	曾毅公	綴
五六	殷虛文字綴合	郭若愚等	合
五七	小屯·殷虛文字丙編	張秉權	丙

編號	書名	作者	簡稱
五八	小屯殷虛文字甲編考釋	屈萬里	甲釋
五九	甲骨文合集	郭沫若	合集
六〇	小屯南地甲骨	考古研究所	屯
六一	英國所藏甲骨集	艾蘭(英)	艾蘭
六二	懷特氏等所藏甲骨集	許進雄	懷
六三	殷墟甲骨刻辭摹釋總集	姚孝遂	摹釋總集
六四	殷墟甲骨刻辭類纂	姚孝遂	刻辭類纂
六五	甲骨文字釋林	于省吾	釋林
六六	甲骨文字集釋	李孝定	集釋

五期稱謂表

（據島邦男《殷墟卜辭綜類》五五六頁）

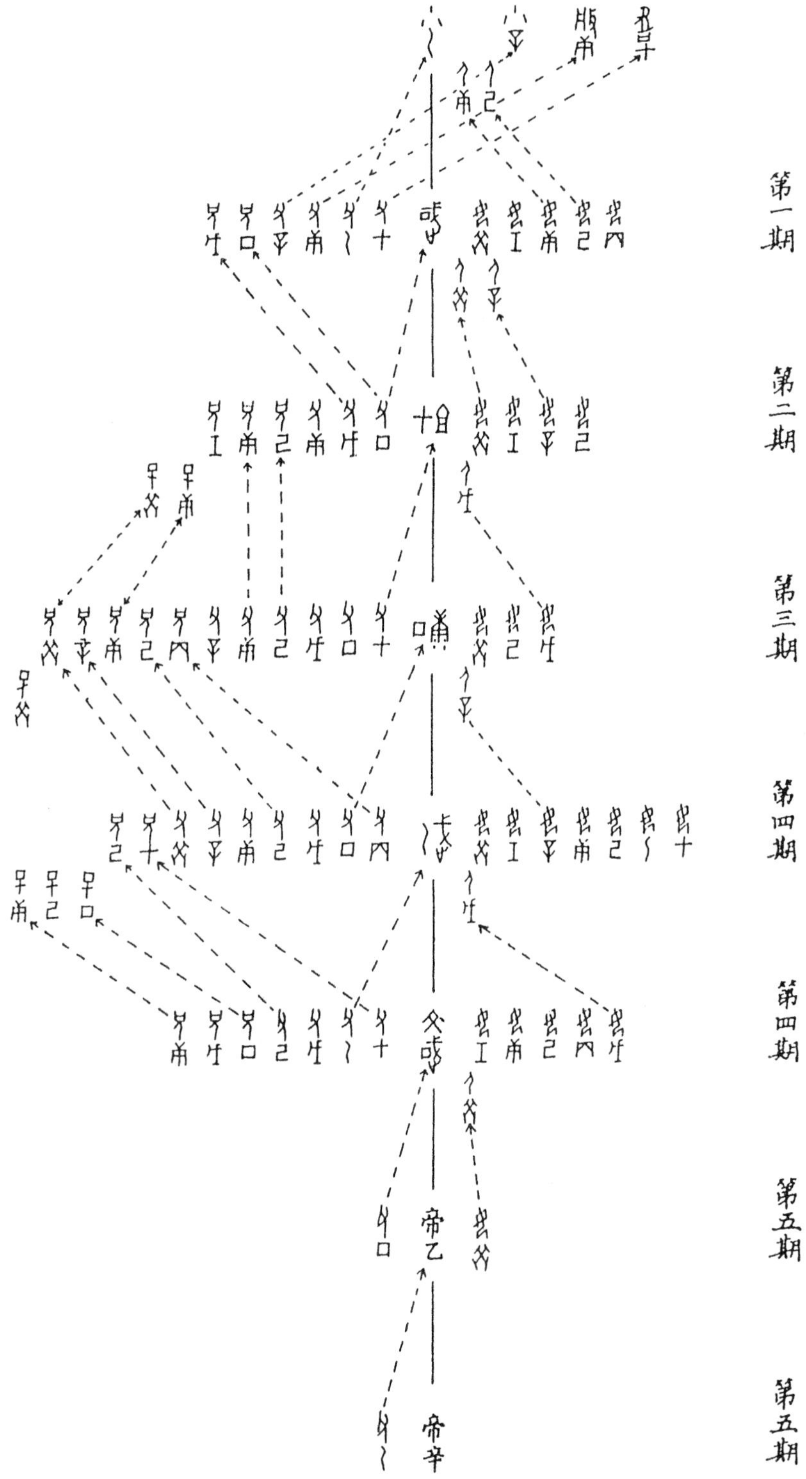

第一期

第二期

第三期

第四期

第四期

第五期

帝乙

第五期

帝辛

部首表

（右爲索引頁碼，左爲序列號）

字形總表

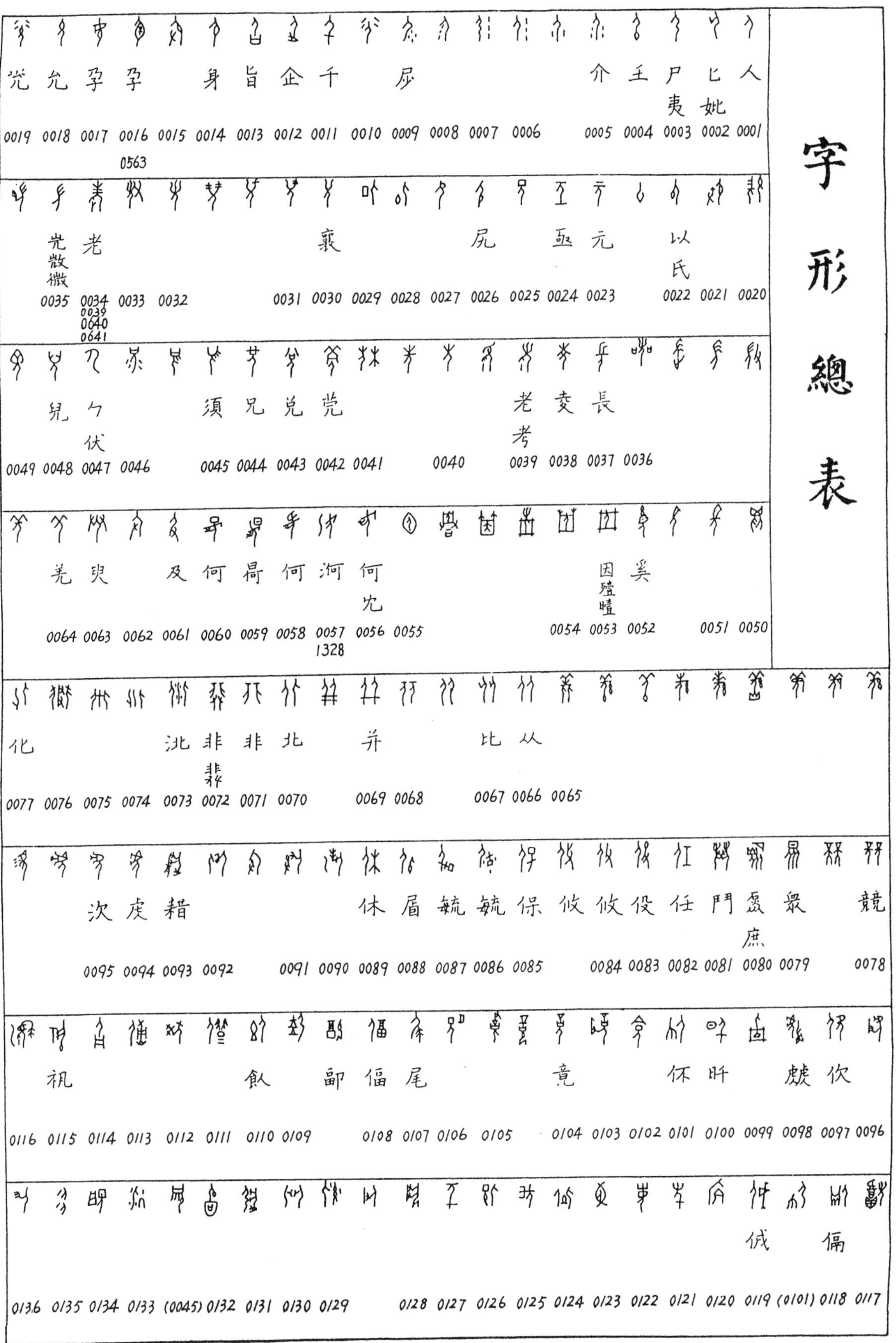

編號	釋字
0001	人
0002	匕 妣
0003	尸 夷
0004	壬
0005	介
0006	
0007	
0008	
0009	屖
0010	
0011	千
0012	企
0013	旨
0014	身
0015	
0016 0563	孕
0017	孕
0018	允
0019	光
0020	
0021	
0022	以 氏
0023	元
0024	亟
0025	
0026	尻
0027	
0028	
0029	
0030	衰
0031	
0032	
0033	
0034 0039 0640 0641	老
0035	光 散 微
0036	
0037	長
0038	叏
0039	老 考
0040	
0041	
0042	党
0043	兑
0044	兄
0045	須
0046	
0047	勹 伏
0048	兒
0049	
0050	
0051	
0052	奚
0053	因 殪 曀
0054	
0055	
0056	何 冘
0057 1328	河
0058	何
0059	咼
0060	何
0061	及
0062	
0063	臾
0064	羌
0065	
0066	从
0067	比
0068	
0069	并
0070	北
0071	非
0072	非 兆
0073	洮
0074	
0075	
0076	
0077	化
0078	競
0079	衆
0080	[illegible] 庶
0081	門
0082	任
0083	役
0084	攸
0085	保
0086	毓
0087	毓
0088	眉
0089	休
0090	
0091	
0092	
0093	耤
0094	虎
0095	次
0096	
0097	佽
0098	虩
0099	
0100	盱
0101	伓
0102	
0103	
0104	竟
0105	
0106	
0107	尾
0108	偪
0109	副
0110	飲
0111	
0112	
0113	
0114	
0115	祝
0116	
0117	
0118	偏
(0101)	
0119	伐
0120	
0121	
0122	
0123	
0124	
0125	
0126	
0127	
0128	
0129	
0130	
0131	
0132	
(0045)	
0133	
0134	
0135	
0136	

编号	释文
0137	[illegible]
0138	
0139	
0140	
0141	
0142	
0143	
0144	
0145	
0146	
0147	
0148	
0149	
0150	侁
0151	
0152	
0153	
0154	
0155	倲
0156	
0157	
0158	
0159	

编号	释文
0160	
0161	
0162	
0163	
0164	
0165	
0166	
0167	
0168	
0169	兊
0170	匋
0171	
0172	
0173	
0174	
0175	
0176	
0177	[illegible]
0178	
0179	
0180	
0181	
0182	

编号	释文
0183	[illegible]
0184	耊
0185	
0186	
0187	
0188	
0189	
0190	
0191	
0192	
(0148)	
0193	
0194	
0195	
0196	倪
0197	大
0198	天
0199	
0200	
0201	天
(0198)	天
0202	夫
0203	夨

编号	释文
0204	
0205	
0206	
0207	虞
0208	吴 𠤕 疑
0209	央
0210	美
0211	
0212	
0213	立
0214	去
0215	亦
0216	亦
0217	
0218	
0219	粦
0220	

编号	释文
0221	夾
0222	夾
0223	
0224	[illegible]
0225	爽 奭
0226	舞
0227	
0228	
0229	
0230	
0231	異
0232	
0233	[illegible]

编号	释文
0234	莫 艱
0235	黑
0236	莫 熯 艱
0237	艱
0238	奈
0239	乘
0240	昃
0241	㹜
0242	
0243	
0244	
0245	並
0246	夭夭
0247	因
0248	宎
0249	亢
0250	刖 俄

编号	释文
0251	[illegible]
0252	
0253	[illegible]
0254	臭
0255	[illegible]
0256	扶
0257	[illegible]
0258	[illegible]
0259	
0260	走
0261	
0262	
0263	
0264	
0265	
0266	爽
0267	昊
0268	
0269	交

编号	释文
0270 2328	屰 逆
0271	夸
0272	
0273	
0274	
0275	
0276	
0277	
0278	
0279	
0280	
0281	
0282	
0283	大
0284	
0285	
0286	舞
0287	
0288	[illegible]
0289	

编号	释文
0290	—
0291	—
0292	[illegible]
0243	—
0294	—
0295	犴
0296	—
0297	—
0298	—
0299	—
0300	—
0301	卩
0302	[illegible]
0303	[illegible]
0304	巴
0305	邑
0306	祝
0307	—
0308	祝

编号	释文
0309	—
0310	—
0311	—
0312	—
0313	瀼
0314	蠰
0315	光
0316	鬼
0317	—
0318	禵
0319	—
0320	醜
0321	[illegible]
0322	鬼
0323	畏
0324	鬼日(合文)
0325	—
0326	異

编号	释文
0327	—
0328	芍
0329	[illegible]比(合文)
0330	—
0331	—
0332	令
0333	若
0334	—
0335	—
0336	即
0337 0345	鄉 饗 嚮
0338 0339	既
0339	既
0340	欠
0341	次
0342	次
0343	吹
0344	饮
0345 0337	㱃 饗

编号	释文
0346	—
0347	鄉
0348	—
0349	旡
0350	—
0351	卸 御 禦
0352	鈙
0353	紟
0354	及
0355	跟
0356	服
0357	卪
0358	卯
0359	印
0360	卬
0361 0407	段
	攺
0362	—

编号	释文
0363	—
0364	—
0365	叩
0366	—
0367	[illegible]
0368	承
0369	—
0370	—
0371	—
0372	—
0373	—
0374	—
0375	—
0376	—
0377	—
0378	—
	堯
0379	丮
0380	[illegible]
0381	夙
0382	[illegible]
0383	[illegible]

编号	释文
0384	—
0385	—
0386	埶
0387 2782	執
0388	—
0389	—
0390	—
0391	—
0392	乳
0393	[illegible]
0394	[illegible]
0395	—
0396	—
0397	[illegible]
0398	[illegible]
0399	—
0400	—
0401	—
0402	—

编号	释文
0403	—
0404	—
0405	—
0406	—
0407 0361	段
0408	—
0409	—
0410	—
0411	—
0412	[illegible]
0413	[illegible]
0414	[illegible]
0415	[illegible]
0416	—
0417	呪
0418	—
0419	—
0420	免
0421	—
0422	女 母 毋
0423	母 毋
0424	小母(合文)
0425	—

编号	释文
0426	妸
0427	—
0428	妾
0429	[illegible]
0430	[illegible]
0431	倿
0432	每 悔
0433	—
0434	—
0435	—
0436	—
0437	妹
0438	妻
0439	妻
0440	妻
0441	敏
0442	[illegible]
	姦
0443	—
0444	—
0445	—

編號	釋文
0446	婞
0447	
0448	姿
0449	
0450	
0451	娍
0452	妥
0453	婦
0454	始
	嬰
0455	
0456	姒
0457	妥
0458	㚪 嘉
0459	姘
0460	好
0461 0544	毓 育 后
0462	妹
0463	婐
0464	婡
0465	婇
0466	
0467	委
0468	婪
0469	訊
0470	如
0471	妙
0472	妙
0473	娟
0474 0553	𡚱
0475	婞
0476	姜
0477	姅
0478	嫁
0479 0575	媄
0480	嬑
0481	嫗
0482	嬞
0483	婋
0484	嫭
0485	
0486	娑
0487	妏
0488	㚢
0489	姃
0490	娢
0491	妼
0492	婴
(2983)	婦
0493	妏
0494 (0564)	妃
0495	媚
0496	从
0497	姬
0498	姬
0499	龔
0500	姡
0501	嬗
0502	
0503	娃
0504	娕
0505	奸 禦
0506	嫉
0507	
0508	姦
0509	婌
0510	姓
0511	
0512	姪
0513	
0514	娭
0515	娘
0516	汝
0517	㚴
0518	㚣
0519	
0520	
0521	娘
0522	妋
0523	娍
0524	嬂
0525	嬣
0526	㚐
0527	嫀
(0448)	姿
0528	
0529	奿
0530	嫃
0531	
0532	媵
0533	婍
0534	
0535	㚵
0536	嫗
0537	婭
0538	
0539	嫤
0540	
0541	
0542 0543	妭
0543 0542	㳶
0544 0461	
0545	娣
0546	
0547	奴
0548	
0549	
0550	妗
0551	
0552	
0553 0474	𡚱
0554	嫵
0555	
0556	
0557	
0558	
0559	妞
0560	婎
0561	嬽
0562	姅
0563 0016	孕
0564 (0494)	妃
0565	婤
0566	
0567	
0568	
0569	媙
0570	妕
0571	婚
0572	妊
0573	妵
0574	㚢
0575 0479	媄
0576	嫠
0577	
0578	嬉
0579	虔
0580	子 巳
0581	狭
0582	狗
0583	劧 嘉
0584	孚
	俘
0585	㾊
0586	孫
0587	保
0588	
0589	
0590	子
0591	
0592	
0593	
0594	弃 棄
0595	孖
0596	
0597	
0598	
0599	孑
0600	孨
0601	目
0602	直
0603	昌
0604	智
0605	臭
0606	首

眉　曽　　嵋　湄彌　眉　眉　戲　麀　鹿　庐　　省　　眾暨　面　　昃

0624　0623　0622　0621　0620　0619　0618　0617　0616　0615　0614　0613　0612　0611　0610　0609　0608　0607

冒　老　老　監　覞　要　要　　兜　　要　兜　冤　蜀　昌　　罰蜀　見　見

0642　0641　0640　0639　0638　0637　0636　0635　0634　0633　0632　0631　0630　0629　0628　0627　0626　0625
0034

兜　　戝　柜臧　　野　星望　臣　　相　杲　　歡　絲　哭　哭

0660　0659　0658　0657　0656　0655　0654　0653　0652　0651　0650　0649　0648　0647　0646　0645　0644　0643

聯　取　耳　　　　　　　　冒　取　福　　　　襲　罵罵

0682　0681　0680　0679　0678　0677　0676　0675　0674　0673　0672　0671　0670　0669　0668　0667　0666　0665　0664　0663　0662　0661
(0961)

臬　臬　自　　洱　闌　覞暨　取　聽　聑　闅　聑　耶聽　耴聽　　夔　瓔　聶　　斧聚

0702　0701　0700　0699　0698　0697　0696　0695　0694　0693　0692　0691　0690　0689　0688　0687　0686　0685　0684　0683
0691　　0696　　3392

言　　舌　告　曰　甘　口　　　　帯　敢　量　萬　飢　昌　溫　刯　溝　鼻　臬

0722　0721　0720　0719　0718　0717　0716　0715　0714　0713　0712　0711　0710　0709　0708　0707　0706　0705　0704　0703

克　舌　古　祜　舌　協　咎　胄　　由　吉　缶　　當戴　　祜　譿　醅

0739　0738　0737　0736　0735　0734　0733　0732　0731　0730　0729　0728　0727　0726　0725　0724　0723
3271

品　哭　侖　龠　龠　咎　　　帛　敢　量　飢　溫　　會　　合　合

0756　0755　0754　0753　0752　0751　0750　0749　0748　0747　0746　0745　0744　0743　0742　0741　0740

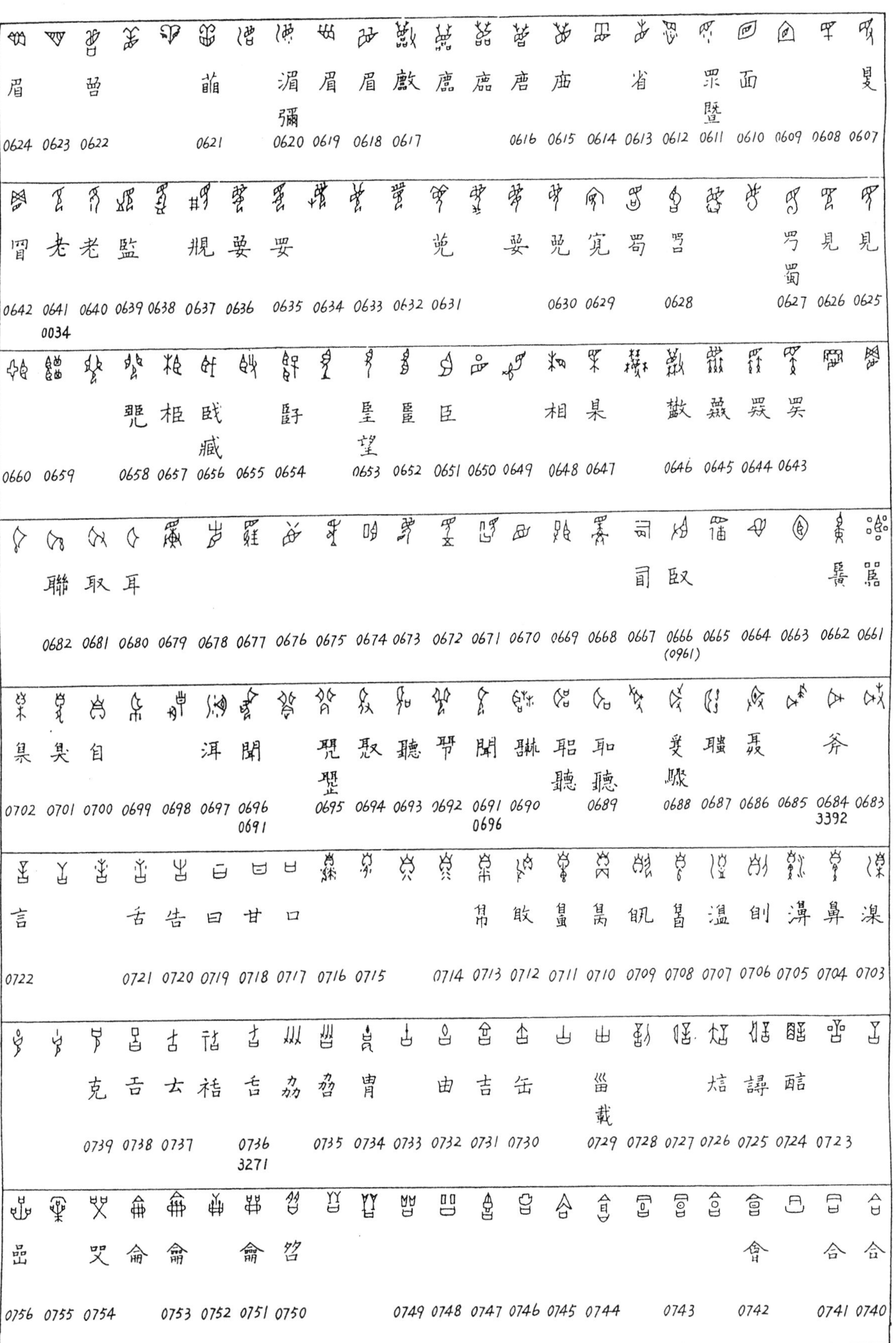

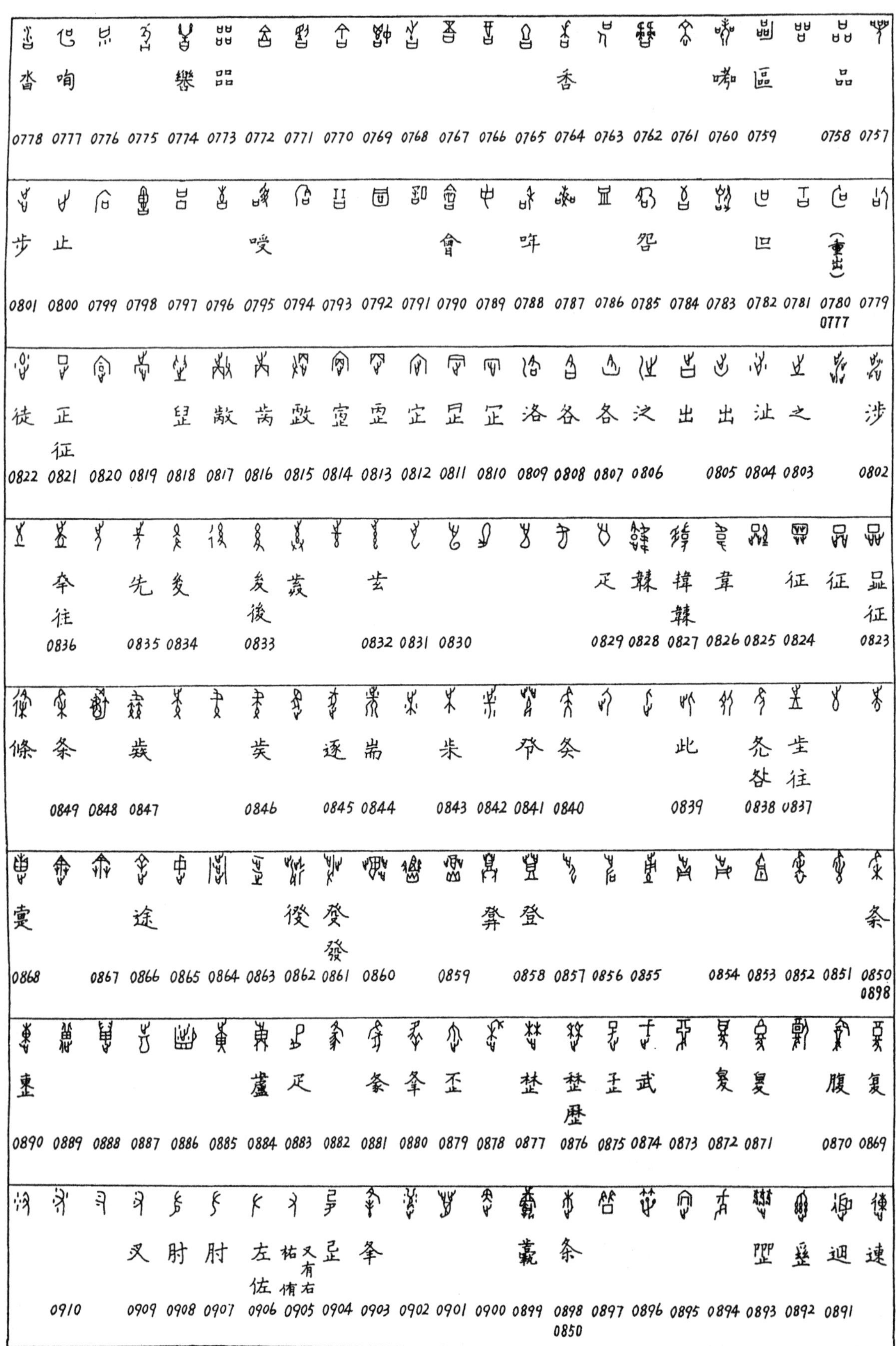

0911
0912
0913
0914 畱
0915 祭
0916 [礻+又] 祭
0917
0918 夅
0919 尹
0920 君
0921 [鬲+又] 徹
0922
0923
0924
0925
0926
0927
0928

0929
0930 [王+又]
0931 對
0932 朮
0933
0934
0935
0936
0937
0938
0939
0940
0941
0942
0943
0944
0945
0946
0947
0948
0949 鍪
0950 [癶+殳]

0951 [身+殳]
0952
0953 肘
0954
0955
0956 爪
0957
0958
0959
0960
0961 (0666) 臤
0962
0963
0964
0965
0966
0967
0968 [石+又]
0969
0970
0971
0972
0973

0974
0975
0976
0977
0978
0979 奴
0980
0981
0982 叔
0983
0984
0985
0986
0987
0988
0989
0990
0991
0992 攴
0993 殳
0994
0995
0996

0997 殺
0998 枚
0999
1000 鑿
1001 1732 敳
1002 [女+攴]
1003 敖
1004
1005 教
1006 戰
1007
1008
1009
1010
1011 [illegible]
1012 敵
1013 [宀+攴]
1014
1015
1016
1017
1018
1019

1020
1021
1022 𠬞 共
1023
1024 友
1025 友
1026 受
1027
1028
1029
1030 [illegible]
1031 [illegible]
1032 蒸 [illegible]
[illegible] [illegible] [illegible] [illegible]
1033 爰
1034 𠬝
冒

1035 启
1036 尋
1037 將
1038 2343 2391 [illegible]
1039
1040 叙
1041 泰
1042
1043 1589 1590 獸
1044 彝
1045 爭
1046
1047

1048
1049
1050
1051
1052
1053
1054 [illegible]
1055
1056
1057
1058
1059
1060
1061
1062
1063
1064
1065
1066

首

臱 戁 睘

1088 1087　1086 1085 1084 1083 1082 1081 1080 1079 1078 1077 1076 1075 1074 1073 1072 1071 1070 1069 1068 1067
3501

延　　卤 西　　西 昔 百 帛 白　　猱　　頁　　音
　　　　　西　　　　　　　伯
1104 1103　1102 1101 1100　1099 1098 1097 1096 1095　1094　1093 1092 1091 1090 1089

案 叔 叔 尗　叡 祐 示　　示 下 上　　　　粤 稫 獸
尗 奈
1122 1121 1120 1119　1118 1117 1116 1115 1114 1113 1112 1111 1110 1109 1108 1107 1106　1105

愛 嫦 帝 禘　祕　　禊　　　禧 禰 祠
禘　　　　　　　　　　　　　禛 廟
1134 1133 1132 1131 1130 1129 1128 1127 1126 1125　1124　1123

月　　　　　　貌 畫 督　　晶 昔　旦 易 臬 暈 日 慶
　　　　　　　　　　　　　　　　　　　　　　　星
1152 1151 1150 1149 1148 1147 1146 1145 1144　1143　1142 1141　1140 1139 1138 1137 1136 1135
　　　　　　　　　　　　　　　　　　　　　　　(1382)

橚 蔑 莤 微 恩　　霸 多　　　　宵 名　朝　明　夕
椒 葊 莀 退 屒 辰
晨 振 震
1170 1169 1168 1167 1166 1165 1164 1163 1162 1161　1160 1159 1158 1157 1156 1155　1154　1154　1153
　　　　　　　　　　　　　3278　　　　　　　　　　　　　1394

靈 靈 雩 雩　霰 霸　雪 霝 電 雨　旬 爰 吉　云 勵 晨 晨
　　　　　　　　雪
1191 1190 1189 1188　1187 1186 1185 1184 1183 1182 1181 1180 1179 1178 1177 1176　1175 1174 1173 1172 1171

土 乙 星　　雷 申　　　　　　　　票　　霋 霖 霤 零
　　　　　　　　　　　　　　　　　　　　　霚
1211 1210　1209　　1208 1207 1206 1205 1204 1203 1202 1201 1200 1199 1198 1197 1196 1195 1194 1193 1192

8

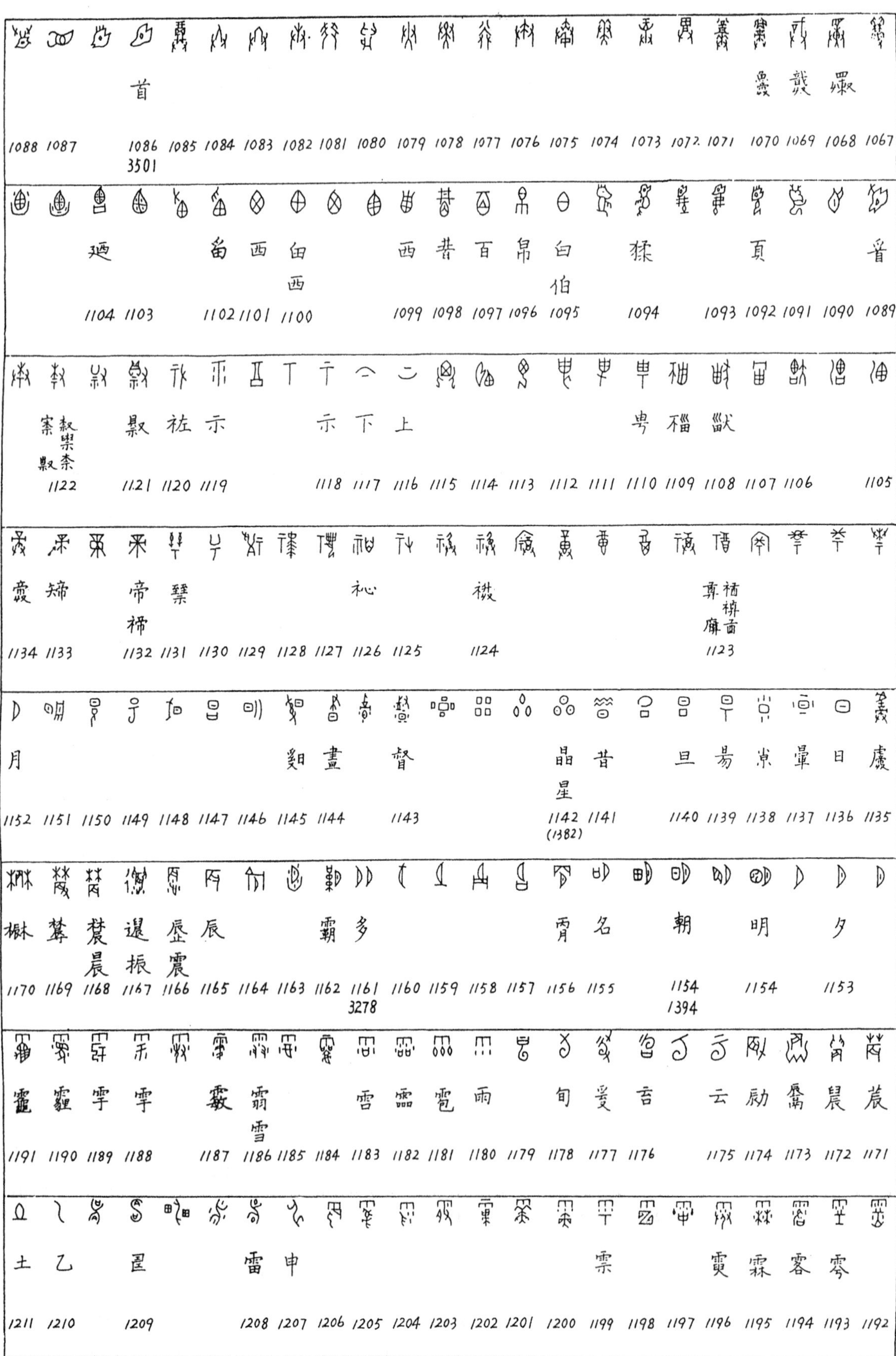

编号	释文
1212	圣 㽞 墾
1213	
1214	埦
1215	甫
1216	鑄
1217	
1218	山
1219	火
1220	丘
1221	岳
1222	焚
1223	

编号	释文
1224	罒
1225	仝山(合文)
1226	赤
1227	
1228	烄
1229	
1230	二山
1231	小山
1232	(合文)
1233	保山(合文)
1234	牀山(合文)
1235	(合文)
1236	叒山(合文)
1237	
1238	斤山(合文)
1239	⿱宀山
1240	
1241	⿱木山
1242	焒

编号	释文
1243 1247	炎
1244	⿱丗山
1245	
1246	焱
1247 1243	炎
1248	
1249	⿱斮山
1250	
1251	
1252	
1253	
1254	燮
1255	
	炈
1256	
1257	
1258	
1259	
1260	
1261	虞
1262	
1263	

编号	释文
1264	⿱木火
1265	
1266	
1267	
1268	
1269	
1270	
1271	炎
1272	呈
1273	阜
1274	陟
	陡
1275	降
1276	⿰阝企
1277	墬
1278	⿰阝及
1279	阦
1280	⿰阝卩
1281	

编号	释文
1282	墬
1283	
1284	
1285	⿰阝企
1286 (2719)	⿰阝尊
1287	陵
	阹
1288	陮
1289	隣
	隮
1290	⿰阝心
1291	
1292	隖 隖
1293	隥
1294	
1295	⿰阝大
1296	⿰阝妾
1297	
1298	陽
1299	陂
1300	⿰阝言

编号	释文
1301	
1302	
1303	
1304	
1305	水
1306	
	水
1307	沝
1308	川
1309	川
1310	川
1311	州
1312	
1313	
1314	
1315	沖
1316	災
1317	酒
1318	酒
1319	汊
1320	洹

编号	释文
1321	潢
1322	
1323	
1324	潦
1325	濼
1326	
1327	洸
1328	河
1329	河
1330	災
1331	
1332	沱
1333	濊
1334	

编号	释文
1335	
1336	洫
1337	溢
1338	濜
1339	滄
1340	洎
1341	洦
1342	
1343	濟
1344	汱
1345	洱
1346	
1347	湡
1348	淵
	淵
1349	
1350	汁
1351	渏
1352	
1353	溥
1354	涷
1355	涽
1356	浧

									潯			泂	洛		汩		[illegible]	淮	瀆	泊	没	洋
1379	1378	1377	1376	1375	1374	1373	1372	1371	1370	1369	1368	1367	1366	1365	1364	1363	1362	1361	1360	1359	1358	1357

			莫 [illegible] 暮	智			艿			蓍							丰 封	橐		星	生	屮
			1393 1403	1392	1391	1390	1389			1388	1387		1386	1385			1384	1383		1382 (1142)	1381	1380

							故	莫	木	[illegible]	[illegible]	[illegible]	[illegible]					朝				
	1407		1406			1405	1404	1403 1393	1402	1401	1400	1399	1398	1397	1396	1395		1394				

[illegible]	[illegible]	林	梌			杞		柳		杞	杕	困	[illegible] 埶 邇	枏	析			枚	权		采	
1426	1425	1424	1423	1422		1421	1420	1419		1418	1417	1416	1415 1535 1536 1589	1414 1465	1413	1412		1411	1410		1409	1408

[illegible]							春	芑	[illegible]			[illegible]	埜 野		[illegible]			[illegible]	[illegible]	[illegible]	[illegible]	楚
1437							1436	1435	1434			1433	1432	1431	1430			1429	1428			1427

		杲	[illegible]	朱						喪			桑	[illegible]	[illegible]		果		鬱			鬱
1453	1452	1451	1450	1449				1448		1447	1446	1445	1444	1443	1442		1441	1440	1439			1438

			腜				椎	權	校			栢	槁	杉	[illegible]	李	杏				亲	
1475		1474	1473	1472	1471	1470	1469	1468	1467	1466	1465 1414	1464	1463	1462	1461	1460	1459	1458	1457	1456	1455	1454

			[illegible]	秝		龢	[illegible]	[illegible]			[illegible] 利	医	東	[illegible]	禾			森			[illegible]	[illegible]
	1493		1492	1491	1490	1489	1488	1487			1486	1485	1484	1483	1482	1481		1480	1479	1478	1477	1476

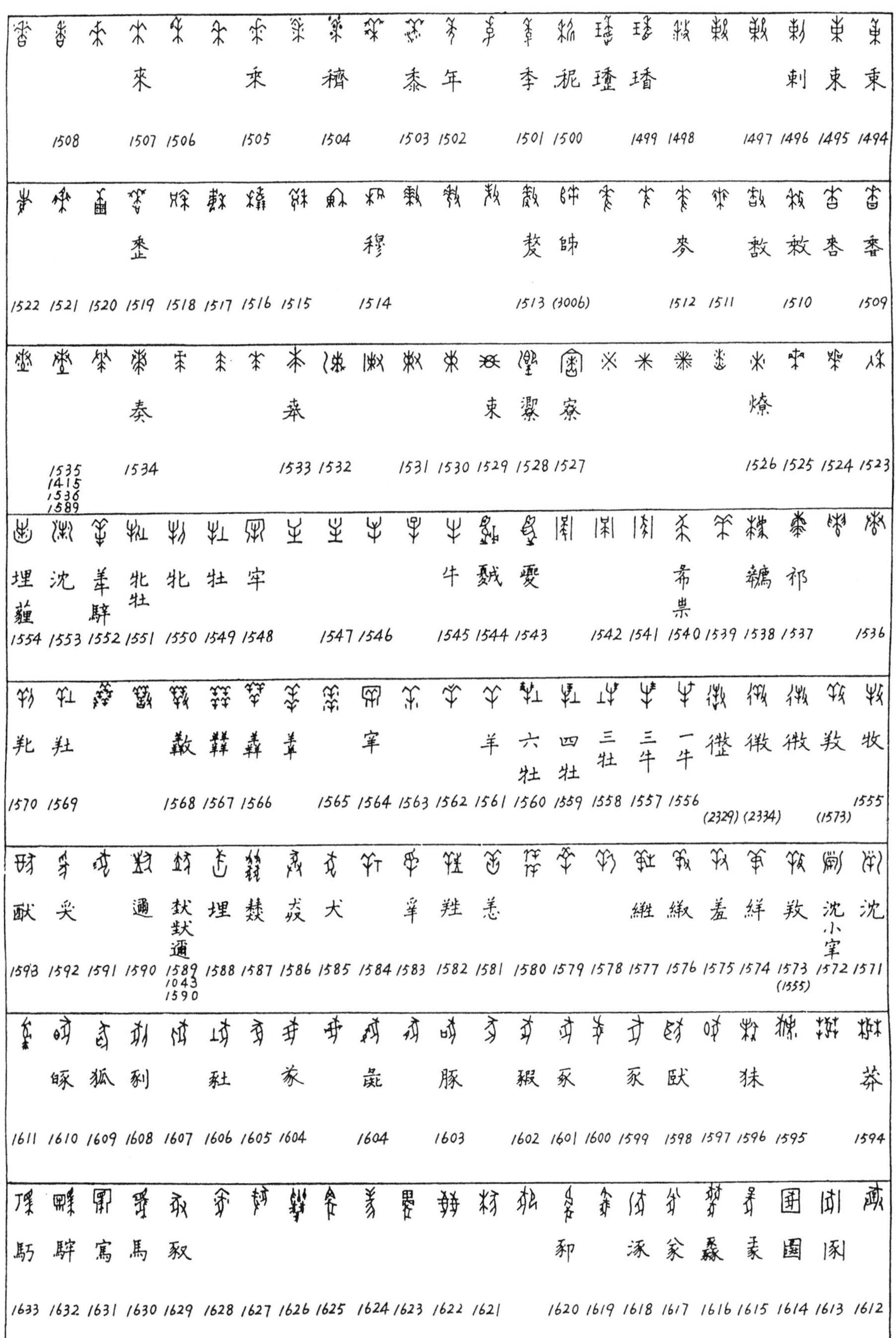

	為		象	兕匕 （合文）	兕					馬匕 （合文）	駃	⿰馬者	⿰馬豖		騽		馰		駮		⿰馬利	駴
	1654		1653	1652	1651 1708	1650	1649	1648	1647	1646	1645	1644	1643	1642	1641	1640	1639	1638	1637	1636	1635	1634

	⿰戈虎		豹			虎	㲋		鼠				⿱㲋丂	⿱㲋口	㲋		⿸鹿比		廌			萈
1671	1670 1683		1669			1668	1667 1659	1666	1665	1664	1663	1662	1661	1660	1659 1667	1658	1657		1656			1655

盾	⿰虍攴				唬	⿸虍乙			虍	虤		虞			虘	⿸虍青	虒	淲	⿸虍皿	⿸虍田	⿸虍比 虐	⿸虍兒
1693	1692	1691	1690	1689	1688	1687	1686	1685	1684	1683 1670	1682	(1135)	1681	1680	1679	1678	1677	1676	1675	1674	1673	1672

⿸虍曰	⿸虍卑 陷	⿰氵虎	陷	⿸虍婁	⿸虍栗	兕	⿸虍栗	⿰⿸虍婁攴	⿰虎攴	⿸虍兒	兔	⿸虍木	⿰氵虘		⿱艹⿰虘又	虘	⿰虘又	盧	⿸虍焚	虔	⿸虍朁	⿸虍冒 ⿸虍肉
	1713	1712	1711	1710	1709	1708 1651	1707	1706 1705	1705 1706	1704	1703	1702	1701		1700		1699	1698 2208 2217	1697 1696	1696 1697	1695 1694	1694 1695

		⿰隹攴 推	⿱隹叉	隻 獲	⿰隹攴		隹 惟	射 鹿			麓	⿰鹿鹿	⿸虍鹿	⿴行虎	慶	⿰虍土	⿰氵虞	陷			鹿	⿰氵⿸虍普
1734	1733	1732 1001	1731	1730	1729	1728	1727	1726	1725	1724	1723	1722	1721	1720	1719 1914	1718	1717	1716			1715	1714

	翟	隻	寉									萑		⿴囗隹								
1755	1754	1753	1752	1751	1750	1749	1748	1747	1746	1745		1744		1743	1742	1741	1740	1739	1738	1737	1736	1735

			鳳 風		萑				鳶	⿱亼隹 陰	⿱罒隹 霧	萑	雚 觀		舊	售					雔 雍	雋
			1769	1768	1767		1766	1765	1764	1763	1762	1761	1760		1759	1758					1757	1756

⿰工隹 鴻			⿰丑隹	離	雉	⿱雔冓	⿱隹冓							⿰⿱隹于又	雇			巂		靃 霍		⿱穴隹
1781					1780		1779	1778		1777	1776			1775	1774	1773		1772		1771		1770

島	鳴	⿰鳥殳				⿰月鳥			唯	鳴		鳥	⿰彳隹	雀				曣	⿱隹日	雥	⿱自儿	⿰隹匕
1804	1803	1802	1801	1800	1799	1798	1797	1796	1795	1794	1793	1792	1791	1790	1789	1788	1787	1786	1785	1784	1783	1782

	𩵋		⿱圭魚	⿸广魚	⿱魚大	⿱山魚	⿰魚叟	漁	漁	鮫	⿱日魚	⿱亼魚	魯	魚	集		曣		曣			燕
1826	1825	1824	1823	1822	1821	1820	1819	1818	1817	1816	1815	1814	1813	1812	1811	1810	(1786)	1809	1808	1807	1806	1805

它	龖					⿱亢虫	嚨	蘢	驡		瀧		⿰龍又	⿰女龏	龐（合文）		⿸广龏	龐	龏 龔		⿱屮龍	龍
1841	1840	1839				1838	1837	1836	1835		1834		1833	(482)	1832	1831	1830	1829	1828		1827

	祀	⿱林巳	汜	⿱巳䖵		⿱罒巳		⿱⿰止止虫	拕	⿰卩巳			巳 祀			蚰			它	⿰彳它	⿱屮它	
1857	1856	1855	1854	1853		1852		1851	1850	1849	1848	1847	1846			1845	1844		1843		1842	

	龜		龜			⿱罒黽		⿰女黽		黽	黽 ⿱朱龜	⿱禾禹	湡	澫	禺		萬	⿱宀萬	攺		⿰巳欠	
	1875 1873	1874	1873 1875	1872	1871	1870	1869	(480)	1868	1867	1866	1865	1864	1863	1862		1861	1860	1859		1858	

⿱⺌卣			⿱卣⿰卣卣	⿰卣卣	卣	采		米		熊				⿱⺮龜		⿱艹龜 秋	⿰彳龜	⿰氵龜	⿰龜攵	⿰龜又	⿱龜龜	
1895	1894	1893	1892	1891	1890 1897	1889		1888	1887	1886	1885 1884	1884 1885	1883	1882		1881	1880	1879	1878	1877	1876	

慶	解		⿱角殳	⿰角殳 觳	角				⿱羽立	羽 疾（合文）	⿱羽冏	⿱羽王	習		羽			⿰日卣		栗	卣	⿰豸白
1914 1719	1913		1912	1911	1910	1909			1908	1907	1906	1905	1904		1903	1902	1901	1900	1899	1898	1897 1890	1896

	賤				⿱宀⿰貝頁	⿱宀貝 寶	寶			貯 賈	⿹勹貝	敗	⿱冃貝	⿰⿱臼貝殳				得	⿱貝曰	⿰貝鬼	貝	
1931	1930	1929	1928	1927	1926	1925	1924			1923	1922	1921	1920	1919				1918	1917	1916	1915	

衣		衣	入			懋					沁		态	忌	咨		心	買	狽		
1949 1948 1951		1948 1949 1951	1947	1946	1945	1944	1943	1942	1941	1940	1939	1938		1937	1936	1935		1934	1933	1932

今	襃	裒				袚	裝	椊				袁 裒 遠		依	初	衣	衣	裒
1968	1967	1966	1965	1964	1963	1962	1961	1960	1959	1958	1957	1956	1955	1954	1953	1952 (1948) 1949	1951 1948	1950

蒼	裏	鞹 埠		韋 郭	韋 敦	高 京	髙	喜	高	涂		余	余				貪			金
1990	1989	1988		1987	1986	1985	1984	1983	1982	1981	1980	1979	1978	1977	1976	1975	1974	1973	1972	1971	1970	1969

高	亳	高	膏		崇	子 京								京			臺	薔
2007	2006	2005	2004		2003	2002	2001	2000	1999	1998	1997	1996		1995		1994	1993	1992	1991

蒿	喬	遭		耆	噐		啻 鄙		亶		亯 虜	稟						亰 燾	
2024	2023	2022	2021		2020	2019	2018		2017		2016	2015	2014	2013	2012	2011	2010	2009	2008

家	室	帛 寢	宗		宫	宫	向	山	楄							菜		巢
2044	2043	2042	2041	2040	2039	2038	2037	2036	2035	2034	2033	2032	2031	2030	2029	2028	2027	2026	2025

㝱	宅	冗				牢		廳	寂	寧		宋		宇	竁	寐		
2060	2059	2058	2057		2056		2055	2054		2053	2052		2051	2050	2049		2048		2047	2046		2045

宏	㝛	宀	安							宜 賓	宁 賓		安		宁	宅	㝎
2070		2069	2068		2067						2066	2065		2064		2063	2062	2061

14

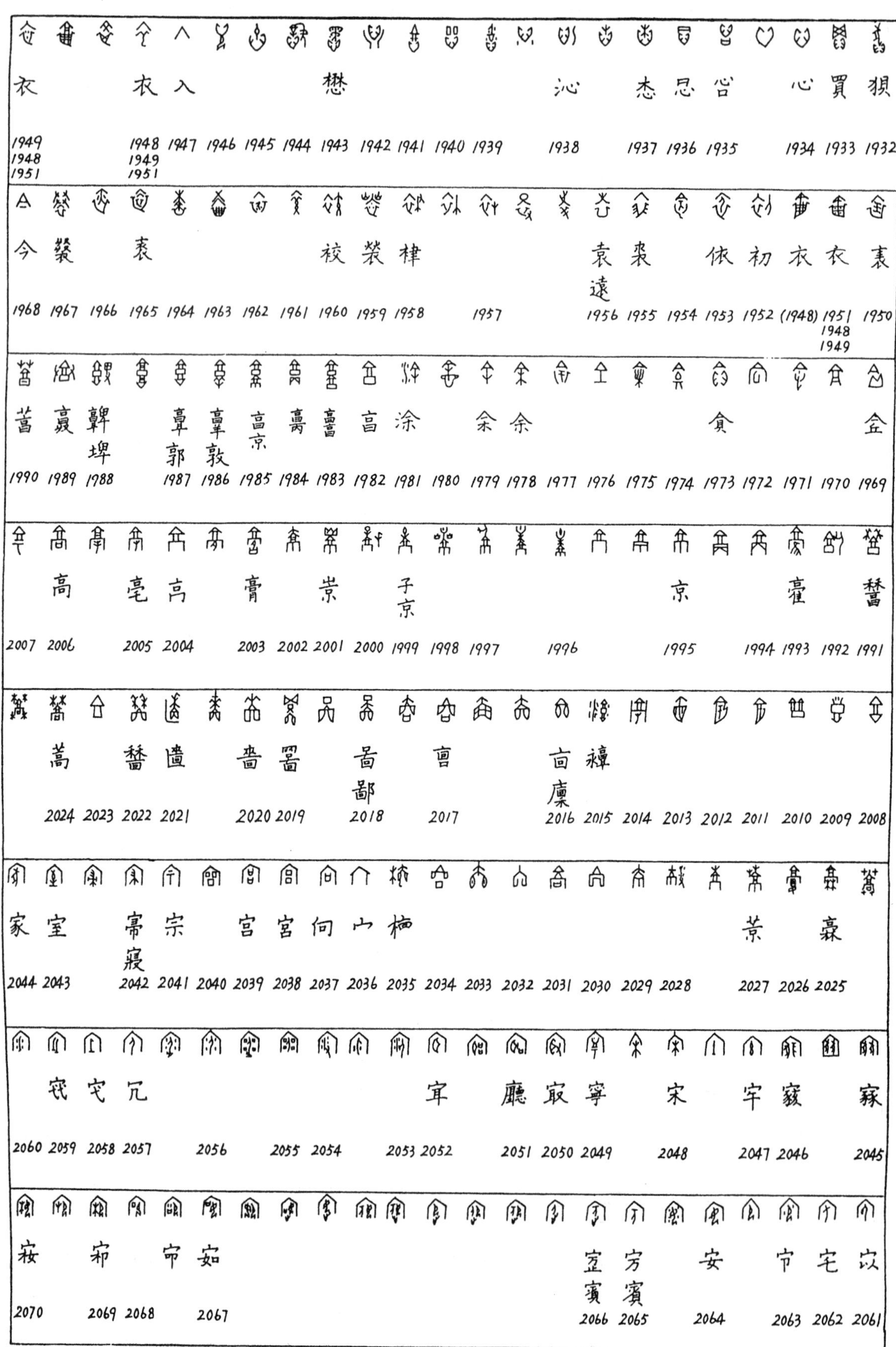

窖	窗	寢	室		宦	宛		寇	賓			寁				嫈	宵	窳		寉	
2088	2087	2086	2085	(2043)	2084	2083	2082	2081	2080	2079	(2066)	2078	2077	(2066)	2076		2075	2074	2073		2072	2071

2086 2087

裏								宇	宋		宅	宀				寤	鼈	鼈	宋	宓		
2109	2108	2107	2106	2105	2104	2103	2102	2101	2100	2099	(2255)	2098	2097	2096	2095	2094	2093	2092	(1860)	2091	2090	2089

丙			檮	齊					寏	實		宰	塞	寓		寏		宛		
2131	2130	2129	2128	2127	2126	2125	2124	2123	2122	2121	2120	2119	2118	2117	2116	2115	2114	2113	2112	2111	2110

2122 2123

					滴			商	叟 更		禹							内
2147							2146	2145	2144	2143	2142	2141	2140	2139	2138	2137	2136	2135	2134	2133	2132

2140 2141

牖	陳	启	户	鳥 泉	焦 泉			麤 桑 泉	剝	叔		泉			冥 婏		墨
2163	2162	(2166)	2161	2160	2159	2158		2157	2156	2155	2154		2153		2152	2151	2150	2149	2148

丁	閼	閨		闌	闌	闌 閼	閲 閲	閲	閲 間	間		門		啓	啟	廣
2179	2178	2177	2176	2175	2174	2173	2172	2171	2170	2169	2168	2167			2166	2165	2164

甫		甫	邦	畬	督		寢	壘	畏		田	囧	囬					呂		雍
2199	2198	2197	2196	2195	2194	2193	2192	2191	2190		2189	2188	2187	2186	2185	2184	2183	2182	2181		2180

	卑	畋	男	昵 畯	盧子盦文		盧	畐	畲	畲	周			曾	囿
2215	2214	2213	2212	2211	2210	2209	2208	2207	2206	2205	2204	2203		2202	2201	2200

1698
2217

2205
2206

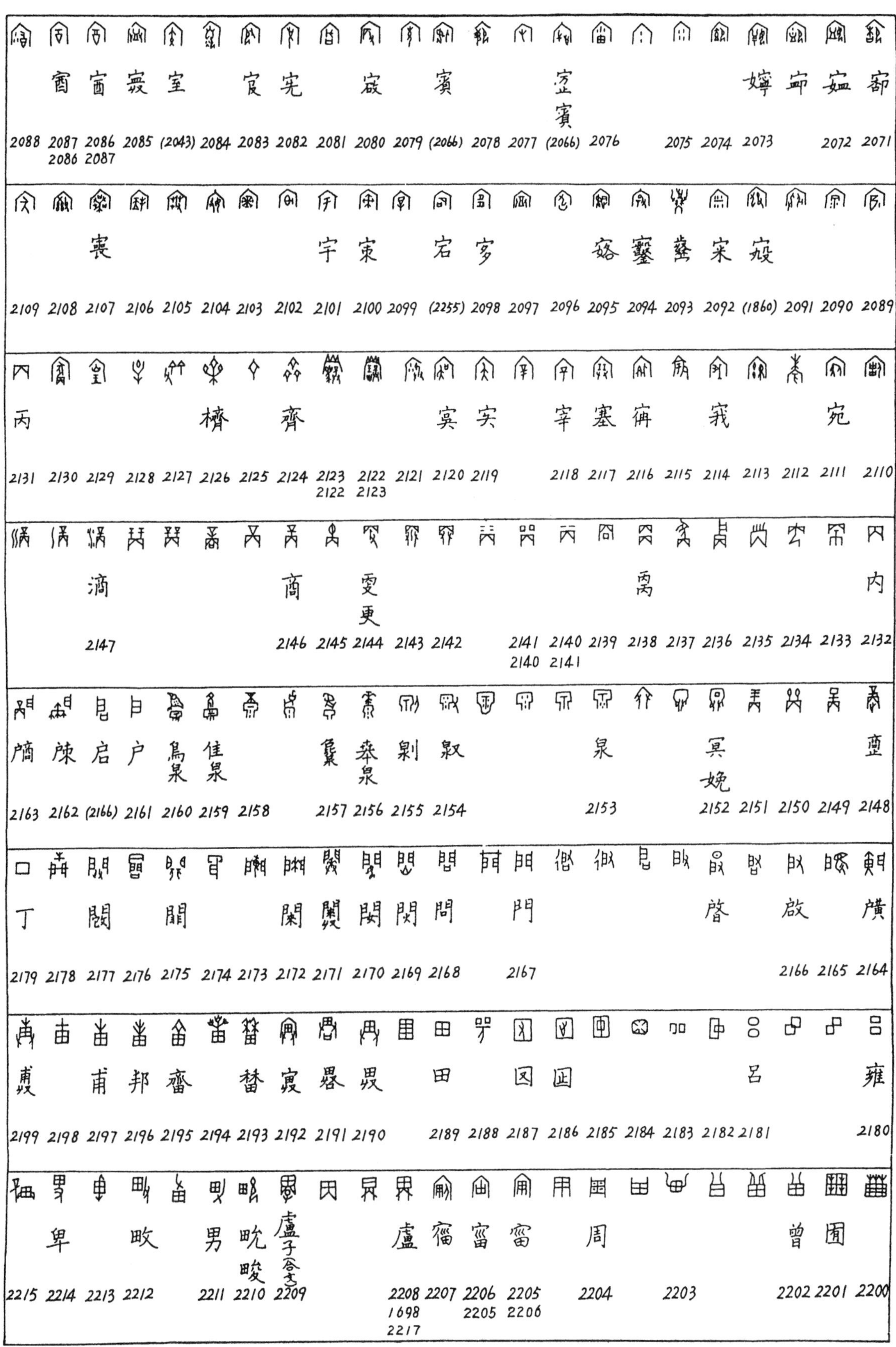

编号	释文
2216	
2217 1698 2208	盧
2218	畕
2219	畐
2220	蹦
2221	
2222	曲
2223	
2224	
2225	畱
2226	
2227	
2228	
2229	
2230	丙
2231	宿
2232	敀
2233	尋
2234	刣
2235	㽙

编号	释文
2236	
2237	齒
2238	𠚕
2239	囙
2240	囙
2241	骨
2242	
2243	固
2244	囙
2245	眣
2246	吕
2247	匚 報

编号	释文
2248	匚示
2249	匡
2250	
2251	石
2252	祏
2253	石
2254	司
2255	宕
2256	庶
2257	[illegible]
2258	硪
2259	妬
2260	司母（合文）
2261	砅
2262	肩
2263	磈
2264	厚
2265	石甲
2266	𠩏
2267	
2268	砧
2269	磺

编号	释文
2270 2272 2277 2280	
2271	
2272 2270 2277 2280	砓
(2255)	宕
2273	
2274	亯
2275	𥔲
2276	
2277 2270 2272 2280	磬
2278	[illegible]
2279	磬
2280 2270 2272 2277	磬
2281 2282	聲
2282 2281	聲
2283	斦
2284	庚
2285	亘
2286	宣
2287	𨒂
2288 2890 3285	耑

编号	释文
2289	行
2290	延 征
2291	徙
2292	後
2293	佶
2294	𢓜
2295	征
2296	追
2297	衎 延
2298	衕
2299	衛
2300	衛
2301	衛 達
2302	衛

编号	释文
2303	褢
2304	衛
2305	衛
2306	循
2307	这
2308	遲
2309	永
2310	永
	杏
2311	
2312	從
2313	从

编号	释文
2314	𢓆
2315	𢓊
2316	𢓎
2317	
2318	律
2319	衛
2320	
2321	伏
2322	徐
2323	衛
2324	疑
2325	衎
2326	衛
2327	衛
2328 0270	徘 逆
2329 (1555)	牧
2330	衝
	徉
2331	衝

编号	释文
2332	徫
2333	達
2334 (1555)	徽 牧
2335	達 馹
2336	徯
2337	律
2338	徛
2339	週
	徊
(778)	徻
	杳
(1918)	得
2340	追
2341	徇
2342	遨
2343 1038 2391	㗝
2344	衢
2345	
2346	徠
2347	祀

編號	隸定
2348	彶
2349	
(2311)	
2350	迖
2351	徐
2352	
2353	律
	建
2354	巡
2355	㣙
2356	𢓡
2357	
2358	徴
2359	㣫
(1956)	袁 遠
2360	
2361	
2362	𢔶
2363	𢓊

編號	隸定
2364	衎
2365	𢕔
2366	[illegible]
2367	
2368	徉
2369	
2370	徎
2371; 3045	𢖍
2372	㣺
2373	
2374	彸
2375	徍
2376	
2377	𢓜
2378	徳
2379	
2380	
2381	彶
2382	𢔲
2383	
2384	
2385	
2386	达

編號	隸定
2387	迴
2388	征
2389	遳
2390	㣉
2391; 1038; 2343	衍
2392	衛
2393	衕
2394	
2395	戈
2396	或
2397; 2398; 2399	肇
2398; 2397; 2399	
2399; 2397; 2398	
2400	
2401; 2402	戋 捍
2402; 2401	
2403	𢧢
2404	
2405	戋 捍

編號	隸定
2406; 2407; 2409	毌
2407; 2406; 2409	毌
2408	毌
2409; 2406; 2407	毌
2410	伐
2411	戍
2412	戒
2413	
2414	𢦏
2415	戠
2416	
2417	𢦏 災
2418	戎
2419	𢦏 災
2420	𢦏
2421	戧

編號	隸定
2422; 2472	戜
2423	戔
2424	戊
2425	歲
2426	脊 歲
2427	
2428	戊
2429	歲
2430	𢦒
2431	戒
2432	戓
2433	𢦚
2434	戬
2435	𢧀
(2418)	戎
2436	
2437	
2438	賊
2439	戌
2440	成

編號	隸定
2441	洑
2442	𢦔
2443	咸
2444	𨋕
	𨋕
2445	
2446; 2447	咸
2447; 2446	咸
2448	戉
2449	我
2450	娥
2451	䂞
2452	䶡
2453	
2454	
2455	
2456	義
2457	𦏵
2458	義京

編號	隸定
2459	羛
	𡠀
2460	
2461	
2462	
2463	
2464	
2465	
2466	
2467	䍳
2468	
2469	
2470	
2471	戚
2472; 2422	戜 戴
2473	戳
2474	
2475	
2476	刀
2477	召
2478	刃

編號	隸定
2479	分
2480	刃
2481	匌
2482	
2483	
2484	刜
2485	剈
2486	
2487	昏
2488	勿
2489	畱 召
	䀝
	畱
2490	㓞
2491	剝
2492	𠝤
2493	刺
2494	刖
2495	

編號	釋文	互見
2496	辛 薛 孽	
2497	膀 孽	2498 2499
2498	薛 孽	2497 2499
2499	啇 孽	2497 2498
2500	啇	
2501	⿰齒旁	
2502	艕	
2503	螃	
2504		
2505	辟	
2506	辟	
2507	⿰禾旁	
2508	⿰亏引	
2509		
2510		
2511	辛	
2512		
2513	童	
2514	屖	
2515	⿰足旁	
2516	不	
2517	秅	
2518	杈	2524 2525
2519	利	
2520	炋	
2521	⿰不卩	
2522	巿	
2523		
2524	⿱登土	2518 2525
2525	癹	2518 2524
2526	兵	
2527	⿰犭斤	
2528	新	
2529	⿱宀新	
2530	⿰亲殳	
2531	⿰糸斤	
2532	㫁	
2533	折	
2534	折	
2535	斧	
2536	阪	
2537	尋	
2538	肵	
2539		
2540	訢	
2541	折	
2542	矢	
2543		
2544	矢 寅	
2545	⿰矢矢	
2546	⿰矢矢	
2547	⿱八矢	
2548	⿰氵矢	
2549	⿱申大	
2550	黃	
2551	寅	
2552	櫜	
2553	黃 尹	
2554	寅 尹	
2555	伊	
2556	效	
2557	⿰矢又	
2558	侯	
2559	族	
2560	至	
2561	葡 箙	
2562	⿱葡貝	
2563	函	
2564	涵	
2565	⿱乑心	
2566	⿱罤米	
2567		
2568	晉	
2569	賣	
2570		
2571	束	
2572	責	
2573		
2574		
2575	畀	
2576		
2577		
2578		
2579		
2580	叀	
2581	胶	
2582		
2583	樊	
2584	医	
2585	⿰壴攴	
2586		
2587	⿰矢百	
2588		
2589		
2590		
2591	⿱⿰孑戈矢	
2592		
2593	㚔 執	
2594	⿱口㚔 執	
2595	⿱艸㚔 執	
2596	衛	
2597	圉	
2598	圉 圉	
2599	⿰㚔攴	
2600	⿸疒㚔 執	
2601	⿰女𡙕	
2602	執	
2603	⿰氵執	
2604	執	
2605	⿴囗執	
2606	⿴囗⿰金丸	
2607	⿱宀埶	
2608	執	
2609	⿱穴執	
2610	執	
2611	執	
2612	執	
2613	弓	
2614	彈	
2615	彈	
2616	吕	
2617	⿰弓口	
2618	⿰弓亘 恒	
2619	[illegible]	
2620	彈	
2621	彈	
2622	彈	
(2613)	弓	
2623	射	
2624	弘	
2625	勿	
2626	⿰弓口	
2627	⿰弓攴	

盟　　　血　皿　盂　　淼　彊　鑫　　戍　弢　　扔　可　乃　　　弜　弞　弣

2644　　　2643 2642 2641 2640 2639 2638　　2637　　2636 2635 2634 2633 2632 2631　　2630 2629 2628

盍　盍　奜　氏　盅　盫　盅　　　盒　益　益　窩

2657 2656 2655　　2654　　2653 2652　　2651 2650　　2649　　2648 2647 2646 2645
　　　　　　　　　　　　　　　　　　　　　　　　2646 2647
　　　　　　　　　　　　　　　　　　　　　　　　2700 2700

盥　　鹽　濘　寧　龗　龗　　弎　盡　盂　盂　　盡　益　　益

2673 2672 2671 2670 2669 2668　　2667 2666 2665　　2664 2663　　2662　　2661 2660　　2659 2658
　　　2675　　　　　　　　　　　　2661　　　　　　　　2663
　　　2696

鑄　鑄　簬　飲　毁　盥　盍　黎　　采　采　　　　盍　　盥　盧

2695 2694 2693 2692 2691 2690 2689 2688 2687 2686 2685 2684 2683　　2682 2681　2680 2679 2678 2677　2676 2675 2674
　　　　　　　　　　　　　　　　　　　　　　　　　2681 2682　　　　　　　　　　　2671
　　2696

尊　奠　酉　　　　　　凶　丞　嚳　春　　蠢　益　　　盥

2718 2717 2716 2715 2714 2713 2712 2711 2710 2709 2708 2707 2706 2705 2704 2703 2702 2701　2700 2699 2698 2697　2696
　　　　　　　　　　　　　　　　　　　　　　　　　　　　　2646　　　　　　　　　　2671
　　　　　　　　　　　　　　　　　　　　　　　　　　　　　2647　　　　　　　　　　2675

歙　　葦　酌　壺　歙　　歙　　醱　鄉　饗　雷　歙　會　　饗　　醤　隩
飲　　　　　　　　　　　　　　　　　饗

(2724) 2736 2735　　2734 2733 2732 2731　　2730 2729 2728 2727 2726 2725 2724 2723 2722 2721　　2720 2719
　　　　　　　　　　　　　　　　　　　2721 2721　　　　　　　　　　　　　　2726　　　　(1286)
　　　　　　　　　　　　　　　　　　　2726 2727　　　　　　　　　　　　　　2727

員　鬱　　　　鬻　鼎　鼎　鬶　酉　酉　酥　氳

2750 2749　　　　2748 2747　　2746　　2745 2744 2743 2742 2741 2740 2739 2738 2737
　　　　　　　　　　　　　　　　　　2751

斝　　爵　爵　瀆　　爵　爾　　鬱　鬻　鬵　敗　鬵　獻　膚

2767 2766 2765 2764 2763 2762 2761　　2760　　2759 2758 2757 2756 2755　　2754 2753 2752　　2751
　　2745

19

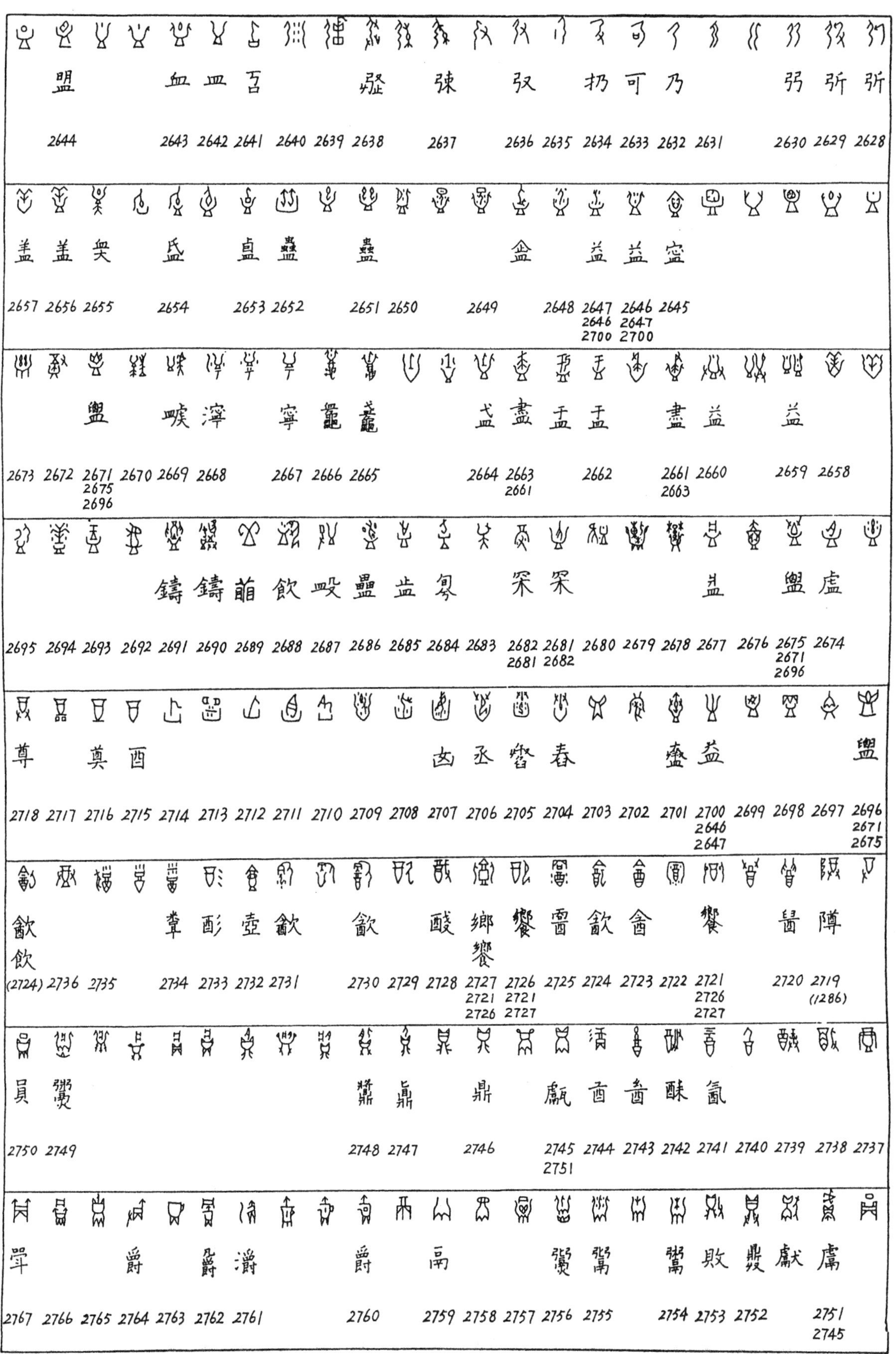

靮
2782
0387
2781 2780 2779　食 2778　蠱 2777　滰滄 2776　　豆 2775 2774 2773 2772 2771 2770 2769 2768

熹 2800　喜 2799　鼓 2798　　壴鼓 2797　2796 2795 2794 2793 2792 2791 2790　　豆飤 2789 2788　叟飤 2787 2786　　設 2785 設 2784 毀 2783

棋 2819　小箕 2818　異 2817　基 2816　其 2815　　偟 2814 2813 2812　　婬 2811 嬉 2810 豊 2809 豐 2808　　豐 2807 2806 勩 2805 勩 2804 澶 2803 彭 2802 2801

剛 2833　羅 2832　眾 2831　　罷罷 2830　　网 2829　　罳 2828　　敖 2827　　牧 2826 犙 2825 隼擒 2824 卓擒 2823 半 2822 僕 2821 莫 2820

莆 2851　同 2850　2849 2848　　興丹井 2847　丹 2846　凡 2845　2844 2843　　足 2842　羅 2841　罱 2840　受 2839　叕 2838　2837 2836　眔 2835　2834

2870　死夕 2869　2868　訊 2867　設穀 2866　2865 2864　南 2863　2862　汫井 2861　井 2860　2859 2858　　宁 2857　　2856 2855 2854 2853 2852

帬 2888　帝 2887　2886　敞 2885　2884 2883　卓 2882　2881 2880　舁 2879　舁 2878　2877　虖 2876　桌 2875　2874　鹵 2873　囷 2872 3069　版 2871

工 2905　古 2904　2903 2902　涅 2901　2900　　亞 2899　廉 2898　2897 2896 2895 2894　　庸 2893 庚 2892 庚 2891　　2890 2889
2288
3285

20

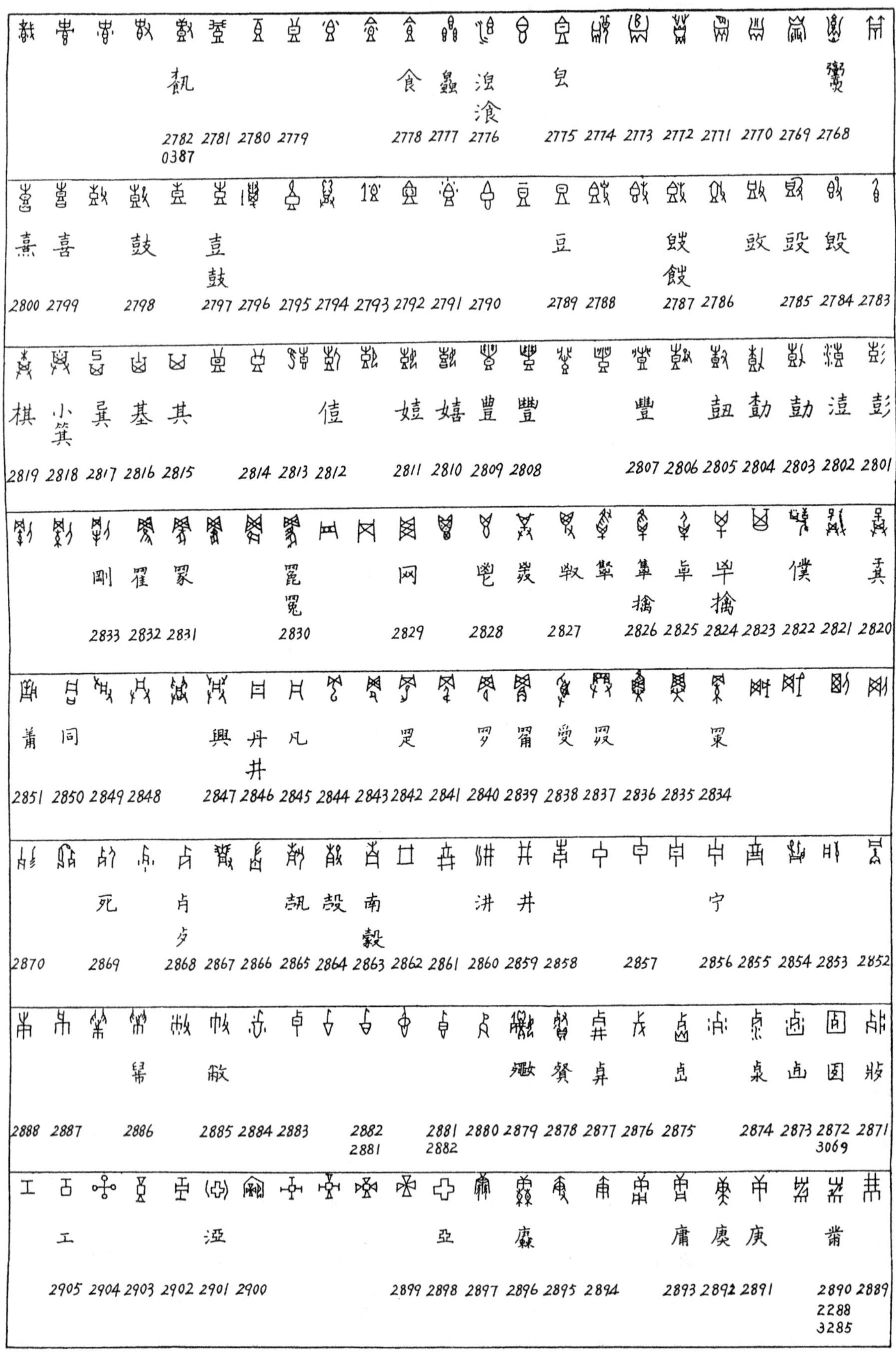

弔　　　脈　　　　　录禁禁麓　　　　　　疝　巫　亙恆

2922 2921 2920 2919 2918 2917 2916 2915 2914 2913 2912 2911 2910 2909 2908 2907 2906

淵 溜 丗 珊 册　　事史使 古　　　　　　叔　　中　　中仲 藁

2938 2937 2936 2935 2934 2933 2932 2931 2930 2929 2928 2927 2926 2925 2924 2923

重　冊 焚　姍 龠　　姍 龠　　龠 龠 龠 禘　　　　典

2953 2952 2951 2950 2949 2948 2947 2946 2945 2944/2941/2942/2943 2943/2941/2942/2944 2942/2941/2942/2943 2941/2942/2943/2944 2941/2942/2943/2944 2940 2939

畜　　　　　　　　　　龢 龘　專 傳　專

2967 2966 2965 2964 2963 2962 2961 2960 2959 2958 2957 2956 2955 2954

帚婦　繛 軝 穀　　　　　　量 叔 嫩 罴 柬 東

2983 2982 2981 2980 2979 2978 2977 2976 2975 2974 2973 2972 2971 2970 2969 2968

追　次台師 撒　屚鄜　鄜　　歸 戳 婦侵 晴 嘀　鼎　厭　　叔 叔

3003 3002 3001 3000 2999 2998(2986) 2997 2996 2995 2994 2993 2992 2991 2990 2989 2988 2987 2986(2998) 2985 2984

旋 旒 旋 放 鄙　柏 敗　　晤 實 官　　遣　　師 官 追

3020 3019 3018 3017 3016 3015 3014 3013 3012 3011 3010 3009 3008 3007 3006 3005 3004

旋 旆 旒 旇 旇 中　立中(合文) 族 施　旋　放 旄 旅 斿 旛 旆

3043 3042 3041 3040 3039 3038 3037(3043) 3036 3035 3034 3033 3032 3031 3030 3029 3028 3027 3026 3025 3024 3023 3022 3021

21

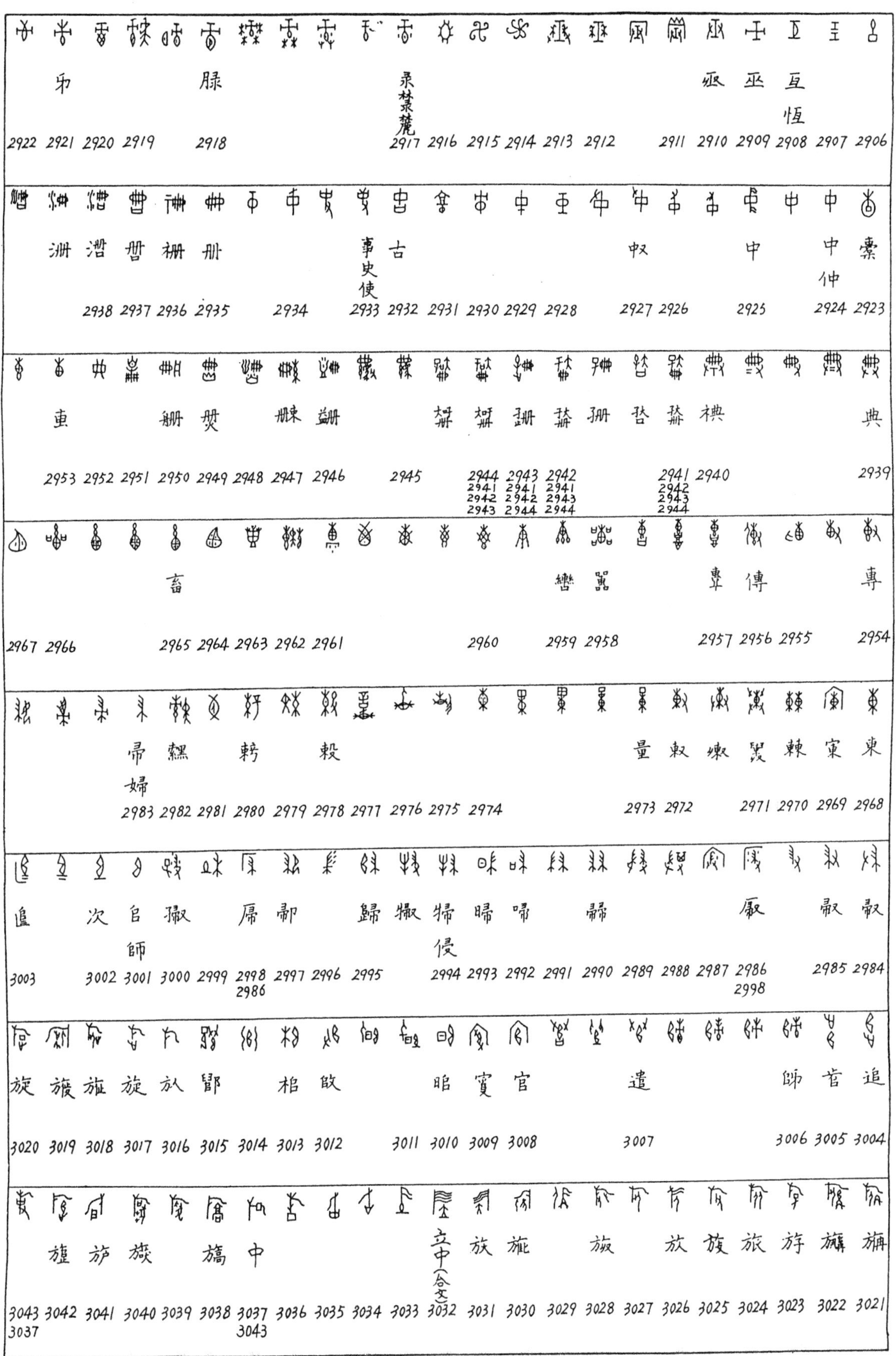

彈 俾 戰 狩 斬 祈 斬 單子(爻) 戰 單 徹 旍

| 3059 | 3058 | 3057 | 3056 | 3055 | 3054 | 3053 | 3052 | 3051 | 3050 | 3049 | 3048 | 3047 | 3046 | 3045 / 2371 | 3044 |

小臣牆　夢　疚　　疾　囸　戕　宿　牀　爿　干

| 3076 | 3075 | 3074 | 3073 | 3072 | 3071 / 3090 / 2872 | 3070 | 3069 | 3068 | 3067 | 3066 | 3065 | 3064 | 3063 / 3082 | 3062 | 3061 | 3060 |

竹　書　畫　濩　妻　乂　枸　　牉　瓯　　牆

| 3098 | 3097 | 3096 | 3095 | 3094 | 3093 | 3092 | 3091 / 3230 / 3071 | 3090 | 3089 | 3088 | 3087 | 3086 | 3085 | 3084 | 3083 / 3063 | 3082 | 3081 | 3080 | 3079 | 3078 | 3077 |

遘　鄉　　贅　塑　壟　冓　偁　儕　解　偁　偁(含文)　儞　俚　佣　冊　冬　終

| 3116 | 3115 | 3114 | 3113 | 3112 | 3111 | 3110 | 3109 | 3108 | 3107 | 3106 | 3105 | 3104 | 3103 | 3102 | 3101 | 3100 | 3099 |

湔　盜　餘　　般　受　朕　舟　　丂　旁　　方　万　丙

| 3133 | 3132 | 3131 | 3130 | 3129 | 3128 | 3127 | 3126 | 3125 | 3124 | 3123 | 3122 | 3121 | 3120 | 3119 | 3118 | 3117 |

兜　率　玄　輻　堇　　車　　渡　酉　脀　盤　酓　酒
午

| 3150 | 3149 | 3148 | 3147 | 3146 | 3145 | 3144 | 3143 | 3142 | 3141 | 3140 | 3139 | 3138 | 3137 | 3136 | 3135 | 3134 |

係　　絶　雞　鷄　戠　　羹　姿　瓷　羹

| 3160 | 3159 | 3158 | 3157 | 3156 / 3154 | 3155 / 3135 | 3154 | 3153 | 3152 | 3151 |

幼　觀　灉　灉　茲　蕬　繼　徼　傑　樑　濼　樂　薔　幽　茲

| 3176 | 3175 | 3174 | 3173 | 3172 | 3171 | 3170 | 3169 | 3168 | 3167 | 3166 | 3165 | 3164 | 3163 | 3162 | 3161 |

3177 | 3178 | 3179 告 | 3180 舌 | 3181 絧 | 3182 剌 | 3183 緯 | 3184 緐 | 3185 | 3186 | 3187 㯥 櫜 | 3188 | 3189 | 3190 朿 | 3191 3192 3197 3198 3199 糸 索 | 3192 索

3193 絲 | 3194 紳 紳 | 3195 殺 | 3196 | 3197 3191 3192 3198 3199 索 | 索 | 3198 索 | 索 | 3199 | 3200 | 3201 圂 | 3202 鄉 | 3203 3204 紟 | 紟

3204 3203 | 3205 嫊 | 3206 3207 鮭 | 3207 3206 甕 | 3208 3209 酥 | 醲 | 3209 3208 餗 | 3210 櫝 | 3211 | 3212 使 | 3213 係 | 3214 弔 係 | 3215 弟 | 3216 | 3217 斗 | 3218

3219 | 3220 必 升 | 祄 | (1124) 禨 | 3221 叙 | 3222 | 3223 | 3224 | 3225 | 3226 | 3227 乍 作 | 3228 飲 | 3229 弢 | 3230 乂 | 3231 爻 | 3232 學

3233 教 | 3234 | 3235 | 3236 文 | 3237 | 3238 | 3239 杏 | 3240 | 3241 | 3242 | 3243 | 3244 酉 | 3245 酓 | 3246 王 | 3247 麦 | 3248 卬

3249 玨 | 3250 玫 | 3251 晉 | 3252 玨 | 3253 玉 | 3254 玨 | 3255 朋 | 3256 倗 | 3257 | 3258 | 3259 丰 | 3260 東 | 3261 𨠹 | 3262 玉 | 3263 玨 | 3264 | 3265 | 3266 | 3267 力

3268 措 | 3269 耕 | 3270 | 3271 0736 乇 | 3272 危 | 3273 | 3274 | 3275 屯 | 3276 | 3277 3530 肉 | 3278 1161 多 | 3279 俎 祖 宜 | 3280 剮 | 3281 則 | 3282 敕 | 3283

3284 3541 鑑 | 3285 2288 2890 背 | 3286 | 3287 | 3288 | 3289 | 3290 | 3291 | 3292 | 3293 | 3294 | 3295 | 3296 3297 㞢 | 3297 3296 㞢 | 3298 良 | 3299 良

Row 1:
突搜 蓺炎 谷公 公 公

3319 3318 3317 3316 3315　3314 3313 3312 3311 3310 3309 3308 3307 3306 3305 3304 3303 3302 3301 3300

Row 2:
用 吉 圭柱 才在 少小 小 易暘錫 彡 乞 翠迲 兮 卅 刑 ...

3338 3337 3336 3335 3334　3333 3332 3331 3330 3329 3328 3327 3326 3325 3324 3323 3322 3321 3320

Row 3:
卯 于尤 侑坐又有 占卜 乎呼 四 屮 ...

3356 3355 3354 3353 3352 3351　3350 3349 3348 3347 3346 3345 3344 3343 3342 3341 3340 3339

Row 4:
獄 亡無 弗 冉 万 戈 弋 門 兒 虹 而

3377 3376 3375 3374 3373 3372 3371　3370 3369 3368 3367 3366 3365 3364 3363 3362 3361 3360 3359 3358 3357

Row 5:
殷(含文) 且 昭 俎 ...

3397 3396 3395 3394 3393 3392 3391/0684　3390 3389 3388 3387 3386　3385 3384 3383　3382 3381 3380 3379 3378

Row 6:
3420 3419 3418 3417 3416 3415 3414 3413 3412 3411 3410 3409 3408 3407 3406 3405 3404 3403 3402 3401 3400 3399 3398

Row 7:
3443 3442 3441 3440 3439 3438 3437 3436 3435 3434 3433 3432 3431 3430 3429 3428 3427 3426 3425 3424 3423 3422 3421

Row 8:
3466 3465 3464 3463 3462 3461 3460 3459 3458 3457 3456 3455 3454 3453 3452 3451 3450 3449 3448 3447 3446 3445 3444

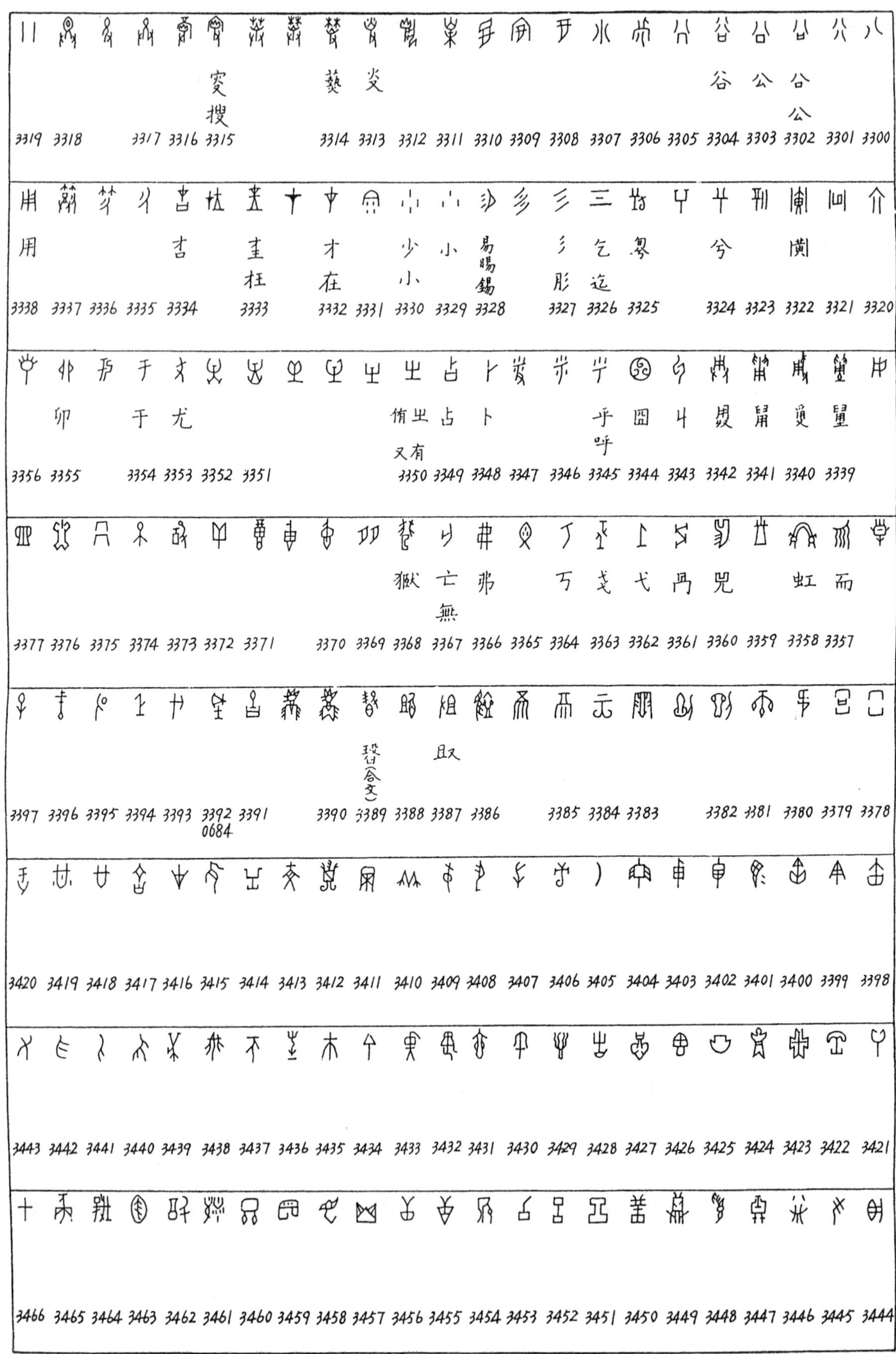

編號	釋文
3467	
3468	
3469	
3470	
3471	
3472	
3473	
3474	
3475	
3476	
3477	
3478	
3479	
3480	
3481	
3482	
3483	
3484	
3485	
3486	
3487	
3488	
3489	

編號	釋文
3490	
3491	
3492	
3493	
3494	
3495	
3496	
3497	
3498	
3499	
3500	
3501 1086	首
3502	
3503	
3504	
3505	
3506	
3507	
3508	
3509	
3510	
3511	

編號	釋文
3512	
3513	
3514	
3515	
3516	
3517	
3518	
3519	
3520	
3521	
3522	
3523	
3524	
3525	
3526	
3527	
3528	
3529	
3530 3277	肉
3531	
3532	
3533	

編號	釋文
3534	
3535	
3536	
3537	
3538	
3539	
3540	
3541 3284	盤
3542	
3543	匠 笸
3544	
3545	
3546	
3547	
3548	十
3549	二十
3550	三十
3551	四十
3552	五十
3553	六十
3554	七十
3555	八十
3556	九十

先王先妣稱謂

編號	釋文
3557	⿴囗甲
	上甲
3558	報乙
3559	報丙
3560	報丁
3561	示壬
3562	示癸
3563	大乙
3564	成
3565	唐
3566	大丁
3567	大甲
3568	卜丙
3569	南壬
3570	大庚
3571	小甲
3572	大戊
3573	雍己
3574	仲丁
3575	卜壬
3576	戔甲
3577	祖乙
3578	高祖乙
3579	下乙
3580	入乙
3581	内乙
3582	祖辛
3583	二祖辛
3584	三祖辛
3585	羌甲
3586	[illegible]甲
3587	祖丁
3588	小丁
3589	二祖丁
3590	三祖丁
3591	四祖丁
3592	毓祖丁
3593	南庚
3594	魯甲
3595	般庚
3596	小辛
3597	小乙
3598	三祖乙
3599	小祖乙
3600	毓祖乙
3601	武丁
3602	祖己
3603	祖庚
3604	小庚
3605	三祖庚
3606	祖甲
3607	丩甲
3608	康祖丁
	康丁
3609	武乙
	武祖乙
3610	文武丁
	文武帝
3611	祖丙
3612	祖戊
3613	祖壬
3614	祖癸
3615	帝甲
3616	帝丁
3617	仲己
3618	[illegible]甲
3619	工乙
3620	卜戊
3621	入戊
3622	入己
3623	[illegible]庚
3624	辛壬
3625	[illegible]壬
3626	[illegible]壬
3627	祖
3628	妣甲
3629	妣乙
3630	妣丙
3631	妣丁
3632	妣[illegible]
3633	妣戊
3634	妣己
3635	妣庚
3636	妣辛
3637	毓妣辛
3638	妣壬
3639	妣癸
(0002)	妣

父母兄子稱謂

3640 父甲
3641 父乙
3642 父丙
3643 父丁
3644 父戊
3645 父己
3646 父庚
3647 父辛
3648 父壬
3649 父癸
3650 父
3651 母甲
3652 母乙
3653 母丙
3654 母戊
3655 母己
3656 母庚
3657 母辛
3658 母壬
3659 母癸
3660 兄甲
3661 兄乙
3662 兄丙

3663 兄丁
3664 兄戊
3665 兄己
3666 兄庚
3667 兄辛
3668 兄壬
3669 兄癸
3670 兄
3671 子丁
3672 子庚
3673 子癸

數字干支補

3674 一
3675 二
3676 三
3677 四
3678 五
3679 六
3680 七
3685 八
3682 九

3683 甲
3684 己
3685 壬
3686 癸
3687 子
3688 丑
3689 未
3690 亥
3691 夒

0001 人

孙海波 「人，甲七九二。人、尸、夷通用。」（甲骨文编三三九页）

胡厚宣 「大约早期卜辞，殷王自称『一人』，晚期卜辞，殷王自称『余一人』。……在甲骨卜辞中，殷王自称『一人』或『余一人』的例子，自早期盘庚、小辛、小乙、武丁，至晚期帝乙、帝辛，除廪辛、康丁时期以外，各个时期都有，只据我们所见，即共有三十五条之多，可以说是相当的普遍了。

就是到了周代，在一些青铜铭文中，也还因袭了殷人的制度，周王仍然自称为『余一人』，亦或称为『我一人』。……

至于在古典文献当中，商周两代奴隶主社会，其最高奴隶主称『一人』、『余一人』、『予一人』、『我一人』的，更是屡见不鲜。……

所谓『一人』者，乃是商周奴隶社会最高奴隶主的专称。诗下武毛亨传，『一人，天子也。』尚书君奭孔安国传，『一人，天子也。』史记鲁周公世家集解引马融说，『一人，天子也。』礼记缁衣孔颖达正义，『一人，谓天子也。』左传文公三年，襄公十三年，杜预注并云，『一人，天子也。』

商周最高奴隶主，王或天子，自称又为『余一人』。史记孔子世家集解引服虔说，『天子自称余一人。』国语周语韦昭注，『天子自称曰余一人。』……

至于商周最高奴隶主，王或天子所以称为『一人』、『余一人』、『予一人』或『我一人』者。孝经天子邢昺疏，『言四海之内，惟一人乃为尊称也。』礼记玉藻孔颖达正义说，『谓率土之内，惟此一人尊之也。』古文尚书太甲孔颖达正义说，『言天下惟一人而已。』白虎通號篇说，『以天下之大，四海之内，所共尊者一人耳。』礼记玉藻孔颖达正义说，『言我于天下之内，但祇是一人而已。』逸周书太子晋朱右曾校释说，『曰予一人，言天下莫有抗也。』……

由于『天无二日』，所以『民无二王』，由于『天无二日』，所以『国无二君』。那么以天下之大，四海之内，至高无上，唯我独尊的，就只有国王一人了。」（重论「余一人」问题古文字研究第六辑一五——三〇页）

胡厚宣 「大约早期卜辞，殷王自称『一人』，晚期卜辞，殷王自称『余一人』。……殷王武丁称『一人』……」

到了殷王祖庚（約公元前一二八〇—一二七四）或祖甲（約公元前一二七三—一二四一）時的卜辭，殷王自稱則為『余一人』……

甲骨卜辭至殷王武乙或文丁（約公元前一二二二—一二一〇）時……殷王仍旧自稱『一人』。

……

到晚期殷王帝乙（約公元前一二〇九—一一七五）或帝辛（約公元前一一七四—一一二三）時卜辭，殷王仍然继续祖庚或祖甲時的称号，叫『余一人』。……就是到了周代，在一些青銅銘文中，也还因袭了殷人的制度，周王仍然自称為『余一人』，亦或称為『我一人』。……

至于在古典文献中，商周两代奴隶制社会，其最高奴隶主称『一人』、『余一人』、『予一人』、『我一人』的，更是屡見不鲜。」（重论余一人问题 古文字研究論文集一三頁至二一頁）

姚孝遂　肖丁　「『人』為以人為牲之通称，而在更多的情况下則為量詞，2343之『羌十人』即其例。」（小屯南地甲骨考釋八五頁）

陈秉新　「卜辞『人方』之人确是人字。此一人方，亦見于殷末𩰫作母辛卣、文父丁簋、小臣艅尊、作册般甗。周金文及后世典籍作尸或夷者，乃音之转，人与尸為日审旁纽、真脂对转，人与夷為日喻旁纽、真脂对转。故古称夷人，绝无敌意。合集三七八五二片云：〔乙〕亥，王〔卜〕……自今春至……〔秋〕，人方不大出？王固曰：吉。十二月，遘且乙彡，隹九祀。所记為征人方前一年事。𩰫作母辛卣有派人偵察人方行动（『令望人方𡨥』）的记载，说明当时人方势力相当强大，使殷商统治者时々提防，以至由殷王率兵亲致讨伐。人方是对东夷族各方国的统称。从卜辞可知，殷商晚期，人方势力中心已转移到安徽凤阳一带。」（殷虚征人方卜辞地名汇释，文物研究第五辑六八頁）

林澐说参州字条下。

陈炜湛说参[illegible]字条下。

按：許慎說解人字為「象臂脛之形」本不誤，後世治說文者展轉傅會，妄說滋生。唯涂灝

0002

匕 妣 [illegible]

説文解字注箋云：「大象人正視之形，匕象側立之形。側立故見其一臂一脛……造字之初，因物象形，本無奧義，後世穿鑿求之，而支離曼衍之說繁矣。如楚金謂人者天與陰陽三合而生，故為三歧，上一而下二；段氏謂人以縱生，貴於橫生，故象其上臂下脛，皆未得其形而妄為之說也」。此說最為精當。

卜辭人與尸有別，尸通作夷，說詳尸字條下。

羅振玉　「説文解字妣，籀文作[illegible]，卜辭多作[illegible]，與古金文同，多不从女。（惟義妣鬲、召仲鬲从女作妣，與許書籀文合）吳中丞說『古妣字與父相比，右為[illegible]，左為[illegible]』。予案考妣之匕，引申而為匕箸字，匕必有偶，猶父之與母相匕矣」。（殷釋中二十二葉）

王襄　「古妣字。許說殁母也，从女比聲。此省作匕」。（類纂正編第十二第五十四葉下）

郭沫若　「匕廼匕柶字之引申。蓋以牝器似匕，故以匕為妣若牝也」。（甲研釋祖妣十葉下已見一卷祖字條下引）

郭沫若　「匕之古文作[illegible]（妣辛𣪘若入木工鼎妣戊）即其形象也。匕之上端有枝者，乃以掛於鼎脣以防其墜」。（金文餘釋之餘釋戉氏三四下——三六上）

孫海波　「[illegible]，甲三五五。卜辭用匕為妣，重見匕下。[illegible]，京都一八二。卜辭用比為妣，重見比下。」（甲骨文編四七二頁）

李孝定　「説文『妣殁母也从女比聲[illegible]籀文妣省』。契文假匕柶之匕為之，亦不从女。匕字重文，詳見一卷祖字八卷匕字諸條。金文作[illegible]（妣辛簋）與契文同。又作[illegible]（鄦医簋）與小篆同。又作[illegible]（作義妣鬲）[illegible]（召中作生妣鬲）[illegible]（陳侯午錞）[illegible]（齊侯鎛）與許書籀文同。又作[illegible]（齊鎛）从示匕聲，示神事也。祖妣為已殁之偁，故又从示，此後起字。匕比聲同，从匕聲从比聲一也。許云籀文妣省失之。前人以相比說妣字，亦涉附會」。（集釋三六一七葉）

屈萬里「卜辭『于辛田，卒？王匕卒。』（甲編六七三）按：『王匕卒』當是記驗之辭。匕，當讀為比。史記呂后本紀：『又比殺三趙王。』索隱云：『比，猶頻也。』則『王匕卒』者，言王頻有擒獲也。」（甲編考釋一〇七葉）

丁驌「契辭中稱妣者干，以十干命名。諸妣所配之王名見下列。其中妣乙、妣丁為非周祭辭中之妣。王配以庚名者最多，皆見周祭步祭辭，不必多贅。

妣	甲	乙	丙	丁	戊	己	庚	辛	壬	癸
王	示癸		大乙		大丁	中丁	示壬	大甲	大庚	中丁
	卜丙				武丁	且乙	且乙	戊甲	大戊	武丁
	且辛				祖甲	且丁	且丁	武丁	且辛	文丁
	外壬				武乙		羌甲	康丁		
							小乙			

近見島邦男綜类，將人二二九七辭写為『癸亥貞又于二母：母戊、耆甲母妣庚』，島邦于妣庚处加问号。按原辭為『三母』『母庚』。島邦以為二母，一即母戊、二即耆甲配庚也。此辭本奇诡，既称三母，則母戊、母庚当不在其列，实為五母也。而又夹一耆甲，男女混杂，宜乎島邦之有疑也。按男女同见祭辭未尝不有，如續一九八八曰：『丙子卜濋知于二妣己、于妣丁、子丁』辭句构造与内容男女兼而有之，均与人二二九七辭同，故不宜为之更改也。……

丁丑卜穷貞子雍其知王于丁□二妣己，㞢羊三，冊羌十。（佚一八一）

按：□二妣己，隶应读數二，妣己。以平列文例读，应为右姜二妣己。且丁二配一庚一己。二妣己之二可为第二名之妣己，对且乙妣己而言，点可是『次』妣己对妣庚而言。妣己为右姜，是否妣庚较为重要？（乙五四〇五：『戊午卜姜右（又）』，辞义未明。在此辞中读之，当点可作『數二』与『羌十』，同为牺牲品也。□释妻。此文首上只二歧，故有惑焉。」（諸妣母中国文字第八卷第三十三册三五二一——三五二五页）

考古所「此条卜辞中夕（匕）与竹（从）同见，可见应是两个字。过去，有人误为夕（匕）是从的简体，这是不对的。」（小屯南地甲骨九七九页）

姚孝遂　肖丁

「1070……虎，王其匕，擒？」「2067……告又豕，王其匕从？」此「匕」字用法较为特殊，乃动词，亦狩猎方法之一种。

《屯》673有辞云：「于辛田，擒？王匕，擒」屈万里先生《考释》谓「匕」当读作「比」，引《史记·吕后本纪》「又比杀三赵王」，《索隐》：「比犹频也」，「王比擒者，言王频有擒获也。」屈说不可据。（《小屯南地甲骨考释》164至165页）

姚孝遂

「卜辞「匕」字除用作名词乃祖妣之「妣」外，尚有一较为特殊之用法，即指某种狩猎之手段：

「于辛田，擒？王匕，擒。」　《屯》六七三

《屯》六七三与下列辞例是相当的：

「甫擒麑？丙子麑，允擒二百出九。」　《前》四·四·二

「今日王逐兕擒？允擒七兕。」　《掇》二·三九九

「匕」和「麑」、「擒」一样，都应该是指某种狩猎的手段而言。「匕」字象这类的用法尚见于下列诸辞例：

「乙丑卜，王叀壬匕虎，擒？」　《南明》七三四

「叀匕，擒？」　《宁沪》一·二八三

「叀匕兕，擒？」　《南辅》八三

「癸卯卜，戊，王其匕虎，纟……」　《粹》一一四八

上述的这类「匕」字，当读如「畢」。王筠《说文释例》在说解「匕」字的时候，曾论及，「《诗》「有捄棘匕」，《毛传》「匕所以载鼎实」。《疏》引《杂记》云：「匕用桑，长三尺」。《诗》又云：「有捄天畢」，毛以为掩兔之畢；郑以为助载鼎实，则亦是匕也」。王筠论「匕」「畢」典籍可通是对的。《诗·鸳鸯》：「畢之羅之」毛传谓「畢所以掩兔也」。《国语·齐语》：「田狩畢弋」，韦注谓「畢乃掩雉兔之网也」。实际上「畢」字的引申义，乃泛指掩捕禽兽而言。从以上所引的诸辞例来看，所「匕」的有「兕」，有「虎」，有「豕」，是不限于「雉兔之属」，也不一定是以网。」（《甲骨刻辞狩猎考》《古文字研究》第六辑四五——四六页）

赵诚

「匕，甲骨文写作匕，有人以为象匕（与后世之匙类似）之形。但出土之匕与匕字形体不合，而商代人又把有些匕字写成象人（𠤎）的形状，从反面证明匕字在当时人们心

目中并不是匕（匙）的象形，而是象人站立拱手侧面之形。这是尚待进一步研究的问题。甲骨文的匕，除用为祖妣之妣，还用作副词，有「连续」之义：

于辛田，毕。王匕毕。（佚六七三）——在辛日那一天畋猎有擒获，商王接二连三地擒获。

这种用法的匕，当读为比，为借音字。比在古代有「频」义，如史记吕后本纪「日又比杀三赵王」之比，即有连续之义。与卜辞比用法近似。」（甲骨文虚词探索，古文字研究第十五辑二七九页）

常玉芝「……上面利用黄组、出组周祭保联卜辞考证了周祭中先妣的祭祀次序。若按旬序进行排列，其祭祀次序如下：

先妣祭祀次序

第一旬　示壬奭妣庚

第二旬　示癸奭妣甲、大乙奭妣丙、大丁奭妣戊、大甲奭妣辛、大庚奭妣壬

第三旬　大戊奭妣壬

第四旬　中丁奭妣己、中丁奭妣癸

第五旬　祖乙奭妣己、祖乙奭妣庚

第六旬　祖辛奭妣甲、（四）祖丁奭妣己、（四）祖丁奭妣庚

第七旬　（无先妣被祭）

第八旬　小乙奭妣庚、武丁奭妣辛、武丁奭妣癸

第九旬　武丁奭妣戊、祖甲奭妣戊、康丁奭妣辛

以上旬序是表明先妣受祭的次序的，不是实际举行祭祀时的旬数。

周祭卜辞表明：（一）黄组时周祭先妣始于示壬之配妣庚，终于康丁之配妣辛；出组时周祭先妣也始于示壬之配妣庚，但终于小乙之配妣庚。（二）出组周祭卜辞多为祖甲卜辞，其周祭先妣终于祖甲的祖父小乙之配妣庚，说明出组周祭先妣止于祖甲辈，甲辈是不被祭祀的。据此，黄组周祭先妣止于康丁之配妣辛的卜辞，可能是康丁之孙文丁的卜辞，即周祭先妣也止于祖甲辈，甲辈是不被祭祀的。（三）先妣的祭祀次序是以她们所配先王的即位次序（也即祭祀次序）为准安排的。同为某一先王之配的诸先妣，其祭祀次序则是根据死亡的先后安排的（先妣的日干名表示其死日的天干日）。如同为武丁配偶的妣辛、妣癸、妣戊三个先妣，在出组的祖庚卜辞（非周祭卜辞）中记有「妣辛」称谓的较多，「妣癸」的称谓仅见一处（珠八八五），最不见「妣戊」的称谓。根据祭祀她们的卜辞的多寡，可以推知妣辛死得最早，其次是妣癸，最后是妣戊。在周祭先妣的祭祀次序表中，妣辛、妣癸同在第八旬的辛日和癸日被祭祀，妣戊在

第九旬的戊日被祭祀，她們受祭的先后显然是按照死亡的先后進行安排的。」（商代周祭制度一〇三——一〇五頁）

常玉芝說另參 ⊞ 字條下。

林澐說參 ⺌ 字條下。

陈炜湛說參 𠂤 字條下。

陳初生　「甲骨文作〔字形〕、〔字形〕、〔字形〕，金文作〔字形〕、〔字形〕、〔字形〕、〔字形〕，皆象匕之形。段玉裁謂匕即今之飯匙，又有出牲体之匕，大于飯匙。陝西扶風出土微伯瘋匕，其形可資參證。」（商周古文字讀本三七九頁）

按：許慎於匕字之說解，前人多已疑之。王筠釋例云：「反人則會意，柶則象形，斷不能反人而為柶也，乃許君合為一者」。林義光文源云：「反人無相比敘之義，古作〔字形〕，象柶形」。金甲文皆用為祖妣字。契文「匕」與「人」形近易混，唯辭義之分，至為顯明。屈萬里曾區分「匕」「人」二字形體之差異甚詳。詳見「从」字條下。卜辭「匕」又用為狩獵之方法，所「匕」者有虎、有兕。或以為假「匕」為「比」，其說非是。

0003

尸 夷

葉玉森　「『王正人方』一語，舊釋人方為夷方。惟卜辭未見夷字，从夷之字如陕正作夷，則人方應否讀夷方，尚為疑問。且各辭之言『正人方』者，上必着一來字，亦均非記征伐之辭，觀上下文自見。」（前釋二卷八葉上）

陳夢家　「卜辭言『王來正人方』。是說來於正人方，指其歸程。」（綜述三〇四葉）

郭沫若　「舊多釋尸為人，余謂當是尸字，假為夷……殷代尸方乃合山東之島夷與淮夷

而言」。（卜通五六九）

郭沫若釋[illegible]為尸。（粹考一一八七片釋文）

孫海波「人、尸、夷通用」。（文編三三九葉）

孫海波「[illegible]，粹一二九九。与人通用。从人三千。[illegible]，粹一一八七。与夷通用。侯告伐尸方。尸方即夷方。[illegible]，鄴三下，四六，四。叀戈尸射。戈尸即戈人。」（甲骨文編三五八頁）

朱芳圃文字編十卷十葉上收新寫一五〇片一文作夷，無說。

屈萬里「[illegible]，疑是尸字；即夷字。」（甲編考釋一二四葉）

饒宗頤「『癸未卜，即貞：其濊豕于尸』（東京博物館藏片）此用牲于尸，通典云：『先迎牲殺于庭，取血告于室以降神，然後奏樂尸入』此言濊豕于尸，謂殺牲以賓尸也。」（通考九八八葉）

饒宗頤「（辛口卜），穷貞：立尸。　辛口卜，穷貞：勿立尸。　……亩羽甲申，立尸。
……卜，穷貞：勿隹羽甲申立尸。（屯乙六六九六）
丁丑卜，穷貞：隹冥尸。　貞：不隹冥尸。（隹凵之（尸凵）。　不隹之尸。（殷綴二六七）
按立尸者，禮運云：『夏立尸而卒祭，殷坐尸』。『周坐尸』。『周坐尸。詔侑武方（謂勸尸無常所），其禮亦然，其道一也』。是自夏殷以來，并有敬尸之禮。右辭言『立尸』『之尸』，祖甲時即大所卜辭，又見『王室尸，歲亡尤』語。（續編一、三〇、三及天壤二八）考詩絲衣傳云：『繹，賓尸也』。陳奐傳疏：『繹祭以賓禮事尸，謂之賓尸』。卜辭又云：『壬午卜，大貞：㱿（設）六尸』。（林一、二六、六）『貞：㱿六尸』。（粹五〇三）明殷時有卜尸之禮。又：『癸卯卜，貞：今日，令卑取黃口（祊）尸。七月』。（前編七、三、二）『……：日，其取伊口（祊）尸』。（南北明四九七）右辭之『取』，疑讀為諏，謂諏問黃祊伊祊之尸，此即卜尸之事也。儀禮特牲饋食禮及少牢饋食禮并有筮尸之儀。禮記表記正義言：『大夫士筮尸，天子諸侯有卜尸』是也。禮運：『周旅酬六尸』。尸數亦六。鄭氏云：『后稷之尸發爵不受旅』。蓋周為七廟，旅酬相酌，文武并親廟六尸，相對為昭穆，更次相酬，其爵僅逮于祧廟之尸而止，其燬廟無尸，則但有主；而后稷之尸，為發爵之主，故不與子孫旅酬。殷之六尸，詳細如何，已不可考。魯賓先援禮緯稽命嘉及鉤命決：「殷五廟至于孫六」，謂殷人六廟，當為八尸。說見所作禘祫篇。困學紀聞五引杜佑理道要訣謂：「殷立尸遺法，乃本夷狄風俗，至周未改」。考禮記曾子問孔子論「祭成喪者必有尸」之義，蓋立尸為棄夏古制，故朱子語類以杜說為非。禮器言：「三代之禮，夏造殷因」。鄭注：「周坐尸」，言「此亦周所因于殷也」。今由卜辭，足證其說之確。（通考第二九四——二九五葉）

饒宗頤

「辛酉卜，旅貞：尸告，其用于……」（七集衛二七）案詩鳧鷖云：「公尸來燕來宗」。他辭云：「丙午貞：彡尸、冊祝」（粹編五一九）公羊宣八年解詁：「祭必有尸者，節神也；禮，天子以卿為尸」。」（通考九四九葉）

又曰：「『……卜旅〔貞：〕……尸歲……今彡……』（續編二.三.一〇）此知殷人祭歲星有尸。詩絲衣傳：『繹賓尸也』。引高子曰：『靈星之尸也』。靈星即農星，卜辭謂之『農宗』。詩鳧鷖箋云：『祭社稷山川之尸』。古祭必有尸，既有靈星之尸，必有歲星之尸。」（通考九四九葉）

饒宗頤

「『壬申卜，岁貞：勿往从尸。……』（金璋三八〇）按『尸』又稱『尸戎』及『尸方』。（侯告伐之，見粹編一一八七）武丁曾撻伐，後又臣服于商。故他辭云：『……尸其臣（倒書）商』。（京津一二二〇）漢書地理志：『偃師有尸鄉，成湯所都』。其地當以尸戎得名。春秋時曰尸氏，左昭二十六年：『劉人敗王城之師于尸氏』是也。他辭又云：『……叀伐尸于函』（後編下二二.五）函即函陵，左僖三十年傳：『晉侯秦伯圍鄭，晉軍函陵』。在今新鄭縣北。今以牵及函諸地證之，尸方當在今河南境」。（通考三一一葉）

陳夢家

「武丁卜辭中所征伐在西土的尸方，與乙辛時代在商方的人方，是不同的兩個邦方。尸和人的寫法也不同，這在西周初期金文大盂鼎還是如此」。（綜述三〇一）

又：「尸作𠃌，與卜辭人方及若干人之人作𠂇或𠂉者不同。西周金文大盂鼎人、尸相分不混。人象人直立之形，尸象人橫陳之形。卜辭金文尸又假為夷」。（綜述二八五葉）

陳夢家

「尸作𠃌，與卜辭『人方』及『若干人』之人之作𠂇或𠂉者不同。西周金文大盂鼎『人』、『尸』相分不混。『人』象人直立之形，尸象人橫陳之形。卜辭金文『尸』又假為夷。卜辭有四方之夷，其辭曰：『乙巳卜叀東佳尸；乙巳卜叀南佳尸；乙巳卜叀西佳尸；乙巳卜叀北佳尸』。（佚三六.六）『壬午卜伐戋明東北尸』。（京都三〇〇一）我們曾以為『佳尸』即『鳥夷』，因古文字隹鳥是不分的，而西周金文「尸」用作「夷」。尚書禹貢「鳥夷皮服」，正義「鄭玄云鳥夷，東方之民搏食鳥獸者也。王肅云鳥夷，東北夷國名也」。大戴禮五帝德「東長鳥夷羽民」。凡此「鳥夷」均指東方或東北之夷（詳隹夷考，禹貢五：一〇），與夷方之在西者不同。

卜辭惟於羌及尸稱「用」與「攺」，故義為殺，左傳晉語則作施（考古社刊六：一九五——一九七）。左傳文六「晉蒐於夷」杜注云「夷，晉地」，又莊十六「晉武公伐夷，執夷詭諸」杜注云「夷詭諸，周大夫，夷，采地名」。又武丁記事刻辭「某日，宜于義京羌幾人卯十牛」，亦有作「尸十人二」者（粹四一二），可證尸、羌同類。卜辭「尸其臣商」，是在武丁之時尸曾服於商王國。但它或服或叛，所以較晚的卜辭又有「叀伐尸于𠚕」。（下二二·五）（綜述二八五葉）

陳夢家

「人象人直立之形，尸象人橫陳之形。卜辭金文尸又假為夷。」（綜述二八五葉）

陳夢家

「『人』和『眾人』比較接近，但『眾人』是王的，而『人』有族邦之人。族邦之人，以周公在無逸一篇追述殷王與『小人』的小人，乃是自由而從事稼穡之人。王人，或是『百姓王人』，君奭曰『殷禮陟配天……百姓王人罔不秉德明卹』。」（綜述六一〇葉）

又曰：「卜辭的『人』用作某種人，以『我人』『戈人』。『我人』是殷王國之人，『戈人』是戈族邦之人。卜辭征伐以前要『共人』，即徵集人夫。卜辭記『戊其喪人』，是說戊族邦喪失了『人』。就失去的一方說是『喪人』，就獲得的一方說是『俘人』。卜辭云『俘人十又六人』，即記被敵國之方俘去了十六人。」（綜述六二五葉）

李孝定

「契文亦象臂脛之形。又尸作𠃎與卩作𠃑為兩種不同之坐姿，尸象高坐之形，蓋當時東夷之坐姿如此。論語載原壤夷俟，孔子以杖叩其脛，蓋原壤當時之坐姿有悖𠃑形坐姿（今日人之坐猶如此）之常禮而與夷人之坐姿相同，故孔子責之也。人則象側立之形。古文从人之字或从大或从女或从卩或从尸，隨宜所施，不拘一體。及後衍化漸繁，字型亦定，於是本為一字者，以其偏旁小異，遂亦別為數字矣。人方夷方原本一字，人之作尸僅形體小異，而尸夷古祇是一字也。金文作人人作父戊卣人矢作丁公簋人矢尊人盂鼎人散盤人齊鎛人王孫鐘𠃌王人甗人曾姬無卹壺形亦略同。孫海波文編八卷二葉下收前二·十九·一「仁」字作仁，諦審彩本此辭乃旁之二，乃紀數字，非人二合而為仁也。古仁人當祇是一字，仁者，人也。先秦金文亦未見仁字，契文中不應有『仁』字也。」（集釋二七四五至二七四六頁）

李孝定

「說文『尸陳也象卧之形』，契文不象卧形，篆文作𡰣，象下肢下垂，亦無卧象。」

疑象高坐之形。蓋當時東夷之人其坐如此，故即名之曰尸。許君訓卧者，蓋涉假尸為屍而混。王筠說文釋例曰「卧字亦不可泥，部中惟眉展是卧，餘皆人之所用之物，是仍以尸作人字用也」。其說是也。惟王氏謂「尸以死人為本義，借用既久乃作屍字為專義」。則有可商。蓋尸象人高坐而肢體下垂，死人安得如此。屍體字漢碑簡中多段死字為之，經籍則多作尸，皆段借也。屍則後起專字。金文作（又已卣）、（同上）、（兮甲盤）、（師寰簋）、（盂鼎）、（無㠱簋）、（虢仲盨）、（師酉簋）。容庚曰「尸，說文『陳也，象卧之形』。案金文作，象屈膝之形，意東方之人其狀如此。後段夷為尸，而尸之意晦。祭祀之尸其陳之而祭，有似于尸，故亦以尸名之。論語『寢不尸』，苟尸為象卧之形，孔子何為寢不尸，故知尸非象卧之形矣」。（金文編八卷十七葉上）按容氏之說是也。惟論語「寢不尸」之尸蓋已假為屍，謂寢貴斂側勿四肢展布如屍之陳，即俗所謂「挺屍」也」。（集釋二七四五葉）

李孝定

「說文『夷，東方之人也，从大从弓』此从段注本改，各本作「夷，平也，从大从弓，東方之人也」。古文夷祇作，象人高坐之形，與席地而坐者異。即象席地而坐之形，蓋東夷之人其坐如此，故即以名之。說詳前八卷尸下。其作者，後起之異體。蓋東夷之人俗尚勇武，行必以弓自隨，故製字象之。漸寫一五〇之狀，其左旁是否从弓不能遽定，姑收之於此。唯从大从弓之夷必尸之後起字，非段尸為夷也。論語『原壤夷俟』，蓋即效東夷高坐之狀，故孔子以杖叩其脛也」。（集釋三二〇七葉）

姚孝遂　肖丁

「卜辞『人』作『』、『尸』作『』，二者有别。陈梦家先生隹夷考（禹贡5.10）曾详论『人』、『尸』形体之别云：「尸作，与人方及若干人之人作或者不同。西周金文大盂鼎人、尸相分不混。人象人直立之形，尸象人横陈之形。卜辞、金文尸又假为夷」。

按说文『尸，陈也，象卧之形』。林义光文源据金文形体谓『象人箕踞形。古与夷同音（师寰敦、兮甲盘、曾伯霥簠皆以淮尸为淮夷），疑即夷居之夷本字』。

容庚先生金文编（479页）谓尸『象屈膝之形』。

我们认为，『尸』非象卧形，当为象箕居之形。古文字『尸』均用作『夷』，典籍多作『夷』。论语·宪问：『原壤夷俟』，贾子等齐：『织履蹲夷』，『夷』皆为箕踞之义，亦即『尸』之本义。」（小屯南地甲骨考释一〇二—一〇三页）

赵诚

「」，尸。或写作，象人蹲踞之形，与人有别，甲骨文用为方国之名，则为借音字。即后代的夷，如『侯告伐夷方』（侯告伐夷方）（粹一一八七）。夷方与人方接近。从侯告伐夷方可知夷方是商王国的故国。也有人考证夷方就是人方。」（甲骨文简明词典一四五页）

按：甲骨文、金文「人」與「尸」有别，尸亦用為夷，尸蓋象蹲踞之形。論語「原壤夷俟」，賈子等齊篇「織履蹲夷」皆即此意。林義光文源即謂尸「象人箕踞形」。卜辭「尸」為方國名。

0004

壬 𡈼

王襄類纂以為古壬字。

商承祚「說文解字『壬，善也，从人士，士，事也。一曰象物出地挺生也』。此正象土上生物之形，與許書第二說相符，則此字當从土，不應从士」。（類編八卷五葉上）

唐蘭「凡是人形常作亻，变作𠂆，這是象足形的，所以從亻和從𠂆是通用的。凡是人形可加足形而作𠂆，形常作𡈼或𡈼，象他站在地上，所以亻和𡈼，大和𡈼通用，而亻和𠂆也通用。……凡人形可加足形而作𠂆，所以從亻和從𠂆通用。後來𠂆变𠂇，所以說文把許多人形的字，截歸𠂇部，這是錯誤的」。（導論下五三至五三葉）

唐蘭「亻和𡈼也通用，𡈼𡈼並『壬』字，由𡈼变壬。說文所釋並誤」。（導論下編五十三葉上）

李孝定「說文『壬善也从人士士事也一曰象物出地挺生也』。徐灝說文段注箋曰『按一曰象物出地，則當从土，壬蓋古挺字。鼎臣云「人在土上壬然而立」是也』。此說極是。字从人立地上，與立意同，一象正面，一象側面為異耳。下一，地也。地土意近，故或又从土，人在土上，壬然而立，英挺勁拔，故引申之得有善也之誼也。許云从士，土之誤也。金文望字偏旁从此作𡈼若𡈼，作𡈼者，與卜辭一體同」。（集釋二七〇九葉）

高嶋謙一「（九）甲戌卜殻貞雀壬子商徒基方克」乙編五五八二

（甲戌日灼卜，㱿贞测：雀应该恳求子商向基方推进，（他）将征服（基方）。）文中写作"□"的字，本文释为"壬"，但陈（梦家）氏则释为"及"，更以古典汉语中"及"字的意义——即连接词"和"去解释上引的卜辞。但除了这一条卜辞之外，陈氏并不能提出其他的证据。我认为最恰当的是把"□"解释为"壬"（恳求，直訴。其意是由"壬"之本意"笔直立"而来）。这一解释不单在上引一条卜辞中文从字顺，而且在其他卜辞中点合乎文义。（注释："壬"字出现的文句依文义可分三类。第一类与征战有关，即例文（i）。第二类为数最多，可由下面的一组对贞卜辞代表：

（ii）甲午卜争贞令壬隹黄　龟甲一·二四·一二

（甲午日灼卜，争贞测：（我们）应该下令恳求黄。）（原文直译是：命令恳求的是黄。）

（ii）贞勿令壬隹黄

（贞测：（我们）不应该下令恳求黄。）

第三类与第一类一样在殷墟卜辞综类只有一例：

（iii）己卯卜㱿贞壬父乙帚好生保　遗珠五二四

（己卯日灼卜，㱿贞测：（我们）应该将保护帚好的外甥（？）（的责任）恳求于父乙。）

例（iii）中"生"可能借为"甥"，这是大卫基尼的说法。不过，在其它的卜辞中"生"显然是"生育"之意，例如乙编一七〇四，四六七八。）"（甲骨文中的并联名词仂语古文字研究第十七辑三四〇、三五二页）

赵诚："□、壬。或写作□，均象人伫立土丘之上有所企求之形。也有的写作□，左右无别。卜辞用作动词，有希企、乞求之义，如"[illegible]"……（佚五五八二）。壬的这种意义，或多或少包含着希望、盼望之义。可见甲骨文的壬和望（□）在构形上虽然有差异，但也有某些相同之處。反映在由形表示的意义上虽然所指不同，但也存在着某些联系。由此可以清楚地看到甲骨文字的构形系统和词义系统之间有着多么微妙而又复杂的关联。卜辞壬字的这种用义，后代基本上由企字来承担。"（甲骨文简明词典三五九页）

按：朱駿聲說文通訓定聲云："从人立土上，會意，挺立也，與立同意。塱廷皆从此為義"。卜辭塱字作□，或作□（寧滬二·四八），人立土上之形益顯。卜辭云：

"己卯卜㱿貞，壬父乙帚好生，保"　珠五二四

「甲戌卜殻貞，雀[illegible]子商正箕方克」（乙五五八二）說文：「㸒，近求也，从爪壬，壬徼幸也」（大徐本）。朱駿聲謂「挺立於此，而欲爪求於彼，故為近求，為徼幸」。實則壬字本身即象人挺立有所企求、希企之義。「壬父乙帚好生保」者，乞求父乙祐護婦好之生育之意；「雀壬子商正箕方克」者，雀求助於子商以征克箕方之意。商承祚類編、孫海波文編列前五・五五・七[illegible]於壬字條下，實乃[illegible]字，非壬字。李孝定集釋亦沿其誤。

0005

羅振玉　「象人著介形。介，聯革為之。或从⺌者，象聯革形」。（殷釋中四十三葉）

王襄　「古介字」。（簠室殷契類纂第四葉）

吳其昌　「「介」，其字作[illegible]或作[illegible]，羅考釋曰：「象人着介形。介聯革為之，或从⺌者，象聯革形」。二・四三・按羅說得之。但此片云：「多介」者，則為商代之人名。在卜辭中，有時名之為「多介」，如云：「貞，月出于妣甲。……不隹多介，祟。父辛，不祟。」前・一・二七・四・「貞出于多介。貞出于大甲。」前・一・四五・六・「戊申，不[illegible]多介。」續・一・七・一・「貞不隹多介」。續・五・二四・七・「貞不隹多介，祟」。獲・一・二五・及本片等，皆可為証。有時則名之為「多介父」，如云：「貞，今出犬于多介父」。前・一・四六・一・「貞出犬于多介父」。兩見・前・一・四六・三・如云：「庚午卜，亘貞，不隹多介父，祟」。通纂・別二・八・一。東京帝大藏・「貞不隹多介父」。前・一・四六・二・重見林・一・一四・一・等，皆可為証。有時亦簡稱之為「多父」，如云：「戊子卜，于多父，乃……」續・一・五一・二・重見・前・一・四六・四・「貞隹多父，祟」。明・四八・八・「命多父……」后・二・二九・一・一・「……多父……」林・一・一一・一八・等，皆可為證。必綜合而毋觀之，然后知「多介」「多介父」、「多父」，寔一人而已。至其人之時代，雖不能確知，然亦有可粗畧以揆測者：第一，「亘」為武丁时史官，而卜祭多介父已為亘貞，則知其人无论何如，必在武丁之先矣。「亘」时代，详董作賓文。且「出于多介」者与「出于大甲」者同辈。前・一・四五・六・而「多介」又与「妣甲」「父辛」之祀同片；若本片則又以「多介且戊」為次。前・一・二七・四・（移注上句）「父」「且」之称，隨称者之輩次而改，无可定据，今但求殷帝系中有妣甲、及日甲、日辛，日戊，諸帝而聚于一时者，則維有「羊甲」之爽為「妣甲」，而其諸弟，又迄有小辛，兄戊，独此一时能密合无间耳。此其时，又适在武丁之先，更非偶然。度此「多介父」其人者，乃羊甲以迄小辛间之人也。攷太平御览卷八十三引史記古本載：陽甲在位十七年，盘庚在位二十八年，而及小辛，則自陽甲元祀以至小辛，相距共四十五年，「多介父」不必中寿，亦能上下連貫，又可以見御览所引古「史記」述殷王年数之或不尽誣也。」（殷虛书契解詁第二七〇—二七一頁）

朱芳圃

「字象人身上著毛，當為鬽之初文。說文鬼部：「鬽，老物精也。从鬼，彡；彡，鬼毛。魅，或从未聲。𩲡，古文。𣘻，籀文。从彖首，从尾省聲（古籀二字依段玉裁說校改）。」蓋𣘻為本字，古文作𩲡，从鬼首，籀文作𣘻，从彖首，乃附加之形符。篆文作鬽，或體作魅，皆後起字也。論衡訂鬼篇：「鬼者，老物精也。夫物之老者，其精為人。」物老成精，其形為人，然究與人異，故作𣘻以象之。左傳文公十八年：「以禦螭魅」，服注：「螭魅，人面，獸身，四足，好惑人。山林異氣所生，以為人害。」（史記五帝本紀集解引）一作袜，山海經海內本經：「袜，其為物，人身，黑首，從目。」蓋魅原無實物，其形狀全為世人幻想所構成，故其說各異。

卜辭云：「貞出犬于多𠂔父。」（前編六·三一·四）「勿出于多𠂔父犬。」（粹編二五七）所謂多𠂔父，猶言諸老魅。後漢書陳蕃傳載黃門從官騶蹋踧蕃曰：「死老魅，復能損我曹員數，奪我曹稟假不？」老魅，即商代遺語之流傳於後世者。卜辭又云：「出犬于父辛多𠂔子。」「于父乙多𠂔子出。」（殷綴七七）所謂多𠂔子，猶言一羣小精怪也。」（殷周文字釋叢，卷中，第一一八葉。）

陳夢家

「多介之「介」，舊釋如此，字从人从小，或是叔字。」（綜述四八六葉）

楊樹達

「卜辭中屢見多介父之名，如云：

貞出犬于多介父？貞勿侑于多介父？《前編》一卷四六葉三版 按出晚期卜辭作又，王靜安以侑字說之，是也。今於再見以後皆作侑字。

庚申卜，亘貞，不惟多介父壱？《通纂》別二東大藏片十。又見《龜甲》一卷四葉一版。

貞不惟多介父？《前編》一卷四六葉二版。

或省稱多介，如云：

父辛不壱？不惟多介它王？貞夕侑于妣甲。《前編》一卷二七葉四版。

貞侑于大甲。貞侑于多介。《前編》一卷四五葉六版。

戊午，不隹多介？　　《藏龜》一七七葉一版。

貞不隹多介壱？　　《新獲》一二五

于多介且戊。　　《藏龜》八十葉二版

又或省稱多父，如云：

貞隹多父壱？　　《明義士》四八八。

多父。　　《龜甲》一卷十一葉十八版。

又或省稱介，如云：

貞于甲介御帚姘？　　《前編》一卷四三葉四版。

知介即多介父者，前引《前編》一辭云：貞侑于大甲，貞侑于多介。合勘，故知此甲當為大甲，介当為多介，即多介父也。羅振玉以甲介為一人（見《增訂考釋》上卷十一葉），非是。此多介父果為何人乎？吳其昌云：「多介父之時代雖不可確知，然貞人之𠂤為武丁時人，卜祭多介父已為𠂤貞，知必在武丁之先矣。又多介與妣甲父辛之祀同片，又以多介且戊為次，殷帝系中妣甲及且甲且辛且戊同時者，惟有陽甲之爽為妣甲，其諸弟適有小辛，兄戊，其時適在武丁之前，（兄戊為武丁之兄，吳似偶誤。）多介父乃陽甲，以迄小辛間之人也」（見武大《文哲季刊》五卷一號《殷虛書契解詁》）。樹達按，吳說頗為詳核，顧未能質言多介父為何人。以余考之，蓋即殷王盤庚也。今請以四證明之：

《鐵雲藏龜》百五一葉二版云：「戊子卜，庚于多父旬。」按此辭又見《書契前編》一卷四六葉四版。考卜旬之辭必在癸日，此辭卜於戊子，其辭亦與他卜旬之辭不類，其非卜旬之辭甚明。考《太平御覽》卷八十三引《竹書紀年》云：「盤庚旬自奄遷于北蒙，曰殷。」如盤庚又名曰旬。辭云多父旬，旬蓋盤庚之名，多父其字。古人於名字並舉，必先字而後名，此辭正與之合。《春秋》隱公元年之邾儀父，《禮記‧檀弓》上篇之嗚乎哀哉尼父（尼父，孔子之字），稱父者皆字也。後起字作甫，《禮記‧曲禮》下篇云：「臨諸侯畛于鬼神，曰：有天王某甫。」鄭注謂某甫為其字。《說文》訓甫為男子之美稱，亦謂字也。據卜辭，字以父稱，自殷人已然矣。此一證也。

卜辭卜日必與殷先且之日名相同，先祖名甲者必用甲日卜，名乙者必用乙日卜，此定例也。此辭云：「戊子，卜庚于多父旬，」辭雖不見盤庚之名，而以多父即為盤庚，故將有所事，以庚日為卜。此二證也（《通纂》東大藏庚申𠂤貞一辭，非卜祭多介父。卜日雖為庚申，蓋是偶合，故不計）。

《藏龜》八十葉二版云：「于多介且戊。」且戊者，武丁有兄名戊，卜辭稱兄戊，廩辛康丁時則稱且戊。兄戊於盤庚為猶子，盤庚於兄戊為伯父，辭先多介而後且戊，長幼之次正相符合。此三證也。吳其昌謂多介父當為陽甲至小辛時代之人，按盤庚實為陽甲之弟，小辛之兄，與吳君所考時代正合。此四證也。合此四證，多介父為盤庚，蓋無可疑。或疑一人不當有三稱，然成湯稱唐，又稱大乙，並見於卜辭，名屢，見於《論語》（《堯曰》篇）。且《竹書紀年》云：湯有七名，然則盤庚不妨有三稱矣。」（《耐林廎甲文說》一頁《釋多介父》）

饒宗頤　「東京大學藏骨骨面言『多介父，』而背云：『隹多父，』知多父即多介父之略稱。《爾雅．釋詁》：『介，大也。』加介字，殆為敬辭。」（《通考》四六〇頁）

又曰：「按介子一名，見《禮記．曾子問》：『宗子為士，庶子為大夫，其祭也如之何？孔子曰：以上牲祭于宗子之家。祝曰：孝子某，使介子某執其常事。』《正義》：『介子謂庶子為大夫者。介，副也。某是庶子名，薦其歲之常事告神，止稱宗子，其時庶子身在祭位，……就宗子家而祭也。』是知多介子即諸庶子，此卜庶子侑祭于父乙之事，即代宗子致祭。」（《通考》三八三頁）

屈萬里　「介，羅振玉所釋（殷釋中四三葉）。多介一辭，第一期卜辭中習見。卜辭中又常見『多介父』、『多介兄』、『多介子』等稱。多介或多介父，楊樹達謂吳其昌以為乃羊甲以迄小辛間之人，（解詁一五七）即盤庚（耐林廎甲文說）。非是。按：介，个二字古通。書秦誓：『若有一介臣。』大學引此文，介字作个。左氏襄公八年傳：『亦不使一介行李。』杜注：『一介，獨使也。』獨使，即一个使者。是亦謂一介為一个也。卜辭多介，意蓋指多个祖先。」（甲編考釋十九葉）

李孝定　「說文『介畫也从八从人，人各有介』卜辭或从∷，非从八也，羅說可从。然則，介胄是其本義。間介、擯介是其別義，陳說非。」（集釋〇二五九葉）

丁驌　「續三、四七、七曰：『貞羽乙巳子漁骨凡，㞢出且戊。』此严氏續編研究以為一期辭。前一、二三、二曰：『戊戌卜旅貞妣歲叀羊』。存上，一八一三亦曰『妣歲叀羊』此二辭且戊称呼平列，歲字作戉，贞人的旅。故谓之二期当不致误。乙四五二一曰：「乙巳又且戊」。拾八〇曰：「乙巳卜豕且戊弘叔（𠬝）」此二辞可能为同时。侗曰「弘叔」乃三期无疑。

他辞作「㞢丮且戊」，丙一五。同片有「癸戊」（遗五二二）殆即「學戊」。亘辞作「𠭯」，又有作癸戊者。扶辞亦有之。契辞尚有咸戊、畫戊。铁八〇、二曰「于多介且戊」故所谓且戊者，或皆指旧臣之名戊者也。盖大戊从无称之为且戊者。且戊则各期皆見。

「多介且戊」一词。与多介父，多介子同类。「介」：尔雅郝疏曰：「介者夰之假借也。说文方言並云夰：大也」故多介父者多大父也。「多介且戊」无非尊之为大而已。又「价」：善也。故介或有贊美之义存焉。」（读契记多介且戊中国文字新十期七三—七四页）

裘锡圭

「商代语言里，跟表示直系的「帝」这个词相对的词是「介」。卜辞里屡见带「介」字的亲属称谓，如介子、介兄、介父、介母、介祖等：

(6) 㞢（侑）于介子。 殷虚文字丙编（以下简称丙）四八四

(7) 于父乙多介子㞢。 丙二九三

(8) 㞢犬于父辛多介子。 拾二·一五

(9) 贞：㞢于多介兄。 京津八三一

(10) 贞：不（唯）多介兄。

(11) 贞：㞢犬于多介父。

(12) 贞：勿㞢犬于多介父。 前一·四六·三

(13) 㞢犬于三介父，卯羊。 甲骨文合集（以下简称合）二三四八

(14) 贞：㞢于多介母。 丙四二二

(15) 㞢于多介祖戊。 前一·二三·一

「介」字有「副」的意思，如使者之副称「介」，次卿称「介卿」等，古书习见。礼记曾子问称庶子为介子：

曾子问：「宗子为士，庶子为大夫，其祭也如之何？」孔子曰：「以上牲祭于宗子之家，祝曰：孝子某为介子某荐其常事。」

郑注：「介，副也。不言庶，使若可以祭然。」礼记内则称冢子以外诸子之妇为介妇：

介妇请于冢妇

郑注：「介妇，众妇。」卜辞亲属称谓中的介字，应该跟「介子」、「介妇」的介字同义。饶宗颐先生曾据曾子问指出卜辞的多介子即诸庶子，非常正确。但是他把「介父」之介看作敬辞、

则是不妥当的。

上引(6)至(15)诸辞，都是第一期武丁卜辞。(9)的多介兄，可能就指见于(7)和(8)的「父乙多介子」、「父辛多介子」等人。(13)的三介父应即武丁卜辞中屡见的「三父」。洽一四四一二：

(16)贞：㞢犬于三父，卯羊。（洽一四四一一有同文残辞）

文例与(13)全同。这是三父即三介父的确证。武丁卜辞的三父，指武丁生父小乙之兄阳甲、盘庚、小辛三王。他们都是旁系，所以称为介父。商人所说的「帝」「介」，跟周人所说的「嫡」、「庶」，其意义显然是很相近的。

据现代很多学者研究，周代的宗法制度，实际上就是以父家长大家族为基础的晚期父系氏族制度保留在古代社会贵族统治阶级内部的经过改造的形态。在宗法制度下，一族的主要财产掌握在世代相传的族长，即所谓宗子手里。大家族的公社性由宗子「庇族」、「收族」的义务歪曲地反映出来。至于原始社会末期父家长大家族、宗族、氏族、部落各级组织间的关系，则被改造成大宗、小宗之间的统属关系。过去讲宗法制度的人，对这种制度的实质缺乏明确的认识，往往过分重视主嫡主长等具体规定的意义，这是不妥当的。

商代区分直系、旁系的「帝介」之制，跟后来讲礼治的人所强调的主嫡主长、为人后者为人子那一套制度，当然还是有一定距离的（其实那套制度就是在周代也并未严格执行）。但是它跟宗法制度强调宗子世袭制以及大小宗统属关系的精神，则是完全符合的。所以在甲骨文时代，宗法制度实际上无疑已经存在了。」（关于商代的宗族组织与贵族和平民两个阶级的初步研究，文史第十七辑三至四页）

按：「介」字不从「八」，亦不得謂象甲冑之形。羅振玉之說不可據。卜辭習見「介子」、「介父」，裘錫圭論之甚詳。其說是對的。

0006

按：字不可識，辭義不明。

0007

按：字不可識，辭義不明。

楊樹達　「原書辭三六云：『貞勹弗其囗凡出（有）疒』？胡君云：『勹字唐蘭先生釋尿是也。字蓋象人遺尿之形，此貞是否有尿疾也。』余按下大辭五九云：『貞妊囗凡出疒』？六八云：『貞子畫囗凡出（有）疒』？七七云：『庚辰卜，內貞，侯叀囗凡出疒』？餘如辭八一、八二、八三，九〇、九一，諸辭皆與此辭文例全同。胡君於其他數例貞字之下字皆釋為人名，獨於此勹字則釋為尿字，不以為人名，與其他解釋歧異。囗凡出疒，胡君無說，余疑凡當讀為風，素问云：『風者，百病之始也。』辭貞某：因風致病，事理甚通，若云尿因風致疾，則不成文理矣。且古人制字，位置雖若不拘，然亦有甚嚴者。說文尼訓从後近之，匕字位於尸字右方之下，甲文毓字，所从云字，位于女字右方之下，盖以此表人之下部也。如勹果為尿字，似當與尼字之匕，育毓之云位置相同，今則不然，明釋尿非也。余疑此是㐱字，乃人名，與其他諸辭例同也。」（積甲文說六十葉讀胡厚宣君殷人疾病考）

饒宗頤　「卜辭『㐱于尞』（簠五）之『㐱』，則讀如詩旱麓『鳶飛戾天』及采菽『亦是戾矣』之『戾』，訓為至與止。他辭如云：『韋㐱，出（侑）父古（示）』（前編四、二八、七）㐱亦讀為戾，可互證。」（通考三五七葉）

李孝定　「說文『尿人小便也从尾从水』一切經音義廣雅廣韻字林並同。按字从尾無義，當是从尸从水會意。契文則从人尸同从水點，象人遺溺形。唐氏釋尿是也，楊說非是。今从所御切之彡，訓髮稠。而契文作勹，稠髮安得著胯间乎。屎尿字並象人遺矢溺之形，可以互證。」（集釋二七五五葉）

金祥恒　「殷虚甲骨文字勹见於前编第一卷三十六页第三片，其卜辞为：

庚辰卜，大贞：来乙亥，其叙丁於大室，勹丁西鄉。

又载於卜辞通纂第七六一片。叶玉森前编考释对勹字无说。郭鼎堂考释云：

『太室』，周金文习见，其制乃自殷代以来也。『勿丁西鄉』不知何义，其下恐尚有残文。

郭氏释『勹』字为『勿』，非是。……考其结构，从人从二，疑为次字。说文次从欠二声；金文史次卣之次作㳄（三代一·一六·五），陈侯因脊錞之脊作𣳾（两周二六〇），其所从之次与史次卣之次同。晏次卢之次作㳄（三代十八·廿四·二），从二从㳄，与说文同。甲文从人不从欠。说文欠：「张口气悟（段注作语）也，象气从儿上出之形」。故欠本亦从人。说文歙从欠歙声，甲骨文之歙作□，明象人歠飲之形。盖欠、人古文相通。故甲文⺈为次字。其义许氏训：「不前不精也」。段注：「不前不精皆居次之义」。又云：「从二从欠，从二故为次」。甲文从人从二，人有一、二之次，是以有次义。说文古文次作□，章太炎文始云：「象次舍之屋变易为屋，已茅茨盖屋也」，是以有次舍之义。说文篆文次与古文次同，二字之义本不相同。甲文之次乃假为次舍之次。」（释⺈中国文字第四十四册四九五七至四九五八页）

白玉峥「⺈，籀庼先生释作人。唐兰氏释尿（殷虚文字研究未見，此据甲考一六四页）。杨树达氏释今，曰：「说文尼，训从后近之，匕字位於尸字右方之下。甲文毓字所从之古，位於女字右方之下。盖以此表人之下部也。如⺈果为尿字，月似当与尼字之匕，育、毓之古，位置相同；今则不然，明释尿非也。余疑此是今字，乃人名」（甲文说六〇页）。夫子曰：「⺈，唐兰释尿；象人遗尿之形。今日言尿病之著者，当推糖尿；然症状不显，非古人所得知。其有显然自觉痛苦难忍之症状者，惟淋病为最。释名释疾病曰：「淋，懔也；小便难，懔懔然也」。古人以小便淋沥涩痛之疾，统谓之淋；故巢氏病源候论有五淋之目。考其实，则尽赅今之膀胱病，摄护腺病，尿道病而言也」（微鉴四〇）。峥按：释尿是也。字於本辞，例当人名；見於他辞者，亦多为人名。缘斯之故，杨氏遂以释尿为非；实则，古人之命名，初无雅否之意焉。故夏帝可名之曰泄，周祖可名曰弃，而史籍中类此之人名，多不胜举。且就尿之行为言，乃人类生理之自然现象，必然行为；世无雅者不尿，不雅者可尿之事之理。而雅与不雅之意，乃后世文明既進之意义引申，不得以之释造字之初义。而造字之初义，与人名之义，截然二事。杨氏为近世之小学大师，而竟眛於此理，且用偏概全，发为谬说，岂可言邪？」（契文举例校读十六中国文字第五十二册五八四五至五八四六页）

按：釋「尿」、釋「今」、釋「次」均不可據。只能存疑以待考。

0009

葉玉森「按⺈乃小字。卜辭小臣一作「⺈臣」，雨小一作「雨⺈」可證。⺈（前五·四十二·六）當與⺈同，亦从小也」（前釋四卷三十七葉上）

商承祚　「王徵君說此字从水从人，殆即許書之休字。予疑从水與此字不類，⺌乃少字，殆从人从少」（類編待問篇卷四三葉下）

陳夢家　「『羽癸未⿸尸少西單田，受㞢年』（旅順博物館藏）『⿸尸少㞢足，乃[illegible]田』（湔五·二七·六）『⿸尸少㞢足田』（珠四〇五）以上都是武丁卜辭，與種田之事有関。胡厚宣释⿸尸少為屎，以為是糞田；並引齊民要術所述氾勝之書『伊尹作為區田，教民糞種，負水澆稼，區田以糞氣為美，非必須良田也』，韩非子内儲說上『殷法刑棄灰』，『殷之法棄灰於公道者斷其手』，以為殷人施肥之證。武丁卜辭云『⿸尸少我御史』（珠一一四）釋屎則無法說通。我們以為此字不當释屎，但與農事確乎有闗」（綜述五三八葉）

屈萬里　「仦，从人，从小；隸定之當作仦。字彙補有此字，音媢，云：『小兒也』。說者謂字彙補此字，當是仯字之訛。仯字見廣韻及集韻。集韻音藐，云：『僬仯，小貌』。按：甲骨文字，小、少二字通用；則仦、仯無別。此字雖不見於說文等早期之書，然後出之書，亦未必前無所承也。惟本辭仦字未詳何義，當是地名」（甲释三二四三片释文）

李孝定　「雷浚說文外編云『說文無屎字，辵部徙古文屎，屎即屎之変。大雅「民之方殿屎」，毛傳「殿屎，呻吟也」。說文「𠻵，唸𠻵，呻也」唸下引詩「民之方唸𠻵」。此殿屎之正字。至以屎為糞，其正字當作菡。說文「菡，糞也。从艸胃省，式視切」是也。亦通作矢。文公十八年左傳「殺而埋之馬矢之中」』。雷氏殆謂訓糞之字，其正字當作菡，至作屎作矢者，皆假借也。契文屎乃屎从之異體。其說宜若可信，惟證以卜辭⿸尸少字，則屎當為訓糞之初文，字正象人遺屎形。契文育亦作𡰥，象育子之形，正與屎之構造法同。从⺌若⺌乃象所遺屎形，非少若小也。契文尿字作[illegible]，象人遺溺形，與此同意。說見後胡氏释屎解為糞田，其說甚善。惟陳氏引其說未注出處，致不能檢讀胡氏原文為可憾耳。至『屎我御史』之文，見珠一一四，原辭影本漫漶不能通讀，御字但餘『卩』字，或是他字。屎字在此辭亦當讀為他字也。字从⺌或从灬作者，遂為後世屎字。許書殆偶失録耳」（集释二七五三葉）

徐中舒　「仦，从小，从反人，當為肖或俏之異文，仦與肖並从小聲，从人與从肉同意。肖，法也，似也，類也」（考古學報一九五九三期五四葉禹鼎的年代及其相関问題）

张政烺　「今按仦当是形声字，从人是形，小或少是声。甲骨文小和少通用无别。⺌是小，⺌也是小，如少牢即小牢，少臣即小臣，少雨即小雨。这个字或从小，或从少，事实上是一样的。说文无仦（或仯）字，依形、音、义求之当即肖字。说文（第四篇下）肉部：

「骨肉相似也。从肉小声……。」

仦从人，小声。肖从月，小声。声既相同，形亦近似，故疑肖即由仦演变而来。……仦变为肖，犹俏变为趙，其演化完全相同，所以我们有可能定仦即肖字。……

卜辞中仦字皆可释为肖，读为赵。如：

「贞：于翌乙丑肖異，不遘雨？乙丑（允肖異？不遘雨）。」

「翌乙（丑）肖異？（允）肖異，不遘雨。」（殷契卜辞六三四）

異是地名，甲骨金文常见之，其地在今山东省境内。卜辞「肖異」之肖当读为赵，说文（第二篇上）走部：

「赵，趍赵也。从走，肖声。」

广雅释言：

「遝、赵，及也。」

赵之义犹到，上举卜辞是占王在第二天乙丑到达異地途中是否会遇着雨。……

肖字在卜辞中更常见的用法是「肖田」，也当读为赵，如：

「庚辰卜，贞：翌癸未肖西单田，受有年？十三月。」（甲骨续存下一六六）

西单在殷代都城西郊外，这附近有田称西单田。肖是动词，说明一种农业生产技术，所以占问是否能「受有年」（得到好收成）。按诗周颂良耜：

「畟畟良耜，俶载南亩。播厥百谷，实函斯活。或来瞻女，载筐及筥。其饟伊黍，其笠伊纠。其镈斯赵，以薅荼蓼。荼蓼朽止，黍稷茂止。」

这里……「其镈斯赵」的赵字，毛氏传说是「刺也」，郑玄笺说：

「以田器刺地，薅去荼蓼之事。」

刺是一种什么动作，过去注家解者不多，而以陈奂诗毛氏传疏（卷二十八）的说法为较好。刺即「刺草」，仪礼士相见礼：「凡自称于君，……庶人则称刺草之臣。」郑玄注：

「刺犹刬除也。」

郑玄在这里解释刺草是对的，诗笺说「以田器刺地」，乃随文敷衍，显然有些莫名其妙。据此可知，赵之一义是刬除草。「刺草」也见于其它的古书，如荀子富国篇（杨倞注）：

「掩地表亩，刺草殖谷（刺，绝也。）多粪肥田，是农夫众庶之事也。」

这里讲「刺草」在「殖谷」之前，是春种以前的除田工作……肖田是清理来年要种的田，是春种的准备工作，是一个新的农业生产周期的开始，所以当时特别着重，殷王要为此事占卜是否『受有年』。……

卜辭又有：

『肖又足，乃裒田。』（殷虚书契前编五·二七·六）

肖在这里是名词，即肖田的工具，犹如锄田用锄，犁田用犁，劳动和工具的名称一致……这条卜辞是说，肖这种工具齐备了才开荒。……在河北省南部（广平、新河一带）叫做捎，也叫捎子，形状和锄差不多，惟刃小而柄短，所以也叫小捎，是一种田间去草的工具。用锄除草，也必划破地面，同时可以疏松土壤。用捎则贴地铲草，并不松土，草末夏初草小根浅用捎，叫做捎地。」（甲骨文「肖」与「肖田」，历史研究一九七八年第三期七〇至七四页）

張政烺

「肖有足，乃垦田。」（前編五·二七·六）

一九六三年夏我曾寫過一篇釋甲骨文肖與肖田（未刊），對於這條卜辭已作了一番解釋，為了避免繁瑣，這裏只作簡單說明。卜辭中肖字都應當讀作趙，最常見的用法是『肖田』當讀作詩·周頌·良耜『其鎛斯趙』的趙。據毛氏傳、鄭玄箋、孔穎達正義，鎛是鋤類，趙是『刺地』即划除草。唐宋時期韻書如刊謬補缺切韻、廣韻（平聲，肴韻，所交反）有『捎』字，注『芟也』。現在河北省南部廣平、新河一帶，春夏間田間除草叫作『捎地』，所用農具叫作『捎』，似鋤而小，也叫小捎。在這條卜辭裏肖是名詞，即肖田的農具，猶如鋤地的農具叫鋤，捎地的農具叫捎。卜辭肖田在年底進行，是耕休田的準備工作，就是管子·中匡說的『及寒，擊槁除田』，荀子·富國說的『刺草殖谷』，其所使用的工具不外鋤捎之類。這條卜辭說的意思是，捎子具備了纔裒田，可見裒田也是要『擊槁』『刺草』。這雖然不一定是裒田的唯一的勞動，但也應當是主要的內容之一。」（卜辭裒田及其相關諸問題，考古學報一九七三年一期）

孙海波

「[字形]，乙八二九五反。从人从少。說文所无。其义与少同。[字形]雨即少雨。」（甲骨文編三四六頁）

胡厚宣

「殷武丁时甲骨卜辞中有字作[字形][字形][字形]，象人『遗矢』形。从尸从[字形]，[字形]也作[字形]，[字形]字通，甲骨文『[字形]臣』也作『[字形]臣』，『[字形]雨』也作『[字形]雨』，『[字形]牢』也作『[字形]牢』可证。故『[字形]』『[字形]』字同。唐兰同志释『⿸尸少』，谓『⿸尸少』即『屎』字。说，『屎即⿸尸少字，古文少象沙形，而⿸尸少则象人大便之形，⿸尸少屎声近，古相转。』商承祚同志也说，『说文，屎，古文徙。按金文陈侯因資錞作[字形]，口部唸，吅呻也，诗曰，民之方唸尸，今诗作殿屎，则屎为本字，吅借字，此乃屎之古文，借为徙。』舒连景也说，『按陈侯因資錞錄，屎嗣趄文，屎作⿸尸灬，即屎字，⿸尸桼亦屎字，屎徙音近，古文盖借屎为徙。」这些说法是完全正确的。

说文，「胃，谷府也。从肉图象形。」又，「菌，粪也，从艸胃省。」又，「粪，弃除也。从廾推華弃采也。官溥说，似米而非米者矢字。」徐灏说，「粪下去，似米而非米者矢字，谓米也。与图中之※形近。」又说，「米即菌之省。」王筠说，「菌之中与采相似。」钱坫说，「图中之※，其形近于矢。」姚文田、严可均说，「艸部菌，粪也，从胃省。肉部胃从图象形。图中之※即采，则采为古菌字矣。」是「粪」字所从的「采」即「胃」字「菌」字所从的※，乃是菌之省，即古菌字，又借为矢，实象粪便之形。其字乃由甲骨文⿸尸少字所从的⺌⺌演变而来，所以虽象米而并非米。「胃」字从肉图，象粪便尚在腹中，抱朴子所谓「欲得不死腹无屎。」「粪」字说文「从廾推華弃采，」甲骨文作〔字形〕、〔字形〕、〔字形〕，象手持箕帚扫除粪便。「菌」字从艸图会意，系粪便被粪除于草野。甲骨文⿸尸少字则生动的象人「遗矢」之形。说文无「⿸尸少」字，也没有「屎」字，但「徙」字下面有「徙」字的古文作「⿸尸桼」。钮树玉说，「⿸尸桼古文徙，疑殿屎字。」……案甲骨文「⿸尸少」字，象人「遗矢」形，本来很明显。后来尸变作尾，少变作似米而非米的「采」，又省而为米，又成了⿸尸录字。「⿸尸少」变作「⿸尸录」，亦犹甲骨文「尿」说文变作「⿸尸录」。「⿸尸录」讹而成「⿸尸桼」，即今说文「徙」字的古文。再省即成了「屎」字。所以说，⿸尸桼即屎，亦即⿸尸少字。说文既以「⿸尸录」为「徙」，粪屎之字，乃另以「菌」为之。

其实「屎」字见诗大雅板，说，「民之方殿屎。」「殿」读作「臀」。……「殿屎」犹言殿着于屎。……是古代本有「屎」字，用为粪便之义。……

总之，甲骨文的「⿸尸少」，后来变作「屎」，「屎」又变作「⿸尸录」，简化成「⿸尸桼」，假借作「徙」。粪便之字，说文就以后起的「菌」字当之，史传又假借「矢」字为之。幸而赖有诗经、庄子、韩非子、史记等书，粪便之字作「屎」，说文「徙」之古文作「⿸尸桼」，又「胃」「菌」「粪」字所从似米而非米之矢字，实与甲骨文「⿸尸少」字所从的小少字相类同，才可得知「⿸尸少」本就是粪便之屎字，从尸从小少，乃象人大便之形。

知⿸尸少为屎，则甲骨文里好多殷人农作施肥的占卜，就都可以讲得明白。

武丁时卜辞或言尿西单田，……卜辞说：

1、庚辰卜，贞翌癸未尿西单田，受出（有）年。十三月。（甲骨续存下一六六）

就是一条完整的贞问在农田上施用粪肥能否得到丰收的卜辞。

「尿」亦作「⿸尸少」，两字相同，即说文的「⿸尸桼」和「菌」，诗经作「屎」，义为粪便，在这里用作动词。「单」读为「墠」。说文，「墠，野土也。」段玉裁注，「野者，郊外也；野土者，于野治地除草。」礼记祭法，「一坛一墠。」郑玄注，「封土曰坛，除地曰墠。」汉书文帝纪，「坛场珪币。」颜师古注，「筑土为坛，除地为场。」段玉裁说，「墠即场也。」诗郑风，「东门之墠。」毛传，「墠，除地町町者。」释名州国篇，「郑，町也，其地多平，町町然也。」段玉裁说，「町町，平意。」华严经音义引韩诗传，「墠犹坦，言平地也。」由此看来，「单」的意思，犹「墠」、「坦」、「场」，除地平平，就是说在郊野开辟的平地。「西单」甲骨文常见，除本辞外，如说，「敛云自北，西单雷。」「西单」之外，也有称「东单」、「南单」、「北单」的，……「东单」、「南单」、「西单」、「北单」，犹言东南西北四方郊野开辟的平坦田地。所以又称「西单田」。……全辞大意说，在殷武丁某年十三月的庚辰日占卜，问由庚辰起到第四天癸未日，在西郊平野的田地上，施用粪肥，将来能否得到丰收。……

武丁时卜辞又或言屎有足：

3、屎出足。二月。（甲骨续存补编七一九五）

4、屎出足，乃坚田。（殷虚书契前编五·二七·六）

……3辞大意说，在二月间，施用粪肥，要充足。坚田的「坚」，我赞从徐中舒同志说释「贵」，「贵田」犹言「耨田」。全辞大意说，施用粪肥充足了以后，乃耕耨农田。

武丁时卜辞或言屎田，或屎有田：

5、屎田，雨。（殷虚文字乙编八二九五）

6、屎出田。（殷契遗珠四〇五。书道博物馆藏甲骨文字二〇八）

5辞卜问施粪肥于农田是否下雨？6辞卜问是否要施用粪肥于农田？「出田」即「有田」，有在这里用为语助词。王引之经传释词说，「有，语助也。一字不成词，则加有字以配之。若虞、夏、殷、周皆国名，而曰有虞、有夏、有殷、有周是也。推之他类，亦多有此。」裴学海古书虚字集释说，「有，语助也。有字为语助，必位于名词之上。」「田」为名词，「有田」即田意。……

7、贞令𠕋屎出田。（甲骨续存上一七七）

8、贞勿令𠕋屎出口。（甲骨续存补编八七四）

9、癸亥口，宾，口令口屎出口。（甲骨续存补编七三六〇）

10、甲申卜，争，贞令徐屎出田受年。（殷虚文字甲编一一六七照片）

11、贞勿令屎出口。（甲骨续存补编六二〇五）

……7辞卜问命令𠕋去施用粪肥于农田好么？8辞卜问不要命令𠕋去施用粪肥于农田好么？9辞有残文，……大意说，癸亥日占卜，贞人宾问卦，问命令什么人在田里施用粪肥好么？10辞……大意说，甲申这一天占卜，贞人㱿问卦，问要命令徐这个人在农田上施用粪肥，将来能否得到丰收？其农作施肥的意义，尤为明显。……

武丁时卜辞又或言屎㠱：

12、甲子卜，允，贞于翌乙丑屎㠱乙丑允屎㠱，不□□。（甲骨续存补编二一八）

13、贞于翌乙丑屎㠱，不冓雨。乙丑□□□，□□□。（殷虚书契前编三·一八·四）

14、翌乙□屎㠱。□屎㠱，不冓雨。（殷契卜辞六三四）

……"㠱"地名。集韵、类篇都说，"㠱，古国名。"……12辞较全，……卜辞大意说，甲子日占卜，贞人允问卦，问次日乙丑施用粪肥于㠱田，会不会遇到雨？"乙丑允"以下，乃记占验，说次日乙丑日，果然施用粪肥于㠱田，没有遇到雨。

武丁时卜辞又或言屎[illegible]：

16、壬□□，𡆥，□令屎[illegible]。（殷虚书契前编五·四二·六）

……"[illegible]"字王襄氏释"刿"，叶玉森释"断"，乃地名，卜辞常见。……武丁时卜辞如殷虚文字乙编六三九＋六四〇＋七七一＋七七三＋一〇四四又说，"己巳卜，㱿，贞我受黍年。□[illegible]。己巳卜，㱿，贞我弗其受黍年。"又说，"贞我受畓年。在[illegible]。□□弗□受畓年。"又如殷虚文字乙编四二二九＋七八一一也说，"丙寅卜，畓，贞今来岁我受年。□寅卜，𡆥，贞今□岁我不其受年。在[illegible]。十二月。"知[illegible]地在殷武丁时，又确实是一个重要的农业地区。这片卜辞大意说：壬某日占卜，贞人𡆥问卦，问若是命令施用粪肥于[illegible]田，好不好？

武丁时卜辞又或言屎有衔：

17、己亥卜，大，贞乎般屎出衔。（殷虚书契续编六·二一·一〇）

18、己亥卜，大，贞乎般屎出衔。（库方二氏藏甲骨卜辞一六六）

……"大"一般地认为是祖庚祖甲时贞人。但"般"为武丁时人名，又称㠯般，我以为即武丁之师甘盘。这有两种可能，或者两辞为武丁时所卜，大在武丁时就作了贞人；或者两辞为祖庚祖甲时所卜，在那时般还没有死。我们以为前者的可能性，或者更大一些。……"衔"卜辞不多见，当是地名。卜辞大意说，己亥这一天占卜，贞人大问卦，问要呼唤般这个人去施用粪肥于衔地之田好么？"（再论殷代农作施肥问题　社会科学战线一九八一年一期一〇二——一〇六页）

裘锡圭　「一期卜辞有时卜问「屎田」之事，下引的是文字比较完整的一些例子：

庚辰（卜口）貞：翌癸未屎西单田，受出年。十三月。　合九五七二

甲申卜争貞：令逆屎出田，受年。　合九五七五（甲一一六七已残）

貞：勿令……屎出田。　合九五七六

貞：勿令……屎出「田」。　合一四九九〇

貞：勿令⿸尸彡出「田」。　㊣合九五七九

□⿸尸彡出田。　㊣合九五七八

还有几条一期卜辞卜问「于翌乙丑⿸尸彡真」（合九五七〇、九五七三、一二五九五、燕六三四），一般把「⿸尸彡真」解释为「⿸尸彡真田」。胡厚宣先生认为此字后来变作「屎」；屎田就是在田地里施粪肥（甬沱殷代农业施肥问题，社会科学战线一九八一年一期）。胡先生把「⿸尸彡」字多形，看作一个字，则是可信的。李家浩同志认为卜辞「⿸尸田」的释法，有待进一步研究；把「⿸尸」跟说文「徙」字看作「爰田」意近（见其读书笔记，未刊）。那么「⿸尸田」就应该读为「徙田」，可能跟古书中所说的「爰田」意近。这是值得考虑的一个意见。此外，还可以为「⿸尸田」便可能是安排荒地跟耕地轮换的一种工作了。金文中讲到戈的时候，往往提到一种叫「形沙」的饰物。「⿸尸田」找出一种跟上说相类的解释。「沙」相近，「⿸尸田」似可读为「选田」。因为「沙」是生母字，这样看来，「⿸尸」的古音当与「沙」字古属歌部，「选」字古属元部，歌、元阴阳对转。「选」是心母字，上古为一声。「沙」字古属歌部，「选」字古属元部。所以卜辞里的「⿸尸：：田」有可能应该读为「选：：田」，指在某地的撂荒地中选定重新耕种的地段。此外，选择可开辟的荒地的工作，或许也可包括在内。

湔五·二七·六一辞说：

⿸尸有正（或释「足」），乃望田。

可能是选好或选够地再望田的意思。」（甲骨文中所见的商代农业，全国商史学术讨论会论文集一九八一二四四页）

俞伟超说参⿰⿱⿻ㄩ丨丨甲字条下。

陳汉平「按史牆盤𩛥字可隶定为飡，此即饡字古文。故此字当释为饡，读为纘。于古文献中亦书作飡。如：考工記·玉人：『天子用全，上公用龙，侯用瓚，伯用将。』郑注：『瓚读为餐餍之餍。』礼記内則：『取稻米，举糔溲之。小切狼臅膏，以与稻米为酏。』郑注：『狼臅膏，臆中膏也。』以煎稻米，则似今膏餍矣。此周礼酏食也。』集韵：『餍，以膏煎稻为酏。』餍、餍字后世作饡。說文：『饡，以羹浇飯也。从食，贊声。』古文四声韵饡字作𩝫（字出淋浮集），字从食从尿，与餍字形同，仅尸形下三点与四点不同而已。饡字古文即作餍、餍，故尿、尿二形省去食旁，或为饡字简体，或即为贊字。字中之点状表示羹汤或飯粒。虎形即金文𨸏形之讹变，而尿、尿二体与金文𩛥、𨸏、𨸏形同，仅所从之点划多少略有不同，又𩛥字从从略异。故金文中此三字或当释为饡字简体，或当释为贊，在銘文中读為纘。

由以上可知，史牆盘銘之鑽字，豆闭毁，禹鼎、陳侯因資敦銘之鑽（或贊）字，于銅器銘文中俱讀为鑽……商代甲骨卜辞中有[illegible][illegible][illegible][illegible]，卜辞恒貞「[illegible]田」之事。字中人形后所以点画多少不一。此字旧释为屎。非是。按屎乃名詞，而卜辞中此字显然为动詞。甲骨文此字与上文所释金文鑽字簡体字形相同，知此乃贊声之字。据卜辞文义知此字当讀为瀵。

說文：「瀵，汗丽也。一曰水中人，从水贊声。」此「一曰水中人」疑即据瀵字字形古文作[illegible]、[illegible]、[illegible]，从人从水点而来。

一切经音义十八引三蒼：「瀵，汗丽也。江南言瀵，山東言湔。」瀵、湔字作为动詞古有二义：其一，字义为濯衣垢。說文：「湔，水出蜀郡緜虒玉壘山，東南入江。从水前声。一曰手瀚之。」「瀚，濯衣垢也。从水榦声。浣，瀚或从浣。」其二，字义为濺，字形亦可书作濺。一切经音义十四引通俗文：「水傍沾曰湔。」战国策济策：「以臣之血湔其衽。」注：「汗也。湔，灑。」史记藺相如传：「相如請得以頸血濺大王。」瀵、湔、濺三字同义而分别以贊、前、戔三字为声符，此与翦字亦作劗，剗二体，前、贊、戔三字作为声符可以通用之例相同。商卜辞曰：

庚辰……貞，昱癸未[illegible]西单田受出年。十三月。（海二·一六六）

辛未……[illegible]……单……（后下一二·七）

貞令禹……[illegible]出田……（海一·一七七）

……[illegible]出田（遺四〇五）

……[illegible]出正……乃……田（前五·二七·六）

……田余……[illegible]……（掇二·二七三）

……不其[illegible]，雨？（乙二八七七）

……[illegible]……雨？（乙八二九五）

丑卜……[illegible]……（京二七二八）

若吕秦……乎[illegible]（佚七四五）

上列卜辞中从人从数点之字俱讀为瀵。所谓「瀵田」者，即古人农作以清水或糞水洒浇农田。此种浇洒方法与开渠灌溉之浇水方法有所不同，而略同于說文鑽字训诂「以羹浇飯」之情景，故金文鑽字与甲骨文瀵字字形相同，即以同一个贊声之字来表示「鑽」、「瀵」两个相类似而实不相同的两个动作的詞。」（释纂纂鑽纘瀵，人文杂志一九八五年三期九九——一〇〇页）

按：字當隸定作「㞋」，至於究竟相當於現在的什麽字，尚有待於進一步的研究。所可以確定者，是與農作有關。諸家或以為糞田施肥，或以為輪作。卜辭簡略，資料有限，難以確指，是一個有待於進一步加以考索的問題。

0010

□

孙海波 「□，甲一一〇四。疑介之或体。地名。」（甲骨文編六四九頁）

按：與「介」字無涉。在卜辭為地名。

0011

千 □

羅振玉 「卜辭中凡數在千以上者，則加數於千字之中间，二千作□，三千作□，又作□，五千作□。博古圖（卷二十二）載齊侯鎛「或從四千」作□，（原釋三千，余意是四千也）盂鼎（宣城李氏藏者）「萬三千八十一人」三千亦作□，與卜辭同。」（殷釋中二葉下）

戴家祥 「千从一人猶百从一白，以一加于人為千猶以一加于白為百也。（古文四聲韻引先一□公墓銘千作□，有□本作□）當始則假人為千，繼乃以一為千係數作□，沿用已久成為科律，人但知千為十百，遂失其初誼矣。」（釋千，國学论丛一卷四期）

陈邦福 「卜辞□□，邦福按：千初假人为之，犹它辞之止之、夕月、舟般相混之例，俱以辞别之也。考千从一，本一千合文，略言之即为千，据契文金文年皆从禾千声作□、□可证。」（殷契瑣言第八页）

魯實先謂前八·五·一之□乃□之異體，非从人从十之千也。（姓氏通釋之一載東海學報第一期二十一葉六行）

朱芳圃 「說文十部：『千，十百也。从十，从人。』徐灝曰：『人壽以百歲為率，故十人為千。」按徐說非也。余謂千為大數，造字之術窮，故以人代表之。一千作□，二千作□，三千作□，四千作□，五千作□。數至六千，合書不便，乃析為二字矣。」（殷周文字釋叢卷上，第三葉至第四葉）

高名凯　「说文：『千、十百也；从十从人』。但卜辞的千字，却是从人从一。我们看二千以上，在甲骨，金文的写法，可以断定：古时的千字，已是一千的合文。大约人字在古代，已经被借用为千字；而加一画於人的千字，已經是一千的合文。其餘二千、三千……等照加。这也可以看出十进系统的痕跡。」（国语语法一三四页）

屈萬里　「□，本即千字。」（甲編考釋四〇三葉）

李孝定　「說文『千十百也从十人聲』（此从小徐，大徐作从十从人）紀數之字除一二三亖為指事外，餘均為假借或形聲。千為十百，从人無義，大徐說非，當以小徐『人聲』之說為長。詩甫田定之方中，楚辭招魂均以人千為韻，可證人字古當有與千音相近之一讀也。孔廣居說文疑疑云『千當訓从一人聲。十百千皆數之成，故皆从一。』孔氏之說又較『从十人聲』為長矣。渝八、五、一辭云『口寅降盡千』『丙寅隹不千盡降』辭意不明。降疑當讀降服之降，言千人盡降或否也，字仍當釋千。乃不應有此異構也。金文作□盂鼎□散盤□𠫤叔多父盤□琴生盨□盂鼎三千合文□齊侯鎛四千合文與契文同。」（集釋〇七二二葉）

于省吾　「說文千字作□，並謂：『千，十百也，从十人声。』按甲骨文千作□或□，金文同。許氏不知古文十作丨，七作十，而割裂千字的下部，误以为从十百之十。孔广居說文疑疑：『千当训从一人声，十百千皆数之成，故皆从一。』孔氏谓千从人声是对的，但以故之成为言也误。千字的造字本义，系在人字的中部附加一个横划，作为指事字的标志，以别于人，而仍因人字以为声（人千叠韻）。」（甲骨文字释林释古文字中附划因声指事字的一例）

按：甲文紀數之字，繼一為十；以一人頭代表一百，百字从白，白即象人首（說詳白字條下）；以一人代表一千；以一蠆代表一萬，萬即象蠆形。萬以上則甲文所未見。說文以為千字「从十从人」（大徐本），或「从十人聲」（小徐本），均不確。實則初文一千作□；二千作□；五千作□，千字僅从人，人亦聲，並不从十。沿用既久，人字加一橫畫作□，成為千百之千專用字，以與人字相區別。二千作「□」（存上一九四六，合集三三一八二）；三千作「三千」（存下三一五，合集六八三五）；五千作「五千」（後上三一·六，合集六四〇九），一期卜辭已然。但金文猶有合書作□盂鼎及□鈴鐘者。

0012 企 □

羅振玉　「說文解字企，舉踵也。古文作□从足。卜辭與篆文同」。（殷釋中六十四葉上）

王襄　「古企字」。（類纂正編第八第三十七葉上）

按：段玉裁云：「企，舉踵也，从人止」下本無聲字，有聲非也。……止即趾也。从人止，取人延竦之意」。其說至確。漢書高帝紀顏注：「企謂舉足而竦身」，卜辭企字正象舉足而竦身之形。字或作跂。

0013 旨 □

王襄　「古旨字」。（類纂正編第五第二十三葉下）

楊樹达　「殷虛文字甲編八一〇片云：『己酉卜，旨方来，告于父丁。』殷契粹编一一二四片云：『甲辰贞，𠦪以众伐旨方，受又？』……按据上记诸辞，旨方为殷之敌国，其事甚明，然经传未见有旨方之称，余疑其为尚书西伯勘黎之黎也。知者，尚书黎字或作耆。尚书大传云：『文王一年质虞芮，二年伐邘，三年伐密须，四年伐犬夷，纣乃囚之，四友献宝，乃得免於虎口，出而伐耆。』又云：『五年之初得散宜生等献宝而释文王，文王出则克耆。』史记周本纪云：『诸侯闻之，曰：西伯盖受命之君。明年伐犬戎，明年伐密须，明年败耆国，明年伐邘，明年伐崇。』今按尚书大传之伐耆与克耆，史记之败耆国，皆即尚书之勘黎也。说文八篇上老部：耆字从老省，旨声，甲文作旨，尚书大传及史记作耆，其音一也。黎与耆为一回事，旨与耆为一音，故知甲文之旨即耆，亦即黎矣。

黎，说文作𨞒，六篇下邑部云：『𨞒，殷诸侯国，在上党东北。从邑，𥝢声，𥝢，古文利。商书：西伯勘𨞒。』汉书地理志上党郡壶关下应劭注云：『黎侯国也，今黎亭是。』按壶关故城在今山西長治县东南，然则旨方为殷西北之敌国矣。」（释旨方，积微居甲文说卷下六九頁）

孫海波　「甲三〇六五，人名。」（甲骨文編二一七頁）

陳夢家　「旨　隻旨（下一、四）

旨字應是麠：說文『麠，大麇也，狗足』，爾雅釋獸『大麠，旄毛，狗足』，中山經郭注云：『麃似獐而大』，麃是說文的或體」。（綜述第五五三、五五五葉）

陳夢家　「武丁卜辭又有旨千、千：

旨千若于帝又　　乙三〇八五＋三二六〇＋五五六九＋六一八九

千弗其乍𡿧方禍　　甲三一一五

丙寅隹不，千降盡　　前八、五、一

『旨』从尸从口，『千』即說文卷八『壬，善也』之壬而省去下劃者。其人當即遲任。殷庚上『遲任有言曰：人惟求舊，……』；敦煌本，日本唐寫本隸古定尚書，凡夷字皆作『𡰥』；日本唐寫本殷庚遲任作迟任，所从之𡰥是夷字，而金文『尸』即『夷』字。遲任若於帝之左右，即君奭所謂格于上帝」。（綜述二九六）

陳夢家　「卜辭云『西吏旨其㞢禍』。乙四五三六『旨𢦏羅』乙二二六六、五三九五『旨𢦏雈』。乙四八六九『旨隻羌』。燕六五一以上旨所伐之國有羌、雈等國，與𢀛並列而後有與𢀛、化等皆』。在古夏虛一帶。旨當是耆國。

尚書的『西伯戡黎』與尚書大傳的『文王伐耆』，應分別為二事。周本紀說文王『明年敗耆國』，尚書西伯戡黎正義引伏生書傳說文王受命『五年伐耆』。殷本紀『西伯伐飢國』，是戡黎之事，而集解引『徐廣曰飢一作阢，又作耆』。作阢即𨙶之譌，與『耆』無涉。雷學淇竹書紀年義證（一五：一〇三）說『合黎、耆為一』，非是。伐耆乃武王事，通鑑前編嘗辨之』。

旨為西吏，此西吏乃是商王國的官，因卜辭又有旨載王事之語。旨為商王國西土的與國，所以周文王伐紂，先伐耆」。（綜述二九六葉）

張秉权　「𠤎，罗振玉释旨（注一），可信。旨是一个方國：

丙子卜，今日旨方奉？（后下二四·一三）

己酉卜，旨方☒于口告？（粹一一二七）

甲辰貞：卓吕眔𠂤伐旨方受又？（粹一一二四）

于辛巳，王正旨方？（洪五二〇）

己酉卜，旨方来告于文丁？（甲八一〇）

或单称旨：

☐王（登）☐（往）伐旨受又？（粹一一二六）

壬申卜，衔旨于總？（粹一一二五）

本版称為西史旨，則其地当在殷的西方，而她的首領之名，也就叫旨：

辛酉卜，𡆥貞：旨戋〔𢀛〕伯羅？

貞：旨弗其伐𢀛伯羅？（乙编五二三二）

貞：旨河𠭯于蚰出雨？（乙编五二七二）

貞：旨古王史？（续五、二九、一六）

由上举各例看来，旨方在早期是殷的与國，晚期則叛為敵國。」（殷虚文字丙编考释第二一——二二頁）

（注一一）見殷虚书契考释

張秉权「旨是殷商西方的諸侯，也就是本编图版伍中的『西方旨』。」（殷虚文字丙编考释第七一頁）

張秉权「旨，是武丁時的『西史』（見圖版伍），他和罗的关係，不仅見於本版，其它还有一些材料，可以放在一起来看，今略举数条如下：

癸丑卜，殻貞：旨戋出蠱羅？

旨弗其戋出蠱羅？

𠂤𡧊化戋？

𠂤𡧊化弗其戋（本版）

王固曰：戋隹庚，不隹庚，由丙。（圖版柒柒）

乙卯卜，争貞：旨戋羅？

貞：旨弗其戋羅？（乙编五三九五）

庚申卜，争貞：旨其伐出蠱羅？

旨弗其伐出蠱羅？

第（九）辞的『挈』字之下，尚有缺文，如果参照另一条和這同文的卜辞：

出来自南挈龟？（乙编六六七〇）

則我们可以假定那个缺文，很可能就是『龟』字。」（殷虚文字丙编考释第一一五——一一六頁）

李孝定「說文『旨美也从甘匕聲𠤔古文旨』篆文从甘之字古文多从口。契文旨字與許書篆體形近，疑當解云『美也从匕从口匕亦聲』。皀下云『从匕所以扱之』。从匕扱物，口味之而甘也，是从匕从口會意。卜辭旨或為方國之名，如『丙子卜今日𢦏旨方牵』後下二四、十三、是也。後下二、四辭乃紀田獵之事，言獲旨與狼豕並舉，陳說或是。陳又說旨千為遲任，待考。金文作□匽侯旨鼎□匽侯鼎□殳季良父壺□□國差𦉜□伯旅魚父簠□越王劍鐔文與許書古文同」。（集釋一六四四葉）

按：說文：「旨，美也。从甘，匕聲。凡旨之屬皆从旨。𠤔古文旨。」甲骨文从人从口，與說文古文形近。王筠說文句讀釋古文旨云：「此非从千甘也。古文不論反正。博古圖䭫字，具旨多作□，或作□，惟齊侯鎛鐘作□，與此相似，知从人甘，謂人所甘也。」王氏謂从人是對的，謂人所甘，則以意為之。卜辭旨字用為人名。後下一·四，合集一〇三〇七用為獸名，陳夢家以為「□」字，或是。

又卜辭有方國名□，或作□，與□形近，但二者之形體與用法均有嚴格之區分，不得混同。

身 □ □ □ □

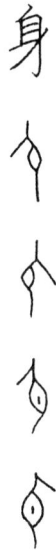

李孝定「說文『身躳也象人之身从人厂聲』。契文从人而隆其腹，象人有身之形，當是身之象形初字。許君謂『象人之身』，其說是也，惟謂厂聲則非。段氏因據韻會改作『申省聲』，許君不得其解遂謂身篆作□，∈乃象人之身，非𦣞省甚明。本字為單體象形，篆體譌变从厂，許君不得其解遂有此說耳。孕字初文當作□。契文有□乙八五〇四，字，金祥恆續文編十四卷十八葉上收作孕是也。孕字當有異體作□，為小篆所自昉，惟傳世卜辭未見此字為可憾耳。（注）……辭云『□午卜王□馬允□在大□身宊』殘泐過甚，其義不詳。王國維氏戩考於此字未釋。金文作□弔向簋□弔氏鐘□鄭公華鐘□獻伯簋，校契文僅多一短橫畫。古文於垂直長畫之下端多增小點，或又衍為橫畫，篆體復譌变為厂耳。

（注）許進雄君校讀拙稿後見告佚存五八六片有□字辭云『□亥卜𠂤貞王曰有□㓜（嘉）朩曰㓜』是則契文孕字確有作□者為□之異構而小篆孕字所自昉也

辭云『貞㞢有身御』乙七五六八，此即王婦有身而行御祭。又云『貞御疾身于父乙』乙六三四四，言疾身蓋亦孕娠之疾也」。（集釋二七一九葉）

高明「身字形旁甲骨文写作『□』，如『□』（存八三三）所从，当隶定为『□』。此字又写作『□』（乙四五二九），乃从孕。从而可见，身孕古本同字。诗经大雅大明：『大任有身』。毛传：『身，重也』；郑笺：『重谓怀孕也』。更可说明身孕二字的关系。大徐本说文云：『身，躳也，象人之身，从人厂声』；段注说文谓：『从人申省声』；二者解释不同，而皆未达本义。身本孕字，象形，后来引申为身体之身。」（古体汉字义近形旁通用例中国语文研究第四期二八页）

陈汉平「甲骨文身字作□、□、□、□、□、□。说文：『身，躳也。象人之身。』卜辞恒贞疾身之事。如

疾身不隹㞢害。 缀合四四一

疾身隹㞢…… 乙二五九一

贞王疾身隹匕己害。 乙七七九七

乙巳卜㱿贞㞢疾身不其□。 乙四〇七一

贞㞢疾身御。 乙七五六八

贞御疾身于父乙 乙六三四四

丙辰卜亘……御身……南庚 乙六七三三

……卜宾……疾身于南庚 乙六八七

甲骨文又有□字，其辞曰：

贞勿于父乙告疾□。 乙五八三九

此字旧释身，见岛邦男殷墟卜辞综类第六页，所释非是。按身字从□或□作，而此字从□作，象侧视人身脊柱弯曲之形。人身脊柱侧视弯曲象弓形，甲骨文弓字作□、□、□、□、□、□、□、□等诸形。彊字作□。可资比较参照。人身脊柱侧视弯曲象弓形，故□字当释为躬。说文：『身，躳也。象人之身。』『躳，身也。从身从吕。躬，躳或从弓。』『吕，脊骨也。象形。』可证躳、躬二字从吕从弓俱象脊骨之形。从吕象脊骨之相连，从弓象脊椎之弯曲。而说文躬字从弓作，与甲骨文躬字字形较相近，知从弓之躬字当是躳字古体。说文躬、身二字互训，此二字于甲骨卜辞中文例亦相同，知躬字与身字字义相同，读音不同。甲骨文躬、身二字字写法小有差异，读音当有所不同，须注意区别之。或疑此字从尸作，当释屌，故存疑。」（古文字释丛出土文献研究二二三页）

按：李孝定釋身是對的。林義光文源謂「身古作[glyph]、作[glyph]，不从申省，[glyph]象人腹，[glyph]即象身形……」，汗簡引說文古文有[glyph]字，正象身之形。卜辭「疾身」即指身有疾言之，乙七七九七有辭云：

「貞王疾身隹匕己巷」

此王乃武丁，不得為孕娠之疾。李孝定説殊誤。乙七五六八當作「貞出疾身[glyph]」猶存殘畫可辨，李氏誤衍「疾」字。「疾身」之占累見，而從未有指婦而言者，其非指孕娠甚明。卜辭「有身」之字為孕，孕作[glyph]或[glyph]，從未見「疾孕」之例。「身」與「孕」不得混同。

0015 [glyph]

按：字从「身」从「又」。辭云：

「勿疾[glyph]」　合集一〇九四八正

「貞疾[glyph]羸」　合集一三六七三

用法與「身」字同，當是「身」之繁構。

0016 孕 [glyph]

商承祚「[glyph]疑包唐氏謂當是孕之本字，[glyph]即[glyph]字，象人大腹之形，故古者稱孕曰有身，象子在腹中也。」（佚存七七葉）

丁山「说文：『娠，女妊身动也』，在甲骨文字亦作娠或身云：……妇娠，其幼。　甲编三七三七

乙亥卜，自贞，王曰，㞢身，妨。扶曰，妨。　佚五八六

己酉卜，王占，娥娩。允其于□，一卣。一月，卣。　续五·七·五

大雅大明，『大任有身，生此文王』，身，篆作[glyph]，象人腹中有子形，旧或释『孕』，不确。有身，即卜辞『㞢[glyph]』的确译，今俗语『怀身子』，正是娠字的音转。」（商周史料考证一二三页）

饒宗頤　「按大戴禮保傅篇：『青史氏之記曰：古者胎教，王后腹之七月，而就宴室，太師持銅而御戶左，太宰持牲而御戶右。』新書『復』作『有身』，即出孕也。湯浉九三：『婦孕不育，凶』。武丁時王后有身，每由占卜之。」（通考六八三葉）

孫海波　「象褢妊之形。」（文編十四·一六）

李孝定　「說文『孕裹子也从子乃聲』（『乃聲』二字各本作「从几」非是从段注本改契文）□字唐氏以為孕字是也。篆文从『乃』乃□之形譌，非从乃聲也。辭云『乙亥卜㱿貞王曰㞢孕妨□曰妨』卜辭謂生男曰妨，此蓋云孕當得男也。金氏續文編十四卷十八葉上收□作孕，按當釋妊義同，與此初當為同字，惟篆文已分衍為二。本書仍从許例，見十二卷女部。又金氏續文編九卷五葉下收此作包，按包之初誼雖與孕近，然所从乃篆文之巳，作□亦象子在包中之形，从子者仍當釋孕也。」（集釋四三一五葉）

林政华　「乙亥卜，㱿貞：王曰：有孕，妨？大曰：妨。南无二〇五卜辭身字作□、□，則□，正象女身怀子之形，后世即多以有身为有孕，亦以此也，如詩大雅大明：『乃及文王，維德之行。大任有身，生此文王。』」（甲骨文成語集释上，文物与考古研究第一辑六五頁）

高明說參□字条下。

按：字當釋「孕」，與「身」字有別。篆文从「乃」，屬於形體之譌，李孝定已言之。

0017 孕 □

按：此亦「孕」字。乃「賓組」卜辭，是「㱿組」卜辭之不同形體。0016與0017兩字當合併。

0018 允 □ □

羅振玉「說文解字：『允，信也。从儿，㠯聲。』卜辭允字，象人回顧形，殆言行相顧之意與？」（殷釋中五十四葉上）

王襄「古允字。」（類纂正編第八第四十葉上）

饒宗頤「按㚔與允應為一人，如夶亦作夵，紬亦作紬，上加一橫筆，是其證。陳夢家卜人篇釋『索』非是。」（通考五六八葉）

李孝定「說文『允信也从儿㠯聲』契文作[illegible]若[illegible]象人形，羅謂象人回顧之形亦未必然，其義則為信，與許訓同。金文作[illegible]戊鼎[illegible]不嬰簋下似从女實乃从夂之訛變金文中此例甚多」（集釋二七八七葉）

李圃「[illegible]，允。說文：『允，信也。』甲骨文允作[illegible][illegible]，象人誠敬之形。」（甲骨文選注四〇頁）

姚孝遂 肖丁「254

(1)『乙雨？乙巳允雨』

(2)『丙雨？丙午允雨』

(3)『丁雨？丁未不雨』

(4)『戊雨？』

『乙巳允雨』、『丙午允雨』，这很明显都是验辞，无可怀疑。第(3)辞的『丁未不雨』也肯定是验辞。但如果没有『丁未』二字，则难以判断了。一般的情况下如作『丁雨不雨』，則居于简单形式的『对貞』，『不雨』不是验辞。現在由于有了第(1)、(2)辞，则完全可以肯定第(3)辞的『丁未不雨』居于验辞无疑。验辞一般都带有『允』字。不论其結果与占问时的予测相一致或相反，都可以用『允』字。例如：

亿5303：『辛亥卜，争貞，翌乙卯雨？乙卯允雨。』

粹665：『癸卯卜，乙巳雨？不雨？允雨。』『癸丑卜，乙卯雨？不雨？允不雨。』

这一类的验辞容易理解，而且粹665是从正反面占问，其結果当然是二者必居其一。下列的情况則較為特殊：合115：「戊辰卜殼……翌己巳帝不令雨？」其验辞在反面：「己巳，帝允令雨，至于庚」。事实的结果与占问时的予测正好相反，也可以用「允」字。254第(3)辞「丁未不雨」居于验辞。由于事实的结果与占问时的予测不一致，故不用「允」字。这应该是一种正常的情况。……」（小屯南地甲骨考释一二三—一二四页）

赵诚「允，甲骨文写作□，象人鞠躬低头双手向后下垂，以表示恭敬，诚信的样子。用象形字来表示一种较为抽象的意思，是极为罕见的现象。卜辞用作副词，有「果然」、「的确」、「真的」之义，但为本义之引申：

庚午卜，壬申雨。壬申允雨。（续四·六·一）——庚午那天占卜，壬申日会下雨。到了壬申那一天果然下雨了。

戊申卜，己𢼄。允𢼄。（乙四四九）——戊申那一天占卜，己日天晴。真的晴了。𢼄即啟，近似於现代有些人所说的「天开了」，有天晴的意思。「己」，这里是己酉的省略说法，是戊申的第二天。「允啟」也是省略语，说全了应是「己酉允啟」，意思是「己酉那一天真的晴了」。

卜辞里允字下面经常连接的动词主要有：雨、雹、啟、风、获、𢦏、㞢（有）、亡（無）、出、来、步、征、用、之、涉、见。允和后面的动词组成卜辞中验辞的主要部分。从这种意义上可以说这是副词允的特殊功能。」（甲骨文虚词探索，古文字研究第十五辑二七八至二七九页）

按：篆文允字从吕，乃形體之譌變。金文、石鼓文已譌為从吕。段玉裁以為「吕」非聲是也。但謂「吕，用也，任賢勿貳，是曰允，此會意字」。徐灝已非之。卜辭皆用為驗辭，其義為「信」。

0019

沇

于省吾「甲骨文沇字作□，也偶而作□（京津四四六九），隶定作沇或㳄。此字旧不識，甲骨文編入于附录。按其字中从允，上部兩側从水作⺀或八，在甲骨文偏旁中是常見的。

㳄或兖即沇字的初文。沇字始見于東周器的沇儿鐘，移水于左側，為說文所本。說文：「沇水出河东垣东王屋山，东為泲。从水允声。㕣，古文沇如此。」按自来說文学家对于沇字作㕣或兖的解释，聚訟紛紛，莫衷一是……按段說謂兖从㕣是对的，但古文沇作㕣，並非本字，乃借㕣（以转切）以为兖。周代金文县方彝兖字从㕣声，留壶兖字从谷声，㕣与谷古同字，說文㕣之古文作㕣，从谷声，是其訛。至于䣜侯鼎兖字中从公作谷，乃形之訛，因為此鼎多变体字。这就可以証明或謂說文兖从公声之誤。㳄或㕣既然為沇字之古文，那么，為什么古籍或作兖汉碑又作兖呢？我認為，兖与兖下从㳄或㕣，与商周古文合，汉隶之与商周古文合者时有所見，不仅此字為然。至于汉碑兖字或作兖，是由于隶书以口与从厶往往互作的缘故。六朝齐李希宗造象記的兖字作兖，犹存古文。汉王纯碑以衮为兖，这不仅由于音近相假，同时也由于二字形近易混。衮字上部从二，則又是兖字上部讹变為二的由来。释名释州国：「兖州取衮水以為名也。」甲骨文屡言王田獵于㳄或兖，均以为地名。說文：「泲，沇也，东入于海，从水𠂔声。」按典籍泲多作济。书禹贡：「济河惟兖（史記夏本紀作沇）州。」又：「导沇水，东流為济，入于河，溢為滎，东出于陶邱北，又东至于菏，又东北会于汶，又北東入于海。」

甲骨文㳄或兖字凡十余見，今择列数条于下，並加以解释。

一、翌日戊，王叀㳄田亡𢦏，擒（前八・九・四）。

二、王叀兖□（田）（京津四四六九）。

三、叀㳄田亡𢦏，擒（京都二〇五二）。

四、王弜㳄，其雨（粹九九六）

五、王叀田省，征于㳄，弗每（悔）（京都二〇七〇）。

六、叀㳄鹿射，弗每，亡𢦏（宁沪三・二三〇）。

七、王其𦶭（焚）㳄西彔（麓），王于東立（涖），豕出，擒（摭續一二一）。

以上所引的前三条，均就王田獵于沇為言。第四条王弜沇下缺田字，乃对貞辞的省語。第五条的王叀田省，它辞也作「王叀省田」。这是說王省視农田，延及于沇，弗悔，是没有過错之义。第六条是說，射击沇鹿，既没有過错，也没有𢦏（災）害。第七条是說，王其焚沇地的西禁（山禁）以獵，王从東方涖临，野豕出現，可以擒獲。

综上所述，甲骨文㳄字也作兖，为旧所不識。本文分析讹변的结果，已辨識出它是在允字上部兩側从水而以允为声符的形声字，后来变为左形右声的沇字。典籍和汉碑沇字也作兖或兖，又与㕣或衮通用，兩者既为音通又形近致讹。晚周人所作的禹貢，其中九州之名可徵于甲骨文者，只有沇州由沇水得名而已。」（甲骨文字释林释㳄一三五頁至一三九頁）

考古所　「□、□、□、□：皆为地名。」（小屯南地甲骨一〇一一页）

考古所　「□：从郭沫若释（见粹考一三〇页第九九六片卜辞释文），在此为地名。」（小屯南地甲骨一一四九页）

按：此字于省吾先生释沇，其说可从。

0020

□

按：字不可识，其義不詳。

0021

殷　□

于省吾　「甲骨文殷字作□或□形，凡三见（红四〇四六，红二七六，辞已残缺），旧不识。按殷字从攴从殳互作，契文鼓字从攴也作殳，是其证。殷字，商器切其卣□殷字从殷作□，周初器保卣作□，孟鼎作□，可以互证。说文：『殷，作乐之盛称殷，从㐆从殳。』易曰，殷荐之上帝。』段注：『乐者乐其所自成，故从㐆。殳者干戚之类，所以舞也。』又谓：『豫象传曰，雷出地奋豫，先王以作乐崇德，殷荐之上帝，以配祖考。郑注，王者功成作乐，以文得之者作籥舞，以武得之者作萬舞，各充其德而为制。配天帝以配祖考者，使与天同饗其功也。』按许氏释殷为作乐之盛，肥测无据。段注和其他说文学家皆缘饰许说，无一是处，不烦详引。又许氏列㐆为部首，并谓：『㐆，归也，从反身。』其实，契文身字作□也作□，反正互见。许氏别㐆于身以及殷从㐆之说，不攻自破。

我认为，古文殷字象人内腑有疾病，用按摩器以治之。商器光簋有□字（隶定作□），象病人卧于牀上，用手以按摩其腹部。又商器父癸卣有□字（也见觚文和觯文，隶定作□），象宅内病人卧于牀上，用按摩器以按摩其腹部，而下又以火暖之之形。□乃□字的繁构。魏三体石经书多士的古文殷作□，隶定作□，是□与殷古通用。史记扁鹊传的『挢引案抚』，索隐以为挢与抚均谓按摩。汉书艺文志有『黄帝岐伯按摩十卷』。庄子外物的『皆搣（唐写本作揃搣）可以休老』，朱骏声说文通训定声揃字下，谓皆搣『盖擊摩按摩之法』。韩诗外传（卷十）叙扁鹊为虢世子治病，使『子游按摩』。以上略述古代用按摩法治病。依据契文，商人患病多乞佑于鬼神而不用医药。但本诸前文所述，可见商人患病除乞佑于鬼神外也用按摩疗法。

说文谓『作乐之盛称殷』，应改为『疾病之盛称殷』。典籍中既往往训殷为盛为众，又往往训殷为痛为忧，则均由疾病旺盛之义引伸而来。……」（释殷甲骨文字释林三二一——三二三页）

胡厚宣「武丁时龟腹甲卜辞中有一片称：

其[illegible]口口[illegible]

拓本见殷墟文字乙编二七六片……。[illegible]字从身从支，于省吾先生释殷（见所著甲骨文字释林三二一页，释殷，一九七九年），其说甚是。

我意[illegible]字左旁从又持个，又即手，个在古文字乃矢镞弋箭之一端，象尖锐器，疑即针，个者示针之一端，尖锐有刺，[illegible]字盖象一人身腹有病，一人用手持针刺病之形。针刺作痛，故殷有痛意。广雅释诂：『殷，痛也。』殷亦作慇，诗经邶风北门『忧心殷殷』，释文『本作慇』。小雅正月即作『忧心慇慇』。说文：『慇，痛也。』殷又作隱，易经豫『殷荐之上帝』，释文『殷京作隱』。诗经邶风柏舟：『如有隱忧』，毛传『隱，痛也。』

考我国自古治病，有针刺之法。古籍中或称针，如易林说：『针头刺手，百病瘳愈。』针亦作箴，如左传襄公四年『宜箴王阙』，宋本正义说：『每官各为箴辞以戒王，若箴之疗疾，故名箴焉。』又如文选序说：『箴兴於补阙』，五臣注：『箴所以攻疾防患，亦犹针石之针以疗疾也。』箴即针。针用以刺病，故又称刺，如急就篇说：『灸刺和药逐去邪』，颜注：『刺，以箴刺之也』。又如盐铁论说：『拙医不知脉理之腠，血气之分，妄刺而无益於疾，伤肌肤而已矣。』

古代刺病之针，最早大约以石为之。所以古籍中或称石，如左传襄公二十三年说：『美疢不如恶石，夫石犹生我。』杜注：『愈己疾也。』又如战国策秦策说：『扁鹊怒而投其石』，高注：『石，砭石，所以砭弹人臃肿也。』

因石可以疗疾，所以古籍中又称药石。……药石所以刺病，刺病曰砭，所以古籍中又称砭石。……砭石治病，必作为针，故又称鍼石。……鍼石亦作箴石。……鍼石箴石亦作针石。……

古代以石针治病，其起源当在原始社会时期。那时还没有金属发明，所以只能用石针刺病。后来到了阶级社会，发明了金属，刺病的石针，遂以金属针刺代之。如左传襄公二十三年『恶石』服注说：『石，砭石也，季世无佳石，故以铁代之耳。』又如玄应一切经音义说：『古人以石为针，今人以铁，皆谓疗病者也。』……金属发明以后，用金属代替石针，以石针刺病的技术，就逐渐不用。所以汉书艺文志『鍼石』颜注就说：『石谓砭石，即石箴也；古者攻病则有砭，今其术绝矣。』

殷代已是奴隶社会，青铜艺术，非常发达，是否有铁，目前还在争论之中，就是有，亦尚未能普遍应用。殷代刺病之针，一般当是以青铜制成。

古代针刺，由古籍看来，主要是治疗臃肿。素问说：『其病为癰疡，其治宜砭石。』山海经东山经郭注说：『砭针治癰肿者。』秦策高注又说：『石砭所以砭弹人臃肿也。』淮南子高注也说：『针石所抵，弹人癰痤，出其恶血。』大约有癰痤之疾，用砭石针刺，使恶血排出，便可痊愈。

针刺的方法，由古籍看来，主要是鑽刺肌膚。盐铁论说：『下鍼石而鑽肌膚。』又说：『妄刺而无益於疾，伤肌膚而已矣。』后汉书赵壹传李注说：『凡鍼之法，右手象天，左手法地，弹而怒之，搔而下之，此还手爪也。』对于用手针刺的方法，更是一种生动的形容。

甲骨文殷字作□，从身从殳，身作□，在这里也可以解释作象人身腹患疾臃肿，另人以铜针刺之之形。』（论殷人治疗疾病之方法中国语文研究第七期九——一一页）

按：字当释『殷』，于先生於其形、音、义之流变论之甚详。卜辭均残缺，用义不详。

0022 以 氏 □ □

孫詒讓 『□字恆見，或反書作□同。如云：『辛未卜□父京宄』（藏十四、四）……此當為佀字。說文人部佀，象也。从人，吕聲。此从□，即吕字。（已部吕，用也。从反已。此即反已之形）从□即人之省。古佀吕聲同字通，此文疑皆當讀為吕。小尔雅廣詁云吕用也。凡云『其吕』『弗其吕』者，猶言用與不用也』。（舉例下卅三葉）

羅振玉 並釋□□□為吕，無說。（殷釋中七十八葉上）

王襄 『古厶字。許說姦衺也。韓非曰倉頡作字，自營為厶，是厶乃私之本字，後世借私為公私字，而厶字遂廢』。（類纂正編第九第四十二葉上）

王襄　「華石斧先生釋氐，通作地，許說『至也，从氐下箸一，一者，地也』。此从○，○土也，與地誼同。」（類纂正編十二第十五葉下）

王襄　「古私字，省禾。古鉢文私作ㄥ，亦省禾。」（類纂正編第七第三十四葉上）

葉玉森　「按孫氏讀㠯，訓用。形既相近，誼亦可通。郭氏所舉各辭似亦無不可釋㠯訓用，郭氏釋ㄥ為犁，若犁牛不辭，乃取鄭杜經說，讀犁牛為騂牛。考卜辭亦云『ㄥ羊』（後下十二・十三）『ㄥ麋』（前四・四八・八）『ㄥ麑』（甲一・二・五・十一）似不能讀為騂羊，騂麋，騂麑也。」（前釋卷一第六十三葉）

徐中舒　「耜異體甚多，小篆作相或作枱鈶，籀文作辝或作耛，經傳作耜，廣雅作鋁，从耒从木从金即表示三種意義：㈠耜之形式與用途近於耒，㈡木製之耜，㈢金屬製之耜。從㠯即耜之本字，㠯為用具，故古文借為以字。以用也，銅器以均作㠯，ㄥ毛公鼎ㄥ不嬰𣪘ㄥ散盤ㄥ號季子盤ㄥ趞小子𣪘ㄥ大鼎ㄥ秦公𣪘ㄥ封𣪘ㄥ應公鼎ㄥ仲盤ㄥ者女觥ㄥ公伐郘鼎ㄥ沇兒鐘ㄥ𡧊桐盂ㄥ姞口句鑃當為耜之象形字。甲骨文作ㄥ，羅振玉釋為私字，但據其文義『𠕋勿㠯又亦𢦏𠭯邑方』（前六・六一・七）『乙未貞王米口叀口㠯于㷊』（後上二五・七）似無私字之義，仍以釋『㠯』為是。銅器㠯或以台為之，㠯陳侯因𪬉𣪘㠯王孫鐘㠯邾公華鐘ㄥ歸父盤姒姓之姒或以始為之，𡚸叔向父𣪘㠯頌鼎故耜亦得从台。說文或作梩者東齊謂之梩，方言里耒古同來母，里㠯古同之部，當為耒耜二字的合音。……耜為農具，為個人日常使用的物件，故以認為已有，故耜所从之台以訓為我，厶與私亦常為耜引申之字，耜私厶古同在心母，古韻耜在之部私厶在脂部之脂古不通用或由聲近相通厶小篆作ㄙ形與銅器中㠯字絕相似。私从禾即耜之別體，耜為個人所有，故以引申為公私或作厶之私。韓非子五蠹篇云『古者蒼頡之作書也自環者謂之私，背私者謂之公，公私之相背也乃蒼頡固知之矣』。此說與古代社會情況不合。銅器中公作公與小篆公作公不同全無相背之形，可證其為臆說。耒與耜為兩種不同的農具，耒下歧頭耜下一刃，耒為仿效樹枝式的農具，耜為仿效木棒式的農具。」（耒耜考載集刊二本一分）

李旦丘　「ㄥ乃契文習用字……諸家考釋極端紛歧……吳其昌先生云『ㄥ者殷代祖丁南庚羊甲時之名臣』，又讀『ㄥ為地名』。（殷虛書契解詁第八十片）商說吳說之誤，明若觀火。郭氏之非，葉氏亦已辯之。……今按諸家考釋，孫釋最為近是，惜尚未能得其真。蓋ㄥ即以字，而非似字。考金文中之公字作公（𠭯公鼎）公（𣄰𣪘）公（楚公鐘）而甲骨文之公字亦作公公

（甬·二三·七）谷（備·十·一）均从八从口。韓非子云「背厶為公」，又云「自營為厶」，（今本韓非營作環）故知環形之口即厶字，亦即㠯字之所从。……為便於契刻計，將口形斜豎耳。㇄即人字，从人从厶決為以字無疑。㠯字又省作ㄥ，如「丁酉卜（缺）妣乙ㄥ（訓用）羊」（徵·七）「㢸（缺）于祖乙ㄥ（通與）祖丁祖甲」（拾·二·十一）習之既久，後人但知ㄥ之為以，反不知㠯之為以矣。後人既以ㄥ為以，及見㠯字乃不得不另創一从人从以之似字以釋之。以字本即从人，今又加一人作，直是架床疊屋，故誤釋㠯為似者不獨孫氏，自二千年前之古人已然。以訓用，又古以與通。（按下舉卜辭之例从㗊）由上舉諸例觀之，㠯實為以之本字。从人从厶省為ㄥ，許書謂㠯（即ㄥ）从反巳，非是。賈侍中說已意，已實也，象形。更是曲為之解。許書既以㠯為以，又將从人从以者之㠯為似，而遠失从人从厶之㠯（厶與吕之區別甚微，厶作ㄥ，吕作ㄋ，極易混淆。）是古文有亡於小篆而間存於今隸之說可謂信而有徵。總之ㄋ為㠯之省，㠯為㠯之訛，乃後起字。古代實無似字，凡孔子以前之經文其有作似字者，皆以之訛誤也。」（零拾二——六葉）

商承祚

「㠯乃氐羌之氐，小篆作𢀖，乃其從出卜辭有合稱氐羌或單稱氐或羌者。」（福攷三葉）

丁山釋勹，訓為引取與抱。（甲文所見氏族及其制度）

唐蘭

「㠯舊多不釋。孫詒讓釋佀讀為吕。王襄引華石斧說釋氏，謂通作袛。郭沫若釋挈。余按以字形言，王華之說較近。卜辭别有𥁕字或作𥁕，郭釋盛甚是。餘釋之餘三六盛當即說文蔬重文之盜，蓋氐本从氐也。𥁕既盛字，則㠯當釋氏無疑。㠯略变為𠄌為𠄌，則為氏，於其下作地形則為氐字矣。此云「氏牧」，疑讀為眂。他辭云「氏衆」及「氏王族」之類疑當讀為提，提者挈也。郭釋挈，義雖是而字則非矣。」（天壤文釋二十六葉）

郭沫若

「卜辭有㠯字或作㠯，余謂此乃挈之初字。說文云「挈懸持也」此正象懸持形。其顯然用為挈字義者有如下諸例：「貞令𦥑㠯眾伐吕方」（後上·十六·十）「戊辰貞翌己亞三㠯罪人𡿪口糸　孚保我」（甬·七·三·一）亞三與𦥑同例人名。𡿪與伐同例字於卜辭屢見，疑即撞之初字。說文云「撞凡擣也」此正象凡擣之形。「（上缺）𢓊㠯王族从亩莧古王事六月」（甬·七·三八·二）「乙丑卜口貞令𣲙衆鳴㠯𠧢尹从亩莧古事七月」（甬·七·二三·二）𢓊𣲙鳴均人名，亩莧亦人名，𠧢乃古國名。「辛酉卜受貞𦐓㠯㞢族从𩇭」（備·十一·七）𦐓與前例之𣲙疑是一人。㞢族與王族同例，當讀為友族，猶書偁友邦也。「丁未卜爭貞令章ㄅ㞢族𠂤市㞢友五月」前·七·一·四。章人名。市與東爲一字，國名。商承祚釋貫。𠂤與伐同例，字不識。㞢友當讀爲有祐。「令章ㄅ多射衛示乎旨六月」後下·二五·七。以上七例均關師旅之事。ㄅ爲不完全之他動詞，下必有動詞仂語以爲補格，與領師之意同，參以字形，則非挈莫屬矣。於師旅之事以外亦有用者，曰「侯虎人名往余不朿疑亦燕字其合ㄅ乃事歸」前·七·三六·一。義亦當爲挈字。亦段作契。「甲寅卜爭貞尹ㄅ反字　貞弗其ㄅ反子」前·七·四二·一。「貞做弗其ㄅ血　貞做ㄅ相伯血」前·一·四六·三。反子疑即宗周鐘「南國反孳」之反國。做亦國名。此二例之ㄅ字則用爲完全他動詞，下祇需賓而不需補格，故此當爲契滅之契。爾雅云「契滅殄絕也」。通例之例更有一事與挈契義全異，如曰「貞ㄅ牛五十」鐵·二五·一，「王貞ㄅ其十牛」。審此則當讀爲肆牛之肆。周禮地官牛人「凡冀種肆剛用牛」鄭注云「故書肆爲挈，杜子春挈讀爲肆」。挈之讀爲肆，陰陽對轉也。卜辭別隶字，羅氏據說文肆字之旁从隶爲肆之本字是矣。然謂周禮牛人肆字「故書作挈與隶形近，殆隶字之譌」，則未免出於臆斷。今知卜辭ㄅ字已可段作肆，則周禮故書之挈字斷非譌字」。（甲研上冊釋挈）

魯實先　「ㄅ孫詒讓釋侶，謂古侶呂聲同字通，疑皆讀爲呂訓用。郭沫若釋挈或讀爲肆牛之肆。丁山釋ㄅ訓爲引取與抱。說並非是。知者以卜辭侶作□，呂作□或□，肆作□，凡□□□諸字校之ㄅ字構形既異，辭例不同，故知釋侶釋挈釋肆義無一可。且ㄅ之異體亦作ㄋ與ㄅ，引見下文定按二文當分釋爲壬與氐，非ㄅ之異體也乃釋爲挈或ㄅ，則ㄋㄋ俱不足表懸持或包裹之義，復不能通讀諸辭也。華學涑商承祚皆釋ㄅ爲氐。唐蘭于省吾皆釋ㄅ爲氏，其說得之。惟華氏謂氐通作地，商氏謂爲氐羌之氐，則陳義皆差。唐氏謂通借爲提，于氏謂其義爲致，並得其一端而未窮底蘊。至于唐氏別陳一義謂讀爲訓視之眂，于氏別陳一義謂爲氏族之氏，斯又胥陷乖剌。……以愚考之，ㄅ與ㄋㄅ並象土石旁著欲墮之形，作ㄋ者乃ㄅ之譌變，隸定之俱宜爲氏。自ㄅ衍而爲氏，猶自□衍而爲□，此卜辭所以作ㄅ、小篆所以作氏也。凡物之墮者必下至於地，故氏下从一以象地而孳乳爲氐，是氐乃氏之初文。此以文字演化之序言，可證先氏當以氏氐爲一字也。夫小篆之氏與氐乃一畫之殊，證之許書則一畫之增減每多音義不爽，若反冃亏至圭古文作反冃亏至圭，自之或體作□、网之籀文爲网即其例矣。且氏之與氐證之許書猶冋之作坰，宅之作𡧈，證之卜辭猶自之作□、星之作□，與夫先秦彝器之作□□□，或从一以象地形，或从土以表地義，其例正自相同。此以字形言可證氏氐爲一字也。考之廣韻凡从氐支只聲之字並入五支，凡从氏耆二聲之字並入六脂，然以栺列之五支，以歧派疵歸於六脂，此可證支脂二韻可以互通也。凡从是虎二聲之字，言古音者並以與氐爲疊韻或兼雙聲與从氐聲之字音部乖隔。然廣韻乃以醍緹䟗堤題媞遞與从氐聲諸字並入於十一薺，以只及从氐聲之坻砥與氏紙抵汦並入於四紙，此可證氏氐二聲固相混用也。以漢人之說考之，則劉熙釋名以砥訓紙，楊君作頌石門頌借祇為氏，是知氏氐本自無殊，此以聲音言可證氏氐為一字也。氏於卜辭有五義。其一為方名，如云「貞曰氐來廼往于𩫖」前、四、三五、一、「氏出元臣」續存、七一三、「貞叀般令取氏」甲二、八、九、「貞追氐」戩、九、八、是也。⋯⋯於金文有氏父丁爵續殷文存下二五葉當為氏方所作之器，其地望則蔡有泜水見左僖卅三年周有隄上，左昭廿六而隄上於殷虛為近，宜其為殷王常所游田之地。徵之姓氏則晉有提彌明左宣三年釋文曰「提本又作祇上支反」吳有是儀，吳志是儀傳云「本姓氏孔融嘲儀言氏字民無上可改為是，遂改焉」觀於提之或作祇、是之本為氏，則知提彌明與是儀必皆殷代氏姓之後。氏之第二義則為祭名，如云「☐旅☐丑其氏于祖乙其氐后祖乙」明、四五六、「王往于田弗氏祖丁眔父乙佳止」乙、六三九六、「貞氏囲」乙、五一四四、「其氐小丁」繇、三三七、凡此諸辭之氏與氐，並當為祏之初文。以祏从石聲乃以氐省聲，宜其初文為氐。說文示部云「祏祀也」是祏為祭名。雖經典無傳，而漢世猶存其遺說。氏之第三義乃底之初文，讀為堯典「乃言底可績」之底，偽古文列於舜典其義為致。如云「己卯卜芳貞翌甲申用射㳄氐羌自囲」契卜、二三五、「癸酉卜㱿貞翌甲戌用☐氐羌易日甲口用自囲」續存下、五三、「丙午卜即貞又氐羌翌丁未其用」京津、三四二九、「勿令𠦪氐三百射」乙、七七六一、「己丑卜殼貞氐芻其五百佳六」乙、六八九六、「貞追弗其氐牛」後、下、四〇、七、「☐王貞氐其十牛」前、五、四六、一、「貞氐牛五十」前、一、二九、一、是也。氏之第四義則通假為提，以提从是聲，與氏為雙聲疊韻，故氏是通作。儀禮覲禮鄭注云「古文氏是」禮記曲禮下鄭注「是或為氏」即其例。如云「辛酉卜爭貞勿乎氏多寇伐吕方弗其出又」續存下、二九一、「辛丑卜芳貞羽令氐戈人伐吕方𢦏」金璋五二二、「丁未卜爭貞勿令𠦪氏眾伐吕☐」粹、一〇八二、「貞王勿令𠦪氏眾伐吕方」後、上、一六、一〇、凡此諸氐兹當讀為「李陵提步卒」漢書司馬遷傳之提，謂挈率其方之師旅或射手以任征伐徭役也。其五則氏為抵之初文，說文云「抵側擊也」。如云「丁未卜爭貞令章氐出族重出友」甲二、七、六、乃命章方抵擊出族命尹方伐出友二方也。其云「王畳氏人□允氏𤔔三百」後、下、四、一、者，謂班方之王抵擊人方信致奔三百於殷王也。其云「王𢆶氐人𢍰冉」戩、一一三、一、者，謂𢆶方之王抵擊人方得其純色之玉也。凡此諸氐亦皆抵之初文也。以氐於卜辭有五義而通考諸辭，既多抵擊方國之文，復饒致送俘虜之例，是以訓擊之抵與訓致之底苟其辭義不詳又無同版完辭可證，每多溷亂難明。⋯⋯然則所謂「旃眔殼氏羌」者，其為卜旃殼二方出擊羌方之吉凶邪，抑為卜二方是否致送所俘之羌人邪，亦未能質言其義」。（姓氏通釋之一東海學報一期十三——廿三葉）

吳其昌　「氐」者，在殷代契文中詁訓甚广；可以為動詞，可以為名詞。以名詞言：可以為地名，可以為人名。以地名言如卜辭所云「王㞢往氐」前、五、二〇、二、「以行氐」林、一・二九・二・『命禽ㄗ衆』。後・一・一・六・……一〇・『禽ㄗ羌王』。後・二・九・四・『任伐ㄗ』。續・四・二八・四・『ㄗ羌』。燕・六五七・……等是也。以人名言，則此名ㄗ之人，亦已為且丁以至羊甲時名臣已与吳相同時矣。

所以決知其可釋為人名者，考殷周二代，皆以地域為氏，故有其地必有其氏。其地土著之民人，即以某地之名為其氏稱。此在金文中例多至不勝舉。詳拙著〈金文世族譜〉。而亦稍具古史常識者所共曉。則此ㄗ地但不能例外。是故ㄗ地之民人，必有旁人稱之為『ㄗ父』者矣。卜辭云：『辛未卜「ㄗ父」京……』鐵・一四・四・非絶佳証乎。此『ㄗ氏』之族，必有以『ㄗ族』称之者矣。卜辭云：『貞命喜墉』「ㄗ出族」』術・七・一・四・非絶証乎。其單称為『ㄗ』者，蓋即為此『ㄗ族』中最煊赫之聞人，而登仕于朝廟者也。故前举『命喜ㄗ出族』之文，亦得簡畧之為『命喜ㄗ』，後・二・二五・八・其佳証也。此名ㄗ之聞人，生前受衆庶之請謁，没后受王室之貞祭；故卜辭云：『……子尖見ㄗ。……』術・七・二八・二・『……貞，見ㄗ。……』林・一・二五・一一・又云：『王貞ㄗ，其十牛。』術・五・四六・一・知其与吳同為殷時臣室貴官，而非鹿鹿辟工比也。至其生存之时代，亦可以推吳時代之法推得之。按下第九四片云：『貞出于南庚。貞ㄗ』術・一・一三・四・貞祭南庚而以ㄗ配饗，則知ㄗ生時之逮事南庚矣。南庚者，且辛之子，且丁之弟也。又云『貞ㄗ，牛五十。　貞于且丁，御。　貞出于母庚二牛』。術・一・二九・一・『母庚』者何？羊甲之奭妣庚也。此辭亦証ㄗ得立于且丁，羊甲之朝也。總之，據上列羣片，則名吳者實為且丁，羊甲，盤庚，小辛，父子兄弟，二世四王之時人。名ㄗ者，實為且丁南庚，羊甲，兄弟父子，二世三王之時人。而據本片：『貞吳』而率及『ㄗ』，則此二人明係同時，尤為胎合。且本片因『貞且辛』，而遂貞及此二人，則又可証此二人之必在且辛之后，或亦許上及于且辛矣。且辛非他，又且丁，南庚之父也。疑ㄗ上及祖辛，下逮陽甲。吳上及祖丁，下逮小辛。其詳尚待后賢考實。則本片与上列群片又適足相互印証，而益彰矣。『率』在經典中，古文作『率』，今文作『帥』，實一字而今古異學。鄭玄通其郵，注〈儀禮〉云：『古文帥為率』。〈覲禮〉『伯父帥乃初事』注。又如〈毛詩〉作『率』者，〈韓詩〉作『帥』。〈噫嘻〉『率時農夫』。毛，古文；韓，今文也。是故『貞吳率ㄗ』云者，以后代語言釋之，意若謂吳ㄗ相帥俱受高矣；謂所貞祭者吳將ㄗ矣。帥义為將，不煩舉証。『罝』与『芻』者，指祭品之名也。『罝』，从『网』，从『兔』，意謂网得之兔屬。罗釋『象兔在罟下』，王國維謂即〈尔雅・釋器〉『兔罟謂之罝』之罝』。网得之兔屬，固宜以薦享于鬼神焉。『芻』者，〈孟子〉云：『故礼义之悅我心，犹芻豢之之悅我口』。〈告子〉下 是知『芻』為宴饗悅口之奉矣。故亦可以奉宗廟。卜辭：『今以芻于□』鐵・二六一・四・『癸未〔卜〕〔貞〕，芻且〔甲〕□』。林・二・二二・五・皆足証『芻』確為薦高先王之祭品。〈礼記・月令〉：『共寢廟之芻豢』，鄭注：『芻豢，犹牺牲』。〈大戴礼記・曾子天圓篇〉則云：『宗廟曰匇黍，山川曰牺牲』。蓋自卜辭以迄汉儒『匇』為祭品，誼並符実矣。由是可知『貞奚率勹，冕匇』者，祭奚与勹，以免及匇為献也。『口遲口尹』者，『遲』疑為『祷』之本字。其字亦作遲本片、鄴后・一・七・一二・鄴識・三九・一四・續・六・二〇・三・佚・九六三・亦省作[illegible]續・六・二一・五・[illegible]佚・八八七・蓋即『壽』之本字，亦即『祷』之本字；因說文从『示』之字，契文往往省『示』也。如契文云：『庚子卜𡧊貞，碞。其酒于且辛，𠭯出，彳，氏，用』。佚・八八七・此『𠭯出』之語，殆不容我人不以『祷之』為釋也。『遲』上一字不詳，据他辭或作『日遲』佚・九六三・梭續・六・二一・五・作『遲日』。此所闕是否『日』字，未敢遽補。『口尹』，自当為人名。梭殷代人名二字，而下一字作『……尹』者，惟『伊尹』与『寅尹』二人耳。但『伊尹』卜辭中多作『伊』，作『伊尹』者仅二三見，后・一・二二・三・佚・三七四・四〇七・等且皆与『太乙』同祀，而本片在祖辛時，其决非『伊尹』可断。惟『寅尹』与『勹』，則宜可同時，卜辭中『寅尹』与『勹』二名，同見于一片上者，亦凡再見。續・二・四七・四・及林・一・六・二・又一卜辭，正面契有告祭『寅尹』之詞，而背面契有『勹』名。燕・三七七・似皆足推度此二人為同時。」（殷虚书契解詁第一六九——一七二頁）

李亞農　「我們還是認為勹字應釋以，从人从厶，解作為，論語：『視其所以。』解作因，論語：『君子不以其所以』……』」

李亞農

「我們還是認為勹字應釋以，从人从厶，解作為，論語：『視其所以。』解作因，禮燕禮：『君曰以我安。』注曰：『猶與也。』根據這些意義去讀卜辭，無往而不通。

(一)我以一千。（沈乙一三〇一四〇六五）用一千也。

貞：以牛五十。（前一、二九、一）用牛五十也。

不以十朋。（鐵一四〇、一）不用十朋也。

貞：令𠬝以衆伐㕣方。（後上一六、一〇）𠬝以伐㕣方也。

允𠬝，以出（侑）元臣。（前四、三二、五）用侑元臣也。

(二)曰：𠬝來其以闌。（前六、四五、二）𠬝由闌而來也。

乙亥卜，㱿，貞戍以闌，王。（龜一、六、三）王據城而守也。

(三)以多㵘。（前四、三三、四）與衆樂也。

(四)貞：般，圂以。（前四、一六、八）意謂造圂豕之圂。

貞：龜，不其南以（郭讀為鈴）以。（前四、五四、五）意謂不造鈴也。」（勹字的補充殷契雜釋中國考古學報第五冊第一、二分合刊一九五一年十二月）

李孝定　「說文『氏至也从氏下箸一一地也』契文作[illegible]若[illegible]，象人側立手有所提挈之形，其初義當爲提。以形近於氏之古文，至篆文遂譌爲「氏下着一」之氐耳。卒本象矢栝形以與氏形相近故篆文之卒亦譌爲「从氏下」其故與此略同字孫氏釋侶讀爲呂，李氏則逕釋爲呂，而契文侶呂固各有本字。見魯氏文郭氏釋挈，以說字意固是而於字形絕遠。唐胡諸氏釋氏，而契文亦有氏字。惟葉氏釋氏，魯氏从之，又從而證成其說，於字形字義兩不洽適矣。惟魯氏謂氏氐同字則似有未安，蓋契文氏作亻，與文同，作ㄅ，各有專字，且於形亦絕遠。又魯氏所舉第五義似亦略有可商，蓋所舉諸辭之訓抵者以氐若提釋之亦均可通讀也。」（集釋三七五一葉）

屈萬里　「氏，義當爲致。氏人，疑謂獻俘也。」（甲釋第四二二葉）

胡厚宣　「氏之義，爲挈，爲致。」（商史論叢初集一册殷非奴隸社會論二葉）

田倩君　「ㄅㄋ」即生物作胎生長开始的形狀，所以胎从ㄋ，始从ㄋ。」（釋以　中國文字第六卷二五六二頁）

金祥恒　「龜甲兽骨文字中常見ㄅ与ㄋ二字，学者多释ㄅ为氏，ㄋ为吕今据粹編一七八片「丁酉卜，亞𦥑ㄋ众涉于𢀛若」（图一）与佔編上一六、一〇「貞：王勿令𦥑ㄅ众伐𢀛方」（图二），始知ㄅ与ㄋ为一字而ㄋ乃ㄅ之媘，昔释为二字，非也。其例甚夥，今就「以羌」为例：以作ㄅ如：

貞㞢ㄅ羌，　　　　　乙六八八三

辛丑卜㱿貞：𤔲𠬝殸，　乙六八八三

貞：𤔲𠬝殸，不其ㄅ羌　乙六三七三

☐未卜，㱿貞：疾，ㄅ羌　乙六四四六

貞：勿𠬝ㄅ羌　　　　前六、六、四

而以作ㄋ者，如：

且乙，豕ㄋ羌　　　　乙八六五〇

豕ㄋ羌　　　　　　　乙八六

癸（未）（貞）又ㄅ且乙牢，翌日

丁亥貞：用𦎫乘ㄋ羌自報甲。

丁亥貞：一用于父丁。　佚八七五

戊午貞：款、多宁ㄋ羌，自報甲。　續一、四、五丁卯卜：㞢㠯羌，用，其自報甲盤，至于父丁。

丁卯貞：㞢㠯羌于父丁。　摭續二

癸酉貞：射㞢㠯羌，田，自報甲于甲申。　粹八一

就「以射」為例，以作以如：

貞：吴不其以射　林二、三〇

辛未卜貞：令虘以从斷人方我．　续三、四一五

勿令華㠯三百射　乙七六六一

貞：勿令宁以射。

貞：令宁以荷戈

以作㠯者如：

囚子卜，令从舉㠯多射，若。　掇三

就「以众」為例以作以者，如：

壬寅卜，㱿貞：王往以众黍。　前五、二〇

丁未卜，爭貞：勿令華以众伐𢀛（方）　粹一〇八二

以作㠯者如：

甲辰貞：華㠯众𠂤伐旨方，受又（祐）　粹一二二四

己卯貞：令𠂤㠯众伐龍𢦏。　掇一〇〇一

田省㠯众．　鄴四五七三

㠯众舉．　鄴四五六〇

就「以某示」為例以作以者，如：

貞勿于河，以㞢示　乙七二八四

以作㠯者，如：

叀父示㠯

辛巳貞：㠯伊示

㢸㠯伊示　雙劍誃一九〇

取𠈌㠯大示𨒪品方　前六六一七

就「以人」為例，以作以者如

甲申卜亘貞：臭以人

貞于河求年　掇一九六三

辛卯卜，㱿不其以人　佚三〇一八

戊申卜，侯𨸏氏人　甲三三三二

以作㠯者，如：

叀又劦日冓又夂王受又（祐）

其日得人㠯

其日每

伐隽知攻㠯　粹一一六○

盖人㠯乃㠯人之倒文。甲文倒文之例多不胜举。何以倒置，于语文有关，暂弗详论由是可知氏殆即㠯无疑矣。

㠯，说文：「用也，从反巳。贾侍中说，已意已实也，象形。」小篆之㠯，上承殷周金文甲文㠯，而㠯乃氏之媘，许氏据贾侍中说，象意㠯实也意㠯即本草薏苡，俗名薏米仁。林义光文源非之，㠯不象薏苡实，段氏亦疑之、故其注改「㠯意」为「已意」，引春秋传：「能左右之曰以」以「已意」联下读为「已意已实」。林义光文源以为「始之本字，象物上端之形」物上端之形究竟为何，亦不详言。徐中舒以为耜云：「㠯毛公鼎……㠯姑口句鑃当为耜之象形字。甲骨文㠯作㠯」（见史语所集刊第二本第一分耒耜考）然甲文又作氏者，则何以言之？或曰象人操耜形，则为徐氏所释之「耜」字矣。郭氏以为象人手提携什物之形，释氏为挈字（见甲骨文字研究释挈）丁山释为氏，云：「大体说示是氏三字，在古代是音同字通的。且以卜辞看：

丁「亍｜示｜朩｜示

氏「亻｜亻｜

又云：「所从二或一，是上帝的象征，其所从丨，正象祭天杆杆旁之八盖象所掛之彩帛，示之本谊就是设杆祭天的象征，如清史稿礼志四：清初起自辽沈，有设杆祭天礼，杆木以松，長三丈，围径五寸，若帝亲祭，司俎挂净纸，杉柱上诸王护卫，依次扶之（见甲骨文所见氏族及其制度）丁氏释氏为丁之分化，其形悬殊，绝不可能。然氏究为何物？象何形？夫字已成符号，与原始图形，相距甚远，莫可究诘。盖「不知彊以为知之者愚。只得付之阙如，待後俊彦士矣。

以甲金文之字形而言既不如许书所谓从反巳又不象薏苡实亦不若丁山谓示之分化，然其文许训成用则是也。如粹一一七八片「丁酉卜，亚㠭以众涉于𠙵若」郭氏云：「亚殆为㠭之官职，殷有官职曰亚，周人沿袭其制，如周颂载芟：侯主，侯伯侯亚、侯旅。尚书牧誓亚旅师氏。酒诰：百僚庶尹，惟亚惟服，盖亚为官职见于金文如𩁹殷诸侯大亚、尚书立政：司徒司马，司空，亚旅。文公十五年左传：宗司马华孙辞文公曰：诸承命于亚旅。成公二年传：司马、司空、与師、候正、亚旅，皆受一命之服。」（详卜辞综述百官章）亚之官职，殆至春秋而未革。㠭殆为武丁之小臣，郭氏释说文古文卤、众象众人在日下操作，此言亚㠭于𠙵渡黄河若国语鲁语：「鲁人以莒人先济」

贞王勿令𠦪以众伐吕方　后上一六、一〇

丁未卜争贞勿令𠦪以众伐吕方　粹一〇八二

吕方之地望即𢀛即济义辞：「高宗伐鬼方之鬼方王国维鬼方昆夷猃狁考云：「我国古时有疆梁之外族，其族西自汧陇，环中国而北东及太行常山间，中间或分或合，时入侵暴中国，而文化之度不及诸夏远甚……因地殊号，至于后世，或且以丑名加之其见于商周间者曰鬼方、曰昆夷曰獯鬻，其在宗周之季，则曰猃狁，入春秋后，则始谓之戎继号曰狄。战国以降又称之曰胡、曰匈奴。」此卜王勿命令𠦪以众征伐吕方也。

己卯贞：令𠂤以众伐龐戋。　续一〇〇六

龐之地望不详，或谓春秋左传成公二年传：「齐侯伐我北鄙，围龐。」之龍。杜注：「龍鲁邑，在泰山博县西南」即今山东泰安县东南五十里龍乡城。𠂤为武丁之臣。此卜王命令𠂤伐龐城，有𢦔祸也。犹𢀛师封彖曰：「能以众正，可以王矣」左传桓公十四年：「宋人以齐人蔡人卫人陈人伐郑」僖公四年：「僖公谓屈完曰以此众战谁能御之」小盂鼎：「告曰：王□盂𠂤□□伐馘方」粹一二六四：「己亥卜贞𢀛以𢓊或伐𢦏，受又」贞卜𠂤用𢓊国之兵征伐𢦏也，犹左传僖公四年：「齐侯以诸侯之师侵蔡」

亚以王族眔黄，乎王族出□□，亚唐东在□　戬三五六

乙丑卜𢀛贞令羽眔鸣以𢓊尹从𠂤𡆥叶事。七月　前七、三三、一

𢓊以王族从𠂤𡆥叶王事，六月。　前七、三八、二

王族殆即楚语上：「楚师可料也，在中军，王族而已。」韦昭注云：「族，部居也」左传成公十六年「苗贲皇言于晋侯曰楚之良，在其中军王族而已。」古王事与古事，杨树达卜辞琐记释为「叶王事」云「周礼春官大史云大祭祀与执事卜日戒及宿之日与群执事读礼书而协事」又云：「大同朝觐以书协礼事」协事、协礼事，与甲文句例同协者，说文同众之龢也，谓臣僚以王部居随从𠂤𡆥同心协力共付王事也。

𤰈多子族令从叶王事。　林二二、五、一七

己酉卜争贞：奴众人乎从𢓊叶王事五月。　前七、三、二

令多子族从犬眔𠂤𡆥叶王事。　外五三八

𤰈（多）尹令从𠂤𡆥叶王事　后下三八、一

此乃卜征召众人呼令从争，同心协力，共付王事，以许书训以为用于此无不意明。郭氏释挈，训提也。孙氏释伹训以也（见契文举例下三三页）叶石斧释氏也（见文字糸象人第七）于氏释氏，训致，皆隔阂难通。以用姓为例如：

貞追弗其㠯牛　佚下四〇、六

貞王㠯勿（𤊩）牛四于☒用　前二、二八二

貞㠯牛五十　前四、二五、四

貞㠯牛五十　前一、二九、二

貞㠯牛　林二、二六、六

貞勿用㝵㠯羌　前六、六、四

庚子卜王㠯兟吉　前六、四七、一

者谓或卜用勿（𤊩）牛或卜用牲畋，或卜用羌人或卜用牡牝也

郭氏释挈云：「貞勿牛五十」戩二五、一「王貞勿其十牛」前五、二六一案此则当读为辟牛之辟。周礼地官草人：「凡糞种辟刚用牛。」郑注：「故书辟为挈，杜子春挈读为辟」挈之读为辟，「阴阳对转也。卜辞别有羍字，罗氏据说文觪（埤）字之字旁从足为辟之本字是矣。然谓周礼草人辟字故书作挈，与羍形近，殆羍字之讹」则未免出于臆断。今知卜辞勿字已可假为辟，则周礼故书之，挈字断非讹字。」今以前二一八二「貞：王㠯勿牛四于☒，用」証之，勿牛者𤊩牛也，㠯如以郭氏释，则为辟𤊩牛，不词矣。况卜辞有「㠯羌」，羌无辟可言。郭氏释挈，其非无待言矣。罗氏谓周礼挈与羍形近而讹是也。

㠯训用今以甲桥刻辞为例：

𠂤㠯自　林二四、一」

邑㠯　契三七七反

我㠯　新二一六

僃㠯　新二一八

㠯自　新二二一

以上各片虽为一鳞半爪，残缺过甚，以甲桥刻辞之例言之㠯与取来示入乞自等均属动词。其义或有小异。然㠯训用，辞顺意明。如：林二四一〇：「㠯用龟自某地来纳贡也，犹乙六六七〇：「出来自㕓㠯龟。」从㕓纳贡来之龟也。㝵六二四：「貞不其以龟」貞卜不以龟纳贡也。殷后南北所见甲骨录辅大一：「貞：僃不其㠯龟」正是新二一八甲桥刻辞僃㠯」之注脚，谓僃纳龟也。再以前八、八三武乙文丁卜辞，庚辰令𢀛鸣来，𢀛㠯龟二若命」可知朝廷用龟系向诸侯征索而来。

续存下五七　貞：𣎵☒☒来王☒☒隹来☒☒允至㠯龟龗八鼍五百十。

此残片中间辞有缺损，但㠯龟龗八，鼍五百十则甚明。周礼春官龟人掌六龟曰天龟、曰龗属，此靈属殆即龗也。

以祭祀卜辞为例，如續二、一、五：丁未卜争貞：勿𠬝先吕歲，𢼄，在涂歲者祭也，若墨子明鬼篇引古云：「吉日丁卯，周代祝社方歲于祖若考，以延年寿」洛浩：「戊辰王在新邑烝祭，歲，文王騂牛一，武王騂牛一」之歲。殷商祭祀有彤，有𦎫，有𠧟，有翌、告、帝、鄉、𠭰等等，至为繁复，凡祭祀前必貞卜，故此片为在涂貞卜弗在吕歲为先也。

以植黍为例，如前五二〇二

戊寅卜貞：王往吕众黍于囧

此片貞卜王吕众人往囧植黍也，亦有王亲自植者，如續一五三、三加五九三：「王黍于南，王勿黍。

以田獵为例，如甲編一一八九：

吕罕卑又鹿，允卑」

谓用罕禽鹿，允禽也。田獵禽鹿之法，有以弓矢射者。如粹編一〇一八「王其射鹿」有以三弧逐者，如粹編九九五：「自东西北逐𢓊鹿，亡𢦏。」此乃以網罟擒之也。尔雅釋器：「麋罟谓之罕」

其余如前七、三、一：

戊辰貞：翌己亚乞，吕众人𠭰口条乎保我。

郭氏釋𠭰：「疑为撞之初文，说文撞丮持也」（見釋挈）而釋吕为挈，说文：「挈、懸持也」则皆非。片貞问：翌日己巳亚乞以众人及𠭰围条城，令保我也。犹如大鼎：「王乎善夫𩡧召大吕𠬝（厥）友人攼（衛）」毛公鼎：「小子師氏虎臣，雩（与）朕事，吕乃族干吾（𢽴敔）王身」不𩁹毁：「弗以我车𨸏于𩁹」乙七三八五：「壬辰卜，亘貞：弗其吕𠧟𠬝貞：行吕出自众出邑」粹二二一：「壬寅卜，求其伐归，叀北𢀛用廿示一牛，二示羊吕四戈彘」前五、三九、六：「貞：其𠂇垂侯吕雩，它，卯二牛」后下三三、二：「吕子𠬝臣于𨾊」等等以吕釋之，无不可通也。

至於吕之音读，说文：羊止切，玉篇余止切，广韵羊己切而甲骨文字殷商之音读盖多不详。孙海波甲骨文編以后下三四八片「𠄌万」云：「吕，乙字误刻文」今查原片，疑非误刻，乃牛胛骨之裂紋似吕者也，因拓片不明，难以遽断。如非误刻，则假借吕为乙也。」（中国文字第二卷第七册八八一—八九三頁）

東世澂「卜辭『𠧟歲』為氏歲，是被统治者交納貢賦。『受年』是統治者徵收實物年貢的名稱」（歷史研究一九五六年一期夏代和殷代的奴隸制）

饒宗頤　「卜辭『來隹吏呂』，『來隹吝呂』。（見殷綴二八一）按呂即祀，祀也。」（通考六九六葉）

孙海波　「[illegible]，甲三五四。呂眾杭言用眾。

[illegible]，甲四一四。呂杭巳，矣止词。　于毓祖乙呂。

[illegible]，明藏四二九。呂雨杭言巳雨。

[illegible]，后二、三四、八。呂为乙之刻误。　呂亥。」（甲骨文编五六五页）

李孝定　「說文『呂用也，从反巳。賈侍中說巳意巳實也，象形』契文作上出諸形。卜辭每見『呂眾』（後下二七、十四，甲編三五四）之文，釋呂是也。不从反巳，許說非。徐氏謂是耜之初字，說無確證，疑耜仍是形聲字也。呂之作台者，古文衍变每多增口，台之訓我當是假字，徐說恐未必然也。」（集釋四三七三葉）

王貴民　「我们认为，甲骨文、金文中的『呂』字不是耜的象形字，后代用它作耜字的偏旁，不是取其形狀，而是取其声音。

(一)呂字在甲骨文第三期出现作[illegible]，它是由第一期的『[illegible]』字简化来的。凡是第一期用[illegible]的地方，第三、四期则用[illegible]字，句式和内容几乎相同，线索十分清楚，勿庸赘述。这一字两形的衍演轨迹，是从简到繁，完全合乎古文字发展的规律。后来一直用简体，金文如此，小篆则作呂（见图一至三）。

图一　甲骨文第一期以字原篆　甲骨文编一二、一四

图二　甲骨文第三期之后以字原篆　甲骨文编一四、二〇

图三　金文的以字　金文编一四、三五

图四　呂邑同字，以似相通例证　古文字类编 p一一，三五，五〇三

不过，战国时期又加偏旁作『[illegible]』，即今天的『以』字（见图四）。[illegible]是最初的『以』字，古文字学家没有争议。但对它的繁体[illegible]字却有不同意见，或释挈，或释氏、氏（假为致），字音不同，字形字义上出入并不大，其形体都是表示一人拿着一个物件。其字义，說文解字呂字为

『用也』，段注引《春秋传》曰：『能左右之谓以』，看来，『以』字有提挈、致送、使用之义。战国的『㕥』字与甲骨文的『ㄅ』字相似，只是把人旁与ㄋ分开了，既将『㕥』字隶定为以字。目前不少人将『ㄅ』隶定为『以』字，也应该是对的。

『ㄅ』字表示人拿着的物件可否是农具耜呢？这难以证明。一方面很难说明为什么一定要用拿农具来表示『以』字；另一方面，ㄋ本是ㄅ的省变，上端斜曲的短竖划是人的手臂遗留，不容有一个工具的柄形插入其间，正规的写法仍然相当于ㄅ字的左边部分。更主要的是ㄋ在甲骨文、金文里目前还没有一处用作农具或农具字的偏旁的。

吕为耜字的偏旁既不是形符，自然就是声符。因为『以』最初是读如『似』字音的，甚而也可以说二者本是一字。前述战国时期的『以』字形，同『似』字作『㕥』形的结体是一致的。古代『以』、『台』也是一个字，而同作『似』、『姒』的偏旁，这和『吕』作『耜』的偏旁是一个道理。《说文》既收吕字（卷十四），又收『ㄋ』字（卷九），本是一字两收。而在解说后一字时则引《韩非子》『自营为私』之说，ㄋ是私字，当然与『似』字、『耜』字也同音。

（二）考古发掘和传世的农具没有『ㄋ』字形的耜。1、建国以来新石器时代及以后的遗址，出土了一系列的平刃石器，有所谓铲、锄、镐等，它们的基本形制没有与『ㄋ』形相同的。2、考古工作者明确定名为『耜』的石制和青铜农具，或方形平刃，或双齿歧出，或钝三角形两面刃，也均不与『ㄋ』形相同。

……人们熟知，这类农具是作用于土地的，它的刃部作用于土地，如同刺杀一般，古代就谓之刺，把这刃部也名为刺或疵。《考工记》说：『车人为耒，疵长尺有一寸，……自其庛，……』『坚地欲直庛，柔地欲句庛』，郑玄注云：『庛，读为棘刺之刺』。甲骨文的耤字作耕地讲，其音也同刺。

《庄子·胠箧篇》云：『耒耨之所刺也』。郑玄笺注《诗经·良耜》曰：『以田器刺也』。《六书故》解耜字为『耒下刺土臿也』。还有形容耜的性能的畟，描述耜功用的测、划等字也与刺地关联着。看来耜从吕音，就是源于刺地之刺。前引徐中舒先生提到耒形文字（ヨ即倒耒形）为什么带有耜音，在这里找到了证据。双齿类与铲状刃类都是刺土的，都可以称耜，道理非常明白了。

清楚了吕、耜源于刺音，可知耜从吕非象形而是借音，也可知这两类刃器农具都来源于此』。（《吕非耜形新探》，《中原文物》一九八三年三期五六——五九页）

王贵民

『ㄅ字，系一独体象形字，像人提携一物，即郭氏『悬持』之义。李旦丘分析云：『从人从ㄋ，省为ㄋ』；『ㄋ为ㄅ之省，ㄋ为ㄅ之讹。』以廪辛、康丁期始作『ㄋ』字观之，此解符合实际，言简而意赅。……ㄋ确由ㄅ省变而来，于甲骨文本身衍变源流可徵。现列二者在卜辞中用法，加以对照，即可了然：

勿令ㄅ众伐吕（京人一三五九）
王令𢀛㠯众伐名受又（京人一五二五）

串ㄅ羌王于门组（续编九·四）
王𡧊𢀛㠯麄南门（坎T0五）

兴方ㄅ羌用自上甲至下乙（丙编四二）
射𦎫㠯羌用自上甲于甲申（粹编八一）

王乞ㄅ人狩（文录四七四）
叀並㠯人狩（京人四四一六）

勿ㄅ口示（摭佚二一）
其彳㠯小示（粹编二二七）

勿令妥ㄅ吉（合集九四五正）
𫳅㠯吉于父丁（京人二二八三）

令犬祉ㄅ新射（库方一〇二七）
冓㠯新射于斲（南明四九八）

出ㄅ牛其用于人由今日（库方一一七二）
旁方㠯牛其登于來甲申（通纂别一）

每两条卜辞为一组，每组占卜事类、文例相同，分别属于一期和四期（或说宾组和历组），一期作ㄅ，四期作㠯，字形虽然有别，不相混用；而两者用法与字义则完全一致。十分明显，ㄅ㠯为同字，毋庸置疑。两字虽繁简不同，其基本部份则相同，其嬗递之迹为：

ㄅ↓㠯（↓吕）

乃古文字由繁到简规律之一。至于今隶之「以」，当又由战国文字之「㠯」字而来，似是恢复最初的字原形而稍变（一分作两体）。

……ㄏ与ㄍ原非一字，二者不同之关键处在于：前者主要部分是侧面人形，后者则否，金文之ㄏ字亦然。由此观之，ㄅ、㠯为一系，ㄍ、ㄏ、ㄏ为一系，不可混一。后者应是「氏」字，其形字，有学者认为本是古代食具之枇匙形，用作族氏字，不同的字牵合……的为「以」字，即人持物之状，其义故有用作之「用」，使之「使」和致送之义。《说文解字》、《小尔雅·广诂》均云：「以，用也。」其「以」之「用」：「凡师能左右之曰以。」《左传·襄公二十六年》：「使之」「使」。《战国策·秦策》云：「向欲以齐事王」注：「以犹使也」。这些训释，都与卜辞的字用义相同，凡「以众」「以人」「以新射」都是从事征伐与狩猎，即为「能左右之」、「使也」，凡「以羌」「以牛」「以吉（𣪕）」，均是所贡献祭祀之牺牲，即是「使也」「用也」。

卜辞中大量的「以羌」「以马」「以牛」「以龟」等等，均是以俘虏、奴隶、牲畜、龟甲贡纳给商王室。「以」之用作贡纳动词，不仅卜辞如此，于故籍中亦然。……

……𠂤为以字，即具「以」音，千古而下如此，毋须辗转推求。唯当時「以」有「似」音，似音实源于「㠯」，以「㠯」作偏旁之私、耜、枱、姒等等，都具「㠯」音。后世「以」、「似」音义有别，乃约定俗成，而溯其初，则同出一源。以、似俱在上古韵的之部，同为三等、开口、上声，可见二者是一字之分衍。至于氏、底、致等音，既与以、似不同韵部，它们之间也不都同声韵，氏在支部，氐、底、致均在脂部。上述三部，段玉裁已经离析，上古不相混用。若以𠂤为氏、氐，为底致，则是舍去本在之部的以、似字不取，而转求之于支、脂部字，岂非舍近求远！」（殷墟甲骨文考释两则，考古与文物一九八九年二期八五至八七页）

于省吾

「卜辭習見𠂤字，亦作𠂤。孫詒讓釋侶，讀為吕。郭沫若釋挈。華石斧釋氏。（見文字系象人第七）按孫郭說殊誤，華說是也。依字形言之，𠂤即氏字。卜辭盜字作𠂤亞，𠂤亞，从𠂤从人一也，與金文氏字作𠂤同。氐較氏下多一橫畫，是氐本从氏，以聲言之，氐照紐，氏端紐，古讀照歸端。卜辭氏字應讀作厎，厎亦照紐字。說文：「厎，柔石也。从厂氐聲。」又：「底，山居也。一曰下也。从广氐聲。」段注云：「底訓止，與厂部厎訓柔石引伸之訓致也、至也迥別。」又云：「顧亭林分別底厎不同義，不知古無从氏之底，與衣爭首肇之有無。」按古文从厂从广無別，且氐氏聲通，說文強分厎底為二字，失之。惟經傳相沿訓致者通作厎。爾雅釋言：「厎，致也。」書堯典：「乃言厎可績。」釋文引王云：「厎，致也。」顧命：「數重厎席。」鄭注：「厎，致也。」此訓經傳習見。凡物由彼而使之至此謂之致，故說文云：「致，送詣也。」後上十六、十：「貞，王勿令卓氏眾伐呂方。」言王勿令卓致眾伐呂方也。前七、三、一：「亞气氏眾人。」言亞气致眾人也。殷栔卜辭一七三：「氏乃邑。」言使之歸順，故云致乃邑也。前四、十三、七：「氏多濼。」濼即樂，言致多樂也。前七、三、八、二：「氏王族。」言致王族也。甲二、三、十：「臭不其氏射。」言臭不其致射也。殷栔卜辭六二一：「叀先氏歲。」言叀先致歲也。前七、二八、二：「子美見氏歲于丁。」致歲猶言升歲告歲矣。卜辭恆稱氏羌，舊以為氐羌誤矣。前一、二九、一：「氏牛五十。」與前七、八、四「氏羌六」詞例同，言致牛五十、致羌六也。後下九、四：「卓氏羌。」與甲二、四、十二「卓氏牛」詞例同，言卓致羌、卓致牛也。藏百四十、一：「𢀛不其氏十朋。」言𢀛不其致十朋也。藏一八八、三：「允氏三百。」言允致三百也。前五、四六、一：「氏其十牛。」言致其十牛也。前四、四八、八：「令氏麋于口。」言令致麋于某也。甲一、二五、十一：「氏麑于上甲。」言致麑于上甲也。粹編七五五：「茲雨氏儆』。廣韵二十六感：『儆鳥儆物也』。押二、二二、三，又二、二六、十三，均有『其出降儆』之語。儆當係禍災之義。茲雨致儆者，言茲雨致災也。藏龜零拾一、二：『弜弗其氏㠯眾奠』。弜為人名，㠯即雍之省。卜辭雍作□，雍已作□，可證。雍讀為饔，經傳雍饔通用。言弜弗其致饔食眾祭奠也。金文宰辟父毀三器，有『官嗣夷僕小射厎魰』之語。魰亦作魚，厎魰即致魚，言其官嗣夷僕小射及致魚之職也。綜之，卜辭氏字作動詞用者，應讀為厎訓致，與經傳金文義訓相符。卜辭亦有以氏為氏族者。揃七、一、四：『令章氏出族尹』。押一、六、二：『勿曰戈氏盜王』。章即今郭字。郭氏戈氏均殷代之氏族也。」（駢枝五九葉釋氏）

于省吾　「甲骨文的『以』字作□，隶定为㠯（隶变从人作以），有时当作后世虚词的『矣』字用。甲骨文称：『□毋（毋，下同）執㠯；其曰毋㚇（搜）㠯；其曰倬人㠯。』（粹一一六〇）郭沫若误释『倬人』为『遊尸』，并谓：『三㠯字均著于辞末，当是虚词，即典籍中所常见之已若矣。』按郭释三㠯字为虚词是对的，但以『已若矣』为言，未免混同。其实，㠯即矣字初文，与已字的构形无涉。西周器寡子卣的『乌虖，谅帝家□』，亦用㠯为矣。矣字从矢㠯声，乃后起字。」（释「矣」和「亚矣」社会科学战线一九八三年一期一〇七页）

陈炜湛　「氏來入：这是一组关于贡纳的同义词。少数见于卜辞，多数见于甲桥、骨臼上的记事刻辞。形音各异，只因各自假借或引申而具有相同之义。氏作□（或释以，此从于省吾释），读作厎，厎，致也。卜辞如：

贞：周弗氏嫀？（乙七三一二）

贞：氏牛五十？（揃一·二九·一）

甲申卜，争贞：犯弗其氏？（续五·一·三）

记事刻辞如：

我氏千。（乙一〇五三、二六八四、二七〇二、六六八六）

□氏五十。（殷缀一三七）

來作□　□，本象來麥之形，但罕见用其本义，多用为往来、未来之来，又由往来义引申为前来贡纳之义。卜辞如：

甲辰卜，亘贞：今三月光乎来？王固曰：其乎來，乞至，隹乙。旬㞢二日乙卯，允㞢來自光，氏羌刍五十。（遗珠六二〇）

此乃占卜『光』是否有物来贡，结果光果然有贡，他『氏（致）』了羌刍五十名。

甲辰卜，殸贞：奚来白马？王固曰：吉。其来马五。（乙三四四九，丙一五八）

称来马、来牛，其为入贡，义极明显。记于刻辞如：

贞：妻来牛？弗其来牛？（丙七四）

𡆥（禽）来十。（乙八〇七八）

妻来廿。（乙四七〇二）

我来十，殻。（乙二三〇六）

均为「來」龟甲若干之记载。

又有入字，本为出入之入，引申为有物携入，携物而入，入贡。说文：「入，内也。从上俱下也。」又：「内，入也。」二字互训。内即纳，故释名云「入，纳也。」又，吕览无义「公孙与见而后入」，战国策秦策「入其社稷之臣於秦」，注皆云「入，纳也。」又，战国策齐策：「可以令楚王亟入下东国。」注：入，犹致也。甲骨文入字即有纳、致、入贡之义，与氏、来同。其见于甲桥刻辞者，常称「某入若干」，所入亦为龟甲，例如：

雀入二百五十。（乙七五五、三二六九、三三九七等）

般入十。争。（乙九六二）

与来入相关的，还有「取」，常见的辞例有取牛、取羊、取豕、取犬、取马、取射以及乎某取、有取等，其义为征取，与主动入贡者有别，不相混。」（甲骨文同义词研究古文字学论集初编一六五——一六七页）

林澐　「武丁卜辞有「丙辰卜，殻，贞：𢀛方𠂤𢀛方𦎫……」（京津一二三〇），如以「𦎫𠂤众伐𢀛方」等辞例对比，上辞当是𢀛方领着𢀛方𦎫伐某地之意，可推测在这一行动中𢀛方和𢀛方是联盟者。」（甲骨文中的商代方国联盟古文字研究第六辑七八页）

屈萬里釋卜辭「癸卯貞：射𠂤吕羌？」（甲編五五五）云：「吕，當讀為詩江有汜「不我以」之以，共也；偕也。「射𠂤以羌」者，蓋卜問「射𠂤其偕羌人俱來乎？」乃希冀射𠂤得羌人來獻之辭也。……本辭蓋卜問射𠂤偕羌俱來而將以此羌爲人犧之事也。」（甲編考釋八六葉）

屈萬里　「卜辭「吕衆，王弗每？」甲編三五四吕，羅振玉所釋（殷釋中七八葉）。即以字。其於本辭，義猶用也。」（甲編考釋五六葉）

屈萬里釋卜辭「弜吕小乙？」云：「吕，猶及也。言此祭不及小乙，其吉否乎？」（甲編考釋一〇二葉）

按：甲骨文𠆢、亐同字，亐即𠆢之簡省。諸家皆已詳加論證。可以作為定論。

0023

元 亓 亓

孫海波

「亓、甲七五二：元毁。亓、後五四四。地名。田元。」（甲骨文編二頁）

陳煒湛説參兀字条下。

晁福林説參丅字条下。

按：亓即元字。説文對於元字形體的解釋與其初形不符。商代金文作亓，即突出人首形，「勇士不忘喪其元」，此即用元字之本義。卜辭之元亦與大亦有别（説見綜述四六〇），有人加以混同是錯誤的。前四・三二・五，續存一・七一三之「以有元臣……允奉」，臣當屬下讀，元臣不能連讀。（綜述四六一亦誤為元臣連讀）至於卜辭之「才元」、「田元」等，則為地名。

0024

亟 亙

唐蘭

「亙疑亟字所从出」。（天壤文釋五十八葉）

于省吾

「佚八十有亙字，唐蘭云：『疑亟字所从出。』按藏四五、三亦有亙字，類纂存疑六六作亙。亙亙非與亟為二字，即亟之初文也。説文：『亟敏疾也。从人从口从又从二。二天地也。』按毛伯班毁『作四方亟』，亟作亟，較契文上多一横畫。古正之作正亦作正，辛之作𢆉亦作亟，是其證。毛公鼎亟作㮝，从攴與从又，一也。已開小篆之先河。亟古極字。亙又為亟之初文。中从人，而上下有二横畫，上極於頂，下極於踵，而極之本義昭然可覩矣。」（駢三第二十七葉上釋亙）

李孝定 「契文从人从二，于氏释亟謂即極之古文，其說可從。許訓敏疾，其誼當屬後起。又謂『从人从口从又从二』，度其意當以此為會意字。然此人口又二數文與敏疾之義實不相涉，以契文亙字考之則當是指事字。古文衍變往往增口，乃又增『又』字偏旁則疑涉『及』字而誤，『及』固从人从又也。」（集释三九六七葉）

于省吾 「甲骨文有亙字（佚八〇），唐兰同志云：『疑亟字所从出。』按甲骨文亙与亟作（簠杂一三〇，藏四五·三），文皆残缺。亙即亟之初文，无须致疑。说文：『亟，敏疾也。从人从口从又从二，二，天地也。』按班毁『作四方亟』之亟作亟，较甲骨文上部多一横画，如正之作正亦作正，辛之作辛亦作辛，是其证。毛公鼎亟字作亟，已由亙形孳乳为亟，此与周代金文敬字，由苟（羌）形孳乳为敬，其例正相同。说文亟字作亟，从又与攴古每无别。亟古極字，亙又为亟之初文。亟字中从人，而上下有二横画，上极於顶，下极於踵，而極之本义昭然可睹矣。」（释亙，甲骨文字释林九四至九五页）

按：徐鍇繫傳解「亟」字為「承天之時，因地之利，口謀之，手執之，時乎時不可失，疾也」。說殊穿鑿。段玉裁又從而傅會之，謂「天地之道，恒久而不已。手病口病，夙夜匪懈。君子自強不息，人道之所以與天地參也，故从人从二」。契文作亙，中从人，「上極於頂，下極於踵」，乃其本義，于先生之說是對的。「極」為「亟」之孳乳字。卜辭均殘，用義不詳。

0025

白玉峥 「另：峥按：字今释兄，缘斯遂与同期之贞人名呂者，隶定为同字，亦与兄丁、兄戊之兄，隶定为同字；然在卜辞中，名呂之贞人与祝同字，名另之贞人与兄丁、兄戊同字。故贞人呂，宜隶定为祝，贞人另宜隶定为兄，以符卜辞之用。」（契文举例校读十六，中国文字第五十二册五八四六至五八四七页）

按：卜辭另與另、與呂、與呂均有別，不得混同。另字不識，其辭為：「丁酉卜，穷貞，令甫取另白殳及」（合集六）、「丁酉卜，古貞，另執[illegible]戠」（合集五七〇），當為人名。

凥

孙海波　「，乙八九九。人名。」（甲骨文编三五四頁）

魯实先　「与並是之繁文，並象土石旁箸欲墙之形。作者乃之讹变，求定俱宜为氏。」（卜辞姓氏通释之一，東海学報一期十四葉。）

張秉权　「，疑即臀字，在此似是地名，但在他处有為人名者，譬如：

□寅卜，㱿貞：其㞢疾？

貞：亡疾？（丙編一七五）

丙戌卜，亘貞，子其㞢□？（乙編五四五一）

☐子（不）☐？（乙編五六三三）

金文亦有子不爵，子不与子疑是一人，或係同名之人。」（殷虛文字丙編考釋第一三二頁）

李孝定　「說文『凥髀也从尸下丌居几脽凥或从肉隼𩪍凥或从骨殿聲』段氏注曰『丌下基也凥者人之下基凥几者猶言坐於牀』按字从丌从几殊纏複無理。契文作乃指事字，猶厷之作，身之作，肘之作也。『』譌几，復增之丌，遂為篆文之凥矣。字在卜辭為人名」（集釋二七四七葉）

陈汉平　「甲骨文有字作、、、、、诸体，肉形位于人之臀部，李学勤先生帝乙时代的非王卜辞（載考古学报一九五八年一期）一文中指出此字当释为凥，所说极是。说文：『凥，髀也。从尸下丌居几。脾，凥或从肉隼。臀，凥或从骨殿声。』字或从肉书作臀。说文凥字即由甲骨文字形演变而来。凥字在甲骨卜辞中有数种不同用法，略述如下：

……寅卜贞臀其㞢疾。　缀合一一七

贞臀亡疾。　缀合一一七

此二辞卜贞臀有疾、亡疾。

……子臀……　乙五六三三

此辞臀字为子名。

貞今般取于臀王用若　　乙四〇七一

……臀畓……雨　　乙四三五九

此二辭臀字為地名。

癸卯子卜至小宰用豕臀　　珠八九九

此辭卜貞是否用小宰豕臀以祭祀。

貞且丁□𠂤　　乙五三〇七

貞且丁□𠂤　　乙五三〇七

此二辭亦卜貞祭祀用臀之事。」（古文字釋从出土文獻研究二二一——二二二頁）

按：字當釋「尻」，不得釋「屍」。說文：「尻，脾也」；「屍，髀也，从尸下丌尻几」，或體作「脾」、作「臀」，今字作「臀」。段玉裁注云：「尻今俗云溝子是也。脾今俗云屁股是也，析言是二，統言是一」，故許云尻脾也」。林義光文源說屍字云：「尸即人字，丌即几，古牀字，人體著牀几之處即屍也」。卜辭云：

「……寅卜古貞，𠂤其出疾；

……貞，𠂤亡疾」　　丙一七五

「貞，且乙壱王；

……弗壱王；

王固曰吉，勿余壱」　　丙一七六

丙一七六為一七五之反，辭義相連，乃武丁卜辭。張秉權以𠂤為人名，非是。此乃武丁有疾，疑為祖乙所降禍，經占問而得吉兆，祖乙不壱王也。𠂤斷非人名，乃疾名。如以𠂤為屍，謂臀有疾，此種可能性不大。尻亦作胍。呂氏春秋觀表篇「許鄙相胍」，高注：「胍，後竅也」。尻之疾當為「痔」，說文：「痔，後病也」；莊子人間世：「人有痔病者」，釋文引司馬注：「隱創也」。「尻」、「竅」、「溝」皆聲同義通。𠂤本指事字，小篆演而為从「九」聲之形聲字。李孝定以「𠂤」謬為「几」，復增「丌」，未免迂曲。尻義亦為屍，漢書鄧通傳：「顧見其衣尻帶後穿」，即用為髀股之義。珠八九九有辭云：「癸卯子卜，至小宰用豕𠂤」謂用豕後股肉之肥腴者。

0027

陈汉平

「甲骨文有字作□，卜辭曰：疾□御于匕己眔匕庚。續二八三 此为人之肢体某一部位有疾，而卜贞御祭之辞。字形从肉附于人形头颈之后，字从人作，故当释领（或项？）。説文：『领，项也。』『项，头后也。』知此字释领（或项）无误。此乃因领项有疾而卜贞御于妣己眔妣庚之辞。」（古文字释丛出土文献研究二二〇页）

按：卜辭有下列辭例：

「……卯卜，戌□微禦……大吉」屯四六三

「□」當為地名。又：

「疾□禦于妣己眔妣庚。小告」英九七正

乃疾病之名稱。以□、□諸字例之，均屬指事字。位置當在頸項之間。至於究屬何字，形體已失其演變之聯繫，存疑以待考。

0028

屈萬里

「卜辭：『□丑卜：叴囚其旧凡出疾？二 允不。二告。』（甲編三〇〇四）叴，疑與甲編一一三三之㣚及甲編三三三二之叴為一字；以甲編三三三二之辭證之，蓋某侯國君長之名也。此字隸定之當作侶，即似字；作㣚乃其繁文。」（甲編考釋三八八葉）

張亞初

「□、□、□（綜類一〇頁、三二四頁、甲骨文編八八〇頁）第一字从人从土，象人坐于土堆之形，以单双无别例之，应即坐字。第二、第三字从彳、从行从坐，可隶定为㘴、𧗟。古文字彳、行、辵表示行动的偏旁常相通用，所以㘴、𧗟都可隶定为趖。説文：『趖，走意。』广韵、集韵音莎，训走疾。」（古文字分类考释论稿古文字研究第十七辑二五一页）

按：釋「侶」、釋「坐」均不可據。辭残，用義不詳。屈萬里以為侯國君長之名，不知所本。

0029 □

按：字不可識，為方國名。

0030 襄 □ □

屈萬里 「地名；疑與甲編六七三片之□及七七八片之□，為一字之異體。小子𪭢鼎（攈古錄金文卷二之三第二○葉）有□字，為地名；蓋亦即□字也」。（甲編考釋一七五葉）

（補通考一一三九葉）饒宗頤曰：「□其地在河域，由侯家莊四一片知之。林一、二三、一六云：『在□。』殷文存有□爵、□且己爵；續殷文存上卣類云：『王叶攸田□，作父丁尊。□』末一字从□，當是□之繁形，□从盧未識『□』字，（三代一○、四五、一）丞佚存二七三：『王叀□，往射』。□字本書刻失一筆作□，宜正」。（通考一三○四葉）

張秉权 「□，下从人而不放足，上象兩角之形而非揚臂之狀，作□者尤其与牛字之作□或□狀者相近，疑為茍字，盂鼎茍作□；师虎簋作□；大保簋作□与此形近。說文九上茍部：『茍，自急敕也，从羊省，从包省，从口，口犹慎言也，从羊，羊与義、善、美同意』，在甲骨文中从羊与从牛的字，在后世往往同化而无所分别。譬如后世的牢字，在甲骨文中有作牢与宰之别。所以說文中的从羊省，它的来源也許就是从牛省，或將从牛与从羊的字同化而合為一字，从包省者，恐係人形之誤解，从口，是后代加進去的意符。茍者己力切，在卜辭均為地名，其地望則未詳，但从卜辭看来，似在大河一帶，而与射或相近，卜辭有：

癸丑卜，王其于茍，叀乙巳？（甲六七三）

⊠貞：由⊠茍術伐⊠？（后下一四、一八）

王其田茍蜀于河？（后上一五、四）

王由茍⊠往射征⊠獻？（佚三七三）

郭氏以為射在今河南沁陽县境，則茍或許也在沁陽附近。此外如：

⊠莫茍河？（粹五四）

似是被祭祀者的名字」（殷虛文字丙编考释第一五五頁）

于省吾「毁字的初文，甲骨文作□（□字所从，□即瀼）。□字，商器祖辛爵作□，象人赤足之形，上从凵，不知所象，待考。□字春秋时器胯（薛）侯盘孳化作□。这和周初金文的敌字，盂鼎作□，大保簋作□，后来孳化为敌，其例相仿。□形，西周金文变作□（散氏盘），春秋时器变作□（鲋甫人匜襄字所从）或□（弓镈以为襄公之襄）。列国时陶文又省化作□，汉印作□，说文作毁。以上所列，就是□字从甲骨文至汉代千余年间孳乳递嬗的源委。

甲骨文言『才兄』、『田兄』、『王其田于兄』，兄字均作地名用。春秋地名考略襄牛条引颜师古说：『襄邑宋地，本承匡襄陵乡也，宋襄公所葬，故曰襄陵。』按宋地原为商之领域，在宋之前，甲骨文已以□为地名，只是秦代才开始称县而已。

综上所述，由于已经寻出□字的发生发展和变化的规律，从而判断它是毁字的初文。它和从衣的襄字古通用，隶变作襄。自来学者不知毁字初文本作□，故其解说多有不符，这是由于『不揣其本而齐其末』所致。」（甲骨文字释林释兄一三三頁至一三四頁）

考古所「□：地名。」（小屯南地甲骨八八三頁）

考古所「□：地名。」（小屯南地甲骨八六一頁）

按：字當釋「襄」，卜辭用為地名。

0031

□ □ □

按：此均「襄」字之異構。當併入0030

0032

□

按：字不可識。或混入「光」字，非是。據合集一七八〇正：「㞢□白于父乙」□為方國名。卜辭多見以□地之俘為祭牲。

0033

張秉权

「[illegible]」疑与[illegible]為一字，[illegible]，叶王森释妻（注一），是也。卜辭妻与母有通用之例（注二），例如：

㞢于示壬妻妣庚宰叀黎牡？（乙编一九一六十二三七三十三〇二一十六九二八；丙编待刊）

辛丑卜，王㞢于示壬母妣庚豖不用？（甲编四六〇）

所以㞢妻或者也就是㞢母，例如：

壬辰卜，㱿貞：乎子室𠂤㞢母于父乙𡉚宰酉艮三舞五宰？

貞：乎子室𠂤㞢母于父乙𡉚小宰（酉）艮三舞五宰？（丙编一八二）

在上举的那版龟甲上，还有「㞢祖」一辞：

乙巳卜，㱿貞：乎子𥁕㞢于㞢祖宰？

貞：勿乎子𥁕㞢于㞢祖宰？

貞：乎子𥁕㞢于㞢祖宰？（丙编一八二）

所謂㞢祖㞢母（㞢妻）者，犹如后世所謂的列祖列宗，是泛称所有的先祖和先妣。」（殷虚文字丙编考释第二二七——第二二八頁）

（注一）見說契。

（注二）參陳夢家卜辭綜述ㄗㄗ．四八六——四八七。

王獻唐释敏參𦎧字条下

按：釋「妻」、釋「敏」皆非是。[illegible]與[illegible]不同字。[illegible]有可能是[illegible]之繁體。

0034

老 [illegible] [illegible]

陈邦福

「簠室殷契类纂第八篇云：『又[illegible]昪侯王其……』邦福按：当释作老。季良父壺作[illegible]、夆叔盘作[illegible]，皆可互证。礼记祭仪云：『殷人贵富而尚齿。』又云：『虞夏商周未有遗年者，年之贵乎天下久矣，次乎事亲也。』又云：『朝廷同爵则尚齿』。卜辞又即祐，『

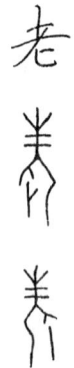

又老巽侯』，正为殷人尊老之礼。又巽即杞异文，集韵引汉卫宏说云巽与杞同。」（殷契琐言第四页）

孙海波

「金文亚字之下，每缀以□形，刘心源释兵……象人扶杖而立，衰裹歧路之意。知丨为杖形者，许书从匕之字，古文皆作丨，如老，说文云：『考也，七十曰老，从人从毛，言须发变白也。』卜辞作□，金文作□（趩尊）□（曩卣）□（鄉卣），象老人俯背倚伛，扶杖而立之形。長，说文云：『久远也，从兀从匕，亾声；兀者，高远意也，久则变匕，𠂎者倒亾也。』卜辞作□，象長人扶杖侧立之形。畏，说文云：『恶也，从由虎省，鬼头而虎爪，可畏也。』卜辞作□，金文作□，（盂鼎）□，（毛公鼎）象巨头人持杖而立，可畏也。所从匕皆杖形，即攴支所从之卜。说文：『攴，巨也，家长率教者，从又举杖；』又『攴，小击也，从又持卜，』卜亦杖形，即髭老長畏所从之丨，其讹为匕者，殆由形近致讹。（匕与丫形相近）再变从止，長庶画戈長作□，齊鎛老作□，则又由匕形蘇嬗，形愈变而本义愈湮。故许君於髭老長等字云从匕训变，於畏云『从匕象虎爪，』而不知其初之从杖矣。」（卜辞文字小记、考古学社社刊第三期五十九页）

孫海波

「□，乙八八九六。地名。在考。」（甲骨文编三五七頁）

赵诚

「□，老。象老者扶杖徐行之状，本为会意字。甲骨文用作职官名，乃是借音字。卜辞有『多□』（多老）（前七、三五、二）之记载，以现代语言而言，应当称之为『老们』。从卜辞的『多臣』、『多尹』、『多君』、『多工』，可证也是职官。前七·三五·二又有『□□□□』（乎多老舞——乎即呼，有命令之义）之辞，可见老这一职官所掌管者以舞为主，当为舞臣（乙二三七三）之类的职官。」（甲骨文简明词典六一页）

洪家义

「□（考）字所从之丅也是男性标志，丅即丄之倒形。士的『男性』痕迹还残留在語音之中，例如动物的『壮器』叫『势』。势、士古音相近，应是出于同一語根。」（古文字札記，文物研究第一期六三頁）

按：「老」、「考」古本同字。說文以為「老」字「从人毛匕」，乃據小篆譌變之形體為解，其說非是。「老」字所从之「卜」或「丨」，象杖形。「考」演變為从「丂」聲，不从「丅」，非「丄」之倒，與「士」無涉。

此當與0039合併。

0035 𡵂 𢼸 微

楊樹達　「𡵂字，當讀為豈，胡讀為微 即詩經尒疋之凱風，淮南呂覽高注之愷風凱風也。」（甲文說五十六葉）

杨树达　「南方之风曰𡵂，胡君读𡵂为微，字形甚合。独曰风暖则微，又引鸟兽析革，谓希微义近，则似非是。今谓𡵂当读岂。说文岂下云：『从微省声』，微下云：『从𢼸声』，𢼸下又云：『从岂省声』，许君于𢼸岂二字得声之说缴绕不明，然微岂同微部字，二字声音相近，自无疑义。知𡵂当读为岂者：诗邶风凯风云：『凯风自南。』尔雅释天云：『南风谓之凯风。』吕氏春秋有始览云：『南风曰巨风。』高注云：『一曰凯风。』淮南子地形篇云：『南方曰巨风。』高注云：『一曰愷风。』岂凯愷并同，甲文所言与诗尔雅吕览淮南并相合也。」（甲骨文中之四方风名与神名，积微居甲文说卷下八二至八三页）

胡厚宣　「甲骨文言『風曰𡵂』，𡵂即微。堯典言『鳥獸希革』，希微義近。」（商史論叢初集二冊四方風名考證）

李孝定　「从止从𡵂，說文所無。」（集釋〇四六三葉）

饒宗頤　「□舊釋長，按與□實為一字，四方風名『南方曰□』（京津四二八）字亦作□（拾掇二、一五八）可證當釋𡵂及𢼸。間或益止旁作岦，（續編五、一〇、一）石鼓文『微』作𢼸，其中所从與此同。考岂字从𢼸省聲，故卜辭𡵂風即『岂（愷）風』。此𡵂又為地名，他辭云：『𡵂其出田』，（天壤五九）『𡵂不其受年』。（屯乙四六五三）又稱『𡵂人』，『貞□人于𣕿酉』。（金璋五〇七）『貞：叀韋令狩界岦』。（屯甲二二五八）『𡵂……从……令貞：叀𪈵』。（珠二九三）又屢言『出□』，（屯乙六五五五）俱𡵂為地名之證。𡵂即微，微子之命鄭注云：『微，采地名。』在山東泰安，與此之微是否同地，尚難遽定。」（通考五九四——五九五葉）

饒宗頤　「『丁卯卜，歸貞：庚，我又事。丁卯卜，歸貞：我□（舞）□（𡵂）丁自庚。』

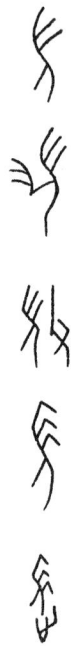

（佚乙一七八七）『我舞光』者，光即豈。說文：『豈，還師振旅樂也。从豆，散省聲』。『兵樂曰愷，周禮：『王師大獻，則令奏愷樂』，又大司馬：『愷樂獻于社』，此必有大征伐，故云『舞光』。凡言『有事』者，左傳：『國之大事，惟祀與戎也。』（通考七三三葉）

严一萍　「此字象一人披髮上揚，手舞足蹈之狀，有搖動之义，疑为搖之初文。……身动搖而手舞之，是为此字的诂。古文之搖本作搖，当是加言字以示歌咏之意。故說文謂䍃从缶从肉得声，皆是证搖若搖，其初文当作𠂔，夕形不当释肉，实甲文之𠂔演变而来，字本会意，谓之形声者，後起也。」（卜辞四方风新义，甲骨古文字研究第一辑一八一页）

徐锡台　「关于微的记载，见殷墟卜辞云：『癸巳卜，在微贞，王弋于射，往来亡災』（前二·八三）；『口卯卜，在微贞，王弋于口，亡災。』（珠四一七）；……『微受年？微不其受年？』（乙四六五八）；『丁卯卜，戍人口出弗伐微？』（粹一一五五）；……『贞乎（呼）取微伯？贞，勿取微伯』（乙二一二七）……。关于微方国的地望，……我的看法是，今陕西省汉南县眉底，可能就是周原卜辞中古微国的地方，由于眉与微是同一声韵，假眉为微字。此地与周岐阳相近，又与殷都安阳略近些，殷商武装势力可能曾到达这里。它是殷商向楚、蜀进军的屏障。」（周原十篇重要卜辞考释，中国语文研究第八期一——二页）

姚孝遂　肖丁　「『厗』即『長』字，金文『長』字作厗，令簋『長』字从『長』作『厗』，均由厗字所演化。至于光字，则作厗或厗，与此判然有别，不能混为一谈。『長』在此为人名。……第(15)辞『令長以皇人饗于槃』，但知『長』为人名，『槃』为地名，文不可晓。」（小屯南地甲骨考释三三頁）

柯昌濟　「厗字余疑為微字，所从之𢼸；說文：『微从微省壬為徵，行於微而文達者即徵之。』当非古义。蓋微字所从即为此字，說文小篆微形，或為此文之多变。」（殷墟卜辞综类例证考释，古文字研究十六辑一五三頁）

张亚初　「卜辞和金文有厗字（综类一一页），上从带扉子的刀形，下从止，可以隶定为⿱刃止字。⿱刃止即⿱刃止，古文字偏旁从刀从刃通作，例如，则作⿰貝刃、罰作⿱罒⿰言刃（类编三四三页、三四六页）、型作⿱⿰井刃土、剃作⿰弟刃、解作⿰角刃（中山王譽器文字编四六、五一、六六页）。⿱刃止也就是⿺走刃。

集韵入声缉韵以𨀣、𣥺为同字。说文曰𨀣，不滑也』，𣥺字从刀从止是不滑的会意字。集韵以为澁、𣥺、𨀣、澀是一个字。汉杨孟文石门颂曰塗路歮难』，隶释以歮为澁字。唐兰先生殷虚文字记十三考定卜辞之歮为𨀣，是正确的。歮从三止，表示人多拥挤，故有艰澀意。歮是𨀣的异体字。」（古文字分类考释论稿古文字研究第十七辑二四四页）

按：□、□、□並當釋光、或散，今通作微。在卜辭為人名或地名。

至於□之形體，與□或□有別。余舊以為「長」字，以其與□之形體較近，或从止作□，諸家均釋「散」，不能無疑。

由於□或□均用為人名或地名，在辭義上難以區分，今姑並列於此。但仍認為□與□不能同字。

□ □ □

葉玉森「說文『哭，哀聲也。从吅獄省聲』。先哲造字哭必先于獄，許君謂从獄省聲，殊難徵信。此从屮象一人擗踊形，从吅表號許意，當即古文哭字。辭云『衣哭』，蓋臨衣祭而哭也」（前釋卷五第十三葉）

魯實先「是美之繁文，乃方名。方名而从重口，乃卜辭通例。从人作屮者，以人女互通也」（姓氏通釋四葉末行載幼獅學報二卷一期）

李孝定「說文『哭哀聲也从口獄省聲凡哭之屬皆从哭』獄省聲之說，前人已多疑之，段氏辨之審矣。段氏謂『本謂犬嗥而移以言人』，說較許解為長。卜辭此字，葉釋為哭，宜若可從。惟單辭孤證不能確指屮之與犬形亦略近，故篆體轉寫譌変耳。魯氏謂是每之繁文，非是。『方名而从重口乃卜辭通例』，其說未聞」（集釋〇四三一葉）

按：釋「哭」、釋「美」均不可據。辭云：

「貞衣□若亡尤」　合集三三七〇五

「……□……尤」　合集三九四三七

「貞衣□若亡尤」　英一九九六

用義不詳。

0037

長 □ □

王襄　「古長字。」（類纂正編第九第四十二葉下）

王襄　「疑長字。」（類纂存疑第九第四十七葉上）

葉玉森　「按□之異體作□□，余氏謂上象髮長形，至碻。髮長之人則年長，故先哲制長字與老字構造法同。譌变作□，則髮形晦矣。」（前釋卷二第十六葉）

余永梁　「按此長字與說文古文及六國鉥文最近。說文『長久遠也，从兀从匕，亡聲，兀者高遠意也，久者变化，亾者到亡也，□古文長，□亦古文長』。鉥文長字作□□，與古文同。長實象人髮長皃，引申為長久之義。長部肆或从髟，即長為髮長之明證。許君所解皆望文生訓，非朔誼也。」（殷虛文字續考）

商承祚　「此字與說文解字長之古文作□□，二形相近，古鉥亦多如此作。」（類編卷九第五葉）

李孝定　「許說支離附會自非朔誼，余氏說此是也。篆从匕者乃由栔文一體作□扶杖形者譌变，栔文□字篆亦从匕，可證。葉謂引申為年長，非是。令長之長許君舉以說假借，是蓋髮之長短體性各異，未必年長者即髮長也。此字本義為髮長，引申為凡長之稱。胡氏釋光，光篆作□，上下離析為二，與此異。楊氏讀為皇，亦未安。」（集釋二九六八葉）

孙海波　參老字条

按：許慎說解長字形體，前人多已致疑。余永梁謂「象人髮長皃，引伸為長久之義」，最為近是。契文長字變異多端，然均象人髮長皃則不變。然易與光字相混。牆盤「□」（長）、「光」、「散」同見，區分顯然。據此，契文長字諸形為□、□。至於□、□、□、□，則當釋「光」。

在卜辭多用作地名及人名。

0038 夌 [illegible] [illegible]

按：字當釋「夌」。辭云：「……令……歸……㞢夌不」「……在夌」均用為地名或方國名。

合集一〇九五
合集八二四三

0039 老 考 [illegible] [illegible]

王襄 「疑考字。」（類纂存疑第八第四十三葉下）

王襄 「古考字。許說老也，从老省、丂聲。」（類纂正編第八第三十九葉下）

葉玉森 「契文[illegible]象一老人戴髮傴僂扶杖形，乃老之初文，形誼明白如繪。〔[illegible]〕作[illegible]，从[illegible]乃[illegible]形之譌。从丫與从卜同。象古干梃以代杖者。金文作[illegible]（季良父壺）[illegible]（齊子仲姜鎛）[illegible]（齊太僕歸父盤）从匕即小篆匕所由譌。許君謂[illegible]从人毛匕，言須髮〔[illegible]〕白譌〔[illegible]〕从止。又作[illegible]，（齊太僕歸父盤）从匕即小篆匕所由譌。就篆立說似塙。然非朔誼也。」（研契枝譚·髮形）

商承祚 「象老者倚杖之形，作[illegible]者疑亦老字。」（類編八卷七葉上）

陳邦福 「簠室類纂八篇云『又[illegible]其侯王其[illegible]』，案當釋作老，季良父壺作[illegible]，𠭯叔盤作[illegible]，皆可互證。……」（殷契瑣言四葉上）

孫海波 「[illegible]，燕六五四。象人老傴背之形。」（甲骨文編三五七頁）

饒宗頤 「□癸卯卜，㱿貞：乎多老……貞：勿乎多老舞。」（前編七·三五·二）按審此辭多老乃司樂舞者。三代養老于學宮，禮記王制：「殷人養國老于右學，養庶老于左學。」卜辭「學戊」，又言「學東」，殷學即養老之所在。所謂多老，其國老庶老乎？後世稱為三老，白虎通鄉射篇：「王者父事三老，兄事五更。」蓋三代之所尊，說又見應劭漢官儀。三老之義，鄭玄謂通知三德者。左傳杜注以三老為八十以上，上中下三壽。詩閟宮云：「三壽作朋。」文選李善注：「三壽，三老也」。鄭箋謂三壽三卿也。盧植禮記注云：「選三公老者為三老」，又別一義。三者，數之多，故三老非三人，（黃氏日抄）猶殷之多老也。後世三老亦稱國老與國叟，東都賦辟雍詩所謂「皤皤國老，乃父乃兄」，東京賦「奉觴豆于國叟」是矣。禮記文王世子：「禮在瞽宗，書在上庠，凡祭與養老乞言合語之禮，皆小樂正詔之於東序」。鄭注謂：「周立三代之學，學書於有虞氏之學，學舞于夏后氏，學禮樂于殷之學。瞽宗，殷學名」。此為周制，覩于卜辭，則多老乃掌教舞樂兼為樂師者」。（通考五五九葉）

饒宗頤

「老殆即左傳定十五年宋地之考丘」。（通考六三八葉）

姚孝遂

「后下2014 [illegible]」甲骨文编1045、续甲骨文编8.14、集释2738，皆误释为耋。综类11-4以为「老至二字」，是对的。甲骨刻辞例大多数是反复出现的，在没有任何其他辞例证明的情况下均不得「合二而一」，亦不得「一分为二」。（殷虚卜辞综类简评，古文字研究第三辑一八六页）

按：考老古同字。象老者倚杖形。說文「老」以為「从人毛匕，言須髮變白」，非是。此條當與0034合併。

0040

姚孝遂

「□的或体作□，下从「尸」，王襄类纂释「儿」；鲍鼎春秋国名考释释「尢」；张秉权丙编考释释「老」，均不可据。叶玉森前编集释，李孝定集释则均误混入「先」字。□、□与「先」之作□、□是有严格区分的。

「王令弜伐□……」

「令从……伐□」

「余乎弜𦎫□……」

以上「□」為方国名。
「王出匚于庚百□」
「卒□」
「氏□」
以上「□」為俘虜名。」（古文字研究第一輯三四七頁）

按：□與□、□均有別，不得混同。卜辭用為地名及方國名。

0041

林

按：卜辭云：「……林侯……丁用」「林侯」為方國之侯長名。

懷一五九二

0042

羌 □ □ □

王襄「□，古羌字，國名，詩商頌殷武：『自彼氐羌』，尚書牧誓『及庸蜀羌髳微盧彭濮人』。詩書所稱之羌，果即卜文之羌方，固無由徵矣」。（簠考征伐四葉下卅四片釋文）

葉玉森「予曩疑卜辭之『□方』『□方』與『□』為一國。卄茁从人，或古雲夢之夢（鈎沈）丁山氏謂予說近是，……森於舊說仍未敢自信，諦察冃冃為冃形，即帽之初文。冐為準初文。其上之ᛘ丫為帽飾，猶□（子）上之Ⅲ亦帽飾也。□□即篆文蒙之旁从□所由孳。篆文蒙下从豕，卜辭□□下則从人，疑即蒙字。猶卜辭□（哭）从大象人形，而篆文則譌變从犬。曰覆人首，曰蒙，易明夷『以蒙大難』，釋文『蒙，冒也』。□□與□殆非一字。蒙方故都或即丁氏所謂之大蒙城歟？」（前釋四卷六十葉背）

商承祚「說文解字死，古文作□，與此形近」。（類編待問編四卷五葉上）

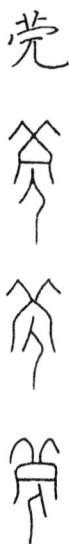

唐蘭「早期卜辭有𢀛方，晚期則恆見伐𦉢，字或為𦉢𦉢𦉢等形，疑為一國，𢀛者從人戴冃，𦉢則冃之變也。冃當即說文𠙻字古文之𠙻，𢀛則即說文死字古文之𣦵，其用為祭法之肖當讀為詩生民『載燔載烈』之烈。其用為國名之羌若𦉢，則當讀為列。𢀛之从冃，殆象人戴獸首。（天壤文釋四十葉下）

丁山「𢀛方葉玉森疑『與𢀛為一國，𢀛從𦉢從人，或古雲夢之夢』。（鉤沈）山按葉釋是也。𢀛方即曹之鄸邑」。（說契附錄三釋𦉢集刊一本二分二四八葉）

丁山「苋，甲骨文作𢀛（林二·一四·一三）象人头戴芮形，当是冠字本字。盖冃下从冂，象帽子；其上象今平剧武将冠上所插的雉鸡翎。战国齐策六，田单攻狄，不克。齐婴儿谣曰，『大冠若箕，脩剑柱颐，攻狄不能，下垒枯丘』，大冠若箕，当是古代大将的华冠。武人戴插雉尾的华冠，由甲骨文冃字看，当是由殷商时代留传下来的。此字晚周或书为𦽆，隶变为苋，许慎不达苋字本谊，硬将苋上雉尾变为从艸，训曰，『𦽆，艸也，可以作席，从艸，完声』。又曰，『完，全也，从宀，元声。古文以为宽字』。其实完字，即是不插雉尾的冠，本谊亦非『全也』……苋、贯、串声韵俱近，卜辞所见的苋方，可能即诗大雅皇矣所谓『串夷载路』的串夷。……其地应与宗周接壤，或在渭汭附近。」（商周史料考证九五至九六页）

于省吾「卜辭𢀛字亦作𢀛𢀛等形。王襄釋羌，葉玉森云：『𢀛从𦉢从人，或古雲夢之夢。前編卷四第四十五葉之𢀛方，卷六第六葉之𢀛方，疑為一國』。（鉤沈甲）又云：『……疑即蒙字』。（集釋四·六十）商承祚云：『說文解字死古文𣦵與此形近』。（待問編四·五）唐蘭謂𢀛从人戴冃，冃當即說文𠙻字古文之𠙻，𢀛則即說文死字古文之𣦵。（天壤閣考釋四十）按王說之失，自不待辨。葉釋蒙亦非。惟葉後說以冃冃為帽，以𠆢𠆢為帽飾，已較前說為優，商與唐說尤誤。說文𠘧之古文作𠙻，㪅字作𢼸者，以𠙻當𠘧，而移右側之人於下耳。契文𠘧字作𠘧，㪅字作𢼸，金文㪅字作𢼸，晚期金文綸鎛㪅字从𠘧作𠙻。說文所引古文，係六國時古文，𠙻即𠘧之形譌，非契文金文中別有𠙻𣦵字以當𠘧㪅也。說文：『冃，重覆也』。『冃，小兒蠻夷頭衣也』。王筠徐灝以冃冃為一字，段玉裁冃字注謂冃即今之帽字，均是也。荀子哀公：『古之王者，有務而拘領者矣』。楊注：『務讀為冒』。按冃冃即帽之初文，務乃冃之借字，𦉢𢀛象人戴有羊角形之帽，即商器𣪕甗敄字所从之𢀛，周器毛公鼎敄字所从之𢀛，茲臚陳其說於下。一、苋字上从∧∧或∩∩，互作無別，如契文𦉢之作𦉢，𢀛亦作𢀛，𢀛亦作𢀛，𢀛亦作𢀛，羊字金文父庚鼎作𦍌，羊卣作𦍌，……斯例夥矣，不可勝舉。至苋字中从冃與冂，或有橫或無橫，本無別也。一、矛係直兵，金文鉦文有□字，即矛字，金文編列入附錄，失之。善夫克鼎遹字从矛作□，宗周鐘遹字从矛作□，鄭楙弔壺楙字从矛作□，郤諧尹鉦䂆字从矛作□，須㲋生鼎㲋字从矛作□，古鉨文茅字从矛作□，其柲均作直豎，無歧出者。以近世出土之商代矛形證之，上象其鋒，中象其身，下端有鎣，所以納柲，一側有耳，耳有孔，蓋恐納柲於鎣之不固，以繩穿耳以縛之。亦有兩側有耳者，此其大較也。一、金文敄字所从之矛形，商器敄觶作□，敄甗作□，周器毛公鼎作□，鄀公𣪘作□，說文矛作□，其古文我左从□，乃形之譌變。然矛係直兵，其柲亦應作直形。而金文敄字所从之矛，下端岐出，蓋□字與直兵之作□者，迥然有別。而後人不知其為二字矣。

一、羌字之演變，係由□而□而□而□而□而□，克鼎：「□于上下」，□从□，疑亦□形之變。葉玉森謂□□為冃形。按契文冒字从冃作□，金文鄧孟壺冒字从冃作□，曼龏父盨曼字从冃作□，可資佐證。然則□之从□，爰為□之从□，其上半形音並相近，因而譌混矣。古文字之形錯體譌，層出疊見。且既係形譌，以其譌變之迹相銜，則無理之可言，以契文爽字，从火之繁縟（詳駢枝釋爽）爽字作□亦作□□（□見余所藏墨本）若無辭例之比勘，認為同字，其孰信之。此在卜辭二百餘年之中，形之遞變，已如是之甚。又如因字，金文弻之偏旁誤从因，（見沽大字學導論下編五八）古文囧字，後世譌作室。他若契文羔岳之無別，人尸之不分，均以其形音並近而相混者也。一、前四、四四、六：「貞，今□从□侯虎伐羌方，受㞢又」。六、五、七：「貞，弓伐羌方」。六、十八、六：「乎㚔羌」。續三、十二、五：「辛子卜，㱿貞，王叀□□（侯）□（从）伐羌□（方）受□㞢□（又）」。其稱羌方武羌。羌後世譌為矛，矛當即髳，字亦通髦。書牧誓：「及庸蜀羌，髳、微、盧、彭、濮人」。偽傳：「髳、微在巴蜀」。括地志：「隴右岷洮叢等州以西，羌也，姚府以南，古髳國之地」。詩角弓：「如蠻如髦」。傳：「髦夷髦也」。箋：「髦西夷別名，武王伐紂，其等有八國從焉」。說文：「鬏从髟敄聲。詩曰：『紞彼兩鬏』。重文作髳，漢令有髳長」。按詩柏舟作「髧彼兩髦」。是髳髦字通之證。胡嗣運鵬南文鈔庸蜀羌髳微盧彭濮人考云：「與羌為鄰者髳也，髳一作髦。詩所謂『如蠻如髦』是也。依姓路史國名紀一引山海經有「髳民國，黃帝後，其居近積石，疑即武丁時編髮來朝者。此戎種，非蠻族」。按積石，地理今釋以為在今河州北一百二十里。水經注謂之唐述山。又後漢書桓帝紀：「燒當羌叛，段熲追擊於積石」。則髳戎殆與枹罕鄰者。此髦字讀若牟。至國名紀四：「髦國商氏後」。引世本：「讀若旄音」。此又後世所據以為姓者。牧野助討，是為黃帝後之髳國，非為商氏後之髳國」。眘吾按胡說以髳為商氏後，以牧野助討之髳為黃帝後，不知此乃傳記異文，未可強為分別也。綜之，契文□字，象人戴有羊角形為飾之帽，即金文敄字偏旁所从之□□□，形雖遞變，迹本相銜。金文直兵之矛作□□形，隸定應為卩，後世混而為一，不知其為二字。羌字孳演為矛。契文稱羌武羌方，即書牧誓之髳，从髟者為緐文，經傳亦作髦者，借字也」。（駢續四葉釋羌）

張秉权　「茍，楷定為茺。叶玉森釋蒙（注一）。丁山謂茺方即曹之鄰邑（注二）。于省吾釋槊，說是沭牧誓之槊，也就是經傳中的髳，並據僞傳說髳在巴蜀（注三）。按于說似乎比較可信」（殷虛文字丙編考釋第四五頁）

（注一）見殷虛書契前編集釋卷四第六一頁

（注二）見集刊第一本第二分釋冒。

（注三）見双劍誃殷契駢枝續編釋茺第四至七頁。

饒宗頤　「卜辭：

辛巳卜，㱿貞：王叀𠭯（侯）伐兄（方），受（㞢又）。（鐵壽一三·五，佚存二三，續編三·一二·五）

按兄舊釋蒙或髳，均未確。卜辭又有𠂤字，為祭名，亦作𦍌。考說文「次」字古文作𠈌，實即此之変形。故𠂤當釋「次」。士冠禮云：「賓就次。」左僖九年傳：「殺奚齊于次。」杜注：「喪寢也。」𠂤猶今言位次矣。辭又云：「𠂤祭上甲。」即依次以祭上甲。故所見工典致祭之辭曰：「工典其𠂤」（續編一·五·一）「工典其劦」（明義士七八九）其𠂤即就次，劦謂合祭，皆祭之動作。知于氏讀𠂤為用牲之毛炰義未通暢。至于兄方之為佽方，其地未詳。古有次姓。呂覽知分「荊有次非」，一作「佽飛」。莊子徐無鬼：「見大隗于具茨之山。」釋文：「一本作『次』同。」司馬彪云：「具茨山在滎陽密縣東，今名泰隗山」，疑次方與具次山有関，在今河南境。」（通考一八五——一八六葉）

饒宗頤　「按𦍌殆「次」字，易旅六二：「旅即次，懷其資，得童僕，貞。」又九三：「旅焚其次，喪其童僕，貞厲。」王注：「次者，可以行旅之地。」以易爻辭徵之，「不喪𦍌」即「不喪次」矣。」（通考三三六葉）

李孝定　「上出諸形，各家說者紛紜，于氏已辨其誣。葉氏釋蒙雖誤，然謂字象人戴帽之形則極塙。于氏之說實即申衍葉氏此義，于說甚辯，宜若可信。然謂契文此字即金文敄字偏旁之[illegible]，則大誤。蓋[illegible]實即矛字象形文[illegible]所鵲変，與契文此字象人戴帽形者實截然有別，此即免之古文，从人戴冃。許書偶佚此字而收其後起形聲字「冕」，免冕實古今字也。許書冕从免聲，蓋許君不知免即冕之古文，遂以古文為篆文之聲耳。」（集釋二八〇〇葉）

李孝定　「至𠂤字疑為冕免之異構，與金文作[illegible]者相似，象人戴冠免之形。曰免音亦相近也。篆文兔作□即由□形省变，省爪為儿，後又增冃作冕，已為後起形聲字矣。說文無兔字。段氏注於兔部末補此字，解云「兔逸也，从兔不見足會意」。注云「許書失此字，而形聲多用為偏旁，不可闕也。今補兔。兔之異異於其足，中略兔象其蹲居之形，有足有尾，其字當橫視之。兔之走最迅速，其足不可踶見，故兔省一畫。中略兔不見獲於人則謂之兔，中略此二字之別也。引申之，凡逃逸者皆謂之兔。中略錢氏大昕云「兔兔當是一字，漢人作隸誤分之」似未然。俛从兔自是會意」。鄭珍說文逸字云「「□子脫胞也。从二儿，上儿母也，下儿子也」从从冊者」。此蓋生兔正字。子之生脫胞而出，以其脫兔故曰兔，造脫兔字因取象焉。中略今案玉篇兔在儿部，當依許君部屬之舊，乃由偏旁推其義如此，然後凡从兔者可得而說。」。輓晚晚冕絻浼鮸勉輓九字从兔聲，屬形聲字，頫或从人兔，頫訓氐頭，人生時頭向下，故从兔。嬔从女从生从兔，今本譌作免聲，一生一兔是孿生也，故訓生子齊均。挽从子兔，子兔是子已生也，故訓生子兔身。此三文皆會意，段氏於兔部補兔，解作……定按見上引段說从略。珍案此襲六書正譌「兔从兔而脫其足」之說，非也。兔象向左蹲踞形，前只其足，後\其尾，若橫視則其尾不見。且省去後\一畫，無論橫視直視，止是不見其尾，而足之踞如故也，安見其走速逸兔乎。就如段說省一畫是足，則左直為尾，右直必是足，其可踶見如故，亦難通也。李楨說文逸字辨證說與鄭說略同，謂娩嬔挽均當是从兔生子取義，其字當从兔不从兔。說文之挽定按當作挽李據己意改字作挽即經典之免，是以挽身為兔之本義也。他家則多謂兔免同字，茲不具引。今據契文□字觀之，兔實冕之本字，象人戴冃之形。金文作□兔簋□中伯御人鼎□兔盤□兔簋□史兔匡□父乙□觶□作父癸兔彝等形，與契文形近。陳邦懷氏謂契文之苜即許書蔑字所从之苜，惟聲韻不可知，其說極碻。今按蔑字所从「苜」即「兔」之省，其籀文作□，其上半正與兔之省儿者全同，蔑當从兔省聲，二者聲韻並同也。」兔字本當入冃部，惟冃字篆文已省兩耳形，而兔則尚餘一耳作𠂊，遂無所屬，玉篇兔隸儿部，或許書本有之而轉寫敚佚，或許君偶失收，今不可知，然篆文必有兔字則無可疑。玉篇兔下解云「去也，止也，脫也」。去脫之訓，猶與戴冃之本誼相因也。段氏謂从兔省一足，鄭氏已辨其非。惟鄭說亦未離不經。兔字倘果从二儿从也者，則古人制字殆象逆產。蓋兔下从儿，鄭以「子也」說之，是手足先出也。且所謂「也」字在上，「儿」字足下，亦乖常例，其說之誣昭然也。兔當以戴冃為本義，脫兔、兔身皆由去脫之義所引申也。契文冃字之用為祭名者，于氏所說是也。」（集釋二八〇〇）

于省吾

「甲骨文笕字常见，作□、□、□、□、□等形。王襄释笕（簠考征伐三四）叶玉森谓：「疑即笕字。」（集释四·六一）唐兰同志谓：「笕则即说文死字古文之𣦸。」（天考四〇）按以上各说均属臆测。金文敄字所从之矛，商器般甗作□，周器毛公鼎作□，郑公毀則变作宂。又克鼎有瑁字，旧误释为頊。其字右从矛，乃由矛形所讹变。又直兵之矛字，商器鉦文作矛（金文编入於附录），周器鄭楙弔壺楙字从矛作矛。周代金文遹字屡见，其所从之矛作矛或矛，以上所列直兵之矛字，与甲骨文芇字及商周金文敄字后世隶定为左从矛者迥然不同。芇字本象人戴羊角形之帽。古代狩猎，往往戴羊角帽并披其皮毛，以接近野兽而射击之（详释羌为敬羡）。甲骨文芇字之作芇，即象此形。但芇与直兵之矛形近音同，因而后世混淆不分。甲骨文称：『丁子卜，殻貞，王𢆉（學，读为教）众，尢于芇方，受出又。○丁子卜，殻貞：王弗𢆉众（众下当有缺字）芇方，弗其受出又。』（丙二二）『貞：今□比𠤕虎伐芇方，受出又。』（前四·四四·六）『□□卜，殻貞，王伐芇，帝受我又。』（續存上六二七）以上芇方亦省称为芇。甲骨文之芇，即《书·牧誓》『及庸、蜀、羌、髳、微、卢、彭、濮人』之髳，亦即《诗·角弓》『如蛮如髦』之髦。《诗》郑笺：『髦，西夷别名。武王伐纣，其等有八国从焉。』按髳乃后起之变体繁文，髦又为髳之借字。以甲骨文验之，则其初本作芇。其递嬗演变之源流，宛然可寻。」（释芇，甲骨文字释林一五至一七页）

何琳儀

「鼎則母毋敢敢𣪘冒天霝靈」

第四字原篆作『𣪘』，曹錦炎釋『冒』（見通釋），語焉不詳，今試作說明。此字左上从『𦍋』，由三部分組成：上从羊角形，下从人形。中間所从『冃』旁，亦見甲篇『𣪘』（𣪘）字偏旁，故『𦍋』可隸定為『芇』，與甲骨文『𦍋』非一字而莫屬。『芇』之釋讀頗為分歧，然多讀唇音，如釋『蒙』（葉玉森）、『髳』（于省吾）、『冕』（李孝定）等。而諸家以『冃』旁為『冃』（『帽』之初文），則無疑義。考慮『𣪘』左下从『目』，右从『攴』，疑『𣪘』之初文。《類篇》『𣪘，抵也。』典籍則以『冒』為之。《國語·周語》中『夫戎翟冒沒輕儳』，注『冒，抵觸也。』然則『𣪘天霝』自應讀『冒天命』，意謂『抵觸天命』。由戰國文字『𣪘』的確認，亦可推溯甲骨文『𦍋』應釋『冒』。」（長沙帛書通釋校補，江漢考古一九八九年四期五二頁）

按：說文無「免」字，而形聲偏旁多用之。段玉裁於兔部補免字云：「免：兔逸也，从兔不見足會意。……兔之走最迅速，其足不可諟見，故兔省一畫。兔不見獲於人則謂之免。兔免之異，異於其足。……免即兔也。兔善逃失，借為脫免，字有兩音，而非兩字。漢隸偶闕一筆，世人遂區而二之，轉疑說文為漏載，失之甚矣」。此皆臆說，不可據。卜辭方國名之芇、芇等，象人戴帽形，金文作𠑽，小篆作免，猶存其初義。其後「免」

既用為「脫兔」，復孳乳从冃兔聲之「冕」字以代之，此亦猶「𤼷」復作「撥」、「莫」復作「暮」、「𢀖」復作「俛」之類。王筠句讀、朱駿聲通訓定聲皆以為冕「前圜後方，前下後高，有俛伏之形，故謂之冕」，其說非是。

何琳儀據長沙帛書釋契文此字為「冒」，亦可供參考。

0043 兑

晁福林　「甲骨文有𦋸字，过去都释为兑。其实，𦋸和兑同出一源。由于这个字均见于三期卜辞，又多作人名，并与康丁之名相合，因此释其为𦋸是合适的。」（殷墟卜辞中的商王名号与商代王权，历史研究一九八六年第五期一四四页）

赵　诚　「兑，甲骨文写作，构形不明。卜辞用为锐，有急速、赶快之义：戊申卜，马其先，王兑从。（粹一一五四）——马，职官名。先，动词，走在前面。从，动词，追赶、跟从之义。曰兑从曰即曰锐从曰，急速追上之义。兑，锐为古今字。」（甲骨文虚词探索，古文字研究第十五辑二七七页）

按：說文：「兌，說也。从儿㕣聲」徐鉉以為㕣非聲：「當从口从八，象气之分散」。朱駿聲從其說。孔廣居說文疑疑以為「兌从人从八口，八，分也，人喜悅則解頤也」。林義光文源亦同此說，謂「兌即悅之本字，古作（師兌敦）从人口八，八，分也，人笑故口分開」。諸說皆難以置信，存以待考。

卜辭諸「兌」字皆用作「銳」，徐灝段注箋謂「兌即古悅字」，「亦古銳字」。孟子：「其進銳者其退速」，銳之義為疾速。漢書淮南王傳：「王銳欲發兵」，亦急疾之義，顏注以「王意欲發兵如鋒刃之銳利」為說，失之。（粹一一五四）「馬其先，王兌从」者，馬隊先行，王疾速从其後也。卜辭每言「其先馬」（後下三三・四）；「馬其先」（寧滬二・一〇八），「其乎馬先」（鄴三・四〇・九），郭沫若以「先馬」連讀，殊誤。參[illegible]與兌字無涉，當實先以為亦「兌」字，非是。

0044 兄

王襄類纂以為古兄字。

王襄 「兄疑貺之古文，祭名，貺說文所無，尔疋釋詁『賚貢錫畀予況賜也』，貺古與況通」。（簠考帝系十葉下）

羅振玉釋兄無說。（增考中二十三葉上）

葉玉森 「兄亦从口从人跽形，係兄之別構」。（鉤沈十四葉七行）

郭沫若 「『祉兄六品』，祉即語詞誕，猶遂也。兄讀為荒，亡也。書微子『天毒降災荒殷邦』，史記宋微子世家作『亡殷國』。六品即六國。依金文例，玉可言品，穆公鼎『錫玉五品』，是也。氏族可言品，周公毀『錫臣三品：州人、東人、𩫏人』，是也。土田亦可言品，作冊友史鼎『省北田四品』，是也。此則國亦言品。『祉兄六品』者，遂亡六國也。六國即殷、徐、奄、熊、盈、薄姑」。（保卣銘釋文考古學報一九五八年一期）

郭沫若 「『第六片『祖乙歲，其兄于祖丁，父甲，在勺』言於祖乙歲祭之日兼祭祖丁父甲也。兄字當假為祭名，或即是嘗，兄嘗古音同在陽部」。（卜通別二第十四葉上）又曰：「『其告水入于上甲兄大乙一牛王受又』兄字在此當是介系詞，義猶及與。以聲類求之，殆假為並也」。（粹一四八片考釋）又曰：「保卣云『祉兄六品』，兄讀為荒，乃誕荒六品，遂亡六國也」。（考古學報一九五八年一期一葉保卣銘釋文）

楊樹达 「殷契卜辞叁壹片乙辞云：『壬辰卜，大貞：翌已亥㞢于芀。十二月。』按芀乃兄字。大为祖庚祖甲时貞人，兄谓孝已也。卜以已亥祭，可证。他辞多云兄已，此片但称兄。」（兄已单称兄，卜辞琐记四頁）

楊樹達 「詩召旻傳云『兄茲也』。桑柔傳云『兄滋也』。兄通作況。國語晉語注『況益也』。兄況有滋益之義，故亦有及與之義」。（卜辭求義九葉上）

屈萬里 「卜辭『兄大戊，中一牢』？（甲編四八六）兄，讀為祝」。（甲編考釋七四葉）

李孝定「按，本辭云『壬辰卜，大貞，翌己亥，出于兄。十二月。』卜辭言兄者必偁其名曰『兄某』，而此但言兄，当为人名。契文兄字上从口若口，乃头之象形。即谓从口字亦不当作廿也。楊說宜存疑。」（甲骨文字集释存疑四五四〇頁）

白玉峥「就其构形审量，頗象屈躬揖拜之形，似為今字拜之初形。若然，以之釋二祀卲其卣、保卣、矢令簋等之兄則皆辭暢义達而理順。以之通讀本刻辭，亦辭暢义達理順。是兄之釋拜，於形於义兩皆暢達。惟金文之拜作□（井侯簋）、□（师遽簋）、□（友簋），似与兄異；然若据友簋之文之构形审量，由本辭及二祀卲其卣等之作兄，演进為友簋之□，則未嘗為非也。是以兄釋拜，不仅暢達甲金文辭，即其构形演变之跡，亦瞭然如揭矣。」（殷契佚存五一八号骨栖試释 中国文字新十期九九頁）

按：兄字作兄，邑字作邑，祝字作祝、祝、祝、祝，皆有别，不得相混。唯後上七·一〇兄辛之合文作兄，是為例外，乃誤刻。段玉裁謂「口之言無盡也，故从儿口，為滋長之意」。徐灝謂「从人从口者，生長之義也。諸子同生，而以長者當之，故謂男子先生為兄矣」。其說皆難以當意。卜辭皆用為兄弟之兄。（粹一四八之「其告水入于上甲，兄大乙一牛，王受又」），郭沫若、楊樹達釋兄為兄，以為介系詞，謂為及與之義，皆非是。兄乃祝字，乃祭禱之義，無用作介系詞者。

0045

須

金祥恆續文編九卷一葉下收此作須，無說。

李孝定「說文『須頤下毛也从頁彡』。契文从兄从彡，盖須字所重在彡，故所从頁字多从简略。」（集释二八五五頁）

于省吾「甲骨文的□字（摭续一九〇頁）也作□（佚一·五〇〇頁）。又商器鼎文的□字，觚文的□字，包括商器的卣字父己而作□和𪓔鼎作□在内，郭沫若均释为兄（一九七二年考古、安阳新出土的牛胛骨及其刻辞）。按古文字的兄字习见，从元以上的四种构形，郭说完全出于揣测。又甲骨文的□字（亿八七二）也作□（亿二六〇一），金祥恆续甲骨文编列为须字、而无说明。李孝定甲骨文字集释引说文「须颐下毛」和金文须字作□、□……等形为证（甲骨文字集释第九卷二八五页），又谓□「疑亦须字」，与□为同字（金文诂林附录一六四页和一六五页）。按李氏不知古文字从天从大从人的互作，故以疑为之。至于甲骨文须字作□或□形，旧无解说，实则，□或□字下部从彡，乃人字的繁写，仍象人的侧立形，由於人形的侧立，所以须（鬚）形不能左右俱备。」（释从天从大从人的一些古文字，古文字研究第十五辑一八六页）

按：卜辭云：「令須最多女」「須」用為人名。

合集六七五正

0046

□

按：字不可識。用為人名。

0047

勹 伏 𠘧

于省吾

「说文勹字作□，并谓：「勹，裹也，象人曲形，有所包裹。」按许氏据小篆之形为说，语意含混，似是而非。自来说文学家也均不得其解。甲骨文从勹的字常见，例如芍字（陈一四九）从勹作□，梵字屡见，从勹作□。□与勹象人侧面俯伏之形，即伏字的初文。周代金文匍、匐、匊、匋、□等字均从勹。商器伏尊的伏字作□。说文：「伏，司（伺）也，从人，犬伺人也。」史记留侯世家的「良与客狙击秦皇帝博浪沙中」，索隐引应劭说：「狙，伺也。一曰，狙，伏伺也，音七豫反。谓狙之伺物，必伏而候之，故今云狙候是也。」按伏之本义为犬伺人，后世借伏为俯伏之伏，遂不知其本作勹。说文：「匍，手行也，从勹甫声。」又：「匐，伏地也，从勹畐声。」匍匐二字系由象形的勹字附加甫和畐以为声符，遂发展为双声謰语。典籍匍匐也作蒲服、扶服或俯伏。古人把俯其身以爬行叫作匍匐。说文勹部凡十四字，除去匀、旬二字本应从勹（甲骨文以勹为旬），其余诸字均应从勹。这就澄清了说文勹部的混淆无别。（甲骨文字释林释勹、鳥、□）

曹錦炎

「甲骨文的四方和四方风名，既见于一版大龟的卒年之卜，又见于一版大骨的记事刻辞。……经过多家的考证，甲骨文的四方和四方风名基本上得到了解决。但是，对于北方名的解释，仍然存在着一些问题。

甲骨文称：『北方曰勹，风曰役。』勹，胡厚宣先生隶定作勹，并谓：『甲骨文勹为勺省，即宛字重文，与《山海经》作鵷者，为同字。』（见《释殷代求年于四方和四方风的祭祀》，《复旦学报》一九五六年一期）；陈邦怀先生释为夗，云：『为宛之初文。』（见《殷代社会史料徵存》）；杨树达先生也释为宛（见《积微居甲文说》）。

按甲骨文北方名的勹字，善斋藏大胛骨作□（见《京津五二〇》），殷墟发掘所得的龟腹甲作□（见《合二六一》。岛邦男的《殷墟卜辞综类》把前者摹作□，后者摹作□，与泐痕连在一起，并误）。而甲骨文習（从于省吾先生释，见《甲骨文字释林》）字所从的『夗』字偏旁作□、□等形，与此字构形截然不同，因此决非夗（或宛）字甚明。甲骨文的梦、鳥、䎃、樊等字所从的勹字偏旁作□、□、□等形，与此字构形正同。于省吾先生指出：『□、□、□象人侧面俯伏之形，即伏字初文。』（见《甲骨文字释林》）所论甚确。所以，甲骨文的北方名实为『伏』。

『北方曰伏』，除了见于甲骨文外，尚见于典籍，《史记·五帝本纪》司马贞《索隐》引《尸子》曰：『北方者，伏方也。』『北方何以名为『伏』？』《汉书·律历志》：『太阴者，北方。北，伏也，阳气伏於下，于时为冬』；《史记·天官书》：『北方木，太阴之精，主冬，曰壬癸』；《管子·四时》：『北方曰月，其时为冬』；《尚书·尧典》：『申命和叔，宅朔方，曰幽都，平在朔易，日短星昴，以正仲冬。厥民隩，鸟兽氄毛。』《尔雅·释诂》：『朔，北方也。』《尚书》的这段话，《史记·五帝本纪》作：『申命和叔，居北方，曰幽都，便在伏物。』《索隐》注：『使和叔察北方藏伏之物，谓人畜积聚等，冬皆藏伏。』这里都把北方与冬季联系在一起。《吕氏春秋·有始览》：『北方曰寒风』，而甲骨文的北方『风曰役』正读作『风曰冽』（详于省吾先生《甲骨文字释林》），寒、冽同义。甲骨文虽然没有四时之分，但殷人对自然现象应该是觉察得到的，冬季寒风凛冽，万物皆藏伏，故称北方为『伏』。

《山海经·大荒东经》：『有人名曰鵷，北方曰鵷，来风曰狻，是處东北隅以止日月，使无相间出没，司其短長。』可知北方也称『鵷』，鵷即鹓，雷浚《说文解字外编》谓：『《说文》无鹓字，《文选》司马长卿《子虚赋》，鹓鶵孔鸾，《汉书·司马相如传》作宛。』知鹓可读为宛。《说文》：『宛，屈草自覆也』，宛从夗得声，《说文》：『夗，转卧也』，是宛也有屈伏之义。宛与鬱音义俱可通，《诗·秦风·晨风》『鬱彼北林』，《周礼·考工记·函人》郑注引作『宛彼北林』；《史记·扁鹊仓公列传》：『寒濕气宛』，宛字《集解》云：『音鬱』，《索隐》注：『又如字』，均是其证。鬱字初文甲骨文作□，金文作𠆢（叔卣），其造字本义正与𠆢（伏）字有关。所以，山海经称北方名为『鳧』，与甲骨文称北方名为『伏』，其来源都是一样的。」（讀甲骨文劄記（二則）上海博物館集刊第四期一九五——一九六頁）

馮良珍「总之，說文『象人曲形有所包裹』之勹，在古文字中是存在的，而且說文从勹之字中亦确有从『包裹』之勹的。勹演变的过程应該是：勹（甲骨文，象形意味濃）——勹（金文，象形意味漸失，且有讹变）——勹（篆文，规范后将同类或相近字形统一起来，笔划圆滑規整）。

通过以上分析，我们了解了发展为說文勹的多种来源。但是，這些来源之间並非等立关系，而且是有主要、次要之分的。其中𠆢、力、勹是主要来源。𠆢、𠆢因为与𠆢、勹均指人体，且偶与𠆢互作，故随之演变为勹。𠆢之演变为勹，则纯属讹变。這后三者不是主要来源。它们趋于统一的原因主要是形混、讹变和文字的規范化趋势造成的。甲骨文和早期金文中，它们之间的区别是显而易见的。如勹与𠆢：勹上部（头部）之笔垂直，重点突出其怀中有所抱形；而𠆢则头身部俯向地面，臂部向下前方伸去，重在突出其伏地之形。但金文中已出现了相混的现象如匋从勹作𠆢，又有从勹作𠆢者。至于力之演变为勹，盖由甲骨文力、𠆢等形演变为勹，而勹形演变为勹，如金文軍一作𠆢，一作𠆢，其第二种形体『勹』则与𠆢、𠆢的讹体『勹』形近而混，到小篆则统统写作勹了。」（說文勹及从勹之字探源，古汉语研究第一期七二——七三頁）

按：字當隸作「勹」，實乃「伏」之初文。曹錦炎已詳論之。合集一四二九五辭云：「帝于北方曰伏」，「伏」乃北方方名。

0048

兒

羅振玉釋兒無說。（增考中卅三葉上）

葉玉森「疑郳倪之初文。左襄六年傳：『齊侯滅萊，遷萊于郳』。公羊莊五年『倪犂來朝』。公羊莊五年『倪犂來朝』之倪即郳。疏：『倪之上世出于邾國』。路史國名紀謂『郳，曹姓』。兒人即郳國之人。他辭曰『兒伯』，（後下四·十一）蓋郳為殷世之伯，郳伯即郳君也」。（前釋七卷十一葉背）

王襄　「古兒字。」（類纂正編第八第四十葉上）

陳夢家　「……今暫定為兇字，亦即㚇字，古音與『重』『从』相同，說文『㚇，種也』。兇可以是少皞氏四叔之重，可以是楚語下『乃命南正重司天以屬神』之重，也可以是左傳昭廿九畜龍的董父。卜辭云：

于兇父寮，雨　摭續二二

于楚，其霝于兇，又雨　粹一五四七

彭又……兇寮……　粹五三四

桒年于兇　寧滬一、一二一

凡此兇父及兇，疑皆兇字而从『从』聲者」（綜述第三四四葉）

孫海波　「兒，前七、一六、二。方國名。兒人。」（甲骨文編三六二頁）

饒宗頤　「按兒亦稱兒伯，後編下四、一一：『東畫告曰：兒白（伯）』，說文：『郳，齊地。春秋傳曰齊高厚定郳田』。見左襄六年傳，公穀字作『倪』。」（通考四四九葉）

饒宗頤　「卜辭云：『妻告曰：兒伯……』（後編下一、一四）兒即春秋之郳國。莊五年『郳犁來』，杜注：『東海昌慮縣東北有郳城』。兒在今滕縣」（通考二〇五葉）

李孝定　「說文『兒，孺子也。从儿，象小兒頭囟未合』。栔金文兒字殊不象頭囟未合之形。禮記內則云『三月之末，擇日翦髮為鬌，男角女羈』。角者，總角也。又曰『男女未冠笄者，雞初鳴咸盥漱櫛縰，拂髦總角衿纓，皆佩容臭』。是知古之生子，自初生至於弱冠皆作總角。玉篇引倉頡篇曰『男曰兒，女曰嬰』。嬰者頸飾，蓋男則總角，女則佩頸飾也。栔金文兒字皆象總角之形，字在卜辭為方國之名，葉說當是。金文作兒沇兒鐘　兒𢍜兒鼎　兒居簋　兒諸兒觶　兒小臣兒卣　兒余義編鐘　兒易兒鼎」（集釋二七八五葉）

按：說文訓兒為「孺子」，「孺子」即「乳子」。釋名：「人始生曰嬰兒」。初生之兒，難以總角。且卜辭兒字或作兒，亦不象總角形。兒字當以「象小兒頭囟未合」之說為是。李孝定象總角之說不可信。卜辭為人名及方國名。如：

「束妻告曰兒伯……」　合集三三九七

0049

「……子兒……王．六月」
「貞令兒來」

合集三三九八
合集三三九九

按：合集一〇八、一〇九、一一〇、一一一皆有「呼竹設兒」之記載，「兒」為方國名。

0050

李孝定「說文『兇，擾恐也。从人在凶下。春秋傳曰「曹人兇懼」』。疑當讀為『亡凶』，與它辭『亡災』、『亡尤』、『亡禍』同例，不必以許訓擾恐解之也。」（集釋二四二二葉）

魯實先「卜辭二見兇字。其辭曰『庚寅卜貞畢弗其畢亡兇』（後上．十二．十一）、『庚寅卜畢亡兇四月』（佚．五七二）研契者並無詮釋。以愚考之，兇所从之凶即說文訓惡之凶。所从之鬥乃象二人相鬥之形，猶鬥於卜辭作鬥以象二人相向搏擊之形也。從鬥以象二人相鬥者，正所以示擾恐之義。則兇隸定為兇，其為兇之古文無疑。伲為競从二人以示彊語之義，妓从二女以示爭訟之義，虤从二虎以示虎怒之義，狀从二犬以示相齧之義，并同此例。篆文之兇有存一儿，則與訓敝之宄、訓諍之安同例。惟足示其為悠閒盜靜，不足示其為相互擾恐也。本此以言，則篆文之兇乃後世之省體，是猶古文之譱劓槑筮於篆文省作善則某筮，籀文蕤嚳融鼓䵢劦嚻囊於篆文省作共嚳融副乃卣龔，亦猶卜辭之羅於篆文省作羅，皆後世之省體，不足示造字之本義也。卜辭則有兇兇諸字，斯乃說文訓邕蔽之兆，說者或釋為兇，見陳夢家卜辭綜述然其上不象交陷之形，下不示相擾之義，則知其非兇字矣」。（新詮之四第二四至二五葉釋兇）

0051

按：釋「兇」不可據。卜辭亦不得讀作「亡凶」。

按：字不可識。卜辭云：「辛丑卜，賓貞，𠂤宗」義不可解。

合集一三五四五正

0052 奚 [甲骨字形] [甲骨字形]

按：此均「奚」字之異構。參見3150「奚」字條下。

0053 因 殪 㱪 [甲骨字形] [甲骨字形]

孫詒讓 「丼字从井，與㓝作丼同。攷說文刀部㓝，罰辠也。从刀，井聲。湯曰：井者法也。井亦聲。此即㓝字，但迻刀箸井中，形略变耳。『豕㓝』（藏四十、四）者，豕與隊通，猶云陷於㓝法。『麗㓝』（藏二四七、二）『其㓝』（藏二〇八、三）義同。『弗女㓝』（藏二五一、三）謂不加女以㓝法。『不㓝』（藏一六八、一）亦謂不法，文義並相近。」（舉例下十葉下）

羅振玉釋因爲因無說。見殷釋中七十四葉上。

羅振玉 「說文解字𣦼从歺从人，古文作[古文字形]。此从[字形]，象人跽形。生人拜於朽骨之旁，𣦼之誼昭然矣。」（殷釋中五十三葉下）

王襄 「古囚字。」（類纂正編第六第三十葉上）

王襄 「古死字。」（簠室殷契類纂第二十葉）

丁山 「𣦼本作丼，象人在棺槨之中。」（釋𣦼載集刊一本二分）

葉玉森 「丼，孫詒讓釋㓝。（舉例下、十）諸家釋因，……丁山氏曰『死本作[字形]，象人在棺槨之中。』舊釋囚非也。（𧨏𦉼）森桉丁氏釋死，其說甚新，惟井口乃象棺槨，人非生人，則棺與人均不應作直立形。先指造死字似應作囚，象人卧于棺，較為明顯。作立形矣，而ㄏ首與足更露出于棺之上下，甚至露及其背，如冊形。或毀棺之一面，如凵形，恐無此理。核之卜辭文誼，似應仍讀囚也。」（前釋一卷一二一葉背）

商承祚「說文解字『囚，繫也，从人在囗中。』卜辭之井囗皆象囚闌之形，而納人其中。」（類編六卷六葉）

唐蘭「……把𡆥字釋做『死』，就說人在棺槨之中，其實井字不會有棺槨意義的。按𡆥字郭沫若釋囚亦非。當為『併』，即荆字。古『人』字每誤為『刀』，前已詳舉其例。『併』象人在陷阱中。誤為荆，乃增人為倂，猶侄誤為到，乃增人為倒，例同。」（導論下六十八葉）

郭沫若「『因』字从井中有人，董从丁山釋死，案仍當釋囚。蓋古者因人于坎陷，故古文以井為荆。『不因』猶言『亡戈』也。」（卜通別一第二葉下）

胡光煒「『毛公鼎「雩三方所毋動」。盂鼎：「王曰盂，廼紹夾尸」以尸為屍，而其誼皆訓主。』又祭主為尸，死既通屍，亦通為尸。卜辭之死字，以文誼求之，皆為尸，蓋記卜尸之事也。其字皆从𣦵、从人，同小篆，知古文作𣦸之為譌変矣。」（說文古文考）

胡厚宣「今案𡆥字，仍當釋生死之本字。唐葉郭氏均不足以破丁說也。唐氏謂甲骨文自有死字，不知死字之義，實為屍，詳見後與生死之𡆥字並不衝突。葉氏謂『井口為象棺槨，ㄏ非生人，則棺與人均不應作立形』。然井口乃象棺槨之側剖面，並非立形，卜辭疾字作𤕫非𣎳，非象人卧病於牀，由側面觀之，其卧病之人，正作𠃌ㄏ，亦決不能以立形視之也。葉氏又謂『ㄏ首與足更露出于棺之上下……恐無此理』。但ㄏ首與足露出于棺之上下者，乃以刀筆刻字，易於滑出之故，甲骨中此例甚多，……並不足奇。……郭氏謂因字从井中有人，『古者因人於坎陷，故古文以井為荆』。唐蘭先生亦有此說，辭多揣測，難以確信。郭氏又謂『不因』猶言『亡戈』，似以丼為抽象名詞，有戈害之義。然就前引卜辭考之，言丼者十九，言不丼者三十四，言其丼者十七，言不其丼者一，言亡其丼者一，言勿丼者一，言出丼者僅二見，是亦明明為自動詞，而非抽象名辭。故釋因，而以為戈害之義，亦不通也。民國十八年山東滕縣安上村曾出土大批銅器，……其墓中之槨，即作井形。……余疑古者一般之棺槨，皆作井……是丼字所从之井，固不必為井，而所从之ㄏ，由疾字作𤕫，知其當為卧於棺槨之死人也。（且丼字常與疾疒字同見）

因疾而𣦸，其為死字至明。……考卜辭別有𣦼字，象人跽而拜于朽骨之旁，當即後世之死字。……然其義實屍體之屍，饒炯曰「死即尸之或體，人气滅則身僵臥，故尸从人橫之指事。人離气則骨肉朽腐，故死从人从夕會意。又葬下說「藏也，从死在茻中，一其中所以薦之」。其說藏也者，非以死即尸，何得云藏？其說从死在茻中者，非以死即尸，何得云在？其說一其中所以薦之者，非以死即尸，何得云薦？自以尸專名已死之軀，又因其身沒不覺，如器物之設列，而又訓為陳也，則死亡之死，遂與尸身之尸，同字分義，即人遂不知死即尸字或體，屍又合二為一也」。（鄦首訂）……蓋𣦸字本為生死之本字，及本義湮晦，乃借屍體之死字當之，別造一从尸从死之屍，以為屍體之字。然在甲骨文之中，生死之本字，皆作𣦸，則至為明顯」。（商史論叢初集第四冊釋𣦸）

魯實先

「卜辭屢見「不𡆥」「其𣦸」，各家皆未得其解？惟郭沫若推演釋因之義曰「不因猶言亡戈」，斯則𣪕之字形，校以辭義，較鮮差尤矣。然亦非塙詁也。考之卜辭屢見帚姘及井方之名，其文亞四角突出，以象構韓之形，而與篆文金文同體，然無一如囚之从口者，是知囚非从井之捌也。卜辭亦有死字𣦼，其形亦與金文篆文相合，是不當復有異體作囚而不一見於金文也。且卜辭文例有「隹从」或「不隹从」，而未一見「隹囚」或「不隹囚」，則囚非从之異構審矣。其釋因者，按之字形，識無差忒，然文義考之，則因無戈咎之義，而謂「不囚猶言亡戈」，是亦肊說也。且以辭例言，卜辭「不囚」「其囚」亦與言「亡咎」「亡它」「隹咎」「降咎」「㞢咎」「亡尤」「亡从」「亡戈」之辭例不合。以此證之，定按自「且以」以下至「證之」非魯氏原文以意節引之如此可知「不囚」「囚」不與戈咎之屬同義也。通考諸辭，允「不囚」與「其囚」之上，必為方國之名，或諸方之長，是知此類辭例乃卜方國之動定，而非卜其災咎吉凶，以故於游田祭祀貞旬卜夕占風雨記災異諸辭，絕未一見囚字，則「不囚」之義又與「亾咎」「亾戈」之類迴相懸絕也。據此則釋囚為因，雖字形脗合，而辭義難通，其非塙詁，可以斷言。以愚考之，囚乃因之異構。按之許書，及卜辭从大者或从人作，定按自「按之」以下非原文，係節引誠以人大俱象人形，是以二文通作，此所以从大之因亦从人作囚也。以囚為因之異體，故「不囚」亦作「不因」。審其辭例相同，義無殊軌，則囚為因之異體，晃朗無疑矣。其文或作𡆥與𡆥者，則以筆畫偶有參差，非象構韓之井也。因於卜辭有二義，其一讀詩皇矣「因心則友」之因，如云「戊戌卜方貞𣦸不𡆥」（前一、四六、三）「辛丑卜殼貞霝妿不囚」（前四、二四、一）（中引辭例甚多，从略）允此諸辭之因義皆為親說。說文云「親，至也」，是諸辭所云「不因」「其因」「弗因」「毋因」或「因」，猶他辭之「來」「至」與「見」。見卜辭諸方之是否來朝也，故其文例亦相絜合。又桼卜辭之僅云「不因」與「其因」者，或如韓非子孤憤篇所謂「諸侯不因則事不應，百官不因則業不進」

之義，乃卜辭方之是否覲順受令，說亦可通。惟於所謂「五日子麋因」「六日子㱿因」及「丝乃因」者，則斷乎為卜來朝之辭矣。因之第二義則為方名，又云「甲子卜子貞令刀㱿因」（後下四·三·三）粲令刀因於此辭俱為方名，㱿則如小雅六月「以先啟行」之啟，其全辭之義乃卜令刀二方是否導因方以事征伐也。「戊戌卜行貞王其田于因亡災」（後上五·二）「辛卯卜王貞王其田◎亡𢦏」（粹九七九）「戊申卜貞王田于◎麓往來亡災丝卻獲彔一犴四」（前二·二八·三）是也。以□與◇俱象回帀之形，故因之異體作◎，是猶宀象屋形而□亦有象屋之義，舍高倉亩之从口亦所以象屋形，見說文亼部高部亩部，故宀口可以通作。而从宀之家宏，於毛公鼎作◎◎，亦从口之異體也。說者乃釋◎為勺，見類編第九或或逸錄為囙，見粹考，此未知古福之通叚矣。以因方為女酉，故有弔因之名。中器考之故籍，因為水名，說文「洇，水也」方名之字所从山水邑阜皆後世所附益者也，亦為國名，穆天子傳「天子西征至于因氏，乃釣于河」郭注曰「因氏國名」雖其地望莫可審知，然卜辭之因方必近王畿，故殷王常得游田其地。考之氏族，則春秋時遂有因氏，左莊十七遂即今山東肥城縣，疑非殷王游田之所，蓋其族類其先徙自因方，而後邑居於遂也」。（渐滢之一第十七至二三葉粹因）

楊樹達　「說文死字，自來說者皆以死為生死之死，認為動字，其實非也。余按死為名字，謂屍體也。字从歺者，說文「歺，列骨之殘也」。蓋精魂去而體魄殘存則為死，故字从歺人。此徵本字之構造者一也。又茻部葬下云「葬，藏也，从死在茻中，一其中所以薦之」。一以薦死，茻以藏死，皆謂屍體也。此徵諸他文之構造者二也。左哀十六年「白公奔山而縊，其徒微之，生拘石乞，而問白公之死焉。對曰，余知其死所，而長者使余勿言」。漢書陳湯傳「漢遣使三輩至康居求谷吉等死」。酷吏尹賞傳「安所求子死，桓東少年場」。諸死字皆即今屍字，顏注皆以尸訓死是也。此徵諸經傳子史之義訓者三也。近人端方藏陶齋藏甎記載漢城旦張䜃葬甎云「城旦張䜃永元六年十二月十四日物故死在口下」（缺字是「此」字）此徵諸漢代實物之用字者四也。至說文尸部有屍字云「終主也从尸死」夫死从歺人而後以卧人形之尸字會合成文殊為重累，蓋死本謂屍，後為生死之義所奪，故復造从尸从死之屍，猶之益之形義為水溢出於皿上，後為增益之義所奪，故復制从水益聲之溢而訓為蕩滿，其例正相類爾」。（積微居小學金石論叢二二葉釋死）

孫海波　「前编卷四第三十八叶七版「囦十二月」，又卷八第八頁一版上「庚戌卜㞢貞隕㞢囦八月」，上諸囦字，並疑为洇。說文「汓，行水上也，古文或以汓为没字」，重文作㴏。列子說符篇「黃帝习于水，勇水洇。」是亦假洇为之。（今吾乡言人能划水者曰洇字，殆古字之仅存者矣。）此字从因从水，与說文重文合，或言八月洇水，時属可能，若第一辞云「洇十二月』，十二月時方严冬，安能涸水，是与辞意不合。曰：古制之不存于今者多矣，卜辞米年之文，往往有在十月者，岂十月收成之后，再为米年者乎。涸字含义初不必以为涸水，顾历時久而古义湮，难以考见耳。全甲文中识其字而不能详其义者为数实繁，即此亦一例。」（考古社刊第四期第十三页）

孙海波　「𢀛，鐵七六、三。象人在井中。」（甲骨文编三四七页）

白玉峥　「考说文刀部：『㓝，罰辠也。从刀井声。易曰：井者，法也。井亦声』。此即㓝字，但後刀箸井中，形略变耳。豖㓝者，豖与隊通；猶云陷于㓝法。麗㓝、其㓝义同。弗女㓝，谓不加女以㓝法。不㓝，亦谓不法（尔雅·释诂：㓝，法也），文义并相近。」（契文举例校读十七中国文字第五十二册七八七九页）

董作賓　「死字从井為棺木，从人在棺木中。此字周圍又多了四點，更表示着棺木埋入土中。」（殷虛文字乙編序十七葉）

屈萬里　「卜辭：『貞：羌亡其困？十一月。』（甲編三七𢀛，亦作𢀛，孫詒讓釋㓝（契例下一〇葉），唐蘭從之（古文字學導論下六八葉）。丁山釋死（集刊一本二分，釋疒），胡厚宣從之（甲骨學商史論叢初集，釋𢀛）。葉玉森釋因（前釋一第一二一葉），郭某從之（纂釋別一，二葉）。按：以字形言，與因字最相近；而稽諸卜辭，則義多扞隔。釋死於字形既遠，於義亦未盡適。竊疑當是困字之古文。說文：『困，故廬也，从木在口中。』義殊費解；故徐灝（說文解字注箋），俞樾（兒笘錄）皆疑之。竊疑小篆困字，殆即𢀛字之訛。口，若井者，蓋井坎之類。古者囚人於坎窞，此其所以為困也。本辭乃卜問羌人『其無困乎？』蓋羌與殷為敵國，本辭殆卜於征伐羌人之時也。」（甲編考釋八葉）

屈萬里　「因，三體石經古文因字如此作；此亦當是因字。」（甲編考釋四二八葉）

李孝定　「說文『歺，㱙也人所離也从夕从人𣦼古文歺如此』契文作上出四形，𣦼所二形从夕相同，一从卩一从人，古文偏旁人卩無別。羅釋卯為歺，屈謂所从歺字，其說均是。其作𢀛者，商釋因，孫釋㓝，作困者，羅釋因，𢀛困二形魯亞釋因皆误。𢀛字當从丁氏及董先生之說釋死。作困者即𢀛之異構，古文偏旁从人从大每每無別也。此字就字形言當分為二系，𣦼所為一系，𡆥因為一系，其形雖有別，然以辭例考之，固是一字。至何以一字而衍為二系，其間蓋亦有故，今請舉其辭例略申論之。卜辭作𣦸者僅二見，其形與篆文同。羅氏釋死，各家均無間言。其辭云「己酉卜王不囗隹死九月」（前五、四一、三）又一云「己酉卜王不囗不隹死」（後下、四、十六、）此二辭為對貞，均於「王不」下有闕文。就字體及原片在龜甲上所應居之位置覘之，當為一甲之折裂為二者。其作所者似亦僅二見，辭云「囗六日壬囗夕所囗龜囗」（甲編二一六五）「卜所」（甲編三八三七）作𡆥者無慮數十百見，大抵均為「某其𡆥」「某不𡆥」，以其辭例過簡，釋死釋囚釋因訓至釋刑似均可通讀，凡此均不贅引。今僅舉就其辭例可以確證必為死字者數條如下，其一云「囗丑囗卜貞王夢有𡆥大虎隹囗（此處闕文當為「禍」「祟」「咎」之類文字）」此辭見拾十、七，乃紀夢之辭，謂王夢有一大死虎，或為禍祟也。𡆥字在此辭為狀詞，釋囚釋因釋刑均不可通。「貞有疒疾羌其𡆥」（前六、一、五）上言有疾，而下言其死，文義相因。如云其來其因其刑，均與有疒之辭不相應也。「囗毌囗子疒不死」（藏一六八一）「貞王陷砧疒隹凶其死」（甲編三〇八〇）「囗丑卜囗有疒死」（甲編三三六七）「乙丑卜圓雍呂疒　貞令般死」（佚五二五）「囗疒囗死」（錄五五八）凡此均以疒字與𡆥字連言，可以證其必為死字。「馬死」（續五、六、三與徵四、五五重出，又徵十二、十三辭同）「囗（殘文疑龍字）馬不死」（徵十一、九七、與續五、六、三重出）此貞馬之死不死，豈因刑之施亦及牛馬乎。又云「癸丑卜㱿貞旬亡禍王占曰有祟五日丁巳阱死」（藏二四七、二）「貞旬亡禍。旬火禍帚姘子死」（前六、四九、三）「癸未卜㱿貞旬亡禍王占曰往廼茲有祟六日戊子子孜死」（菁一、一）此數辭上言有禍或有祟，下言某死，其文亦相應。以釋為因或刑，則因刑之施所以當其辜，不得與有禍或有祟之占相應。如釋為因，訓為至，則子某之來何以遂為祟禍乎。又云「庚辰卜王朕𢻮羌不肖死囗」（前四、三八、七。王下有一貞字，此亦為卜辭常例。）𢻮有殺義，于者吾說見三卷𢻮下。上言殺而下言死，其義亦相屬也。又云「丙子卜賓貞今共囲我于有𠂤冎告不𡆥」（續五、四、三，與簠徵人名五五重出）囲疑葬字。以死從爿，象人臥床上，即許訓「一其中所以薦之」之「一」。爿亦聲也。我人名，有𠂤地名。囲𡆥并舉，亦可以證其為死字也。作因者，辭云「癸未卜貞戠不因」（前五、三八、三）「囗子卜子貞囗翌啟因」（後下、四三、三，此辭漫漶，魯氏引此作「甲子卜子貞陊刀啟因」。按貞下一字不明，無由知其為陊字，其下一字訓羽字讀為翌）「辛⊗壬午王貞冃不因」（佚五七七）字象人臥棺槨之中，其辭例亦與𡆥字同，釋為死於辭意亦甚順適，故知為𡆥之異構也。羅釋因非是。按因與小篆之因形體雖同，實非一字。說文云「因，就也，从口大」。自來解許書者均囿於許說，就字形以口大以求其所以訓就之故，其說往往支離牽附，一無是處。惟朱駿聲說文通訓定聲引江永說曰「因象茵褥之形，中象縫綫文理」。朱氏復申其說曰「按即因之古文，江說是也。席古文作㔶，蓋从因厂象形。廣雅釋器『西，席也』，正因字之誤文」。按二氏之說是也。因西㔶古本同文，以方言殊異遂衍而為茵簟席三字耳。至訓就之因，古無正字，乃假因茵席字為之。然則因本非「从口大」，則卜辭之囦之不當釋因昭然甚明也。此四形既本為一字，何以分為二系，蓋亦有說。卜辭𣦸字所見二辭上均言「王不囚」，其下殘泐，當為「不豫」或「不適」之同意語，言王有疾貞其死不死也。而其字作「丼」，諸辭凡數十百見，絕無一辭與王之本身有關，因疑𣦸為王死之專字，象人拜于朽骨之旁，所以示崇異。王以外諸人之死則祗象人在棺槨中之形，所以別尊卑也。禮記曲禮云「天子曰崩，諸侯曰薨，大夫曰卒，士曰不祿，庶人曰死」。此雖後世彌文之制，然殷時用形體不同之二死字以別尊卑，宜不足異也。作的形二辭，當為小石師所說乃起卜尸之事，亦與宅辭丼字有別。今𣦸的行而丼因廢者，以丼因二形與後起之囚因易混遂不用耳。丼字翼鵬兄釋囦於上引諸辭均難通讀似有未安也。金文死字作𣦸盂鼎𣦸毛公鼎𣦸頌鼎𣦸頌壺𣦸齊鎛與栔文之𣦸及小篆全同。齊鎛一文為許書古文所自昉」（集釋一四六一葉）

张政烺「这个字说文和一切字书里都找不到，但可以从一些古字里找到它的化石，说文五篇上皿部：

昷　仁也，从皿，以食囚也，官溥说。

……这个字应当是形声字，从皿囚声，囚就是甲骨文的丼变来的，不是因字。汉代人写口本来作四笔，四角交接处是方的，甲骨文丼字所从的井有的四角不出头（例如：铁二五一·三，拾九·四，前四·三八·七，后下一六·四等，皆见甲骨文编卷六第十页），和汉代写口已极相似，由井变口是不足奇怪的。甲骨文丼应当就是昷字的声符，丼的读音也就是昷。学者肯定甲骨文丼的文义是死，在绝大部分场合是对的，丼的这一用法大约相当于后来的殟字。说文四篇下歹部（段注）：

殟　暴无知也（各本作「胎败也」，误同殰解。玄应书卷八、卷十三、十四皆引说文殟，暴无知也。涉类乌殟，欲死也，今据正。广韵云「病也」，又云「心闷」，其义正合。盖上下文皆说死之类，此亦谓暴死者。乌殟双声，玄应「殟，於门切。」）从歹、昷声。

第一期晚期的甲骨文有丼，在丼的四周加四小点，似象埋藏在沙土中的形状，如：

丙午卜，勿，贞𠂤不丼。
丙午卜，勿，贞𠬝不丼。
丙午卜，勿，贞𠬸不丼。
丙午卜，勿，贞𡚦不丼。
丙午卜，勿，贞并不丼。
丙午卜，勿，贞𡦹不丼。
丙午卜，勿，□□□□。

丙午卜，勿，□□□□。（《殷虚文字缀合》五八）

庚戌卜，尢，贞陕不丼。（《前编》八·八·一）

从语法看，丼的用法与一般的丼相同，但从文义考虑似有区别。《缀合》五八是一个龟甲，密竹细字刻的尽是丙午这一天卜人勿贞问某人不丼。这片龟甲已残破，现在保存下来的這一小块已有八条卜辞，残缺的不知其数，难道说会有这样的巧事，八个以上的被国王关心的人物同时大限临头么？这显然不是什么寿终正寝。我推测这个丼字或许就是《说文》的蕰字，古书上也写作蕰蒀，是埋藏的意思，这几条卜辞则是有关殉葬的贞问。」（《释甲骨文中俄、隶、蕴三字》，《中国语文》一九八五年四期二九七至二九八页）

考古所「因：不识。疑与《粹》一五八二中的𡆥为一字之异。大与亻同，大为人之正视形，亻为人之侧视形。此字像将人置于笼中。该片中，因当为动词，因证或可能与祈雨有关。」（《小屯南地甲骨》一〇一六页）

屈萬里「此當是丼字之異體，亦即困也。」（《甲編考釋》四四五葉）

夏渌「甲骨文有：囚 囚 囚 囚 囚 囚 囚 囚 丼 丼 丼 丼 囚 囚 丼 丼 丼 囚 丼 囚 丼 丼 囚 因 丼 丼 丼 丼 丼 丼 丼 丼 囚 丼 丼 丼 因 因 囚 凵

这个字有关的卜辞很多，字形也很复杂，有正面人形和侧面人形，有象在井内，有象在井上，有象在井边，有的是枯井，有的是水井，有的象掉在坑里，有的象关在牢里，有的象关在槛槛、囚笼里，有的则陈列在囚笼上，形形色色，难以一形概全体，……丼、因、囚、𡆥、囚、凵诸形无非是人陷於地中，陷於坑穽，陷於囹圄，陷於囚笼，或面临深井，表示一个环境险恶的『凶』字，丼的诸体从字形结构分析，是『凶』的象形表意字，《说文》六书的会意字，从人陷於险境会意。《说文》凶，篆文作凶，释『恶也，象地穿交陷其中也。』凶当是丼、囚、凵的后起表意符号，比异体众多的甲骨文丼字，更为简单明了，凶就取代了丼。……现在对照卜辞文例，看是否符合语言实际。

1，某某丼（凶）？不丼（凶）？是最常用的，略举其例：

丁卯卜宾贞：丮丼（凶）？

贞：丮其丼（凶）？

王固曰：口丼（凶）。　（乙三四〇五）

辛丑卜㱿贞：雷妃不㐫？　（前四．二四．三）

同文例极多，福一一，后一．一六．四，前四．二四．一作丼。

五日丁卯子㐭娩不丼（凶）。　（菁四）

六日戊子子㳄丼（凶）。一月。　（菁二）

甲辰卜争贞：缶其丼（凶）？　（京津一六八四）

吕其丼（凶）？吕不丼（凶）？　（乙三三四四）

『唯翌甲其丼（凶）？』（甲三三八五）『贞：不丼（凶）？』（乙二三五四）『不丼（凶）？』（续一．八三七）这一类例句很多，不一一罗列了。

2，丼（凶）与病联系，易误解为『死』的文例：

嫊子病，不丼（凶）？　（铁一六八．一）

贞：妇好㘥（疾）大瘳祉㽙（凶）？　（甲三五一六）

……丑卜……有病？……未卜……囚（凶）？　（甲三三六七）

……丑卜：𡆥其因凡有病？口丑卜：𡆥因（患）有凡（风）？之日丼（凶）。

（合甲五七）

㽞亦有病，月豈丙申丼（凶）。　（铁五．四）

乙酉卜王：子㠯囚（凶），因（患）有病？　（京津一六五九）

末一例某々凶，患有病？患病是凶了。如果读死，某々死，再卜问患不患病？就不可理解了。……

3，其他丼（凶）字有关文例：

贞：其刖百人凶？　（京津一六八八）　壬子卜：其刖圍不因（凶）？　（续一．二二一八）

癸未卜祝贞：亡日虎，凶？　（铁四十．四）

丙寅……：钔口兄丁牢？

丁卯卜贞：兹丼（凶）不？　（佚八五〇）

辛卯卜㝉贞：㞢子徕𦯞不凶？六月。　（甲三五一〇）

贞：子母其育不凶？　（簠杂七十）

壬申……：后𢍏……妊子凶？　（拾六．四）

贞：妇娕子其凶？　（清晖三三）

丙申卜㱿贞：妇好孕弗㞢妇凶？

贞：妇孕其𠃧，妇凶？（乙六六九一）
[?]子不因（凶）？
妇好征丼（凶）有於（祈）？（甲九四四）
贞：妇不[?]（凶）？（乙八九九八）
乙酉卜亘贞：乍（作）𡧊斲庚不凶？（京都九九四）
征不凶，易（锡）贝二朋？二月。（坊间三·八一）勿步，今日乙凶？（京一六九〇）
贞：唯翌甲其凶？（甲三三八五）
壬寅卜㱿贞：妇好娩不其妿？
王固曰：兹女不妿（男），其妿不吉于羗，若兹逎凶。（乙四七二九）
鲁妿？允妿，征凶。（甲三〇〇〇）
贞：今般凶？（佚五二五；巴黎三）
丙子卜宕贞：今共丼我于出自，罐告不凶？（续五·四·三；簠人五五）
贞：共不其罐告其凶？十一月。（守沪三·一二二）

「丼」释凶，最明白的证据是吉凶对比的卜辞本身，如上举乙四七二九外，如：

「王」固曰：幺不吉。士勿凶。（甲三〇一〇）
「王」固曰：吉，勿凶。（乙三一四八）
十一月㞢凶。（珠五九五）王固曰：凶！唯……甚。（乙五二五四反）
王固……勿凶。（乙六一八六）
王更凶？（陈一〇六）不凶？子𠕁曰：弜凶。（李棪藏甲）

以上的卜辞，有的不够完整，大体丼读凶是比较好理解的。另外有一类丼字，通假为贶、供、贡，指朝贡殷王和献供祖先神灵，试举卜辞如下：

我𠃧。（粹一五八二反面）[?]不？（粹一五八二）

[?]，象因笼装人，奴隶作为贡品或献神供品。

叀㞢令[?]？（京津四七八二）

[?]，凶读贡。

[?]不丼（贡）？十月。（乙六二二八）
丼（贡）马？（续五·六·三）
口午……白马丼（贡）唯丁「取」？（林二·一五·一四）
丙午卜争贞：口白马丼（贡）唯丁取？二月。（甲三五一二）
叀[?]（贡）？（乙二三二三）（此字从[?]、隹，乌为贡物）

□□卜宾……馬其𢀛（贡）？（珠二八五）

馬貢？（續五·八·一二）

贞：羌亡其贡？十一月。（甲三一）

令鑊[illegible]（贡）沚或？

令壴[illegible]（贡）沚或？（后二·三八·六）

侯……征贡？（林二·二一·四）

……卜争贞：贡出臣于[illegible]子[illegible]？（后二·三三·一二）

……卜争贞……[illegible]（贡）多……（存二·三一）

自[illegible][illegible]（贡）？（存一·二三）

甘弗[illegible]（贡）？（存二·四三五）

[illegible]王于……（七B四五）

𢀛（贡）其馬？（零一四〇）

□丑……王夢有贡大虎，唯「田」？（拾一〇·七）

贞：𢦏其贡？

贞：呼取冉臣卅？（乙二三七三）

甲辰卜争贞：缶其贡？（诚三四六）

戊申卜㱿贞：缶有其贡貝？（卜通四七〇）

贡[illegible]？（存二·三四一）

残文即有「禾、𠂤、旁、[illegible]、元等若干人不贡？」的卜问，可见殷王关心臣属朝贡的贪婪心情。如果卜问若干人，同时而死、同时凶否？就难以理解了。

辛丑……人供于[illegible]？（库一八〇五）

乙巳卜[illegible]贞：知供？（前四·一·二）

庚午有供？（林二·三〇·一七）

享供（乙一五一一）供在「丁家」「其」子」（存二四〇一）

夕供翌……勿[illegible]？（乙一八二三）

唯今乙……供唯……（续六·七·四）

……㱿……亡供口……我？四（明一四〇三）

丁卯卜贞：兹供不？（佚八五〇）

同片有：丙寅知「于」兄丁宰？

以上卜辞「𢀛」字读「供」，大抵和祭祀献供有关。

0054

以上各类用法，不是能够区分得很清楚的，特别是一些简短的句子，□字弄不清究竟读「凶」还通假作「贡」。但每一类都有一些确定无疑的典型句例，如「贡」的：

癸巳卜争贞：旬甲午有闻曰：戌使春復，七月在东□（贡）？（續五·二·四）

戊申卜𣪊贞：缶有其□（贡）臭？（卜通四七〇）

自□（盬）□（贡）？（存一·二三）

□字不作吉凶的凶，同音通假为「贡」，是朝贡的意思，是可以确定的。「王固曰：吉，勿凶。」则可以视作□释凶的标准句。「丁亥卜：勿出于羌甲因（供）？三月。」（乙五五七四）因（供）为以人为供品之专字。」（学习古文字随记二则 古文字研究第六辑一七一——一七八页）

夏渌

「金璋六六九加四六六，卜辞似可缀合。金四六六有□字，当读「供」。

庚午卜祝贞：其□（供）□史□于？七月。

……内容和祭祀有关。

□字仅此一见，从因从廾，象两手举因之形。□，殷契粹编一五八二作□，郭老考释隶定作因，谓置人于因笼之形。殷商奴隶王朝，以奴隶为商品，奴隶既是朝贡的财物，又是娱神献祭的供品。甲骨文□、□、□、□、□等形，原为将人置因笼作贡品、供品之形，读贡和供。□为□繁文异体，加収表示供献的动作。」（学习古文字随记二则 古文字研究第六辑一七八——一七九页）

姚孝遂 肖丁

「□乃因字之异体。或以为「因」与□同字，释为「死」，不可据。「因」与「□」形体有别，不得混同。」（小屯南地甲骨考释一一一页）

李孝定 参死字条

按：據字形而言，字不得釋「死」，當以張政烺釋為「因」，讀作「殪」為是。

□ □ □ □

按：均當為□之異體。其辭為：

「婦吼延卌」（合集一七一五九反）
「貞，婦好囷大疾延壴卣」（合集一七三九一）
其用法均與卌字同。參見0053「因」字條。

0055

□

孫海波「□，㳄六·六。商承祚釋勹。地名。」（甲骨文編三八一頁）

郭沫若隸定作囗，無說。（粹考一二八葉上）

金祥恆續文編九卷五葉上收此作勹，無說。

李孝定「字在卜辭為地名。疑此與包古為一字。許云『包象人褢妊』此則象人在腹中之形，與孕同意。勹包聲同韻近。」（集釋二九〇一葉）

按：諸家所釋皆不可據，存以待考。

考古所「□：地名，在本書七四五與宮同版，二四三〇与宮、徐同版，此二地都屬陳夢家所定的沁陽田猎区（綜述二五九——二六二頁）。」（小屯南地甲骨八三九頁）

夏淥釋凶，參卌字条下。

按：釋「勹」、釋「包」、釋「凶」皆不可據。與「因」亦有別。卜辭均用為地名，無例外。

0056

何 □ □ □ □

王襄「古允字。許說注：行皃，从人出冂。」（類纂正編第五第二十六葉上）

唐蘭「此『何』字象人負擔之形。」（佚存考釋一四葉）

孫海波　「象人荷戈，即荷字初文。卜辭何字从此，今定為丂字別體」。（文編五·四）

郭沫若　「屮乃廩辛康丁時卜人。案此即金文中所習見之『荷戈形』也。當是何（荷）之古文。舊釋為冘，不確。今隸定為冘字」。（粹考七九葉上）

楊樹達　「說文五篇下H部云：『冘冘，行貌，从人出H』。按許君說殊無理致，余於七年前嘗釋此字，疑為枕之初文。頃者余溫尋龜甲文字，見此字作屮，作屮，與許書形同。又有作屮者，象人荷擔，兩端有物，以手上扶擔木之形，殆悟此字為儋字之象形初文也。說文八篇上人部云：『儋，何也。（何下云：儋也。）从人，詹聲』。今字作擔。按詹聲冘聲古皆閉口音陽聲字，音最相近，从冘聲之字如眈耽紞酖音讀，今皆與儋同，故知其為一字矣。異者，冘為象形，儋為形聲耳」。（甲文說一葉）

孫海波　「屮，甲二三八九。廩辛、康丁時貞人，象人荷戈即荷字初文。卜辭河字从此今定为丂字別體。

屮，乙二六五九。人名。

屮，后二·二二·三。武丁晚期貞人。

屮，𢅏一二八。从日。人名。（甲骨文編二一三頁）

李孝定　「郭氏謂此與金文之荷戈形同為何之古文，其說小誤。卜辭之屮與金文之荷戈形，乃是何之初字，契文象人負可柯之初文，金文象人負戈則何之異文也。負柯負戈同示何義自何叚為誰何字之義既行，乃復叚芙蕖葉之荷以為儋何字耳。此作屮从H與了小異，楊氏釋冘以為儋之初文，其說極是。此字前人已釋冘惟儋字初文之義實自楊氏發之冘之與何雖為同義字，惟所从各殊，固不能以一字視之也。字在卜辭為人名」。（集釋一八二四葉）

白玉峥　「屮：……峥按：屮字之人名，其见于卜辞者，在第一期武丁时，称为『子何』，如：

贞：令𠦪……允子何？　乙六五四八

勿令𠦪……允子何？　乙四九五一

见于第二期及文武丁时者，与第三期之贞人名同单称为『何』，如：

□□卜，旅貞：令何……卫？　纹五九○

丁未卜，鼎：何㞢告（王）？　　乙九〇七三

亦有地名，或方国名「何」者，如：

丁巳卜，争贞：乎取何刍？

勿乎取何刍？　　给二二三

壬戌卜，行贞：今夜亡囚？在何。　　前二·四·八

见于第一期者，字作□；见于第二期者，字作□。字之结体虽异，然其为地名、或方国名，则又一也。……

屈先生于释□一文中，曾详举□字之结体，共得二十三文不同之例字；并谓：「□（后下二二·三）字虽无同版的其他形状可以互证，但它既象荷戈之人的侧视形，又是第三期贞人。再以□、□两字证之，它和□是一个字，也无疑义」。按：□字王襄氏释戍，殊非。屈先生释何，甚是。惟谓与第三期之贞人□为一人，在未有更坚强之证明前，未敢苟同。盖其字又见于第一期武丁时之卜辞，且亦为人名，如：

贞：□挚羌？　　乙六八八三

贞：□不其挚羌？　　乙二六五九

贞：□挚羌？　　给二四一

贞：□弗其……？　　殷古一三·一

就右辞例之，其与同期名□者，显然为二人，是□与□字，固皆为何字，或同为第三期之贞人欤？又前编卷六（二〇·七）有□字，惟辞残片碎，腾留只字，无由推证其为何文矣。

甲骨文字中，又有□（拾一〇·十二）、□（前六·一〇·六）、□（摭续一〇六）、□（续一·一五·一）、□（佚六一六）诸字，孙海波氏作甲骨文编，列为不识之字，分入附录三一、三七、四八、五一、五六、七七诸页，疑均何字之异构。」（契文举例校读　中国文字第八卷第三十四册三八〇四——三八〇六页）

裘锡圭　「在汉字发展的过程中，把合体表意字的一个偏旁略加改造，使之转化成声旁，从而把原来的表意字改变成形声字的现象，是颇为常见的。例如「何」字本作□，象人荷物形。后来象所荷之物的「丫」形加「口」而成「可」，「何」字就由表意字转化成从「人」「可」声的形声字了。又如「昃」字本作□等形，以象人形的「大」旁和「日」旁的相对位置表示出日已西斜的意思。后来「大」被改为形近的「矢」，「昃」字就由表意字转化成从「日」「矢」声的形声字了。类似的例子还可以举出很多，另详他文。」（释「勿」「發」　中国语文

研究第二期四三頁）

饒宗頤說參□字条下。

張亞初說參□字条下。

按：何象人負戈形，小篆从人可聲，則演變為形聲字。商承祚殷虛文字類編列入兂字，楊樹達亦釋兂，以為即儋字，今作擔。李孝定從楊氏說，以作朩形者為兂，但以屮形者為象人負柯釋何。實則所據以釋兂之摭七·一·四乃「方」字，其說非是。何字人所負者均為戈，與柯無涉。

0057

河 □

按：即今「河」字。卜辭早期作「□」，中期則或作「□」，乃其異構。當併入1328 1329「河」字。

0058

何 □ □

張秉权

「□，金氏續文編，另行列此字於『疑』字之后而未解释，李氏集释，於何字之下未收此形。按此字象人有所荷負而側顧之形，亦当释為何字。第二，三期卜辭中，何是貞人的名字，但在第一期卜辭中，却不是貞人，饒氏通考以為何是经历武丁祖甲廩辛等的三代元老。然卜辭中的人名，既係官称，並非私名，則隔代同名，事屬可能。所以第一期武丁時代的何，与第二、三期祖甲，廩辛庚丁時代的何，亦未必同是一人。」（殷虛文字丙編考释下輯二第六〇頁）

白玉峥說參□字条下。

按：□在卜辭為人名，但與□當有別。不能謂同字。今姑隸作「何」而分列。

0059

⿱日何

李孝定「从日从何，說文所無。又疑日乃象頭形字非从日始收於此」（集釋二二一五葉）

按：字从「日」从「何」，隸當作「⿱日何」，「日」不得謂象頭形。卜辭皆用為地名。

白玉峥說參□字条下。

0060

何

白玉峥說參□字条下。

按：字與□當有別。辭残，用義不詳。

0061

及

孫詒讓「及當是及字，說文又部及，逮也，从又人。是也。」（舉例下十四葉上）

羅振玉「說文解字及从又从人，古文作乁弓𨘢三形。石鼓文作□，與卜辭同。象人前行而又及之。」（殷釋中五十九葉上）

王襄「古付字。許說與也，从寸持物對人。徐鼎臣云寸，手也。散盤付作𠈃與此同，或以為及字。」（類纂正編第八第三十七葉下）

葉玉森「按他辭云：『己亥余貞帚歸方』（藏·一二二·三、『貞弗其及今二月』（藏·二六七·三）『貞王追及口月』（徧·五·二七·四）『貞𢀛追寇及』（藏·一一六·四）疑及与及及竝及字，象力制人，表力服意，古訓蓋主降服。卜辭云「及歸方」，即言降服屬國也。曰「弗其及」，即言不降服也。曰「追及」，曰「追寇及」，即追逸寇使之降服也。本編（即前七、三十二）二版言俘及某國，及為降服之誼益顯。又前三、二九、三云「庚午卜貞禾季省之及雨」，曰「之及雨」猶他辭言「之从雨」，並之俘也。尸子曰「湯之救旱也，素車白馬布衣，身嬰白茅，以身為牲」，是殷代祈雨以人代犧之證。」（前釋卷一第一二五葉）

商承祚　「不嬰敵蓋及作𢓊，許書之逮其毛乃彳之誤，篆又由之変也。」（類編三卷十二葉）

郭沫若　「『及』同逮，即逮捕之意。此為本義，後假為暨與之及，而本義遂失。然考殷、周古文，於甲骨文與西周彝銘，暨與義之聯詞均用眔，無用及者。用及為聯詞乃後起事。」（保卣銘釋文，考古學報一九五八年一期）

屈萬里　「卜辭：『☐追口，及？』甲編一八一一及，謂『趕上』也。」（甲編考釋二三三葉）

屈萬里　「𠂊字不識，或是及字之異體。」（甲釋第二九六葉）

屈萬里　「『壬戌卜，狄貞：及才？』甲編三九一三及，謂追及之也。」（甲編考釋四八九葉）

屈萬里　「𠬝，疑是及字之異體。毛公鼎之𣳫，不嬰殷之𣳫，其偏旁均與此字形相近。」（甲釋第一九八葉）

屈萬里　「𠂊字未識；或是及字之異體。」（甲釋二三五七片釋文）

陈世辉　湯余惠　「合集二〇三四八：

〈1〉乙亥卜：生四月妹出史？

〈2〉弗及今三月出史？

〈3〉乙亥卜：出史？

……及，通繼。荀子儒效：『周公屏成王而及武王』注：『及，繼也。』本辭的意思是，今三月以后不会再有事了吧？(1)辭的『及今三月』与(2)辭的『生四月』是一致的。以往训及为至，殊不辭。」（古文字学概论一七〇页）

按：甲骨文及字从又从人，戴侗六書故謂「从人而又屬其後，追及前人也」，其說與古文字形體合。金文或增「彳」作「彶」，古文字於表行動之義每增彳或止或辵為形符。說文歧及、彶為二字，訓彶為「急行」，典籍彶作汲或彶。實則「急行」乃「追及」義之引伸，古本無別。說文及之古文作遘，商承祚謂「乇」乃彳之誤，兼又⺈之變」。進而言之，說文「逮」、「隶」二字，實亦「及」與「彶」之譌變。說文解「隶」為「从又从尾省，又持尾者，从後及之也」。實則「从尾省」乃从人之譌，增辵則為逮，辵與彳在古文字本無區分。「隶」與「逮」均訓「及」，義亦無別。徐灝說文解字注箋以為及字古文遘「疑是逮字」，頗有見地，但不知「逮」亦即「及」字。說文又有「隸」字，典籍作「迨」，則更屬後起。其變化之迹如下：

甲骨文　不㝬簋　王孫鐘　小篆　說文古文

又甲二三五七之𠂆，屈萬里以為即「及」字之異體，其說蓋是。葉玉森釋及為𠬝，非是。甲骨文𠬝字作𠬝，與及字作及迥別。且葉氏釋讀卜辭多謬誤，不可據。

卜辭及字之用法有三：

一、用為「追及」之本義

「犬追亘㞢及；犬追亘亡其及。」　合三〇二

「三族王其令追召方及于……」　京津四三八三　合集三二八一五

「戍及𢿍方，𢦏；戍弗及𢿍方」　甲八〇七　合集三七九九五

二、用為「至」

「及茲一月出大雨」前三·一九·二

「及茲一月又大雨」粹七六五

「弗其及今十月雨」甲二八四五

廣雅釋詁：「及，至也」；儀禮聘禮：「及期」，注：「猶至也」。李孝定集釋以為此類「及」字「猶它辭言『出及雨』，謂有及時之雨也」，說誤。卜辭或言「及今二月出來自西」金六五九；「弗及今三月出史」京三二〇合集二〇三四八與「出及雨」之「及」用法有別。

三，用為「及時」之「及」，義為「宜」

「禾出及雨」前三·二九·三

朱駿聲說文通訓定聲謂「呂刑『何度非及』，按：審慎得宜也。史記周本紀作『何居非其宜』是也。」「及雨」謂及時之雨，其雨得宜也。

馮良珍

「在古文字中，尚未发現独立的勹字。甲骨文有⿹勹屮字（乙七三八），旧不释，甲骨文编收入附录，并误摹作⿹勹屮，缺少表示手爪的一筆。其外形勹，象人曲身有所抱聚，内之屮，即草的象形字。从勹、从屮，会其抱草之意，当隶定为⿹勹屮，蓋为芻之异体字。說文艸部：『芻，刈艸也。象包束草之形。』甲骨文芻字作⿰屮又（甲九九〇）、⿰屮又（乙六三四三）、⿰屮又（珠六八三）等，象以手取草之形，当隶定为⿰屮又。罗振玉云：『从又持断艸，是芻也。』（見增訂殷虛书契考释三六頁）各家无异词。周晚金文作⿰屮又（散盘），字形稍有变化，战国作⿰屮又（印，陳簠），秦时騶之右旁作⿰屮又（陶文录十一·一）其所从之又已讹变，小篆更讹作芻，分一又（手形）为二勹。許慎据讹变之形解为『象包束草之形』，显然是錯誤的。但是从甲骨文形体来看，⿹勹屮为人曲身以手抱草，⿰屮又为以手取草，二者为同字异形，当可說通。

由上⿹勹屮字观之，勹（古文反正无别）当为抱之初文，引申之则有包裹义。字形在变演中失去表示手爪的一筆（⿹勹屮又作⿹勹屮，甲二三五七），成为勹。說文包、匍所从之勹，即来源于甲骨文勹。包，早期古文字未見。說文包部：『包，象人裹妊，巳在其中，象子未成形也。』此又失之附會。說文子部：『孕，裹子也。』孕、包为二字，故包断非怀子字。包当从巳（古巳子同），从勹，勹亦声，即胞之初文。說文包部：『胞，儿生裹也。』儿生裹，即胎衣。盖因包用为凡包之称，遂又制胞字为『胎衣』之专字。」（說文勹及从勹之字探源，文物研究第一期七一—七二頁）

按：〔字形〕與〔字形〕有别，字不識。卜辭用為人名及地名。

0063

臾

于省吾 「《说文》臾字作〔字形〕，並谓：「束缚捽抴为臾，从申从乙。」按许说殊误。自来说文学家解释臾字的形义頗多分歧：在构形上说，有的谓「从反厂之乁」；在义训上说，有的谓「乙象艸木冤曲」，有的谓「从反𠀤」，有的谓「以为少休息之偁」。总之，各家说解纡曲难通。其实，今作臾，合乎古文，而学者以为隶变。林义光《文源》：「臾从人，申象两手捽抴一人之形。」林说甚是，惜无佐证。甲骨文臾字作〔字形〕，《甲骨文编》谓「《说文》所无」；商器尹臾鼎作〔字形〕（西周器师臾钟作〔字形〕，形相仿），《金文编》误释为丞。〔字形〕和〔字形〕乃臾字的初文，象两手捉持人的头部而曳之。至于古文字偏旁中从〔字形〕从〔字形〕从〔字形〕往往无别。又承字甲骨文作〔字形〕，金文作〔字形〕，象两手奉人之形。臾字两手在上，承字两手在下，两个字判然有别。古文手字多作又，而又字在偏旁中或上或下，有时还是有别的。例如艮字作〔字形〕，及字作〔字形〕，是其证。古鉨文赵瘐之瘐从臾作〔字形〕，足征晚周的臾字也从人。又《尔雅释训》训瘐瘐为病。因此可见，自来文字学家由于《说文》没有瘐字，而以臾为「瘐死狱中」（见《汉书宣帝纪》）之瘐，显然是错误的。

甲骨文的「我其出令戠〔字形〕用王」（《乙》六三七○），又一辭為「令步以〔字形〕希交敗」（《缃》八○六），以上两段都係左右对贞，其义待考。」（《释臾》《甲骨文字释林》三○一——三○二页）

按：〔字形〕與小篆「臾」之形體結構同。卜辭用義不明。

0064

羌

孙诒让 「羌字皆作〔字形〕。《说文》羊部云：「羌，西戎羊種也。从羊人，羊亦声。」此从〔字形〕从人，即从羊省也。」（《契文举例》上三十八页下）

羅振玉 「〔字形〕〔字形〕即羊字。羊甲即《史記》之陽甲。羊陽古通，《漢書古今人表》有「樂陽」，師古注：「即樂羊。」《漢綏民校尉碑》：「治歐羊尚書。」歐羊即歐陽，皆其例矣。」（《殷釋》上四葉上）

王國維「卜辭有『曰南庚曰羊甲』六字，羊甲在南庚之次，則其即陽甲審矣。」（集林卷九第十一葉先公先王考）

王襄「古羌字。許說西戎牧羊人也，从人从羊，羊亦聲。或釋姜。」（簠室殷契類纂第十九葉）

丁山「茍，許君訓『芖艸也』，蓋因隶变之误而强作解人也。其实芖即[甲骨文]（后上二一·一三）字隶写。[甲骨文]，即殛字本字，象以绳𦃃杀罪人形，礼记文王世子所谓『公族有罪，磬于甸人』是也。」（商周史料考证五六页）

丁山「茍即敬字初文，盖象人之簪冠盛饰形……茍在甲骨文写法，通常有下列的几种：

[甲骨文] 铁七六·一　[甲骨文] 前七·三一·二　[甲骨文] 前六·一·五　[甲骨文] 戬二五·二　[甲骨文] 戬二三·六

[甲骨文] 前六·六〇·六　[甲骨文] 铁余七·一

[甲骨文]，从茍从声，盖即礼记文王世子所谓『公族有罪，则磬於甸人』；[甲骨文]则象以绳系颈缢杀罪人形。以字形言，茍当即殛之本字，书洪范『鲧则殛死』，又尧典『殛鲧於羽山』，殛字本谊，盖谓『缢杀也』。可是，屈子离骚，殛则作夭云，『鲧婞直以亡身兮，终然夭（或作妖）乎羽之野』。可见殛夭古来是一字。」（商周史料考证八五页）

葉玉森「[甲骨文]商承祚釋沖二、十四、八之[甲骨文]為羊，森按[甲骨文]與[甲骨文]當為一字，商氏類編漏載其字，从羊从土或為羌之別構，猶金文陳亦增土作墜，表亦為國名也。」（前釋八卷六葉背）

葉玉森「按釋羊為羌始于孫詒讓氏。然止指鐵雲藏龜中之數辭，其他仍釋為牛羊之羊。辭內如董氏說遠離徵信，所引各辭如『羊五卯牛』，『三羊三牛』，『一羊一牛』，明為牛羊之羊，辭內既無人字，或並無伐字，似不能概斷為非羊為伐辭之羌。森參校他辭，覺孫董二氏釋羌尚有疑點。如下辭云『貞十[甲骨文]貞五人』（殷虛文字二五葉）十羊與五人並舉，則羊當為牲名。『己未王□貞伊□[甲骨文]眔牛□』（殷虛文字九·三）羊與牛並舉，則羊亦當為牲名。二辭羊正作[甲骨文][甲骨文]。『甲寅卜其帝（禘）方一[甲骨文]一牛九犬』（殷虛卜辭七一八）與『貞帝于西三[甲骨文]三豕三犬』（前四·十七·六）辭例同。又『甲午卜貞三牛酌高祖亥□大乙[甲骨文]五牛三祖乙□小乙[甲骨文]三牛二父丁[甲骨文]五牛三七羌」，（容庚氏藏拓）羊與牛或牛犬並舉，則亦當為牲名。羊正作𦍌，知𦍌𦍌𦍌非羌字。至𦍌象帶索形者，人名山名用之。然𦍌甲亦作𦍌甲，則帶索者仍應讀羊。總之，羊為初文，羌為後起，殷人所謂羌者即用羊字。……即卜辭所云『羊人陟』（甲、二、二三、一），『令羊人』（前、八、六、一）之羊人。」（前釋一卷七十五葉）

又曰：「按卜辭段羊為羌，而本辭之𦍌類疑為羌之正字。說文羌下出古文𦍌，王國維氏撓伯敦跋（觀堂集林補遺）謂𦍌乃羊之譌，不知卜辭上亦作𦍌，似象羌人首上之飾物。又有作𦍌（前、四、三七、一）。𦍌則象𦍌形，古文婁字亦从此作。」（同上二卷六十一葉背）

商承祚

「唐氏云羌，羅氏以為羊，郭氏以為狗，並非也。案唐說是也，羌甲之羌作𦍌𦍌𦍌，所以別于𦍌字，郭釋殊奇。金文之𦍌𦍌（大保鼎、孟鼎、師虎敦）即敬之初字，敬者恭也，謹也，故字作跽人形，與令命字同意，或增攴作𢾕（師酉敦、余義編鐘），乃由𦍌𦍌所孳乳。郭謂金文多用苟為敬字，說頗迂迴，不知苟小篆作苟，狗作𤝐，从犬从句，句从口丩聲，是苟所从之句與狗所从之句今隸同，而篆則不同。郭氏雖引左襄十年傳『鄭人奪堵苟之妻』，釋文『苟本作狗』，（金文叢考湯盤孔鼎第八三葉）為說，乃同聲段借或口授或傳寫之誤，不能據為確證也。且商之世次，史記與三代世表每與卜辭有出入，不必困於成書而展轉附會羌甲之為沃甲也。」（佚考三一葉）

董作賓

「羌字从羊从人，誼為牧羊之人（有時又帶繩索表示牽羊之意）。羌羊同音互相通段，羅振玉皆釋羊，非是。」（獲白麟解 見安陽發掘報告三三一至三三二葉）

吳其昌

「……按羅王輩以𦍌甲為陽甲，是也。（詳下疏）而以羊、𦍌為一字，形小歧安而義無別異，則非也。郭氏以𦍌甲為沃甲，絕非；而以𦍌字與稍後之芶字為一字，則是也。又羅王以𦍌與羊為同儕，則雖誤而未遠；郭氏以𦍌與狗為共名，則似是而實非也。請剖陳其徵：：𦍌與羊之非一物，見於契文者至明。又云：『戠𦍌卅，卯三宰，箙一牛。』（林二、三、二）又云：『𦍌十出五，卯口宰出一，牛五。』（續一、一二、八）此並以牛、羊、𦍌三品為祭犧也。又云：『夐𦍌一，小宰。』（戩一、一）如云：『口卅𦍌，卯十宰。』（續二、二五、四）又云：『用六𦍌，卯宰。』（前三、二三、五）或亦有以『一𦍌，一宰』為文；（戩三五、四）『百𦍌，百宰』作獻（佚八七三）者，是知𦍌之與宰截然二物。宰，即羊也。顯證昭然，疏在羅氏，可斷決也。郭氏以𦍌為即芶，苟从『𦍌』『口』，至確不易。然此𦍌字乃讀『去羊反』羌，不讀『古厚反』狗。从芶得聲而為苟（強），从苟得聲而為敬，聲皆一貫。至於『狗』字，則說文作『𤝐』，从犬，句聲』。一則『敬』

从「苟」聲，「苟」从「苟」聲，皆在庚陽之部。一則「狗」从「句」聲，「句」从「丩」聲，皆在侯厚之部。源流體系，牛馬其風。爷之與句，為一？為二？郭氏誤爷為句，是其忒矣。循郭氏忘，則「狗」必作「猗」而後通也。推之，則鴝當為鵴，鴝當為鵴，不滑稽歟！以是故知郭氏以爷苟為一字，苟，苟，敬為相承，則甚是；而附會與狗為一字，則絕非也。今按：爷，乃「羌」字也。「羌」之本義，當為羊之一種。以墨經之科言之，「羊」為類名；「羌」為私名矣。為羊類之一種，故得斧戉斯之以供祭，是用有「戉羌」、「奠羌」之文矣。其有族非華夏，而自奉羊以為圖騰者，則夏人指目之曰「羌」矣。《書·牧誓》有「庸、蜀、羌、髳」之名；《詩·殷武》云：「自彼氐羌」，鄭箋：「氐羌，狄國在西方者也。」《說文·羊部》：「羌，西戎，从羊人也。（段玉裁改本云：「羊種也」。）从羊儿（从段本）南方蠻閩从虫，北方狄从犬，東方貉从豸，西方羌从羊。……」更以地下契文證之，則卜辭固已有「王虫（蠶也）北羌，伐。」（前四、三七、一）之語，足以見殷商之世，「羌」族之名，確已立矣。又卜辭云：「丙寅卜，㱿貞，出于寅，爽二羌。」（續二、一九、一）云：「爽二羌」，則必娶羌之二女以為爽，正如後世晉公子重耳之納赤狄二女叔隗、季隗矣。（左僖二十三年）則在殷時，華羌且已有通婚者矣。（此釋誤——摘錄者）更以聲音之軌推之，爷即羌，尒即苟，故知苟實音羌。從丂得聲之「苟」，疑古讀實亦若「強」；故得上承「羌」聲，下啟「敬」音。……（注署）……丂于从「苟」得聲之「敬」，更顯與「羌」音相貫。古韵陽唐部與庚耕部有相互通協者，吳語至今讀庚在陽部。且《周頌·閔予小子》之詩，「明」以庭、敬、王、忘為韻，更可瞭實。由是亦可瞭爷、苟、敬聲系相承之故矣。又華、羌異族，寇掠不免，斯乃有「北羌」之伐，故引申之義，得為「戒敬」，為「警敕」矣。……（中略——摘錄者）始義本為羊類之一種，後乃轉為人類之一族。而在契文時期，因尚多數指羊而言也。故知「三羌用于且乙」，當以「刑三羊以祭祖乙」為釋矣。」

（殷虛書契解詁第一三三——一三五葉）

李旦丘

「爷十又作爷十，又作爷十。羅王以來均釋為羊甲或羌甲，說為陽甲。至郭沫若氏始倡異議……今按郭說爷為狗之象形可信，爷本象形字，其下部之ㄅ雖與人同，實非人字。然因其形與人同，遂孳乳為金文之□□□等跽人形，故商承祚氏據金文之字形謂敬不从丂，以非郭氏用丂為敬之說。實未見其可。又苟小篆作茍，狗作㺃，……今隸同而篆則不同。商氏又據之以難郭說，然古文之亡于小篆而存於今隸者屢見不鮮，何必小篆是而今隸非乎？況句之今音雖讀九遇切，然古音實古侯切，此豈非證明句乃苟之訛變乎？爷之應釋為丂，尚有兩點可得而言者。考卜辭多有以爷為犧牲之記載。……若釋爷為羌，則所用之牲為羌人。……按有殷一代所征伐之野蠻民族多矣，土方呂方亦常受殷人侵略，既以俘虜為犧牲，何以獨用羌人而決不用其他民族，如土人呂人等等耶？由此可知上引諸片之𢀛實非羌字，豈但非羌抑且非人，乃是狗也。惟以𢀛為民族之名者亦有之，如云「叀商步立于大乙𢦏苟方」，（粹一四四）「王叀北苟伐」（前四三七一）羌為西戎，而此民族乃在殷之北方，更可證羌之非羌也。此民族蓋奉苟為圖騰者，為北狄之一種。殷人遂稱之為苟矣。又卜辭中有用𢀛為動詞者，如云「甲午卜貞翌乙未出于祖乙𢀛十人卯宰一出一牛」（佚一五四）「丙卜翌甲寅酒卓御于大甲羌百羌卯十宰」（粹一九〇）……郭氏釋為苟百苟，讀為疈辜之辜，……文義皆通，是郭說較諸家之說為長也。郭氏又根據詩經謂飫可與侯部字為韻，故从夭聲之沃亦可通假侯部之苟字，其說不誤。……爾雅釋草中有草名鉤，一名芺，海寧王氏謂「鉤為雅名，芺為俗名……」（爾雅草木蟲魚鳥獸釋例）則鉤之與芺又其一例也，此亦足證苟沃之可以互相通段矣。……故就字形而論𢀛十實為苟甲，就字音而論苟甲亦有為沃甲之可能。若就卜辭上先王之位次之排列而言，則苟甲非為沃甲不可」。（零拾第十一至十九葉）

孫海波　「于省吾曰：『按地下地上材料之證合祇有二途，一為音之通，一為形之譌。所謂形譌者，祇能改地上，而地下則決不可改。』沃丁沃甲之沃，乃羌字之形譌，茲特略為證明之。說文有渼與芺而無沃。段玉裁說文注謂渼隸作沃。清代學者之考說文亦均謂渼今作沃。玄應一切經音義十一沃古文渼同。按渼與芺同，古文从水與否一也。如卜辭且亦作沮，金文巠亦作涇，此例經傳尤為習見，不煩詳舉。蓋羌字譌為芺，後人改為渼，自隸書後則通作沃矣。至古文从𠔁之字隸變多作卝，如蒦作蒦，雚作雚，舊作舊，曾作曾，莫作莫，幾作幾，此例習見。至芺字篆文作𦬓又作𦬓，隸變則改中間旁畫為橫畫矣。又如卜辭子字作呆亦作呆呆，是亦橫畫旁畫互作之證，至𦬓形中間八畫變橫畫尤為常軌。然則羌字之譌為芺為渼，後又改為沃，已為文字譌變之慣例，苟非故意強為傅會以求其說之通也。由商迄漢已千餘載，此千餘載中文字音與形之衍變至劇，苟地下材料與地上材料為同記一事一物一名，決不能一一相脗合者，非音之轉則形之譌也。至世本及紀年羌甲作開甲者，羌開雙聲，並溪紐字也」。（誠齋考釋十—十一葉）

孫海波　「𢀛即羌字，从羊从人，象人而首飾羊角之形也。羌甲於殷代先公先王世系中無攷，不知誰屬。舊說以為羊甲即陽甲，郭沫若釋狗甲」。（文錄二六葉）

郭沫若　「（粹一九〇云『丙卜翌甲寅酒卓御于大甲苟百苟卯十宰』）『苟百苟』與『卯十宰』對文，則上苟字當是用牲之法，以聲求之，當即疈辜之辜。周禮春官宗伯『以疈辜祭四方百物』，二鄭均訓辜為磔，說文則訓磔為辜，是則苟苟即磔狗矣」。（粹考三一葉背）

又曰：「𢀛甲羅釋羊甲，謂即陽甲。今案陽甲卜辭作象甲，若喙甲。此𢀛字乃苟字，非羊字也。苟乃狗之象形文，亦即小篆茍字。又譌变為从艸句聲之苟，其實一字也。說文謂「茍自急敕也，从羊省，从包省，从口，口猶慎言也，从羊與義善同意」，殊迂曲，當云从苟口聲。（舊音「己力切」不知何所據）金文多用為敬字，大盂鼎「紹𤇾𢀛雝德巠」，又「克𢀛乃正」；大保毀「克𢀛亡遺」，均是。師虎毀「𢀛夙夕勿灋（廢）朕命」，亦用苟為敬。蓋敬者警也，自來用狗以警夜，故假狗形之文以為敬。就其物類而言謂之狗，就其業務而言謂之敬。敬字後起，其文从苟从攴，與牧同意。蓋謂敺狗以警夜也。今舉金文數例如次：

師嫠簋　儔兒鐘　師酉毀　秦公毀　沇兒鼎　邾公牼鐘

儔兒鐘文所从苟字，正與卜辭同。苟甲乃沃甲，上第二八片已得其證。更由聲類而言，小雅常棣六章以豆、飫、具、孺為韻，从夭聲之沃與矦部字為韻，沃亦从夭聲，故亦通假為矦部之苟字也。」（卜通三十四葉背至三十五葉上）

又曰：「（滓二五〇「乙丑卜大貞于五示告丁祖乙祖丁苟甲祖辛」）此片余於卜辭通纂中已箸錄之。殷契佚存亦有收錄（五三六）。然因関係重要，故今重出之。五示之次乃追溯，丁者武丁，祖乙者小乙，祖丁與祖辛之間殷王之號甲者為沃甲，則苟甲自當為沃甲。苟字多用為牲，與牛羊同例，羅振玉釋為羊，說苟甲為「羊甲」，即陽甲。孫詒讓舊釋為羌，近人多从之，說苟甲為「羌甲」，亦即陽甲。然如為陽甲，則與此片之世次不合，因陽甲當在小乙與祖甲之間也。且余于東京帝大考古學教室發現一片，其文為「庚寅卜圓其又既团苟甲南庚喙甲圈園小辛」（通例二）苟羊在南庚之上，其下復有喙甲，在南庚與小辛之間。可證陽甲實作喙甲，而苟甲非沃甲莫屬。此外，卜辭中尚有一通例為余所發現者，即于甲日卜祭某甲而合祭某甲時，二甲必相次，所祭者在後，所合者在前。有第三甲時，更推而上之。綜合多數例證，得一號甲之先公先王之次第為

上囲　大甲　小甲　戔甲　苟甲　喙甲　祖甲

與歷來文獻中之

上甲　大甲　小甲　河亶甲　沃甲　陽甲　祖甲

適相比次，尤足證知戔甲為河亶甲，苟甲為沃甲，喙甲為陽甲。得此數項鐵證，更由文字學上考核之，余乃決釋苟為狗之象形文，象貼耳人立之形，此乃狗之慣態。其或作𢀛者示狗之象有帨巾，又或作𢀛者示有索鍊以繫之。古敬字从此作者，敬乃警之初文，正宜从狗，其字形與馭牧致等同意。苟或音「己力切」讀若極者，乃後人之誤會。其从艸句聲之苟字乃形誤，形失而音尚存。其从犬句聲之狗字乃後起之形聲字。象形文失其本義本音，別剏之形聲字起而代之之事，至多有，此其一例耳。唯其為狗，故常用為牲，與牛羊同例。唯其為狗，故有用以从

事田獵之事。狗音與沃音相近，故苟甲後人易之為沃甲。爾雅釋獸『熊虎醜，其子狗』，又釋畜『犬未成豪狗』，是狗本有勇意和愛意，故殷王以為號而不嫌其褻。後世易之者，蓋亦嫌其褻而為古帝王諱。由諱忌亦足以反證苟之必為狗。」（粹考四一至四二葉）

于省吾「近人考殷代世系，說之紛歧，莫甚於羌甲沃甲陽甲之爭執。羅振玉釋羌為羊，以為羊甲即史記之陽甲。王國維董作賓均从之。按羌羊陽音之可通，固無可疑。然於卜辭世次，實不可解。卜辭既以祖辛羌甲祖丁相次，祖丁為陽甲之父，則羌甲無以當陽甲。郭沫若卜辭通纂辨之已詳，亦不贅述。吾人考古所得之材料，應據地下以改地上，不應改地下以傅會地上也。郭氏以羌沃音不可通，故釋羌為苟，謂即狗之初文。以苟與沃為通段，又改金文之䕌羌為䕌狗，以證明己說。然𦍋之為羌羗，已無可移易。唐蘭先主羅說，後主郭說，謂羌字乃不爭之事實，是也。然唐氏謂羌羊與沃音近，亦不可以。按地上地下材料之證合，祇有二途。一為音之通，一為形之譌。所謂形譌者，祇能改地上，不可改地下也。史記作沃甲，乃羌字之形譌。說文有渼與芺而無沃，段玉裁說文注謂渼隸作沃。清代學人之考說文者，亦均謂渼今作沃。玄應一切經音義十一：『沃，古文渼同。』按渼沃與芺夭，繁省每無別。山海經海外西經『渚夭之野』，博物志外國作『渚沃之野』。古文从水與否一也。如卜辭且亦作沮，金文巠亦作涇，是其證。蓋羌字譌為芺，後人改為渼，自隸省後則通作沃矣。至篆文从屮屮形，隸變多作卝，从艸者隸變通作廿，二者易混。芺字篆文作芺，又作芺，隸變則改中間之畫為橫畫矣。金文羌字鄭羌伯鬲作芥。既譌為芺為渼，後又改為沃。此係文字形譌之常例。由商迄漢，已千餘載。此千餘載中，文字音與形之衍變至劇，苟地下材料與地上材料為同記一事一物一名，決不能一一脗合者，非音之轉則形之譌也。至世本及紀年羌甲作開甲者，羌開雙聲，並溪紐字也。」（駢枝二四至二五葉釋羌甲）

楊樹達「郭沫若云：『殷先世中，除父子相承之直系外，妣之見於祀典者，僅苟甲之配而已。』樹達案郭君之說甚核。𦍋甲非後世殷王所自出之先祖，而其配妣庚列於祀典，殷人尤重視祭祀，在當時必有其故。余按史記殷本紀云：『帝沃甲崩，立沃甲兄祖辛之子祖丁，是為帝祖丁。帝祖丁崩，立弟沃甲之子南庚，是為帝南庚。帝南庚崩，立帝祖丁之子陽甲，是為帝陽甲。』據此，沃甲之後嗣雖未繼承王統，沃甲不得為直系之先王，而有子南庚，當即位為王，妣庚蓋南庚之母，其得列於祀典，蓋以此故。然則公羊春秋家所謂母以子貴之說，殷人已先周人而有之，而郭君定𦍋甲為沃甲非陽甲者，於此又得一有力之證明矣。」（耐林廎甲文說三葉）

陳夢家

「卜辭記羌事者可分為三類：一、記征伐羌或羌方的，其動詞為伐、㞢、戈、追、逐、𡆥、徝、奪、奪（即撻字），二、記俘獲羌人，其動辭為隻、獲、執、圂、氐、來等，三、記俘獲的羌人的用途。關於後者，可分為兩項：(甲)用作以事勞作的奴隸，(乙)『用羌』，即在祭祀中殺之以為犧牲。由乙項知殷王於祭祀時用羌（即殺羌人）以獻於其祖先，而卜辭所記用人之祭僅限於羌人，羌白（伯）及少數的其它方伯。在此待遇中，所殺的羌實同於作為犧牲的牛羊豕。」（綜述第二七九至二八〇葉）

又曰：「由於羌人作為犧牲的事實以及羌方地望的推測，我們以為羌可能與夏后氏為同族之姜姓之族是有關係的。」（同上二八二葉）

又曰：「卜辭不見沃丁，卜通三〇九片的羌丁是父丁的誤釋。前五、八、五有『于羌丁』，善二三三一有『羌丁用』，都是武丁卜辭，可能是沃丁。」（綜述四二三葉）

陳夢家

「武丁時代以及以後的伐羌方，其意義極為重大。武丁伐羌方所用的兵力，就其以人（即徵集兵員）的卜辭來說，較之同時代伐土、𢀛方國更為雄厚。……武丁卜辭除稱羌方外，尚有北羌多馬羌之稱：『王叀北羌伐』（前四、三七、一）『王乎伐馬羌』。林二、一五、一八『令多馬羌，』粹一五五四北羌與馬羌都是臣屬於殷的。馬羌可能是馬方之羌，可能是馬方與羌方。（中畧，原李孝定以用）

卜辭記用來羌，則來羌應是俘獲的活羌。武丁卜辭所謂『氐羌』，廩辛、武乙卜辭謂之『以羌』，（比較摭五九六，佚八七五；燕二三五。粹八一），義與來同，說文『氐，至也』。由於用羌之為殺羌以祭，則卜辭中其它之辭亦當解釋為殺生以祭者：『㞢于丁四羌』拾三、三『歲羌卅，卯十牛』。前六、一六、一『御于丁十宰，羌十』。仁二六、一六『匚于上甲九羌，卯一牛』。仁二八、二『伐羌十，卯五宰』。粹二三九『又伐于上甲九羌，卯牛』。仁二一、一三『其又羌十人又五』。粹五九四『宜于義京羌三，卯十牛』。前六、二、三可見羌與宰、宰、牛同屬於犧牲。……

對於羌方與羌人，應稍加申述。羌方應理解為一流動的遊牧民族，羌是他們的種姓。武丁卜辭所記與羌作戰的沚、戉、𠂤、雀等，則羌或在晉南，或在河南附近太行山的區域。前七、一九、二有『才敦圂羌』之辭，……敦在沁陽附近，則羌去此不遠。卜辭的『馬羌』可能是馬方之羌，而馬方活動範圍似在河東，……此河東或與漢代的河東郡相當，今晉南。乙辛田獵卜辭有『田羌』前二、四四、五『田羌』前二、三五、三『才羌貞』前二、二六、一的記錄，似殷末之時羌所居一部份已為殷所有。又今陝西大荔縣西十五里有羌白鎮，地名『羌白』與卜辭的『羌方白』恐非偶然的相合，此地或是羌伯所曾居住之地，在河東之西。其地有東西八十里、南北三十里的沙苑（海、澤、阜），宜畜牧。由於羌人作為犧牲的事實以及羌方地望的推測，我們以為羌可能與夏后氏為同族之羌姓之族是有關係的。茲例舉可以助成這種推測的一些理由如下：1.夏民族奉禹為始祖，而六國年表序曰：「禹興於西羌」；2.夏為姒姓，姒字從「以」而「以」、「台」古本一字，金文姒或作始；詩生民謂后稷「即有邰家室」，而閟宮曰：「赫赫姜嫄，是生后稷」，邰即姒；3.後漢書西羌傳「西羌之本，出自三苗，姜姓之別也」；4.左傳襄十四年，戎氏之駒支說晉惠公謂「我諸戎是四嶽之裔胄也」，而周語下曰「祚四嶽國，命以侯伯，賜姓曰姜，氏曰有呂」；周語上宣王三十九年「戰於千畝，王師敗績於姜氏之戎」，千畝在今山西介休一帶。

以上推測了羌方與夏的可能的關係，事實上是有很多的混淆的。據後漢書西羌傳說羌人以父名母姓為種號，又說他們「披髮左衽」（此點與匈奴同），乃指漢代的羌尚有停滯於較原始的社會之中，過其遊牧生活。我們推測，有與此等羌同族的夏，其種姓為羌為姒等等，在夏周時代已進入較高級的形式，亦屬可能。此等族姓，在殷卜辭為羌方為羌，在春秋戰國之書籍之為戎為夏而不以羌名，凡此「諸夏」屬於高級形式的羌人，以別於尚過遊牧生活的低級形式的羌人。

若此推測為可能，則羌為與夏同族之人，商革夏命，因此俘虜其子民為奴隸並作為主要的人牲來源，乃近乎理。在殷代的奴隸之中，他們恐怕是最低級的，因為不利用他們耕作，而大部份消耗於與牛羊同類的祭品。他們之從事田獵，一則由於他們習於田獵，其次則視他們為獵犬而利用之」。（綜述二七六——二八二葉）

孙海波 「□，甲一一九。郭沫若释芍。羌甲。

□，甲三九二。或从卩。

□，甲二四五八。廩辛、康丁以后，或从糸作繠。

□，佚六七三。」（甲骨文编一八四——一八五页）

屈萬里 「羌，謂羌人也。羌方為殷人最頑強之敵國；殷時盤據於今晉南晉西及陝東北一帶之地。後此姜姓之國，亦其苗裔也。」（甲編考釋五〇葉）

饒宗頤 「按羌亦稱羌方。殷伐羌人數有逾萬者。商頌：『昔有成湯，自彼氐羌，莫敢不來享，莫敢不來王。』羌為西戎巨族。『禹興於西羌』（史記六國表）則羌人自先夏已據有西土，其族丕大。殷人與羌，亦為婚媾。卜辭所見有『妣羌』（日本京都大學藏甲二〇六）『帚羌』（前編五·一七·四）此如周之納狄后，故有『妣羌』等之名。從知詩之『姜源』，所謂『姜女』，即為羌人也。降及東周，宣王三十九年，戰于千畝，王師敗績于姜氏之戎。（周語上）

千畝為晉地，在介休縣，則羌人仍盤踞山西一帶。左僖三十二年，殽之役，晉興羌戎。襄二十四年：范宣子數戎子駒支曰：「姜戎氏！昔秦人迫逐乃祖吾離於瓜州。」蓋羌自夏殷以來，屢為邊患，迄沒靡定。卜辭所載，其族非一，有「北羌」（鄴三下三四、二四：「貞：……北羌，出告曰戎。」）馬羌（佚四七一、八）多馬羌（粹一五五四）小羌（京津一二九一）右辭言卯羌九曹，竊謂「九」乃地名。即詩之「芃野」。小明：「吾征祖西，至于芃野。」禮記文王世子：「西方有九國焉」是也。佚言「涉羌」，則羌又為水名。晉語：「炎帝以羌水成。」水經渭水注：「岐水東逕姜氏城南，為姜水」，在今陝西岐山縣，此或姜族，西遷雍州後傳播之地名，殷時之姜水則難確指。

又按羌或釋芍。又有證其即羊字。然卜辭羊羌二字屢見於同版者，實明為異文。」（通考一七九葉——一八〇葉）

王玉哲

「……卜辭中有『芍三人卯十牛』（瀘四，三十；沖四，二，〇〇三〇），芍以人計算，可見決不是狗。又有：『多芍獲鹿』（前四、四八、三），『多芍坙田』（粹一二二二），芍會獲鹿，會種田，也足證是人不是狗。所以，我們認為仍當從一般釋為羌為是，殷虛書契前編有一片卜辭：『祭羌甲』（前一、四一、七），『羌甲』之『羌』，很清楚的是從羊，可見不是狗的初文。並且『羌』古屬『喻』紐，而『沃』古屬『影』紐，均為喉音，古聲紐上是可以通的。（章太炎、黄侃對古聲紐主張喻并于影）」（試論商代『兄終弟及』的繼統法與殷商前期的社會性質南開大學學報（人文科學）一九五六年第一期）

顾颉刚

「自从甲骨文大量出土，关于羌人的记载发现了很多。研究的结果，知道『羌方』是当时西方的一个大国，他们地广人众，和商朝的争夺关系最多。他们大致分为两个大部落，一个是『北羌』，如：

己酉，卜，殻贞：王叀（惟）北羌伐。（前四．三七．一）

一个是『马羌』，如：

口口，卜，宕贞：令多马羌御方于口。（续五．二五．九）

为什么叫作马羌，或者是为了他们善于养马的缘故；否则便是他们以马为图腾。后来的『白马羌』疑即马羌的苗裔。羌的疆域相当地大，北面和鬼方、吕方为邻，东面有沚、吴、易、雀、犬、周许多国，东南近岳和蜀，大致说来，他们占有了现今甘肃省大部和陕西省西部。他们对于商朝是叛服不常的。」（从古籍中探索我国的西部民族——羌族社会科学战线一九八〇年一期一一九页）

于省吾「說文羌作羌，並謂：『羌，西戎牧羊人也，从人羊，羊亦声。』按說文据已讹的小篆，误分羌字为人与羊两个偏旁。甲骨文前期羌字均作𦍋，乃独体象形字（第五期羌甲之羌，偶有作𦍋者——前一·四一·七，周代金文因之），本象人戴羊角形，并非从羊。原始社会早期，人们为了猎取野兽，往往以披皮戴角，装扮成野兽的样子，以便接近于野兽而射击之。后来戴角逐渐普及为一般人的装饰，以表示美观。有的贵族妇女或部落酋长戴着双角冠，以显示尊荣。有的民族到奴隶社会甚至近现代，仍然保持着这种风尚（详释羌笱敬美）。至于說文谓羌从人羊，羊亦声，已成为会意兼形声，与造字原意不符。总之，𦍋为独体象形字，上部作𠆢形，既象人戴羊角形，同时也表示着以羊省声为音读（甲骨文的䍧字从羊省作𠆢者屡见）。但不能因此遂谓𦍋字为从人从羊省声的形声字。」（甲骨文字释林释具有部分表音的独体象形字）

姚孝遂「續四·二九·四：『乎多羌逐兔隻？』『多羌』乃是殷人所虜获的羌方人员，而役使其从事狩猎者。其身份应该是奴隶。」（甲骨刻辞狩猎考古文字研究第六辑五五页）

考古所「𦍋：当为羌。卜辞中羌有时从土。如佚六七三，遗四六五，粹一一六七之伐羌；拾五·七之戎羌；京都一八六七之羌方等都如此。在此片卜辞中为地名。」（小屯南地甲骨一〇六〇页）

考古所「焼：在此辞中为地名。」（小屯南地甲骨一〇五九页）

考古所「𦍋：当為羌之异构，在此片卜辞中为动词，為用牲法。羌宋即以宋族之人為人牲。」（小屯南地甲骨九一三页）

陈汉平「甲骨文有字作𦍋（红五六三七），此字形从肉附于羌字之后，当释为㕗。說文：『㕗，相訹呼也。从厶从羑。誘，或从言秀。䛻，或如此。𦍋，古文。』『羑，进善也。从羊久声。文王拘羑里，在汤阴。』『久，以后灸之，象人两胫后有距也。周礼曰：久诸墙以观其桡。凡久之属皆从久。』又疑此字之义为羊臂。」（古文字释丛出土文献研究二二三页）

于省吾說參「□」字條下。

裘錫圭釋□參□字條下

姚孝遂 肖丁 「卜辞以人為牲，多為战争中所俘獲之敵方人員，「羌」即卜辞最常見的敵方国之一。2792第(2)辞「其七十羌」，「七十」合文作「十」，其直划甚長，不得是「七」字。且据第(1)辞有「五十」、「廿」，此辞亦不得是「七」。1104之「五十人又二」，3562之「羌十又八」，此类奇零数字，极為特殊。」（小屯南地甲骨考释八六頁）

姚孝遂 肖丁 「⋯⋯丑貞，王祝伊尹，取且乙魚，伐告于父丁、小乙、且丁、羌甲、且辛」

这一片卜辞很重要，使我们不得不对传統的商王有关世系看法表示怀疑。

⋯⋯

商代小乙以前的世次是一个有待于重新探讨的问题。

这片刻辞很明确，是自下而上之武丁、小乙、祖丁、羌甲、祖辛这一直系世次。

卜辞每一世只能有一个直系。过去大家一直根据史籍记載，以为羌甲乃祖辛之弟，根据卜辞，这是不可能的。羌甲与祖辛不能同居一个世次，羌甲当是祖辛的下一辈。

粹250：「己丑卜，大貞，于五示告，丁、且乙、且丁、羌甲、且辛」，「且乙」即「小乙」，其自下而上的世次均居直系，与屯南2342同。

讫3063自上而下的順序是「祖辛、羌甲」。

粹260自下而上的順序是「祖丁、羌甲」。这些记載表明：在祖辛之後，祖丁之前，应该还有一个世次羌甲。或者说，羌甲是祖辛的子辈，祖丁的父辈。

問题在于：佚986載有「自⊞、大乙、大丁、大甲、大庚、大戊、中丁、祖乙、祖辛、祖丁十示」的世次。祖辛之後，祖丁之前，没有羌甲。这一世次和殷本紀的世次是一致的。

我们不应该据此而简单地否定屯南2342等所记載的、祖辛与祖丁之间尚有「羌甲」这一直系世次的事实。

与此类似的情况还有粹112，该片历數了自⊞以下各直系。于大庚之後尚有「小甲」。而据典籍记載及佚986，大庚之後的直系是大戊而不是小甲。

卜辞小甲書作⿱小十，亦作米。或以米混入『米』字，或混入『朿』字，都是错误的。陈梦家先生以为米『似是小甲合文』，这是正确的（綜述374）。但他由于小甲不是直系，不应列入诸直系中，因而疑不能决。

对于卜辞所反映的某些現象，可能我們現在还不能作出令人满意的解释，但我们不能迴避这些事实。

陈梦家先生曾试图解释祖乙、祖辛、羌甲、祖丁、南庚诸王之间的关係。他曾列表如下：

祖乙	祖辛①	祖丁③	
	沃甲②	南庚④	（据殷本紀）
宋	宣公①	殤公③	
	穆公②	莊公④	（据宋世家）

陈先生认为：『据宋世家，宣公让位于弟穆公，穆公病，嘱传位于宣公子殤公，殤公見弑而立穆公子，是为莊公。此四王的传位，与祖辛至南庚的传位完全一样。』（綜述377）。卜辞本身不能证明祖辛至南庚之间的父子兄弟关系必須如此。宋世家关于宣公至宋莊公之间的父子兄弟关系根本不能证明殷本紀商王有关世次的说法是必然正确的。充其量证明有这种可能性而已。

殷本紀称『沃甲』，紀年及世本称『开甲』，于卜辞則称『羌甲』。关于这一点，現在大家的认识是一致的。

羌甲为祖丁的父辈，这一点是没有争议的。至于羌甲为祖辛之弟，这一点得不到卜辞的证明，相反地，据我们上面引证的材料，羌甲似乎应当是祖辛的子辈。

如何解释屯南2342、粹250与佚986之间关于世次记载上的矛盾？由于资料不足，目前只能存疑。

陈先生解释粹250之『五示』以为『即且辛至小乙三直系，另加且辛弟羌甲，与武丁兄丁』（綜述462）这种解释是缺乏任何根据的。

张光直先生于1963年发表了商王廟号新攷，对商王的继統及世次问题提出了许多新的看法（参見台湾中央研究院民族学研究所集刊第13期），张光直先生在文章中就曾经指出，如粹250所反映的，羌甲应该属于直系先王，『很可能是祖辛之子而祖丁之父。」张先生还同时强调，祖甲时周祭，羌甲之配妣庚参加祀典，这也是羌甲是直系的一个有力证据。

現在屯南2342又补充了一个新的证据。

我们在这里还只能是提出疑问，我们尚无法解释此片与佚986的矛盾現象。」（小屯南地甲骨考释五一——五三頁）

张亚初「□」（综类一九页）此字从參从糸。參字从晶（星）声。西周金文在其下加三撇，又增加了一个声符。此字从糸为係虜之意符。就象羌字早期作羌，晚期作□一样。參为參胡之參，本为商人敌国，所以參胡之參从糸。甲骨文卜问伐此羌，还是伐□就是明证（粹四·三七·一）。史记楚世家「陆终生子六人……二曰參胡」，集解：「駰案，世本曰：參胡者韩也。」索隐：「系本云：二曰惠连，是为參胡。宋忠曰：參胡，国名，斯姓，无后。」从卜辞看，參胡与郑地相近（粹二·一五·二）。在山西蒲州曾出土过一件參父乙盉。參族应在山西、河南交界处一带。这与上面讲的「參胡者，韩也」的韩的地望相合。可证卜辞和金文之參和□的确是參胡。」（古文字分类考释论稿古文字研究第十七辑二五一——二五二页）

按：釋「羌」已成定論，釋羊釋狗均非是。卜辭羌為方國名，所俘獲羌國之人亦稱之羌。除部分用於勞作成為奴隸外，多用作祭祀時之犧牲而加以殺戮。唯陳夢家以為「用人之祭僅限於羌人，羌白及少數的其它方伯」則不確。卜辭用作人牲者除羌人外，尚有絴方、大方、□方等十餘種之多。

粹一九〇之「羌百羌」猶言「羌十人」不得謂羌用為動詞。試比較下列諸辭例：

「王宜贏甲，㞢伐羌三人，卯宰，亡尤」　粹二七二　合集二二五六九

「冊艮一人」　佚一一八

「俘人十㞢六人」　續六　合集一三七反

以上之「伐羌三人」猶言「伐三羌」，其它準此。不得謂羌為動詞。陳夢家謂「羌十羌，人十㞢六人之例，單位詞與數詞前的名詞是同名的，這種現象在西周金文中還存在的，如：

乙亥毀：玉十玉

不嬰毀：田十田

小盂鼎：孚人萬三千八十一人，孚馬……匹，孚車卅兩，孚牛三百五十五牛，羊卅八羊。

到西周以後，漸已絕滅」。（綜述一一一）

0065

羌 𦍌

施谢捷　「甲骨文中有辞称：

壬辰卜，乙其焚，又𦍌十，风，印小风？（乙一九四）

辞中𦍌字，甲骨文编以为不识字而归入附录。此字上从羊，下从二人。我们认为当是『羌』字的繁文。从二人与从一人相同，犹如史字作[illegible]、[illegible]，正字作[illegible]、[illegible]，商字作[illegible]、[illegible]等，单复无别。习见之『羌』字从羊从人，羊亦声。从字形结构的规律看，释𦍌为羌字，是可以说得通的。我们再另有关用羌作祭牲的甲骨刻辞，……如：

贞：翌辛亥出于父辛𩰫，出羌十？（前五·九·六）

……宰，出羌十，在襄？（甲三五三四）

贞：出羌十？（存二·一〇七）

癸亥卜，宗戌又羌卅，岁十宰？（掇一·四一二）

『出』、『又』用同，祭名。又有辞称

癸卯卜，㱿贞：……？王固曰：出求（咎，从裘锡圭说）。……（大）掫（骤）风，之夕……（又）羌五，……（佚三八六）

此辞『又羌五』与『大骤风』并见，与前引之『又羌十』跟『风印小风』并见辞相似，足证我们释从羊从二人之字『𦍌』为羌字繁文在甲骨文中是有根据的。」（甲骨文字考释十篇，考古与文物一九八九年六期六九至七〇页）

按：「𦍌」為「羌」之繁體，用義無別。當併入0064羌字下。

0066

从

羅振玉　「卜辭中从與比二字，甚不易判。以文理觀之，此當為从字。」（殷釋中五十三葉上）

王襄釋卌為从、𠂢為比，見類纂正編八第三十八葉下。

葉玉森　「王襄釋竹為比，𠂢為从，實則同為从字」。（轉引集釋二六八七葉）

葉玉森　「王簠室釋竹為比，竹為从，實則同為一字。觀後編卷上第十七葉『戊午卜賓貞王竹𡴎𢦏伐土方受之口』，又『貞王竹𡴎𢦏伐土方』辭同可證」。（鉤沈二葉背）

董作賓　「卜辭習見从字，一為隨从之義，一為卜得吉兆也。前者多在辭中，後者多在辭末，亦有僅書一从字者。洪範七稽疑从與逆對舉而皆以龜筮並从為吉，可為卜辭簡明之注腳矣」。（殷曆譜下編卷四日至譜二第七葉下）

于省吾　「卜辭每言『㞢从雨』，或言『从雨』。郭沫若云：『从當讀為縱，「㞢从雨」謂有急雨有驟雨也』。（粹考釋五七片）按郭說非是。从從古今字。禮記樂記：『率神而從天』。注：『從順也』。書洪範：『日肅，時雨若』。僞傳：『君行敬則時雨順之』。卜辭言从雨即順雨，謂非暴雨霪雨，猶今俗所謂風調雨順之雨順也。前三、二十、四：『今夕奏無（舞），㞢从雨』。五、三三、二：『貞，𢦏奏，亡其从雨。貞，奏𡛷，㞢从雨。』前三、二五、三三、三：『𡛷奏，㞢从雨』。六、二六、二：『乎正無，从雨』。後上二二、三：『米于岳，又从才雨』。……或言奏舞，或言舞，或言奏，或言米，或言𡍮方，或言𠦪上二二、四：『米于岳，亡从才雨』。取，或言求，均先舉行祭典而後言从雨。故知其所乞求者，即順雨也」。（駢續二葉釋从雨）

孫海波　「竹，京都一八二二。卜辭比、从同字。文見从下。庚申㞢干比庚宰。王从𦎫乘伐下危。」（甲骨文編三五一頁）

孫海波　「竹，京津一二六六。比用为妣。古从、比同字。」（甲骨文編三五〇頁）

丁山　「這些从字，後下、三七、四，續五、二八、五，前六、五一、七，前七、十九、四，過去考釋者往往誤為隨从之誼，由甲尾和骨面刻辭證明，我們論定他也是氏族的徽識。从氏采地，疑當求諸從極之淵附近。山海經之從淵，當即漢書地理志之從河，水經濁漳水注謂之從陂」。（氏族及其制度七三——七四葉）

楊樹達　「粹編九二四片云：『不雨。弗禽。（原釋半，今改，下同。）其从犬廿，（从原作爪，今改。下同。）禽又（有）狼？（原釋狐，今改）兹（茲）用。弜（弗）从，允禽」。又九二五片云：「王叀犬从，亡𢦏？其从犬，禽？……廿……亡𢦏？」余於一九五〇年六月一日撰「釋从犬」篇，謂此从字經傳皆作從，義訓逐，以易經屯卦六三爻辭「以從禽」，孟子梁惠王下篇「從獸無厭，謂之荒」為證，謂卜辭之从犬，猶彼二文之「從禽」，「從獸」，乃狩獵逐犬之占也。頃來細繹諸辭，覺余前說有不可通者。何者？从犬若是逐犬，被逐之犬不能有定數，何得云「从犬廿」耶？九二五片亦有殘文廿字，知彼片所云「叀犬从」，「从犬」者，皆从犬廿之有文也。且觀甲文用逐字者，或云逐豕，或云逐馬，或云逐鹿，或云逐兕，或云逐兔，（詳見釋追逐篇）未見有逐犬者，知此文之從犬不當以逐犬為義也。胡厚宣戰後寧滬新獲甲骨集一、三九四片云：「△酉卜，王㞢（往）田，从來殺犬，禽？壬午卜，王㞢田，亡𢦏？」又三九五片云：「王叀磬犬卅从，亡𢦏？……田，禽？」又三九六片云：「……叀宕犬先从，亡𢦏？」李亞農殷契摭佚續編第一片云：「辛亥卜，翌日壬，王其从在成犬，禽？弗每？（悔）亡𢦏？」弘吉。在盂」。寧滬集三九五片云：「从磬犬卅」，犬下記數字，與粹編九二四片同。統觀上舉諸辭，皆云「从犬」，且其辭除寧滬集三九六片外，皆有「田」「禽」之字。吾人知狩獵必用犬，獸从犬，狩獵二字亦从犬，知諸辭犬字皆狩獵之所用，以逐獸者，非狩獵之所逐，詳言之，犬乃工具，非對象，也。由此知从字決不當為經傳訓逐之從，自當別求解釋也。然則从字當作何訓乎？按廣韻去聲三用云：「從，疾用切，隨行也」。論語公冶長篇云：「子曰：道不行，乘桴浮於海，從我者其由歟！」按孔子謂「從我者其由」，謂弟子中之仲由可隨孔子行也。此從訓隨行之例也。中國文法有多數之外動字往往同一意義有正面反面兩種用法，甲隨乙行謂之從，如仲由從孔子，此正面用法也，反面言之，乙使甲從我行亦謂之從。漢書七十七卷何並傳云：「並自從吏兵追林卿，行數十里，林卿迫窘，迺令奴冠其冠被其襜褕自代，乘車從童騎，身變服從間徑馳去」。並自從吏兵者，何並使吏兵隨並行也。林卿從童騎者，王林卿使童騎跟隨林卿也。甲文中亦有此用法。如前編七、十八、一云：「王从壁乘伐下危」。此言王使壁乘隨王行而往伐，非謂王隨壁乘行也。此種用法之從字，傳注家或訓為領。按史記春申君列傳云：「吳之信越也，從而伐齊」。索隱云：「從音絕用反。劉氏云：從猶領也」。按史記文謂：吳信越，故從越伐齊，謂率領越國伐齊，乃越跟隨吳，非吳跟隨也。以今日口語釋之，即「吳國帶了越國伐齊國」也。其事涉禽獸者，此從字或訓為牽。淮南子氾論篇云：「禽獸可羈而從也」。高注云：「從猶牽也」。甲文云「从犬」，自亦可釋為「牽犬」，史記李斯傳謂「牽黃犬出上蔡東門」，是也。但依語言習慣言之，釋為「帶領犬」，或「攜帶犬」，校為自然耳。今取寧滬集三四四片之第一辭用口語釋之，則當為「△酉這一天卜」，問：王出去田獵，帶領來殺地方的獵犬去，可以得獸否」？知來殺為地名者，寧滬集三九三片云：「㞢（往）田于來殺」。以是知之。禽者，今字作擒。左傳襄公二十四年云：「收禽挾囚」。杜注云：「禽，獲也」。卜辭「禽」爲問辭，故譯爲「可以得獸否」也。辭云「來殺犬」，知來殺爲地名，則「啓犬」、「宕犬」、「在成犬」之啓、宕與在成亦當爲地名也。（或云：成爲地名，在成爲在成地，說亦通）上舉諸辭，細別之，可分爲三類。寧滬集一、三九四之「以來殺犬」、摭佚續編之「王其以在成犬」，此貞問犬之彼此類別者也。粹編九二四片云「其以犬廿」、寧滬集三九五片「王叀啓犬卅以」，皆貞問用犬數目之多少者也。粹編九二五片有廿字，亦同。「啓犬卅」雖亦記地名之啓，然主問者在用數之多少，不在地也。寧滬集三九六片之「叀宕犬先以」，則是問用犬先後之次第，與上二事不同也。訓逐之從，讀平聲疾容切，訓使人隨行之從，讀去聲疾用切，（與縱音同）字同而義不同。上舉諸辭，訓逐則文頗難通，訓使隨行，訓率領，讀去聲之從，則皆豁然無礙，故今削去釋以屆舊稿，別撰此文云。

余寫成前文後數日，偶檢殷契摭佚續編一二四片乙辭云：「王其田，叀犬𠂤5，禽，亡戈？」又丙辭云：「王其田，叀氐犬5，禽，亡戈？」丙辭氐字不識，以前舉各片例之，蓋亦地名。乙片云犬𠂤，當爲𠂤犬之誤倒，𠂤亦地名也。从字前文所舉諸片从字从二人作55，此二片作5者，乃55之省形也。余往謂甲文多省形，此又其一例矣」。（積甲文說一九葉）

饒宗頤 「比讀如詩皇矣「克順克比」之比。「克比」樂記作「克俾」。爾雅釋言：「俾，職也」。郭注：「使供職」。釋詁：「俾，使也，從也」。郝疏：「從順使令」。故卜辭言「王比某」，猶言「王俾某」。堯典：「有能俾乂」。史記作「使治」。王比某，即王使某也。又別一詞例稱：「王由某比伐」，比又訓輔。（見易比卦）爾雅釋詁：「比，俌也」。比又通弼。皋陶謨：「弼成五服」。弼一作「𢐗」。故「由某比伐」解爲惟某相輔致伐，於義亦通。俾又可訓從。爾雅釋詁：「俾、拼、抨、使，從也」。是以「比」、「从」兩字，每混不別。或訓王比之「比」爲親，恐未確」。（通考一七四葉）

屈萬里 「卜辭「从盂？」（甲編五三七）此當是卜田獵之事。按：廣雅釋詁：「從，就也」。此卜問就盂地田獵，其吉乎？」（甲編考釋八三葉）

屈萬里 「說甲骨文者，率謂从比二字不分。甲骨文編，於比字下說云：「比从一字」。殷虛書契類編、及簠室殷契類纂，雖分別兩字，而所收之字，仍从比不分。是商孫諸家，亦未深辨。實則以字形言，二字雖間有相似者，然大都固校然甚明；以字義言，則尤如風馬牛之不相及也。說文：「从，相聽也。从二人」。又：「比，密也。二人爲从，反从爲比」。說文以匕爲「从反人」，故「反从爲比」者，亦即比从二匕。反人之說，當否今姑不論。然从、从二人，比、从二匕，則固斷然無疑也。卜辭人字作亻（前二.五.一）亻（前五.一二.三）亻（前六.二.二）等形。甲骨文編，收有ㄣ（前六.二.五）亻（後上.一三.五）兩形。原辭皆殘，骨難定為人字。又收ㄣ（前七.三〇.二）一形，固是人字，然細審前編原書，其形實作ㄣ，影印不甚清晰，遂誤摹作ㄣ形耳。故从字作竹（前二.一九.四）竹（前五.三.三）竹（前五.三三.二）等形；匕字作ㄣ（前一.三三.六）ㄣ（鐵二三.一〇）等形，故比字作竹（前五.九.二）州（前七.三八.二）等形。人字斜ノ，多上出竪畫項端；間有沒於項端之下者，則其竪畫之下端必較直。匕字斜ノ，多沒於竪畫項端之下，其竪畫之下端則較曲。於是从比兩字之形，亦隨之而異：此其大較也。人匕二字，其形不過毫髮之差；故从匕二字，所差亦僅。刀筆偶失，从比遂淆。故遇字形上有不易分辨者，試就其義核之，固仍涇渭分明也。

按比者，親信之謂，此義古籍中最習用之。尚書盤庚：「汝萬民乃不生生，暨予一人猷同心；先后丕降與汝罪疾，曰：「曷不暨朕幼孫有比！」」偽孔傳云：「比，同心。」春秋昭公二十八年左傳，引詩皇矣「維此文王」之章（文王，今本作王季。按以左氏引本為長。）而說「比于文王」云：「擇善而從之曰比。」書意乃責民眾之不親信盤庚，詩意則謂上帝親信文王也。推之，詩小雅正月之「洽比其鄰」，乃謂親善其鄰；唐風秋杜之「嗟行之人，胡不比焉」，乃傷人之不見親耳。易比卦初六：「有孚，比之，无咎。」六二：「比之自內，貞吉。」六三：「比之匪人。」六四：「外比之。」九五：「顯比。」上六：「比之无首。」其比字皆當作親信解，於義乃安。而象傳之釋是卦，曰：「地上有水比，先王以建萬國，親諸侯。」又周禮夏官形方氏：「使小國事大國，大國比小國。」鄭注：「比猶親也。」兩說尤無異為卜辭作注腳。謂予不信，請試徵之。

卜辭有曰比某人，或勿比某人者，皆卜其人之是否可親信也。後世枚卜之事，猶沿此習。辭云：「貞，王比沚戓？貞，王勿比沚戓？」（前一、四七、五）「癸亥卜，王貞：余比侯專？八月。」（前五.九.二）「己未卜，王其告，其比𢀛侯？」（粹編三六七）前二例為第一期之辭，比字作竹若竹；末則第四期之辭，比作州，皆非從字。其語法猶詩之「比于文王」，周禮之「大國比小國」。此卜可親信沚戓，侯專，或𢀛侯與否也。或置比字於句末，而義則無殊。如：「辛巳卜，㱿貞，甶早白嫉比？」（前四.三.四）「勿隹沚戓比？」（前六.二五.七）「壬辰卜，㱿貞，沚戓再冊，王比？六月。」（殷契卜辭八五）等皆是。此皆一期之辭，而比字字形，皆不與从字相混。亦猶盤庚之「曷不暨朕幼孫有比」，及詩皇矣之「克順克比」也。

以上所舉，皆泛卜親信某人之辭。又有卜可否親信某人以任某事者：「丙戌卜，㱿貞，今春王比望乘伐下旨，我受出又？」（鐵二四九.二）「貞，今□比冒侯虎伐𢀛方，受出又？」（前四四四.六）「貞，王比沚戓伐土方？」（後上.一七.六）「己亥卜，在岂貞，王□亞，其比叡白伐東□方，不𢦔戈？在十月又□。」（前二.八.五）此皆卜可否信任某人以伐某方之辭，其辭屬於一期及五期，而比字亦均不與从混。足證比从兩字之分，自武丁以迄殷末，無不然也。世人既讀比為从，於右舉之辭，遂說為王从某臣伐某方，以為皆卜殷王親征之事。實則，殷王親征之辭，卜辭中固數見之，如「己卯卜，殻貞，呂方出，王自正，下上若？」（湘二五）「庚戌貞，叀王自正人方？」（粹編一一八五）「庚口口，叀国自正人方？」（粹編一一八六）王者征伐，其率有臣屬可知，然皆云「王自正」，不言从某人也。且就甲骨文中所表現之殷代文化程度言之，知殷人屬辭已優知尊卑之別。若必言王率臣屬征伐，亦當以「王率某」或「某从王」為辭，斷不應有王乃从臣之語。此可以質諸卜辭而無疑者也。天壤閣甲骨文存第六十三片辭云：「貞，令春王勿比望乘⊠」。唐立庵氏既釋比為从，蓋亦感於王从臣之語之費解，因謂：「此貞王从某人之辭。王从望乘者，王以望乘為从也」。是乃易主動語氣為被動語氣，律以文法，終覺難安。按此乃王卜「可否信任望乘往伐下旨」之殘辭，倘以比字解之，則文從字順，無勞費辭矣。

此外，第一期中，又時見令某人或呼某人以比某人之辭。如：「辛丑卜，賓貞，令多敉比望乘伐下旨，受㞢又？」（後上，三一．九）「貞令令多子族比口眔[illegible][illegible]，由王事？」（前六，五一，七）「壬子卜，賓貞，令戉比甾⊠？」（續五，三，二）「壬申卜，[illegible]貞，令帚好比沚戓伐𢀛方，受㞢又？」（粹編一二三〇）「己巳卜，殻貞，勿囹圖好比沚戓⊠，下上若，受我因？」（前四，三八，一）「貞乎商比賚？」（前七，一九，四）此皆令某甲或呼某甲使其親信某乙之辭也。甲骨文中比字，其最習見之用法，略如上述。其形既與从殊，其義尤與从遠。諸辭以从字解之，率皆扞隔難通；以比字解之，則皆渙然冰釋。竹卅等字之當釋為比，可無疑矣。

復次，更有一堅強之證據，足以明竹卅等字之必當釋比而決不當釋為从者。殷契粹編第九十二片辭云：「癸卯卜，戊，王其𠤎犬甾⊠？」此辭屬第四期。犬甾皆人名。𠤎本祖匕之匕，亦即比字之偏旁。此固決非人字，尤決不能讀為从。其用法既與比字相同，又為比字之偏旁而與比同聲，可以斷然知其乃假匕為比者。以此證之，蓋見竹卅等字之必當為比也。

甲骨文中从字，最習見之用法有二。有言从雨者。如：「往于河，亡[illegible]从雨？」（鐵七〇．三）「貞，烄，㞢从雨？貞，勿烄，亡其从雨？」（前五，三三，三）「庚口卜，貞，乎显無（[illegible]，雩）「乙未卜，口無，今夕从雨？」（前六，二六，二）「庚申卜，殻貞，取河，㞢从雨？」（粹編五七）「乙未卜，口無，今夕囧从雨？」（殷契卜辭一三四背）郭沫若氏，讀从為縱。云：「㞢从雨，謂有急雨，有驟雨也」。（殷契粹編考釋第五七條）按殷虛書契續編卷四第二十二葉第四片辭云：「貞，亡其从雨？二月」。殷正建丑，其二月當夏曆之正月，在黃河流域，正瑞雪紛飛之時；即或降雨，亦皆霏霏如霧，決不至有急雨驟雨也。以此言之，从不讀為縱。竊疑此當為跟蹤之從。此類卜辭，多卜祈雨之事。㞢於此處為語辭，不讀作有無之有。㞢从雨者，言跟蹤即降雨，冀其所求之即應也。雨為動詞，可施於雨，亦可施於雪。若是，則此類語辭，可施諸冬夏而無不宜矣。

其次，从字之義，為『自』為『于』。如：

『乙酉卜，𡧊貞，往復从臬夲吕方？十二月』。（揃五、一三、六）『貞，今春令𤰈田，从𢦏至于瀧，獲羌？』（揃七、二四）『口口卜，韋貞，王往𠦪（省）从西，告于大甲？』（濺上、一、一四）『囚之日王往于田，从融京，允獲麋二，雉十。七月』。（續三、四三、五）『辛卯貞，从斲涉？』（粹編九三四）『癸丑卜，貞，𠂤往追龍，从朿西，及？』（殷契卜辭五九〇）

上列諸辭，第一期及第四期並有之。从下之字，或為地名，或為方向，繹其語義，則『从𢦏至于瀧』之从，當訓為『自』；『往復从臬夲吕方』，及『从斲涉』、『从獸因涉』諸从字，訓『自』訓『于』並通。（从斲涉，从獸因涉，兩从字作𠔀，有似於比。此為第四期之辭，第四期比字率作𠔁，仍有別也）其餘諸从字，皆當訓『于』。殷契粹編第一〇一七片辭云：『翌日壬，王其𤲨于向，亡𢦏？从凡，亡𢦏？从㭘，亡𢦏？』于、从二字互用，則从字可以訓『于』，尤不待煩言而解矣。

此外如『辛丑卜，𣪘貞，𡕥兄戊口从，不隹囚？口月』。（鐵一二一、三）『貞，子漁亡其从？』（濺上二七、二）『丁未卜，員貞，口方𠕋口新家，今口口，王其从？』（濺下三三、一）則从字似為聽从之義。惟辭多殘闕，義尚難定耳。」（集刊十三本第二一三葉甲骨文从比二字解）

屈萬里 「比，諸家釋从。按：卜辭从、比兩字相似，而實有別。余曾有甲骨文从比二字辨一文說之。……本辭作𠤎，乃比字也。比，親也。周禮夏官形方氏：『使小國事大國，大國比小國』。鄭注：『比，猶親也』。周易比卦彖傳：『地上有水比，先王以建萬國，親諸侯』。亦以親義說比。詩大雅皇矣：『比于文王』，小雅正月：『洽比其鄰』，書盤庚：『曷不暨朕幼孫有比』，凡此比字，皆親近之義。本辭比字亦然。」（甲釋第三二葉）

屈萬里 「从雨之語，卜辭習見。竊謂从當讀為蹤；从雨，謂跟蹤即雨；意謂舞祭之後，隨即有雨也。」（甲編考釋二九五葉）

屈萬里 「卜辭：『从盟，亡𡿧？』甲編一五一一廣雅釋詁三：『從，就也』。此卜问就盟地田獵，有無災殃也。」（甲編考釋二〇四葉）

李孝定 「竊疑契文作𠂈𠤎者為比之初文，字非从二人，蓋从二匕取義兼以為聲也，惟卜辭諸𠂈𠤎字，以辭意求之又當釋从，豈殷時即已誤混耶。疑莫明明，存以俟考。」（集釋二六九〇葉）

李孝定　「許書「反从為比」之說固就篆體為言，然求之甲骨金文从比二字其形體亦略同，固難確指某之必為「从」，某之必為「比」也。屈氏所舉諸例，其泰半均可「从」「比」兩讀，義皆順適。惟如「令春王比望乘伐下危」之辭，「王比」之上繫以「令春」，果字當釋比訓為親信，則豈王之於望乘令春加以親信而於來春則否。又如「令帚好比沚䁐伐𢀛方」之辭，「某甲」之親信某乙與否，實由某甲主之，似不當形諸命令，諸辭釋「以」則莫不辭從理順。「王从某某」者，乃以某某為从。唐蘭天壤考釋六十三片之說是也。而諸辭屈氏皆以「比」字讀之，似有未安也。」（集釋二六九七至二六九八頁）

陈炜湛　「說文：「从，相聽也。从二人。」又：「比，密也。二人為从，反从為比。」段注：「猶反人為匕也。」驗之甲骨文，从比二字同形，均可作〓或〓，知許說為不謬。盖二人相随为从，从反书即成比；反从为比，比反书又为从。卜辞屡见王从某人伐某方之例，从字多作〓〓或〓〓，亦作〓或〓，与比形无别。王从某人者，意即王以某人为從。杨树达曰：「我从人为从，平声读，使人从我为从，去声读。汉书何並傳云：「並自從吏兵追林卿」，犹今言並自带吏兵追林卿也。從与从同。甲文王从沚（案即沚，下同）䁐，谓王以沚䁐自随也。」其说可信。卜辞中可确知为比字者为数不多，且假借为妣，例如：

庚辰出于〓庚，宰。（京都一八二二）

〓己。（撖六六）

比庚比己即妣庚妣己。

屈万里氏尝力辨从比二字，谓「以字形言，二字虽间有相似者，然大都固较然甚明；以字义言则尤为風马牛之不相及也」。他把大量的王从某人征（伐）某方一类卜辞中的从释为比，也只承认「出从雨」之从的义同「自」、「于」者为从。其实，即便根据他所引辞例分析，也只能得出从比同形的结论。因依屈说，从字从二人，比字从二匕，「从字作〓〓〓等形」，「比字作〓〓等形」，但屈氏所引诸辞之释为比者，亦有作〓或〓之例（如契八五）。屈氏所未引的大量同类卜辞中，作〓或〓更是比比皆是，具见島邦男殷虛卜辭綜类（页一九至二三、六五、一一〇）。其次，屈氏所定为从字者，固有作〓之例（如粹九三四、一〇一七），而辞例之称从东、从南、从西、从北者，从字亦有作〓或〓者（如乙七三〇八、七八二六，绝一·二八·三，續存上七五三，摭二四七），依屈说，岂非並宜释比？要之，甲骨文比从二字同形而间有变化，甲骨文编云「古从比同字」是也。」（甲骨文异字同形例古文字研究第六辑二四六——二四七页）

考古所 「我们也认为，在卜辞中，单从形体上要严格区分人与匕是困难的，因此要认真区分从二人的『从』与从二匕的『比』是不容易的，故本书暂将二种形体都隶定为从。」（小屯南地甲骨一〇九〇页）

姚孝遂 肖丁 「……『从』当是『从雨』之省。郭沫若先生读『从』为『纵』以为『从雨』谓『有急雨、有骤雨也』（《粹》517考释）。于省吾先生则以『从雨』为顺雨。卜辞『舞』、『烄』之祭皆云『有从雨』，是『从雨』只能是顺雨，而不能是骤雨。」（小屯南地甲骨考释一三页）

林澐说参从字条下。

按：說文以「二人為从，反从為比」，而金甲文反正無別，實為同字。金文「从」作「从」，或从止作「⿱从止」，或从彳作「徔」，或从辵作「⿺辶从」，亦反作「⿱⿰匕匕止」（参見容庚金文編八・一〇），皆無別。

屈萬里言「人」、「匕」之分，謂「从」从二人，「比」从二匕，不能混同。林澐有專文論「比」、「从」形義之分，確不可易。

比

楊树达 「……殷虚书契前编柒卷拾捌叶壹版云：

王从望乘伐下𠂤。

此言王使望乘随王行而往伐，非谓王随望乘行也。此种用法之從字，传注家或训为領。史记春申君列传云：

吴之信越也，從而伐齐。

索隐云：『從音绝用反。刘氏云：從犹領也。』……其事涉禽兽者，此從字或训为牵。淮南子氾论篇云：

禽兽可羁而從也。

高注云：『從犹牵也。』甲文云『从犬』，自亦可释为『牵犬』，史记李斯传谓牵黄犬出上蔡东门，是也。但依语言习惯言之，释为『带領犬』，或『攜带犬』，较为自然耳。」（释从

犬，积微居甲文说卷上三二至三七页）

林澐

「王佳（唯）侯告比正（征）尸（乙二八七一）

贞：王令帚（妇）好比侯告伐尸（乙二九四八）

这类卜辞中的“比”字，早期甲骨文考释著作中均释“从”，后来虽有人改读为“比”，但未有定论。小篆从作𠤎𠤎，比作𠤎𠤎，说文以为“二人为从，反从为比”，从前的文字学家多信从之。后来发现古文字中“从”、“比”二字均正反无别，故甲骨文编、金文编均以为“从”与“比”为一字。岛邦男殷虚卜辞综类也仍然以“从”、“比”为一字。

实际上，甲骨文中“从”、“比”两字是判然有别的。……“比”字本从二匕，先举武丁宾组卜辞为例来证明。

乙卯卜，𣪘贞：王𠤎𠤎望乘伐下𠂤，受㞢又？

贞：王𠤎𠤎望乘（丙贰壹）

庚辰卜，穷，贞：今[illegible]王𠤎𠤎望乘伐下𠂤，受……（粹一一〇九）

凡是武丁宾组卜辞中“比”某征伐某方的“比”字，只有以上三种写法，即①从二𠤎（最常见）、②从二𠤎（较少见）、③从二𠤎（最少见）。武丁宾组卜辞中用作先妣之匕的写法，恰恰也有这样三类：

癸未卜，𣪘，贞：告于𠤎己眔𠤎庚

贞：勿告于𠤎己眔𠤎庚（乙三二九七）

辛卯卜，穷，贞：佳（唯）𠤎庚壱……（通别二X：1）

而且略作统计，也同样是𠤎最常见、𠤎次之、𠤎最少见。还可以用从匕的𠤎字作旁证。在武丁宾组卜辞中𠤎字所从之匕也是这三种写法：

勿令[illegible]𠤎三百射（乙七六六一）

贞：勿令[illegible]田于京（燕五二）

口丑卜，口，贞：叀令[illegible]……（存下四七一）

所以，“比”字原从二匕，是不容置疑的。而且，在武丁宾组卜辞中还偶见有以“比”为先妣之匕的：

庚申，㞢于𠤎𠤎庚宰（京都一八二二）

可证从二匕的“比”字，确实读若匕，是根本不能读为“从”的。

武丁宾组卜辞中的人字，绝大部分作𠆢，间或作𠆢。如伐字作[illegible]，疾字作[illegible]，所从之人，和匕之作□、□、□也是不相混的。所以，武丁宾组卜辞中的□、□、□等字，分明是从二人，不论正反，都是「从」字，不能读为「比」。

在字形上分清了武丁宾组卜辞中的「比」、「从」二字后，就可以看出两者的用法是有严格区别的。在「比某伐某方」这类卜辞中，「比」字均从匕，不从人。相反地，「从雨」一词中的「从」字，均从人，不从匕；「从东」、「从西」、「从南」、「从北」等词中的「从」，也均从人，不从匕。……而且，武丁宾组卜辞中加了止旁的「从」（從）字凡三见，均从二人，不从二匕（后下二五·九，续四·四四·三，掇二·三五四），这些例证就足以说明「比」、「从」二字是可以而且应该区分清楚的。

既然「比」、「从」二字在字形和用法上分明是有别的，那为什么许多古文字学者至今仍把这两字混为一谈呢？主要的原因是：在不同时代、不同类别的甲骨文中，人、匕的写法是有变化的。不少甲骨学者对甲骨分期和分类在文字研究上的重要性认识还不够，一方面未能就同期、同类卜辞的人、匕写法细加区别（如武丁宾组卜辞的人和匕本来比较容易区别，但殷虚卜辞综类仍把缀下三〇八、乙八一三二等片上分明是从人、从壬的「任」字，误归为匕壬合文）；另一方面又把不同期不同类的卜辞中写法相近的人和匕混淆起来（例如，综类把缀下三二〇这片武丁自组卜辞从人从壬的□字，既归入「任」字条，又收入「匕壬」条）。所以，象殷墟卜辞综类是认为人、匕两字在字形上分不开的，哪里还能区别「从」和「比」呢？

上文我们已分析了武丁宾组卜辞中人作□，匕作□、□、□，是可以区别的。然而在武丁自组卜辞中人、匕的写法就不同了：人字写成□、□（伐字相应作□、□，疾字相应作□、□），匕字则仅见作□者。人和匕的区别，主要只在下部，人字垂直向下，匕字弯曲向旁。所以在武丁自组卜辞中，「从」字作□、□，如：

□雨（乙九〇六七）

戊申卜，……今日奏舞，㞢□雨（拾遗七·一六）

而「比」字作□，如：

口申卜，徙，令□□口侯（佚五八一）

由此可见，自组卜辞人、匕的写法虽然和宾组卜辞不同，但只要会区别自组卜辞的人和匕，自组卜辞的「从」字和「比」字也是可以区分的。

但是，自组卜辞人、匕的差别既然只在下部，所以刻写时对匕字的下部往往很强调地向旁弯曲。而宾组卜辞人、匕二字上部的区别就已经很明显，写刻时对匕字下部的旁弯就不很强调了。所以宾组作□形的匕字和自组作□形的人字是最容易相混的。如果研究者不懂得区分自组卜辞和宾组卜辞，或区分不精审，就会把自组卜辞中从二人的□和宾组卜辞中从二匕的

□混为一谈，这正是「从」、「比」两字至今仍被许多研究者视为一字的症结所在。

下面我们把王室卜辞各期的人、匕两字的区别，以及「从」、「比」两字的区别列成一表。由此表可以看出，只要会区别各期卜辞中人、匕的不同，那么「从」、「比」两字的区分是很容易的。

	武丁𠂤组	武丁宾组	祖庚	祖甲（尹群）	廪辛康丁	武乙文丁	帝乙帝辛
人							
匕							
从							
比							

根据以上区别「从」、「比」两字的原则，在十二种甲骨著录中一共查检了二百八十八条有「比」的卜辞，八十四条有「从」的卜辞，结果发现，应该写作「比」字的，有一例写错了半个字（《乙》六七三三，□皇乘），有两例写得不够正确（《乙》七七四一，□奚伐□）（《续》六·五一·七，多子族□犬）；应该写作「从」字的，有一例误写为「比」（《乙》七三〇八，□西）。这种只占总数百分之一的例外，显然只能视为当时契刻者的疏误，无法据之以否定「从」、「比」有别的结论。

既然「王唯侯告比征尸」这类卜辞中的「比」字是确定无疑的了，这类卜辞的意义应该如何理解呢？《论语》「君子周而不比」郑注：「阿党为比」，则比有结党之义。但按郑注所说，似有贬义。其实，《晋语》有「君子比而不党」的说法，可见「比」本身并无贬义。《周礼·形方氏》「大国比小国」注：「比犹亲也。」《左传·昭三年》「燕大夫比以杀公之外嬖」杜注：「比，相亲比。」《楚语》「比尔兄弟亲戚」注：「比，亲也。」以上「比」字均作动词用，是亲密联合之义。《晋语》：「褒姒有宠，生伯服，於是与虢石甫比，逐太子宜臼，而立伯服。」和「王唯侯告比征尸方」语法相同。所以，象「王唯侯告比征尸」这样的句子，字面的意义只是王和侯告联合征伐尸方，在文辞中王和侯告的地位是相对等的，看不出有什么主从之别。因此，这类卜辞是证明商王在军事行动中和其他方国有联盟关系的基本依据。」（《甲骨文中的商代方国联盟》《古文字研究》第六

輯六九——七四頁）

林澐「王勿比鬼（丙弍肆）

根据它辭有『鬼方易亡囚』（乙六八四、甲三三四三），可知鬼为方国名。易既濟爻辭：『高宗伐鬼方，三年克之。』殷本纪记載，紂以西伯、鄂侯、九侯為三公，九侯集解『徐广曰：一作鬼侯。』則鬼方在武丁伐之以后就和商结为盟国，一直保持到商末。」（甲骨文中的商代方国联盟古文字研究第六輯七五頁）

楊升南「在古文獻中，『比』字是一个多义性的字，除有密、亲等意外，还有輔佐义。爾雅釋詁『比，俌也』。『俌』即輔之本字，說文『俌，輔也』。易比卦彖曰：『比，輔也』。孔穎达正义『比者，人来相輔助也。』詩唐風杕杜『胡不比焉』，郑玄笺云：『比，輔也。』証以卜辭，在所有关于這方面的刻辭中，都是商王或受商王令的王臣『比』諸侯，而无相反的例證。可見商王是這些軍事行動的主导者，諸侯是处于从属的地位。……商周軍隊，一般分成左中右三軍配置。据后世材料，中軍是主帅及主力所在，据此，卜辭中的『王比某諸侯』，乃是諸侯以其國中的軍隊随商王征伐而担負着一个方面的战斗任务，或者如班毀銘文中的左、右翼。……所以，卜辭中的『王比某諸侯』或『王令某（王臣）比某諸侯』从征，乃是商王或由其臣僚率領諸侯軍隊征討第三國。這反映了商王室控制着諸侯的軍权。」（卜辭中所見諸侯对商王室的臣属关系 甲骨文与殷商史一五一頁至一五三頁）

于省吾释比，参□字条下、□字条下。

张政烺释比，参□字条下。

陈炜湛说参□字条下。

按：甲骨文「从」與「比」，區分甚嚴。說文「反从為比」之說不可據。「从」與「比」之分不在其反與正，而在於从「人」與从「匕」之别。屈萬里、林澐已詳加論證。凡以為古反「从」為「比」之說，皆由於對形體區分不明所致。至於以「比」或省作「匕」，則由於誤解卜辭。參見「匕」字條。

0068 □□□

按：□與「从」、與「幷」均有别，用義不詳。

0069 □□□□

王襄　「古并字」。（類纂正編第八第三十八葉下）

羅振玉　「說文解字：『并，相從也。从从，幵聲。一曰从持二爲并。』徵之卜辭，正从二，與許書淺說同。」（殷釋中五十三葉上）

孙海波　「□，甲七七四。地名。田并亡戈。」（甲骨文编三五一頁）

屈萬里　「并，從羅振玉釋（殷釋中五三葉）。按：並，與併、竝通，合也；兼也。儀禮公食大夫禮：『二以竝』。鄭注：『竝，併也』。是謂二者相俱爲并也。」（甲編考釋四八葉）

屈萬里　「并，地名；卜辭習見。殷王田獵區，多在今河南沁陽一帶，此并地疑亦距沁陽不遠。然則古傳說中十二州之并州，或與此并地有關也。」（甲編考釋一二二葉）

李孝定　「契文从『从』从『二』或从『一』，象兩人相并之形，許書淺說近之。」（集釋二六九〇葉）

于省吾　「說文：『幷，相从也，从从幵声。一曰，从持二为幷。』徐灝說文段注笺：『幷不得用幵为声。从持二干会意，於義為長。』林义光文源：『幵非声，二人各持一干，亦非并声。秦权量皇帝尽并兼天下，并皆作□，从二人並立，二并之象。』按许氏分为两种说法，徐氏以为会意，均误。林说较优，但也不够明确。甲骨文并字作□、□或□。并字的造字本义，系于从字的下部附加一个或两个横划，作为二人相连的指事字的标志，以别于从，而仍因从字以为声（本耕通谐）。」（甲骨文字释林释古文字中附划因声指事字的一例）

考古所　「幷：地名。」（小屯南地甲骨一一〇二頁）

按：許書說解，王筠已疑之。釋例云：「據字形而言，幷以从貫乎二」。林義光文源云：「幵非聲，二人各持一干，亦非并義。秦權量皇帝盡并兼天下，并皆作幷，从二人并立，二并之之象」。卜辭或从一作幷，皆用為地名。與竝有別，說見竝字條。

0070

北

王襄　類纂以為古北字。

唐兰　「如上所述，則东本即東字，西本即囟字，卜辞或段借为之，南本即𡴎字，皆段借其声，无本字也。独北字，许君之说，未尝牵合北方之义，余以为实一义之引申。北字作𠦃，象两人相背，与𠨧对文，𠨧北即向背也。由相背之义，引申而有乖背及背面之义。由背面之义更引申之，乃有二义：一为人体之背，其后更从肉而为背字；又一则为北方。盖古代建屋皆南向，则南方为前，北方为后，『安得蘐草，言树之背』，屋之背为北堂也。人恒向南而背北，北方之名以是起也。

依文字学之观点言之，四方之名，均无专字，仅就他字引申或段借为之，其发生必在既有此诸字之后。然方向之名称，在原始语言中，或已发生，未必不在文字发生以前也。如於语言方面作冒险之推测，则东西南北四字，似与日光有关。东西者，日所出入，日出而动，日入而栖息，故東动声近，西与栖息声近也。南方受阳光，故本曰𡴎，𡴎者縠也，善也。而北方则背阳光者也。

当文字发生之初，北方之字，固可以两人相背之𠦃，引申而为之，而东南西三方，则未有象之之术，故假借他字之声以为之耳。」（释四方之名，考古学社社刊第四期一至六页）

唐蘭　「北由二人相背引申而有二義，一為人體之背，一為北方。蓋古代建屋多南鄉，則南方為前，北方為後，人恆向南而背北，北方之名以是起矣。依文字學之觀點言之，四方之名均無專字，僅就他字引申或假借為之也。以於語源方面作冒險之推測，則東南西北四字似與日光有關。東西者日所出入，日出而動東，日入而息西，南方受陽光而北方則背陽光也。」（考古四期五葉釋四方之名）

李孝定「說文：『北，菲也。从二人相背。』契文亦从二人相背，此其本義，至方名之北則係假借。唐氏謂為引申，似有可商。方名之字皆係假借，與其本義無涉也。」（集釋二六九九葉）

考古所「北方：此片卜辭有北土，也有北方，二者可能不是一个概念。关于北方，在著录中常常作为方向之一，但也見到較特殊的用例。如存下七五五『辛亥卜，北方其出？』文例与遺一七五『吕方其出』相似，似为方國名。此片第(12)辭发现了『王其正北方』，进一步証明北方确为方国名，即邶。北之名在金文中也不只一次地出现，如：北伯卣、北伯鬲、北伯尊、北子鼎、北子盤等，此北也即邶。关于邶，說文：『故商邑，自河内朝歌以北是也。』史記殷本紀正义引地理志曰：『周既滅殷，分其畿内为三國，詩邶、鄘、卫是。邶以封纣子武庚；鄘，管叔尹之；卫，蔡叔尹之，以监殷民，谓之三监。』帝王世紀云：『自殷都以東为卫，管叔监之；殷都以西为鄘，蔡叔监之；殷都以北为邶，霍叔监之。』三种记載都以邶的位置在殷都不远的地方，而地理志更明确指出在殷畿内。关于此点，王國维根据河北涞水曾出土邶器，提出邶的位置不在殷都附近，而应在更北的地方去寻找（观堂集林卷一五北伯鼎跋）。王國维的说法尽管有人非之，但据此片卜辭北的地望不应在殷都附近，而应在殷之北部边陲附近，涞水距殷都八百余里，其为邶之所在是很可能的。」（小屯南地甲骨九二二——九二三頁）

郜笛「存二・七五五：『辛亥卜：北方其出？』文例与遺一七五：『吕方其出』、摭續一七：『刀方其出』、京四三七八：『方其出』相同，吕方、刀方（刀方能为召之省），方都是方国名，故北方也应为方国名。屯南一〇六六有『庚寅贞：王其正北方』之语，进一步証明北方除作方向外，在卜辭中也是方国之名。北作为国名，在金文中不止一次地出现，如北伯卣、北伯鬲、北伯尊、北伯鼎、北子鼎、北子盘等，此北与卜辞之北同一国名，即邶。关于邶的地望，說文：『故商邑，自河内朝歌以北是也。』史記周本紀正义引帝王世纪說：『自殷都以东为卫，管叔监之；殷都以西为鄘，蔡叔监之；殷都以北为邶，霍叔监之，是谓三监』。二说都认为邶位于殷都以北。历来解释说文者，……都主此说，并认为邶在殷都附近。……晚清以来研究金文者，……也都主此说。惟王国维根据河北涞水有邶器出土这一事实，对邶之地望提出了不同的看法。他说：『彝器中多北白、北子器，不知出于何所。光绪庚寅十六年（一八九〇年）直隶涞水县张家洼又出北伯器数种。余所见拓本有鼎一、卣一。鼎文云北伯作鼎，卣文云北伯𢦚作宝尊彝。北盖古之邶国也。自来说邶国者虽以为在殷之北，然皆于朝歌左右求之，今则殷之古虚得于洹水，大且、大父、大兄三戈出于清苑，则邶之故地自不得不更于其北求之』。

（觀堂集林卷十五，北伯鼎跋）。王国维之说实破了传统的看法，尽管有人非之，但证之卜辞，其说是很有见地的。因邶是商之敌国，又与商发生过战争，其地望不可能近在商之畿内，而应在商之北部边陲以外。涞水距殷都八百余里，其为邶之所在，是很有可能的。邶器得之涞水，与卜辞之有北方是可互相印证的，说明周之邶国是商邶方的延续。

关于西周之邶，史记周本纪引地理志说：「周既灭殷，分其畿内为三国，诗邶、鄘、卫是。邶以封纣子武庚；鄘，管叔尹之；卫，蔡叔尹之，以监殷民，谓之三监」。但前面所引帝王世纪则说：「殷都以北为邶，霍叔监之」二者是不同的。比较起来，帝王世纪较为合乎情理。周设三监是为了监督纣子武庚，而周灭商后将商的故地封于武庚，周围设邶、鄘、卫三国以监之，故不大可能将邶封于武庚，使武庚「以监殷民」。从卜辞也可看出，邶是殷的故国，不是周新封之国。殷灭亡后周利用其过去之敌国监督它，是很有可能的。当然后来邶又叛周，则另当别论。

通过上面之论述可以得出如下结论：

第一、邶在商畿外，不在畿内。

第二、邶是商代故国，不是西周所封。

第三、周是利用过去殷之敌国邶以监殷，非封武庚于邶。」（卜辞考释数则古文字研究第六辑一八三——一八五页）

0071

非

王襄　「北，疑古北字。即邶之省，殷畿内地名，周滅殷分其畿内之地為邶鄘衛三國，或沿殷之舊名名之。」（簠考地望四葉下）

葉玉森　「按姬彝之彝作[illegible]，此省糸與彡，與卷七第十葉四版之[illegible]疑並為彝之初文。」（前釋四卷六十二葉下）

按：北即象兩人相背形。漢書高帝紀：「項羽追北」，韋昭注：「北，古背字也，背去而走也」。朱駿聲說文通訓定聲謂「人坐立多面明背闇，故以背為南北之北」；徐灝說文解字注箋謂「古者宮室皆南嚮，因以所背為北」，此為唐蘭「南方受陽光，而北方則背陽光」說之所本。四方之名、與本義無涉，純屬音假，李孝定已辨之。

曾寶先 「㞢即非字，於卜辭有二義，其一為訓不之非，其一為方名。」（姓氏通釋之一東海學報一期八葉及九葉）

陳邦懷 「㞢之初字。」（駢三弟二九葉引謂見拾遺十二葉）

于省吾 「校王葉陳三氏說非是。非門乃非之初文。金文非字傳卣作非，𣪘鼎作非，曶鼎作非，毛公鼎作非，其演变之迹，與契文相銜。㞢乃輩之初文。金文𣪘敢𦎫字作𦎫，古匋文孴錄附編十八有𦎫字，亦即𦎫字。契文㞢从非，亦从北几八者，文之有也。㞢字當即說文记字重文𦎫所从之輩。𦎫从非聲，與符鄙切之记為變聲字，𦎫輩並諧非聲。篆文从非从手與从奴，在偏旁中每無別。以契文𣪘字說文作𦎫，金文𦎫字後世作擇，（金文有𦎫無擇。𦎫字演變為擇，說文訓𦎫為引給，擇為柬選，歧為二字，失之）陳貽毀𦎫字从奴作𦎫，師嫠毀𦎫字从奴作𦎫，金文奠字从奐作𦎫，說文作𦎫，此均从非从奴从手尊安之證。輩即今排字，古文偏旁之部位，安動不居，清儒不解此義，遂不知𦎫之从輩即从排矣。契文言非𦎫，與尚書言棐其他經傳言非或匪用法同。拾十一、十八：『非若』。爾雅釋詁：『若善也』。古籍亦訓若為順。順與善義相因。非若即非順善也。契七九四：『非囚』。契文言囚，同於周易之言咎。非囚謂非咎災也。粹五五：『日又戠，𦎫囚隹若』。𦎫囚猶大有初九之言匪咎。匪非義同古通用。𦎫囚隹若者，非咎災而唯順善也。粹一二六二：『又希𦎫囚』。言雖有祟而非咎災也。洪三七四：『日月又食，隹若』。日月又食，𦎫若』。𦎫若與隹若對貞，𦎫若即非若也。簠天三八：『茲雨𦎫囚』。言今雨非咎災也。粹一一五八：『𦎫行用𢦏』。非猶不也，言不行用𢦏也。續六、十三、十：『𦎫𠂤隹𤕫』。𠂤即辛，（詳王國維釋辭上）說文辛辠也。言非辛辠而隹疒病也。余所藏明義士墨本有辭云：『𦎫乎歸若』。言不乎歸而順善也。粹一一五七及一一五九並有𦎫隹之語，此乃分段互卜。𦎫隹者非隹也，蒙他段之辭而為省語也。續三、三十、一：『才非貞』。前二、十、四：『王步口𨺅』。𨺅字从𦎫，非𨺅並為地名。要之，非門為初文非字，𦎫字後世尊安為輩，亦即排字。篆文偏旁之从奴从奴从手每互作。契文言非𦎫，與經傳言非或棐匪用法同。研契諸家既不識非之初文，遂無由知𦎫為輩排之初文矣。」（駢三弟二十九葉釋非𦎫）

郭沫若 「㞢字不識，以辭意推之當是動詞，且于軍旅之事似有關。」（粹考一四八葉下）

孫海波 「非，鐵四二·一〇。于省吾釋非。（甲骨文編八〇〇頁）

李孝定

「《說文》：『非，違也。从飛下翄，取其相背。』契文作上出諸形，非為本字，排則排字借為非。于說於諸辭皆能通讀，可从。或為方名。金文作非毛公鼎非曶鼎非𦙏鼎非伯多壺非傳卣略同。許解為从飛下翄，乃就篆文立說。契文字形从双與从収同，其上所从似北而非北，其朔義不可知，以為否定詞假借意也。」（《集釋》三四九二葉）

于省吾

「甲骨文非字作非形，王襄謂『非疑古北字』（《簠考地四》）。又甲骨文𢎐字作𢎐或𢎐、𢎐等形，叶玉森『疑𢎐字』（《鈎沈一》），陳邦怀同志謂『𢎐之初文』（《殷拾一二》）。按王叶陳之說并誤。非乃非之初文。金文非字傳卣作非，曶鼎作非，蔡侯钟作非，其演变之迹，与甲骨文相銜。非字，𢎐鼎作𢎐，古陶文作𢎐，古化文作𢎐或𢎐。甲骨文以非或𢎐為地名，亦以為否定詞。《尔雅·释言》訓若為順，又《释诂》訓若為善，順与善义相因。甲骨文之『非若』（《拾一一·一八》），即非順善也。甲骨文之『非因（咎）』（《燕七九四》），《說文》訓咎為災，謂非咎災也。甲骨文之『非佳𤆍（𤆍）』（《甲七九九》），佳即惟，讀為（详《经传释词》）。謂不為𤆍祭也。甲骨文称：『日有戠，𢎐因佳若。』（《粹五五》），𢎐因之𢎐应讀作匪，犹《易·大有》初九之言善也。甲骨文称：『日月又食，佳若○日月又食，𢎐若。』（《佚三七四》）𢎐若与佳若对貞，𢎐若即非若也。甲骨文之『兹雨𢎐因』（《簠天三八》），言今雨非咎災也。甲骨文称：『𢎐乎归，𢎐若。』（《南北明八三》），𢎐字误摹為𢎐）言不乎归而順善也。要之，非為非字初文，𢎐為非之孳乳字。甲骨文言非或𢎐，与经传言非或匪（亦作棐）用法同。非与𢎐均見於周代金文晚周之陶文、化文犹存𢎐字，自汉以来，匪行而𢎐废矣。」（《释非》，《甲骨文字释林》七七至七九頁）

赵诚

「非，甲骨文写作非，构形不明，或写作𢎐𢎐𢎐，為繁体。因為繁体从手，所以也有人隶定作排。其实是一个字的两种写法。卜辭用作副词，表示否定，似為借音字。丁丑貞，旬又希，非因。（《粹一二六二》）——又用為有。希，禍祟。因，此用為灾害之义。有希，非因，意思是禍祟还没有造成灾害。兹即兹，此也。非因和亡因之例近似，但结构不同，语意也有区别。非因之因為动词，非為副词。亡因之因為名词，亡用作有无之无，不是副词。」（《甲骨文虚词探索》、《古文字研究》第十五辑二八三頁）

陈炜湛说参𢎐字条下。

按：于先生釋非。徐灝《段注箋》云：「从『飛下翄』謂取飛字之下體而為此篆耳。鐘鼎文作非，正合从飛下翄之語。小篆變作𩙿。凡鳥飛，翄必相背，故因之為違背之偁。戴氏侗曰：「飛與非一字而兩用，猶烏於之為一字也，借義既專，故判為二字」是也。」林義光文源謂「古作非（毛公鼎），作非（盂鼎），象張兩翄，」周伯琦（說文字源）以為與飛同字，當從之」。魏三體石經古文亦作非，與契文同。

0072

非 [illegible]

葉玉森 「疑是并字。」（殷契鉤沈二頁）

于省吾 「乃輩之初文……即今之排字……與經傳言非或棐匪用法同。」（駢三第廿九葉釋非棐）

孫海波 「𦘔，前七·一〇·四。于省吾释棐。」（甲骨文編六九三頁）

饒宗頤 「卜辭『于方𦘔（非）尸（夷）』（見明義士一六六）『非尸』殆為殷時成語，疑讀作『匪夷』，言有非常事故也。他辭言『非囚』（燕大七九四）『丝雨𦘔囚』（鐵天三八）『非禍』與『非夷』義正相反。」（通考七八四葉）

丁驌 「『日又戠𦘔冎隹若』中的𦘔字是兩个相背的及字所成。契文字构造如𠈌，𠈌，二人相偕，一作从，一作比，都是相偕之含义。如写成𠈌二人相背，就是北字。及為及字，相逮也。故𦘔字疑即背字。惟於文字無徵。其义則為乖，為背馳。故意译契辞，或可作『违禍維若』。

背，从月。今之服字亦从月。艮為偏旁。契文从卩，又（𠬝）卩是立人，卩是跪人。故艮与及字构造同。而艮今作服。𦘔亦可成背了。」（陳薇堂讀契記 中國文字新十一期一四三頁）

考古所 「𦘔、𦘔：皆为地名。」（小屯南地甲骨八四三頁）

陈炜湛说参𦘔字条下。

0073

⿰氵北

按：卜辭常見「□若」、「□田」，與「非」之用法同，但地名則但作「□」，似已分化為二字。

羅振玉　「从水北，北亦聲，其从ㄑ者水省也。此當是水北曰汭之汭。今从内聲者，殆後起字也」。（殷釋中十葉下）

唐蘭　「卜辭習見□字，昔人誤釋為汎者，余以為兆字。卜辭用為地名，即洮也。壺文姚字偏旁作□，漢器亦多如此，（見金文編、金文續編）則逕寫其一人。說文引古文作□，是水形之ㄑ稍低，而□誤為川。此猶乖本作□，而說文誤从川作□，書『分北三苗』，虞翻本作川也。是□即兆字無疑，要非象璺坼者」。（天壤文釋八葉）

商承祚　「王徵君說：『水北曰汭，僅見尚書偽孔傳。毛傳云：「芮，水涯也」，鄭云「芮之言内也」，許云：「汭水相入也」，無水北之說。此字从水北，未可遽以為汭字』。附此待考」。（類編十一卷二葉）

陳邦福　「福案□□皆當釋邶。說文邑部云：『邶，故商邑，自河内朝歌以北是也。』又詩邶風序云：『武王克商，分朝歌而北謂之邶』。卜辭有邶，有南邶。余頗疑朝歌北為邶，朝歌南為南邶，與鄘相近，鄭氏詩譜所謂：『自紂城而北謂之邶，南謂之鄘，東謂之衛』是也」。（辨疑六葉下）

于省吾　「契文□字亦作□□□□□等形，字當為兆之初文。說文□，灼龜坼也。古文作□。金文編以□列於姚下。按：□从水从步，即涉，或兆之變體。金文兆及从兆之字罕見。惟晚期之姚壺，姚从兆作□。新嘉量，庣从兆作□。京兆官弩鐖，兆作□。清白鑑，兆作兆。是兆字至漢時猶中从水，左右从人，其右旁所从之人或作倒形者，因隨中間之曲畫以作勢也。說文兆作□，反不如漢金文之猶存初形。兆為洮及逃之本字，兆字中本从水，後世作洮，左增水旁，因用各有當，以資識別，猶永為游泳，後增水作泳；益為盈益、後增水作溢，是其例也。上古洪水為患，初民苦之，□字象兩人均背水外向，自有逃避之意，今作逃為後起字。莊子天下：『兆于變化』。釋文：『兆本或作逃』。廣雅釋詁：『兆避也』。是兆逃古通用。契文兆為地名，亦為水名。續三、三十、三：「才𠧞」。六、二四、四：「才𠧞」。佚六一二：「才𠧞」。安陽大龜一、九：「𦎫𠧞不囚」。後上二四、五：「弓口于東𠧞」。佚六四七：「我弓涉于東𠧞」。續一、五三、三：「口于南𠧞」。侯大龜七、一二六：「王其田于盂，袁南𠧞立」。四、六七：「其涉兕西𠧞」。七、一二、七：「于北𠧞立」。𠧞作𠧞，乃第三期之異構。續三、三十、五：「其从口北𠧞」。𠧞同洮。春秋僖八年經：「盟于洮」。注：「洮曹地」。左昭元年傳：「宣汾洮」。注：「汾洮二水名」。是洮一在山東，一在山西。契文言才𠧞，未知所指。其言東𠧞南𠧞西𠧞北𠧞，疑係就大邑商之四面言之。要之，𠧞字之演变，為由𠧞而𠧞而𠧞而𠧞。說文作𠧞，有失其朔。𠧞為洮及逃之本字，象兩人背水而逃，有分別之義。其訓兆坼者，引申義也。董作賓謂兩兆坼之间，有鈎勒之處，即兆之象形，（商代龜卜之推測一〇九）失之。」（駢三第六葉釋兆）

李孝定　「从水从北，說文所無。羅氏釋洮，王氏已辨其非。于唐兩氏均釋兆，于氏更舉漢金文為證。按早期金文兆及从兆之字均未見。金文編姚下所收數文均从涉，似非姚字。于氏謂「𠧞从水从步即涉或兆之变體」，涉何以為兆之变體，其說未聞。于氏武以兆从二人相背𠧞从二止故得相通然古文从人从止無相通之例且漢金諸从兆之偏旁除銚壺及新嘉量外，餘二例中亦兆从水，京兆官弩鐖兆字兩旁亦兆从人，後世兆逃有通用之例者，蓋亦以音近之故，于氏之說未敢遽信。今僅就其偏旁隸定如上。字在卜辭為地名。陳氏以邶當之，地望相近，其說可从。如于氏言，則字當讀洮，於地望相遠矣。」（集釋三三七五葉）

饒宗頤　「沘當即詩邶鄘衛之邶，漢書地理志：「河內本殷之舊都，周既滅殷，分其畿內為三國，詩風邶鄘衛國是也。」然觀卜辭沘上繫有南北西諸名，則其所指之地極廣。說文邶下云：「故商邑自河內朝歌以北」，殷時之沘，當是水名。」（通考一一三八葉）

饒宗頤　「按沘字，或釋洮。然審其文作𠧞，（見續編三、三〇、三）明為从水左北中，實應釋沘。其辭云：「王往，𠂤于沘」，（續編一、四、六）「……貞：𡳿不若，在沘。」（續編三、三〇、三）又有「南沘」（續一、五三、三）「北沘」（續三、三〇、五）之名。亦稱北方，「辛亥卜，北方其出」。（雙劍一八七）則沘乃方國名。沘、北當為一字也。西周彝銘，北伯䢅有鼎、鬲、卣；北子器有觶、尊、盤，許印林以為北即邶國。北伯諸器出于燕，自屬可信。（參西周銅器斷代三）故卜辭之沘，可能即邶。若然，邶乃殷北鄙之國，且有南北之分矣。許君以為邶故商邑，自河內朝歌以北，乃於商之邦畿求之。王靜安以為邶即燕，王亥託于有易，已履其境，其說近是。」（通考三一二葉）

白玉峥「𣲁：籀廎先生釋兆。罗振玉氏釋汭，……。屈万里先生釋洮，曰：『洮，水名，故跡已无可考，度邺当因洮水得名，其流域，当在漳水之北。』（甲考九十八页）彦堂先生曰：『从水从北，疑即邶字；地名。』（大龟四版考释四二五页）峥按：𣲁字又或作𣲁。于卜辞中，除东、南、北三𣲁外，其他诸辞，𣲁字之谊，约有二焉。其一，为地名之谊，如：

乙丑卜，争贞：出疾齿？父乙隹出閛，在邶。 𣲁三五（南师一·四三重）

……亡不若？在邶。 續六·二四·四

其二，为人名之谊，如：

壬子卜，穷贞：㪅邶不死？ 甲二一二四

勿乎令邶？ 乙三七六八

然则甲骨文中之邶，当即诗之邶矣。而此邶地之人，亦因其地而名之曰邶者，故于卜辞中有『邶不死』、『令邶』之辞矣。」（契文举例校读中国文字第卅卷第三十四册三七五九—三七六○页）

考古所「𣲁、三彔、𣲁均为地名。」（小屯南地甲骨九八一页）

按：字當隸作「洮」，卜辭均用為地名及水名。

0074

洮

孙诒让「𣲁（藏二二七·二）疑即兆字。說文『兆，灼龟坼也。从兆卜，象形。𣲁古文兆省。』与此颇相类。」（契文举例上十页下）

徐中舒 参卜字条

陳夢家隸定作「化」。（綜述三一七葉）

朱芳圃「說文匕部：『化，教行也。从匕，从人，匕亦聲。』按化象人一正一倒之形，即今俗所謂翻跟頭。國語晉語：『勝敗若化』，韋注：『化言轉化無常也』；荀子正名篇：『狀變而實無別而為異者謂之化』，楊注：『化者改舊形之名』，皆其引伸之義也。孳乳為傀，說文鬼部：『傀，鬼變也。从鬼，化聲』。為貨，說文貝部：『貨，財也。从貝，化聲』。徐鍇曰：『可以交易曰貨，貨，化也』。對轉元，孳乳為換，說文手部：『換，易也。从手，奐聲』。為趄，說文走部：『趄，趄田易居也。从走，亘聲』。（殷周文字釋叢卷下第一六六葉）

李孝定「說文『化，教行也，从匕从人，匕亦聲』。契文與篆文同，字在卜辭為方國之名。金文作北中子化盤」。（集釋二六七七葉）

于省吾釋兆，參⋂字條下。

按：字从「水」从「化」，隸當作「沎」。卜辭用為地名。卜辭「化」為人名，與「沎」有別。

0075

按：字不可識，其義不詳。

0076

按：字不可識。卜辭云：「……𢕌小乙宊」用為地名。

合集三〇三八六

0077

化

按：卜辭化為人名。辭云：「王固曰：有希有夢，其有來媗。七日己丑，允有來媗，自……戈化乎……方征于我……」

合集一三七反

說文：「匕，變也。从倒人」。契文「化」正从「人」，从「匕」，乃會意兼形聲字。

0078 競

羅振玉 「說文解字競从誩从二人。此从誩省。」（殷釋中五十九葉上）

王襄 「古競字，許說彊語也，一曰逐也，从誩从二人，此从二人从誩省。」（簠室殷契類纂第十一葉）

孙海波 「競，甲二一四一。卜辭競从誩，与金文競字同。」（甲骨文編九八頁）

朱芳圃 「䇂象人頭上戴辛，字之结構，與妾相同。兩之為競，故有彊義。詩周頌執競：「執競武王」，大雅抑：「無競維人」，鄭箋並云：「競，彊也」。彊有爭勝之義，故引伸之訓逐，詩商頌長發：「不競不絿」，大雅桑柔：「職競用力」，鄭箋並云：「競，逐也」。逐與爭義近，故又訓爭，左傳襄公十年：「師競已甚」，杜注：「競爭也」。」（殷周文字釋叢卷上第二十二葉）

李孝定 「說文『兢，競也。从二兄。二兄，競意。从丰聲。讀若矜。一曰兢，敬也』。契文从二子，與二兄同意。是辭僅餘殘，不詳其義。治說文者於此字異說紛陳，殊少饜人意者。林義光文源曰：『按兢無二兄相競之義，丰亦非聲。兢，二人首戴物形，𠙵即𠙵字，重物之象。戴重物於首，故常戒惕。詩「戰戰兢兢」，傳曰「兢兢，戒也」。』其說較勝許書。一訓敬，亦戒慎恐懼之意，亦猶異之訓敬也」。（集釋二八〇五葉）

严一洋 「摭捨卜辭，競字凡十二見……

十二、☐執☐自獸

辛亥卜貞執競

說文訓競為『彊語也，一曰逐也』。王筠句讀曰：『競祇是彊，而謂之語者，為其从誩也。經典競字皆訓彊，不訓語。』徐灝說文段注箋曰：『爾雅釋言，競、逐，彊也。周頌執競篇曰：執競武王。鄭云：『競，彊也。能持彊道者，惟有武王耳。按此競之本义，彊有争勝义，故引申之訓逐。左氏昭元年傳：諸侯逐進，杜注：逐犹競也。』離騷：『衆皆競進而貪婪兮。』注：

「並也。」詩執競：「無競維烈」傳：「無競競也。」抑：「無競維人」箋曰：「競，彊也。」馬瑞辰曰：「韓詩云執服也。說文執捕罪人也。义與服近。韓詩訓執為服者，蓋以執競為能執服彊禦。枕朱博傳云熱服豪強也。」競之义如此，據之以釋卜辭，皆可順適。知「執競」武王之美譽，源自殷商。而「能持彊道者」，殷王先之矣。」（美國納爾森藝術館藏甲骨卜辭考釋 中國文字第六卷二六〇四頁至二六〇六頁）

李孝定 「說文『競彊語也一曰逐也从誩从二人』卜辭競為人名，不詳其義。辭云『貞叀唯競令八月』，前五·四一·五，『貞競弗𢀛敗』，鐵三三·十二，『☐王歲其☐競在十一月』後下十六，可證。金文作競簋文競競簋競競卣競仲競簋競競作父乙卣競競敃尊競宗周鐘除宗周鐘一文已近小篆外，自餘諸形均與契文同。疑象二人接踵有競逐之義。上从▽若𠄎者，與童妾僕諸字同意。于省吾云『古文字於人物之項上每加▽𠀀𠄎等形，即辛字，中略在人則為頭飾，在物則為冠角類之象形。』見雙劍誃古文雜釋釋競 其說是也。」（集釋〇七五七葉）

赵诚 「競，競。从二人，其上为头飾。後代演化为競。甲骨文用作祭名，如『競改』……（甲二一四一）、『屮競肜』……（京四〇八一）。」（甲骨文简明词典二五二页）

按：說文以競為「从誩，从二人」，驗諸甲骨文金文，競字从二人，其上為頭飾，不从誩。說文訓競為「彊語」，乃比傅於从誩以立說，典籍祇訓為強。其別一義為「逐」，爾雅釋言：「競、逐，彊也」，競即象二人相逐。左傳昭公元年：「諸侯逐進」，杜注：「逐猶競也」。

0079

衆

孫詒讓 「𣈏……眾之異文。变目為曰，與前眾字異。金文曶鼎眾字作𣈏，與此同。『貝立㐺于羌口』（鐵二三一·四）此㐺以眾作𣈏偏旁校之，似即㐺字。說文㐺部㐺，眾立也。从三人。讀若欽崟。」（舉例下十葉上）

葉玉森 「按：曶鼎文云：『若昔饉歲匡𣈏及臣廿夫寇曶禾十秭以匡季告東宮』，𣈏字正當釋昆，即匡季之昆，曰『匡昆』，故有臣廿夫。曰『匡眾』，則不宜有臣矣。卜辭昆為國名，疑即昆夷」。（前釋一卷五十九葉）

又曰：「『貞多射不𠂤昆』（續二三〇）與本辭『貞步不來昆』辭例同。來乃動詞，或段為書洛誥克敉之敉。又第七十二葉『貞令絲米昆』，絲人名或國名，曰『米昆』與本辭同。此辭乃知殷契鉤沈中舊釋錯誤）」（拾考十葉上）

商承祚「說文解字『眾，多也，从㐺目眾意』。𦉍鼎作眾，與此同，古鉥亦然」。（類編八卷四葉下）

魯實先「卜辭之眔眔孫謂為眾之異文，葉釋昆，疑即昆夷。研契者并從孫說而皆未明其構體之義。惟高田忠周說眔曰『眾字元有二體，一从目一从日，日在上亦照臨之意也』。古籀篇卷卅四第七葉 然眾義為多，無取於照臨之意。且夫從目從日之字古無訓多者，惟說文㐺部云『眾從㐺目眾意』，乃據譌変之體而謬為之說也。中畧 以愚考之，眾字當為从㐺从會省。會於卜辭作會粹四六六、故省合以㐺則為眔或眔，虛其中則為眔或眔。其作眔者，佚五四九、以會从曾省，曾乃從㗊聲，是眾之作眔亦從會省也。中畧 良以會㐺為眾，故其本義為多，形義皆相脗合也。惟師寰殷作眔憲齋九冊十五葉 古匋文作眔或眔古籀補補 文竝从目，斯可證眾之譌変已肇於周世，故許氏因據譌変之字以為說，而未悟其形義相乖也。中畧 眾於卜辭有二義，其一即周禮春官大宗伯『用眾』『恤眾』『簡眾』『任眾』『合眾』之眾，義同師旅。中舉卜辭之例从畧 眾之第二義為方名。中畧 其地望蓋即漢南陽郡之安眾縣，在今河南鎮平縣。魯人有眾仲 左隱四年 其先殆以眾方為氏也」。（新詮之四第一——六葉釋眾）

陳夢家「『眾』字在卜辭中有不同的用法：

(一)、名詞，在數詞前　眾一百

(二)、名詞，在動詞後　喪眾、氐眾、雉眾

(三)、形容詞，在名詞前　眾人

(四)、形容詞，在詞組前　眾『戍眢受人』

西周金文師旂鼎的『眾僕』同於(二)的用法，曶鼎的『眾一夫』同於(一)的用法，師寰殷的『眾段』同於(三)的用法。說文『眾，多也』，但卜辭眾與多的用法不同：凡多數的人稱之前附加多字如『多臣』『多后』之類，決不加『眾』，而『多』亦決不作為名詞。卜辭的『眾一百』亦決非『人一百』，所以『眾』必須是一種身分。西周金文曶鼎『眾一夫』和另外『臣』三夫是所有者用來作為賠償物的，他們是奴隸」。（綜述六一〇葉）

又曰：「卜辭的『眾人』常常受王的命令，或從事於『協田』，或徵集出征。卜辭有一次記

載『我其喪衆人』，衆人似是屬於王或王國所有。」（綜述六二五葉）

孙海波 「㐺，甲二八五八。卜辭用為纵雨之纵。」（甲骨文編三五二頁）

李孝定 「說文『衆，多也。从乑目，衆意』。乑从三人，已有衆意，不必云『乑目乃有衆意也』。古文實不从目，許君乃據譌变之篆體為言，乃有此曲說耳。契文作㐺㐺㐺㐺㐺形，並當釋衆，孫說是也。葉氏釋从三人者為衆，从二人者為昆，據拾遺十葉上之後說推之，其義當如此，惟葉氏未顯言之耳。就許書众衆㐺三字音義各別言之，其說亦是，惟其始三者當是一字。辭言『米㐺』與乞辭言『𡿭衆』『奴衆』辭例全同，言教衆也。契文作㐺者僅藏二三一·四及前五·二十·二二見，惟掃富原片㐺上適斷裂，其上是否从日固不可知。然三人為衆，猶三虫為蟲，三屮為芔，三木為森，其為會意甚顯。众為衆之初文，殆無可疑，今俗書猶存古意也。是卜辭㐺㐺同字之證也。許書三字雖各具音讀，然後世詁訓三者義仍得通。夏小正『昆小蟲』，傳曰『昆者衆也』。周語『人三為衆』。以众為衆，僞泰誓『顯于西土』，傳『明著岐衆』。亦用众為衆，可證也。魯氏謂衆从众从會省，似有可商。从日〇之字多矣，安見其必為从會省乎。三人相聚已有會意，不必从會。众會意也，字从日者，蓋取衆人相聚日出而作之意，其字已為㐺之繁體，篆譌為从目，金文已譌从目，其義遂不可說矣。魯氏說衆字之義可从。卜辭言『𡿭衆』、言『奴衆人』、言『喪衆』、言『教衆』，皆師旅之義也。金文作㐺師旅鼎㐺師寰簋」（集釋二七〇六葉）

張政烺 「第二期卜辭：惟𣆪田，亡災。以众。弜以。（甲編三九三）翌日壬，王其以众。（甲編一四三九）田省，以众。（京津四五七三）這都是關於田獵的卜辭，以众即使众。這都是殷王親自出獵，如果這也算是巡狩，則是周禮所謂『行』了。」（卜辭裒田及其相關諸問題，考古學報一九七三年一期）

赵锡元 「我们大致可以看到，商代的众人，是殷人本族的成员，他们以族人的身分参予宗教活动和民主集会；以族作为軍事组织的基本單位，是商王国主要的武装战斗力量。商王出于维护自己统治的目的，对他们关怀、安抚和教导。他们虽然是被剥削被统治的群众，但在政治权力上还保留着較多的自由。虽然这仅仅是一种形式，实际上他们已经是被压迫者。如商王盘庚诰诫众人说：『古我先后，既劳乃祖乃父，汝共作我畜民，汝有戕则在乃心，我先后绥乃祖乃父，乃祖乃父乃断弃汝，不救乃死。』又说：『乃有不吉不迪，颠越不恭，暂遇奸宄。

我乃劓殄灭之，无遗育。」这是商王在传统的民主集会上讲的话，可见众人享有的民主权利已被糟踏到何种程度。尽管如此，也只能说明商王对众人的威胁、恐吓，不过是滥用职权，是色厉内荏的。而且也只停留在口头上，在实际生活中，还从未找到屠杀众人的材料。

……众人是殷人的族众，在商代社会中，殷人内部一方面仍保存着以血缘关系为纽带的族的组织形式。作为社会的基层组织，家族组织和大的宗族组织普遍地存在着。另一方面，在宗族和家族内部已经发生了阶级分化，因此这种族的组织形式，已成为殷贵族少数特权分子对内维持秩序，榨取族众剩余劳动果实，对外保证统治，掠夺和奴役弱小的工具。特别是到商代后期，由於矛盾日益激化，上层贵族脱离群众，完全不劳而获，结果形成「小民方兴，相为敌仇」，造成「殷其沦丧」的局势。但是，直到商王受（纣王）灭國，殷人这种父权制家族公社组织依然没有被破坏，它甚至继续被保留到西周时期。所以作为平民这样一个阶级，在商代始终没有形成，众人仍然是父权制家族公社中的族众。不过商代后期已正式跨入阶级社会，不同于原始公社后期的父家长制，而是如恩格斯所说的那种「在东方各民族中所见到的那种形式有所改变的家长制家族公社。」是阶级统治的一种特殊形式。」（再论商代「众人」的社会身分　吉林大学社会科学学报一九八二年第四期一四至一五页）

姚孝遂　「『众』或『众人』的身份不可能是奴隶。没有一条卜辞足以证明他们的身份是奴隶。他们是商代从事劳动生产及参加军事组织的基本人员。是具有自由身份的民族成员。」（甲骨刻辞狩猎考　古文字研究第六辑五五页）

赵锡元　「史稿说：『卜辞里面的「众」字作日下三人形，形象地说明他们是在田野里赤身露体从事耕作的奴隶。』（一七四页）自然，说『众』在田野里从事耕作是对的，因为甲骨文中多见他们从事耕田的记录，但说他们『赤身露体』，则未免邻于想象；其次，说『众』是奴隶是可以的，因为『家庭公社』的成员，实际上也是奴隶，但说『众』和其他战俘奴隶一样，『商王可以任意对待他们』，那就令人怀疑了。因为，史稿接着又说，『众人』除了负担农业生产劳动外，还从事『多项繁重的苦役』，『常被征发来当徒兵，服军事劳役』，『甚至整族被征调出去戍守边境』等等。这就和战俘奴隶的身分不相称了。用战俘奴隶去戍边，要是越境潜逃了怎么办？奴隶主把整族的战俘奴隶武装起来，不知有什么把握，对他们那样放心？如果我们把这类人解释为『东方的家庭奴隶制』中特殊身分的奴隶，即形式上的公社成员，本族的人民群众，就很容易理解了。而按照史稿的解释，其结果必然是：第一，把中国古代奴隶制社会的阶级结构搞混乱了。第二，夸大了奴隶的数量。第三，用奴隶兵去打仗。」（评中国

史稿在奴隶制形成问题上的某些混乱（社会科学战线一九七八年一期一九六页）

考古所　「此辞是卜问王是否以右旅（和左旅）会同象一起进行征伐，由此可见旅与象是不同的。从卜辞看，象除经常参加征伐战争外，还从事农事、田猎等各种生产活动；而旅则主要是参加战争，不从事生产，是殷王朝的常备軍。這是二者的主要区别。」（小屯南地甲骨一〇〇六頁）

张永山　「卜辞中众的活动与文献中对众的记载是一致的，主要从事农业生产，又是兵役的负担者，其社会地位介于贵族奴隶主和没有人身自由的奴隶之间。通过与众相关连的卜辞用语的分析，也可以引出同样的结论。商王对其属下的差遣用「令」、或「乎」（呼），两个词的含义有所不同。武丁时期卜辞中的帝（或上帝）的意志几乎专用令字表达出来，「帝令多雨」（前三·一八·五，京人一五七），「帝其令雷」（鄴三下三四·五）等，商王让其它奴隶主做某种事情除用令外，还用乎，「乎妇好先登人于庞」（前七·三〇·四），「乎从望乘伐下危」（佇二·五七）等等。到了武乙文丁时期商王对其属下的奴隶主人物发号时用乎者极鲜，多代之以令，如「令卓」（安明二七一二，二七二一，南明五三一，粹九一四，九一五，一〇五九等），「令犬征」（通别一二·二），「令王族」（南明六一六），「令五族」（佮下四二·六），「令多尹」（戬二五·一三），「令子画」（诚三一〇，安明二七〇七，二七一七），「令自般」（虚七〇五，鄴三下四六·三）等等。而对于众同样是前期令乎并施，有「令众」（前一·一〇·二十五·八·二，四·三〇·二，佇一·五一〇，丙四九二，京人一九二六），「令众人」（粹八六六，续三·四〇·四）等，也有「乎众」（伊三四五二十三五三八），「乎众人」（佇二·五四、京一〇·三〇、绝二〇·一四十京一〇三一）等，晚期只用「令众」，不见乎众的用语。这种用语与上面所引商王对奴隶主下达命令时的用语有相似之处，却明显的区别于奴隶，卜辞中明确是奴隶身分的人，即使受商王派遣，也绝不使用令字，而只称「乎」，比如仆也被商王驱使投入战争，武丁卜辞见有：

辛酉卜，争，贞：勿乎氏多僕伐吕方，弗其受㞢又（祜）。

贞：勿执多仆，乎望吕方，其𢦏。（续存下二九一〈一卜〉，粹一〇七四〈二卜〉）

贞：乎仆伐吕。

贞：勿乎仆伐吕。（伊三〇三十三三二）

在四十余条有关仆参加战争的卜辞中，不但不见用令，只用乎，甚至还用执，有明显的强制驱使的意思。对于偶见参与征伐戎田猎的畜牧奴隶多、异族奴隶羌等也是这样。武丁期卜辞有：「乎多征」(乙八三九二)，「乎多羌逐麋，获」(簠人五九十簠典一一六，京一二八一背)，都是不用令字的。」(论商代的「众人」，甲骨探史录二一八至二二○页)

裘锡圭　「在卜辞里，「众」和「众人」都很常见。有的学者认为二者的意义有别，但并无确据。我们同意大多数学者的意见，把它们看作同义的名称。但是我们认为它们的用法有广义和狭义两种。下面先看一个广义的例子：

(67) 壬寅卜宾贞：王往以众黍于冏。(前五·二○·二)

对上引这条卜辞存在着不同的理解。强调商代社会原始性的学者，认为这条卜辞说明商王还没有脱离生产劳动。主张众是奴隶的学者，认为这条卜辞说明商王亲自对奴隶劳动进行监督。还有一些学者认为这条卜辞反映了藉田之礼。我们认为最后一种理解是正确的。商王是有很大权力的君王，无论是古书记载，还是现代的考古发掘，都可以证明这一点。商王决不可能还没有脱离生产劳动，也不可能亲自去监督奴隶去进行劳动。但是他完全有可能参加象周以后帝王所行的藉田之礼那样的仪式性的农业生产劳动。

从卜辞看，商王亲自参加的，往往是某地的农业生产。除上引(67)外，还有以下一些卜辞可以说明这一点：

(68) 己卯贞：在冏蜀来告芳(？)王。

(69) 王弜(勿黍)。

(70) 壬辰贞：在冏蜀来告芳，王其黍。

(71) 王弜黍。(摭续一○六)

(72) 才冏蜀芳，王米。(安明二七二七)

(73) 庚辰卜宾贞：叀王𢦔(字不识，象摘取谷物之实)南冏黍。十月。(合九五四七)

(74) 庚寅贞：王米于冏，以祖乙。(粹二二七(屯南九三六同文))

(75) 乙未贞：王米，叀父丁(？)以，于冏米。(后上二五·七)

(76) 己巳贞：王米冏，其登于祖乙。(甲九○三(缀二·五·七十粹二二八同文))

(73)的南冏当是冏的异名或其一部分。

周代国君亲耕的藉田上的收获，按理要用来祭祀，以表示对鬼神和祖先的恭敬。很多古书都谈到这一点。杨宽先生在籍礼新探一文中已经作了详细说明(古史新探二二一—二二四页)。在商代，冏地的收获也是经常被商王祭祀祖先的。除上引(74)(75)(76)之外，还有以下两条卜辞可以说明这一点：

(77)□□卜争贞：□乙亥登□冏黍（于）祖乙。（合一五九九

(78)己巳贞：王其登南冏米，惠乙亥。

后下二三·五（甲九〇三同文））

由此可见，商王的亲自参加农业生产，跟周王的藉田确实是同性质的。《籍礼新探》指出，在原始公社末期，各种重要的集体农业劳动开始时，一般都要由族长主持开始劳动的仪式，古代的藉礼就起源于此（《古史新探》二二五页）。这是很正确的。商王显然不会不率领本族人，而率领一大帮奴隶去举行跟原始公社时期的习俗有密切联系的藉礼。仅仅根据这一点，就可以肯定卜辞的「众」不是奴隶。《国语·周语上》说周王行藉礼时，「百吏庶民毕从」，「王耤一墢，班三之，庶民终于千亩」。韦昭注「班三之」句说：「王一墢，公三，卿九，大夫二十七也。」主张「王以众黍」反映藉礼的岛邦男，大概据此认为众就是「百吏庶民」，这是很有道理的。这种广义的「众」，意思就是众多的人，可以用来指除奴隶甘贱民以外的各个阶层的人。

有的古史学者认为「众」和「民」本来都是专指农业奴隶的名称。其实「众」和「民」不但不是专指奴隶的名称，而且通常是把奴隶等贱民排除在所指对象之外的。童书业先生指出：「……一般言之，奴隶不在民之内，如《周语》「子孙为隶，不夷于民」，可证。（《春秋左传研究》一三二页）其言甚是。《墨子·尚贤上》：「……国中之众，四鄙之萌人闻之，皆竞为义。」这里所说的「众」，连鄙人都排除在外。《诗·周颂》里的《噫嘻》、《臣工》等农事诗所反映的，也应该是周王的藉田，即千亩上的劳动。有的学者解释为大规模的奴隶劳动，并把《臣工》篇的众人说成奴隶，是不妥当的。

下面再来看卜辞里的狭义的「众」。第一期卜辞所见的官职名里有「小众人臣」：

(79)贞：惠共呼小众人臣。（存下四七六）

这应该是管辖众人的小臣，就跟见于它辞的「小多马羌臣」是管辖多马羌的小臣一样。这种官职名里的「众人」，显然不是泛指「百吏庶民」，而是专指一种有确定身分的人的；我们称之为狭义的众。有一条卜辞讲到有小臣命众种黍：

(80)贞：惠小臣令众黍。一月。（前四·三〇·二（续三·四七·一同文））

这条卜辞里的「众」也应该指小臣所管辖的狭义的众。

(79)提到的共是一期卜辞里屡见的人名。有一条卜辞卜问是否他为小藉臣：

(81)己亥卜贞：令共小耤臣。（前六·一七·六（前六·一七·五同文））

「耤」字在卜辞里多用其本义，当用耒耕地讲，例如：

(82)贞：今我耤，受有年。（合九五〇七正）

(83)贞：呼雷耤于名。（乙八四一二（丙四九二同文））

(84)丙辰卜争贞：呼耤于唯，受有年。《合九五〇四正》

小耤臣应该是管理耕耤的小臣，就跟见于他辞的小刈臣是管理刈获的小臣一样。(79)说“惠𠂤呼小众人臣”，大概就是让𠂤以小耤臣的身分召集小众人臣带领所辖众人去从事耕耤劳役的意思。看来狭义的众是为商王服农业生产劳役的主要力量。

除上引(67)(68)两辞外，还有不少卜辞讲到命众或众人从事农业生产：

(85)□□卜贞：众作耤，不丧☐ 旅顺博物馆所藏卜辞，据《中国史稿》第一册一八四页转引

(86)丙戌卜宾贞：令众□黍，受有〔年〕 《丙四九二》

(87)丁亥卜：令众𡩡田，受禾。 《京都大学人文科学研究所藏甲骨文字》1926

(88)戊子卜：令众田，若。 《屯南三九五》

(89)癸巳卜宾贞：令众人□入羊方□垦田。

(90)贞：勿令众人。六月。 《甲三五一〇》

(91)辛未卜争贞：曰众人□尊田☐ 《甲骨文零拾九〇》

(92)☐〔王〕大令众人曰𢷎田，其受年。十一月。 《续二·二八·五（《前七·三〇·二》等同文）》

《前七·三·二》有如下两辞：

(93)己酉卜争贞：奴众人呼从受，古王事。五月。

(94)甲子卜㱿贞：令受垦田于□，古王事。

(93)卜问“奴众人呼从受”，大概就是为了进行垦田之事。以上这些卜辞似乎跟王亲耕之事无关，所提到的众和众人大概是狭义的。

卜辞里还常常讲到让众和众人参加战争或作别的事。这些卜辞里说的众和众人，究竟哪些是广义的，哪些是狭义的，还有待研究。

在上古，“民”字也跟“众”字一样，有广狭两义。“民”本是对世间之人的泛称。在《诗经》里，“下民”是跟“上帝”或“天”相对而言的（《大雅·荡》、《大雅·十月之交》），“先民”指古代的圣哲（《大雅·板》、《小雅·小旻》），“厥初生民”（《大雅·生民》）、“民之初生”（《大雅·绵》）、“天生烝民”（《大雅·烝民》）等诗句里的“民”，意义都跟“人”差不多。一般人只知道“民”的意思是庶民，是老百姓，这其实是“民”字的狭义用法。“民”字所以会有这种用法，显然是由于在广义的民里，人数最多的就是老百姓。狭义的众无疑也是广义的众里面数量最多的那一种人。他们应该就是相当于周代国人下层的平民。

……从卜辞看，众经常为商王从事农业生产，参加战争，有时也从事田猎或其他工作。狭义的众就是平民，广义的众在一般情况下也应该包括平民。所以商代平民所受的剥削大概是相当沉重的。他们虽然跟贵族阶级有疏远的血缘关系，但是实际上已经成为被剥削被统治的阶级。

有些平民由於统治者的提拔，或通过占有奴隶，可能会上升为剥削阶级的下层，但是这种人的数量大概不会多。」（关于商代的宗族组织与贵族和平民两个阶级的初步研究，文史第十七辑十四至十九页）

肖楠

「翊日王其令右旅眔左旅雨见方戋，不雉众？（屯南二三二八）

☐王其以众合右旅☐☐旅雨于[illegible]戋，不雉众？（屯南二三五○）

……在商代，众也是军旅编制中的一部分，但它与師、旅在性质上是有区别的。这从下面的论述中可以知道。

上面提到的屯南二三二八、二三五○两条卜辞中，众和旅都是并列的。二三二八是卜问商王是否令右旅和左旅征伐见方而不需要征集众。二三五○是卜问是否众与右旅（和左旅）联合出征。从这两条卜辞看，众和旅是不同的。同时从卜辞有关每次参加征伐的人数看，千人以上的，都称若干人，没有称众的；千人以下的，也只粹一一五○称「众百」。说明这些百人、千人、三千人、五千人、万人等都不是众，而是师与旅。

众又称众人，卜辞中经常可以看到众和众人参加征伐战争的记载。但众除了参加战争外，还参加多种活动，如田猎、垦田、啬田、黍以及山王事、钟事等。说明商代的众既是战争的参加者，又是生产的参加者。这种现象说明众不是专职的士卒。他们平日参加生产，战时则出征。他们参加战争是受到限制的，主要是农业生产的限制。所以，众当时只是一种辅助性的军事力量。而卜辞中的师和旅则是一种既不受任何限制的随时可以出征，又能对内镇压被统治者的反抗的常备军队。

另外，商代的众还有一个特点，即是他们都是属于一定的族氏的。如卜辞中有竝众（书道博物馆藏甲骨文字七七）、𠂤众（摭续一四四），又有王众（鄴三·三八·二）。竝、𠂤在卜辞中都可作人名、地名，又可作邦族之名。竝众即竝族之众，𠂤众即𠂤族之众，王众可能是王直属土地上的众，他们与王是同族的。众参加战争时，都不打乱原来的族氏，摭续一四四有「王令𠂤众㠯伐召方，受又？」之语，就是王令𠂤族之众去征伐召方。

众参加作战往往是戍率领的，卜辞可见戍某雉众便可证明。戍，可能又有族邦之戍与商王国之戍的区分，鄴三·三九·一○有五族戍，便是族邦之戍。商王国之戍，象前所引屯南二三二○，知又可分为右戍、中戍、左戍。如果参加战争的众的队伍是由很多族的众组成，则由商王委派的重要将领率领，如卜辞可见𠂤（阜）呂众㠯伐某方之例便是。从前五·六·一与屯南二三二○卜辞可以知道，众作战也是分为右、中、左三队的。关于众的编制，由于所见卜辞所载内容太少，不便进一步推测。粹一一一五○有「叀众百」，可惜辞残内容不明，不知是否为作战

的编制之一。”（《试论卜辞中的師和旅》，《古文字研究》第六辑一二六——一三〇页）

陈福林 “甲骨卜辞中有不少关于众、众人和羌的记载，史学界对他们社会地位问题看法有着显著分歧而未能取得一致的意见。主要有以下三种：

一认为众、众人和羌都是奴隶；

二认为众是奴隶主，众人是自由民；

三认为众、众人都是‘父系家长制家庭公社成员’。

……殷代的众、众人和羌在社会的舞台上的活动，恰恰是展现出这样一幅历史图景，即众、众人是富人、剥削者，享有完全权利；而羌是穷人、被剥削者，毫无权利，他们之间处于敌对地位，是奴隶主和奴隶的两个对立阶级。

……《中国史稿》第一册说：卜辞里面的‘众’字作日下三人形，形象地说明他们是在田野里赤身露体从事耕作的奴隶。……卜辞中的‘众’字的三人形或二人形相继出现，并无严格区别，只是一般‘随体诘曲’的写法，怎能看出有‘从事耕作’而且还是‘赤身露体’的意义呢？‘日下’也不能专指‘田野’，如在金文中所见‘日下二人’的‘昆’字就全然与‘田野’无关。所以这种认为‘日下三人形’的‘众’即是表示奴隶地位的说法，不免牵强附会、望文生训。正由于‘众’字从‘日’并无《中国史稿》所说的这些‘深旨’，在周代的金文中，就或仍作‘日下二人形’（《舀鼎》）或写成‘目下三人形’（《师旗鼎》、《师寰簋》）了。

……卜辞中全然不见用‘众’以至‘众人’也象‘羌’那样充作人牲，更没有伐众、众人的记载。……‘众’和‘众人’的社会地位可以确认决非奴隶。

……卜辞中的‘众’和另见的‘昱’字，所从的‘日’是神圣权威的标志，也就是王权至高无尚的标志，而不是取真自然的图象。‘昱’的意义为在王权保护下的妇女可享得安乐逸顺遂；‘众’的原意应是指王廷所结集统驭的人群，即尚书《盘庚篇》的‘王命众悉至于庭’的众。

我们再看典籍文献中大家共认为可信的殷代流传下来的史册《盘庚》中关于‘众’是怎样记载的。

第一‘众’是殷王的统治基础：‘王若曰：“邦之臧惟汝众，邦之不臧惟予一人有佚罚”。’因而迁国大事要同‘众’商量，征得他们同意和支持才能付诸实行。

第二‘众’与殷王同命运、共休戚，是殷王统治所依靠的力量。‘予其懋简相尔，念敬我众，朕丕肩好货，敢恭生生，鞠人谋人之保居’。‘若乘舟，汝弗济，臭厥载。尔忱不属，惟胥以沈。’

第三‘众’的祖先能与先王同享殷王的大祭：‘予大享于先王，尔祖其从与享之。’文献记载清楚地告诉我们‘众’的社会地位这样高，作用这样大，怎能说是奴隶呢？世界历史上有这样的奴隶吗？『众』的社会地位在其它先秦典籍中也有相应的记载。

《国语·晋语》曰：『国君而仇匹夫、惧者众也。』

《左传·襄三十一年》曰：『子车曰：「众可惧也，而不可怨也。」』

这都是告诉国君应当重视『众』、依靠『众』，否则后果将不堪设想。

《论语·学而》：『子曰：「泛爱众而亲仁。」』孔子是把爱众看为最高道德标准的重要内容。《庄子·齐物论》中更把『众』与圣人提到等同地位上来。《吕氏春秋·慎大篇》中有这样一段记载：

『周公旦问殷众之所说，民之所欲。殷之遗老对曰：欲复盘庚之政。』

这恰恰可为《尚书·盘庚》这篇殷代文献作一个有力的佐证。这些先秦古籍或从与最高统治者关系或就道德规范对『众』的社会地位作了诠解，不能不引起我们的重视。从而益可据以断定『众』决不和『羌』同属奴隶。

也许有人要问《曶鼎铭》中有『用众一夫曰益，用臣曰疐，曰朏、曰奠，曰用兹四夫，稽首』的话，这不是说『众』在西周中期还是奴隶的称谓吗？实际这里把『众』和『臣』加以区别，恰恰说明『众』不是奴隶而臣是奴隶。至于有人将『用兹四夫』和『用五田』同作为向曶的赔偿品来理解，而主张益和疐等四人同为奴隶，实际这只是派去为偿还匡季所抢掠去的禾而耕作，不是作为赔偿品转为曶的奴隶，所以『四夫』才有的是『众』有的是『臣』。而众列臣之先，界限分明从来颠倒。

『众』不是奴隶，那么是不是如有的同志所主张的是家长制公社成员或自由民呢？也不是。如前面所说，『众』为殷王的统治基础阶层，而殷代已是『有典有册』的奴隶制社会并以为公论定论。持这种意见的同志主要根据是卜辞中有不少关于『众』从事农业和狩猎等生产劳动，参加战争等活动的记载，觉得不应视为奴隶主，而形成了属于家庭公社成员或自由民的见解。持这种意见的同志看到殷代生产力水平还很低，农业生产方式是集体劳动如所谓的『劦田』、『裒田』，因而断定只有是公社成员才相适合。实际上正是由于当时生产水平低，奴隶主一方面进行残酷的剥削，另一方面又须参加一定的生产活动。如周文王这个居于西伯地位的奴隶主贵族首领，《尚书·无逸》中有『即康功田功』的农业生产劳动的记载，《楚辞·天问》中有『秉鞭作牧』的畜牧劳动的追述。《令鼎铭》说：『王（周成王）大耤农于諆田』，《国语》记载周宣王因不耤千亩，有人谏诤。这种耤田的仪式当出自西周前期奴隶主首领从事农业劳动的实际行为。从而可证众作为奴隶主贵族参加生产以至于艰苦的生产劳动，是很自然的。至于自由民则在奴隶制晚期的生产力发展达到一定高度才能形成『独立』阶级，在殷代奴隶制尚无这种可能。……

……让我们针对卜辞上关于『众』的记载加以探讨。

王勿令卓氏众伐邛方。（上一六·一〇）

丁未卜、争、贞，令卓以众伐舌方。（粹一〇八二）

乙卯、贞，令卣以众伐龙，𢦏。（库方一〇〇一）

甲辰贞，卓以众伐旨方，受又。（粹一一二四）

王其手众戍咎受人，……（邺三下四三·六）

弜已众　戍咎受人　亡𢦏。（邺三下四六·七）

这几条是关于众在征伐守戍等方面的记载，很明显"众"是殷王作战部队成员，是这个奴隶制国家的武力中坚。古希腊梭伦法典中规定只有奴隶主和自由民才能有资格当兵，而奴隶主当骑兵，平民只能当步兵，至于奴隶是没有资格当兵的。在古代马其顿的腓力王二世时代，军队的核心重装步兵纵队由富裕的公民组成，而一些重装骑兵，须由马其顿王的战友贵族充当。殷代的"众"就是以奴隶主贵族身份充任军事行动中的先锋战士。

与此同时，殷代奴隶主的另一部成员"众人"也同"众"一样，为了殷王朝的利益，积极参加对外战争，如：令众人伐羌。（甲三五一〇）

卜辞中又有关心爱护"众"的记载。如：

贞令兹米众。（龟七二·三）

口寅卜，口贞，步口，不米众。（龟拾四·一六）

口口卜，贞，口其米众。（库方一八〇九）

"米"即后来孳乳为表义的"敉"字。这是殷王朝为平息其本阶级内部的纠纷所用的安抚手段。这和尚书盘庚中所说的"绥爰有众"、"永建乃家"是完全一致的。

在生产水平不高的殷代，作为奴隶主贵族的"众"当然也须从事农业、狩猎等生产活动。如：

贞，叀小臣令众黍。（前四·三〇·二）

丙午卜，古贞，令众黍于口。（珠七七八）

壬寅卜，宾贞，王往氏众黍于囧。（前五·二〇·二）

田省，以众。（京津四五七三）

田亡灾，以众。（甲三九三）

王大令众人曰协田，其受年。（前七·三〇·二）

贞，乎口众又口麋。（甲三五三八）

从这些记载中可以看出"众"参加生产劳动不是经常的，应是在某种特殊情况下才由殷王或派近臣召集他们并带领下进行。尤其"众人"，"王大令众人曰协田，其受年"，众人协田，受年，和尚书盘庚篇的众"永建乃家"这与"连带自己的劳动一次就完全卖给"奴隶主的奴隶有着本质的区别。……𤰔则是共同协作，当如诗《载芟》中所写那样，是「侯主侯伯，侯亚侯旅，侯彊侯以」奴隶主贵族上下一齐参加耕作活动。……

同属奴隶主阶级的「众」与「众人」还应有差别，这由以下几点可以看出：

（1）有「王众」「卓众」之称；不见有「王众人」「×众人」之称。「王众」当是「王族之众」，「卓众」应是卓族之众，西周时期有见于师旗鼎铭的「旅众」。

（2）小臣或亚令众；王大令众人。小臣是殷王的近臣、亚在统治集团中地位相当高，由此可知「众」是在他们的身边随时听从调派的。而王大令众人的「大令」，于省吾先生说即通令，犹如总动员的意思。这样「众人」只是一般的奴隶主了，没有「众」那样重要显赫。

（3）众黍；众人𤰔田，口麋。「众」参加劳动可能是非生产性的，也可能是征收粮食；而「众人」从事的「𤰔田」狩猎则显然是生产性劳动。

（4）有「米众」；无「米众人」。从而可见「众」和「众人」有所不同，「众」的地位高于「众人」的地位，「众人」是殷王朝这个奴隶制帝国中奴隶主阶级的基层全体成员，「众」则是奴隶主阶级中上层基本力量，因而对之要「关心爱护」，并重视有无伤亡，卜辞中不少贞问「丧众」、「雉众」正是表示这种关切意思。至于殷代的称「人」，也有称为「王人」「我人」，和「众人」有明显的区别。有人认为「众人」是自由民，显然是不对的。」（《试论殷代的众、众人与羌的社会地位》《社会科学战线》一九七九年三期一二九——一三四页）

姚孝遂 肖丁 「卜辞的「衆」是一种社会身份。或以为是奴隶，是错误的。卜辞本身没有任何资料可以证明「衆」的身份是奴隶。西周曶鼎的「衆」和臣相对为言，区分井然，「衆」的身份也不能是奴隶。

395……

「甲子卜，令衆田，若」。

「令衆田」之辞例亦屬前所未見。「田」字上不当有缺文。过去所見資料有：

綴2.225：「王大令衆人曰，𤰔田，其……受年」。

甲3510：「癸巳卜，𡧊貞，令衆人入……絴方……壅田」

「𤰔田」与「壅田」均属农业生产而「令衆人田」，单言「田」，于卜辞皆指畋獵而言。

甲3538：「貞，乎衆人𦤎……」。是「衆」有时亦参加田獵。

530「……𠧢……」

「戈以□入山希……」806
「……□……」2074
卜辭「衆」字作□、□、□、□、□，其上不必从「日」，其下不必从三人。西周師旅鼎「衆」字已訛变从「目」，乃小篆作□之所由來。806之辭例极为特殊，为前所未見。卜辭每見祈禱于山以求雨。此言「入山」，則为山林之意，或当与征伐有关。」（小屯南地甲骨考釋一一六—一一八頁）

按：諸家皆釋「衆」，無異詞。問題在於卜辭所反映的「衆」之身份。大量資料已充分證明「衆」之身份不可能是奴隸。僅僅依據「衆」之字形，謂「日下三人」，亦不可能得出其身份是奴隸的結論。說文以「衆」為从「目」，乃形體之譌。

0080

衆 庶 □ □

于省吾說□參□字条下。

按：卜辭云：「庚戌卜貞，有衆秋，隹帝令饮」（合集一四一五七）「衆秋」似指某種災禍而言，或以為蝗災，這是很有可能的。

0081

鬥 □ □ □

羅振玉 「說文解字：『鬥，兩士相對，兵杖在後，象鬥之形。』卜辭諸字，皆象二人相搏，無兵杖也。許君殆誤以人形之⺀為兵杖與？自字形觀之，徒手相搏謂之鬥矣。」（殷釋中六十二葉下）

王襄 「古鬥字，象二人相對徒搏，有爭鬥之誼。」（類纂正編三卷第十二葉上）

葉玉森 「古鬥字象怒髮相搏形。」（說契，學衡第三十一期）

李孝定「說文『鬥兩士相對兵杖在後象鬥之形』段注云『按此非許語也。許之分部次弟自云據形繫聯，丮戶在前部，故受之以鬥，然則當云「爭也，兩丮相對象形」。謂兩人手持相對也，乃云『兩士相對兵杖在後』，與前部說自相戾。且文从兩手，非兩士也，此必他家異說淺人取而竄改許書，雖涉經音義引之，未可信也。』段氏未見真古文，金文無鬥字而所論精闢，與古冥合，如此卓識殊不可及。清代治說文者多囿於許說，皆牽傅少當。契文正象二人手持相對丮而不捨之形，徒搏之象也。在卜辭為地名。」（集釋〇八八九葉）

按：甲骨文鬥字象兩人相對徒手搏鬥形。爭鬥即有交接之義。說文又有訓「遇」之「𨷖」，實為後起之孳乳字，初本無別。在卜辭為地名。

0082

任

郭沫若釋任，而於其下注「（？）」號。（粹考二〇七葉上）

丁山「傅斯年氏論所謂五等爵在殷商一文論定殷周之世，僅有侯、甸、男、衛四服；而無公、侯、伯、子、男之說。詳集刊二本一分徐中舒氏井田制度探原亦力主殷周封建有侯甸男衛四服。東天民氏作鐵服辨史學季刊一卷一期據卜辭屢云：『余其从多田于與多伯征孟方伯炎』證明。『多田』即是侯甸。多數學者都承認傅徐東三氏的結論，而在甲骨裏還找不到具體的證明。據我謝論的見聞，在殷商王朝『邦畿千里』之內，實分田、亞、任三服，重要的證據，即在粹一五四五B，文曰：『囗呂多田亞任，囗呂多田亞任。』田，即酒誥所謂『惟亞惟服』，周頌所謂『侯亞侯旅』，都是無疑問的。尚書的『侯甸男』，白虎通爵篇引作『侯甸任』；緣聚篇又曰：『男者，任也，任功業也。』蔡邕獨斷也說：『男者，任也，立功業以化民，其地方五十里。』男之與任，不過今古異文爾。因此，甲骨文的『多田亞任』，決可當以尚書金文所謂『侯甸男』。尚書禹貢『二百里男邦』，史記夏本紀引作『任國』，過去經學家總認為是今古異文，——今文本作任，古文本作男。茲驗以甲骨文『多田亞任』，與令彝銘的『侯田男』異文，我認為任本商制，男乃周名。推此言也，一部五經異義所傳說的今文家與古文家紛歧錯綜的制度，都該自『商周易禮而王』方面重行檢討其是非。」（甲骨文所見氏族及其制度四四——四六葉）

孫海波「仜，甲八八九。人名。」（甲骨文編三四三頁）

屈萬里「㓨，疑與甲編八八九之𢓊為一字，即任字」。（甲編考釋四〇一葉）

裘錫圭「古代「男」、「任」二字音近相通。丁山根据史记夏本纪把禹贡的「男邦」引作「任国」，白虎通爵把酒诰的侯甸男卫引作侯甸任卫，以及汉代人多以「任」为「男」的声训字等现象，认为卜辞「多田亚任」的「任」，就是「侯甸男」的「男」。我们同意他的意见。

用来指一种身份的「任」字，除见于上引(4)「以多田亚任」外，还见於很多条卜辞，例如：

(61) ☐丑☐多任☐（京津七九九）

(62) 貞：令菁以文取炏任亚。（零拾四九）

(63) 丁巳卜史貞：乎任肉虎壺。十月。（后上六·八）

(64) 甲辰卜王：雀隻（获）侯任（才）方。（掇二·一一五）

(65) 甲辰（卜）王：雀弗其隻侯任才方。（怀四三四）

(66) 貞：而任霎界舟。（乙七七四六）

(67) 貞：乎取𠙵任。（乙五二五五）

(68) 貞：乎取𤰔任于𡨄。（乙七四三八）

(69) 貞：乎来取囯任。（天八七，合七八五九正）

(70) （☐☐卜）殻貞：乎来取囯任伐，以。

(71) 己酉卜殻貞：𢎗（勿）乎来取囯任伐，弗其以。（续四·二八·四）

(72) 己巳卜王貞：史其执𦊆任。六月。允执。（合五九四四）

(73) ☐𡆥虫任嗇眔唐。

(74) 貞：𢎗令旨以并𡆥虫任嗇☐（丙五二五）

(75) 丁卯卜：曰黑（原倒刻，并有划痕）任虫正归（原倒刻），允正。

(76) ☐归（原倒刻）人口正黑（原倒刻，并有划痕）任。（甲三一〇四）

(77) 辛亥卜：令𡆥乎比𠂤戈𦣞囯土石（？）奠名任。（安明二四三二）

(78) 辛酉卜貞：其乎析任𠧊口☐母若弗每。才三月。（甲八八九）

以上所引各辞，除最末一辞属黄组外，几乎都是一期卜辞（少数可能晚到祖庚时期）。由于「任」的字义不象「田」、「牧」、「卫」那样明确，任这种人的性质也就不大容易确定。他们似乎不象是商王派驻在某一地方的职官，因为「任」这种称呼虽然常常冠有地名（包括国名），却没有象「田」、「牧」、「卫」那样在地名前加「在」字的例子。(66)提到「而任霎」，同时期卜辞里又有「而白（伯）鼍」（乙二九四八），所以任大概也不会是侯、伯一类诸侯。

《禹贡》伪孔传说：「男，任也，任王事者。」上引《逸周书》孔注之说略同。也许任大概也不会是侯伯一类诸侯。《禹贡》伪孔传说：「男，任也，任王事者。」上引《逸周书》孔注之说略同。也许任本是侯、伯一类诸侯的，率领人专门为王朝服役的一种职官。「而任」是「而伯」委派的任，(64)的「侯任」则是某个侯所委派的任。后来他们之中大概也有一部分人演变成为诸侯，所以「任（男）」也变成一种诸侯的称号。

上引(64)(65)卜问雀能否捕获「在方」的侯任，(72)卜问史能否拘执萬任，可见任有叛逃现象。这也许是由于让他们担任的王事太繁重而引起的。

周代诸侯称男的实例极为少见。在仅有的两三个例子里，宿是附庸小国，也许有可能本是鲁的附庸。上引《左传》哀公十三年说「伯合诸侯，则侯帅子，男以见于伯」，也把男放在类似侯的附庸的地位。把「男（任）」看作从侯、伯所委派的任王事者的职名演变而成的爵名，对于上述这种现象来说显然是颇为合理的。

由于缺乏证据，上面所说的看法仅仅是一种假设。但是「男（任）」本为职名而非爵名这一点，似乎可以肯定下来。」（《甲骨卜辞中所见的「田」、「牧」、「卫」等职官的研究》，《文史》第十九辑第十至十一页）

林澐

「被『比』者可根据卜辞而定为『任』，亦可据之以推定联盟的方国。如：

贞：王□田比——勿隹田比（《乙》三四一七）

根据「贞：呼[illegible]取田任」（《天》八七）、「贞：呼[illegible]取田任伐[illegible]？」（《续》四·二八·二）可知田为「任」。任、男古代音同字通，《酒诰》「侯甸男卫邦伯」，《白虎通·爵篇》作「侯甸任卫作国伯」；《夏本纪》「二百里任国」，《汉书·地理志》作「二百里男国」。可见任即男，亦古代方国首领之一种。在卜辞中，「而伯」又称「而任」（见《乙》七七四六），也可证「任」是方国首领之称。则可推定田方也是联盟的方国之一。」（《甲骨文中的商代方国联盟》，《古文字研究》第六辑七六——七七页）

赵诚

「仜，任。左右无别。从人壬声。甲骨文用作职官之名，如「多仜」（多任——与多伯、多田、多侯同例）（《京》七九九）……从卜辞看，任很可能是方国首领的副手，也是一种地方长官，如「巛仜[illegible]」（而任霎）（《乙》七七四六）和「巛白[illegible]」（而伯[illegible]）（《乙》二九四八）的辞例相同，则而为方国之名；任与伯均为方国首领之义；霎和[illegible]均为私名。这也是需要研究的问题。」（《甲骨文简明词典》八一至八二页）

林澐说参卅、田 二字条下。

按：釋「任」可備一說。丁山進而以「侯田男」為言，不可據。陳夢家釋辨一五四五為「以多田亞伐……」，誤「仜」為「伐」（綜述五一〇）。卜辭用義不明，闕疑以待考。

0083

役 役 [甲骨字形] [甲骨字形]

王襄 「疑役字」（類纂存疑第三第二十葉上）

余永梁 「案此役字，从攴人，與說文古文同。說文『役戍也从殳彳𠋣古文役从人』。篆文从殳之字，卜辭及古金文均从攴。古文役从攴，亦攴之变，如殺字籀文亦从攴也。」（殷虛文字考）

饒宗頤 「『丁酉卜，即貞：其役（役）豕十，妣丁。』（菁華九·二）按役讀為疫，殆有疫氣，乃卜用豕十于妣丁以禳之。」（通考九八七葉）

饒宗頤 「按廣雅釋詁：『役，助也。』（左成二年傳：『以役王命』，注：『事也。』）『役耤』（見菁華一一、一九）指助稅。孟子滕文公：『夏后氏五十而貢，殷人七十而助……助者，耤也。』說文：『耡，商人七十而耡，耡，耤稅也。』蓋言殷之助法，借民力以耕公田，而不稅其私田，即所謂役耤也」（通考七〇八葉）

饒宗頤 「卜辭『甲子卜，㱿貞：疒役（疫）不祉（延）。貞：疒役其祉。……』（屯乙七三一〇）

『甲戌卜，㱿貞：王不役，在……』（後編下二六·一八）

按『役』，說文古文从人，則役乃役字。考他辭云『……貞邻役。』（前編六·一二·四）知役讀為疫。廣雅：『疫，病也。』疫即疫。邻广猶言禦疫。漢書郊祀志『以御蠱災』，正義謂『蠱者，熱毒惡氣為傷害人。』左昭元年傳杜注：『凡厲氣傳疾者，皆可謂之蠱。』辭言：『疾疫不延』，即卜傳染病之蔓延與否也。」（通考一一五——一一六葉）

李孝定「从殳从人，説文所無。役許訓戍邊，是其本義當為行役，故字从彳。今从人於行役之義無涉。以文字結構之法推之，从殳从人其本義當為扑擊，無由得有行役或戍邊之義也，雖其文與許書役之古文作伇者相同，似仍不能釋為役字。蓋許書轉寫多譌，且其古文亦不盡可據也，仍以隸定作伇，收為説文所無字為是。辭云「☐伇隹有不正」前·六·四·一·「丙子卜㱿貞御伇」前·六·十二·四·「甲申卜伇貞口囗再册乎从」前·七·六·一·「甲戌卜㱿貞王不伇在☐」後·下·二六·十八·前數辭伇為人名，後一辭伇似為動詞，其義不明。「甲子卜㱿貞疾口影本似作亻以辭推之此當作伇不延，貞疾伇其延」乙·七三一〇·此似當讀為疫。疫，許訓「民皆疾」，此貞疫之延否也。疫，許云「从疒役省聲」，不云「殳聲」，役字亦言「从殳」，不云「殳聲」，然以象意字聲化例推之，从唐蘭說役伇兩字之得聲均當與殳有関，是役之音讀亦與役相同或相近，故伇亦得假為疫也。」（集釋一〇二七葉）

張秉权「伇，在今安徽桐城縣」。（殷虛文字丙編考釋一七五頁）

于省吾「北方「雚曰伇」：我認為，据古音則伇應讀為烈。曾運乾的喻母古讀考謂喻母四等字古讀定母，例証具備。但是喻母四等字有的古亦讀為来母，今举五証以明之：一、从乐声的药、古滴屬喻四，而从乐声的栎、轹、眎、砾則屬来母。二、逸周書和寤「王乃厉翼于尹士八士」的厉翼，即金文某蔑曆于某的蔑曆，而若語法完全相同。翼屬喻四，而曆从厤声則屬来母（詳釋蔑曆）。三、論語八佾的「八佾舞於庭」，馬注訓佾為列，以声為訓。佾訓列典籍习見。佾屬喻四，而列屬来母。四、楚辭大招的「清馨凍飲，不歠伇只」，伇字旧均不得其解。实則伇應讀為烈，烈謂酒之醲厚酷烈者。这是説，以清渎馨香涼爽之酒為飲，而不歠其酷烈者。伇屬喻四，而烈則屬来母（詳拙著楚辭新証）。五、公羊傳庄二十年的「大瘠者何，瘌也」，何注謂「瘌者民疾疫也」。按瘌与疫以声為訓，疫之通瘌，犹伇之通烈。根据以上五項説証，可見喻母四等字古也讀為来母，并不限于定母。然則北方「雚曰伇」之伇讀為烈或洌，是合乎声紐通轉規律的。詩七月的「二之日栗烈」，毛傳訓栗烈為寒气；詩四月的「冬日烈烈」，郑箋謂「烈烈猶栗洌」。烈字本作洌，依字作洌。詩下泉的「洌彼下泉」，毛傳訓洌為寒。呂氏春秋有始覧謂「北方曰寒風」。因此可知，北方的「雚曰伇」應讀作風曰洌，是指寒風言之」。（甲骨文字釋林釋四方和四方風的兩个問題一二七頁至一二八頁）

徐錫台「病伇，見殷墟卜辞云：「貞，病伇其征（延）」（乙七三一〇）；「甲子卜㱿貞：病伇不征（延）」（同上）。伇通役与疫，集韻：「役同疫」；釋名：「疫，役也，言有鬼役也』；周礼春官占梦：『遂令始难驱疫』，注云：『疫，虑鬼也』史记历书：『茂气至民元夭役』；广韵：『疫，说文云：民皆疾也』。按『病役』，即瘟疫病，其属于传染病，如天花麻疹，霍乱痢疾，伤寒疟疾，脑炎鼠疫，猩红热与百日咳等疾病也。」（殷墟出土的一些病类卜辞考释，殷都学刊一九八五年第一期九页）

陈汉平 「甲骨文有字作□、□，卜辞曰：

甲子卜𣪊贞疾□不祉 佚七三一〇

贞疾□其祉 佚七三一〇

此二辞文例与缀合二一〇卜辞文例相同：

疾目不祉 缀合二一〇

疾目其祉 缀合二一〇

准此二辞文例，知□字于卜辞中所指乃人身肢体之某一部位。按此字从尸从殳，字当释殿。说文：『殿，击声也。从殳𡱂声。』『𡱂，髀也。从尸下丌居几。』□字形象以殳击人状，故字当释殿。字今书作殿。殿字于卜辞中读为臀，『疾殿』读为『疾臀』，于文义甚安。」（古文字释丛，出土文献研究二二二页）

按：余永梁釋「役」是正確的。廣雅釋詁有「役」字，从人，與說文役之古文同，訓為「使」，猶存其本形本義。蓋从殳从人會役使之意。引伸之，廝役亦謂之役。後下二六·一八（合集五三六三之「王不役在：·」當為役使之役，前六·四·一合集一〇一三一之「役隹出不正」當為廝役之役。與「我奚不正」之辭例同（前六·一九·二）。李孝定集釋既誤讀前七·六·一之「殸貞」為「役貞」以為人名，又誤解佚七三一〇之「疾……」為「疾役」，讀役為疫。疾下一字雖不清晰，但絕非「役」字則可以肯定。同版有「疾齒」之占，此亦當指某種疾病而言。

0084

攸 □ □ □ □

王襄 「古攸字。金文攸字舊釋攸，姑从之。」（簠室殷契類纂第十四葉）

葉玉森 「象持卜擊人，與役字構造法相似。卜辭有條字，作□，（藏七七·三）作□，（前四·三三·五）地名。予疑即鳴條，攸或亦條省，本編姑書作攸。」（前釋二卷三十一葉上）

商承祚「說文解字『攸，行水也，从攴从人水省。』徐鍇曰：『攴入水所杖也，秦嶧山刻石作汥，毛公鼎作㑊，頌敦作㑊，此省；疑亦攸字。」（類編三卷十七葉）

王襄「攸，古攸字，許說从攴从人，水省，此不从水媨，亦即條之省文。漢畫何篠題字篠作㔶，攸即條之媨，从竹从匚誼同。說文解字其，或从竹，或从匚，可證。或即鳴條歟？」（簠考地望四葉）

魯實先「字當隸定作攸支殳古通用，故它辭亦作伇，即役之古文。字於卜辭有三義，㈠疫之初字。㈡蓋為豫之之假安也。㈢方名」。（姓氏通釋之一載東海學報一期三一葉四至十二行）

陳夢家「攸是攸侯之地。左傳定四分魯公以殷民七族，其中條、徐、蕭、索之徐、蕭、索當在今徐州、蕭縣、宿縣一帶。條亦應近此三處。蕭為子姓（見左傳隱元正義及殷本紀索隱所引世本），則徐亦是與殷同姓。周武王時曾東伐有攸，孟子滕文公下引書曰『徯我後，后來其無罰』；『有攸不惟臣，東征，綏爾士女，匪厥玄黃，紹我周王見休，惟臣附於大邑周』。趙岐注云『從有攸以下道周武王伐紂時也，皆尚書逸篇文也』。匪厥玄黃八字，即鄭玄禹貢注引胤征之文，胤征當是攸征。

孟子之有攸，卜辭之攸，左傳殷民七族之條，當是一族。又有

晚殷金文　王由攸（三代一一·三〇·三）

西周初金文　王女南贇（攈古二·二·六二·一）

所指或是有攸。

正人方歸途中，二月癸酉在攸侯鄙永，四日後戊寅已在宿縣東北六十里之甾丘，則攸當在今永城之南部宿縣之西北。攸地之永，即今永城（參考古一二：七六）。」（綜述三〇六葉）

按：攸當釋攸。說文解攸為「行水也，从攴，从人，水省」，莫知所云。歷代注釋說文諸家，多從而曲意附會之。唯林義光文源謂「攸」字「古作㚄，作㑊，从攴从人，即修之古文，飾也。彡象手持物形，人所飾者也。或作㑊、作㑊、作㑊，从彡，彡飾也；或作修，省从｜。說文云：『修，飾也，从彡，攸聲。』」按攸字古或从彡，不得復加彡作修，修蓋攸字之譌。攸字許慎以為「水省」者，實即彡之形譌，修字複从彡，是為蛇足，猶莫複增日作暮，孚複增人作俘，共複增手作拱之類。漢婁壽碑「不攸廉隅」，即「不修廉隅」，猶用其本形。史記秦始皇本紀載會稽刻石之文有「德惠脩長」，或作「修長」，而原刻石作「攸長」，諸家皆

以通假說之，實則攸修為古今字，本無區分。段玉裁注釋「修」字云：「巾部曰，飾者㕞也；又部曰，㕞者飾也，二篆為轉注。飾即今之拭字，拂拭之則發其光彩，故引伸為文飾……不去其塵垢不可謂之修；不加以縟彩不可謂之修。修之从彡者，洒㕞之也，藻繪之也。修者治也，引伸為凡治之偁」。段氏此段注釋，以之說解「攸」字，則更為貼切。甲骨文攸字作𢼊，金文或从彡，即寓洒㕞之義。卜辭均用為地名。

0085

保 𠈃 𠈃

王襄 「𠈃，古好字，不从女，與伝之或从人或从女誼同。」（簠考地望九葉上）

王襄 「𠈃，古俘字，象俘人之形。」（簠文第一葉）

葉玉森 「按予曩疑卜辭之𠈃與𡥈為一字。說文『𤓽，古文孚。𤓽，古文保。从孚又持之或體作抱。釋名『抱，保也』是捊保古誼相通。卷七第二葉一版：『癸丑卜爻貞𠈃𠬝服苦方』。辭中之𠈃象一大人抱子形，乃古捊字。卜辭叚作俘。又卷五第二十七葉二版：『庚戌允其循于𡥈𠬝五月』。辭中之𡥈即保字。且辛父庚鼎保作𠈃，季保敦作𠈃，竝从人从子。卜辭亦叚作俘。（殷栔鉤沈）又𠈃酉彝之𠈃則當讀為俘，與卜辭同。」（前釋一卷一〇四葉上）

吳其昌 「『保于母辛』者，『保』亦殷代之祀名；保祀，蓋猶『衣祀』也；『保于母辛』猶『衣于母辛』也。所以知者，禮記月令『參保介之御間』鄭康成注：『保，猶衣也。』（賈公彥疏，『保猶衣者，保即襁褓，所以衣寶小兒，故云保猶衣也』。）可證。然則保祀實為衣祀之別稱，其顯而易知；所不易知者，乃為殷代何以而常假借此衣褓之名，以名其祀典？則尚未可解答耳」。（殷虛書契解詁三三六葉）

朱芳圃 「說文解字：『仔，克也，从人子聲』。」（文字編補遺十三葉下）

唐蘭 「仔，即保字。前一形作𠈃者，習見古金文，前人未識，余謂即保字古文，召誥曰『夫知保抱攜持厥婦子』，抱者褱於前，保者負於背，故𠈃字象人反手負子於背也。保字孳乳為緥，是為兒衣，襁緥者古亦以負於背。（今日人猶如此）則𠈃即保字無疑焉。……𠈃字書之不便，因省而作伻，更省則為伻。卜辭作伻形者習見，舊誤釋為匕巳二字，或又釋「仔，克也，从人子聲」之仔，亦非。孫海波釋保，是矣。（說文古籀補保下錄伻字，然則釋仔為保，始於吳大澂也。吳謂「小兒衣也，从人抱子，丿象保衣之形。周書曰：「若保赤子」。小篆作緥」。頗近之。惟丿實飾筆，小兒衣之訓，亦只引申義耳）然謂「从[illegible]者」，（孫引貽九．五[illegible]字，謂「从[illegible]與金文同」。今按原書作伻，殆非仔字）又謂「保養也从子立人側」，皆非也。伻即𠈃之省，金文作𠈃者，多一飾筆耳，更進作保，則飾兩筆矣。其作𠈃者，殆又从玉，為保玉之專字耳。（史記周本紀「展九鼎保玉」）說文：「保養也，从人从呆省，呆古文孚」。按孚又从古文呆，是互相从矣。失之。禮記內則：「保受，乃負之」，注：「保保母也」。負子於背謂之保，引申之則負之者為保。更引申之則有保養之義。然則保本象負子於背之義，許君誤以為形聲，遂取養也之義當之耳。詩敬之：「佛時仔肩」，傳：「仔肩，克也」，箋：「仔肩，任也」。說文錄此仔字，以為从人子聲，殊誤。仔即保字也。蓋後人不知仔即保字，因讀為子聲耳。保自有任義，周禮大司徒：「使之相保」，注：「猶任也」。」（文字記四十四葉下至四十五葉下）

孫海波　「卜辭仔子同用。此辭（珠五二四）云「己卯卜㱿貞，壬父乙婦好生仔」，生仔猶言生子也。」（甲骨文編八．三）

李孝定　「栔孫釋為保是也。唐氏說其字形尤確不可易，惟謂作保之「丿」為飾筆則未必然。蓋此為由圖形文字規律化後所留之痕迹，蓋由𠈃作𠈃特其臂不屬耳。至作保其子字左側一短直畫，則真飾筆，取其與右側對稱耳。」（集釋二六一四葉）

饒宗頤　「「戊戌卜，㞢貞：其㞢匚于保，于𢼄（室）彫」。（文錄三七九）按詩楚茨：「神保降福」，九歌東君：「思靈保兮賢姱」，洪興祖云：「靈保，神巫也」。書召誥言：「天迪從子保」，君奭言：「陳保」，凡此類之保，均是神巫；古亦以保為尸，故為祭祀對象，辭言「㞢于保」可證。」（通考八六七——八六八葉）

饒宗頤　「卜辭「又仔」猶言「有保」，詩：「天保定爾」，墨子非命上引泰誓：「紂夷處不肯事鬼神……天亦縱棄之而弗葆」，「弗葆」即「又保」之反詞。」（通考八四〇葉）

饒宗頤　「卜辭「子商㞢仔（保）」（綴一七八）「㞢仔」即「有保」，他辭言「吉保」。

（佚七七八二）書名誥：「天廸格保」，詩山有樞：「他人是保」。注：「保，安也」。此出祉祈福祐之假詞也」。（通考四九八葉）

屈萬里　「伻，从人負子，即保字」。（甲編考釋四四五葉）

于省吾說參[illegible]字條下。

按：說文以保為「从人从采省，采，古文孚」（大徐本）。戴侗六書故以為「保既从古文孚，孚又从古文系，殊錯戾」。王筠亦以致疑。林義光文源謂「古作伢，即緥之古文，小兒大藉也。丨象緥形，子在其上，人繼負之……詩佛時仔肩，仔當作孚，即保字，故訓為任。說文謂仔从人子聲，於古無徵，恐無其字」。唐蘭謂「保本象負子於背之義」，「仔即保字」，並指出「後人不知仔即保字，因讀為子聲」，其說是對的。孫海波以「卜辭仔子同用」，殊誤。乙七七八一有辭云：

「貞乙保黍年？

乙弗保黍年？」

其背面有驗辭為：

「王固曰，吉，保」

合四二一四辭云：

「黄尹保我史？

（黄）尹弗保我史」

「保」均為祐護之義。珠五二四之「王父乙婦好生保」，乃祈求父乙祐護婦好生育之占。甲骨文編、續甲骨文編均混入保字，誤。

卜辭保字象背負子形，其作[illegible]者，子在人下，乃「毓」即「育」之異構。

0086

毓

闻宥　「[illegible][illegible]」第一字诸家缺释，第二字王静安释为毓（毓）之别构。宥按王说非也。卜辞十二支之子作[illegible]诸形，巳则[illegible]诸形，此古非倒子甚明。卜辞人名虽有[illegible]字，然果当读子与否，未可遽定，倒之之说更不能立；盖卜辞女与人字通假，毓子为母者之事，尤不当

以人为之；故𩱧既不当释毓，而㞐与𩱧又非一字。㞐盖与𡰥同为居字。《说文》：「居，从尸，古
者居从古。」谊无所取，段、朱诸氏改为古声是也。此从尸从古甚明；其作𡰥者，或为古声之
省，或本别作午声，以古亦从午得声也。㞐与𡰥又即为古居處之正字。《说文》分尻、居为二，然
经典皆以居为之。……卜文㞐与𩱧非一字，更有显证。卜辞凡出𩱧字，则辞中必有先公先王之
名，故王氏释为后，说颇近似；（古音后在侯部，毓在幽部，释后亦不当从毓证入。）若作㞐
则多称之于，如曰：「丁丑之于五居」，「之于五居」是也；（《殷虚书契后编》卷上二十页㞐
下有且字，王氏遂仞为祖乙，实则影本未见乙字，王氏所引误也。）言五居者当是卜大迁之辞。
作𡰥者罕见，王氏类纂异字下出「𡰥貝（貞）异居」一辞，当亦卜大迁而不吉者；都之言居，
犹盘庚之言「奠厥攸居」也。惟属于何世，则不可考矣。」（《殷虚文字孳乳研究》，《闻宥论文集》
一二三至一二五页）

張桂光

「[glyph]」，《甲骨文编》收作[glyph]。考[glyph]下所收，基本都是[glyph]並排的，独有《京津》二○六四
和《乙》一六五四两文，子在[glyph]之臀下，表现出明显的区别。这一形体亦见于《殷契粹编》四○一片，
郭老据文义释为「后」字，可能因为没有解释，后来的字书未予採纳。试看甲骨文中[glyph]（《戬》三八）
[glyph]（《粹》二三七）㞐（《前》一·三○·五）诸文，虽或从尸或从[glyph]，或从古或从[glyph]，但人们都一致承
认它们是「毓」（即育、后的初文）字，並确认为「象产子之形」，考其共同点，正是子在臀
下。现在[glyph]字亦子在臀下，当然同样应该释为「毓」的。从文例看，「庚子卜，王，上甲，
妣甲、[glyph]妣癸」（《前》一·三八·三，《甲骨文编》误收作匕己合文）「于[glyph]且帝、又白」（《粹》四○
一）「至于多[glyph]」（《佚》七六），诸例中的[glyph]释为「毓」正好合适。人们对㞐字是注意到了，对
[glyph]却忽视了。」（《古文字中的形体讹变》，《古文字研究》第十五辑一七六至一七七页）

高明说参「[glyph]」字条下。

参見0461「毓」、「育」、「后」之按語。

0087

毓 [glyph] [glyph]

按：此乃「毓」字之異構。

0088

⿸尸自

李孝定　「字从𠂤不从刀，所从乃𠂤非吕也。从人从𠂤，說文所無」（集釋二六七二葉）

屈萬里　「𠂤，疑與一一三三之𠂤及三三三二之𠂤為一字；以三三三二之辭證之，蓋某侯國君長之名也。此字隸定之當作佀，即似字；作𠂤乃其繁文。」（甲釋三〇〇四片釋文）

屈萬里　「𠂤，人名。其字當為𠂤及𠂤之繁體，乃佀字也。」（甲釋第一六五葉）

孙海波　「𠂤，甲一〇〇三。从人从𠂤。說文所无。人名。」（甲骨文编三四七頁）

按：字从「尸」，从「𠂤」，隸定當作「⿸尸自」。卜辭均用作人名。

0089

休

屈萬里　「休，從羅振玉釋（殷釋中五三葉）。休，地名，卜辭習見。疑即孟子去齊居休之休。閻若璩四書釋地謂故城在『今兖州府滕縣北一十五里』。」（甲編考釋十一葉）

按：休字从人依木，正象息止之形。甲骨文、金文、小篆全同。林義光文源以為或「从人求省聲」，殊誤。卜辭用為地名。其作𣎴或𣏟形者，金祥恒續甲骨文編亦列入「休」字，非是。

0090

⿰氵封

张亚初　「⿰氵封」（综类二六页）此字从水从封。「今秋其𡖊，其乎封乙示」（前二·五·三），此封字就作此形。可隶定为⿰氵封。集韵「⿰氵封，音葑，深泥也。」封、奉古字通。散氏盘「至于某地一奉」之奉，就都是封树，封疆之封（金文编一二二页）。六年琱生毁「琱生𢦏𢦏朕宗君其休」之𢦏字则应读为奉（三代九·二一·一）。所以，⿰氵封也可能就是漨字。集韵「漨，

音捧，水也。』」（古文字分类考释论稿古文字研究第十七辑二五一页）

按：字當隸定作「澍」，合集三六五二二「其乎澍亦于商」，不能讀作「封乙亦」。

0091

張亞初「[glyph]（綜类二六頁）是一人援之以棍棒，把另一人从低下处往上拉的会意字。这是爰字的整体会意字。通常所见的[glyph]字是省写体，是局部会意字。說文爰训引。整体会意字是爰引之生动写照。」（古文字分类考释论稿古文字研究第十七辑二三三页）

按：釋「爰」不可據。卜辭用為人名。

0092

按：字不可識，其義不詳。

0093

稭

羅振玉「象人持帚埽除之形，當為埽之本字。說文作埽，从帚土，殆為後起字，变象形為會意矣。」（殷釋中四十八葉上）

葉玉森「陳氏釋耒已近，余氏釋稭較塙，惟謂[glyph]為同字似非。徐氏耒耜考說耒形尤精鑿，舉證亦六通四闢，郭氏證明金文諸稭字，使宋以來之聚訟一埽而空，洵為妙悟。」（前釋六卷十八葉上）

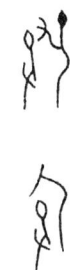

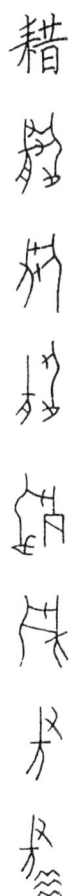

徐中舒「偏旁从耒的字在甲骨文中有稭字作[glyph][glyph]諸形。羅振玉以為埽字，未確。冷鼎云『王大稭農於諆田』，字作[glyph]，薛尚功鐘鼎彝器款識戠鼎『令女作𤔲土司徒官𤔲稭田』字

作□，王俅嘯堂集古錄載同𨪇戠鼎耤字則作□，从昔聲，確是耤字。令鼎與甲骨形製尤近。甲骨文耤字諸條，「乙亥卜口令吳口耤臣」（前、六、十七、五）「己亥卜貞令吳小耤臣」（前、六、十七、六）「☒耤受年」（前、七、十五、三）「庚子卜貞王其雚耤叀往十二月」（後、下、二八、十六）耤受年明是卜農事之辭，小耤臣疑即殷之農次，亦即晉語之隸農。」（耒耜考 集刊二本一分十二葉）

徐中舒　「耤象人側立推耒舉足剌地之形，故耤之本義應釋爲蹈爲履。後漢書明帝紀注引五經要義云「籍，蹈也，言親自蹈履于田而耕之也」。顏師古漢書文帝紀注引臣瓚說「籍謂蹈籍也」。籍藉耤古通用字，或轉爲蹠。淮南子主術訓「一人蹠耒而耕不過十畝」。又齊俗訓「脩脛者使之跖钁」。钁太平御覽引作鏵。鹽鐵論取下篇「從容房闈之間垂拱持案食者，不知蹠耒躬耕者之勤也」。又未通篇「民蹠而耕，負擔而行，勞罷而寡功」。跖蹠古通用。淮南高誘注「跖，蹈也」。此可證蹈履爲耤字正解。論語「民無所措手足」，即从此義引申。後來耤字爲借義所奪，詩載芟序鄭箋「藉之言借也，借民力治之，故謂之藉田」，風俗通祀典「古者使民如借，故曰藉田」，因別造一踏字以爲蹈履之踏。耤爲蹈履，故得引申爲薦於他物之下，意如「憑藉」（成語「藉用白茅」易大過初六之類，是聲轉爲苴。如漢書郊祀志云「江淮間一茅三脊爲神藉」，而終軍傳則云「苴以白茅于江淮」，曲禮云「凡以弓劍苞苴簞笥問人者」，鄭注「苴藉也」。又轉爲助，如孟子滕文公上云「助者藉也」。又轉爲鋤爲鉏，如說文引孟子「商人七十而鋤，鋤，藉稅也」，又周禮春官司巫注「杜子春云「蒩讀鉏，鉏藉也」」玄曰「蒩之言藉也，祭祀有當藉者」。凡且聲字多與耤相通，租稅之稱鉏鋤之名，當即由耤轉變而來。」（耒耜考 集刊二本一分五十二至五十三葉）

陳邦懷　「按耤鼎耤字作□，从笞，即笞字，則所从之□必爲耒字無疑。卜辭極省，第于人下增足形耳。卜辭及鼎文人手所持捶者，即許君說耒字，所謂手耕曲木也。段氏據廣韻刪手字，大失許君之意矣。急就篇顏注：「手耕曲木也，古者倕作耒」。當即本之許君，益足證段氏刪手字未可信。卜辭所見耒臣，蓋殷之農官也。」（拾遺四葉）

余永梁　「此耤字甚湛鼎大耤農之耤可證。象人執耒之形。新獲卜辭寫本之□亦同字。」（新獲卜辭寫本跋）

郭沫若　「按此（羅）說於字形不合，因卜辭帚字作□□諸形多假爲婦，決無作□之形者。且以婦字按諸原辭，實無一例可通。所謂「小婦臣」，所謂「王觀其婦」，其不辭之尤者也。余謂此乃耤之初字，象人持耒耜而操作之形。金文令鼎「王大耤農于諆田」，其字作□，象形，昔聲；彼所从之象形文即此字也。薛尚功鐘鼎彝器款識（卷十四）之戠𣪘（銘文略）形雖略變，然與令鼎文正相彷彿。卜辭與金文之異，僅在一為象形文，一為形聲字耳。象形之文，例先於形聲，故[illegible]賓即耤之初字也。字形既有說，按諸原辭，亦一律可通。「令[illegible]耤臣」，「令[illegible]小耤臣」者，猶令鼎之「耤農」也。[illegible]乃人名，……「□耤受年」，「王其觀耤」，其為耕耤之義自明。……又案毛公鼎有[illegible]字，曰「命女[illegible]嗣公族雩參有嗣小子師氏虎臣雩朕褻事」，余以為亦即耤之古文，象形。」（甲研釋耤）

陳夢家

「卜辭的耤亦示耕作之義，齊民要術卷一引說文『人耕曰耕，牛耕曰犂』，可證卜辭的耤實即人耕。說文『耕，犂也，从耒井聲』，現在北方口語耕田之耕音近於井或荆，猶存古音。耕所從的『井』實是聲符，西周金文荆楚之荆作刱，從刅（即耒）井聲，或即耕字。」（綜述五四〇葉）

又曰：「卜辭的『耤』字象人手持耒柄而用足踏耒端之形。早期銅器的耒字象手持耒之形，見金文編附錄下十五頁下第一行。說文曰：『耒，手耕曲木也』。考工記『車人為耒』，汪灝云『耒狀若今之曲枕柄也』，急就篇顏師古注云『耒今之曲把茶鍬，其遺製也』。戴震考古記圖、程瑤田考工創物小記所作之圖，都是曲柄的，其形與農政全書卷二十一之鋒與長鑱相似，惟後者於柄下端都有一個鐵端（耒耜考三三）。

我們推測最初的耒，應如許慎所說的，祇是一種手耕所用的曲木，用木端的尖銳部分刺地。這尖銳部分，在後來是這種農具迭加改進之處，考工記名之為庛，鄭玄『謂庛讀為棘刺之刺』。所謂庛者，鄭衆注云『庛讀為其顙，有庛之庛，謂耒下歧』，鄭玄匠人注亦云『今之耜，歧頭兩金』。凡此皆表示東漢之耒端尚有歧頭的，即有兩個杈子，與卜辭金文耒字相合。它的形制，像後世用的魚叉，周禮鼈人『以時籍魚鼈龜魚』，鄭衆注云『以叉刺泥中搏取之也』。杈魚曰籍，說文『籍，刺也』，與以耒刺地曰耤，是相同的。農政全書箱禾具有棣木而成的木杈，和以鐵為首的鐵禾杈，又有剗草用的以鐵為首的鐵鋤，後者似即說文『𣏕，兩刃臿也』。𣏕或體作釫，後世以方言五作鏵。方言五說臿有斛（即銚）、鏵、鍏、畚、喿（郭注字亦作鍬）、梩等等不同的名稱。小篆的臿字從臼從干，象兩手奉歧頭長幹之具，即杈形。韓非子五蠹篇所謂『禹之王天下也，身秉耒臿，以為民先』。

上述刺地之具的耒，就其結構而言，可以分為上部手持部分的幹或柄，下部足踏部分（即插地刺地部分）耒端。上部的變化較少，是揉木為之，往往即用樹幹，並利用分叉的小幹為耒端。下部的變化很大，大致分為兩個方向：其一，維持歧頭而改為鐵，如上述的鐙鋤，與鐵禾杈鐵魚叉相類似；其一；改變耒端為一頭的，形成後來稱為『耜』的，即所謂『鋒』。耜本為禾在發展中添置的一個部分，即在耒端加置之物。加置的經過，可能如下順序：

一、附加較硬之木，易繫辭下「神農氏作，斲木為耜，揉木為耒」；說文「枱，耒耑也」，「梠，臿也」，古文字「吕」、「台」、「厶」一字；玉篇及唐寫本說文木部「枱，耒端木」；易繫辭下釋文引京房注云「耜，耒下耓也，耒上句木也」；莊子胠篋篇引李注「耒，耜柄也」，國語周語韋注「耜柄曰耒」。凡此皆分別耒與耜：耒為曲木，句木，為柄，揉木為之；耜是耒端所附之木，斲木為之。

二、附加鋒銳之石。

三、附加銅鐵於耒端，說文「枱」之或體作鈶；鄭玄月令注云「耒，耜之上曲也，耜、耒之金也」；考工記匠人正義「耜謂耒頭金」；漢書食貨志注顏師古云「耜，耒端木所以施金也」；晉書音義中「耜，耒之金也」；莊子天下篇釋文引三倉云「耜，耒頭鐵也」。由此可知耒端於所謂「耜」之處施銅、鐵，以此的農具，就其全部而言，也可以叫作耜或同類的名稱以梩、銚等等。但耒端加物，有繁簡之別，有銅鐵之分，有形成之異，因此以管子海王篇「耕者必有一耒一耜一銚」三者並舉，皆是刺土之具而因其構造之小異，可以是不同的：耒是手耕曲木，耜是耒端有硬木的，銚是耒端有銅或鐵的。

淮南子氾論篇「古者剡耜而耕，摩蜃而耨」，這是關於上古用蚌製作耕作的最早記載。耨是去苗間雜草，耨草之具曰槈或鎒：說文「槈，薅器也」，或體作鎒，典籍作耨。農事以耕土除草為兩大要事，所以農作之耕耨並舉，而耕具之耒（耜、銚）與耨具之耨亦常常並舉：管子禁藏篇「推銚鎒以當劍戟」，輕重己「銚鎒當劍戟」，莊子外物篇「銚鎒於是乎始修」，胠篋篇「耒耨之所刺」，易繫辭下「耒耨之利」。呂氏春秋任地篇說「耨柄尺，其耨六寸」，臣工釋文引字詁亦云「鎒頭長六寸，柄長一尺」，廣雅侯部耨下云「纂文曰耨如鋤，柄長三尺，刃廣二寸，以刺地除草」。（綜述五四二——五四三葉）

陳夢家

「卜辭的耤字作𤯌或𦔮，象人手持耒的長柄而足踏耒之下端之形。……西周金文令鼎「王大耤農于諆田」，戠毁「官司耤田」，兩器耤字從𦔮昔聲。說文「耤，帝耤千畝也」……從耒昔聲」，省去丮。由此可知耤在卜辭為象形字，在西周金文為加聲符「昔」的形聲字，在說文則成為形聲字。」

耤字象人踏耒而耕之形，和書籍所記相同。淮南子主術篇「一人跖耒而耕」，齊俗篇「脩脛者跖鏵」；（即耒）鹽鐵論取下篇「不知蹠耒躬耕之勤也」，未通篇「民蹠耒而耕」。凡此跖耒、蹠耒亦即蹈耒、蹋耒。廣韻昔部「踖、蹐，踐也」；「蹠、跖，足履踐也」；說文「蹋，踐也」；釋名釋姿容「蹈，藉也，以足藉也」。由此可知蹈、蹐、藉、蹠、跖都是踐踏，其音也自相同。

其義雖引申為一切用足踐踏的動作，其初則專為種田的動作。左傳昭十八『六月鄀人藉稻』，正義曰『藉猶藉稻藉踐，履之義。……服虔云藉，耕種於藉田也』。

所謂耤應指鋤地。卜辭所謂『苗耤』亦是先苗而後耤。齊民要術『苗出壟則深鋤，鋤不厭數，周而復始，勿以無草而暫停。春鋤起地，夏為除草』。今北地苗既長之後用鋤在苗間鬆土，謂之耨地。藉和從助之字，因音相同而通假：周禮司巫注『鉏，藉也』，里宰鄭眾注『耡讀若藉』；士虞禮注『苴猶藉也』；孟子滕文公上『助者藉也』。說文『耡，商人七十而耡，耡、耤稅也』，孟子作『殷人七十而助』。」（綜述五三三葉）

張秉权　「□，象人推耒耜之形，是耤字，說文解字四下，耒部：『耤，帝耤千畝也，古者使民如借，故謂之耤，从耒昔声』，在說文以『借』釋『耤』，恐怕也不是這个字的本义，記引卢植曰：『耤，耕也』，以耕释耤，适与此字的形狀相合，再看這一条卜辭的占辭『王固曰：丙其雨之』，占兆而知有雨，亦与耕种之事有关。」（殷虛文字丙編考释第三九八頁）

饒宗頤　「詩韓奕：『實畝實藉』。王制云：『古者公田，藉而不稅』。魯語（仲尼云：）『先王制土，藉田以力，而砥其遠邇；賦里以入，而量其有無』。是藉田乃借民力以助耕公田，而不課其私田之稅。孟子言：『夏后氏五十而貢，殷人七十而助。周人百畝而徹，其實皆什一』。又云：『助者，藉也』。『請野九一而助』。謂井田九區，八家各私其一區，就中公田一區，為九分之一，民出其勞力以助耕，即耤是也。卜辭凡言『呼藉于某地』，謂令某于某地，戒民協耕也。」（通考三六三葉）

趙錫元　「其次，众人还要助耕公田。例如：

戊寅卜，穷貞，王往氐众黍，于囧。（前五·二〇·二）

貞：叀小臣令众黍。一月。（前四·三〇·二）

己亥卜，貞，令吴小耤臣。（前六·一七·六）

丙辰卜，争貞：乎耤于唯，受年。（合二二〇）

丁酉卜，㱿貞，我受甫耤在姐年。三月。丁酉卜，㱿貞，我弗其受甫耤在姐年。貞，曰我其受甫耤在姐年。（合二二三）

旃眔㱿，甫耤于姐，受年。貞，弗其受有年。丁酉卜，争貞，乎甫秜于姐，受有年。□酉卜，争貞，弗其受有年。（乙三二一二）

孟子滕文公说：『殷人七十而助』，『助者，耤也』，『惟助为有公田』赵岐注：『耤者，借也，犹人相借力助之也。』说文：『耤，帝耤千亩也。古者使民如借，故谓之耤。』

商代人们聚族而居，每个家族都有自己的族长。尚书盘庚说：汝无侮老成人，无弱孤有幼，各長于厥居，勉出乃力』。商王要他们各自『长于厥居』的，指的就是这类大家族的族长。商王除了是自己家族（王族）的族长外，还是各大家族的总族长。他们除了关心自己家族的生产外，还要关心整个王国所辖各家族的生产。所以商王说『令众』时，是指自己王族之众；说『大令』时，是指整个王国各家族的人民群众。这是问题的一个方面。另一个方面是，王国的政事、军事、祭祀等及其他的公共支出，都需要各家族来共同负担。因此，在农业方面，则采取助耤的办法，这就是所说的『耤』。」（再论商代「众人」的社会身分，吉林大学社会科学学报一九八二年第四期一一页）

王贵民　「籍字象人踏耒启土而耕之状，是个生动的会意字。读音应和剌地的声音有关。在这里，主要用作动词，即耕地，所谓『借助』之义纯属后起。」（就甲骨文所见试说商代的王室田庄，中国史研究一九八〇年第三期五八页）

于省吾说参籍字条下。

于省吾说参𦔮字条下。

按：耤字「象人持耒耜而操作之形」。小篆从耒昔聲，許慎解釋為「古者使民如借，故謂之耤」，形義均屬後起。葉玉森評論諸家得失，較為允當。但徐中舒以為「耤之本義應釋為蹈履」，誤以其引伸義為本義，猶未突破晚出諸說之樊籬。卜辭云：

「乎耤于隹受出年」（合二二〇　合集九五〇四正）

「我受甫耤在姐年；我弗其受甫耤在姐年」（合二二二　合集九〇〇〇正）

「雷耤于名」（乙七八〇八　合集九五〇五）

耤皆用為動詞，為耕作之意。國語周語「宣王即位，不耤千畝（今本耤作藉）」耤亦耕作之義。訓耤為借，顯屬傅會。顏師古漢書文帝紀注已斥其非是。陳夢家以為「耤應持耒鋤地。卜辭所謂𡆥耤亦是先𡆥而後耤」（綜述五三三）。蓋誤讀甫為𡆥，以致誤解，實則甫為人名。又陳氏以「小耤臣」為「管理耤田之臣」（綜述五〇四），商代不必有如後世耤田之制度，「小耤臣」

即管理農事之官。吉林大學學報一九八〇年二期劉釗釋甲骨文耤羲蟺敖栽諸字一文，論「耤」字的異體甚詳，可參閱。

0094 ⿸虍人

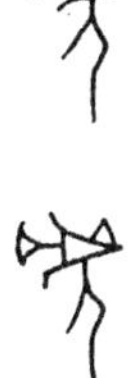

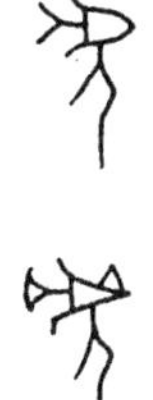

按：為方國名或人名，諸家混入「虎」字，非是。甲骨文、金文虎字均宛肖虎形，小篆形體譌變為「虎足象人足」，與小篆虎字形似，不得謂即虎字。考釋古文字，僅僅依據形體結構分析是不夠的。我們必須在形體分析的基礎上，進而考察其在句子中的作用和地位，否則就難免造成誤解。

0095 㳄

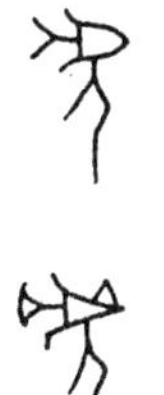

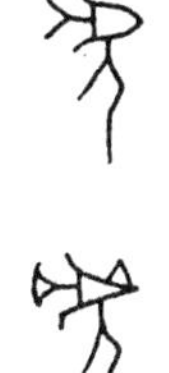

于省吾釋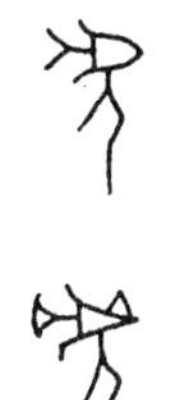見字条下。

按：此當與0341、0342合併。

0096

按：英二六七四辭云：「御子曰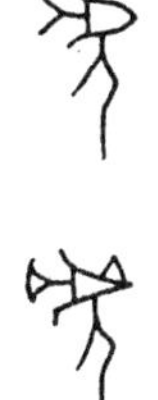子曰商」均用為人名。

0097 ⿰亻欠

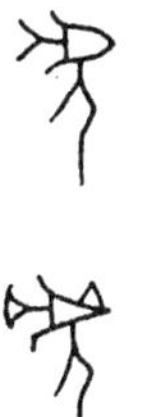

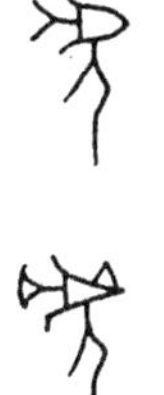

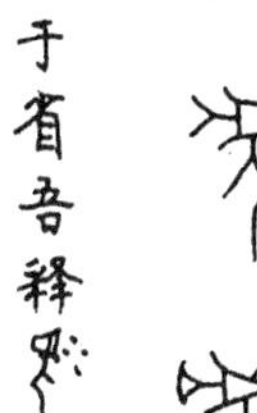

按：合集一四一五七辭云：「庚戌卜貞，有㞢秋，隹帝令欥」「欥」當為災咎之意。

0098

虤

羅振玉 「說文解字：『虤，虎怒也。从二虎。』段君曰：『此與㹜兩犬相齧也同意。』案段說是也。此从二虎顛倒，怒而將相鬥之狀。篆文作兩虎並立，則失怒而相鬥之狀矣。唐浮勳碑贙字尚从此，知唐人尚存其初形也。」（殷釋中三十葉上）

王襄 「古虤字。」（類纂正編第五第二十四葉）

李孝定 「商氏類編贙下未引其師此說，羅說較長可从。」（集釋一六九九葉）

商承祚 「虤象兩虎對爭之形，即許書贙之本字。後世傳寫誤，正成虤，遂加貝字，以別虤，微此幾晦其初形。唐浮漢公碑贙字作贙，从虤，尚存遺意。楷書中存古文，此其一也。」（類纂五卷八至九葉）

按：字从丙，不从「虎」，不得釋作「虤」。卜辭用為地名。

0099

夏淥釋凶，參[illegible]字条下。

按：字不可識，用義不明。釋「凶」不可據。

0100

旰

魯實先「𠂤乃𠂤之繁文。」（卜辭姓氏通釋之一，東海學報一期二一頁。）

按：字不可識，釋𠂤不可據。

0101 伓 □ □

按：字不可識，其義不詳。

0102 □

按：字不可識。辭云：「乙未卜，㱿貞，令□往沚」用為人名。

合集六九四七正

0103 □

按：字不可識。卜辭云：「□乎取羌以」「乙卯卜，丁□㞢」皆用為人名。

合集八九一正

合集二一五六九

0104 竟 □ □

詹鄞鑫「竟与競的偏旁竞是一个字，甲骨文作□、□、□、□等形，金文作□、□、□等形。诸形都是黥刑的会意字。竟京古音同在见母阳部，可以通谐。如大雅桑柔的『秉心无競』，开元五经文字作『秉心无倞」又说文解字注：字下云：「亦作倞」。我们知道，黥刑是一种极古老的刑法，而甲骨文金文却都没有黥剠等字，那么我们就有理由相信，甲骨文的竟字就是黥字初文，黥或剠是后起的形声字。这样，后世所谓五刑，即黥、劓、宫、大辟，至此全在甲骨文里找到了一一对应的专字了。」（释辛及与辛有关的几个字，中国语文一九八三年五期三七二至三七三页）

0105 竟

按：字當釋「竟」。然「竟」與「黥」無關。卜辭云：

「……辰卜，穷……屰竟……奴……」 合集一八一八六

「弜竟」 合集三五二二四

文辭均殘，用義不詳。

0106

按：字从尹从竟，可隸作「⿱尹竟」。卜辭云：

「己酉卜王，子⿱尹竟囚有疾」 合集一三七二四

「子⿱尹竟」當為人名。

0107 尾

按：字不可識，辭云：

「貞，叀令令叩疾」 合集一〇九七六正

「……未卜……翌丁亥叀叩」 合集一七九二七

「……王……叩……若」 合集一七九二八

「……叩……」 合集一七九二九

似用為人名。

严一萍 「小屯乙编四二九三版，有辞曰：

己卯卜出贞：『往刍自冂，朩弗其幸』？

己卯卜出贞：『朩幸，往刍自冂』。王固曰：『其佳丙戌幸，出尒。其佳辛𡧊』。

此版卜兆刻画，乃武丁早年之物。其中尒字，甲骨文仅此一见，案即说文：『从倒毛在尸后』之尾字，……『出尾』，当指牛马牝牡交接以相蕃殖。𡧊在甲骨文仅此一见，与冂形颇近，冂旧释家。然𡧊字於此版卜辞，绝非家义所能安，疑即家字。……玉篇：『家，同宋寂』。案方言十：『家，安静也。江湘九嶷之郊谓之家』。说文：『宋，无人声也』。后世不别，皆以宋寂为之。今以甲文证之，则安静之义，於此版卜辞最为适合，盖自丙戌以后，为牛马春情发动之期，故有交尾之事，此时之牲畜必见骚乱之象，卜兆所示，须至五日後辛未，春情始了，复归安静。由此言之，後世之家殆𡧊之省无疑，其由来古矣。」（释尒，甲骨古文字研究第一辑二四至二六页）

按：字當釋尾。卜辭云：「己卯卜，古貞，……夲佳刍自宑，王固曰，其佳丙戌夲有尾，其佳辛家」（合集一三六正）「尾」之辭義不詳。以「尾」為牲畜之交尾，純屬揣測之辭，不可據。

0108

偪 鄙

孫海波 「偪，摭續一四九。从人从畐。說文所无。禮記內則偪屨著綦，釋文作幅。左傳偪陽子，漢書古今人表作福。方言亦有偪字云，滿也。」（甲骨文編三四七頁）

按：字當隸作「偪」。卜辭云：「丁丑卜，王貞，鄙……」（合集二〇六五二）「自可至于寧偪禦」（合集二七九九一）文辭均殘，用義不詳。从「人」與从「卩」者是否同字，亦不可必。暫並列於此。

0109

按：字不可識，其義不詳。

0110 飤

按：卜辭飤字从人从食與金文、小篆同，用義則不詳。

0111

按：字不可識。卜辭云：「乙未王卜，在羌貞，今日步于僭，無災」「庚申王卜，在僭貞，今日步于勦，無災」均用為地名。

合集三七四三四

合集三七四三四

0112

按：字不可識，其義不詳。

0113

按：字不可識，其義不詳。

0114

按：字不可識，其義不詳。

0115

祇 □

陈世辉 汤余惠 「祇，不识。或释为祝。字象人跪祷于神前，与祝、祷义近。」（古文字学概要一六八页）

按：卜辭或稱「祇岳」，或稱「祇河」，有可能為「祝」字之異構。

0116

□

按：字不可識，辭云：

「壬戌王卜，在□貞，今日其……弗又壴，亡災」

「庚申王卜，在□貞，……其从……北洮……」

均用為地名。

合集三五七五八
合集三六七五八

0117

□ □

王襄 「華石斧先生释魄。按，金文之□若□皆与此相似。許說『吳人謂祭曰魄』。」（簠室殷契类纂正编弟五弟二十五页下）

余永梁 「疑古醜字。卜辭醜为人名。」（殷虛文字考）

金祥恒 释饋，无说。（续甲骨文编五卷二十页）

按：釋「魄」、釋「醜」均不可據。卜辭云：

「辛卯王……小臣□……其乍圉……于東對王占曰吉」

「□其邁至于攸若，王占曰大吉」

均用為人名。

合集三六四一九
合集三六八二四

0118 偏

按：字不可識，其義不詳。

0119 伐

伍士謙「伐之意义既為用戈殺人，或杀人以祭祀。用戈殺人為伐，用戉殺人，也應該是伐。……卜㱿貞翌庚辰其雨，雨出阝。（祭名）（乙六六六三），……㱿……亯京㣽……。（林二．二一．一八）（伐亯京），用戉殺人為伐。故金文中之𢦏形，亦伐字之異体。（甲骨文考釋六則，古文字研究論文集七九頁）

張亞初「[illegible]字（金文編七九九頁），就不是合文，而是甲骨文的㣽字的整体全意字（綜类二八頁，左側倒置人形正側无别）……。」（古文字分类考釋論稿，古文字研究第十七輯二四八頁）

按：字當隸作「㑊」，卜辭云：「貞茲云其㑊」（合集一三三八九）「㑊」與「伐」字形義均有別，不得釋「伐」。

0120

0121

按：字不可識，其義不詳。

按：字不可識，其義不詳。

0122

按：字不可識，其義不詳。

0123

許進雄「B1629　第四期后

甲戌卜，其☐　四、

乙亥卜，角不貞？　一、

貞与地名之勾写法、用法均不同，其义不可知。……」（怀特氏等藏甲骨文集第九二页）

按：字不可識，其義不詳。

0124

按：字不可識，其義不詳。

0125

按：字不可識，其義不詳。

0126

按：字不可識，其義不詳。

0127

按：字不可識，其義不詳。

0128

按：字不可識，其義不詳。

0129

按：字不可識，其義不詳。

0130

按：字不可識、其義不詳。

0131

按：字不可識，其義不詳。

0132

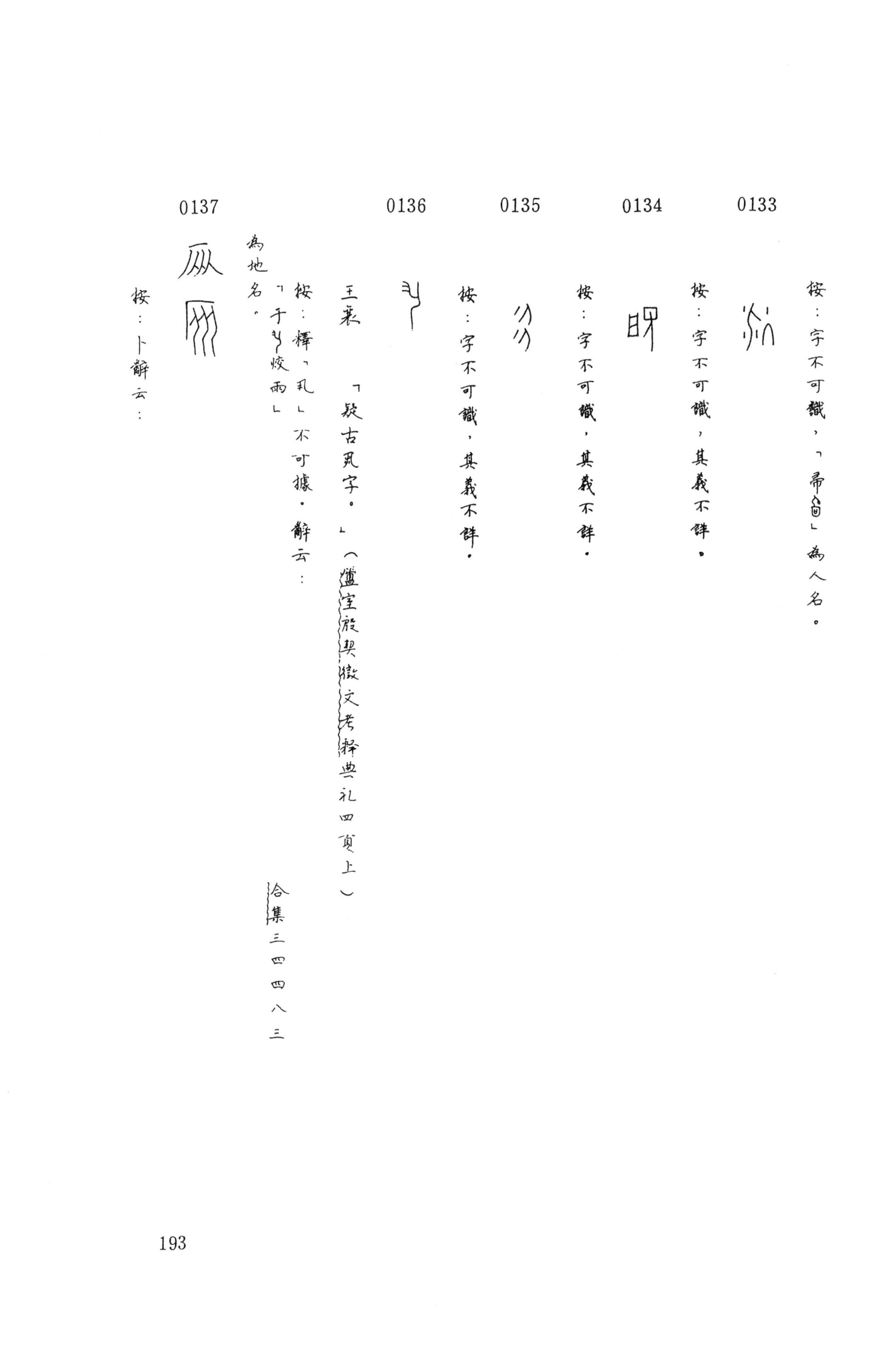

按：字不可識，「帚𠂤」為人名。

0133

按：字不可識，其義不詳。

0134

按：字不可識，其義不詳。

0135

按：字不可識，其義不詳。

0136

王襄「疑古凡字。」（簠室殷契徵文考釋典礼四頁上）

按：釋「凡」不可據。辭云：「于[illegible]烄雨」合集三四四八三為地名。

0137

按：卜辭云：

「辛卯卜，焌𠕋雨」
用為地名。

佚一四八

0138

按：字不可識，其義不詳。

0139

䣕

按：字當隸作「䣕」。辭殘，用義不詳。

0140

按：字不可識，其義不詳。

0141

按：字不可識。卜辭云：
「貞：……于……其……」
似用為地名。

合集八八〇九

0142

按：字不可識，其義不詳。

0143

裘錫圭　參御字条

按：裘說可從。參見「御」字條。

0144

按：字不可識，其義不詳。

0145

按：字不可識，其義不詳。

0146

按：字不可識。辭云：「乙卯卜，有□」用義不詳。

屯四五五三

0147

按：字不可識。辭云：「……子卜……杕□于田」「癸未……王杕□于田」

合集三二九六〇

合集三二九五八

用義不詳。

0148

按：字不可識，其義不詳。

0149

饒宗頤「卜辭：戊申卜，穷貞：㞢傷，攸。（鐵二四五．一）按傷从人从易。廣韻三十七蕩有「傷」字，長貌，與曭同音。曭，日不明也。卜辭蓋假傷為曭。傷古通蕩。法言淵騫篇：「傷而不制」，李軌注：「傷古蕩字。」宋治平本作「傷」。詩：「魯道有蕩」，「㞢傷」與「有蕩」語正同。」（通考二四八葉）

按：字不从「人」，亦不从「易」，釋「傷」不可據。

0150 侁

按：字可隸作「侁」。卜辭用為人名。

0151

按：字不可識，辭云：「……卜貞燎……」用義不詳。

合集一四七七四

0152

[illegible]

按：卜辭云：「貞勿于父乙告疾[illegible]」「疾[illegible]」當指「[illegible]」有疾而言，應為指事字，指膝關節言之。

合集一三六七〇

0153

[illegible]

按：卜辭云：「貞，王其尋[illegible]方白晉于之若」[illegible]為地名或方國名。

合集二八〇八七

0154

[illegible]

[illegible]

葉玉森　隶定作俘。（殷虚書契前編集釋卷五第二十九頁上）

丁山　「象以爪摩人形，当是許書人部偁字。」（殷商氏族方國志一三二頁）

按：字可隸作「[illegible]」。辭云：「庚戌……允其……循于……[illegible]及、五月」當用為地名。釋「俘」、釋「偁」均不可據。

合集七二二七

0155

[illegible]

[illegible]

按：字不可識，其義不詳。

0156

按：字不可識，其義不詳。

0157

按：字不可識，其義不詳。

0158

按：字不可識。似為祭名。

0159

按：字不可識，形體結構亦似有誤。卜辭所僅見，難以比勘。

0160

饒宗頤「卜辭有人名曰仲者（《乙》五四〇五：『仲不句』。）字當釋『佇』，不知與中係一人否？」（《通考》六三二葉）

按：字不从「宁」，不得釋作「佇」。其辭為：「戊午卜，石陰疾仲不句」卜辭所僅見，是否為人名，亦難確指。

《合集》二二〇九九

0161

按：字不可識，其義不詳。

0162

按：字不可識，其義不詳。

0163

按：字不可識，其義不詳。

0164

按：字不可識，其義不詳。

0165

按：字不可識，其義不詳。

0166

按：字不可識，其義不詳。

0167 [字形]

按：字不可識，其義不詳。

0168 [字形]

按：此字形體似有誤。辭云：「……岳取[字形]……」用義不詳。

英一一四九

0169 兌 [字形]

王襄「古兌字。許說說也，从儿㕣聲。」（類纂正編第八第四十葉上）

羅振玉釋兌無說。（殷釋中五十四葉上）

郭沫若「此辭（『戊申卜馬其先王兌从大吉』）疑是卜以馬為殉，言馬其樂從先王于地下也。兌讀為悅。」（粹一一五四片考釋）

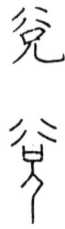

魯實先「卜辭兌字其文與小篆同體作兌，其作[字形]者，舉未識其文。以愚考之，亦兌之𢧵體，乃從容省聲。以兌從㕣聲而㕣之古文作容，是以其異體從容省作[字形]者之則為[字形]。兌於卜辭有二義，其一為閱之初文，如云『丁亥卜翌日戊王兌田大啟大吉茲用允大晵』（鄴三・下・三七・五）『貞□兌不雨』（佚・四三七）『翌日戊王兌』（庫方・一七四四）『翌日戊王隹[字形]田亡戈畢』（甫・八・九・四・『戊王其田叀[字形]亾戈』（甲編・三五九三）『□卜[字形]□王其田[字形]亾[字形]』（京津・三四五五）『叀[字形]田亾戈』（文錄・七三四）。凡此諸辭之兌並讀如春秋桓六年『大閱』之閱。大閱即春秋昭十一年定十四年之大蒐，則『兌田』者，乃簡閱師旅因以田獵，即周禮夏官大司馬之『蒐田』也。老子云『塞其兌閉其門』。兌即詩『蜉蝣掘閱』之閱。此以兌假為閱之證。卜辭或云『兌田』，或云『田兌』者，

猶「耆田」亦曰「田耆」，皆為同義疊語，故可互易言之也。兌之第二義乃銳之初文，如云「重辛兌伐」（後.下.九.十二）、「戊申卜馬其先王兌从」（粹.一一五四）是也。所謂「兌伐」者，即大雅大明之「肆伐」（毛傳「肆疾也」），亦即國策趙策四之「急擊」，謂急速以伐之也。墨子備蛾傳篇云「木長短相雜兌其上」，荀子議兵篇云「兌則若莫邪之利鋒」，淮南子墜形篇云「東方其人兌形，南方其人修形兌上」，及史記天官書所言是象之兌並為銳之假字。所謂「戊申卜馬其先王兌从」，乃卜馬方為先行而殷王銳从其後以逐敵之吉凶宜否也。說者未知作為絲之省而謬釋為介，見商承祚殷契佚存考釋九五一片；或拘於「貞曰兌不雨」之辭而謂兌為求雨時之祝告，見燕京學報十九期所載陳夢家說；或讀兌為悅，是皆於諸辭之義不可通釋。且祝於卜辭自有專字，俱作祝或兄，無須借兌為之，亦無借兌為祝之證，是以卜祝之辭未見兌字。至於殺牲殉葬無族著龜藉令稽之占卜，亦必為宗廟卜牲之例，而貞之先祖固非問諸畜牲，乃曰「卜馬之是否樂从」，此則卜辭及典記所未有之例也，寧非怏詭之甚乎」。（新詮之一第廿三至廿四葉釋兌）

李孝定　「說文「兌說也从儿台聲」，契文與篆文同。魯氏謂其義有二，一為銳，其說可从。惟粹一一五四片「戊申卜馬先王兌从」一辭似仍以郭氏之說解為長。殷墟第五大墓常有若干車馬坑，即所以殉葬者，此卜乃問事之宜否，非以問諸畜牲也。訓悅亦與許書說解同。又魯君謂絲絲作亦兌字，恐未必然」。（集釋二七九一葉）

按：以上併入0043「兌」字條。諸家多以兌混入兌字。辭殘，難以確證。

0170

[illegible] [illegible]

王國維　「[illegible]，疑是复字」。

余永梁　「[illegible]即飤字。說文「飤糧也从人食」此字古金文甚多，誼亦相同。今又見於卜辭。段玉裁以飤字不見于經典，疑為俗製，誤矣」。（殷虛文字考）

葉玉森　「契文（[illegible]）亦变作[illegible]，與許書所出古文第二體略同」。（說契第八葉）

按：字當釋「[illegible]」。葉玉森以為乃契文「飲」字之異構，其說非是。

0171

按：字不可識。在卜辭為地名。

0172

按：字不可識，其義不詳。

0173

按：字不可識，其義不詳。

0174

按：字不可識，其義不詳。

0175

按：字不可識，其義不詳。

0176

按：字不可識。形體當有誤。

0177

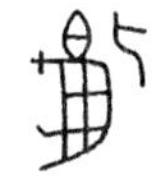

按：字从龜从止，辭云：「貞乎宪取羊不于」用為地名。

合集八八一一正

0178

按：字不可識，其義不詳。

0179

按：字不可識，辭云：「甲辰卜王雀隻……矦……」似用為人名。

合集六九六三

0180

按：字不可識，其義不詳。

0181

按：字不可識，其義不詳。

0182

按：字不可識，其義不詳。

0183 ⿰日人

唐蘭「⿰日人當是昜之本字，與吳佩㝵字同意。字形小變即為昃矣」（天壤文釋五十五葉）

按：釋「昜」不可據。可能為旿字之缺刻。

0184

按：後下二〇．一四「貞……戊……老……至……」（合集一七九三八）孫海波甲骨文編八．一〇、金祥恒續甲骨文編八．一四、李孝定集釋二七三八均釋作「耋」，皆非是。唯島邦男綜類一一一以為「老」、「至」二字是對的。參見「老」字條。

0185 備

按：从「人」从「葡」，可隸作「備」。辭云：「貞隹備犬□」（合集五六五）似用為地名。

0186

按：字不可識。辭云：

用義不詳。

「……午卜王……兇允……在大……□。二月」 合集一〇四一〇正

0187 □

按：字不可識。辭云：

「癸酉貞，□（□）以□……北土」 屯一〇六六

用義不詳。

0188 朘 □

鍾柏生 「（60）戊寅卜：在韦睞，㠯人生異，其□……（人二一四一）

例（60）中的『異』字，人二一四一考释以为是人名，金师有说辨正，认为此『異』当释为『異心』『変乱之心』，但未释『□』字。按：『□』从『夕』从『□』；『夕』见于甲骨文『□』（续一・一・五），『□』（陈二四）（明一五八六）（京二一二）。这二字中的『夕』，皆象『胾肉』之形；『□』，说文云：『□，行夋夋也。一曰倨也，从夊、允声。』段注：『夋夋，行兒。』而『□』，说文有『朘』字，段注本说文云：『□，赤子阴也。从肉，夋声。』甲骨『□』字，从肉，从允，从止，正是段注本说文的『朘』字。然而左人二一四一片中，显然不作『赤子阴』解。汉书董仲舒传：『民曰削月朘』苏林曰：『朘谓缩朒为朘缩。』王先谦补注云：『集韵：朘，缩也。』此外尔雅释言：『逡，退也。』方言十二：『逡，循也。』朘、逡皆从夋声，人二一四一『其朘』便是『其缩』，贾谊过秦论：『逡巡遁逃而不敢进。』所以『其朘』当是『其退不前』的意思。」（说『異』兼释与『異』并见诸词 中央研究院历史语言研究所集刊第五十六本第三分五五九页）

按：鍾柏生釋「朘」，通作「逡」，意為「退縮」，其說是對的。辭云：

「戊寅卜，在韋師，㠯人亡戈異其朘」 合集二八〇六四

乃有關師旅之占。「其朘」即「其退」之義。

0189

按：字當即「企」字之異體。

0190

按：字不可識，其義不詳。

0191

按：字不可識，其義不詳。

0192

按：當是[illegible]字之殘。

0193

按：字不可識，其義不詳。

0194

按：字不可識。與0101之[illegible]當有別。

0195

按：字不可識，其義不詳。

0196 俔

按：字从人从見，當釋作「俔」。辭云：

「壬寅貞，弗俔」　合集二一七七四

用義不詳。

0197 大

郭沫若　「大假爲達，粹七九八片辭云『大今二月不其雨』達从羍聲，羍从大聲。又達或作达，正从大聲」（粹七九八片考釋）

又：「『大今三月』與前七九八片『大今二月』同例。大假爲達，遠也，及也。」（粹八〇九片考釋）

吳其昌　「『大』字作亣，乃貞人名也。卜辭中凡『大貞』者，止于今日可見者凡五十三頁，計前編十一見，後編八見，續編十四見，鐵云三見，燕大五見，佚存四見，林氏三見，明氏五見。其『大』字自署之狀，無一片不作亣，其如今人簽名，千次不异，一睹可识。故凡一見亣狀，知其決為貞人名『大』者矣。且此篇其行列字位按之，可与下列三片殘文相參斠。其一云：『壬寅，卜大貞，王宜大戊，爽妣壬，咸，亡尤。』後·一·二·九。其二云：『庚戌卜，大貞，其☐☐，兄庚，☐羊，☐☐』佚·一·五。其三云：『甲子卜，大貞，告于父丁，叀今日☐……』佚·八八一。以此例推，本片上節殘文，亦可稍稍补复；下節則絕无可补矣。至于貞人『大』之时代，董作賓說：『卜辭第二期，祖庚祖甲时史官共七人：大，旅，即，☐，兄，出。』董所据者，蓋為明氏所藏殷虛卜辭七四二片，其辭為『大』一人所貞，而有『宜兄庚』下段，『又侑于虘甲』上段，自下而上，之語，处虘甲武丁同輩之后，而有『兄庚』之三行。

称；斯必祖甲之称祖庚矣。斯知『大』必祖甲時之貞人矣。」（殷虚书契解詁第一〇六——一〇七頁）

楊樹達　「辭云『大今二月不其雨』（擀七九八）大與逮音近，大假為逮耳，猶它辭言『及茲二月』也。考大逮並屬定母，大古韻屬月部，逮字屬没部，二部音亦最近，故古多相通。」（甲文説二五葉釋天）

楊树达　「殷契粹编柒玖捌片云：『大今二月不其雨？』郭沫若云：『大假为達，達从羍声，羍从大声。又達或作达，正从大声。』（考释壹零柒）又捌零玖片云：『貞大今三月雨？』郭云：『大假为達，逮也，及也。』（考释壹零捌）树达按：郭君释大为逮及，是也，读大为達，恐非是，以達字无逮及之训也。余谓大与逮音近，大假为逮耳。说文二篇下辵部云：『逮，唐逮，及也，从辵，隶声。』又三篇下隶部云：『隶，及也。』书契前编壹卷肆拾伍叶陸版云：『貞，及十三月雨？』又叁卷拾玖叶貳版云：『乙酉卜，大貞：及茲二月有大雨？』此云『大今二月』，『大今三月』，犹彼云『及十三月』，『及茲二月』也。」（释大，积微居甲文说卷上四〇頁）

饒宗頤　「卜辭『告于大室』（見金璋四六）洛誥：『王入太室祼』，馬云：『太室，廟中之夾室』，王肅曰『太室，清廟中央之室。』」（通考九六八葉）

李孝定　「容庚云『象人正立之形。大亣為一字，説文分二部。金文祇作大，乃奚㚇二字。説文皆从亣而金文則从大。段玉裁曰「大下云『古文亣』，亣下云『籀文大』。此以古文籀文互釋，明祇一字而體稍異，後來小篆偏旁或从古或从籀，故不得不殊為二部，亦猶从儿从人必分系二部也。」經典又以泰太為之。』見金文編十卷八葉」（集釋三一九九葉）

陈復澄　「結説：殷代卜辞中只有大字。甲骨文的『大』字有不同的形体，大和㚒是大字的初形，亣、天、耒、夫、㚇都是大字的变形和繁体，在西周由于『大』的字义孳乳分化而成為『大』、『天』、『夫』三个专字。『大』字是『大人』本义的引伸義，而作為大小之大，字形是『大』的初形的省體——大；『天』字是大的借字，作為天地之天，字形是『大』的初形——大，以后『大』的初形的变体——天又成了『天』的专字，『大』的初形便成了死字；『夫』字保留了『大』的本义，字形却是『大』字的繁體——夫。以后，『大』字又分化為

『大』、『太』二字。這样，一个『大』字就分化成了四个字。」（文字的發生与分化释例之一——释大、天、夫、太　古文字研究論文集一九二頁）

考古所　「大方：方國名。过去見于武丁卜辞（粹八〇一、佮八七、南坊三、六一、汶四六四），廩辛卜辞（粹一一五一），此次又見于武乙卜辞。」（小屯南地甲骨九三六頁）

姚孝遂　肖丁　「卜辞之『大乙』，即典籍之『天乙』，亦即『成湯』。卜辞于『大乙』又称『成』、称『唐』，即典籍成湯之所本。叔夷鏄則称为『成唐』。目前还难于确征『大乙』何以又称『成』、又称『唐』。或以为『大乙是廟号而唐是私名，成則可能是生称的美名，成唐犹云武湯』（綜述412頁）。純屬揣測之辞，並无任何根据。若据张光直先生商王廟号新考的观点，是否有可能：『丁』系的王称『大乙』为『成』。

目前所見材料，凡时代准确无疑者，唯武丁卜辞称『大乙』或称为『成』，盖『成』字从『丁』。是否可以断言，凡称『大乙』或为『唐』者，均屬祖庚卜辞，盖唐字从『庚』。然而无论情况如何，『大乙』为主要称谓，並貫徹始終。

自大乙至小乙，卜辞的世次，还只能说大体上是清楚的，与史籍所載，基本上是一致的。但尚有若干问題，目前並沒有完全解决。例如：河亶甲（卜辞称『戔甲』）是祖乙的父輩抑是兄輩？卜辞目前所有之資料，尚无法解决此一问題。又如：羌甲之世次与地位，卜辞的資料与史籍的记載之间，是存在着矛盾的。而卜辞資料本身，亦有矛盾，目前还难以作出合理的解释。史籍的『沃丁』，在卜辞尚无着落，而卜辞又較史籍多出一『祖己』。凡此种々，均屬疑问。」（小屯南地甲骨考释三八頁）

陳煒湛說參吳字条下。

饒宗頤說參[illegible]字条下。

按：說文以為「天大、地大、人亦大，故大象人形」，此非大字之本旨。段玉裁謂「亻儿之文，但象臂脛；大文則首手足皆具，可以參天地，是為大」，乃傅會之詞。吳照說文二徐箋異謂「大象人正立形，亻象人側立形」。林義光文源謂「亻象側立，大象正立。古作大、作大，亦象軀體碩大形，古今相承以為大小之大，惟為偏旁或與人同義……說文从亣之字與从大不容相混，而古無別。如奚字說文从亣，古作□，从大。其說較為近是。

卜辭用為大小之大，如「大乙」、「小乙」；「大示」、「小示」；「大宰」、「小宰」等皆是。大亦為方國名，稱「大方」，或簡稱「大」，所俘獲「大方」之人員亦稱「大」。佚八八七「……于祖乙宰出大」謂用「宰」及「大」祭於祖乙。「宰出大」與「宰出羌」同例。商承祚以為「辭未刻全」，蓋不得其讀，失之。

粹七九八、八〇九「大」字之用法較為特殊。郭沫若、楊樹達解為「逮」、「及」之義是對的。

0198

天

王襄

「說文解字：『天，顛也，至高無上，从一大。』又大字『天大地大人亦大焉。象人形，』又底字『至也，本也。从氏下箸一，一，地也』（依段氏本），意天所从口、口、〇，皆象天圓之形。又衍變从一者，亦為天之形，与从一之地同誼。至于二、二，疑是口形有闕筆；或是从古文上，有天在人上之誼。金文中之天，天尊作□，盂鼎作□，象人之戴天，从●，有天圓之誼。■形填滿，乃由口、口、〇之形衍進，契文是刻畫，非漆書，故祇作边匡。齊侯壺作□，鼄羌鐘作□，其源亦出于殷契。無異敦作□，則譌變之体。」（古文流變臆說第一七頁）

吳其昌

「『大乙』者，殷始有天下之先王成湯也。史記殷本紀及三代世表作『天乙』，云『主癸卒，子天乙立，是為成湯。』荀子成相篇亦云：『契，玄王……十有四世乃有天乙是成湯。』其源蓋似皆出于世本帝繫篇也。術湯誓辭文引卜辭作『大』，而世本史記作『天』者，罗振玉曰：『天与大形近而訛……以大丁大甲諸名列之，知作『大』者為是。』今按『天』与『大』在金文中字本相近。周公彝『天子』之『天』作□，而大保鼎、大祝鼎之『大』作□□，皆狀人正立之形，但『天』字畧較注重其『顛』。辭洛『天，顛也。』故絵首略圖耳。穷究其源，实出于一象。故『天乙』『大乙』初未殊也。絵人正立而記『乙』於其旁其下，亦此為乙日所生之人，是『大乙』矣。准此例推，注『丁』注『甲』於此人形之旁，亦此人為丁日甲日所生，是『大丁』『大甲』矣。大乙本誼，如此而已。但求肖人形耳，『大乙』可，『天乙』亦可，固不必齦齦辨析為也。即在后世，固亦『天』『大』互用；『大時』与『天時』无分，礼記学記『大時不齊』正是『大時謂天時也』。『大子』与『天子』未异，尚书大传沅遞周传『登之

『天子』郑玄注『天子当為太子』。『大道』与『天道』不违，詩逸周書周祝『維彼大道』注『大道，天道也。』『大功』与『天功』非貳，詩執競傳『其成大功』釋文『本或作天功』乃至『独成其天』，庄子德充符实為『獨成其大』，釋文引翟本斯並『大乙』『天乙』之倩矣。先师王先生又曰：『卜辭之「大邑商」，周書多士作「天邑商」。』……又卜辭曰：『癸巳貞，又夕伐于伊。其□大乙，彡．』絽．一．二二．一．又曰：『癸酉卜貞大乙，伊，其……』絽、一．二二．二．『伊』即伊尹。以大乙与伊尹並言，尤大乙即天乙之証矣。』𤁧．九．一一．其昌按：先師之說，致碻而未尽。卜辭又云：『□□，卜貞，王宾田，大乙。』滴．五五七、又有田与大乙同片者，滴．九〇六．以上甲，大乙，為遠次，此大乙非成湯乎。卜辭又云：『□亥卜貞，三示：御大乙、大甲、且乙，五牢。』滴．九一七又有大乙与大丁同片者，絽一．一，一三𣂕三三六凡二次、大乙与祖乙同片者，識』一．八以大乙、大丁、大甲、祖乙为遠次，此大乙非成湯乎。其最主要最显著之文獻，則為中央研究院所藏之契文三骨，与美人施密司教授所藏之契文一角，四者所綴成之系譜。其文曰：『□𠦪卜求：方甲，大乙，大丁，大甲，大庚，大戊，中丁，且乙，且辛，且丁，十示，𠦪牡。』其帝繫次序，除且乙為中丁子，非河亶甲子，足以証先师之懸解達識外，余与史記殷記悉合而卜辭某人之即為史記某人，胥可以对數而定矣。湯所以名者，皇甫謐帝王世紀及宋書符瑞志等書並以謂『主癸妃扶都以乙日生湯，故号天乙。』出詩緯含神霧等按商俗偁以生日为名，此在昔時已為經典所証明，而在今日又為卜辭及金文商三勾兵之屬所証明矣。』（殷虛書契解詁第五五——五八頁）

孙海波　「⿱口大，甲三六九〇。义与大同。天邑商。[天]，前四．一六．四．天戊，即大戊。」（甲骨文編二——三頁）

严一萍　「卜辞之天多作⿱口大，其用与大字常相混，天邑商即大邑商，天乙即大乙，至第五期有作[天]形者，見於前編二二七八曰：

丁卯卜貞王田天往來亡𡿧。

乃田獵所至之地名。在第四五期有作[天]若[天]形者，亦天字。罗振玉曰：『說文解字「从一大」，卜辞中有从二者二即上字，大象人形，人所戴为天天在人上也。许书从一，犹帝示諸字，从二亦从一矣。』（殷虚文字）案卜辞作[天]者有天戊（前四十六．四）天庚天癸（乙六六九〇）盖犹大乙称天乙之比天戊即大戊天庚即大庚，天癸或指示癸。据此可知卜辞于天大並未畫分。乙編九〇六七版之⿱口大乃貞人[人]所写天之别体也。」（中国文字第二卷第五册释天）

于省吾 「第一期早期𠂤組甲骨文，有『弗疒朕天』（乙九〇六七）之貞，天字作□。此外，第一期甲骨文从天的字，如子䶂世谱的□字（影印拓本，也見庫一五〇六），右从天作□。又奊字（乙三八四三）下从天作□。第一期晚期的天字也有作□或□者。甲骨文晚期天字习見，均作□，为了便于鍥刻，故上部化圆为方。商代金文天字，一般作□。天字构形的起源，是一个懸而未决的问题。说文：『天，顛也，至高无上，从一大。』后世说文学家和近年来古文字学家对天字的说法，聚讼分歧，甚至在六书归属问题上，也有指事会意象形之不同。令人困惑莫解。说文据已讹的小篆，而又割裂一与大为二字，其荒谬自不待言。又说文既训天为顛，又训顛为頂。按顛頂双声，真耕通谐，但以声为训，也解决不了它的造字本义。甲骨文早期的天字不多見，□形下部作夫，夫与大古通用，故甲骨文大甲也作夫甲。天字上部作○或●，即古丁字，也即人之顛頂之頂字的初文。前文的弗疒朕天，是占卜人之顛頂之有无疾病。天本为独体象形字，由于天体高广，无以为象，故用人之顛頂以表示至上之义，但天字上部以丁为頂，也表示着天字的音读。」（甲骨文字释林释具有部分表音的独体象形字）

陈炜湛 「甲骨文大、天、元三字均与人形有关。大作□，象人正面而立之形，本义当为『大人』，引申之为大小之大。天作□□□，亦象人正面而立之状，但突出其头部。元作□□□，则象人侧立而突出其首，寓意与天同。

说文：『天，颠也。从一、大。』段注：『颠者人之顶也，以为凡高之称。』王国维说：『天本象人颠顶，故象人形。卜辞、盂鼎之□□二字所以独坟其首者，正特著其所象之处。□□为象形字，□为指事字，篆文之从一大者为会意字。文字因其作法之不同而所属之六书亦异，知此可与言小学矣。』将天字的结构解释为象形、指事、会意三种，这是王氏胜过段氏之处。近来有人因天字与大字相似，亦释为大，遂谓甲骨文本无天字，只有大字，理由是殷代无『天』的观念。殊不知字形相似不等于即是一字，殷代的『天』本不同于后世之『天』。天之本义为『人之顶颠』，许、段、王所论极是，这在甲骨文中也可得到证明。乙九〇六七云：『弗疾朕天？』朕为殷王自称，天，即头顶之『颠』。此谓疾天，即疾颠，乃头顶之疾也。惜此类文例不多见。更多的文例说明，其时『天』已引申为高大，因而与『大』实同义。卜辞中凡称『大』者多可作天，如大雨作天雨（甲三九一六『贞：辛天雨』屈万里氏考释释为『辛不雨』，殆偶误），大邑商作天邑商（甲三六九〇，粹一三〇二），大宰可作天宰（前四·一六·四：『辛天宰』），大戊可作天戊（前四·一六·四），大庚可作天庚（乙五三八四，六六九〇），等等，均是其例，孙海波谓天『义与大同』是也。天大同义之例后世亦偶见，如史记殷本纪：『主癸卒，子天乙立，是为成汤。』此天即大也，天乙即卜辞之大乙。

甲骨文「元」之本义当为首，卜辞有「元卜」（续一・三九・九），即首卜；引申之则为始，为首，且具大义。甲骨文屡见之大示即可作元示，如：

贞：勹元示？（前三・二二・五）

辛巳卜，大贞：出自上甲元示三牛，二示二牛？十三月。（前三・二二・六）

此元示与二示对称，二示即小示，指旁系先王，元示即大示，指直系先王。又如：

甲子卜，争贞：来乙亥告卓其西于六元示？（零拾二八）

☐元示三☐（京都七一六）

己未贞：叀元示又升岁？（后上一九・七）

诸例元示均指大示。卜辞又有元臣（前四・三二・五，续存一・七一三），即后世所谓大臣；元簋（甲七五二），亦即大簋。卜辞中元字的这些用法与传世文献亦相吻合。如孟子滕文公下「勇士不忘丧其元」，元，首也，是用其本义。诗采芑「方叔元老」，毛传：元，大也。国语鲁语「元侯作师」，韦注：元侯，大国之君也。是为元、大同义之证。」（甲骨文同义词研究古文字学论集初编一二九——一三一页）

张桂光　「天字在甲骨文中的字形，或象人正立之形而特大其顶，或在人正立之形上加短画以标明头顶所在之处，都与说文解字「天，颠也」的训诂基本相合。天的本义是指人的头颠顶，即所谓的「天灵盖」，这向来都是没有多大分歧的。天字之引申为苍穹之天，主要是因为天体圆，且居人体之至高无上处，与苍穹之天的形象和崇高都是颇相类似的。而至上神的天，则又是从苍天再引申出来的。周人所尊的天，当是自然界中那浩浩苍天上的神灵。」（殷周「帝」、「天」观念考索，华南师范大学学报（社会科学版）一九八四年第二期一〇五至一〇八页）

晁福林说参亍字条下。

按：甲骨文天字作□，或作□，金文作□，本象人之形體而突出其顛頂，其作□形者則从上从大會意。正如元字或作□，或作□。王國維以天為指事，其說可商。甲骨文天、大二字，形音義均相近，但二字之用，還是有嚴格的區分。固然「天邑商」或稱「大邑商」，但「大邑」決不稱「天邑」；「大戊」間或有作「天戊」，但屬於特例，不是普遍的現象。其它如「大甲」、「太乙」、「大丁」、「大戊」、「大示」、「大牢」、「大攺」等等，從無作「天」者。或以為「天與大，其始當本為一字」，這是有可能的。但在甲文已明顯分化，實際上當如陳柱所說：「大字本象人形，所重不在頂，故首形不顯。天字則所重在頂，故首形特大也」。自目前所能得見之古文字資料觀之，「天」與「大」有時雖可通用，但終究判然有別。

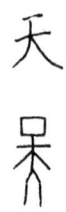

0199 □

按：卜辭云：

「壬……卜……四月□不其至」（合集四四〇六）

「辛未卜，烄□于凡享壬申」（合集三二二八九）

均用為人名。

0200 □

考古所「□：地名。」（小屯南地甲骨一一五八頁）

按：屯四五五六辭云：

「辛丑卜，翌日壬，王其戉田于□……亡災，𢀛」

用為地名。

0201 天 □

王襄「古天字，盂鼎天上一作■形，殷契皆刻字，故雙鈎作○，與■形一也。」（簠室殷契類纂第一葉）

陳煒湛說參□字条下。

按：合集二〇九七五辭云：

「庚辰……王弗疾朕天」

于先生讀「天」為「顛」。此「天」字形體及用法均較特殊，故分列。

0202

夫 𠇻

王襄 「古夫字。」（類纂正編第十第四十八葉上）

羅振玉釋夫無說。（殷釋中二十二葉下）

孫海波 「與大通用，夫甲即大甲。」（文編十卷十六葉）

陳夢家謂「前五、二、四的夫示小示即大示小示。」（綜述四〇七葉）

李孝定 「許云『人長八尺故曰丈夫』古者尺短，常人身長當於一丈，漢制之八尺。契文尋字作𡰥，象兩臂伸張之狀。常人伸其兩臂約與身長相當，故後世尋為八尺也。金文作夫盂鼎夫善父克鼎夫散盤夫駒屄鼎夫大簋夫克簋夫大鼎『善夫』以大為之夫攻吳王夫差監『夫差』之夫作大與契文同。」（集釋三二四九葉）

饒宗頤 「『己丑，子卜貞：小王𢆶田夫。』（庫方一二五九）夫殷人田遊之地，夫殆即郏，他辭云：『夫入二，在𡆥。』（佚乙二二六七）說文『郏，琅邪縣。』見漢書地理志。」（通考七四一葉）

高笏之 「夫，成人也。童子披发，成人束发，故成人戴簪。字依大之形而画其首发戴簪之形。由文大生意，故为成人意之夫。成人長一丈，故曰丈夫；伟人曰大丈夫。」（中国字例二、二二九）

孫海波 「夫，乙三三三四。往夫。地名。夫，前四、七、六。与大通用。夫甲即大甲。」（甲骨文编四二七頁）

严一萍 「甲骨文所見之夫作夫夫形，从大从一。在卜辞中多为地名、方国、人名。如：

乙酉卜，貞：夫亡田。乙一一八五

夫入二，在𡆥。乙二二六七

□𡧊人眔夫氏。乙六三一三

□□（卜）（）貞：夫𡆥于𡧍。鐵七七一三

貞夫𡆥勿𡆥

癸巳卜，王貞：命□曼□。命夫征戎。　前五三二一

勿乎良往夫　乙三三三四

但亦有例外，京三三〇一从天作夫，前四七．六片大甲作「夫甲」，並皆譌訛也。」（中国文字第二卷第五册四九五—四九六頁）

赵诚　「夫，夫。周礼乡大夫记载古代的征兵制度时指出，国中七尺以上，野六尺以上，凡可任役，皆在征名之列。看来当时征兵的原则是看身高，而不是论年令，所以左传记载有二毛兵。夫字从大从一。大是正面人形，一则用来指示某一种高度，过此高度即为夫。则夫为指事字。」（甲骨文简明词典一八一页）

陳初生　「小篆作夫，說文十下：『夫，丈夫也。从大，一以象簪也。』此字甲骨文作夫、夫，金文同，象人正立形，取意与『大』同，一乃区别记号，非象簪。『夫』之本义为成年男子。」（商周古文字读本三九八頁）

按：卜辭「夫」與「大」有別，但亦可通假。「夫甲」即「大甲」，「夫示」即「大示」。金文亦然。說文：「夫，丈夫也，从大，一以象簪也。周制以八寸為尺，十尺為丈。人長八尺，故曰丈夫」。契文兂字作□（粹二四七），「夫」字所从之「一」不得謂象簪形。林義光文源云：「蓋夫與大初皆作大，象人正立形。後分為兩音兩義，乃加一為夫以別於大。古女或作□，母或作□，則一非象丈夫之簪也」。林氏之說是正確的。

據周禮鄉大夫「以歲時登其夫家之眾寡，辨其可任者。國中自七尺以及六十，野自六尺以及六十有五，皆征之」。據雲夢秦簡倉律「隸臣、城旦高不盈六尺五寸，隸妾舂高不盈六尺二寸，皆為小」。秦以前，凡可任使，皆以尺度計之，不以年。漢代簡牘，年十五以上為「大男」、「大女」，年七歲至十四歲為「使男」、「使女」，不足七歲為「未使男」、「未使女」，則概以年計。周禮賈疏以七尺為年二十，六尺為年十五，乃以漢以後之概念加以解釋，本於鄭玄。論語泰伯：「可以託六尺之孤」，邢疏引鄭注：「六尺之孤，年十五已下」。說文以「人長八尺，故曰丈夫」，本於考工記「人長八尺，崇於戈四尺」。如以漢尺計，則約一米九十，恐不其然。考工記為晚周所作，以東周尺計之，約一米六十，是皆成年，可以任役。古之度量，亦與時俱增。國策記鄒忌「修八尺」，其尺當近於秦漢。孟子記曹交「九尺四寸以長」，異於常人，亦當以東周尺計之。

然則「夫」字所从之「一」乃指事，亦一界限，過此即為夫。周禮鄉大夫：「國中自七尺以及六十，野自六尺以及六十有五，皆征之」，則凡國中七尺以上，野六尺以上，凡可任役，皆在

徵召之列，不必年二十或年十五。年及六十或六十五，不能任役，此則不能以尺度計之。卜辭「夫」又為人名及地名。

0203

夨 夨 夨

羅振玉 「說文解字：『夨，傾頭也。』此象傾頭形。」（殷釋中五五葉下）

王襄 「古夨字。」（類纂正編第十第四十七葉上）

王襄 「疑夨字。」（類纂存疑第十第五十二葉下）

柳詒徵 「殷契有夨字一作夨，又有吳吳二字，釋者謂即吳字。蓋吳之初文本作夨，即大字，象人形，次演而為夨，次又演而為吳吳。」（說吳載史學與地學第二期）

葉玉森 「按柳說較新。予曩以夨夨為夭，疑即沃丁或沃甲，良誤。但王吳稱王，與囲恒同，必殷代先公之一。惟商氏類編第五卷第八葉誤錄前四第二十九葉四版『吳雝』之吳為吳。又誤錄藏龜第百七十五葉一版『吳效』之吳為吳。實則卜辭中并無吳吳二文。」（前釋一卷一二四葉下增批）

葉玉森 「夨夨即夭。詩桃夭『桃之夭夭』，傳『夭夭，少壯也』。又萇楚『夭之沃沃』，傳『沃沃，壯佼也』。知夭與沃古訓通，夭即古文沃字。曰『王夭』者與亥恒等同為先祖。曰『夭』者，殆沃丁與沃甲歟？」（鉤沈七葉下）

郭沫若 「夨羅釋夨，余謂乃說文吳古文吳字，下第三三三片亦正作吳。王吳者當即糧圉，史記殷本紀云『相土卒子昌若立，昌若卒子曹圉立』，索隱云『系本作糧圉也』。糧王圉吳各為疊韵字。曹字古作𣍘與糧形近，故譌也。天問篇『吳獲迄古，南嶽是止，孰期去斯，得兩男子』，舊解為太伯仲雍竄吳之事。案其事叙在舜次，在該恒等之前，舜即帝俈，則所謂吳者蓋指此王吳矣。矧吳越之吳金文作攻敔攻吳等，虞虢之虞乃作吳，說為太伯仲雍事未必合也。」（卜通六八葉）

陳夢家　「此字羅振玉釋夨。說文分別頭之左傾者為夨，右傾者為夭；前者訓『傾頭也』，後者訓『屈也』。其實夨、夭是無別的，都象人頭傾側之貌，所以乙五三一七『王夭』，雖右傾者為多，也有作左傾的。今因右傾者居多，故定為夭字。」（綜述三四五葉）

孫海波　「[字形]，乙五三一七。人名。貞于王夨。」（甲骨文編四二三頁）

饒宗頤　「卜辭：

壬辰卜，設貞：于王夭。　貞：于王夭，乎雀用牛。（屯乙五三一七）

考『夭』讀為閼。『夭』通『遏』。閼伯，路史後記作『遏伯』。（左傳宣十二年杜注：『水遏夭塞』。疏：『夭遏是壅塞』。夭遏雙聲。說文：『閼，遮擁也』。爾雅歲名『單閼』，淮南天文訓作『單遏』。左襄二十五年傳：『虞閼父，為周陶正』。史記索隱作『遏父』，并其證。）故夭與閼同。王夭即閼伯。左昭元年傳：『遷閼伯于商丘，主辰，商人是因』。此閼為商之先。故卜辭亦稱王夭，即王閼也。漢書律曆志：『大火，閼伯之星也』。辭稱『夭火』。疑指閼伯及火星」。（通考一二三葉）

李孝定　「說文『夨傾頭也从大象形』。此正象傾頭之形。羅氏釋夨可从。柳葉郭諸氏並以為吳之古文，郭氏且謂『王吳』即糧圉。按契文自有吳字作[字形]（甲編一三六一、明作[字形][字形]）自象傾頭之形而非吳字。郭氏謂卜通三三三片有吳字作[字形]，諦審影本字祇作[字形]，其左肩[字形]形紋乃飾痕，非从口也。陳氏釋夭，按契文夭字作[字形]，象人走時兩臂擺動之形。古金文走字从之取象。兩臂擺動必屈，故許書夭字引申訓屈也。於文夨夭形近易混，然夨象傾頭、夭象屈臂，固有別也。金文作[字形]夨王尊[字形]同卣[字形]散氏盤[字形]夨王𣪘蓋[字形]夨𣪘[字形]夨戈，頭之左右傾不拘，非左傾者為夨右傾者為夭也。容庚曰『說文夨傾頭也，夭屈也。一左傾一右傾。金文奔走二字所从之[字形]皆作[字形]，甲骨文亦有此字，蓋夨象頭之動作，夭象手之動作，故定此為夨字。』見金文編十卷八葉上夨字條下其說是也。」（集釋三二一五葉）

严一萍　「甲骨文之夨，作[字形][字形]同見於一版，故知傾頭於左或右无別，確為一字。在卜辞为先王名『王夨』或為地名。如：

㞢王夨伐一，卯牢。

㞢王夨伐三，卯牢。

貞：于王夨乎雀用㸬二牛。

㞢王矢伐五，卯牢。　乙五三一七
壬辰卜殻貞：于王矢。
貞𢀛于王矢牢。
貞勿𢀛于王矢三牢。　前一·四五·三
囚㞢于王矢二犬。　後下四·十四

又為地名。如：

辛酉卜，𠳋貞：于矢先𦋹。一月。　前一·四八·三

容氏於金文之矢，「疑吴字省口，犹周之省口作田也。」案甲骨文之「王矢」或亦释「王吴」，惟是否省口，尚乏确证。」（中国文字第二卷第五册五〇二—五〇三）

按：篆文「矢」傾於左，「夭」傾於右。王筠說文句讀矢字注云：「矢是左右傾側，非謂頭傾於左。猶九之偏曲，不得以字屈右足，遂謂左足跛者不曰九也」。又夭字注云：「屈謂前後，故嚮右屈之，然非反矢為夭」。林義光文源云：「奔走字篆文从夭，古从犬，犬當亦夭字，象兩手搖曳形」。容庚謂「矢象頭之動作，夭象手之動作」，諸說皆有可取。陳夢家以為矢、夭「都象人頭傾側之貌」，「右傾者居多，故定為大字」，釋夭非是。篆文矢與夭之關係較為複雜，說詳走字條。

卜辭「矢」或作「王矢」，乃先公名。字不得釋作「吴」，更非「𥂝圉」，李孝定集釋已辨之。

0204

丁山「央字在帝乙、帝辛時的卜辞，則將頸上之枷变为手桎，而作𡗜形。」（甲骨文所见氏族及制度七五页）

按：釋「央」不可據。卜辭用為地名。

0205

按：甲三〇九九「己酉卜王弓……𡗜……于……」

鐵一八七・三「己巳卜，□不其以」

鐵二七二・一「王財以□，一月」

屈萬里甲釋四〇一頁謂「□字未識。契例（卜事第三）謂是吳之異文，釋為夲。非是。王襄（類纂存疑）疑是矢字，恐亦未的」。合一五〇「𢀛叢□又商」，乃□之倒書，當同字。□為方國名。其停亦謂之□或□。

李孝定集釋三四七三混入夾字，非是。釋「夲」、釋「矢」均不可據。

0206 □

按：字不可識，其義不詳。

0207 □

按：字不可識，其義不詳。

0208 □ 𠤕 疑 □ □

孫詒讓「以希作□校之，疑□本从矢，亦希之变體……自古文故失□之為希，人不復知而誤分為吳字形讀，殊別一毋所孳竟成異族」。（名原下卷七葉上）

羅振玉「許書無此字，殆即疑字，象人仰首旁顧形，疑之象也。伯疑父敦疑字作𣪉，正从此字。許君云疑从子止上矢聲，語殊難解」。（殷釋中五十五葉下）

王襄「古疑字」。（類纂正編弟十四弟六十四葉上）

葉玉森　「羅振玉氏釋〓爲疑，（增考中五五）又釋後下二二·一之〓爲逆。（增考中六六）按此从彳从〓，殆狀一人扶杖行，行却顧，疑象愈顯。伯疑父敦作〓，亦增从彳，可證〓與〓爲一字。从〓與从〓同也。」（前釋七卷十三葉上）

郭沫若　「〓當是古疑字，象人持杖出行而仰望天色。金文伯疑父𣪘文作〓，从辵與此从彳同意，牛聲也。秦刻詔版文歎疑作〓，从辵省，（省彳存止）子聲也。小篆作〓，雖稍譌變，亦从子聲。子聲，牛聲，與疑同在之部也。說文謂『从子从匕，矢聲』者，未得其解。形聲之字，例當後起，古文疑字自應作〓若〓矣。」（卜通七九葉上）

孫海波　「象人扶杖而立徘徊歧路之意。」（考古三期五九葉考古社刊）

孙海波　「〓，前五·二四·二。象人举首凝思之形。貞人名。〓，前七·一九·一。或从彳。」（甲骨文编三四八——三四九頁）

李孝定　「郭謂从子聲是也。契文爲象意字，不从子聲，象臨歧瞻顧之形，孫說是也。从彳與从辵同意。按古𣅀疑當爲一字，此即𣅀字之丈，說詳八卷𣅀下。古文象扶杖之形者篆文多譌爲从匕，老字契文作〓，而篆文从匕可證也。金文作〓伯疑父𣪘〓齊史疑觶〓疑觶均从牛聲。」（集釋四三二二葉）

于省吾　「〓乃疑字的初文。……甲、甲骨文：〓后下二五·五　〓明一九八五　〓前七·三六·二　乙、商代晚期金文：〓異〓父乙簋　〓以辛卣　〓亚〓合文觚　丙、周代金文：〓康侯簋（周初）　〓疑觶（周初）　〓齐史疑觶（周初）　〓伯疑父簋（西周）　〓大良造鞅方量（战国）　丁、秦代金文：〓廿六年十六斤权　〓大騩权　〓廿六年椭量　戊、汉印和说文：〓张不疑印　〓董疑印　〓说文匕部　〓说文子部

以上所列甲条的〓字，罗振玉谓：『许书无此字，殆即疑字，象人仰首旁顾形，疑之象也。』按罗说是对的，但言『殆』，也非决定之词。甲条的〓字，象右手持杖形。又〓字右从『〓』，乃表示执杖行动之义。郭沫若谓：『〓当是古疑字，象人持杖出行而仰望天色。』又谓：『小篆作〓，虽稍讹变，亦从子声。子声、牛声，与疑同在之部也。』（通纂考释三八〇）按郭氏因袭罗说，略有改动。至于谓『从子声』则是错误的。……又丙条的后两个字应

隶定作𨔵，均以牛为音符。说文的疑字，唐韵作「语其切」，江有诰谐韵谱以为之部的牛字古音「语其切」。由此可见，𨔵字以牛为声符是明确的。……大良造鞅量的□字，其下部从止，乃止字的省文。其右旁讹为从子，已为秦汉以来疑字从子的开端。说文：「疑，惑也。从子止匕，矢声。」说文繫传：「幼子多惑也。」自小徐为此说，一些说文学家或加以阿附，或另立新解，莫衷一是。不烦详举。丙条的𨔵和𨘷均从牛，丙条的□字右从子，丁、戊两条除𠤕字外，也均从子。由从牛讹变为从子，乃是疑字的癥结所在。其实，甲骨文的牛字作□者习见。甲骨文的牟字作□，为旧所不识。按说文牟字作□，已失初形；汉东牟丞印的牟字作□，犹为接近古文。牛与牟「之、幽通谐」，故甲骨文牛、牟二字有时互用，例如：「黄牛」（粹五四五）也作「黄牟」（续二·十八·八，京津六三七）。又「幽牛」（粹五四九，郭沫若谓「幽通黝，黑也」）也作「幽牟」（明八二〇），是其证。准此，则大良造鞅量的□字右旁开始从子，乃牟字的讹变，是显而易见的。

说文：「𠤕，未定也。从匕（化）吴声。吴，古文矢字。」段注：「匕、矢皆在十五部（脂），非声。疑、止皆在一部（之），止，可为疑声。匕部有𠤕字，未定也，当作从子𠤕省，止声，以子𠤕会意也。」王筠说文句读：「似当依玉篇篆作□。」按段、王之说均出于猜测，实则，𠤕字乃由前引甲、乙两条中的□或□形所演化。因为其右旁所从的丁或□均象杖形，它和西周早期金文考字之作□或□，其下部所从的杖形完全相同。考与老初本无别，后来分化为二字。西周后期金文的考字，其所从的丁已讹变作丁形，因而形成考字；其所从的□已讹变作匕形，因而形成老字。至于西周后期金文的老字，殳季良父壶作□，兮仲钟皇考之考作□。可见考、老二字仍然有时互用。至于老字所从之匕，恰好与说文𠤕字右旁作匕形相符（说文𠤕字从匕作□，乃本于小篆，金文中子化盘的化字右从匕），但追溯其本源，则均为杖形的变体。至于说文𠤕字右旁从吴，乃由古文□形所讹变。」（释「吴」和「亚吴」社会科学战线一九八三年一期一〇七——一〇八页）

晁福林说参□字条下。

饒宗頤　「「丁酉卜，爭貞：□隹出蘁。」（明義士七五八）按□字，从水从豸。續存下云：「乙卯卜，貞：今𣎳（茲），泉（泉）來？水□？」（一一五四）他辭又有□字。「丙寅卜：洹其□。」（前編六、三二、五）□即說文之貈，通作涸。說文云：「涸，渴也，讀若狐貈之貈。」後起字或从鹵作瀕。前編此辭蓋卜洹水涸竭。續存言：「水□，」當亦謂水涸，故知□與貈乃一字繁簡之異。右辭云「□，惟有蘁。」即記災異，言水涸兼有陰曀也。續存云：「今茲泉來水涸，」

乃分貞一事正反之例，貞問泉來祁水涸，卜問箇質，省去此類選擇連詞之『抑』耳。」（通考三五四葉）

按：𣎆疑同字，說文歧而為二，形體亦稍譌變，故不得其解。實則「𡗜」即「𣎆」形之譌。今本說文皆錯亂不可卒讀。姚文田、嚴可均說文校議謂疑字當「从子止𡗜聲，轉寫誤分為匕矢二字耳」。𣎆本象疑顧之形，說文𣎆从匕乃从丨之譌。𠮦乃加彳為形符，為形聲字，篆文譌為从辵，不得謂从子聲。金文亦不得謂从牛聲。均當為从𣎆聲。

0209

央

吳其昌　「𣎆者，孫詒讓曰：『當即央字。說文冂部，央、中也。从大在冂之內；大人也。央、旁，同意。一曰久也。』金文虢季子白盤作𣎆，此與彼略同。子央，當亦人名字。』（舉例上、二九）按：孫以『子𣎆』為人名，碻不可易。惟從說文以𣎆為央字，則似未諦。考央字實當從冂從大，象矢倚架之形；矢倚架中，故會意為中央也。說文從『大』之說，殆未必是。且此字皆從凵不從冂，孫氏之說，顯不可遵矣。」（殷虛書契解詁第三三九葉）

丁山　「象人頸上荷枷形，董作賓釋央，是也。山按，央，孳乳為鞅，說文云：『頸靼也。』釋名釋車：『鞅，嬰也，喉下稱嬰，言纓絡之也。』詩北山：『或王事鞅掌。』鄭箋則云：『鞅，猶何也。』謂為馬之何車。謂𣎆為馬荷車，不如說象人頸荷枷之尤肖也。人頸荷枷，必由犯了罪過，說文訓殃曰『咎也』，或曰『凶也』，易坤卦釋文引凶咎，殆是央字本誼。」（甲骨文所見氏族及其制度七四葉）

李孝定　「說文『央中央也从大在冂之內大人也央旁同意一曰久也』上出諸形丁氏引董先生之說釋央是也。从凵與篆文从冂同。此从天，古文天大同象人形自可通作。字在卜辭為人名。至丁氏謂象人頸荷枷之形則未敢必，蓋凵形究象何物難以確指，且字在卜辭亦無凶咎罪戾之意也。金文作𣎆虢季子白盤與此略同。」（集釋一八二六葉）

白玉峥　「兹就𣎆之构形观之，字当从凵，犹说文之𠙴，象器曲受物之形。说文之𠙴犹甲骨文字之凹（珠六三三）也；说文又另出凵字，谓之凵卢饭器，其实𠙴、凹、凵三者一也，亦尤甲骨文字之日（鐵一·三）与口（珠六二八）者也。从丁，象所受之物之形。物象所以作丁者，盖为一切物之通象也。从大，象人正直挺立之形。字盖象人以头戴物之形；与异字通。微於川、康苗、繇之俗，於今仍有以头戴运物品者。戴物必得以及头顶之中央，始可求所戴之物之平衡，故引申为中央或中点之义。」（契文举例校读中国文字第四十三册四七七七頁）

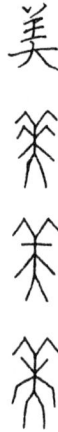

按：卜辭「央」為人名。丁山以為「象人頸上荷枷形」，待考。

0210 美 𦍌 𦍌 𦍌

王襄 「古美字。」（簠室殷契類纂第十九葉）

商承祚 「美角作𦍌與此器同，𦍌象角飾敫之形。」（類編四卷八葉）

王獻唐釋美參𦍌字条下

孫海波 「𦍌，六八六。人名。𦍌，佚五三二七。地名，在美。」（甲骨文編一八三頁）

李孝定 「說文『美甘也从羊从大羊在六畜主給膳也美與善同意』解說文者均以會意說美字，謂羊大則肥美，段注更刪从字云『从羊大』，說固可通。契文羊大二字相連，疑象人飾羊首之形，與羌同意。卜辭多言『子美』，人名字。又存此說待考。金文美爵作𦍌。」（集釋一三二三葉）

0211 

按：甲骨文、金文「美」字均不从「羊」。其上為頭飾。羊大則肥美，乃據小篆形體附會之談。卜辭用為人名及方國名。

按：合集二四二四六辭云：「貞亡尤，在十二月，在臭卜」用為地名。

0212

孫詒讓：「《說文》本部：『皋，氣口之進也，从白本。祝曰皋。《周禮》曰：「詔來鼓皋舞。」』此疑即皋字，省白為〇，變本為也。（金文《無㠱鼎》臭字與此相近，舊釋為鼛，未塙。）《周禮・樂師》『詔來瞽皋舞』注：『鄭司農云：「瞽當為鼓，皋當為告，呼擊鼓者。又告當舞者，持鼓與舞俱來也。」鄭康成云：「皋之言號，告國子當舞者舞。」』據後鄭義皋與評義略同，故多與乎同舉矣。」（《舉例》上十七頁）

又云：「《說文》『臭，大白澤也，从大、白。』疑甲文諸字亦當為睪，讀澤。古者澤藪為牧地，或即衛牧之義歟？」（《名原》下十一至十二頁）

吳其昌：「臭者，殷代之人名，其時間約當在且丁至于小辛之間。所以決知其人名者，此其証恙著，在卜辭。卜辭云：『貞臭□王𠭯。事』《前》・七・四・四・是記臭曾奉勞王事也。云：『已亥卜貞，命臭𦔮藉臣』。《前》・六・一七・五、又六・『籍』當即《國語・周語》『宣王不籍千畝』之『藉』，記王曾命臭藉臣也。云：『辛丑卜貞，王命臭以己方奠于并』。《后》・二・三四・三・『□□卜貞王命臭以己方奠于并』。《后》・二・三六・三・『并』，地域名，當即后世『并州』之名所由出？此記臭曾奉王命有事于并地也。云：『己巳卜貞，命臭省在南啚。鄙十月』。《前》・五・六・二・此秖叀鼎云：『王命叀先省南國：：，』《宣和》・一二・九・記臭曾奉王命省察于國之南鄙也。由上述數辭觀之，則此名臭者之在殷時，亦躋于重臣，显达之班，而非草莽匹夫流矣。此皆記臭生存時之功业行烈也。生躋重臣显达之班，故沒亦得烈于祀典。卜辭有云：『貞今示臭三人』。《林》・一・二・七・『丁巳至臭御』。《林》・一・二二・二。皆其著証。又云：『□□卜圜御臭于帝，寢三宰；五月。』『戊午卜貞，今日至臭御于□。冎 丙辰，卜貞，俘告臭：：』《續》・一・四四・六・『□』，即『方』，即『祊』，亦即『閍』，《尔雅》所謂『门祭』；既祭于寢又祭于門，及賓乃至三祭，其仪之崇，隆如斯，益知其人之不賤也。所以疑其人時間約当在且丁之小辛之世者，此亦从卜辭中祭先王、先正，同記于一片者揆度以得之。按：卜辭中有一片之文云：『貞出且丁。乎臭，凶。』

貞出于羊甲。貞于大甲。告呂方」續一、二〇、四、

此記祭且丁，羊甲父子；而祭吳者乃間隔于父子二代之間，明詔我們以此名吳之人為且丁，羊甲世之臣工矣。又有一片本已折斷，今重合之者，如狀：

續一、三三、七、

續二、二九、五

其文曰「貞乎吳以今。受年。貞乎吳以今。續二、二九、五、受年。貞乎吳，以今。貞出于父辛。貞出于父庚。續一、三一、七、」此片史文本記反覆令祭于吳者，而終乃殷以「父辛」「父庚」二先王。「父辛」「父庚」二名平列，均称為「父」，無所軒輕，知此二「父」，必為弟兄。此惟武丁之称小辛，盤庚，始知此耳。以字体考之，此骨正亦武丁時作風。今据史記，則羊甲，盤庚，小辛，正係弟兄，俱是且丁之子。而此名吳者，周旋侑食于此父子兄弟先王之間，則其即為祖丁以至小辛時代之臣僚，蓋亦不難知矣。」（殷虛書契解詁第一六八——一六九頁）

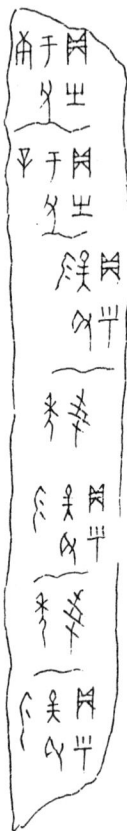

葉玉森：「按吳之異體作吳、吳、吳、吳等形，疑吳之所由譌變。許君謂吳俗字。予謂吳乃初文，皞為後起，吳皋形近，故帝吳一作帝皋。太吳、少吳之吳復繫日作皞也。卜辭中之吳字有用為人名者，……有用為國名者。」（前釋一卷六十二頁）

唐蘭：「孫詒讓釋皋，（舉例上十七）又釋臭，（名原下十一）葉玉森釋吳，（前編考釋一上七一）均非。郭沫若謂金文圖形文字亦每見此字，酷肖魚脊骨之形，當是脊之初文。亦未碻。按卜辭此字或作吳吳吳吳吳等形，其見於金文者，今集錄如次……

覈其字形，實非郭所謂魚脊。而上所引及之文戊卑盤之勹首兩目旁，有爬蟲形之增飾，一望即知與此字相類，惟自第二對足以下小有異同耳。余謂此字之原始象形，實當作□，其所象為蜥易之類。尾側有一歧者，或以區畫身尾之故，其變為吳，則儼若歧尾矣。然則卜辭金文於此字之種種變形，均由蜥易形所蛻化而成，足證諸家所釋之非矣。說文『易，蜥易蝘蜓

守宫也，象形。」今以卜辭考之，則易作[glyph]等形，實不象蜥易。而此象蜥易形者，以作[glyph]形為習見，小變而為[glyph]，則即《說文》訓為「菌圥地蕈」之圥字也。《說文》以圥為從屮六聲，誤。余謂圥象蜥易形，故古陸字作[glyph]，原為兩蜥易在阜側為高平地也。《說文》鼀注云「圥鼀詹諸也」，金文象詹諸之形，其上半大都與此字之作[glyph]者相似，故後世以為从圥而作鼀字。此尤可證蜥易形之為圥矣。《方言》：「守宫，秦晉西夏，或為之蠦蝘，或為之蜥易。」《本艸》「石龍子一名蜥易，一名山龍子，一名守宫，一名石蜴。」《廣雅》：「蚵蠪，蜥蜴也。」蠦龍蠪殆皆圥之聲轉。《廣雅》：「苦蠪，蝦蟆也，」蝦蟆詹諸之屬，則苦蠪當即鼀，可證蚵蠪之即圥。」（《天壤．文釋》四十四至四十五頁）

郭沫若曰：「圥乃人名，習見。金文圖形文字亦每見此字，酷肖魚脊骨之形，當是脊之初文。小篆譌為[glyph]，後人復誤讀為乖，（《說文》[glyph]字下，小徐本有「讀若乖」二字，大徐本無之。）故字失傳耳。」（《粹考》十頁三四片釋文）

張秉權

「圥在卜辭中為人名者有：

貞：圥弗其戋羌龍？（鐵一〇五．三）
貞：叀圥令執俞？（南北明九〇）
圥令執俞？七月。（金四九五）
曰：圥餗于龐？（甲編三四二二）
叀圥令途子畫？（珠一六）
貞：王令圥呂子方奠于并？（后下三六．三）
乙卯貞：圥呂人北奠𠂤（摭續一四三）
貞：羽☒令圥☒子方☒絴古王史？（鄴二．七．六）
乙未卜，出貞：圥古王史不死？十二月。（綴六二二）
丙子貞：王叀圥令固戒？（粹一二四七）
乙卯卜，貞：叀圥令从綅？（續存三．二五一）
丁卯卜，今日圥？（粹四三〇）
貞：圥挈射？（鄴二．三．一〇）
圥弗其挈王臣？（鐵一．一）
貞：叀圥乎小衆人臣？（續存三．四七六）
貞：圥敗㞢牛？（鐵三．三）

囗未卜，殻囗令夫囗羊奴囗于囗？（南北坊三．九四）

丙辰卜，貞：禱告夫疾于丁？（鄴帝系二一○）

貞：夫亡壱？（南北師二．一五○）

貞：夫其囚凡出疾？（續存三、三九二）

貞：夫循？（乙編八○三三）

辭：出為第二期貞人，而貞夫古王史不死，可見夫可以晚到祖庚祖甲之世，此外，夫亦見於甲桥刻辭：

夫入王。（乙编六六六九）

夫入一。（乙編五○四六）

在另一些卜辭中，夫似亦為地名，例如：

貞：令囗囗夕至夫知于丁？

丙辰。

貞：于羽丁巳至夫知？

戊午卜，貞：今日至夫知于丁？（鄴帝系二一○。即續一、四四、六与滬一、二二、二○。合）

丙午卜，争貞：夏羊于夫？（續存三．三三二）

貞：史人于夫？（天四二）」（殷虛文字丙編考釋第二三○——二三一頁）

白玉崢 「峥按：夫字，散见于各期之卜辭，多为人名，……有为地名、或方国名者，……」（契文举例校读中国文字第八卷第三十四册三八八○頁）

姚孝遂 「『夫』亦为武丁时期著名臣属之一，其所以事的活动範围甚为广泛。其主要职司为『小耤臣』（前6.17.6）。『省亩』亦居与农事有关。周礼地官有『廪人』、『倉人』，卜辭之『省亩』盖与其职司相当。『廪人掌九谷之数，以待国之匪頒賙賜稍食』；『倉人掌粟入之藏，辨九谷之物以待邦用』。殷人对其廪藏非常重視，經常令人『省亩』。粹915：『庚子卜，令夫省亩』；『叀卓令省亩』；『叀竝令省亩』；『……壴令……亩』。由于倉廪是主要財富之所在，故必須予以足够之重視。」（小屯南地甲骨考释一一三頁）

陈炜湛 「……夫与𡗗写法明显不一样，未必是一字。即或是一字，也可能是代表着不同时代的不同写法。」（裘錫圭論「历组卜辭」的时代一文中二十组文例的商榷出土文献

研究一六頁）

按：唐蘭釋𡴆字，其說近是。說文以菌𡴆為地蕈，乃據篆文立說。𡴆本象類似蜥蜴之爬蟲形。唐蘭所列父戊盤即象蜥蜴，至於父丁觶、父乙毁等，則象螟蚣，非一物。唐氏又引說文鼀字與𡴆相比較，鼀為詹諸，乃蝦蟆之屬，即詩新臺之「戚施」，與蜥蜴之形相去更遠，不得比傅。

0213

立

羅振玉釋立無說。（增考中五十三葉上）

王襄　「古位字。金文中即位之位，均作立，與此同。立字重文。」（類纂正編第八第三十七葉下）

陳夢家　「『又于伊尹』——又于十立：伊、又九。」粹一九四　十立即十位，『伊又九』者伊尹及其他九立，合為十位。『立』與『示』當即所不同。『立』即明堂位之『位』，周禮小宗伯注云『位，壇位也。』肆師『用牲於社宗則為位。』」（綜述四六二葉）

丁驌　「五期伐人方辭中，有貞人立。余仍有疑此立非人名。『乙酉卜在洮立貞：王步于淮亡巛』（遺五七四）此征人方辭。余疑『立』乃『位』也。『立中』之省文。王在洮稍駐。立中。惟當時駐師某地皆云『餗』，故此說存疑。（東薇堂讀契記　中國文字新十一期一〇一頁）

饒宗頤　「所謂涖卜者，周禮肆師云：『嘗之事，涖卜來歲之芟；獮之日，涖卜來歲之戒；社之日，涖卜來歲之稼。』卜辭每言立黍事：『庚戌卜，圓貞：王立黍，受年。貞：王勿立黍，弗其受年。』（沌乙六九六四）『乙卯卜，㱿貞：王立黍，若。貞：王勿立黍。』（沌乙三一五二）『立』讀為『涖』，即涖卜黍年，蓋王親涖卜也。他辭亦記臣工涖卜，如云：癸亥卜，彭貞：其又（侑）王日妣己，在十月又二。

小臣吕立（涖）（佗甲二六四七）

卷，小臣吕立（涖）。（佗甲二七八一）

此殆記小臣吕涖卜事。」（通攷二五——二六葉）

饒宗頤　「『乙卯卜殻貞：王立（涖）黍，若。』（佗乙三一五二）按立讀涖，視也。（爾雅釋詁）周禮鄉師、司市及大宗伯注俱云：『故書涖作立。』鄭衆云：『涖視也。』王立黍即王視黍。」（通考九四葉）

饒宗頤　「按立事即涖事。金文齊器每見『立事歲』一語。（國差甔，陳猷釜，子禾子釜）卜辭或言立某史，如『貞：立𠂤事。』（戩壽三六、一二）『立䜌事。』（鐵八八、四）知此為殷周以來成語。」（通考四七八葉）

屈萬里　「卜辭：『丁酉卜，狄貞：王田，于西立𢀛？吉。』甲編一六〇三古立、位同字；此立字當讀為位。西位，蓋謂田獵時陣於西方以伺獸之處也。摭續一二一片云：『……王于東立逐出，𢀛？』亦田獵之辭，可以互證。」（甲編考釋二一三葉）

屈萬里　「卜辭：『丁丑卜，貞：王其田于盂𨙫，南沘立？』甲編三九一九立，讀為位。此作動詞用。蓋謂佈置田獵之處也。」（甲編考釋四九五葉）

李孝定　「說文『立住也从大立一之上』契文同，象人正面立之形，引申以備凡一切之立。卜辭屢言『立中』前七、十六、一、又七、二二、一、甲二、十二、一、均有之中為旗，唐蘭說可从立之義為豎立。金文作立父丁卣立頌鼎立毛公鼎立休盤與契文小篆並同。古文立位同字，容庚曰『周禮故書小宗伯「掌建國之神立」注「古者立位同字。」古文春秋經『公即位』為『公即立。』」頌鼎「王各大室即立。」』其說是也。」（集釋三二五一葉）

張政烺　「立即涖，義為臨，有征召會聚之義。『立衆』猶如卜辭常見的『氐衆』，『立邑』也就是『氐邑』。」（卜辭裒田及其相關諸問題考古學報一九七三年一期）

陳邦怀　「『立』、『位』古同用，周金文及周礼故书皆用立为位。卜辞王令某以某立于某地者，谓王命某人官于某方国，如『王令𡈼以𠬝立于𦎫』，是也。此位字谓官吏。周易系辞：『聖人之大宝曰位』，秦公钟铭：『畯𢈪在位』，此可证卜辞位于某地之位，其义为官职也。殷之方国官吏，由王任命，且需经过贞卜，此亦新发现之史料。」（《小屯南地甲骨中所发现的若干重要史料》，《历史研究》一九八二年二期一三〇页）

于省吾　「第一期甲骨文称：『辛未卜，争贞，妇好其比沚戓伐巴方。王自东𦎫伐戋。[⿺辶鹿]，于妇好立。』（乙二九四八）……妇好其比沚戓伐巴方，比字典籍每训为比次。这是说沚戓打先锋，而妇好次于后以督阵。𦎫字不识，甲骨文多用作人名。戋即残字，金文作[戋]，今通作捍（详释戋）。甲骨文陷罠（麋）之陷作[⿺辶罠]，陷鹿之陷作[⿺辶鹿]，均就田猎言之（详释[⿺辶罠][⿺辶鹿][⿺辶罠][⿺辶凶]）。于妇好立之立，即涖的初文，典籍也作莅，《说文》作埭训临。甲骨文的『主事』和周代金文的『某主事』习见，立均就临涖言之。甲骨文的『王田，于西立，𢦏，吉』（甲一六〇三），于西立即临涖于西方。[⿺辶鹿]，于妇好立，即商王临涖妇好所在之地以从事陷鹿的倒文。前引第一段甲骨文的大义是说，妇好和沚戓征伐巴方，商王则自东𦎫击伐以捍卫之。在胜利之后，商王又亲临妇好所在之地，和她从事陷鹿的狩猎。当然也要迫使士卒们从事挖坑掘堑，并为之设兽赶围。第二段甲骨文是相反的对贞。甲骨文称：『[glyph]其隻（获）正（征）戋，在东。』（续六·二六·一）征戋习以和前文的伐戋相印证。

狩猎之狩甲骨文作獸（古兽字），典籍通作狩或蒐。商周时代的统治阶级在他们出征凯旋时，为了炫耀武功和肆意游乐，往往从事大蒐。《逸周书·世俘》叙周武王克殷后从事狩猎，擒获许多麋鹿等野兽。又《左传》昭四年的『成有岐阳之蒐』，杜注谓：『周成王归自奄，大蒐於岐山之阳。』总之，前引一段甲骨文，妇好和沚戓征伐巴方，商王也从侧面攻伐和捍卫以相助。在胜利之后，商王会同妇好从事陷鹿的狩猎。这就是后来战胜凯旋从事大蒐的先河。不过甲骨文只用一个[⿺辶鹿]字和于妇好立四字以说明狩猎，叙事极为简单而已。」（《释林·释战后狩猎》，《甲骨文字释林》二七五——二七七页）

考古所　「立：《说文》：『住也』，古通驻。王令某人立于某地，即令某人率军驻于某地。」（《小屯南地甲骨》八六三页）

按：《說文》：「立，住也，从大立一之上。」徐鍇謂「大，人也；一，地也，會意。」契文「立」字同。象人立於地之形。孳乳為「位」、「涖」，亦作「莅」。徐灝《段注箋》云：「人所立處謂之位，故立位同字。立之聲轉為涖。《肆師》用牲於社則為位，注云：故書位為涖字，或作莅。《穀梁》僖三年傳：莅者位也。」

卜辭每見「立史」，《後下》四·三「貞卑立史于亞侯，六月」。「立史」即「涖事」。猶《左傳》襄二十八年之「嘗於太公之廟，慶舍涖事」。卜辭「立中」多見，「立」為位立，「中」為旗。《存》二·八〇三「癸酉貞，方大出，立中于北土」。謂「方」國大舉來犯，於北土聚集人衆以禦之。蓋古代「立中」所以聚衆。卜辭「立中」亦為了觀測風嚮，多與「風」連言。

讀「與」，《乙》二九四八「辛未卜，爭貞，帚好其比沚戓伐𢀛方，王自東𠬝伐戎，⿶凵鹿于帚好立」。「于」讀「與」，「立」即「涖」。大意為婦好與沚戓聯合伐𢀛方，商王武丁則自東𠬝以伐戎。戰後獵鹿，王與婦好臨視。「⿶凵鹿」謂設阱以陷鹿；設阱以陷兕謂之「⿶凵兕」，字或作「𦥑」；設阱以陷人則謂之𠙹，即《說文》「臽」字。卜辭皆嚴加區分，從不相混。篆文則通作「臽」。說詳「臽」字條。

卜辭記征伐「人方」，沿途均行獵。古代軍旅與田獵息息相關。軍行狩獵，所以習軍講武，亦所以補充食用。凱旋之後，每有大蒐，所以耀武功，簡車馬，閱徒衆。《左傳》桓公三年所謂「入而振旅，歸而飲至，以數軍實」是也。

《甲》三九三九兕頭刻辭云：「……于倞麓，獲白兕，……隹王九祀彡日，王來征盂方白……」；又《甲》三九四〇鹿頭刻辭云：「戊戌，王蒿田……文武丁祕……王來征……」。此亦凱旋後大蒐之事。《逸周書》記武王伐紂之後亦大事狩獵，直至春秋時代猶存此習俗。

余於《論甲骨刻辭文學》（《吉林大學學報》一九六三年二期）一文中誤以「⿶凵鹿」指設伏以陷敵，今附正於此。「⿶凵鹿」專指陷鹿，不得指人。

《摭續》一二一「王其蓺𥩚西彔，王于東立，虎出，𢀛」。「立」即用其本義。謂王立侯於東，堵截出奔之虎。「虎」諸家誤釋為「豕」，詳「虎」字條。

0214

去 𠫓 𠫓

王襄　「𠫓，古去字，从口，晚周時私璽陳去疾去作𠫓，亦从口作。許書所引之壁經古文，皆出于晚周。系之古文作8，殷契正作8，知真古文至晚周時未盡絕也。」（《簠考·游田》三葉上）

王襄　「古去字。《陳去疾鉨》去作𠫓，與此相似。」（《類纂正編》第五第二十四葉下）

商承祚　「𠫓即《說文》訓凵盧飯器之凵之本字，其或體作⿱𥫗𠫓，尚存古義。飯器宜溫，故口以象莅，大其蓋也。壺字之蓋，金文及小篆亦作大形。後借用為人相違之去，遂奪本義，而別構凵字代之，非其朔矣。」（佚考十九葉）

夏渌說參凵字条下。

姚孝遂 肖丁「『去』字在卜辞均为动词，緑703：『甲寅卜，王曰貞，王其步自內，又去自雨』；紳764：『……七去自雨』。均可証明『去』当与祈雨之活动有关。『綸7.9.3：『王固曰，吉，其去』。『去』皆言『吉』，『去』当为祓除之义。」（小屯南地甲骨考释二〇頁）

按：卜辭來去之去从大从口，商承祚以為笶之本字，非是。大者人也，與壺蓋無涉。說文以為从「凵」聲，亦不可據。

亦

羅振玉釋亦，無說。見增考中二十五葉上。

王襄「古亦字。」（類纂正編第十第四十七葉上）

王襄「說文解字：『亦，人之臂亦也。』又夜字，許說：『从夕，亦省聲。』按亦本古腋字，殷契叚為夜。效卣夙夜之夜，作亦，與此同。」（簠考天象五葉下）

楊樹達「卜辭言亦王襄讀為夜，核之音理固可通，而於事則未覈。愚謂亦者又也，又者，一事而再見之辭也。」（甲文說十三葉釋亦）

楊树达「龟甲兽骨文字卷貳（壹玖之伍）云：『貞吾方其亦出？』又見续编叁卷（捌之叁）鉄云藏龟（拾之叁）云：『貞吾方不亦出？』……愚谓：亦者，又也，又者，一事而再見之辭也。故卜辞云：貞吾方其亦出者，貞吾方之又出也。貞吾方不亦出者，貞其不又出也。不又出犹今人言不再出也。盖吾方寇扰于殷，其事屡见不一見，明见於卜辞。当貞卜之时，早已

有舌方寇扰之事，殷人虑其复出，故为此类之贞也。」（释亦，积微居甲文说卷上二三至二四页）

胡光煒「亦為承上之辭，潘濬諧曰：『怨不在大，亦不在小』是也。昭十七年公羊傳注曰：『亦者兩相須之意』。凡卜辭用亦必疊雙。……茲以為又，如清華六上言：『昔甲辰方征于戠』，下言：『五日戊申方亦征』，此其誼當為方又征也」。（文例卷下十九——二十葉言亦例）

李孝定「說文『亦，人之臂亦也，从大象兩亦之形』。字从大从八，大象人正立之形，八者示兩亦之所在也，於六書為指事，許云象形失之。其用為重累之辭者，段借也。段玉裁云『人臂兩垂臂與身之间則謂之臂亦臂與身有重疊之意故引申為重累之詞』其說未免牽附矣。卜辭用亦皆為重累之辭。簠考天象三十四『☐貞其☐亦雨』上言『某日貞其雨』，下言『又一日亦雨也』。王氏讀亦為夜，音固可通，而於事理辭例則未來覈，楊說是也。金文作亦毛公鼎亦毛公旅鼎亦召伯盨亦者汈鐘與契文小篆並同」。（集释三二一二葉）

赵诚「亦，甲骨文写作亦，在人的两臂之下左右各加一点，表示腋下所在之處，可以看成会意字，也可以说是指事字，最好是说成表意字。卜辞用作副词，有『又』、『也』、『还』之类的意义，则应是借音字：

癸巳卜，𣪘贞，旬亡囚，丁酉雨，己雨，庚己雨。（续四·一〇·一）——己，己亥之省语，丁酉的第三天。庚，庚子之省，己亥的第二天。

四日庚申亦有来嬉自北。（菁五）——㞢用作有。嬉读作艰，有凶咎之义。

己亥卜，𣪘贞，㞢伐于黄尹，亦㞢于蔑。（前一·五二·三）——㞢用作侑祭之侑。伐，祭名，亦用牲之法。黄尹和蔑都是祭祀对象，为商王室之旧臣。」（甲骨文虚词探索，古文字研究第十五辑二八四页）

按：王筠說文釋例云：「掖固有形，而形不可象，乃於兩臂之下點記其處。若以為象形也，未見臂下生此贅肬也」。自亦假為語詞，又以腋為臂腋字，以掖為扶掖字，初本皆同源。卜辭「亦」多用為語詞再又之義，胡光煒、楊樹達已言之。

契三七七有辭云：「貞弓告于亦尹，八月」。瞿潤緡謂「亦字乃夾之缺刻兩橫筆者，非亦字也」。卜辭雖缺刻橫畫之例多見，但此斷非缺刻，瞿說非是。丙一〇四「貞，亦尹弗王？貞，亦尹弗王？」兩亦字均从小點，不作兩直畫，其為「亦」字無可疑。張秉權隸作「黃」，不可據。乙

八〇二四「貞，出于亦尹十伐十牛」，不得凡此均為缺刻橫筆，綜類三六四均列於「央尹」條，但又列於「亦」字條（三四頁）

「亦尹」亦省稱「亦」。續一．一〇．五合集一四四九正「丙午卜貞，餗于大甲，于亦，于丁三牢」。「亦」為祭祀之對象，處於「大甲」之後，或當為「黃尹」，亦即「寅尹」，亦即「伊尹」。「寅」與「黃」字本同源。「亦」、「伊」、「寅」、「黃」皆屬音假。

0216 亦

按：「亦」與「亣」形義均有別。合集二四二四七辭云：「乙未卜，行貞，王賓歲二牛亡尤？在十二月，在亣卜」為地名。

0217

考古所　「字从大从氵，大為人之正視形，氵為血点。本片第(8)段辭中汏為动辞，艮為俘虜，方艮是方夷之俘，汏方艮可能是对方艮施以汏刑。关于此种刑法的具体内容，从此片卜辭中难以推断。」（小屯南地甲骨九二一頁）

李孝定　「說文『汏淅簡也从水大聲』契文同。今俗作汰，字在卜辭為人名。」（集釋三三五九葉）

孫海波　文編十一卷五葉收此作汏，無說。

按：契文汏字不从水，釋「汏」不可據。在卜辭為人名。

「甲寅卜殻，乎子汏酚缶于…
子汏其隹甲戌來；
壬申卜殻，翌乙亥子汏其來」　乙七七五一

「…汏來」　乙二三六六

「貞子𤆍來」

沃五八「貞，乎子𤆍祝一牛；翌乙卯子𤆍酢」

「貞，子𤆍隹囚」，唐蘭考釋亦隸作「汏」。

其作𤆍者，與𤆍有別。

京津二〇七二

合一九五

0218

□

按：合集四二五八辭云：「……之奠……呼般在𤆍」，為地名。

又合集三三二〇一辭云：「貞，弜𤆍人……珏」，則用為動詞。

0219

粦 □

金耀說參□字條下。

陈汉平　「甲骨文有字作□（后编下九·四），旧不识，甲骨文编收入附录。按周代铜器尹姞鼎铭文粦字作□、□，与此甲骨文字形相同，仅多舛形而已，知甲骨文此字当释为粦。甲骨文亣字作□或□，与粦字造字相同，字形字义亦相关，仅人形一正一侧不同。粦亣字后世书写作𩵿亣。」（古文字释丛，考古与文物一九八五年第一期一〇四頁）

按：字从大、不从火，羅振玉釋「炎」不可據。集釋或釋「汰」，亦誤。王襄類纂及島邦男綜類一七七摹後上一三·五作□，中畫適残泐，實亦□字，字當釋「粦」。說文「粦，兵死及牛馬之血為粦。粦，鬼火也。从炎舛」。博物志：「戰鬬死亡之處，其人馬血，積年化為粦，粦著地及草木，皆如霜露，不可見。有觸者、着人體便有光，拂拭即散」（據繫傳引錄，今本與此異）。尹姞鼎粦字作□，即契文□字，象人體着火有光形。契文从大或亽之字，金文每增「止」形，如「桀」契文作□，金文或作□即其例。㝬鼎「鄰」字作□，所从之粦，形雖稍異，猶存其初。趞鼎則作□，漸離本形。容庚金文編隸作「□」，入附錄，失之。牆盤「粦」字作□，增口為飾，唐蘭謂「□通粦」，敚盨右□，即友鄰。此讀如令。詩盧令令，說文引作獜」。裘錫圭釋牆盤之「□」引師訊鼎「□明」、尹姞鼎「聖粦明……」，以為「□、□、粦」同字。唐、裘二氏之說並是（見文物一九七八年第三期）。契文炎即𤈦之初形。其形體演化如下：

炎 → 燚 → 𨽸 → 𨹗 → [illegible]

燚 → 𤇾 → 𤈦

卜辭𤈦字用義不詳，王襄類纂、商承祚類編、孫海波文編、金祥恒續文編均列入「炎」字，並誤。李孝定集釋亦列入「炎」字，但已疑之。要皆未細審原拓所致。

0220

[illegible]

按：字不可識，其義不詳。

0221

夾 [illegible] [illegible]

王襄　「古伏字」。（類纂正編第八第三十八葉上）

白玉峥　「[illegible]：……按：釋夾于誼較長，在卜辭中，多為地名。」（契文舉例校讀中國文字第八卷第三十四册三八一五——三八一六頁）

郭沫若　「夾殆夾之異，夾二人為夾。夾一人亦為夾也」。（卜通一〇八葉下）

胡厚宣　「夾者，即夾字，亦即陝」。（商史論叢初集二册六葉殷代舌方考）

按：「[illegible]」乃「夾」字之省，當併入0222「夾」字。

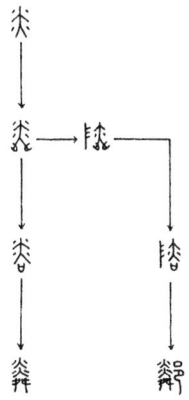

0222

夾 𡗜

孫詒讓「說文大部云：夷平也。从大从弓，東方之人也。此文从大从𢎘，𢎘即弓之変體也。夷為戎狄之通稱。」（舉例上卌八葉上）

葉玉森「按孝經『仲尼居』，居古夷字。漢書樊噲傳『與司馬尼戰碭東』，注『尼讀與夷同。』山海經『非人羿莫能上』，今本作『仁羿』，孟『夷羿』之譌，蓋仁夷古通叚。卜辭之𡗜疑即仁之初文。篆从二人，仁誼不顯。此象一小人在大人臂亦下，隱寓提攜扶持之意，乃仁之真諦。卜辭叚仁為夷。曰『鬼夷方』即易爻辭詩大雅之『鬼方』，竹書紀年之『西落鬼戎』。」（前釋卷七第二十六葉上）

商承祚「羅師疑伏字，从人从大不从犬。」（類編待問編卷七第二葉）

又曰：「夾字亦見盂鼎，吳宜常寶煒先生云：『迺召夾，夾即陝字，命盂治陝邑也』（南公鼎文釋考第三頁）。此夾亦地名。」（佚七九二片考釋）

魯實先「卜辭之夾與篆文同體，作𡗜亦作𡗜。其作𡗜者乃其媘體也。孫詒讓釋為夷，羅振玉疑為伏，葉玉森疑為仁之初文，說並非是。郭沫若疑為夾之異文，其說倖中矣，而亦未塙信其然，是皆未知卜辭文字有省體之例也。夾於卜辭有二義，其一義同尚書多方『爾曷不夾介乂我周王』之夾。如云『丁卯卜角其𡗜　庚午卜角其𡗜』（藏七一、三），『□寅卜□其𡗜』（後下二八、一五）是也。夫夾義為輔，為近，介義為助，為因，是多方之『夾介』義即左傳之『夾輔』，卜辭之『其夾』例猶它辭之『其因』，皆卜諸方是否親附王朝之辭。其云『王固曰邑甲介』（後上七、十三）者，甲與夾音同義通，甲介即尚書多方之夾介，乃卜邑方之是否親附也，其義碻然，是可證卜辭之𡗜即夾之省文。夾之第二義多方名。如云『☒允出來鼓自西𡆥告曰☒[illegible]𡗜杲四邑』（通纂四九八），『叀大𡗜令』（甲編三五三六），『甲申卜王在𡗜卜』（佚存七九二），『丁丑卜主在𡗜卜』（文錄六七○），『丁亥卜殸貞乎巴从韋取𡗜臣』（乙編三一○八）是也。金文有𡗜乍父辛卣（三代十三卷廿六葉）、𡗜作彝壺（三代十二卷四葉）是乃夾方或夾氏所作之器。方域之以夾為名者則未有朝郟，見左傳成十八年，其地望無考。周之郟邑見左傳桓七年，即今河南洛陽之郟邑，見左傳昭元年，即今河南郟縣。周之郟邑乃因郟山而名，郟山與鄏地相鄰，故兼舉二名則曰郟鄏，左傳宣三年云『成王定鼎於郟鄏』是也。其在卜辭曰『比田薅其雨』（外編六五），『辛未□貞今日□薅田☒』（甲編一九七八、薾當即郲鄏之鄏。據此是郲鄏之間固殷王游田之所，𫍙按魯文之薾作𦵀若𦾔當釋𦾔說詳一卷彼處未引魯說則卜辭之夾方其為周之郲邑無疑矣。徵之姓氏則春秋有夾氏傳見漢書藝文志是當受氏於夾方若鄭之郲張，見左傳哀九年蓋受氏於楚之郲邑以楚之郲邑初本鄭地也」。（新詮之三第四——八葉釋夾）

孫海波　「夾，河六六九。地名。在夾卜。」（甲骨文編四一九頁）

李孝定　「說文『夾持也从大俠二人』契文亦从大俠二人，或俠一人，意同。孫釋夷非是。契文金文夷並作𡰣。契文夷字又有異體作𡰣（新1.1五〇）。說見後夷字條下，足證此非夷字。葉釋仁非是。甲骨及早期金文均無仁字，仁古殆祇作人，蓋仁者人道也，仁从二人會意，當為後起字。葉氏舉山海經『人羿』古文當作『𡰣羿』，𡰣夷古今字也，今本作『仁』者乃『人』之譌，𡰣與𠃍形近故譌尸為人也非仁夷古通也。羅氏疑伏更屬肊說。郭沫若疑為夾之異文，魯氏从之並明其義蘊，其說甚是。字象一人或二人在大亦下，有夾持之意。金文作夾孟鼎夾夾卣夾壺蓋與此一體同」。（集釋三二〇四）

李孝定　「說文『夾盜竊褱物也从亦有所持俗謂蔽人俾夾是也弘農陝字从此』夾从二人非入字乃象亦下有所持之物但為意符有形無音而此从二人明是夾字，胡氏說非」。（集釋三二〇四葉）

李孝定　「字似从北从大从八，與夾異，楊說待考。夾字無所从屬，故附論之於此」。（集釋三二〇五葉）

胡厚宣　「夫，說文，『持也』，倉頡篇，『夫，輔也』，儀禮·既夕禮鄭玄注，『在左右曰輔』。夫臣即是在奴隸主左右身邊的奴隸。」（甲骨文所見的殷代奴隸的反壓迫鬥爭考古學報六六年一期）

按：夾與夾並當釋夾。說文：「夾，持也，从大俠二人」。段玉裁注改俠為夾，謂「各本作俠，俠者傳也，非其義，今正。……一人而二人居其亦，猶一人二亦間褱物也，故曰从大夾二人」。徐灝段注箋云：「段改俠為失冄切之夾，謬甚。夾俠古通，故云从大夾二人。二人夾持、夾輔之義也。引申為凡物在左右之偁，又為凡有所挾持之偁，別作挾」。

說文夾與㚒有別，夾訓為「盜竊褱物也，从亦有所持」，朱駿聲通訓定聲以為夾「與从大从二人之夾迥別。夾者公然持人，㚒者私有懷物」。治說文諸家，皆惑於許慎之說解，莫敢致疑，實則夾㚒當本同字。玉篇即音㚒為「胡頰切」，鈕樹玉說文校錄以為玉篇「似誤仞夾字，或古有是音，以去作入，亦未可定。又地名每从方音，故又音閃也」。

宏農「陝」字與「陜隘」字，一从「㚒」，一从「夾」，實亦無別。鈕樹玉謂「地名每从方音」是對的。篆文㚒與古文字合，自地名之陝音閃，又別出㚒字，音形皆殊。

段玉裁改手部从手夾聲之「挾」為「挾」，以為當从手㚒聲，謂「形聲中有會意」。實則大可不必，夾、㚒本同字。「㚒」徐鍇以為从「入」，實乃从「人」之譌。

卜辭「夾」用作地名。鐵七一·三、合集四六六五之「角其夾」，當即用夾之本義。會實先據後上七·一三之「𡨦甲介」，謂即多方之「夾介」，殊誤。前一·四三·四「于甲介邹帚好」，「甲介」乃祭祀之對象。𡨦亦非邑字，會實先以方親附為言，不可據。

王襄類纂四八頁以㚒為古夾字，辭為「乙未卜，今日㚒亡」，未附拓本，不知何所據。綜類三四摹錄乙三一〇八及南坊四·四二二有㚒字，均不从人。南坊四·四二二為摹本，作㚒，綜類摹寫有誤。乙三一〇八不清晰，即如綜類所摹，亦當為夾字，皆象有所挾持之形，或當為篆文㚒字之所本。

刻辭類纂則混入「亦」字。

0223

楊樹達　「疑𤆍即英之初字。是按金氏續文編（十卷十七葉）以此字與亦並列收為夷字是楊氏誤𤆍為亦金氏又誤从孫說釋亦為夷也去从氵例似有未安南方名英者，蓋南為夏方，夏為草木着英之時。」（甲文說五十四葉）

楊树达　「南方曰夾，胡君以夾辅为释。按原文字作𤆍，从儿，从夾，疑即英之初字也。说文云：『英，艸实也，从艸，夾声。』甲文字从儿者，象英之形，夾其声也。」（甲骨文中之四方风名与神名，积微居甲文说卷下八〇頁）

严一萍　「𡗜，据腹甲西方风曰『𡗜』，知胛骨之𤆍，实为𡗜之反写，盖一象人之侧面，

一象人之正面。」（卜辭四方风新义，甲骨古文字研究第一辑一七九页）

赵诚　「炎，因。全字应为[glyph]，以为简化字，象人被衣物包裹之形。商代用为表示南方的专用名词，则为借音字。」（甲骨文简明词典二七〇页）

按：釋「英」、釋「夷」皆不可據。

0224 [大又]

张亚初釋扶，参[glyph]字条下。

按：字不可識，其義不詳。

0225 爽

羅振玉　「說文解字赫从二赤。此从大从𡿺（即二火字）者，省二大為一，誼已明也。石鼓文奔作[glyph]，从三夭。盂鼎作[glyph]，省三夭為一。卜辭中彗字，或从二又持二帚，或从一又持一帚，是其例矣。此字即召公名之奭。爾雅釋訓「奭奭，赫赫也。」釋文「本作赫赫。」說文「奭从皕从大，盛也。」詩出車傳「赫赫，盛皃。」常武傳兩云「赫赫然盛也。」節南山傳「赫赫，顯盛也。」赫从二火，故言盛。从皕則無從得盛意。知从皕者，乃从𡿺之譌，奭乃爽之譌。字卜辭从𡿺，或變作[glyph][glyph][glyph][glyph]等，皆為火之變形。許書又變从𦣻，愈變而愈失其初矣。卜辭中凡王賓之以妣配食者，則二名間必間以爽字。戊辰彝「遘于妣戊乙[glyph]」（作[glyph]亦炏之變形），爽字雖在二名之下，義亦相同。卜辭又云「有爽」，猶言有妃也，是爽有妃之誼。許書奭字注「召公名」，又引「史篇召公名醜」，二說不同。疑召公或名奭而字醜。古人名字誼多相應，醜訓比。卜辭對文言稱匕（即妣字，言與父相比也），意爽亦有妃誼，此古誼之僅存者。雖不能盡曉，然可得其概矣。又方言「焃赫赫也」（赫舊本作赤，即赫之別構，戴氏改赫是也），廣雅釋詁「焃赤也」，焃即爽，寫法略異爾。是漢魏間尚有爽，但已不能知為即赫字矣。」（殷釋中五十一葉）

王襄　「殷契中赫之異體甚多，然皆从大从二火，或从二火之变體，與許書从赤之誼同。段氏云：『𡗜即赫之段借字』。𡗜，許說：『燕召公名，史篇名醜』。醜下段氏云：『凡云醜，類也者，皆謂醜即疇之段借字。疇者，今俗之儔類字也』。桉召公名𡗜，為赫之段字，又曰名醜，疑𡗜、赫、醜古均同誼，故相通段，赫有儔類之誼，猶後世之妃匹也。」（簠考帝系五葉上）

王襄　「說文解字：『赫，大赤皃。』段注云：『赤之盛，故从二赤』，詩邶風簡兮：『赫如渥赭』，传曰：『赫，赤皃』，段注云：『此赫之本义』，又云：『采芑、瞻彼洛矣，二传曰：𡗜，赤皃，正谓𡗜即赫之假借也』，又酉部：『𡗜，盛也』，从大从酉，此燕召公之名，史篇名醜，許訓：『可恶也』，孟子：『地醜德齊』，注：『醜，类也』，为醜之别谊，引申之为匹疇。契文之赫，从大从二𡆧，𡆧为火，亦有匹儔之谊。疑𡗜所从之酉，即契文之𡗜所从之𠕁之讹，𠕁为火之异形。赫从二赤，赤亦从大从火，𡗜亦从大从二火，即赫之省，赫𡗜应是一字，𡗜之偏旁二火，异体影颐，或作二𡆧、二𡆧、二𡆧、二止、二口、二ㄩ及㞢，皆二火之变，或从二ㄨ、二ㄨ，有闇明之谊，火最光明，故从ㄨ，ㄨ象之，ㄨ亦五也。从𡆧，是由止之所衍变，金文亦间讹止为ㄨ。如道，散盘作𨕥，从止，曾伯簠作𨕥，均从ㄨ，一证也。或从ㄨㄨ，即ㄨㄨ之省。赫之字一，而形之别，今所知者，有十五种，流变亦云甚矣。又𡗜字亦见于戊辰敦，文曰：『𠭯⊙，𢓊形断非𡗜』，妣戊在武乙𡗜之上，按之卜辞文例，应曰：𠭯日遘于武乙，赫妣戊。𢦏，武之异文。」（古文流变肊说五二至五三页）

王襄　「古赫字。」（類纂正編第十第四十七葉上）

吳其昌　「『𡗜』者即『赫』字，亦即『𡗜』字也。羅振玉曰：『說文解字，赫从二赤，此从「大」从「𡆧」；（即二火字）省二「大」為一，誼已明也。石鼓文「奔」作「𨑒」，从三「夭」；盂鼎作「𡗜」，省三「夭」為一。卜辭中「𡗜」字，或从二「又」持二「帚」，或从一「又」持一「帚」，是其例矣。此字即召公名之𡗜。尒足釋訓「𡗜𡗜」，釋文「本作赫赫」。說文「𡗜，从『酉』从『大』，盛也」。詩出車傳：「赫赫，盛貌」。常武傳，兩云：「赫赫然盛也」。節南山傳：「赫赫，顯盛也」。赫从二「火」，故言盛；从「酉」，則無從得盛意；知從「酉」者乃从「𡆧」之譌。「𡗜」乃「爽」之譌字，卜辭或作𡆧、𠕁、ㄨㄨ、𡆧等，皆為「火」之變形；許書又变从酉，愈变而愈失其初矣。』卜辭中凡王賓之以妣配食者，則二名間必綴以『爽』字。『戊辰彝』：『遘于匕，武乙爽。』……爽字雖在二名之下，義亦相同。卜辭又云：『有爽』，猶言『有妃』也；是『爽』有『妃』之誼。許書『𡗜』字注：『召公名』。又引史篇：『召公名醜』，二說不同。疑召公或名奭而字醜？古人名字，誼多相應；醜訓比，卜字對父言稱「匕」，意爽亦有妃誼。此古誼之僅存者」。（考釋中五一）按：羅氏此說，大致碻不可易。但其後發現矢彝、矢尊並有「爽」字，羅氏為作考釋，猴云「未詳」，殊可駭異耳。……按矢彝、矢尊曰：「今我唯命汝二人，太眾矢，爽」。「爽」字亦在二名之下，與戊辰彝同。由此可知二點：一者：「爽」字不必定用之于夫婦男女之間，凡二人對立，則其間或其下，皆可增以此字。郭沫若氏昧此通則，猴難羅云：「其說不塙」，復自立新說云：「其音必近于『模』。就其字形而言，則分明于人形之胸次，（按此乃腋下，非胸次也）左右各垂乳房，是則字之結構，亦與母同意。……此必『母』之古文，專用為母后字，以示尊大」。按：郭說甚荒。姑無論婦女乳房之形，斷無作□□□□□諸形之理。若如其說，則矢彝矢尊中之「太師」與「作冊矢命」二人，亦豈為夫婦耶。抑其中豈有一人為爽后耶。「今我唯命汝二人，太眾矢、母」，將復成何語耶。致為悖矣」。（殷虛書契解詁第二六——二七葉）

吳其昌　「□字，郭氏謂象一人胸次垂乳，案此乃腋下，非胸次也。且乳房之形斷無作□□□□□□諸形之理，羅說大致塙不可易」。（書契解詁五片）

葉玉森　「按□之異體孔多，或从□□□□□□□□□□□□□等形。除□一形外，無象火者。除□□□三形外，無象乳者。（即此三形可象之物甚多）羅氏之說固紆曲有加，郭氏之說亦新奇太過。卜辭母字凡數十見，無一書作□者。何以王賓某下之母字必書作□？又何以王妣必狀其大乳？戊辰彝亦殷器，其言「遘于妣戊武乙爽」，似舉行妣戊之遘祭，而武乙配祭之，殷末禮制或略有變更，其辭例與「甲辰卜貞王賓示癸奭妣甲亡尤」（遺甲．二．二五．一）略同。如讀為武乙母似覺未適，（余舊釋夾，謂从大象人形，兩腋下所夾之物可任意狀之，而夾誼自顯，故變態獨多。夾輔也，（倉頡篇）在旁也，（釋名）並有妃意。（說詳殷契鉤沈）新出矢彝有辭「爽左右于乃寮以友事」。爽字正當釋夾，謂夾輔左右。郭氏謂陵作敫似非。往見張鳳氏與聞宥氏書，（見語言歷史研究所週刊第百四期）略云「近見英人霍伯金氏有獸骨一片，載英文亞西亞雜誌，骨字狀作□，可為葉君添一佐證，而狀字之得聲亦因以可知」云云，張氏藏有骨文鈎本，惜未之見，如霍氏之骨非贗製，則从犬从夾，又安知非狹字？」（前釋卷一第十六葉至十七葉）

于省吾　「卜辭□字，象人左右腋下有火形，異構或从……等形，皆火形所演變。羅振玉釋赫，葉玉森釋夾，郭沫若釋爽，唐蘭釋夾，均未塙。唐蘭又云爽字余疑即□形之變，……。按唐疑爽即□形之變，頗具見地，惜其與夾字牽混，未能融會貫通。□即爽之初文。說文：爽，明也。傳記注解亦多訓爽為明。大象人形，左右从火，爽明之義尤顯。其从88 88 88 88 ××者，與变而从※※，迄尤相衛。且××與※※，祇單雙之別。在古文字中，爻之單雙，每無別也。如爾字，潛𨟻盨作爾，文考日癸卣作爾，是其證。𤕟毀「遘于匕戊武乙𡘋」。去歲商人陳鑑塘由安陽買一邲卣，余往觀之，陳與余以墨本，器蓋兩銘，亞中有獏字，亞下有父丁二字，又有長銘在卣之外底，共三十七字。其銘云：「丙辰，王令邲其兄口于夆田口，𡧊貝五朋，才正月。遘于匕丙彡日大乙爽。隹王二祀，既𢦏于上帝」。銘內大乙爽之爽作𡘋，其書法與散氏盤有爽之爽作𡘋同，其語例與𤕟毀同。得此塙證，則卜辭爽字及諸異構，均為爽之初文，灼然明矣。卜辭通例，爽字用法多在祖妣之間，变例或在妣祖之末。上文所舉𤕟毀、邲卣，其爽字用法與卜辭变例同，爽為匹配之義，已無可疑。惟其語例，載籍無徵。說文爽字段注云：「爽本訓明，明之至而差生焉，故引申訓為差也」。按：詩氓「女也不爽」，蓼蕭「其德不爽」，傳並云：「爽，差也」。差次與匹配之義相因。一說爽為相之借字，爽相古韻同隸陽部。左定三年傳注：「肅爽，駿馬名」。疏：「爽或作霜」。按：霜从相聲，淮南子原道：「釣射鸕鸘之為樂乎」。說文作鸕鷞，是爽相字通之證。相之通詁為輔相，為佐助，亦與匹配之義相因也。凡卜辭云某某爽妣某者，言某某之輔配妣某也。云妣某某某爽者，言妣某乃某某之輔配也。金文及尚書爽字用於句首者，皆發聲詞也。經傳釋詞：「爽，發聲也」。矢彝：「令我惟令女二人太眔矢，𡘋左右于乃寮」。𡘋即爽字。爽左右于乃寮者，爽為發聲無義，言左右于乃寮也。書康誥「爽惟民迪吉康」，「爽惟天其罰殛我」，爽皆發聲詞也。總之，爽字得邲卣爽字為證，知即爽之初文，其異體甚繁。爽之本義，象人左右腋下有火，取光顯之義，故古籍爽之通詁多訓明，明之至而差生焉，故亦訓為差次。卜辭用於二人之中及二人之末，皆差次匹配之義。尚書金文爽字用於句首者，乃發聲詞。說文以爽為从㸚从大，不知从㸚乃由火形所演变，載籍無逕訓爽為匹配者，爽之訓，其湮蓋已久矣」。

（駢枝四一葉釋爽）

楊樹達

「甲文有𡘋字，或作𡘋，或作𡘋，或作𡘋，或作𡘋，其它变體至夥。凡王賓之以妣配食者，於王賓與妣某之間必以此字間之。羅振玉釋其字為奭，謂由从爽二火者誤為从皕。然說文奭訓盛，無由有配匹之義，羅氏欲改奭字之形以就甲文，義仍不可通也。葉玉森釋為夾，然甲文此字变體至多，絕無从二人者。形既不符，夾亦無配偶之義，是其說形義皆不相合，與羅說無異也。近日有文字學者據召公名奭而史滿名醜，毛詩賓之初筵「賓載手仇」，鄭箋讀仇為㪺，欲釋此字為奭，而讀為仇匹之仇，音義頗為密合，殊見用心。然說文奭字从䀠，甲文此字絕無从二目者，於形又無當也。郭沫若云：「此字有與母字通用之例，……說文林部𣞤注，从林奭，奭或說規模字，……是𡘋古有用為規模字者，雖不必即是模字，其音必近於模」。樹達按：甲文此字當為一最常見最重要之字，然自來甲文學者皆未說通。郭君根據說文無字下說解明此字之形與音，又用甲文𡚤母同用之例以明其義．此種創造性之發明，可謂石破天驚，得未曾有。問題到此，再進一步研究，即有兩問題隨著發生。母字从來古韻學家皆定為咍部字，甲文何以與模部規模之模通用，此字音問題也。母是父母字，甲文何以用為匹配之義，此字義問題也．：：請先談字音問題。或謂母模雙聲通用，此決非究極之說。余疑母字最古之音本在模部。何以言之？古文母字與女字同用，甲文毓字或从女，或从母。妻字說文謂从女，而金文農卣却从母而不从女，女字乃模部字也，此一證也。金文母毋二字不分，毋字音韻學家皆定為模部字也。此二證也。詩經母字雖多與咍部字為韻，然鄘風蝃蝀二章母與雨叶，雨固模部字也，此真古韻之殘餘也，此三證也。父字古韻與巴同，今作爸字，此數千年來流傳於嬰孩口中，始終未變之字音也。母字今小兒云媽，由流溯源，父字在模部，知母字亦當在模部，故其流變與父字如出一轍也。此四證也。然則母字真古音本在模部，故甲文以模部之模字與之通用也。合觀甲文金文母字與模女毋三字通用之痕迹，則母字由模部演變入咍部之跡象甚明，如謂初本在咍部，後變入模部，則時代後先顛倒失次，為令人不可想象之事矣。此字音問題之說也。次談字義問題，今皆以父母之母為母之初義，余謂殆非也。父者，男子也；母者，女子也。甫為父之後起字，說文訓為男子之美偁，猶得父字義之髣髴。許君訓父為家長率教者，非朔義也。古文母女通用，知母本謂女子也。王靜安著女字說，歷舉金文「號改魚母」之類凡十七事，謂皆女子之字，其說是也。此謂周代史實，然父為男子，母為女子之訓義，實受自殷人。：：余謂字男子曰父者，所以別於女子，明其為男子也；字女子曰母者，所以別於男子，明其為女子也。孟子偁五母雞，二母彘，母雞母彘但謂牝雞牝豬，絕無父母母字之義也。然則甲文偁大乙母及祖丁母者，猶今人言某某的女人耳，正不必以父母之義為嫌，而別求解說也」。

（續甲文說九葉釋𡚤）

郭沫若「別有爽字，於卜祭之例屢曰「王賓祖某爽妣某」，「戊辰彝」云「遘于妣戊，武乙爽」，羅氏以為赫字，謂从大从二火，亦即召公名之奭，有配義。然卜辭原字不盡从二火，亦無从皕作者。以類編所收，有十五種異形，：：从二火者僅一例而已。戊辰彝爽字作[glyph]，亦非从二火若皕。諦審其字形，實象人形而特大其二乳也。余謂此即母字之別構，於祖丁之配曰妣己者，它辭均言「祖丁爽妣己」，然有一例曰「□辰貞其求之于祖丁母妣己」（後上、廿六、六）是爽與母為一之證也。惟此母字限用於先公先王之配偶，揆其初，當係王母之意。此字形與歐洲各地所出土之生殖女神象「奶拿」（Nana）頗相類。奶拏之象均特大其乳，或以兩手覆其下，以為生殖崇拜之象徵。余意如爽字形之雕象，將來必有發現於中國之一日」。（甲研上冊釋祖妣十四葉）

又云：「又說文林部橆（無）注「从林奭，奭或說規模字，从大卌」。然以金文橆字言，奭當作爽，不从大卌。此與卜辭本字之作𡚤者形同。是爽古有用為規模字者，雖不必即是模字，其音必近於模。再就其字形而言，則分明於人形之胸次左右各垂一物，其所垂者乃是乳房也。是則字之結構亦與母后字同意。母之兩點亦象乳形。所異者僅母跪而斂手，爽立而張手耳。此必母之古文，專用為母后字以示其尊大。蓋母權時代之遺字矣」（卜通二十二葉）

又曰：「新出矢彝亦有此字，曰：『爽詹左右于乃寮以（與）乃友事』。羅以靤字釋之（羅氏矢彝考釋見日本支那學雜誌五卷三號。又羅著遼居雜著），遂不得其解。余謂字固非『赫』，亦不是『靤』，乃古母字之異文也。……故終至母行而爽廢。矢彝之『爽』乃假為『敏』字，『爽詹右于乃寮以乃友事』者，『敏左右乃寮與乃友事』也」（青銅卷一戊辰彝考釋十六至十七葉）

又曰：「案羅謂赫靤一字，鵠有所見。然謂卜辭之□□等字，金文之爽，即是赫字，則不免孤證單行矣。……余曩說此為母之奇文，象母之胸頭有二垂乳，與母字同意，並舉卜辭與母字通用之例為證。學者狃於羅說，於余所見似尚無人置以可否也。余今於許書復得一證，說文林部𣡡字下注云：『豐也，从林爽，爽或說規模字，从大卌，卌數之積也。林者木之多也，𣡡與庶同意。商書曰「庶艸繁𣡡」』（據段注本）。案古金文無字作□（般甗）□（無叀卣）□（盂鼎）□（涵鼎）諸形，寔舞之初文，象人兩手各垂一物而舞，並不从林。爽本義亦不當為豐庶，然許於無字說解雖失之，而存一爽字，且存一或說，以為余徵，則甚可感謝者也。爽亦不从大卌，以金文無字校古者按之，寔當作爽，與卜辭□字同。蓋古有用為規模字者，故或說云然也，母模同紐，音亦相近。舊文獻中亦有用母為模之例，禮內則『淳母』，鄭注『母讀為模』是也。是知爽雖不必規模字，而爽音模音相近，則漢人猶能得其實，故由古文以知其形，由卜辭以知其義，由許書或說以知其音。形音義三者俱相合無間，則爽若𡘋之為古母字並非向壁虛構矣」（金文叢考二〇一葉至二〇二葉）

唐蘭　「余按此字卜辭累千百見，多用於王室之禮，祖名與妣名之間，諸所立說，多有違舛。羅以為从二火，葉郭二家均駁之，蓋惟□□等少數之形，略近于火，不能通之他例也。郭以為乳形，則葉吳二家已力辨其誤。然吳知□□□□□□等形之非乳，而胥不悟其並非火形。尚沿羅誤，宜非有所蔽而然也？葉釋為夾，謂不論所夾何物，義固校通。然彼固未識所夾為何物，若幽其火形，又宜能夾者乎？且夾象臂夾二人，卜辭自有其字，作□，或省作□，但挾一人也。則葉說之誤，不辨可知。余意此字象一人挾二皿之形。作□者象臂繫兩口，口為筥盧也。口𠙴古多通用。矢尊矢毀有□字，即□之小異，其变為□，似五亦實非五。或变作□，更变作□，小变為□，為□，似火而實非火。其变為□若□，則缺其繫也。或作□若□，則象繫兩皿，口其作□者，微有省变，似木而亦非木也。聿彝有□字，□亦𠙴之变，而其繫又稍異。或变作□，皿形小異。或遂作□，亦省其繫。更变為□，即皿形而缺其底，卜辭恆見其例。更变則為□，有似从㐅矣。然則此字異形雖多，究其本原，非口即皿，既異亂房，亦殊炎火，且所挾有定形，非若葉說之任挾何物，更非挾人之夾字也。由於字形，余以為此字當釋為許書之夾，小篆但从从者，或為𡘋而省其皿形，或由夾而小變也。彼訛為「盜竊褱物也」。從亦有所持，佮謂蔽人俾夾是也。弘農陝字从此」。以字言，从亦持物，何由便為「盜竊，褱物也」。許君但以佮語蔽人俾夾而意增之耳。夾有褱物之義，夾有挾人之義，事類略同，字則迥異。卜辭此字既象挾皿，自應釋夾，而葉氏釋夾，是讀說文未熟也。抑與夾相近之字，音多相近。乃奭从此聲，又作奭。𡘋為惡之古文，金文盩字从㚇，及从㚇从大之奭皆是。說文盩从酉而金文从𦥑，以例推之，奭本作𡘋，然則羅氏以𡘋為赫固誤，其謂奭為𡘋之誤固不為無見也。至奭字，余疑即𡘋形之變，蓋××象繫，下象皿形，皿形或變為㐅，連繫即為㚇形，實非㚇字也。闕于卜辭中此字之用法，羅氏謂凡王賓之以妣配食者，則二名間必間以奭字。今按羅說誤，凡曰王賓且某奭匕某者乃妣之專祭，非配食也。羅氏又云：「戊辰彝（即䣄殷）『遘于妣武乙奭』，奭字雖在二名之下，誼亦相同」。今按卜辭亦有「于匕己且乙奭告」等例。羅說殊合混，葉氏謂「戊辰彝似舉行妣戊之遘祭而武乙妃祭之，吳氏謂奭字不必定在二名中間，可以自由廁于二名之下，均未明此類辭例。郭謂「夾字用於祖妣之間有匹配義，猶言某祖之配某妣也。戊辰彝則先妣後祖，義亦同」。其言亦欠明瞭。余謂此類辭中之夾字，實一名詞，祖某夾者謂祖某之夾也，故此三字可置於妣某之前，亦可置於其後矣。（中略）郭沫若因此字有與母字通用之例，謂奭即說文之奭，而以其字形為人腋兩乳，因定為母之古文，母后之專字。今按說文𡘋字，卜辭自作奭若𡘋，又卜辭有𡙇字作𡙇，（𡙇八四五、一八四七）其偏旁作𡘋。金文之較古者作𡘋（無叀簋），若𡘋（殷甗），俱與之相近，更後始變為𡘋若𡘋。然則𡘋字本象人兩臂綴有毛羽或草葉之屬，蓋舞者之飾，本不可分截為從林從奭，故即許書中亦無奭字也。許書多後人肊增，既云「或說規模字」又云「從大丗」者，明不審信也。至母后者，後世以稱皇太后，援以說卜辭，殊屬不倫。兩乳之說，尤為無根。郭氏立說雖誤，然卜辭王賓且某夾妣某之辭，或作且某母匕某，自可注意。余所憶及者，在郭所舉外，尚有二例，一為「卜丙母匕甲」（餘二七、一）一為「且丁母匕甲」（餘十、一）。余謂此母字既不當讀為父母之母，若母后（實則母后之母與父母之母同），自當別有意義。卜辭母字往往作𡜊，與女無別，金文女字往往曰某母，猶男子之偁某父也。從母之字有姆為女師，侮則秦晉罵奴婢之稱（方言三）。侮之古文作𠈇，从人母聲，實即奴之古文，從人女聲之𠈇字也。然則母字本多異議，不僅父母之偁也。余又考卜辭夾字尚有與妻通用之例，如餘四、一云「貞，來庚戌㞢于示壬妻匕牝豕」，㞢以庚日，則是匕庚，匕庚固示壬之夾也。又有「示癸妾匕甲」（湁一、八）匕甲亦正示癸之夾也。然則母、妾、夾，三者異名而同實，夾不當但讀為母可知矣。余謂此三字中，母妻屬於早期，而夾屬於後期，其變異必由於語音之轉移。古妻妾本不分，禮記謂天子有八十一御妻，二妻、兩妻、旁妻、小妻之類，習見於書傳，而女子自偁曰妾，則娶者為妻，弃者為妾之類，乃後世判之耳。卜辭此三字，其義皆當為妻。妻妾一聲之轉。作母者實即女字，女之古讀當在泥母，與妻聲亦相近。以女妻人曰女，亦曰妻。大明曰：「纘女維莘，長子維行」，莘者太姒之國，昔人說此詩者多疑太姒為繼娶，纘者繼也，則纘女即是繼妻也。夾與妻亦聲之轉，與妾聲尤相近。故此三字得相通叚。然則卜辭所謂祖某夾，祖某母，祖某妾者，皆即祖某妻也。至卜辭之伊夾黃奭，皆在早期，與晚期之叚夾為妻者，自不同，且其禮甚隆，決非祭伊尹及黃尹之妻也。余意此夾字當讀為陟。君奭舉伊尹保衡伊陟臣扈等，曰「故殷禮陟配天，歷有年所」。舊訓陟為升未是，陟即上述諸臣，其本字當作夾。蓋夾象懷蕊之形，引申之自有夾輔之義也。卜辭伊夾與夒岳等同祭，必伊尹無疑（同片上一辭作伊尹，明一人異名也）。然則黃夾必是黃尹，亦即保衡或阿衡與伊尹為二人，昔人混而為一，非也。」（下畧）（天壤文釋三十六葉至三十九葉）

陳邦懷

「羅參事謂說文解字奭字從皕，乃從炏之譌，奭即召公名之奭，其說至塙。考詩采芑：瞻彼洛矣，兩傳皆云：『奭，赤貌。』此古文奭字從炏，不從皕之明證。參事既釋為奭，又釋為赫者，蓋因奭，赫同有盛大之訓，而不知奭有赤貌之訓，奭、赫古雖同誼通假，似不可以為一字。至謂說文解字赫從二赤，此省二大為一云云，尤未允也。」（小箋十七葉下至十八葉上）

張政烺

「甲骨文及殷周金文中有□字，从大从□，象一人挾二物於腋下。金文不多見，甲骨文中則數累千百。所見既繁，形體譌變亦甚。至腋下所持，又作□□□□□□□□□□□□□□□□□□……等形。蓋取二物相儷為偶，故不拘泥于形體也。向來考釋紛紜，莫衷一是。唐立厂先生天壤考釋曾逐一駁斥其論，皆甚是。而先生釋為夾，雖則形似，義亦覺未安。今考即說文奭字。許說从朋，寔其妄體。徵之字形，殆無疑義，而按其辭義尤覺迎刃而解。古訓既明，各家之得失自見，故亦不復一一討論之也。說文解字朋部「奭目衺也从朋从大大人也」按依許君之說，奭是會意字，而大象人體，二目雖不正，不宜橫出腋下。竊意奭即□之變體，本不从朋，蓋奭字令所見者皆殷周時書，偏旁猶變化無定。春秋已降，迄于後漢，年代尚遠，形體演變自所不免也。奭字說文外未見經典有用之者。其音大徐本舉朱切，小徐本卷于切，篆隸萬象名義居虞及，新加九經字樣云「說文音拘目部也」，按此皆自說文「朋讀若拘又若良士瞿瞿」一語推演以出，未必古音乃此。說文皆奭聲者，斗部有⿰奭斗字云「挹也从斗奭聲」，各家之音與上舉音奭同，殆亦連類而得之，非別有所本也。毛詩小雅賓之初筵「賓載手仇室人入又酌彼康爵以奏爾時」，鄭氏箋云「仇讀曰⿰奭斗」，此⿰奭斗字漢讀之足徵者。段玉裁云「古音蓋在三部，故鄭得以易仇字」，其說是矣。奭字古音當即讀仇，在三部，而䀠讀若拘，在四部，又若瞿，在五部，古音三四五部亦不甚遠，且仇、拘、瞿係雙聲，（見母或溪母）尤覺音近，以故疑奭本即奭字，不从䀠。許君以與䀠聲同韻近，遂定著為从大从䀠也。甲骨金文中無仇字。其奭字之用法約可分為數類，而皆當讀為毛詩中之仇字。疑仇即奭之後起形聲字，从人與从大同義，形體異，聲韵相符，固可代易，寫詩者遂概以仇字為之，並斛字亦書作仇矣。甲骨文中奭字最常見者，第二期及第五期卜祭祀先妣之辭，（定按：中引卜辭之例从畧）皆云「祖某奭妣某」，文例似此者不可勝舉，其卜日之天干悉與妣某合，而與祖不相應。以殷人卜祭祀之通例觀之，知皆以妣某為主，乃先妣之專祭，與先祖無涉。肆彝偁「遘于妣戊武乙奭」，此殷末銅器。卜辭中亦有似此者，「祖某奭」三字置于「妣某」之下，然其文義與前諸例皆自相似。可見「祖某奭」三字為一辭，乃用以區別妣某之同號者，使不混淆。此奭當讀曰仇，而解為匹，即妃匹之謂。陳奐詩毛氏傳疏周南關雎「窈窕淑女，君子好逑」。傳「逑，匹也」。疏「釋文『逑本亦作仇』，仇、匹，釋詁文。孫炎本仇作逑……匹配也，好匹猶嘉配耳」。君子好逑，本作好仇，逑字乃出後人私改，非漢以來之舊。卜辭偁先王之后妃曰「祖某奭」，正謂君子之好匹（中略）。奭字之第二種用法，為卜辭黃尹亦偁黃奭，伊尹亦稱伊奭（中略）。周書君奭「我聞在昔成湯既受命時，則有若伊尹格于皇天，在大甲時則有若保衡……格于上帝」。此周公述殷代之舊聞也。按卜辭伊與大乙同祀，後上二二、一及二、粹一五一、即湯之小臣無疑。黃、衡古音同，多通假之例。黃尹見于卜辭者與大甲同貞，後上二九、四、參考卜辭通纂二三六片考釋。當即保衡。蓋保者，官名，衡者，人名，猶召公偁保奭或大保奭也。商頌長發曰「實維阿衡，實左右商王」。（按阿，倚也，保，安也，阿保為師傅之官。後漢書崔寔傳注「阿保謂傅母也」。是漢時猶有此職，將以女子充之耳。）尹乃三公之官，伊與黃皆嘗為之，而同偁為奭，是奭與尹相當，蓋謂國之重臣與王為匹耦也。詩毛氏傳疏「周南兔罝赳赳武夫，公侯好仇」。疏「仇，匹也」。義見關雎傳例，不煩更見也。公侯好匹，言武夫能為公侯之好匹，匹當讀率由群匹之匹，假樂，箋云「循用群臣之賢者，其行能匹耦已之心」。昭三十二年左傳「史墨曰物生有兩、有三、有五、有陪貳，故天子有三辰地、五行體、有左右，各有妃耦，王有公，諸侯有卿，皆有貳也」。晉語「國人誦之曰，若狄公子，吾是之依兮，鎮撫國家，為王兮」。韋注「言重耳當伯諸侯為王妃耦」。……「並與詩仇字義同」。又大雅皇矣「帝謂文王，詢爾仇方，同爾弟兄，以爾鉤援，與爾臨衝，以伐崇墉」。傳「仇，匹也」。疏「仇讀如公侯好仇之仇，仇訓匹，匹為匹耦，謂群臣也」。江漢傳云「方，則也」。後漢書伏湛傳「湛上疏曰，文王受命征伐五國，必先詢之同姓，然後謀之群臣」。其下即引詩曰「詢爾仇方，同爾弟兄」。湛治齊詩，其解詢爾仇方為謀之群臣。正義述毛云「文王伐崇，當詢謀於女匹已之臣，以問其伐人之方」，此與伏湛釋義合矣。此兩詩中之仇字，皆指群臣言，外為干城，內制其腹心，參預兵謀，誼同兄弟，其為貴要可知。伊黃皆嘗尹治天下，而有奭偁，其義適合。（中略）奭字之第三種用法見周初彝之矢彝（代六．五七）及矢尊，（代二．三八．文與彝同）其文云『惟八月辰在甲申，王令周公子明保尹三事四方，受卿史寮。丁亥，令矢告于周公宮，公令𢓊同卿史寮。惟十月月吉癸未，明公朝于成周，𢓊令舍三事令，眔卿史寮，眔諸尹，眔里君，眔百工，眔諸侯：侯、田、男，舍四方令。既咸令，明公錫亢師鬯金小牛，曰用𧻚；錫令鬯金小牛，曰用𧻚。廼令曰：今我惟令女二人亢眔矢，奭左右于乃寮以乃友事……』前人考釋皆不達奭字之義，今按亦當讀曰仇，即同位相人偶之辭。鄭康成注經每有偶之語，蓋尊異親愛之意。臧琳經義雜記有說。詩毛氏傳疏『秦無衣「豈曰無衣，與子同袍。王于興師，脩我戈矛，與子同仇」。傳「仇，匹也」。疏「仇與𠷎通。匹者，匹讀秦晉匹也之匹」。』陳疏箋守毛義是其所長，故今取之。然如此處注釋仇字之義，似有未瞭，幸有矢彝奭字可以互相發明。字在君夫𣪕則以求為之，其文曰『惟正月初吉乙亥，王在康宮太室，王命君夫曰：儥求乃友，君夫敢奉揚王休，用作文父丁𪔂彝』（代八．四七），郭沫若謂『此儥求連文，當讀為續逑。續逑乃友猶師𡘇父鼎言用嗣乃父官友』。（兩周金文辭大系考釋）其說甚善，惟引說文以解逑字，義猶有間。按此即以逑字為奭。（求仇音韻俱合，固可通段，猶關雎好仇亦作好逑。）王命君夫與明公之命亢及矢事正相類也。古者壬大夫既各與寮友為仇，於是仇字遂有朋友之一義。禮記鄭氏注緇衣『子曰唯君子能好其正，小人毒其正，（正當為匹字之誤也。匹謂知識朋友。）故君子之朋友有鄉……詩云君子好仇』，（仇，匹也。此引詩明君子之人以好人為匹』。疏穎達疏）雖則斷章，非關雎本義，亦古訓之僅存者矣。以奭字三解皆由仇匹一義引申，而按之詩義古文頗覺貫串，澄發毛詩故訓傳，信古義之淵海矣。此外周代銅器有毛伯彝（西清古鑑十三．十二，當係班𣪕，繆王時器）銘文之末云『班非敢望，惟作卲考奭，謚曰大政，子子孫孫多世其永寶』。或云奭蓋讀為皿。按此器久佚，原拓未見，今僅據宿摹本字體未必無誤。果即奭字，則當假為簋，仇之與簋聲韻相合。說文簋之古文有𠥱匭朹三體，皆諧九聲，可以為證。而與器之形制相符，尤見今之訓讀為不謬矣。然則奭从大从𦥑，其初或即象一人挾二簋歟。惜材料尚缺乏，不足以徵也。」（奭字說載集刊十三本一六五葉至一七一葉）

陳夢家

「㚔即母字，假作保母，即阿保，即傅母也。卜辭或言伊奭、黃奭，蓋伊尹阿衡曾為殷之阿保也。」（考古五期十二葉）

又曰：「奭字自羅振玉以來有種種的解釋，而不能令人滿意。今以為仍當釋奭。此字廣韻昔部與『郝』、『夾』俱作『施隻切』。說文說奭『讀若郝』。又說『夾，盜竊物也，从亦有所持』，而卜辭奭字正象人腋下有所持之形，所以奭、夾其實是一個字。廣韻『郝』另一讀作『呵各切』，在鐸部，與屋部之『毓』和『藿』同作『余六切』，似乎上古『郝』和『毓』是音近的。音近卜辭毓假為后，卜辭之奭可假為后妃之后。中古音『后』與『仇』『逑』音近義同」。（綜述三七九葉）

陳夢家　「……今以為仍當釋爽。此字廣韻昔部與「郝」「夾」俱作「施隻切」。說文說爽「讀若郝」。又說「夾，盜竊物也，从亦有所持」，而卜辭正象人腋下有所持之形，所以爽、夾其實是一個字。廣韻郝另一讀作「呵各切」，在鐸部，和「臛」同切，而屋部，「毓」和「藿」同作「余六切」，似乎在上古「郝」和「毓」是音近的。卜辭假「毓」為「后」，義為先後之後；因此我們疑心卜辭的爽（假設與郝之又讀音近，則與毓亦音近）假作后妃之后。中古音「后」與「仇」「逑」音近義同，都是舌根音。到了漢代，這些舌根音可能變為硬顎音，所以說文「爽，此燕召公名，讀若郝，史篇名醜」，爽之所以變為醜，可能因為「爽」在上古讀作近乎「仇」或「后」的聲音。……

卜辭的爽，無論它是否假借為后妃之后，它必然代表一種特殊身分的配偶關係。……」

（綜述第三七九葉）

陈梦家　「卜辞云：

壬申刚于伊爽。（後上二二·四）

戊戌帝黄爽二犬。（前六·廿一·三）

帝黄爽三犬。（同上）

说文林部：『無，丰也，从林爽，爽或说规模字，』案爽即卜辞之爽，爽为模，则爽声亦近模，其字或即母字假作保母，后汉书崔寔传『阿保』注『谓傅母，』阿亦作娿，说文：『娿，女师也，读若阿，』墨子尚同下：『伊尹为莘氏女师仆，』是伊尹亦曾为阿保，而殷本纪天问吕览等书皆以伊为有莘氏之媵臣，媵臣亦女师仆之流也。伊黄皆曾为阿保，而卜辞称之为爽，爽即保母之母；又为尹，故又称之曰尹。（礼记内则『保受，乃负之』注『保，保母也。』）」

（史字新释、考古学社社刊第五期七至一二页）

孙海波　「爽，粹三二二。此字变形甚多，而卜辞多用于祖妣之间，变例或在祖妣之末。其义为匹配、比偶，其形不可识。罗振玉据爽形释赫，谓古文赫、爽一字。有妃比之义。唐兰释夹，于省吾据爽形释爽，郭沫若释爽"爽字说文失收，無字下引或说，即规模字。母、模音近，故甲骨、金文用为母。父庚爽。爽，亿四五三四。人名。㭬于黄爽。」（甲骨文编四二一页）

饒宗頤　「『壬子卜，爭貞：王爽，隹㞢老。』（鐵六·三）按辭云：『王爽』，丁山以為人名。說文栗在鹵部，其古文从西从二鹵，鹵與金文盂鼎作𠧪同。故『爽』字疑為从大从栗省，

即戰栗本字。『王奭』者，謂『王戰慄』，故云『有尭』也。」（通考三七一葉）

饒宗頤

「『丙寅卜，爭貞：㞢于黃奭，二羌。』（續編二、一九、一）按黃尹黃奭同見，與他辭之伊尹伊奭（南北明四二二：『𠦪雨于伊奭。』）稱謂之例正同。奭即說文奭字所从之奭。許君云『或說規模字』。古『母』與模通，（內則『淳母煎醢』，鄭注：『母讀曰模』是。）則黃奭伊奭即黃母伊母。豈即黃尹伊尹之配乎？（傅玄潛通賦：『黃母化而為黿兮，鯀殛變而成熊。』黃母一名見此，與此辭之黃奭義異。」（通考三八六葉）

張秉权

「奭，罗振玉释赫（注一），叶玉森释夾（注二），通纂考释释奭（注三），唐兰释夾，又疑奭即此字的形变（注四），于省吾释奭（注五），張政烺释奭（注六）。這个字的考释，虽则各有各的說法，但他們大都认为有匹配的意义，所以這个字的字义，可以說已经有了定论了。」（殷虚文字丙编考释第一〇四——一〇五頁）

（注一）見殷虚书契考释中第五一頁。（增訂本）

（注二）見殷契鉤沉第七葉。

（注三）見金文餘释释奭又卜辭通纂考释□□．二二

（注四）見天壤閣甲骨文存考释第三十七葉。

（注五）見双剑誃殷契駢枝释奭第四十一葉。

（注六）見集刊第十三本讀字說□□一六五——一七一

李孝定

「說文『奭目衺也从朋从大大人也』卜辭上出諸文，其辭例皆作『祖某奭妣某』，間亦有作『妣某祖某奭』者已見各家所引其為匹耦之義已為不爭之論。惟字形介於二名之間，除从大為各文所同外，其另一旁从則詭変至多，不一其形，各家所釋每執其一體以相比傅，遂致百說雜陳，卒少允當。羅氏據奭之一體釋此為赫，謂說文作奭从皕乃䀠之譌，又引許書奭為召公名及史篇召公名醜之說以證卜辭奭有妃誼之故，說殊迂曲。陳氏从羅說釋此為奭，謂奭赫古雖同誼通段，然不可以為一字，雖較羅說為長，然於卜辭奭有妃匹之誼亦無由索解。郭氏據許書無下云『奭或說規模字』，釋此為母之異構，謂人形胸次之所垂乃象兩乳，不知許書之奭實即古文舞字。唐說是也舞模古音同在五部，且同為虞韻並近古蓋有段舞為模者，非謂段母為模更不能據此以證奭奭遂為母字。且乳有定形，安能隨意取象，若卜辭此字之不一其形乎。又卜辭母字習見，均作母，又有乳字作（乙八八九六），象哺乳之形，所以狀乳形者均作一小點，未聞有作𡴀𢀸ⅩⅩ xx ⅩⅩ諸形者，郭說真匪夷所思矣。又郭氏所舉卜辭母奭通用之例，其辭例亦不相

同。卜辭凡言「祖某奭妣某」之辭，其卜日之天干均與妣名相應。而郭氏所舉後上廿六・六之辭云「口辰其求生于祖丁母妣己」，又漸三三六云「乙巳卜𡘋㞢大乙母妣丙一牝」，其卜日均非己若丙，明與它辭之例不類，不得謂奭母為一也。丕母字不限於母子一義，亦得用於配偶之義，則楊氏之言是也。然此亦僅足以證明𡘋母同誼，不足以證其為一字也。葉釋為夾，於字形雖優，有可說，而於卜辭此字之音義無涉。葉以夾輔之誼引申得有妃意，說亦迂遠。經籍中固未聞有用夾為妃匹之意者。唐氏辨正他家之說，其言甚是。又謂卜辭母妾奭三者異名而同實，亦不可易。惟謂此字象人懷挾二四之形，因釋為夾，就字形言，固較葉氏釋夾又進一籌，然似以懷挾二四之夾得有妃匹之意，於其音義亦無以通其郵。僅謂「夾與妻亦聲之轉，與妾聲尤相近，故此三字得相通叚」，見上引。然夾之與妻聲韻並遠，與妾雖較近，而古籍中未見有夾妾通叚之例，其病正與葉說同也。于氏釋奭，其觀念蓋由𡘋之一形所啓發。惟卜辭此字以二火者極少見，于字形及其本義言之已難徵信。又謂奭相音近，相有輔相佐助之誼，故與匹配之義相因，又奭有差次之義，差次亦與匹配之義相因，故卜辭此字得有匹配之義，說殊牽附少當。張氏釋此為奭，讀為仇，於卜辭金文此字之音義無不允洽。卜辭此字雖無以䀠作者，然以此字形變之繁，降及秦漢變而从䀠贊疑可能。張君之說實確不可易，校之他家之偏執一體以為比傳肌必之詞者，識不可同日而語矣。執張君之解以讀甲骨金文此字所見諸辭，無不文从字順，音協義諧，此誠治甲骨文者之一大發明也。許書𥄕下云「目圍也，从䀠、ノ，讀若書卷之卷，古文以為醜字」，徐灝段注箋𥄕下云「承培元曰「古文以為醜字，當是奭篆下錯簡」，是也。古音魚侯二部多相轉，奭與皕部之奭形近，故奭下亦有「史篇名醜」之語，皆奭下之說，誤移於彼，而又加外為」。按承、徐二氏之說是也。奭字音讀，據張所考當與仇同。「史篇以為醜字」，正緣音近通叚耳。此字類纂、類編、殷契文編、甲骨文編、續甲骨文編均依羅釋故作赫，文字編从葉說收作夾，今正」。

（集釋一一九一葉）

于省吾

「甲骨文𡘋字习见，始见于第二期。此字象人左右腋下有火形，后来多变从炏、㞢㞢、山山、炏、炏、㐅㐅、凵凵、炏、凵凵、㐅㐅、㐅㐅、㸚、㸚、㸚等形。罗振玉释赫（增考中五一），叶玉森释夹（钩沉七）、郭沫若同志释㚘（金文余释释㚘），唐兰同志谓：「余意此字象一人夹二皿之形。」（天考三六）按以上各说均误，𡘋即爽之初文，大象人形，左右从火。说文：「爽，明也，从㸚从大。」自来说文学家均就从㸚而曲为之说，故不得其解。至于甲骨文爽字后期多变为从㸚、㸚、㸚、㐅㐅等形，与商周金文之变而从㸚，迹亦相衔。因为从㐅㐅与从㸚，只是单双之别，在古文字中，画之单双，每无别也。近年来安阳出土之切其卣铭文，有「遘于匕丙彡日大乙爽，隹王二祀」之语，爽字作𡘋，与散氏盘爽字作𡘋形同。得此确证，则甲骨文中晚期之爽字，虽然歧形异构，变化无方，已失其朔，但终于得到划一。因此可知，爽字最后之变作爽或爽，乃无可辩驳之事实。甲骨文通例，爽字用法多在祖妣之间，例如习见之「王宾大乙爽匕丙」，「王宾且乙爽匕己」，是其例。由此可见，爽为匹配之义，至为明显。爽或读为相，二字叠韵。王念孙谓「爽字古读若霜」（读书杂志淮南子精神）。此外，左定三年传杜注：「肃爽，骏马名。」孔疏：「爽或作霜。」《淮南子原道》：「釣射鹔鷞之为乐乎。」说文作「鹔鷞」。老子十二章：「五味令人口爽。」近年来马王堆三号墓出土之甲本老子作「五味使人之口相」。以上是从爽从相之字通用之例证。典籍中多训相为辅助为佐助，与匹配之义正相符。」（释爽，甲骨文字释林四五至四七页）

考古所 「𡘾：当为奭、𡙁等形之异构，如伊奭（南明四二二）、伊𡙁（粹八二八）亦作伊𡘾（甲八二八）。字从張政烺释䩉（集刊十三本一六五——一七一页）」（小屯南地甲骨八五〇页）

考古所 「𡘾：疑为𡘾、𡙁等字之异构，即为䩉字。」（小屯南地甲骨一〇四九页）

王贵民 「这个字两旁所从之物无定形，显系表示夹辅之意，后来用两个「百」字，取辅弼字之声，弼、䩉均从「百」声。名公为「保」官，又称「君䩉」，与此字音义正合，「䩉」字在文献、字书上的注音乃讹误。」（商朝官制及其历史特点，历史研究一九八六年第四期一〇九页）

陈炜湛说参𦥑字条下。

姚孝遂 肖丁 「第(2)辞「𡘾由𦣞三牛」，「𡘾」与通常用作配偶之义的「𡘾」、「𡘾」诸形有别。

《佚》892：「壬寅卜，其桒禾于示壬，𡘾眔酚，兹用」。「𡘾」为祭名，谓以「𡘾」及「酚」祭于示壬，以祈求丰收。或读作「示壬𡘾」，谓祭祀于示壬之配，这种理解是错误的。

《粹》322：「己未卜，其㞷父庚，𡘾湧于宗。兹用。」

郭沫若先生《考释》读「𡘾」为「舞」。「𡘾」与「舞」之作「𡘾」、「𡘾」者，在卜辞用法有别。「𡘾」不得迳释作「舞」。或许与乐舞有关，则属可能。

「𡘾由𦣞」谓举行「𡘾」祭时「奏𦣞」，这和祭祀高祖王亥时「以𦣞」当属同一性质。都

是指某种特定的祭祀仪式。」（小屯南地甲骨考释四——五頁）

按：卜辭爽字，諸家爭訟，但其涵義為配偶，則無異辭。今從于先生說釋為爽字。

0226

舞 霖 □ □

王襄 「□，古舞字通無，象人兩手持麓尾而舞之形，為舞之初字。」（簠典第四葉）

王襄 「古舞字。華石斧先生云象人執牛尾以舞之形，為舞之初字。按王俎人甗之□、亞形父丁卣之□皆此字之緐文，僕兒鐘之舞从足作□，乃後起之字也。」（類纂正編第五第二十七葉上）

陳夢家 「……卜辭舞作□或□，象人兩袖舞形，即『無』字。巫祝之巫乃『無』字所衍變：說文『巫，巫祝也，女能事無形以舞降神者也，象人兩褎舞形』，『無，豐也，从林爽，爽或說規模字』。墨子明鬼篇引湯之官刑曰『恆舞於宮，謂之巫風』。巫之所事乃舞號以降神求雨，名其舞者曰巫，名其動作曰舞，名其求雨之祭祀行為曰雩。說文：『雩，夏祭樂於赤帝以祈甘雨也』；月令『大雩帝，用盛樂』，鄭注云『雩，吁嗟求雨之祭也』；爾雅釋訓『舞，號雩也』，鄭注云：『雩之祭，舞者吁嗟而請雨』，釋文引孫炎云：『雩之祭有舞有號』，周禮司巫『若國大旱則師巫而舞雩』，注云『雩，旱祭也』。凡此所說祈甘雨、求雨、請雨、旱祭等，皆是雩的行為，而吁嗟與號則是舞時之歌。巫、舞、雩、吁都是同音的，都是以求雨之祭而分衍出来的。武丁卜辭的『無』（即舞），到了廩康卜辭加『雨』的形符而成『霖』，它是說文『雩』之所以来。……」（綜述第六〇〇——六〇一葉）

孙海波 「霖字从雨从舞，自来著录未見。海波按即舞雨之专字，象人在雨下褱舞之形。」（卜辞文字小记，考古学社社刊第三期六十六頁）

孫海波 「舞象人兩手曳牛尾而舞之形，後世用為無。」（甲骨文編五·二六）

饒宗頤 「按『舞岳』謂山川之雩。爾雅釋訓『舞，號雩也。』郭注『雩之祭，舞者吁嗟

而請雨。』周禮司巫『若國大旱則率巫而舞雩。』又舞師『教皇舞，帥而舞旱暵之事。』」（通考八〇葉）

屈萬里「㸚當是舞字之異體。詩簡兮：『方將萬舞。』毛傳云：『以干羽為萬舞，用之宗廟山川。』此言万舞，或即干羽之舞也。」（甲釋第二一一葉）

屈萬里「華學涑釋舞（類纂五、二七），至確。殷人祈雨常以舞。」（甲編考釋一四八葉）

屈萬里「第一期之舞字，第三期當作⿱雨舞，而義則無殊；皆祈雨之舞也。」（甲編考釋一七〇葉）

于省吾「甲骨文和周代早期金文，均以㸚或⿱㸚無（隶变作无）為舞。东周器余义鐘以河邍為歌舞。邍字从辵，以表示行动，但邍字后世並未通行。甲骨文以亡為有無之無，而周代金文則多借無為有無之無。說文訓無為丰，訓𣞤（后起字）為亡，均与造字本义不符。說文舞字作⿱無舛，並謂『舞乐也，用足相背，从舛無声。』說文繫传：『舛，两足左右也，两足左右蹈厲也。』按許氏不知缺疑，本諸小篆，割裂舞之形体以為之解，乖謬之至。早期古文未見舞字。近年来房山縣琉璃河西周燕墓出土之囧盘形銅器上有『𡧊庆舞易』四字，舞字作⿱無炎，上部象人两手执舞器，下部象两足均有足止（趾），用以表示手舞足蹈之形。这是由無字孳乳為舞，成為舞字的初文。所謂『中流失船，一壺千金』。古文早期之人形，从止（趾，下同）与否本来无别，但后期則不尽然，比如周器穆公鼎的⿱炎舛字作⿱炎舛（甲骨文之炎字作炎），是其例。然而說文也把⿱炎舛字割裂為『从炎舛』。古文無与舞均用作舞蹈字，只是有早晚期之别而已。周代多借無為有無字，因而别制舞字以為区别。总之，后起的舞為独体象形字，其上部既象左右执舞器，同时也表示着舞字的音读。」（甲骨文字释林释舞）

李孝定「說文『舞樂也用足相背从舛無聲𦏹古文舞从羽亡。』又亡部『𣞤亡也从亡無聲。』又林部『無豐也从林𡘲或說規模字从大卌數之積也林者木之多也卌與庶同意商書曰「庶草繁無」』攗許意三字之別較然。今隸以無為有無字，緐無字別作廡，又或作蕪。蕪許訓薉也徐灝段注箋云『無蕪蓋本一字因無借為語詞又增艸作蕪耳豐蕪與蕪薉兼美惡二義猶亂訓為治徂訓為存也』按徐氏之說是也舞則从無聲，其義與無若不相涉，實則㸚乃無之本字，即舞之古文，象人執物不必牛尾說見下而舞之形。篆增舛象二足，古文字往往於於以見意之部分特加誇大。舞者手舞足蹈，从林象手之舞，从舛則象足之蹈也。又古文字象人形者或增又或增止，或作又與不增者往往無別，二者實一字也。此例多見不贅。許君訓無為豐，實非朔誼，故其說也支離少當也。「有無」之「無」古無正字，卜辭多叚「亡」為之，後世又叚「無」舞本字為之，至小篆之「無」乃後起。有無專字「無」「亡」皆可為聲而無一偏旁可由以得義，於字例之條實有未合也。周禮舞師有兵舞、帗舞、羽皇舞，隨所舞之不同而所執亦各異，鄭注賈疏言之詳矣。卜辭云「貞無舞允从雨其雨」，此非有無字，乃記舞雩之事也。周禮春官司巫「若國大旱則帥巫而舞雩」，又舞師「教皇舞帥而舞旱暵之事」，鄭注「玄謂皇析五采羽為之亦如帗」，此即象執羽而舞之形，下言「允从雨」，記其驗也。金文作□余義鐘「飲飤訶遄」不从舛而从辵，偏旁中辵止彳得通之常例也。」（集釋一九二七葉）

李孝定

「說文『無，豐也。从林𡗕。或說規模字。从大卌，數之積也。林者木之多也。卌與庶同意。商書曰「庶草繁無」』。絜文象人舞形，孫海波曰『無卜辭以為舞字，象人曳舞之形』（文編六卷三葉上），此實舞之古文，非卜辭以為舞字也，說詳前五卷舞字條下。許君說此殊支離，蓋昧其初形不得其解，故望文說之耳。許君以為規模字之𡗕即□之譌变，郭沫若以此證□為母，說見四卷𡗕下，非是。卜辭「無」□均用其本義，多紀舞雩之事。金文無字多見，均假為有無字，作□孟鼎□虢季子白盤□㠯鼎□周公簋□毛伯㗊父簋□般甗□無憂卣□號文公鼎□仲師父鼎□吊上匜□沇兒鐘□子璋鐘□陳侯簋，本亦象人執羽若帗之屬起舞之形，其上譌变為𡗕，而下則譌变成林，許君遂不得其解矣。」（集釋二〇三九——二〇四〇）

姚孝遂　肖丁

「卜辞凡言「奏」，多与乐舞有关。而古代祭祀，每々以乐舞为其主要仪式。《周礼·乐师》谓：「凡舞，有帗舞，有羽舞，有皇舞，有旄舞，有干舞，有人舞」。「干舞」，郑《注》以为「兵舞」。卜辞的「奏𢦏」、「以𢦏」、「□𢦏」等，可能为「干舞」之类。」（小屯南地甲骨考释五頁）

姚孝遂　肖丁

「《京都》2260：「舞㞢雨」，「舞」为祈雨之祭。《周礼·司巫》：「若国大旱则帅巫而舞雩」。《尔雅·释训》：「舞、號雩也」。郭璞《注》云：「雩之祭，舞者吁嗟而请雨」。邢昺《疏》引孙炎云：「雩之祭有舞有號」。卜辞「舞」字即象有所持而舞之形。舞蹈是雩祭祈雨时的一种主要形式。《公羊》桓公五年传：「大雩者何？旱祭也」。何休《注》：「使童女各八人舞而呼雩，故谓之雩」。

卜辭「來雨」之对象甚多，而「舞」之对象則以「河」及「岳」為主。（小屯南地甲骨考釋）

按：[illegible]乃舞之本字，象舞之形，所持者或謂牛尾，或謂羽，實則隨所需而定，至若象人而袖舞形，則非是。說文林部訓「豐」之「無」，與舞同字，唯省足形，許慎誤歧為二。亡部訓「亡」之「𣠮」乃其孳乳之形聲字。卜辭舞皆與舞雩有關，不用作有無字。唯李孝定所引卜辭「貞舞允从雨其雨」，未注明出處，不知何所本。「其雨」為不定之詞，表將來時態，驗辭不得如此。

0227

楊樹达　釋朿，謂卜辭言毋朿，疑即簡狀也。（積微居甲文說四一頁）

楊樹达　「鐵云藏龜拾遺叁叶陆版云：「侑于母𣎵。」𣎵字叶玉森釋𠂹，余疑其為朿字也。說文七篇上朿部云：「朿，木芒也，象形。」按𣎵字正象木有芒朿之形。」（釋母𣎵，積微居甲文說卷下六〇頁）

金祥恆　續甲骨文編六卷十三葉下收此作[illegible]，其說未聞

李孝定　「說文「𠂹，艸木華葉𠂹，象形。[illegible]古文」又土部「垂，遠邊也，从土𠂹聲」段注𠂹下云「引伸為凡下𠂹之偁，今字垂行而𠂹廢矣」。又垂下段注云「垂本謂遠邊，引申之凡邊皆曰垂。俗書邊垂字作陲，乃由用垂為𠂹不得不用陲為垂矣」。契文上出諸形，金氏收作[illegible]可从。字从𠂹从土，於小篆當於土部之垂，象華木生土上而華葉下𠂹之形。去土存𠂹亦足以見意，𠂹垂古祇是一字，是以經傳皆以垂為下𠂹字，乃用本字之或體，非叚也。段說可商。邊遠字本當作陲，許訓陲為危，又邊遠之義所引伸也。字在卜辭為祭時品物之名，辭云「貞勿出妣庚□十垂卅小宰」乙二四九一、「囚五垂于高妣己」「囚五垂于高妣己」乙二六二六、「□卯卜殸貞冊妣庚垂」乙五二四七、「貞出于妣庚十垂　勿出于妣庚十垂」乙六七〇三「壬辰□卜□殸貞乎子室御出母于父乙盟宰冊及三垂五宰」乙六七三二、可證，惟其義未詳。又金書𠂹下並收作𣎵形者數文，字在卜辭為方國之名，辭云「𣎵侯[illegible]余仝丁見尹口𣎵侯邑柳」乙五三九四、「甲寅卜爭貞做𠆢生于𣎵」乙、六九六六可證。字象人臂脛生毛之形，與𠂹非一字。又珠六一〇辭云「丙寅卜貞令逆从盡于𣎵口月」亦為地名。乙七七五〇有𣎵字，辭云「貞出于妣甲𣎵及卯宰」則當釋𠂹，與它辭作垂者辭例相同，是證𠂹垂一字」惟與作𣎵者字形有別，諦審可辨。楊樹達釋此為束，謂拾三、六、辭云「毋束」

即簡狄也見卜辭求義五四葉下揆絜文朿字作朿此當釋朿楊說似有未安也」（集釋二一〇三葉）

姚孝遂　肖丁　「781「甲午貞，𠂹侯……丝用，大乙羌三」卜辞「𠂹侯」曾多見。旧释「垂」，以为𠂹、𠂹、𠂹同字。然从未見有作「𠂹侯」或「𠂹侯」之例。是𠂹与𠂹形体有别，不能混同。𠂹与𠂹的用法則无别。讫7750：「出于妣甲𠂹艮，卯宰」，是用𠂹国之俘为祭牲。」（小屯南地甲骨考释一〇七頁）

罗琨　「艮是女奴，由此可进而推论与之一起杀祭的垂是指未成年的奴隶。过去较通行的说法认为垂是边陲之人或垂地俘虏，并举出卜辞中有垂侯（前五·三九·六）、垂地（林六〇九）为证。但是，第一，卜辞中数见杀祭方伯的记录，却没有以侯某为牲，将后者压民为牲也很少见，而合集收录武丁时祭献垂的卜辞就有五十条左右。第二，从文字看二者写法不同，作侯名或地名者甲骨文均作𠂹（前五·三九·五），被杀祭者则作𠂹（讫七一〇），叶玉森释后者为垂是正确的，垂，说文释「从土𠂹声」。而甲骨文垂字与上侯名写法的主要区别，正是有演化成「从土」的部分。然而甲骨文这个字本义并没有土的意思，西周陶文曾见𠂹字，和讫一一〇。的垂字结构相同，却是作生动的儿童形象，它启示我们垂字很可能是由儿童的象形演化而来，表示未成年者，这个古义在说文还可以找到痕迹，如释从垂声的骓字为「马小貌」，𡍮字为「小口颈也」，𠂹为「草木华叶象形」，也隐含生长义。垂解为边陲，应是后起的引申义。至于作族名或地名的垂，早已有人指出它「象人臂生毛之形，与𠂹非一字。」」（商代人祭及相关问题，甲骨探史录一五一至一五二頁）

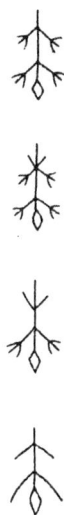

按：釋「朿」、釋「垂」皆不可據。至於以為即簡狄，則更屬無稽。

0228

吳其昌　「「𠂹」者，其字又曾見于下第二三四片，即俑·一·三四·六，其誼未詳。又更見于他辞者，其字又作「𠂹」，則其誼似為土地，氏族之名，故其文云：「貞其以𠂹侯，ㄅ示于□□，卯二牛。」俑·五·三九·六，又云：「已未卜……𠂹侯……𢦏□其……」㵲·二·五一·一，則此「𠂹侯」者乃人名，而本片之「𠂹」，或即「𠂹侯」之簡称也。」（殷虛書栔解詁

第二七四頁）

柯昌济　「𡗜字余疑為垂字，亦无确証。𡘋字似為無字有文，但在此無解，是證為𡗜字有文。」（殷墟卜辞综类例证考释，古文字研究十六輯一四三頁）

郭沫若　「䧄與𡘋同例，可知亦用牲之法，殆段為垂，爾雅釋天所謂『庪縣』也。彼言以『祭山』，此則以祭大甲，殷人禮制本無定例。」（粹考三二葉上）

饒宗頤　「乙巳卜，㱿貞：乎子䆞出于……出且宰。壬辰卜，（㱿）貞：乎子䆞𡚬，出母于父乙。㞢宰，𠕋艮三𡘋，五宰。（屯乙六七三二）……𡘋為舞之繁體，其益土旁者，如契文羌之作㸗，及籀文臧之𡒃。祭祀時以濮人若于舞于神，此用南夷之舞。如周禮鞮鞻氏掌四夷之舞是也。」（通考第一三九葉）

張秉权　「𡗜，未詳，是一种祭祀时的牺牲品，可以用数来計祘的」。（殷虛文字丙编考释第五五頁）

白玉峥　「前修之解本字者，率多与𡗜、𡘋、𡗜諸文淆混為一；然就字之结构，及其在卜辞中之为用，率多为人名，或为方国地名。其字疑即今字根之初文；象木根四布之形。說文解字：『根，木株也』。說文系传：『株，木根也，从木朱声。』臣鍇曰：入土曰根，在土上者曰株』。徐灝箋曰：『戴侗曰：凡木，命根为柢，旁根为根。』正象根在土下，旁根四布之形；释根殆无疑矣。但古之根国或根侯，则前所未闻，阙疑可也。」（契文举例校读十二中国文字第四十三册四九四九頁）

連劭名　「無，卜辭寫作𡗜、𡘋等形。『及無』之無，亦有写作𡘋字者，所以，𡗜、𡘋等亦当释『無』。关于『無』字的考释，还可以参照我鼎：

……遣福二𡘯……

𡘯即宾组無字的变体。無读為膴，周礼天官内饔：『凡宗庙之祭祀，掌割亨之事，凡燕飲食亦如之，凡掌共羞，脩刑膴胖骨鱐，以待共膳。』郑玄注『玄谓……膴，膴肉大臠所以祭者。』郑司农注：『刑膴，谓夾脊肉，或曰膺肉也。』膴即祭祀所用大塊的福肉，又称為臠或胾。說文解字肉部：『臠……一曰切肉也。』說文解字肉部：『胾，大臠也。』」（甲骨刻辞中的血

举，古文字研究十六輯五二頁）

按：卜辭常見「□疾」，乃方國名。諸家所釋，皆難以信據。唯釋「垂」可備一說。□、□、□同字，與□則有別。

0229

□ □

饒宗頤　「『貞：乎帚井氏□』（福氏七）『甲寅卜，事貞：王□（內）由吉』（京津三四五九）□字从內从大，集韻有『肉』，云古內字。疑即此之变，此字隸定可作□形。內，說文云：入也。王內，猶言王入或王納；其言『王內由吉』，謂『王入惟吉』也；『隉內，由吉』，謂福納，惟吉也；『王內□』，謂『王入燕』，燕言燕息，詩北山：『或燕燕居息』，燕經典又作𪔝或讌，安也。」（通考五八四葉）

考古所　「□：或释燕，是否正確，很难肯定。前六・四三・六：『□亥卜：王□由吉□之日□』，叶玉森指出：『□□二字在一辞内，且為連文，又似非一字』（前释六・四一）。□当释燕。」（小屯南地甲骨八五三頁）

羅振玉　「象燕籋口布翄枝尾之狀，篆書作燕，形稍失矣。卜辭借為燕享字。」（殷释中三十三葉上）

王襄　「古燕字。」（類纂正編第十一第五十二葉上）

葉玉森　「按□象飛燕逼肖。□之異體□□□□□□□等形，準之文例，頗似同字。惟卜辭□□二字在一辭內，且為連文，又似非一字，仍待商。」（前釋六卷四十一葉上）

楊樹達　「前、四、四四、五『貞由雨』同片云『貞由吉燕』以燕與雨對貞，蓋假燕為曣。說文日部『曣星無雲也从日燕聲』吉燕蓋猶今言快晴。」（卜辭求義十九葉）

饒宗頤　「□當釋內。」（貞卜人物通考五八四葉）

饒宗頤　「其異形又作□，（京津四八一〇）□（續編四、二八、八）□（京津四八一一）則為从無从內。考『無』與『大』同意，（爾雅方言并云：『憮，大也』。說文：『無，豐也』。無與膴廡并訓豐大。）故从大亦作从無，此字余釋奐，林二、一九、一二：『王□叀吉』字，與集韻內古文之閔（十八隊）形尤近。『奐（納）惟吉』成語」。（通考八九八葉）

魯實先　「燕於卜辭有二義，一為羅振玉之說借為燕享之燕，如云『丙寅卜□貞王往于福不冓雨□叀吉』續、四、一四、七、『乙丑卜何貞王室□□不冓雨　乙丑卜何貞王室□□叀吉不冓口』佚、四八、是也。其云『口亥卜史貞王□□之日叀吉』前、六、四三、六、亦與佗辭所謂『翌乙未用□用之日風』亿、一九四一、同例，是不惟燕字相重，文義順適，且有文例相同者。此以文例證之知□□胥為燕字也。……燕之第二義為方名，如云『己卯卜貞令□歸』前、五、二八、六、乃卜令燕方自歸其國也。如云『己巳卜㱿貞勿乎帚姘□□往戔□』續、三、二六、二、者，乎猶佗辭之令。帚姘方之女酋。□隸定為氏，於此辭讀為漢書司馬遷傳『李陵提步卒』之提，以氏提於古音同為益攝，故相通假。其全辭之義，乃卜不令帚姘提燕方之師旅往殘戔方之吉凶也。……燕方當為周之南燕，見左傳隱五年即今河南延津縣」。（通詮之四第六——十二葉釋燕）

屈萬里　「燕，從羅振玉釋（殷釋中三三頁）。燕，宴古通；此蓋卜問宴饗之辭也。」（甲編考釋三葉）

李孝定　「說文『燕玄鳥也篇口布㧝枝尾象形』。契文作□者酷肖燕形，作□者則已漸趨整飭，為文字化過程所必至，羅氏釋燕是也。卜辭燕字除為方國之名者外，又或為人名，如云『乙卯卜貞子燕』亿、八六九六、八六九七、是也。至羅氏以為燕享字者諸辭詳見魯氏釋燕一文所引均與不冓雨連文，魯氏以燕乎之時霑衣失容說之固亦可通，然通觀各辭言燕均言不冓雨，似楊氏所說為長。惟湖、六六六、辭云『貞王燕叀雨』續存、下、二五九、云『丙戌卜史貞王燕吉』殷契卜辭六四九云『辛巳卜口貞王言叀吉』諸辭以王燕連文，則當讀燕享之燕耳」。（集釋三四七五葉）

島邦男　釋□為舞蹈之祭儀。（殷墟卜辭研究三二七葉）

按：□與□形體有別，字从「大」，不得釋「燕」。或作□、□諸形，與舞（□）似有關。島邦男謂為舞儀，或是。前六・四三・六葉王森釋讀其行款有誤，魯實先亦承其誤。島邦男卜辭研究三二七、卜辭綜類三七據南師二·七六讀作「王□叀吉燕之日……」，並申論□□不同字是對的。卜辭多見「王□叀吉，不遘雨」（林二·一六·二二、續四·一二·六）是以「不遘雨」為「吉」。

又卜辭多見「以□」：

「貞，乎帚井以□」　福七

「貞，勿乎帚姘以□先于𢦏」　續三·二六·二

「貞，乎帚姘以□先于𢦏」　庫一六三〇

「以□」與「以象」之辭例同，主持其事者為「婦姘」。謂婦姘先行聚集□祭之人員於𢦏地。商承祚福七考釋以□為人名，不可據。

粹五三七、五三八有「□壬」，郭沫若釋作「燕壬」，謂「當亦殷王子之早世者」。陳夢家綜述四三六謂「此康丁卜辭的燕壬當指其前的名壬者。燕字不確」。是陳夢家雖隸作「燕」，然以為不當釋作「燕」也。

李孝定集釋復以□字混入□字，非是。

0230

□

按：合集一二五〇五辭云：

「貞□雨」

用義不詳。

0231

異　□　□　□

羅振玉　「說文解字：『異，分也，从廾从畀。畀，予也。』古金文皆作□，象人舉手自翼蔽形，皆借為翼字。此从甲𤰈，與古金文亦異。」（殷釋中六十二葉下）

王國維　「此疑戴字，象頭上戴甶之形。」（引《集釋》〇八〇三）

余永梁　「按加益乃戴之本義，詩毛傳『崔嵬土山之戴石者石山戴土曰砠』是也。籀篆乃為形聲字矣。戴異古當是一字，音同在之部。虢叔鐘『嚴在上異在下』，盂鼎『古異臨天子』，

異翼一字，本義當與戴近。」（殷虛文字續考）

葉玉森「森按予舊釋異，說文「異，分也，从廾，从畀。畀，予也。」卜辭乃象一人捧頭如鬼狀可驚異也。異之本誼當訓怪。左昭六年傳「然據有異焉」，賈注「異，猶怪也。」許君訓分畀乃引申誼。（說文）王氏釋戴，謂象頭上戴由形，似不塙。卜辭鬼字作□，田固象鬼頭，猶呂上之口亦象人頭，古文構造法同。由殆象鬼頭，而髮且上指，異體从由可證，非由字也。又金文大作且丁鼎銘云「鑄武王成王□鼎」，異字與卜辭形合。曰「異鼎」猶言寶鼎，固不可釋戴鼎也。」（前釋五卷四十二葉背）

丁山「金文□字从□，象兩手端舉高與首齊形，當即翼敬翼戴之本字。論語鄉黨『孔子在宗廟揖所與立左右手衣前後襜如也，趨進翼如也』，集解引孔注及皇疏皆曰「翼如端正也」，端正者，敬也。故詩文王有聲「以燕翼子」，衎葦「以引以翼」，周書程典「慎下必翼上」，周語「翼其上也」，傳注皆曰「翼敬也」。顧詩六月「有嚴有翼共武之服」，傳「翼敬也」，虢叔旅鐘「嚴在上翼在下艷艷熊熊降旅多福」。翼敬字則作□，亦作□。春秋左氏昭九年傳「翼戴天子而加之以共」。杜注「翼佐也」，盂鼎「天翼臨子法保先王」。翼佐字亦作□。羌伯敨「乃祖克未先王翼自它邦」。翼戴字亦作□，□之與□，不過頭上微異耳。若以單文辛彝作□、單伯鐘作□、果卜辭作□（後下六、二五、）象文作□例之，字之在商从■或口，後世易之為田者多矣，者□作□，此何足異。翼古亦通翌昱，爾雅釋地「南方有比翼鳥焉」，釋文「翼本作翌」，書金縢「王翼日乃瘳」，爾雅釋言注引作「翌日」，武成「越翼日癸巳」，召誥「若翼日乙卯周公朝至於洛越翼日戊午乃社于新邑」，漢書律曆志王莽傳皆引作「翌日」。凡今本尚書作翼者，古文率以翌字代之。凡古文尚書作翌者，其在金文則從立作□（盂鼎「雩若翌乙酉」），或省為□，（宰椃角「在六月隹王廿祀翌有五」）其在卜辭則或从立作□，（後上十二「翌日辛王其□于□亡𢦏」）或从日作□，（殷契八葉三十二「翌日酒隻口」）或省之作□，（殷契一葉九「口午卜貞王賓外壬翌日亡尤」）□（殷契七葉四十四「乙卯卜翌丙雨」）□（後編上八葉「翌丁未不其易日」）諸形，□之為字與□（遼齋廿二第十六葉叉乙酉）下之□無異也。□之為字與□（遼齋十八第八葉叉乙酉）左之□亦無異也。然則□□亦□之省形，□之別體已。□王國維謂「巤之初字，象毛髮巤巤之形」。（集林六釋昱）山謂即鳥翼之本字。說文「𩙣翄也，從飛異聲，籀文翼，翼篆文𩙣從羽」。呂覽本味「其狀若鯉而有翼」，注亦曰「翼羽翼也」。羽翼也當是□之本義。鳥翼有左右，故金文一作□。自周末文敝，以□音近巤通假為髮巤，復借□敬為羽翼字，而□之本義失。秦漢以還，借□敬為異同字，復从羽於異上以為鳥翄之專名，假借之為翼敬、輔翼，而□之本義失。昱日之昱，卜辭作□，从日□聲，其本字也。金文作□，古文尚書作翌，衛包改訂尚書作翼，皆借字也。以古文尚書之互用證卜辭金文之通叚，以□□之通假證□□之為一字，謂□即翼敬、翼戴之本字，此非臆必之辭，則卜辭𢀛字亦可斷即異之初形矣。辭曰『貞異不其乎來』又曰『貞異𠂤苦方』異非人名必是國名。』（《說冀》載《集刊》一本二分二三七至二三八葉）

鍾柏生 「（54）……卜：新異鼎（[異/鼎]）兄（？）」（《摭续》二七五）

例（54）的『異鼎』又见于西周作册大鼎铭文及周原甲骨：

『公束铸武王成王異鼎（[異/鼎]）佳三月……』（《三代》四·二〇，大且丁鼎〔一〕〔三〕〔三〕）

『其受異鼎（[異/鼎]）□』（《西周甲骨探论》页一三〇第一三一片，发掘编号为H一一：八七，图一一四摹本。）

『異鼎』：郭氏以为是『祀鼎』；陈氏以为：『《广韵》职部曰：「[異/鼎]，大鼎」。《集韵》以为「鼎名」。《玉篇》则从匚从異，注云：「大鼎」。是異鼎为大鼎之称。』又云：『異鼎之異或是比翼之义。』（《金师考释》《摭续》二七五片则云：『新異者，新奇也。』）；王宇信在《西周甲骨探论》页一三〇引于省吾说：『甲骨文新異鼎之異应读作翼，古文字有異无翼，以異为翼，翼为異的后起字。……商和西周时代有花纹的多种彝器，外部往往有几道突出的高棱（疑为稜之误），好像鸟的羽翼，故典籍称之为翼。……異鼎，指鼎之有翼者言之。』按：查《摭续》二七五版，作册大方鼎铭文拓片及周原甲骨摹本，发现『異鼎』二字十分靠近，尤其是《摭续》二七五和周原甲骨摹本，两字几乎成了一字。假如『異鼎』为一字的话，这『[異/鼎]』应当是《广韵》的『[異/鼎]』，为大鼎名。至于这种鼎的形制，是否如同于省吾所说：『外部有几道突出的高稜，好像鸟翼，故典籍称之为翼……』因为至今未见有类似于氏所描述的鼎形而铭文自称『[異/鼎]』的例子可供印证，所以于说並不能肯定。同时除了鼎之外，其他如卣、簋、尊等，其器物上也有高起的突稜，……这些器物的铭文上並未见自称『翼卣』『翼簋』『翼尊』。如果我们从另一途径来考虑，或许有其他的答案更胜于于说：《摭续》二七五，作册大鼎铭文及周原甲骨的三个『[異/鼎]』字，仔细观察其字形有令人惊异的共同特征：圆腹形鼎，足上有稜突出，尤其是周原卜骨上的『[異/鼎]』最为传神，假设这些文字有写实的意味在其中的话，《商周彝器通考》下册图十二、三三、三四、三五、三六及上册页二九一的[?]鼎形体摹本，最合于上述文字『[異/鼎]』的特征，极为巧合的是：其中图三三及[?]鼎的鼎足都作鸟形，鸟翼也十分清楚，或许这类特殊造形的鼎才称『[異/鼎]』，这些形制的鼎据《商周彝器通考断代》，俱在商代，时代也与卜辞『[異/鼎]』所处的时代相合。至于郭氏所言『異鼎』为『祀鼎』，周代金文中也有这种例子：

『王易小臣缶湡赉五年，缶用作亯大子乙家祀尊。……』（《三代》三·五三，小臣缶鼎铭文）

金文既有『祀尊』的例子，自然『異鼎』释为『祀鼎』也说的通。但是要『異鼎』分开为二字的条件下，方才合适。笔者个人认为『異鼎』为一字乃是鼎名的可能较大，目前这三个例证仍嫌不足，将来证据增多后，或许能有更清楚的答案。」（说「異」兼释与「異」並见诸词中央研究院历史语言研究所集刊第五十六本第三分五五七——五五八页）

鍾柏生　「一、在第一期卜辞中：『帝異』『先王異』或与天象、疾病有关的卜辞，『異』用为动词，有『疑怪』之义；另外卜问疾病的『王𡆥異』，为『变異』『变化』之意；……

二、在第三、四期中，『異』下列几种用法和意义：

（一）在田游卜辞中，『王異』或『異』也用作动词，其意义与『祀』相同，这是狩猎前的一种祭祀。

（二）『㞢異』的『異』也是动词，其意义与『祀』相同，『㞢異』是『用㞢以祭』的意思。

（三）在与军事有关的卜辞『自人生異』，『生異』是『生異心』，異在此为名词。……

（四）用作名词为地名。

（五）例证太少而难以断定的为：例（54）的『新異鼎』和例（64）的『䎋異隹其亡矢啟』的異。」（说「異」兼释与「異」並见诸词中央研究院历史语言研究所集刊第五十六本第三分五六〇——五六一页）

饒宗頤　「『庚戌卜，爭貞：不其雨。［帝］異（異）……』（續編四·二一·七）按異讀爲翼。盂鼎：『古天翼臨女。』逸周書程典訓：『慎下必翼上。』翼與翊同。」（通考三四九葉）

李孝定　「甲骨文中異字多见，其字作[illegible]（殷虚书契前编五卷三八叶六片）[illegible]（同上七片）[illegible]（殷虚文字甲编三九四片）[illegible]（同上一七三〇片）……異字古文，大抵象一人头上戴物，高举两手扶翼之之形，上从甶，即许书『東楚名缶曰甾』之甾，或省变作田，仍是甾字（王国维观堂集林卷六释由谓甾即由字，其说极是）……上从甾，甾下之短横画，乃象负戴器，即说文之盈（金文之盈），乃圆形容器之名，负戴器为环状物，与盈相类，当即由此得名）。许书云：『盈，檐盈，负戴器也。』亦即汉书之寠数，汉书东方朔传：『是寠薮也。』颜注云：『寠薮，戴器也，以盆盛物戴於头者，则以寠薮荐之，今卖白团饼人所用者是也。』盈状如环，侧视之则作『一』矣。下从𠬞，正象人首戴甾，下承以盈，两手翼之之形。甾，缶属，为液体容器，戴之於首，必兩手翼之，今多曲之人，取水戴物，猶有用此法者。孟子云：「頒白者不負戴於道路矣。」此為戴之本义，而戴則異之後起同义字也（戴異古音同部，然則謂戴為異之後起字亦无不可也）。……字在卜辞多用为「其明日」之昱，辞云：「□□卜，韋貞：異弗𡆥？」（前五．三八．六）「壬王異𡆥盂田弗□？」（甲编三九四）「王異戊其射在冞彖？」（甲编三六三六）……凡此皆用为明日之义，盖此义古无正字，卜辞多假羽若翌为之，上举诸例又假異为之，卜典則多用翼，至卜辞之明，从日羽声；說文之昱，从日立声，則为較後起之明（昱）日专字，然犹本字与借字兼行也。……」（說異，历史語言研究所集刊第三十四本下册四三五至四三、页）

李孝定　「說文『異，分也，从廾从畀。畀，予也』」契文作上出諸形，羅氏釋異是也．王氏釋戴，就篆文觀點言之固誤，然異戴古本同義，或竟是一字，是則就古文觀點言之固不誤也。葉氏謂異象人捧頭如鬼狀可驚異也，蓋誤以怪異為異之本義，又誤以異之古文所从之「甾」為鬼頭之「由」，故有此說耳。丁氏說異翼翌通段之故是已，然謂金文□與異為一字，亦非。異字乃象人首戴甾之形，（王國維說）當解云「異，戴也，象人首戴甾之形。从□（就篆文言，當云「从大収」），从甾，甾亦聲」。從上所述，請申論之．

(一)異戴二字說文之音訓　許書同部之字其字義每多相近，从屬字與部首間其義尤必有關連．異在許書為部首，說解已見上列。而部中从屬者祇一戴字，解云「分物得增益曰戴，从異𢦏聲。𢍰，籀文戴」。戴字經傳相承之通詁皆為增多或加於上，未嘗有分物之義。段注戴下云「釋詁曰『蓁蓁尊尊，戴也』，毛傳云『蓁蓁，盛皃；尊尊，盛飾』，是皆謂加多也。引申之，凡加於上皆曰戴，如『土山戴石曰崔嵬，石山戴土曰砠』，是也．又與載通用，言其上曰戴，言其下曰載也。」釋山或本「石戴土謂之崔嵬，土戴石為砠」，謂石戴於土，土戴於石，則與毛傳不異也。」戴下段注云「弋聲、𢦏聲同在一部，蓋非从戈也」。王筠說文句讀戴下云「箸案經典戴字有增益義無分物義者，此義由異字得之，異字則由畀字得之也，勿泥」。林義光文源云「說文云『戴，分物得增益曰戴，从異𢦏聲』。按此義經傳無用者。戴相承訓為頭戴物，當即本義。𢦏異皆聲也。異聲轉為戴，猶弋轉為代，台轉為殆矣」。凡上所引，皆以明戴無分物義．而許說云云者，蓋由異字得之，異則由畀字得之．王說是也．然古文異字實非从収从畀，許以分訓異乃就篆體為言，實非朔誼也。然則異之朔義果何若乎，曰當於戴字之朔誼求之．林氏文源以頭戴物為戴之本誼，其說是也。（詳下說）是則異之本義亦當為頭戴物，戴下當解云「戴，異也。从異，𢦏聲。（戴亦得以異為聲，林說是也）」二字實應互為轉注也。

(二)金文中異字之結構與辭例　小篆異作𢍰，許說為从収从畀。置収於畀字之間實有乖文字結構之常例，試觀金文諸異字，殆恍然於篆體訛変之故，而从収从畀訓予之不足據也。留鼎作，（見攈古金文三之三、五一葉；又愙齋四冊一三葉；周金文存二、五六葉；奇觚八、二二葉；小校三、二三葉；兩周錄八六葉）辭云「……惟王四月既生霸辰在丁酉井叔在異……」，異為地名，無義可説。（見攈古金文三之三、四六葉；又吉文二、一〇葉；綴遺二、一二葉；小校二、一〇葉；兩周錄八〇葉；均有著錄）又虢叔鐘作，辭云「……皇考嚴在上，異在下……」。（見攈古金文三之二、四葉；又愙齋一冊十二葉；綴遺一、六葉；小校二、三葉；兩周一三葉；均有著錄）又虢叔編鐘作，辭同上，此異敬之義也。（見經傳中異敬之引義，見攈古金文三之二、四葉；又愙齋一冊十葉；綴遺一、三葉；小校一、三葉；兩周錄二十葉）又孟鼎作，辭云「……故天異臨子灋保先王……」。（見攈古金文三之三、四十一葉；愙齋四冊十二葉；周金文存二、三六葉；小校三、四四葉；兩周錄十八葉；均有著錄）井伯簋作，辭云「乃祖克求先王異自乞邦」，此異佐之義也。召卣作，辭云「唯十又二月……賞畢土方五十里召勿敢謹王休異用作部宫旅彝」。（見周金文存五、一一〇葉；補遺二、十四葉；兩錄一、二七；貞松十一、四葉）㝬異簋作，辭云「㝬異作父癸寶尊彝」，此異佐之義也。（見攈古金文二之一、五、七葉；清儀館金文，九六有著錄八一葉）單異簋作，辭云「單異作父癸寶尊彝」，丁氏謂田為人名，無義可説。其字皆象人首戴物之形，雖無訓戴者，然皆可自首戴物一義引申得之，蓋以明係留字，寧得謂為「或口所繁变乎」。其義雖無訓戴者，然皆可自首戴物一義引申得之，蓋以首戴物者必小心翼翼敬慎將事，後以兩手扶翼之，故引申之得有敬也、佐也、輔翼也諸義。（輔翼佐翼戴異之敬異字皆異之本義也）虢叔鐘字作，則小篆作異之所自昉也。

（三）卜辭異字之結構與辭例

契文異字形體已見上引，大抵象一人頭上戴物高舉手扶翼之之形。上从甶即許書東楚名缶曰甾之甾。或者作田，仍是甾字，而非田吞鬼頭之甶也。以與畀字作，（畀从前亦見字留盟作留字）讀渠記切，而異讀羊吏切，（據段氏在音韻表第一部）是二字音義亦相近也。畀訓舉，而異之本義為頭戴物，上从甾，甾下之短橫畫乃象負載器，即説文之盌，（見金文盟字作器形者與此盌之為圖形）顏注云「負戴器也。」亦即漢書之寠藪，今賣白團餅人所用者，漢書東方朔傳「是寠藪也」，「下从艹，正象人首戴甾下承以盌。」以盌盛物戴於頭者則以寠藪為之，今鄉曲之人取水戴物猶有用此法者。孟子曰「須白者不負戴於道路矣」。此為戴之本義，而異之後起同義字也。（戴異古音同部，然則謂戴為異之後起字亦無不可也）雖則盌盛物戴於頭者則以寠藪為之，今鄉曲之人取水戴物猶有用此法者。蓋舍此無以狀頭載物之意也。字在卜辭或又省作田，而人形之兩手則無一不上舉高與首齊者。其上仍多从甶，或又省作田，而人形之兩手則無一不上舉高與首齊者，（異字則省此象盌形之短橫畫。謂為「从収字之異」，本字似於弗字（林義光文源謂為從弗。近事釋作異）亦多用為「其明日」（前編八、七五、三）「貞翼日王異其田……」（後上一、三）「□申卜貞異□其□雨」（前編六、七六、五）「□丁丑卜貞異其雨」「丁丑卜狄貞王異其田弗……」（前編六三三、五）「□壬王異孟田弗□」（前編四、二〇一）「戊其射在兕……」（前編九、三六）「子卜貞異……」（前編六、三三六）「□申卜貞異□其雨……」「庚申□□貞日□異□□雨帝□□征不□□卜異其涉」（甲編九三、一九八）「王異……」（甲編四、三一八）「戊子卜狄貞王異其田亡□」「□□卜異其涉……同」等，皆用為明日之義。蓋此義古無正字，卜辭多段羽翼為之，（丁氏釋異者，釋若翌為之。）至卜辭之昱从日羽聲，許書之昱从日立聲，則當為較後起之字。上舉諸例又段異為之，然經典凡此「昱」日字，然猶本字與借字兼行也。惟有一片可資注意者，洪二七七辭云「辛丑卜彭貞翌日壬王異其田𢌭湄日亡巛」言「王異」與他辭之言「王異」者全同，當為「王異日□日干名」之省文。甲編三六三六訓「王異戊」不省可證然此辭「王異」之前固已明言「翌日壬」矣，乃下一字亦解為明日，語意未免重複，然則此辭「王異」之異，或有別解，蓋嘗苦思而未得其故也。他辭之異，則多辭義不明。如「壬子□貞凵躲[異]」外一○四字作[異]或亦[異]之省變惟卜辭另有[異]字一前六二一六一或作[異]前七二一丁山亦以為異字說有可商此字上从ㄆ或ㄆ乃子字其中畫與下[異]形中畫不連乃象人抱子加之肩上之形非象頭戴物也友人屈翼鵬先生疑承字考承字契文作𢾾與[異]是否一字固不敢必然決非異字也「[卣]異酒」甲編五七六屈翼鵬云「此疑以特異之酒為卣，卜其吉否也。」見甲釋○四樂一是則異有別異殊異之義，為卜辭用異之一特例。「□新異[閏]兄」燕佚續編二七五新異二字連文，疑與甲編六五七辭之異同意，惟辭義不明。「丙子卜穷貞父乙異□隹瞰」其義均不可碻指，無用其本義戴及其引申義者，與金文異字所見之辭例亦無一相同，是為可怪耳。

(四)經籍中異字相承之訓詁

由上(二)(三)兩節已明異之字形乃象人首戴甾，其本義當為戴。卜辭用異為昱之借字，金文用異為敬也、佐也、殊異也，皆戴也之引申義。至經典中異字相承之訓詁則胥由分也一義所引申，去戴也一義彌遠。然分亦由戴義所引申。蓋首所戴者乃身外之物作則戴之於首息則分置一旁故引申得有分義分之則有彼此之異此別異怪異諸義之所由生也不可謂於其初義無與也。廣雅釋詁一「異分也」，呂覽上農「賁不敢為異事」，注「異猶他也」，此別異之義樂記「禮者為異」，注「異謂別貴賤也」，此分別之義周禮鄉士「辯其獄訟異其死刑之罪而要之」，注「辯異謂殊其文書也」，此殊異之義詩正月正義引洪範五行傳「非常曰異」，此怪異之義國策秦策「此無異故」，注「異怪」，孟子「王無異於百姓之以王為愛也」，注「異怪也」。凡此均用引申義。惟廣雅釋章「連異翹」，則用異之本義，於說詳下節翼字下此為僅見之例。

(五)說文从異得聲諸字之字義及其在經籍中相承之訓詁

由上節可知經籍中異字之訓詁除廣雅異翹一辭外，餘多用其引申義，而說文中从異得聲諸字，其字義及經籍中此等字之訓詁往往於異之本義為近，此本字本義既湮，引申義專行之後，其本義及部分保留於从之得聲諸字之中，亦耐人尋味之一問題也。

—下略—

(六)由戴之訓詁求其本義

說文以分物得增益訓戴，此義經傳中無用之者，其相承通訓為增益、為在上為戴。釋名釋姿容「戴，載也，載之於頭也」。小爾雅廣詁「戴，覆也」。孝經援神契「日抱戴」，注「在上曰戴」。國語周語「欣戴武王」，晉語「然而民不能戴其上久矣」，注並云「戴奉也」。素問診要經終論「戴眼反折瘈瘲」，注云「戴眼謂睛不轉而仰視也」。按即俗語「翻白眼」亦在上之義後漢鄧禹傳「垂髮戴白」，注云「戴白文老也」。廣雅釋鳥「戴鵀戴鳻戴勝也」，爾雅釋鳥「鵖鴔，戴鵀」，郭注云「鵀即頭上勝，今亦呼為戴勝」。廣韻侵韻「鵀，戴勝鳥也，頭上毛似勝」，爾雅翼云「似山鵲而尾短，青色，毛冠俱有文」，按此為鵀頭有文如花勝飾物名故名戴勝也。凡此諸義均由頭上戴物所引申。又周語「翼其上也」，與晉語「民不能戴其上」，辭例全同，雖彼訓敬而此訓奉，其實一也，左昭九年傳「翼戴天子而加以共」，翼戴連文可證。而翼實異之假借字，說見上。足證異戴二字實當互為轉注也。

(七)結語　綜上所論，異字實象人首戴甾之形，其本義當訓戴。凡金文及經傳中訓敬、訓奉、訓助、訓佐、訓輔、訓承之翼，並異之假借字，而戴之引申義也。至許書訓異為分，亦由戴義所孳衍。經傳中訓異為別、為殊、為怪、為非常，則分義之餘緒也。以異之朔誼久湮，假借字之翼專行，許君遂以分為異之本義。猶幸許書以異戴同部，吾人尚可由二字之關係以上溯其初誼，更幸而有金文異字之用為翼敬、翼佐諸誼，得證經傳翼字之用為翼敬、翼佐諸義者胥為異之通假，復由甲骨、金文異之形體以明其初形，更證以說文從異得聲諸字之訓詁以徵異之訓戴之非誣，故異下當解云「戴也，象人首戴甾之形。从大収从甾，甾亦聲。」」（集釋〇八〇八葉）

于省吾

「第三期甲骨文有「新異鼎」（摭續二七五），上下文已殘。異鼎二字合文作□，甲骨文編入于附录。周初器作冊大方鼎的「公来鑄武王成王異鼎」，異鼎二字作□……史記楚世家的「居三代之传器，吞三翮六翼」，索隐：「翮亦作鬲，同，音歷。三翮六翼，亦謂九鼎也。空足曰翮，六翼即六耳。」正义：「翮誤，当作鬲，音历。爾雅云，附耳外謂之釴，款足謂之鬲。」按說文鬲字段注：「翮者鬲之假借字，翼者釴之假借。九鼎款足者三，附耳于外者六也。」按旧說訓鬲为款足是对的。……

甲骨文新異鼎之異应讀作翼。古文字有異无翼，以異为翼，翼为異的後起字。盂鼎的「故天異临子」，異臨子应讀翼临慈，詳墨子新証。虢叔鐘的「严在上，異在下」，詩六月称「有严有翼」，可以互証。商和西周时代有花纹的各种彝器，外部往往有几道突出的高棱，好像鳥的羽翼，故典籍称之为翼。圓鼎外部有的三翼，有的六翼，方鼎多作六翼，也有作四翼或八翼者。今俗稱翼为「腓子」。总之，作冊大方鼎之称異鼎，指鼎之有翼者言之，甲骨文的新異鼎指新鑄有翼的鼎言之。這是由于得到实物的检証而知之。」（甲骨文字释林释新異鼎二一五頁至二一七頁）

于省吾

「第一期甲骨文称：「貞，王固冀，其疾不能。」（佚六八一九）冀字作□，旧不识。又第一期甲骨文有「于礦」（佚四一二一）二字，文已残缺。礦字作□，旧也不知其从石从冀。冀字，商器冀簋作□，周器令鼎作□。又商器單冀簋的冀字作□，攈古录（二之一）和金文編均误释为異。又上引商器冀字上部已变作甾，这和甲骨文由字也作甾，叀字中从由也作甾，其例正同。說文据已讹的小篆释为：「冀，北方州也，从北異声。」既误认为从北，又割裂独体字为形声字。前引甲骨文的王固冀，义不可解，存以待考。至于其疒不龍之龍，应读为宠。言其疾病不为鬼神所宠佑。总之，甲骨文冀与从冀之字各只一见，均为冀之初文。虽其造字本义还不可知，但冀字上部演变的特征，和商周金文以及甲骨文其它文字偏旁相印证，是其无有不符的」。（甲骨文字释林释冀）

常正光「「巳」就是「祀」的初形，训為祭，这还可以从「巳」字的形体结构上找到根据，原来「巳」字乃是「異」字的省形，这种看法乍提出来也许使人不容易接受，但是经过剖析之後，人们便会發现说文「禩，祀，或从異」是有道理的，是符合历史实际的；；段玉裁在说文这一条下注為「古文巳声異声同在一部，故異形而同字也。」这两个字古音同属喻纽、之部与职部二韵也是相通的，今音对喻纽与审纽字虽有差别而古音则是相同，这正如似与以今读虽不同，而古音则同，易明夷「文王以之」释文作「文王似之」；说文佀（似）从吕（以）声，尔雅释诂「弛，易也」，以易声训弛。此外在字义方面，从卜辞中可以得到充分的例证。卜辞中的「異」字作「[illegible]」，多以「王異」的句型出现，用法与「王祀」、「王祀」相同，如：

辛巳卜彭贞：翌日壬王異，其田盥湄日亡災？ 佚二七七

壬王異，盂田弗。 甲三九四

王異，田亡大雨。 人一九八九

贞，王異 文六〇五

王異 佚四〇八

「異」字在卜辞中或作「[illegible]」、「[illegible]」形如：

庚戌卜夬贞：不其雨，帝（禘）異。 续四·三·七

□申卜贞：異，隹其不雨 前六·五六·七

丙子卜穷贞：父乙異，隹𢾅王。 乙七七〇五

在以上述例句为代表的卜辞中，「異」都应读为「祀」，特别是根据同版对贞卜辞更可得到确证。如在甲编第三九一五号龟版中，其上右一卜为「甲子狄贞：王異，其田亡災？」而其左侧则为「甲子卜狄贞：王勿已，田：」充分说明了卜辞中的「異」与「巳」只是字形有異，而其声与义则是完全相同的。

「異」字李孝定释为「翌」。由于「異」（即巳、祀）与「翌」都含有「祭」义，当然可以读通一些卜辞的。只是在遇到上举「贞：翌日壬，王異」一条時，便不能不承认「王異之前固已明言翌日壬矣，如下異字亦解为明日，语义未免重复。然则此辞王異之異或有别解，盖尝

苦思而未得其故也」。（甲骨文集释八一四页）其实，只要据说文「祀或从異」验之卜辞，释读为祀，即可「得其故也」。「異」即「巳」字，不仅是古音相同，卜辞文例相同，而且在字形结构方面，也是有根据的。

卜辞中的「異」字还有作□□形的，皆见于一期卜辞，应该是「異」字的较早形态，也读为「巳」。关于这个字……以丁山最有成就，他根据甲骨文中从「口」形的字，後世多有讹变为「田」形的，认为異字就是由「□」相连接而来的。但是细审「□」字所从的「子」原来是「子」」的省形，并不和其下所从的举手形相连接，这当然不是举手之人的头形圆画的讹变。实际上这是从「□」而一讹为「□」，再讹为「□」形成起来的。至于甲骨文中「□」字也不是人举「□」，而是「子」字上又加画头发作「□」形讹变成的。这个「□」字恰好在说文中找到相连接的环节，说文「子……象形……□，古文子，從巛，象髮也；□，籀文子，囟有髮、臂胫，在几上也。」这个籀文「□」字，无论其字形或许氏的解说与「□」是相符的，「由」即是「囟有髮」，臂在篆文中讹为「□」，胫即「∧」，胫下之几与篆文「異」下作几之讹变相同。異与籀文「□」是同字，这不仅字形演变有据，在古音上也可以找到证明。甲骨文辰巳之巳作子，子与巳同字这是无须申述的。此外在卜辞中子与巳也是通用的，如「戊辰卜夬贞：勿幺巳壴帚㱃巳子」（后下三四·一）与「㱃子子」（前四·一·六）是相同的。「□」字或作「□」，也同样说明子与巳是音同字通的。既然这样，与巳古音相同的「□」、「□」同籀文作「□」的子字，也应是古音相同的。異和□是讹变为不同形体的同一字，这正如巳和子是同一字一样……

祭必有尸，尸同祭不可分的关系，使尸成为表示祭祀活动这个概念的最好形象。可以说□、□就是以人举尸而主之或妥之，会意为祭祀之祀，是「巳」或「祀」字的初形；□、□乃至篆文異字是其讹变；而「□」或「□」经过讹变而为后世文献中的「尸」，也是異字的省形；「巳」应是「子」经专用为尸之后的定型，再加形符「示」便是形声字的「祀」，由小篆固定后延用至今。这完全证明说文「禩，祀，或从異」是确有所据的。」（甲骨文字的一字多形问题，古文字研究论文集，四川大学学报丛刊第十号五三至六一页）

裘锡圭　「甲骨卜辞里的「異」字（以下写作「异」）有一种特殊的用法，本文想对这种「异」字的语法性质和意义作一些初步的推测。

这种「异」字常常出现在「其」字之前：

(1) 丁丑卜狄貞：其用兹卜，异其涉兕同。

貞：不同涉。 押三九一六

(2) 癸丑卜彭貞：异其又（侑？）于室。

〔癸〕亥卜〔貞〕：于宾（？）。 京津四三〇七

(3) 口口卜彭貞：异其又于☒。 甲二五五七

(4) 甲子卜狄貞：王异其田，亡（无）灾。

甲子卜狄貞：王勿巳田。 押三九一五

(5) 辛丑卜彭貞：翌日壬王异其田口（地名字），湄日亡灾。 佚二七七

(6) 丁丑卜：翌日戊王异其田，弗每，亡灾，不雨。 小屯南地甲骨（以下简称『屯南』）二五六

(7) 口王异其田，亡大雨。

辛王弜（勿）田，其雨。 京都大学人文科学研究所藏甲骨文字（以下简称『人文』）一九八九

(8) ☒异其往田，不雨。 屯南二三四一

(9) 壬王异☒（其省）盂田，弗〔每〕。

弜省，其每。 押三九四

(10) 其御羌方口人，羌方异其大出。 明义士收藏甲骨文字（以下简称『安明』）二一三十人文二一四二（安明缀合）

(11) 貞：王田异其疾，不ℓ。

貞：弗疾，田勹。 乙六八一九

(12) 庚寅卜：在韦次师人生，异其朘（？）唯有蘖。 人文二一四一

有时也出現在『唯』字之前：

(13) 庚申卜貞：异唯其不雨。 前六、五六、七

(14) 戊戌貞：羽（人名，也可能应释『彗』）异唯其亡畀启。 殷虚卜辞后编二五五八

(15) 丙子卜宾貞：父乙异唯𢧁王。

〔貞〕：父乙不异〔唯〕𢧁王。 乙七七〇五十七七〇六（丙三五六）

(16) 口口〔卜〕韦貞：异唯☒ 前五、三八、六

(17) ☒雨，帝异口（唯）降兹邑田（忧？）。 库一三四

(18) 庚戌〔卜〕争貞：不其雨，帝异☒ 续四、二一、七

(17)异字之后一字大部残损，从剩下的一点残划来看，应该是『唯』字。(18)与(17)文例相类，『异』

字后面原来大概也有『唯』字·

要读通上引这些卜辞，很容易想到的一个办法是把『异』字看成是用作谓语的一个实词，并在『异』字读断。日本学者贝塚茂树、伊藤道治就曾采取这种办法，把上引(1)读为：『其用。兹卜异，其兆同』，把(4)和(7)读为：『王异，其田』，并说『王异』是王再一次占卜的意思。不过这样来解释上引卜辞，文义并不顺畅。尤其是对(10)、(15)、(17)、(18)等辞来说，这种解释完全不适用。此外，把『异』字解释为再一次占，在训诂上也是没有根据的。

另一位日本学者岛邦男把(17)、(18)两条卜辞里的『异』解释为『降祸』，这种解释对于『王异其田』一类卜辞完全不适用，而且把『异』字解释为『降祸』，在训诂上同样也是没有根据的。

总之，从过去的研究看来，把这种『异』字看成用作谓语的实词，并在『异』字后头读断的办法是有困难的·既然如此，我们不妨换一种办法，假设『异』字是属下为句的，看看这样做是否有助于把此类卜辞读通。上文引用的卜辞就是按照这种假设标点的。

(十)—(12)诸辞的『异』字在句子里占据的语法位置相同，都在主语之后（如果有主语的话），语气副词『其』之前。卜辞里能够在这个语法位置上出现的词不外以下四类：

一、表示称说意义的动词『曰』『告』等，例如：

丙午卜疑贞：卜竹曰其出于丁，宰：……　河五一九

辛未贞：今日告其步于父丁，一牛。在祭。　库一、三四六

在这类卜辞里，『其……』在语法上是『曰』『告』的宾语，在意义上是所称说的内容。

二、时间词，例如：

今日癸其雨。

甲其雨。　粹七六一

当句子里另有主语的时候，时间词通常置于主语之前。例如：

戊王其田口（地名字），不遘大雨。　佚六二

己酉卜宾贞：今日王其步口见雨，亡灾。一月　续六、一〇、四

三、否定词『不』『弗』等。例如：

贞：不其受黍年。　前三、三〇、二

车（人名）不其以十朋。　京津一〇〇二

己亥卜王：余弗其子妇侄子。　前一、二五、三

贞：翌戊申毋其星（晴）。　湘一二

作有无之『无』用的『亡』也可以在这个位置上出现：

自乙至丁有大雨。

（自乙至）丁亡（无）其大雨。

己酉卜殻貞：危（？）方其出田。

己酉卜殻貞：危方亡（无）其田。五月。 乙六三八二

四、「唯」和「允」两个虚词。例如：

己丑卜疑貞：唯其有囚。 續五、二八、一二

貞：帝唯其終茲邑。 殷墟文字丙編七六

貞：允其入。 乙六〇四九

貞：䁕（人名）允其來。 乙六六六八

「异」字显然不是表示称说意义的动词，也不可能是时间词。（(5)(7)两辞「王」字前边已有时间词，后边不应再出現时间词。）由于「异其……」往往跟包含「不、弗、勿、弜」的否定句对貞，所以「异」也不会是否定词。从以下列举的种种迹象看，「异」的语法性质实在跟「唯」和「允」十分接近。

第一，「异」常々在語气副词「其」前边出現，「唯」和「允」也可以在这个位置上出現。这一点上文已经说过了。

第二，「异」字有时在时间词前边出現，例如：

(19) 王异弋其射在穆兕，擒。 甲三六三六

弗擒。

(20)（王）异弋其射在穆兕，擒。 京津四四八七

「唯」字也常々出現在这个位置上，例如：

庚辰卜□（貞人名）：唯辛巳其雨。雨小。 前四、四二、五

王固（繇）曰：其得，唯庚。其唯丙其齿。 前七、四二、二（此条为占辞）

我们没有見到「允」字置于时间词前边的例子，不过它可以出現在其它体词之前。例如：

□申卜：王梦，允大甲降。 甲綴九

古书里也有这种例子：

允王維后。 詩周頌時邁

允王保之。 同上

第三，「异」字前边可以有否定词「不」，如上引(15)。「唯」和「允」前边也都可以加否定词「不」：

貞：不唯盅。 前六、四二、六

癸未卜宾貞：兹雹（？）不唯降囚。　乙綴一二六（丙六〇）

貞：不允涉。……　后·下三五·九

貞：𢀛方不允出。　库一六一六

第四，「异」字后边可以接「唯」字，如上引（13）—（18）诸例。「允」字后边也可以接「唯」字：

允唯熯。　甲七九九

貞：允唯艰。　存下二八四

总之，卜辞里的这种「异」字，应该是语法性质跟「唯」、「允」很相近的一个虚词。这种「异」字在西周铜器铭文和典籍里也是有反映的。西周前期的大盂鼎铭说：

（21）古（故）天异临子，法保先王，□有四方。

这个「异」字过去多读为辅翼之「翼」。现在看来，很可能就是我们要讨论的见于卜辞的「异」字。「临子」是「临而子之」的意思，「子」跟「临」一样，也是动词。下文的「先王」是「临子」和「法保」共同的宾语。这个「异」字放在谓语的头上，作用跟尚书大诰「天惟丧殷」、多方「天惟畀矜尔」里的「惟」字（「唯」「惟」古通）很相似。

尚书大诰：

（22）若考作室，既厎法，厥子乃弗肯堂，矧肯构。厥父菑，厥子乃弗肯播，矧肯获。厥考翼其肯曰：「予有后，弗弃基」？

「厥考翼其肯曰」的「翼」字，旧无确解。有人训为「敬」，有些人把「考」、「翼」两个字连起来讲，这些说法都十分牵强。只有杨筠如尚书覈诂认为「翼」是虚词，最为有见。不过他把「翼」读为「抑」，却是靠不住的。「翼」、「抑」古音相去甚远，无由通假。「翼」从「异」得声，二字古通。虢叔旅钟「严在上异在下」的「异」就是诗小雅六月「有严有翼」的「翼」。卜辞「异其」连文之辞都是问句，大诰「厥考翼其肯曰」也是一个反问句，足见「翼其」「异其」是一语的异写。大诰还有一处「翼」字也应该读为卜辞「异」字：

（23）今蠢今翼日，民献有十夫，予翼以于敉宁（文）武图功。

「今蠢今翼日」应从于省吾先生读为「今春今翌日」。这个「翼」字跟我们讨论的问题无关。我们要说的是后一个「翼」字。

以前讲大诰的人都把「翼」字看成动词，把「予」字看成前置的宾语，认为「民献有十夫予翼」就是「有民献十夫翼予」的意思。这种分析显然不合先秦汉语语法。其实这个「翼」字也应该读为卜辞「异」字。「予翼以于敉宁武图功」的「以」字后头本来应该有宾语「民献十夫」，现在承上文「民献有十夫」一句省略了。大诰下文说「予惟以尔庶邦于伐殷逋播臣」，

「以」字后头有宾语「尔庶邦」。要是撇开「以」字后头宾语出现不出现一点不论，这两句话的基本结构是一样的，只是一句用「翼」，一句用「惟」。比较这两句话，不仅可以看出这个「翼」字跟卜辞的「异」相当，而且还说明「异」和「惟」的语法性质确实是十分接近的。

逸周书世俘是一篇可信的周初文献。篇中也有两个语法性质跟「唯」很接近的「翼」字：

(24) 辛亥，荐俘殷王鼎，武王乃翼矢珪矢宪，告天宗上帝。

(25) 越五日乙卯，武王乃以庶国祀馘于周庙，翼予冲子，断牛六，断羊二，庶国乃竟。

(24)「乃」「翼」连文，古书中「乃」「惟」也有连用之例，如尚书召诰「小民乃惟刑用于天下」。把「武王乃翼矢珪矢宪」（孔晁注：矢，陈也）跟同篇的「王矢琰秉黄钺执戈」对比一下，就可以看出把「翼」看作虚词是合理的。孙诒让周书斠补说世俘篇「前后三云冲子，似皆祝辞」。上引(25)的「翼予冲子」是其中的一次，其余两次都称「维予冲子」（「维」、「惟」、「唯」古通）：

武王朝至燎于周，维予冲子，绥文。

于誓社曰：维予冲子，绥文考至于冲子。

所以逸周书里的这两个「翼」字，大概也都应该读为卜辞「异」字。

我们现在来讨论先秦古籍里跟卜辞「异」字有密切关系的虚词「式」。虚词「式」在诗经里出现得最频繁（绝大多数见于大小雅）。丁声树先生诗经「式」字说已经把全部例子都举出来了。这里摘引几条以示例：

(26) 兄及弟矣，式相好矣，无相犹矣。 小雅斯干

(27) 式夷式已，无小人殆。 小雅节南山

(28) 无忝皇祖，式救尔后。 大雅瞻卬

(29) 虽无好友，式燕且喜。 小雅车舝

(30) 我有旨酒，嘉宾式燕以敖。 小雅鹿鸣

(31) 式固尔犹，淮夷卒获。 鲁颂泮水

(32) 莫肯下遗，式居娄骄。 小雅角弓

(33) 式号式呼，俾昼作夜。 大雅荡

(34) 庶曰式臧，覆出为恶。 小雅雨无正

又左传昭公十二年引周穆王时祭公谋父所作祈招之诗曰：

(35) 祈招之愔愔，式昭德音。思我王度，式如玉，式如金。

下面再举尚书和逸周书里的例子：

(36) 无总于货宝，生生自庸；式敷民德，永肩一心。 盘庚下

(37) 后式典集，庶邦丕享。（梓材）

(38) 其曰我受天命，丕若有夏历年，式勿替有殷历年。（召诰）

(39) 呜呼！笃棐时二人，我式克至于今日休。（君奭）

(40) 惟我周王灵承于旅，克堪用德，惟典神天。天惟式教我用休，简畀殷命，尹尔多方。（多方）

(41) 周公若曰：大史，司寇苏公，式敬尔由狱，以长我王国。（立政）

(42) 维天貞文王之董用威，亦尚宽壮厥心，康受乂之，式用休。（逸周书·祭公）

(43) 式皇敬哉。（逸周书·成开）

又墨子非命引逸书仲虺之告：

(44) 我闻有夏，人矫天命，布命于下。帝式是恶，用阙师。（非命中）

(45) 我闻有夏，人矫天命于下，帝式是增（憎），用爽（丧）厥师。（非命下）

「帝式是恶」（或作『憎』）的「是」，是前置宾语，「式」也应是虚词。

古书里的虚词「式」在西周铜器铭文里写作「弋」，例如：

(45) 𢦏曰：呜呼！朕文考甲公，文母日庚，弋休则尚（常），安永宕乃子𢦏心，安永袭𢦏身……（𢦏方鼎，文物一九七八年六期五八页）

(46) 剌祖文考弋竆（义与「休」「賜」近）受（授）墙爾福……（墙盘，文物一九七八年三期一四页）

(47) 曰：弋尚俾处厥邑，田〔厥〕田……曰：弋唯朕〔禾是〕偿。（曶鼎）

(48) 汝亦既从辞从誓，弋可。（儼匜，文物一九七六年五期四二页）

(49) 以君氏令曰：余老止公仆庸土田多谏，弋伯氏从许。公宕其参，汝则宕其贰。公宕其贰，汝则宕其一。（召伯虎簋一）

过去有人把此类「弋」字读为「必」，这个说法无论从文字学或古音学的观点看，都是站不住的。「式」和「弋」古音相近（「式」从「弋」声）。《诗》《书》里的虚词「式」和金文里的虚词「弋」，不但在句子里占有相似的语法位置，而且都常常用作「劝令之词」（详后），二者无疑是同一词的异写。

「式（弋）」和「异（翼）」之间的关系是十分密切的。从语音上看，「式」从「弋」得声，而「弋」和「翼」同音（据《广韵》，「𢦏」为「翼」字古文）。从语法性质上看，「式（弋）」和「异（翼）」在句子里的位置相同，主要都出现在谓语里主要动词前面，有时还出现在体词（名词、时间词，人称代词）当头的动词性结构（包括宾语前置的动宾结构）之前（「异（翼）」的例子見(19)、(20)，「式（弋）」的例子見(44)、(49)）。此外，「异」字常常跟否定词对言（見（

1））、（4）、（7）、（9）、（11）），「式」字也常々跟否定词对言（見（26）、（27）、（28）、（32）、（36））。从这种々現象看來，很可能「式～弋、异、翼」等不同的写法实际上代表同一个词。至少也可以说「式～弋」和「异～翼」代表一对语法性质十分接近的亲属词。

以上着重讨论了「异～翼」和「式～弋」的语法性质，現在我们来研究它们的意义。

丁声树先生在诗经式字说（以下简称丁文）里，指出诗经「式」字常々与「无」（毋）对言，由此推断「式」是「劝令之词」（四八七頁）。这是很重要的发現。

丁文已经说明诗经里的虚词「式」大部分可以理解为劝令之词。我们举出铜器铭文里的「弋」和尚书等古籍里的「式」，也有很多可以理解为劝令之词。如（45）、（46）是作器者请求先祖保佑之辞，（47）是作器者对打败官司的对方提出的要求，（48）是主持诉讼的大臣对败诉者的判辞，（49）是君氏对伯氏的要求。这几段铭文里的「弋」都可以理解为劝令之词（但（48）「弋可」之「可」的确切含义尚待研究）。（36）是盘庚告诫群臣之语，「式」与「无」对言，跟丁文所举诗经中「式」字用作劝令之词的典型句式相合。（41）是周公命司寇苏公之语，「式」的劝令语气也很明显。（37）、（38）的「式」字如果当作劝令之词理解，也都说得过去。（43）的「式」字，丁文也认为劝令之词（四九二頁）。

不过「式」表示劝令意义的说法并不能解释全部有关資料。前面已经指出，虚词「异～翼」和「式～弋」很可能是同一词的异写。然而卜辞和大盂鼎的「异」以及古书里的「翼」，却都显然不能当劝令之词讲。撇开「异～翼」，就「式」字本身来看，问题仍然存在。丁先生自己也承认，诗经「式」字「亦有用近语词，不类劝令者」，而且数量并不是很少。前面所引的（32）、（33）、（34），就是丁文已经指出的例外（参看丁文四九二—四九三頁）。上文所举尚书等古籍里的「式」，也有一些不能解释为劝令之词。例如（39）、（40）、（42）、（44）等例说的是过去的事，其中的「式」字都没有劝令的意思。所以对「式～弋」和「异～翼」的意义，我们还需要作进一步的考察。

丁先生在研究诗经「式」字的意义的时候，是根据与「式」字对举的「无」字的意义来推断「式」字的意义的。由于「无」（毋）是禁止之词，所以反过来可以推断「式」是劝令之词。在虚词意义的研究上，这种方法是很有用的。我们現在要对「式～弋」和「异～翼」的意义作进一步研究，还得继续采用这种方法。

上文讨论卜辞「异」字的时候，曾指出此类「异」字跟「唯」字的语法作用十分接近。不过「异」和「唯」既然不是同一个词，当然总是有区别的。我们看到的区别之一是跟它们相对应的否定词不同。「唯」字经常跟「非」或「匪」对言。例如：

庚辰貞：日有戠，非囚（忧？），唯若。　　粹五五

非眚，乃惟终。　尚书康诰

非终，乃惟眚灾。　同上

班非敢觅（？），惟作昭考爽（？），益（谥）曰大政。　班簋（周穆王时铜器）

匪舌是出，维躬是瘁。　诗小雅雨无正

匪大犹是经，维迩言是听，维迩言是争。　诗小雅小旻

「异」和「式」都没有跟「非」、「匪」对言的例子。卜辞「异」字只跟「不」、「弗」、「勿」「弜」对言，从来不跟「非」对言。诗经「式」字只跟「无」（毋）对言，从来不跟「非」、「匪」对言。

我们知道，卜辞常用的否定词有两类，「不」、「弗」是对于事实或可能性的否定，「勿」「弜」、「毋」是对于意愿的否定。专就表示的意义来说，前一类在否定可能性的时候，相当于现在说「不会」，后一类相当于现在说「不要」。举例来说，殷人经常卜问年成的好坏。这类卜辞有时说「不受年」，有时说「弗受年」（但是从来不说「勿受年」、「弜受年」）。因为这卜问的是会不会有好年成，不是要不要好年成。同样，在卜问田猎或战争中会不会有捕获的时候，也总是说「不获」或「弗获」，不说「勿获」、「弜获」。反之，在卜问要不要做某件事的时候，就只用「勿」、「弜」、「毋」，不用「不」、「弗」。例如卜辞常说「勿狩」（卜辞写作「兽」），不说「不狩」、「弗狩」。常说「弜侑」（祭名，卜辞写作「又」）、「毋侑」，不说「不侑」、「弗侑」。卜辞的「异」字既有跟「不」、「弗」对言的例子（如上引(1)、(11)）；又有跟「勿」「弜」对言的例子（如上引(4)、(7)、(9)）。可见「异」字兼有表示可能和意愿两方面的意思。按照这种解释，上引(1)「异其涉兕同」可以译为「将会一同涉兕吗？」(4)「王异其田，亡灾」可以译为：「王将要田猎，不会有灾祸吧？」(10)「羌方异其大出」可以译为：「羌方会大出吗？」(13)「父乙异唯猷王」可以译为：「父乙会猷王吗？」(19)「王异戊其射在穆兕，亡灾」可以译为：「王将要在戊那天去射穆地的兕，不会有灾祸吧？」其他各条卜辞的意义可以类推。上引大诰的「翼其肯曰」可以译为，「难道会肯说」（「难道」表示反诘语气），「予翼以于敉宁武图功」的「翼」可以译为「将要」。

我们在上文提到，「式、弋、异、翼」等不同的写法很可能代表同一个词。如果这个推测是对的，那么「式」、「弋」在用作劝令之词之外，应该跟「异」、「翼」一样，也可以用来表示可能或意愿。丁文说诗经「式」字「亦有用近语词，不类劝令者」，我们觉得古书里的虚词「式」，有一些正是表示可能或意愿的。例如上引(34)「庶曰式臧，覆出为恶」的「式」，就应该当「会」或「将要」讲。诗集传串讲这两句诗时说：「庶几曰王改而为善，乃覆出为恶而不悛也」，朱熹似乎也是这样理解的。再举一个尚书的例子：

(50) 予将试以汝迁。盘庚中

此句篇中两見。盘庚迁都的决心非常坚决，这个「试」字显然不能当尝试讲。伪孔传把「试」字训为「用」，跟文义也不切合。这个「试」字应该是「式」的假借字（也可以说是「式」字之讹），在这里应该当「将要」讲，用法跟大诰「予翼以于敉文武图功」的「翼」字十分相似。

反过来说，「异」字也应该可以表示劝令。我们找不到这样的例证是因为卜辞里根本就没有劝令语气的句子。这是由卜辞的性质决定的。

综上所述，「异～翼」、「式～弋」可以表示可能、意愿、劝令等意义。这些看起来不同的意义实际上是相通的。英语的 will 用在第二人称 you 的后头时，却不表示意愿而表示命令，也就是下文所谓的「劝令」。現代汉语的助动词「要」情形也类似。它可以表示意愿（要喝水）可以表示将要发生的事（要下雨了），也可以表示劝令（你要小心）。同样，凡是「式」字表示劝令的句子，主语（不论是实际出現的或是省略了的）都指听话的人（有时是假设的人或鬼神）。

根据以上所论，我们可以把「异～翼」、「式～弋」跟「唯」字以及跟「不、弗、勿、无」等否定词的关系列为下表：

	判断	可能或意愿	
肯定	唯～惟	可能（会）/将要（要）/劝令（要）	
		异～翼	式～弋
否定	非 匪	不可能（不会）	禁止（别，不要）
		不 弗	勿～弜 无

上文曾经指出，有些用「式」字的句子说的是已经发生的事。「异～翼」也有这样的用例，如上引(21)和(24)。这些「式～弋」和「异～翼」不能理解为劝令之词，也不能理解为表示可能或意愿的词。关于这一类用例，我们現在还找不到合理的解释。裴学海古书虚字集释把上引(33)「式号式呼，俾昼作夜」、(32)「莫肯下遗，式居娄骄」和小雅节南山「乱靡有定，式月（俞樾读为「捐」）斯生」等句里的「式」字训为「乃」（八○○頁）。上引(21)「故天异临子」、(39)「我式克至于今」、(40)「天惟式教我用休」、(42)「式用休」、(44)「帝式是恶」等句里的「异」和「式」，似乎也可以这样解释。但是考虑到「式～弋」和「异～翼」的其他用法，我们与其说它相当于古汉语的「乃」，还不如说它更像現代汉语的「就」。因为「就」既能用于已经发生的事，也能用于将要发生的事。

此外，在丁文所举诗经中不能用劝令之词来解释的「式」字用例里，有一些我们现在也解释不了，例如「式微式微，胡不归」（邶风式微）、「维此民人，作为式穀」（大雅桑柔）等等。

在以上的讨论里，我们一直假定「异（翼）」和「式（弋）」是同一个词的异写。事实上它们的语法性质多少有些区别。最明显的是卜辞「异」字常常在虚词「其」前头出现，大诰也有「翼其」之语，但是「式（弋）」没有这样的用例；「异」字可以受否定词「不」限制，「式（弋）」也没有这样的用例。这些现象该如何解释，需要进一步研究。由于「异（翼）」主要出现在商代和商周之际的语言资料里，「式（弋）」则出现在周代的语言资料里。盘庚有「式」字，但是现代学者公认盘庚是经过周代人改写的。）这样看来，「异（翼）」和「式（弋）」也有可能是同一个词在两个不同历史阶段的体现。

上文例(4)包含一对正反对贞的卜辞。反面卜辞里跟正面卜辞的「王异其田」相对应的文字是「王勿已田」。我们打算在这里附带讨论一下「勿已」之「已」的意义。甲骨文中否定词「勿」也写作「弜」，包含「弜已」的卜辞是很常见的，例如：

(51) 癸卯卜狄貞：其兄（祝？）。
癸卯卜狄貞：弜已兄。　甲三九一五

(52) 其戠日。
弜已戠日。　前四、四、四

(53) 其用。
弜已用。　屯南二二一九

(54) 其桒，王受祐。
弜已桒于之，若。　粹三三五

(55) 其告祈祖辛，王受祐。
弜已告祖辛。　屯南六五六

(56) 其御☒。
弜已御。　佚九〇八

(57) 弜已兄。
兄一牛。　粹五四六

(58) 丁巳卜：王☒
弜已𩎟戌受人，亡災。
王其𩎟戌受人惠（义近于「唯」）啚土人，有災。　缀一八〇甲骨学者往々把卜辞的「巳」字读为「祀」，但是上面这些卜辞里的「巳」却不能读为「祀」。在正反对貞的卜辞里，如果反面卜辞说「弜祀」，正面卜辞就应该说「祀」。但是在上引对貞卜辞里，「巳」字却只见于反面卜辞里的否定词之后，从来不在正面卜辞里出現。看来这种「巳」字应该是一个意义比较虚的词。

诗唐风蟋蟀首章至三章都有「无已大康」的话：

无已大康，职思其居。 首章

无已大康，职思其外。 次章

无已大康，职思其忧。 三章

丁声树先生认为诗中「职」字与「式」通（丁文四九一頁），合于诗义。上引卜辞例(4)以「异」与「勿巳」对言，蟋蟀以「职」与「无（毋）已」对言。「已」和「巳」古本一字，卜辞「勿巳」、「弜巳」的「巳」和蟋蟀「无已」的「已」可能是同一个词。蟋蟀毛传训「已」为「甚」是靠不住的。「巳」和「异」古音极近。它们之间的关系跟卜辞常見的虚词「惠（原作「叀」）」和「唯」的关系很相似。「惠」和「唯」音义都很接近。但是「唯」常々在「勿（弜）」后面出現，「惠」却从来不在「勿（弜）」后面出現。在武丁时代甲骨文里屡見正面卜辞用「惠」、反面卜辞用「勿唯」的例子。这跟「勿（弜）」后面总是用「巳」不用「异」的情形是平行的。所以「巳」应该是意义跟「异」很接近的一个虚词。「惠、唯」、「异、巳」这种音义都极为接近的成对虚词的存在，其原因究竟是什么？这是一个需要另作研究的问题。

有些反面卜辞除「勿巳」或「弜巳」外别无他语，例如：

(59) 貞：勿巳。 押二六九五（押二八九六有同样卜辞）

(60) 王其田，其告妣辛，王受又。 存·下七六九

弜巳。

(61) 其來于圃，其兄。 粹三三○

弜巳。

在卜辞里，前头加否定词的「其」、「唯」等虚词后面，有时也没有别的词语，例如：

貞：邑來告。

貞：邑不其。 鐵二五六·二

貞：徂弗其。 前一·五二·一

徂得。

貞：不唯 前三·二四·七

貞：叀駒令。

勿唯。 前六、三三．一

弜唯。 存．下八五○。

所以「勿巳」、「弜巳」之后没有别的词语的现象、并不能说明「巳」是实词而不是虚词。前面已经引用的．包含「勿巳」、「弜巳」之语的卜辞，其时代没有早过第三期（廪辛、康丁）的。在第一期（武丁）卜辞里，也有出现在「勿」字之后的「巳」字。但是就句子较完整的例子来看，「巳」却不象是虚词。例如：

（62）癸酉卜王貞：余勿巳我□，叀之用。 珠二七七

（63）□□〔卜〕殻貞：我勿巳宾作帝降不若。

□□卜殻貞：我其巳宾作帝降若。 粹一一一三

（62）的「我□」是名词性结构，「巳」应该是以「我□」为宾语的动词。（63）以「勿巳」与「其巳」对貞，「巳」也应该是动词，郭沫若把它读为「巳罢」之「巳」。有两条一期卜期，「勿巳」之后无他语：

（64）王勿巳。 京津九四三

（65）☐貞：勿巳。 燕六九六

它们跟上引三期以后的「勿巳」是否同义有待研究。（燕六九六一辞「勿巳」后面也许尚有缺文）

上引（52）「弜巳戠日」是五期卜辞。五期卜辞中还屡見「弜改」之语，用法与「弜巳」相似。例如：

（66）丁亥卜在𠦪泉次貞：韦师寮妹☐又官，王其令官，不每，克甶王令。

弜改呼官。 綴一八三

（67）弜改其唯小臣□令，王弗每。 前四．二七．二

（68）弜改。 前五．一○．六

「改」字的左旁在甲骨文里写作「巳」。疑「弜改」与「弜巳」是同语的异写。

丁声树先生在诗经式字说里批评前人对「式」字的解释说：

诗经「式」字之用为语词者，如「式相好矣」、「式夷式巳」之类，毛传、郑笺及孔氏正义率训为「用」，揆之文义，诘籀不安。清儒有作，乃以此等「式」字悉为语助无义之词……窃谓训「式」为「用」，固扞格而难通；概云空言，亦浮泛而无当。（四八七頁）

所言极为中肯。

清代学者研究古汉语虚词的成绩大大超越前代，但缺点也是很严重的。丁先生指出的就是

其中一个重要的方面。本文在丁文的基础上对虚词「式」和「异」的意义作了一些探讨。凡所论列只能看作一种推测，我们不知道这些推测究竟在多大程度上符合实际。今后的研究有可能把我们的说法整个推翻。但是，无论如何，丁文那种努力探索古汉语虚词的确切的语法性质和意义的研究方向，则是我们应该始终坚持的。」（中国语言学报第一期一七三—一八八頁）

考古所「異：祭名。說文祀之或体作禩，異殆即禩之初文。」（小屯南地甲骨八八一頁）

常正光释□参□字条下

徐中舒说参□字条下。

按：甲骨文異字象人首戴物之形，實為「从異𢦏聲」之「戴」之初文。後以用各有當，遂另作从𢦏聲之戴以示區别。異字所从之「由」或「田」，即「東楚名缶曰甾」之「甾」。李孝定之說可信。說文凡从異之字，均由此而孳乳分化。

惟卜辭□、□兩形，用法當有區分。□用如「翼臨」之「翼」，其辭云：「不其雨，帝異」（續四·二七·一合集一一九二一正）；「父乙異」（乙七七〇五合集二二七四正）此与大盂鼎「故天異臨子，法保先王」之「異」字用法全同，乃「翼佐」之義。□之用法則為「王異其田」（甲三九一五合集三〇七五七）；「異其涉」（甲三九一六合集三〇四三九），似指時間概念而言，但與翌字用法又有所區别。「翌日」限於某一具體日期，如「翌日乙」、「翌日丁」之類；而「異」則未見有具體時限，蓋猶言「它日」，乃泛指。綜合甲三九一五合集三〇七五七同片諸其它辭例觀之，似有此種迹象。其詳仍有待於進一步之考索。

0232

□

按：合集三〇三四七辭云：「癸亥卜，彭貞，□其左于宊」似用為人名。

□

王襄 「疑異字」（類纂存疑第十第五十一葉下）

葉玉森 「前七第二頁一版『癸丑卜，戈貞，□及（服）苦方。』辭中之□象一大人抱子形，乃古捊字，卜辭段作俘：：商器屢見，『□』、『□』形，旧釋子孫，实即卜辭□字，当释俘。予既释□为俘，因悟扒父丁爵之扒，旧释八子，实即八俘。說文『八，別也。象分別相背之形。』八与分古声誼並通。古即段八为分，曰八俘即分俘，因分俘而鑄器，以彰荣典紀武功也。又悟商器之『□』旧釋析子孫，考解文作『□□』、『□□』，父癸彝則作『□□』，从北，再変为非，为北，省为ㅂ、卜，儿之形誼乃全晦。諸家釋非为析，为□形（孫詒讓說），为俎形、几形（王国維說）为非，为斧扆形（丁山氏說）皆非。至丁山氏謂『□』为古國名，即翼字。郭沫若氏亦謂为古代國族之名号，且謂抱子形为天竈，即古之軒轅氏，則更誤会矣。」（殷虛書契前編集釋卷一第一〇四頁）

丁山 「□上文□即保字，其下之□作两手端举高与首齐形，当即翼敬、翼戴之本字。論語鄉黨『孔子在宗廟。揖所与立，左右手，衣前后，襜如也。趨進，翼如也。』集解引孔注及皇疏皆曰『翼如，端正也。』端正者，敬也。故詩文王有声『以燕翼子』，行葦『以引以翼』，周書程典『慎下必翼上』，周語『翼其上也』，傳注皆曰『翼，敬也。』顧詩六月『有严有翼，共武之服』，傳『翼，敬也』。虢旅鈡『严在上，翼在下，數々熊々，降旅多福。』翼敬字則作異，亦作異。春秋左氏昭九年傳『翼戴天子，而加之以共』，杜注『翼，佐也』。盂鼎『天臨子，保法先王。』翼佐字亦作異，羌伯敨『乃祖克末先王，翼自它邦。』翼戴字亦作異，異之与□，不过头上徽异耳。若以单父奭作Y，單伯鈡作□。果卜辭作米，篆文作果例之，在商从●或口，后世易之为田者多矣。省異作□，此何足异？翼古亦作翌、昱。爾雅釋地『南方有比翼鳥焉』，說文『翼本作翌』。書金縢『王翼日乃瘳。』爾雅釋言注引『翌日』，武成『越翼日癸巳』，召誥『若翼日乙卯，周公朝至于洛。』『越翼日戊午，乃社于新邑。』漢書律曆志、王莽傳皆引作翌日。凡今尚書作翼者，古文率以翌字代之。凡古文尚書作翌者，其在金文則从立作翊（盂鼎），或省为□（宰椃角）。其在卜辭，則或从立作翊，或从日作明，或省之作□、□諸形。□为字与□（愙齋二二卷一六頁父乙爵）下之□无异也。□之为字与□（同上一八卷八頁父己卣）左之□亦无疑也。然則□、□亦□之省形，□之別体也。□王國維謂鬣之初字，象毛髮鬣々之形。山謂即鳥翼之本字。說文『𩙣，翄也。从飛異声。籀文翼，篆文𩙣从羽。』呂覽本味『其狀若鯉而有翼』，注亦曰『翼，羽翼也。』羽翼也者是甲之本义。鳥翼有左右，故金文一作𦎼。伺周末文蔽，以甲音近鬣，通假为髮鬣，復借甲敬为羽翼字，而甲之本义失。秦汉以还，借甲敬为異，同字復以羽於上以为鳥翄之專名，假借之为翼敬、輔翼，而甲之本义失。昱日之昱，卜辭作䀌，从日甲声，其本字也。金文作𦎼，古文尚书作翌。卫包改定尚书作翼，皆借字也。以古文尚书之互用証卜辭、金文之通段，以用甲之通假，証甲、𦎼之为一字。謂𦎼即翼敬、翼戴之本字。此非臆必之詞，則卜辭𦎼字亦可断即異之初形。𦎼上为保，下为異。合而观之，当是以保異声，即冀之古文矣。』（說冀，集刊第一本）

「𦎼本輔翼之專名，展转省变訛非为北，始有冀字。冀非以北也。保、北声近，北亦𦎼之省误。（翼、冀古通用。荀子修身『行而供冀非清淖也』，楊注云『冀当为翼』是）耕廷冀敦冀字作𦎼，盖又因𦎼为形，以冀望为义。冀者殷周间諸侯有國之名。左傳僖二年『晉將伐虢，使荀息假道于虞曰『冀为不道，入自顛軨，伐鄍三門。冀之既病，則亦唯君故』，杜注『冀，國名，皮氏县东北有冀亭。』水經注汾水又逕冀亭南下引京璠說亦曰『今河東皮氏县东北有冀亭，古之冀國所都也。』冀之立國史无明文，以𦎼、𦎼一字考之卜辭云『貞異不其來』，『貞異乍邑方』異均冀之省形，又以冀、幾古常用考之逸周書商誓言幾、耿、肅、執皆殷之旧官，幾当为冀，实殷時國名。」（同上）

郭沫若

「金文之𦎼、𦎼等图形文字，均为古代民族之標识，即所謂图騰也。𦎼之一文，金文中有种々省形。卜辭亦有此𦎼字。如前六・二一之𦎼，前七・二・一之𦎼，在全辭中均係人民或國族之名。此与金文为互証，則知余所謂族号之說，蓋信而有徵矣。」（殷周青銅器銘文研究一——八頁）

于省吾

「𢍏字甲骨文习見，作𢍏或𢍏形（中间省去人头形，前引金文也有此例），旧或误认为异。叶玉森误释为抱（集释七・二）。甲骨文编入于附录，续甲骨文编附录于子部。

甲骨文称：『貞，𢍏不其乎來』（前六・二一・六），『貞，𢍏氏（致）巫』（乙七六六一），『貞，叀𢍏令𢆶三百射』（乙二八〇三），均以𢍏为人名。𢍏字象人正立两手向上举子之形。𢍏字从𠬞，𠬞和𢍏均系古文举字（详下文）。甲骨文从𠬞者有舆、冀、𢍏等字。商器觚文有𦎼字，商器觶文亚字中有𦎼字，都是古文独体举字之罕見者，金文编失摹。商器爵文有𦎼字（攈一之一・三五），上部漏摹子字（参殷文存下十七）。这样例子还有，不备列。

說文：『𪓊，钟鼓之柎也，饰为猛兽，从虍，异象形，其下足。鐻，𪓊或从金豦声，虡、篆文虡省。」段注谓鐻「盖小篆，李斯所作也」。又谓「虡为隶字不用小篆，而改省古文，后人所增也」。按说文既误以虡为会意，又本末倒置，段注也不可据。其实，应以虡为正文，鐻为重文，虡为讹文。部钟的虡字下从𠬞作□，壬午剑的虡字下从𠬞作□，说文的虡字下从𠬞作𢍏，乃小篆的讹变。□为举之古文，举乃后起的代字。总之，虡字从虍，以示猛兽，从𠬞以示擎举。这正与钟鼓之柎、饰为猛兽之形相符。再就音读来说，𠬞与举双声（群纽古归见纽）叠韵，故释名释乐器谓「虡，举也，在旁举簨也」，以音为训。以六书为例，则应释为：「虡，钟鼓之柎也，饰为猛兽。从虍𠬞，𠬞亦声」，系会意兼形声字。

甲骨文未见独体𠬞字，但从𠬞之字屡见。商代金文有𠬞字，乃古文举字之罕见者。𠬞为凡举之通称。⿱子𠬞为𠬞的孳乳字，即举子的专字。商代金文的⿱子𠬞字，从爿⿱子𠬞声，自系⿱子𠬞的孳乳字。由于虡字往往省作⿱子𠬞，以形声字省体的通例，省形符不省声符为准，则虡字之应读为举，是可肯定的。」（释虡 考古一九七九年第四期三五三—三五五页）

李伯谦 「此族亦见于武丁甲骨文。字作□，或上部之子字缺刻横划而作□。如：

癸丑卜㱿贞，⿱子𠬞及吕方。四月。 金璋三六四

……贞⿱子𠬞及寘长。 库方一六七九

乙卜㱿……命⿱子𠬞……。 乙编七〇七九

……贞，⿱子𠬞不其乎来。 前编六·二一·六

……⿱业𠬞族不是商族，亦不属东夷人方族系。根据种种情况判断，它很可能是商代晚期居于商都西北的一个异姓国族。」（⿱业𠬞族族系考，考古与文物一九八七年一期六一至六五页）

常正光释□参□字条下

常正光 参異字条

徐中舒说参□字条下。

按：□字與金文形體同。諸家考釋分歧很大。

合集四四四四辭云：

「□不其乎來」

合集五七七〇辭云：

「叀□令盡射」「□」均用為人名。于先生以為「舉」之初文。

0234

堇 艱 □ □

董作宾 「堇，甲骨文作□，最初当为谨慎谨字，象人衣冠整齐，两手交叉恭谨之状。……谨小慎微，故引申有小少之义，今之堇字，尚存古义。如：堇，少也。（史记货殖传集解引应劭说）……甲骨文中，堇则似为饥馑之馑字，与作艱见艱字解之义迥异。……天帝降灾，使下民饥馑，为商周时一种普通信念。」（考古学社社刊第四期七至十页）

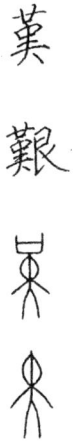

孙海波 「说文：『堇黏土也，从土从黄省。』卜辞堇字作□□□诸形，字从黄从火，知说文训从土者乃从火之讹。堇字本义训谨慎训少，从黄火会意则未详，许君训『黏土』固非初意，董作宾氏训『象人衣冠整齐，两手交叉恭谨之状』则尤非。卜辞堇字之义，训本义者少，其假为『艱』『囏』二义，则皆同声孳生之义。」（卜辞文字小记续，考古学社社刊第五期五十六頁）

按：「堇」讀作「艱」，為災咎之義。卜辭每見「降堇」，均指「帝」所降之災禍。又用為動詞，如「帝其堇」、或「帝不我堇」。「□」或作「□」。「□」既可讀作「艱」，亦可讀作「黑」。二者當屬同源分化字。其區別在於：「黑」但作「□」，無作「□」者，不容混淆。類纂讀合集二四九、二二〇六七、二二二四二五諸「□」字為「黑」，誤。當讀作「艱」，應予訂正。

0235

黑 □

柯昌濟 「□即堇之省文，說文：『堇黏土也，从土从黄省。』按金文堇伯鼎等器堇字下从火，是堇之本义為火烧土，其字亦可训為赤色，又可通艱字，卜辞之堇牛当即谓赤牛；降堇即降艱，此可证契文通假可用省体字之例。」（殷墟卜辞综类例证考释，古文字研究一五三頁）

于省吾「按黰字（邺初三九·三）偏旁本作[字形]，非从[字形]。其实，黑字上部本不从日，黑与黄的構形判然有别。甲骨文言黑牛黑羊黑豕者均作[字形]。又甲骨文黑字的異构也作[字形][字形]，为旧所不识。這和周器師害簋的文字作[字形]，買簋的黄字作[字形]，下部兩叉变为三叉，其例正同。周器𤔲嫼簋的嫼字从黑作[字形]，鑄子簋的黑字作[字形]，較甲骨文只增加数点，說文則譌变作[字形]，并謂『从炎上出四』。黑字的本义虽須待考，但許說臆測无据。」

甲骨文黑字有两种用法，今分别举例，并予以闡述。

甲，黑指用牲的毛色言之。例如：

一、叀黑牛（拾一·四）。

二、弜用黑羊，亡雨。叀白羊用（原漏刻横划作川），于之又大雨（宁滬一一三）。

三、庚寅卜，貞，其黑豕（佚五六九）。

四、叀黑犬，□王受又（粹五四七）。

五、叀黑牛〇□叀華（南北明七一四）。

六、叀黑〇叀華（京津四一九三）。

七、叀白犬〇□叀黑□犬（京津四二〇〇）。

以上所引第三条的其黑豕，如果訓黑为黄，不仅于字形不符，也于豕实有的毛色不符。第六条以叀黑与叀華对貞，自当指牛言之。

乙，黑指日气晦冥的畫盲言之。例如：

一、丙申卜，宾貞，商其□黑〇貞，商黑（乙三三三一）。

二、辛卯卜，㱿貞，其黑〇辛卯卜，㱿貞，不黑（乙六六九八）。

三、戊申卜，爭貞，帝其降我黑〇戊申卜，□爭貞，帝不我降黑（丙六七）。

四、辛卯卜，㱿貞，帝其黑我（續存下一五六）。

五、羽，異隹其亡[字形]（黑），攸（南北明四一八）。

周礼眂祲：『掌十煇之法，以观妖祥，辨吉凶。』郑注：『妖祥，善恶之徵。郑司农云，煇謂日光炁也。』按十煇是指十种日光气言之。其中『五日闇』，闇与暗古通用。說文訓暗为『日無光』。釋名釋采帛：『黑，晦也，如晦冥時色也。』俞樾周礼平议：『周礼所謂闇，即春秋所謂晦也，僖十五年己卯晦，成十六年甲午晦，公羊传並曰，晦者何，冥也，是其事也』。孫詒讓周礼正义：『呂氏春秋明理篇云，其日有不光，有畫盲，高注云，盲，冥也。此闇即所謂畫盲。』按畫盲指的是白日黑暗，可以和甲骨文言黑相印証。

上文所引各条的黑字都指畫盲言之。第四条的帝其黑我，黑作动詞用。是說上帝加我以畫盲的災害。第五条的羽为地名，甲骨文的『于羽受年』（粹八六三）和『羽不其受年』（南七·

四三·一），是其证。異隹其亡黑，攺（啓），異与翌甲骨文每通用。啓之通詁訓為开明。这一条是說，羽地翌日无黑暗的晝盲而天气开明。這不仅說明了亡黑是就天气之无晝盲而言，而且，下言啓应該是指天气开明，与一般阴雨的啓晴是有區别的。无黑暗的晝盲恰好和啓訓开明之义相吻合。這就足以証明释黑為黑暗的晝盲以及前文释黑為用牲的毛色，都是可以肯定的」。（甲骨文字释林释黑二二七页至二三〇页）

温少峰、袁庭栋「甲文有㚔字，或作𡗕、𡗕。旧释为黄或英，误。于省吾先生释黑（見甲骨文字释林释黑），其说是。卜辞有以「黑」为气象字者，如：

(84) 戊戌貞：彗异，隹其亡黑？攺（啟）？（南明四七二）

此辞乃因彗星之状奇异，殷人視為凶兆，遂卜问：「隹其亡黑，攺？」意即：不会发生昼盲的天象吧？会是晴天吧？这里很明显，「黑」与「攺」是相对的气象。释名释采帛：「黑、晦也，如晦冥时色也」。周礼春官眡祲：「掌十煇之法，……五曰闇」。孙诒让周礼正义：「吕氏春秋明理篇云：『其日有不光，有昼盲。』高注云：『盲，冥也』。此闇即所谓昼盲。」于省吾先生据此而指出：「按昼盲指的是白日黑暗，可以和甲骨文言黑相印证」（甲骨文字释林释黑）于说是。

(85) 戊申卜，争貞：帝其降我黑？一月。

戊申卜，〔争〕貞：帝不降我黑？（丙六七）

(86) 辛卯卜，殻貞：帝其黑我？三月。（滬二·一五六）

(87) ：：帝不我黑？（卜七八五）

所谓「黑」，即昼盲，是白日无光的昏黑天象。在殷人看來，是上帝示警的非常之变。故上列诸辞均谓「黑」乃「帝」所降下的結果。

(88) 辛卯卜，丙貞：……黑我？（甲三〇八四）

(89) 貞：商黑？

丙申卜，宾貞：商其〔黑〕？（乙三三三一）

(90) 辛卯卜，殻貞：不黑？

辛卯卜，殻貞：其黑？（乙六六九八）

(91) 其黑？（人一五二）

以上诸辞皆为卜问是否将要发生「黑」即昼盲昏黑的记录。由此分析，殷人可能已积累了大量的經验，对于发生昼盲的前兆已有一些认识，故而能多次卜问「其黑」、「不黑」。卜辞中的「黑」，就是周礼春官眡祲中所谓「十煇」之「闇」。俞樾周礼平议谓：「周礼所谓闇，即春秋所謂晦也。僖十五年己卯晦，成十六年甲午晦。公羊传并谓：「晦者何？冥也。」是其事也。』現在可知，不仅在春秋経传中就记录了『晦』，早在殷代卜辞中就已进行这种气象变异的记录了。」（殷墟卜辞研究—科学技术篇一三二—一三三页）

按：卜辭「英」字作□、□，讀作「艱」，唯「□」亦用作「黑」，乃屬同源分化，亦屬異字同形；「□」則不用作「黑」，此其大別。卜辭既已分化，則不能混同。誤解之產生皆由於不明「□」之既可用作「艱」，亦可用作「黑」。其區分唯有依靠辭例。刻辭類纂讀合集二四九「貞商□」為「黑」，誤。當讀作「商英」。

0236

英 熯 □ □

王襄 「古堇字。」（類纂正編十三弟五十九葉下）按王氏於此與□字並釋為堇。

葉玉森 「按□為卜辭□（艱。按葉於此篆下注一『艱』字，當是『囏』字之誤。）省。曰『帝其降艱』，殆言上帝其降殃也。或帝讀為禘，則降艱者乃殷祖也。」（前釋三卷二十七葉上）

唐蘭 「右英字。或作央者，舊不識，今以囏字偏旁證之，知亦英字，猶黃之作夷也。英字羅振玉以為囏字，殊誤。卜辭囏與壴鼓嬉通用，泛指百艱，與此截然不同。孫詒讓釋堇，引說文：『堇黏土也。从黃省，从土。』云：『此下又省土。』王襄以英墓為一字，謂『堇或省火』。亦俱小舛。英為綦或墓所从，非先有綦或墓而又省之也。今按墓當从土英聲，即墐字也。據說文則英即黃字，古文从黃作□，可證。金文毛公層鼎墓作□，又囏字偏旁作□，不嬰毀盂囏字偏旁作□，召伯虎毀堇作□，齊侯壺堇作□，陳曼簠堇作□，多與許說合。然稽之卜辭則殊不然。英字作□□□等形，與黃之作□□□等形者迥殊，非一字也。蓋□形有時变為□形，（見囏字偏旁）後人見其形與黃近，聲亦不殊，遂誤認為一字，而英黃之辨淆矣。（郭沫若初以卜辭英為黃字，見金文餘釋釋黃，亦誤。後於卜辭通纂考釋改釋堇。）英非黃字，其本義未詳。要之字象人形，則可斷言也。卜辭有□字，又有烄字或作□，□之為□，正與□為□同，然則英象人形無疑。卜辭云：『帝其降英』，又云：『貞……不雨，帝……隹……英……』，郭沫若云：『當讀為饉』，引詩雨無正『降喪饑饉，斬伐四國』為證。今按郭說未盡是。降喪為周人盟語，（多士：『弗弔昊天，大降喪于殷』，君奭：『弗弔天，降喪于般』，潒方：『天降時喪』，師訇毁：『哀才！今日天疾畏，降喪』，戚鼎：『哀才！用天降災喪于三成』。

詩人之意，以指『周宗既滅』之事，與饑饉爲兩事也。卜辭𦰩字，當讀爲暵，周禮舞師：『教

皇舞，帥而舞旱暵之事。』女巫：『旱暵則舞雩』。稲人：『旱暵供其雩斂』。均以旱暵並言，暵亦

旱也。蓋久不雨則恐天降以旱暵，故卜貞之也。然從𦰩得聲之字，義多相近，暵乾也，熯乾皃，

饉歲不熟，殣餓死，事實相承，讀堇爲饉，未嘗不可通，惟施之卜辭，終嫌其迂遠耳。卜辭又

云『我𦰩』『我不𦰩』者，用爲動詞，其讀未詳。其曰『𦰩牛』者，與下『𦰩牛』當同。」

（文字記六十三葉上——六十四葉下）

唐蘭

「右𦰩字，即熯字。舊釋堇，非是。𦰩字象 在火上，與炎、焱、尞等字同意，

以象意聲化字之例求之，則从火𦰩聲。卜辭囏从𦰩，金文囏，則从𦰩，小篆作囏，从堇，後

人遂誤以𦰩堇爲一字矣。古从𦰩之字，小篆悉變从堇，故𦰩變爲熯。說文：『熯，乾皃。从火，

漢省聲。』（初學記廿五引作『烝火也』。）非是。凡云『漢省聲』，『難省聲』，『歎省聲』者，皆

不知音者所爲，此當依小徐本作『堇聲』爲是。說文从堇得聲之字，（亦即古文从𦰩得聲之字）

或入真類，如謹、瑾、堇、饉、僅、勤之屬，隸變作堇；或入元類，如暵、嘆、歎、難、𩲡、

熯、漢之屬，隸變作莫；乃以聲轉而分，其實一也。真元相近，故音得相轉，昔人論之頗詳。

然古韻家必分置二類而不併之者，則以詩之叶韻，已分爲二，與諧聲系統不合也。（難字詩音

又轉入歌類）是則今之所謂古音，僅湯、詩而後之音，其中頗多流變，其變之近者，如真之與

元，猶易推迹，若其輾轉遞變，迷失本原，舍諧聲系統外，固無以正之。學者間有迷信古韻，

欲持之以衡量周以前音者，其可廢然知返矣。說文然重文作𦽍，艸部重出，古書多作爇，殆即

熯之緐文。」（文字記六十五葉）

郭沫若

「堇字當讀爲饉。小雅雨無正『降喪饑饉，斬伐四國』。羅振玉釋爲艱，非是。」

（卜通七六葉下六七一片釋文）

又曰：「卜辭亦有堇囏二字，堇作𦰩後下·十八、𦰩後下·廿四，囏作囏同上

後上三十、囏同上。又有𦰩前·三·廿四、𦰩前·四·四六·二字，以字例推之當爲黃。羅振玉仍釋爲囏囏前·五·四一、囏同上囏

囏」。

（金文叢攷一八四葉釋黃）

孫海波

「𦰩亦赤字，从天从大同。」（考古五期四七頁）

孙海波　参堇字条

饒宗頤　「按熯即熯，詩楚茨：『我孔熯矣，式禮莫愆。』爾雅釋詁：『熯，敬也。』毛傳同此。辭云：『⿰酉彡其熯』，可以敬義釋之。」（通考八三九葉）

李孝定　「說文『熯乾貌，从火漢省聲。詩曰「我孔熯矣」』。小徐作『从大堇聲』。嚴可均說文校議云『漢省聲小徐作堇聲。按鷬暵皆堇聲，明此亦堇聲。「我孔熯矣」傳云「敬也」，於許書為戁字』。按許書熯下引詩『我孔熯矣』，乃說借義謂熯讀為戁也，戁从難聲亦从堇聲，故得通假。唐氏說真元二部相近之故是也。卜辭熯字當讀為旱，辭云『囗西土亡囗熯』後、下、二四、一、言西土其遭旱否也。『囗大貞來丁亥熯』契卜、二九、貞來年丁亥之旱否也。『丁亥熯丁亩𦘔亦囗』。

楊树达　「字实作黄字用也。」（卜辭求義五十頁上）

郭沫若　「堇亦是色。殆假为縉，赤色也。堇牛即是騂牛矣。」（殷契粹編考釋八十頁上）

陳夢家　「『𦰩』有兩種用法：一為動詞『降』後的賓詞，是名詞；一介於主詞『帝』與代詞『我』之間，是動詞。羅振玉釋為艱（考釋中六五）；郭沫若則以為是饉，唐蘭殷虛文字記讀堇為暵，即今旱字。我們以為艱、暵、熯、饉、難、癉、歎等字都是『𦰩』字引申出來的。粹五五一『其用大熯牛』即旱牛，才是熯字。降𦰩的對象是『我』或『西土』。不雨是所降之𦰩之一。」（綜述五六四葉）

饒宗頤　「『丙戌卜，穷貞：商其……。貞：商𦰩。』（屯乙三三三一）按𦰩，卜辭習見『帝其降𦰩』。（見前編三、二四、四）或言『帝其𦰩我』，（見庫方一八一一）名詞動詞兼用。其字或从火作⿱𦰩火（後編下二四、二）契文𦰩亦作𦰩（屯甲二一二五）从𦰩，𦰩即𦰩之省形。宜從唐蘭讀為暵，即今旱字。說文：『熯，乾皃』，暵熯音義並同。廣韻熯同焊。旱暵為邦之大烖，故降𦰩之義引申則為降災。『商𦰩』者，謂商有旱災也。」（通考三三一葉）

孫氏文編舊版十三卷六葉上則收此作堇，其說曰：「說文『堇，黏土也，從土從黄省』。臨鼎作⿱𦰩火，毛公鼎作⿱𦰩火，頌毀作⿱𦰩火。吳大澂云：『八∧皆火之省』。契文作⿱𦰩火，知古文堇字應云从火从黄省，許訓『从土』，非。此或省火。」

孫詒讓　「即墓字。說文墓部墓，黏土也。从黃省从土。此下又省土。金文女嫠𩜋堇作𦰩，頌鼎作𦰩，（借為覲）並與此同」。（舉例上廿九葉下）

羅振玉　「說文解字墓，黏土也。从土，从黃省。古文作𡏳𦰩。𡏳臨鼎作𦰩，下从火，毛公鼎作𦰩，頌鼎作𦰩，吳中丞云：『从八、八皆火之省。』毛公鼎𦰩字亦从𦰩，許云『从火』，誤也。頌鼎𦰩為覲見字，卜辭誼同」。（殷釋中五十六葉下）

又曰：「說文解字艱，土難治也。从堇，艮聲。籀文从喜作𡋿。此𡋿从喜省，或又省喜。又古金文𡋿字从𦰩。𦰩从黃从火。此又省火，或借用墓」。（殷釋中七十四葉下）

王襄　類纂正編十三第五十九葉下墓字條下並收𦰩𦰩二形注云「墓或省火」。

後、下、十八、一、旱熯聲韻並同也，卜辭堇字則讀為饉，『曰帝堇我』藏、一五九、三、『庚戌卜帝其降堇』前、三、二四、四、『乙丑卜貞不雨帝隹堇』殘文乃我字」甲、一、二五、十三、謂帝降饑饉，即詩『降喪饑饉斬伐四國』之意，莫聲之字固可真元兩讀，唐氏之說是也」。（集釋三一五二葉）

李孝定　「說文『墓黏土也从土从黃省𡏳𦰩皆古文堇』墓契文作上出諸形。羅氏於此與𡋿𦰩並釋為𡋿艱，見增考中七十葉下。而於同書五十六葉下則又收𦰩為墓，並有可商。茲唐說收此為墓，釋此為墓始自孫氏收𦰩為熯收𡋿為𡋿，此羅氏說分詳前十卷熯及下文𡋿艱字條下，請參看。郭氏初釋此為黃亦誤，後已改釋為堇墓。至許君謂此從黃省、古文則從黃不省者，蓋緣黃堇古文形近而譌。唐氏之說是也。黃字象玉佩之形，郭氏之說是也。見下文黃字條下𦰩字象人形亦無可疑。字象人正立兩手交叉置于胸前，疑象人謹飭肅立之狀，或即『謹』之初文。此說姑妄言之存以俟考卜辭云『□曰帝堇我』藏、一五九、三、『庚戌卜貞帝其降堇』前、三、二四、四、『□丑卜貞□不雨帝□隹堇我』甲、一、二五、十三、『降我夬』莫佚、七六四、『貞帝不我夬』粹、七八五、讀為饉均辭从義順。古昔人心目中饑饉固上天所降也。至詩之『降喪饑饉』乃謂喪喪亂，與饑饉並上天所降，喪與饑饉雖為二事，固以一降字貫之也。又云『貞我堇』佚、七四一、疑為『帝不我堇』之對貞省文。至『堇牛』掇一、四、其讀未詳。金文作𦰩頌鼎𦰩頌壺𦰩召伯虎𥁕𦰩宗周鐘𦰩齊侯壺𦰩齊侯鎛上承卜辭下啟小篆，嬗變之迹可尋也」。（集釋四〇一七葉）

按：字當釋「熯」，合集一〇一八六辭云：

「……酉土亡熯」

當用其本義。合集一〇一八五辭云：

則「熯」與「𦰩」亦可通用。「北土……𦰩」

0237

艱

羅振玉 「說文解字艱，土難治也。从堇、艮聲。籀文从喜作囏。此从喜省，或又省喜。又古金文囏字从𡏳，𡏳从黃从火，此又省火或借用堇。」（殷釋中七十四葉下）

羅振玉釋艱說見前𡏳字條下引。

王襄 「古艱字」。（類纂正編第十三第五十九葉下）

楊樹达 「戬寿堂殷虚文字廿六叶十二片乙辞云：『戊寅卜，貞，今日亡來囏？』囏字作囏，与說文艱字或体作囏为一字，知甲文他片作來嬉亦确为來艱也。」（卜辞琐记一八页）

孫海波 「囏之本字土难治，其声亦当受堇之声，依古文从声受义之例推之，理当如是。且卜辞囏字从喜不从艮，苟𦰩非声母，则囏字无由得声。按古韵𦰩囏同隶于谆部，是𦰩囏固同声之字，则囏之从𦰩声，理无可疑。至后起囏字始有从艮作者，许君不明囏从𦰩声之故，误以从艮为声母，傎矣。」（卜辞文字小记续，考古学社社刊第五期五十六頁）

唐蘭 「古囏即囏字。……羅說多誤。羅以𦰩囏為一字，故云或又省喜。其實卜辭𦰩字，自與囏殊也。又云此从喜省，蓋謂囏省為囏。不知凡云省者，必先有其形而後省之也。商世作囏，周以後作囏或囏，此乃後世增繁，非先有囏囏之形而後省之也。學者拘泥於說文，不合於說文者，輒歸之譌變，亦昧於文字發生之史矣。卜辭囏字，用為艱難之義。大誥：『寧王遺我大寶龜，紹天明即命，』曰『有大艱於西土』，與卜辭正合。易大有：『艱，則無咎』，是艱與咎有殊也。卜辭多借壴鼓嬉等字為囏，囏字从𦰩，𦰩者暵也，難也，饉也；壴其聲也。囏从壴聲之說詳上。周時囏字变為囏，毛公層鼎不嬰毀均然。後人以喜聲不諧，故改从艮聲作艱，而囏字遂無人知其從壴聲，且亦不通行矣。艱字不知始於何時，以金文猶作囏字言之，殆當在宗周以後矣。」（文字記六十二葉下）

孫海波釋艱，見考古社刊第五冊卜辭文字小記

孫海波「說文『艱，土難治也，从堇艮聲，籀文从喜作囏』。此从黄从壴，壴蓋喜之省，黄則又𡏳之省也」。（文編十三卷六葉上）

又曰：「卜辭或以來囏與來雨對言，是艱與雨有相對之意。夫雨而後能緣禮，無雨則土難治矣。以旱訓艱甚合卜辭之旨，與許君之訓亦合」。（文錄八葉十四行）

按：字當隸作「囏」，與說文「艱」之籀文「囏」同。「喜」亦从「壴」，但增「口」耳。卜辭「囏」之用法與「艱」有別。

0238

衮

考古所「衮：人名，武丁时期的一员武將，在『賓組卜辞』和『自組卜辞』中都有他活动的記載。」（小屯南地甲骨一一五四页）

張亚初「一期卜辞及商末周初銘文中的衮字，其后只有在古璽文字中出现过两次。有的学者以为这个字在汉字中已经消失。其实这个字就是文献中训为大豕的豜或豣字。衮是会意字，豜、豣则变成了形声字。」（古文字分类考释论稿古文字研究第十七辑二三七页）

按：字隸作「衮」。合集七二正辭云：「乙丑卜，翌丙衮有至」合集二五八辭云：「乙未卜貞，衮隻兕、十二月允隻十六以羌六」均用為人名。

0239

乘

0240

王襄　「古乘字。浣鐘乘作[glyph]，與此相似。」（類纂正編弟五弟二十七葉下）

王國維　「乘，卜辭作[glyph]，象人乘木之形，虢季子白盤：『王錫乘馬』之乘作[glyph]，正與此同。」（戩考廿六葉下）

陳邦懷　「此字王徵君釋爲乘，謂象人乘木之形，甚塙。考[glyph]字所從之[glyph]，是古㯻字，說文解字：『㯻，伐木餘也。』下出[glyph]文，許君曰：『古文㯻從木無頭。』卜辭[glyph]字，从大，象人乘木上，從[glyph]，象木無頭形，蓋伐木餘也。古者伐木人乘木上，為乘之初誼，車乘殆引申誼，乘馬又車乘引申誼矣。」（小箋二十二葉下）

張秉权　「[glyph]，是乘字，从王國維釋（注一）。望乘是人名，是武丁時代下危的一員主將。在卜辭中，望是一个地名：

貞：執望人？（福一二）

所謂望人，当然是指望國的人，這和戈人（前五·三八·五），我人（珠八），老人（續二八六），長人（徵五〇七），歸人（續一三二一），雀人（甲二〇六），压人（后下二〇·一六）权人（鄴三下四三·九十四·六·七）等都是指某地的人的。望乘大概是望國的諸侯，常在王室服务。」（殷虛文字丙編考释第三〇頁）

（注一）見戩寿堂所藏殷虛文字考释二六頁

裘錫圭說參[glyph]字条下。

林澐說參[glyph]字条下。

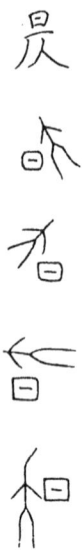

按：說文以「乘」字為「从入桀」，非是。卜辭作[glyph]，象人乘[glyph]，「[glyph]」為「㯻」之古文，「从木無頭」。林義光文源據金文謂「古作[glyph]，作[glyph]，从大象人形，象人在木上，八其兩足」，其說是也。朱駿聲說文通訓定聲謂「凡自下而升曰登，自上而加曰乘」。卜辭皆用作人名。

羅振玉　「从日在人側，象日𣅔之形，即說文解字之𣅔。徐鉉云：『今俗別作昃，非是』。今以卜辭證之，作昊者正是𣅔之古文矣」。（殷釋中六葉上）

王襄　「古昊字」。（類纂正編第七第三十二葉上）

葉玉森　「按羅氏釋昊是也。惟說仍未澈。昳之初文為昔昳，从夨作側形，乃象人影日昊則人影側也，非日在人側之意。變而作昳昳，古意失矣。（說契）（王國維氏魏正始石經殘石考謂『𣅔象日在人亦下』，與石經𣅔同卜辭）。」（前釋卷四第十三葉下）

董作賓　「夨與夨，象人影倚斜。下从日，正為日昃之義，是昊乃初文，昃反為後起之字矣。亦作昳昳，从大，即說文訓『傾頭』之『夨』，三體石經古文作夨之所本也」。（殷曆譜上編卷一第六葉上）

又曰：「从日，从夨，為會意字，大為大，人立正面之象，夨或夨，則象人影之側斜，日昃，則人影側也。說文作𣅔，易會意為形聲矣。卜辭中，昃為紀時專字，約當今下午二、三時頃也。殷人當猶知此昃字之意義，為日照人影之側斜，因而定一日之時间；則立表以覩日影之長短，因而正一歲之節候，亦可以觸類旁通者矣」。（殷曆譜下編卷四一葉下）

周清海　「我们以为，⿰人矢字当释疾。在积极方面，从字形上说，⿰人矢象人腋下着矢形，当为受兵伤之疾，小篆易大为疒，从疒从矢会意，疒亦声。从金文上看，毛公鼎殷天疾畏之疾正作⿰人矢。从字义上看，卜辞云：

癸酉卜下：咼冎凡又疾？十二月。　亿一二五

辛亥卜贞：犬冎凡又疾？　亿三八三

疾目不丧明？　亿六四

⿰人矢的用法和疒字没有分别。甲文⿰爿⺀字都是武丁时的卜辞，作⿰人矢为文武丁时的卜辞，董作宾以为⿰人矢字是文武丁时的俗体，当是对的。根据上面的分析，我们可以肯定的说：⿰人矢为疾病之疾的本义，与⿰爿⺀是古今字。

在消极方面，我们翻查卜辞，⿰人矢字全没有『疾速』的用法。这也是否定⿰人矢字的本义是『疾速』的理由。卜辞『疾速』的意思，都用⿰爿⺀字：

贞今夕其雨，疒？　佚五六五

貞今夕其雨，疒？
　今夕其雨，疒？　　　　前明二〇二
　　　　　　　　　　　人四三八

胡厚宣以为「雨」字当为动词，疒为疾病；但由前四·九·七片：「疾雨，亡匄？」看来，他的说法是不可靠的。「疾速」用疒字，只是假借，而不是引申。由此可以看出……那是疾病的专字，就是小篆的疒字。「疾速」的为疒的後起字，小篆变为疾。孔广森以疒疾为古今字，是对的。卜辞假疒为「疾速」字，经典则用「疾」字。疾的本义为疾病，假借为疾速。」（读契小记三释旅中国文字第四十一册四五六六至四五六八页）

孙海波

「昃，汇一八。日側時为昃。」（甲骨文编二八四页）

于省吾

「说文㫙「从日仄声」，徐铉谓「今俗别作昊，非是」。按契文作昃昃，滕侯昊戈作昃，古鉨文作昃，汉樊毅復民租碑作昊，犹存古文。」（诗俗书每合於古文中国语文研究第五期一三页）

姚孝遂　肖丁

「卜辞「昃」字作昃、昃、昃、昃……诸形，象日西昃时人影之倾側。说文小篆作㫙，谓「日在西方时側也，从日仄声」。徐锴系传「矢」部有「昊」字，王筠说文句读以为盖後人所增，沉之为「[illegible]」。段玉裁注云：「小徐本矢部又出昊字，则复矣。夫制字各有意义，晏、景、晷、旱之日在上，皆不可易也。日在上而干声则为不雨，日在旁而干声则为晚，然则㫙训为日在西方，岂容移日在上？形声之内，非无象形也」。段、王两家之说，均失之拘泥。

徐灏说文解字注笺云：「形声之字，固有以偏旁上下为义者。然亦有取其字体相配，不可拘墟。若如段说，㫙训日在西方，不容移日在上，然则晢（晣）训为明，晋训为进，皆为昼晴，昔为日晞乾肉，其日者当在上何以置之下乎？昊乃㫙之或体……因与吴形近易淆，故書传罕用，久而佚之。系传存此，真乃一字千金。唯入之矢部，为小误耳。鼎臣以为俗体而径删之，妄矣」。

徐灏之说，堪称允当。卜辞「昊」为㫙之初形，本不从矢，㫙为後起會意兼形声字。陈梦家先生以为「卜辞云「中日至昃」，「昃至郭」，则昃在正午以後，郭兮以前，日已偏斜，故曰昃，昃即日側。既夕礼「日側」注：「昳也，谓将过中之时」，无逸正义以为未时，即午後二时」（综述230页）。」（小屯南地甲骨考释一三八—一三九页）

徐中舒

「又如昊，甲骨文作昃，象日照人影作倾斜形。昊或作仄。说文：「仄，側

傾也。」籀文作戾，即昊之省形，从厂只是会其傾側之意。」（怎样考释古文字古文字学论集初編一七〇頁）

裘錫圭說參旫字条下。

按：卜辭昃字象日西昃時人影傾側之形。徐鍇繫傳「矢」部有「昊」字，王筠說文句讀以為蓋後人所增，譏之為「謬」；段玉裁注云：「小徐本矢部又出昊字，則複矣。夫製字各有意義，晏、景、晷、旱之日在上，皆不可易也。日在上而干聲則為不雨；日在旁而干聲則為晚，然則昃訓為日在西方，豈容移日在上？形聲之內，非無象形也。」段、王兩家之說並誤。徐灝箋云：「形聲之字，固有以偏旁上下為義者，然亦有取其字體相配，不可拘墟。若如段說，昃訓日在西方，不容移日在上，然則「晰」訓為明，「晉」訓為進，「晵」為晝晴，昔為日晞乾肉，其日皆當在上，何以置於下乎？昊乃昃之或體……因與吳形近易淆，故書傳罕用，久而佚之。繫傳存此，真乃一字千金。惟入之矢部為小誤耳。鼎臣以為俗體而徑刪之，妄矣。」徐灝之說是對的。據卜辭，昊為昃之初形，昃為後起會意兼形聲字。卜辭云：

「昃至（臯）兮其雨；臯兮至昏不雨」 粹七一七

「中日至昃其雨」 掇一·三九四

郭沫若粹七一七考釋釋「昃」為「昏」，蓋偶失察。陳夢家謂「中日、昃、郭兮、昏是先後為序的」（綜述二三一）。書無逸「自朝至于日中昃」，正義以為「未時」，則今之下午二時許也。

0241 

張秉权

「扴，象人執戈之形，乃戍字。說文十二下，戈部：『戍，守边也，从人持戈。』与此字形正合。」（殷虛文字丙編考释第二八六頁）

0242 

按：契文「戍」字作「𢦏」，與此有別，釋「戍」非是。卜辭累見「子扴」，乃人名。

按：字不可識，卜辭用為人名及地名。

0243

[甲骨字形]

按：字不可識，卜辭用為人名。

0244

[甲骨字形]

金祥恆續甲骨文編四卷三葉下收此作瞂，其說未聞。

李孝定「說文『瞂盾也从盾犮聲』詩秦風『蒙伐有苑』，毛曰『伐中干也』，是以伐為瞂也。方言『盾自関而東謂之瞂，或謂之干，関西謂之盾』，是字又作瞂。玉篇瞂又作瞂，通作伐，覈之卜辭，當以瞂為正字，瞂為後起形聲字，伐則段借字也。絜文象一人左持干而右執戈，篆文者去人形耳，釋為瞂應可从。辭云『癸酉卜㱿貞雈于翌甲戌瞂』乙五七九八。瞂於此為動詞，其義不詳，疑或段為伐。」（集釋一二〇五葉）

張亞初釋戒，參此𠦪字條下。

按：李孝定說解此字之形體是對的，但釋作「瞂」、疑段作「伐」則不可據。

0245

並

[甲骨字形]

羅振玉釋竝無說。（增考中五十三葉上）

王襄「古竝字。」（類纂正編第十第四十八葉上）

唐蘭「卜辭㚘字舊不識，今按即竝字。」（導論下五十三葉）

丁山　「《水經·泒水注》之鉼鄉亭當即殷竝氏故地矣。」（甲骨文所見氏族及其制度二五葉）

又曰：「竝并本是一字，竝象二人併立，并則象二人側立形。」（甲骨文所見氏族及其制度一一四葉）

姚孝遂　肖丁　「㚘即竝之异体，乃占问用『异』祭及『彭』祭于祖丁及武丁之事。试比较下列辞例：

『匕庚氏竝彭』

『中丁氏㚘彭』

不仅可证明㚘与竝同字，亦可证明用为连词。」（小屯南地甲骨考释六一页）綴 佚 1.416 878

李孝定　「《説文》『竝，併也，从二立。』契文同。辭云『七日己巳夕蛩囗有新大星竝火』後·下·九·一，言有新發見之大星與火星名相竝也。『囗今日竝新鬯』後·下·九·七，鬯為鬯酒，常以鬱和之，竝新鬯當即和鬯之事。或為人名，『王令竝』甲編·六〇九是也。金文作𥪫竝爵，與契文同。」（集釋三二五三葉）

考古所　「㚘：可能为祭名，唐兰谓即竝（導論下五三頁）可备一说。」（小屯南地甲骨八四一頁）

彭邦炯　「竝在甲骨文中用法主要有二：一是作动词，如：『贞庚岁竝酒』『弜竝酒』（佚八七五）。『今日竝新鬯』（后下九·七）。『囗有新大星竝火』（后下九·一）等都是；其二是作名词（人名或国族名），这是最多的，据不完全统计达四十多条。从有关记载看，竝是殷代一个有名的大民族，即丁山在甲骨文所见民族及制度中讲的『竝氏』。但他认为陈留并乡即其殷代竝氏故地恐非。……而完全有可能在今山西省境内……商代竝氏故地定在今山西省中部一带，或许就在今太原、石楼一带地方。……清代介休与今日同，在今山西中部的太原西南与石楼的中间。汉置并州，以后历代时置时废，太原、介休、石楼一带均是并州的中心地区。因此，并州的由来似与竝氏也有一定关系。」（竝器、竝氏与并州，考古与文物一九八一年二期五〇至五二页）

孙海波　参汰字条

常正光說參 字條下。

饒宗頤說參 字條下。

按：竝象二人並立形，典籍「竝」、「并」混同無別。段玉裁「併」字注云：「竝古音在十部，讀如旁，併古音在十一部，讀如并，竝併義有別」。段氏蓋謂「竝」義為「依傍」，併義為「兼并」，其說是對的。但不知「併」實「并」之累增字。契文并作𠤎或作𠤎，本从二人相兼并之形，復从「人」作「併」，是為贅肬。

0246

扶

王襄　「古扶字。許說竝行也，从二夫，輦字从此，讀若伴侶之伴。」（類纂正編第十第四十八葉上）

李孝定　「說文『扶左也从手夫聲𢼊古文扶』契文象二人相扶持之形。古文大天夫均象人形，偏旁中每得通用。篆文又省一人形而存其手，易『天』為『夫』，遂為扶耳。如契文般字通作服，然亦有作𣪘者象人操舟形，省去人形之大，存手執杖形，遂作服矣。說文訓左，左即今佐字，乃扶持之引申義，又誤以會意為形聲，失初誼矣。辭云『戊子其留（暮）叀扶用十月』其義未詳。金文扶卣作𢪛、扶鼎作𢪛，均从又。鼎文从手為又之形變，非从支也，然為許書古文从支所自昉。从又从手於偏旁中亦得通也」。（集釋三五五五葉）

按：釋「扶」不可據。字不可識，其義不詳。

0247

因

饒宗頤　「『戊子卜，子貞：今朙啟因』。（後編下四三、三）按今朙謂今日及明日。因，仍也。此卜今明兩日之晴否」。（通考七三八葉）

考古所「因：此字外围之方框有時又作井形，方框中之人有时又作亻、大与亻皆为人，一为正視形，一为側視形，故因与[illegible]应为一字。」（小屯南地甲骨九二三頁）

王襄「古因字。」（類纂正編第六第三十葉上）

张政烺「殷虚甲骨文有冄字，也写作因；有冄字，也写作囚。冄、井二字构造相似，似从井或从口，其中一从正面人形的亻。（参考《甲骨文编》二七六及三四七页）前一字学者皆释因，对字义无说。后一字常見者多作冄，字书所无，多异说。孙治让释刑（《契文举例》卷下），唐兰从之；商承祚释因（《殷虚文字类编》卷六），郭沫若、叶玉森、孫海波从之；丁山释死（《集刊》一本二分《释疒》），胡厚宣採用其说，并作《释井》（《甲骨学商史论丛》初集）以申明之，于是学者多从之者。然甲骨文自有死字，与金文及小篆同，如：

戊午卜，贞：不刖。乙四八六〇

己卯貞：复：：[illegible]，四月。缀八五

口卯貞：子妥不[illegible]。集二一八九〇

姚孝遂《吉林大学所藏甲骨选释》中说：刖[illegible]都毫无疑问应当是死字，其本义乃指死亡而言。……如果释冄为死亡之死，不仅卜辞已有死亡之死的本字，而且『徙井』一辞也难以解释。（見《吉林大学社会科学学报》一九六三年第四期八二—八三頁）。

姚氏的看法是对的，冄决非死字。

我在一九六五年四月二十三日写过一篇《释甲骨文俄隸蕴三字》（見《中国语文》一九六五年第四期），把冄读作蕴。当时本来是要写封信回答曾毅公同志，没想到发表，兴之所至越写越长，看來也『持之有故、言之成理』，遂交给《中国语文》编辑部了，故所用材料不全，有些意見没说明白。刊出后，見者大哗，传为笑柄，我很希望能出現批驳的文章，我好再写篇回答，把问题谈清楚，不久果然有了，可惜『文化大革命』开始了，这篇批驳的文章已经排印，未能发行，我写回答的文章也不能实現。

冄读为蕴，我认为不错。我的故乡山东省莱阳县的口语中有蕴这个词，义为掩藏。我们知道人死是一件坏事情，世界许多民族的语言中常有忌讳死的习惯，我的故乡谈论老人，用『早埋了』代替『早死了』，谈论儿童用『丢了』（即抛弃了）代替『死了』。在古书上也有，《韩诗外传》卷八第二十四章，记载孔子答子貢论『休』，说『学而不已，阖棺乃止』，杜甫《

君不見簡苏徯》说「丈夫盖棺事始定」，圂棺、盖棺皆指人死。这都是用处理尸体的方法来代替说明死。刘向《新序》卷四：

晋平公过九原而叹曰：嗟乎！此地之蕴吾良臣多矣，若使死者起也，吾将谁与归乎？……

这里的蕴字作埋葬讲，是处理尸体的方法。所以冄读为蕴可以引申出死的意思。死作主要动词常指自死，或是天灾人祸造成的后果，并非处死，决不包含预谋杀害，因此卜辞中有许多条冄释死讲不通，如果把它释为蕴，解为埋（古书时用瘗字），便文从字顺了。例如：

甲辰卜，争，贞：缶其冄。　诚三四六

戊申卜，殻，贞：缶㞢其冄贝。　前五·一〇·四

缶是人名。两辞相隔三日，当是一回事，前一条冄后的贝字省略了。贝在殷代是宝物与龟玉同珍，可以蕴椟而藏，也用以殉葬，安阳发掘曾出土许多贝。所以这个冄字是蕴藏人间或瘗埋地下尚不敢定，但敢断言它决不是死字。

丙午卜，争，贞：七白马冄，隹丁取，二月。　钾三五一二

这是贞问要埋七匹白马，在丁（未）这天选取。按《礼记·檀弓》孔子曰：「敝帷不弃，为埋马也。敝盖不弃，为埋狗也。」可见古人对犬马的埋葬也有一定仪式。

囗丑卜，贞：王梦㞢冄大虎，隹（囙）。　集一七三九二

按卜辞文例同者有「庚子卜，賓，贞：王梦白羊，隹囙」（集一七三九三），可据补缺文。又有「贞：王梦㞢施□十」（集一七三九一），施□是裂□而陈列其躯体。冄大虎如果说为死老虎殊无意义，冄释为蕴，解为埋，则「冄大虎」与「施□十」类似，盖王意造成的后果，故禜于怀，虽睡梦犹恐其报复。

勿步。今日冄豕。　掠一六九〇

蕴豕是埋牲，这大约是为了祭祀。《礼记·礼运》：「故先王秉蓍龜，列祭祀，瘗缯，」郑玄注：「埋牲曰瘗。」《说文》：「瘗，幽薶也。」

贞㞢疾，羌其冄。　前六·二·五

贞羌亡其冄。十一月。　钾三一

殷王有病，卜埋羌以祈福，这里羌是作为祭品看待的。亡其冄是不埋。

囗亥卜，贞：⺀……冄艮不。　集一七〇九六及一七一三九。

这是卜问是否埋俘。古代埋牲不専为鬼神，生人也可掘出食用。《礼记·内则》讲到吃「肉腥」即生肉，列举有麋鹿、魚、麕、野豕、兔等，其中「兔为宛脾」，郑玄注「宛或作鬱」，陈乔枞《礼记郑读考》案语：「宛与菀通，宛菀鬱三者义同。《诗·晨风》「鬱彼北林」传云：「鬱，积也。」……《风俗通》云：「菀，蕴也，言薪蒸所蕴积也。」《尔雅》宛丘《释文》云：

『宛謂蕴聚隆高也』。」经文『切葱若薤，实诸醢以柔之，』郑注『釀菜而柔之以醢，杀腥肉及其气，今益州有鹿矮者，近由此为之矣』。陆德明《音义》『矮，于僞反。益州人取鹿杀而埋之地中，令臭乃出食之，名鹿矮是也。』蛋白质埋久了，氨基酸发生变化，产生奇臭的气味，有人喜食臭豆付，臭干酪，都是由于爱好这种气味。蕴豕、蕴羌、蕴俘和埋造鹿矮一样，就是要它产生这种莫名其妙的气味。

口口卜，口，贞：其俄百人井。 综一六八八

俄是鋸掉人的一只脚，这种残废人古代用来守门。俄不是死刑，殷王不用俄刑杀人，客观上俄也不会造成人的大量死亡。这是卜问鋸一百人的脚并把它们埋起来。一次埋这样多人，安阳侯家荘大墓和附近排葬坑中曾发現过。

贞：俄寨八十人不𡆥。 《中国语文》一九六五四期二九六頁

俄寨是鋸掉一只脚的奴隶。这两条卜辞占问是否埋一百个或八十个一只脚的人，其目的是安排他们在地下为已死的統治者守门。

庚辰卜，王。朕𠛱羌不𡆥。 𡆥·十二月。 前四·二八·七

𠛱象用刀把男子的生殖器割下来，即古代所谓宫刑。《说文》：『斀，去陰之刑也。』古书上也写作劅，或即此字。𠛱羌是受过宫刑的羌，可以在宫廷服役。𡆥即𡆥，加四点埋义尤显。在这条卜辞中，蕴为埋为死义皆可通，联系前两条卜辞考虑，似埋义为勝。蓋死是自动，而埋则由王决定。

丁酉卜，王，贞：勿𡆥。[illegible]（曰）：不其（𡆥）。 集二一三七〇

（王）固曰：吉，勿𡆥。 乙三一四八

这两条卜辞𡆥在勿字后，释死则文理不通，释蕴，又为埋，可无语法问题。

贞佳羽甲其𡆥。 甲三三八五

这是按照礼俗贞问在下一个甲日埋，不可能是贞问某人是否在一个特定的日子里死。

贞：𡆥。 集一七二四七

此片仅二字，𡆥解为埋是行礼，释死嫌无主名。

壬寅卜，殻贞：帚好冥不其妫。王占曰：[illegible]不妫。其妫。不吉于手，若兹迺𡆥。 乙四七二九

这是贞问妇好分娩的吉凶，王判断说：孩子手不好，像这样就𡆥。𡆥如果释死，文理不顺，释蕴是埋，是杀婴的一种办法。

魯妫，九妫，征𡆥。 、甲三〇〇〇

卜辞记生育常見妫和不妫，有辞云『不妫惟女』（乙七七三一），则妫或是男（参 胡厚宣《

殷代婚姻家族宗法生育制度考》，見《甲骨学商史论丛》初集一，故杀婴事可以緩。

卜辞中冄字（可参考合集一七〇六一—一七一六七片），从形音义三方面考察当释为蕴，其本义为藏，埋是引申义，而人的死用冄字来表示则是由埋义再引申出来的。

因字在卜辞中出現的次數少，而且都是早期的用法和冄相同，也有藏、埋、死三义。但按之《尔雅》、《说文》其音早有分化，从周到汉已经把收音的辅音——n丢掉了，分别写成翳、瘗、殪三字。

甲子卜，子，貞：今羽啟因。　后下四三．三

貞：□，不因，辛囧。壬午王：：：　佚五七七

这两条是关于气象的卜辞，因读为翳。《毛诗．邶风．终风》：「终风且曀，不日有曀」，又「曀曀其阴」，《尔雅．释天》：「阴而风曰曀」，刘熙《释名．释天》：「曀，翳也，言云气掩翳日光使不明也。」曀是后起的形声字。

壬子卜：其俄□不因。　存一．二二八

这一条和前引卜辞「朕□羌不冄」（前四．三八．七）文例相同，意思应当是一样的。俄是鋸掉人的一只脚，□是人的族名或类名，俄□和□羌，俄隶身份相似，而不因和不冄相当，这个因当读为翳，也就是瘗。《尔雅．释天》：「祭地曰瘗埋」，孙炎注「瘗者翳也，既祭翳藏地中。」祭地的问题姑置不论，由此可見翳藏引申为瘗埋汉代人是清楚的。

己丑卜，帚，貞：光不因。　乙七五七

癸未卜，貞：戠不因。　前五．三八．三

癸未卜，貞：𢦏子不因。　金六七九

光、戠、𢦏子皆是人名。这几条因字的用法和一般的冄相同，自然有的可以理解为死。这也是从瘗埋义引申而来的，但在周代已造殪字，《尔雅》、《说文》皆言「殪，死也。」刘熙《释名．释丧制》：

殪，翳也，就隐翳也。

隐翳与蕴藏义近，这也是以处理尸体为死亡。《毛诗．大雅．皇矣》「其菑其翳」，陆德明《音义》：

翳，于计反。毛云：「自斃为翳」。……《韩诗》作殪云：「因也，因高填下也」。

《韩诗》多存古义，以因训殪尤見本源。《汉书．食貨志》：

太倉之粟陈陈相因，充溢露积于外……陈陈相因是久旧叠压，按《说文》「蕰，积也」

可見因蕴义同，而「因高填下」也正是瘗，引申则为殪。

現在考察一下字形，冄、冄二字所从的冄是什么？商承祚说「象因闌之形而纳人其中。」

郭沫若说象「人在井中」（《卜辞通纂》四九三片）。丁山说「象人在棺槨之中」。我的看法，井是木椁也作棺材用，其加四小点者，尤见掩埋之义。《论语·子罕》「有美玉于斯，韫椟而藏诸？」又《季氏》「龟玉毁于椟中」，可见古人韫物于椟。《左传》记载鲁昭公二十九年因为马死了，「公将为之椟」，杜预注：「为作棺也」。而秦《诅楚文》责楚王「拘圉其叔父，寘诸冥室椟棺之中」，可见椟与棺相似，是一种大木櫃，可以容马或人。把井解作椟而不说成棺，语义範围大些可能更符合事实。汉代人写口先横后直，笔顺和井字同，皆是四划（参考桂馥《札樸》卷九桂氏条），其与因遂不可辨，曾发生一点混辞，《说文》皿部：

昷仁也。从皿，以食囚也。官溥说。

朱骏声谓「凡温良、温柔字经传皆以温为之。方氏以智曰：「字当从日训煗」，存疑」。（《说文通训定声》卷十五，屯部）。盖以皿食囚之说牵强附会，学者多已怀疑，惟以不识其字不敢定为形声字。

最后，说一下其和其两个字的关係。其和其结构相似，辞义相同，已如上述，为什么要造两个字？回答这个问题须要从声音考虑。其其声母相同，韻部相近，如果把它连结起来恰好是一个词，汉代有絪緼、烟熅、壹鬱等不同写法（参考《辞通》卷六，十二文），宋代的文字学家张有称作联緜字（見《复古编》卷下，收壹壺二字）……」（古文字研究第十二辑七三—七八頁）

0248

宊

陳初生「甲骨文作因、因，象茵席带有编织花纹之形，是「茵」（车垫）的本字。金文作因、因，小篆作因。說文六下：「因，就也。从口大。」」（商周古文字讀本三七一頁）

按：字當釋「因」。張政烺論其形、音、義之流變甚詳。其見解是正確的。

按：合集二七二五八辭云：「……于宊叀今羌甲日鼎」

「宊」當為宗廟建築之類。

0249

亢

按：釋「亢」可備一說。說文：「亢，人頸也。从大省，象頸脈形」。其或體作「頏」。契文「亢」不得謂象頸脈形。

合集一〇三〇二辭云：

「令亢往于㚔」

佗三一二辭云：

「己酉卜，攸亢告攸商」

均用為人名。

0250

刖 俄

羅振玉「說文解字：『陵，大𨸏也。从𨸏，夌聲』。案陵訓乘（廣雅釋詁四）訓上（漢書司馬相如傳集注）訓升（文選西京賦薛注），故此字象人梯而升高，一足在地，一足已階而升之。」（殷釋中六十六葉上）

王國維「說文『夌，越也，从夊，从兴』。又：『陵，大𨸏也，从𨸏，夌聲』。按陵者，夌也，（廣雅釋詁『陵乘也』意同）其字卜文作，或作，或作，羅氏以為象人梯而升高，一足在地，一足已升之形，而阝（即梯形）與古文𨸏字之形相似，故金文或变而从阜，如散氏盤作陵从阜，陳猷釜（我國時物）作陵則又从阜从土，不嬰敦蓋銘作陸从阜从二人，各左土上相系者，亦升高之意，一人左上土，一人左下土，亦猶陵字之一足左上，一足左下矣。古者陵夌本一字，大阜之須陵越者謂之陵，猶高地之須踰越者謂之踰矣」。（文字編十四卷四葉下引）

王襄「古陵字。許說大𨸏也。此象大阜之旁人翹足欲登之形，有陵躐之誼」。（類纂正編第十四第六十一葉下）

孫海波「，乙二七三〇。疑陵字別構。」（甲骨文編九四三頁）

孫海波　「〔字形〕，前六·二〇·一。卜辭陵从大，象人梯而升高，一足在地，一足循級而登之形，陵之初文。」（甲骨文編五三四頁）

张政烺　「这个字是会意字，或者说复体象形字，甲骨文里常见，殷虚文字乙编二七三〇片最清楚，其形如：〔字形〕，左旁的大一腿长一腿短，说明一只脚已割去了。右旁的锯脚的工具〔字形〕，甲骨文里渐独立存在，如殷虚文字甲编二二七四、二三六三、二三七七、二三八二、二八二五片都写作〔字形〕，这是第一期晚期的一种流行写法，事实上就是「我」字。甲骨文里「我」字一般都写成〔字形〕，已经规范化了，〔字形〕〔字形〕的象形意味比较多一些，形体结构基本上是一致的。上举甲编各条〔字形〕字的用法一致，是一个动词，如：

盟□卅牛不〔字形〕　甲编二三八二

意思是说祭祀用的二十头牛不割开（用全牛）。〔字形〕是一种割截的工具，也用它来说明割截的动作，古人用字往往如此。〔字形〕从大从我，由字形看当是俄字。……俄是人截去一只脚，自然立不正（倾斜），呆不久（俄顷）。」（释甲骨文俄、隶、蕴三字，中国语文一九六五年四期二九六页）

李孝定　「說文「陵，大𨸏也。从𨸏夌聲」契文象人拾級而登之形。古文从〔字形〕之字每变而从夂，篆文从夌即〔字形〕之形譌，羅氏釋陵可从。字在卜辭似為人名。辭云「□卜爭□陵往□隹□」前六·二十·一「貞陵寇不□」前六·五五·五「辛卯卜殼貞陵□」前七·九·四是也。金文作〔字形〕散盤〔字形〕陵弔鼎〔字形〕陳猷釜略同。容氏金文編陵下又收作〔字形〕不嬰簋〔字形〕陵子盤〔字形〕伯陵鼎數文，契文亦有〔字形〕前六·三四·字，隸定之當作陖，與容氏陵下湊數文同，釋陵似有未安，茲未敢从。又汝續文編陵下並收〔字形〕字，似當隸定作陞。古文从大从人之字固每得通，然〔字形〕形與陵字形體迥異，釋〔字形〕似有可商也。」（集釋四一三一葉）

胡厚宣　「殷武丁时甲骨卜辞中，有字作〔字形〕、〔字形〕、〔字形〕、〔字形〕、〔字形〕、〔字形〕、〔字形〕等形。字的一旁象锯，或以手持锯。〔字形〕〔字形〕〔字形〕〔字形〕象锯形，〔字形〕〔字形〕〔字形〕亦锯形而属于刀类。〔字形〕〔字形〕〔字形〕所从之又，即手，象以手持锯形。一旁从正面人形「大」，一足長，一足短，有的仅长足有趾，另一短足的趾没有了。尔雅·释言「趾，足也。」字林「趾，足也。」诗麟之趾，毛亨传，「趾，足也。」整个字，象用锯或以手持锯，截断人的一足之形。用文字学上「三书」的结构分析起来，应当是一种象意文字。

……

但甲骨文这个相字，我以为当是說文九字的古文樣，也就是九字的重文，乃是刖刑字的最原始的文字。」（考古一九七三年第二期一〇八頁）

考古所 「⿰大矢：当与炏字為一字之异。」（小屯南地甲骨一〇二一頁）

林沄说参廾字条下。

按：釋「俄」是正確的。象刖足之形。

0251 ⿰矢大

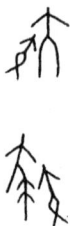

王襄 「古疾字。段茂堂先生云矢能傷人。此疾字从人从矢，文曰：允疾四日。為卜疾病之事。」（簠室殷契類纂正編第七第三十五葉下）

葉玉森 「□象一文腫人衰卧一大人足下。雖未施以撲敎，以𠬝（效）字誼，而疾惡之誼已顯。疾即仁之反誼也。……□之初訓，必為荀子大畧篇疾惡之疾，即今文嫉，病亦人所疾惡者，故引申為病為患為苦，因客氣中人急疾乃成疾（釋名），故又引申為急。」（說契五葉下二行）

孫海波 「□，乙二九。說文疾，病也。从疒矢声。卜辭疾病之疒作疾，受兵傷之疾作疾，象人腋下著矢之形。非从矢得声。」（甲骨文編三三〇頁）

孫海波 「□，粹一五六八。郭沫若释疾。」（甲骨文編七八八頁）

李孝定 「說文『疾，病也。从疒矢聲。𤵸古文疾。𤺋籀文疾』。葉氏釋此為疾是也，而其說則非。即令契文疾（實應隸定作□）所从為文，亦非橫卧大人足下，與渠所举□字當释『夾』亦非『仁』字初無二致。然則卯巽疾惡之說皆由心造，葉氏說字多此之比，不足為訓也。字實象矢著人肌下之形，其本義為疾速，引申為疾病，說詳前疒字條下。誠如葉氏之言，則疾惡之義又安得引申而為疾病若急速之義乎。金文𤺋疾字除前引毛公鼎、齊侯鎛二文外，十三年上官鼎作□，原辭

似為人名，其義無可說，其形則與[illegible]文同，與[illegible]本非一字也。」（集釋二五二五葉）

赵诚「疾，甲骨文写作[illegible]，或写作[illegible]。均象矢「箭」射向人之形。本义似为人受外伤。卜辞用来表示急速、赶快之义：

疾归于牢。（粹一五六八）——赶快归于牢地。

从现代词义观念来看，「人受外伤」和「急速」之间没有意义上的联系，则疾用为副词只是借音字。如果当时的人们认为被矢射伤包含有急速之义，则疾用为副词为本义之引申。」（甲骨文虚词探索，古文字研究第十五辑二七七页）

于省吾说参爿字条下。

按：卜辭「疒」與「⿰爿大」可通用，但不同字。于先生已詳論之。參見「爿」字條下。

0252

[illegible]

張亞初說參[illegible]字条下。

按：字不可識，其義不詳。

0253

⿰弓大

李孝定「从弓从大，說文所無。疑夷之古文。」（集釋三八四七葉）

于省吾「馬敘倫謂[illegible]字即說文之⿰弓夫字，⿰弓夫乃⿰弓夫之讹」（金器刻辭五十頁）。李孝定謂：「从弓从大，說文所无，疑夷之古文。」（甲骨文字集释第十二卷三八四七页）按馬、李二氏之說均未免舛误。甲骨文自组卜辞的卜人名作⿰弓大或⿰弓大，也省作[illegible]。商器簋文作[illegible]，父癸觶（近年甘肃灵臺白草坡出土）作[illegible]。据古文字从大和从人之有时互作，则⿰弓大即玉篇弓部训⿰弓人为「挽弓」的⿰弓人字（旱忍切）。但玉篇不知⿰弓人即引之初文。而又误训引为「开引」。广韵轸部谓「引同⿰弓大」

甚是。因此可知，引乃后起的省化字。」（释从天从大从人的一些古文字，古文字研究第十五辑一八五至一八六页）

按：字隸作「弜」，于先生據廣韻以為「引」之初文。卜辭用為人名及地名。

0254 臭 [illegible]

唐蘭「臭字，卜辭地名。似从良聲，其本義未詳。」（文字記四四葉）

按：合集二四二四八辭云：「癸丑卜，行貞，王其步自臭于[illegible]，亡巛」用為地名。

0255 奀 [illegible]

按：合集二二四一〇辭云：「乙酉卜貞：……奀不囚」用為人名。

0256 犾 [illegible]

白玉峥「所引一四九．四版，乃龟腹甲之残余，为第一期武丁时之遗物。兹将原辞今译如左：

贞：翌甲申，子大圉[illegible]？

子大：本辞除见于本版外，他如

1、乙卯卜，争贞：子大……？ 乙三八九五

2、贞：子大逐鹿？ 乙四九一〇。

3、……知子大……？（甲三七九二）

4、貞：勿知子大？（掇合三九。明一八三七）

5、子大亡巡？

右录卜辞五版，皆为第一期武丁时物，可由贞人、事，及各版之书法、风格、词例等，寻得证明。又「子大」之文，于卜辞中，亦间有作合文者，如：

6、庚辰卜，狄贞：于杆大吉？（甲一五三一）

7、弜犾用其弦？（南明五六九）

右「子大」合文二版；然亦可释为「大子」。大子一辞，亦见于卜辞，如中央图书馆所藏甲骨文字第七十二版。惟南明五六九同版合文「祖乙」之文例逆之，确当释为子大，不容置疑。但此合文之子大，为第三期廪辛、康丁时之遗；此可自贞人狄，及其、用二字之书法得到坚确之证明。

彦堂先生曰：「子，在卜辞之涵义：一曰干支字，二曰地名字，三曰妇子字，四曰贞人字，五曰王子字，亦曰封爵字」（五等爵在殷商原刊史语所集刊第六本四一三至四三〇页）。据「王子字」之例，此「子大」当为殷王之子。据「封爵字」之例，此「子大」当为子爵之名大者。然则武丁时有方国曰大，或大方者，是其采邑矣。史记殷本纪，商为子姓。是又可释为姓子名大矣。就玉峥观察卜辞所得，此三者皆是也。周为封建国家，而周之封建制，其所以然者，盖原于殷商也。就卜辞之诸子言，其多与方国地名同者，其若干史官及贞人，亦与方国、地名相同，此无他，盖商至后期，尤自盘庚迁殷后，封建制度完全确立，且多为同姓诸侯，故于卜辞中，有如许之子也。第二期之贞人大，或其后裔，服务于王朝者；第三期之子大，或为第一期之子大而享祭者。此考之于卜辞之文例，凡祭享先公先王先妣等，其先公先王先妣之名，类以合文书之；其或未为合文者，乃其变例也。又凡称引在世生人名者，例皆无以合文为之者。类此例证，各期之卜辞中俯拾即是，兹不赘举。」（契文举例校读中国文字第八卷第三十四册三七一四——三七一六页）

按：上引白玉峥說，當移錄於「于」字條下，與「犾」無涉。「犾」非「子大」合文。合集三二五六三辭云：「弜犾用其弦」似用為方國名。

0257

⿰大井

孙海波　「□，甲二九四七。或从井从大。大亦象人形。」（甲骨文编三四七頁）

夏渌释凶，参□字条下。

按：「⿰大井」在卜辭為方國名。

0258

頾

裘锡圭　「这个字也见于卜辞：

　惠□□令监口？（殷契摭佚续编一九〇）

　惠口□令监凡？（宁沪一·五〇〇）

从文例看当是人名，与见于金文之图形文字者大概属于一族（商代人名往往即其族氏）。郭沫若同志说这个字象人『口旁有须』，甚是。说文：『髭，口上须也』。盂鼎有□字，当是在□字上加注此声而成，与前举『凤』『耤』诸字同例。所以这个字应该是髭的象形初文，与吴字并非一字。又文中所举『口中有齿』的人形，也不象吴的异体，可能就是齿的繁文。」（读安阳新出的牛肿骨及其刻辞，考古一九七二年五期）

按：釋「髭」是正確的。卜辭用為人名。

0259

按：卜辭「子□」多見，用為人名。

0260

走

羅振玉　「夭屈之夭，許書作夭，與古文傾頭之矢形頗相混。此作𡗕，石鼓文从走諸字皆作𧺆，與此正同。古金文亦然，無作夭者」（殷釋中五十五葉下）

王襄　「古夭字。許說屈也，走字所从」（類纂正編第十第四十七葉下）

严一萍　「甲骨文有𡗕字，罗振玉曰：夭屈之夭，许书作夭，与古文傾頭之矢形頗相混，此作𡗕，石鼓文从走诸字皆作𧺆，与此正同，古金文亦然无作夭者。

案夭字在一期卜辞中为地名：

貞：王往夭戋至于㝊𢓊。乙七八六

至三期卜辞中则为服务王朝之官名：

庚申貞：其命亚夭马。屯甲二八一〇

後編下四·十三则为单字，其义未详。

李孝定　「説文『夭屈也从大象形』契文夭象走時兩臂擺動之形，羅説是也。金文从夭之字如走作𧺆盂鼎 𧺆令鼎 𧺆師兑簋 𧺆休盤 𧺆食仲簋 𧺆 𧺆大鼎 𧺆延簋 𧺆周公簋 奔作𧺆盂鼎 𧺆克鼎 𧺆周公簋 𧺆效卣 均作𡗕，與契文同，無作夭者，小篆乃形譌也。字在卜辭為人名，辭云『庚申貞其令亞夭馬㠯』集』甲編二八一〇。亞馬為職官之偁，夭㠯則其私名也。或為地名，辭云『貞王往夭戋至于㝊𢓊』乙七六八是也。後下一辭僅餘殘文夭字未詳其誼。」（集釋三二一九葉）

龙宇纯　「甲骨文有一辞云：

庚申贞，其令亚𡗕馬口（甲编二八一〇）

𡗕馬二字相连，或释为走馬，似乎更是走省作𡗕的明证，即使退一步说，走并不能作𡗕，然而由奔走二字仍可知『𡗕』代表奔走的意思。走字金文作𧺆，奔字金文作𡗕，表示奔走之意的主要是𡗕。尤其大鼎走馬字作𡗕，象人奔跑於路中，并不以从止来表示奔走的意思；𡗕表示奔走之意便更无可疑。复就字形言，𡗕象人上下其手，也正是奔走的样子。」（甲骨文金文𥫗字及其相关问题，历史语言研究所集刊第三十四本下册四二二至四二三页）

赵诚　「𡗕，走。象人急走或奔跑时，两臂前后上下甩动之形，其本义相当於现在的跑。

甲骨文用来表示急行、快走，似仍用其本义，如「[字形]」……（丙四〇三）。卜辞也用作急驰之义，则为跑义之引伸，如「[字形]」（令亚走马——命令亚策马快走）（甲二八一〇）。

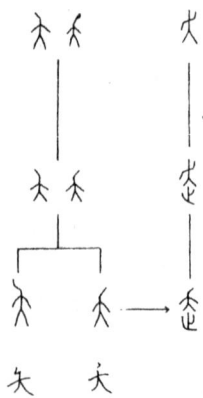

（甲骨文简明词典三四五页）

按：[字形]當釋走，諸家釋夭皆非是。其形體與「夨」、「夭」均有關，須加以詳辨。

一，與夨字之關係

金甲文夨字作[字形]、亦作[字形]，不分左右。篆文則夨作[字形]，夭作[字形]。容庚釋[字形]為夭，謂「夨象頭之動作，夭象手之動作」；陳夢家釋[字形]為夭，謂夨、夭皆「象人頭傾側之貌」。容氏強調其異，陳氏強調其同，皆得其偏，而未得其全，所釋均誤。

就金甲文而言，[字形]、[字形]均為「夨」字。小篆分化為「夨」、「夭」二字。「夭」字晚出。就小篆而言，其形體來源於夨，而分化作「夭」。其源與流之關係，必須嚴格加以區分。否則各執一偏，誤入歧途。

二，與夭字之關係

小篆「走」字从「夭」，乃形體之訛變，亦為形體之混淆。說文：「走，趨也。从夭止」；又：「奔，走也，从夭賁省聲」。金文「走」字作[字形]，亦或作[字形]；「奔」作[字形]，或又作[字形]。然則顯而易見：「夭」乃[字形]之形訛。其形體既經訛變，則與金甲文夨字相混，而又造成「走」、「奔」所从與「夭」字相混。清代學者由於「走」、「奔」从「夭」不可解，鈕樹玉、王筠、孔廣居、徐灝等皆以為「走」、「奔」當从「犬」，取犬善走之意以曲解之。

三，與走字之關係

契文[字形]即「走」之初形。商代玉器銘亦作[字形]（見雙劍誃古器物圖錄）。金文「走」及从「走」之字作[字形]，或亦作[字形]，增「止」或「彳」為文字演化中所習見。篆文作[字形]，訛變為从「夭」从「止」。徐鍇繫傳謂「走則足屈，故从夭止會意」，支離牽傅。清代學者不知其形訛，又以从「犬」取犬善走說之。實則「走」本象人趨走時手臂搖曳之形，與「犬」無涉。

其形體演化之過程如下：

[字形]——[字形]——[字形]

[字形] [字形]
|
[字形] [字形]
|
[字形] [字形] → [字形]

夨 夭

其源流有別，釋犬為「犬」非是。

　甲二八一〇辭云：「其令亞走馬」，「走」乃趣馳之義，與詩緜：「來朝走馬」之用法同。大鼎之「走馬雁」，「走馬」則為職官名，猶周禮之「趣馬」。讀「走馬」為「趣馬」，義亦可通。屈萬里將另一段刻辭混入讀之，釋犬為「犬」，謂犬乃亞之私名，李孝定集釋亦同此說，殊誤。

0261

按：英二六七四辭云：「□子曰□」用為人名。

0262

按：字不可識，其義不詳。

0263

按：字不可識，其義不詳。

0264

葉玉森「桉予旧释鬼之奇字。□象鬼头，□象耳飾，大象身臂股形，（殷契鉤沈）殷虛卜辭第二千六十二版之□，与藏龟拾遺第十一页十六版之□为一字。□乃□之側面形，男、□亦同为鬼字，从人从□，与从大並同。近得闻宥氏书，谓□象一人戴假面形。假面在原始民族为习用之具，南非土人所作与此形甚相似首。据安得利氏之說，自暹羅、緬甸、馬來半島起，以至于中国及其東北，实为此物发达之一大中心，而我国文献所傳惟两目为倛，四目为方相之說，旦言之亦不甚詳。度其性質實已為原始辟邪假面之演化，其他若舞蹈、战争時所用者，則唐宋人书所纪，为時益晚云云。按，聞氏之言可覘古俗，故附箸之。」（殷虛書契前編集釋七卷廿五頁）

余永梁　「《說文》『兜，兜鍪首鎧也。从𠒎从皃省，皃象人头形也。』此象人戴冑形，殆是兜字。金文有此字作□，同部『冑，兜鍪也。』古謂之冑，汉曰兜鍪。古文冑字作□（康𣪘）、□（盂鼎）象戴掩面露目形。此□象冑形，兩口所以备兩目，兩𠄌則冑之飾也。」（殷虛文字考）

郭沫若　「□字葉玉森釋鬼。按，係象人戴面具之形，當是魌之初文。《周官·夏官》『方相氏掌蒙熊皮，黃金四目』，鄭注云『如今魌頭也』者，《御覽》禮儀部引《風俗通》云『俗說亡人魂氣飛揚，故作魌頭以存之，言頭体魌魌然盛大也。』或謂魌頭為觸壙，殊方語也。」案，魌亦字當作䫏。《說文》頁部云『䫏，醜也。今逐疫有䫏头。』《淮南子·精神訓》『視毛嬙、西施猶䫏醜也。』高注云『䫏頭，方相氏黃金四目，衣赭，稀世之䫏，貌非生人也，但具象耳目。』字又作倛。《荀子·非相篇》『仲尼之狀面如蒙倛』，楊注云『倛，方相也。』又引韓侍郎云『四目为方相，兩目为倛。』《慎子》曰『毛嬙、西施天下之至姣也，衣之以皮倛，則見之者皆走也。』蓋周時謂方相所蒙熊皮黃金四目为皮倛，汉魌头即周之皮倛，故鄭援以为況也。（見《周禮正義》方相氏疏）此說魌至詳，暇覆尤合，決为魌之初文无疑。魌、䫏、倛等均后起之形声字也。得此字可知魌头之俗实自殷代以来矣。（兩耳下所垂者珥形也）」（卜辭通纂一〇八頁）

戴蕃豫　「□壬□卜方果□又㞢来㚔自西□贞旬亡𡆥（前七卷卅七叶一版）」□疑㒳之初文。（殷契亡𡆥說，考古学社社刊第五期二三至四四頁）

孙海波　「□，前七·三七·一。或释魌。」（甲骨文編八·三七頁）

李孝定　「按，字象一人戴假面具之形。本所殷虛发掘獲一假面具，銅制，兩目兩耳，各有一穴，目上之穴所以視物，耳上之穴則所是𠄌形之飾者也，当即为此字所戴之物。聞說是也。郭說其意亦是，然无以證其必为䫏字。说宜存疑。」（甲骨文字集釋存疑四五四四——四五四五頁）

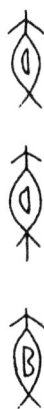

按：諸家所釋皆難以為據。李孝定的分析是正確的。

0265 □

按：合集三六五三〇辭云：「……余征三丰方叀□令……」

用為人名。

0266 夾 □

按：辭殘，字形不甚清晰。所从之「□」恐有誤。

0267 昊 □

按：合集三七四七四辭云：「田昊往來亡災」

用為地名。

0268 □ □ □

饒宗頤「綴合編三三一片云：『于生某月，胶。』与『生某月入』語例同。胶乃动词，為祭名。广韵有胶字，云：『声也。』音爻，即此。胶训『声』，应读为詨。集韵五爻：詨与謼呼等同，『吴人谓叫呼为詨。』尔雅释言：『祈，叫也。』郭注：『祈祭者，叫呼而请事。』是『之七月胶』，即谓王於此七月祈祭呼叫也。」（通考一〇五至一〇六页）

饒宗頤「按：□以金文交字證之，乃从口从交。今本說文無咬字，沈濤古本考據文選注引補之。齊物論：「咬者，即號呼之意，此辭咬為祭名，殆周禮太祝鄭注「祈嘷也。」謂有災変號呼告神以求福之義。」（通考五二四葉）

陈汉平　「甲骨文有字作□，字从肉从交，交声。說文：「□，身中也。象人要自臼之形。从臼交省声。□，古文要。」据此知要字為交省声，故此字当释為要，字即腰之本字。卜辞曰：

壬戌卜出貞御疾□匕癸　佚四五四〇

御疾□于匕癸　佚四五四〇

此二辞乃因腰有疾而卜貞御疾于妣癸之辭。」（古文字释丛出土文献研究二二一頁）

徐锡台　「病包，见殷墟卜辞云：『壬戌卜，古貞：御病包匕癸』（佚四五四〇），『御病包于匕癸』（佚四五四〇）。按病色，即属于肿脑病。如集韵：『彼教切音炮，肿病，通作皰。又皮教切，音抱，面生色也』。按病色，即属于肿瘤病范畴也。」（殷墟出土的一些病类卜辞考释，殷都学刊一九八五年第一期九頁）

按：字或作「□」，不得謂从「交」，中所从亦非「口」。釋「咬」、釋「腰」均不可據。卜辭云：

「生七月□」　合集七七八一

「生七月□」　合集七七八二

「貞夕□」　合集二一四二一

均為祭名，可證合集一三六七五當讀作「御疾，□妣癸」，而不得「疾□」連讀以為疾名。

0269

交 □

王襄　「古交字」。（類纂正編第十第四十七葉下）

严一萍　「說文曰：『交，交脛也从大象交形。』段氏曰：『从大而象其交脛之形也』山海经：『交脛国人脚脛曲，长相交所以謂之交趾。』案矢夭变大字之足也，皆象人正面立形。引申之，凡相併相合相错相接皆曰交。慧琳一切经音义卷四十一交下注引說文曰：『合也平也』广雅释诂二楚辞愍美人注礼记月令：『虎始交。』鄭注皆训『合也』训平者經籍无考。蓋慧琳所据說文古本或有二训也。甲骨文有交字惟诸家字书未收。商锡永于殷虛文字曾据前編四卷三十叶六版之[字形]入交字曰：

祚案：卜辞干支之寅多作[字形]，与许书之交字同，此字上文断缺，莫由知其为交入此聊备一格。

今案此版下为壬戌卜所存之[字形]为甲寅卜之寅，非交字也。甲骨文編、續甲骨文編均付阙如。其字最早见于戩寿堂所藏殷虛文字四九页之三一作[字形]一作[字形]，王先生皆释寅，或诸家之失收，由此故欤？

其次见於著录者为小屯甲編八。六片，凡五文。

右两版皆武乙时卜辞且为同时事虽不能密接，可能为一骨所折。其辞曰：

乙丑貞：（叀□命）夊交（得）。

乙丑貞叀奚命夊交（得）。戩四九三

（案乙丑五日为庚午卜辞銜接）

庚（午貞：命□吕□夊交得。）

庚午貞命步吕[字形]夊交得。

庚午貞：命霝吕才蠶夊交得。

甲戌貞命鳥夊交得。

甲戌貞：命霝吕才蠶夊交得。

甲戌貞：命步夊交得。

乙亥貞：又升歲于且乙大牢一牛

□丑貞：☒王☒

案甲骨烄字作[字形]效字作[字形]，以此证右辞之[字形]，皆交字无疑。其义殆如荀子王制：「诸侯莫不怀交接怨而不忘其敌。」故诸辞皆以王命某起而以「交得」作结也。」（中国文字第三卷第九册一〇一三—一〇一五页）

于省吾说参[字形]字条下。

按：「交」在卜辭皆為方國名。「令某祟交」，「祟」有征討之義。「祟交得」，乃貞問征討「交」是否有所獲。

0270

屰 逆 屰 屰 屰 屰

羅振玉 「說文解字：『屰不順也，从干下屮，屰之也。』案屰為倒人形，示人自外入之狀，與逆同字同意。故卜辭逆字亦如此作。」（殷釋中六十六葉下）

葉玉森 「按屰乃牛字。」（前釋六卷三十八葉上）

商承祚 「秦嶧山石刻逆字从屰，尚存古誼，後世小篆移『一』于中間，形益晦矣。」（類編三卷一葉）

利海波 「屰，甲二七〇七，貞人名。屰，鐵游一〇二，地名。屰，乙一二〇八，此為屰字初文。倒大為屰，与倒子為𠫓同例。」（甲骨文編九一——九二頁）

屈萬里 「屰，羅振玉釋屰（殷釋中六六葉）。疑當讀為逆，迎也。」（甲編考釋四四七葉）

李孝定 「說文『屰不順也从干下屮屰之也』羅釋此為屰，謂為倒人形是也，不順之義即由倒人形所引申。惟羅謂『示人自外入之狀，與逆同字同意』則非。逆訓迎，其字必从辵从屰會意，（辵屰亦从屰，）象人自外至，从止（辵字偏旁）則象迎之者，故必待辵屰相合其義乃顯。至屰字，則祇象倒人耳。倒大為屰與倒人為匕意同，單一屰字固無由示人自外入之狀也。葉釋牛非是。」（集釋〇六八七葉）

严一萍 「大象人正面立形。傳世殷商銅器圖象銘文中作大，象正面人形者自來均釋為天。然以丁爵之屰作屰，日父癸爵之屰作屰，而甲骨文之屰皆作屰若屰，正為大之徵文，知釋天之大亦即大之初文，故卜辭之大邑商亦作天邑商，其原本一字也。說文以古文作大，籀文作介，別分兩部，段氏謂起於『小篆之偏旁或从古或从籀，故不得不殊為二部』。王玉樹以為『居上為大，处下為介』。（說文拈字）然『契』字之大处下，說文入居上之大部，知亦不盡然。甲骨文处下之大仍作□，如奚作□（佚七八三）□（續三·三○·二）又有□（粹九八六）□（乙九○七三）□（鄴三·三四·九）諸字虽不识，未有以处下而作□形者，盖並无『居上』『处下』之别异也。五期甲骨卜辞所見之大体或小有殊异，其两臂皆向下弛張，並无二致。惟有乙編七四○二版所契之大两肘上举作□形最为特异。其辞曰：

乙未卜，至，大御。

据书体风格，此版为第四期文武丁时代卜辞辞例书体，最多詭变。『大御』一辞多見於武乙卜辞，故知此变形之□确为大，續甲骨文編入大字可信也。」（中国文字第二卷第五册四八一—一四八二頁）

考古所

「𠦪：在卜辞中有时可作人名，如鄴三·三八·二：『戊𠦪弗雉王衆』之𠦪；有时可作祭名，如南明四六七：『壬子貞：𠦪米帝秋』，『弜𠦪米帝秋』之𠦪。在此片卜辞中应為祭名。」（小屯南地甲骨八三八頁）

高明

「辵字形旁甲骨文写作『□』（甲二○一一），說文云：『乍行乍止也，从彳从止』。但在甲骨和铜器铭文当中有时将其省作『止』，故形成在古文字体中辵与止二形旁通用。逆□（佚七二五）□（乙四八六五） 追□（周甲四七）□（前五·二七·二） 遊□（□鼎）□（粹九三九）」（古体汉字义近形旁通用例，中国语文研究第四期三○页）

裘锡圭

「周代人把不按顺序的祭祀称为逆祀。春秋文公二年：

八月丁卯，大事于大庙，跻僖公（杜预注：跻，升也。僖公，闵公庶兄，继闵而立，庙坐宜次闵下，今升在闵上，故书而讥之）。

左传解释经文说：

……跻僖公，逆祀也。于是夏父弗忌为宗伯，尊僖公，且明见曰：吾见新鬼大，故鬼小。先大后小，顺也。跻圣贤，明也。明、顺，礼也。君子以为失礼。礼无不顺。祀，国之大事也，而逆之，可谓礼乎？子虽齐圣，不先父食，久矣。故禹不先鲧，汤不先契，文武不先不窋……仲尼曰：臧文仲，其不仁者三，不知者三……作虚器，纵逆祀（杜注：听夏父跻僖公），祀爰居，三不知也。

公羊传、谷梁传也都称『跻僖公』为『逆祀』。跟『逆祀』相对的词是『从祀』或『顺祀』。春秋定公八年：

各……：从祀先公（杜注：从，顺也。先公，闵公、僖公也）。

《左传》和《公羊传》都把"从祀"释为"顺祀"。

甲骨卜辞中所见的祭祀，绝大部分确是顺祀。尤其是周祭，即五种祀典，是严格按照先王世系和即位的顺序逐个致祭的。可是有些祭祀却允许逆祀。例如岁祭，就可以逆祀。有一条第五期卜辞说：

乙丑卜贞：王宾武乙岁，延至于田（上甲），卯，亡尤。《续一·二六·一一》

由武乙到上甲，是逆序的。第二期的岁祭卜辞里，屡见逆祀之例，如：

丁卯卜行贞：王宾父丁岁宰，眔祖丁岁，亡尤。《后二〇四七》

☐父丁岁宰，眔大丁岁五宰，亡尤。《人文一二五四》

丁酉卜尹贞：王宾父丁岁二宰，眔匚（报丁）岁☐《库一二〇六》

上引诸辞中的父丁，是祖庚、祖甲对武丁的称呼。由武丁而及祖丁、大丁或报丁，都是逆序的。

有一条二期卜辞说：

己丑卜大贞：于五示告：丁、祖乙、祖丁、羌甲、祖辛。《佚五三六》，亦见《粹五二〇》

郭沫若《殷契粹编考释》认为"丁者武丁，祖乙者小乙"，羌甲即《殷本纪》"沃甲"（四一页，新版四二三页），其说可信。这五示的排列完全是逆序的。

祈年之祭也允许逆祀。《屯南三七》是一块三、四期卜骨，有如下二辞：

庚寅卜：屰（逆）自毓𠦪年☐

自上田（上甲）𠦪年。

卜辞屡见"自上甲衣至于多毓"之语（《前二·二五·四》、《京津三二二六》等），"多毓"也简称"毓"（《佚一一九》）。《甲二九〇五》有如下两条𠦪年卜辞：

癸亥卜古贞：𠦪年自田（上甲）至于多毓。九月。

甲子卜古贞：𠦪年自田。九月。

"甲子"一辞的"𠦪年自上甲"，显然就是"𠦪年自上甲至于多毓"的省语。上引《屯南三七》的"自上甲𠦪年"与"𠦪年自上甲"同意，"逆自毓𠦪年"应该是"逆自多毓至于上甲𠦪年"的意思。自多毓至上甲是逆序的，所以卜辞在"自"上加"逆"字。这个"逆"字的用法，跟上引《左传》"逆祀"之"逆"相同。"多毓"的"毓"，一般读为后王之"后"，其实很可能应该读为先后之"后"，指"毓（后）祖"而言。

《粹二五九》是三期卜骨，有如下二辞：

辛亥卜贞：其又☐

贞：其自帝甲又，屰。

商王每称去世的父王为「帝」，此辞的帝甲是廪辛、康丁对祖甲的称呼（看岛邦男殷虚卜辞研究第一篇第二章「禘祀」，古文字研究第一辑四〇八——四〇九页有译文）。国语周语：「玄王勤商，十有四世而兴。帝甲乱之，七世而陨」，也称祖甲为帝甲。帝甲一辞末一字从「亻」从「屰」，应释为「逆」。自时王之父开始举行又祭，当然是逆序的。此「逆」字之义与上引屯南三七「屰」字相同。前人几乎都把这个字误释为「祉」（如粹编考释、殷虚卜辞综类等）。

由以上所述可以知道，商代祭祀虽以顺祀为常，但在有些祭祀里也允许逆祀，似乎并不认为失礼。商人与周人对逆祀的看法，可能并不完全相同。

有的学者在研究卜辞的时候，由于没有注意到逆祀的存在而产生了误解。例如有一条三期卜辞说：

己卯卜暊贞：□帝甲[illegible]□其眔祖丁☐ （后下四·一六）

三期卜辞「帝甲」应指祖甲，上文已说明。「祖丁」在这里可能指廪辛、康丁的祖父武丁，当然也有可能就指殷本纪的祖丁。祭祖甲而及武丁或祖丁，也是逆祀。王国维由于不知道商代有逆祀，在殷卜辞中所见先公先王考里解释这条卜辞说：「案祖丁之前一帝为沃甲，则帝甲即沃甲，非周语「帝甲乱之」之帝甲也。」（观堂集林卷九）这是不正确的。

严一萍先生曾缀合一版𠂤组残甲，上有以下诸辞：

乙巳卜扶：㞢大乙母妣丙一牝。不。

乙巳卜扶：㞢外丙羊。

丙午卜扶：㞢大丁牡用。 （甲骨缀合新编一六）

这对于研究卜辞祭祀系统是一个重要贡献。但是此版所记，祭外丙在祭大丁之前，跟殷本纪世系和五种祀典的顺序都不相合。严先生主张𠂤组卜辞属文武丁，认为置外丙于大丁之前，是「复古之君」文武丁的一种特殊安排，「是殷商晚期新旧派对于「兄终弟及」及「立长立嫡」的宗法制度冲突的反映」。（甲骨文断代研究新例，庆祝董作宾先生六十五岁论文集五四七——五四八页，亦见严著甲骨学一一八三——一一八五页）我们觉得这一现象似乎也可以用逆祀来解释。上引后上四·一六说明「又祭」允许逆祀。𠂤组卜辞的「㞢祭」就是第二期、三四期和第五期卜辞的又祭。所以这版𠂤组卜甲所记的㞢祭也有是逆祀的可能，不一定反映外丙的位置在大丁之前。」（甲骨卜辞中所见的逆祀，出土文献研究三〇——三二页）

赵诚：「……逆字写作𠧟，从屰象倒人形，表示从对面过来的人，也就是迎面过来的人；从止从彳表示是行于道。整个字所表示的就是人从对面走过来或迎面走过来的人。」

（甲骨文行为动词探索（二）古文字研究第十七辑三二六页）

赵诚 「逆，甲骨文写作□，从彳从止从□，□象人从前面过来之形；从彳从止（趾）表示行走於道路，所以有『相迎』之义。卜辞作为动词，即用其本义。作为副词，有『迎面』、『迎上前去』的意思，也与本义有非常密切的关系。

贞：吕方其来，王逆伐。（佚五〇八）——吕方来侵犯，商王迎上前去击伐。吕方，与商王室为敌之方国。

王勿逆伐吕方。（后上一七．三）

逆有迎义，后代还有所保留，如『逆水行舟』，即迎着水流往上行船，『逆潮流而进』，即迎着潮流前进。一般说来，『逆』在后代基本上由『迎』所代替。」（甲骨文虚词探索，古文字研究第十五辑二八一页）

饶宗颐说参□字条下。

按：羅振玉釋逆字之形體至確。卜辭「逆伐」習見，意為迎擊。又言「王于宗門逆羌」（甲八九六合集三二〇三五），「王于南門逆羌」（南明七三〇合集三二〇三六），周禮小宰「以逆邦國都鄙官府之治」注云：「逆，迎受之。」「逆羌」謂迎受羌俘。又「逆」為貞人名，亦用為地名。

0271 夸 □

按：「夸」在卜辭似為人名。

0272 □

罗振玉 「此亦夷字、象人持弓形。」（殷商貞卜文字考十九頁）

王襄 「古弔字。許說『問終也。从人持弓。』此象人持弓之形。」（簠室殷契类纂正

編八第三十八頁上）

葉玉森　「罗振玉曾释为夷。王襄氏則释弔，似均未諦。」（殷虛书契前編集释四卷十三頁上）

唐蘭　「犬亦作犾，卜人名。疑在董所定一、二期。其字为卜辞奇字之一，前人未見釋者。余謂当即位之本字，以字形言，此本即大，而特着其一手。如金文矩字作犬，或作𢓊从夫者，亦即犬也。后世犬字不傳，而其形变讹为犾。古文从大与从立同，如林即竝，㭜即𥪡。則犬旣得訛为竝，即后世之位字矣。金文尚以立为位。太字象人立於地，則位之从人，实为複重，为犬之讹体无疑。金文有𡗗尊（殷文存上二六），其字作𡗗，前人释班，释辨，並未確。余由卜辞林或作𦈢（后下九、十九、四），悟竝可作𡗗，其讹为𡗗，又变为𡗗，遂作此形，实仍是竝字。此正犬讹为竝之铁证。」（天壤阁甲骨文存考释五十五頁七十片释文）

陳夢家　「扶写作犬，犬或犬（鄴二〇七）。金文矩字所从。」（殷虛卜辞綜述一四五頁）

屈万里　「犬，王襄以为古弔字。唐兰谓是位之本字。綜述以为扶字，似皆未諦。此隶定作犬。」（殷虛文字甲編考释二三頁）

饒宗頤　「犬字或釋扶，（陳夢家說）其字異體頗多，有作夾者，如：

……罘夾氏。（屯乙六三一三）

……卜夾……夕……言（即音，歆也。）（拾掇二、三三四）

乙……夾……甶……（佚存六五二）

其字或从夫，則釋扶是也。又有作夾者，（屯乙八六八六）則為『卜夾』二字連書。」（通考第六五七葉）

饒宗頤　「三十年前，余撰殷代貞卜人物通考，主張分人研究，考证结果，知貞人往往跨越数代，且有晚期之名如泳与黄，实已见於武丁、祖甲之卜辭。其說已逐渐为人所证实，如泳（𠂢）之确为貞人署名而见于第二期出貞之版（屯甲二九二六），屈万里点言之。（甲編考释页三七六）。黄卜旬之辭见于合集二六六六二、二六六三者（即燕大四四五，林一·五·一三）近贤均认黄是第二期貞人。在拙书结论八『论貞卜者与地名』一项，指出『貞卜人物之名号，其中不少原为地名，此等称谓有时不是某一个人之私名，可以指若干人，如春秋之齐侯晋侯，可指若干世之齐君晋君，不能专属小白与重耳。」（通考页一二〇。）张秉权先生继之撰甲骨文中所见人、地同名考，罗列约九百条，力称「甲骨文中的人名似乎不是他的私名而是他的采邑或方国之名，所以隔代之人可以同名。」以今观之，贞人名号，亦多非私名而为邦方之名，可无疑义，新出资料个别可为证明，小屯南地八六九有亘方，知卜亘贞雨之亘，原亦为方名，（合集一二三四三即屯甲三五八五，参通考页六四一）卜辞所见贞人名之称某方者，亘方之外，又有亘方、大方、子方、木方、帚方、川方、盧方、邑方等等。方即其采地所在。书大传云：「古者诸侯始受封则有采地……废祀则失其国。」是贞人之名，多非私名，盖以邦方之名呼之。

古礼於（私）名盖有所讳。左桓六年传申繻论名有五，谓「周人以讳事神。名，终将讳之。」曲礼：「卒哭乃讳。」淮南子氾论训：「溺则捽父，祝则名君，势不得不然也。」周制太祝在事神之际，可直呼君之名。卒哭则讳之。是在平时每讳其私名。殷时想亦同然。

贞问为国之大典礼，「问事之正曰贞」，贞人为主祭而问事者，其人可能不少为殷之同姓封君。其贞卜纪录，存为档案，著之龟策，辄书其邦方之名，以昭隆重。其为王亲贞者，但记某日卜王或某日卜，王贞，从无书庙号或其私名之例。周礼：「凡国大贞」，郑玄注云：「大事，宗伯莅卜。」贾疏以为「大贞事大……故大宗伯临卜，其馀陈龟、贞龟则小宗伯为之。」周时贞问者必大、小宗伯，为周之宗室，以是例之，殷之贞人，当亦殷之宗室封君入勤其事者。贞人既多以邦方为名，故异代不妨同称，事实必非一人。近时石璋如先生著扶片的考古学分析，举出与扶同坑所见之贞人，几乎第一、二、三期至第四期皆有之，各期之扶，如果同是一人，其人安得如是高寿？余考扶亦为地名。（见冢茂树书序言摹出京都一片：「□戌卜方贞：……在扶，□……」页一一二），扶可为邦方之号，则原非一人，异世同称，较为近理。余所以主张分人研究者，如甲骨上所记王贞之王，当为何王，称卜某贞之某，当处何世之邦君，正为今后研究之课题，分人研究即在同名之下探讨其称呼之种种关系，寻求其活动之概况与年代之隶属，如方、㱿、韦、亘等常见之名，均可作个案研究，近时学者能就某一贞人名号，综合甲、金文资料从事探索者，仅见韦与歷、扶三人而已，而所论犹非全面，尚有待于后来之努力。

丙编六一二：「子卜贞：帚寍子曰戠：帚妥子曰亶。」此卜为子命名之例。张秉权谓「亶在卜辞所见也是地名」「似乎该是一种官名而非私名」。（页九六）

古者吹律定姓，国语周语云：「司商协民姓。」韦注：「掌赐族姓之官，谓人始生吹律合之定其姓也」。大戴礼保傅引青史氏云：「太子生而泣，太师吹铜曰：声中某律。」铜谓律管。周礼太师职「掌六律六同，以合阴阳之声。」郑注典同云「故书同作铜。」小屯南地卜辞：「……

其奏商。」（四三三八）殷时必有五声，（宫、商、角、羽等字均见。）以律定姓即依五音视其所属之声而以为姓，故曾当为姓，自非私名，亦非官名，因之同时得为地名。殷代可能有司商之官，掌赐族姓之事。其妇某之子始生时为之定姓则为事实。贞人之名既多为地名，其中必有举其氏姓者，可以推知。

贞人之名，其字亦有从女旁，或于其上加妇称者，如永之有妇永，内之有妇内。向来未明其故，由今思之，盖小邦封君与殷王室为婚媾关系，如春秋齐姜、秦嬴之比。周语富辰论周室婚姻利内则福，历举挚、畴、齐、许、申、吕为说，此殆其类也，故外邦诸妇有时亦纳贡物。丙编九五：「帚内于四。」此谓自内（可能即芮）之妇致贡也。周语云：「侯卫宾服。」韦注：「谓之宾服，常以服贡宾见於王。」「必以所贡，助祭於庙，孝经所谓「四海之内各以其职来祭」者也。」刻辞凡言于、言入，皆指以所贡助祭。贞人记名而兼为于者、入者，凡数十见，妇某于贡亦同於贞人，此贞人之名所以必为邦方之名，以其为王室之侯卫，以时贡纳助祭，故贞人若禾亦称禾侯，先亦称先侯，亚亦称亚侯、專亦称侯專，（参通考结论）其所以证也。国之大事为祀，凡祀，侯卫各以其职来祭，卜辞言某贞，出于某，即谓邦方之入助祭者占问其吉否，助祭必有致贡之物，所谓于若干，入若干者，即识其贡纳之数。向来目为记事刻辞，殊嫌笼统，今知为助祭贡纳之物数，其上一字当为邦方之名，故与贞人之为地名正若合符节，而出之义当指助祭于庙，（非指侑乐）。昭然若揭矣。

又地名之字或多从水。说文「方」又作汸，下云：「方或从水」，可以为例。甲三六一三有汸字，即方之繁体。贞人名号之为邦方者，其字或增益水旁如彭之作澎，壴之作澍，此又贞人之名与邦方地名关涉之佐证，主持贞问之人物既多为邦国小君，可能即夏、殷以来之巨室。史书可参证者，如韦亦称子韦、侯韦，诗「韦、顾既伐」。世本「豕韦防姓」。东郡白马东南有韦城。彭即大彭，彭国为祝融八姓之一，春秋彭为宋邑。河即河宗氏，见穆天子传。先即侁侯，逢即逢伯陵之国，夏有逢蒙，穆传有逢公。乐者，宋有乐氏，乐喜，见左襄传（二九·七）。穷即宾氏，周有宾孟，齐有宾媚人。聊举大略，其详当另论之。……

附：贞人与地名对应略表

穷　在穷（合二一〇二九）至于穷（丙四〇三）

亘　亘方（粹一九三、京二九八一）于亘（后上三一·一，九·二）亘入（乙二二〇四）
　　显亘（合二〇三九四，二〇三九六）在亘（合六九四三）

殸　殸于（南地九一〇）

韋　在韋睐贞（人二一四一）乎蔺韋（京津五六六）

古　古来马（丙三四二，金六九九）古来犬（丙三四二）古子（京津二〇九七）

永　步于永（英二五六二即金璋五四四）步永（合四一七六八）永餗（合四一七六八，前四·一一·四）永入十（丙三七八）

旬　旬方（南地八六九）

大　大方（粹八〇一，一一五二）（乙一二一，二二九）（合八七，二〇四七五）在大（合一〇四一〇正）田大（菁二·二七·七，二·二八·一）

行　㞢兕在行（菁三·三一·一）（合八一三九）

先　先侯（菁二·二八·二）在先贞（菁二·二六·一）先来（丙三二九）

壴　在壴卜（甲二八六九）在自壴卜（文录六八二）壴入（丙二〇〇，三二九，四五三，五一六）壴入（乙四〇六八，七三七八，一二一二，四二二一）步自壴（南地二一〇〇）[口址]壴（合六）

彭　在彭贞（续六·一·六）于彭（合八二八三）

旅　乎取旅（佚七三五）

岳　伎人于岳（菁一·五〇·六）

專　于專（乙八一一一）省專牛（丙一二六）侯專（菁五·九·二）

木　在木（菁二·一一·二，二·一五·一）木方（甲六〇〇）狩木（虚二九）在自木（南北坊二·一六一）自木（存二·六三八）于木（粹一二七三，人二五二〇）

亞　亞受年（丙一〇）亞侯（邺三四三·九·二五，南地五〇二）亞田（南地八八八）在亞（甲三〇五〇）（合二一九一二）

葡　葡受年（丙三三二）

喜　在自喜卜（粹一二一一）（文录六八一，六八二）喜入（丙三八二，乙四五九七）

㚘（扶）　在扶（京人、頁一一二）

尹　尹方（菁四·四一·一）（金二〇九）

希　希方（乙九〇八〇，甲二三八〇+二三八五+二三八一）（合六七六七，七〇〇一，二〇四六〇，二〇四六四）于希（巴黎一四）

邑　邑方（京人五·图三七）邑示（甲三〇三七）

宁　㚘令宁（续五·一四·五）

子　子方（菁七·一·四，后下三四·三，三六·三）（京津三〇〇九，四三九〇）涉子（合二二〇八六）至子（合二一〇六五）

𠂤　在𠂤（佚四〇二）田𠂤（菁四·三六·三）涉𠂤（佚八九）步𠂤（南地四五一六）（合五八一二）往𠂤（合四〇一四）至于丝𠂤（合四〇二五，四〇二六）在𠂤（合二一七

余　我　陟　徭　川　叶　卩　史　口　𢀛　逆　教　車　卯　寏　射　盧　樂　稠　僼　口　黄　取　因　竝

四〇，二一七四一，二二〇八八）
于余（前二·一三·四）在余贞（前二·一三·五）自余入（丙一〇四）
在我（合八三〇八，二一七四三，二二一七三）我来（丙四乙，一二五，三三三，三
八〇）我受年（丙五五）我受稻年（京津五六六）
于陟（甲三五三九）
在徭贞（后上一〇·四，菁九·四，续三·三一·九）
川方（前五·一四·七）（合一九六二一）在川行贞（文录三五）在川卜（诚一五二）
叶干（乙二〇一八）
取卩（珠二三）
史干（诚四二六）
小臣口（甲六二四）在口内贞（丙九三）至口（乙八八二〇，八八五四）
田𢀛罷（乙五三四七）
往屰自（乙いい九六）田于屰（簠游一〇二）田徉（佚二三四）逆入（丙四三）
于教（甲二〇六，前五·い·一）
于車（乙八〇八一）
在卯贞（前二·一〇·四）
田寏（前六·三〇·七）
逘于射（前二·八·三）步射（甲三〇〇八）入射（金六〇九）
盧方（续存一九四七）田盧（佚七二）盧方（南地六六七）
在樂贞（续三·二二·五，三·六·五）（遗二六三，菁一〇·三，后下一〇·四，
后上一〇·五，掇二·四八九）
辜稠（粹一一·一九三）
麓僼（粹六六四）
在丁（南地六〇三）往于丁（南地二三三八）步于丁（合一九五五五，一九五六三，
二〇二六九）入丁（合二一〇三九）至丁（合一九四六二）
在黄𩑶（南地六〇三）
在取（合六五八五反）
在因（合六〇八八，六〇八九，六五三〇正）至因（南地七四二，八七一，一〇九九，
三七四四）
竝方（南地二九〇七）竝受又（南地一二六一）

钔　钔方（合六八六，四八八八，六七五九，六七六〇，六七六一，六七九九，六八〇〇，六八〇一）

至予（合二二〇四五）

（注释⑧：卜与贞实异其事。贞人非全为卜官，此点张秉权有详论，见丙编考释中辑（二）页四四七。又锲刻字者与鑽凿者当异其职掌。贞人不得为专门技术之事务官。在不同日所锲刻书体刀法全出一人之手，子、彳八一骨甲可以为证，故知锲刻当别由写官书手负责，与贞人无涉。此说点见张氏丙编考释下辑（二）页九四长文。注释⑨：卜辞中偶记私名者，如而伯龟、易伯㚤，甚为少见。注释⑫：贞人与诸妇同名之例，详通考页一一九五、一一九六。可增益之别，如娅（乙八八九〇）、㚸、嫱、妸、嬉等。注释⑬：涉及贞人之地名，从水之例，补列若干如下：涂余（续二·一·五，五·四·三）洚夅（佚六七八）況兄（佚九五六）泳永　汓子（甲一五九）汰大（乙二〇三五）沐木（粹一一七四）澎彭　澅喜　㴇亞（乙六二〇七）濼樂（前四·一三·七）潢黄　在潢贞（前二·六·一）沖中（后下三六·六「令沖」）注释⑲：同日同事由不同贞人所卜，试举一例如：丙寅卜㱿贞：子畐𠬝晄（晙）：四方十月（后下八·二）丙寅卜兄贞令子口畐𠬝……（前五·四·二）如是㱿与兄应属同期之人。）」（甲骨文通检前言——贞人问题与坑位中国语文研究第九期六五——七八页）

0273

按：于先生以為乃「弜」字之省，參見「弜」字條下。

0274

按：字不可識，其義不詳。

0275

按：字不可識，其義不詳。

0276

按：英二五三二辭云：「癸未卜，在[illegible]貞，王旬亡𡆥」用為地名。

0277

按：疑為「[illegible]」字之省。

0278

按：字不可識，其義不詳。

0279

按：字不可識，其義不詳。

0280

按：字不可識，其義不詳。

按：合集二一九七二「令[illegible]……若」，用為人名。

0281 □

按：字不可識，其義不詳。

0282 □

按：合集二七七三九辭云：「辛酉卜□今日辛蠢弗每」當為貞人名。

0283 大 □

按：刻辭類纂摹寫有出入。合集一六一五不甚清晰，當作：「甲戌卜，用……大牛于祖乙」，乃「大」字，下乃泐痕。

0284 □

按：合集九三三二辭云：「□入」，用為人名。

0285 □

按：字从「大」从「戈」持「人」。合集七七七〇辭云：「……午卜……勿□」用為動詞。

0286

舞

按：合集二八二〇九辭云：「㞢祖丁林舞用有正」用為祭名。

0287

按：字不可識，其義不詳。

0288

𢦏大

按：字从「大」持「戌」。用義不詳。

0289

按：字不可識，其義不詳。

0290

按：字不可識，其義不詳。

0291

按：英一七五九辭云：

「甲寅卜，又㚊祖乙」

疑亦「奚」字之異構。

0292 紎

考古所　「紎：地名。疑為大糸之合文。」（小屯南地甲骨九二六頁）

按：字不可識。卜辭用為地名。

0293

按：字不可識，其義不詳。

0294 伐

張亞初釋斷，參斷字条下。

按：此與金文圖形文字形體相象，象以斧鉞斷人首，乃「伐」之初形。

0295 杆

按：合集二一七四三辭云：

「庚午子卜貞，杆延在我」

似為人名。

0296

按：合集四四四八「乙酉卜……貞，往來亡囚，九亡……」，盖為人名。

0297

按：字不可識，其義不詳。

0298

葉玉森「此字象飞鳥翼上有鈎爪，蓋古文象形蝠字。子蝠爵之蝠作，作，作，並象翼上有鈎爪形。西清古鑑所录觚、盉各器释蝠，蓋謂假蝠为福，猶羊为祥。罗振玉殷文存直释为蝠，是也。先哲造字併物尤具匠心，於蝠之鈎爪可見。」（见朱芳圃甲骨学文字編十三卷二頁下引）

孫海波「，疑古文兜字，象人側首辟主。作者，人看兜鍪之意也。」（考古三期六四頁）

金祥恒　释蝠。（續甲骨文編十三卷四頁）

按：釋「蝠」、釋「兜」皆不可據。存以待考。

0299

按：合集二一四一九有此字，形體多斜，且不成辭，該片疑偽。

0300 □

按：合集九○八九反辭云：「癸卯允……□以」當為人名。

0301 □ □ □

王襄 類纂 為古卩字。

羅振玉 「□亦人字，象跽形，命令等字从之。許書之卪，今隸作卩，乃由□而譌。」（殷釋中十九葉上）

孫海波 「□，甲二四五。象人跽跪之形。古人、尸、卩為一字。說文訓符節，非是。」（甲骨文編三七四頁）

陳夢家 「卜辭云：

御子央于巴甲 簠六、一九、六

㞢于巴甲 師友一、三

于巴甲御——既册巴甲 乙三二五二

王賓巴甲 粹二七二

武丁卜辭中已經有了大甲、沃甲、陽甲，所以他若是先王則可能是小甲、河亶甲，因此二甲在武丁卜辭中尚未出現。巴字的隸定，也是不妥當的，唐蘭以為旬字的初文（天釋四一）。」（綜述四三四葉）

屈萬里 「□，羅振玉釋人（殷釋中一九葉），非是。按：此與說文之卩字，形雖相似，義實懸殊。疑此乃跽字之初文，隸定之當作卩；說文以為『瑞信』者，蓋後起之義也。（正下隱約有二字）……」（甲釋第四九七葉）

按：□象人跽跪之形。契文□與□有別，□象人立之側面形體。在偏旁中，如見字作□或□，宦字作□或□，可以通用。□則為兄，□則為祝，區分又甚嚴。□不當是人字。說文訓□為瑞信，隸作卩，今符信字作節。又有□字，从反□，說文闕其音義。古文反正無別，□□同字。卜辭□或為「卲」之省，參見0351「卲」字條。

0302 臽

高承祚 釋臽。（殷虛文字類編七卷六頁）

于省吾 「契文臽字作□□□□等形，舊不識，郭沫若隸定為足，不可據。□象人跽於坎中，即臽字。其作□者，坎左側與左下一也。猶□之作□亦作□。其坎較淺者，陷人非以陷獸之深也。藏五九、三有□字，隸定應作舂，象陷人于坎而用杵以舂之。藏一七一、三，丞字作□，象兩手拯人於坎中。金文父戊觶有□字，象人陷於坎中，與□自係同字，均為陷之初文。陷□□罍滔字从臽作□。宗周鐘臽作□。林義光謂舀即臽，从人下象其足，是也。珠三四：『□□于門』。□當亦臽字。季宮父簠媢从臽作□，象陷女於坎，从人从女一也。說文：『臽，小阱也。从人在臼上。春地坎，可臽人』。按从臼即凵形之譌。說文：『凵，張口也，象形』。按許說未可據。朱駿聲謂：『凵，一說坎也』，允矣。臽字應為从人凵，凵亦聲。臽凵古韻並屬覃部。凵譌為臼，許遂不知其聲矣。从凵之字變為臼，如契文舊作□，金文作□。契文舂作□，金文作□。是其例也。臽今通作陷。禮記檀弓：『毋使其首陷焉』，注：『陷謂沒于土』。前七、二六、二：『令□吳希□虜□』，文已殘。後下十六、十一：『甲辰至戊□人』。臽人謂蘿人也。明一一九：『王曰，茲卜臽』。粹四三二：『叀之王臽，王』。臽者臽人之省語。下王字當係待補於驗辭者。粹五四〇：『其作豐于伊，臽』。豐，古禮字。要之，□□□與□均為臽之初文，由凵形孳乳為臼，遂作臼矣」。（駢三二七葉下釋臽）

饒宗頤 「按□為臽字。卜辭『臣涉，舟征□』（見殷綴一〇九）即臣涉水舟陷。（杜注左傳：『昭王涉漢，船壞而溺』。）是其比」。（通考四五四葉）

按：于先生說「臽」字之形音義極是。本象人陷於坎之形，引伸為一切「沒陷」、「墜陷」

之義。說文訓為「小阜」，不確。又阜部有「陷」字，實由「臽」字所累增，王筠、徐灝已言之。

卜辭又有各種專指之字，如「[illegible]」為陷鹿；「[illegible]」為陷芘；「[illegible]」為陷毘；「[illegible]」為陷兕

皆是。西周以後，此類專用字皆消失，猶「牢」、「宰」之統一作「牢」、「豭」、「猳」統一作「猳」，

不復區分。

0303

按：此亦「臽」字，當併入0302「臽」字條。

0304

巴

郭沫若　「儿即說文所說古文奇字人。儿方當即夷方」。（粹考一五九葉）

孫海波　「𠃌，亿九六一。方國名。唐兰释巴。」（甲骨文編七九一頁）

李孝定　「說文『儿，仁人古文奇字人也。象形。孔子曰「在人下故詰屈」』。絜文人形之字其下从⺈若⺈者，並即說文之儿。此獨體之儿作𠃌者，嫌與⺈卩混也，郭說可从。其辭曰『壬申卜爭貞令婦好从沚馘伐儿方受㞢又』」（集釋二七八三葉）

張秉权　「𠃌，是巴字，說文十四下，巴部：『巴，蟲也，或曰食象蛇，象形。』是把一个像人形的字，誤認為蛇的象形字。巴方与𩙿相近，下危或亦相去不远，所以三处的战事，同在這一版上貞卜，虽然，貞卜的日子是不同的。」（殷虛文字丙編考释第四六頁）

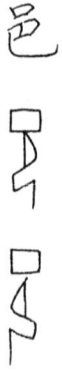

按：釋「儿」非是。釋「巴」僅可備一說，今姑隸作「巴」，存以待考。在卜辭為方國名。

0305

邑

王襄　「古邑字。」（類纂正編第六第三十葉下）

羅振玉　「說文解字邑从口从卪。案凡許書所謂卪字，考之卜辭及古金文，皆作㔾，象人跽形。邑為人所居，故从口从人。猶啚為倉稟所在，故从口从㐭。」（殷釋中七葉上）

葉玉森　「說文『邑，國也。从口，先王之制，尊卑有大小，从卪』按卜辭邑作ㅁ㔾、ㅁ㔾，从口象壘域，从㔾，㔾象人跽形，乃人之變體，即指人民，有土有人，斯成一邑。許君从卪說未塙。」（鉤沈二葉背）

陳夢家　「卜辭所記邑數有多至四十者，而鄙有諸邑。以沚為例，東鄙有邑（數在二邑以上），西鄙有田。邑與田是有別的：邑是聚族而居之處，田是耕田。公羊傳桓元『田多邑少稱田，邑多田少稱邑』。

卜辭邑有專名，其例如下：

勿乎取出邑　林二·八·一，前六·四三·五

十其數柳邑　遺佚五〇

才云奠河邑　徵七二八

武乙及乙辛卜辭所記諸侯之鄙之邑曰、義、永等。以攸侯為例，攸為一區域地名，攸侯之攸從喜所占據的土地而得名，永則為攸侯喜之攸的一個鄙邑。」（綜述三二二——三二三葉）

饒宗頤　「邑為武丁時人。殷銅器有小臣邑之名（見續殷文存下六六·五邑斝）邑亦稱邑子。（屯乙八四二四）」（通考七八一——七八二葉）

白玉崢　「ㅁ㔾：……揣造字之初，其所以从㔾者，乃示此域內之人，長於斯、息於斯之誼也。」（契文舉例校讀中国文字第八卷第三十四冊三六七九頁）

俞偉超　「在商代，作为人们聚居地的居住区域名称，只有『邑』字。如卜辞称王都为『天邑』、『大邑』、『邑』；称某地的聚落为『某邑』，如『柳邑』、『河邑』等；在述及某些活动时所提到的『卅邑』、『卌邑』这种有很多数量的『邑』时，所指当为一般村落。所以，卜辞中的『邑』，既可以指当时的那种早期城市，也可以指很小的村落。这种人们居住区域的笼统的称谓法，正是城市和乡村刚刚分化的那种条件所造成的。甲骨文『邑』字的形体作

封域下有人居，本义点仅仅是一般的聚落。」（《中国古代公社组织的考察——论先秦两汉的单—僤—弹》五三页）

林澐「商代甲骨文中有一个和国类似的词——方。它也和国一样，既可指特定的国家，如『土方』、『鬼方』；又可泛指一般地域，如『四方』。文献中所見的『四國』、『南國』、『東國』，实际上相當『四方』、『東方』、『南方』。至于商周时代另一个表示国家的词——邦，则一般不具有泛指地域的含义，而在原始语义上可能是强调有封树標志的特定领土。所以，在表示有一定地域范围的社会组织这一点上，邦和國是同义词，可以互相代用或互训。

邑的原始字形，是在象邑形的口的旁边附加了一个跪坐的人形卩，意在强调邑是住人的地方。《释名·解释》说：『邑人聚会之稱也』，看来是对的。屬公元前五千年纪的半坡、姜寨等农业村落已有壕沟、围栅之类的防卫设施；到公元前三千年纪中叶已经有淮阳平粮台那样城墙厚逾十米的居住地。造字时用口象邑形，可能就是把当时居民点各种形式的防卫措施概括抽象的结果。但是邑这一概念的核心是人口的聚居。小至『十室之邑』，大至『万家之邑』。无城墙的村落可以称邑，有城墙的城市也可以称邑。这和國这一概念之强调地域是完全不同的。

邑和国在语义上发生联系，必须从历史发展的角度加以分析。邑先于国出现，国是在已经存在众多的邑的背景上形成的。因而国这种地域性组织必然包含有邑，而且以包含有邑为其必备的特点。所以，國字原形中的表义部分，便采取了一个以邑为中心而标志四界的形式。如果因为字形中只含有一个口，便推论造字时一个国只含一个邑，那显然是过于武断了。因为文字中的表义符号往往采用很简略的手段。我们完全可以把那个口形理解为一个国的中心邑——国都，而国中色含的其它邑则被省略了。有大量的资料可以证明当时人特别重视国都，并把国都作为国的代表。例如国名和都名往往相通，把国都的城门称为国门，等等。因而，国这一语词有时便被用来专指都城，而『国中』一语往往指的只是都城城内这样极有限的范围。这和造字时把界限划在口的外方显然不合，只能是后起的转义。一方面、国都被称为国；另一方面，国都虽然有特殊性，仍然是邑的一种，而可以笼统地称之为邑。由此之故，国和邑才发生语义上的联系。实际上，只有都邑可以称国，在修辞上以邑代国的场合，通常都可以把邑理解为暗指国都的。

于省吾先生在论证或字中的口形确实是象邑形时，曾举邑字有作⿱亘巳形者（《后上七·一三》）。认为该字中的亘，与或字中的亘可以省略成亘相类似。应该指出，虽然岛邦男《殷虚卜辞综类》也认为⿱亘巳是邑的异体，但从上下文并不能确证⿱亘巳一定是邑字，只能认为是一种可取的假设、有待新資料进一步验证。不过从邑字有可能作为这一点，可以启发一种思考：古代的人们聚居在设防的住地之中，而维持生计所需要的耕地、牧场、森林、渔猎场所，当然都在设防区之外，成为每个邑所不可缺少的附属地区。因而，即使在只有邑而未产生国的时代，只要邑的分布较密，相邻的邑之间也会产生领地界限的观念。国界的观念和这种古已有之的邑界观念虽有本质的不同，但又有继承发展的一面。古人之把国称为邑，也许还有这方面的历史原因。」（关于中国早期国家形式的几个问题，吉林大学社会科学学报一九八六年第六期一至二页）

余永梁

「王先生國維疑益字。案說文『益饒也从水皿水皿益之象也』。」（殷虛文字續考）

葉玉森

「按此字羅氏待問篇十七葉误錄作□，从口。商氏待问编補完作邑，是也。惟邑上口之四周共八小直點，其右偏二直點與蝕痕連，乃似作□，羅王二氏並認其下从口，均誤。陳氏釋邕可信。惟卜辭从邕之雝，其偏旁並不从邑。予疑古浥字从水从邑，洚水侵邑，意為泛濫。許書訓溼，或非朔誼」。（前釋四卷第十七葉下）

陳邦福

「當釋邕，讀為雝，說文巛部云：『邕，邑四方有水自邕成池者是也』。卜辭邕字从巛即从《，邑下有水，與許書四方有水之誼正合，小篆从巛，即由巛中水流之形致誤」。（辨疑十一葉）

李孝定

「說文『浥溼也。从水邑聲』。契文从川與从水同。从邑為會意字，邑亦聲耳。陳氏釋邕，古文从邕之雝均从宮聲不从邑，葉說是也。王氏疑益亦誤，契文自有益字作□見五卷也。此辭僅係殘文，不詳其義。字象洚水大至，許訓溼其引申義也」。（集釋三三一六葉）

按：羅振玉釋「邑」字之形體是正確的。左傳莊二十八年：「凡邑有宗廟先君之主曰都，無曰邑」。卜辭則不然，人所聚居均得謂之邑。釋名釋州國謂「邑人聚會之稱也」，較為近古。陳夢家綜述引證卜辭較詳，可以參閱。唯謂「卜辭有宗廟之邑為大邑，無曰邑」，則顯然是受左氏之說所影響。卜辭「茲邑」既然有可能包括洹上之都邑，是有宗廟之主者亦得稱邑。金文邑字與甲骨文同。

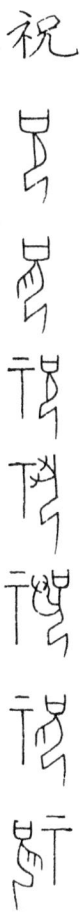

0306

王襄　「古祝字。」（《簠室殷契類纂》第二頁）

羅振玉　「第一字（祝）與《大祝禽鼎》同。第二字（祝）从示者，殆从丅从⺌。⺌象灌酒於神前，非示有示形也。第三字（祝）从兄，象手下拜形。」（《殷釋》中十五頁）

商承祚　「按或又省示作兄，其作祝者，殆亦祝之變體，象跽於神前而灌酒也。」（《類編》一卷六頁）

郭沫若　「祝象跪而有所禱告。」（《甲研・釋祖妣》十二頁）

吳其昌　「兄字當「祝」字之省文，蓋卜辭「祝」作祝，偶畧去丅便成此狀也。」（《殷虛書契解詁》第三五五頁）

姚孝遂　「兄（兄）　兄（祝）

論者多以為卜辭「兄」、「祝」同字，这完全是一种误解。兄下部从卩，兄下部从人，形体是有别的，其用法也截然不同：

……兄至[illegible]　京津四〇八〇

兄用作「祝」，祝則為「兄辛」合文。

卜辭所见「兄」与「兄」数以百计，都是以「兄」为「祝」，以「兄」为「兄」，区分极为严格，並不相混。

《粹一四八》「其告水入于上甲，兄大乙一牛，王受又」，兄应用为「祝」，谓祷于大乙，与《乙七七五〇》「兄于且辛」，《粹四八九》「兄至于且丁」等同例。郭沫若先生《粹一四八》考释以「兄」为「兄」，以为介系词，谓为「及」、「与」之义，这是错误的。

迄今为止，只发现一个例外，兄于后上七・一，其「兄辛」之合文作「祝」，「兄」字数百见，均作兄，唯独此作兄，应属于误刻。不能据此即认为古「兄」、「祝」同字。

兄或作兄，祖庚、祖甲时期以后，又增丅作祝或祝，而从卩与从人的基本区别是始终不变的。

西周金文「兄」字就作兄，禽鼎「祝」字就作祝从兄，长由盉则作祝，从兄，偏旁已混，只是以从「示」与否作为区别形式。」（古文字的符号化问题　古文字学论集初编一

〇四一——一〇五页）

孙海波　「□，甲七四三。□，佚一六六。卜辞用兄为祝．重见兄下。」（甲骨文编一〇页）

孙海波　「□，甲八〇一。兄用为祝。祝于父甲。」（甲骨文编三六四页）

饶宗颐说参□字条下。

姚孝遂　肖丁　「2459 (1)「……毓且乙叀……」
(2)「……卜，奉祝册」
(3)「……甲埶」「吉」

第(1)辞「叀」下一字不识。形体亦不甚清晰。

第(2)辞「祝册」前所未见。卜辞有「册祝」，「祝册」或当是「册祝」之倒文。」（小屯南地甲骨考释四四页）

白玉峥　「峥按：□非□之省段，实乃本字。盖□字于甲骨文中，散见于各期，而□则多见于祖甲及武乙之世。」（契文举例校读中国文字第八卷第三十四册三七四七页）

赵诚　「□，或写作□，左右无别。象祝祷之形，在卜辞中大多用为祝，和□字分别显然。只有用作卜官之私名，□、□才通用无别。但在多数情况下仍写作□。大家通行释作兄，为了方便，姑且隶定作兄。作为人名，一定是借音字，但不明白，这个字到底是和兄的读音发生关系，还是和祝字的读音发生关系？」（甲骨文简明字典七三页）

高嶋謙一　「辛巳卜其告水入于上甲兄大乙一牛王受又（粹编一四八（辛巳日灼卜，如果（我们）向上甲报告水灾（原文为「水潰入」），并以一头牛向大乙祈祷的话，那么王会受到帮助。）

陈梦家将「□」隶定为「兄」，解为「连接词」，看来是受郭沫若的影响，郭氏说：「兄字在此当是介系词，义犹及与。以声类求之，殆假为並也。』……假借之说实在很难成立。……与其读为『兄』，不如照前贤的卓识，假为『祝』——『祝祷』，只要看看殷墟卜辞综类第四四页上两行所列的例子，就可以知道这种说法正确。那里不少卜辞都有相同的语法结构——祝十（于）十祖名十祭品（以某种祭品向某某祝祷）。』（甲骨文中的並联名词仂语古文字研究第十七辑三四○——三四一页）

陳初生

「『祝』字甲骨文作祝、祝，象人跪于示前祷告之形；或不从示，作兄、兄。金文多作『祝』，禽毁字作祝，与甲骨文第二体同。」（商周古文字读本二九一页）

張桂光

「甲骨文编收作兄字，实际应是祝字初文。祝字在甲骨文及早期金文（如祝（大祝禽鼎））中均从兄。祝字作祝（小盂鼎），当是西周金文跪跽状逐渐消失过程中的产物，在甲骨文中是没有这种讹体的。尽管張日昇已看出甲骨文『兄为训长之兄，而兄则为祭』，但他又以为二字可以互通。今从文例看，除后一·七·一○兄辛合文及缀一·四二三『丁巳贞，于来丁丑𢦏兄丁，若』等一二例误兄为兄外，其余都泾渭分明，兄用为兄，兄用为祝，並不相通，兄兄二字形既有别，音不相近，义不相干，是没有互通之理的。（古文字中的形体讹变，古文字研究第十五辑一七七至一七八页）甲骨文编释兄为兄是错误的。」

林政华

「『册祝』一语仅三见：

丙午贞：□酒人□册祝？　粹五一九

册祝？　甲七四三

册册祝？叀辛求？　粹四七八

例虽不多，然参稽古文献，仍可考知其义。尚书金縢云：

史乃册（按：作册—），祝曰：……

伪孔传：『史为册书，祝辞也。』雒诰篇亦云：

戊辰，王在新邑烝，祭岁：……王命作册逸册祝。惟告周公其后。

说文释祝字，云：『祭主赞词者。从示从人、口。』卜辞正象人跪於神前而有所告说之貌。上引甲骨后二片均以册祝联缀成词，作名词用，与尚书『作册而祝告』之义有别；此殆与册告一语义同，即以册而祝告於神前之一种仪节也。」（甲骨文成语集释上，文物与考古研究第一辑五七页）

按：祝象人跪禱之形。許慎據小篆立說，不可據。王筠說文釋例據大祝禽鼎釋祝字為「人跪饗神之形」。林義光文源謂「兄口吻於上，以表祝之意」。卜辭祝或省示。孫海波亦甲骨文編誤混入兄字，以為「兄用為祝」。實則凡卜辭祝字之省示者作□或□，象人跪形，亦作有象人立形作□者，突出手掌形以區別於「兄」字，金文則以□為兄，已混。凡卜辭兄字均作□，象人立形，唯獨後上七·一○兄辛合文之兄作□，與祝字無別，乃誤刻。卜辭凡从卩或□者，大體均區分甚嚴，例外者極少。粹一四八合集三三三四七之「其告水入于上甲，祝大乙一牛王受又」，郭沫若、楊樹達均以「祝」為「兄」謂為介系詞，乃「及與」之義，皆非是。卜辭「祝」乃祭禱之義，無用作介系詞者。

0307 □

按：字不可識，其義不詳。

0308 ⿰禾兄 □

王襄「古⿰禾兄字」。（類纂存疑第七第三十八葉上）

陳邦懷「此字从禾从兄，當是說文解字稷之古文。卜辭祝字有作□者（前·四·十八·）其所从兄字，雖為反文，與此正合，又父舟作兄癸舉兄字亦作□也。（阮氏元誤釋為猷）說文『稷齋也，五谷之長，從禾畟聲』，古文作⿰禾兄。段注：『兒，蓋即古文畟字』。邦懷案⿰禾兄即卜辭之祝，後世傳寫致譌兄為兒，段氏謂兒蓋即畟之古文，未免附會，許君說稷為『五穀之長』，又說兄曰『長也』，然則⿰禾兄從兄，蓋取禾兄會意也，知古稷字當从兄矣」。（小箋十五葉）

又曰「此古文稷字，春秋左氏宣十五年傳：『晉侯治兵于稷』，杜注：『稷晉地河東聞喜縣西有稷山』。山海經中山經：『又東五百里曰⿰禾鬼山』，畢氏沅曰『⿰禾鬼當為⿰禾兄字，稷山在今山西稷山縣』，（同上一葉下）

李孝定「說文『稷齋也五穀之長从禾畟聲⿰禾兄古文稷省』。栔文作□，陳氏釋稷可从。惟陳氏謂段氏以『兒為畟之古文』為附會則非。畟之古文當作□，為一人體象形字。古文从夂止者每从省略，許君謂兒為畟省亦不誤，兒與兄祇形體小異耳。陳氏說為會意亦可通。字在卜辭為地名。辭云『戊午囗䄎貞囗田衣囗亡𢦔』。䄎上適有闕文，以同片它辭云『囗卜在演囗田衣囗亡𢦔』推之知為地名。」（集釋二三五二葉）

考古所　「䄎：陈邦怀认为是說文稷之古文（小箋一頁），可备一说。在此片卜辞中為地名。」（小屯南地甲骨一〇四二頁）

按：字从「[illegible]」（祝），而不从「兄」，今姑隸作「䄎」，在卜辭為地名。

0309

按：合集二九二三九辭云：「叀[illegible]田」為地名。

0310

孫海波　「[illegible]，佇滬一、三七一。从兄从川。說文所无。地名。」（甲骨文編三六六頁）

考古所　「[illegible]：著录中甲二二〇八、佇下二六、八有此字，可能是[illegible]之异构。在卜辞中为地名。」（小屯南地甲骨一〇一六頁）

考古所　「[illegible]：与[illegible]当为一字，地名。」（小屯南地甲骨八八六頁）

考古所　「[illegible]：地名，在本书六六〇与[illegible]章衰等同版，后三者属沁陽田猎区。」（小屯南地甲骨八四四頁）

姚孝遂　肖丁　「『[illegible]』当即『[illegible]』字的异体（後2.26.8），字亦作『[illegible]』（甲2208）。与[illegible]地相鄰，相距不过二日路程。」（小屯南地甲骨考释一七二頁）

按：此字形體多變異，均用為地名。

0311 𩚨 〔字形〕

施謝捷「甲骨文有辞称：

叀𩚨（典？）？

丁酉，〔字形〕（佚九三一）

……我们认为此字即「𩚨」字異构，字从中即才；从8于此字当为𠙵之省形，即「𠙵」，如甲骨文中「即」字或作〔字形〕、〔字形〕、〔字形〕等形，从皀即省变作8，与此字所从同，是其证；从〔字形〕或为丮字繁构，甲骨文中从丮有作〔字形〕形者，如𩚨或作〔字形〕形，「圉」或从執作〔字形〕，是其例，上从日，盖象人之头颅形。……说文食部：「𩚨，设食也。从食从丮，才声。」卜辞中均用为祭名。」（甲骨文字考释十篇，考古与文物一九八九年六期六八至六九页）

按：施謝捷以此字為「𩚨」字之異構。其說可從。

0312 〔字形〕

按：字在卜辭為地名。

0313 瀼 〔字形〕〔字形〕〔字形〕

考古所「〔字形〕：地名。」（小屯南地甲骨九二六頁）

按：合集二八一八八辭云：「自〔字形〕至于膏亡𢦔」用為地名。

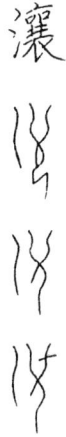

0314 蠰

按：合集一〇五七九辭云：「貞于蠰途子姤來」用為人名。

0315 光

羅振玉 「說文解字光，从火在人上，光明意也。古文作炗芡二形。」（殷釋中五十葉上）

葉玉森 「予曩者稽之辭例，悟光亦國名。路氏國名紀引春秋圖『光國今光州』。又謂『光國為黃帝後，結姓分』。卜辭之光或即古光國（鉤沈）。」（前釋三卷三十六葉下）

李孝定 「契文與篆文同，字在卜辭為國族之名，火在人上，取光明照耀之意。金文作蘇伯簋 矢方簋 宰甫簋 毛公鼎 𡋲毛公鼎 虢季子白盤 攻吳王光戈，與契文同。毛公鼎第二文與許書古文一體同。金文作 光作母辛觶 光父爵 光簋，其結體亦與契文同。」（集釋三一七九葉）

饒宗頤 「路史國名紀謂：『黃帝後，姞姓封』。即後世之光州。殷器有光觶，安陽出土，（使華圖十四）及光爵（錄遺三九四）疑即光所用者。」（通考七六〇葉）

按：卜辭光為人名，亦為國名。是否即黃帝後之光國，無可考。說文光之古文或作芡，當屬誤置。徐鍇繫傳通論以為「廿火為光，廿，共也」；王筠釋例以為「廿古疾字，速也，火速則光盛」，皆曲為之解，不可信。容庚金文編曾以為毛公鼎「庶」字所从之「𡋲」為「光」字，增訂版已刪去此說，蓋已悟其非是。李孝定集釋不察，直以為毛公鼎有「光」字作𡋲，與許書古文一體同，未免疏失。

0316 鬼

按：說文以「人所歸為鬼」。卜辭云：
「貞亞多鬼夢亡疾」
「貞多鬼夢叀言見」
皆用其本義。

合集一七四四八
合集一七四五〇

0317

葉玉森「疑許書之鬽，从鬼彡。彡，鬼毛」。（拾考九葉上）

屈萬里「疑鬼字」。（甲編考釋三七八葉）

按：卜辭均殘，與「鬼」之用法有別，形體亦殊，不得謂為同字。

0318 𩲡

羅振玉「說文解字鬼古文从示作𩲡，與此合。惟許書謂鬼字从厶，卜辭及古金文皆無之」。（殷釋中十五葉上）

王襄「古鬼字。鬼或从示」。（類纂正編第九第四十一葉下）

葉玉森「从亣與从卪同。第五體（[illegible]）見殷虛卜辭第二千一百四十二版。疑亦鬼字，女鬼也。契文从人从卪从亣多屬之男。从女則屬之女。如侸之作[illegible]，奚之作[illegible]可證」。（說契三葉）

又曰：「前形禮亦象鬼跽示前形。人鬼跽于示前，並為祝誼，則从示从鬼或仍祝之變體」。（前釋四卷廿五葉）

孫海波　「卜辭云『叀鬼』，蓋即鬼方之人俘虜以為祭品者，與卯羌之例正同」。（文錄四七葉）

郭沫若　「𦝢字从丁山釋。（按卜通七九一九片辭云『庚辰卜貞多鬼𦝢不至囚』）鬼假為畏，周官所謂『懼夢』也。」（卜通一六九葉下）

于省吾　「綴存二八：『金若茲鬼』。鬼為惡劣之義。庫一三五四，『叀鬼』與『叀吉』對文，則鬼為不吉明矣。此言道途若此之惡劣也。前五、十七、五：『日若茲敏』，句例同。」（駢三第二三葉上釋金）

李孝定　「說文『鬼人所歸為鬼从人象鬼頭陰气賊害从厶䰟古文从示』卜辭恆言多鬼夢．郭讀為畏固可通，惟讀如字辭意亦協適。或言『鬼畀亡八六五𤸰𡴂』或言『鬼亦得疒』背三一．則為人名。作䰟者與許書古文合。而辭言『叀王䰟』前四、十八、六、與『叀王祝』同上、七、辭例同，葉說似亦可通，未敢臆定。」（集釋二九〇四葉）

陳夢家　「卜辭『鬼方昜，亡禍』。甲三三四三『乙酉卜鬼方禍』。佚六六八四『出鬼方受……』。殷曆譜旬譜六附圖『隹鬼敄』。乙三四〇七『鬼方禍』。無想＝＝一湯既濟九三『高宗伐鬼方，三年克之』；未濟九四『震用伐鬼方，三年，有賞於大國』。是武丁曾用三年之力命震用克鬼方而賞之。詩蕩亦有『覃及鬼方』之語，後漢書西羌傳注引竹書紀年『武乙三十五年周王季伐西落鬼戎，俘其二十翟』。可見周與鬼方的關係而鬼為翟（狄）之一種。殷本紀紂以九侯為三公，集解云『徐廣曰一作鬼侯』。正義引括地志『相州滏陽（今磁縣）西南五十里有九侯城，亦名鬼侯城』。海內北經『鬼國在貳負之尸北』，『貳負之尸在太行伯東』。（綜述二七五）

饒宗頤　「『貞：叀王䰟。』（前編四．一八．七）『口𣎵卜出每，（悔）……叀王䰟。……萑……衛……𢀛（龍）』（前編四．一八．六）䰟讀為餽祭之餽。」（通考三九五頁）

饒宗頤　「鬼方之名，見于易及詩．既濟九三：『高宗伐鬼方，三年克之』。又未濟九四：『震用伐鬼方，三年有賞于大國』。大雅蕩：『內奰于中國，覃及鬼方』。古本紀年：『武乙三十五年，周王季伐西落鬼戎，俘其二十翟王』。（後漢書西羌傳注引）今本紀年稱：『武丁三十二

0319

年伐鬼方，次于荆』。西周初期小盂鼎記伐鬼方，……俘人萬三千八十一人。其地當在殷西，武處山陝之间。春秋器梁伯戈，有『抑魃方蠻』語，可見其族之盛。隗姓赤狄殆即其胤。鬼族自昔與諸夏通婚媾。世本陸終取鬼方氏之妹謂之女隤。殷本紀：『紂以九侯為三公』。徐廣曰：『一作鬼侯』。正義引括地志：『相州滏陽西南五十里有九侯城，亦名鬼侯城』。此殆鬼族入臣于殷而邑之於此。卜辭言『鬼不囗』，『畏出囗』，『畏』『鬼』一字，（見觀堂集林十二）當并指鬼方」。（通考三〇一葉）

屈萬里　「鬼，羅振玉所釋（殷釋中一五葉）。鬼方，即易既濟、未濟及詩蕩所稱之鬼方」。（甲編考釋四二四葉）

按：說文「鬼」之古文从「示」作「䰟」，甲骨文此字亦从「示」从「鬼」。然合集三二一〇辭云：「……未卜，出母……叀王䰟萑……卯衛……贏」其用法與「畏」有別。

⿰糸鬼

陳邦福　「簠室殷契徵文文字篇第六十六葉云：『上闕由⿰糸鬼』。邦福案：⿰糸鬼當釋⿰糸鬼。周禮春官巾車云：『錫面朱總』，鄭注：『⿰糸鬼當為總』。釋文：『⿰糸鬼，字林倉雅及說文皆無此字，衆家亦不見有言者』。然則契文已有⿰糸鬼字，益信鄭所見舊本周官初作朱⿰糸鬼，不作朱總。契文之有俾于經典如此」。（辨疑十二葉下）

李孝定　「从糸从鬼，說文所無。周禮春官巾車云『錫面朱總』鄭注云『故書「朱總」為「⿰糸鬼」。鄭司農云「⿰糸鬼當為總」。』陳氏引此文未備。是康成所見故書字作⿰糸鬼，許書偶失收耳。卜辭云『由⿰糸鬼』未知與巾車⿰糸鬼字義同否」。（集釋三八九七葉）

按：朱駿聲通訓定聲以為周禮巾車「朱總」故書誤作「朱⿰糸鬼」。鄭司農之意，亦不必為「⿰糸鬼」與「總」通。「⿰糸鬼」字音義皆缺，卜辭用義不詳。

0320

醜 〼

王襄 「古醜字。許說可惡也，从鬼酉聲。此从鬼从〼，〼象尊内有酒滴滴之形，與从酉誼同」。（類纂正編第九第四十二葉上）

孫海波 「〼，續四・九・二。疑醜字。」（甲骨文編八九五頁）

李孝定 「辭云『〼兹不雨隹☒兹☒㞢醜于☒』續・四・九・二『☒☒☒邑龍寵㞢醜☒』佚・九七三 它辭又云『壬寅卜穷貞若兹不雨帝隹邑龍不若〼』卜通・例二・Ⅲ A。郭沫若釋之云『〼殆龍字之異，假為寵。「若兹不雨帝兹邑寵」乃求晴之卜也。「若」用為虛擬之辭，此例僅見』卜通・例二・四上。郭說是也。醜字二辭與卜通一辭當為同類卜辭。續・四・九・二辭足之當為『若兹不雨隹兹邑寵㞢又醜于☒』佚九七三同。醜與寵為對文。淮南說林『莫不醜于色』注『猶怒也』。辭云『又醜于☒』蓋言帝又將加怒於某方，謂將降禍於某方也」。（集釋二九〇七葉）

按：卜辭醜與寵相對為文，說文訓醜為「可惡」。醜或从壽聲作「魗」。詩遵大路「無我魗兮」，傳訓為「棄」；箋訓為「惡」。醜有厭惡嫌棄之義。或「荷天之寵」，是為「帝降若」；或「天厭之」，是為「帝降不若」，此「寵」與「醜」相對之義。似較釋「醜」為「怒」為優。

0321

妟 〼

高明 「儿亦是人旁之一种形体，象甲骨文中的光字写作『〼』（粹四二七），铜器铭文中的先字写作『〼』（毛公鼎）。由于它在字体中常居下部，则隶写为『儿』。说文云：『儿，仁人也，古文奇字人也，象形。孔子曰：「在人下，故诘屈」。』古文字人旁与女旁通用，而儿亦是人旁之一种，故儿旁亦与女旁通用。鬼〼（菁五・一）〼（乙八〇〇〇）」（古体汉字义近形旁通用例中国语文研究第四期二一页）

按：合集一四二九三辭云：「貞……往不〼妟曰」

用義不詳。古璽文「畏」字从「鬼」或作「𡟎」、「畧」當是「畏」之異體。合集二〇七七二與此同文作「𥃩」合書，可證𡟎、鬼同字。

0322

鬼

孙海波　「𤰞，存下八〇二・疑鬼之异文。」（甲骨文编八二〇页）

林澐　说参〔巳〕字条下。

黄盛璋　「王国维鬼方昆夷玁狁考集诸说之大成，而加以总结，谓『见于商、周间者曰鬼方，曰混夷、曰獯鬻，在宗周之季则曰玁狁，入春秋后则谓之戎，继号曰狄，战国以降，曰匈奴』，此说影响很大，因王氏为多方面有成就之学者，世人震于王氏之声名，常加以迷信，其实王氏全据书本记载与成说归纳，而置地下考古材料于不顾，即王氏曾从事之甲骨、金文亦不加考虑，因而片面总结，论断多误。……

根据在蒙古人民共和国与内蒙古发现匈奴墓葬、文物，明显属于北方草原文化，颇受斯克泰文化影响，与华夏不同文化体系，不仅服饰、器用与风俗制度自有体系，即记载所见之匈奴语言，显然也和华夏有别，不属同一语系，更不可能自华夏族分出。战国以前不见匈奴与中原发生任何关系，记载所见之匈奴皆为战国晚期仅与赵、燕、秦发生关系，与匈奴接壤者亦只此三国之北部，汉以前匈奴并没有超越三国北部深入中原地区。它和鬼方、荤粥、玁狁族别不同，地望也异，不能混为一谈，这是可以肯定的。

鬼方多见甲骨文，金文仅见盂鼎与梁伯戈，而周史与诗经皆不见，并未给宗周以多大侵扰，威胁，远不如玁狁、淮夷，或者西周后期已经衰落不振，周人对之已不注意。

荤粥或作獯鬻、獯粥，皆为译本族自名之音，故无定字，诗大雅緜『混夷駾矣』，说文马部引作昆夷，史记称为『绲戎』，『混、昆、绲』等与『荤』、『獯』皆同对此族自名之首音，『夷、戎』则为华族所加，因而说明皆为华族之不同译称，写法虽异，族则为一。孟子梁惠王：『故大王事獯鬻』，史记周本纪：『古公亶父修后稷、公刘之业，薰育戎狄攻之』，而诗大雅緜所载『混夷』亦属周祖先历史事迹，所以荤粥与周发生关系，皆在周统一天下前，以后不见，所在地区亦比较明确。孟子梁惠王又记『昔者大王居邠，狄人侵之，事之以皮币……』与『大王事獯鬻』自为一事，史记匈奴传记绲戎在『自陇以西』，杨恽报书亦谓『安定山谷之间，昆戎旧壤」，殷之鬼方肯定不能在此，殷人势力不能到达陇西，这里很明显的，荤粥与鬼方不能为一。《竹书纪年》：「武乙三十五年周王季伐西落鬼戎，俘二十翟王」，同书又记周王季伐燕京之戎，后者在太原西北，鬼戎应即鬼方，当在山西，梁伯戈有「抑鬼方蛮」，而梁国在陕西之韩城南，隔河即山西西南部，武丁伐鬼方及甲骨文之鬼方只能在秦晋之间，过远则非殷武力所能及。」（《猃狁新考》社会科学战线一九八三年二期一四六——一四七页）

张亚初「鬼方是商人的强敌，《易既济》九三：「高宗伐鬼方，三年克之。」就是明证。但在武丁时期的卜辞中，我们很难看出商人与鬼方的激烈斗争。在卜辞中，关于鬼方的直接记录只有「己酉卜，鬼方田」（《甲三三四三》）等几条材料而已。其实，鬼方是这个「民族」的统称，很可能是以姓（鬼姓女化作媿，见金文，文献作怀、嫘等，用的是假借字）为国名之称。它分成了许多方国，就象上面我们所提到的缶、基方和亘那样。它们虽然是鬼方大家庭中的若干个组成部分，但它们各有各的具体名称，各自为战。据古本《竹书纪年》载，武乙「三十五年，周王季伐西落鬼戎，俘二十翟王」，说明在这一带鬼方分成了很多个方国，仅西落鬼戎就有二十个方国之多。那么，山西境内鬼方方国之多也就并不是很奇怪的事情了。因此，虽然直接反映商人与鬼方斗争的材料很少，武丁与缶、基方和亘等方国的斗争，应该就是「伐鬼方，三年克之」的总的斗争的一部分。」（《殷墟都城与山西方国考略》古文字研究第十辑三九九——四〇〇页）

王玉哲「四十年前我们曾说，甲骨文中「鬼方」一词仅一见。可是，今天情况不同了。甲骨契文已大量著录出版，我们所能见到的甲骨文资料，远远超过以前。但有关「鬼方」的卜辞，仍是少得可怜。下面抄录有代表性的几条卜辞，然后再逐条加以讨论。

(1)「己酉卜，宾贞：鬼方昜。亡囚？五月。」（《乙六六八四》；《合集八五九一》）
(2)「己酉卜，内：鬼方昜……囚？五月。」（《甲三三四三》；《合集八五九二》）
(3)「……卜，㱿贞：鬼方昜……。」（《合集八五九三》）
(4)「壬辰卜，争贞：佳鬼，戕。」「贞，不佳之戕。」（《乙三四〇七》）
(5)「允佳鬼眔周，戕。」（《乙三四〇八，三四〇七反》）

卜辞中这一些「鬼方」或「鬼戕」。应当就是文献上的「鬼方」。过去由于卜辞中仅一见，因而有谓卜辞中之「鬼方」非文献中之「鬼方」，以为卜辞中之「吕」与「鬼」同音假借，于是提出卜辞中的「吕方」才是文献中之「鬼方」。现在卜辞中有关「鬼方」的记载既然不止一见，而且大有逐渐增多之势，因而卜辞中之「鬼方」即文献中之「鬼方」的看法，怀疑者已不多见。

承认卜辞中有鬼方，但是有无「伐鬼方」的记载，仍存在分歧意见。因为卜辞中没有对鬼方用「伐」或「征」的明显文句。只有「鬼方易」的「易」。这个「易」字过去有人以为是名词：有人名、族名、地名和方国名等不同的说法；还有的学者，把「易」认为是动词，读为「赐」，或读为「扬」，谓「鬼方易的易作动词用，是说鬼方飞扬而去，言其逃亡之速，故下句以无咎为言」。

「易」字若作名词用，「鬼方易」三字绝对不会含有伐鬼方之义。但若作动词用，不管读「飏」，或「扬」，都可以解释为：鬼方被征伐，于是飞扬逃跑。从卜辞整句看，鬼方逃去为「亡囚」，这就真如李学勤同志所说，「（鬼方）以有祸为正卜，表明商人是希望它们有祸的，它们都是商的敌人」。上所录的(1)至(3)条卜辞很可能都是商王征伐它的敌人鬼方，而占卜是否没有灾祸的记录。

上引第(4)和第(5)条卜辞中的「攺」字，据于省吾先生说：「初义为以朴击蛇，引申为割杀之义。攺即说文𢻱字，经传假施为之。」后又训为「割解俘虏以为祭牲」，其说可信。卜辞中用牲及用人为牲，以攺的方式祭祀的颇多，如：

「攺羊。」（存一、一四九四）

「貞，攺牛。」（識二四·三）

「貞，攺五牛。」（捡六二四）

「攺豕。」（乙二七二八）

「癸亥卜，殸貞：攺百。」（續二、二九、三）

这几条卜辞大概即是用牛、羊或羌人作祭牲，以祀祖先鬼神求福祐的卜辞。回过头来，我们再看上引第(4)条「佳鬼，攺」，大概就是以俘虏鬼方的人为祭牲，第(5)条「允佳鬼罘周，攺」。就是以俘获的鬼方和周人为祭牲。

根据前面这几条卜辞的句法，被「攺」的对象如牛、羊、羌人等大都置于「攺」字后面，而有关鬼方的第(4)条、第(5)条的「鬼」和「周」却置于「攺」字之前，所以有的学者对「佳鬼攺」和「佳鬼罘周攺」中之「鬼」「周」解释为「攺」祭的执行者，也就是说，「鬼」和「周」不是被攺的对象，而是躬行杀牲致祭的人。这种解释当然也有道理。但是，我们以为按照卜辞辞例看，被「攺」的对象，可以置于「攺」字之后，也可以置于「攺」字之前，例如：

「貞，攺人于章旦。」（拾一一·一九）

「貞，人戉（岁）、攺于丁。九月。」（燕二四一）

这两例句同是「攺」人以祭。第一例「人」在「攺」后，第二例则「人」在「岁」（刺杀）与

「敀」（割解）之前。

另外，为了说明「鬼」为被敀的对象，我们不妨再举几条卜辞，以資证明：

「辛卯……殸貞，隹⿱罒鬼乎竹敀□。」（合集一二〇九正）

「……⿱罒鬼乎竹敀□。」（合集一一二二正）

「貞不隹⿱罒鬼乎竹敀□。」（合集二二〇正；湾一、六一六）

这三例中「敀」字后之字，我頗疑都是「鬼」字的异文，这就可以证明「鬼方」为商人的敌对者，故以其战俘为祭牲。

总之，前所录的五条有关鬼方的记载，都是商人伐鬼方在卜辞中的反映。也只有这样解释，才与古文献记载相合。其中有「鬼方易」和「敀鬼」或「隹鬼敀」的卜辞都是属于一期卜辞，正是商王武丁时期。古文献易经既济爻辞谓：「高宗伐鬼方，三年克之」。这个「高宗」，自周公（尚书无逸）孔子（论语宪问）以来，均认为是指商王武丁。这样，地下出土材料的记载，与古文献的记载如此一致，知其必为史实，而决非偶然也。」（鬼方考补证考古一九八六年第十期九二六頁）

0323

畏 □ □ □

張秉权

「⿱田儿，是鬼字，在此是人名。或称鬼方易：

己酉卜，丙「貞」：鬼方易「亾」囚？（甲编三三四三），

鬼大概是鬼方的首領之名。」（殷虛文字丙編考释第五三頁）

按：說文：「鬼，人所歸為鬼，从人象鬼頭。鬼陰氣賊害，从厶」。王筠釋例謂「鬼字當是全體象形，其物為人所不見之物」。金甲文鬼字均不从「厶」。朱駿聲、徐灝、林義光皆以「厶」當為聲符。

卜辭「多鬼夢」（前四・一八・三）亦作「畏夢」（續六・七・一二），是鬼畏字通之證。但卜辭鬼、畏仍當有別，鬼方皆作⿱田儿，無作偎者。

章太炎文始以為說文訓「鬼頭」之「甶」本「獸頭之通稱」，「鬼疑亦是恠獸」。「古恠獸與人鬼不甚分別，故魑魅蝄蜽則鬼神禽獸通言之矣」。金甲文鬼字皆从人，不得為恠獸名，章氏之說不可據。

卜辭「⿱田儿」為方國名，與「畏」形義均有別，「⿱田儿」當為方國名之專用字。

王襄　「古畏字。許說惡也，从甶虎省，鬼頭而虎爪，可畏也。盂鼎畏亦作𤰈。」（類纂正編第九第四十二葉上）

羅振玉　「說文解字：『畏，惡也。从甶，虎省，鬼頭而虎爪，可畏也。古文作𤰈。』古金文作𤰈𤰈（盂鼎），从田及手形，或省手形从卜，（當是攴省）此則从鬼手持卜，鬼而持攴可畏孰甚。古金文或作𢾈，既从卜又加攴，初形已失矣。」（殷釋中六十二葉上）

王國維　「畏字古金文作䰠，或作𩴽。盂鼎曰：王□盂以□□伐䰠方……其字从鬼从戈。又梁伯戈云：𩴽方蠻，其字从鬼从攴，二字不同，然皆為古文畏字。按大盂鼎『畏天畏』，二畏字上作𤰈，下作𤰈，毛公鼎『愍天疾畏』，『敬念王畏』，二畏字皆作𤰈，皆从鬼从卜者。尚盤畏字作𢾈，則从甶，（說文『甶，鬼頭也』）从攴，卜與攴同音，又攴字之所从，當為攴之省字，而或从卜，在鬼字之右，或从攴，在鬼字之左，或从攴，在鬼頭之下，此古文變化之通例，不礙其為一字也。从戈之䰠，亦即𩴽字，凡从攴从戈，皆有擊意，故古文往往相通，如『薄伐玁狁』之薄，今毛詩作薄，薄者迫也，而虢季子白盤之『搏伐』，从干，不𡢁敦之『𦤎𢦏』，从戈，師寰敦之『𦤎乃眾』，則又从卜，書之『外薄四海』，其義亦為迫，而釋文引『一本作敷』，詩常武之『鋪敦淮濆』，釋文引『韓詩鋪作敷』，後漢書馮緄傳亦引作『敷敦』，按『敷敦』即『𦤎𢦏』，則字亦从攴，可知从卜从攴从戈，皆可相通，則䰠字亦畏字也。其中𤰈䰠二字，見於周初之器，為字尤古，其後从卜之字，變而作𩴽，从戈之字，變而作威，古威字从戈从女，邾公華邾公牼二鐘皆然。虢叔鐘作𢦏，亦戈形之變，而鬼女二字皆象人跪形，形極相似，故變而从女。上虞羅氏所藏古鏞，有『丞亡𢦏斁』，亡𢦏即亡畏，此䰠威畏三字相關之證也。𩴽字又變作𢾈，汪孫遺諸鐘之『畏嬰（即畏忌）趩趩』，沇兒鐘之『盤于畏義』（即淑于威儀）皆如此作，既从卜，又从攴，則稍贅矣。」（集林十三卷鬼方昆夷玁狁考三——四葉）

沈兼士　「鬼畏禺為一字。1.鬼與禺同為類人異獸之稱。2.由類人之獸引申為異族人種之名。3.由具體的鬼引申為抽象之畏及其他奇偉譎怪諸形容辭。4.由實物之名借以形容人死後所想象之靈魂。」（鬼字原始意義之試探）

孫海波　「𤰈，乙六六九。人名。畏其出𠬝。」（甲骨文編三八二頁）

按：契文畏字象鬼持卜，卜即杖。說文以為「鬼頭而虎爪」，乃據小篆譌變之形體立說。

鬼畏音近可通，但不得謂為同字。參見前鬼字條。沈兼士以為「鬼畏禺為一字」，其說本於章太炎文始，鬼畏皆从人，與獸名之禺迥別。沈說不可據。

0324 鬼日

按：此乃「鬼日」之合文，合集一四二九三正與此同文，分書作「㚢日」可證。劉釗有專文論此甚詳。

0325

按：當為「畏」字之殘。

0326 畀

按：合集二〇三辭云：「貞畀隻羌」為人名。

0327

饶宗颐说参□字条下。

赵诚「□，告。从生从卩，构形不明。……告，有人释为先，非是。甲骨文的先字写作□或□，从止（趾）从人，或从丂。从人足在前，示人往前行，故有先义。与告之作□显然有别。」（甲骨文简明字典七五页）

按：合集三四三〇辭云：「乙卯卜，王……需及□……」為方國名。

0328

芍 □ □

王襄 「古敬字。盂鼎敬作□，與此同。」（簠室徵編第九第四十一葉下）

孫海波 「□，甲二五八一。不从口形，与羌近，又疑苟从羌得声。」（甲骨文編三八一頁）

屈萬里 「□與□□相似，諸家定為芍字。蓋是。……卜辭中所見者，多為卜问向芍求雨之辭，疑乃神祇之類也。」（甲編考釋一三八葉）

徐中舒 「狗，甲骨文作□、□，金文作□（大保簋）、□（盂鼎），从苟之敬作□（师嫠簋）、□（余义钟）。甲骨文及早期金文，只以两笔钩勒狗的两耳上聳，前后肢踞地有所伺察之形。甲骨文用为地名，读狗读敬，还不能肯定，金文则已分化为敬的专用字。狗为人守夜，又随猎人追捕猛兽，经常要作儆戒或警惕的准备，有时还要发生警恐，敬就是从这些意义引申出来的。原始的狗字用笔太简，师嫠簋增口支两个偏旁。口象狗颈上所繫铃形，支象持杖牧畜之形，从口从支就说明狗是家畜。在文字行用中，犬作为狗的专名，敬就可以分化为恭敬之敬而不至于与犬相混淆了。□作为狗的原始象形字，其形音义在文字中，就保存在狗的形声字中。狗，隶书作□，楷书作狗。犬、苟、句、敬都是见系（喉音）的双声字，犬、狗的读音都是其叫号的吠声。犬、句、苟古韵幽部，敬耕部，狗敬虽同象狗形，但语源在殷周之际，就早已不同了。」（怎样考释古文字学论集初编八—九页）

按：字當釋「芍」，下所从為人形，與「狗」無涉。屈萬里疑為「神祇之類」是對的。卜辭皆為祭祀之對象。

0329

□比 □

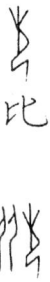

0330

按：據合集二七九〇三、二七九〇四等片觀之，合集二八一四六當讀作「叀……𢀛比亡災」。乃「𢀛比」二字。

按：合集二〇三九〇辭云：「令𢀛售師」用為人名。

0331

按：二二三五六拓片不甚清晰，此字形體摹寫當有誤。

0332 令

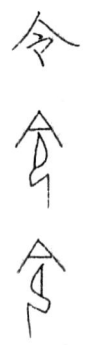

羅振玉 「說文解字：『令，發號也。从亼卩』。案古文令从亼人，集衆人而命令之，故古令與命為一字一誼。許書訓卩為瑞信，不知古文卩字象人跽形，即人字也。凡許書从卩之字，解皆誤」。（殷釋中五十四葉上）

王襄 「古命字。吳愙齋先生云：古文命令為一字」。（簠室殷契類纂第五葉）

孫海波 「令，甲五九七。令用为命。」（甲骨文编三七四頁）

孙海波 「令，鉄一二、四。卜辞用令为命。重見令下。（甲骨文编四〇頁）

吳其昌 「『命』之义得為祭告，告祝者，此可於经典、卜辭二方面証之。証之在经典者，如春秋昭公七年左氏傳云：『秋，八月，卫襄公卒。……告喪于周，……王使臣簡公如卫弔，且追命襄公曰……』追命之『命』，殆如祝文祭文，故杜預釋之曰：『命如今之哀策』。此『命沚甙』亦正如周王之『命衛襄』矣。其在卜辭之本証，則如云：『□未，卜王令，命于㠯朕，袁。三月，御。桀』（絏·六一五），謂令祭，祝告于師朕而燎牲也。又如云：『□月，帝，禘命雨』。（衕·一二三·一，衕·一·五〇·一）等『庚申卜宾貞，命雨』。（絏·九二九）或云：『□□田呂貞，令三月。帝，禘命多雨』。（衕·三·一八·五）『乙丑卜泙貞，命翊雪眔鳳，風』（衕·七·二三·一），謂郊禘于天，祝告以祈雨雪也。又如云『貞令于乙門，命·複詞疊見』（絏·五八·二），謂令祭乙于門而告祝之也。其余『命令』連文如綫（九二·一）等，或『令命』連文如綫（一〇八·四，又一九〇·四）……者，尤繁不胜舉，『令』，正為殷代祭典之一种。則『命』宜為祭時之祝告詞矣。」（殷虛書契解詁第一四九頁）。

李孝定

「解說文者均以集說A以符節義說卩，並沿許氏之誤。竊疑A象倒口，篆文从口之字籀文作∇，倒之則為A。篆文龠字作龠，亦象倒口覆編管之上，可證。下从卩乃一人跽而受命，上口發號者也。」（集釋二八六七葉）

屈萬里

「『叀多射令？』令，蓋謂任命之。」（甲編考釋二七一葉）

方述鑫

「甲骨金文都作令，小篆作令，上面象有去鈴舌的鈴形，下面象執鐸施令的人形，是一个会意字，乃人的动作加上人为之事以表达人的意志。」（甲骨文口形偏旁释例，古文字研究论文集，四川大学学报丛刊第十辑二八一页）

洪家义

「令，甲骨文作令（藏六二·四）、令（粹七·二）。上部之∧或A乃亼（前二·十三·四）或仝（甲二四一八）的省声。余是舍的省文，即庐舍，原是简陋的房屋，后来引伸而包括宫室。令象人危坐于屋中，会意发号施令。大概当时君长发号施令时是危坐于屋中的。」（令命的分化，古文字研究第十辑一二二页）

趙超

「說文解字敘曰：『假借者，本无其字，依声託事，令、長是也』。把县令之令看作是命令之令的假借字。但並不恰当。由于举例不当，曾使后人对六书中假借的内容、定义产生过多种不同的看法。至今未能予以确切的解释。杨树达先生在积微居小学述林卷四造字有通假說中指出：『六书有假借，许君举令長二字为例，此治小学者尽人所知也，然此类实是义训之引伸，非真正之通假』。提出了『令、長』二字並非假借字例一說。段玉裁注說文解字九上令字，则说：「义相转注引伸为律令，为时令」。认为令是转注字。杨说或由此而阐发之。这些说法偏重于字义转化，却没有从形体、声音中去找出其根源。……

命、令本为一字，作令形，甲骨文例见

前一·五〇·一：贞帝令（令）雨足年。

甲二四九·一：其王令（令）乎射鹿。

佚五二七：……卜宾贞王叀妇好令（令）正夷。

粹五三三：……酉卜宾贞告阜……受命（令）于口三牢函一牛。

在西周金文中，令添加形符口，孳乳为命。但令、命二字在金文中仍互相通用。如：免盘：「王才周令作册内史锡免卤百陵。」（命写作令）（三代吉金文存卷十四页十二），师晨鼎：「敢对扬天子不显休令」（据古录金文三之二页二十一），史墙盘：「对扬天子不显休令」。（文物一九七八年第三期陕西扶风庄白一号青铜器窖藏发掘简报）；均将命写作令。嗣子壶：「命瓜君嗣子」。（命瓜即令狐，令写作命。古代铭刻汇考金文续考页三〇）。战国玺印中令狐氏均写作命狐……。

以上令字除地名、姓氏外总不外号令、命令之义。而作为官职专称的令字在古代铭刻中均作命。例如：春秋战国铜器，王子午鼎：「命尹子庚殹民之所敬」。（文物一九八〇年第十期河南淅川发现春秋楚墓）及十三年梁阴命鼎（陶斋吉金录卷五页十）中令均写作命。……

但是，自秦汉以降，县令之令一律使用令字。……这种现象应该用秦汉隶书中省减形旁的惯例来解释。乃是命字省去形符口。……

由此可见，县令之令本字应为命。说文解字二上口部：「命，使也」。段注：「命者发号也，君子也，非君而口使之，是亦令也」。说文解字通训定声「命当训发号也」。说文解字系传通论：「故於文口令为命。令者，使令也。口者，出令也」。县令由国君委派，代国君发号行事。其本字作命，正与上引义训相符。秦时文字简化，省写作令。」（「邦、封」「命、令」辨中国语文研究第六期二三——二四页）

张永山　参众字条

按：羅振玉以令字為「集衆人而命令之」是對的，林義光文源謂令字「从口在人上，古作令、作含，象口發號，人跽伏以聽也」。A非口字，李孝定亦承其誤。令孳乳从口為命，古本同源。西周以後，始出現从口之命字。

0333

若 叒 叒 叒

孫詒讓　「叒字皆作叒，說文叒部叒，日初出東方湯谷所登榑桑，叒木也，象形。即此字。金文皆借為『若曰』之若，如毛公鼎盂鼎作叒，竝與此同。叒若古通，爾雅釋詁：『若善也。』釋言『若順也』。卜以吉為順，故通云『若』也。」（舉例上十四葉）

王國維　「說文解字叒部：『叒，日初出東方湯谷所登榑桑，叒木也，象也。叒，籀文。』案殷虛卜辭若字作叒、作叒，古金文作叒，（盂鼎）或加口作若，（曶鼎）此篆文之叒，即古若字之譌變。離騷『折若木以拂日』，乃借唯諾字為之，許君以若木之若為正字，又以為桑字从此，皆失之。艸部：『若，擇菜也，从艸、右，右，手也，一曰杜若，香艸。』此又是一字。羅參事謂若與諾一字，象人舉手跽足巽順之狀，故若訓順，余桒羅說是也。」（古籀疏證二十一葉上靜安先生遺書十七冊）

王襄：「古若字，《盂鼎》若作叒與此同。古與諾通。」（《簠室殷契類纂》第三頁）

葉玉森　「按契文若字，竝象一人跽而理髮使順形。湯『有孚永若』，荀注『若，順也』。卜辭之若，均含順意。許君右手擇菜之說非朔誼。」（說契五葉）

羅振玉　「說文解字：『若，擇菜也。从艸、右。右，手也。』又：『諾，譍也。从言，若聲。』案卜辭諸若字，象人舉手而跽足，乃象諾時巽順之狀。古諾與若為一字，故若字訓為順。古金文若字與此略同。擇菜之誼非其朔矣。」（殷釋中五十六葉上）

王国维　「若，顺也，古若诺一字。曶鼎以若为唯诺字。」（戬寿堂所藏殷墟文字考释三十三页）

郭沫若　「『若茲不雨，帝隹茲邑寵』，乃求晴之卜也。『若』用為虛擬之詞，此例僅見。」（卜通別二第四葉上）

孫海波　「叒，甲二〇五。象人跪跽而兩手扶其首，有巽順之，与說文訓择菜之若偏旁不同。」（甲骨文编二〇頁）

陳夢家曰：「《天問》『而后帝不若』，與『帝弗若』相當。若是允諾，王之作邑與出征，都要得到帝的允諾。允諾之權，除帝之外亦操之于先王先公。」（《綜述》五六七頁）

李孝定

「以字形言當以釋叒為是，惟卜辭此字之義與許書若叒兩字說解均不相類。又經籍中叒若兩字亦多混淆，大抵訓『順』之字當以『叒』為本字，而用『若』則為假借。至用為語詞者，則『叒』『若』並為段借也。席世昌讀說文記云『按諸經「若」字皆當作「叒」，或从籀文作「□」。易「出涕沱䔧」，釋文云「古文若字皆如此」，是德明所見本多作䔧字也，古文傳寫誤叒作𦬫，後人竟改从艸部若字矣』。其說極是。惟謂『古文傳寫誤叒作𦬫，後人竟改从艸部若字』，則不知叒亦□之譌變，席氏不見真古文，故其說猶覺未達一間也。蓋□字本象一人跽而舉手理髮使順之形，葉說是也。其最初之引申義即為『順』，卜辭多用此義。至用為語詞，則段借字也。□或作□，細案孫氏文編若下所收作□諸文影本其下多斷損，然前・四・四一・六片一文作□其下完整，尚有餘地，知□可省作□，而他辭之作□者可能亦為省文也。篆文當作□，側書之則作叒矣。古籍中訓順之若均叒之譌字。至語詞之若，則與叒同為段借也。王筠說文釋例云『叒字不足象形。石鼓文有□字，蓋叒本作□，御覽敎器蓋若字皆作□象木□李形。若字蓋亦作□，即□之重文加口者，以□字之象根形，是以說文之叒木它書作若木，並非同音段借也。即其籀文□亦當作□，是以玉篇叒下有籀文□，若下亦有籀文□，足知叒若之為一字，而□之作□之非誣，而叒作𦬫之非皮傳也。蓋漢人猶多作□，是以八分桑字作桒，隸辨引二文無作桑者，集韻類篇桑古作桒，並足徵也。□變為卉，猶艸變廿、𦬫變卉，曲者直之也。若又字變為十者，則𠂇變廿之外無有也。說文收若於艸部，从艸右聲，亦似誤。虫部𧑃下云，若省聲，或當作□聲』。其說由□變叒字形，衍變之故甚是，□即契文之□也，惟謂叒若一字則非。玉篇叒若二字之下並有籀文，且形體極近者，蓋緣經籍中假□若為叒訓順者既久，且語詞之字複叒若並行，顧君不察，遂以同一籀文分屬二字之下。雖一作□，若之籀文一作□，叒之籀文其形小異而實為一字可知。然顧君於叒若二文猶分隸二部，與許書同，固不認為一字也。王氏之誤在以叒為叒木之本字，故附會為說，不知叒木本屬神話，本無其物，何緣象形。王氏未見甲骨文，但本許書為說，其誤固不足異也。叒篆既譌變作叒，許君復以桑字隸之叒部，徐灝段注箋遂謂叒字讀而灼切者，乃緣若木而致讀，叒桑本為一字，叒之本音當讀息郎切，是又昧於□桒形近致譌之故，且惑於許書叒下『榑桑叒木』一語而致有此誤說也。綜之叒若二字經籍中展轉段借淆亂已久，今徵之契文當以叒篆隸之叒部，而改篆形作□，解云『以手理髮使順也，象形』，乃合。桑字則當改隸木部，解云『蠶所食葉木，象形』。今仍許書之舊收此作叒。至艸部許訓擇菜之若與此形義迥殊，實截然二字也」。（集釋二〇五二葉）

饒宗頤：「按《爾雅·釋言》：『若，順也。』又《釋詁》：『若，善也。』《漢書·禮樂志》：『神若宥之。』注：『若，善也。』卜辭習語。」（《通考》二二〇頁）

屈萬里曰：「卜辭『□□□，𠂤貞：來乙亥，𢦏其，王若？九月。』（《甲編》二九〇五）若，讀為諾；謂許可也。」（《甲編考釋》三七六頁）

考古所：「若：祭名。广[illegible]：『若，踏足皃』，在此可能为献舞之祭。」（小屯南地甲滑八八七頁）

单周尧：「罗振玉谓『象人举手而跽足，乃象諾时巽顺之状』；叶玉森谓『象一人跽而理发使顺形』；白川静谓象女巫于神附身时之状态，三说均有可商。案此字于卜辞中有顺意，殆即经籍中训顺之若字。又此字孳乳为諾，故罗氏谓象諾时巽顺之状，惟何以甲骨中此字均呈披头散发形，实不可解；叶说颇能解释此字于卜辞训顺之理，惟此字是否象理发使顺，观字形似尚难确说，且跽而理发使顺，何以能孳乳为諾，亦不可解；白川静谓女巫于神附身时，陷于迷乱之状态，头发乱如云，两手举而跪坐，其说颇能解释甲骨文之字形，然何以卜辞此字有顺意，且又孳乳为諾，岂女巫所传达之神意皆顺人意，且于人之请求，尽皆应諾之邪！窃疑此字象俘虏散发举手之状，故凡事巽顺，无不应諾也。甲骨文有☐（續二·一六·一）字，象人举手跽足与☐同，惟头上有☐与童、妾等字同，殆即郭沫若所谓『古人于异族之俘虏或同族中之有罪而不至于死者，每黥其额而奴使之』者也。又甲骨文有☐（乙三三〇七）字，象人散发形，与☐略同，其上有☐拘持之，益见降服之意，与及字作☐（甲一〇二〇）者意略同。又☐字音若，与虏、奴二字铎鱼对转（若字日纽铎部，虏字来纽鱼部，奴字泥纽鱼部。日古归泥，则若、奴二字古音尤近），与臧字铎阳对转（臧字精纽阳部），与获字则同属铎部（获字匣纽铎部）。臧获者，被虏获为奴隶者之称也。又若与臧同有善意，尔雅释詁曰：『……若……臧……善也。』于省吾曰：『施威武以征服臣妾，自为得意之举，故引伸有臧善之义。』是则稽之字形，覈之音韵，验诸古籍，皆以☐象俘虏散发举手之状为胜。」（读王筠说文释例同部重文篇札记，古文字研究第十七辑三八三页）

邨笛说参☐字条下。

按：「叒」、「若」古本同字，說文強為之別。蓋小篆形體已經譌變之後，許慎誤以為「桑」

字之所从，形義俱乖。王筠說文釋例論及「叒」、「若」本為一字，王國維復加以申述，均是。卜辭□字，當釋為「若」。蓋文字本為約定俗成，以之交流思想。「叒」字唯見於說文，典籍無徵，且許慎「叒木」之訓、「桑」字所從，釋「叒」易致誤解。進而言之，「諾」字亦由此孳乳，初均同源，其演化之迹如下：

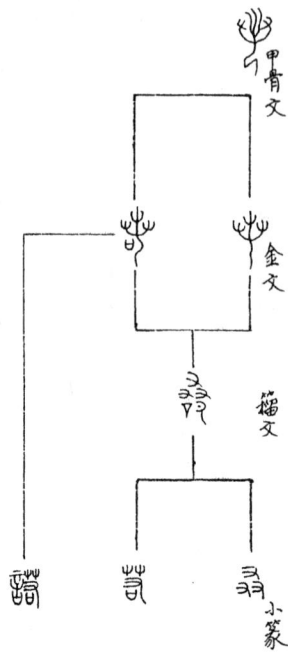

甲骨文

金文

籀文

小篆

容庚金文編以□為「叒」，以□為「諾」，實則古文字每每增「口」為飾，不足為異。李孝定集釋極力分辨「叒」、「若」為二字，其立論之根據為說文分「叒」、「若」為二文。其後李氏復改正其所據以立論之說文以曲就己意，前後矛盾，徒增困擾。

0334

按：卜辭殘泐，用義不詳。

0335

按：合集二〇八〇五辭云：「壬申卜大弜又其□卯」疑為「若」字之異構。

即

羅振玉　「即象人就食。」（殷释中五十五葉）

王襄　「古即字。」（類纂正編第五第二十五葉上）

郭沫若　「即，說文云『就食也』（萃三辭云『夒杲上甲其即』）『其即』殆猶言其至、其格，謂夒杲上甲其來就嘗祀也。」（萃考二葉背）

饒宗頤　「按即乃饗字。禮記祭義之：『唯聖人為能饗帝，孝子為能饗親。饗者，鄉也，鄉之然後能饗焉。』鄉即心鄉往之，此饗之義也。」（通考八三八葉）

張秉权　「在這一版上，第一、二期的貞人之名，同見於一条卜辭之中，例如第（一）（二）兩辭中的㱿是第一期武丁時代的貞人，即是第二期祖庚祖甲時代的貞人之名，這可有兩種解說，一是㱿的年令特别高，任貞人之職的時间也特别長，所以他能与第二期的貞人即共事，另一是這个時间的即，与第二期的貞人即，恐怕不是同一个人，而同是即邑或即族的首領的名字，二者名同而人異。所以他能与㱿同見於一条卜辭之中，我的見解是偏向於后一說法的。」（殷虛文字丙編考释第四六七——四六八頁）

屈萬里　「卜辭：『乙丑卜，貞：于岳即？』（甲編二五五四）即，就也；謂至其處也。」（甲編考釋三二三葉）

姚孝遂　肖丁　「卜辭『即』象人就食于簋之形，故『即』有『就』义。《粹》3：『夒眔上甲其即』，謂夒与上甲均來就饗。《佚》888：『辛巳卜貞，王賓囿即于河』。『即』义之引申為『依就』，為『从』。《左传》僖公廿四年：『即聾从昧，与頑用嚚，姦之大者也』。孔《疏》：『即、从，与是依就之意也。』卜辭『即』並不意味有尊卑之别。」（小屯南地甲骨考釋三頁）

姚孝遂　肖丁　「1009(3)「庚辰貞……方來即，史于犬征」

乞3422：「方其大即，戋」，「即」训「就」，谓方來犯，戦之也。卜辞每见「使人于某」，或称「使于某」，盖「方」來犯，使人于犬，联合加以抵禦。明續617：「犬征，允伐方」，是般人曾与犬联合伐「方」之证。」（小屯南地甲骨考释一〇四頁）

温少峰　袁庭栋

「(4)貞：其即日？｜貞：其即日？（佚二六六）

(5)……即日？兹用。（途二八）

(6)癸子（已）貞：其又彳伐于伊？其即日？（佚二一〇）

「即」字本作𠨘，象一人跽坐于食器之側进食之形，故训「即」，食也，一曰就也（说文）。引出「即，尼也」（尔雅释诂），即「相近」之义。故入席就坐曰「即席」。仪礼士冠礼「筮人许诺，右还即席坐」，即是其意。卜辞中用「即」为祭名，如「即于河」（佚八八八），「即于岳」（后上·二四·二），「即大乙祊」（粹一五三）。故知上述卜辞诸「即日」亦是对日实行「即祭」。作为祭名，「即」可能是设食邀神入席受享之祭。」（殷墟卜辞研究——科学技术篇三頁）

温少峰　袁庭栋

「(7)于日，既？（粹四八五）

(8)貞：于既日？二月（朙六六八）

「既」在卜辞中有用为祭名之例，如「既册尤甲」（乞三二五二），「既㞢（侑）王亥，告」（甲一七四）。上列(7)(8)二辞亦为殷王对日行「既」祭之记录。「既」字在此读为「餼」；又为「食生也」（集韵）。也可读为「餼」。礼记中庸：「既禀称事」，注：「既读为餼」。左传僖公三十三年：「唯是脯資，餼牽竭矣」，杜注：「生曰餼，牽谓牛羊豕」。释文曰：「餼牲腥曰餼，牲生曰牽」。可见，以杀后未熟之生肉祭神，就叫「餼」，「餼」，也就是「既」。（殷墟卜辞研究——科学技术篇四頁）

金祥恒　参鄉字条

按：說文：「即，即食也，从皀卩聲」。實則「即」字象人就食形，引伸為一切即就之義。段玉裁、桂馥以「節食」為言，皆沿許氏之譌。卜辭「即」字多用為「就」。又為祖甲時貞人名。

0337 鄉饗嚮

羅振玉　「此字从𠨍（即人相嚮之嚮，詳唐風樓金石跋尾）从皀，或从𣪘，从豆，皆象饗食時賓主相嚮之狀，即饗字也。古公卿之卿，鄉黨之鄉，饗食之饗，皆為一字。後世析而為三，許君遂以鄉入𨛜部，卿入卯部，（許君訓卯為事之制亦誤，未知其為嚮背字也）饗入食部，而初形初誼不可見矣。」（殷釋中十七葉上）

又曰：「古金文嚮背之嚮、公卿之卿、饗食之饗皆作𨞛，毫無分別。曩以為疑，嗣讀白虎通言卿之言嚮也為人所歸嚮，始悟公卿之卿與饗食之饗古為一字，而𠨍則嚮背之嚮也。卿彝卿字作𨞛，象兩人相嚮就食之形，蓋饗食之饗本字也。𠨍从兩人相嚮，與卯（即背之从兩人相背者）誼正同，嚮背之嚮當以此作。或借饗食之𨞛為之，而公卿之卿誼取為人所歸嚮，故亦借𨞛字為之耳」。（雪堂金石跋尾）

又曰：「至殷之官制，則有卿事。卿事亦見乙未敦，文曰：『乙未卿事錫小子𪇉貝二百』。與卜辭同。毛公鼎及番生敦亦皆有卿事。士古皆訓事，卿事即卿士也。詩商頌：『降予卿士』。大雅：『百辟卿士』。箋：『卿士，卿之有事也』。又小雅：『皇父卿士』。箋云：『朋黨於朝，皇父為之端首，兼擅羣職，故但目以卿士云』。詩之卿士即卿事，周官六官之長皆曰卿。而鄭君謂卿士兼擅羣職，是卿士即冢宰矣。周官雖無卿士之名，而屢見於詩及周初古金文，是周官實沿殷制矣」。（殷釋下六十三葉）

王襄　「古鄉字。鄉饗重文」。（類纂正編第九第四十一葉下）

王襄　「古饗字。乙亥鼎饗作𨞛，與此同，鄉、卿重文」。（類纂正編第五第二十五葉下）

王襄　「𨞛古饗不从食，下文曰其享，享即亯之譌，殷契亯作□，从□，故易譌。說文解字：『饗，鄉人飲酒也，亯獻也』。段注：桉周禮凡祭享用亯字，凡饗燕用饗字。聘禮內臣亯字作亯，士虞禮、少牢饋食禮尚饗字作饗。小戴記凡祭亯、饗燕字皆作饗。左傳則皆作亯。毛傳獻于神曰亯，神其所亯曰饗。考殷契有饗亯二字，以文誼求之，凡饗人者用饗，饗于人者

用言，王自饗與周禮大宗伯『以饗燕之禮親四方之賓客』之禮同，知殷禮存于周者多矣。」（靈、洪第十一葉）

孫海波「𩛥，粹一、三六、三。卜辭鄉、卿一字。重見卿下。」（甲骨文編二八一頁）

孫海波「𩛥，拾六、八。卜辭用卿為饗。重見卿下。」（甲骨文編二三八頁）

孫海波「卿字即饗之本字，从皀从𠨍，象二人相向而食之形，篆文誤㔾為卩，誤訓𠨍為事之制也，故於卿字不得其解。卜辭卿又作𩛥，亦象兩人相向形，篆文誤𩛥為𨞰，遂訓鄉里之鄉，而訓鄉人飲酒字从食鄉聲，不知鄉卿古一字，而鄉人又為饗之本字也。」（文錄二十二葉）

陳邦懷「江先生永羣經補義（卷二）云：『周初官制，冢宰總百官，後來改制，總百官者謂之卿士，而宰為庶職，故皇父卿士最尊，在司徒與宰之上。（詩本作『家伯維宰』今詩誤作冢宰）平王時，鄭桓公武公雖為司徒，而實為卿士，後以虢公忌父為之，則宰咺、渠伯、糾宰、周公、宰孔皆非周初之冢宰也。說春秋者，猶以總宰言之，疏矣。卿士秉政，殷時已然，故卿士惟月，在師尹之上。周之官制，後改從殷制也』。江先生說周初官制，冢宰總百官，後來改制，總百官者，謂之卿士，可補羅參事說所未及。參事據鄭箋知卿士即冢宰，而未知後乃改冢宰為卿士，故周官經自不當有卿士之名也」。（小箋卅葉下——卅一葉上）

郭沫若「『克𩛥鄉王史』殆謂『克襄王事』。」（卜通別一第十葉上新十八片釋文）

李孝定「古文公卿之卿、鄉黨之鄉、嚮背之嚮、饗食之饗並為一字，誠如羅氏言。然其間孰為本字孰為借字則不可無辨。羅氏謂𠨍為嚮背之本字，𩛥為饗食之本字，是也。惟謂卿之作𩛥乃取為人所歸嚮意則非，誠如其言則公卿字當作𠨍，不當作𩛥矣。蓋字之作𩛥者祇為饗食本字，从皀从卯，卯亦聲也。嚮背字亦作𩛥者則𠨍之借字也，鄉黨字亦作𩛥者，亦以同音相假，今饗鄉二字音讀仍近也。」（集釋二八八九葉）

李孝定「說文『饗，鄉人飲酒也，从鄉从食，亦聲』。絜文金文饗均不从食。字中从皀與食同意，更从食於形已複。兩側象兩人相對饗食之形，古文公卿之卿、嚮背之嚮、饗食之饗均如此

作。許以鄉人飲酒釋此字，稍失初誼。卿字重文，說詳九卷卿下。金文作[illegible]宰峀簋」。（集釋一七七三葉）

屈萬里

「鄉，讀為饗；宴也」。（甲編考釋五九葉）

屈萬里

「卜辭：『庚子卜，何貞：翌辛丑，其又匕辛，鄉？』見甲編二四八四本辭鄉字，當讀為享獻之享」。（甲編考釋三一五葉）

饒宗頤

「『癸未卜：甲申其鄉。……』（見粹編五四三）按何卜辭多問饗事。曲禮云：『大饗不问卜』，殷人則不爾也」。（通考一〇九三葉）

陳直

「卜辭有鄉事元臣，蓋殷官名。羅氏考鄉事為冢宰，恐非。予案：說苑云：『湯问伊尹曰：「三公、九卿、二十七大夫、八十一元士，知之有道乎」？伊尹對曰：「三公者，所以參五事者也，九卿者，所以參三公也。大夫者，所以參九卿也。元士者，所以參大夫也」。』卿士即九卿之總名，夏有六卿，殷有九卿，殷有右相司保衡，均見史記，奚必以卿士當冢宰乎？卜辭之元臣，疑即殷之元士」。（賸義六葉下）

姚孝遂 肖丁

「1009 (4)『庚辰貞，至河，𢀛其戠卿方』，第(4)辭『𢀛其戠卿方』，卜辭『卿』用為『饗』，或用為『嚮』，在此讀為『嚮』。綜1.549：『貞，吕出，王卿』，謂王亲往迎击『吕方』。前4.22.1有『叀王卿戠』，与此辭之『戠卿』同意。『戠』即『戠』字。」（小屯南地甲骨考释一〇四頁）

金祥恒

「殷虛甲骨文有[illegible]等字，其所从或卩或卯，或兄或旡，皆象人跪跽就食之形。从鼎（[illegible]）或从簋（[illegible]）或从酉（[illegible]）皆象饗食之器。今以其字形之构造言之，当为卿字。说文：『[illegible]章也。六卿：天官冢宰，地官司徒，春官宗伯，夏官司马，秋官司寇，冬官司空，从卯皀声』。許氏之说虽非厥谊，然其字从卯则是，从皀声则非。……甲骨文[illegible]字，即孝经孝治章『祭则鬼享之』之享。段玉裁注说文亯字云：『凡祭亯用亯字，凡饗宴用饗字』。甲文无此之分。甲文[illegible]如：癸巳卜，何貞：羽甲午，登于父甲鄉？（甲二七九九）

甲申卜，何貞：羽乙酉其登于且乙鄉？（续一.四○.一二 新四○○二）

或省作𠨘者如：

貞：其征卯于大戊鄉？

貞：其征卯于又河鄉？（甲二六八九）

或省作𩰫𠨘，如：

☐国固曰：丝𩰫，不佳𩰫？其不☐　簠典九九

癸亥卜，彭貞：大乙、且乙、且丁眔𠨘？

癸亥卜，貞：佳大乙眔且乙𠨘。　甲考一一九

盖二片卜辞，一以上下文言之，「大乙、且乙、且丁眔𩰫」？与「佳大乙眔且乙𠨘」知𩰫与𠨘为一字；一以对貞卜辞言之「兹𩰫」与「不佳𩰫」，知𩰫与𩰫为一字，皆为鄉字。卜辞鄉之另一书体作𩰫者如：

且乙允鄉？　乙八六七四

且乙允鄉？　乙八六七五反

其所从㿝者即㿝之简。……甲骨文鄉作㿝或作𠤎，盖说文「亯」之由来，可得而言也。说文「亯，獻也，从高省，㊀象进孰物形」。「从高省者，乃㿝之△也，诗小雅大東「有饛簋飱」，传「饛，满簋貌。」象盛黍稷於器之丰高也。象进孰物形之㊀，当为「盛孰物之器也」（林义光文源亦有此说，详亯字下）。

甲骨文方鄉字作𩰫，详拙作释㿝（中国文字四十三册），或作𩰫、𩰫者如：

王固曰：叀𩰫，三日戊子允𩰫，𢦏𢦏方？　㕯一三四

癸巳貞：𩰫米于河于岳？　乙四一二○

于父乙父庚𩰫𧶠𠧪酒？　南明六三四

于𩰫酒，父乙，羽日，劦日，肜日，壬𠧪穷？　南明六二九

乙巳𩰫𦣪（裸）☐？

其例甚夥，仅举五例以明之，余详岛邦男氏之卜辞综类五二頁。

鄉甲骨文或作𩰫者如：

丁酉☐𩰫☐其☐　南北無一五七

其字从卯从酉（𠧪）……酉乃盛酒之器，犹今尊壶酒罇之属……故鄉之从酉与从皀同意。或省作𩰫如：

甲午卜，王叀𩰫雀？　京大S三一五七

癸卯卜，争貞：☐帝弗𢦏𩰫　乙六七一八

虽为残简断片，然以卜辞：

戊寅卜，王𩚬雀？《京大三〇七六》

丁己卜，令雀𩛥雀《甲三五九〇》

言之，𩚬与𩛥同为鄉字，所不同者一以酒，一以黍稷稻米而已矣！

鄉甲文或作𩛜者如：

丙午卜，丁未又岁中丁，廿宰，易日？

己亥卜，辛丑𩛜帚好[illegible]？《甲六六八》

其字从鬲，《说文》「鬲，鼎属，实五觳，斗二升，象腹交文，三足」。《尔雅·释器》「款足者谓之鬲」，鬲者盖无耳之鬲，为烹飪之器，与鼎同。……

甲骨文之鄉作𩛜者如：

不遘𩛜日？《新四三六四》

迖（过）于啚，其冓𩛜日？《南北师一七〇》

其字从卩从鼎：：《左传·宣公四年》「楚人献黿於郑灵公，公子宋与子家将入见，子公之食指动，以示子家曰，他日我如此，必尝异味，及入，宰夫将解黿，相视而笑；公问之，子家以告，及食大夫黿，召子公而弗与也，子公怒，染指於鼎，尝之而出」。《孔子家语·致思篇》「从车百乘，积粟万锺，累茵而坐，列鼎而食」。是鼎之为食器也。

综上言之，甲骨文之鄉，或从簋（[illegible]）或从酉（[illegible]）或从鼎，盖以享祀之品物而异。其义则一，故卜辞之「鄉日」如：

癸巳贞：其又彳于伊，其𩚬日？《佚二一〇》

☐𩚬日，兹用？《金二八》

𩚬日《佚八九二》

𩚬日《京大B二三〇五》

用𩚬日《京大S三〇六八加S三〇七七》

𩚬日酒，又正？《批B一六九九》

贞：𩚬日《甲二八〇六》

贞：其𩚬日？《佚二六六》《北美四二》《合五一》《缀六二》

贞：于𩚬日？二月《明六六八》

不遘𩛜日？《新四三六四》

☐迖（过）于啚，其蕫𩛜日？《南北师一〇七》

其作𩛜、𩚬、𩚬、𩚬皆鄉字，鄉日为祭祀之日，犹卜辞[illegible]有[illegible]日，肜有肜日，羽有羽日……」

（釋𠨍𠨍𠨍，中国文字第五十冊五五一五至五五二六頁）

按：卿、鄉、嚮、饗古本同字。羅振玉謂卜辭有「卿事」之官，實為誤解。前四.二一.七辭云：「貞，卿史于焚北宗，不大雨」；「卿」即「饗」，「史」即「使」，謂饗「使」於焚北宗也。

陳梦家謂：「卜辭中的上帝或帝，常常發號施令，與王一樣。上帝或帝不但施令於人間，並且他自有朝廷，有使、臣之類供奔走者（例證從略）」（綜述五七二）。粹一三：「王又戌于帝五臣正，隹亡雨」；通例二：「王宜帝史」，皆為祭饗帝之臣使之占卜。

又殷之先祖亦有「使」，每加祭饗。如：

「大乙使王其𠨍」　甲二〇三八

「祖乙使……其𠨍」　粹二四二

祭饗先祖亦曰𠨍，典籍作享。

「妣辛𠨍；

父甲宰𠨍」　合四一

「大乙祖丁眔𠨍；

大乙祖丁祖乙眔𠨍；

隹大乙眔祖乙𠨍」　合四六

𠨍又用為嚮，說文作鄉，今作向：

「于西方東𠨍；

東方西𠨍」　粹一二五二

「其東𠨍；

其北𠨍」　鄴三.四二.八

「嚮」之義為「對」，卜辭云：

「貞，呂（方）出，王自𠨍，十一月」　存一.五四九

「……其來，王自𠨍」　前四.二二.五

「貞，呂方出……自𠨍」　錄六四二

「叀王𠨍；

弜叀王自𠨍」　前四.二一.六

敵方前來侵犯，商王親自率兵面對敵人，加以抵禦，此即謂之「王自𠨍」。

金祥恒以𠨍、𠨍、𠨍均為鄉之異體，是正確的。

0338

既 □ □ □

羅振玉　「即象人就食，既象人食既。許君訓既爲小食，誼與形爲不協矣。」（殷釋中五十五葉上）

王襄　「古既字。」（類纂正編第五第二十五葉上）

郭沫若　「按：𡿨三三辭云『癸已貞既奠于沔于𦮟』）既，殆槩省。説文以槩爲餼之異禮中庸『既稟稱事』，注云『既讀爲餼』。餼者以生物爲獻也。」（粹考十葉上）

馬叙倫　「□字象一個人對着煮好東西，但是他的嘴不向着東西了，表人喫飽安去了。」（中國文字之原流與研究方法之新傾向馬氏論文集三十二葉）

陳夢家　「既。京都一一十一三九○十一四○五十一七○○十一七二八十一七二九一片云『旬四日丙申昃雨自東，小采既。丁酉雨自東。旬八日庚午𢆶人雨自西，小，夕既』。由其上下文推之，昃雨而小采既，雨小而夕既，則『既』亦是雨止日出之義，説文『暨，日頗見也』，既即暨。參湖六六八，𠦪四八五，濬一○、一○乙六六六四」。（綜述二四七葉）

陳夢家　「『既』亦是而止日出之意，説文：『暨，日頗見也』，既即暨。」（綜述二四七葉）

李孝定　「契文象人食已，顧左右而將去之也。引申之義爲盡，春秋經每云『日有食之既』（宣十二年左傳）『董澤之蒲可勝既乎』是也。爲已，周本紀『東西周皆入于秦周既不祀』是也。爲畢竟，禮記玉藻『君既食』疏『猶畢竟也』。卜辭既義或爲已，辭云『既伐大啟』前、七二四、二。是也。金文作□頌鼎□頌簋□師奎父鼎□庚嬴卣□鄭號仲簋□師㪥簋□休盤□大鼎□𢦏鼎□無叀鼎□林氏壺郭氏引『既奠于河于岳』一辭，既疑當訓畢竟非讀爲槩也。」（集釋一七五一葉）

饒宗頤　「『既』者詩鄭箋『盡也』。春秋桓三年：『秋七月壬辰朔，日有食之，既。』與

卜辭『夕既』語例同。」（通攷三〇——三一葉）

温少峰 袁庭栋 「卜辞中有以『既』为气象词者：

(39)癸巳卜：王旬？二月。三日丙申、昃雨自东，小采既。丁酉，雨自东。五月（夕）。

癸丑卜，王貞：旬？八（日）庚申𣆎，允雨自西，小▨既。：：：（人三〇九九）

陈梦家先生谓：『由其上下文推之，昃雨而小采既，则既亦是雨止日出之义。说文：「暨，日頗見也。」既即暨。』（殷虚卜辞综述第二四七頁）。陈说是。何谓『日頗見』呢？段注谓：『日頗見者，见雨不全也。』当即是阴后方晴，晴而未正之天气。

(40)庚寅雨，中日既（暨）。（人三一一四）

(41)：：雨自西，夕既（暨）。（外二二四）

以上二辞为验词，记载雨后转『既』，即『日頗見』之天气。可证陈说不误。

(42)貞：今日既（暨）？雨？（清九·一〇）

(43)丁亥卜，貞：既（暨）？雨？（乙五五七四）

此二卜以『既』、『雨』对貞。当是卜问：今日是雨止日出呢？还是继续下雨？

卜辞中又有預卜是否雨止日出之辞：

(44)丁丑卜：羽（翌）戊寅既（暨）？雨？（乙五二七八）

(45)王占曰：叀（惟）既（暨）？（丙大四）

(46)王占曰：叀（惟）既（暨）？三日戊子，允既（暨）。（乙四七〇一）

以上三辞皆为預卜是否雨止日出之辞。(46)辞又有验辞，三日之后果然雨止日出。」（殷墟卜辞研究——科学技术篇一二六——一二七頁）

張凤皆 「『既』通『其』，可作将然之辞。尚书西伯戡命『天既讫我殷命』，俞樾解『既讫』为『可为推度之辞』（見群经平议）。卜辞：『丁亥卜，贞，既雨。』（乙五五七四）『丁丑卜，翌，戊寅既雨。』（乙五二七八）二刻辞中的『既』均作『其』解，为将然之辞。」（商周政体初探社会科学戦线一九八二年三期一二七页）

考古所 「既：已也。雨不既即雨連绵不止。第(4)、(5)段辞是由于陰雨連绵而祭以祈求天晴。」（小屯南地甲骨八八七頁）

金祥恒 參鄉字条

按：羅振玉謂既「象人食既」是對的。引伸為盡、為畢、為竟、為已，義均相通。

0339

既 □ □

王襄　「契文鄉，象兩人对坐食于豆间之形，多為饗誼，為饗食之本字，孳乳為鄉，又通假為卿，形似相假也。宰甫敦王饗酒之饗作□，毛公鼎卿事寮之卿作□，禮記冠義『以摯見於卿大夫，』即鄉大夫，鄉以卿為之，至趙曹鼎、吳彝『北鄉』之□，即尔雅释宫『兩階间謂之鄉』。鄉，許書作□，訓『國離邑民所封鄉也，封圻之内六鄉，六卿治之。从䣛，皀声。』契文、金文皆不从䣛，皀即豆之变体。卜辭之鄉，两人相对之形甚俏，后别作□或□，兼象人戴首笄之形。古鈢作□或作□，其偏旁□□，同于小篆，即人之变。」（古文流变臆說三〇——三一頁）

孫海波　「□，前四．二一．五。象二人向食之形。引申以为宴饗之饗，因其有相向之义，故又用为公卿之卿。□，前四．二一．七。卿史即卿事。□，甲三八〇。叀多生卿。用为饗。□，粹一二五二。王其[?]休于西方東鄉。用为嚮。□，京津四三八。或作鄉。說文以为鄉里之鄉。」（甲骨文编三七八頁）

李孝定　「不从䣛。卿字重文，孳乳為饗。說文『國離邑民所封鄉也嗇夫別治封圻之内六鄉六鄉治之从䣛皀聲』」（集釋二一七二葉）

按：从「□」與从「□」有別，字當釋「既」，不得釋「鄉」。卜辭多残，難以從辭例加以證明。

0340

欠 □ □

王襄　「古旡字。許說歙食气屰不得息曰旡，从反欠。」（類纂正編第八第四十葉下）

0341

次 □ □ □

羅振玉　「說文解字：飲食气屰不得息曰旡，从反欠。古文作□。案石鼓文既字从□，與卜辭同。許書之古文□，乃由傳寫之譌。卜辭又有□字，不知為旡字之反書，抑是許書之欠字矣。」（殷釋中五十五葉上）

胡光煒　「旡在卜辭為祭名。」（說文古文考）

李孝定　「古文反正無別。欠之與旡皆為人之生理現象，其別在於口咽之間，字形上殊難區別，而卜辭此字辭義不明，實難據知為何字也。」（集釋二八三五葉）

屈萬里　「卜辭从卩之字，有時从女，如鼓亦作□，是其例。以是言之，□，疑與□同，即羅振玉（殷釋中五五葉）釋為旡字者也。」（甲編考釋二〇三葉）

屈萬里　「旡，從羅振玉釋，以為即說文从反欠之旡（殷釋中五五葉）。說文云：『飲食气屰不得息曰旡。』」（甲編考釋四七三葉）

張秉權　「□，是欠字，也是旡字，在說文中，『旡』是『欠』的反书（注一）。這二个字是有分别的，但在卜辞中则正书和反书，並没有什么分别，我们只要看饗字可作『□』或『□』，就可以知道『□』字的正书与反书，是一样的了」（殷虚文字丙编考释第六二頁）（注一）說文八下，欠部：「□，張口气悟也，象气从人上出之形」。又旡部：「□，飲食氣屰不得息曰旡，从反欠。」卜辞□字正象張口之形。

按：字當釋欠，象人張口出气形。說文：「欠，張口气悟也」，太平御覽引作「張口出气也」。儀禮士相見禮「君子欠伸」，注：「志倦則欠，體倦則伸」。說文又謂：「旡，飲食气屰不得息曰旡，从反欠」。實則古文字反正每無別，□、□俱當釋「欠」。前四·三三·五之□字則與此有別，「欠」口向前，□則口向後，卜辭綜類五二以此形與□□分列是對的。

金祥恒續文編八卷二十四葉下收此作次，無說。

李孝定

「說文『次不前不精也从欠二聲𣢕古文次』。契文與篆文形近，惟不似从二，盖象人口氣出之形，其義不詳。辭云『☐次令五族伐羌』（後下四二·六）。以其上殘泐，義亦不可知，姑从其形似收之於此。金文作□婁次盧□史次鼎與契文同」。（集釋二八二九葉）

陳夢家

「洹其乍茲邑禍 續四·二八·四

洹其盜 甫六·三二·五

……洹即洹水，又名安陽河，詳水經洹水注。太平御覽八十三引竹書紀年文丁『三年洹水一日三絕』。洹水在殷都之旁，對於農業收成有極大的關係，所以卜問其禍否並致祭之。……盜，于省吾所釋，以為讀為衍，義為淹（駢枝Ⅳ）。我們以為釋滔更為直截，廣雅釋言『滔，漫也』。洹水漫岸，故為禍茲邑，茲邑指安陽之殷都」。（綜述第二六五葉）

于省吾

「甲骨文次字作□、□、□或□、□等形，也作□、□、□、□等形，旧误释为次。商器次卣次字作□，旧误释为叉，金文编入于附录。周器史次鼎次字作□，金文编误释为次。按晚周器王子婴次盧次字作□，石鼓文歎从次作□，汉印次字习見，均从二从欠，与说文合。甲骨文无次字，以□或□为之（详释□□）。说文：「次，慕欲口液也，从欠从水。㳄，次或从侃。㳄，籀文次。」尔雅释言谓「㳄，盡也」，郭注谓「瀌々出㳄沫。」释文谓「㳄字当作次，又作涎」。按次与涎乃古今字。玄应一切经音义二，谓涎亦作㳄。古文四声韵上早谓涎古文作㳄。次涎㳄并居邪纽，㳄涎并居定纽，古读邪归定，详钱玄同古音无邪纽证。甲骨文盗字作□，叶玉森误释为盪（钩沉），甲骨文编入于附录。说文：「盗，私利物也，从次，次欲皿者。」按许氏误以形声为会意，后世沿讹袭谬，不知其非。盗字从皿作□，早期古文字从舟从皿从凡每无别。商代金文舟字作□□者屡見。周器季盡鼎的盡字从皿作□。甲骨文凡字常見作日。又般庚合文之般有的省作日，有的从舟作□（乙八六六〇）。盗字从皿次声，古读次如涎，二字双声，已详前文。老子五十三章的「是谓盗夸」，盗夸即涎夸。石鼓文的盗字从竹从盗（盗），盗字从㳄，与说文籀文合。说文训次为「慕欲口液」，甲骨文次字，有的象以手拂液形，有的象口液外流形，故后世形容人之贪饕，以垂涎为言。甲骨文盗字只一字，与次同用。口液为次之本义，引申之则为水流泛滥无方，水流泛滥无方又与后世盗窃之义相因。陳梦家引余说释盗，但读盗为滔（综述二六五），未免望文生义。

甲骨文次字有三种用法，今分别加以阐述：

甲，以次为祭名

一、叀暊日次（库一〇九三）。

二、甲戌□，炏，于来丁酉，父乙次（甲二九〇七）。

三、叀七牛次用，王受又（摭续八八）。

以上所列三条的次字，均象以手拂液形。第一、二两条居于第一期早期的𠂤組卜辞，第三条居于第四期，均以次为祭名，次应读作延。《周礼·男巫》「掌望祀，望衍」，郑注：「衍读为延，声之误也。……延，进也，谓但用币致其神。」甲骨文以次为先王之祭，和《周礼》延祭有着因革的关系。

乙，次示和次令

一、乙酉卜，又伐自甲次示（一九七五年《考古》第一期所载一九七三年安阳小屯南地发掘报告，下同）。

二、乙酉卜，又伐自甲次示，叀乙子（巳）。

三、乙酉卜，又伐自甲次示，叀乙未。

四、王叀次令五族戍羲方（后下四二·六）。

以上所列前三条居于第一期早期𠂤組卜辞的次字作[illegible]，第四期仍沿用之。《考古》所载原报告释次为頪，其实，次字既不从頁也不从米，与頪字无涉。《说文》分征延为二字，甲骨文无延字，以征为连延或延续之延。甲骨文的「祖丁事，其征妣辛妣癸」（掇四一九），「祖丁事，其征祖己」（缀合一〇），均以征为连延之延。以上所引的前三条的次示，均应读为延示。第一条的又（侑）伐自甲延示，甲即上甲。是说伐人以为侑祭，自上甲延续以及于廿示。是延示乃延及廿示的省语。第四期的「自甲廿世」（佚八八四，廿示也見粹二二一），廿示指自上甲至武乙言之。前引第二、三两条也同此例，但其辞尾的叀乙巳和叀乙未，是指祭日言之。前三条均以乙日卜，而二、三两条又均以乙日祭，是由于文丁时的大合祭以父乙为主的缘故。第四条的次字作[illegible]，也应读为延，训为施行之施，施与延义本相因，施训延典籍习见。这一条是说，王施令于他的五族戍守羲方。

丙，次与盗均就洹水泛滥言之。

一、乙卯卜，貞，今𣎵泉来水，次（續存下一五四）。

二、□洹不次（續存下一五三）。

三、丙寅卜，洹其盗。丙寅卜，洹□不□其盗（前六·三二·五）。

第一条的今𣎵泉来水，次，泉乃洹泉的省称，因为他辞也称洹为洹泉（佚九〇三）。次指洹泉的泛滥言之。第二条的次字也同此例。第三条以洹其盗和洹不其盗对貞，盗与次同用。甲骨文的

「洹弘（洪）弗𦎫（敦）邑」（珠三九三），是就洹之洪水不至迫害商都言之」。（甲骨文字释林释次、盗）

于省吾释□見□字条下。

孙海波 「後编卷下第四十二页六版文云：『□令□其每王吏□令五族伐羌方，』类编待问编失收，今按即次字也。说文：『次不前不精也，从欠二声。』此从□即欠字，二为二字斜写，金文王子婴次卢作□，与此同，可证也。罗振玉曰金文而定餗为师行所止之专字，则次为居次之本字。古文谊各有专，一字往往数作，所以目名别实，非有先後正俗之分也。」（卜辞文字小记，考古学社社刊第三期五十四页）

张政烺 「甲骨文有次字，凡六七见，构造大同，点画微异，今将下文引用所及汇摹如下：

□（前六·三五·六）

□（续存下·一五三）

□（续存下·一五四）

□（后下四二·六）

□（虚一〇〇一）

□（前六·三二·五）

这些字过去的甲骨学专家都未释，按说文（第八篇下）次部：

次 慕欲口液也，从欠，水。

这就是古书上常见的『垂涎』或『流涎』的涎字的原始象形字，而涎字则是后起的形声字。心有所慕欲，口中生津液，我们现在叫作出口水。甲骨文的次字正象口水涌出的样子，自然古代造字者在这里是使用了夸张的手法。

次字在卜辞中之用法有两种：一种是人名，如殷虚书契前编六·三五·六有『乎次』，殷虚书契后编下四二·六有『令次』（二见），两处皆是人名，词性确定，前者是武丁时卜辞，后者是康丁时卜辞，中间隔着祖庚、祖甲、廪辛三期，肯定不是一个人，可能次字是一个氏族的名字。次字在这个地方无字义可寻，也就不必多作解释了。

次字的另一种用法，如甲骨续存下一五四：

乙卯卜，贞：今□泉来水次？

米是一种时间单位，故称「今米」，旧或释春释秋皆不能通，究竟应该释作什么字，还没有一致的结论。「泉」是水源，泉来指源头水到。《殷虚文字甲编》九。三有一条卜辞：「戊子贞，其燎于洹水泉」，这里问的泉，大约也就是洹水泉。次在这里按照周汉以来书册上的习惯当读为羡。羡和次古音完全相同，是一个后起的字。最早的羡意为「慕欲口液」，后世分为两个字：一，羡是慕欲。二，涎（或作唌）是口液。但在中古时期次、羡、涎、唌这几个字也还常混用无别，玄应《一切经音义》中关于这个问题曾作过一些解释，如卷十四，《四分律》第四十二卷「涎沫」条下：

涎，似延反。案：《江赋》「㵾浪飞羡」，时有本作涎，《说文》作次，或作羡、㳄二形，慕欲口液也。《贾谊新书》：「垂羡相告」。束晳《饼赋》曰：「行人失唌於下风」，郭璞注《尔雅》云：「唌，沫也」，并作唌。

这类注释惠琳《一切经音义》中也有，所以把次读作羡是完全可能的。上引卜辞「泉来水次」，次本来是出口水，引申为水多出来，这在古书上专用羡字，如《诗·大雅·板》：「及尔游羡」，《毛氏传》：「羡，溢也」，本或作衍。又班固《汉书·沟洫志》：「然河灾之羡溢，害中国也尤甚」。师古曰：「羡读与衍同，音弋战反」。据此可知，羡就是溢，就是衍，就是汗漫无涯涘。卜辞「泉来水次」就是问上游水到了，水是否要满出来。卜辞中次字的这种用法较多，如《甲骨续存》下一五三：

洹不次？

同片有「五月」二字，这条卜辞在五月以后，是问洹河的水是否会漫出来。《殷虚卜辞》一〇〇一：

己亥卜，王，贞：洹不次？允不（次）。

这本书摹写不准确，今为考订如此。洹水在河南省安阳县，三千多年来名称未改，殷虚在洹水南，殷陵在洹水北，洹水之羡溢和殷王的生活有很密切的关系，所以卜辞常见这类占卜。《殷虚书契前编》六、三二、五：

丙寅卜，洹其𦨣？丙寅卜，洹口水不（𦨣）？

这条卜辞也是占问有关洹水的情况，这里的𦨣字下从舟，上从次，按照上引两条卜辞推断，也应该读为羡，依六书条例当是从舟次声，其本义是什么可不管，在这里则是假借为羡。自然，关于这字字也还可以作些别样的推测。一种设想，𦨣就是次，因为用作水羡，写字的人随手加上了一个舟旁表示水涨。再一种设想，这个字从次舟声，是说明水次的专用字，它表示水羡的一种程度（级别），不过这个可能性不是很大。因为只有这一条材料，不能作出确切的答案，只有等待将来有更多材料的发现。」（《殷虚甲骨文羡字说》，《甲骨探史录》三二至三五页）

晁福林　「甲骨文中有敛字，其初文为两人争语之形，或省作一人急语时唾沫飞溅形，正合于敛字的造字本义。在卜辞中，敛字除了读若唤、汜之外，用词最多的是作人名，或称「

敛王」，或称『父乙敛』，与纪年所载吻合无间，应即小乙敛。」（殷墟卜辞中的商王名号与商代王权，历史研究一九八六年第五期一四三页）

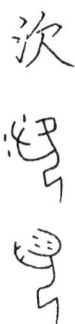

赵诚 「次，甲骨文写作□，象口液外流之形。或写作□、□，象以手拂口液之形。即后世垂涎之涎，本义为口水外流，或外流之口液。卜辞用作副词，有『连接』，『延续』之义，似为本义之引申：

王叀次令五族戍羌方。（佚下四二·六）——次令即延令，继续命令之义。」（甲骨文虚词探索，古文字研究第十五辑二七九页）

按：字當釋「次」，即「涎」之初文，于先生已詳論之。屯七五一辭云：

「乙酉卜，又伐自上甲次示叀乙未；

乙酉卜，又伐自上甲次示；

乙酉卜，又伐自上甲次示叀乙巳」

「次示」當即「它示」，指旁系先祖而言。

0342

次 □ □

赵诚 「……有一个次字，写作□或□，象用手拂甩口液或口液外流之形。用作动词有两种意义：

乙卯卜贞，今□泉来水，次。（续存下一五四）

洹不次。（续存下一五三）

在这两条辞里，动词次的意义是指河水外溢而泛滥。

次王入。（明七三三）

这条辞里的动词次为迎接之义，与次入之义相应。次的外溢义和次入义，从现在的词义观念来看是两个对立的词义，和受有授予和接受两义相类。」（甲骨文行为动词探索（二）古文字研究第十七辑三二四——三二五页）

赵诚 「□，次。或写作□、□。象用手拂甩口液或口液外流之形。本义当为口液（名词）、口液外流（动词）。其引伸义为江河之水外溢、泛溢。甲骨文作为动词，还表示为延续之义，似为河水外溢义之引伸，如「□酉卜又伐□□□于」……（屯南七五一）。」（甲骨文简明词典三六二页）

按：此當與0341合併。

0343 吹

王襄 「疑吮字」。（類纂存疑第八第四十四葉上）

唐蘭 釋吹，無說。（導論下七十五葉下）

孫海波 甲骨文編收此作吹，見二卷九葉。

孫海波 「後编卷下二十四頁十四版有□字，按当为吹。說文：『吹，嘘也，从口从欠。』此从□，即欠字，卜辞次作□，金文王子嬰次盧作□；又欽魚鼎匕作□，所从欠字偏旁，均与此同可證。加口象人側立吹嘘之形，其意益显。金文虞司寇白□壺，郭沫若氏兩周金文辭大系釋吹，證之卜辭益信。」（卜辭文字小記，考古学社社刊第三期五十五頁）

李孝定 「說文『吹嘘也从口从欠』此正从口从欠，釋吹可从。甲編二九七四辭云「吹入」為甲尾刻辭，吹為人名或地名。粹九三九辭云『□卜王在吹丁□』，為地名。後下一辭殘存吹字，不詳其義。」（集釋〇三四九葉）

按：說文口部訓吹為「嘘」，欠部訓吹為「出气」，兩吹字重出。字正象嘘气之形。从口从欠會意。庫一五〇六兩吹字一作□、一作□，是□、□無別，說文歧為欠、旡二字。

0344 欥

按：字在卜辭為地名。

0345 歙 鄉 饗 [glyph]

屈萬里 「[glyph]，隸定之當作𩞁，然不可識。」（甲編考釋一〇六葉）

金祥恆 參鄉字条

按：契文「鄉」字或从「皀」，或从「畐」，或从「鼎」皆無別。金祥恆已詳論之，參見0337。

0346 [glyph]

吳其昌 「[glyph]字象有人跪坐張口，雙手交胸之狀，音義亦並未詳。在此辭中，（指前一．三一．五）似為一人名。」（殷虛書契解詁第三四四葉）

按：合集七〇〇二辭云：「[glyph]弗𢦏羴」為人名。

0347 鄉 [glyph]

羅振玉 「說文解字：『卯，事之制也。从卩ㄗ。』卜辭[glyph]字从二人相向，鄉字从此，亦从[glyph]，知[glyph]即[glyph]矣。此為嚮背之嚮字。卯象二人相嚮，猶北象二人相背。許君謂為事之制者，非也。」（殷釋中五十四葉下）

王襄 類纂以為古卯字。

郭沫若

「□字羅王均釋卯。卜辭鄉字（古卿鄉同字）有作□□諸形者，（前．四．二二．）則此自是卯字無疑。：：此字說文適闕其音讀。段玉裁云：『今說文「去京切」，玉篇廣韻皆云「說文音鄉」，此蓋淺人肊以鄉讀讀之。卿用卯為義形，不為聲形也。玉篇「子兮切」，取卩字平聲讀之；廣韻「子禮切」，取卩字上聲讀之；蓋其音必有所受之矣』。余意以段說為近是。散氏盤有□字，即此□字之微異者。彼文云『我既付散氏田器』，與下文『我既付散氏濕田牆田』為同例語，乃用既為既。是則讀子禮切，子兮切者是也。故□若□當即既字之異，字乃从卿者。蓋卿者乃象二人相向而食，中之皀若豆即是食物。今徹去食物，僅餘二人相向，則是食已既矣。疑玉篇廣韻所云說文音卿者乃音既之譌，不則淺人所改易也。『今牧既』乃假為餼。說文『氣，饋客芻米也，从米气聲，春秋傳曰「齊人來氣諸侯」。（見桓十年，今本作餼。）槩，氣或从既。餼，氣或从食』。段玉裁於槩下注云『既聲也，聘禮記曰「日如其饔既之數」，注云「古文既為餼」。中庸篇曰「既稟稱事」，注云「既讀為餼」。大戴朝事篇「私覿致饔既」，戴先生（震）曰「既即餼字」按三既皆槩之省』。」（卜通九九葉上至一〇〇葉上）

孫海波

「□，徐二．二．象二人相向之形。說文訓从二邑，非是。」（甲骨文編二八一頁）

按：契文□象二人相嚮之形。古卯、卿、鄉、饗實本同源。段玉裁卯字注謂「卩卪今人讀節奏，合乎節奏乃為能制事者也」，均由說文以卩為符節字所致誤。玉篇廣韻音卯為卿本不誤。卿嚮古聲類同，陽與庚古韻亦通。段玉裁、朱駿聲均昧於其初形，皆以玉篇廣韻音卿之非是。章太炎文始疑卯本卬章字，尤為牽傅。散盤有□字，當釋巽，乃順從之義。「我□付散氏田器」，謂我順從而付予散氏田器。與下文之「我既付散氏濕田」，乃互文耳，不得以辭例同即視為同字。郭沫若釋□為既讀為餼，非是。卜辭卯與既形義迥殊，「今牧卯」，卯可能為「鄉」即「嚮」之異體。

0348

□

按：字不可識，其義不詳。

0349 旡 □

按：合集一三五八七辭云：「甲戌卜貞，其㞢作旡幺家」「旡」疑通作「既」。

0350 □

按：字不可識，其義不詳。

0351 𠨍 御 禦 □ □ □ □

孫詒讓 「龜文𠨍字甚多，……皆作□，或反書作□。金文辛子𣪘有□字，舊釋糾，偏旁與此同。以字形考之，當為从卩从糸，疑紹之省文。說文糸部紹繼也。从糸召聲。古文作□，从邵。此从糸从卩而省召，於字例可通。紹詔字通，（說文無詔字）一切經音義引三蒼「詔告也」。𠨍雀者雀爵通謂詔告獻爵於神即薦酒也。𠨍酒義亦同。𠨍牢及羊豕者，詔告薦牲牢于神也。𠨍水者，以明水詔于神。周禮大祝云：「凡大禋祀肆享祭示則執明水火而號祝」是也」（舉例上十四下至十五葉下）

羅振玉 「說文解字：『御，使馬也，从彳从卸。古文作馭，从又从馬』。此从彳从□。□與午字同形，殆象馬策。人持策於道中，是御也。或易人以攴，而增止，或又易彳以人，或省人，殆同一字也。作□者，亦見盂鼎。或又从又馬，與許書古文同。或又从象」（殷釋中七十葉上）

王國維 「御，卜辭作□，从午从卩，或作□，不省，蓋假為禦字。說文：『禦，祭也』」（戩考十二葉下）

王襄　「契文之□見于武丁世之卜辭，自是初文，或作□，均与許书古文□同，象使马之形。漸作□，从8从□。8为索，即鞭形，乃古文午，□为人之跽形，作□与許书□、□字所从出。或作□，从□、丨、丨即8之变。孟鼎作□、競卣作□，皆与契文同。作□与许书篆文□近；作□，从□从□，□即篆文□字偏旁之□，□即午，特变□为□，以象手执鞭之形，与又同谊。卜辞牧作□、□、□诸形，从牛从支或从□或□。牧为养牛，御为使马，事有相同，故字亦类。□由□所从之□嬗变而来，□为鞭形，以象手执鞭形为複。然此类複形之字古文中甚习见，如驱，许书篆文作驅，古文作敺，师寰敦作敺、驱卣作□，从□从支从區，亦複形之例兼以區定其声。耤，许训：『帝耤千亩也』，契文作□，象人扶耒耕田苗出之形。令鼎作□，亦象人扶耒之形，更从昔声，与此□字例同，为会意且兼形声字。至吾之作□，更之作□、正之作□，字皆複形，足资取证。或作□，从□，□是□、□之省变，若□乃合□、□为一字，亦流变之体，惟□所从之□，象人披发或戴巾之形，为特异。」（古文流变肊说四九至五一页）

王襄　「御即禦之省文，許說：『祀也』，或曰與詩吉日以御賓客之御誼同，進也」（簠考帝系五葉下）

葉玉森　「按羅氏釋御至塙。聞氏說較分明，惟歸好予別有說。御歸好之御仍祭名，非訓親迎之迎也」（前釋卷一第三十八葉背）

又曰：「按卜辭午作□□□□88□丨等形，譌变作□，如□□。頗似馬策有節，8塡實作□更肖。郭氏謂御字繁文从□者手持之丨乃象馬策，則卜辭中午作丨者不一見，（前三第四五七八十一等葉並見）似午象馬策矣。惟聞氏說□字至精晰，余意从午亦聲固不妨象馬策，卜辭繁文之□殆譌变而重複也」（前釋卷一第二十五葉上）

郭沫若　「予疑8當是索形，殆馭馬之轡也。其作□者，亦猶□之作□，从□作者之丨，乃是策形。金文之作□者，殆誤以為杵形而譌变」（甲研第二冊釋干支二十八葉）

又曰：「『兹御』字多見，並多見於卜田獵之辭。……御者用也，『兹御』殆猶它辭言『兹用』矣」（卜通考釋九葉上）

又曰：「御假為禦，說文『禦祀也』」（卜通考十一葉背）

又曰：「□當是御之異文」（粹考一四四葉背）

孫海波 「𥙊當為禦，从示从𢓊，𢓊即御字。卜辭作𢓊、𢓊、𢓊諸形，並象人持午禦馬狀．此作𢓊者，土即丰形之省変．說文『禦、祀也，从示御聲』。金文禦祖己鼎作𢓊形，與此同，可證。此云其禦于父甲者，言禦祭于父甲也」（文錄二三葉）

孫海波 「河南博物館藏甲骨文字三一二版云：『甲午卜王其馬𫷷其𥙊于父甲亞吉』。𫷷字从馬从夕，字书所无，𥙊当为禦，从示从𢓊。𢓊即禦字，卜辞作𢓊𢓊𢓊诸形，並象人持午御馬狀，此作𢓊者，土即丰形之省变。說文：『禦，祀也。从示，御声。』金文禦且己鼎作𢓊，形与此同可证。此云『其禦于父甲』者，言禦祭于父甲也。亞亦训宫室，父甲亞犹言父甲宫也。」（卜辞文字小记续，考古学社社刊第五期五十七頁）

董作賓 「馭同御，此假為禦，當也」。（殷曆譜下編卷九三十七葉下）

吳其昌 「『御』初文『𢓊』、『𢓊』。从卩从午，『午』為矢藁，象人執矢藁為馬策之形，是馭夫也．（詳金文名象疏證）而在卜辭中與先公先王連屬者，則誼轉為祀，戩四・一五：『御于且丁』，王先生釋曰：『御，蓋假為禦字．說文『禦，祀也』。』按先師之說，碻不可易。『禦』、『御』一字，古證繁多。詩猗嗟：『以禦亂兮』，儀禮大射禮鄭注引作『以御亂兮』。尔疋釋言：『禦，禁也』。釋文：『禦本作御』。莊公二十四年左氏傳之『御孫』，漢書古今人表乃作『禦孫』。周禮掌蜃：『以蜃御溼』，釋文：『本亦作禦』，皆其驗也。『御』、『禦』一字，故知『御』亦祀也。且：『御』，亦養也』。（左昭廿九年『御龍氏』服虔注）『御，亨也』。（孟子梁惠王『以御于家邦』趙岐注）『御，進食也』。（左哀廿八年『御者知之』杜預注）而祭祀之誼，亦本不過進食以享養先人而己」。（殷虛書契解詁第七二葉）

聞宥 「孫仲頌讀為紹，非是．羅叔蘊讀為御之省文……諸家從之。宥按羅釋是也，惟其說則未諦。……8實不象馬策，8與卩體析離，亦無持意．此午實為聲，卩象人跪而迎迓形，𢓊，道也，迎迓於道是為御，詩『百兩御之』箋曰：『御，迎也』是也；迎則客止，故又孳乳加止；客止，則有飲御之事，故又孳乳，訓進訓侍，詩小雅傳箋所出者是也．諦言之，當曰：从行，从人，从止，午聲，其作𢓊者首文也；其訓迓者為朔誼，其他訓者為後起誼；故前者今猶讀卬，其他則已讀卬；以汪榮寶所考古音證之，適相密合。至馭馬之馭，卜辭作𩣡，二者截然兩文；金文不嬰敦蓋『馭方』與『御追』並出，可見二者絕不同用。至許君乃誤合為一，又誤以御之省體為卸經傳無卸字明其非古而以卩釋卩去古誼遠矣」。

又云「卜辭所出御字多言迎尸之事，積久則為祭之專名。如『御于祖辛』『御于祖乙』是也，而其字則孳乳為禦字，猶帝之孳乳為諦，果之孳乳為祼也。其非言迎尸者則大抵用親迎之迎。如『貞御歸好于高』『貞御歸好于妣甲』『己酉御女』皆是」（並見殷虛文字孳乳研究載東方雜誌二十五卷三號五十六葉）

又曰「[illegible]𢆶並御之或體」（同上五十七葉）

又曰「卜文午字皆象文午之形，儀禮注所謂一縱一橫曰午，是也。其作8↨者，又通為象約束麻絲形，其字則後來孳乳為糸字，此觀于說文糸之古文作8而可知古糸系字又不分。以糸象約束本有繫義，而𠂆字卜文金文無之，當是後來所加之偏旁，許氏不達，誤析為二」（同上）

又曰「𢆶孙仲颂读为丝，非是。罗叔蕴读为御之省文，而与[illegible][illegible]仞为一字，诸家从之。（林泰辅抄释亦然）宥按罗释是也，惟其说则未的。……此午实为声，（卸字虽不古，然小徐犹曰午声，可以为证。）㔾象人跪而迎逆形，彳，道也，（依罗说）迎逆于道是为御，诗：『百两御之』。笺曰：『御，迎也』是也。迎则客止，故又孳乳加止；客止则有饮御之事，故有孳乳训进训侍，诗小雅传笺所出者是也。谛言之，当曰：从行从人，（从父为讹变）从止，午声。其作𢆶者省文也；其训迓者为朔义，其他训者为后起义；故前者犹读鱼驾切，其他则已读牛据切。至使马之驭卜辞作[illegible]、[illegible]，二者截然两文。」（殷虚文字孳乳研究，闻宥论文集一一七至一一八页）

杨树达

「甲文有禦字，字作𥛚，或省作𢀛，为祭祀之名，即说文之禦字也。说文一篇上示部云：『禦，祀也。从示，御声。』考甲文用此字为祭名者，往往有攘除灾祸之义寓於其中。如书契前编卷壹（廿伍之壹）云：『贞𤕫齿，𢀛于父乙。』书契后编卷下（拾之叁）云：『丁巳，卜，△有𤕫言，𢀛△。』……此皆以人有疾病行禦祀者也。甲骨文录叁壹贰片云：『甲午卜，王马△駁，其𥛚于父甲亚。』駁字从馬从夕，字不可识，余疑字从夕声，殆假为𤕫，谓馬病也。此以马有疾病行禦祀者也。」（释禦，积微居甲文说卷上三〇页）

楊樹達

「禦為攘災之祭……甲文記𢀛祀往往具禳疾之義」（卜辭瑣記三十二條𢀛帚好）

陳夢家

「卜辭有記『祓不子』之一例：

□亥御帚鼠不子于匕己　　續一、三九、四

御即禦除之禦，御不子即祓除不子。大雅生民『以弗無子』，毛傳云：『去無子，求有子，古者必立郊禖焉』，鄭箋云：『弗之言祓也，乃禋祀上帝於郊禖以祓除無子之疾而得其福也』。漢書戾太子傳注云『禖，求子之神也』」（綜述第四九四葉）

陳夢家　「卜辭云：「囗亥御帚鼠不子于妣己」（續一．三九．四）御即禦除之禦，御不子即祓除不子。大雅生民「克禋克祀，以弗無子」，毛傳云「去無子，求有子，古者必立郊禖焉」，鄭箋云「弗之言祓也，乃禋祀上帝於郊禖以祓除無子之疾而得其福也」，漢書戾太子傳注云「禖，求子之神也」。」（綜述四九四葉）

陳夢家　「卜辭「囗寅卜賓貞令多馬羌、御方」（續五．二五．九……「囗巳卜王貞于中商乎御方」（綴一四八）「余勿乎御方」（庫五九五）「貞蕫于御方」（滬五．一一．七）除第一例作「御」外，其他省彳。逸周書世俘篇「大公望命御方來，丁卯望至，告以馘俘」。此禦方是國（族）名，御方之作禦方，猶卜辭祭祀之「御」即說文之「禦」。西周金文不其毀為秦人之器，銘曰「白氏曰：不其，駭方嚴允廣伐西俞，王令我羞追于西」。王國維考釋此器銘文，以為「駭古御字」，駭方者蓋古中國人呼西北外族之名，方者國也，其人善御，故稱御方」。我們則讀「御方獫狁」為御方之獫狁，御方是獫狁族之一支，銘文又曰「汝及戎大敦搏」則又呼之為戎。試比較下列

不其毀	駭方	嚴狁	戎
虢季子白盤	䜌方	嚴[illegible]	
小雅出車	朔方	玁狁	西戎

可知獫狁即戎，而御方、䜌方、朔方是其一支」。（綜述二八三葉）

李孝定　「說文：「御使馬也从彳从卸。馭古文御从又从馬」。卜辭作上出諸形。其作𢓊者，孫釋紹，引金文紹或作䌹謂卜辭者召說非。金文紹作䌹从卩為繁文，省召則非紹字矣。羅釋為御甚是。聞氏之說允為審諦。御之本義當訓迓，其訓為進訓用者均由此誼所孳乳。其用為祭名者，則假為禦。卜辭御字以用為祭名之義為多，其訓為「使馬」之義者字當作馭，與御截然二字。辭云：「癸巳卜殸貞旬亡禍王固曰「乃茲亦有祟若偁」甲午王往逐兕小臣古疑假為固車馬硪馭王車子央亦陊」（菁一．一）此貞田獵逐兕之事，言小臣古此即詩王事靡盬之盬當訓固猶言裝備並檢驗王車馬之良窳也。車馬而以硪為馭，下言子央亦陊，則正與上文乃茲亦有祟相應。蓋王車猝有衛[illegible]之變而子央亦陊，以其言亦，故王車之禍可知。以蓋行文互見之義。自「甲午王往逐兕」以下蓋繇辭也。又如「馭茲囗」（乙一〇五〇）「癸卯卜貞出𤉲皆我馭戈」（乙二三三）「馭茲邑」（乙三一六二）文義雖不若菁一、一之顯豁，然皆與使馬之事有関，與他辭言御之用為祭名或他義例多不具舉者迥然有別。御馭二字之用於先秦文獻中猶有不混者，如詩「百兩御之」，穀梁成元傳「齊使禿者御禿者」，左襄六年傳「朱也當御」，皆當訓迓。周禮保氏「四曰五馭」，管子形勢解「馭者操轡也」，荀子「東野子之善馭」，此使馬之訓猶用其本字作馭，而經傳中固多已假御為馭矣。許君

沿誤遂以御馭為今古文，今仍許書之例收二者為一字，實則御當入彳部，解云「逆也从彳从止从卩午聲」。馭入馬部此从馯駻諸字之例，解云「使馬也从馬从又」。御字从彳或从行象道。从止或有止象道行者。从卩則逆之者也。午聲。馭則从又馬會意。此二字實不容混，徒以聲同相假，沿用既久，約定俗成，許君不察，遂混而一之耳。金文□盂鼎□山御簋□御簋□大保爵□牧師父簋□頌鼎□虢弔鐘□虢叔編鐘□攻吳鐘□□齊侯壺□遹簋□麥盉□辛巳簋□敔簋□盂鼎□不嬰簋□令鼎□□侯鼎□取八卣□大鼎齊侯壺器二文其一省卩从二止，亦猶契文之省卩从攴也。第一二三數文與契文之作□者全同。午亦作□，至午字之是否象轡若朿，當於十四卷午下詳之。御之朔誼為逆，但以午為聲，實無取於象馬朿之意。羅郭之說殆猶惑於許君使馬之訓而云然耳」。（集釋〇五八九葉）

李孝定 「說文「禦祀也从示御聲」，卜辭作禦，从卸聲，卸即御字。古文从祉之字每但从彳或但从止也。爾疋釋言「禦禁也」，引申為凡捍禦之備。金文作□禦父己鼎□父辛觶與契文同」。（集釋九一葉）

饒宗頤 「按集韻：御，古御字。他辭云：「貞：遘于邾方」。（前編五、一一、七）自卜辭亦見「邾方」（綴合編一四七）名。佚周書世俘解：「大公望命禦方來。丁卯，望至，告于馘俘」。邾方即禦方也。不嬰毁銘：「馭方嚴狁（玁狁）廣伐西俞」。噩侯鼎「馭方御王射」。馭即御字。右辭御益彳旁，他彝作「邾」。禦方蓋玁狁之一支。（參綜述二八三）右引辭御方之御，如讀為動詞，言命馬羌抵禦方人，於義亦通」。（通考三〇五——三〇六葉）

屈萬里 「卜辭「弜御□？」（甲編五六二）云御，祭名；蓋卜問弜舉行御祭以為□禳災，其吉否也」？（甲編考釋八八葉）

張秉权 「□，楷定為邾，即禦字，說文一上，示部：「禦，祀也」。」（殷虛文字丙編考釋第六〇頁）

白玉崢 「（乙）卯卜，自：邾史……？
乙卯卜，自：邾史……？鐵一八三·四

邾史：甲文中，史、事、使三字同；本辭史，当读为事。邾事，治事也。国语周语：「百官御事」，韦昭注：「御事庶士」，传：「御，治也」。疏：「御，是治理之事，故通训御为治也」。

」（契文举例校读中国文字第八卷第三十四册三八四三——三八四四页）

白玉峥 「综观𢆶字之结体，约有如下之诸形：𢆶 [illegible] [illegible] [illegible] [illegible] [illegible]。诸结体或有时间之关係欤？盖𢆶者，多见于前期之卜辞；[illegible]者，则多见于后期之甲文也。」（契文举例校读中国文字第八卷第三十四册三六五三页）

夏含夷 「甲骨卜辞『御方』一辞习見：

□□卜，師：乎御方于商。（后下四一·一六）

壬午卜，師貞：王令多冒御方于□。（后下四二·九）

□巳卜，王貞：于仲商乎御方。（佚三四八）

己卯卜：王令御方。（外三〇）

余勿乎御方。（庫五九五）

□□卜，宕貞：令多馬羌御方……（续五·二五·九）

貞：黄于入御方。（前五、七）

辛亥卜，㱿貞：令黄以𠂤御方于陟𨸏。（甲三五三九）

……『乎御』相当於『乎伐』、『乎取』、『乎从』、『乎来』、『乎出』等甲骨惯语，『乎』后皆为行动性动词。……『乎御方』的构造应该与『乎（动）某方』的构造相同，『御』则作动词而不作方国地名。……卜辞御字作[illegible]诸形；[illegible]形多見於第一期，谅必即其本字。……许进雄释御为形声会意字比較妥当；於此引而从之：『禁止攘除乃抽象之义，难以图画表达，其最好造字法当是形声。說文『午，牾也』、『牾，逆也』、『屰，不顺也』：午有不顺之意，而此祭为祓除不祥之祭，故以卪象人跪坐以祈祷狀，而以午声明所祷者乃有关不顺之事。』由此可知，御之本义确实为祓除不祥之祭，范围虽然在乎鬼神世，然而，若以此本义从鬼神世引申到人间世，祓除人间世之不祥当指镇定和遏抑敌人之反抗；换言之，亦即举行『掃蕩性』征伐。……方之原义可假定为旁边之旁。在卜辞用语中，此乃申引为殷畿之边方地区；再引申之，即為住在边方地区之人。……由上述语法分析、字形音义探讨，可知卜辞『御方』一辞当释作『追禦边方地区的人』。這个意思也可得证於西周初期逸周书、世俘篇中之用法。在記載牧野战捷之后，世俘謂：『太公望命禦方来丁卯㞢至告以馘俘」。……

总合上面所讨论，『太公望命禦方来丁卯㞢至告以馘俘』一句文字当释作『（在甲子日）太公㞢受命要追禦边方地區（即商都附近）的人。在（四天以后的）丁卯日，㞢回来报告這次征伐的成功』。如此，不但的確說明甲骨卜辭之『御方』一辭当释作『追禦边方地區的人』，而且，其重要性在於更能說明周軍在牧野之战后幾天的史事。」（释御方　古文字研究九七頁至一〇八頁）

許進雄　「S0324　第一期　左前甲

□丑□，☐貞：☐不☐㞢☐　一、

㞢为駕馭，與䌛为禦除之义不同。」（怀特氏等收藏甲骨文集第一七頁）

許進雄　「B1378　第三期

其𡉚☐㚔庚，叀☐

𡉚恐怕是御的异体。」（怀特氏等藏甲骨文集第七三页）

許進雄　「S1856　第五期　右腹甲

辛□，□卜□：田□，往□亡□？

□□，王卜□：□䍙，□□亡巛？□□曰：吉。□□，隻☐

吉之后缺字为兹㞢，表示已依兆而动用车马之事。」（怀特氏甘藏甲骨文集一〇四页）

裘錫圭　「卜辞的䢃字，大多数是用作祭名的。这次所示诸骨的䢃字，从文例上看也应该是祭名，当读为御（繁体为『禦』）。御是御除灾殃的一种祭祀。卜辞或言：

鼎：䢃疒身于父乙？　乙编六三四四

这是卜问是否御除腹病于父乙。或言：

甲子卜，穷，鼎：㞢𠨘才疒，不从王古？

鼎：其从王古？

壬午卜，穷，鼎：䢃㞢于丁？

鼎：于帚（妇）䢃㞢？　甲编二一二一

丙辰卜，鼎：㞢告夫疒于丁，新㞢？

戊午卜，鼎：今日至（致）夫，䢃于丁？

这是因为毫和夨有病而卜问是否为他们举行御祭于丁或妇。或言：

囗囗卜，(鼎)：知夨于帚，三宰？五月。　续编一、四四、六

这是因为王的马有灾殃而卜问是否举行御祭于父甲亚（"亚"义近于宗、庙）。或言：

甲午卜：王马𠭰駧(孽？)其御(禦)于父甲亚？　甲骨文录三一二

这是卜问是否御除农业年成的灾害于报甲。

戊子卜，鼎：知年于田？五月。　库方一六八四

卜辞还有说"衔年"（佚存八六七）"征禾"（殷契拾掇二、二七七）的。衔、征当读为防，指防御灾害。防年、防禾当是与御年同类之事。

周礼天官女祝："掌以时招、梗、桧、禳之事，以除疾殃"，郑注："郑大夫读梗为亢，谓招善而亢恶去之；杜子春读梗为更；玄谓梗，御未至也。除灾害曰桧，桧犹刮去也。却变异曰禳；禳，攘也"，孙诒让正义曰："说文示部：禦，祀也。疑即所谓梗矣。"今案，殷人于已至之灾殃亦御之，御祭似可包桧、禳。这次所出卜辞，或言知众，应该是指御除众人的灾殃；或言知牧，应该是指御除牧奴或牧事的灾殃；或言知牧，应该是指御除家臣的灾殃。至于鹰和吴，疑都是人名，知鹰、知吴与上引卜辞言知毫、知夨同例。

上引卜辞或言"知夨于帚三宰"，文例与"知众于且(祖)丁牛……"等辞相同。他辞或言"知㢸（弜，为第一期常见人名）大乙宰"（前编一、二四、四）"知帚𡚬匕己二牡"（前编一、三三、七，二牡疑指一牝一牡），文例与"知臣父乙豚……"等辞相同。"知且癸豕""㐅知父甲羊"等辞之知，也应指御祭而言。㐅、又当指御祭时所采取的用牲方法。他辞或言"囗戌卜：出𢍏司，知子亦"（续编五、六、六），盖谓御子亦于𢍏司而用出祭（甲骨文"出""又"通用），可与此参证。

12号一辞言"乍𠨘父乙豕……"。第一字是"乍"字，甲骨文编"乍"字下收有与此相似者。第二字疑是御疾之御的专文，或御疒二字之合文，申论之于下。

甲骨文有𠨘字：

乙亥鼎：𠨘弜（否定词，与"勿"相近）𠨘方囗

弜正（征）方才囗　拾掇一、四一五

又有于此字加注鱼字之字：

壬戌卜，犾，鼎：其又（有）来方，亚𢦔其𩵋，王受又（有）又（祐）？（末四字转在另一侧）

壬戌卜，鼎：弗受又又？　甲编三九一三

这个字象一人抵御另一持杖者的攻击，疑即御之初文。御、魚古音同声同部，所以字或加注魚声，与〓加注凡声而为〓（凤）、〓加注昔声而为〓（耤）同例。上引卜辞读为『弜御方』『其有来方，亚擁其御』，文义颇觉妥帖。又前编六、六、三一辞云：

鼎：甶（读惠，与『唯』相近）帚好乎（呼）〓伐？

伐上一字疑即〓之变形而加午声者，〓伐即御伐。由此形省去攴旁，就成卜辞中常见的卸字了。这和『瞽』字省去『凡』旁而成『耤』字，是十分类似的。午是卸的音符，所以卸可以省作午：

癸未卜：〓（午）余于且庚，羊豕艮？

于且戊卸余，羊豕艮？

上引第一辞的午字显然应该读为卸。

12号卜骨的〓字，应该看作〓与〓（疒）的合体字，〓当即〓的省体。后编下一一、八一辞云：

鼎：帚好不征〓？

末一字为疒身二字的合体字，可以看作疒身之疒的专字，也可以看作疒身二字的合文。京都大学人文科学研究所藏甲骨文字三〇五三一辞云：

庚寅卜鼎：甶（读惠，与『唯』相近）丁酉酒〓？

末一字为伐羌二字的合体字，可以看作伐羌之伐的专字，也可以看作伐羌二字的合文。以上二例，情况与〓字相类，所以我怀疑这个字是御疾之御的专字或御疾二字的合文。卜辞或言『乍（作）大卸自圉』（后编下六、一二），或言『亇卸，斩（析）庚不井』（京都九九四），可证御祭可以言『乍』。」（读安阳新出土的牛胛骨及其刻辞，考古一九七二年第五期四三—四五页）

郭沫若「『御』凡十一见，其中单言『御』的是用字义；所谓『御臣』『御鹰』『御牧』的『御』则是治字义，即是整顿、料理之义。『牧』和『众』是从事生产的劳动者，都是被统治的奴隶，『众』主要是农民。『鹰』或作豸，是莫须有的一种怪兽——『解鹰』的省称。说文『解鹰，兽也，似山牛，一角，古者决讼令触不直者』。盖古时奴隶主于判处罪状时，将牛角去其一，以神乎其事。故后世司法官所戴之冠名『解鹰冠』。鹰字音读如宰，在此即读为宰，当是执法小吏。『臣』『鹰』同是管理『牧』『众』的统治者的爪牙，值得注意的是『臣』『鹰』合刻在一枚，『牧』『众』合刻在另一枚，这里显明地有阶级的划分，奴隶制度是相当森严的。」（安阳新出土的牛肩胛骨及其刻辞，考古，一九七七年，二期。）

王贵民「卸字甲骨文作〓、〓、〓、〓、〓、〓、〓、〓、〓、〓、〓、〓、〓、〓

等形，释为钔即后来的御字是没有问题的，但是对它的解释尚多歧异……现将甲骨文里用钔字者择要分类，看看御字在卜辞中的本来含义。

(一)属於祭祀者，有三种辞例：

(1)一般钔祭，卜辞的句式为："钔于祖某"，即钔祭于某祖先，从夒、兒、上甲、若干示直至祖妣父母妻妇兄甚而子某等，同时还钔祭自然神祇如日、河、岳、社等。此类以第一期为多，三四期次之，五期极少。其中有云"大求"、"大𠬝"、"大延"、"大钔自上甲"、"作大钔于上甲"、"作钔"等，和它种祭祀的"大求"、"大𠬝"、"大延"、"作穷"、"作㞢"、"作礼"等等相类，可能为更隆重的祀典。商周金文亦有记载，如云"我作御𥜽祖乙……"，"用作大御于厥祖妣父母多神"、"作𢓊父辛"。

(2)钔祭与生人相关者，其句式为：钔某(人)于祖某。例如：

钔王自上甲𣌭大示 (前三·二二·四)

钔王于上甲 (粹一〇〇，二期)

午(𢆶)余于祖庚 (乙四五二一)

钔吴于妇 (续一·四四·六)

钔华于日乙 (通别一·一·二)

钔雀于父乙(母庚、兄丁) (京七六二，佚三〇七五，铁一四五·三)

钔弜(于)大乙(大甲) (龟一·二二·一一)

钔妇好于妣甲 (同上)

钔妇姘于母庚 (珠三七一)

钔子渔于父乙 (京二〇八八)

钔子妥于父乙(兄丁) (铁二五四·二)

钔子循于父乙(妣癸、兄戊) (后下一一·一。等)

此类卜辞在钔字后面均应是生人名，从商王、贵族到子、妇等都有，他(她)们经常出现在王室各种活动中。另有一类：

钔𡪢于母庚 (铁八四·二)

钔臭于母庚 (前五·四七·二)

钔弔于兄丁 (前一·三九、三)

是御祭的原因。凡(3)类卜辞都可以作这样的理解。但是"钔年"、"钔大水"和第二类句式中的人一物一名都是名词，是否也能作这样的理解呢？如果我们用下列卜辞：

呼子穷钔(于)父 (乙八四六二)

呼𠂤先知燎于河　（佚三三八）

和前引(2)类句式中的「知子某于父某」、「知𠂤于日乙」比较，两者辞义似乎相同。这样我们可以把「知某（人）」的知，看成是致使性的动词，意思使某人，知祭于祖某，这在古汉语里也有例子，如「尔饮旷，何也？」「尔饮调，何也？」「饮寡人」，「后子孙饮马于河」，「立公子车骑中」。就是使旷、调、寡人等饮酒，使马饮于河，使公子立于车骑中。再比较：

知石于父戊　（乙六六九〇）

石知于妣癸　（乙四九二五）

两辞中同一个「石」字或在动词前，或在动词后，应是表示同样的辞义。还有卜辞云：「𠂤知于父丁」（南明六二四），「庚戌卜，余自知」（乙五四〇五），人名都在知字之前，那么就可以考虑它们与第(2)类的辞义是相同的。不过，这样分析，无解于「知年于上甲」「知水于社」两辞，因为不能使年去知祭上甲，使大水去知祭社神。所以(2)(3)两类句式还应该作统一的解释，那就是(2)因某人而知祭祖某，(3)因某事（疾病灾祸）而知祭祖某。

上述三类知祭卜辞，都可以用同一格式改置其结构，常见的是把介词「于」和其后的名词即被祭者提前，构成「于祖某知某（人或事）」的句式，如「于祖戊知余」「于妣己知子汰」「于大甲大丁知𢎗」。「于祖辛知疾」，「于母庚知妇好囧」等，辞义依旧不变，似乎只是为了突出对被祭者的选择的占问而已。

知祭究竟是何种祭祀，我们认为它应是迎神之祭。知字本义是迎迓，所谓卩象人跪而迎迓的形状，是正确的。这个偏旁后世隶定为卩，即人膝，用屈膝向前的特写来表示人跪的动作，跪的动作再表示迎迓的意义，又用午标出迎迓的读音，8即午字，与知字同声（疑纽）同韵（鱼部）。在甲骨文里，故而又有以午表知字者，如「8余于祖庚」，已有同志指出8即知的简省。还有作御的，亦应是知的异构，如「壬申卜衔名于𧊒」，「丙子贞，令众衔名方」。更有仅以卩形为知字者，如辞云：

王卩豕父乙宗　勿卩豕父乙宗　（殷缀二〇六）

丁酉卜卩于大丁　（乙七二八〇）

贞王卩于父福　（乙七一八三）

卩于母丙　（续一九八〇）

贞叀乙二吉于父丁宗卩　（南坊二·一六，四期）

知敹于妣己　（乙五三八四）

知吴（于）日丙　（安七三，四期）

知鹰（于）丙　（同上）

寅、𡘋、弔、㚔等名不多见，参照其他材料可知仍是人名。而“御臣（于）父乙”，“御牧于妣乙”，“御众于祖丁”（安七三一）等辞的臣、牧、众则是某一类身分的人。还有一类为：

御累于父戊　　御召于父戊　（乙六六九〇）

御孳于母　　御毅于父戊（妣辛）　（乙六二六九、四六〇三）

等辞的御字后一字孳、毅的类属则不甚明确，有的似为祭品，不过这与祭牲有别。此种辞例，凡用祭牲一般是祭牲不紧靠介词“于”之前，多用别的连词。

(3) 御祭与某事相关者，其句式为：“御某（事）于祖某”。例如：

御王𡆥于羌甲　（乙八四二二）

御王目于妣己　（乙四七二〇）

“疾口御于妣甲”　（乙九三〇）

御疾齿于父乙　（前一·二五·一）

御疾身于父乙　（乙六三四四）

“疾身御于妣己𠬝妣庚”　（库二八三）

“疾止御于妣己”　（库九三）

“朕耳鸣㞢御于祖庚”　（乙五四〇五）

“㽙梦余勿御”　（续六·七·一二）

“梦御（子）𢦔于妣乙”　（后上六·四）

于南庚御𤯝　（柏一八）

御大水于社　（铁一四·三）

御年于上甲　（库一六八四，四期）

等辞，御字后的𡆥、疾齿、疾口、疾身、疾止、梦、𤯝等均应是祸患。

(2)(3)两类句式较为复杂，需要作具体的分析。首先，我们可以把(3)类句子里有和没有“ ”的两种情形加以对比：

御疾身于父乙。

疾身御于妣己𠬝妣庚。

两辞辞义无疑是相同的，但句式有异。第二句是把“疾身”提出来作为一个动宾结构的主语，表示为谓语“御于妣己𠬝妣庚”的叙述对象。这就等于是对第一句的通俗表解、都是说“疾身”等辞的句式和内容均与前引御祭卜辞相类，所以，它亦是𢆶字的简写。这就是或以声、或以形都表示御字。

知祭是迎神之祭，所以，『知某人于祖某』，即是为某人的事迎逆鬼神之祭。『知某事于祖某』即为某事故迎逆鬼神之祭；『知年于上甲』，是为年成事迎逆上甲之祭；『知大水于社』是为雨水事迎逆社神之祭，这和卜辞『保我年』、『保黍年』，求年、求雨、舞雨的占卜是同类性质的事。

(2) 知字用在征伐方面的，主要的如下列辞例：

王令多𢀛知方于商（后下四二·九）

呼知方于商（后下四一·一六）

于中商呼知方（佚三四八）

王令知方，呼从征方，允隻（外三〇）

令多马羌御方（续五·二五·九）

令冓以☐知方于陟出☐（甲三五三九）

勿呼知羌于九罝，弗其隻（戬二五·一一）

知羌（于）冊（金五五七）

叀吕方呼知（契七二）

叀妇好呼敝伐（续存下六六）

御名于蟲（粹一一二五）

令众衔名方（柏俗藏片，四期）

这里所知（伐）的对象有方、羌、吕方、名方等明显的方国部落，受命者有多𢀛、多马羌、妇好等经常从事于军事活动的人物，又有俘获的命辞和验辞，可确定这些是征伐的卜辞，知不是祭祀。把这些知字解释为抵禦入侵，颇为自然……。

(3) 卜辞所见『知史』的词组，主要是『呼入知史』、『呼某入知史』，『知史』明显为动词组，个别的似为名词。这里，知字还是迎逆义，史为事之初文，知事就是迎接政事，用今语说就是接受差事。其为名词者，亦不过是指为王室政事服务的官员。接受事务也可说是主治其事，故经籍注释中以御为治事之义。

总之，甲骨文用在上述三方面的知字，它的本义都是迎逆，知祭是迎逆神鬼之祭，知方是迎击某方的入侵，知事是指迎接事务及指这一类的官员。」（说知史 甲骨探史录三〇三至三二三页）

姚孝遂 肖丁 「『知』即『御』亦即『禦』之本字。卜辞每言『知某』于神祖，即为某祈福禳灾，求神祖之祐护。」（小屯南地甲骨考释三五页）

周国正　「卜辞中的祭祀动词可以大略分为甲乙两类，甲类代表主要的宗教仪式而这种仪式的进行需要乙类的助成，乙类代表从属的宗教仪式，作用在于助成甲类。在某些甲乙类词中（例如「告／钔／求」和「责／洒／出」），两者的语法行为有明显而规则性的对比，通过这些对比我们可以推断两者之间的关系。就「告／钔／求」而言，虽然表面上可以带有祭牲，即「告／钔／求＋OC＋（于）OB＋‖OV」，但实质上祭牲OV却是由另一个动词带出的，当这个动词只是潜存于句子中而没有表现出来的时候，为了说明分析上的方便，我们用一个单括号内的（用）字去表示；当这个动词实际显现出来的时候，就是责、洒、出……这一类乙类词。传统有些学者将「告、钔、求」等词称为祭名，这是有商榷的余地的，因为告、钔、求本身不带及祭牲，它们只是一种包含责、洒、出之类祭祀行为的宗教仪式，实际上带及祭牲的是责、洒、出等等乙类词。这些才是名副其实的祭名。另外有些学者将卯、沈、萄等等极少或没有带关切宾语OB的词称为「用牲之法」，这也是有问题的，因为表面上这些动词虽然不带OB，但通过和责、洒、出等词的比较可以知道它们和责、洒、出等词相同。这些词之所以极少或没有带及OB可能是因为它们常常置于其他的祭祀动词之后，而OB往往由这些先行的祭祀动词带出。

以祭祀动词构成的复合句可分为三类：

（1）条件／副语子句＋主句

即「如果要举行甲类祭祀的话（或在举行甲类祭祀的时候），要举行乙类祭祀去助成（甲）」。

（2）连动式

即「举行乙类祭祀去（助成）甲类祭祀」。

（3）时间句

即「在举行了A祭祀之后，要继续举行B祭祀」。

（OC：事由宾语。引起举行甲类祭祀的原因、事由。例如：求年中的「年」。OB：关切宾语。祭祀的受惠者。例如：祖灵。OV：祭牲宾语。即祭品。）」（卜辞两种祭祀动词的语法特征及有关句子的语法分析　古文字学论集初编二八〇——二八一页）

卫斯　「御牛，即将牛置于坑内，用棍棒活活打死。卜辞云：

御小宰，三宰（佚一五一）

贞御由牛三百（前四·八·四）

（从甲骨文材料中看商代的养牛业，中原文物一九八五年第一期五九页）

饒宗頤說參𢆶字条下。

林澐說參𡳿字条下。

林政華　參見丝字條

按：字隸定作钔，从卩，午聲。或增示作禦。在卜辭多為祭名，相當於說文之禦。祀也。钔祭之內容極為廣泛。或乘年，或乞雨，或禦水，或禦疾，或祓無子，均钔祭於先祖以求祐護。或讀御為迎，以迎婦為言，其說非是。實則「钔婦好」、「钔婦姘」等辭均指钔諸婦於祖若妣，乃為諸婦乞福之祭，亦為祭名，猶言「钔王自圃沓大示」，乃為商王祈福於上甲之占。

又用為防禦之禦。如：

「于中商乎钔方」　佚三四八

「乎钔羌」　粹一一六八　合集六六一三

字亦作御或𢓊。

「御召于蠹」　粹一一二五　合集三三〇三〇

「其乎戍御羌方于義」　人二一四二　合集二七九七二

又為「用」，如：

「乎入钔事」　乙三四二二　合集一五一正

「俘取美，钔事，于之及伐望，王受又」　掇二·七八　合集二八〇八九正

「钔事」猶言「用事」，猶「丝钔」即「丝用」。

羅振玉以來諸家據說文御之古文馭，以為甲骨文之𢀜即馭字，非是。𢀜或作𢀛，字當从𢀜，與馬形不類，亦不用作馭，說詳各字條下。又董作賓釋「叙釐」為「馭釐」，殊誤，說見叙字條下。

「钔」或省作「午」，與干支字「午」相混，但於辭例可加以分辨。

甲骨文又有𢓊字，或以為钔之異體，蓋是。其辭云：

「重帚好乎𢓊伐」　前六·六·三　合集二六三一正

僅此一見，意當為「禦伐」，與「逆伐」之用義略同。

0352 ⿰午攴

裘錫圭　參御字条

按：此乃「卸」之繁體。

0353 紟

按：字不可識，其義不詳。

0354 𠬝

羅振玉　「說文解字：『𠬝，治也。从又从卩。卩，事之節也。』此象从又按跽人，與印从爪从卩同意。孟鼎服字作⿰舟𠬝，選尊作⿰舟𠬝，並从𠬝，與此同。」（殷釋中五十九葉下）

王襄　「古𠬝字。」（簠室殷契類纂第十三葉）

商承祚　「金文宗周鐘『𠬝子』𠬝作𠬝，與此同。說文『𠬝，治也，从又卩，卩事之節』，案𠬝即服之本字，金文多已从舟，作，孟鼎潘生𣪘服行而𠬝廢矣。卜辭　抑从爪从卩，𠬝从又从卩，形雖略近，義則不同。𠬝乃強按，故爪在人上，所謂以力服人，非心服也。𠬝為順從，故从手而撫其背，所謂中心悅而誠服也。許君訓治之言是，卩之訓則非矣。」（福考八葉）

金祖同　「鐵二五九葉二片『貞我奴人伐𠬝方』。是𠬝為方國名。『𠕋三𠬝』是以𠬝方之俘三人為牲也。又假為征服之服，粹一二八八『叀其戈𢀛』又一二八九片作『叀其𠬝𢀛』，叀、𢀛具國名也。」（殷契遺珠一葉下）

吳其昌　「『𠬝』者，說文：『𠬝，治也』。卜辭作諸形，象人既以跪伏，而仍以手攇抑其頭項之狀。故此字亦實即『抑』字之初文也。頭項被抑而迫受跪伏，是『服』誼矣。既『服』斯可以治之矣。而左卜辭，則又多見『冊𠬝』連文，如本片。又如云：『三牢，冊。……𠬝二豭』。（俞八、一二、六）『三羊于妣庚，冊。……𠬝三豭』。（後一、二一、一〇）『冊𠬝一人。冊𠬝二人』。（俟二一八）『……冊𠬝，卯口牢』。（續一、三八、六）『……冊𠬝……』（林一、二二、三）……等，皆其明證。今並傳陳于後，以資參勘：

（見俟二一八、俞一、三四、六，續一、三八、六，林一、二二、三，拳本不錄，請查原片——抄錄者）

古誼：『𠬝』者，受刑之稱。故尚書舜典云：『五刑有服』。又周禮小司寇：『施于上服，下服之刑』。又司刺：『施以上服，下服之罪』。荀子：『善戰者服上刑』。鄭玄司刺注云：『上服，殺與墨、劓也；下服，宮、刖也』。古制、罪人，或服刑用祭。易蒙爻辭：『利用刑人』。書皋陶謨：『五刑五用』（『用』，為人祭專名。詳人祭考）且卜辭冊𠬝連稱，冊為伐牲，𠬝為用刑，義亦相當。此卜辭與經傳可相互推證者也。但本片（俞一、三四、六）所𠬝，則未必是人，觀卜辭屢有『𠬝二豭』、『𠬝三豭』之文，益可見。蓋『𠬝』雖本為刑人之義，其後亦得引申通假以稱刑牲也。綜上所疏，乃知本片文旨，謂禦祀于高妣己』，伐（冊）刑（𠬝）羣牲，而以牡羊二潔烹以裡矣。（『[illegible]』在本片、義未詳。餘參上一六七片疏。）』（殷虛書契解詁第三六〇——三六一葉）

楊樹達

「前編一卷三四葉之六云：『御于高妣己，二豭，冊𠬝，[illegible]。』又八卷十二葉之六云：『戊寅，卜，貞王卜用血，三羊冊，伐廿，鬯卅，牢卅，𠬝二多于妣庚。』多字不識，亦牲名。後編上卷廿一葉之十云：『來庚寅，酌血三羊于妣庚，冊，伐廿，鬯卅，牢卅，𠬝三多。』樹達按𠬝字當讀為副。𠬝聲畐聲音同字通，匍匐或作扶服，是其證也。」（求義三八葉）

郭沫若

「象以手捕人之形，即古孚字。（古金文中俘字均作孚从爪从子）服字从此。」

王承祒

「殷代的『𠬝』是奴隸。……

以上的甲骨卜辭，都是關於殷人用『𠬝』作為人牲，殺死他們，以祭祀殷王的先祖的貞卜。

所以可知『𠬝』是可以被佔有他們的人任意的殺死的。

並且，以上甲骨卜辭中的『𠬝』，當殷人用他們祭祀殷王的先祖之時，是把他們和『𦍩』、『牢』、『羊』、『宰』、『𣪊』、『彘』、『少牢』、『豕』並列在一起，所以可知『𠬝』的身分是和牲畜完全一樣的。

所以，殷代的『𠬝』是奴隸。」（試論殷代的『奚』『妾』『𠬝』的社會身分，北京大學學報（人文科學），一九五五年一期）

0355

𠬝

李孝定 「說文：『服，用也。一曰車右騑所以舟旋。从舟，𠬝聲。䑺古文服从人。』字从舟無義。許以服馬周旋比傳从舟之義，舟旋當作舟旋亦覺牽強，今隸从肉，與此同，其義未聞。」（集釋二七七五葉）

屈萬里 「𠬝，胡厚宣釋及（甲骨學商史論叢初集，殷代婚姻家族宗法生育制度考），非是。及，从人，从又。此字左旁从尸，當是𠬝字。說文尸部：『𠬝，柔皮也。』段注云：『廣雅曰：「𠬝，弱也。」是與𠬝音義同。』」（甲編考釋四五葉）

姚孝遂 肖丁 「說文訓『𠬝』為『治』，乃後起之義。卜辭『𠬝』指战时所俘獲敵方之人員，用為祭祀之犧牲。或男、或女皆可称之為『𠬝』。粹720：『又𠬝匕己一女，匕庚一女』，是女𠬝亦可謂之『𠬝』之証。佚218：『冊𠬝一人，冊𠬝二人』，卜辭凡言『人』，多指男性。祭祀用『𠬝』，多言『冊』。乙4521：『知余于且庚、羊豕𠬝』，『𠬝』所处之地位实与羊豕相等。」（小屯南地甲骨考釋七〇頁）

按：說文解𠬝字形義並誤。甲骨文「象以手捕人之形」，郭沫若說解是對的。但謂「即古孚字」，則有未然（詳見「俘」字條下）。卜辭俘獲之俘作俘，為動詞；俘獲之敵人作𠬝，為名詞，判然有別，從不相混。

卜辭於俘獲之敵方人員，每以其方國之名名之，如羌、奚等皆是，是為專名；或籠統名之曰𠬝，是為通名。卜辭之𠬝，一律用作祭祀時之犧牲，與牛羊豕並列。例如：

「冊妣庚十𠬝，卯十宰」 乙七五一（合集六九八正）

「三𠬝出三牛」 乙五三九七（合集一三七五一正）

「知余于祖庚，羊、豕、𠬝」 乙四五二一（合集二二〇四七）

又甲骨文𠬝字作□，从又在人後，象以手按跽人之形。其作□而手在人前者，與□同字，當釋「卯」。孫海波文編、李孝定集釋均混入𠬝字，誤。

金祖同所謂鐵二五九·二之「𠬝方」，實乃「□方」；粹一二八九上半殘缺，僅餘□形，據摭一·四四·三「令□」例之，當為「□」字之殘，均不得釋「𠬝」。

饒宗頤　「服亦方國名，殆艮之繁形，即南國艮子，百濮之君長。」（通考四七一葉）

按：「服」當為「艮」之繁體。

0356

服

陳初生　「甲骨文作𠬝，象用手按跽人于肉（夕）前，其本义当为服事，艮（𠬝）亦兼声。金文作…、…、…、…，或讹夕为月（舟），遂为小篆所本。隶变作『服』。」（商周古文字读本三八五页）

按：此亦「艮」之繁體，乃增「凡」為聲符。

0357

𠬝

按：合集六三四辭云：「丁亥卜，㱿貞，乎𠬝比韋取肉臣」「𠬝」乃人名。

0358

𠨍

羅振玉　「說文解字：『𠨍，二卩也，巽从此，闕。』案：易雜卦傳：『巽，伏也。』又為順（漢書王莽傳下集注）為讓（書堯典馬注）為恭（論語子罕集解），故从二人跽而相从之狀，疑即古文巽字也。」（殷釋中五十四葉）

王襄　「古𠨍字。許說二卩也，巽从此闕，𠨍或釋从。」（類纂正編第九第四十一葉下）

孫海波　「𠨍，甲一〇三四。貞人名。」（甲骨文編三七五頁）

丁山「卯卜辭作𠨍或𠨍，从二人相从跽伏撝謙不前狀。其本義當猶二人相從之為从。从經典作從，左傳定八年經『從祀先公』，禮記樂記『率神而從天』，孔子閒居『志氣既從』，注皆曰『從順也』。公羊宣十二年傳『告從不赦不祥』，注『從服也順也』。殆亦卯之本義。卯孳乳為巽，虞書『女能庸命巽朕位』，偽孔傳『巽順也』，釋文引馬融注『巽讓也』，而湯彖傳『順以巽也』，雜卦傳『巽伏也』，義尤近从，則卯直巽之本字而已。學記『大學之法不陵節而施之謂孫』，亦人字隸變之譌，孫即卯之借字，卯之本義為服從，為馴順，可于不陵人三字盡之。人相從謂之卯，不相從謂之北，北者，背也。字从二人相背，猶言面不相嚮也。面相嚮謂之鄉」。（闕義箋卯字條）

饒宗頤「卯人名，契文作𠨍，亦作𠨍。（屯乙六六九七）說文卩部：『卯，二卩也。巽从此，闕。』廣韻：『卯，具也，士戀切。』丌部：『巺，具也。从丌巳聲。』卯蓋巽字，又與顨同。許書丌部：『顨，巽也。从丌从顛，从卯與从顛同意。』又頁部：『顛，選具也。』人部：『僎，具也。』卯、巺、顨、僎四字俱一義，今字巺作巽。」（通考七八七葉）

王承祒「甲骨卜辭中有：

庚子，貞夕福、冊養、卯牛一。（甲八八四）

己亥，養，卯、冊養、冊、卯、父乙。（甲二四二三）

在這裏，『反』字从『羌』。如果一種社會現象，能夠在文字結構上得到反映，則這種社會現象必然是極為普遍的。現在『服』字从『羌』。所以可以推知殷代的『反』大多的都是羌人。」（試論殷代的「奚」「妾」「反」的社會身分．北京大學學報（人文科學）一九五五年，一期。）

張秉权「𠨍，象兩人並排地跪着的形狀，罗振玉疑即古文巽字（注一），今楷写為卯，是一个人的名字，在第三期卜辭的貞人中，有貞人名卯者：

戊午卜，卯貞：今夕亡囚？（甲編一三三八）

与本版所見者同名，假如二者原係一人，那末本版当係武丁晚年之物，而卯的年寿一定很高。」（殷虛文字丙編考釋第一〇九頁）

（注一）見殷虛書契考釋中第五十四頁（增訂本）

考古所「卯：在卜辭中常用為人名或地名，有时也可用為人牲，續八九七：『又妣庚、

五卯十牢？』即用五卯与十牢对妣庚進行又祭。五卯可能為五个卯族之俘虜。在此片卜辞也是人牲。」（小屯南地甲骨八五四頁）

饒宗頤説参□字条下。

按：林義光文源謂「𢀿異順之義，當以𢀿為本字，即遜之雙聲旁轉也。象二人俯伏相謙遜形。說文云：『顨，巽具也，从二頁』。按二頁無巽具之義，顨即𢀿之或體」。孔廣居說文疑疑即曾謂「顨訓巽具，顨訓巽，巽訓具，僎亦訓具，是顨也、顨也、巽也、僎也，疑即一字也」。卜辭𢀿即象俯伏恭順之狀。其辭云：

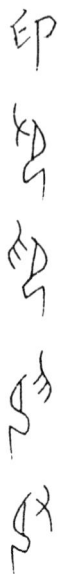

「戊午卜，侑妣庚五𢀿十牢不用」（佚八九七）

殷代多以人為祭牲，此「五𢀿」與「十牢」並列，亦為人牲無疑。（存二·五八二亦有類似之卜辭可參見。）殷代人牲多來源於戰爭中之俘虜，𢀿當為降伏之敵方人員，與以武力俘獲之𠬝（艮）有別。𢀿又為人名。

散盤有𢀿字，亦當釋巽，為順從之意。

0359

印

羅振玉

「說文解字：『抑，按也，从反印。𢪔，俗从手』。又印注『執政所持信也。从爪卩』。卜辭□字从爪从人跽形，象以手抑人而使之跽，其誼如許書之抑，其字形則如許書之印。抑訓按，（許書及禮記內則注淮南精神訓注並同）訓屈，（史記劉敬叔孫通傳集解）訓枉，（國語晉語注）訓止，（楚辭招魂注）與字形正合。引申之則訓安，（方言十三及廣雅釋詁一）訓治，（廣雅釋詁三）訓慎密，（詩賓之初筵傳）及九謙抑之稱。予意許書印抑二字，古為一字。後世之印信，古者謂璽節，初無印之名，而卜辭及古金文則已有此字。曾伯霖簠云：『克狄淮夷印燮繁邑』。抑亦訓安訓治，印燮猶言安和矣。印之本訓既為按抑，後世執政以印施治，乃假按印之印字為之。反印為抑，殆出晚季，所以別於印信字也。古文每多反書，而卜辭及金文印字皆正書，無一反書如許書者，則印與抑之非有二字二誼明矣」。（殷釋中五十四葉下）

王襄

「古抑字。許說按也，从反印。此象一手按人之形」。（類纂正編第九第四十一葉下）

孫海波 「□，乙一八。从爪从卩，象以手抑人而使之跽之形。古印、卬一字。印訓按、訓屈、訓枉、訓止。其义亦由抑按引申而來。」（甲骨文編三七七頁）

李孝定 「說文『归，按也。从反印。𢪟俗从手』。契文金文均象抑人使跽之形。」（集釋二八八〇葉）

于省吾 「說文归『从反印，俗作抑』。按印、卬、仰、抑古同名，契文作印、归，金文作印，反正无别。汉校官碑、西狭颂抑並从印不反，虽不符于许书，而不背于古文也。」（論俗书每合于古文 中国语文研究第五期一五页）

高嶋謙一 「甲骨文的『□』字，隶定作『𠬝』是正确的，意义是『到达』，『□』最有可能是早期古典汉语中的『副动词』（coverb）或者『介词』和连接词『及』。在甲骨文中『□』字不是连接词，而是一个动词。」（甲骨文中的並联名词仂语 古文字研究第十七辑三四〇页）

按：契文□、□左右無别。或从又作□、□，與𠬝字作□、□者迥異。郭沫若粹一二四一片考釋誤為「𠬝」字，金祥恒續甲骨文編亦誤與𠬝字混。古印、抑同字，羅振玉謂「象以手抑人而使之跽」，林義光文源亦謂「象爪在人上，抑按之」。「印」手在前，𠬝手在後，此其大别。

0360

印 □ □ □

金祥恒續甲骨文編列入「郢」字。

唐蘭 「右卮字，舊不識。按从□與卜同，（□即□字，□即□字，可證。）从卜从□，即卮字也。說文：『卮，圜器也，一名觛，所以節飲食，象人，卩在其下也。易曰：「君子節飲食。」』林義光文源云：『按人下卩無酒器之義。卮當為支持之支本字，卩亦人字，象兩人相支柱形。卮與支同音而通用』。林駁許說甚是。卮為酒器，乃叚為觶，或觛，卮字本義久晦，說文以假借義說之，宜其迂拙不通也。林義光釋為兩人相支柱形，亦非。以字形言，殊無支柱意也。此字

本義頗難知，一人立而別一人跽於其側，或有企仰之意乎」？（文字記七十九葉下）

李孝定 「契文从字，唐氏說其字形甚是，惜猶未達一間耳。字象一人立，下一地也，一人跽於側正望欲有所庶及庶及庶幾也殺說是也之形，當釋卬」。（集釋二六八三葉）

饒宗頤 「『辛卯卜邛：彡酌，其又于四方』。（南北明六八一）按邛卜僅此一見，銅器有邛卣三事，為馬叔平摹本，載殷曆譜後記，字作邛。（丁山釋邲，文物周刊第三十七、三十八期）其銘文有云：『丙辰，王令邛其兄（貺）釐。……在正月，遘于妣丙，彡日，大乙爽，隹王二祀。既訊（戒）于上下帝』（器一）『乙巳，王曰：尊文武、帝乙宜，……己酉，王在梌，邛其易貝。在四月，隹王四祀，羽日』（器二）由銘詞有『文武、帝乙宜』語，文武應即文武丁。邛名見于卜辭，則卜人邛之年代當屬殷晚期。是器丁山讀作『邲其』，謂邛是邲之初文。游淇與：『有斐』，韓詩作：『有邲』，云：美貌。又引東天民藏卜辭拓本云：『……邛至，……兄先，大雨』。（胡氏甲骨六錄所無）按以卜辭證之，但稱曰邛，『其』字當是語詞，非人名。邛器言及帝乙，則其人乃當帝辛之世矣」。（通考一一六八葉）

于省吾說从參Ｉ字条下。

裘錫圭 参Ｉ字条

按：字當隸作「邛」，卜辭用為人名及方國名。

0361

⿰卩殳 攺

柯昌濟 「攺字余疑為兒字，字当从殳从巳。」（殷虛卜辭綜類例證考釋，古文字研究十六輯一五三頁）

胡厚宣 「甲骨文言『鳳曰⿰卩殳』，⿰卩殳即役，亦即役。說文：『役，戍邊也』。堯典言：『鳥獸氄毛』，漢書鼂錯傳『胡貉之地鳥獸毳毛』，毳毛即氄毛也。又大荒東經『東風曰狡』，倘狡為北邊獸之說為可信，則役狡與氄毛，均與邊陲寒地有關，故可以相通也」。（甲骨學商史論叢初集二冊

（甲骨文四方風名考證）

按：甲骨文有「役」字作「役」。「殳」與「役」形義均有別。

0362

□

按：合集二一五八六辭云：「宁不隻□」「甲子卜、我貞，乎豸隻□」用義不詳。

0363

□

按：合集二一〇五二辭云：「癸酉卜貞，万咕骨凡有疢」「咕」為人名。

0364

□ □

陈漢平「甲骨文有字作□、□，卜辞曰：

壬子卜貞叀□子令□凡豕 綴后下一八·四

甲……貞……□ 鄴三七·四

此二字于卜辞用为人名，字从肉从卩（卪），当释肥。說文：『肥，多肉也。从肉从卪。』卪即甲骨文此字。」（古文字释丛出土文獻研究二二一頁）

按：釋「肥」不可據。卜辭用為人名。

0365 叩

按：佚一二三九辭云：「……其乎叩……」「叩」用為人名。

0366

按：字不可識，其義不詳。

0367 ⿰日卩

饒宗頤「⿰日卩字从日从卩，字書所無，最足研究。竊疑此字當讀如䵒，䵒从黍日聲。說文引春秋傳：『不義不䵒』。今左傳隱元年作『不暱』。考工記弓人注作『昵』，說文日部暱下云：『日近也』。故知⿰日卩即古之暱字，其字爲動詞，蓋讀如左成十三年傳『暱就寡人』，襄二年傳：『其誰暱我』之『暱』。所謂『入⿰日卩』者，謂入爲王之內勤也。⿰日卩从卩會意，猶可證古訓，廣雅釋言：『日，節也』。節謂節度；開元占經引春秋元命苞云：『日之爲言節也，開度立節，使物咸別』。契文⿰日卩字从卩，云『入⿰日卩』，即謂入爲近臣，助王節度居處之事也。」（通考七三四葉）

按：合集五九九五辭云：「貞：……舌于⿰日卩廼復循」用義不詳。

0368 丞

羅振玉「象人臽阱中有抍之者。臽者在下，抍者在上，故从𠬞象抍之者之手也。此即

0369

許書之丞字，而誼則為抍救之抍。許君訓丞為翊云：『从廾从卩从山，山高奉丞之義。』蓋誤収為廾，誤ㄩ為山，誤㔾為卩，故初誼全不可知，遂別以後出之抍代丞，而以承字之訓訓丞矣。」（殷釋中六十三葉上）

王襄　「古丞字。」（簠室殷契類纂第十一葉）

商承祚　「卜辭中又有作𢍏，从収从㔾，亦丞字，象由下抍之之形，則許君之从収亦有由矣。」（類編三卷六葉）

李孝定　「契文之𢍏，羅氏釋丞是也。其說字形沿譌之故亦可从。手部『承奉也受也从手从卩从収』卜辭之𢍏當為承之古文，商說非是。𢍏象人陷阱中有自上抍之者，故从収从ㄩ。𢍏从㔾从収，象兩手自下奉之，其義自別。𢍏之篆文作承，復增手形亦猶丞之作拯也。拯字各本說文作抍，段氏注改作拯，各家於此聚訟紛紜。今知丞為拯之古文。『上舉』『出休』為其本義，『翼也』則其引申義。及後引申之義專行，乃更增之手以為拯字。至字復作『抍』作『撜』者，則為更後起之純形聲字。段氏改篆體作拯，殊具卓識，惟惜未見真古文，故猶不知丞為拯之本字也。金文編三卷十葉所收諸丞字作𢍏者，皆當為承之古文。復於十二卷出承字，以為丞之重文，非是。」（集釋〇七八三葉）

李孝定　「說文『承奉也受也从手从卩从収』契文象兩手捧一人之形，奉之義也。篆文又增之『手』形，於形已複矣。」（集釋三五六七葉）

甲骨文編三·五收入丞字，續文編十二·六收入承字。

于省吾釋承，參𢍏字条下。

按：字當釋承。孫海波甲骨文編原收入承字，增訂版復以為丞字。丞、承音義皆近可通。但卜辭形體迥殊，丞為拯人於臽之形，承則為抍舉之形，不得以為同字。辭殘，用義均不詳。

張亞初

「在象形文字中，还有一种值得重视的现象，鹿字可以写成整体象形的□，也可以写成局部象形仅作鹿头形的□（乙七一八、九九〇等）或□（前六·五八·五）。这种现象，在早期的卜辞中有，在战国文字中也存在。例如马字，春秋以前都是写整体象形字，到战国时期，马字就省作仅存马头形的□、□、□。由整体象形变为局部象形，这是为了书写方便而避繁就简。从这些例子可以得到一点启发，象□（金文编八〇六页），□（综类五八页），作人口内长齿形，与上述的鹿字马字一样，可以看作是整体象形的齿字。卜辞的□、□（综类三〇一页）和金文的□（金文编八六五页），则是前者之省，是齿字的局部象形字，无疑应该看作是同一个字的不同形体。」（古文字分类考释论稿古文字研究第十七辑二三二页）

按：卜辭均殘，難以辭例證明為「齒」字。

0370

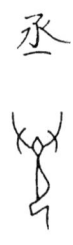

按：字不可識，其義不詳。

0371

按：卜辭云：

「貞，乙亥□……甾己……叓」

「……雨……□夕雨、允雨」

用義不詳。

合集三〇四二

合集二〇九六〇

0372

按：合集一八〇〇四辭云：

「…隹㞢…〼…」

當為「丞」字之殘。

0373

〼

按：乃貞人名。

0374

〼

按：王獻唐混入「每」字，釋「美」，不可據。參見「每」字條。

0375

〼

按：疑為「老」字之異構。待考。

0376

〼

按：合集二七二辭云：「貞，令〼歸」為人名。

0377

〼

按：字不可識，其義不詳。

頁）

0378

□ □ □

孫海波 「□，𢀛二．三二．一六。从𡉀从𠘧，与光字古文𡕛同。」（甲骨文編五二〇頁）

張秉权 「□，我怀疑此字即茍字的一体（見图版玖柒，一〇五考释），是一个先公的名字。与羔，河，唐等一样，有為先祖之名者，也有為后世之地名或人名者。」（殷虚文字丙编考释第一八二——一八三頁）

張秉权 「□，疑是茍字，殷先祖名。冬飲廬藏甲骨文字第四七五片的反面（即胡氏摹本一〇七片）有：『賣出□妣』的記載（見集刊第三七本）可為証明。」（殷虚文字丙編考释第五〇〇頁）

按：釋尧可備一說。說文尧古文作𡘋，與此有別，其形亦與「尧」訓「高」之義不符。存以待考。刻辭類纂將「□」混入「□」字。二者形體當有別，但均用作人名。

0379

丮

□ □ □

羅振玉 「象兩手執事形。古金文與此同。篆文作□，誤。」（殷釋中六十三葉上）

王襄 「古丮字，許說持也，象手有所丮據。」（簠室殷契類纂第十二葉）

王襄 「古𠛱字，許說拖持也，从反丮，疑丮之反文。」（簠室殷契類纂第十二葉）

孙海波 「□，佚三四〇五。人名。」（甲骨文編一一〇頁）

李孝定 「說文『丮持也象手有所丮據也讀若戟』栔文正象兩手有所丮據之形，篆文譌

夋已失初形矣。金文作[glyph]沈子簋與契文同。」（集释〇八六七葉）

白玉峥「[glyph]：……峥按：字在甲文中，或為人名、或為地名、亦或為方国名。……

……孔白……（乙四二七九）

此当為孔地之君，殷王賜封為伯爵者；故曰：孔白。……」（契文举例校读中国文字第八卷第三十四册三八七四——三八七五頁）

按：卜辭孔字為人名。或用作動詞，其義不明。

0380 吼

王襄類纂正编十一第五十葉下收此作沫。

孙海波「[glyph]，綴一、三二八。人名。吼入。」（甲骨文编五三頁）

李孝定「字从口从孔，當隸定作吼。說文所無。卜辭另有沫字作[glyph]，說詳十一卷沫下。又上所舉从口說文所無字，實皆从凵，許訓凵盧飯器之本字，均象以凵盧貯物之形。此字亦象一人就凵取物之形。原當收入凵部，今仍就其字形收之於此，所以實非口舌之口也」（集释〇四二五葉）

李孝定「按，契文沫字作[glyph]，与此异。契文从凵者或为口，或为𠙵。𠙵为受物之器，非液体容器，此象就𠙵取物之形，非沫字。且沫训洒面，但不得省面但存人形也。」（甲骨文字集释存疑四五七二頁）

按：卜辭云：

「乙酉卜，[glyph]不其受……」　合集九八〇二

「乙酉卜，[glyph]受……」　合集九八〇三

皆為人名。

0381

夙

羅振玉　「說文解字夙，古文作㐏㑧二形。卜辭从夕丮，與許書之夙正同。篆文之丮，卜辭及古金文皆作𢀖，象執事形。」（殷釋中五葉下）

王襄　「古夙字。」（類纂正編第七第三十三葉上）

王襄：「說文解字：『夙，早敬也，从丮夕』（依段氏本）。毛公鼎作𡖊、伯康敦作𡖊、師兌敦作𡖊，从月；克鼎作𡖊、師虎敦作𡖊，从夕，即月之省，皆与契文同，象人跪而拜月之形。意初民于太陰曆每月朔日以后，早起則見朝日，望日以后，早起兼見晚月，有此不同景象，以為神异，因制此字，与拜日拜火事同。D，契文以為月，与夕无別。从月，有星言夙駕意，与許氏早敬之說合。小篆𡖊，从夕而訓早敬，字形与字訓未符，夕疑月之譌，月既晚月也。𢀖𢀖皆丮之变体。」（古文流变臆說第二二——二三頁）

葉玉森　「卜辭諸夙字並象一人跽而捧月狀，殊難索解。惟金文夜作𡖊（師𡨄敦）𡖊，（淑夜鼎）與篆畧同。予謂𡖊𡖊象人立形，而月在肊下，蓋因夜則月照下土，俯而可見，如在肊下也。至夙乃嚮明之時，殘月在天，惟仰而可見。夙興之人，喜見殘月，故兩手向空作捧月狀。」（前釋六卷十四葉下）

胡光煒　「象人執事于月下，侵月而起，故其誼為早。」（說文古文考）

李孝定　「說文『夙早敬也从丮持事雖夕不休早敬者也㑧古文夙从人㐏㑧亦古文夙从人西宿从此』契文夙字象人在月下執事之形，胡先生及羅氏之說是也。葉氏擧夜字為說以證夙字之義失之，夜从亦省聲，許說不誤，乃形聲、非會意也。葉謂『月照下土，俯而可見』，然可見者乃月光而非月，欲見月者無論夙夜皆須仰首向天，月固不得在肊下也。且月亦非可捧之物，字从𢀖者，乃執事形，非捧之也。辭云『夙受年』（粹三七。前六十六、三）夙為方國之名。又云『癸卯貞𡆥未祉𠚕亦其隹夙　丙午卜㞢𢦏口口子酒莫』夙莫對貞則夙之義當為早與許訓同。許書夙下二古文皆當為宿之古文西若㐏，契文作㝛，字象人臥席上之形，後又增宀，象屋下施席人臥其上，宿誼益顯，非夙之古文也。」（集釋二二八三葉）

0382

夙 𡴀 𡴀 𡴀

赵诚 「丮」，夙。从月，丮象跪拜祝祷之形。商代人崇拜自然现象，凡自然界的山、川、河、土、风、云、雷、电皆有祭，只是未见有祭月者。夙作为祭名，从字形看，似是拜月之祭，但从卜辞看不出这种祭祀的内容，如「叀餗叀丮」（叀餗叀夙——餗，祭名）（明七一〇）（甲骨文简明词典二三五页）

按：卜辭夙字从「月」，「丮」則象拜禱形，「祝」字即从此。羅振玉、胡光煒謂象人執事形，乃拘於許慎之說解，不可據。殷人猶盛行自然崇拜，舉凡自然界之山川河土，風雨雷雲皆有祭，「出日」、「入日」亦有祭，惟未見祭月者。陳夢家以為卜辭「東母」、「西母」可能是日月之神（綜述五七四）。卜辭「夙」字有用為祭名者：

「……未改，叀餗，叀夙」　明七一〇

「在……羌……其夙」　鐵三四・五

亦為地名：

「弜夙」　摭續一二四

「戍夙伐𢦏，不雉（衆）」　鄴三・四四・五

「夙受年」　前六・一六・三

李孝定集釋以為卜辭「夙莫對貞，則夙之義當為早」，實則李氏釋讀有誤。其全辭當如下讀：

「癸卯貞，叀餗先于大示于父丁；

癸卯貞（丁）未祉𢓊示其往夙；

𢓊㠯莫；

丙午卜叀餗：……巳酌」

「莫」在此為地名，卜辭習見。「夙」在此為祭名，二者事不相涉。島邦男卜辭綜類釋讀此片較為正確（一九九、一八六、三九九），但以為非「夙」字，而摹作丮，似不安。說文「夙」之或體作「丮」，訓為「早」，乃後起引伸義。至於說文以㐨及㑉為夙之古文，李氏謂當為「宿」之古文是對的，說詳㐨、宿二字條下。

商承祚於丮字釋為夙。見佚存考釋八九葉上七七九片釋文。

李孝定　「說文『𢦒，擊踝也。从丮从戈，讀若踝。』契文□與篆文全同，雖其義不可知，然據字形已可定為𢦒字。□字雖不从丮，然从大而一手特繪其指，是與丮字無異。高氏釋伐，按伐乃象以戈擊人，及加于頸，□則象一人以手持戈，其義迥別，是仍以釋𢦒為是也。至𢦒之與戒，一从丮，一从収，其始當同，後始分衍為二，說詳収部戒字條。金文作□丁未角 □段簋 □𢦒簋 □楕妃簋 □庚𢦒卣 □寡史甗 □麐婦觚 □林𢦒鬲」（集釋〇八八五葉）

屈萬里　「□，象雙手捧戈之狀，與丁未角之□，楕妃段之□為一字。先師丁先生佛言釋𢦒，蓋以其字與說文之𢦒字同也。按：說文𢦒字云：『擊踝也。』以此義說甲骨金文，均未安。」（甲釋四一七頁）

伍仕謙　「甲骨文有□字，从前許多金文家都释为说文之𢦒字，蓋字形略似也。说文：『𢦒，击踝也，从丮从戈，读若踝。』我们研究古代文字的演变，或解释古文字都离不开说文，但也不能膠守说文，此字如依说文说解，则在甲文金文的例句中，都很难讲通。

甲骨文例句：

①贞□其□（佚七七九）（□方国名）

②贞□方不其□。贞□方□。（前五・一二・五）

③丙申卜殻……方□。（京一二一〇）

⑤其□戈一斧九。（粹一〇〇〇）

⑥贞□以有取。贞□弗其以有取。（合一九九）

⑦辛巳卜王勿□（鉄八九・二）

⑧口亥卜王贞乙酉□（后下二六・二七）

金文例句：（人名除外）

①侯易者（诸）□臣二百家（麦尊）

②方蛮亡不□見。（墙盘）

③即□于上下帝。（□卣）

④今龏（恭）□逾大鼎（鼎）于段。（段簋）

⑤易女婦爵□之弋（戈）周（琱）玉黄口。（縣妃簋）

如果膠守『击踝』之意，或释为伐，义均不可通。徐中舒老师在墙盘考释中释为獻字，他说『此字作跽而兩手举戈投獻之形，应为獻之本字。古代席地而坐，坐即跽，跽而双手上举其戈以獻，其為战敗而繳械投降之意，至为明顯。」今就以上例句証之。甲文①、②、③、④皆为降义。尤以第四句「止不其𢦏」，踶而献戈之形，很清楚，可以察而見意。……現在再来看獻字的演变。甲骨文中有䖒、鬳等字，其例句如下：

①乙卯卜犾貞䖒羌，其用妣辛祔。（甲二〇八二）

②乙卯卜賓貞鬳龟，翌日。（前七·五·二）

③甲寅貞來丁巳奠鬳于父丁俎卅羊。乙卯貞奠鬳又羌。（佚上三七·一〇）

④己卯貞御鬳于二示。（掇二·一八八）

此字罗振玉謂上形為虍，下形為鬲，是甗也。例句中①从虍从鬲，②、③、④例，則以鬲为獻。……而其原始意义則为獻戈投降，引申为獻納貢獻。獻戈投降，一望而知其意。从虍、从鬲，以后又从犬，从字形推测，似乎爲不出投降之意。甲骨文𢦏鬳两字已經同时出現……故𢦏、獻两字完全是一字两形，毫无疑問。

甲骨文中尚有一个𢦏字。例句如下：

庚寅卜何貞叀埶𢦏福于妣辛。（遺三六三）

乙酉𢦏。（掇二·一九二）

𢦏取寧。（乙六五七）

从这少数的例句中，似乎也可以释獻，即两手捧戈之形。或依字形释为戒，从例句研究，似不切，暂存疑。」（甲骨文考释六则，古文字研究论文集，四川大学学报丛刊第十辑八二至八五页）

「今按𢦏与𢦏实為一字，小屯乙編二五六七十三四五二合片曰：

乎一萍

一、貞旨弗其吕出取

貞𢦏吕出取

一从凡一从女，見於同版一事之对貞，其為一字可断言。朱駿声說文通訓定声於𢦏下有曰：「字亦作娍，作敂。廣雅釋詁三娍，投也。又敂击也，又作𡚱。」昔人虽不見甲骨，然知其為一字，固已論及矣。……

就說文击踝之訓，以說卜辭諸𢦏字，诚覺未安，然說文之訓击踝，或因传写致誤，故頗有疑之者。馬夷初說文解字六书疏証曰：

霍世休曰：击踝也，当作击也。按击踝也者，讀者以𢦏讀若踝，旁注踝字於𢦏下，与米下曰，辨别也同例。传写誤入正文，校者以踝击不可通，又乙於击下耳。卷六第五四頁

此說可信。証之娍𢦏本一字，而娍訓投，則𢦏之本訓「击也」，可謂信而有徵也。今以击义說

卜辭，无不可通矣。如：

二、貞真方妸 前五・一二・五

貞真方不其妸

三、□□（卜）□貞余勿乎章先妸☑酉既 續五・一〇・六（徵一一・四・八同）

四、□亥卜王貞乙酉妸 后下二六・十七

五、貞𠨘其妸 佚七七九

六、辛酉☑方其妸□ 外三三〇（六清一〇九同）

七、其妸弋一盛 粹一〇〇〇

八、（王）固曰其妸 乙三九二九

九、[illegible] 乙七一三八

十、丁卯卜犬𠙵𠙵 新獲三〇八（甲二一〇十二二八合）

以上諸辭之妸，訓以击义，皆怡然通順。若前引乙二五六七合三四五二片兩辭之妌与妌亦可作人名解，而他辭作妸者固皆人名也。如：

十一、女妸弗𢀛王 乙三三四五

十二、☑妸☑用玉 前六・二六・七

（續釋戚 中国文字第五卷一九二二頁至一九二四頁）

于省吾說參[illegible]字條下。

按：𢦏與小篆妸字之形體同，說文訓為「擊踝」。朱駿聲說文通訓定聲謂「字亦作𢦏、作敂，廣雅釋詁三：𢦏，投也；又敂，擊也。又作𡚸。」徐鍇繫傳解為「相鬬」。卜辭云：「為𦥑方妸；真方不其妸」（前五・一二・五合集八四四五）當與丁未角「丁未妸商」之用法同。為擊伐之意。

至於𢦏字，於卜辭為人名，與妸字形義俱乖，李孝定集釋混入妸字，殊誤。

0383

妸

按：此字从「女」从「戈」，可隸作「𢦏」，乃「妸」之異體。卜辭用為人名。

0384

□ □

按：字不可識，其義不詳。

0385

□ □

孙海波　「□，㓹二、二〇、一〇。旧释僕。」（甲骨文编六八三頁）

按：合集一四五三五辭云：「貞，其出河……王賓……隹王□……」其義不詳。

0386

蓺 □ □ □ □

羅振玉　「說文解字：『苣，束葦燒也。』此从丮執火，或从屮象爇木形，與𡗜同意，殆苣之本字。或从木省作屮。」（殷釋中五十葉上）

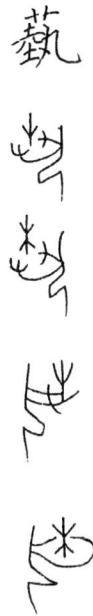

王襄　「契文有□字，卜辭云：『□□□□□□□□□□□□』，風雨合文，為三期之物，意此期始製風之本字，象人執炬以覘風向之形，□即尺之所由訛；風之篆文作𠘶今隶作凨，丮之訛为凡，与凨字同例。」（古文流变臆说第一九——二〇頁）

王襄　「□，（□ □）古爇字，象人執火形。」（簠纂正編十卷四十六葉下）又曰「□□，古埶字，許說種也，石鼓埶作□，从木，从土，从丮，此省土。」（簠纂正編三卷十二葉上）

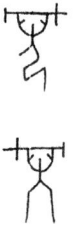

王襄　「華石斧先生云此（指□字）為風之本字，米象指風向八方之形，□即□之所由訛，今隸𠘶之从凡，亦一證。許書風之篆文从□，即十之譌，十為米之省，古文从⊙即古日字，

金文作□，與米近，故譌从日也。』按殷絜多借鳳為風，鳳之从日作者，文義皆為風，日古凡字，亦象四正四隅，指八方風向之形，與米誼同。」（類纂正編十三卷五十八葉下）

葉玉森　「按从凡从火炬，疑古爇字。許書訓燒也。」（前釋二卷五十葉背）

葉玉森　「卜辭𡗜作米，兩手擧𡗜，則觀火之向，即知風之象。故古風字从丮从𡗜。」（鈎沈二葉）

商承祚　「□，執炬火，屮為木之省，川象火燄上騰之狀，與𡗜作米同意，當是炬之本字。說文解字『苣束葦燒也』。段先生曰『後漢書皇甫嵩傳「束苣乘城」，俗作炬，以此為苣藤萵苣字』。許君殆未知本有炬字而借苣為炬矣。」（類編一卷九葉上）又曰：「□與□一字，余曩釋炬埶，皆誤，改釋為𡗜。」（佚存五七葉）

商承祚　「說文解字：『埶，種也，从丮坴丮持種之。』此从手持木之形，殆即埶字，石鼓文作□，尚存古意，逮至許書，形益失矣。其从屮與木同，盡埶之言，不專謂木也。詩小雅『埶我黍稷』。」（類編三卷九葉）

孫海波　「埶祭之法，後世禮書不載，莫可考知，意者殆擧火以祭之與。」（誠齋考釋十二頁）

唐蘭　「按□□□□確是一字，卜辭□或作□可證。至王襄釋風之□字，見於殷絜徵文，𩐁四十一二、六，其辭曰：『王賓□，』固仍是從日從木之字也。他辭恆言『王賓□禱，』則□即□字無疑，傅會為風，斯為妄矣。羅商釋炬及苣於字形全不相合，郭反謂較為可信，失之。商後改釋𡗜尤誤，卜辭自有𡗜字，與此初無關涉也。余謂此字當以王釋爇及埶之本字為較近，惜彼誤分為二耳。古屮木通用，故□或作□，其本義則人持屮木為火炬也。後人謂是種植之形，則增土而為埶，其形小变則更為埶，而火炬之本義湮。其本義因別孳乳為從火埶聲之熱，詩曰『誰能執熱，逝不以濯，』熱當即火炬，故必濯手也。又孳乳為爇，燒也。然則此本人執火炬之形，為埶之初字，而其義則當於後世之熱若爇。卜辭用於日某地之下者，當解為燒，火烈俱擧也。或以紀時，如云：『□入不雨，夕入不雨，』讀為爇入，殆如上燈時候矣。」（天壤文釋四十六葉）

于省吾

「卜辭有□字，亦作□，王襄釋埶，至塙。唐蘭謂□與□確是一字。惟唐謂其字當於後世之熱若爇，誤矣。熱爇雖从埶聲，然與詞義難通。□與□係同字，則當由□孳為□，又譌為□□。商器□觚作□，父辛殷作□，與契文同。周器作釱或毀，石鼓文作埶。埶今作藝作藝。經傳从埶从爾之字，音近字通。克鼎：「醧遠能釱。」孫詒讓曰：「埶當讀為暬。國語楚語韋注：『暬，近也。』猶詩言『柔遠能邇』。」按孫說是也。暬即埶之別構。書堯典：「歸格于藝祖。」大傳作「歸假于禰祖」。書釋文引馬王云：「藝，禰也。」管子大匡：「魯邑之教，好邇而訓於禮。」好邇即好藝，詳管子新證，均其例也。卜辭埶字，一讀為獮，謂獮殺。二讀為禰，謂親近之廟。三讀為邇，訓近。一、前二、二七、四：「王生田，埶。」後下三九、十四：「王其田，埶，亡戈。」後上十四、二：「王其田宰，埶。」後上十四、六：「王其田宰，埶，湓亡戈。」埶讀一字句。埶通獮。爾雅釋天：「秋獵為獮。」釋詁：「獮，殺也。」言王其田於宰，而獮殺也。二、前六、十五、三：「丁卯卜，尹貞，王賓埶禰亡田。」識十九、七：「甲申卜，行貞，王賓埶，禰亡田。」王賓埶即王賓禰，謂王賓祭於親近之廟也。前六、十六、一：「庚辰卜，大貞，來丁亥，寢宩出埶，歲羌卅，卯十牛，十月。」後上二八、四：「翌丁未埶，湓于丁一牛。」通纂六三片：「庚寅卜，旅貞，叀埶，戒禰于妣辛。」三埶字均應讀為禰，作動字用。出埶即有禰，叀埶即維禰。禰為近廟，因謂祭於禰廟亦曰禰。戒應讀作詩「以介眉壽」之介，二字聲韻並同，亦通作匄。戒禰于妣辛，謂匄福于妣辛也。周禮甸祝：「禰亦如之。」鄭司農云：「禰，父廟。」公羊隱元年傳：「隱之考也。」注：「生稱父，死稱考，入廟稱禰。」儀禮覲禮：「釋幣于禰。」注：「禰謂行主遷主矣，而云禰，親之也。」左襄十三年傳：「所以从先君於禰廟者。」疏：「禰近也，於諸廟父最為近也。」書高宗肜日：「典祀無豐于昵。」釋文引馬云：「昵，考也，謂禰廟也。」按昵禰音近字通，是殷制有禰廟之證。但殷禮多半與周禮異。禰謂親近之廟，非限於父，故叀禰下有戒福於妣辛之語，書馬注昵訓考，是以周禮釋殷禮矣。蓋親近之廟，均可稱禰，不獨父廟然也。後世禮制愈嚴，遂以禰為父廟之專偁矣。三、粹編六九七片：「王其埶入不冓雨。」佚存二四七片：「翌日辛，王其省田，埶入不雨。」埶讀為邇，邇訓近，言王其近入不遇雨。近入謂為期不遠也。總之，卜辭之埶埶，金文作埶釱，石鼓文作埶，均為藝之古文。古音埶與从爾得聲之字音近通借。以田獵言者讀為獮，以祭祀言者讀為禰，以行動言者讀為邇。考其文，審其音，索其旨，揆其詞例，無不脗合矣。」（駢枝三九至四十葉釋埶）

朱芳圃

「字象人坐而兩手執苣。禮記檀弓上：「童子隅坐而執燭。」管子弟子職：「昏將舉火，執燭隅坐。」考古代所謂，蕡即火炬，束薪蒸為之，然燒極速，舊苣將盡，接以新苣故必有人馬專司其事。

「詩小雅庭燎：「庭燎之光」，毛傳：「庭燎，大燭。」儀禮士喪禮：「宵為燎于中庭，」鄭注：「燎，火燋。」釋文：「燋，本作燭。」按燋燎為一複音之分化，與燭同實而異名。考卜辭中之□依文義皆當釋為燎，如「庚寅、卜何、貞叀□戒禈于妣辛，」通三六「丙寅卜，貞□用雝歲，」佚六四意謂燔柴以祭。呂氏春秋季冬紀：「乃命四監，收秩薪柴，以供寢廟及百祀之薪燎，」高注：「燎者，積聚柴薪，置璧與牲於上而燎之，升其煙氣，故曰以供寢廟及百祀之薪燎也，」是其證矣。又如「戊申卜，王往田，□，」前七、四二、二「王其田，□，亡𢦏，」後下九、一四三意謂夜間持火以獵。詩鄭風大叔于田：「叔在藪，火烈具舉。」孔疏：「此為宵田，故持火炤之；」爾雅釋天：「宵田為獠，」郭注：「獠猶燎也，今之夜獵載鑪照者也。江東亦呼獵為獠，」是皆夜間持火以獵之證也。蓋㤈原為執燭照明之專字，今假借為燎。借義行而本字廢，故不復見於載籍矣。」（殷周文字釋叢卷上第四十三葉）

郭沫若

「□字商承祚謂與□為一字，釋為執。……王國維讚為極精確。（類編序）今案□字與原辭竝無執義，至說□為執，尤屬牽強，蓋此實□字之省也。知者，以有辭云「王其田牢□」（後上、一四、二）另一辭文同而字則作□。（後上、一四、六）彼字商釋為炬，較為可信。」（卜通二三葉上）

李孝定

「說文「爇，燒也，从火蓺聲。春秋傳曰「爇僖負羈」」」契文从火執省聲，其字本象秉苣之形，以苣形之「屮」與執字作□者所从之「屮」形近，故唐氏合二者並釋為爇耳。字在契文本為會意，當解云「燒也，象秉苣之形，从丮持苣」，以象意字聲之例推之，當為「从火執聲」。小篆作爇聲，但微異耳。字在卜辭為人名，辭云「丁酉口殼貞杞侯爇☒」是也。字與作□者辭例亦異，彼當釋執。」（集釋三一四五葉）

李孝定

「說文「埶，種也。从坴丮，持亟種之。書曰「我埶黍稷」」」契文作丮持屮或木，樹埶之象也。从屮者，屮之繁文，仍為屮之象形字。兩小點非象火焰之上炎也，□與此當非一字。于氏从王說釋埶，並詳申其通假之故，極塙。釋炬釋風於字形均遠，唐氏辨之是也。卜辭又有□前、六、十三、二、字从奴與从丮同，从木从土，當亦埶之異構。辭云「☒賓貞埶于宮十二月」此當用樹埶之本義。金文對字从「又」或又从「奴」，而沼伯簋从「丮」，偏旁中可通用也。金文埶作□毛公鼎□齊侯鎛□克鼎从犬無義，疑為丮所譌变□番生簋又譌木為㞢□埶馭簋又金文編丮部末收兩㤈字作□㤈觚□又辛簋以契文例之，當以埶字。「㤈觚」一文旁从與犬形近，當為沇鼎及番生簋等

執字从犬之所自謁，惟未暇檢視兩蕤銘文，未能確指也。」（集釋〇八七六葉）

饒宗頤「按尭即藝，又讀為禰。（于省吾說）王制：『造乎禰。』書堯典『藝祖。』馬融注：『藝，禰也。』」（通考二八二葉）

饒宗頤「凡卜辭所稱『宜尭禪』者，尭即藝。堯典『歸格于藝祖，』大傳作『禰祖，』故宜藝即賓祭於親近之廟。」（通考六三三葉）

饒宗頤「按于氏釋藝，讀為禰是也。尚書舜典：『歸格于藝祖，』馬融注：『藝，禰也。』白虎通三軍篇：『至禰不嫌不至祖也。』周禮：『禰亦如之，』鄭司農云：『禰，父廟。』高宗肜日：『典祀無豐于昵。』馬融曰：『昵，考也，謂禰廟也。』凡卜辭所云『王宜尭，』即謂王儐禰廟也。」（通考九五二頁）

陳夢家「卜辭祭山最常用之法為尞與炆。兩者均為燒柴以祭，炆字或作㶡（津九七二、一一〇七），或作叙（甲二二六二）或作叔（甲三六四二）：應是熱之初文。」（綜述五九六葉）

張秉权「于氏從訓詁上求得藝有近义，是一貢献，但是他所謂『埶讀一字句』的那些卜辭，例如：

戊申卜，王往田藝？（前二·二七·四）

王其土藝亡戋？（后下三九·一四）

王其田宰埶（后上一四·二）

王其田宰藝湄日亡戋？（后上一四·六）

王其田藝湄日亡戋（粹九八四）

如果把藝字解释為地名，也就不必轉弯抹角地從『埶通獮』再从『尔雅释天秋獵為狝，释詁獮，殺也』而說到『王其田於宰而狝殺也』了。郭氏的殷契粹编考释有時也把這一类的藝字释為地名，例如：

王其田藝湄日亡戋？（粹九八四）

但是他有時也不把它們当作地名的，例如：

（王一其田藝亡戋？（粹九九八）

郭氏就没有在藝字之旁加以地名号。又如于氏把藝解释為『亲近之庙』的禰的一些卜辭，例如：

丁卯卜，尹貞：王宾執禫亡囚？（粹六·一五·三）

甲申卜，行貞：王宾執禫亡田？（續一九·七）

庚申卜，宁貞：王宾執禫亡尤？（甲編二八八〇）

如果把『宾執的執字，解释為被祭者的名字，也就可以省却許多轉折了，甲編中有一版残骨，可以証明我這說法，例如：

戊申卜，宁貞：王宾大戊亡尤

辛亥卜，宁貞：王宾執禫亡尤

甲□〔卜〕，〔宁〕貞：王宾上甲魯亡尤（甲編二八八一）

在這同一版上的三条辞例中，可知執和大甲大戊一樣，是被祭者的一个名字（注一），而且卜辞中又有杞侯炽（即執字）（注二）所以這也是一个世代相傳的名詞，和卜辞中其他許多的名詞一樣。至於于氏認為『枫讀為邇，邇訓近』的一些卜辞，例如：

王其執入不冓雨？

王夕入于之不雨？（粹六九七）

于氏以為『言王其近入不遇雨，近入謂為期不遠也』，而唐氏則以為是紀時之字，而謂『執入』是『上灯時候』，這樣地解释卜辞，固无不可，但是如果將下列一条：

王其田執，入，不雨？（粹一〇〇一）

和前举的一条相比較，再从卜辞的省略无常的那种习慣来看，我們不能不考慮到前举的那条卜辞的執字之前可能省略了一个田字，例如：

王弜𠬝其雨？（粹九九六）

也是在地名之前省略了一个田字的。如此則于唐二氏之說都落了空。又如：

翊日辛王其省田執入不雨？（佚二四七）

這一条卜辞要分几层来討論，所謂『省田』有時亦称『田省』，例如：

叀宫田省，湄日亡𢦏？不雨？（粹九九〇）

叀䀠田省不遣雨？（粹九八九）

叀田省湄日亡𢦏？（粹九九四）

其实所謂『田』『省』『省田』『田省』亦犹卜辞言『兽（狩）』，例如：

王叀宰田不遣雨？

王其狩□湄日亡〔𢦏〕？（粹九九六）

這些詞汇在当時也許是有分别的，但在大体上說来，总是狩猎一类的事情，而狩猎与气候有密切的关系，所以每卜田猎，就问遇雨或風与否。其次那条卜辞中的『入』字，也是值得注意的。

在卜辭中，入字的用法，如甲桥刻辞的某入若干之入，有時則称某来若干；祖先中的下乙，有時也称入乙，而且更有称『入妣』的，此外，有『入𡆥』『入曰』『入于某地』等等之入，都不难了解，但也有很费解的卜辭，例如：

辛酉卜，王入，癸亥易日？（粹六二三）

庚寅卜，王弜入？（粹六二六）

乙亥卜，争貞：之七月王勿衣入？（前四·六·三）

甲辰卜，殻貞：王勿衣入于利入？

甲辰卜，殻貞：王入？（丙编三四、三六、三七、三八）

貞：羽☐辰王☐衣入？（前六·三三·八）

其出入斝？（前五·二五·二）

☐☐卜，㝉☐入出☐祖乙？（後上二·一五）

癸未☐令豕伐羌入亡不若？允戈？（拾四·一五）

而『蓺入不雨』之入，仔细考究起来，也很费解，因為它和『夕入于之不雨』或『夕入不雨』的辭例不尽相同，而洪二四七片上另有一辭為：

☐日辛入省田，湄日不雨？

是『入』字又可放在『省田』之前，意义变得更加晦澀了。此外，又有：

丙寅自己入？（前八·四·六）

其又妣庚叀入自己夕禱酒？

叀入自蓺禱酒？（粹三九三）

☐寸于☐入自☐迺☐冓？（前六·五八·七）

這里的『入』字和『夕』或『蓺』同在一辭，而不相連，入和『入于某地』之入的性質似乎不同，而『近』或『上灯時候』似乎也不能解释蓺字了。倒不如把它当為一个名字，解释起来就容易得多了。而『入』似乎也是一种特祭之名。不过本版第（一）辭中的『其夕雨，蓺明』之蓺，則可以照于氏之說讀為迩，訓為近，『蓺明』意即『近明』，明為記時之字，董彦堂师以为卯時，也就是天亮日出的時候，本编圖版肆肆，四七，有：『乙卯允酒，明瞿』之語（殷虚文字丙编考释第二二三頁——二二五頁）

（注一）孙海波以為是一个祭祀的名字，並且說：『執（柬权棨当作埶）祭之法，后世礼書不載，莫可考知，意者殆举火以祭者与？（見誠斋甲骨文字考释P．一二），棨孙說非是。

（注二）參阅本编考释P．一〇。

屈萬里　「按：羅振玉釋苣是也。說文：『苣，束葦燒也。』杭，象雙手執火把之狀，蓋即庭燎或燭（古燭亦束葦木為之）之類。用為祭名，蓋燃庭燎或燭以祭也。佚存二四七片有『杭入』及『夕入』之辭；杭入，猶言燭入矣。茲從諸家隸定作杭，讀為苣。」（甲編考釋一〇〇葉）

王獻唐　「卜辞别有□字（前六．一六．一），亦作□（后上二．八．四），与□□用法相同，近人释为一字。屮上象火焰或屮，省则为屮，屮即木，因亦作木。火把之烛本以木燃，古文字凡象木质器物，每祇作木指事，此虽省文，亦其通例如此也。金文有□字（帆觚），亦作□（父辛簋），与卜辞相同，均商器。帆既为烛，帆与同用，亦必为烛。金文用为氏族人名，仍当读烛。……双手持烛之□□二字，可如变叟书作单手，则省从屮木之双手执者，亦可书作单手。若然，卜辞复有□字（龟甲兽骨文字一．二九．一一），即其体矣。金文如□字，官□父殷□字，亦其体矣。契金三字，旧每阙释，衡以上说，仍皆是烛。卜辞□亦作□，以□当□可证，亦即小篆之□也。……古音封正读豆，烛亦读斗如豆。彼此互证，不特封字语根知所从出，以豆声求□□，益知青读如烛，确为烛字古文矣。」（古文字中所见之火烛，第一九至二二页）

王獻唐　「卜辞有□字（前编二．二七．四），亦作□（后编下三九．一四），作□（同上三七．五），正象一人跪坐执烛。屮即木，卜辞通用。燃为火把，上作二点，象火焰。又作□，下烛上火，形义尤显。其手执处，古谓之跋。礼记曲礼，烛不见跋，注，跋，本也。疏，正本，把处也，即今通语之把。旁作□或□，为丮字，说文训为持，读若戟。双手持烛跪坐，即礼经所谓执烛者也。此字旧释不一，余谓即古烛字。」（古文字中所见之火烛，第九页）

姚孝遂　肖丁　「『□』即今『蓺』字，典籍亦作『藝』，说文作『埶』。『埶』、『藝』、『蓺』同字，均由『□』形所孳生。西周金文增土作□，至石鼓文则作□，已与小篆形近。均象树艺之形。」（小屯南地甲骨考释六〇頁）

温少峰　袁庭栋　「甲文又有『埶』字作□，象人跽跪，双手执禾苗或树苗进行栽种之形。左传昭公元年：『不采蓺』，注：『蓺，种也』。诗大雅生民：『蓺之荏菽』，笺：『蓺，树也。』蓺字后来孳乳为『藝』即『艺』字，仍可训栽种，如孟子滕文公：『树艺五谷』。卜辞中之埶，即有『种植』之义，如：

（160）王省田埶，入不雨？（乆二〇四六）

（161）翌日壬，王田省疆埶，不大雨？（佚九〇一）

（162）貞：埶，不雨？（甲一九九二）

（163）王其田埶，亡灾？（甲一九九一）

（164）丙午卜：戌王其田埶，亡𢦏（灾）？（狞一·三六九）

以上诸辞之埶，皆训为「种植」即「树艺五谷」之义。田埶之事由殷王亲自过问，且多有卜问祸福之辞，可见种植谷物在殷代经济生活中之重要。此类卜辞又常与「雨」、「不雨」之事相连，这应当表明殷人已掌握植物水分生理学知识，故而进行种艺之事常在阴雨密布，而意甚浓之时日进行，利用及时之雨以保证成活。甲大中又有𢆶字，旧无释。字象手执「屮」即禾苗栽于「土」即土中之形，应即埶之异体。卜辞云：

（165）𢆶，不其生？（乙三六三四）

此辞辞意清楚，乃卜问种艺的作物是否会成活生长之辞。可证𢆶字确为埶字之异构。甲文中又有𢆶字，《甲骨文字集释》谓：「字从𠬞与从丮同，从木，从土，当亦埶（即蓺）之异构。」其说是。卜辞云：

（166）□午卜，𠂤貞：……𢆶木？（邺二·三八·七）

（167）……宾貞：𢆶……于家……十二月。（前六·一三·二）

上引之（166）辞明言「𢆶木」，而𢆶字又从木，可证这是有关植树之事。（167）辞之「家」疑是「宫」字之讹，当是在宫庙植树之事，因为此辞系于十二月。十二月时是不会在田地中栽种谷物的。」（《殷墟卜辞研究——科学技术篇》二一二——二一三页）

按：字當釋「埶」，孳乳作「蓺」、作「藝」。于先生論其形、音、義之流變甚詳。卜辭多通作「邇」，訓為近。不得視為地名，更不得視為祭祀之對象。諸家或以「𦥑」形混入，殊誤。參見「𢦚」字條。

0387

埶

按：此當併入2782「埶」字。

0388

□

按：粹五三六之□，郭沫若釋□，與其通，非是。粹四六四拓片較清晰，辭為「亦其□羌」；存下七八三亦有辭為「亦弜先□羌」，存下七八二辭為「亦□羌」，字均不从「其」，不得釋為「□」字。

0389

□

按：辭残，其義不詳。

0390

□

按：字不可識，其義不詳。

0391

□ □

按：字不可識，其義不詳。

0392

乳 □

金祥恆續甲骨文編卷十二第一葉上收此作乳。

李孝定「契文象懷子哺乳之形，从子與篆文同，从母母字契文从女着二乳此但着一乳微異耳篆譌為从爪與子形合故許云从孚从乙耳。金氏收為乳可從。辭云『辛丑卜乎□㚸乳』乎下一字不識，然㚸為女字，正與哺乳之事相應也。篆譌為从乙，故以玄鳥菢卵之義說之，於篆形雖覺優有可說，然鳥卵生與哺乳之事無與，乳字固當从人，不則从獸耳。今得契文此字，狀哺乳之事以繪。篆文形體雖有譌變，然遞嬗之迹猶可尋也。」（集釋三四九三葉）

按：說文：「乳，人及鳥生子曰乳，獸曰產。从孚从乚，乚者玄鳥也。明堂月令：『玄鳥至之日，祠於高禖以請子』，故乳从乚……」。許慎以「孚」為「卵孚」，據小篆立說，乃「乳」字後起之義，非其初朔。林義光文源謂「乳本義當為人乳，象人撫子就乳形」，其說近是。契文象哺乳之形，引伸為生育之義。李孝定釋其形體是對的。乙八八九六「乎娩乳」，即用其本義。同版有「婦姼娩」，事俱相因。此版孚字乎孚互作，李孝定以為不識，未免疏失。

0393

𦤺

郭沫若　「𦤺當是致之異，送詣也。金文作𦤶，曶鼎『用𦤶茲人』，乖伯毁『王命仲𦤶歸乖伯貂裘』。从夊从人从丮，均同意。」（粹考一六六葉背）

按：郭沫若釋「致」可從。合集二七八九〇辭云：「叀小臣安𦤺，不乍自魚」，用作動詞，乃其本義。

0394

[刀卩]

唐蘭　「右[刀卩]字，舊不識，今按即色字，亦即卲字也。說文：『色，顏气也。從人從卩。』從人從卩而會意，殊不可解。前人說之者雖多，然皆附會之詞也。徐灝苗夔均謂從人卩聲，較會意之說稍優，亦未是也。余謂古者從人從刀及從匕之字多亂（二說已見古文字學導論）色字本當從刀從卩作[刀卩]，其後或書作色，後人誤認為從人耳。說文色部有艴𦫳二字，皆後起字，而諧聲字亦無從色得聲者。然說文絕字从糸从刀从卩，脃字从肉絕省聲，（此據小徐，大徐作從絕省）脃字之篆文各本均從人作色，而其字則云絕省，此可證色字實本从刀而誤為人也。色既從刀，則絕脃皆從色聲。（洛白毁有𢇍字，舊不識，按從刀斷糸，為絕字，亦為紹字。彼為象意字，聲化後衍為絕或紹，則為形聲字矣。）色在職韻而絕在屑韻者，聲之轉，猶即在職韻而節在屑韻也。蓋後人習見色專顏色之義，與絕肥異趣，聲類又隔，故誤為此種之區分也。（蔡邕題漕娥碑以色絲為絕，雖遊戲之筆，實合字體也。）色既從卩從刀，則顏色之義，乃其假借也。其字本象一刀形，而人跽其側，殆刀之動詞，斷絕之義也。以象意字聲化例推之，當從卩刀聲。刀變爻為召，則即卲字，（古從召從刀之字通，沼伯毀召字作[illegible]，從刀可證。）明色卲本一字也。按從色卲一字，故絕紹亦一字。說文紹古文作綤，（今本篆作[illegible]誤。）从卲，林義光文源曰：「按糸卲聲。說文：「絕，斷絲也，从糸，从刀，从卩」，按與綤形近，刀聲猶召聲也。絕蓋與紹同字，從相承誤用為斷㡭之㡭」。按林以綤絕為一字，頗具卓見，然以㡭為斷㡭之正字，而以絕訓斷絲為誤，則亦非是也。紹絕一字，紹訓繼而絕訓斷者，一義之反，猶亂即亂字，而治亂義相反也。且紹亦自有斷義，管子幼官曰：「刑則紹昧斷絕」是也。紹本從刀聲，在宵部，變為絕在祭部者，猶截之從小聲也。（並从章太炎文始說。）金文常以卲為卲穆字，卜辭云：「來羊卅于卲𢀛」，其同片又云：「自且乙福𢀛」，似卲當讀為卲穆之卲也」（文字記七十八葉下至七十九葉上）

李孝定「契文卲字唐氏釋卲，謂即紹字。又論紹絕二字訓詁上關係，說並精當。惟謂亦即色字，色之本義當訓絕，顏色之義乃其假借，則似有未安。色字經傳相承通詁皆為顏色，無訓為斷絕義者，且唐氏謂色當从刀，絕為臆必之辭，羌無故實，絕字本當作𢇍會意，作絕者乃後起形聲字，从色與文字無涉也」（集釋二八七一葉）

按：唐蘭釋色，謂與卲同字，不可據。「卲」為殷人祭祀之對象。

0395

按：合集三七四九二辭云：「……卜貞，王田于[illegible]……亡巛」

為地名。

0396

郭沫若　「[illegible]字金文習見，與其通。」（萃編）

李孝定　「从凡从其，說文所無。金文此字多見，如[illegible]刺鼎『[illegible]孫孫子子永寶用』[illegible]的伯簋『[illegible]萬年孫孫子子[illegible]永用』[illegible]師旂鼎『其又內于師旂』[illegible]不嬰簋[illegible]秦公簋『嬰嚴口各』其用皆與『其』同。[illegible]王孫鐘『數嬰趩趩』『其』讀為忌。[illegible]乙簋『[illegible]壽無嬰』段為期字，象人奉箕其形，當為其之繁文。」（集釋〇八八七葉）

按：字从「[illegible]」，不从「其」，不得釋為「其」之繁體。卜辭為貞人名。

0397

[illegible]　[illegible]

按：合集一〇八〇四辭云：「……翌癸卯[illegible]」乃「[illegible]」之異體。當併入2782「[illegible]」字條下。

0398

[illegible]　[illegible]

按：懷九四〇辭云：「貞[illegible]牲」為祭名。疑為「[illegible]」之異體，待考。

0399

[illegible]

按：字不可識，其義不詳。

0400

[illegible]

按：字不可識，其義不詳。

0401

按：字不可識，其義不詳。

0402

按：字不可識，其義不詳。

0403

按：字不可識，其義不詳。

0404

按：字不可識，其義不詳。

0405

按：字不可識，其義不詳。

0406

按：合集二三六七五辭云：「庚申卜，出貞，令冐並彰河」用為人名。

0407

按：此字重出，當併入0361「㱿」字條下。

0408

按：字不可識，其義不詳。

0409

按：字不可識，其義不詳。

0410

按：前四·一三·三殘辭「……五卜……川浥……」，羅振玉以來，皆合「川浥」為一字，非是。增訂版甲骨文編分列，入於附錄上八五，誤摹為从日。綜類四二則併入「邑」字。辭殘，其義不詳。

0411

按：此疑為「丞」之異構，辭殘，難以為證。存以待考。參見0372。

0412

于省吾释臽，参[illegible]字条下。

按：字重出，當併入0302「臽」字條下。

0413 [竹丮]

陈汉平「甲骨文有[竹丮]字，旧不识，甲骨文编收入附录。卜辞云：

丙戌伐及方于[竹丮]字 金璋六〇三

按此字从竹从丮，当自从竹从丮字中求之。说文：『筑，以竹曲五弦之乐也。从竹从巩，巩持之也，竹亦声。』可见筑字从丮为形符，竹为声符。工旁不为声符。[竹丮]字从丮从竹，竹亦声，当释为筑，字象人以手持竹制乐器之状。筑字于卜辞中为地名，或即古代筑阳县地，汉代属南阳郡，地在今湖北穀城县东。」（古文字释丛，考古与文物一九八五年一期一〇三页）

按：字隸定作「[竹丮]」，不得謂「象人以手持竹制樂器」。在卜辭為地名。

0414 兇

按：合集二七二七九辭云：「祖丁吉又兇王受又」似為祭牲名。

0415 [㠯欠]

唐蘭釋[㠯欠]。（導論下七十五葉下）

0416

按：字當釋旤，說文：「旤，屰惡驚詞也」。段玉裁注云：「遇惡驚駭之詞曰旤，猶見鬼驚駭之詞曰䰩也」。卜辭所僅見，為地名。

0417 呪

按：屯三〇三五辭云：「癸亥卜，呪于祖丁」疑為「祝」字之異構，卜辭所僅見，存以待考。

0418

按：合集九三辭云：「己丑卜，殸貞，[illegible]以蜀其五百隹六；貞，[illegible]以蜀不其五百隹六」用為人名。

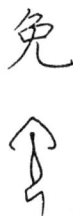

0419

按：此字摹寫有誤。當是「令」字。

0420 免

按：字當釋「免」，即「冕」之初形。參見0042「光」字條。

0421

按：此當併入0363。

0422 女母毋

羅振玉釋女無説。（殷釋中二十三葉上）

李孝定「説文『女婦人也象形王育説』許以象形解女字，治説文者頗多異説。段氏謂象揜斂自守之狀。王筠釋例謂下半似𠂊或取左人下垂詰屈之意而謂上半究不能知。孔氏疑之謂古作象側立頫首斂手曲鄰形柔順事人之象也。大抵均憑想像。夫男女之別於文字之形體上殊難表示，故就男女工作上之差異以為區別。女蓋象跽而兩手有所操作之形，女紅之事多在室内也。男則以力田會意。男耕女織各有專司，故製字於以見意也。金文作盂文女宰卣女子鼎䜌女鼎女康丁簋毛公鼎孟鼎克鼎齊侯盤無叀鼎上一畫蓋象笄形古文毋女多不別」（集釋三五八七葉）

張秉权「，是母字，假借為毋。在对貞卜辞中，這种假借的方法，尤其可以看得十分清楚，譬如：

（一）貞：百牛至？

貞：百牛毋其至？十月。（乙编三二一九）

（二）貞：王目龍？

王目毋其龍？（乙编三〇一八）

（三）丁亥卜，貞：既雨？

貞：毋其既雨？（乙编五五七四）

（四）癸亥卜，殻貞：我史𢦏缶？

癸亥卜，殻貞：我史毋其𢦏缶？

癸亥卜，殻貞：羽乙丑，多臣戋缶？

羽乙丑，多臣弗其戋缶？（本版）

母字的意义，相当於勿，弗，不等字。『我母其戋』也就是『我弗其戋胄』的意思，這是省略了一个賓語『胄』字。

从卜辞否定詞的用法中，我们可以看出殷人对於修辞方面，已经有了相当高度的技巧了。他们虽則在短短的一句问話中，却注意到避免『同字』的『重出』，在必要時，則用意义相同的文字来代替它，此版（三）辞中的『我母其戋』与『車弗戋』就是為了避免重出或母字，所以在這句卜辞中，用了二个意义相同而字形不同的否定詞母与弗。又如本編圖版壹壹中的第（二）辞：

辛酉卜，殻貞：今春王勿从望乘伐下危，弗其受出又？

用了『勿』与『弗』二个不同的否定詞。都是在避免同字的重出，這种技巧，是屬於文学上的造詣，而卜辞時代的殷人，似乎已经知道了這种創作上的技巧，並且到達了相当的境界』。（殷虛文字丙編考释第五——六頁）

姚孝遂

「『女』、『母』、『毋』是逐步分化出来的，其形本作□，间或作□，於□字增点作□，则为『母』的专用字。商代文字□可以是『女』，也可以是『母』，但『女』不得作□。否定词『毋』在商周时代都是假『女』为之，小篆始出现专用的毋字作□，乃是於『女』字加『一』作为区别符号。」（古文字的符号化问题古文字学論集初编九九页）

陈炜湛

「甲骨文女均作□或□形，象一个女人跪跽在地双手交叉于胸前之狀，又有少数作□形，首部多一笔，象簪笄。甲骨文的母则多作□□，即在女字中加上两点，象胸前双乳之形，金文亦多如此作，这在六书中可谓『指事』。……但甲骨文中的母字有时又不加两点，而一去掉这标志，便与女字相混了。这样，□是母非女，很清楚，但□却是女也是母，变成异字同形，不可不辨了。……

在很多场合，根据文义可以判断，□或□却是母字，不是女字，如甲二九〇二片，母庚、母壬、母癸并见，三母字一作□、二作□，中无两点。甲二四二六片母己作□己，乙八六六一片母壬亦作□工，再如掇一·一九五片『母己』，母作□，粹三八一片『母戊』，母作□，均与女同形。而在合文形式中，母甲、母乙、母丙、母丁、母戊、母己、母庚、母辛、母壬、母癸等等称谓，母字均可作□，与女同形（见甲骨文编合文卷，第十三至十五页）。

殷虛出土司母戊鼎母字亦作[illegible]，結构与甲骨文同，可資参证。」（甲骨文异字同形例古文字研究第六輯二二九——二三一頁）

陈炜湛说参[illegible]字条下。

陈炜湛说参[illegible]字条下。

按：卜辭「女」、「母」多通用。但亦有别。祖妣之稱「母」者，亦或作「女」，然反之「女」則不得稱「母」。「奔生」之辭，有「女」謂之「不妨」或「不吉」；無作「母」者。「取女」之女亦無作「母」者；「艮女」之女亦不作「母」。又婦名均从「女」，不从「母」。據此，輩尊者稱母，或假「女」為「母」，否則僅稱「女」，不得稱「母」。

「東女」、「西女」、「仲女」、「小女」、「女丙」、「女庚」、「女辛」……諸「女」字均當讀作「母」。「女出子」、「女子」、「艮女」……諸「女」字則不得讀作「母」，此其大別。

0423

母 毋

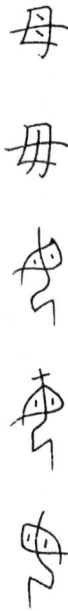

羅振玉　「卜辭中母字亦通作女，諸婦方尊作[illegible]，與此同。」（殷釋中二十二葉上）

王國維　「金文之『某母』，乃女子之字，女子偁『某母』，猶男子之稱某父，乃美偁也。」（集林卷三女字說）

胡光煒　「古[illegible]皆以[illegible]為之，菁華七云『丁亥卜殸貞王曰矦虎[illegible]歸』[illegible]歸即毋歸。」（甲骨文例二七——二八葉）

郭沫若　「人偁育已者為母，母字即生字崇拜之象徵。母中有二點，廣韵引倉頡篇云『象人乳形』，許書亦云『一曰象乳子也』，骨文及金文母字大抵作[illegible]，象人乳形之意明白如畫。」（甲研釋祖妣十四葉）

陳夢家　「卜辭中先公先王配偶的偁謂，有母、妾、妻、奭四種。妾、妻兩偁多屬武丁卜辭，奭僅限于祖庚和乙辛的周祭卜辭。試將前三種係謂與乙辛周祭卜辭中法定配偶之係奭者比較如下：

示壬母匕庚
示壬妾匕庚 ‖ 示壬奭匕庚 後上一·六，加一·八。
示壬妻匕庚
示癸妾匕甲 ‖ 示癸奭匕甲 後上一·六，加一·八。
大乙母匕丙 ‖ 大乙奭匕丙 後上一·一二。
且丁母匕巳 ‖ 四且丁奭匕己 後上三·十。

由此可證母、妾、妻、奭均是同義。王亥之配或係母或係妾，亦可為證。「丁妻二妣己」可參看下述二辭：

御于二妣己、妣丁、子丁。庫一九八八，武丁子組卜辭。
其又于丁、匕己。甲二六四七，廪辛卜辭

以上先祖配偶之係母、妾、妻者，有很多是同於其係奭的法定配偶的。但也有不在法定配偶之例的，其原因不外乎：(1)先公不參加周祭；(2)上甲三匚四世配偶不參加周祭；(3)旁系不參加周祭；(4)其它。兹分別之如下：

(1)夒母，河妾，王亥妾（母）
(2)三匚母
(3)卜丙母匕甲
(4)丁妻二匕己，庚示妾

也有少數係奭而被摒除於周祭之外的，如第十三章第一節所述庚甲卜辭中「且辛奭匕壬」和「羌甲奭匕庚」，是不見存於乙辛周祭卜辭的。在此應補上甲的配偶，卜辭云：

庚子卜，王，囲、匕甲、戶匕癸。前一·三八·四，武丁卜
叀小乙、匕庚。甲九〇五、明續六六二、康丁卜辭（或晚）

試比較兩辭，匕庚為小乙之配，則匕甲為上甲之配。先王以上甲開始，用天干之首，而上甲之配名甲，也是很可能的。如此為可能的話，則下列庚甲卜辭中的母囲可能是上甲之配：

乙丑卜王曰貞祭母囲，才□月。河三五八。
乙亥卜王貞母囲。哲庵藏骨
今日母囲。摭三六一九。（綜述四八七——四八八葉）

楊樹达「原书（指殷人疾病考）辞三九云：『貞子母其毓（育），不玆（死）』……此

蓋夫為妻占，故云子母，子母謂子之母也。哀公六年公羊傳云：『陳乞曰：常之母有魚菽之祭。』常為乞之子，常之母即乞之妻也，不直言己之妻而言己之母，古人如此，今人亦尚有之。此占之意，蓋謂子之母將生育，不至於死否？」（讀胡厚宣君殷人疾病考，積微居甲文說卷下八八頁）

饒宗頤　「按母即毋，與亡、弜同義，對貞時常用之於否定語句，而省去主句；因已見于肯定語句，故略之。」（通考九八〇葉）

孫海波　「車、摭續三。或釋七母。」（甲骨文編六〇一頁）

李孝定　「說文『母牧也从女象褱子形一曰象乳子也』契文从女上着兩點象兩乳形，郭說是也。惟新寫二二一片之母其上下四點乃土鏽，字蓋以女為母，郭氏以四乳說之殊覺不倫，蓋乳之象為數絕少，造字時必不至於此取象也。至稱母與稱妻妾𡟭同意，陳氏之說甚是。惟卜辭習見母己母庚母辛之辭與今人言母意同，乃父之配偶，陳氏說未及此似嫌疏略也。」（集釋三六一五葉）

李孝定　「說文『毋止之也从女有干之者』契文假母為毋。本辭云『貞曰𠂤師毋毋在茲延』即貞師毋在此羈延也。毋字重文。金文毛公鼎毋作毋，亦叚母為之。」（集釋三七一三葉）

于省吾　「說文毋字作毋，并謂：『毋，止之也，从女有奸之者。』禮記曲禮的『毋不敬』，陸氏釋文：『說文云，止之词，其字从女，內有一划，象有姦之形，禁止之勿令姦。』按许說荒謬，而陆氏还予以附会，自來說文学家又隨声附和，遂成定论。甲骨文和金文均借用母字以為否定词之毋。詛楚文的『葉萬子孫毋相為不利』，毋字作毋。古鉨文作毋，秦权和詔版毋字习見。毋字的造字本义，系把母字的两点变为一个横划，作為指事字的标志，以别于母，而仍因母字以為声。」（甲骨文字释林释古文字中附划因声指事字的一例）

姚孝遂　「『母』是由『女』所分化。在卜辭中，『母甲』、『母乙』、『母丙』……，諸『母』字可以作『母』（女），也可以作『女』（女）。『母』和『女』在这种情况下是沒有区分的。西周金文仍然如此。『女』加上两点成为『母』，过去以为象两乳形。我们认为，所增两点，不如解释为区别符号更为合适。

「女」可用為「父母」之「母」，在这一点上，可视作「同」。但是，反过来「母」却不能用作「子女」之「女」。卜辞的辞例可以充分证明这一点。此为其「异」。这就是文字形体衍化的不可逆性。「女」在古文字也可用作「汝」、「如」等等。但「汝」和「如」却不能用作「女」，同样具有不可逆性。」（再论古汉字的性质 古文字研究第十七辑三一四页）

赵诚「[glyph]母。或写作[glyph]。卜辞除用作母辈之通称，还用来指称父辈或祖辈之配偶，有时也可当为引伸义。字也可以写作[glyph]（女），但仍然读为母。此字一般用在祖和妣之间……有时也可以省去妣名，如：「[glyph]口[glyph]」（且丁母），即指祖丁的配偶某一位妣。」（甲骨文简明词典五四页）

赵诚「毋，甲骨文写作[glyph]，从女突出乳房，表示哺育过子女的女人。此即母字之本义。卜辞用作副词，表示禁止或否定，近似於后代的毋，则为借音字：

毋其𢦏缶。（丙一一）——不要去伐缶方。毋表示禁止。𢦏，动词，打击、征伐之义。缶，方国名。

贞，百牛毋其至。（乙三二一九）——一百条牛没有到来。毋表示否定。毋，也可以写作女（[glyph]）。」（甲骨文虚词探索，古文字研究第十五辑二八二页）

丁驌说参[glyph]字条下。

杨树达　参[glyph]字条

姚孝遂说参[glyph]字条下。

陈炜湛说参[glyph]字条下。

按：說文「母，牧也。从女，象懷子形。一曰象乳」（小徐本）。廣韻引蒼頡篇云：「其中有兩點者，象人乳形」。徐鍇繫傳通論云：「於文，女垂乳為母」。卜辭「母」、「女」可通用，但亦有別。輩尊者可稱母，亦假女為之。否則但作「女」，不得作「母」。說詳「女」字條。

卜辭「小母」合書，字亦作「小女」，均當讀作「小母」，乃祭祀之對象。

卜辭「母」亦用「毋」、「毋」乃後世區別之文。

0424

小母

釋文）

郭沫若　「又母作[glyph]，有四乳，多乳之現象，人本有之。」（卜通別一第八葉上新九片）

按：郭沫若「多乳」之說不可信。此乃「小母」二字之合文。契文小甲之合文作「[glyph]」，可以互證。

0425

丁山隸定作妻，無說。（甲骨文所見氏族及其制度十九葉）

董作賓　「晏即匽亦即郾國，卜辭中有『晏來』之語，知當為國族名。金文匽侯旨鼎作匽，子璋鐘作匽、郾王戈又加邑旁作郾，皆見金文編所从之[glyph]即晏，郾亦作燕，即後之燕國。左傳昭九年『肅慎燕亳吾土地也』，燕地在今河北易州之一帶。帚晏記載凡八，省去帚字者五。」（帚矛說載安陽發掘報告六五七葉）

李孝定　「說文『晏安也从女日。詩曰「以晏父母」』訓安从日無義。契文象女子晏坐之形，上从○象頭，篆变从日者，古文於空廓中每加小點為飾遂似从日矣。字在卜辭為女字。金氏續文編十二卷十四葉下收此入女部之末，以為說文所無字，而別於同卷十一葉下收[glyph]作晏，按[glyph]乃要字，見三卷。字上从⊖與此从○僅小點之無之別，亦非从日也。」（集釋三六六五葉）

屈萬里　「字未識，他辭亦作帚[glyph]，乃武丁諸帚之一。」（甲編考釋二六七葉）

按：釋「晏」不可據，卜辭為人名。

0426 婀 [illegible] [illegible]

商承祚 釋娥。（佚考一一〇葉）

唐蘭 「[illegible]疑當釋妸，即婀字，說文『女字也』。商承祚釋娥誤。」（天壤考釋五十六葉）

孫海波 「[illegible]，簠典四九。疑婀字，印本失真。」（甲骨文編八七〇頁）

李孝定 「說文『婀，女字也从女可聲讀若阿』本辭唐釋婀可从。辭云『庚寅帚婀示三屯曼』佚七二、『丁丑☐婀☐』甲編二六八五、屈氏釋文寫作『丁丑口婀假為何口☐』蓋謂婀字當左卜貞二字之间，而貞下另有闕文，故謂婀假為何，蓋三期貞人何為習見也。然諦案影本原片作[illegible]形，其左側尚多隙地而別無他文，倘『丑』下祇闕一『卜』字則『婀』下應祇闕一『貞』字其其款格能相當。然以此則辭意又有未盡，故竊以為『丑』下『婀』下並當注一『☐』形符號，其闕文若干不可確知，則婀於此辭非貞人可知。倘婀左此辭之位置果左卜貞二字之间，則直是以婀為貞人，蓋貞人名似不當用假字也。」（集釋三六四一葉）

屈萬里 「[illegible]，當是何字：第三期貞人名。天壤七十二片有『帚[illegible]』。[illegible]，唐氏釋妸，云：『即婀字』。其說甚諦。然則本辭蓋假婀為何也。」（甲釋三四二葉二六八五片）

白玉峥 「骨臼刻辭中，有[illegible]字，或作[illegible]，见于第一期武丁之时，当点为何字，隶作婀。如：

壬戌，妇婀示三屯 穷 人一〇九一

庚寅，妇婀示三屯 𣪊 佚七二

」（契文举例校读中国文字第八卷第三十四册三八〇七页）

饶宗颐说参[illegible]字条下。

按：「帚婀」為女字，多見於骨臼刻辭。屈萬里以為即三期貞人何，不可據。貞人「何」從無作「婀」之例，李孝定已辨其誤。

0427

按：字从「女」，象載笄形。合集一九八〇二辭云：

「甲辰卜……姣[illegible]……」

商代姣祭多用女為牲，並各有專名。此其一例。

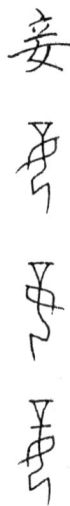

0428

妾

王襄 「古妾字。」（簠室殷契類纂第十一葉）

羅振玉 「說文解字妾从辛从女。此从丫乃辛省。」（殷釋中三十三葉下）

朱芳圃 「說文辛部：『妾，有辠女子給事之得接於君者。从辛，从女。春秋傳云「女為人妾。」妾，不娉也。』按許君此說，後世學者深信不疑，其實大有未諦。果如其言，龍鳳諸物，有何辠尤而以辛加於其頭上乎？其說之誤，昭然明矣。余謂妾象女頭上戴辛。辛與辛同；辛，燮薪也。書柴誓：『臣妾逋逃。』鄭注：『臣妾，廝役之屬也。』史記張耳陳餘傳：『有廝養卒，』集解引韋昭曰：『析薪為廝，炊烹為養。』蓋古代戰爭時俘獲異族之婦女，使之服析薪炊烹之役，故造字象之。釋名釋親屬：『妾，接也，以賤見接幸也，』即被俘獲之婦女，除服役外，兼薦枕席，後漸轉為多妻制度中婦女等級之名。」（殷周文字釋叢，卷上，第二十一葉。）

王承祒 「其次舉『妾』字為例。

甲骨卜辭中有：

甲辰卜，貞王賓示癸奭妣甲，協日，亡尤。林二、三五、一。

癸丑卜，王，□□宰、示癸妾妣甲。洽一、八。

又有：

甲辰卜、⊠婦[illegible]⊠。押三八。

妾執有子。前四、二五、八。

以上的示癸奭妣甲和示癸妾妣甲是一個人，婦嬶和妾執是一個人，所以可知『妾』字的意義和『奭』字『婦』字相同，都是配偶的意思。妾妣甲和妾執都是殷王的妻子，妾妣甲並且死後被祭祀，所以他們絶對都不是奴隸。」（試論殷代的「奚」「妾」「艮」的社會身分，北京大學學報（人文科學），一九五五年，一期。）

王承祒 「殷代的『妾』是奴隸……

以上的甲骨卜辭，都是関于殷人用『妾』作為人牲，殺死他們，以祭祀殷王的先祖的貞卜。

所以可知『妾』是可以被占有他們的人任易的殺死的。

並且，以上甲骨卜辭中的『妾』，當殷人用他們祭祀殷王的先祖之時，是把他們和『羊』、『少宰』、『牛』、『宰』並列一起，所以可知『妾』的身分是和牲畜完全一樣的。

所以，殷代的『妾』是奴隸。」（試論殷代的「奚」「妾」「艮」的社會身分，北京大學學報（人文科學），一九五五年，第一期。）

李孝定 「說文『妾有辠女子給事之得接於君者从辛从女春秋傳云「女為人妾」妾不娉也』。契文从▽从女，▽者，頭飾，（于省吾說見前韃字下引）僕字亦从此作。卜辭妾字其用與習見之奭字相同，蓋相當於今之妻字，並未見有卑下之含意。如『癸丑王酉宰示癸妾妣甲』（拾一．八）『至于兴（「汉」羅釋濮，地名）佳妾奉（人名，猶卜辭之言婦某也）有子』（續四．二．五．八）『貞來庚戌㞢于示壬妾妣乙牝口歉死貞勿口』（續一．六．一）『口㞢于示壬妾妣乙牝口歉死貞勿口』（洪九九。上兩辭嘗為一片之重出者，惟續一．六．一較完整）『丁亥卜己貞子商妾口娩不其嘉』（粹一二三九）蓋妻字从女，上象髮加笄形，妾則从女，上加頭飾，其意相同，初無地位上之差別。許君之訓蓋後起之義，不足以語於殷制也。金文作[glyph]（克鼎）[glyph]（伊簋）與契文同。」（集釋○七六五葉）

饒宗頤 「『癸丑卜王：中曰：羊，示癸妾妣甲。』（拾遺一、八）此稱為妾，義指配偶。『㞢于示壬妻妣庚，』可知妾妻俱指配。」（通考六三四——六三五葉）

罗琨 「商代某些祭典仅献祭女性。卜辞见：

貞侑于妣己艮（垂）。勿侑艮于妣己。侑妾于妣己。（丙三三〇）

王其侑母戊一䢅，此受佑。（粹三八〇）

酒河三十牛，氏我女（丙一一七）

侑妣庚五如十宰。不用。（佚八九七）

王室祖乙奭妣己姬婢二人，𡚬二人，卯二牢，亡尤。（京五〇八〇）

妾在卜辞中也作配偶解，但以上第一例是反复贞问以𠂤垂、𠂤抑或妾侑祭妣己，妾在这里是同處於被杀祭的地位。女和母在甲骨文中有时写法相同，但第三例是祭河的占卜，不可能与先母并祭。氏，在卜辞中多作进献解，故此辞卜问酒祭河神是否要用五十牛并进献女性人牲。第二、四、五例中的𡚬、如、婢作为被杀祭的人牲都很明显。这些女性牺牲的祭祀对象除河和王亥外多为先妣和先母。」（商代人祭及相关问题，甲骨探史录一三二至一三三页）

郑慧生　「妾字在商代卜辞中，是妻字、母字的同义语，丝毫没有女奴隶的意思。如示壬之妻妣庚，在同一时期武丁卜辞中，就被称以妾、妻、母三种称呼：

殷虚书契续编一·六·一：『示壬妾妣庚』。

殷虚文字乙编一九一六：『示壬妻妣庚』。

殷虚文字甲编四六〇：『示壬母妣庚』。

可见妾、妻、母三字同义，相当于后世的内人、太太、娘子。由妾字的出现说明商代有嫡妾之制是不确的。」（从商代无嫡妾制度说到它的生母入祀法，社会科学战线一九八四年四期一〇五页）

赵诚　「妾　妾。或写作妾。从▽（或从▼）从女。▽或▼为头饰。为会意字。卜辞妾字为配偶之义，如『丁工妾𦋃』……（佚九九）、『丁父妾卜十』……（拾一·八）。有时也可以省去妣名，如『大下妾』……（铁二〇六·二）、『𠂤妾』……（后上六·三）不仅先公先王的配偶可用妾，子某的配偶也可以用妾，如『子𢀛妾』……（粹一二三九）。这是妾和妻、母不同之處。由此也可以证明母只用于尊者之女性。妾作为配偶用得较广泛，但其词义和妻相同，则妻、妾有贵贱之分，乃产生于后代。」（甲骨文简明词典五六至五七页）

于省吾说参𦣞字条下。

陈炜湛说参𡚬字条下。

按：卜辭妾字，泛指配偶而言，猶後世言妻，妻妾之別貴賤，當屬後起。如稱「示壬妾匕庚」（佚九九合集二三八五）；「王亥妾」（鐵二〇六·二合集六六〇）；「子𢀛妾」（粹一二三九合集一四〇三六）。說文解妾字為「有罪女子給事之得接於君者。从䇂从女」，形既譌變，義亦後起。妾字上从▽、▼、▽諸形，乃頭飾，與罪愆之義無涉。蓋許慎以「有罪女子」此一先入之見，故強為之解。

再進一步言之，卜辭女、母、妾三字時相混。「王亥妾」亦稱「王亥女」（乙六四〇四合集六八五正）；「示壬妾」亦稱「示壬母」（後上一・四合集三二七五二）；祖丁之配偶或稱「且丁母」（鄴一・二八，二合集一八七六），或稱「祖丁女」（掇一・一八七合集一八五七）。但仍然有所區別，子女之女無稱母或妾者，諸子之配偶亦無稱母者，說參見女字條下。

0429

⿰妾又 

丁驌　「⿰妾又（）此字見合三〇三正反兩面曰：『貞㞢伐⿰妾又媚，卅㞢媚，貞㞢伐妾媚』此三文⿰妾又，妾，皆同义。字或可写為婕。待說。媚，悅也。『伐卅婕』以取悅於神也。」（說女字　中國文字第九卷四〇八〇頁）

按：合集六五五五甲正辭云：「貞，㞢伐⿰妾又要」「要」為卜辭所見之祭祀對象，此辭當為以「⿰妾又」伐祭於「要」之占。「⿰妾又」為女奴之名，乃以「⿰妾又」為祭牲。丁驌說純屬臆解，不可據。

0430

⿰妾卩  

商承祚　「說文解字『嬖，便嬖愛也，从女辟聲』。⿰辛卩即辟字，故知此為嬖」。（類編十二卷六葉）

王襄　「古嬖字，許說『便嬖愛也，从女辟聲』。此从女从⿰辛卩，⿰辛卩即古辟字」。（類纂正編十二第五十五葉上）

郭沫若隸定作⿰妾卩，其說曰：「⿰妾卩舊釋嬖，殆係人牲」。（粹考六十葉上）

陳夢家　「卜辭云：『丁巳卜，其燎于河牢，沈嬖』（後上二三·四）、『王其又母戊一嬖，此受又』（粹三八〇）、『其又匕辛，（大甲奭）吏歲，—其冊嬖』（粹三八七）、『匕丙五嬖』（京津四一四三）、『□匕己三嬖』（摭續二四〇八）。沈嬖疑即沈璧。但卜辭所記用嬖皆與先妣相關，則嬖可能指一種可為犧牲的女奴，以此則沈嬖與褚補滑稽列傳所述鄴令西門豹治河伯娶婦之佑有關。」（綜述五九八葉）

李孝定　「說文『嬖，便嬖，愛也，从女辟聲』。契文从卩从妾。童妾諸字上从丫若平即辛字，此郭沫若說。篆文乃変為从女从辟，王商兩氏釋此為嬖可从。卜辭言嬖與用牲之事有關，後上一辭上言燎河而下言沈，當釋沈璧是，而字非嬖，陳氏後說是也。」（集釋三六七一葉）

丁驌　「䢅為殉女，字亦作𡡒（外八三〇）。契辭用女子殉祭，或一或二以至於五。䢅、倿、字同义。字从𠂤从刀无异也。窃疑用女子殉葬，殉女曰䢅，則用男子殉葬，其字或当是[illegible]。此字李孝定（頁二八九一）从前賢订為辟。辟实為殉字，就字形似亦可解說。盖辛妾童龍鳳朐等字出之辛省，字有因缘也。摭一·三九七之辭云『王其𢍰二方白于𠂤辟』陳梦家以𠂤辟為地名。余以為𠂤為堆，屯师之处，辟即殉也。以二方白殉也。惟单文孤証，姑存之待考也。」（說女字　中國文字第九卷四〇八〇頁至四〇八一頁）

柯昌濟　「王其又毋戊一妃此受又（粹三八〇）……妃即嬖字，嬖为妾一类之女奴隶，左傳『商侯内嬖如夫人者六人』。」（殷墟卜辭綜类例证考释，古文字研究十六辑一四三頁）

罗　琨　參妾字条

按：當隸作「䢅」，與「嬖」之形義均不類，釋嬖不可據。卜辭皆以為祭祀之犧牲。

0431

倿

按：「倿」與「䢅」形義皆有別，不得同字。合集三四〇九五辭云：「甲申貞，其倿」

用為動詞，而「卹」則是祭牲，為名詞。

0432 每悔 □ □ □ □

王襄曰：「古每字，敏字重文。」（《簠室殷契類纂》第三頁）

王襄　「疑敏字。」（《類纂存疑》第十二第五十八葉上）

羅振玉　：「《說文解字》『敏，疾也。从攴每聲。』《叔緐父敦》从又，《杞伯鼎》、《聃敦》均省又，與卜辭同。」（《殷釋》中六十頁）

叶玉森　「按羅氏釋敏固未安，胡氏釋霚，董氏釋晦，若以讀本辭曰『王弗霚』，『王弗晦』均難索解。他辭有云『王其□』者，如讀『王其霚』，『王其晦』亦不可通。予曩疑卜辭□（若）字象一人跽而理髮使順形，《易》有『永若』，荀注『若，順也』。卜辭之若均含順意。（《說契》）□象髮蓬亂，故須手理始順，不象髮分披，上且加笄形飾物，如丁為已順之象，當含順意。疑□即□之變體，……凡卜辭云『王弗每』，『其每』，『王其每』，『田某地每，』『王田某地每』諸辭，每字讀若均無不適，姑妄言之，用備一說。」（《前釋》二卷三頁）

胡光煒　：「卜辭多言其每，皆假以為霚，每敄聲同，故《爾雅》言『霚謂之晦。』」（《甲骨文例》卷下三頁）

董作賓　：「每當讀晦與啓相對，晦陰啓晴也。」（《新獲卜辭寫本後記》）

郭沫若　：「每殆假為賄，《儀禮·聘禮記》『賄在聘于賄，』注云『古文賄皆作悔。』是賄悔可通。悔从每，則每亦可假為賄矣。賄者謂賜予也。」（《粹釋》二〇六頁、一五四三片）

又曰：「辭云：『王其每』，每字羅釋為敏。余案乃假為䍙，䍙，網也，此作動詞用。」（《卜通》八三頁四〇四片）

又曰：「『弗每』，言無悔。」（《卜通》一二九頁五九〇片）

金祖同：「每，昏也，《老子》：『故天下每每，』注『猶言昏也』。《孟鼎》：『余非庸又昏。』蓋古之君王戒昏。有假爲天气陰晦之晦者非。」（《遺珠發凡》六頁）

孫海波：「每蓋爲晦之假借字，晦，冥也。僖十五年《春秋經》『晦，震伯夷之廟』。《公羊傳》：『晦，晝冥也。』《爾雅》霧謂之晦，言蒙蒙不明也。《詩》『風雨如晦。』傳『昏也。』」（《誠齋考釋》八至九頁）

孫海波：「□，粹三四〇。每、母通用。母己。□，甲三五四。每用为誨。王以衆弗誨。□，甲五七三。又用为晦。弗晦。」（甲骨文編二〇頁）

李孝定：「說文『晦月盡也从日每聲』絜文不從日，叚每爲之。每字重文。」（集釋二一九三葉）

屈萬里：「每，讀爲悔。』卜辭云：『王弗每』，言王不至有災悔也。」（《甲編考釋》五六頁）

王獻唐：「徵之卜辭，則作□（後下二六·二），作□（鐵四十·一），乃大丰毁体所从出也。又作□（甲二·二五·六），作□（後下四二·六）乃畐鼎訛体所从出也。又作□（前八·七·二），作□（後上十四·八）省其上筆。復作□（前二·二三·一），作□（後上十八·十一），作□（後上十四·五）首上别加一横为笄，与夫字例同。復作□（拾三·五），作□（藏二二·十三）則并毛羽亦省矣。

以毛羽飾加於女首爲每，加於男首則爲美。卜辭美作□（前七·二八·二），作□（前一·二九·二），作□（后下·十四·九），金文美爵作□，下从大爲人，上亦毛羽飾也。女飾为單，故□、□諸形，祇象一首偃仰。男飾为双，故□□諸形，象兩首分披，判然有别。卜辭字亦省作□（甲二·十三·九），或加笄作□（前二·十八·二）与每字有加者，正同条共貫。其毛羽多少偃仰，亦都相合。……

每美二字古音均隶之部，声讀相同，乃美惡之美指事字。孟子梁惠王篇，百姓聞王車馬之音，見羽旄之美。飾於旌旗者固美，飾於冠首者亦美。女飾作每，男飾作美，制有单双，而音义俱同。故每即美，而美亦即每，实一字異体。古文字从人者，亦每从女，从女者又每从母，例証不一一枚举也。在单双性别限格外，復有一通体，只象人首飾插毛羽形。作父丁尊，有□字，旧亦阙释，仍是美字。卜辞復有□字（㴉五·十八·五）亦当释美。又有□（前二·四三）、□（前四·二六·二）诸体，并见金文，皆美字也。金文如前引孟鼎师□毁等，敏皆从又。卜辞有□（㴉六·四七·七）、□（后下二·十三），据知亦敏字也。大抵契文美字，就今所见，有别体二，通体一。時閲数千年，通体久废，别体之每，亦多假為语词，契金或假晦假敏。只一美字，尚能保存原义而已。

以毛羽飾冠首，今非洲美洲澳洲诸土著，犹时存其俗。二十年前之欧美妇女，亦每斜插冠上，招摇过市，皆以為美也。武秩冠前之簪旄缨，清代冠之拖雀翎，亦由飾美，演為官階服制。徵之古代，說文云，古人或飾系尾，西南夷亦然，不必指在尻后也。汉有趙惠文冠，侍中常侍服之，前插貂尾為飾，晋书趙王倫傳谓狗尾續者，指此。又有鶡冠，五官左右虎賁羽林五中郎將羽林左右監服之，上插两鶡尾，左右分立，似今戏剧中所見。更有鷸冠，見於左傳，汉名建華冠，俱詳續汉书輿服志，固人所習知者也。

……許君謂每从屮訓草盛者，乃彼时女首無飾毛羽之俗，莫从比証，不能不别求說解也。又謂美从羊大訓甘者，乃小篆字首变羊，不能不以羊意求释也。时至汉代，古俗变，字义随变。幸有甲骨金文出土，尚保存先時首飾毛羽之形態。（释每美 中国文字第九卷三九三四頁至三九四一頁）

于省吾 「說文每作□，并謂『每，艸盛上出也，从屮母声。』按許說不足為據，而自来文字学家并谓弃议。甲骨文母与女互用无别。甲骨文每字作□或□，后来又变作□。甲骨文每字多用作悔吝之悔或晦冥之晦。每字既不从艸也不作艸盛用，艸盛乃后起之义。每字的造字本义，系于母字的上部附加一个∨划，作为指事字的标志，以别于母，而仍因母字以為声。」（甲骨文字释林释古文字中附划因声指事字的一例）

赵诚 「甲骨文字里有一个□字，或作□（诚四九二），从∨从□，即后来的每字。在卜辞里有时用作晦，即晦冥之晦，为昏暗之义；有时用作罨，即网；有时用作悔，即『过错』的意思。但从未见用其构形之本义。可见，每字在甲骨文字里只是作为一种声符，即只是一个音节而存在。这样，从∨从□并非在会什么意，从□或从□，也并非採用□或□这两种形体所表现的女性的意义，只是借用女或母所表示的读音。甲骨文字里，每与母女区分极严，则每字的从∨只是区别于母和女的符号，当然不象某些象形字那样是表意的成分。」（甲骨文字的二重性及其构形关係 古文字研究第六辑二一四页）

按：卜辭每字或从女（女），或从母（母），其上小或屮象笄飾形。說文以為从屮，非是。每與母女初本同源，均象女形。卜辭母（母）與女（女）有時可混用無別。但每與女、母則區分甚嚴。

卜辭纍見「其每」、「弗每」，均用作悔。

0433

按：合集三〇七二二辭云：「其每…于北襄」當為「每」字之異構，亦用作「悔」。

0434

郭沫若「每當是先之異，象女頭著簪之形」。（粹二四七片考釋）

丁驌說參每字条下。

按：郭沫若釋先是對的。林義光文源謂先「象簪在人頭形」。古文字偏旁从人从女每無別。卜辭云：「于大乙、祖乙每求年王受…」（合集二八二七三）「…酉卜，其每在大乙…」（合集三〇四五八）均為祭名，或求年，或祈雨，與「先」之本義無涉。

0435

按：合集三二七八辭云：「貞，每子…老」

為人名

0436

按：卜辭云：
「王敝三十人呼伐𢀛方戈」合集六六三九
「王敝三十人呼伐𢀛方戈」合集六六四〇
為方國名。

0437 妹

王国维「卜辭此妹字作𣎳，从女从木。卜辭十二辰之未亦多作木，知𣎳即妹矣。」（戩寿堂殷墟文字考释五九页）

按：佚二三骨臼刻辭云：「癸未帚妹ㄒ屯，争」；甲二〇九辭云：「生四月妹虫史」，字均从「木」，不从「未」，與「妹」有別。其作𣎳者，當與妹同字。亦為人名。京二〇一六「貞，妹隹史弗其子」；鐵三五・一〇「妹其至，在二月」。字从「木」。刻辭類纂0437及0462均釋為「妹」，似當加以區分。合集六五五二臼即佚二三「未」與「木」見於同版，區分顯然，是「未」與「木」不得相混。

0438 妻

按：當為「妻」字之省。金文即或省「又」。參見0439「妻」字條。

0439 妻

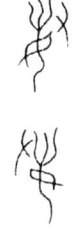

王襄「古妻字。許說婦與夫齊者也，从女从屮从又，又持事妻職也。」（類纂正編第十二第五十四葉上）

羅振玉「說文解字：『敏，疾也。从攴每聲。』叔䋣父敦从又，杞伯每亡敦均省又，與卜辭同。」（殷釋中六十葉下）

葉玉森釋妻。（前釋五卷十九葉上）

郭沫若从葉說，釋妻。（粹考七十二葉上四四八片釋文）

孫海波文編金祥恆續文編均收作敏。（文編三卷廿四葉續文編三卷廿七葉）

孙海波「𢻃，乙五一六二。从又，与金文同。𢻃，續一·三九·三。又与母同，丁敏二妣己。」（甲骨文編一一三八頁）

李孝定「說文『妻婦與夫齊者也。从女从屮从又，又持事妻職也。屮聲。[古文]古文妻从肖女，肖古文貴字。』契文與篆文全同。許云从屮者乃髮形之譌變，蓋象以手束髮或又加笄（後、下、十、十五、之形）。女已及笄可為人妻之意也。羅氏釋敏於卜辭之義皆不可通。辭云『貞出于示壬妻妣庚□叀』乙、一九一六、『□乙亥卜出歲于妣戊盧膚豕□乙妻』乙、三五二一、『丁丑卜賓貞子雍其御王于□丁妻妣己豈羊三□羌十』續、一、三九、三。第一辭言『示壬妻妣庚』，猶它辭言『示壬奭妣庚』庫方、一二二一、河、三五四、等片也。第二辭上言『出歲妣戊』而下言『□乙妻』，蓋先妣名戊者不止一人，故下言『□乙之妻』以別之。殷先公先王中名乙而妻名戊者惟武乙一人，則此所闕者當為『武』字無疑，上所闕干名以例求之當為『乙』字。第三辭言『□丁妻妣己』，先公先王中夫名丁而妻名己者有中丁四且丁二人，而是辭『丁』上一字亦稱謂者適缺，則此『丁』當於何人未可確指。『武乙奭妣戊』見金文彝毀（三代、六、五二、二）『中丁奭妣己』見續、一、一二、五『四且丁奭妣己』見後、上、三、十、又三、十一、又三十二、前、一、一七、二、又續、一、三九、三辭『妻』下有『二』字，乃卜辭序數非辭內字，凡此均可確知為妻字，釋敏則不能通讀矣。它辭云『帚羌妻』前、五、十七、四、『癸巳卜爭貞日叒丝妻隹□禍』前、五、十七、五、『于帚□妻執』後、下、二、三、九、『王固曰：有祟其有來嬉』乞至九日辛卯允有來嬉自北𢀛妻妥告曰『土方侵我田十人』菁、六、一、『□午卜至妻御父戊戊申左𠬝又叀☑』乙、五一六二、『戊午卜貞妻左𠬝今夕』乙、五一七八、第一第三兩辭同例均稱『婦某妻』『帚某』為時王之婦，而下又綴一妻字似有重複，其義未詳。第四辭言「妻妥」疑與「帚妥」同意。餘辭妻字之義未明，然如釋為敏字亦不可通，故知此字當从葉說釋妻也。金文叔盄盄字偏旁作□、揚鼎盄字偏旁作□，均象加笄之形，與契文一體同」。（集釋三六〇一葉）

丁驌說參□字条下。

按：釋妻可從。陳夢家綜述三八〇謂「由示壬配妣庚之或稱母、或稱妻、或稱妾，證母妻、妾義同故通用」。羅振玉釋此為「敏」，孫海波甲骨文編從之，謂「義與母同」。金文皆用作敏疾之敏。疑古妻敏同字，後世始分化。

0440 妻 □ □

陳煒湛　「妻母奭妾：这是一组关于配偶称谓的同义词。后世妻与母分别指称妻子与母亲，区别极为严格，绝不相混，毫无共同之义。然而在卜辞中母除有母亲义，称母庚、母辛、母壬、母癸等外，又有配偶义，在一定范围内和妻是同义词。试观下列文例：

辛丑卜，王：夕出示壬母妣庚，豕？不用。（甲四六〇）

贞：出于示壬妻妣庚，牢，叀黎牡？（丙二〇五）

据殷人祀典，知妣庚确为示壬（即史记殷本纪之主壬）之配。此一称「示壬母妣庚」，一称「示壬妻妣庚」，足证母妻二字同义。此外，卜辞尚有「大乙母妣丙」（殷缀五，新缀一六），「大甲母妣辛」（粹一八二，京都三〇二二）之语，妣丙为大乙之配，妣辛为大甲之配，此「母」义亦与妻同。

妻母二词之所以同义，从其字形结构亦可得到启示。妻作□□，象以手抓取女子头发，将女子强拖为妻，是上古抢婚风俗在文字上的遗迹。母作□□，从女，中间特加两点，象双乳之形，示女已长成，可为人配（或省去两点，则与女字同形，据文义可辨别之）。是妻母二字一为会意，一为指事，皆以「女」为基础，构字形式虽有不同，而其寓意相通，所代表的客观事物却是一致的。

卜辞中表示配偶义的词还有奭，习见于祭祀卜辞，多在先公先王庙号名之后，其配偶名之前，仍以妣庚、妣丙为例：

庚辰卜，贞：王宾示壬奭妣庚，翌日，亡尤？（后上一·七）

丙申卜，貞：大乙奭妣丙壹，亡尤？（後上一·一二）

奭字異形頗多，諸家考釋不一，但其義為配偶，則無異詞。甲骨文又有妾字，作……諸形，考諸卜辭，其義與妻亦同。如示癸之配妣甲，即可稱妾：

癸丑卜，王□□□賓示癸妾妣甲？（鐵遺一·八）

在關於先妣特祭的卜辭裏，多稱示癸奭妣甲（前一·二·四，遺珠八三，後上一·八，續存二·八七九）或妣甲示癸奭（寧滬二·一二四）。又如：

㞢于王亥妾？（鐵二〇六·二，新編一三〇）

丁亥卜，亘貞：子商妾孟婏，不其𡥼？（粹一二三九）

□寅卜，賓［貞］：子商妾孟婏？□月。（佚五四八）

王亥妾當即王亥妻（唯不見于祀典）；子商妾孟，當即子商之妻孟也。

由此看來，殷人指稱某人的配偶，曰奭、曰母、曰妻、曰妾，均無不可，其時奭母同義，妻妾無別，四字實為一組同義詞。即如示壬之配妣庚，便有三種稱呼：妻、母、奭。這在後世是不可思議的，在卜辭中卻是千真萬確的客觀存在。但這畢竟是較為特殊的現象，卜辭亦不多見，妻、妾、母之稱先妣，主要見于示壬、示癸、大乙三世，大乙之後即罕見。武丁卜辭稱小乙之配為母庚，「母」即為母親義，武丁之諸婦甚多，如婦好、婦妌、婦良、婦壬、婦豊……卻絕不見有稱之為妻、妾、母者。武丁以後各王（直系）的配偶也不見有稱妻妾的。所以這幾個詞的同義範圍是狹窄的。這大概與夏末商初社會的婚姻狀況有關。可以推測，這是古代對偶婚制遺迹在語言文字上的反映。因為在太古時代，本無所謂母與妻之分，男女同居婚配並不為尊卑所限。」（甲骨文同義詞研究古文字學論集初編一三一——一三四頁）

按：此與0439形體雖稍有出入，但均為「妻」字。當併入0439。

0441

敏

王襄　「古敏字。」（簠室殷契類纂第十四葉）

饒宗頤　「按敏為每之繁形，讀為悔吝之悔。他辭『㞢每』，亦益『又』旁。如『㞢敏』（明義士七七）『允有來嬄自北，㞢敏。𡚤告曰：……』（菁華二）并其例證。此云『曰吾絲敏』，

猶言『日若茲悔』。」（通考三六一——三六二葉）

丁驌　「契文[illegible]應為𡟬，羌女之為奴者也。」（說女字　中國文字第九卷四〇八一頁）

柯昌濟　「辛丑卜王三月之示壬女妣庚豕不用（坤四六〇）之丁示壬敏妣康牢𤉲口（乙一九一六）此二文証女、敏二字通用，敏當通毋，女為毋字省文，此文所記為先君示壬之母為妣庚。」（殷墟卜辭綜類例証考釋，古文字研究十六輯一四三頁）

按：[illegible]爲方國名，與「妻」之形義皆有別。柯昌濟說當置於「妻」字條下。

0442 [illegible] 㛸 [illegible] [illegible]

赵诚　「[illegible][illegible]。从女从廾，似为会意字，也可能是形声字。用为妇[illegible]之私名，则为借音字。卜辞只记载了商王为妇[illegible]分娩之事进行了卜问，如『[illegible][illegible][illegible][illegible]』……（存一·一〇四二）。看来，其关心程度不如其它各妇。」（甲骨文简明词典五一至五二页）

0443 [illegible]

按：合集一九八九一辭云：「丙午卜，王余禘[illegible]妣己食勿𦣻[illegible]食」「[illegible]」用為祭名。

0444 [illegible]

按：字與[illegible]形義均有別，刻辭類纂隸作「敏」，不可據。

按：此字不可識，其義不詳。

0445 襄

按：此字於卜辭為地名，當為「襄」字之異構。

0446 ⿰女率

按：「帚⿰女率」為女字。摭續三「烄⿰女率」，猶後世焚巫尪以祈雨。與「姅」同。寧滬一．一一八乃摭續三及掇一．五四九之摹本。「烄中」寧滬作「烄母」，乃誤摹。

0447

按：⿰手女於卜辭為人名。

0448 ⿱火女

按：合集二二一五七辭云：「丁卯敀⿱火女」為人名。

0449

按：合集三一六八四辭云：「在⿱山女卜．．．」

為地名。

0450 [女晶] 

李孝定 「从女从皿，說文所無。辭言『帚[女晶]』女字。」（集釋三七〇七葉）

丁驌 「：见亿八八五五，实帚多异写。」（諸帚名中国文字第八卷第三十四册三五六四页）

按：字當隸作[女晶]，乃从女晶聲。「帚[女晶]」為女字。

0451 娀 

商承祚 「甲卜辭作丨，故知此為娀字。」（類編十二卷四葉）

李孝定 「說文『娀帝高辛氏之妃契母號也从女戎聲詩曰「有娀方將」』。契文甲或作丨，乃漏刻橫畫者，此亦然。商氏釋娀，姑从之。字在卜辭為女字。」（集釋三六三五葉）

按：釋娀可從。卜辭為女字。

0452 [竹女] 

王襄 「从女从井，古姘字。」（簠考人名二葉上）

王襄 「疑姘字。」（類纂存疑第十二第五十八葉上）

葉玉森 「予疑从竹，从女，或母。」（前釋四卷十三葉）

商承祚類編十二卷五葉上、朱芳圃文字編十二卷五葉上、孫海波文編十二卷八葉上、金祥恆續文續十二卷十葉下並收此作姍。

李孝定 「从女从㸚，㸚乃竹字，見五卷竹字條。字當隸定作妛，說文所無。辭言『妻妛』前、六、一、當為女字。它辭言『帚妛』甲、一、二十、十七、同一妛也一作[illegible]一作婦，知[illegible]當釋妻矣。」（集釋三七〇三葉）

按：「妻妛」或「帚妛」為女字。均从「女」、無从「母」者。

0453

⿰女⿱⺮帚 [illegible]

張亞初 「卜辭的帚[illegible]之⿰女⿱⺮帚字（綜類一三八頁），从竹从婦，或以為它與从竹从女的妛非一字。其實⿰女⿱⺮帚也就是妛字。古代婦與女往往通作，例如文獻上的女閭或作婦閭、女謁或作婦謁，都是婦與女相通之証。由此可見，⿰女⿱⺮帚就是妛字的异体字。」（古文字分類考釋論稿古文字研究第十七輯二四五頁）

按：「⿰女⿱⺮帚」即「妛」之繁體，張亞初之說是對的。

0454

⿰女卣 ⿱卣女 [illegible] [illegible] [illegible] [illegible]

孫海波 「[illegible]、乙一〇五。从女从卣。說文所无。[illegible]、摭續一四八。或从二卣。」（甲骨文編四八三頁）

按：合集三三〇九二辭云：「……韋⿱卣女𢦏……」為方國名。

0455

𡛣

按：字可隸定作「𡛣」。辭殘，用義不詳。

0456

妃 㚸 㚸

王襄 「㚸疑古妃字，按殷契凡十二支之己作𢀓、𢀒、𢀑諸形，無作㠯者。惟人名概作𢀓，如子漁、子亦是。又巳作𢀓、𢀓、𢀓諸形，無作㠯者，而祀妃皆从㠯作，疑古文𢀓與𢀓𢀓與㠯不相通也。」（簠考雜事十葉上）

王襄 「古妃字从女从巳，殷契巳作𢀓，亦作㠯，古文以作㠯，㠯即㠯之倒文，疑古似字本从女从巳也。」（類纂存疑第十二第五十七葉下）

羅振玉 「說文解字妃从戌己之己。又有改字，注『女字也』。古金文中作妃作改者（均从己）皆為女姓。（即己姓）許君以為女字，固非。金文家或釋作妃匹之妃，則更誤矣。此从㠯作，殆妃匹之本字與」。（殷釋中廿二葉下）

葉玉森 「疑妃字所从之㠯即假作㠯，（俘）从女从巳或即㚸（俘）之變體。曰『霝妃』者，乃霝國或霝地之女俘」。（前釋卷四第三十葉下）

李孝定 「說文『妃匹也从女己聲』。羅氏謂妃改均女姓乃一字即後世之己姓，王國維氏說略同，其說是也。契文㚸字从㠯既非戊己之己，亦非辰巳之巳，與契文祀字作祀所从㠯同。祀字許君謂从巳，羅氏以為妃匹之本字可从。辭云『霝妃』蓋即其本義。契文俘作㚸前·五·一·葉氏釋此為女俘專字說非。㚸乃好字，亦不當釋俘。金文未見妃匹本字，舊均以作妃龍文公鼎、㚸弔匜、㠱匜君壺諸形者當之，按當是女姓，羅說是也」。（集釋三六〇六葉）

孫海波 「㚸，乙四五三。卜辭妃从巳，不从己。」（甲骨文編四七〇頁）

郑慧生　「甲骨文中有个『妃』字，但是，这个『妃』字从女从巳，与从女从己的妃字不是一回事。甲骨文著作中仅仅因为巳、己之今形相近才把它隶定为『妃』字的。而且，这个妃字都是帚（妇）名，因帚为妇人，所以帚名之字从女，如帚井、帚良就又写作帚妌、帚娘。按照这个惯例，帚妃之妃字从女从巳就是帚巳。妃是巳字，它与后妃之妃毫不相干，不能说明商代有嫡妻制度。」（从商代无嫡妻制度说到它的生母入祀法社会科学战线一九八四年四期一〇五页）

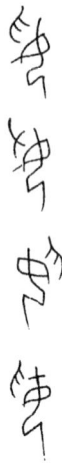

按：羅振玉釋「妃」，不可據。契文从巳，與小篆「妃」或「改」之形體均不類，且音亦遠隔。字當釋「姒」。說文無姒字，但火部「烕」篆下引詩：「赫赫宗周，褒姒烕之」；又邑部「鄫」篆下云：「姒姓國，在東海」。是說文偶遺漏耳。鄫侯簋有[illegible]字，陳侯午錞有妃字，丁佛言古籀補補收作「妃」，容庚金文編收作「改」，並誤。字與契文同，亦當釋「姒」。

「姒」為夏姓。論衡奇怪篇：「禹母吞薏苡而生禹，故夏姓曰姒」。詩正月：「赫赫宗周，褒姒烕之」，傳：「姓也」。鄫侯簋「仲姒」，陳侯午錞「孝大姒」，均為女姓，非女字。

「姒」又為「娣姒」。爾雅釋親：「娣婦謂長婦為姒婦」。廣雅釋親：「妯娌、娣姒，先後也」。左傳成公十一年：「聲伯之母不聘，穆姜曰：吾不以妾為姒」。杜注：「聲伯之母，叔肸之妻也。昆弟之妻相謂為姒」。又昭公廿八年：「叔向娶於申公巫臣氏，生伯石。伯石始生，子容之母走謁諸姑，曰：長叔姒生男」。杜注：「子容母，叔向嫂，伯華妻也」。是兄妻呼弟妻亦可謂之「姒」。邵晉涵爾雅正義云：「析言之，則兄妻為姒，弟妻為娣。合言之，則昆弟之妻統稱為娣姒。約言之，則但稱為姒」。

刻辭類纂亦釋作「妃」，今正。

卜辭「霝姒」為人名，僅見於㝉組卜辭。

0457

妥

王襄　「古綏字，省糸，許書無妥字，有綏字。」（類纂正編第十三第五十八葉上）

羅振玉　「古綏字作妥，古金文與卜辭並同。說文解字有綏無妥，而今隸反有之。雖古今殊釋，然可見古文之存於今隸者，為不少也。」（殷釋中六十葉下）

葉玉森 「妥即古文綏」。（前釋五卷二十一葉下）

吳其昌 「……[字形]字，从卜从中乃『妥』字也。按卜辭及金文俘虜之『孚』作[字形]，从[字形]从子，象手爪捕一男子之狀，則此[字形]字乃象手爪捕一女子之狀，當亦為俘虜之屬矣。孚之屬有男子，亦有女子，故師寰𣪕云：『孚士女羊牛』矣。後世『俘』字通男女而言之，而在卜辭則『男曰孚，女曰妥』矣。此則『妥』字最初之朔義；稍後則假『妥』為『綏』矣。羅振玉曰『古綏字作妥，古金文與卜辭並同。……』按羅說是也，而未嘗舉證。今按：兮古廛所藏鄭井叔鐘（愙一、一七）『用綏賓』作『用妥賓』。又海寧鄒氏藏鄭井叔鐘（周金一、七一）于右鼓有『妥賓』二字。『妥賓』即『綏賓』，亦即後世十二律之『蕤賓』也。此皆古『妥』『綏』一字之明證。本為女性之俘虜，俘虜必以索，而引申為升車之索矣。（詩韓奕正義『綏是升車之索。』左傳哀公二年正義『綏者，挽以上車之索』）儀禮士昏禮『婿授綏，姆辭』。此新婦車上所執之索也。又說文亦云：『綏，車中把也』。可證。車上執綏，則身可以自安，故綏字之義，又得引申為安。如詩樛木：『福履綏之』。鴛鴦：『福祿綏之』。南有嘉魚：『嘉賓式燕綏之』。民勞：『以綏四方』。桓：『綏萬邦』……等等，傳箋並皆訓綏為安，可證。自『綏，安也』之訓立，而綏之本義長埋矣。然此片契文所詔示于我儕者甚明。此節誼雖未達，（指前一、三、四片：『貞小母矢妥』等辭——摘錄者）而記錄俘矢狀之[字形]，復記俘虜狀之[字形]，則其與上節記𢀛方之出而為寇之事，故當有相通之關鍵耳。」（殷虛書契解詁第六四——六五葉）

孫海波 「說文所無，爾雅釋詁：『妥，安止也』。儀禮士相禮『妥，而後安』。注『古文安為綏』。甲骨文金文皆作妥，知妥為古字，今本說文脫佚也」。（文編十二卷十葉）

孫海波 「[字形]，前五·一九·一。說文元妥字。似礼士相見礼妥而后安注，古文妥为綏。甲骨·金文皆作妥，知妥为古文，今本說文脫佚也。」（甲骨文編四七九頁）

孫海波 「[字形]，前五·一九·一。卜辭用妥为綏。重見妥下。」（甲骨文編五〇六頁）

李孝定 「从女从爪，說文所無。段氏云从爪女會意是也。蓋以手撫女，有安撫之意。字在卜辭或為人名，粹、一二七五言『小臣妥』是也。或當訓安，甲編二七〇〇云『☐眾☐妥余☐上下于𣪘☐邑商亡𡆥☐六月』是也。金文作[字形]子妥鼎[字形]沈子簋[字形]蔡姞簋[字形]或者鼎[字形]鄭井叔鐘蔡姞簋銘云『用妥多福』，亦當讀綏訓安」。（集釋三八八七葉）

屈萬里　「妥，蓋當讀為綏；安也」（甲編考釋三四七葉）

張秉权　「妥，从爪从女，孫海波釋妥（注一），可信。說文無妥字，爾雅釋詁：『妥，安止也』。在此版則為人名，亦屢見於第一期卜辭中，例如：

□□卜，㱿貞：妥其𢦚出取？（乙編二九○三）

貞：妥弗其𢦚出取？

☐妥从䜌？（乙編三○○○）

☐妥其☐？（乙編四一一一）

癸卯□貞：令☐？

貞：勿☐妥☐？（乙編二七九二）

貞：令☐永☐妥☐？（前五．一九．一）

叀☐妥☐？（菁九．一四）

有時亦稱子妥，例如：

子妥囚凡☐？（乙編四○七四）」（殷虛文字丙編考釋第二一七頁）

（注一）見甲骨文編第十二．八．九。

赵诚　「𡚱　妥。或写作𡚱。甲骨文偏旁中从爪从又（手）常常相通无别。此字从爪从女会意（从爪即从手，有安抚之义），当为绥之本字。」（甲骨文简明词典四八页）

萧良琼　参俘字条

按：卜辭或稱「妥」（合二六八），或稱「子妥」（乙四○七四），或稱「小臣妥」（粹一二七五），或稱「帚妥」（粹一二四○、合四三二），均為人名。據乙五三○五妥、𡚱見於同版。从又、从爪無別，並當釋「妥」。李孝定集釋三六七九以𡚱為「奴」，非是。屈萬里甲二七○○考釋謂「妥蓋當讀為綏、安也」。此辭已殘，無徵難以取信。

0458

[女+力]　嘉

王襄　「古奴字，許說奴婢皆古之辠人也，从女，从又。」（類纂正編十二弟五十四葉下）

羅振玉　「說文解字奴古文从人作㚢，此从又，與許書篆文合」。（殷釋中二十三葉下）

葉玉森　「㚻字所从之𠂇𠂇𠂇並為耒形。先哲造奴字，蓋取女持耒之誼。古代役女子為農奴，于茲可信。譌變作㚼（前四、四一、六）㚻（藏二七一、四）乃似从又矣」。（前釋一卷八十八葉下）

郭沫若　「㚻乃妿省，讀為嘉。此言帚好有孕，將分娩，卜其凶吉也」。（粹考一六〇葉上）

胡厚宣　「字並不从又，實為㚻，當是妿省，讀為嘉」。（商史論叢初集一冊殷非奴隸社會論一葉）

吳其昌　「……『㚻』字，自羅王以下，並誤釋為『奴』……一若卜辭此字確从『又』者。其實，卜辭中此字重見無慮五十五次，皆从『力』，絕無从『又』者，可以覆按。卜辭中『力』『又』二字，驟觀似近，迫視則其間分別，甚遠甚明。又此㚼㚻……字，其『女』字交手左向者，則其𠂇狀並在左；其『女』字交手右向者，則其𠂇狀必在右，亦絕無例外。蓋乃像女子執持此𠂇狀之形也。若从『又』从『女』，而義為俘虜之『奴』，則像有手攫女之形，卜辭中固當有𡚸字（前五、一九、一），與『孚』字作𡥧者正同，雖其演衍而為『妥』字，然原始風義，自當為女俘而與『奴』誼相鄰也。若此𠂇𠂇諸狀，其不像手形明甚；而實與𡿺字所从之𡿺或𠂇為一物。其物維何？按之金文中耒耜之形作𠠲狀者，似即源出於此。意者，殷之叔葉，禾稼漸茂，耒為撥土以藝植之具，故已為殷人所普有，斯社會中專有執耒之女，而文字上亦屢見『人㚻』之名歟」。（殷虛書契解詁第二七九——二八〇葉）

孫海波　「㚻，甲三〇〇〇。从力从女。說文所無。卜辭每冥㚻連文。郭沫若讀為冥㚻，即娩嘉也。」（甲骨文編五二四頁）

丁山　「当妇女的经期，加以特别妆饰，以上幸御，这就是『㚻』字本义。㚻，从女力声，字书所未见。力，孳乳为勒，许书云，『马头络衔也』。孳乳为『饬』，匡谬正俗八云，『饬者，谨也，敬也』。饬，饰两字，古籍常相通假。……㚻即饬饰本字，妇人经期需要闭房；㚻者，妇人闭房之饰也。音则读若勒、若饬。」（商周史料考证一二二页）

李孝定

「《說文》：『妿，女師也，从女加聲。杜林說加教於女也，讀若阿。』契文上出諸形从女从力，實非从又，羅說非。葉氏雖知字非从又，然囿於羅說，不得不曲為之辭。郭氏据隸定為妿，謂是妿者讀為嘉，其說是也。惟謂妿者則仍有可商，蓋古文繁变往往增口無義，此唐蘭說妿實妿之古文，非妿者也。卜辭此字恆與𡆥字連文，𡆥當釋冥讀為娩，乃卜婦人生子之事。生子言嘉，除普通問吉凶外，尚有一特殊意義，《乙》七七三一云：『甲申☒好娩嘉？王固曰：「其佳丁娩嘉，其佳庚娩弘吉」。甲申卜殼貞：帚好娩不其嘉？三旬又一日甲寅娩□（此字漫漶，似為『允』字）不嘉，三旬又一日甲寅娩，不嘉，佳女』。前段預卜產期及嘉否，嘉與吉並用，从可知嘉有吉意。第二段為對貞，言甲寅娩則不嘉，以非前辭之丁若庚日也。第三段為事後追記之辭，距甲申三旬又一日，甲寅產一女，遂曰『不嘉』，據此以推，它辭之言嘉不嘉者，蓋亦與嬰兒之性別有關，重男輕女之觀念，蓋自殷已然矣。《佚》五八六辭云：『乙亥卜𠂤貞王曰「有孕□妿」。□曰「妿」』，更可證凡它辭言妿不妿者均有身娩子之事實，與奴字無涉。又習見『不妿』、『不其妿』之辭，或釋為奴，更不可通矣」（《集釋》三六二六葉）

张秉权

「妿字郭释妿，讀為嘉（注一），在卜辭中，娩妿往往是連用的，而且絕大多數是用在帚某之后，那是问帚某生产的情形，生子曰妿，生女則曰不妿，第（九）、（十）、（十一）等三辭是问小臣的妿与不妿的。那末所谓『小臣』，不一定是限於男性的了。在這里，也許可以把妿解释為吉，与生育之事无关。」（《殷虛文字丙編考释》第一二二頁）

（注一）見《古代銘刻彙考續編》，《骨臼刻辭之一考察》，七

杨潜斋

「卜辞㚻字，从女从力，言女子用力，谓生子也，於六书为合谊会意。《说文·女部》：『㚻，阙。』段玉裁注：『谓其义、其形、其音皆阙也。』《广韵》入二十五愿：芳萬切，则与嬔、娩二字同音。』今谓㚻乃娩之讹，嬔与娩则皆从㚻而变易书，始变易作嬔：《方言》二：『嬔，荆吴江湖之间曰嬔；宋颖之间或曰嬔。』按其字变易增从兔书，《论衡·奇怪》：『兔吸毫而怀子，及其子生，从口而出。』则从兔书，希冀女生子若兔而不用力也。又变易作嬔：《说文·女部》：『嬔，生子齐均也。』按嬔，从女，从生，从兔，谓女生子若兔也。许君云『齐均』，亦谓易产而不用力。又变易为娩：《说文·子部》：『娩，生子兔身也，从子从兔。』按娩亦谓女生子若易。总而言之，嬔、嬔、与娩，俱从㚻增兔偏旁而变易。往后由嬔而变易，省力则作娩，朱骏声《通训定声》谓娩字亦作娩。引《纂要》云：『齐人谓生子曰娩』，按今人言妇人分娩用此字。由嬔而省女则作勉：《说文·力部》：『勉，彊也，从力，兔声。』按勉训彊，乃引申之义，非其朔也。又妣与嬔、嬔、娩、娩讹字，今俱读方萬切。而古声无轻唇，则当从勉读美辩切为正。又嬔、嬔、

娩、娩、勉五字俱从免而误作从兔。而説文无兔字。余纵言至此，则卜辭言冥放之义，冥借作娩或孕，谓怀子；放谓生子。若然，其上文必言妇某冬，正文义通贯，塙而豁斯。」（释冥放，华中师院学报一九八一年三期一〇九至一一〇页）

按：卜辭言生育之事，生男曰⿰女力，生女曰不⿰女力。郭沫若釋「妿」，讀作「嘉」是對的。合集一四〇〇二正「甲申卜殼貞，婦好冥⿰女力？王固曰：冥⿰女力。其惟丁冥⿰女力，其惟庚冥弘吉。三旬㞢一日甲寅，冥不⿰女力，惟女」亦見乙七七三一）。此段完整之刻辭，最足以說明「⿰女力」字之涵義。

0459 妌

王襄 「古妌字。許說靜也，从女井聲。」（類纂正編第十二第五十五葉上）

羅振玉 「說文解字：『妌，靜也。从女，井聲。』今卜辭中數見妌字，其文皆曰『帚妌』，殆與歸媟意相若矣。」（殷釋中二十三葉上）

李孝定 「說文『妌靜也从女井聲』契文同。字在卜辭均與婦字連文，乃女字。」（集釋三六五五葉）

考古所 「本片之妌很可能也是女俘或女奴，並用以祭祀先妣。」（小屯南地甲骨一一二〇頁）

姚孝遂 肖丁 「

(1)『王其又匕戊妌汎……王受又』

(2)『汎小宰王受又』

(3)『叀匕戊妌小宰，王受又』

此片自下而上讀。第(1)辭可朴足为『王其又匕戊妌汎（小宰），王受又』。此祭祀妌之辭例校特殊，值得注意。

……□可能有两种读法：一为「姘」、一为「母井」。根据卜辞商王之祭祀母妣，皆以天干为名，从无称「母」私名之例，我们认为当读作「姘」，而不能是「母井」之合文。且以「妇好」死后亦称「好」例之，是「妇姘」死后亦可称「姘」（参见姚孝遂吉林大学所藏甲骨选释，见吉林大学学报1963年第4期）。是否可以理解「姘」为「匕戊」之私名？

由于「妇好」墓的发掘，很多同志认为「好」是武丁配「妣辛」的私名。我们认为这是一个尚有待于进一步加以证明的问题。卜辞尚无加注先妣私名的先例，「姘」似乎难以解释为妣戊之私名。」（小屯南地甲骨考释六七—六八页）

姚孝遂说参□字条下。

按：「帚井」或增女作「帚姘」。其地位頗尊，約與「帚好」相當。較為特異者，卜「帚姘」受年之辭獨多，且拾五六有「帚姘田雈」之辭。卜辭諸婦，唯「帚姘」有田。據此，「帚姘」不當為武丁之妃嬪。否則，其餘諸婦何以無田？「帚姘」亦參加征伐：

「貞，另乎帚姘伐龍方」　　續四·二六·三

「帚姘」亦主持祭典：

「貞，翌辛亥乎帚姘俎于殸京」　　續四·二六·四

「帚姘」亦與貞卜之事有關：

「帚井气□自……七，耳五十」　　續四·二六·五

「帚井示十屯，穷」　　續四·二六·七

綜之，「帚姘」與商王之關係至為密切。是否為武丁之妃嬪，實難確指，有待於進一步之追索。

研契諸家，多以卜辭諸婦均為商王之妃嬪，但無確證，不敢輕於置信。

0460

好□□

羅振玉　「石鼓文作□，與此第二文（□）合。」（殷釋中七十三葉上）

商承祚「按羅先生釋𡥈為好未確。子字卜辭無作𢀖者，乃巳字。疑此為后妃之妃。」（類一八一先考釋）

容庚「按甲骨文甲子之子作𢀖，辰巳之巳作子。金文亦然。子孫之子金文仍作𢀖。甲骨文亦有从子之季字，則𡥈之釋好固無不可。若后妃之妃金文乃作𡚱，从己，非从子也。」（類一八一片考釋）

王襄「說文解字：『好，媄也。』依段氏改本注云：『好本謂女子，引伸為凡美之稱。』『歸好』，當為嫁女之禮，卜辭有『歸妹』之文，易歸妹：『帝乙歸妹』可證。四千年後，殷世婚嫁之禮所僅存者。𡥈或曰从女从巳，巳與以通，即古姒字。爾雅釋親：『女子同出，謂先生為姒。』」（簠考典禮十二葉下）

葉玉森「按卜辭中之𡥈字，諸家釋好，曹無異言，惟以讀各辭每感窒礙，而其辭又多卜㱿、卜戔、卜自（師）之貞。歸好下又多作『弃奴』，『弃不其奴』，『不隹辥』等語，與歸好二字不相聯貫。翊悟𡥈為𡥈（俘）之变體，猶𡥈（侸）之作𡥈，从人者或疑為男性，或不分男女性。从女者則純為女性。歸好即歸俘。猶經言『齊人來歸衛俘也』。（左莊六年）本辭御為祭名，蓋以來歸之女俘獻于妣乙之廟也。他辭云『丁巳卜㱿貞勿好（俘）亐从從戲下上若受我口（祐）』（前四·三八·一）即言勿以為俘虜，使从從戲順且受我福祐也。……『庚子卜㱿貞歸好（俘）』之（按此作『㞢』及『有』字釋之）子（俘）』，（藏一二七·一）好與子同為俘，不分男女性而渾言俘者，即書作子曰之子，即之俘。（甲骨文字一弟三葉）猶它辭云之艮、之从、之因，疑殷代用來歸之俘獻于祖廟，俘以祭祖也。『丁酉卜賓貞歸好（俘）弃奴王固曰其隹甲弃之求之口』，（徵文典禮弟百十五版）『丁巳卜戔貞歸好（俘）弃不其奴』，（殷虛卜辭二三六二）弃有容納之意，曰『弃奴』，曰『弃不其奴』，蓋卜來歸之女俘容納之而使為奴或否也。『貞王𢓊歸好（俘）不隹辥』，（藏一一三·四）說文解字『辥，辠也』。蓋卜來歸之女俘不治以罪也。綜觀各辭，昔所以為扞格者，今可渙然冰釋矣。」（前釋一卷一一三葉下——一一五葉上）

唐蘭「帚好者婦子也。好為女姓，即商人子姓之本字。此武丁之婦，同姓不通婚姻，周之制也。好今讀呼皓切，字音之变。」（天壤文釋六十一葉）

李孝定「說文『好美也从女子』契文同。契文子孫字均作𢀖，武丁卜辭常見『子某』

之文字正作𡚱者，非盡干支字之已也。字从女子，正當釋好。卜辭好字均與帚婦字連文，為武丁諸婦之一。「好」竊謂當是女字。葉氏謂以借字解之，並謂𡚱子亦借字，不知契文自有借字作䢅，象以手執人于道中，乃會意字，後乃变為从人子聲之借耳。婦好為武丁諸婦之一，帚專征伐與朝政。葉氏所舉前四、三八、一之辭，即謂勿乎婦好从沚馘征某方也。藏一二七、一之辭當讀「婦好有子」，乃卜其有身否也。簠徵典禮一一五辭當讀「婦好娩幼其佳甲娩」，乃卜其産子之嘉否及卜産期也。殷虛卜辭二三六一辭所卜事類相同，藏一一三、四辭乃言王疾婦好不佳禍否也，盍其時婦好物故而時王有疾以為婦好祟之也。葉氏悉讀好為借，其說遂覺支離少當矣。又葉氏謂「其辭又多卜殻卜戋卜自師之貞，歸好下又多：：」按殻應釋殸，戋應釋爭，與自並貞人名，與貞卜之事類無關。朿應釋帚，讀為婦，卜辭自有歸字作𠂤朿藏八一、三，若𠂤朿前四、六、八，葉氏固已知𠂤朿當釋歸，見前釋卷四第十葉下、帚歸二字聲韵懸隔，卜辭安得假帚作歸乎。葉氏前編集釋成于民國廿一年，其時於「貞人」問題雖尚無正確之解釋，然歸之不得看作帚其理固昭然明白也。葉氏不察，乃以「歸借」說「婦好」也，所謂大惑終身而不解者也。金文作𡚱盧鐘𡚱戲編鐘𡚱杜伯盨𡚱仲白𡚱仲白父簋𡚱齊[illegible]革氏鐘𡚱林氏鐘。盧鐘云「用濼樂好賓」，知當釋好，非如若妃也。」（集釋三六五〇葉）

姚孝遂

「甲骨刻辭『好』字的形体结构与篆文的『好』完全相同；『姘』与篆文的『姘』完全相同；『姪』与篆文的『姪』完全相同；『姓』与篆文的『姓』完全相同。但是，这些字在甲骨刻辭中皆用为专有名词，与训为『美』的『好』；训为『静』的『姘』；训为『兄之女』的『姪』；训为『人所生』的『姓』很难说就是同字。其原因在于：我们在辞例上不能加以证明。」（古文字的符号化问题 古文字学论集初编一一一——一一二页）

按：卜辭「好」為女字。「婦好」於武丁時期占極重要之地位、為著名將領之一。洪一五〇即津三一〇「𢀛婦好三千，𢀛旅萬，乎伐……」，為已知商代出動軍旅最大之數字。有關「婦好」之身份，一九七六年因殷墟五號墓之發掘益為學者所矚目。

吉林大學所藏甲骨（合集二六三六）有辭云：

「貞，隹且乙取帚？

貞，帚好出取不？

貞，隹大甲取帚？

貞，帚好出取上？

貞，隹唐取帚好？

隹且乙？

貞，隹大甲？

貞，隹唐取帚好？」

「婦好」於武丁時即已亡故。此乃卜問「唐」即成湯）抑「祖乙」，抑「太甲」娶「婦好」為冥婦」。據此，則不得謂「婦好」為武丁之妃嬪（上述論證，詳見拙著吉林大學所藏甲骨選釋吉林大學學報一九六三年四期）。自婦好墓出，論者進而以婦好即妣戊，終嫌證據不足，實難苟同。即五號墓主是否為婦好，亦不能無疑。

0461 毓 育 后

王國維

「此字變體甚多，从女从𠫓（倒子形，即說文之㐬字）或从母从𠫓，象產子之形，其从[illegible]者，則象產子時之有水液也。从人與从母从女之意同，以字形言，此字即說文育字之或體毓字。毓从每（即母字）从㐬（即倒子）與此正同，其作[illegible]者，从肉从子，即育之初字。而[illegible]所从之𠙴，即說文訓女陰之也字，其意當亦為育字也。故產子為此字之本誼，又[illegible]諸形，皆象倒子在人後，故引申為先後之後，又引申為繼體君之后。說文：「后，繼體君也，象人之形，施令以告四方，故厂之，从一口。」是后字本象人形，厂當即[illegible]之譌變，口則倒子形之譌變也。后字之誼，本从毓誼引申，其後產子之字，專用毓育二形，繼體君之字，專用后形，遂成二字，又譌[illegible]為后，而先後之後，又別用一字。說文遂分入三部，其實毓后後三字本一字也。卜辭後祖乙作[illegible]祖乙，即武乙之異稱，又曰「乙卯卜貞王賓[illegible]祖乙父丁歲亡尤」，后祖乙與父丁連文，考殷諸帝中，父名乙子名丁者，般庚以後（卜辭皆般庚遷殷後物）惟小乙武丁及武乙文丁，而小乙卜辭稱小祖乙，則后祖乙必武乙矣。殷諸帝中名乙者六，除帝乙未見卜辭外，皆有祖乙之稱，而各加字以別之，是故高祖乙者謂太乙也，中宗祖乙者謂河亶甲子祖乙也，小祖乙者謂小乙也，武祖乙后祖乙者謂武乙也，武乙在諸名乙者之後，乃稱后祖乙，則用為先後之後也。卜辭此字又用為繼體君之后，屢云：「自上甲至于多[illegible]衣」，又云：「丁丑出于五[illegible]」。按書盤庚云：「古我前后」，又云：「女曷不念我古后之聞」，又云：「予念我先神后之勞爾先」，又云：「高后丕乃崇降罪疾」，又云：「先后丕降與女罪疾」。詩商頌云：「商之先后」，是商人稱其先人為后，是多后者，猶書言多子多士多方也，五后者猶書云：「三后成功」，詩云：「三后在天」也。二者皆毓育二字引申之誼，故備論之。」

（增考中五十二葉引亦見戩考八至九葉文辭與此略同）

王襄　「古毓字，說文解字育之或體，此段為后」（徵考帝系二十葉上）

葉玉森　「按往者予釋卜辭𠬪𡥈為隊之古文，象人與子自高顛倒隊。（說契）茲二文之古似碻為倒子形，王氏釋𡦹字所从之古為倒子形，宜若可信。又𡦹之別構作𡦹𡦹，育子之形尤顯，釋毓似無可疑。金文呂仲僕爵亦作𤗃，聞氏謂卜辭女與人每通段，予按除𡦹（佚）𡦹𡦹（寐）𡦹（俘）𡦹（蒐）𡦹外，雖罕見，然似不妨段人為之。王氏據再見之毓祖乙，（前五．五．七．鐵．三．三）因認定『甲口貞翌酌彤于居且亡㞢』（後上．二十．十一）辭中之祖亦祖乙合文，微損，乃補一乙字。聞氏則謂影本祖下無乙字。予諦視影本，且下塙無乙字。惟且字左側微損，有無乙字，是否祖乙合文，尚難決定。證之卜辭文例『彤于』下為人名，如『彤于小乙亡㞢』。（後上．十九．三）『彤酌于』下亦為人名，如『彤酌于咸』。（甲．一．十三．十七）辭中居字即認為居，則居祖二字似當為人名。又卜辭文例『之于』下亦為人名，或簡稱某干名，或渾稱列祖，曰『之于五居』，與『告于三父』、（甲．一．五．五）『求于九示』（前．三．二二．七）句法並同時是『五居』，即為五居，辭仍卜祭，非卜遷也。」（前釋一卷一〇三葉）

郭沫若　「案此字之釋至精確，惟沿說文后為繼體君之說，頗未愜。古文獻中無用后為繼體君之意者，如書盤庚曰『古我前后』，曰『我古后』，曰『我先神后』，曰『高后』，曰『先后』，為及商頌玄鳥『商之先后』，均不限於繼體君。而詩下武以太王王季文王為『三后』，書呂刑以伯夷禹稷為『三后』，於創業垂統之君亦明明含括。更考典籍中用后之例，均限於先公先王，其存世者則稱王而不稱后。卜辭亦如是，是則后者乃古語也。余謂后當是母權時代女性酋長之稱。母權時代族中最高之主宰為母，母氏最高之德業為毓，故以毓稱之也。毓字變為后，后義後限用於王妃，亦猶其古義之孑遺矣。」（卜通十七葉）

聞宥　「王說非也。卜辭十二支之子作𢀈𢀈諸形，巳則作𢀖𢀖諸形，此古非倒子甚明，卜辭人名雖有𠬪字，然果讀子與否未可遽定。倒子之說更不能立，蓋卜辭女與人每通假，毓子為母，有之事尤不當以人為之。𡦹既不當釋毓而居與毓又非一字，居蓋與居同為居字。說文居从尸古，居从古誼無所取，段朱諸氏改為古聲是也。此从尸从古甚明。其作居者或為古聲之省，或本別作午聲，以古亦从午得聲也。」（孳乳研究五十七葉）

又云：「卜文居與毓非一字。更有顯證，卜辭凡出毓字，辭中必有先公先王之名，故王氏釋為后說頗近似。若作居則云『之于』，如曰『丁丑之于五居』是也。惟後上二十葉居下有且字，王氏遂認為祖乙實影本未見乙字。王氏所引謂也言五居者，當是卜大遷之辭。作居者罕見，王氏

類纂異字下出『韋貞異居』一辭，當亦卜大遷而不吉者。郝之言居猶盤庚之言奠厥攸居也，惟屬於何世則不可考矣。」（同上）

孫海波 「𡿪，甲四一四。王国維释毓，象婦人产子之形，即育字初形，卜辞用为后。毓祖乙。居，前一·三〇·五。或从人。𡿪，甲二五〇二。或省每。毓祖丁。」（甲骨文編五五八頁）

李孝定 「說文『育，養子使作善也。从𠫓，肉聲。虞書曰「教育子」。𣫭，育或从每。』卜辭上出諸形（吇字除外，說見下），王氏釋毓，謂毓后一字，是也。（王氏謂毓后後一字可商，按用『毓』為『前後』字乃段借，至『後』則為後起『前後』專字。）字象產子之形，或从人，尸同，作居者，古文偏旁从人从女从大从卩每每得通也。『五后』猶言『五示』，與『多毓』之辭例全同。或言『毓且乙』，亦作『居且口』（後上、二十、十一），是辭『且』旁適有缺損，當作『䵘』，正祖某合文，雖不必為居且乙，然為人名可知，居之為毓確不可易，後世作后乃居之形譌也。聞氏乃謂𣫭不得釋毓，其文與篆文毓字全同，不知何所見而云然也。聞氏又謂十二支之子作𢀓不作孑，巳乃作子，因謂古不得為倒子形，不知卜辭金文小篆子巳本是一字，說詳下巳字條，只緣分用為二支之名，遂分衍為二字耳。說亦見上子字條。古既為倒子形，着母臀下，下為小點以狀羊水，非毓字而何。葉氏釋子為停，後釋胡所从之古為倒子，自為矛盾。卜辭偁『子某』，實當釋子某，非停字也。只緣釋子為停，遂不敢確認居為后，蓋有所蔽也。然猶知即為『五居』，亦卜祭，非卜遷，較聞說已進一境。葉聞二氏引卜辭『之于某』之字作『㞢』，實當讀為侑，與『之』作『㞢』者迥異。聞氏釋『㞢』為『之』，遂有卜遷之說，因謂『居』為居字，不知契文『古』字作『凷』不作『古』，『古』乃从十口會意，非午聲。契文『十』亦無作『十』者，聞氏一誤再誤，遂至一無是處矣。王氏謂𠙶亦𣫭之異構，即育之所自昉，其說亦是。凷即許書『也』之古文象形，从也从肉从女从母意同。小篆易『也』為『肉』，而上从倒子之去乃誤存。𣫭之偏旁子在上，而『肉』若『也』在下，則正當从正子於事乃合也。𣫭字尚接近象意畫階段，當為初文。𠙶若育則文字化之程度已深，例屬晚出，惟『毓』字卜辭僅一見，辭云『癸丑卜，行，毓（此字另起一行，較癸字高一格）子韋』（後·下·十八·二），未知是否一辭，如是一辭則當是用其本義。卜辭毓后諸字未見用本義者，至王氏謂吇亦育字則似可商。吇字見前·四·二八·七，辭云『乙未卜爭貞：賤王吇曰突』，又見後·下·二七·九，字作𡥆，辭云『貞子𡥆』，釋育均不可解，疑與後·下·三一·十·之吇為一字，其義不明，非育字也。吇字所見一辭僅殘存一字，吇𡥆吇似均从口，非从肉也。金文作𣫭（毓且丁尊）𣫭（毓且丁卣），亦段為前後字，𣫭（呂仲爵）」。（集釋四三三三葉）

饒宗頤　「□……丙午卜，何貞：羽丁未，其又升歲，祁毓（后）且丁』。（見綴合編三四二）按辭稱毓且丁，即庚辛康丁之世稱其祖父武丁也。毓字省作㐬，不从母，但以倒子之『育』借用之，此亦何卜辭字體詭怪之一例」。（通考一〇八九葉）

饒宗頤　「古字，他辭習見，或言『毀古多』（明義士三八四）知其字非為『毓』之寫失。按古為倒子之去，即育本字。育，說文：『育，養子使作善也。或體作毓』。爾雅釋詁：『育，養也。』說文：『養，供養也』。祭祀之事，所以追養。禮記祭統云：『祭者，所以追養繼孝也』。李善引禮緯語同。文選東京賦：『躬追養于廟祧』。薛綜注：『言祭皆追慼孝養之道』。卜辭言『育多觀』者，謂供養而薦粢盛也。詩：『不遑將父』，『天不我將』，傳箋并云：『將，養也』。故古之為育，義與將養同。」（通考六三四葉）

丁驌　「契文別有后字，即用於人名之前，稱后且某、后妣某之后。字从人或从女从子。字或正写或倒写，有其下加小点者，皆是一文。此字释毓通后，所未能明者，即何以后母、后号，之后写成司形，而前後之後写为毓字，象产子之狀？按毓字用於先王，男女无别。武丁時代便有此字。反司為后之字只用於称母，或不是法定先妣之女子，如『司母辛』『龔司』等。此段司為后之字，实含有尊崇之意，因『后母』不能是『後母』，當作『母后』解也。謂殷人用后字，无继体君之意，实偶不察耳。『毓且乙』『毓妣己』之后，乃前後之後，毫无疑问。亦可兼有『後代』之意，故稱『五毓』，或即有血緣关系之五世。毓不同育（惠），後者為生育之育。子字横於人形之下段，而未出。毓則已生，子在人旁。

司与育本為兩字，司由石发展而來。司字先有，后為反司。及至金文之后，則已將司育二字混為一談矣。」（說后　中國文字第七卷三三六九頁至三三七〇頁）

白玉峥　「兄戊，蓋武丁之諸兄，而未即王位者。為祖甲之父，故见于祖甲时之卜辞，则称之为『父戊』，见于廩辛、康丁兄弟时之卜辞，则称之为『祖戊』。史记殷本纪：『帝武丁崩，子帝祖庚立，帝祖庚崩，弟祖甲立，帝祖甲崩，子帝廩辛立，帝廩辛崩，帝庚丁立』；据卜辞观之，祖庚、祖甲二王，乃为伯叔兄弟，祖甲乃武丁之姪；而廩、康兄弟之称武丁，其见于卜辞者，故曰『后祖丁』也。蓋緣廩、庚兄弟，迺祖甲之諸子；然廩、康二王，亦非同父之兄弟，此可征于卜辞者也。是卜辞中之『后』字，其谊亦非前后，其『后□□』之称谓，亦若今世之称继父、或继母，为后父、或后母者然矣。」（契文举例校读　中国文字第八卷第三十四册三八〇四页）

姚孝遂　肖丁　「647「壬午卜，其則毓、父丁」

「毓」、「父丁」不能連讀。卜辭于「祖乙」以下均可稱「毓」。佚415及粹237均有「自祖乙至毓」可證。郭沫若先生謂毓「當是后祖乙之省」，似不確。屯南275「其桒于毓」与「其桒于「四示」」對貞，「毓」似不得單指「毓祖乙」，……」（小屯南地甲骨考釋五六頁）

白玉峥說參□字條下。

裘錫圭說參□字條下。

按：王國維釋「毓」，說至精確。惟謂後下一八·二之□亦為毓字則非是。郭沫若、李孝定皆有所補正，說均可信。

孔廣居說文疑疑謂「育，生也，从㐬，象子生時倒縣而下也」，與古文字合。

契文毓或作□，从子不从㐬。辭云：

「甲寅貞，自且乙至□」　粹二三七

「甲寅貞，自且乙至□」　佚四一五

「……酌……囗……至……□……」　京津三二二八

其與「好」字之別在於：「好」作□，或作□，「女」與「子」相嚮並列，且「子」多作「早」、在「女」之前；而「毓」字則「子」在「女」之後下方，象育子之形，子均作「♀」，無作「早」者。

商承祚佚考誤以為「母辛」合文。

契文亦作□，从人，不从女。辭云：

「至于多□」　佚七六

「庚子卜王，囗、匕甲、□匕癸」　前一·三八·三

「于□且帝又勻」　粹四〇一

李孝定集釋二六一一誤混入「保」字。其與「保」字之別在於：「人」與「子」並列者為「保」，子均作「早」；「子」在「人」下者為「毓」即「育」，且「子」均作「♀」。金文保字作保，加「）」以為標識，亦別於□。商承祚佚考誤釋作「父」。陳夢家隸作「居」，謂「五居即五后」，「五后可能指大庚至中丁五王」綜述四九五」。實則小篆「居」乃□之譌變。繫傳以「凥」為「居」之俗體，大徐本則作「踞」。蹲踞字當以作凥為是，踞實後起。「居住」字則作「居」。

妹

羅振玉　「妹从女。此从母者，古文母與女通用。卜辭中此字為地名，殆即酒誥之妹邦矣。又借為昧爽字。」（殷釋中二十三葉）

王襄　「古昧字。盂鼎昧辰之昧亦作𡜈。妹字重文。」（類纂正編第七第三十二葉上）

王襄　「古妹字。妹或从未省，殷契未有从木作者。此从女从木，即古妹字。古與昧通。」（類纂正編第十二第五十四葉下）

王襄　「⿰未邑，从未从邑，即書酒誥：『明大命于妹邦』，妹之本字，妹為地名，故从邑。」（簠考人名六葉上）

葉玉森　「从米，象木上有小枝，乃木末形，似為末之初文。古文末未音同，當為一字。後人以未專紀時或作語詞，乃別制末字。訓女弟之妹，應从女从末，蓋末有小誼。（呂覽精諭高注）妹固女之小者。」（說契三葉下）

又曰：「妹應訓昧爽，釋名『妹，昧也。猶日始出歷時少尚昧也。』盂鼎昧晨亦作妹辰。古文蓋以妹為昧。他辭云『昧其雨』（前、三、十九、五）『妹雨』（後上、三二、十）妹為昧爽，可為顯證。」（前釋二卷六十六葉下）

又曰：「𡜈羅振玉釋妻，說文解字妻古文作𡜊（增訂考釋中廿二葉）按說文『妹，女弟也。从女未聲。』卜辭作𡜈𡜈，（寐之偏旁）上象木近女首，下象木在女旁，古以木為枕，女子雞鳴而起，時方枕卧，東方未明。故卜辭用為昧爽之昧，𡜈妹固妹之初文，別構作𡜈𡜈，女从米米象木上有小枝，乃木末形，似為末之初文。古末未音同，當為一字。後人以未專紀時或作語詞，乃別製末字。訓女弟之妹應从末，蓋末有小誼。妹固女之小者也。」（前釋四卷三十二葉下——三十三葉上）

董作賓　「新派紀時，帝乙帝辛時，又有所謂『妹』者，即說文之『昧』，……段玉裁注以為……將明未全明也。其時晚於雞鳴，早於平旦。」（殷曆譜上編卷一第七葉上）

孫海波「[glyph]，甲二〇七三。地名。田妹。」（甲骨文編四七二頁）

陳夢家「妹或是昧爽（天將明之前）」。（綜述二四七葉）

陳夢家「妹即酒誥之妹邦，詩桑中『沫之鄉矣』，湯歸妹『帝乙歸妹』之妹，據一統志在今淇縣東北。今淇、滑二地東西相距約三十公里，與肥泉俱屬相近。肥泉即泉源水，卜辭所謂泉指一條水流，洹泉、麥泉亦然」。（綜述二六五葉）

李孝定「說文『妹女弟也从女未聲』契文同。卜辭均假為昧，乃紀時字，假借字但取音同，於義無涉。葉氏以女子早起而時方枕卧故用為昧爽之昧說之，實為蛇足。羅氏釋作[glyph]者為妻說誤，契文別有妻字，此明从未聲也。字亦不从邑，王說亦非。金文作[glyph]盂鼎[glyph]沈子簋[glyph]盆桐盂」（集釋三六一九葉）

按：卜辭「妹」从女从「未」，與篆文同。其从「木」者，不得釋「妹」，隸當作「妹」，乃人名。諸家混入「妹」字，殊誤。拾一一·一一「妹」字亦从「女」，不从「母」，甲骨文編誤摹作从母。凡偏旁皆从「女」，無从「母」者。

卜辭「妹」多用「昧爽」之義。刻辭類纂0437、0462均有「妹」字，而又均將「妹」字混入，當訂正。參見0437。

0463 婐 [glyph] [glyph]

羅振玉「从女从[glyph]，[glyph]殆為果字，象果實在樹之形。許君云『象果形，在木上』。世固無此碩果矣。卜辭或省女作[glyph]，與孟子『二女果』同。說文：『婐，婐妮也。一曰女侍曰婐』。孟子『二女果』，趙注：『果侍也』。今卜辭曰『貞帚（即歸之段字）婐之子』，曰『貞婦果』，曰『貞[glyph]帚婐于母口』，與許君一說及孟子趙注合，與許君第一說異。然可知孟子之果與許君之婐，固為一字矣」。（殷釋中二十三葉上）

王襄「古婐字」。（類纂正編第十二第五十五葉上）

王襄　「歸婐，亦嫁女之禮」。（簠考典禮十三葉下）

李孝定　「說文『媟嬻也从女枼聲』契文从木乃枼字，說詳六卷采枼二字條下請參看。从女从枼乃媟字。類編文字編文編類纂續文編均从羅說，今正。字在卜辭為女字」。（集釋三六六九葉）

按：羅釋婐可從。所从之果或作㮊、虛匡與填實同，即象果形，與枼無涉。李孝定釋媟非是。「帚婐」為女字。

0464

婡

按：合集一三七一六正辭云：

「貞，婦婡其亦疾」

「婦婡」為女字。

0465

⿰女黍

王襄　「疑妻字」。（類纂存疑第十二第五十八葉上）

陳夢家　「卜辭黍年之黍从水从木，或省水，此字从女从木，故定為嫀字。鳿距⿰女黍約為四五日路程，⿰女黍距杞（永城東北）一日，則其地當在永城之北。左傳哀七『築五邑於黍丘、揖丘、大城、鍾、邘』，杜注云：『梁國下邑縣西南有黍丘亭』。」（綜述三〇六葉）

續文編十二·十二收入嬢字。

李孝定　「从女从喪，說文所無。孫氏文編十二卷十一葉收作媟。从喪乃喪字。」（集釋三六九八葉）

李孝定「从女从[illegible]，乃桑字。陳氏隸作嫊誤，當隸定作媃，說文所無。辭言『在媃』，地名」。（集釋三七〇〇葉）

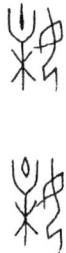

聞一多「卜辞从桑之字有[illegible]（前二·九·二）[illegible]（前六·一三·四）甲骨文编俱入附錄。案左半即[illegible]之省。字从桑从女，当释媃，原辞简略，摹本亦漶漫难识，未能探其义蕴也。」（释媃中国文字第四十九册五四二五至五四二六页）

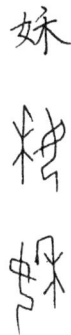

陳秉新「媃字不見字書，以声求之，当与桑音近，或即采桑字之繁文。媃与桑当是一地，据卜辞与桑（泃陵）、霍（蒙）、商（商丘）俱近，中国历史地图册把媃的地望標在商丘偏西、惠濟河以東，比較可信。」（殷虚征人方卜辞地名汇释，文物研究第五輯七一頁）

按：李學勤殷代地理簡論三八隸作媃是對的。卜辭乃地名。甲骨文編一二·一一摹作[illegible]，隸作媃，陳夢家隸作「嫊」，並誤。

後上一三·一有「媃」，拓本漫漶，孫海波甲骨文編一二·一一、金祥恒續甲骨文編一二·一二、李孝定集釋三六九九均摹作[illegible]，不可據。島邦男綜類一四二摹作[illegible]，列入媃字是對的。

0466 [illegible] [illegible]

按：合集一〇八七辭云：「……王執……其以[illegible]」乃氏族名。

0467 妹 [illegible] [illegible]

按：合集七〇七六：「貞允其改妹」，「妹」乃氏族名。

0468

婪

□

商承祚釋婪，無說。（佚考八五葉）

李孝定「說文：『婪，貪也。从女林聲。杜林說：卜者黨相詐驗爲婪。讀若潭。』上出第一文正从女从林，與小篆同。商氏釋婪可从。是片僅殘餘『□婪隹鹿』三文，不詳其義。第二文从㚣从艸，偏旁中艸林相通之例多見。㚣本象女安坐形，於用作偏旁時蓋亦得與女相通。金氏續文編十二卷十二葉上收此作婪。茲从之。辭云『帚婪莫來』乃女字。」（集釋三六七五葉）

按：隸作婪。卜辭僅見，辭殘，用義不詳。李孝定集釋三六七五據續文編以乙六七一六爲□，謂亦婪字。該片不清晰，綜類一八六摹作□，亦有可商。只能存疑。

0469

訊

□ □ □ □

王襄「□，疑訊字。」（類纂存疑卷二四葉上）

葉玉森「□當釋訊，象罪人臨訊，去其索置於側而鞫之也。」（枝譚二葉十三行）

葉玉森「就□（訊）之一字，可以考見罪人臨訊，可去其索置於側而鞫之也。」（枝譚第六葉背古刑條）

丁山「辭云『□入』（新獲寫本三二五，甲尾『□入』（說二〇〇〇二，甲尾□疑□之間寫。卜辭『辛巳卜王勿□』（粹一三〇五、『丙辰……勿□』（後．下一六、一、□象兩手被執形，殆即執訊本字。詩小雅出車『執訊獲醜』，大雅皇矣『執訊連連』。訊在金文或作□師寰毀□不嬰毀□兮甲盤□；正爲卜辭□字所繁衍。辭云『乙丑王□……消在宋』（續三．三一．五、徵．地二六、王訊，殆謂王親問俘，係屯訊之本字也。□从口从係允係允與□同象，是知□爲訊之初文。訊，說文古文作□洒，古音或讀與西同。洒除之洒應是汛字或體。詩山有樞『弗洒弗掃』，洒在許書正作汛，汛與洒汜俱一聲之轉。甲尾所見訊氏可能在汜水流域，水經河水注『河水又東合汜水』音似假或誤為汜（下略）」。成公四年左傳『晉伐鄭取汜祭』，汜祭約當今河南汜水縣，在浮戲山陰，洧水則出於山陽，由卜辭『王汎……洧在宊』測之，汎氏故居宜近浮戲之山。」（方國志一三八葉）

唐蘭「𠾶呅字，簠室殷契類纂列存疑四葉注云『疑汎字』。按散毀云『𠾶卌』，（薛氏款識十四）宋人釋為侯。號季子白盤云『執嘫五十』，徐同柏釋嘫，云『古文𢿸，从口系號省聲』。（從古堂十三五）張石匏釋繫，云『僕字不見說文，當是繫字。說文𢿸从縣省聲。縣籀文系字。淮南子本經訓「僕人之子女」，注云「僕與因繫之繫同」』。陳壽卿釋汎，云『汎古文作𢿸，言古有作兮者，詩「執訊獲醜」，爰云「汎言」，此从屮从口・與古言同・中即凡，或謂女非从系者，寓縶維之義・詩出車采芑兩言執訊，此銘亦述伐玁狁事・文義當同，是汎字也。』（攈古錄三·二·四七）孫詒讓釋絢，謂『右巡句刑甚明晢，下增及者……經典通用絢為履絢字，故又巡行遲遲及……執絢者絢拘聲類同・書酒誥曰「厥或誥曰羣飲汝勿佚，盡執拘以歸于周」，此云執絢與濤執拘義正同』。（古籀拾遺卷上二六）劉心源粹緯，謂『昒㫚即韋，丂即韋，說文韋作𩏑，从舛从口，即此伯晨鼎韓字从𩏑幃字从𩏑並可證也，此將日施于旁，故難識耳。緯者束也』。（奇觚室八十八）按此字諸說紛紜，惟陳說信者頗多，吳大澂、王國維、容庚等均采用之，以執訊與詩合故也・然陳氏釋此字支離殊甚，以字形言，嘫因決非汎字，而幸強傳合是其失也・吳大澂易其說謂『古汎字・从系从口，執敵而汎之也』（古籀補）其說字形較優，而嘫與汎之閔係則仍茫昧之故・余按卜辭作嘫，左象口，右象有人反縛其手也・金文作嘫（兮甲盤）嘫（楊毀）嘫（不嬰毀）等形並相近，惟並亦其人之足形（武誤為女），而幺或爰為系耳・作嘫（號季子白盤）者已有爰譌，作𢆶（師寰毀）者省爰更甚矣。然其右側正當作𢆶或𢆶形，𢆶象人反縛・𢆶者為𢆶，𢆶省則為𢆶矣。說文『𢆶根也从人弦省聲』，則古義既湮，後之說也・以索縛係，其讀自應近係・（係字作𠂤）本固不須從弦省聲也・嘫字說文所無，以形觀之，一人被反縛兩手而別有一口，自含汎因之義・盖汎籀之本字也・以象意字聲化之例推之，則問从口門聲，𠻘从口𤔔聲，取从口是聲，則此呅字亦當是从口伩聲。伩讀如弦或係而得轉汎者，正如戶之轉音為所矣。然則呅本汎籀之專字，其音亦當讀如係，轉音如汎。後世呅字既湮，經傳多借汎為之。陳畫齋以詩執訊謂即金文之執嘫本為極佳之發見，然以謂呅即汎字，在文字學上不能謂非過失也。」（文字記四十五至四十六葉）

孙海波「𠾶，續三、三一、五。金文號季子白盤，執訊五十。訊字作嘫形，与此同。今定此为訊字。文云，乙丑，王訊□□。」（甲骨文編九七頁）

李孝定「說文『訊問也从言卂聲𢿸古文訊从鹵』。金文嘫嘫嘫諸字，陳壽卿釋為訊是也，而其說則支離牽傳。唐謂金文諸形即卜辭之𠾶是也，惟唐氏隸定作呅。卜辭作𠾶金文，謂為訊籀之專字，及後此字既湮，經傳乃假訊字為之。是則謂□□與訊原非一字。至經傳通作訊者，乃假借字也，其說亦失之支離。按《續》三．三一．五．六（纖地二重出）之訊，諸家摹錄作□，稍失真。諦察影本，實當作□，乃象一人面縛之（兩膝在前，兩手在後）面臨之以口之形，訊籀之誼如繪。絜文又有□字，習見，諸家皆以為「如」字。按「如」字絜文作□，从女从口，而□則从□从口。□乃象人面縛而跪之形，非女字也。□與□之別，祇在8之有無，□實即□之省體，省□作□，訊籀之誼仍顯。蓋兩手反剪在後，非生理之自然現象，故雖省幺而拘縶之誼猶視而可識也。从□者一誤為□（字當有从□作□者，省□則為□形矣）再誤為孔（孔之譌，孔則隸變之譌）遂誤以為从凡聲矣。从口从言，例得相通，然則□若□即訊之古文，訊則其譌變之異體也。訊之本誼為訊鞫，為問皋。《詩·皇矣》「執訊連連」，《出車》「執訊獲醜」，《周禮·小司寇》「用情訊之」，《漢書·張湯傳》「訊鞫論報」，皆用訊之本誼，引申以為凡問之備，許君所訓是也。卜辭之訊，或用其本誼，或用其引申誼，其字則作□、作□。辭云：「乙丑王訊☒（按此字丁山釋消，謂即《水經》之消水，其說無據。其字作□，中畫相連，并非从乙从又也，字不可識。消字作中彡（續六．十三．九），與此有別。卜）辭在宊」（纖一．五三．三）此謂王在宊（地名）親訊俘虜也。「貞勿訊」（纖六．一六．六）此則或用其引申誼亦未可知，以辭義過簡，無由確指，然為動詞可知也。「□巳卜爭貞王訊□」（珠八一一）「☒循☒訊☒」（乙三五四九）此辭雖僅餘殘文，然循有以單威撫循之義（說見前循字條），訊字與之同辭，亦有執訊之義也。「戊申卜貞王其訊☒」（纖七二．四）「訊循☒出」（纖一六三．二）「王訊昌（按此字葉玉森《前釋》分書作曰曰，《前釋》說云：「森按，諦察影本，曰曰上似竝有一小橫，作曰曰，則應竝釋曰其，辭誼愈不可解矣」，見《後下》九．五，卷三．十一葉下。按此是一字，疑當釋「昌」，人名）乃曰吉」凡」（前五．三十三）「訊昌」（後下九．十一）其作□者，當釋「如」。辭云：「□子□□貞今如婉」（纖十三．一）「□如□□婉□」（遺七九二，本辭不明）「如黽」（乙七七九。黽似亦當讀為婉，此三辭或與諸婦娩乳之事有關，首辭言今日如，臨盆也）「壬申卜如午用」（粹三九八）辭義雖未能盡明，然其辭例則無一與作□諸餘相類，足證□□之決非一字。諸家並釋為如，誤，今正。金文訊字作□（虢季子白盤「執訊五十」，即《詩》之執訊連連、執訊獲醜也。陳介祺說）、□（兮甲盤）、□（不嬰毀）、□（歒簋）、□（揚毀）、□（師寰毀，此形譌變已甚矣），均與絜文之作□者相同。」（集釋〇七四九葉）

李孝定

「契文又有□字（纖七二．四一），作□（纖一六三．二一），作□（纖一七九．三一），作□（前五．三〇．二），作□（前五．三〇．三），諸家并皆釋如，按实□之省文也，□象一人面缚，临之以口之形，讯鞫之义如绘，□字特省去8形，讯鞫之义仍显，所从非女字也（女字两手在前，与都同向，此则两手面缚，其别甚显）。盖两手反前在后，非生理之自然现象，故虽省幺，而拘絷之意，犹视而可识也。从□者一误为□（即孔字，讯字古当有从□作□者，省□则为□矣）。再误为孔（孔之讹孔，则隶变之讹，其误当在篆隶并行之际）。遂误以为从孔声矣。从口从言，例得相通，然则□即□即訊之古文，訊则其讹变之异体也。……其作□者则当释如，其辞云：

□子□，□贞，今如娩？（娩字作冥，读为娩。纖一三．一）

□如□娩□？（乙编九二，本辞漫漶不清）

此二辞或与诸帚娩乳之事有关，首辞盖言今日如临盆也。

壬申卜，如午用？（粹三九八）

如字所见数辞，其意虽未能尽明，然其辞例则无一与作□诸条相类，足证□、□之决非一字，诸家并释为如，误，今正。」（读契识小录之二，历史语言研究所集刊第三十六本上册二八○至二八二页）

張亚初「在甲骨文中有□字，旧释如，不确。早期如字从女，女字双手交叉置于胸前，与此字双手反绑于身后的字形不合。这个字在甲骨文中全作动词用：

「□巳卜，争贞，王□」（缀八一一）

「戊申〔卜，□〕贞，王其□」（外二三四） 以上为第一期

「贞勿□」（俯六·二七·二）

「乙丑王□及才宾」（续三·三一·五） 第五期

第五期之□字从口从双手被捆缚于身后之人，与金文的讯字相同。第一期的□字字形与之基本相同，差别只是手下无绳索形。早期不加绳索，晚期加绳索，这与羌字早期变化的情况是相一致的。所以这无疑是同一个字的早晚的不同形体。

「王讯」、「王其訊」、「王勿訊」之卜，说明商王掌握审判权。诗鲁颂泮水：「矫矫虎臣，在泮献馘，淑问如皋陶，在泮献囚」。王讯之卜与此可以互相对照。讯可能是讯问俘虏，也可能是审讯罪犯。可惜由于卜辞过于简略，无法肯定究竟属于哪一种情况。上面所引材料「王訊及」之「及」是人名。卜辞有「乙丑，寧弘易及才宾」（续三·三一·一；佚九一五）。这两条材料人物、时间、地点都相同。前者讲「王訊及」，后者讲「寧弘锡及」，审訊与赏赐是有矛盾的。所以，「王訊及」的「訊」似应理解为咨询之讯。」（甲骨文金文零释，古文字研究第六辑一六一——一六二页）

于省吾释訊，参如字条下。

按：訊本作□，象人反縛其手，臨之以口，訊鞫之誼。晚期卜辭增糸作□，更加突出縛系之形象，是為□之繁體。李孝定謂□即□之省體，未免顛倒其發展之次第。至於「如」字則从女从口作□，與訊字有嚴格之區分，不得混同。關於訊字之演變，李氏

論之頗詳，其說可從。

0470 如

王襄 「古如字」。（類纂正編第十二第五十五葉上）

李孝定 「說文『如，从隨也从女从口』。契文作上出諸形。自羅釋妿為如，學者从之。王氏類纂孫氏文編商氏類編朱氏文字編金氏續文編並兼收妿妿二形作如，或單收妿作如，實則妿字象一人面縛而臨之以口，乃訊之初字，作妿者方是如字。」（集釋三六五九葉）

按：李孝定區分「如」、「訊」二形是對的。鐵一三·一鮑鼎釋「如」，諸家皆從之，實乃「好」字，下有殘畫猶可辨識。卜辭「如」為女字。

0471 㚼

于省吾釋姛，參[口豕]字條下。

按：此乃「㚼」字之省。契文「豚」或作「[口豕]」，「㚼」或作「[glyph]」。是「[glyph]」有可能即「㚼」字之異構。由於均為人名，難以從辭例上加以證明。

0472 㚼

孫海波 「𡛷，乙八七九四。婦㚼。婦姓，与多母文义有別。」（甲骨文編四七三頁）

孫海波 「𡛷，乙五六四〇。卜辭別有㚼字。此版与多妣为对文。故知其为多母合书。」（甲骨文編六〇五頁）

0473

媢 [甲骨文字形] [甲骨文字形] [甲骨文字形]

李孝定 「說文『姼美女也从女多聲㚷姼或从氏』契文正从女多聲。辭云『帚姼』或單偁『姼』或偁『帚多』，佚、八八九六、乃女字」。（集釋三六二九葉）

丁驌 「姼⿰多女⿰多女：帚名，簡写为多或夕女。后者与⿰多女字相混。……参阅佚八八九六辞释。」（諸帚名中国文字第八卷第三十四册三五六四页）

陈炜湛 「⿰多女既是一个独立的字，又是多母二字的合文形式，这是独字与合文同形之例。作为一个独立的字，⿰多女，从女，多声，說文谓『美女也』。卜辞有妇姼之名，乃武丁诸妇之一，……妇姼亦可省称妇多，……佚八八九六版妇姼与妇多并见，繁简共存，尤为明证。

但在下列各辞中，⿰多女却是多母的合文形式：

贞：佳侣（多姒）？ 佳⿰多母（多母）？ 佚五六四。

此版⿰多母与侣（多姒）对文，可证此⿰多母非姼字，亦非多女合文，而是多母合文。

贞：⿰多女亡因？ 佚八七一七、八八八八

其所以知⿰多女为合文，是因为甲骨文中同时也存在有多母析书之例，如：

庚戌囗贞易多母出貝朋？ 后下八·五

贞：佳多母壱？ 庫六六三

乙酉卜，韦贞：出于多母？ 七集T·一四

甲申卜，王：大衢于多母？ 前八·四·七

于多母禦？ 鄴三下三七·八

既然姼与多母的合文异字同形，则甲骨文编卷十二许多从女的字，特别是『妕』字以下『說文所无』者五十余字，是否全是独体字而没有合文在内；该书合文卷内母罘以下至王母计二十条是否全属合文，而无独体在内，也就有必要重新加以考虑，审慎地作出判断了。」（甲骨文异字同形例古文字研究第六辑二三九——二四一页）

按：卜辭「姼」為女字，或作「帚多」，不从「女」。此猶「帚姘」亦作「帚井」。但「多少」之「多」絕不作「姼」。是「姼」為婦名之專用字。字亦省作⿰多女。⿰多女字或省作⿰多女，然則舊釋「⿰多女」為「如」，亦可能即「姼」之異構。

張秉权「[字形]，从女从自，說文所無，楷写為⿰女自，在卜辭中常為地名，例如：

貞：⿰女自受年？（乙編七二三六）

貞：西土受年？

貞：西土不其受年？

⿰女自受年？

⿰女自不其受年（乙編七〇〇九）

丁酉卜，㱿貞：我弗其受𤰔耤在⿰女自（年）？（乙編四三〇六）

丁酉卜，㱿貞：我弗其受𤰔耤在⿰女自年？（乙編三一五四）

王固曰：我其受𤰔耤在⿰女自年。（乙編三一五五：即三一五四之反面）

己亥卜，爭貞：在⿰女自田㞢足雨？（乙編三一八四十二〇二八；丙編待刊）

从上面一些卜辭看来，⿰女自地可能在殷之西，是一个田猎的所在，也是一个農业的区域。」（殷虛文字丙編考释第一八二頁）

張秉权「⿰女自，饒宗頤殷代貞卜人物通考曰：『⿰女自即郋，說文：汝南邵陵里，讀若奚。』（P.九六），按汝南在殷墟安陽小屯之南，与卜辭似不相合，或者第（一）（二）二辭与第（三）（四）（五）（六）（七）（八）諸辭，並无連续关系？疑莫能决，存以待考。」（殷虛文字丙編考释第四〇一頁）

按：卜辭每見卜「⿰女自受年」，⿰女自為地名。又乙一二〇一「⿰女自㞢子」，是⿰女自亦為女字。

0474

⿰女才

張秉权「[字形]，从女在（才），說文所无，今楷写為⿰女在（⿰女才），是一名詞，他辭有：

叀⿰女在烄㞢雨？（乙編一二二八）

勿烄⿰女在亡其「雨」？（乙編六三一九

貞：□⿰女在烄㞢从雨？（前五．三三．三）

貞：烄婞㞢雨？

貞：烄⿰女在亡雨？（佚一〇〇〇）

与本版所卜之事相同，而佚一〇〇〇又以烄婞和烄⿰女在对貞，至于『烄⿰女在』或『⿰女在烄』之⿰女在，例底是人名呢？还是地名？很值得细细研究，胡厚宣认為「盖焚人以祭也」（注一），陳夢家亦以為：「卜辭烄以求雨之[女才]婞等，係女字，乃是女巫。」（注二）。但是日人島邦男氏則据烄祭卜辭中的「烄高（粹六五七）」「烄玨」（粹六五三）」「烄㬎（佚九三六）」「烄凡（鄴三·四八·三）」等和其他卜辭的「在高（前二·一二、三）」「田玨（前二·三五·一）」「征于㬎（前六·一·八）」「在凡（粹一〇）」等相比，認為罗氏所引說文「烄，交木然也」及玉篇「交木然之以燎柴天也」之說為至確，而以為那是在某地舉行燃烧交木以祈雨的祭祀（注三），但是卜辭中人名与地名往往相同，而且卜辭中的辭句，有時会省略得毫无道理，至於在一句之中省掉一个「于」字，更屬常見。」（殷虚文字丙編考释第二三三頁）

按：佚一〇〇〇辭云：「弜烄[女才]，亡其雨」；前五、三三·三辭云：「[女才]烄虫从雨」。亦用人為牲之例。

0475 婞

按：佚一〇〇〇「貞烄婞虫雨」，「婞」乃祭牲，亦以人為祭牲之例。

0476 [女羊]

按：「帚[女羊]」習見，為女字。

0477 [女牛]

按：辭残，用義不詳。

0478 [女豕]

0479

⿰女羋

按：字从「女」从「豕」，用義不詳。

于省吾释𠀤参㛅字条下

參見「嫤」字按語。

按：「⿰女羋」為祭牲名，亦以人為牲之例。

0480

⿰女鼄

王襄　「疑娸字」。（簠纂存疑第十二第五十八葉上）

黄沛荣说参𦍩字条下。

按：字當隸作⿰女鼄。甲骨文編六〇三頁以為「母黽」之合文，不可據。孫氏混「黽」、「鼄」為一，是以致誤。參見鼄字條。

0481

⿰女黽

李先登　「⿰女黽，古孕字。太玄经：『⿰女黽其膏。』又：『好⿰女黽恶粥。』范望注：『⿰女黽与孕、⿰月黽同。』」（孟广慧旧藏甲骨选介，古文字研究第八辑七九页）

按：「⿰女黽」亦祭牲之一，與「孕」字無涉。

0482

⿰女龍　⿰女龔

王襄隸定作[龏女]，云：「說文解字所無。」（簠考雜事十一葉上）

陳邦福「从女龍聲，本作[女龍]，疑寵之本字。」（瑣言六葉下）

李孝定「从女从龍，說文所無。辭云『己卯卜王貞雀受[女龍]』陳疑為寵似可通。」（集釋三六九七葉）

丁驌「[女龏][illegible]：妣甲名。龏、龍二字，龏為龍加廾形，实如一字。犹毋廾辛毋廾甲即母辛母甲也。」（諸帚名中国文字第八卷第三十四册三五七二页）

于省吾释[龏女]参[龏女]字条下

按：「[女龍]」為祭牲之名。

0483 [女虍]

按：「[女虍]」為女字。

0484 婋

按：合集二八二六四辭云：「其桒年于婋鼎……」為殷人祭祀之對象。

0485 [女它]

按：此字為人名。

0486

娑

按：字不可識，其義不詳。

0487

夎

白玉峥「[illegible]，籀庼先生释㚢，又疑为備省。罗振玉氏释嫆，曰：『嫆，从女容；犹嫔从女賓。此字不見於许书，盖古有专字，而今则无矣。或省宀，或省口』（考释中二一页）。峥按：字从女从夂，说文所无。以今隶书之，当作夎。或谓：与作䜷者为同字；此惟省口耳。但衡诸字例，作夂与作𠂤者异；盖𠂤可释为各，而夂却不能释为各；夂，更不可释为各省。故姑书作夎，以俟考定。」（契文举例校读二一 中国文字第五十二册六〇〇一页）

按：此與「姳」形義俱乖，不得視為同字。

0488

姳

李孝定「从女从各，或省口从夂。說文所無。」（集釋三七〇五葉）

按：前七·二六·三「……来，姳云自北西單雷……」，與合七八「大来，各云自北雷」；粹八三八「……来，各云……」辭例同。姳當假作各。

0489

姃

王襄「古姃字，从女从正，許書有𡛜字，从女从反正訓乏。取左氏反正為乏之說，疑即此文也。」（類纂存疑第十二第五十七葉下）

李孝定「說文『姃婦人皃从女正聲』又『乏春秋傳曰反正為乏』契文从女从正，古文反正無別，王氏疑即姃字是也。字在卜辭為女字。」（集釋三六五七葉）

按：姑隸作姃。唯「正」作𠯑，上从口。「正」字無此形體，卜辭所僅見。乃女字。鐵七二．一乃「好」字，孫海波甲骨文編一二．一〇、李孝定集釋三六五七皆誤以為「姃」字。

0490 婝

按：字不可識，其義不詳。

0491 ⿰女心

按：唯見骨臼刻辭，為人名。

0492 娛

于省吾「从第二条的『其奉妣癸娛、妣甲⿰龍女』来看，則以女奴隶的娛和⿰龍女作为祭祀妣癸、妣甲的人牲更为明确。」（甲骨文字释林释用作人牲的女奴隶二一二頁）

按：「娛」為祭牲名。

0493 奻

金祥恆續文編十二卷十一葉上收此作奻。

李孝定「說文『奻訟也从二女』契文同。察影本此片似為甲橋反面看一奻字，當是女

字」（集釋三六七七葉）

按：字隸作妏，「帚妏」為女字。

0494 如

罗琨 參妥字条

按：合集三二一七一辭云：「侑妣庚五如十牢」「如」為祭牲之一，0564重出，當合併。

0495 媢

按：合集二二一七四辭云：「光勾媢」為人名。

0496 [illegible]

按：合集一四五八八辭云：「丙子卜，賓貞，[illegible]珏彭河」為祭牲之名。

0497 姫

屈萬里 「[illegible]，从女从臣，隸定之當作姫。」（甲編考釋四九九葉）

0498 姬

于省吾 「說文：『𦣝，顄也，象形。』王筠句讀云：『淮南子：「𩑺輔在頰則好，在顴則醜。」高注：「𩑺輔頰上窐也。」𦣝之外象顯，中一筆象窐。』又釋例云：『左之圖者顯也。右之突者，頰旁之高起者也。中一筆則𦣝上之紋，狀如新月，俗呼為酒窩。』按許說及王氏之解釋並非本義。契文無𦣝字，而有从𦣝之字。前一、三五、六，姬（姬）从𦣝作𦣝。（金文季宮父簠姬从𦣝作𦣝形相仿）後三下三九、一，姬从𦣝作𦣝。按𦣝本象梳比之形。說文：『𥫗取蟣比也。』从竹𦣝聲。』比今通作篦。廣雅釋器：『𥫗，櫛也。』說文：『櫛，梳比之總名也。』羅氏殷虛古器物圖錄第二十三圖為骨製之梳比，作𦣝形，其第二齒已折。羅氏附說云：『狀略如櫛髮之疏，上有四穿，不知何物。』按此即古之梳比，為𦣝之初形。其有四穿者，貫繩以便懸佩也。晚期金文鑄子簠𦣝作𦣝，已與初形稍異。商器父丁卣𤡔字从𦣝作𦣝，適象梳比形。洛陽金村古墓聚英，圖版第八十有玉櫛二枚，其製作已較商器為精緻。要之，以古文字古器物證之，知𦣝本象梳比之形，後世以竹為之，故說文作𥫗。許書說𦣝，雖有失其朔，而許書存𥫗之義訓，可謂中流失船，一壺千金。王氏說文釋例屢引金文為證，而纏貽紕繆，無當初形矣。」（駢三第三十七葉釋𦣝）

孫海波 「从𦣝从每，即姬字。說文：『姬，黃帝居姬水以為姓，从女𦣝聲。』此从每者，卜辭每母女三字無別，母丁或作女丁（前一、二八、五），母癸或作每癸（前一、三一、二），本書母戊作每戊（戩一六、四），皆其證，知姬字亦可从每作矣。」（戩壽考釋第九葉）

于省吾 「卜辭『姬』字每用為祭名。如『王賓母癸，姬，亡尤。』（前一、三一、二）姬與餌、饎古字通，集韻七之『餌』通『饎』，說文謂『饎，酒食也。』」（釋奴婢考古第九期一九六二年）

李孝定 「說文『姬，黃帝君姬水以為姓，从女𦣝聲』契文从每與从女同。从𦣝于氏釋姬可从。又說𦣝之初義為𥫗亦甚允當，故並錄之。金文姬字多見，大抵作姬不嬰簋 姬師趛鼎 姬魯侯鬲 姬禾簋 姬魯伯盤 姬司寇良父壺與此略同。」（集釋三五九四葉）

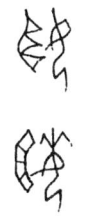

于省吾 「说文：『𦣝，颐也，象形，颐篆文𦣝从页，𩒭籀文𦣝从首。』王筠说文句读：『淮南子𩑺辅在颊则好，在颧则醜。高注：𩑺辅，颊上窐也。𦣝之外象显，中一笔象窐。』又

释例：「臣当作□，左之圆者颐也，右之突者颊旁之高起者也，中一笔则臣上之纹，状如新月，俗呼为酒窝。」按许说及王氏的解释并误。甲骨文无臣字而有从臣之字。例如：姬字从臣作□（京都二五八四一亦作□（邺三下三九·一），嬰字从臣作□（佘一六·三）。按臣本象梳比之形。说文：「笸，取虮比也，从竹臣声。」比今通作篦。广雅释器：「笸，栉也。」说文：「栉，梳比之总名也。」史记匈奴传索引引苍颉篇：「靡者为比，麤者为梳。」罗氏殷虚古物图录第二十三图为骨制之梳比，作□形，其中一齿已折。罗氏谓：「状略如栉，发之梳，上有四穿，不知何物？」按此即古之梳比，乃臣之初形。其有四穿者，贯绳以便悬佩也。商器父丁卣獄字从臣作□，与上一形相仿。要之，以古文字古器物证之，知臣本象梳比之形。古文字有臣无梳，则梳乃后起分别之名。后世之臣，以竹为之。故说文作笸。许书说臣虽有失其朔，但存笸之古训，犹为可贵。」（释臣，甲骨文字释林六六至六七页）

于省吾　「甲骨文姬字每用为祭名。如「王宾毋癸，姬，亡尤」（前一·三一·二），「其又姬于匕辛」（粹三八六），是其証。姬与⿰食臣、饎古字通。集韵七之⿰食臣同饎。説文：「饎，酒食也。」」（甲骨文字释林释⿰辛卑二一四頁）

按：于先生釋姬。卜辭為女俘之名。辭云：

「己卯卜貞，王宾且乙奭匕己姬，⿰辛卑二人，⿰豆殳二人，卯二牢，亡尤；甲申卜貞，王宾且辛奭匕甲姬，⿰辛卑二人，⿰豆殳二人，卯二牢，亡尤」　京津五〇八〇

「其又姬于匕辛」　京津四〇九一

此皆以「姬」為祭牲。均屬乙辛卜辭。前此則所未見。

0499

⿰辛卑　□　□　□

于省吾　「晚期卜辭中有「⿰辛卑」字，系「婢」字的初文，為研契諸家所不識，今録之于下：

(一)「叀⿰辛卑王受又；又⿰豆殳羌，王受又。」（寧滬一·二三一）

(二)「己卯卜，貞，王賓且乙奭匕己，姬，⿰辛卑二人，⿰豆殳二人，卯二牢，亡尤；甲申卜，貞，王賓且辛奭匕甲，姬，⿰辛卑二人，⿰豆殳二人，卯二牢，亡尤。」（京津五〇八〇）

以上所舉兩條的「⿲辛女辛」字凡三見。第一條的「⿲辛女辛」字作⿱畀女，第二條的「⿲辛女辛」字稍為簡化。「⿲辛女辛」字所从的「卑」與卜辭「⿲辛卑辛」字所从的「卑」同形。「⿲辛女辛」是「婢」的原始字，今則「婢」字行而「⿲辛女辛」字廢。說文：「婢，女之卑者也，从女从卑，卑亦聲」。「婢」系形聲字，它的形符說文从「女」，卜辭从「妾」，含義是一樣的。但从「女」的含義太抽象，「妾」與「婢」的身分相比次，在商代都系家內奴隸，而从「妾」于字義更相適應。它的聲符从「卑」，金文作畀，卜辭作畀。說文：「卑，賤也，執事者，从𠂇甲」。前人關於「卑」字約有四種不同的解說：

(一)段玉裁說文注：「古者尊又而卑𠂇，故从𠂇在甲下，甲象人頭」。

(二)徐灝說文段注箋：「甲乙之次甲為尊，故𠂇在甲下也」。

(三)朱駿聲說文通訓定聲「卑」字注：「按許說形聲義俱誤。此字即椑之古文，圜榼也，酒器象形，𠂇持之，如今偏提一手可攜者」。

(四)林義光文源「卑」字說：「按𠂇甲非義，古作畀，不从甲，田當為甶之變形，擊缶也，手持之」。

按以上所引四家之說都不可據。古文「卑」字本不从甲乙之甲，則段、徐二家之說已失其據。說加以傅會；卑字上部所从之「甶」形與「椑」與「甶」無涉，則朱、林二家都系曲依許卜辭的「卑」字作畀，象手持錘形以服勞役，當時的統治階級已經視勞役為卑賤之事，所以卑有賤意。金文以「卑」為「俾」，「俾使」與「卑賤」義本相因，从「人」作「俾」者為後起字」。（釋奴婢考古第九期一九六二年）

孫海波

「⿲辛女辛，㝉泸一·二三一。从妾，婢之別体。」（甲骨文編四七三頁）

屈萬里

「魏石經尚書無逸殘字，卑字古文作畀；㫃㲋卑字作畀；均與⿲辛女辛字偏旁畀若畀相近。然則⿲辛女辛字隸定之當作⿲辛女辛，蓋古婢字也」。（甲編考釋八五葉）

李孝定

「說文「婢女之卑者也从女从卑卑亦聲」此从妾从卑，以妨或作㚴，鐵·九·一、例之屈氏釋婢可从，蓋偏旁中从女从妾得通也。屈氏甲釋八五葉引𣽃五〇八〇辭云「己卯卜貞王賓且乙奭匕己⿲辛女辛⿲辛女辛二人㱿二人卯二牢亡尤」解云「疑是刑婦女以祭，以為先妣之婢也」。其說蓋是。甲編辭云「叀婢」，同片它辭云「叀羌用」、「叀㱿羌」、「于宗」，羌為人牲。卜辭恒見用羌若干之紀錄，㱿羌與𣽃·五〇八〇辭之「㱿二人」辭例同，是則甲編一辭乃於某祖若匕之宗㱿羌若婢以祭也。殷墟發掘諸大墓中殺而殉者動數十百人，然則殺婢以祭固不足異也」。（集釋三六三一葉）

于省吾　「甲骨文有⿰妾卑字，係婢字的初文，为研契諸家所不識，今录之于下：

一、叀⿰妾卑，王受又〇又毀羌，王受又（宁沪一·二三一）。

二、己卯卜，貞，王宾且乙爽匕己，姬，⿰妾卑二人，毀二人，卯二牢，亡尤〇甲申卜，貞，王宾且辛爽匕甲，姬，⿰妾卑二人，毀二人，卯二牢，亡尤（凉津五〇八〇，又續一·二五·二，文殘）。

以上两条⿰妾卑字凡三見，作[illegible]或[illegible]。⿰妾卑是婢的原始字，今則婢行而⿰妾卑废。說文：『婢，女之卑者也，从女从卑，卑亦声。』婢是形声字，它的形符說文从女，甲骨文从妾，义訓相仿。但从女的含义太抽象，妾与婢的身份相比次，在商代都系家内奴隶，故从妾于字义更相适应。（甲骨文字释林释⿰妾卑二一二頁至二一三頁）」

罗　琨　参妾字条

按：「⿰妾卑」即今「婢」字。卜辭為祭牲之名。參見「姬」字條。

0500　⿰女缶

張亞初說參[illegible]字条下。

按：卜辭「子⿰女缶」為人名。

0501　⿰女豊

李孝定　「从女从豊，說文所無。」（集释三七〇四葉）

按：「帚⿰女豊」為女字。辭云：「己未帚⿰女豊示三屯，敲」，為骨臼刻辭。字不从「豊」，不得釋成「⿰女豊」。

0502 □

陈汉平 「甲骨文有□（乙编六三七三）、□（遗珠三五一）字，字在卜辞为妇名。旧不识，甲骨文编收入附录。按甲骨文占字作占、□、□、□、□、□等诸体，知此二字从女占声。说文：『姑，小弱也。一曰女轻薄善走也。一曰多技艺也。从女占声。或读若占。』（古文字释丛，考古与文物一九八五年一期一〇五页）

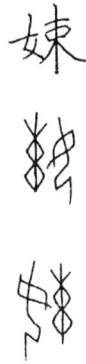

按：卜辭「帚□」為女字。

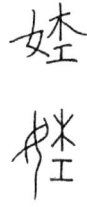

0503 娃 □

按：「娃」在卜辭為方國名。

0504 娕 □ □

葉玉森釋媒，無說。（拾考二十葉上）

孙海波 「□叶玉森先生释媒，余前亦谬承其说，今审当是娕字。说文：『娕，谨也，从女束声，读若谨敕数数。』卜辞从女从□，□即束字。萬字作□，餗字作□，所从束字偏旁，并与此同，可证也。叶氏谓□即重果，父丁彝裸作□，亦从重果，与卜辞□正相近，（殷契钩沈）殆不然矣。」（卜辞文字小记，考古学社社刊第三期六十二页）

李孝定 「說文『娕謹也从女束聲讀若謹敕數數』。『契文亦从女从束，不从果，葉釋媒非是。孫釋可从。字在卜辭為女字。」（集釋三六六一葉）

按：字从索，當隸作「𡠗」。在偏旁中「索」與「束」可通用，或隸作「娕」，亦可。「帚𡠗」為女字。

0505 奸

按：乙一六二辭云：「㚣奸㚤」。與㚤、婢等同義，亦為用人為牲之例。陳夢家綜述六〇一以為「卜辭姣以求雨之㚤婢等，係女字，乃是女巫」。合集一〇六七甲正辭云：「乙亥卜，賓貞，奸于祖乙三牛」「奸」通作「㚤」。

0506 婈

按：卜辭「帚婈」為女字。

0507 𡠧

按：諸家隸作奔，並與𡚱字相混，均誤。奔為動詞。卜辭云：「丁巳卜，奔多𡆥于𡿧？」「丁巳卜，弓奔多𡆥于𡿧？」（丙九〇）象有女於𠚕，拯而出之。「帚奔」則為女字。「奔」與「奔」形義均有別。

0508 𡠧

吳其昌「二『母』字皆增奴作『㚷』，此為稱『母口』之辭所創見，尚未見有纏出之片也。然在他字，則仍有其例，如『鼎』字亦間有增奴作『鼏』者（瀘八、六、四），『皿』字亦間有增奴作『㚷』者（後二、三九、七）于人名中，亦有于『帝乙』字下增奴作『㚷乙』者（後二、一九、七）尤與本片『㚷甲、㚷辛』之例為近也。推原其所以增『奴』之故，『奴』字原象兩手拱捧之形，增収，殆所以示尊。於『酉』增『収』而為『尊』，亦遂以為尊崇之本字。『酉』為禮器（象酒甕），『鼎』與『皿』亦為禮器……亦得增収而為『⿱鼎廾』『异』矣，皆所以示尊崇於此特殊之禮器也。……故『异甲』、『异辛』或『异乙』等特殊字狀殆皆可以後人示敬釋之也。」（殷虛書契解詁三〇二——三〇三葉）

李孝定　「从女从収，說文所無。」（集釋三七〇七葉）

丁驌　「（存上一〇四二）『帚⿱女廾娩⿰女力隹史』⿱女廾即女字加廾，疑即……女字重文，猶[illegible]為母辛然。……异辛异甲即母辛母甲也。」（諸帚名中国文字第八卷第三十四册三五六三——三五七二页）

郑慧生　参宰字条

按：「帚⿱女廾」為女字。存一·一〇四三辭云：「帚⿱女廾冥幼」。諸家與弃字相混，並誤。

0509

⿰女⿰玨又

连劭名释婞，参玨字条下。

按：「⿰女⿰玨又」為女字。

0510

姓

王襄　「古姓字。許說人所生也，从女从生，生亦聲。」（類纂正編第十二第五十四葉上）

孫海波　文編十二卷五葉下收此作姓。

李孝定謂卜辭「姓仍為女字，非姓氏之姓。金文姓氏字或但作生，兮甲盤銘云『諸侯百生』

是也。或从人从生作『住』，齊鎛銘云『保盧吾子住』是也。亦無从女从生之姓。是則姓之為姓氏字其事當屬後起矣。」（集釋三五八九葉）

斯維至「甲骨文中甡𤯓諸字，何新同志释为姓字，甚确。就字形看来，它象女子向生之神作祷告之形。我认为，这可能是古人的生殖崇拜的礼俗。德字从行，就是向四方（道路）举行祷告生之神。」（关于德字的形义问题，人文杂志一九八三年五期八七頁）

姚孝遂說參𤯓字条下。

按：「姓」字从「女」从「生」作「𤯓」，在卜辭為女字，與「𤯓」有別。刻辭類纂混入「姓」字、誤。參見0511。

0511

李孝定「从女从生，說文所無。」（集釋三七〇五葉）

按：刻辭類纂誤將「甡」混入「姓」字、且0511誤摹合集二六九五六作甡，實當作甡，其旁為泐痕。甡與𤯓有別。參見0510「姓」字條。

0512 姪

羅振玉釋姪無說。（殷釋中二十三葉下）

王襄「古姪字。」（類纂正編第十二第五十四葉下）

李孝定「說文：『姪兄之女也从女至聲』契文同。辭云『己亥卜王余弗其子帚姪子』前、一、二五、三、『丁卯☐帚姪☐幼壬☐』前、四、二、六、五、『☐姪商氏』佚考隸定作妣實誤蓋上半殘泐然猶可辨為姪字其稱『不其幼』佚、四四五、均為女字。就第一辭觀之時王於諸婦之子固不盡以之為子也。」

（集釋三六二三葉）

姚孝遂說參□字条下。

按：「帚姪」為女字。

0513

按：合集四四六四辭云：「貞，呼□疾克」為人名。

0514 ⿰女食

白玉峥　「叶玉森氏释⿰女食。曰：『从女从食，殷人俘食之妇女，因係女旁而为识别。食乃国名』（见前释四·二）。峥按：叶说非是。字从女从□；□，象壶形，即今楷壹之初文；字当作嬄。嬄，疑即懿字。妇懿，武丁时诸妇之一。」（契文举例校读十八中国文字第五十二册五九〇二页）

按：「帚⿰女食」乃女字。據甲釋附圖二〇三字亦作「□」。从「□」、从「□」、从「□」無別。

0515

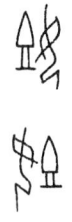

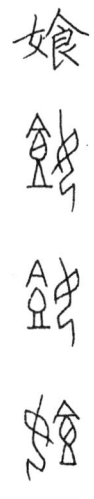

陈汉平　「甲骨文有字作□、□，旧不识，甲骨文编收入附录。此字从女从冟作。说文：『冟，飯刚柔不调相箸。从皀、冂声。』『皀，穀之馨香也。象嘉穀在裹中之形。匕所以扱之。或说皀一粒也。』『冂，覆也。』而西周金文與服赐物『虎冟熏裹』以冟字为幎字，经籍或作⿰衤冥、幭、蔑诸体。如冟字作为声符可通作冥，故甲骨文此二字当释为嫇。说文：『嫇，婴

禖也。从女冥声。一曰嫇嫇，小人皃。』卜辭曰：

：：易日：：䵼：：其：：（龜甲一·二三·五）

重盤（甲編三四一八）

此二辭残損不可卒读，嫇字似为妇名。」（古文字释丛，考古与文物一九八五年一期一〇五頁）

按：當併入0514「㛾」字條。

0516 汝

李孝定「說文『汝水出弘農盧氏還歸山東入淮从水女聲』契文同。或从巜（澮水）偏旁得通。辭云『婦汝』（𥳑·三五、佚·三七九）、『貞汝冥娩不其妨』（後·九·三）均為人名。『囗日汝囗女一人』（續·六〇七）辭雖残泐不完，『汝』似仍為人名，與金文偁『曰：「某」』人名之辭例正同。下『女』字當為人偁代名詞，與菁·七·一『侯虎敗女事』之女字義同。」（集釋三二八五葉）

0517 㚢

按：卜辭「汝」或稱「婦汝」（京津二〇〇七），為女字。至於寧滬一·二二七「己丑……子汝」，綜類一四四亦列入「汝」字，殊誤（五五一釋作「母乙」不誤）。此乃「母乙」合文，不當釋「汝」。

饒宗頤说参[illegible]字条下。

按：「帚㚢」為女字。

0518 [illegible]

孫海波「从女从彡，即从女彡聲之女姓矣。此字說文所無，舊釋汝，失之。」（文錄四六葉）

按：「帚妿」為女字。

0519

按：合集一一〇一五辭云：「……令……𣪠……□」用義不詳。

0520

按：合集一〇九三五正辭云：「□有子」為女字。

0521

娘

李孝定「从女从良，說文所無而今隸有之。辭云『婦娘亦三』，娘為女字，今以為爺娘字，與卜辭義別。」（集釋三六九九葉）

按：「帚娘」唯見於甲橋刻辭。从女良聲，與今「娘」字偶合。

0522

⿰女戈

王襄「古㚤字，許說婦官也，从女弋聲。」（類纂正編第十二第五十四葉下）

孫海波「□，前六·二六·七。从女从戈。說文所无。广雅⿰女戈，役也。」（甲骨文編

四八六頁、

乎一萍釋□參釋□字条下

按：「帚娍」（續四．二七．八）為人名。

0523 娍

按：乙八八九六「娍弗」，乙八七一一「弗娍」，娍為女字。

0524 孅

按：合集二二二四六辭云：「匄弗孅」為女字。

0525 □

丁山「字特从女，書堯典：『肇十有二州。』尚書大傳作『兆十二州。』兆肇古字音同字通，則卜辭所見□字，當讀為姚。即有虞之二姚也。」（氏族及制度一二七葉）

李孝定「从女从戕，說文所無。兆肇音同，然从戕者未必从兆，丁說待考。」（集釋三七〇六葉）

按：合集二五三七辭云：「貞于□印」卜辭為祭祀之對象。

0526 姍 [oracle-bone form]

按：姍，女字。

0527 嫀 [oracle-bone forms]

按：乙七三一二「周以嫀」，嫀當為女奴之類。

0528 [oracle-bone form]

按：合集一五九四三辭云：「[oracle-bone form]畀龜」為人名。

0529 ⿰女凡 [oracle-bone form]

孫海波「从女从凡，説文所無。王國維謂當是任宿顓臾須句風姓也之風」。（文編舊版十二卷十葉）

李孝定「从女从凡，説文所無。王氏釋為女姓之風待考」。（集釋三六九七葉）

按：合集一一三九辭云：「己酉卜，⿱宀方貞，翌庚戌烄⿰女凡……」「⿰女凡」用為祭牲。

0530 ⿰女奠

按：⿰女奠，女字。

0531

按：合集八八二〇反辭云：「……省□……」為地名。

0532 ⿰女奏

按：「帚⿰女奏」為女字。

0533 婍

按：合集二七六〇五辭云：「其至司婍又正」為祭祀之對象。

0534

按：合集一五五六二臼辭云：「戊寅……□亦一……」為人名。

0535 姈 □

按：「姈」為人名。

0536 媪 □

丁驌說參□字条下。

按：合集二二二四七辭云：「匄媪」為女字。

0537 婭 □

李孝定「从女从亞，說文所無。今隸有之。」（集釋三七一〇葉）

丁驌「婭□□□：妣戊名？疑婭為女性之宗廟或陵寢，妣戊婭与父甲亞，皆康丁时之宗也。」（諸帚名中国文字第八卷第三十四册三五七二頁）

于省吾「……于諸妣下附以𡚱、妟、嬒等字，我认为，这些从女的字都是女奴隶的女字，也就是女奴隶之名。这是用女奴隶作为人牲以祭祀諸妣。因为母庚豕、母庚三宰和妣乙𡚱、妣辛妟、妣辛嬒……等句例完全相同，不过有物牲和人牲之别罢了。」（甲骨文字释林释用作人牲的女奴隶二一二頁）

饶宗颐说参□字条下。

參見嫤字。

0538

按：「媪」與「婭」形體既殊，義亦有別，不得混同。

于省吾释㛸参婭字条下

裘锡圭　　参弋字条

按：「」為祭牲名。

0539

嬉

按：乙四六七七乃祭祀先妣之卜。其辭為：「妣戊嬉；妣戊婭；妣戊娟；妣辛羋；妣乙婭；妣癸[女包]；妣辛孅；母庚㛹；母庚㛹；母庚三宰」。陳夢家綜述四九一以為「婭，妟等字應讀作『亞母』、『它母』，也是先妣的私名」。其說非是。據同版「母庚㛹，母庚三宰」例之，此乃以婭、[女包]、孅、[羋女]嬉為祭牲以祀先妣。甲骨文編亦列入合文，並誤。羋不當釋妟，字不从它，如為妟字，則其形當作□。此乃羋之女性者。男為羋、女為羋，猶男為羌，女為「姜」。參見「係」字條。

0540

按：此與0507重出，當合併。參見0507條下。

0541

按：合集二八一一二七辭云：

「高𪓐……暨卯弜……」

此當為祭牲之名。「高」為「高祖」之省稱。

0542

妓

陈汉平「甲骨文有⿰芻攴字，旧不识。按此字从女从攴，甲骨文芻字或作攴，此攴即攴字之省，故⿰芻攴字当释为媰。《说文》：『媰，妇人妊身也。从女芻声。《周书》曰：「于媰妇。」』卜辞曰：

癸未卜……⿰芻攴贞王……亡猧 《前编》二·三·五

……丑卜𡆥……吏人……⿰芻攴 《续编》六·一〇·四

二辞残损，不可卒读。

甲骨文又有⿰氵媰字，字从水从媰，当释为⿰氵媰。卜辞曰：

癸未王卜在⿰氵媰餗贞旬亡猧。王稽曰吉。在十月。隹王迭⊕鼉。 《前编》二·三·三

⿰氵媰在卜辞为师餗名。

又媰钲铭文有⿰芻攴字，旧不识，《金文编》收入附录，此字从女芻声，亦当释媰。」（《古文字释丛》，《考古与文物》一九八五年一期一〇五頁）

0543

⿰氵妓

按：此當與0543合併，參見0543。陳漢平說實本於葉玉森，其誤亦略同。

0544

按：《前》二·三·三「癸未卜……⿰氵媰貞，王……亡畎」，葉玉森《集釋》摹作⿰芻攴，謂「此字似从女从芻省，即媰，與鐸文⿰芻攴畧同，本辭為地名」。字實从水，葉氏漏摹。《綜類》一四五亦沿其誤。《續》三·二九·二「癸未王卜，在⿰氵媰餗貞，旬亡畎……」，與此同字可證。字不得謂从芻省。契文無省芻之例。又《續》六·一〇·四「……丑卜古……史人……⿰芻攴」，亦為地名，與此同字而省水。

丁驌「『娥毓娩』（前二·一一·三）此毓字当作䊈。」（诸帚名中国文字第八卷第三十四册三五六五页）

金祥恒「甲骨卜辞有䊈字，一见於殷虚书契前编二卷十一页第三片，一见於加拿大托伦托安大略博物館出版之明义士殷虚卜辞续编第一集B三一七六片，其辞一为：

口辰卜，才兮圆：娥稍放？王固曰吉。才三月。

一为：

辛酉王卜，贞：如稍放？王固曰大吉。团九月，遘且辛䜌。

前编卷二第十一页第十三片之稍，叶玉森集释释文作『䊈』（卷二廿三页），孙海波甲骨文编摹作『䊈』（附录四十页）日人岛邦男殷虚卜辞综类摹作『䊈』（一四五页），两者皆目拓片不明，其形均有摹讹……今据明义士殷虚卜辞续编第一集，知其字当作『䊈』，从衣毓声之䊈字书无之。玉篇有稍，云『與六切，車覆』。集韵则谓『车阑幔也』。疑即一字。……然盖象产子之形，稍所从之㚐，象婴儿襁褓，冠衣相连。仑即篆文衣，𠬤者象缨绥之属，冠之饰物。又以手持之，故从又作㚐。䊈盖象手持婴儿襁褓以待婴儿生育之形，当为䊈，即稍字。唯甲骨文之稍，其字义与玉篇集韵异……盖取其覆婴儿之衣而引申之。卜辞稍与毓、育无异。说文：『育，养子使作善也，从𠫓肉声。虞书曰：教育子。䊈，育或从每』。……广雅释诂一『育，生也』。卜辞另有一㚐字，如：

贞：帚好娩妫？
壬寅卜，殻贞：帚好娩妫？　乙六二七三

贞：帚好娩，不其妫？
丁酉卜，穷贞：帚好娩，妫？王固曰『其佳甲娩㞢希㞢囗？　乙六三一〇

贞：帚姘娩？　续四·二九·三　存一·一〇三六

丙戌卜，争贞：帚𡚭娩妫？七月
贞：帚𡚭娩，不其妫？
贞：帚𡚭娩妫，佳仑？　合二六九

……

贞：今日枚，不其娩？　乙七四三〇
媚娩，不其娩？　合二五二
贞：帚鼠娩，余弗其子，四月　存一·一〇四一

……

冥，萃编郭氏释文作冥，下注小字㝃，古代铭刻汇考续编骨臼刻辞之一云：「冥，盖㝃之古文，从冂从廾（攀）廾亦声」。按郭氏从冂从廾（攀）廾亦声，及释文作冥並误。说文「㝃，生子免身也。从子免」为会意兼形声，而甲骨文冥象分娩之形，分娩乃妇女之事，故字又从女，如殷虚书契前编卷六第廿八页第四片：

□亥卜，□冥□

㝃与稍为同义字，故「帚好㝃，妿」「汝㝃，不其妿」与「娀稍，妿」「如稍妿」。其语法相同。（释稍中国文字第四十四册五〇二七至五〇三一）

陈汉平「甲骨文有嬔字，卜辞曰：……辰王卜在兮……娀嬔……稽曰吉在三月。（前二·一一·三）此字旧释为毓字异体，非是。按此字象妇女生子分娩之状，字从女从㐬袁声，依韵部求之，字当释娩。说文无免、娩字，而有㝃、𡣍字，后二字即今娩字之古体。说文：「𡣍，生子齐均也。从女从生，免声。」「㝃，生子免身也，从子从免。」徐锴曰：说文无免字，疑此字从𡣍省，以免身之义通用为解免之免。晚、冕之类皆当从㝃省。」而甲骨文此字即𡣍、㝃、娩字之初文。」（古文字释丛出土文献研究二二六页）

按：字為「毓」之繁體，當併入0461。裘锡圭说参㣽字条下

0545 娣

按：甲釋圖版二〇三乃乙三四一五及三四一八之合。此版乃祈雨之占，「娣」、「媎」等均所用人牲。

0546

0547

奴 □

按：合集一九九八六辭云：「戊寅卜，钟子……于帚□□」「□」為祭牲之名。

于省吾　「小徐本說文謂『奴、婢皆古辠人，从女又聲。周禮曰，其奴、男入于辠隸，女入于舂藁』。朱駿聲說文通訓定聲以為『从又，手，所以執事，女聲』。以上二說都以『奴』為形聲字。大徐本說文作『从女从又』，以為『又手也，持事者也』。林義光文源以為『从又持女』。以上二說都以『奴』為會意字。實則『奴』字本應作『从又持女，女亦聲』，乃會意兼形聲字，但不見于卜辭。

卜辭中的『女』字作□，金文同，象交其兩手于前而著其臀于足以跪形。又卜辭有□字，多習見于偏旁中，象反縛其兩手以跪形，舊也以為『女』字。其實，卜辭中□字的構形和用法與□字迥然有別。卜辭『奚奴』之『奚』習見繁出，頗多異構，但均从□，無从□者，詳拙著殷代的奚奴，無須再列。在『奚』字之外，也有从女形而反縛的，今略舉數例于下：

（一）『辜□，受□』。（摭續一四八）

（二）『寢于小乙三□』。（京津七七一）

（三）『其□，若』。（庫五四五）

（四）『王其□』。（藏七二·四）

第一條的『嬖』（姑且隸定為从女，下同）字上與『辜』（辜即敦，系薄伐之義）字連文，可知其為商人敵國之名。因為商人奴役敵方，故其字从□。第二條『寢于小乙三姜』，是說祭祀小乙用三個羌女為牲。一說系用三個俘虜的羌女為小乙娶冥婦。卜辭中每有為其先王娶冥婦的占卜。最引人注意的是：卜辭中占卜『婦某』生育而言『某妨』者習見，『妨』字郭沫若先生謂『當是娶之省，讀為嘉』（見古代銘刻彙考續編·骨臼刻辭之一考察），其說甚是。『某妨』系指甚是。『某妨』系指生子順利言之。卜辭『如』字多从反縛女形，含有俘虜之義，但『如』字作為婦名而稱『如妨』（乙上九二）者則作□，不从反縛形；上舉第二條以『姜』為人牲，作□，从反縛形，但『姜』字作為婦名而稱『姜妨』（乙中五四〇五）者則作□，不从反縛形。這是由于祭祀所用的俘虜與『婦某』身分不同的緣故。上舉第三、四條的『如』字均从反縛形，以其文詞過簡，不詳其用意所在。

由于商人往往用征伐手段以俘獲其他方國的人作為人牲，有時也用作奴隸，可見商人是一貫地屠殺和奴役外族人的。他們在俘獲外族人時，為防其反抗，故加以反縛。呂氏春秋開春論稱「叔嚮為之奴而朡」，高注謂「奴、戮也」。卜辭中𡚦字作反縛形，與「女」字作𡚦形不僅構形不同，同時在詞意用法上也劃然有別。因此，我斷定𡚦字系「奴」字的初文。施反縛于戰俘，是「奴」字的造字本義。並且，「奴」字的最初構形祇象人之跪而反縛其兩手之形，本無男女之別。卜辭的反縛女形多見于文字偏旁中，已詳前文。其獨用者祇一見，「貞𡚦」（續存上一八一三），當系負問俘虜奴役之事。戰敗投降，遂自動或被動地反縛其兩手，是古代社會的習慣作風。左傳僖六年稱「許男面縛銜璧」。山海經海內西經敘「窫窳」被殺，「反縛兩手與髮」，郭注謂「漢宣帝使人上郡發盤石，石室中得一人，跣踝、被髮，反縛」。史記宋微子世祥叙微子降周，「肉袒面縛」，索隱謂「面縛者，縛手于背而面向前也」。按「面」應讀作「偭」，「偭」之通詁訓「背」，偭縛即偝縛，謂反縛其兩手，非指面向前言之。近年來殷虛所發現的陶俑以及大型墓葬周圍的殺殉坑，有的也往往反縛其兩手。

早期和中期卜辭，祭祀時所用人牲為「妾」或「鄭」沒有一個从反縛女形的，但所用的人牲為「姜」與「妾」，尤其是所習用的「妾奴」，沒有一個不从反縛女形的。因為前者系由戰俘轉為家內奴隸以後，再用作人牲；而後者系直接用戰俘以為人牲，所以兩者的構形從不混同。

在早期和中期卜辭文字偏旁中所从的反縛女形，以及反縛女形的獨體字，到了卜辭晚期已經絕迹，商代晚期金文和周代金文則代以「从又持女，女亦聲」的「奴」字。「奴」字，商器㲋奴甗作𡚦，子奴𡚦作𡚦，西周器農卣的「备」字从「奴」作𡚦（左从反縛女形，猶系初文的殘遺丶晚期器懷石磬作𡚦，古鉥文作𡚦。古文字中的「奴」字不過數見而已。但是，自商代末期以迄晚周，除上舉農卣的「备」字外，凡古文字中的「女」字或「母」字，無論在偏旁或獨體字中，一直沒有作反縛女形的例子，可見「奴」字通行之時而𡚦字已廢。

說文謂「𡚦、婦人也，象形，王育說」。是說文𡚦字也作反縛之形，但不能與卜辭𡚦字相提並論。說文「女」字本于小篆（秦刻石同），乃形體的譌變，因為它與晚周古文字中的「女」字不相符，不能認為它是越過兩周與卜辭晚期而直接承傳了卜辭早期和中期的反縛女形的「奴」字，這是可以肯定的。魏三體石經古文「怒」字作「⿱女心」，其所从之「女」與說文同譌，从「女」乃「奴」字的省體，也可為「奴」从「女」聲之證，但與原始的「奴」字無涉。」（考古一九六二年第九期釋奴婢）

按：「𡚦」與「𡚦」形體有別，為「奴」字之初形，于先生已詳論之。英六四六正僅餘殘文、用義不詳。

0548

按：卜辭「子[illegible]」為人名。

0549

按：「[illegible]」為人名。

0550 姈

按：字从「女」从「令」，可隸「姈」，辭殘，用義不詳。

0551 ⿰女姜

按：當為「姜」之繁體。

0552

按：合集一二四三一：「貞，叀[illegible]」，似為人名。

0553 ⿰女才

按：字从「女」从「才」，「才」字倒書，當併入0474「⿰女才」字條。

0554 嬂

按：字从「女」从「魚」，卜辭為人名。

0555

按：字不可識，其義不詳。

0556

按：字不可識，其義不詳。

0557

按：字不可識，其義不詳。

0558

按：字不可識，其義不詳。

0559 妞

按：卜辭為地名。

0560 婎

按：字不可識，其義不詳。

0561 毓

按：此亦「毓」字之異構。合集二二○九九當讀作「毓㚢」。刻辭類纂釋讀有誤，當正。

0562 妦

按：合集二一五六八辭云：「……巫妦火」、「妦」為女字。

0563 孕

按：此為「孕」字之異構，當併入0016「孕」字條。

0564 如

按：「如」字重出，當併入0494。

0565 婤

按：从「女」从「周」，為人名。

0566

□

按：懷一五一五辭云：「……□……不其妫」為女字。

0567

□

按：字不可識，其義不詳。

0568

□

按：合集三六八二七辭云：「……卜在……貞，王步□亡𡿧」為地名。

0569

娍

□

按：字从「女」从「戌」，當釋作「娍」。

0570

妨

□

考古所「妨，可能是地名，或先祖神祇名。」（小屯南地甲骨八四四頁）

按：屯一〇〇辭云：

「甲申卜，烄于𡚬妨」乃烄祭附以「妨」為祭牲。

0571 婚

按：合集三六七五一辭云：「庚寅卜，在婚貞，王步于杞，亡巛」為地名。

0572 妊

商承祚「壬，卜辭作工，則此為妊字無疑。文曰：『帚即歸字妊』，殆與婐嫆姮同誼。許君訓孕，非其初矣。」（類編十二卷三葉）

李孝定「說文：『妊孕也从女从壬壬亦聲』此亦从女从壬，商說可从。辭云『婦妊』乃女字。金文作妊鮇省妊鼎、妊格伯簋、妊吹鼎、妊㛁妊簋、妊鑄公簋與此同。又佚八五〇四、有[字]字，辭云『□殘存女字下半作𡥂當為婦某名之殘存[字]六月』从女从人，當為妊之初文。古文衍变入或作[字]，即許書訓善之壬字，本象婦女有身之形。及後变為形聲，篆又变从干支字之壬為聲耳。契文上出第一形與許書妊字形同，第二字與許書妊字義同。契文妊[字]本截然二字，而許書之妊承前者之形襲後者之義，茲並收之於此。金祥恆續文編十四卷十八葉上收第二文作孕，其意雖是而於字形則遠，且契文自有孕字作[字]佚五八六，篆文孕子从乃無義，乃為[字]之形誤，[字][字]並象人有身之形，其始當本是一字，以一从人一从女，至篆文遂衍為妊孕二字，而其義仍同。本書分收為二，从許例也。」（集釋三六〇七葉）

屈萬里「卜辭云：『□妊□』甲編一一妊，從女，壬聲。當是妊字。說文訓妊為『身懷孕』。按：其於本辭，乃女子之姓；疑即太任之任。其前闕文，當有帚字，帚妊，乃武丁諸婦之一也。」（甲編考釋四葉）

按：卜辭「帚姓」之「姓」為女字，金文「姓」為女姓，均無「孕」義。商承祚謂「許君訓孕，非其初矣」。又卜辭「姓」多為「母壬」之合文。甲骨文編一二．五收「姓」字，又合文一四收「母壬」，分列是也。綜類五五三均混列於「先王先妣稱謂卜辭」中。李孝定集釋惑於說文「姓，孕也」之訓解，釋□亦「姓」字，非是。

0573

商承祚「妊字从女从王，乃地名」。（洪九四三考釋）

李孝定「从女从王，說文所無」。（集釋三六九八葉）

屈萬里甲八九五考釋謂「孟从女王聲也。於此當是婦女之姓」，「妊甾者，其妊氏女而嫁於甾者歟？」

按：洪九四三「㞢乜在妊虎隻」，字乃从女王聲，商承祚以為地名是對的。甲八九五「……知如甾……」，辭殘，續二．二四．四「王㞢于甾」，甾為地名。屈萬里以「妊甾」為人名，謂：「妊氏女而嫁於甾者」，不可據。甲骨文編一二．六及合文一五以為「王母」合文，亦誤。綜類一四五摹寫甲八九五作□，較為近是。

0574

按：合集二一一七二辭云：「庚辰卜，王尸見亞知⿰女卜生……」「⿰女卜」為人名。

0575 嬅

按：卜辭以「嬅」為祭牲，此當與0479合併。

0576 [illegible]

按：此字在卜辭為人名。

0577

按：「[illegible]」在卜辭為地名。

0578 [illegible]

按：合集三二二九九：「甲申貞，烄[illegible]雨」，是以「[illegible]」為祭牲以祈雨。

0579 [illegible]

按：「[illegible]」當為女性之「[illegible]」。

0580 子 巳

孫詒讓「十二支則子多作𢀓，或作𢀈，皆子之變體。」（舉例上一葉下）

羅振玉

「卜辭中凡十二枝之巳皆作子，與古金文同。宋以來說古器中乙子癸子諸文者，異說甚多，殆無一當。今得干支諸表，乃決是疑。然觀卜辭中非無巳字，又祀妃祀改諸字並从巳，而所書甲子則皆作子，惟母巳則作子僅一見，此疑終不能明也。」（殷釋中四葉上）

葉玉森

「按卜辭十二支之子悉作𢀈𢀈𢀈等形，巳則作子子子子等形，不相溷也。其云『子某』者，頗似人名。往者曾从孫詒讓氏說，皆讀為子。（說見殷契鉤沈）繼思伊並偁者，其所从之子子為孝省。卜辭有若干子字或作子子子子，決其非巳者。應並讀為仔，乃仔之又省也。曰『子某』或『某子』者，某字即被仔者之地名或國名。如卜辭云『口辰卜貞子（仔）雖不作伬不囚』（前、四、二九、四）即卜問雖之仔不使作伬復不囚之，以示寬大也。『貞子（仔）漁（或作魚）亡其从』（後上、二七、二）即言漁之仔不使作从，猶云不作伬也。『貞子（仔）漁之于祖乙』（前、五、四四、四）即命以漁之仔獻祖乙廟也。」（前釋一卷九十葉）

容庚

「殷虛卜辭中有干支表，如己巳辛巳已皆作子，遂得確定為巳字。後人誤辰子之子為幾丑之幾，已然之已為辰子之子，金文子丑作幾，辰巳作子，已然作㠯，秩然不紊，足證二千年來混淆之失，而子孫之子乃辰子之子而非幾丑之幾。凡从子之字皆隸改此部。是故吾於金文編盡收說文子部之字入巳字條下，蓋謂幾子巳異字也。廣雅釋言『子，巳似也』，二字同訓，亦可為相混之一證。」（金文編十四卷二七葉增訂版已刪去）

郭沫若

「說文『巳，巳也，四月，昜气已出，陰气已藏，萬物見，成彣彰，故巳為它，象形。』此字乃卜辭出土後之一大驚異，蓋十二辰之第六位骨文均不作巳而作子也。字形為子，或為子，字固子字，而按以後干表則確在辰字之次，午字之前，位當於第六辰之巳。古金文中有『辛子』、『癸子』、『乙子』、『丁子』諸支干，自宋以來即異說迷離者，至是始渙然冰釋。羅振玉曰『……』（見前引）一疑方釋，一疑復起，學問之道正自如斯。然余以為疑雖稍有推進者，則古十二辰中有二子也。此乃至重要之關鍵，且於解決十二辰之本質上為不可忽略之關鍵。巳既作子，則許書之釋全屬子虛。且許以『巳為它（蛇）象形』，此則於巳之本義亦未把握。骨文巳字實象人形，其可斷言者如祀字作祀若𥘅，殆象人於神前跪禱；如改字作攺若妀，殆象撲作教刑之意，子跪而執鞭以懲戒之也。故巳實無象蛇之意，巳之為蛇者其事在十二肖象輸入以後。論衡物勢篇曰『巳，火也，其禽蛇也。』又言毒篇曰『辰為龍，巳為蛇』。此為十二肖象見於文獻之始。其於古器中據余所見則新莽嘉量之『龍在己巳』，巳作㠯（陶齋四卷五十二葉）。此為十二肖象於巴比侖、埃及、印度均有之，然均不甚古，疑中央亞細亞古民族之稍落後者，乃月氏康居之類仿十二宮象之意而為之，故向四周傳播也。其入中國當在漢武帝通西域之時，子巳之爻替實證明此史實之指路碑，恰自秦漢以後，古器物中干支少見，未能有確切之論斷耳。要之古十二辰之第六位為子，與第一位之𢀖合而為二子」。（甲研釋干支二七葉）

又曰：「『巳労』者，蓋謂羅免其官職。（余舊解為儐祀之事，不確，今正。）」（萃考一四三葉上）

葉玉森又曰：「按郭氏謂㔾象人形。考卜辭狀跽形之人，必作垂足，此古㔾可證。若从㔾，則象跽而翹足，似與造字通例不合。又卜辭𠃌（虫）𠃌（它）𧉞（蚰）之虫形均上翹，與㔾同。則許君謂巳為蛇形或可信也」。（前釋一卷三十二葉下）

唐蘭「日辰之名，凡二十二字，其與今殊者，商人以十為甲，𢍰為癸，以𠒇丑矢或作寅卯辰巳午未电酉戌亥為十二辰。後世因語音之變，以子代𠒇，以巳代子。近人誤謂子是巳，甚欲釋好為妃，非也。此子字作𢀖，殊罕見」。（天壤文釋二葉上）

又曰：「後世學者遂欲改卜辭子字及从子之字盡以為巳，不知卜辭亦自有巳字也」。（考古四期三葉釋四方之名）

商承祚「辭云：『乙未㞢𠬝戌子伐𠬝二𡨧』。（福二一）𢀖，卜辭用為十二支之巳，又以為子孫之子，此辭之𢀖從文義求之，非後世子丑之子及子孫之子也」。（福考九葉）

孫海波「𢀖，甲二三。卜辭辰巳之巳，子孙之子並作𢀖，与子丑之𠒇、𠒇有別，后世用辰巳之𢀖为子丑之子，而子、巳二字遂混。𢀖，甲六八〇。此子孫之子。子癸。」（甲骨文編五六三——五六四頁）

李孝定「說文『巳，巳也。四月陽气已出，陰气已藏，萬物見，成文章，故巳為蛇，象形』。契文十二支第六位之『巳』作𢀖𢀖𢀖諸形，即篆文『子』字，十二支第一位之『子』則作𠒇𠒇諸形，即篆文『子』之籀文『𢀖』字，二者實為一字。『巳』乃『子』之重文，二者形體雖殊而音義則一。十二支之第一第六兩名各取一形以當之，不相混。子孫之『子』古文亦作𢀖𢀖𢀖諸形，終嫌於支名之『巳』。至小篆遂略變契文之㔾作㔾以代支名之『巳』，而以『子』為第一支名，及子孫字『𠒇』遂廢而不用，於是『子』『巳』遂似分為二字。然以古文用『子』為『巳』，自金文之學興，此一问題亦聚訟未已，實則巳巳並子之異構，兒子巳實一字也。許書包篆作㔾，解云『象人褱妊巳在中象子未成形也。元气起於子。子，人所生也。男左行三十，女右行二十，俱立於巳，為夫婦。褱妊於巳，巳為子，十月而生。男起巳至寅，女起巳至申，故男秊始申也』，一則曰『象人褱妊「巳」在中，象「子」未成形』，再則曰『巳為子』，正以明巳為子之未成形，然實亦子字也。而此則曰『巳為它，象形』，明於彼而昧於此，殊可怪異。蓋許君蔽於後起五行生肖之說，故於解支名之『巳』時說為虵形，至於包字與生育之說無涉，故猶不失字之本誼也。今生理學家所繪胎兒之形正與巳形酷似，許謂巳象子未成形之說實確不可易也。明乎此則知篆文之巳、契文之巳之子子子𢀓實均為一字，惟巳若巳象子之未成形為少異耳。卜辭巳均當讀為祀，郭氏舊說不誤。辭云『弜巳哉日 其哉日』前、四、四、四、『我其巳賓乍則帝降若 我勿巳賓乍帝降不若』前、七、三八、一、『貞㚔巳 㚔巳』鐵、二一、十一、讀為祀，均辭从理順也。契文祀為後起形聲字，郭氏以會意說之，微誤。巳象子未成形，非象人跪形也。至羅氏所舉『毋巳』一辭，似有闕文。辭云『勿毋巳于蘇』前、一、三一、五、義不可知，當存而不論。誠如羅氏言，則是殷人有以地支為名者，於卜辭中實為罕見之特例矣。容氏強分幾子為二，並欲以从子之字改隸巳部，殊誤。葉氏釋子為保，非，契文自有保字作𠈃也。卜辭言『子某』者當用為子孫字，乃其本義。至用為支名者，或當為叚借也。干支之事實難言之，不知蓋闕可也。唐氏謂以子代𢀓、以巳代子以為純由音變，是亦不知三者為一字也。商氏舉福三一、辭之『戊子』實當讀為『戊子』，正足以證𢀓子一字而各當一支，此則當時誤用之一例耳。金文支名之『巳』均作『子』，『子孫』之『子』亦然，與卜辭同。其形均作子若子若巳，多見不煩舉。又後世巳然之巳即叚巳子未成形之巳字為之，巳止之義亦然，語辭本無正字也』。（集釋四三六六葉）

饒宗頤　『……䀌貞……巳幽……』（京津四八三六）按巳幽即祀學，古學宮為祭祀之所，受成釋奠，胥于學行之，說見王制』。（通考一一二五葉）

丁驌　「后下三四・一、前四・一・六曰『帚嬶子子』可解為『帚嬶生儿』，或『帚嬶子名子』。」（諸帚名中国文字第八卷第三十四冊三五六七页）

張秉权　「称子其娩妨的，例如：

庚午卜，穷貞：子目娩妨？

貞：子目娩，不其妨？王固曰：隹茲（勿）妨。（乙編三〇六九）

在以前，一般学者都把卜辞中的『子』认為是儿子，但是，从上面的一例来看，所谓『子』实在还包括着女儿的哩，這和诗经中的『之子于归』的子，论语中的『以其子妻之』『以其兄之

子妻之』的子，一样可以称呼女儿的。」（殷虚文字丙编考释第一二二——一二三頁）

常正光 「卜辞中的子还与『示』通。卜辞中有『大子、中子、小子、上子、下子』等词，也不应释子为子孙之子，而应释为祀，祀与示通。如：

1．癸丑卜夬勿豆缶（保）于大子。（乙七七五一）

庚午貞，于大示桒禾雨。（人二三六六）

2、宜于中子，叀羊。（粹四〇九）

癸丑卜貞：小示出羌（甲二一二三）

小示卯，叀羊。（外六）

3．貞：上子不我其受又？（後上八·六）

丁亥卜出岁于下示、父丙眔戊。（洽四五七）

這些直接或间接互相对应的辞例，都可以說明卜辞的『子』又可以用如『示』。（甲骨文字的一字多形问题，古文字研究论文集六一頁至六二頁）

姚孝遂 「（乙四〇五一：『多子隻鹿？』（乙三七六四：『多子隻隹𣴎？』

卜辞的『子』既可以是父子或子孙的『子』，也可以用来表明某种社会地位。与王有较为密切的关系，其详细情况有待于进一步的探讨。」（甲骨刻辞狩猎考古文字研究五六——五七页）

陈炜湛 「卜辞子孙之子与十二支之巳虽然同形，但用法各异，后者又限于干支搭配的纪日，大都见于前辞（序辞）中，故尚易分辨，不致引起误读或误解。卜辞中子某之名习见，……这些名称究属封号还是时王之子，目前意见尚未统一，还需进一步研究，方能论定。卜辞又有妇某出子或妇某子之例，……即今所谓儿子，自无疑问。卜辞又有以十干为子名者，已发现者有子丁、子己、子庚、子癸四名，多为祭祀对象。除子庚不致误认为『庚巳』，子己无合文形式外，子丁、子癸的合文知（乙八八二六）知（乙八七四八）知（乙九〇四〇）呼（京津九三六）及犾（粹二一、乙二九六一），犾知（粹三四〇），如无上下文的关系及其它析书的辞例为证，也难免误认作丁巳、癸巳的合文，因为甲骨文中干支合文之例点屡见，如乙卯、乙巳、乙丑、乙未、乙亥、丙寅、丙午、戊申、庚子、庚辰、庚戌、庚寅、辛卯、辛亥、壬午、甲寅、庚午、癸亥等即均有合文形式（参见甲骨文编合文卷，第二九至三〇页）。而乙巳的合文[illegible]（《粹》六二九）如无上下文关系也未尝不可讀为子乙。但卜辭无子乙之名，故[illegible]只能是乙巳合文。」（《甲骨文异字同形例》，《古文字研究》第六辑二四五——二四六頁）

李學勤

「卜辭中与多君类似的詞，还有多子，如《甲》七五二有『惠多尹饗』之語，同书一六三四則有『惠多子饗』。武丁时的宾組卜辞提到多子的尤多。

《尚书·洛誥》和《逸周书·商誓》两篇都有多子一詞，可資研究，对于多子的意义不难索解。

洛誥記周公对成王說：『孺子来相宅，其大惇典獻民，乱为四方新辟，作周恭先；……予旦以多子越御事，篤前人成烈，答其師，作周孚先。』此節前半系指成王，后半則为周公自称，『顧率多子及其御事，发揚前人光烈。』所謂『多子越御事』，宜与周書其他各篇类似的話參看，如：『獻大誥尔多邦越尔御事』、『尔庶邦君越尔御事』（《大誥》）、『王其效邦君越御事』（《梓材》）等等。楊筠如《尚书覈詁》綜述前說，提出『所謂御事，皆謂邦君執政官也』，『御事，謂諸侯執政用事之臣也』。周公所說『予旦以多子越御事』，亦應指率領諸侯及執政用事之臣。

《商誓》是周武王对商人的誥命，篇首云：『王若曰：告尔伊旧何父□□□□几耿肅執，乃殷之旧官人，序文□□□□及太史比、小史昔，及百官里居獻民。』这里『几耿肅執』等，是商的世家大族，『太史比、小史昔』即太史友、少史友，該句指商的衆官。篇中先以百姓里居君子与冢邦君对举，云：『尔百姓里居君子其周即命；……尔冢邦君无敢其有不告見我有周。』又以多子与百姓相对称，云：『尔多子其人自敬，助天永休于我西土；尔百姓其亦有安处在彼』。可見多子一詞和在《洛誥》文中一样，是对大臣或諸侯一类人物的称呼。」（《釋多君多子》，《甲骨文与殷商史》一六頁）

裘錫圭

「周代称族长为宗子或子，称子尤为常見。《左传·哀公二十七年》：『悼之四年，晋荀瑶帅师围郑……将门，知伯谓赵孟入之。对曰：主在此。知伯曰：恶而无勇，何以为子？对曰：以为忍耻，庶无害赵宗乎。』知伯问赵孟『何以为子』，意思就是说，你凭什么当赵氏的宗子（即赵族的大族长）。《尚书·洛诰》记周公的话说：『予旦以多子越御事篤前人成烈，答（合）其师，作周孚先。』曾星笠《尚书正读》说：『多子，大小各宗也。』这个解释是很正确的。卿大夫基本上都是族长，所以一般尊称他们为子。例如《左传·哀公十一年》记孔子对冉有所说的话就称季康子为『子季孙』。

族长为什么称子呢？林澐同志在《从子卜辞试论商代家族形态》一文中指出，指称孩子之词『转化为对男性显贵人物的尊称』，并非中国特有的现象。例如：美洲的古代马雅人指称贵族之词，本义为『父母亲的儿子』。古罗马人指称贵族之词，本义为『父亲的（后代）』。他认为：『

这说明在血缘纽带还起相当大作用的阶级社会初期，确切的父系血统对世袭贵族具有重大意义」。这个意见是很正确的。在我国古代的宗法制度下，族长的位置原则上由现任者的儿子一代代继承下去，因此族长就很自然的称为子了。

在商代，就跟周代一样，也存在称族长为子的现象。

在第一期卜辞所见人名中，称「子某」者很多，如子渔、子画（？）等等。有些学者把他们都看作武丁的儿子，这显然是不妥当的。林沄同志指出，「到周代，男子称子仍然十分流行。因此，我们不能把卜辞中凡称子某者，一概断定为商王之子」。他还根据属于第一期的子组卜辞所祭祀的亲属，推断这种卜辞的「占卜主体——子，不可能是武丁之子。这些意见都是可取的。

岛邦男曾根据「子某的称谓中有些被祭于两期」的现象，推断这些称谓是世袭的，以此证明子某不可能都是武丁之子（研究四四一至四四三页）。岛氏把属于第一期的𠂤组卜辞和属于第一期后期至第二期前期的历组卜辞，都看作第四期卜辞。因此有些被他看作属于两个时期的卜辞，实际上是同时期的。由于卜辞第一、二期的界线不明确，他所举的既见于一期也见于二期的子某，究竟是否在武丁时代和祖庚祖甲时代都被称子，也未能完全肯定。但是他所举的子稾之称既见于第一期，也见于三、四期（粹四一〇：己未卜，其又于子稾）的例子，则是可信的。我们还可以补充两个同类的例子。子画屡见于第一期武丁卜辞，又见于据字体、贞人可以确定是属于祖甲时代的二期卜辞：

(18) □□卜旅（贞）：其又□子画□牡。

(19) □□卜旅（贞）：其又□子画☒。（合二三五二九）

子臭见于属于武丁、祖庚时期的历组卜辞：

(20) 甲午贞：子臭☒（摭续七八）

又见于三、四期卜辞：

(21) ☒子臭岁惠牡。（宁一·四六）

如果卜辞的子都指王子，同一个人绝不可能在不同的世代都被称为子，不过上面所举的见于两个时期的卜辞的「子某」，在后面那个时期的卜辞里都是被祭的对象，可见那时他们都已经死去，因此可以把他们跟前面那两个时期卜辞里的同名者，看作一个人，不必一定象岛氏那样把子某看作世袭的称呼。

从以上所说的可以知道，见于第一期卜辞的那些子某，肯定有不少不是武丁的儿子或子辈。

他们究竟是什么身分的人呢？岛邦男根据子某参与祭祀的情况，认为「子某与殷室有着特别亲近的关系」（研究四四五页。商王祭祀子稾、子画、子臭，也可以说明这一点），称子者是「

与殷为同姓氏的一族」（同上四四七页）。林沄同志认为卜辞中的多子族是对跟商王同姓的贵族家族的总称，而子则是这些家族首脑们通用的尊称。这就是说，他们都认为卜辞里的「子」有不少是指称跟商王同姓的族长的。这种意见显然是合理的。

商代铜器铭有「子某」之名的很常见，有的子名与卜辞子名重合（上举的子禀、子画、子臭就同时见于卜辞和铜器）。这些铜器铭文里的「子」，可能多数是表示族长身分的。

在商代晚期铜器上，还屡见记器主因受「子」的赏赐而作器的铭文。这些铭文大多记有族名、如「冀」（出处详下文。为印刷方便起见，下文暂依丁山将此族名写作冀），「奄」，「庸」、甘。铭文提到的「子」应该就是这些族的族长。

有一条一期卜辞说：

(22) 貞：呼黄多子出牛，屮于黄尹。 （合三二五五）

黄多子跟黄尹显然有血缘关系，所以商王想让他们拿出牺牲来祭祀黄尹。黄尹就是伊尹。到武丁时代，黄尹已经死了三百年左右。黄多子显然不是黄尹的儿子们，而应该是黄族（即黄尹之族）的一些族长。卜辞中常见「多子」，其中大概也有不少不是指时王的诸子，而是指商族的很多族长。

《逸周书·商誓》记武王克商后对商邑之众的训话说：

尔多子其人自敬，助天永休于我西土。

「多子」也应该是指商邑的族长们的。前面已经指出，《洛诰》记周公语，称本族宗子们为多子，可以与此互证。《商誓》是可靠的周初史料，近人已有定论。总之，在商代，跟在周代一样，称族长为子是很普遍的现象。这也反映出当时存在着宗法制度。

在商代，也许还不存在跟周代完全同义的「大宗」、「小宗」的名称。但是商王跟多子族族长们的关系，在实质上显然就是大宗跟小宗的关系。从王是帝之元子这个意义上说，商王跟周王一样，也是天下之大宗。

大宗、小宗关系的存在，还可以从某些商代晚期铜器铭文得到证明。有好几件商代晚期的冀族的铜器，都是由于「小子」由于受到「子」的赏赐而铸作的：

(23) 乙巳，子令小子𦈡（以下用△代替）先以人于䕫，子光赏△贝二朋。……△用作母辛彝。在十月。唯子令望人方𦋁。（以上器铭）冀。母辛。（以上盖铭） （三代十三·二四卣）

(24) 乙亥，子锡小子罤王赏贝。在口次。罤用作父己宝尊。冀。 （小校经阁金文拓本二·八五鼎）

(25) 甲寅，子赏小子省贝五朋。省扬君赏，用作父己宝彝。冀。 （三代十三·三八卣）

(26) 子光赏小子冀启贝，用作文父辛尊彝。（《三代》十一·三一尊）

这些铭文里的小子，应该是跟子相对的一种称呼。它们不会是小儿子的意思、也不象是谦称、而应该是表示一种特定身分的。

西周铜器铭文和《尚书》里，也屡见很象是指一种身分的「小子」之称，例如：

(27) 丙戌，王诰宗小子于京室。（𣄰尊《文物》一九七六年一期六二页图一）

(28) 王弗忘厥旧宗小子（马形盠尊《文物参考资料》一九五七年四期五至六页）

(29) 伯氏曰：不嬰，汝小子肇敏于戎工。（不嬰簋《三代》九·四八页）

(30) 〔曶〕使厥小子□以限讼于井叔。（曶鼎《三代》四·四五）

(31) 大师小子师望曰（师望鼎《三代》四·三五）

(32) 丁卯，王令静司射学宫，小子眔服眔小臣眔尸仆学射。（静簋《三代》六·五五）

(33) 命汝□司公族雩（与）参有司，小子，师氏，虎臣雩（与）朕亵事。（毛公鼎《三代》四·四六至四九）

(34) 文王诰教小子，有正（《尚书·酒诰》）

(35) 王曰：告尔殷多士……今尔惟时宅尔邑，继尔居，尔厥有干有年于兹洛，尔小子乃兴从尔迁。（《尚书·多士》）

关于这种小子的涵义，有种种不同说法，我们认为曾星笠《尚书正读》的解释最为合理。《正读》注释上引《酒诰》说「小子，盖同姓小宗也。」注释上引《多士》说：「小子，同姓小宗也。此篇诰《多士》，盖诰殷士大夫为大宗者。大宗既往，小宗乃兴，所谓宗以族得民也。周迁殷民皆以族相从。若左传分殷民六族、七族是也。若训为民之子孙，则祖父既往，子孙焉有不从之理，于文无取。」所言极为有理。把上引(27)(28)的小子解释为属于周王的小宗宗子，显然是合理的。(29)的伯氏当是器主的宗子，器主当是小宗之长，所以被伯氏称为小子。(30)(31)的小子应该分别是属于曶和大师的小宗之长。(32)(33)的小子疑是指周王朝贵族中没有专职的小宗之长。

上引(23)至(26)冀族各器铭文中的「子」，显然指冀族中地位最高的族長，即大宗宗子。小子则是从属于他的小宗之長。(26)又把子称作君。族人称宗子为君，在古代是很普通的。西周时代的豦簋铭说「豦拜稽首，休朕匋（宝）君公伯锡厥臣弟豦……」（《代》六·五二）。这当是弟称作为宗主的伯兄（即長兄）为君，弟并自称为臣。周宣王时的六年琱生簋铭称宗子为「宗君」（《代》九·二一）。《晋语九》记智襄子族人智伯国称襄子为主，「主」、「君」义亦相近。

宋代著录的一件商代晚期的䑂，也是冀族人因受子之赏而作的，可惜器主之名已残去。又有一件商代晚期的冀族铜器记小子网受「姒」赏赐之事：

(36) 癸巳，姒赏小子网贝十朋。在□自，唯姒令伐人方𩁹，□□□用作文父丁尊彝，在十月

四。冀。（代八·三三簋）

上引(24)称「唯子令望人方䍐」，此铭则称「唯𫹳令伐人方䍐」，「𫹳」与「子」似指同一人。

还有一件商代晚期的冀族铜器，是一个小子由于受到「卿事（士）」的赏赐而铸作的：

(17)乙未，卿事锡小子𪥬贝二百，用作父丁尊彝。冀。（代七·四七簋）

卿事也许是冀族宗子在商王朝的职位。上引(25)记子把王所赏的贝转赐给小子。另一件商代晚期的冀族铜器记小臣缶因王赐以渪地的五年收获而作器（代三·五三鼎）。这个小臣缶也见于第五期卜辞（前四·二七·三）。可见冀族跟商王的关系颇为密切。但是从冀族人在商王朝任小臣之职这件事来看，他们似乎不是商本族人，而是商王朝中的异姓贵族。从上面所引的那些冀族铜器铭文，可以看出这个族是包含很多小宗的一个大宗族，其大宗宗子有相当高的地位。

左传定公四年记卫国祝佗追述周初分封诸侯的情况，说成王「分鲁公以：：殷民六族：条氏、徐氏、萧氏、索氏、長勺氏、尾勺氏，使帅其宗氏，辑其分族，将其丑类，以法则周公之明德：：分康叔以：：殷民七族：陶氏、施氏、繁氏、锜氏、樊氏、饥氏、终葵氏：：分唐叔以：：怀姓九宗，职官五正：：」。这段文字已经被古史学者们多次引用来证明商代有宗法制度。从以上对甲骨、金文中有关宗法制度的史料所作的考察来看，左传的记载显然是可信的。

殷民六族和七族，大概就属于卜辞所说的「多子族」之列。左传说他们「帅其宗氏，辑其分族」，分族就是这些族内部的小宗。多子族族長对商王来说是小宗，对他们的分族来说则是大宗。这跟周代卿大夫对公室而言是小宗，对他们的侧室、贰宗则是大宗的情况，是完全一致的。上引多士记周公告诫殷多士，要他们做「小子」们，即小宗宗子们的表率，正可与此互证。尚书正读已经指出了这一点。卜辞中「小子」之称屡见，大多数似乎是跟见于卜辞的「中（仲）子」同类的称呼，就是少子的意思。但是有一条卜辞称「多小子」：

(38)壬（□卜）宾贞：□弗□多小子（合三二六七正）

似是指很多小宗之長而言的。

通过以上的讨论可以清楚的看到，在商代，商族内部确实存在跟周代类似的宗族组织。从左传提到的「怀姓九宗」，以及金文所反映的冀族的情况来看，商族以外的族大概也有不少是有宗族组织的。」（关于商代的宗族组织与贵族和平民两个阶级的初步研究、文史第十七辑五至九页）

晁福林「殷王选派王室人员担任贞人，以打破各部族代表的垄断局面。武丁时的贞人韦，卜辞又称「子韦」（后下一八·二），祖甲时的贞人洋，又称「子洋」（拾九·一），廪辛时的贞人何，又称「子何」（丙二五五），壴又称「子壴」（续五·二四·五）。这几位贞

人都是与王室关系甚近的多子族首领。」（试论殷代的王权与神权 社会科学战线一九八四年四期一〇〇页）

贝冢茂树 「『子卜贞』卜辞的中心人物，所谓主持其卜问的『子』，是以殷王子为主要成员的多子族，即殷氏族中青年团体的族长。在『子卜贞』卜辞中，这个多子族的族长，命令多子族所属的占卜机关，依据龟、骨的占卜，以断定与多子族有关的大事。」（评甲骨文断代研究的字体演变观，殷都学刊一九八五年第四期七至八页）

陈世辉 湯余惠 「合集二一〇六五：

〈1〉丁亥卜，王：余弗其子帚姪子？

〈2〉壬午卜：来乙酉雨不雨？

〈3〉庚子卜：㞢父乙羊九？

……子帚姪子，前一个子字为意动用法，后一个子字为名词。这条卜辞的意思是，商王武丁是否应该让帚姪把她刚刚生下的孩子养育成人。古人出于某种迷信观念，如果认为初生的婴儿将不利于家门，便可以弃之不养。史记孟尝君列传记载：孟尝君田文以五月五日出生而见恶于其父田婴，『婴告其母曰：勿举也。其母窃举生之。』」（古文字学概要一七〇至一七一页）

饒宗頤 「尚書皋陶謨：『啟呱呱而泣，予弗子，惟荒度土功。』偽孔传以『不暇子名之』解說『予弗子』一句。史記夏本紀正义云：『禹辛日娶，至甲四日，往理（此避唐諱『治』）水，及生啟，不入门，我不名子，以故能成水土之功。』盖叁用孔傳說，視子字為动词，訓作『名子』。意思是為兒子命名。考殷虛卜辞有类似句式：

己亥卜王：余弗其子帚姪子。（前四·二十六·七）（前一·二十五·三）

戊辰卜，争貞：勿耋，帚娘子子（后下三十四）

貞：妻佳事，弗其子。（京津二〇一六）『余弗其子某子』句法与尚书『余弗子』頗相类似。若依孔傳說，此当即殷王自卜，為諸婦產子命名之例。

古代有吹律卜名的习惯，大戴礼保傅篇引青史氏記古代之胎教：

太子生而泣。太師吹銅曰：声中某律。太宰曰：滋味上某。然后卜名。上無取于天，下無取于地。……

如果用這一段記载来解释皋陶謨，即謂啟生呱呱而泣，禹不為命名而仍致力於治水的工作。孩子出生何以哭泣？白虎通姓名篇尝给以解释，云：

人生所以泣何？本一幹而分，得氣異息故泣，重离母之义也。尚书曰：『啟呱呱泣也。』

言離開母體是以哭泣，這是汉人的理論。孩兒出生后，为之卜名，事关胎教，在未出生以前，有种々准备工作，青史氏已具言之。礼記内則：世子生，則君沐浴朝服，夫人亦如之。……世婦抱子升自西階，君名之乃降。（由尚书余弗子論殷代為婦子卜命名之禮俗，古文字研究十六輯一五七頁）

饒宗頤「則所云『子帚某子』，第一个动词之『子』，亦可讀為『字』，言『字』，則名在其中矣。」（由尚書余弗子論殷代為婦子卜命名之禮俗，古文字研究十六輯一五九頁）

屈萬里「卜辭：『乙巳卜，自貞：王弗其子𠂤？』（甲編三〇一三）子，作動詞用，謂愛養之。」（甲編考釋三九〇葉）

白玉峥说参□字条下。

常正光释子参□字条下

林澐说参田字条下。

饒宗頤说参□字条下。

0581

[古文字]

[古文字] [古文字] [古文字] [古文字]

按：卜辭巳或子均用為祀。干支「辰巳」之「巳」，則借「子」為之。巳、𠃋、子均不通用。李孝定集釋以為同字，不可信。說者皆據說文「包」字所从之巳，謂「象子未成形」，可備一說。然契文巳字終覺不類，不能無疑。契文「巳」作「巳」，它作𠃋，形近易混，然區別極嚴。卜辭綜類二四三即混而為一。郭沫若所謂之「改」字，實乃「𢼄」字，从「它」，不从「巳」。福三一商承祚讀作「戊子」，李孝定謂當作「戊子」，以之論證「兒」、「子」一字。原拓漫漶，「戊」字猶可辨認，其下則斷非「子」字。

孫海波文編五卷十五葉收此作𥏫，無說。

金祥恆續文編五卷二五葉上收此作𥏫，無說。

魯實先　「字象以矢加人之形，亦疾病之義，當為从子疾省聲，乃疾與㑵之古文。以人與子俱象人形，故小篆之㑵从人而卜辭从子，以疾从矢聲，故卜辭省疒。說文云『㑵，毒也』，『疾病也』，是二字聲同義近，其初本出一源，其後亦相互通用。」（姓氏通釋之一東海學報一期十五葉）

李孝定　「契文作𥏫，孫收作𥏫可从。辭云『貞不其𥏫』，其義似亦為傷字。从早為昜之省，金文揚字極多見，大抵从昜，君夫簋又卣从于與此同，𧿒子卣作早，宅簋友簋舍父鼎段簋矢簋大鼎大簋效尊等从于，均與此近，可證。」（集釋一八一三葉）

李孝定　「字从早乃巳若子字，昜作早。其別在中直之上達與否，此非昜也。當隸定作矨，从矢从巳，說文所無。」（集釋一八一五葉）

饒宗頤　「『辛卯卜，㱿……帝矨茲邑』（佚乙七〇〇）……『帝矨茲邑』（柏根二八七集柏三三重）『貞帝矨唐邑。』……此字从早；然亦从早作矨。……疑早即昜（昜）者。此从矢从昜，說文：『𥏫，傷也；从矢昜聲』，故知矨即𥏫字。『帝𥏫茲邑』者，謂天命降災傷害于茲邑也。」（通考一一七—一一八葉）

屈萬里　「矨，隸定之當作矨。」（甲編考釋一七七葉）

許進雄　☐帝☐茲邑☐　「S0083　第一期　右尾甲

帝与茲邑之间当有戕字，有災害之义。残遗有第一期式的尖针状突出头部。」（怀特氏等收藏甲骨文集第五页）

按：字不从「昜」，釋「𥏫」不可據。卜辭每見「帝矨茲邑」，「矨」有災咎之義。

0582

𤞷 ⿰子卩 ⿰口子

葉玉森　「楔，此字从側口，从子。或从兄，并象人形，与令（令）字构造法例及意誼並同，似与毓非一字。」（殷虛書契前編集释四卷三十六頁下）

饒宗頤　「『乙未卜，爭貞：⿰女司（嗣）。』王卭曰：娈……乙未卜，貞：因娈……』（前編四．二八．七）按『王呼曰』之呼，乃動詞。他辭云：『甲申卜，㱿貞：告王孔于且乙多妣。』（燕大三八〇）『王呼于父口。』（粹編一二七二）集韻『呼，鳥聲。』竊謂呼讀為嗞。管子小稱：『嗟茲乎。』子、茲、嗞古并通。『王呼曰』與他辭之『王㱿曰』『王如曰』同例。」（通考四二五葉）

饒宗頤　「粹編一二九七：『貞：孔！氐羌，夕（升）于高妣己、妣庚，于毓妣己。』孔讀為嗞。祈祭時，嗞嘑也。左襄三十年傳：『或叫于宋太廟曰：譆譆！出出！』粹編云：『呼！氐羌。』此疑呼為感嘆詞。如大誥之『已！予惟小子。』盂鼎之『叡！酒勿敢醆！』是其比。（通考五六八葉）

羅振玉　释育，參毓字條下。

按：字从「肉」，不从「口」，羅振玉以為「毓」之異構，可備一說，但於辭例難以證明。

0583

⿰子力 嘉 ⿰子力 ⿰女力

按：「⿰子力」為「⿰女力」字之異構，此種形體唯見於子祖卜辭。當併入0458「⿰女力」字條。

0584

孚 俘

羅振玉　「說文解字：『俘，軍所獲也。从人，孚聲。』此从行省，不从人。古金文作⿱爫子

（貞畝）孚（師寰畝），省彳。吳中丞謂孚乃从爪从ナ，中●象貝，作兩手攫貝之形，疑小篆从子非是。今證以卜辭，正是从子。古金文从孚者，亦子字，吳說失之。」（殷釋中二十三葉下）

王襄 「古俘字。下三字均象俘人之形。」（類纂正編第八第三十八葉上）

王襄 「契文俘字，初文象人跪而獻俘之形，為会意字，所从之ㄗ与内，或側立，或正立，皆為人形。或从孚，孚古文子，為子女之專用字，与巳之作孚，形同誼异，或作孚、孚、孚、孚，卓之偏旁子作孚，估之偏旁从倒子作古，皆衍孚之形誼。子有弱小之誼，以其弱小，故被俘，后則改易从卜从人，有往而執之誼，仍為會意字。師寰敦：『毆俘士女牛羊』，俘作孚、孚即孚之譌變。小篆之俘，象人執俘之形，是非孚声。」（古文流變臆說四一——四二頁）

李孝定 「說文『俘軍所獲也从人孚聲春秋傳曰「以為俘馘」』孚當為俘之本字，象以手逮人之形，增彳示於道中逮人。且增彳若行，古文亦習見。从人之俘，其初文當作孚，及後孚形離而為二，遂作俘矣。許云『孚聲』失其朔矣。辭云『☐四日庚申亦有來艱自北子䀠告曰「昔甲辰方征于𡎸俘人十又五人五日戊申方亦征俘人十又六人六月在☐」』菁六·一。俘正當釋俘，羅說是也。金文作孚師寰簋」。（集釋二六六三葉）

周清海 「甲骨文有孚（丙一九七、乙六六九四）字，只一見，孙海波甲骨文编、金祥恒续甲骨文编，李孝定先生甲骨文字集释皆不收；惟有中国科学院所出版的增订甲骨文篇三卷十叶，第三三五字下收此一形作孚。

说文：『孚，卵孚也，从爪从子。一曰信也。𥠖古文孚，从𥠖，𥠖古文保。』说文人部：『俘，军所获也，从人孚声。』的俘字，与此当为古今字。做动词用的俘字，甲骨文作俘，从彳，示于道中逮人。」（读契小记——释孚俘中国文字第四十一册四五六一页）

此字从爪从子，象以手逮人之形，许君的训解，都不是这个字的本义。

于省吾 「说文：『孚，卵孚也，从爪子。一曰，信也。』说文繫传：『鸟抱恒以爪反覆其卵也。』段注：『通俗文卵化曰孚，方赴反。广雅孚，生也，谓子出於卵也。方言雞卵伏而未孚。於此可得孚之解矣。』按许氏之说和后世的注释，都失之于牵强。典籍中从没有单言子指雞之子言之者。说文繫传附会许说，以爪反覆其卵为解，那末，为什么不从卵而从子呢？段注引广雅训孚为生，以为子出於卵，那末，为什么不从鷄（甲骨文雞作鷄，详释雞）而从子呢？

而且，子出于卵，已经完成了孚化的过程，则又和《繫传》以爪反覆其卵之说相矛盾。《说文》：『俘，军所获也，从人孚声。』按俘为后起字，甲骨文以孚为俘虏之俘。甲骨文的『我用□孚』（《乙》六六九四），□係方国名。孚字作□，从又与从爪古同用。这是用□方的俘虏以为人牲。孚也作□，从収从又单复无别。甲骨文的『克□二人』（《佚》三九三三），即克俘二人。孚字又孳乳为□，从彳孚声。因为俘虏需要殴之以行，故从彳。甲骨文称：『昔甲辰，方品（征）于蚊，俘人十㞢五人。五日戊申，方亦品，俘人十㞢六人。』（《菁五》）均以俘为俘。总之，孚和□俘均係俘之古文。

孚字为什么不从人而从子？自来迷惑不解。我们探讨造字的起源，往往从原始氏族社会的生活习惯中得到解答。因为各氏族的生活习惯，既各有其特点，又有普遍一致之处。莫尔根说：『在战争中所捕获的俘虏，不是杀死即是收养于氏族之中。被捕获的妇女和小儿，通常也是一样经过了这种恩泽形式的。收养不仅给予他氏族权，同时还给予部落的族籍。收养一个俘虏的个人，就把他或她置诸与自己的兄弟或姊妹的关系之列了。比如一个年长的男子，收养一个男儿或女儿，以后在各方面，均把他或她当做恰如自己所生的男儿或女儿一般。』（《古代社会》，三联书店版八四页）这是古代氏族社会在战争中，把俘虏其他氏族的男女收养为自己子女的事例。我国古代对于男儿女儿通称为子，周代典籍习见。周代金文番匊生壶的『用賸（媵）氒元子孟妃姜』，元子指长女为言。基于上述，则孚或□俘均从子，乃俘的古文。至于鸟孚卵之孚係用借字，后世则以孵字为之。」（《释甲骨文字释林》二九九——三〇一页）

姚孝遂

「□、□、□都是『俘』字。」（《古文字的符号化问题》，《古文字学论集初编》一〇三页）

萧良琼

「……有的字还可在用法上做一点补充，如『□』字，隶定为□，罗振玉说：『《说文解字》俘，军所获也。从人，孚声，此从行省。不从人』。于省吾先生说：『因为俘虏需要殴之以行，故从彳』。並认为俘是从孚字孳乳而来。通观卜辞，这个从彳的俘字，是专指商王方面的人被敌人抓走的动词，凡是战争中商王方面得胜，并抓来敌人作俘虏，均言获××人。用辞口气同打猎时获得多少动物一样，以此表示对敌人的卑视。已经驯服并充作奴隶的俘虏，则称之为俘，以别写成□、□、□、□（此字隶定为妥，或是表示女性俘虏之意）。奴隶逃走了，再追捕回来用『得』字表示。俘，仅用於自己人被敌人抓走，具体讲，这些俘字，都是在不同情况下的俘虏，所以后来就不加区别地都称之为俘。从具体到抽象，动词作名词用，或名

词充作动词，似乎是汉字在使用过程中的规律。」（卜辞文例与卜辞的整理和研究，甲骨文与殷商史第二辑三七页）

陈炜湛说参[glyph]字条下。

按：甲骨文俘字作[glyph][glyph][glyph]諸形，即說文訓為「軍所獲」之「俘」字之初形。亦即「孚」字。林義光文源云：「古以孚為俘字，師寰敦殹孚女羊牛孚吉金即俘之古文，象爪持子」。甲骨文孚字从又作[glyph]，从又與从爪無別。孫海波甲骨文編即釋為「孚」。其辭云：「我用[glyph][glyph]」（乙六六九四），謂用[glyph]方之俘為祭牲。其繁體作[glyph]，辭為：「克[glyph]二人」，謂得俘獲二人。甲骨文編於此字隸定作「[glyph]」（三・八），謂為說文所無，未免疏誤。孚又增「彳」為𢓜，辭為：「昔甲辰，方显于蚁，俘人十㞢五人；五日戊辰，方亦显，俘人十㞢六人」（菁五）。說文謂俘字从人孚聲，从人為从彳之譌變。說文訓「孚」為「卵孚」，乃後起之義。孚之古文作[glyph]，以為从古文保，不可據。

卜辭孚或俘用為俘獲之俘，為動詞，亦有作名詞，如乙六六九四「[glyph]孚」即是。但及字無用作動詞者，二者有嚴格之區分。或以為及即古孚字，不確。

綜類一四九釋讀給三五九有誤。當自左而右讀，綜類誤為自右而左讀。且文當分屬兩段，中有界劃，綜類誤混成一段讀之。又綜類一四九與一三二同據給三五九，而釋讀不一。

0585 [glyph]

[glyph] [glyph] [glyph]

按：字不可識，其義不詳。

0586 孫

[glyph] [glyph] [glyph]

王襄「古孫字。邾仲敵孫作[glyph]，古鉨文公孫之孫作[glyph]，均與此同。」（類纂正編十二第五十七葉下）

商承祚「格伯作晉姬敵作[glyph]，邾公鐘作[glyph]，與此同。」（類編十二卷十二葉）又曰：「此字余曩釋孫非是，殆是紀字，从糸从己，字書所無。其字與[glyph]（妃）同。」

（[契釋]七七葉）

李孝定　「[說文]『孫，子之子曰孫，从子从系，系，續也』。金文孫字多見，均从子从系，與此同。王氏及商氏初說是也。契文干支字子巳雖有別，然實假子為巳，子丑之子辰巳之巳均段子孫之子為之，而一作肖，一作孑，均象幼兒形，所以故示別異也。今此所从之子，固子孫字，不得以巳解之也。辭云『□多子孫□田』（後下十四·七），固明為子孫字也。金文作頌鼎、弔向簋、杞伯簋、□公孫班鎛、弓仲鐘、段簋、条簋、番君鬲。餘尚多見，略同。」（[集釋]三八六五葉）

按：卜辭均殘，「孫」之用義不詳。後下一四·七有缺文，「多子孫田」不得連讀。孫海波[甲骨文編]所列諸「孫」字有誤。前七·一五·二、[契]七三二乃「孫」字，後下二二·七已殘，非「孫」字。

0587

按：此字形體摹寫當有誤，不得釋為「保」。

0588

孫海波　「孛，金四七六。孛啚，地名。」（[甲骨文編]三五七頁）

張亞初　「[甲骨文編]三五七頁有孛字，也列在孝字条下。甲骨文中的孛与金文中的孛，显然是一个字，字形与孝字不同，把它们混同于孝字，是不妥当的。此字从偏旁分析看，上部从屮即丰，下部从子，这是从子丰声之字。[說文]孛字作𡥧，字形与之相近而稍讹。[古籀经]中较好地保存了此字古形。其字作孛（[古文四声韵]四·一六悖），应为孛之本字）。显然，甲骨文金文之孛、孛，和上述之字，字形完全一致，应为孛字无疑。孛字从丰，丰古音读如蓬，蓬与孛为双声字。[左传]庄公十一年传『其兴也悖』，注云『悖，盛貌……一作勃，同』。孛为悖、勃之本字。[說文]引[论语]『色孛如也』，今均作勃如，可证悖、勃都是从孛字分化出来的。孛字从丰从子，丰为声符，子为意符，幼儿生长发育日新月异，故寓有蓬勃兴盛之意。說文『丰，草盛丰丰也』，丰也含有茂盛意。字字以丰作声符，声中兒义。丰是字字。那么，它是怎样演变成說文那样的形体的？其演变情况大体是这样：

丰——丰——丰——字——字——字（第三、四种形体为古鈢文，见說文古籀补六．一六．九鄗字偏旁）

甲骨文之字为地名（见金璋七二八等）。大鬬马簋铭文为『大鬬馬字术自作食簋』（冠斝上二七），字术之字也为国族氏名，可能与甲骨文之字地有关。』（甲骨文金文零释古文字研究第六辑一六五——一六六页）

按：張亞初以此為「字」之初文，可供參考，卜辭為地名。

0589 競

按：釋競可從，卜辭用義不詳。

0590 子

孫詒讓 「子又有作籀文者，如云『甲𡿺卜八王今十月父□』（藏二五六·一）說文子部𡿺，籀文，子囟有髮，臂脛在几上也。此𡿺即籀文子之省。金文召伯虎敦，子作𡿺，與此同。」（舉例上二葉上）

羅振玉 「說文解字子古文作𢀈，籀文作𡿺。卜辭中子丑之子皆作𡿺，或作𡿺。以下諸形从無作子者。𡿺與許書所載籀文𡿺字頗近，但無兩臂及几耳。召伯虎敦作有臂而無几，與卜辭亦略同。惟𡿺𡿺等形則亦不見於古金文，蓋字之省略急就者。秦省籀書繁縟而為隸書。予謂古人書體已有繁簡二者，試觀書契卷三第四五諸葉，可知其概矣。」（殷釋中三葉下）

葉玉森 「按卜辭子作𡿺，象子戴髮。別體作𡿺𡿺𡿺𡿺𡿺等形，髮形並顯。惟曰日日日疑並許書日字之變態，象小兒頭衣。又變作𡿺𡿺，髮在其下。疑子之到文，或純象小兒頭衣上有角形飾，下被髮，或象緌。再變作𡿺𡿺𡿺𡿺𡿺𡿺諸形，則古誼漸晦矣。」（研與枝譯）」

又曰：「卜辭以子爲巳。惟曰『子某』似人名者，則概作子、子、子諸形」。（鉤沈十四葉）

郭沫若　「說文曰『子，十一月，易气動，萬物滋。人以爲稱。象形。……𢀖，古文子，从巛，象髮也。𢀖，籀文子，囟有髮，臂脛在几上也。』卜辭第六位之巳作作『子』，此第一位之子則作肖若𢀖。（𢀖編有二十六種異形，然以此二形爲最習見。）金文辛巳、癸巳、乙巳、丁巳亦均作『子』，而召伯虎𣪘『四月甲子』作𢀖，傳卣之『隹五月既望甲子』作𢀖。羅振玉曰『𢀖與許書所載籀文子字頗近，但無兩臂及几耳……蓋字之省略急就者』。按傳卣字與許書籀文極相近，唯下从者非几，仍爲兩脛，蓋於臂脛之外有衣形也。疑許之籀文乃由此譌变。要之𢀖字與篆文子字左右實判然二字。𢀖限用爲十二辰之第一辰，於他實未見有使用者，（宗周鐘有『南國𠬝𢀖』與此形近，乃人名。）此乃卜辭出土後所提出之一新事實，然亦一耐人尋味之新問題。爲何曰十二辰中古有二子！」（甲研釋干支廿一葉下——廿二葉下）

吳其昌　「『子』者，十二支第一位之名也。其原始之本義，乃射侯之象形也。身，舌，足，左上綱，右上綱咸具，張之以爲校射之的，與儀禮所述者悉合。由𢀖形，𢀖形，𢀖形，𢀖形而訛变成說文『子』字古文之𢀖形，及籀文之𢀖形。（詳金文名象疏證）其在契文，則亦或有肖形（後二、二四、一三）肖形，（後一、二〇、一五）而省成肖形。要皆爲校射侯之变象也」（殷虛書契解詁第二五葉）

李孝定　「說文『子十一月陽气動萬物滋入以爲偁象形𢀖古文子从巛象髮也𢀖籀文子囟有髮臂脛在几上也』卜辭十二辰之『子』作上出諸形，而『子某』之『子』及十二辰之『巳』則作『子』若『子』若『子』。𢀖象幼兒頭上有髮及兩脛之形，餘形均其省变。其遞嬗之迹當如下表：

𢀖——𢀖——𢀖——肖——肖——肖

子子子則象幼兒在襁褓之中，故下但見一直畫或微曲不見兩脛，兩手舞動，上象其頭之形，實均取象幼兒但表現各異耳。許書以子𢀖爲今古文，實一字之異體耳。卜辭以𢀖爲子丑字，而以子爲辰巳之『巳』及子某之『子』，是十二辰中有二子字各據一形而不相亂者，以子巳之音本近而𢀖子之形各殊故也。然以子某之子作子觀之，知子𢀖仍是一字，許君之說不誤。然以篆籀別之則非，但當云『子或作𢀖』可矣」。（集釋四三一二葉）

饒宗頤　「按𢀈即說文古文子之𢀈字，契文與子分而為二。許慎云：『古文子从巛，象髮也。』許書首下云：『巛象髮，謂之鬊，鬊即巛也。』則此字乃从子从鬊，卜辭𢀈為人名，『壬戌貞：商……　癸亥貞：𢀈要……』（佚乙一六〇七）」（通考七四六葉）

徐中舒說參□字条下。

按：自李陽冰謂「子在襁褓中，足併也」，說者皆从之。實則「子」但象孺子之形，以別於「人」。契文𢀈字作□、□，象僻子形，此足證「子」非象在襁褓中足併之形。毓字从「子」，亦不得謂象在襁褓中。契文孕字作□，然則亦象在襁褓中併足乎？于鬯說文職墨謂「大徐引李陽冰說，謂子在襁褓中足併，未免穿鑿之說。鬯竊謂此蓋象在母腹中之形也。子在母腹中，兩手掩耳，故中畫左右嚮上，兩脛屈曲，膝過於腹，併為一團也」。于氏之說尤為穿鑿。

卜辭「婦某有子」習見。禮記哀公問：「子也者，親之後也」。左傳僖公九年：「凡在喪，公侯曰子」，杜注：「子者，繼父之辭」。英二六七四正即庫一五〇六有世譜刻辭，記「兒」之世系共十一世，「某」子曰「某」，甚為詳備，均父子相繼，僅列二「弟」名。親之後曰「子」，子者嗣也。

卜辭有「大子」、「中子」、「亞子」、「小子」，陳夢家綜述四八五謂「……大多數皆是卜祭辭中所見，其非卜祭之辭的稱謂，亦多指亡故的親屬」，引證甚詳，可參閱。

乙三〇八三「多子逐鹿」，乙三四四一「多子隻鹿」，吉大藏甲六「多子逐兕隻」，「多子」亦生稱。乙八四二四有「邑子眾左子」，佚二三「甲寅卜貞，令左子眾邑子眾𠂤般受年……十一月」。饒宗頤疑「左子」、「邑子」均人名。然卜辭人名皆稱「子某」，而不稱「某子」。又卜辭「婦某子」習見，疑「左子」、「邑子」謂「左」之子、「邑」之子，統稱之則曰「多子」。卜辭有「二子」、「三子」、「四子」、「五子」，均為祭祀祈禱之對象。當亦「多子」之屬。庫一八九之「三子」陳夢家意為武丁卜辭中之「子丁、子庚、子癸」（綜述四九五）。

卜辭「子族」，或稱「多子族」，每從事征伐。猶「射」或稱「多射」，「馬」、「亞」或稱「多馬、亞」。

卜辭有「上子」，後上八·七「上子受我又」，後上八·六「上子不我其受又」，陳夢家綜述五六八以為「上子」或如洹子孟姜壺所說的上天子」。

前四·二六·七「己亥卜王，余弗其子婦姪子」，上「子」字讀作「字」，撫育之義。此與後下三四·一、前四·一·六「婦娘子子」之用法同。

甲三〇〇「舌子妨；舌子不其妨」，屈萬里甲釋謂「舌子」為婦名是對的。禮記曲禮「子於父母」，鄭注：「子者通男女」。古代對稱則「子」、「女」有別，通稱則「子」該男、女。

簡四・四七・五「蚩攜眾編子亡从匕」，此版均屬有關馬之占卜，是蓄子亦可稱為「子」。

契文「子」亦借作干支「辰巳」之「巳」。至於「子丑」之「子」，則作[字]，凡諸形，與「子」迥然有別，從不相混。不得據世淆亂之形體以論商代之古文。

0591 号

按：字不可識，其義不詳。

0592 𦎫

按：英二三二七辭云：「于𦎫朿伊田有正」為地名。

0593 号

按：合集八二六五辭云：「庚申貞：…不其得，十二月在号」為地名。

0594 弃 棄

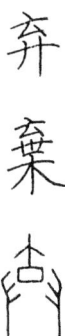

按：釋棄可從。段玉裁、桂馥、王筠等均以逆子為不孝子說从㐬之意。唯朱駿聲以為「許意謂逆子人所棄，義甚紆曲」。甲骨文即从子，不从逆子。左傳襄二十六年：「宋芮司徒生女子赤而毛，棄諸堤下，共姬之妾取以入，名之曰棄」。宋為殷後，是殷人有棄嬰之習俗。周祖后稷初生即遭遺棄，故亦名棄。詩生民即敘其事。卜辭棄或从糸聲，文辭均殘，用義不詳。集

釋以「棗子」、「棗方」連讀，非是。

0595 [illegible]

按：字不可識，其義不詳。

0596 [illegible]

李孝定「按，說文也訓女陰，篆即象之，說实不誤。治說文者以事近于褻，乃以也为匜之本字說之。实則匜从也声，与形无涉。金文匜字从皿从它，或从金从它，或逕作它，亦从它声（也、它古音近）。其逕作它者，假它为匜也。契文育字或作[illegible]（洺下十八·二）。下所从[illegible]，即也字象形，与篆文形近，可为許說之证。」（甲骨文字集释存疑四五八〇頁）

按：釋「育」不可據。「[illegible]」亦不得謂「即也字象形」。「也」為「女陰」之說，古文字資料已充分證明純屬誤解，無庸爭辯。卜辭已殘，用義不詳。

0597 [illegible]

按：字不可識，其義不詳。

0598 [illegible]

按：字不可識，其義不詳。

0599

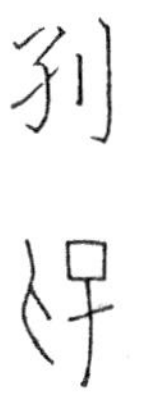

按：字不可識，其義不詳。

0600 孨

許進雄「S 0845 第一期

戊囗孨亡囗

孨不見著录过。为人名。」（怀特氏等藏甲骨文集第四一页）

按：說文：「孨，謹也。从三子。……讀若翦」。卜辭為人名。

0601 目

王襄類纂正編四第十七葉上，孫海波文編四卷一葉上，金祥恆續文編四卷一葉上並收此作目。

孙海波「𥄎，涂六五〇。疑目字。」（甲骨文編七二二頁）

孙海波「𥃦，押二一五。人名。匕目。」（甲骨文編一五七頁）

張秉权「目，是名詞，在甲骨文中，有三种不同的用法：一，用作人身器官之名者，例如：

貞：王其疾目？

貞：王弗疾目？（丙編一〇六）

貞：疾目不希？（拾一〇．三）

貞：出疾目龍？

貞：㞢疾目不其龍？（乙編九六〇）

二，用作地名者，例如：

由目田亡𢦔？（戩一一·三；續三·二五·四）

王其田𢧀至于目北亡𢦔？（京津四四六八）

三，用作人名者，有時作𣅀，或稱子目，例如：

庚午卜，穷貞：子目娩妨？

貞：子目娩不其妨？王固曰：隹茲（勿）妨？（乙編三〇六九）

貞：子目亦毓隹臣？（乙編七八四五）

貞：子目亦毓不其隹臣？（乙編七九〇九）

癸卯卜，穷貞：由貝令目𠂤乎？（後下三四·五）

乎目于河㞢来？（乙編一三七九）

甲辰卜，「争」貞：子𣅀娩妨？隹衣？

甲辰卜，争貞：子𣅀娩不妨？女。（乙編三三七三十三四九八十三九五四；丙編待刊）

但是在有些卜辭里，𣅀又是一个被祭的对象，例如：

㞢于𣅀卅人

㞢于𣅀十人？（乙編五三一七）

這又和咸，唐，羔，匝等人的情形相同，此般之目似乎也是一位已故的人，因為它的辭例和下列一些卜辭中的人名所处的地位相似，例如：

□巳卜，（殻）「貞」：大戊𢆶𤔲？（甾一·一二·一〇）

辛酉卜，㕯貞：季𢆶王？（前五·四〇·三）

己未卜，争貞：王亥𢆶我？（丙編三）

貞：祖辛𢆶王？（乙編九〇二）

而目疾之目的用法，大都似第一类的「疾目」相連。（殷虛文字丙編考释第二一〇頁）

李孝定「說文『目人眼象形重童子也囧古文目』篆文於象形已遠。段注讀重一字句絕，謂『嫌人不解「二」故釋之』，其說雖是，然於形仍不類。卜辭象形絕肖。小篆竪書且匡廓整齊，其形已失，然文字衍化之通例也。卜辭目字即用其本誼，辭云『貞疾目不㳄』後、十、三、『貞疾目不喪明』『其喪明』乙、六四、『貞有疾目龍』『貞有疾不其龍』乙、九六〇、『有疾目其延』乙二八一〇數辭均為疾病之貞。首辭不下一文不可識，疑為喪字之漫漶不明者。第二辭言貞其喪明乎，義最顯豁。第三辭龍字疑當為朧，不明也。朦朧古語，許書目部有矇無朧。矇下解云『童蒙也从目蒙聲一曰不明也」，段注童蒙曰「謂目童子如家覆也」，是也。一切經音義十四作「蒙籠」，注云「蒙籠謂不明了也」。月不明則曰朦朧，雨霏微緜密則曰濛瀧，是也。說文「瀧，雨瀧瀧皃」，繫傳云「猶言濛瀧也」是也。今吾鄉謂微雨曰濛濛雨，俗稱毛毛雨，即此意。然則目不明亦當曰矇矓，古當有矓篆，許書偶佚耳。此辭之龍當為矓之段字，釋名「聾，籠也，如在蒙籠之內不可察也」。聽不明謂之聾，視不明謂之矓，皆由古語蒙籠一義所孳衍也。第四辭言目疾其延而不愈乎。他辭目字辭意不明，不具引。金文作[横目]（[glyph]目父癸爵），目字偏旁作[横目]作[横目]作[横目]，已漸與小篆相近矣。」

（集釋一一三三葉）

陈炜湛

「甲骨文臣目两字都象眼睛的形状，总的来说写法是有所区别的，即横者为目（[横目]、[横目]），竖者为臣（[竖目]、[竖目]）。……目与臣有共见一辞而分别作[横目]与[竖目]者，例如：

贞：子[横目]亦毓，隹[竖目]？ 乙七八四五

贞：子[横目]亦毓，不其隹[竖目]？ 乙七九〇九

子目为妇名，殷王尝卜其娩幼之事：

庚午卜，宾贞：子[横目]娩，幼？ 贞：子[横目]娩，不其幼？王固曰：隹兹，勿幼。 乙三〇六九

子[横目]幼。 续存上七二四

目均作横目状。但也有些目写作[竖目]，则与臣同形。而臣有时又并不作竖目状，却作横目形，也写成[横目][横目]等形，遂与目字同形。故横目者未必不是臣，竖目者也未必尽是臣，遇到[横目]或[竖目]，同样需要加以辨别，稍一不慎，仍有可能弄错。

臣不作[竖目]而作[横目]之例如：

□卯贞兄☐令小[横目]☐ 京都二三五九

☐方人其[横目]商？ 京津一二二〇

「试比较：「[竖目]商？」 南北无想四一」

小臣为卜辞习见之官名，多合文作[glyph]，今京都二三五九臣写作[横目]，若读为小目，于义不可通。臣商，臣服于商之谓也。臣，说文释为「牵也，事君也」，广韵真部亦谓「伏也，仕于公曰臣，任于家曰仆」。是臣有事君、臣服义。若读[横目]商为目商，义亦不通。

目不作[横目]而作[竖目]者亦有其例：

☐京☐王田至[竖目]，隻豕五雉二，在四月。 缀九九

正[竖目]其人又正。 甲三九三〇

此目是人、地名，下列两辞即作横目状：

王其田數，至于罒北，亡戋？　戩十一·三

叀罒田，亡戋？　摭續一八五

叀王令罒歸？　京津四四六八

臣、目异字同形的现象在偏旁结构中也同样有所反映。一般来说，作为偏旁的臣与目，也是一竖一横，从臣者作臣，从目者作罒，分别相当明显。如監从臣作𥃳，見从目作𥃳，前者举目，后者平视，最易判别。但也有少数从目者作臣的现象，例如相字，所从之目既可作罒，又可作臣。前五·二五·五片相字两见，作相相，实作竖目状。甲骨文編卷六相下列五文（相乙四二一一，相佚三九，相京津二六七〇，相柬藏一〇九，相佚七八七），以为「說文所无」。其实此五文以及佚九九九片之相（「甲辰妇相示二屯，岳。」）亦均相字，其从臣与前五·二五·五片之相亦同，正是小篆相之所本。又如面字，既可作⊡（押四一五、四一六、二三七五），亦可作⊡（續一·九·八）。再如臭，虽多从罒，然亦有从臣作者，如京都三一五一片之臭即是（甲骨文編卷四第一页）。准此，簠室杂字一三八片之𥈤，遺珠五六四之𥈤，五六五之𥈤，实象左右视之形，可释䀹或瞿，亦即䀠（小篆省丿）；后下二四·六片之𥉻，乃从目从寅，罗振玉释矆为不误，甲骨文編改释矆，乃屬「說文所无」，反有未安。」（甲骨文异字同形例古文字研究第六辑二三七——二三九页）

考古所　「目：地名。」（小屯南地甲骨一〇五八页）

赵诚　「甲骨文的目字写作罒，象睁开的眼睛。卜辞作为名词，即指眼睛，作为动词，则是用眼睛观看。此外，还用作观察、监视之义，当是本义之引申，如：

贞，乎（呼）目𢀛方。（綴四·三二·六）

目可以看，用作观察、监视之义，应是很自然的引申。」（甲骨文行为动词探索（一）古文字研究第十七辑三三四页）

按：卜辭多稱「疾目」，乃占問眼疾之吉凶，此用其本義。或稱「子目」，則為人名。戩一一·三合集二九二八六之「叀目田亡戋」，則為地名。至於乙五八四合集一四六三〇之「目于河」；續四·三二·六；合集六一九四之「目𢀛方」，均用作動詞，其義不詳。

0602

直

商承祚　「祚棊，說文解字『直，正見也，从十目。』古文从木作稟，以卜辭德字作㣫

例之，則此殆为直字。又德金文作徳（虢叔鐘），或省心作㣫（曆鼎）。吳中丞說，直古文相字，又相金文作𡴡（盂鼎）、𡴡（且子鼎），亦謂从十目，相所从之屮乃木之省，德所从之丨乃十字，判然不相离。謂相亦从十目，蓋误矣。今以释直，故并论之。」（殷虛文字类編十二卷十頁下）

按：釋「直」可從。卜辭多用為動詞。合集二二〇四八辭云：

「余乎直于父辛丁及以戈」

「直」用為祭名。

「直」與「省」有其淵源關係。參見0613「省」字條。

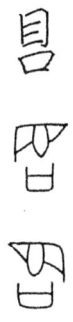

0603

昌

張秉权　「昌，乃目字，亦作目。在這里是被祭的人名，又如：

壬午卜，殻貞：于昌？（鐵九·一〇）

㞢于昌卅人？

貞：㞢于昌十人？（乙編五三一七）

貞：于昌𡈼？八月。（粹七〇）

也都是被祭者的名字，又有称子昌者，是一个活着的女子，可見卜辭所称的子不一定是指男性的，例如：

□□〔卜〕，□（貞）：子昌娩妫？（乙編二六一四）

□□卜，（殻）貞：子昌娩不其妫？（乙編六九〇九）

甲辰卜，（争）貞：子昌娩妫隹衣？

甲辰卜，争貞：子昌娩不妫？女。（乙编三三七三＋三四九八＋三九五四；丙编待刊）

或称子昌，例如：

庚午，㝐貞：子昌娩妫？

貞：子昌娩不其妫？王固曰：隹兹勿妫（乙编三〇六九）

貞：子昌亦毓隹臣？（乙编七八四五）

貞：子昌亦毓不其（隹）臣？（乙编七九〇九）

或仅称昌而為人名者，例如：

癸卯卜，穷貞：由（貝）令目阜乎？（沍下三四．五）

乎目于河出来？（丙编一〇七）

或仅称目而為地名者，例如：

（辛）（于）目北亡戋？（鄴初下三三．九）

貞：乎雀征目？（乙编五三一一）

王其田敥至于目北亡戋？（京津四四六八）

這情形，和卜辭中其它許多的名詞一样（參閱本编图版壹叁叁，一四二考释卜卜．二〇九——二一〇）。」（殷虚文字丙编考释第二八七——二八八頁）

孙海波：「[illegible]，乙七九〇。从口从目，說文所元。人名。」（甲骨文编四七頁）

李孝定：「从口从目，說文所無」。（集釋〇四〇九葉）

按：「昌」為殷人祭祀之對象，亦為人名。僅僅據此尚不足以證明「昌」即「目」字。二者仍然有别。

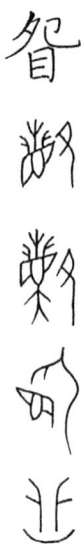

0604

李孝定：「楊氏於其所著甲文說四十一葉誤引前、三、二二、四之[illegible]作[illegible]。辭云『貞知王自上甲督大示十二月』。督字作[illegible]，了之左右數小點乃蝕痕，非从水。于省吾釋督可从。楊氏誤仞為滑字，遂謂字當屬上讀為『上甲徹』。前於督字條下漏引楊氏此說，補正於字」。（集釋三三三六葉）

于省吾：「甲骨文有[illegible]字，亦作[illegible]、[illegible]、[illegible]等形。唐兰同志云：『[illegible]即盾之本字，当读为循。』（天考六四）按唐说误。[illegible]字从死，从目，即督字。周代金文竇字常见，其所从之死，臣辰卣作[illegible]，臣辰盉作[illegible]……说文以死为从夕从𠂊，失其朔矣。甲骨文称：『甲申卜，穷貞，王督大示。』（前三．二二．三）『貞，知王自甲督大示。十二月。』（前三．二二．四）『口午卜，貞，𠬝自甲夫（大）示督隹牛，小示隹口羊。』（前五．二．四）『丁子卜，穷貞，督出于大示。』（佚五六一）诸督字均作祭名用。说文：『督，目无明也。』与祭名无涉。眢，周代金文通作餈。匽卣：「王初餈旁。」臣辰盉：「隹王大龠于宗周𢓊餈䒤京年。」呂鼎：「王餈于大室。」餈从宛声，宛从夗声，与眢从夗声音符同。苍颉篇：「餽，飴中著豆屑也。」说文：「𧯷，豆飴也，从豆夗声。」玉篇食部：「餽，餳也，飴和豆也，亦作𧯷。」要之，商之眢祭即周之餈祭，惟未知其详，存以待考。」（释眢，甲骨文字释林四〇至四二页）

考古所　「□：地名。」（小屯南地甲骨八四三页）

考古所　「□、□：地名。」（小屯南地甲骨一一五二页）

考古所　「□：字不识。在此为地名。」（小屯南地甲骨一〇二四页）

考古所　「第(2)段辞□在二四一四第(2)段辞中作□，证明二者是同字异构。」（小屯南地甲骨一一三三页）

许进雄　「S □ □　第三期　右后甲

□□□□□禽？

□可能为于之误刻。□为地名，不可识。凿長二·五公分，肩宽而微曲，烧灼痕大，是第三期典型形态。」（怀特氏等藏甲骨文集第七一页）

姚孝遂　肖丁　「「□」前所未見，形体较为特殊。卜辞地名有「□」，其左部与此之上部同（参見綜类109頁）卜辞累見「□大示」，「□」字于省吾先生释「眢」（释林40—42），在卜辞均为祭名，无例外。

根据辞例及其形体结构，□可能为「眢」字之繁体，（其下部即□字）」（小屯南地甲骨考释二七頁）

張亚初　「卜辞有眢字（综类一〇一页），都是祭名，假借为餽。西周铭文都作餈。餽为設菜餚之祭。眢字从目从夗声，读为剜。集韵平声支韵「字林井无水，一曰目无明」，元韵和桓韵又云：「说文目无明也，一曰废井。」眢字亦书故训「眸子枯陷」，广韵训「目空貌」。这个字是挖目之刑的形声字，挖目后就「目无明」、「目空」、「眸子枯陷」。其引伸义则为井枯无水，训为废井。所以从夗从心为怨。从夗从刀为㓘、剜都训挖、削。广雅释诂：「剈，剜也。」说文剈训挑取。㓘、剜本义就是挖目，把眼珠挑取出来。所以剈、剜都有挖空之意。其初文为夗，后从刀作㓘。集篆古文韵海卷一以㓘、剜、眢为同字，这是很有道理的。眢字从目，是以目为义符，以夗为声符的形声字。」（古文字分类考释论稿古文字研究第十七辑二三六——二三七页）

考古所 「眢：祭名。」（小屯南地甲骨一○一三页）

唐蘭 「卜辭有眢字，前人未識。如云：『甲寅卜，㱿貞王眢大示。』續三、二二、三、『貞知王自囗眢大示。』續三、二二、四。眢即盾之本字，當讀為循。」（天壤文釋五十一葉）

于省吾 「按唐說誤矣。眢字从夗从目，即眢字。金文饔字从夗。如商器臣辰盉作夗，周器寧鼎作夗，呂鼎作夗。余所藏商器𣵀匋殘尊，眢从夗作夗。如商器臣辰卣作夗，周器壘盨『西𢆶余一人夗』，夗字舊不識，即夗，應讀為怨。列國器右里𥂦，𥂦从夗作夗，形已譌变。說文以夗為从夕从卩，失其朔矣。續三、二二、三：『甲申卜，㱿貞，王眢大示。』三、二二、四：『貞知，王自甲眢大示，十二月。』五、二、四：『囗午卜，貞，𠭯自甲夫（大）示眢隹牛，小示叀囗（羊）。』六、八、四：『貞，眢囗。』殷虛卜辭六二八作眢，辭已殘。佚五六一：『丁子卜，㱿貞，眢出于大示。』通纂別二、八：『庚寅卜，其眢又羌甲南庚𩫏甲小辛。』諸眢字均為祭名。說文：『眢，目無明也。』與祭名無涉。眢金文通作饔。臣卣：『王初饔旁。』辰臣盉：『唯王大龠于宗周，饔葊京年。』呂鼎：『王饔于大室。』饔从宛聲，宛从夗聲，與眢从夗聲字異而音同。說文：『𥂦，豆飴也。从豆，夗聲。』玉篇食部：『䬃，餚也，飴和豆也。』亦作𥂦。蒼頡篇：『䬃，飴中着豆屑也。』廣韻入聲八物：『饔，飴和豆也。』是𥂦與䬃饔同字之證。要之，商之眢祭，即周之饔祭。惟未知其祀典之詳，存以待考。」（駢續十五葉釋眢）

按：字从夗从目，當釋眢。卜辭或用作祭名，或用作地名。

0605

按：𥄎从目从又，在卜辭為人名，或混入旻字，非是。疑為說文訓「捾目」之𥄎字。

0606 省

按：合集二〇二四〇辭云：「令省往宋」為人名。

0607 𥄎

羅振玉 「說文解字：『𥄎，舉目使人也。从攴，从目。』卜辭[字形]从[字形]，即攴字。」（殷釋五七葉上）

王襄 「古𥄎字。」（簠室殷契類纂第十四葉）

孫海波 「[字形]，甲二四一八，人名。[字形]，佚一一八，或从又。」（甲骨文編一五七頁）

饒宗頤 「按𥄎字从目从攴，亦即契文習見人名之[字形]。（前編五·二四·三）說文：『𥄎，舉目使人也。』隸書移目于左旁作𥄎，與契文此形正同。其後起字有𢕟。汗簡云：『小行貌。』」（通考七一〇葉）

李孝定 「說文『𥄎，舉目使人也。从攴从目，讀若颭。』羅氏釋前五·二四·三之[字形]為𥄎是也。字又从『又』，卜辭从又从攴每得通也。字在卜辭似為人名，辭云『☐貞𥄎其有疾』後·下·二七·二、『☐卜王來乎甲𥄎』後·下·四一·三是也。它辭之意不明，如云『辛巳卜王勿甫𥄎令』藏一七二·二、『𥄎祟』前·五·二四·三、『☐辜𥄎』後·下·十七·二是也。金氏續文編四卷一葉上𥄎下收佚一一八、四五五兩文作[字形]，按當是民字。辭云『其眞王卯民』『徝卯民追𤝞』佚·四五五、此言以民為牲也。古臣民意近，民為俘虜之盲一目者，郭某說。詳見十二卷民字條。金文𥄎作[字形]癸𥄎鼎」（集釋一一三一葉）

0608

義不詳。

按：𡕥字从目从攴，與說文𡕥字形同。許慎訓為「舉目使人」，典籍無徵。卜辭殘泐，用

郭沫若　「民字於卜辭未見，即从民之字亦未見。殷彝亦然。周代彝器以康王時代之盂鼎已有民字，曰「遹相先王受民受疆土」，其字作，克鼎「惠于萬民」作，齊侯壺「人民」字作，均作一左目形而有刃物以刺之。古人民盲每通訓，如賈子大政下篇「民之為言萌也，萌之為言盲也」。今觀民之古文，則民盲殆是一事。然其字均作左目，而以之為奴隸之總偁，且周文有民字而殷文無之（商書盤庚及微子諸篇雖有民字，然非古器物，不能據為典要），疑民人之制實始于周人，周人初以敵囚為民時，乃盲其左目以為奴徵。臣民字均用目形為之。臣目豎而民目橫，臣目明而民目盲。此乃對於俘虜之差別待遇。蓋男囚有柔順而敏給者，有愚戇而暴戾者。其柔順而敏給者則懷柔之，降服之，用之以供服御而為臣。其愚戇而暴戾者初則殺戮之，或以之為人牲，繼進則利用其生產價值，盲其一目以服苦役，因而命之曰民。此事於文獻雖無徵，然觀古人之對待奴隸，或剠其額，或髡其髮，或劓其鼻，或刵其耳，或刖其足，或宮之腐之，所用之肉刑正無所不至其極，則盲其一目自是意中事矣。秦始皇帝喜聽高漸離之擊筑而矐其目，恐即古人盲目為民之遺意也。又民乃象形文字，此實三千年來傳世之古畫，文獻之可徵當無有更優於是者」。（甲研釋臣宰三——四葉）

李孝定　「說文『民，眾萌也。从古文之象。古文民』。段氏注云『彷彿古文之體少整齊之也』，因改古文作。朱駿聲通訓定聲曰『按古文从母取蕃育也』。段氏亦謂『古文民蓋象萌生蘇廡之形』。按从母則其餘數畫無義，萌生蘇廡之形亦無由可象，蓋許君已不知其義故模稜說之云『从古文之象』，然則古文又何所取義乎，段朱之說是又郢書而燕說之也。契文民字作上出諸形。金文略同。（已見郭文引不復贅錄）郭氏之說是也。辭云『奠王民克　貞民十月』（乙·一一八），『其奠王卯民　𢓊卯民𠂤執』（乙·四五五），首辭之義不詳。次辭首云『奠王』，奠者以酒為祭也。『卯民』之辭與卯牛卯羊同等，此以民為人牲之實證也。郭氏撰臣宰一文時於乙編尚未及見，故曰殷文無民字。今其說但需略作修正固仍能成立也。契文民字不限左目，與金文稍異。（今所見金文民字皆从左目，然彝器沉薶不為世見者尚多，或有从右目者亦未可知也。）三體石經民古文作，與契文金文並同，是則許書古文殆傳寫致譌矣」。（集釋三七一六葉）

按：釋氏可備一説。辭殘、用義不明。

□ □

孙常叙　「⿵冂罒是古冒字。这一判断，我们是从以下四事得出与管、陈、赵三先生相同的结论的。——但是，我们认为⿵冂罒不段为『鍪』，这一点又是我们和陈、赵两先生大不相同的。

一、从字形结构上证⿵冂罒为冒

说文『冐，突前也。从見冂。』系传除此字外又有冐字。云『犯而見之，从同从見也。』徐锴曰『义同于冒。』玉篇見、冃两部都写作冐，其义都是突前也。』田吴炤说文二徐笺异说小徐冐字『犯而见也』是後人据上文冐说解增之耳。冐当即見部之冐。』玉篇二字说同，可证即是一字。』冐冐为一字，则冃同为一字。王筠说文句读也说『窃疑冃同盖同字，古人作之有繁省耳。以冐冐二字推之可见。』

说文『冒，从冃从目』九年卫鼎『冒』作□。以冐与冐同字例之，则其从冃者作□，与⿵冂罒之从冂从罒相同。

从九年卫鼎□到秦诅楚文□，都与小篆相同，目都不在冂中。这一点并不能否定⿵冂罒之为□。甲骨文字去『图画文字』未远，用形象写词法写词时，重在表意，有些字所用的事物形象取意即可，并不定位。例如：

□　前八·一四·二　　□　拾一四·二

□　珠四七○　　□　京津二二一八

□　後二·一八·八　　□　拾九·一六

就字形所用的物象来说，两形一上一下和两书一方包括另一方，虽然结构安插不同，可是在写词上还是同一字的或体。

从这看来，冂和冃是同一字的繁简，冂和冂是冃和冃的古体，⿵冂罒和□，在冃同于冃的基础上，与□□、□□、□□一样，是同一词，同一写词方法，在位置所用物象上，产生的差异。因此说把⿵冂罒隶定为『冒』是合乎规律的。

二、从殷虚出土实物证⿵冂四为冒

一九三四至一九三五年，梁思永先生在发掘安阳侯家庄一〇〇四号墓时，发现大量青铜胄。这些殷代头盔和戈矛等物放置在一起的。它们的形制大体形近。盔前可齐眉以护额，上可保顶以护颅，左右和后部向下伸展，用以护耳护颈，头盔顶部有向上树立的铜管，可用之以装置饰物。

（图省）

殷代青铜胄的盔体正面形象与卜辞⿵冂四字所从的冂相同。试比较[字形]冂，可知⿵冂四字所从之冂是通过笔划反映出来的实物表象轮廓，是根据表象的形象特点勾勒出来的「写意」「略画」。冂的上部冂形是殷胄盔体用以齐眉覆额护头部分，左右两角下垂的冂，突出它两侧护耳的部分。从殷虚实物看殷虚文字，可知⿵冂四字所从之冂正是胄的盔体形象。

三、殷周胄字所反映的盔体形象、性质和作用

殷周胄字也说明这一事实

《甲骨文合集》第十二册四五四二页第三六九四二片

丙午卜才攸貞王其乎□

征執[字形]人方䝨焚□□

弗每才正月隹来正人（方）

此片即《殷虚卜辞综述》图版贰壹哲庵藏拓选录之二——《哲庵》三一五，陈梦家以[字形]为胄（《综类》三〇五页）。冂即冂，象首铠头盔之形。

周金文胄作

[字形] 小盂鼎

[字形] 㦰作文母𣪘

[字形] 豦𣪘

侯马盟书胄作[字形]

中山王䛗方壶作[字形]

《说文》「胄，兜鍪也，从冃由声。」「甲骨文由字作𠙵，古字作[字形]」（于省吾《甲骨文字释林》六十九页）殷周胄字也正是从冃𠙵声的。𠙵与古有别，𠙵声即由声。声符下，用以表示所属物类的形符冃冂冃与冃都是它盔体之形，与冂相同。

《一切经音义》卷四六「冒死」引《国语》「戎狄冒没轻儳」贾逵曰「冒沒，犹轻触也，」按韦昭

國语解作「夫戎狄冒没輕儳」，云「冒，抵触也，」明是覓達之说。可知覓与冒同。中山王器覓字下从冃从𠂆，其义与说文覓覓同，从目从见从人，都作为条件，用以说明冃的性质和作用。

四、「冑」与「兜鍪」——「兜鍪」之「鍪」古与冒同音

四即冒，而冒与務、鍪同音。

荀子哀公篇「鲁哀公问舜冠於孔子。……孔子对曰：古之王者有務而拘领者也。」杨倞注：「務读为冒。」并引尚书大传曰，「古之人衣上有冒而句领者。」郑康成注云：「古之人，三皇时也。冒，覆项也。句领，绕颈也。」礼记冠义篇目，孔疏引（尚书大传）略说称「周公对成王云，古人冒而句领，注云，古人谓三皇时，以冒覆头，句领绕颈。」北堂书钞冠引作「周公曰，古之人有冒皮而句领者。」辞句虽略有出入，然而「冒」字不异。可见荀子「務而句领」之「務」是以同音词的关系借以写「冒」的。

淮南子汜论训就用这一事情开头，说：「古者有鍪而绻领以王天下者矣。」（初学记引「鍪」下有「头」字。）高诱注，「鍪头著兜鍪帽」。又在以「鍪」写「冒」的基础上，以「兜鍪」之「鍪」写「冒」了。

兜鍪之鍪是就「冑」的音作说的，是就「冒」与「冑」的关系主名的。

冑从由得声，古音在幽部。马叙伦说幽部字多转入侯部。冑由幽入侯是为兜字。说文「冑，兜鍪也。」「兜，兜鍪，首鎧也。」（说文解字六书疏证卷之十六云「兜、冑实一字。兜音端纽；冑音澄纽，古读归定。端定皆舌尖前破裂音也。声亦侯幽相近。」左传僖公二十二年「邾人获公冑，縣诸魚门。」杜氏注云：「冑，兜鍪。」正义曰：「书传皆云冑，无兜鍪之文。言兜鍪举今以晓古，盖秦汉以来语。」这个意思在书说命中「惟甲冑起戎，」费誓「善敹乃甲冑，」正义里也一再申说，说：「经传之（文）无鎧与兜鍪，盖秦汉以来始有此名。传以今晓古也。」「经传皆言甲冑，秦世以来始有鎧，兜鍪之文。」「兜鍪」是「冑」的后起之名。

……四虫两字写的是「冒晦」。

说：「冒」，如前所说，它是与「瞀」同音的。大玄（玄错）「晦也瞀。」从瞀得声的「霿」说文说：「天气下地不应曰霿。霿，晦也。从雨瞀声。」积雨云属直展云族，云底离地高度一般在二五〇〇米以下，云不接地，所谓「天气下地不应」也，其底部十分阴暗，所以为「晦」也」。（释四虫——兼释各云、般[illegible]，古文字研究第十五辑二三五至二四六页）

王襄亦释[illegible]为雹。（簠纂三十五叶上）

高田忠周釋宦。見古籀編卷四十七第四葉。

余永梁亦釋面。見殷虚文字考譯九卷面下。按金氏釋此與⿱宀目⿱宀四並為面

馬叙倫釋面。謂四乃鼻之象形。見六書疏證卷十七第二七葉。

郭沫若隸定作⿱宀目，謂：「『⿱宀目母』殆是地名。」（卜通八六葉背）

魯實先　「卜辭一見⿱宀四字，其辭曰『王固曰㞢祟，八日庚戌㞢各云自東⿱宀四母，昃亦㞢出虹自北飲于河』（菁四）。研契者於⿱宀四字迄無正詁。以愚考之，乃宦之異構。宦本从宀，而作⿱宀四者，證之卜辭是猶家之作⿱宀豕，證之金文是猶宏之作⿱宀目（毛公鼎）室之作⿱宀室，象上有覆蓋，邊有垂宇，下有𢇛籍之形。母常為女之異構，宦貫於古音同為安攝，故相通假。魏風碩鼠『三歲貫女』，隸釋卷十四載漢石經貫作宦，是即貫宦相通之證。所謂『八日庚戌㞢各云自東宦女』者，㞢為有之假字，各乃假之本字。从夂者亦行至之義，从口者亦至有所言也。云即雲之古文。宦為國策魏策『白虹貫日』之貫，其義乃謂八日庚戌有來至之雲氣自東方連貫至于女宿也。呂氏春秋有始覽云『北方曰玄天，其星婺女』，則所謂『自東宦女』者，易言之即自東方貫于北方也。說者乃釋宦女為宦母，而未知其義蘊。或釋宦女為圓母，而謂殆是地名，或釋⿱宀四為面，而謂四乃鼻之象形，是皆謬釋字形，未通辭義。且人非銳頂，故訓鬼頭之甶特銳其頂，以示別於人，則面不當从△以象銳頂之形。鼻為直垂，故訓鼻之自乃象直垂之貌，則鼻不當作四以見橫陳之狀，是知釋⿱宀四為面，形體益遠矣。宦於它辭作⿱宀目（佚二一·六八、古籀山『五通』故宦亦从『』），或⿱宀目作⿱宀目者，其辭曰『己卯卜王口咸戈先余曰雀𠂤人伐⿱宀目』（後下一五·五）乃方名。據此，是宦於卜辭有二義，惟宦方於經傳無考，蓋以世易名遷，或以假為它字，是未可塙言也。高田忠周釋⿱宀目為㝃，見古籀編卷四十七第三三葉，則未知古字異構之例矣。」（斷注之四第二五至二七葉）

李孝定　「說文『宦，仕也，从宀从臣。』宀古文或作△，魯氏釋此為宦讀為貫，是也。至⿱宀目亦釋宦，則似有未安。字當从余永梁氏之說釋面。古文中多以目為頭部之代表，从○則象面之匡廓也。說詳九卷面下。金文宦作⿱宀臣（仲宦父鼎）」（集釋二四五五葉）

杨潜斋　「卜辞言『⿱宀四母昃。』（菁华页四）旧无解者，陈君邦怀与余共析其疑义如左。⿱宀四即冒字。说文冃部：『冒，冡而前也。从冃，从目。』卜辞～字，若分析其偏旁，与冒

全同，特移易其位置耳。～乃冒字初文。……

冒母即婺女。史记天官书：「北宫、婺女，其北织女。」卜辭言冒母，即婺女也。知其然者，冒与婺古音同隶明纽，而其字亦可通。尚书大传三：「古之人衣上有冒而句领者。」郑康成注云：「冒，覆项也。」冒亦作務；荀子哀公：「古之王者，有務而句领者矣。」杨倞注云：「務读为冒。」此務冒亦可通之证。

然则女何以称母？左传昭公十年：「有星出于婺女。」杜注云：「星占：婺女为既嫁之女，织女为处女。」陈邦怀云：「按婺女为既嫁之女，故卜辭曰冒母。」

冒母昃即婺女侧。陈邦怀云：「昃疑读为侧。」冒母星位在北宫，故下句云：亦有出虹自北。此又冒母即婺女之旁证。」（释「虹」「冒母」，华中师院学报一九八三年一期一三四至一三五页）

0610

面

陈汉平

「甲骨文有□字（京津一六四五），旧不识，甲骨文编收入附录。按此字从水从面作，当释为湎。说文：『湎，沈于酒也。从水面声。』□即湎字之初文。」（古文字释丛，考古与文物一九八五年一期一〇七页）

按：各家所釋均難為信據，只能存疑。

余永梁

「按此殆是面字，隸釋錄石經尚書面字从目作面與此同。漢碑面字作面則面之訛，隸書多存古文，此其一也。又公伐郤鼎冕字从冃从面作□，亦面字从目之證。篆文从百殆从目之誤。」（新獲卜辭寫本跋）

商承祚

隸定作面，無說。（類編九卷四葉上）

李孝定

「說文『面，顏前也从百象人面形』契文从目，外象面部匡廓之形，蓋面部五官中最足引人注意者莫過於目，故面字从之也。篆文从百則从口無義可說，乃从目之譌，余說是也。滲下十五、五辭言『伐面』為方國之名。」（集釋二八五一葉）

高笏之　參白字條

按：釋「面」可從。辭殘，用義不詳。

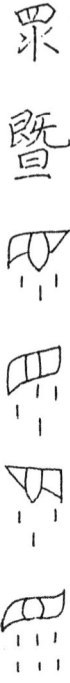

0611

眔

羅振玉　「說文解字：『眔，目相及也。从目，从尾省。』古金文作眔（靜敦及淇田鼎）。卜辭从……等形，殆非从尾省也。古文尾字从木。」（殷釋中五十六葉下）

吳其昌　「『眔』者，卜辭又作眔（前四、四七、五）眔（前四、三七、五）眔（前八、九、三）眔（後二、二六、一六）眔（菁一〇、一八）眔（前七、二〇、三）……諸变狀。其原始之本義蓋象目光外射四及之狀。故引申之義而還訓為及。爾雅釋言云『逮，遝也』。又云：『遝，及也』。其實，舉凡經典之『逮』皆『眔』字之隸寫而訛变者耳。推其在卜辭中之運用，義碻為及。如云『田，魰眔唐』。（前二、四五、二）『且乙爽妣庚……眔兄庚』。（後一、三、五）『其眔祖丁』（後一、四、一六）『兄庚，戠，眔兄己』。（後一、七、七）『父丁戠二牛，眔兄己』。（後一、一九、一四），其他又如前七、二三、一云『雷眔風』，前四、四七、五云『麠眔鸐，鷃眔小鸐，左馬眔馬，禡眔鶇』……等尚不計。〕皆眔義為及之明據。降至金文，意義絕無小更。如云：『眔嗣宣，眔嗣馬，眔嗣寇，眔嗣工』。（楊敦）『司小子，眔服，眔小臣，眔人僕』。（靜敦）『眔卿事寮，眔諸尹，眔里君，眔百工，眔諸侯，侯，田，男』。（矢彝）『眔吳，眔牧』。（沈簋）『令眔奮』。（湘田鼎）『盧，眔龙姬』。（盧編鐘）……眔義亦碻皆為及。故知『眔凡庚』（前一、一五、六）之文，亟亦他辭之『眔兄庚』矣。『凡庚』者，即『般庚』也。」（殷虛書契解詁第一九六葉）

胡小石　「眔，猶暨也，說文巛部：『臮，眾詞與也，虞書「臮咎繇」。𣉡，古文臮』。案臮即眔之誤，目部：『眔，目相及也，从目，从隶省』。由目相及引申為相暨及。卜辭凡言眔，誼皆為暨，古金文並同」。（甲骨文例卷下十八葉）

郭沫若　「臮字卜辭及彝銘習見，均用為接續詞，其義如及，如與。說文目部有此字曰：『眔，目相及也，从目隶省，讀若與隶同也』。众部『臮，衆詞與也，从众自聲，虞書曰：臮咎繇』。𣉡古文臮』。案此二者本係一字，自乃目之譌，氺乃水之譌，而氺亦非隶省。眔於甲骨文字有上列諸形，字之不从隶省甚顯而易見。金文亦有異形，如沇簋作眔，周公毀作眔，賓王眔卣作眔，亦斷非隶省。由此等殷周古字形以推測之，余謂此當係涕之古字，象目垂涕之形。更由音而言，許云「讀若與隶同」，隶涕古本同音字，而从眔聲之字爲褱，在脂部。鰥罤在文部，與脂部爲對轉。謁字之臮从自聲者亦在脂部，是則臮聲本在脂部，遠假爲及與，字遂襲取及音而轉入緝部，與後起之涕字分離，更形爻爲臮眔，遂判而爲二。新出魏三字石經皋陶謨殘字暨，（益奏庶鮮食）暨字古文作臮，隸書作臮，从自从水，从自雖已形爻，从水尚不失古意。然此又用泊爲暨之所从出矣。書無逸「爰暨小人」，鄭玄詩譜引作「爰泊小人」，要之眔實古文涕，用此本義者于古器銘中有一例，沇鼎是也。其文云「王大耤農于諆田，餳（湯）王射，有嗣眔小子師氏御射，王歸自諆田，王駿溓仲廙（什令眔涕）奮先走馬。王曰「令眔奮乃克至，余其舍女（汝）臣十家」」。此兩「令眔奮」句前人均釋爲令與奮二人，辭不可通，蓋未知眔之本義也。」（集釋一一三七）

魯實先「卜辭之眔隸定爲眔說者俱無異詮，可不具論，惟其義蘊則爲研契者所未詳也。以愚考之，眔於卜辭有三義。其一當依說文本義訓及，如云「辛丑卜穷貞旛（俗之繁文）眔㱿氏羌」（乙六三七三、「戊戌卜㱿貞旛眔㱿亡咎」（乙三二一二、「貞羽眔辜弗其氏出取」（甬二二一四、「其又妣丙眔大乙彭王受又」（甲編一六〇九）、「丙午卜貞三祖丁眔祖丁彭王受又」（佚二六〇、「庚午卜旅貞王室妣庚歲眔兄庚亡尤」（明氏七四〇）是也。眔之第二義爲祭名，當爲肆之假字，如禮記禮（大宗伯）「以肆獻祼享先王」之肆，益以眔肆俱從隶聲，是以段眔爲肆，（眔讀若與隶同，隸从長隶聲，肆即隸之肆）如云「癸未貞甲口彭彭自團其眔大甲彭」（京都二六六）「壬寅卜其奉李于示壬奉眔彭丝用」（佚八九二）「癸卯卜何貞其眔祖乙」（甲編）是也。眔之第三義爲方名，如云「乙丑穷其車眔旋」（後下三八·四）「己卯令眔」（外六七八）「己酉令眔」（明氏四〇五）「王獸眔畢」（佚九二六、「囗子漁于眔佳口」（佚九五九）是也。考之典記山水方域無眔爲名者，眔蓋褱之初文，以褱从眔聲，宜其初文爲眔縣，泊彝云「我不能不眔」（掇經七卷五〇葉）是亦以眔爲褱方，亦即周之褱邑，沽隱十一在今河南武陟縣。」（詳見新詮之三第八至十二葉釋眔本段係節引）

饒宗頤

「「甲申卜，何貞：羽乙酉，其𢍜且乙鄉。甲申卜，何貞：羽乙酉，小辛𢍜，其眔。」（京津四〇〇二）按眔爲類及之祭，于乙日祭且乙，遂及小乙也。」（通考一〇八七葉）

饒宗頤

「「癸未卜，穷貞：令鳴眔（還即逮，及也。）方，八月。貞：令方歸。」（佚甲二八一四）

「辛丑卜，穷貞：旛眔㱿氐羌。貞：旛眔㱿不其

氏羌？』（沈乙六三七三）卜辭凡言某眔某，或某同某，疑即八命之與。」（通考三二——三三葉）

李孝定 「說文：『眔，目相及也。从目，从隶省。』小徐本上無从字者，下有『讀若與隶同也』六字。契文象目出涕形，郭說是也。卜辭多段為與暨字，涕眔暨古音俱在十五部，段氏諧聲表。故得通段也。其用為祭名者，殆當如魯氏之說。至魯氏謂為方名者，舉例凡十餘條，視為人名於諸辭亦可通讀，年代邈遠，信史難徵，是否確為方名，蓋難確指也。金文眔作眔靜簋眔令鼎眔舀鼎眔毛公鼎眔免簋眔吳尊眔禹比盨眔周公簋眔𠭯編鐘眔楊簋眔叔妊簋眔師晨鼎，大體與清十、十八及渝四、四七、五、第四形同。後二文則為泉篆所自昉也。」（集釋一一三九葉）

姚孝遂 肖丁 「『眔』意為『及』、為『与』，卜辞于同时祭祀两名先祖以上时，称之为『眔』，谓同时並饗。

《粹》3：『叀眔河其即』

《粹》51：『今日舞河眔岳：从雨』

『弜眔』則是此类卜辞对貞时之省略语。《京都》1792：『且乙奭眔酢』，『弜眔酢』乃占问是否同时祭饗祖乙及其配偶。」（小屯南地甲骨考释一二页）

赵诚 「甲骨文有一眔字，或作眔、眔形，象眼睛落泪形，当即古涕字。卜辞借用为『逮』，有『暨』、『及』、『與』之意，为一连辞。金文作眔、眔等形，分为二体。到了說文变成了眔、泉二字。这个泉就是讹变。其所从之自即目形之变，水乃水形之讹。」（古文字发展过程中的内部调整，古文字研究第十辑三六四——三六五页）

赵诚 「眔，甲骨文写作眔，象目垂泪之形，即古涕字。卜辞用作副词，有『共同』、『一道』之义。

癸亥卜，彭貞：大乙、且乙、且丁眔卿。（合四六）——大乙、祖乙、祖丁共同受飨。

卿，象两人相对就食之形，即古飨字。祭飨之飨典籍写作享。从一般的词义观念来看，眼泪与『共同』之义似无联系，则眔用作副词为借音字。如果古人以为眼泪是纷纷然滴落，有同时下垂之义，则眔用作副词的『共同』、『一道』之义应是本义之引申，也可以说是词义的抽象、虚化。这是一个尚待进一步研究的问题。」（甲骨文虚词探索，古文字研究第十五辑二八〇页）

0612

高嶋謙一　「『眔』的意义是『联合地，再次，和』；……説文云：『眔，目相及也』。（眔的意思是双方眼睛相接，可以解作霎眼或是以目示意。）説文的説解可能保存了古代的意义『联合』（↓到达），虽然説文这个説解被认为是『眔』字的意义在后代的引申，而不是最早的用义。……既然『眔』用于连接两个名词和名词仂语，那么，『眔』按字面上精确的説法可引申为『同时连合地』，按惯用的説法就是『再，和，与……一齐』之类。」（甲骨文中的并联名词仂语　古文字研究第十七辑三四一——三四四页）

按：眔象目垂涕形，郭沫若之説可信。卜辭均用為暨及之義。或以為卜辭眔字為祭名及方名，皆誤讀殘辭，不可據。

王襄　「古逮字，从眔，从辵省。罒，眔字重文。」（簠室殷契類纂第七葉）

丁山　「字从止，眔聲，當是遝之本字。説文：『遝，合也，从辵，眔聲』。漢熹平石经……遝本公羊傳云：『祖之所遝』。又漢劉寬碑『未遝誅討』。今皆以逮字為之。遝逮音同字通，……氏故地，意當在河北南皮以東至于鹽山縣境乎！」（氏族及制度一三一葉）

屈萬里　「卜辭：『癸未卜，賓貞：令鳴眔方？八月』。見甲編二八一三。眔義當如逮，追捕之也。眔，即遝字。爾雅釋言：『逮，遝也』。是逮、遝義通。逮之通義訓及，遝亦訓及（見方言三）。且逮捕之逮，昔人亦以『及』義説之（史記秦始皇本紀索隱及項羽本紀索隱）。則本辭之眔，義當如追捕之逮無疑。」（甲編考釋三六三葉）

李孝定　「説文『遝迨也从辵眔聲』丁釋此為遝，可从。原文辭意不明。」（集釋〇五一七葉）

按：字不从「止」，釋「遝」不可據。合集九三三九辭云：「壬子卜，祏以孜启隻入眔」為地名。

0613 省

王襄 「疑省字。」（簠纂存疑第十第四十九葉上）

孫詒讓 「說文眉部省，視也。从眉省，从屮。此从屮从目，與从目省同。」（舉例下八葉上）

葉玉森 「孫氏釋省是也。他辭云『省牛』（前三、二三、三）即省牛，乃省牲之誼。『省田』（後下二十、四）即省田，乃省耕或觀獵之誼。如言『王往省西』（後上二九、一二）即王往省西方也。孫氏又釋百為百之古文，與首同。（舉例下八）予按仍省之变體，如他辭云『百牛』即百牛。又云『壬午卜㱿貞王令多百御方于口』（後下四二、九）則命省方且祭，謂屮為木省，卩不可謂木省也。（鉤沈）」（前釋一卷一二六葉背）

商承祚 「省為省之本字，象省察時目光四射之形。金文作省省省（且子鼎、昜殷、觶省殷），後人以為从目生聲，遂用作目病生翳之眚，日久而忘其初，後变省作眚以代之，朔義盡失矣。又金文中之既省霸乃借省為生，大殷、遹殷、滿殷等皆作既生霸可證。」（佚考二葉）

楊樹达 「甲文云『叀盂田省。』如省读狝训为秋田，则与田字义复，文不可通。余谓狝者杀也。尔雅释诂云：『狝，杀也。』周礼大司马注云『秋田为狝，狝，杀也。』然则卜辞盖问：王当田于盂与宫，大杀兽，有无灾害也。」（释省，积微居甲文说卷上三二页）

郭沫若 「相字作省，余以為乃相貌字之初構，蓋象眉目之形。近人以曶鼎、昜殷、亘閑殷等『既眚霸』之眚字與此形近，遂疑此亦『眚』字，讀為省。然余謂此乃判然二字也，今就金文中所見相眚二字之例比列於下：

（相）省 大豐殷　省 且子鼎　省 公違鼎　省 公違鐘　省 盂鼎

（眚）省 昜殷器　省 昜殷蓋　省 亘閑殷　省 散氏盤　省 宗周鐘

眚乃生之初字，乃象種子迸芽之形，字不从目。其或从目作者乃因形近而譌。且最可注意者，五相字所从目形其內眼角之上眼瞼均下垂，形成所謂眼瞼縐襞，此乃蒙古人種之特徵。五眚字疑似目字之下部均無此現象。獨有眚甗一器作省，竟从目作，則字之譌变蓋自周代以来矣。」

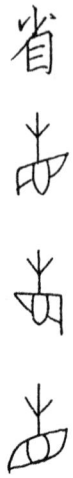

又盂鼎文「雩我遹省先王受民受疆土」，宗周鐘文「王肇遹省文武堇疆土」，語例甚相近，似不應一為相，一為省。案此於事無傷也，因義同不必字同。「遹相」「遹省」乃同義語，大雅文王有聲復言「遹觀厥成」。」（清銅卷一二一至二二葉大豐𣪘韵讀）

又曰：「省當讀為獮。禮明堂位『春社秋省』，注云『省讀為獮，獮秋田也』。又玉藻『唯君有黼裘以誓省』，注亦云『省當為獮，獮秋田也』。」（粹考九六六片釋文）

又曰：「㞢古文相，助祭為相，此殆其義」。（卜通七八四片釋文）

聞一多

「卜辭㞢㞢二形，羅振玉釋相，他家皆釋省。又有𢓊字，諸家或釋省，（王襄）或釋循，（郭沫若前說）或視循，（葉玉森，容庚、孫海波）或釋德，（孫詒讓、羅振玉）或釋直，（郭後說）釋循，（商承祚）其參差如此。今案㞢从目从丨，丨象目光所注，煩其筆畫則為㞢，確係省視字。然卜辭凡言省者似皆謂周行而省視之，（觀諸辭言「往省」「出省」之多可知。）故字又作𢓊，从彳，示行而視之之意。此字以今隸定之，當書作循，若嫌今無此字，則如王氏逕書作省，亦無不可。（循，後變作巡。禮記祭義「君巡牲」，即周禮之「省牲」，說文「巡，視行兒。」有說別詳）蓋以字體演進之程序言之，循誠為省之孳乳，若以卜辭文義觀之，則毋寧謂省為循之省也。至卜辭此二字之義訓，雖皆導源於省視，然亦有去本義略遠者，諸家未之深究，故其說此字，多未得其環中，今就諸辭中出省循二字而文義復稍完具者五十條例，比類觀之，定其義訓，證諸典籍經傳，有確信而無可疑者三事焉，述之如次：

一曰：省，巡視也。

(1)庚寅卜，貞叀㞢人，令省在南啚。十月。己巳卜，貞令㞢省在南啚。十月（前四、五；前五、六、二郭氏復合）

(2)……翌㞢令省在南啚。十月。（續五、一五、九）

(3)……南啚省……（前四、一一、六）

(4)丁亥卜，𣪘貞省至于曹（洪五七、五三二；續三、一四、二）

啚，羅釋鄙，甚確。國語吳語注曰：「鄙，邊邑也。」有辭曰：「貞手从丑（酉）㞢𡵢㞢啚三邑」（前七、二一、四）是啚即邊邑之鄙無疑。禮記月令：「四鄙入保，」國語周語「立鄙食以守路，」注：「鄙，四鄙。」四鄙即東西南北四鄙。卜辭中除上揭各辭稱南鄙外，又有稱東鄙西鄙者。

……曰：辛丑，月㞢。……告曰：東啚。……（洪一〇、六一）

口亥，月㞢。壬寅，王亦冬（終）月㞢。東啚戋二邑。（下略）（菁二）

（上略）沚𢦔告曰：土方𢓊（征）我東啚，戋二邑，𢀛方牧我西啚田。（菁一）

是四鄙之稱，殷世已有之。月令「孟夏之月……命司徒巡行縣鄙，命農勉作，毋休于都。」「巡行縣鄙」，即卜辭之省鄙也。寏辳鼎「王令寏辳（農）省北田四品」，荀子王制篇：「省農功」，二省字義同。

省一作循。

(5)口午卜，𣪕貞今春王循方，帝受我口。（簠游一，一；續五，一四，四）

(6)戊寅卜，亘貞循方。（簠游一，二）

(7)貞王勿循方。（簠游二，九）

(8)口口卜，口貞口吝：貞疾止（趾）隹㞢（有）它。貞循方。（拾一〇，五）

(9)循方。寅。（簠游一，四；續五，九，三）

省方之語，經傳習見。易觀曰：「先王以省方觀民設教」，復曰：「后不省方」，楚辭天問曰：「禹之力獻功，降省下土四方」，淮南子精神篇曰：「禹貢省方」，注：「巡狩為省，省視四方也」，文選東京賦曰：「省方巡狩」。(5)「今春王循方，帝受我口」，我下一字疑是年。因知省方亦與農事有關，與上省鄙性質略同。以上凡言省鄙，字皆作省，循方字皆作循，然在意義上省循實無大別。

(10)貞勿求年于邦土（社）。省。（前四，一七，三）

(11)貞王勿往省黍。（佚三六，四九二）

(12)口亥卜，王白⿱屮匕耤循，其受㞢又（祐）。（續五，六，四；佚八七，九六六）

以上諸辭均與農事有關，諸省字義當與前同。

(13)丁卯卜，㠯貞王往省牛。（前三，二三，二）

(14)貞勿往省牛。（前三，二三，三）

(15)貞王勿往省牛于𦎫。（佚一，四）

以上諸省字亦訓巡視。惟羅振玉商承祚並謂省牛即周禮大宗伯，小宗伯之「省牲」，則似未諦。案周禮充人曰：「掌繫。祭祀之牲牷。祀五帝則繫於牢，芻之三日。……凡散祭祀之牲，繫於國門，使養之。展牲則告牷。……」肆師注曰：「展，省閱也。」是展牲即省牲。公羊傳宣三年「帝牲在于滌，三月」，注曰：「滌，宮名，養帝牲三牢之處也。」獨斷上曰「帝牲，牢三月，在外牢一月，在中牢一月，在明牢一月，謂近名堂也。」養牲之處，近則密邇明堂，遠亦不過國門。然則省牲不用遠行，明矣。後世之制如此，殷制理亦宜然。今卜辭曰「往省牛」，曰「往省牢于𦎫」，𦎫者，他辭曰：

戊午王卜，貞田𦎫，往來亡𡿧，王𠧩曰吉。（前二，一六，一）

戊申王卜，貞田𦎫，往來亡𡿧，王𠧩曰吉。（甲二，一九，一；前二，三八，五）

辛巳卜在䡞，貞王田孝衣，亡𡿧（前二，四三，一）
辛酉卜在䡞，貞王田衣逐，亡𡿧（前二，一五，一）

䡞為田獵之地，而往䡞又必須卜問往來亡災，是其地去國都頗遠，因之，卜辭之「省牛」非謂禮之「省牲」，亦可斷言。余意禮記中庸「日省月試，」注「攷校其成功也，」詩無羊序「宣王考牧也，」此「省牛」蓋即考牧之事歟。

二曰：省，田獵也。

(16) 貞王獸，以唐禨。貞王往獸。貞王往省。貞其雨。（外別二，一二，四）

「往省」與「獸（狩）」並舉，是省亦狩也。

(17) 戊王叀田省，亡𢦏。其獸，亡𢦏，吉，鼓。（佚二四，二一三）

(18) 射鹿；𢀛（禽）。王其射𤘘鹿，亡𢦏，𢀛。其獸，亡𢦏。口口田省，亡𢦏。（拾六，三）

卜辭動詞之田皆當讀為畋，名詞之田亦謂獵獸之地，非田疇之田也。此曰「叀田省，」叀義與往略近，田為名詞，猶言往田中獵獸，故與「獸」「射鹿」並舉。又曰「省田，」則謂獵於田中也。

(19) 丙辰卜，永貞乎省田。（前五，二六，一）

(20) 貞口乎𢍰（畢）省田。（藏一一四，四）

(21) ：：勿乎省田。二月。（契二三，二〇二）

(22) 壬，王从省田。于口王追省田。（後下二〇，四）

(23) 辛，王从省田，其每。（後上三〇，六）

(24) 从省田（佚一一，六八）

(25) 口日入，省田，湄日，不雨。翌日辛，王其省田，𣃼入，不雨。（佚二七，二四七；外別一，八，六）

或出所省之田名，曰「省某田，」

(26) 从省盂田，从。（續三，二三，六）

(27) 从省盂田（戩一一，八）

(28) 王其省噩田，湄日，亡𢦏。（庫五二，一〇九〇）

曰「叀某田省。」

(29) 王叀盂田省，亡𢦏。（戩一一，七；續三，二五，六）

(30) 叀盂田省，亡𢦏。（佚七五，八〇〇）

(31) 叀盂田省，亡𢦏。（拾六，二）

(32) 叀盂田省。（佚一一，六八）

(33) 叀疆田省，亡𢦏。（洽六，二）

(34) 叀疆囲省，亡𢦏。（押一九，一一）

(35) 圚疆囲省。（洪七五，八〇〇）

(36) 叀宫田省。（洪一一，六九）

(37) 叀甪（宫）田省，亡才。（漙一〇，一六五）

(38) 叀宫𦤎（田）省，弗每，亡𢦏，湣王大吉（洪八六，九五一）

𦤎字奇詭，以文義求之，疑田之繇文。他辭曰「从省田，其每，」（上揭（23）例）曰「从田，其每，」（續五，二四，九；又漙一〇九，一六九九異版同辭。）曰「……从射，其每，」（漙三二八）曰「王弗每，禽，」（後上一二，一）此亦曰「弗每，」又其證也。盂田，疆田，宫田，確係殷人田獵之地，他辭曰：

戊申卜，貞王其田盂，亡𢦏。（後上一四，一二）

戊戌王卜，貞田疆，往來亡𡿧。王𣅀曰吉。隻（獲）狐（狼）一。（前二，四一，八）

戊戌王卜，貞其田疆，往來亡𡿧。丁酉王卜，貞其逃于宫，往來亡𡿧。乙未王……，往來亡囚……昜二。（前二，三一，四）

略舉數例，已足互證。

(39) 王叀……口田省……。……宫田，不雨。（洪三一，二九五）

(40) 今日乙，王从省𦤎又（有）𠀠，其雨。从疆田，其雨。王其省疆田，湄日，亡𢦏。从圚𦤎因固，其圉。（漙五二，一〇九〇）

上文(22)(23)(24)曰：「从省田，」(26)(27)並曰「从省盂田，」此又「从疆田」與「省疆田」並見，是从與省義近。詩還：「並驅从兩肩兮，」傳：「从，逐也，」从即從字。孳乳爲蹤，又変作踵，說文足部：「踵，追也。」追逐爲獵獸之手段，故田獵又謂之從。他辭曰：

王其田斿，不萈大雨。从射斿鹿。其獸，亡𢦏。（洪一八，一四九）

王自往从獸。九月。（續一、一〇、四；洪又一五，一一五）

之日王往于田，从敔京，允隻（獲）𪊨二，雉十。（續三、四三、六）

之日王往于田，从東，允隻豕三。十月。（押二，二二，一。）

戊申……千習……[illegible]東口自西从于之，𡴘（執）。（前六、四六、五）

……中圓。翌其乎獸口从。（前六、四九、七）

並其確證。从義既明，則凡曰「省从」者，省亦謂田獵也。

(41) 貞翌癸丑，王勿往省从。（瀘游二，二；續三，三六、六）

(42) 不省从。（後下三九、三）

(43) □□卜□，□貞王往省从南。（藏二六八，一）

(44) □□卜，韋貞王往省从西，告于大甲。（後上一，一四）

(45) 貞王往出省从西，告于祖丁。（佚六一，五五八）

(46) 丁酉卜，出貞王往省从西，大……。（瀘游二，七）

(47) 王往省从西。王往出省。王往省。（佚四一，三八二）

以上論卜辭省字有田獵義，就卜辭本身觀之，亦既堅確不可移易矣。雖然，猶有外證焉。禮記玉藻：「唯君有黼裘以誓省，」注「省當爲獮，獮，秋田也。」又明堂位：「是故夏礿，秋嘗，冬烝，春社，秋省，而遂大蜡，天子之禮也。」注「省讀爲獮，獮，秋田名也。」案爾雅釋天：「春獵爲蒐，夏獵爲苗，秋獵爲獮，冬獵爲狩。」蒐苗獮三字，論其意義當屬一系。蒐之言搜也，（穀梁傳桓四年釋文引爾雅麋氏本，蒐又作搜。）凡有所搜求者，必周行偵察之。田獵謂之蒐，殆即此義。因之，蒐或與閱互訓，左傳成十六年注「蒐，閱也，」昭七年注「閱，蒐也。」閱者，漢書車千秋傳注：「閱，經歷也，」管子度地篇注「閱謂省視，」經歷而省視之，即蒐之義。苗之言覒也。（書堯典：「竄三苗于三危。」山海經海外南經作三毛，說苑脩文篇引春秋傳「苗者毛也。」）說文見部「覒，擇也，讀若苗，」擇與視義相因，（說文「睪，司（伺）視也。」）故廣雅釋詁一又曰：「覒，視也。」今口語曰瞄，即視察審諦之謂，實苗之形聲孳乳字。安作覒，從毛與從苗聲同，從見與從目義同，古者田獵謂之苗，苗即瞄字耳。曰蒐，曰苗，義並與視相關。省亦視也，是秋田之名，字本當作省，鄭君顧謂省當爲獮，昧其本根矣。

三曰省，征伐也。

(48) 庚申卜，㱿貞今春王省伐土方。庚申卜，[illegible]貞今春。……省（沖一，二七，一一）

(49) 庚申卜，㱿貞今春王省土方，[illegible]㞢。庚申卜，㱿貞伐土方，受[illegible]（沖二九，三）

(50) 貞王省土[illegible]。王从戠。貞王勿省土方。（前七，七，四）

(51) 勿省土方……。……再冊王勿𢀛……省土方。（前七，一二，四）

(52) 壬辰卜，㱿貞今春王省土方，受㞢。癸巳卜㱿貞今春王省土方，受㞢。（瀘游一，三；續三，一〇，一）

(53) 貞王省土方。（佚四，三〇）

(54) 貞多口不其省伐𢀛方。（藏一九二，三）

(55) ……鬻……省伐羌[illegible]。（前六，六，二）

羌字作[illegible]，即[illegible]（後上二七，一〇）[illegible]（戩二三，六）之變體。卜辭羞作[illegible]，（前一，三六）

所從之〇，與此作〇者，結體尤肖，此特改攲置者為正置耳。葉玉森釋蒙，非是。〇方，卜辭屢見。

(56)丁未卜，王貞余由羌徝。（拾五，一）

此羌字作〇，不從人，當即前之羌方。

(57)□卜，貞孜匯于□□，王徝㞢方，受辰年。（下略，續七〇，一五一七）

(58)伐徝往于來𠬝廼昌（邊）傳衛，又（有）戋。（後下二二，一六）

(49)徝伐並見，(48)(54)(55)徝伐連文，(58)又作伐徝，是徝義與伐同。試徵之於金文，𣿫鼎曰：

師雝父徝衛（討）至於𠭯（舒）。

衛，郭沫若初讀道國之道，繼改讀為討，證以師雝父見於他器者悉為武將，而舒復世為周敵則後說為長。郭知徝衛之義為征討，顧必欲認徝為直字，則未免膠執之見。又中鼎曰：

隹王令南宮伐反虎方之年，王令中先省南或（國）串行，埶王应在夔䧅（墟）真山。

中甗亦曰：

王令中先省南或串行，埶应在曲。

此所紀則明為征伐之事，二省字並與卜辭之徝同。又疐鼎曰：

王令趞𢦔東反尸（夷），疐肇從趞征，攻開無啻（敵），省于尸（夷）身，孚（俘）戈。

𢦔，郭據魏石經春秋捷字古文作𢦔，釋為捷，得之。周書謚法篇：「捷，克也。」淮南子兵略篇：「百族之子，捷捽招杼船」，注：「捷，疾取也。」克與疾取並與征伐義相通。下尸字刻本誤作人。「省于尸（夷）身」，猶言傷及夷身。此義為省伐之引申，書傳則多以眚為之。

以上金文徝省諸字與卜辭合者也。再驗之於經籍。周禮大司馬之職曰：

以九伐之灋正邦國：馮弱犯寡則眚之，賊賢害民則伐之，暴內陵外則壇（憚，先鄭讀壇為憚。案國語晉語五：「大罪伐之，小罪憚之」，是其義也。）之，野荒民散則削之，負固不服則侵之，賊殺其親則正（征）之，放弒其君則殘之，犯令陵政則杜（屠，後鄭謂杜為「杜塞使不得與鄰國交通」。案杜塞之罪過輕。杜當為屠，屠杜古通，左傳昭九年「屠蒯」，禮記檀弓下作杜蕢。）之，外內亂鳥獸行則滅之。

眚，伐，壇（憚），削，侵，正（征），殘，杜（屠），滅，九者並舉而總名之曰九伐，是眚亦伐也。惠士奇謂眚為治其罪，即詩常武「省此徐土」之省。案省眚古本同字，詩「省此徐土」正謂伐此徐土；治其罪之說，義轉迂闊。大司徒：「七曰眚禮」，二鄭並訓為殺禮，案眚亦即省字，殺滅之殺謂之省，猶殺伐之殺謂之省。凡此又經籍省眚二字與卜辭合者也。

問者曰：如上所述，則巡視，田獵，征伐三者皆謂之省或徝，三事而總為一字，此其故可得而聞乎？對曰：一字含有三義，正為古者三事總為一事之證。上世地曠人稀，林菁邃密，封豕長蛇，出没無常，故民罕遠行，行必結徒侶，備器械，且行且獵，既以自衛，兼利其皮肉角齒之屬，以為衣食日用之資也。後世人君出遊，省視四方，謂之巡狩，明行不空行，有行必有狩矣。遊獵所屆，或侵入鄰境，獵弋之事，即同於劫掠，（山林所有，皆民生所資，故不容異族捕取。）於是爭端即肇，戰事生焉。故遊田與戰爭，亦不分二事。典籍所載，司馬之職，掌兵事，亦掌田事，禡禱之祭，為田祭，亦為兵祭，並其明驗。後世儒者，不明其故，輒曲為之説，惟湯明夷『明夷于南狩，』王注曰：『狩者征伐之類，』斯為一語破的。」

補記

臣卿鼎曰：『公違省自東，在新邑，』此省字為巡省。祖子鼎曰：『丁卯，王命祖子逧西方于省，』此省字則謂征伐。『于省』與詩『于征』『于狩』詞例同。」（聞一多全集古典新義下五一五——五二六葉）

朴海波　「[illegible]，甲五。眚卜辞用为省字。按眚省古通用。敦煌本尚书説命，惟干戈眚厥躬，今本作省。」（甲骨文编一五九頁）

饒宗頤　「丁亥卜，㱿貞：[illegible]至于𠭯。（佚存五三二）按[illegible]即省方之省，亦作循。」（通考第一一〇葉）

孙海波　「[illegible]，甲五。卜辞用眚为省，重見眚下。」（甲骨文编一六二頁）

屈萬里　「卜辭省字，率為省視之義。」（甲編考釋二葉）

何新　「[illegible]，此为省之本字。象省察时目光四射之形。金文作[illegible]、[illegible]。又有[illegible]形，后人以为从目生声，遂用作目病生翳之眚。（殷虚文字类编卷十二释『省』条）斯维至同志似未见金文中眚之字形。否则，必可推想为『种子生发』之新证据也。甲骨文中还有[illegible]字，隶为『蔑』字初文（見朱芳圃殷周文字释丛），如据斯维志同志释，此字形是否可认作龙须草发芽呢？此外，若『四』形真可释作种子，那么甲骨文中之『[illegible]』字（『[illegible]』之初形，郭沫若说）难道可想象解释作种子磷化，而发光于地下吗？」（再辨德，人文杂志一九八五年一期九二頁）

陈炜湛说参田字条下。

斯維至释旹見沚字條下

伊藤道治説參□字条下。

按：王襄釋省，並疑省旹古本一字，其說可從。或釋德，或釋值，或釋循，於形於義，均不可通。金文作、、諸形。容庚謂「省，从目从屮，與旹為一字。敦皇本尚書說命『惟干戈旹[?]躬』今本作省。」（金文編四·四）

說文：「旹，目病生翳也，从目生聲」。引伸為一切疾病災異之稱。左傳莊二十五年：「非日月之旹」；左傳僖三十三年：「不以一旹掩大德」；國語楚語：「夫誰無疾旹」，均為此意。甲骨文沚字所从之，為指示字，示目有疾生翳，此即旹字之初形。从彳，示行動之意，乃演變為从彳旹聲之形聲字，用為巡視之省。已開始分化。金文由訛變為，復變為，已由指事字變為从目生聲之形聲字。小篆省字，實亦从目从生，不過形體稍有訛誤而已。許慎以「从眉省，从屮」說之，實難自圓其說。歷代治說文者又從而為之辭，牽強比傅，均為眛於初形所致。

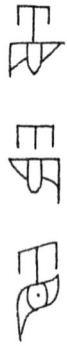

卜辭沚隸定當作循，其用法為：

「王叀出循；王勿叀出循」 丙二二 合集三二正

此乃占問商王外出巡視與否，據同版卜辭，事與征伐有關。

「王循土方」 佚三〇 合集六三九一

「王循伐土方」 林一·二七·一一 合集六三九九

「循某方」或「循伐某方」之辭累見，謂察視敵方之動靜虛實，從而征討之。 掇五·一 合集二〇四〇一

「余叀羌循」，亦此意。

「貞，循出于且乙；勿循出于且乙」 丙五二 合集三七二反

「我出循于大乙彡」 金四〇九 英一八六七

此類「循」字，蓋用為祭名。

0614

葉玉森　釋省，无說。（殷虛書契前編集釋三卷二五頁上）

丁山「以声类求之，蒙泽又当是甲骨文所见之霿邑：

呼鸣从戉使霿。　　　　　　　　　　邺初下四二·九

庚寅卜，𠷎贞，霿三千人伐口。　　　佚九八二

壬午卜，𠂤贞，王令多霿御方于口。　后下四二·九

壬申卜，多霿舞，不其从雨。　　　　邺初下四〇·五

口口卜，在霿贞，王今夕亡𡆥。　　　前二·二五·一五

甲午卜，在霿贞，口从东，叀今日弗每。在十月。兹卸。王征口。隹十祀。　续三·二九六

贞，勿霿人。　　　　　　　　　　　林一·二五·一

霿，象作𡆥、从雨从目，象雨点迷目形，诗豳风东山『零雨其濛』，是其本谊，音当读与濛同。……（蒙泽，北蒙）我认为决在今河南商邱北大蒙城。」（商周史料考证三六至三七页）

陳邦懷「此古文視字也。說文解字視之古文作眡，卜辭之𥃩即視之古文，從示在目上，猶卜辭及古金文相字作𥃩，說文解字眡字或作𥄎也。」（小箋十八葉下）

饒宗頤「卜辭『𥃩牛百。』（前編三、二三、三）𥃩牛疑𢧵牛之省，𢧵即𢧵字。爾雅釋詁：『𢧵、穧、獲也。』說文穫訓刈，廣雅釋詁：『刈，斷也，殺也。』故𢧵牛即殺牛。」（通考四六六葉）

李孝定「契文𢧵字作𢦏，从此象戈斷系首之形。（見十二卷𢧵下）說文无此字。」（甲骨文字集释存疑四四八一頁）

白玉峥「峥按：孙海波氏文编入於附录二二。金祥恒先生续文编释視（八·三三）。李孝定先生作集释，既从陈氏之说释視（八·二八一三），又录叶氏释省之说，入於存疑第四并作視（四四八一），复又列为待考之字（四六〇二）。一人一时之作，何竟若此之无定准耶？一字分系而三，多非其非，其源盖亦有自矣。字於卜辞之为用，统观其辞例，约有二焉。其一：用为动词字者，如：

1. 贞：勿乎鸣从戉使視？

乎鸣从戉使視？　　　　　　　　　　邺一·三三·五（京二二二〇）

2. 庚午卜，贞：王視，亡尤？在南土。　甲二九〇七

右二辞之视，似宜解为动词巡视、视察之义为妥。或谓为名词，解为方国、邦族之名，惟审卜辞用名词之例，与此有异，似宜解为动词字。

本辞之视人，与『□人』、『奴人』、『敝人』例同。

3. 庚寅卜，㱿贞：勿视人三千乎星吕方？　南师一·六三（外一〇七）

4. 贞：视牛百？　前三·三三·三

5. 贞：视勿牛？　佚三八一（粹一·二六·二）

右二辞之视牛、勿牛，与奴牛、敝牛例同。

6. 丙午卜，争贞：视羊于䖵？　存二·三三二

本辞之视羊，当比附『视牛』例。

其二：用为名词字者，如：

7. 辛卯卜，在视贞：王今夜亡戾？　遗二六三

8. 伐视，弗雉王众？　邺三·三八·二

右二辞之视，必得解为方国、地名。

9. 视入。　明二〇五三

10. 贞：勿乎取视？　人一五九

11. □未卜，穷贞：乎取视？　人一六〇

右三辞之视，似为方国或邦族之名。

12. 视乎。　明一五一五

13. 甾伐爲，视乎，允王受冬？　粹一一五六

右二辞之视，似为人名，亦可为方国、邦族之名。

14. 壬午卜，㱿贞：王令多视邦方于……？　后下四二·九

多，为状词；视乃族或地名。盖谓视地或视族之众人也。惟视族之辞，典籍无徵。」（契文举例校读十六中国文字第五十二册五八五〇至五八五一页）

陈秉新　「䨝，作[illegible]或[illegible]，从雨，从目。郭沫若云：『䨝疑霿字，从雨目声，以双声为声也。』说文：『霚，地气发天不应。从雨，敄声。』所收籀文从雨，矛声。又：『霿，天气下地不应曰霿，霿，晦也，从雨，瞀声。』按：霚、霿实一字，今作雾。集韵谓霿或作雾，又谓霿与霚同。霚、雾、霿的原始声符是矛，籀文还从矛声，矛与目明纽双声，幽觉阴入对转，从目与从矛得通。霚又读蒙，卜辞之䨝或即水经汳水注之大蒙城，又称蒙亳，地在今商丘北。」（殷虚征人方卜辞地名汇释，文物研究七一页）

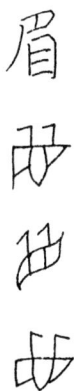

按：字隸定作罒。前二·七·二亦罒字，不得釋「視」。殷虛文字外編一〇七嚴一萍隸作「首」，字不从爪，作「首」非是。珠二六三金祖同隸作「盾」，尤誤。卜辭或為人名，或為地名。最常見者則為動詞，「罒牛」、「罒羊」則為用牲之法。

0615

⿸广罒

葉玉森 「森按，說文『㬥，晞也。古文作[illegible]。』初文或从日从鹿首，日曝鹿首以顯暴意。又許書曬字从日从麗，固犹协古誼焉。」（殷契鉤沈）

孫海波 「[illegible]，乙九九〇。象鹿首，說文所无。地名。」（甲骨文編四〇四頁）

張亞初說參[illegible]字条下。

按：「⿸广罒」在卜辭為地名，從無用作「鹿」者，與「鹿」不同字。或假作「麓」。合集一三五〇五辭云：「王有石在⿸广罒北東，作邑于之」，「⿸广罒」當讀作「麓」。合集二四九辭云：「貞乞𩂣于丝⿸广罒」、「⿸广罒」亦當讀作「麓」。

0616

⿸广吕 ⿸广品 ⿸广品

按：卜辭均為地名，與「⿸广罒」當為同字。

0617

⿰⿸广品攴

按：英二二九〇辭云：「……王其⿰⿸广品攴⿸阝心亡𢦏」，用為動詞，當指獵鹿而言。

0618

⿸厂目

朴海波「□，戩典一一四，地名。□，京津二〇八二。人名。子眉。□，乙四六二三。或从頁，与金文散盤眉字同。」（甲骨文編一六二頁）

考古所「眉：当为湄之异构。」（小屯南地甲骨一〇二四頁）

考古所「眉：可能为殷先祖名，乙七五四六『出于眉』可证。」（小屯南地甲骨八四七頁）

按：說文：「眉，目上毛也，从目，象眉之形，上象頟理也。」甲骨文下象目，上象毛，不象頟理，徐灝說文解字注箋及孔廣居說文疑疑已言之。卜辭「湄日」或作「眉日」，即「彌日」，猶言終日。又「眉」為地名。

0619

眉□□

按：「□」與「□」形義俱有別。合集三四二一辭云：「丁酉卜，曰伯𢀛凡匕其□」蓋用為動詞，「□」則無此等用法。

0620

湄彌□□

楊樹達「湄日者，湄當讀彌，彌日謂終日也。」（甲文說六十九頁卜辭瑣記廿六條）

楊树达「殷契粹编捌肆〇片云：『王叀△田，湄△。』按同书玖貳柒片云：『叀莿田，湄日亡𢦔？』此文当与彼同，原书以『王叀田湄』四字连文为一句，殆非也。湄日者，湄当读为弥，弥日谓终日也。」（卜辞瑣记一二至一三页）

屈萬里　「湄日二字連文，卜辭習見；且常繫於田獵之辭。按詩小雅何人斯：『居河之麋』。知麋與湄通。周禮春官眡祲：『七日彌』。注云：『故書彌作迷』。又春官小祝：『彌裁兵』。注云：『彌，讀曰敉』。麋、敉、迷，俱从米聲，而湄、彌與之通；是湄與彌亦相通也。然則，湄日猶言彌日，蓋謂終日也。」（甲釋八九葉五七三片二辭釋文）

于省吾　甲骨文溜字从水𣅈声，𣅈乃眉字的初文。溜与妹昧音近通用，甲骨文晚期以妹為昧，周器免簋昧作香。說文：『智，尚冥也，从日勿声。』段注：『漢人智昧通用不分，故幽通賦昒昕寤而仰思，曹大家曰：『昒昕，晨旦明也。』甲骨文称：『王其田宇、机，溜（昧，下同）日亡戈〇莫（暮）田亡戈。』（后上一四·六）又：『今日庚，溜日至昏☐。』（京津三八三五）前一条以昧日与暮对貞，后一条以昧日至昏連言，无疑都是指时间早晚言之。又：『☐（翌）日戊，旦溜至昏不雨。』（鄴初三三·三）既以旦昧二字連称，又以至昏不雨為言，則旦昧為早昧之时，更为明显。又：『☐旦至昏不雨。』（京津四四五〇）旦下省溜字。旦昧典籍也作昧旦，詩女曰鸡鸣的『士曰昧旦』，左傳昭三年的『昧旦不显』，是其证。昧旦犹言昧爽，书牧誓的『时甲子昧爽』，伪傳：『昧冥，爽明，早旦』。按未明谓之昧，已明谓之旦或爽，指天将明时言之。第四期甲骨文溜日也作滬日（掇四四七），滬乃溜之繁構。又第五期在祭祀时以妹代溜，例如：『妹其饎（餗）』（前二·三九·二），『妹工（貢）𢽗（典）』（前二·四〇·七），是其证。吳大澂説文古籀补：『釋名，妹昧也，犹日始出乃时少尚昧也。盂鼎妹辰即妹晨，段借字。』由此可見，周初犹沿用商代末期的以妹為昧。

总之，甲骨文的溜日旧不得其解。其实，以溜为昧，无论在声音之通假或词義之训释方面，都是符恰的。至于中、晚期甲骨文称商王田獵和溜日連言者，习見繁出。莊子齊物论：『夢哭泣者，旦而田獵。』甲骨文称：『于旦王迺田，亡戈。』（粹九八四）由此可見，旦昧田獵，乃古代统治階级的常見作風。』（甲骨文字釋林釋溜日一二一頁至一二三頁）

按：楊樹達、屈萬里讀「湄日」為「彌日」，謂「終日」，其說是也。□、□、□、□諸形通用無别。

0621

苜　□　□　□

孫詒讓　「此（□）當為苜字，說文苜部苜，目不正也。从𦫳目讀若末。此𦫳即𦫳，下从𥃩者，目之異文。金文公違鼎省字作𦣻，从𥃩，與此相近。𡴀𡴀疑是一字，孜金文鄭𡬣父鬲𧖴字作𢽳，又𧖴鼎作𢼸，此疑即𧖴之省。」（攈例下九葉下）

朱芳圃曰：「《說文》首部：『首，目不正也。从𠂇，从目。讀若末。』一作眜，《說文》目部：『眜，目不正也。（正，今本誤作明。茲依《廣韻》十三末眜下注校改。）从目，末聲。』目不正則視不明，孳乳為蔑，首部：『蔑，目勞無精也。从首，从戍。人勞則蔑然也。』為䁾，目部：『䁾，蔑兒，目眵也。从目，蔑省聲。』轉脂為眛，目部：『眛，目不明也。从目，未聲。』為盼，目部：『盼，目冥遠視也。从目，勿聲。』轉幽為瞀，目部：『瞀，低目謹視也。从目，敄聲。』《玉篇》目部：『瞀，目不明兒。』為瞐，目部：『瞐，氐目視也。从目，冒聲。』轉宵為眊，目部：『眊，目少精也。从目，毛聲。』《玉篇》目部：『眊，不明兒。』首又孳乳為𥄕，《說文》首部：『𥄕，火不明也。从首，从火，首亦聲。』為烕，火部：『烕，滅也。从火戌。火死於戌，陽氣至戌而盡。』

首戈為卜辭習見之語，饒宗頤釋為蔑戈，謂『如連讀可解為羊災，言五行者有羊禍之語，』並引《漢書·五行志》羊歐為證。（《巴黎所見甲骨錄》三一）按饒說非也。首戈猶言無戈。經傳作蔑，《詩·大雅·板》：『喪亂蔑資，』毛傳：『蔑，無也；』《論語·雍也篇》：『亡之命矣夫，』《漢書·宣元六王傳》引作『蔑之命矣夫，』顏注：『蔑，無也。』

甲文又有作左列形者：

□（《前》二八·五）　□（《前》四·一八·一）　□（《前》四·三七·五）　□（《林》二·二五·六）

首下增口，乃晚期文字，義與首同。（《殷周文字釋叢》卷中第一一六頁）

商承祚

「𦣻疑眻，通睗（玉篇）『眉間曰眻，』此曰『眻目，』當為某日之稱，如金文之初吉生霸死霸既望也。」（佚考四二葉）

郭沫若

「𦣻（□）字舊釋為羊，揆以文義無一可通。案此當是萈若瞿之古文，象鷹瞵鶚視之形。此二辭以『勿𦣻酒河』及『乎言酒沔』為對貞。細案其意，蓋𦣻與言均當為雩辭，𦣻用為禳，言讀為爰也。」（粹考十二葉上）

金祖同

「金文常有著一羊頭的器，如周金文存的羊鼎，金文編引的𦍌卣，也有二字的，如集古遺文的𦍌羊鼎，殷文存的丁𦍌羊鼎，諸家多釋作羊，義都不可解。我以為就是吉祥的祥字，其單有一羊字的固然是吉意，就是𦍌羊鼎上象房屋之形，或者是家廟落成之後，鑄器以寓吉祥的意思。去年我在濟南山東圖書館漢畫堂見到幾個墓額上面多刻一個陽文的羊頭，可以同這羊字相證的。因為釋為羊字而沒有兩個疑问，一、如果釋作羊字，則金文石刻所著的一個羊頭，意義不可解。二、金文有羊字而沒有祥字，難道古就沒有祥字嗎？要知這多是誤于說文的一個羊頭。說文祥字下說：「祥，福也，从示，羊聲；一曰，善也。」以為祥字多从示；無示，羊也。那裡知道漢磚吉祥連文，祥多作羊呢！他又以為洋鼎等的羊字，祇一個羊頭，還不是全羊，他不知卜辭的祥字，都作羊頭形呢。如▯前四、二七、一，▯鐵一九四、四，▯鐵九七、二，▯前四、四九、三等形。也有如金文作▯者，前四、五四。蓋古人以羊為美味，善義等皆从之，故羊即有祥意。許慎以羊為聲，其誤太甚，甲骨文羊的習語，共有三種：(1)勿羊：「丙子酘貞勿羊酘妣乙」後上、二四、十。「貞勿羊子母丙卌小宰」鐵九七、二。「辛亥卜𡆥羊用百宰用」㒼四、四九、三。「貞勿羊登」前、四、四九、二。「勿羊出示若」前四、四九、六。(2)不羊：「□□已卜王壬申定 按「壬申」二字疑屬他辭□不羊雨二月」前四、四九、二。「□□卜永□▯賓□王登□ 貞𦥑不羊幸」前、四、五四、三（中略）(3)其羊：「其𦥑」後、下、三〇、七。聞野鶴先生在「上代象形文字中目字之研究」一文中，說這是以為標飾的花彩，我頗以為疑。甲骨文是紀卜辭的東西，何用標飾。上有一其字，常有一種肯定語氣，辭句很完整，非標飾也。據上，我们可以知道，勿祥大都是用于祭典的，如登酘用牲，其詞為無因無戾之反。不羊，是專用於征伐的，其祥，祇此一條，沒法區別他的性質，又勿、弗二字是通用，勿羊，殷卜一九一六就作弗羊，可證。」（殷虛卜辭講話十八至二十葉）

李孝定

放」佚、二七六 䍩疑當讀為暘。祭義「夏后氏祭其闇，殷人祭其陽，周人祭日以朝及闇」，鄭玄「闇，昏時也。陽讀為「日雨日暘」之暘，謂日中時也。朝日出時也」。此與小采均為紀時字，言小采大雨而日中啓也董彥堂先生謂小采略當於暮見殷曆譜上編卷一第五葉。」（集釋一一五七葉）

「从日从羊，當為羊聲說文所無。辭曰「壬戌卜雨今日小采允大雨延伐䍩日佳

朴海波

「▯，㽮一四。郭沫若釋萌，从丫从明，說文所无。」（甲骨文编一六一页）

饒宗頤

「契文萌字，向有釋羊、釋瞿諸說。胡厚宣讀為勿苜，謂為祭名，而不詳其義。（六録雙劍誃龜一）按此字从一目二目無定，如▯日（佚亡四七八）亦作▯日（佚㳄二七六）有但作羊者，如弜羴亦作弜羊，蓋日亦作日㽮羊（見下文）故以釋羊為是，古羊即祥字。說文「羊，祥也。」凡卜辭之羴及羊，均宜讀為祥。（衛聚賢金祖同曾有此說，見殷虛卜辭講話）茲分疏如下：

曰：其羴

僅一見於後編下三〇、七殘辭：「……其𦍒」兩字，詩商頌「長發其祥，」語與此同。

曰：曰羊

……烄曰羊[illegible]（佚甲三五八九）

凡吉凶之先見曰祥，左昭十八年傳「鄭之未災也，里析曰將有大祥，」墨子非樂上「降之百⿰歹羊。」⿰歹羊為祥之異文，又明鬼下「祥上帝伐元山帝行，」以祥為動詞，周語中記農祥云「祥所以事神也，」故祥又有事神之義。

曰：不𦍒

貞𢀛不𦍒幸（前編四、五〇、三）

貞不𦍒之（佚乙三三三四）

□巳卜王壬申不𦍒雨二月。（前四、四九、一）

□亥卜，王貞：……兕不𦍒，𢀛……月。（拾掇三八一）

書君奭「其終出于不祥。」詩瞻卬「不弔不祥。」經典中若墨子、老子、孟子、左傳、國語，不祥一語習見。明鬼下云「凡殺不辜者，其得不祥，鬼神之誅。」證以卜辭，不祥二字，由來已久。

曰：弗𦍒

弗𦍒（明義士一九一六）

書盤庚「迪高后丕乃崇降弗祥。」知弗祥乃殷時習語，與不祥同。

曰：弜𦍒　弜羊

戊子卜，弜𦍒　辛卯十月（佚乙九〇七四）

多兄弜羊（佚甲九一八）

……大〔貞〕……歲弜羊……祉一月（佚錄四四三）

契文以羊為祥，弜弗通用，施于否定語氣，弗祥、弜羊，即不祥之異詞。

曰：勿𦍒

丙子卜，㱿貞：勿𦍒酒河……（後編上二四、一〇）

……

……

貞羽乙丑勿𦍒出伐于唐（佚乙七五三）

勿𦍒于且乙邻王（佚乙一〇九八）

……

……

貞勿𦍒告于父乙（佚乙六二六五）

……貞勿蕭于母丙㞢小宰（鐵九七、二）

……口亥卜，穷貞：勿蕭用百羌（後編下三七、八）

……卜辭所見勿蕭一語，多至不能盡錄，大抵與弗羊、弜蕭等同義。儀禮「禳乃入」，鄭注「禳祭名，爲行道累歷不祥，禳以除災凶也。」凡識勿蕭者，言有災害不祥之事，故祭於先公先妣，祓除之而祈福也。漢書藝文志雜占家有：禎祥變怪二十一卷，執不祥劾鬼物八卷，請官除訞祥十九卷。皆有關不祥之書，惜已亡佚，莫由稽考。

卜辭又見羊日、羊鳥之紀載：

羊日：

辛未卜，内貞：日叀羊。六月。（乙五三八〇）

蒿日隹攸（啓）（佚存二七六）

萏日大攸昃亦雨自北（乙三三二）

日叀羊當讀爲日惟祥，蕭日、蕭日即祥日，殆指災祥先見之日。

羊鳥：

庚申卜，大，令少（小）臣取口丫鳥（甲二九〇四）

羊鳥可讀爲祥鳥，如典引之言神禽，瑞應圖云「鳳，王者之嘉祥。」（六帖卷九十四引）是其類，取人名，口即方，契文以爲祊祭之祊。此謂有祥鳥見，命取祭之。魯語：「海鳥曰爰居，止于魯東門之外，臧文仲使國人祭之。」斯即祀鳥之遺俗也。（魯賓先君曾舉是版垂詢，苦未諳其義，今悟羊鳥即祥鳥，謹以質正。）卜辭屢記鳴鳥之異徵，如甲二四一五云：㞢𡧊㞢鳴鳥。友人李棪藏骨有云：之日夕㞢鳴鳥。皆極重要之資料，余親見巴黎敦煌殘卷彩繪瑞應圖有發鳴一類，狀似鳳皇，凡斯祥異之事，言讖緯宜取資焉。又殷本紀載大戊之祥桑，西京賦言大祥，亦以祥爲名）

他辭又見蕭戠二字：

壬戌卜，貞：王之夕𦎫……茁戠……（佚存八八四）

……卜，爭（貞）……茁戠……（乙八六〇九）

善𢦏如連讀可解爲羊災，言五行者有羊禍之語，《漢書·五行志》：「羊大目而不精明，視氣毀，故有羊旤。一曰，暑歲羊多疫死，及爲怪，亦是也。及人，則多病目者，故有目痾。火色赤，故有赤眚赤祥。」其以災祥配五色，自是後來之說，然觀卜辭屢言羊𢦏，足見其遠有所據。契文羖字有作□者（《拾掇》三·三九反）羊字正繪大目狀，殊可玩味。

祥字卜辭少數作羊，多益一目或兩目，古器每以羊爲紋飾，兼繢目形，殷周彝器所謂饕餮紋，多刻二目或四目，《周禮》「方相氏黃金四目，以毆疫鬼。」蓋取禳凶去邪之意。余謂从目之取義，殆如沈濤所云「以辨神姦」，主於辟邪也。金匱室藏四盤磨出土殷代大理石踞俑，其身正面兩腿，中間雕刻羊首，兩角兩目，與契文蕭字極相似，疑即吉羊之標識，若楚器木雕神像，上有□形，（見蔣玄佁《長沙》首冊）則象羊首。漢人建築裝飾，始濰縣南門外畫像，上刻三羊作□狀（《漢畫全集》一、二四五）即所謂三羊開泰是矣，或作一羊者，如沂州畫像，（現藏日本東京博物館）至鋪首之作兩羊者，更不一而足，與□字極髣髴，從知殷周以來，目羊爲祥，故製爲紋飾，象徵其義，蕭之爲羊、爲祥，與古代禮俗關係至鉅，因詳爲推證，以俟考古者論定焉」。（《巴黎所見甲骨錄》二七葉——三一葉）

饒宗頤　「契文蕭字，向有釋羊，釋瞿諸說。胡厚宣讀爲勿首，謂爲祭名，而不詳其義（《六录》《雙劍誃》龜一）。按此字从一目二目無定，如□日（《乇乙》四七八），亦作□日（《佚存》二七六）。有但作羊者，如弜蕭亦作弜羊，蕭日亦作羊日（見下文）故从釋羊爲是。古羊即祥字。《說文》：『羊，祥也。』凡卜辭之蕭及羊，均宜讀爲祥。（衛聚賢、金祖同曾有此說，見《殷虛卜辭講話》）茲分述如下：

曰：日羊

……癸日羊□（《乇甲》三五八九）

凡吉凶之先見曰祥。《左昭十八年傳》：鄭之未災也，里析曰将有大祥。《墨子·非樂上》：降之百䍧。䍧爲祥之異文。又《明鬼》下：祥上帝伐元山帝行。以祥爲動詞。《周語》中記農祥云：『祥所以事神也。』故祥又有事神之義。

曰：不祥

貞卓不□幸（《前編》四·五〇·三）

貞不□㞢（之）（《乇乙》三三三四）

□巳卜王壬申不□雨二月（《前》四·四九·一）

□亥卜王貞：…兇不□卒．月（《拾掇》三八一、《寧滬》二·四九重）

《書·君奭》：其終出于不祥。《詩·瞻卬》：不弔不祥。經典中若《墨子》、《老子》、《孟子》、《左傳》、《國語》，不祥一語習見。《明鬼》下云：凡杀不辜者，其得不詳。鬼神之誅，證以卜辭，不祥二字，由來已久。

曰：弗蘉

弗蘉（《明義士》一九一六）

《書·盤庚》：迪高后丕乃崇降弗祥。知弗祥乃殷時習語，與不祥同。

曰：弜蘉　弜羊

戊子卜弜蘉、辛卯十月（《乙》九〇七四）

多兄弜羊（《乙》九一一八）

：：：大（貞）：：：㱿弜羊：：：征一月（《存真》二集，《文录》四四三重）

契文以羊為祥，弜、弗通用，施于否定語气，弗祥、弜羊即不祥之異詞。

曰：勿蘉

丙子卜殼貞勿蘉酒河、丙子卜殼貞乎[illegible]（人名酒河）

來三豕三羊卯五牛（《後編》上二四·十参下釋蘉篇）

丙子卜殼貞勿蘉酒河十二月（《京津》五九〇）

勿蘉㞢（侑）于䖒（《遺珠》三四四）

貞羽乙丑勿蘉㞢伐于唐（《乙》七五三）

勿蘉用一伐于南庚卯宰（《乙》六五四六）

勿蘉于且乙钔王（《乙》一〇九八）

貞勿蘉禰于且乙告囧（《乙》七九七五）

丁：：（勿）蘉㞢（于）且庚（《京津》七四七）

：：貞勿蘉告于且丁（《乙》二〇四五）

貞勿蘉告于父乙（《乙》六二六五）

：：（勿）蘉用及[illegible]（午）于父乙（《乙》二一八一）

勿蘉于下乙（《遺珠》）

勿蘉于文康（《乙》三三四六）

貞勿蘉于母丙㞢小宰（《鐵》九七、二

貞勿蘉酒妣癸[illegible]（壆）正（《乙》四一一九

勿蘉㞢（妣庚）十[illegible]（《乙》六七〇三）

貞勿蘉[illegible]于丘商　乙丑卜殼貞[illegible]于丘商　四月（《乙》五二六五）

□亥卜穷貞勿蘉用百羌（《後編》下三七·八）

丁丑卜穷貞㞢于丁勿□䍙用（《乇甲》三五一〇可與《京津》一六八一綴合）

甲午卜爭貞羽乙未勿□用羌（《乇乙》一九四一）

癸亥卜穷貞今日勿□令擘（《前編》七・二五・三）

丙子卜㐆貞王勿□㞢且ゝ（《拾遺》二・三

丙申卜王貞勿□海（疑借為𩁹）于門辛丑用十二月（《遺珠》三四）

戊寅卜王貞勿□衛𠂢（泉）（《前編》四・十七・一）

ゝ卜王，貞勿□彷先酒ゝ商知于ゝ（《後編》下十六・十四）

貞勿□來（《前編》四・四九・二）

勿□曰之舌（話）若　貞王曰之舌　勿曰之（《乇乙》七一二二）

貞勿□用　貞勿□黍受㞢年　弗其受㞢年（《乇乙》七七五〇）

卜辭所見勿䍙一語，多至不能盡録，大抵與弗羊、弜䍙等同義。《儀禮》：禳乃入。鄭注：禳，祭名，為行道纍歷不祥，禳以除災凶也。凡識勿䍙者，言有災害不詳之事。故祭于先公先妣，祓除之而祈福也。《漢書・藝文志》雜占家有：禎祥變恠廿一卷。執不祥劾鬼物八卷。請官除訞祥十九卷。皆有關不祥之書，惜已亡佚，莫由稽考。

卜辭又見羊日，羊鳥之記載：

羊日：

辛未卜内貞日㞢羊　六月（《乇乙》五三八〇）

ゝ□日隹攴（啓）（《佚存》二七六）

□日大攴昃亦雨自北（《乇乙》三二）

癸亥卜貞旬大雨自東九日辛未大采各云（洛云）自北帍征大風自西劅云（雲）浝ゝ雨每（晦）□日ゝ（《乇乙》四七八十三〇三即《殷綴》七八）

日㞢羊當讀為日惟祥，羊日、䍙日即祥日，殆指災祥先見之日。

羊鳥：

庚申卜□令少（小）臣取□□鳥（《乇甲》二九〇四丘牛胛骨）

羊鳥可讀為祥鳥，如典引之言神禽，《瑞應圖》：鳳，王者之嘉祥。（六帖卷九十四引）是其類，取人名，口即方，契文以為祊祭之祊，此謂有祥鳥見，命取祭之。《魯語》：海鳥曰爰居，止于魯東門之外，臧文仲使國人祭之，斯即祀鳥之遺俗也。（魯實先君曾舉是版垂詢，苦未諳其義，今悟羊鳥即祥鳥，謹以質正，卜辭屢記鳴鳥之異征，如《乇甲》二四一五云：㞢□㞢鳴□，友人李棪藏骨有云：之日夕㞢鳴鳥。皆極重要之資料。余親見巴黎敦煌殘卷彩畫《瑞應圖》有發鳴一類，狀似鳳皇，凡斯祥異之事，言讖律宜取資焉。又《殷本紀》太戊之祥桑。《西京賦》言火祥，亦以祥為名。）

他辭又見着戈二字

壬戌貞王𡿨（之夕合文）𩫖：𦍌戈：（《佚存》八八四《戩壽》一·九及《續編》一·二·四重）

：卜爭（貞）：𦍌戈：（《七乙》八六〇九）

着戈如連讀可解為羊災。言五行者有羊禍之語，《漢書·五行志》：羊大目而不精明，視氣毀，故有羊𤷫。一曰暑歲羊多疫死，及為恠，及人則多病目者，故有目痾。火色赤，故有赤眚，赤祥。其以災祥配五色，自是後來之說。然觀卜辭屢言羊戈，足見其遠有所據，契文羊字有作𦍌者，（《拾掇》三·三九反）羊字正繪大目狀，殊可翫味。

祥字卜辭少數作羊，多益一目或二目。古器每以羊為紋飾，兼繢目形。殷周彝器，所謂饕餮紋，多刻二目或四目。《周禮》：方相氏黃金四目，以毆疫鬼。蓋取禳凶去邪之意。余謂以目之取義，殆如《左傳》所云：以辨神姦。主於辟邪也。《金匱室》藏四盤磨出土殷代大理石踞俑，其身正面兩腿中間雕刻羊首兩角兩目（如下圖）（圖略）與契文𦍌字極相似，疑即吉羊之標識。若楚器木雕神像，上有

形，（見蔣玄佁《長沙》首冊）則象羊首，漢人建筑裝飾，如濰縣南門外畫象，上刻三羊作狀（《漢畫全集》一·二四五）即所謂三羊開泰是矣。或作一羊者，如沂州畫象（現藏日本東京博物館）至鋪首之作兩羊者，更不一而足。與𦍌字極彷彿。從知殷周以來，目羊為祥，故製為紋飾，象征其義。𦍌之為羊，為祥，與古代禮俗關係至鉅。因詳為推證，以俟考古者論定焉。」（《巴黎所見甲骨錄》，附录，《釋𦍌》）

連劭名　「翻开著录甲骨刻辞的书籍，经常可以看到这样一个字，写法很多，现在选择其典型写法，举例如下：

一、𦍌 甲二　𦍌 粹四七　𦍌 后二、三〇、七　𦍌 乙四七八

二　续五、三四、三　掇一、三八一　佚五二八　甲二二六五

三　前四、四九、四　粹四四〇。

四　前六、五、六

孙诒让在契文举例一书中曾认为上表第一类中的第一个形体是「苜」字，但由于他没有做文字学的分析，所以这一意见没有引起学者们的重视。

罗振玉殷虚书契考释释此字为「羊」。他可能是从这个字的上半部考虑的。甲骨文中「羊」字及从羊的字很多，我们举几个常见的例子：

对比这个字，可以发现二者之间存在着明显的差异。「」做回旋内转之形，而羊及从羊的字却没有一个具有这一重要的特征。因此，可以肯定地说，「」不同于「羊」。这个字应当是说文解字卷四的「𦍌」字，「羊角也，象形，凡𦍌之属皆从𦍌。」许慎的分析与我们所见到的情况正相符合。

郭沫若同志在殷契粹编一书中也考释过这个字。他不同意罗振玉的说法，指出：「𥄕字旧释为羊，揆以文义无一可通，案此当是䀠若瞿之古文，象鹰瞵鹗视之形，此二辞以『勿𥄕酌汅』及『乎言酌汅』为对贞。细审其意，盖𥄕与言均当为虚辞，䀠用为邊，言读为爰也。」但他的说法也很难令人完全相信。郭沫若同志大约是认为此字从䀠得声，䀠声近于邊，因此「用为邊」也。可是，从上举二、三、四、五类各例可以看到，这个字并不一定从䀠。这样，以为从䀠得声的看法就很难成立了。从这个字的发展沿革来看，其下半部分的形体，后来简化为从目。如上举第二类各例字也正是从目而不从䀠的。

这个字既然应当从𦍌从目，就是后世的「苜」字。说文解字卷四有「苜部」，「苜，目不正也，从𦍌从目。凡苜之属皆从苜。莧从此。读若末。」甲骨文中的「苜」字，用法与后世做虚字用的「蔑」相同。「末」与「蔑」古音也可相通，经典中末、蔑二字经常混用。左传隐公元年盟于蔑。公羊传、谷梁传「蔑」并作「眛」。史记屈原列传：「杀其将唐眛」。汉书古今人表作「唐蔑」。眛字本从「末」声，后世改从「未」，「末」为从「未」。清代学者早已辨明，此不赘述。说文解字卷四苜部又有「莧」字：「火不明也，从苜从火，苜亦声。周书曰布重莧席……

读与蔑同。」今尚书顾命作「敷重蔑席」。是首古与蔑也可同声相通。

小尔雅广诂：「蔑，无也。」

诗经大雅板：「丧乱蔑资」。毛传：「蔑，无也。」

易经剥卦：「剥床以足，蔑贞凶。」虞注：「蔑，无也。」

左传僖公十年：「蔑不济矣。」杜注：「蔑，无也。」

王引之经传释词：「蔑，无也。蔑犹不也，成十六年左传曰：宁事齐燕有之而已，蔑从晋矣。晋语曰：吾有死而已，吾蔑从之矣。言不从也。」

其实，在古代语言中，「无」与「不」意相通，经典中也经常混用不别。

尚书洪范：「无偏无党。」墨子兼爱、汉书谷永传并引作「不偏不党」。

尚书吕刑：「鳏寡无盖」。墨子尚贤引作「鳏寡不盖」。

论语学而篇：「食无求饱、居无求安。」汉书谷永传引作「居不求安，食不求饱」。

老子下篇：「圣人不积」。战国策魏策引作「圣人无积」。

礼记月令：「五谷无实」。吕氏春秋孟秋纪引作「五谷不实」。

礼记三年问：「三年之丧何也？曰称情而立文，因以饰群、别亲疏贵贱之节，而弗可损益也，故曰：无易之道也。」郑注：「无易犹不易也。」

甲骨文中的首，读为「蔑」，训「无」，训「不」，是一个表示否定概念的词。根据这一考释来检查它在甲骨刻辞中的使用情况，无一不通，完全可以获得满意的结果。例如：

摭续一〇八：「贞，首受禾」。「首受禾」如同卜辞中习见的「不受禾」、「弗受禾」。

粹八九九：「甲子贞，大邑受禾？不受禾？」

粹九〇〇：「己丑贞，王……受禾？弗受禾？」

铁八六、三：「□辰卜，㱿贞：首燎十豕，羊卯……。」这是武丁时卜人㱿贞问：不燎十只豕……，是否合适。

京都二九四「……戌卜、出贞，首出于且辛，二月。」这是祖庚、祖甲时卜人出贞问：不对且辛举行出祭，是否妥当。

像上述三条单独使用「首」字的卜辞，在甲骨文中是很少见的。「首」字在甲骨文绝大多数的情况中，是与另外一个否定词相结合，构成一种否定之否定的句式。最多见的句式是「勿首……」相当于今天我们所说的「不要不……。」其次是「不首……」相当于「不会不……。」

甲三五一〇：「丁丑卜、宾贞：出于丁，勿首牢用？」这是武丁时贞人宾贞问：「要对丁举行出祭，不能不用牢作祭品吧？」

后下三七、八：「乙亥卜、宾貞：勿首用百羌？」这条卜辞大意是说：「乙亥日占卜，貞人宾貞问，不能不用一百个羌奴祭祀吧？」

粹四七：「丙子卜，敨貞：乎言酌河，燎三豕三羊，卯五牛？

丙子卜，敨貞：勿首酌河？」

「勿首酌河」意为「不要不对河神进行酌祭吧？」

续二、一八六：「壬戌卜，争貞：勿首告于上甲？三月。」「勿首告于上甲」意为「不要不告于上甲？」

乙七〇三〇：「庚申卜，古貞：……勿首攺于南庚？」攺，于省吾先生考证它是一种对于牺牲「剖割其腹肠，割裂其肢体」的祭祀方法。「勿首攺于南庚？」意为「不要不行攺祭于南庚吧？」

前七、二五、三：「癸亥卜，宾貞：今日勿首令熒？」「勿首令熒」意为「不要不命令熒？」

甲骨缀合编一六五：

「勿首出，示若？

王勿首出，示若？

王勿首出，示弗若？」

这是一组关于卜问商王行动的卜辞。「勿首出」意为「不要不出行？」

卜辞中还有「勿首出」，「勿首御」，「勿首征」等々，「首」字的用法与上面所举几例的用法及含义完全相同。

甲骨卜辞中使用「不首……」的句式比较少。

前四、四九、一〇：「己巳卜王：壬申不首雨？二月。」这是在己巳日，商王亲自占卜，问「壬申日不会不下雨吧？」

掇一、三八：「………亥卜，王貞：余……麋，不首擒？」这条卜辞残缺过甚，但仍然可以知其大意。这是一条由商王亲自卜问关于狩猎的卜辞，「不首擒」就是说「不会没有擒获吧？」

在帝乙、帝辛时代的战争卜辞中，有一句常语「不首捷」，首字写作[illegible]。注意这一点很为重要，说明首字发展到商末，已经完全简化为从目了。它也证明本文前半部分分析这个字应当从目而不是从眀，是正确的。

「不首捷」一语，也是于武丁时代的战争卜辞之中。

乙六六九二：「壬寅卜，敨貞：子商不首捷基方？」这是卜问「子商不会不战胜基方吧？」

帝乙、帝辛时代的卜辞有：

佚二四一六：「丁卯王卜貞：今𡆥巫九咎，余其比多田于多白正盂方白炎，叀衣翌日步，亡又自上下𣪘示，余受又祐，不首捷？告于茲大邑商，亡徙在𡆥。王固曰：引吉。在十月遘大丁翌。」

粹二、二五、六：「乙巳王貞：启乎，兄曰：盂方收人……其出伐，屯𠂤高。其令东途……高，弗每，不首捷？王固曰：吉。」

「不首捷」大意为「不会不胜利吧？」

「首」字在祖庚、祖甲时期的卜辞中省掉了「目」，只剩了「䒑」，捡查它的用法，仍然与首相同。

掇二、二〇七：「辛□貞：且辛……䒑延？」「䒑延」与卜辞中习見的「不延」、「勿延」等含义相近。「延」训为「续」。这是在卜问对于且辛的某一祭祀不再继续进行下去是否合适。

河四四三：「……大……岁，弜䒑延？一月。」这是一条关于岁祭的卜辞。裘锡圭老师指出「弜」的含义近于「勿」，也是「不要……」的意思，「弜䒑延」就是说「不要不继续」进行下去。

「䒑」字在祖庚、祖甲时期还写作「[illegible]」凡一見。甲骨文编把它收在「羊」字下面，是不正确的。

河三八六〇：「甲寅卜……燕……[illegible]吉？」这一条卜辞残缺过甚，不知其卜问的具体内容；「䒑吉」犹言「不吉」。

值得说明的是「䒑」字的这个特殊写法，还经常見于商代铜器上的氏族徽号之中。这批氏族徽号金文编一律释为「羊」字，现在看来并不一定妥当，似也当改释为「䒑」字。

𠂤组卜辞中有「首日」一辞，是一个表示时间概念的专用语。

佚七六六：「壬戌卜：雨？今日小采，允大雨。征伐，首日隹启。」

乙三二：「……首日大启，昃亦雨。」

由上引第二例可知「首日」应当在「昃」之前，昃即日側。陈梦家先生殷墟卜辞综述中说：「既夕礼『日側』注『昳也，谓将过中』。」卜辞中正午叫作「中日」。如卜辞中有「中日至昃」。因此可以推断「首日」还在「中日」之前。于省吾先生考证廪辛、康丁卜辞中习見的「湄日」，应该为「昧日」，即「昧爽」之意。帝乙、帝辛时代的卜辞以「妹」代替「湄日」。我认为𠂤组卜辞的「首日」就是「湄日」·「首」、「湄」声近相通。甲骨文中有蔑字，作[illegible]、是一个神名，商人常常对她举行祭祀。郭沫若同志推测「蔑」即見于山海经中的「女蔑」。甲骨文中的「蔑」字从眉得声。商末、周初铜器铭文中的「蔑」字从眉声与甲骨文同。西周中期以后的蔑字几乎一律改从眉为从首，就是因为眉声首声相近的原因。所以，后来的典籍中，以蔑代首，而首字就不大為人所注意了。

甲骨刻辞中副词性否定词有「不、弗、弜、弓、勿、毋」等々。現在可以补充説：甲骨文中的「首」、「𢎘」与上述各词性质相同，应当归入同一词类。这对于我们进行甲骨刻辞的语言字研究，或许可以提供一点新的线索和資料吧。」（甲骨文「首、𢎘」及相关的问题、北京大学学报一九八一年第六期五六—五九頁）

張秉权

「[illegible]，或作[illegible]，[illegible]，孫詒讓释首（契文举例下，九頁）。罗振玉释羊（殷虚书契考释中，第二十七頁，增訂本），王國維从之。今楷写作萈，以别於羊。按罗說近是，但不足以解释卜辞，因為萈的用法与羊字显然有别。譬如：羊字的用法总是：

貞：帝鳳三羊三豕三犬？（前四·一七·五）

丙子卜，殻貞：乎言河賁二豕三羊卯五牛？（后上十）

戊戌卜，旅貞：祖戊歲由羊？（續一·二三·二）

乙未貞：其桒自上甲十示又三牛，小示羊？（后上二八·八）

而萈字的用法則是：

癸亥卜，穷貞：勿萈用百羌？（后下三七·八）

丙子卜，殻貞：勿萈酒河？（后上二四·一〇）

丁酉卜，殻貞：王勿萈曰（父乙）？（后下四〇·六）

萈用一牛？（徵二·一三·七）

☐勿萈从☐？（徵二·三〇·九）

（丁）巳卜，王，壬申☐不萈雨？二月。（前四·四九·一）

貞：勿萈賁？（前四·四九·二）

勿萈出？（前四·四九·六）

貞：卓不萈桒？（前四·五〇·三）

癸亥卜，穷貞：令日勿萈令擊？（前七·二六·一）

勿萈于父乙？（乙編七二三三）

丙子卜，㕣貞：勿萈出祖☐？（拾二·三）

从上面的两組例子中看来，可知萈与羊的用法完全不同，但是从另一些对貞卜辞中，可以看出萈与羌字的用法却有相同之处，譬如：

貞：勿萈自上甲至下乙？

貞：羽甲戌勿酒羌自上甲？（乙編圖版柒陸捌五八八三〔按原书作五九八三係手民誤植〕）

酒羌实即酒蕭或蕭酒，可知蕭，羌可以通用，楚辭「羌内恕己以量人兮」王逸注：「羌，犹乃也」，广韵：「羌，发端語也」汉书叙傳：「恐罔蜽八責影兮，慶未得其云已」顏師古注：「慶，发語詞，讀与羌同」，楊子雲甘泉賦：「直嶢嶢以造天兮，厥高慶而不可虖彊度」是羌又通慶。不獨用在句首，而且还可以用在句中。在卜辞中蕭与言又有通用之例，譬如：

丙子卜，殸貞：乎言酒河覔二豕三羊十五牛？

丙子卜，殸貞：勿蕭酒河？（后上二四、一〇）

這是一塊牛胛骨的殘片，卜辞刻在胛骨的上端接近骨臼部分，虽則序数已經折損，但是根據卜日，貞人与卜辞等等，我们仍旧可以知道它是成套卜骨中的某一版，其余的二版是：

丙子卜，殸貞：勿蕭酒河？一

丙子卜，殸貞：乎言酒河覔三豕三羊卯五牛？一（粹四七）

丙子卜，殸貞：乎言酒河覔（三）豕三羊（卯）五牛？三

丙子卜，殸貞：勿蕭酒河？三（粹四八）

郭氏殷粹編考释云：

蕭字旧释為羊，揆以文义，无一可通。案此当是明若瞿之古文，象鷹隼瞿視之形。此二辞以「勿蕭酒河」及「乎言酒河」為对貞。細案其意，蓋蕭言均当為虛辞，蕭用為遽，言讀為爰也。（P一二）

郭氏以「蕭」（蕭）及言為虛辞，的确是高明的見解，不过他以「蕭用為遽，言读為爰」為相对，則又未免牽強了，在那一套卜辞中，表示对貞語气的是「乎」（正问）与「勿（乎）」（反问）（注一），而不是「遽」与「爰」，假如照郭氏的說法，則「乎爰」与「勿遽」語言相同不成其為對貞了。于省吾氏曰：「言音古同字，音应讀作歆，歆饗也」（注二），而羊与饗古音同在段氏第十部，可相通。如果把蕭或言字解作格饗的饗，自然也可以把卜辞解通，不过似嫌轉折太多了一点。其实「言」字在這一类卜辞中，与蕭字一样，也是一个語助詞，沒有意义也不必強求其义，王引之曰：

言，云也，語詞也，話言之言謂之云；語詞之云，亦謂之言。若詩葛覃之「言告師氏，言告言归」，泮宫之「薄言采之」……柏舟之「靜言思之」……簡兮之「公言賜爵」泉水之「还車言邁」「駕言出游」……皆与語詞之「云」同义。（经傳释詞，卷五，第三頁）

又云

云，发語詞也，詩卷耳「云何吁矣」……是也。云，語中助詞也，詩雄雉曰：「道之云遠，曷云能来」，言道之遠，何能来也。……云，語已詞也，詩出其東門曰：「聊樂我員」正義曰：云員古今字，助句辭也。（同上引卷三，第五、六頁。）

如果把言和䚄解作沒有意义的語詞，那末這一类的卜辞，就可以讲通了」（見殷虛文字丙編考釋第一四二——一四四頁）

（注一）「乎」与「勿」对貞的例子很多，例如：

貞：乎雀酒于河五十牛？

勿五十牛酒于河？（丙編一一七）

它的意义和「乎」与「勿乎」对貞一样，例如：

貞：乎取来：

勿乎取？（丙編）

（注二）見殷契駢枝續編P、三三。

姚孝遂 肖丁 「「受又＝𢦏」乃习惯用语。乙、辛卜辞每当出征之前，祭祷于先祖之灵，祈求祐助，辞尾恒見「受又＝不酉𢦏」，相当早期卜辞之「不□𢦏」。卜辞「不□」属于加强之肯定语气。乙6692：「壬寅卜，殼貞，自今至于甲辰子商𢦏基方」；「壬寅卜，殼貞，子商不□𢦏基方」二辞为对貞，「不□」只是在对貞的情况下出現，而与通常正反对貞有所区别。粹47：「丙子卜，殼貞，乎言酘河，求三豕，三羊，卯五牛」；「丙子卜，殼貞，弓□酘河」。郭沫若先生考釋隶作䚄，谓「当是明若瞿之古文」，这是可信的。但又谓「䚄用为遽」，則非是。「不䚄」或「弓䚄」当为不猶豫之意。然則卜辞的「受又＝𢦏」与「受又＝不酉𢦏」是一样的，均谓有先祖在天之灵的祐护，确定前往征伐。「𢦏」在此意为征伐，不能是災禍之意。」（小屯南地甲骨考释一〇〇—一〇一頁）

张政烺 「甲骨文有□，又作□、□、□等形（见甲骨文编一六一页，字号〇四七二），……殷契粹编第四七片：

丙子卜，殼，贞：勿□酒河。

丙子卜，殼，贞：乎言酒河，𠦪三豕，三羊，卯五牛。

……郭老谓□非羊字，是也。其它意见则非。为了解决问题，应当把这片卜辞说明一下。酒是用酒祭祀。河是祭祀对象，即河神。乎读为呼，殷王的呼唤等于命令，一般乎后都是人名，言字在卜辞中也常作为人名出现，同期卜辞如：

贞：言其出（有）疾。
贞：多鬼梦，叀（惟）言见。 掇一·三三五

粹四七片的言当是从多酒河的人名。「勿□酒河」和「乎言酒河」二句对照，没有「乎言」二字是把酒河的人名省去了，「勿□」二字在动词前，明显是个副词，表明酒河的状况。……

□从羊有二目，是会意字，其目的在说明象羊的眼睛，故有时也写作□，仅用一目；例如：

癸亥卜，贞旬。一夕大雨自东。九日辛未大采，各二云自北，□征大风自西，刜二云，□雨允□日……。 集二一〇二一

这里□日二字构成一辞，它片亦作□日，如：

壬戌卜雨，今日小采允大雨，征□□日佳启。 集二〇三九七
……□日大启，昃亦雨。 集二〇九五七

辞例相同，□和□肯定是一个字。可见目左字中只表示眼睛，和目相同，决不是声符，□不读朋音，……

孙诒让契文举例（卷下，九叶下）释□谓：

此当为首字，说文首部：「首，目不正也，从丫目，读若末。」此丫即丫，下从□者目之异文。

其说质朴可信，即以上举首日一词言之，首盖读为眛，眛日即眛，是日光不明之义，周礼春官眡祲：

眡祲掌十煇之法，以观妖祥，辨吉凶（郑司农云：煇，谓日光气也。）……六曰瞢（郑司农云：瞢，日月瞢瞢无光也。）

卜辞的首日和周礼的瞢当是一回事，故言「首日大启」。说文首部

蔑，劳目无精也（段玉裁注：目劳则精光茫然，通作眛。引申之义为细，如木细枝谓之蔑，是也。徐灏笺：按方言云：小，江淮陈楚之内谓之蔑。心部曰：懱，轻易也；即蔑视意也）。从首，人劳则蔑然，从戍。

首和蔑读音相同，义亦相近，卜辞中的首字可读为蔑。蔑是是细小，是轻易即蔑视，都不是好字眼，故卜辞所见绝大多数是勿首二字连结成一个词，有时则不首二字连结成一个词，「勿」是不要，「不」是不曾，用否定词「勿」或「不」摆在首前，否定的否定而产生积极的意思。我们知道汉语的习惯，两个字构成一个词会产生新的意思，不一定和两字的本义完全相合。但是这个词在后代的语言里已经丢失了，典籍无征，欲知其义我们只有从原有字义进行推测，虽不能十分准确，实无其它办法，现在试试看：

首有目不明，视不审谛之义，勿首是不要模糊，不要忽视，作为一个词就会有认真、注意

之意。

蔑有轻易、怠慢之义，勿首就含有重视、尊敬、严肃对待之意。

蔑有细心、拭灭之义，勿首就含有不要减少、不要取消、保证质量之意。

以下就按照这些想法把卜辞通读一过，以观其然否。卜辞中勿首二字常在动词之前，自是副词说明动作的情状，偶然有勿首后不连动词的，多是对贞之词，前一条中有动词，后一条便把动词省略了，如：

丁酉卜，㱿，贞：王勿首曰：父乙……　（后下四〇·六）

王是殷王武丁。父乙是武丁之父小乙。这里用勿首表示殷王所说的这段话是认真的、严肃的。

癸亥卜，宾，贞：今日勿首令夏。　（前七·二五·三）

贞：勿首令阜。　（乙二一五三）

丙寅卜，贞：勿首令逆从畫入于𣪘。　（南师二·99）

令是命令，也就是任用。夏、阜、逆等皆殷王武丁时的重臣，用勿首表明这些命令的重要性。

贞：乎𦤃册。

贞：勿首乎𦤃册。　（集一〇一七一）

乎是呼召，王乎等于命令。𦤃义犹迎接，册是典册。勿首说明重视。

勿首出，示若。

示弗其若。

六月王勿首出，示若。

六月王勿首出，示弗其若。　（缀一六五）

出是出行。殷王出行常是巡狩或作宗教活动。示是祖宗神，若是顺。殷王出行不能随随便便，要反复贞问。

戊子贞：勿首正吕。　（燕二四四）

……〔勿〕首正吕方。　（存五七二）

正是征伐。吕方是殷之强敌。征吕是国之大事，所以表示格外认真地去作。

〔辛〕卯卜，㱿，贞：登人三千乎〔伐吕方〕……

壬辰卜，㱿，贞：勿首登人……〔伐〕吕方……　（存下二九二）

戊戌卜，亘，贞：勿首登人三千……　（库一一）

登人是征兵，要准备战争，也用勿首表达了重视的心情。

戊午卜，宾，贞：王比沚戠伐土方，受㞢（有）又（祐）。

☐贞：沚戠爯册，王比，伐土方，〔受〕㞢（有）〔又〕（祐）。　（集六四一七）

口口口，殼，贞：沚戠爯册，王勿首比。五月。〔集六四〇一〕

土方是殷之敌国。沚戠是殷之将军。《左传（昭公二十八年）》"择善而从之，曰比"。王勿首比是说王认真挑选。

癸亥卜，争，贞：我黍，受㞢（有）年。

贞：勿首黍，受㞢（有）年。〔乙七七五〇〕

卜辞中黍常用作动词，即种植黍。㞢（有）年是丰收。要得到好收成就必须好好地栽植。

壬戌卜，亘，贞：勿首求年。〔库一五三七〕

求年是向神祈求丰收，民以食为天，所以不能轻忽。古代重视祭祀，殷王是宗教上的领袖，主持一国的祀典。卜辞的祭祀记录中勿首二字出现的次数最多，选引如下：

壬戌，争，贞：勿首告于上甲，三月。〔存下一八六〕

勿首告吕方于唐。〔燕七六〕

告是祝告。上甲和唐（汤）是殷王的已经神化了的祖宗，对之十分崇敬，从不苟且。

己亥卜，宾，㞢于上甲五牛。㞢于上甲五牛。十牛。

勿首十牛。〔津六四八〕

丁丑卜，宾，贞：㞢于丁，勿首宰用。〔甲三五一〇〕

㞢读为侑，是一种具备食品的祭祀。宰读如庠，是养羊之舍，犹牛之称牢。一宰大约是两头羊。

用是采用作牺牲。这几条㞢祭卜辞关于祭祀所用牲种和数量都十分注意。

口亥卜，宾，贞：勿首用百羌。〔后下三七·八〕

甲午卜，争，贞：翌乙未勿首用羌。

甲午卜，争，贞：翌乙未用羌。用之日風。〔合一六五〕

癸亥卜，殼，贞：勿首施羌。〔续五·三四·三〕

用羌是采用羌人作祭品。施羌是把羌人杀死，陈尸作祭品。羌终究是人类，所以当时重视。

丙午卜，宾，贞：尞卷。

贞：勿首尞卷。

尞是一种祭法，用篝火焚祭品。卷是加香草酿造的酒，用以敬神。

勿首唯乙亥酒下乙，十伐㞢五，卯十宰。四「旬㞢一日乙亥不酒，雨」。

乙卯卜，殼，贞：来乙亥酒下乙，十伐㞢五，卯十宰。二旬㞢一日乙「亥不」酒，雨。〔合一七三〕

乙丑卜，殼，「贞：来」乙亥酒「下乙」，十伐㞢五，「卯」十宰。乙亥不酒，「雨」。〔合一七三反〕

叀（唯）乙亥酒。

勿首乙亥酒

这是一块残甲，正反两面反复占、问乙亥日酒祭下乙，勿首似乎有留神或注意的意思。十伐㞢五是杀十五个人以祭。看来是一次较重视的祭祀。

……首也有在弜字后的，如：

壬申卜，王，贞：用一卜，弜首。辛卯，不口口至。　《乙》九〇七四

丁亥贞：弜首酒彳伐。丁亥贞：于甲酒伐。　《粹》四四〇

弜首米，乙巳……　《林》一·九·二

卜辞中弜勿二字义近（参考裘锡圭同志《说弜》，见《古文字研究》第一辑一二一—一二五页）弜首和勿首语意相同，当是一个词的不同写法。

卜辞又见不首连文，不也是否定词，但和勿、弜有区别。首读为蔑，不首是不削减，不停止之意，如：

壬寅卜，殻，贞：自今至于甲辰，子商戋基方。

壬寅卜，殻，贞：子商不首戋基方。　《乙》六六九二

贞：亩不首戋獐。　《集》六九四三

基方和獐是殷的敌人，是征伐对象。戋读为搏，是扑伐之意。不首戋是不断攻打。

丁未口，口，贞：余不首隻獐。六月。　《粹》一一六九

隻义为獲。隻獐犹他辞隻羌，是捉来充奴隶。不首隻言不停地捉得。

壬午卜，宾，贞：伲不首牵多臣牵羌。　《前》四·五〇·三

贞：卓不首牵。　《前》四·四九·一

卓和伲是人名，都是时常带兵的人，不首牵是不停地捕捉逃亡的奴隶。

己巳卜，王。壬申不首雨。二月。　《[illegible]》一九一六

雨也是动词，其主格是上帝，习惯上都省略了。不首雨是不断地下雨。此外，卜辞还有：

……弗首……

弗也是否定词，因系残辞，可不深论。

首字不是一个好字眼，它在卜辞中出现，其前常有否定词勿或不，这在上文已作解释，仅见到一条完整的卜辞却属例外：

「庚」戌卜，出，贞：首㞢于且辛，二月。　《录》二九四

这是第二期卜辞，同期卜辞有：

庚戌卜，贞：㞢于且辛。　《录》二九五

两相对照可见「㞢于且辛」是占卜的目的，这类卜辞如：

壬戌卜，争，贞：翌乙丑㞢伐于唐，用。

貞：翌乙丑勿首出伐于唐。　乙七五三

貞：出于爻戊。

勿首出于爻戊。　拾一九四

皆于对貞之辭的出字前加勿首二字，以說明出祭的程度。因此推想，錄二九四片当系首字前脱漏一勿字。」（殷契首字說古文字研究第十輯一五——二二頁）

按：「𦝠」、「𦞦」多與否定詞連言，是一種加強的肯定語氣。連劭名對此有詳細的論證。至於其字形的演變，則尚有待於進一步之探索。

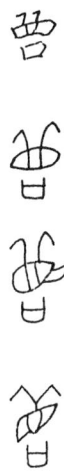

0622

葉玉森　「卜辭數見『不𠳋𢦏』語。𠳋似从苗从口，疑即許書訓目不明之瞢，卜辭假作蒙。不𠳋𢦏即不蒙𢦏也」（前釋二卷十八葉）

林政华　「……余步从侯喜正（征）夷方，上下𠭯示，受又=，不𠳋𢦏？因告于大邑商，亡𢀛在畎？王固曰：吉。

……盂方登人，其出伐屯自，……弗每？不𠳋𢦏？……　通五九二

此語出現於第五期，叶玉森释为不蒙𢦏，云：『𠳋似从苗口，疑即许书训目不明之瞢，卜辞假作蒙。』按：卜辞凡用此语之上，恒有受又=，弗每等吉语，而其下之验辞亦皆吉利，是以其性质必指吉事，叶說蓋得之。」（甲骨文成语集释上，文物与考古研究第一辑七二頁）　遺一九三

按：卜辭早期作「𠙵」，晚期則增「口」作「𠳋」，均為「𦝠」或「𦞦」之異構，參見0621所引錄之小屯南地甲骨考釋

0623

按：合集二四四九一辭云：「王田于𡆥」

「□」為地名。

0624

眉 □

李孝定「說文『眉目上毛也从目象眉之形上象頟理也』契文正从目上象眉形，或又从人，或从卩同字在卜辭其義不明。辭云『癸卯卜眉勿□』藏七三·一、『庚寅貞眉不其得』綴·十四·三·『丙申卜爭貞□見眉不雨受年』前六七·四·『丁酉卜□曰白禹同人其眉』後下二五·七·辭意均不可解。金文作□或者鼎『用綏眉祿』眉美也說詳林著釋釁與沬見本書十一卷末下引□小臣謎簋□者伯簋□周憲鼎□□散氏盤」（集釋一一九八葉）

余永梁「按此眉字周憲鼎作□，□伯敢作□，散氏盤作□，此□字與散氏盤略同，从目與从百同，□字與周憲鼎同，與□伯敢亦相近。」（殷虛文字考）

郭沫若「□蓋蔑之省，卜辭蔑字作□（前·一·四九·三），亦作□（同上四·），其異體作□（同·六·）。」（卜通九五葉上）

屈萬里「□，當是□字之異體。□，甲骨文編釋眉，是也。此蓋假為湄，謂水草交會之處也。」（甲釋六五三片三辭）

陳夢家「眉古湄字。小臣謎𣪘言『海眉』，即海隅海濱也。」（西周銅器斷代(一)載考古學報一九五九年第九冊一七一葉）

按：此與0619「□」同字，當合併。

0625

見 □ □

羅振玉釋見無說。（殷釋中五十六葉下）

王襄類纂以為古見字。

商承祚　「卜辭見字作□，望字作□。目平視為見，目舉視為望，決不相混」。（福放五葉十六行）

楊樹達　「見疑當為獻」。（卜辭求義十九葉下）

饒宗頤　「『己酉卜，穷貞：今日王其步□，見雨。亡巛。一月』。（邃室天象二九，續編六、一〇．四重）按見雨之見，疑讀為『霓』。說文：霰，稷雪也。或體作霓，字从見。詩：『如彼雨雪，先集維霰』。霰即米雪，故『見雨』可解為雨霰」。（通考二四五葉）

屈萬里　「卜辭：『丙辰卜：重其見方？三月』。（甲編三三七五）見，蓋謂在戰爭時兩軍相遇也」。（甲編考釋四二九葉）

張秉权　「見，人名，乃見方之首領，見方在殷之西，与方相近，例如：

壬辰卜，方弗章見？（前四．三四．六）

貞：方出勿自見下上囗？（鐵五〇．二）

癸酉卜，王貞：自今癸酉至于乙酉，邑人其見方𠬝？不其執？二月。（外編三四）

或有稱帚見者，当係娶自見方之婦，例如：

甲寅帚見𠂤□？七月。𡈼。（甲編二八一五）」（殷虛文字丙編考釋第一八九——一九〇頁）

唐蘭　「右艮字，舊誤釋為見，今正。見字當作□□□□等形，與此迥殊，猶欠作□而旡作□也。（欠旡二字，前人辨之，亦不清晰。）□字並析書之，則為□，𦣻鼎限字偏旁作□，與此正同，可為確證。惜卜辭殘缺，不能屬讀耳。說文：『艮，很也。从匕目。匕目猶目相匕不相下也。易曰：「艮其限」。匕目為艮，匕目為眞也』。按小篆見作□，艮作□，目形無別，許氏不得其說，故解為从匕目，又從而附會之耳。其實艮為見之變，見為前視，艮為回顧，見艮一聲之轉也。艮為回顧之義，艮顧亦雙聲也。易曰：『艮其背，不獲其身，行其庭，不見其人，亡咎』。艮其背者，反顧其背，彖傳引作『艮其止』，誤也。（殆涉下文『止其所也』而誤。）後世假借為很，為限，而本義湮晦矣。（眼字从目艮聲，實艮之孳乳字，然訓目，不訓視。）」（文字

說七十七葉下）

李孝定　「說文『艮 很也从匕目 匕目猶目相匕不相下也。易曰「艮其限」，匕目為艮 匕(定案此訓交ㄅ㠯目為真也』唐氏釋此為艮，謂其義為反顧，較許說為長，可从。蓋字或析書，許君不得其解，故傅會說之耳。金文作 艮 從艮 偈 簋 與契文同」（集釋二六八六葉）

考古所　「見方：方國名，也見于粹下四五、粹一二九二等片卜辭。」（小屯南地甲骨一〇〇三頁）

白玉峥　「見：……峥按：字蓋从目从人，象人蹲坐凝神观察、思考之形。于卜辞中，除为动词字外，有为祭名之义者，如：

口戌卜，貞：𢀛見百牛𧦝用自上示？　前七·三二·四

壬辰卜，內：翌癸巳雨？癸巳見，允雨。　甲三三三六

有为人名者，如：

癸丑卜，貞：令見取啟眔十人于？　甲二一二四

丙申卜，𡧊貞：乎見冊蜀羅？　拾二二〇

又有为地名、或方国名者，如：

見入三。　乙七三一

甲寅，帚見，𢀛，示七。允。　甲二八一五」（契文举例校读中国文字第八卷第三十四册三七九五—三七九六页）

李孝定　「說文『見 視也从儿从目』契文从橫目，古文篆文之異往往如此。其目字豎作者為望 見前商說是也。金文作 見 見甗 沈子簋 匽侯鼎 賢觥 史見卣 現鼎 宗周鐘 與契文同」（集釋二八一一葉）

张桂光　「字甲骨文中屢見，前人多与字一起释为『见』。实际上，甲骨文中与有别，是见字，则是的异文，以释『望』为妥。望字甲骨文多从竖目作（佚二二二·一）（存七〇二）等形，但也有从横目作的（见明藏四九九、缀三三四等）。所以我认为，甲骨文望、见之别，不在目的竖（）与横（），而在人的立（，立可看远）与跪（，跪则近睇），作竖目形的后来所以能够占了上风，不过因竖横目为竖目能使望远的意义更加明确罢了。再说，、二字的辞例，相似的很少，可确证为见字的『其来见王』『不其

来见王」「印啟，不见云」等，见字都作罳不作罒，在稍觉相似的「罒方」与「罳方」诸例中，作「罒方」的几乎前面都带「乎」或「令」，作「罳方」的则无一带「乎」或「令」的；而罳罒二文的辞例，却有很多相似的地方，……可见，释罒为望，会更合适一些。」（古文字考释四则，华南师院学报（社会科学版）一九八二年第四期八七页）

陈汉平 「甲骨文有残字作罒（京都三○八一），此字下部残损，写全当作罒，字旧不识。金文中亦有此字作罒（𣪘罒鴌簋），金文编收入附录。按此字象人后顾之形，当释为顾。说文：『顾，环视也。从頁雇声。』甲骨文、金文此字即顾之本字。初文本作象形字，后世改为形声字，字遂作从頁雇声。」（古文字释丛，考古与文物一九八五年一期一○五页）

張桂光 「罒，前人都与罳一起释为見。我认为甲骨文中罒罳有别，罳是『見』字，罒则是𥃩字的异文，以释『望』为妥。西周金文中见字确有作罒的，但那是『望』统一为臣，而卩古文字中的跪跽状逐渐消失后的产物，如㝬钟、𣄰伯簋等，都已经是西周晚期铜器了。」（古文字中形体讹变，古文字研究第十五辑一七八页）

赵诚 「甲骨文的見字写作罳，象人跪坐着睁开眼睛。或写作罒，象人站着睁开眼睛，都表示有所看见。卜辞作为动词用的比较广泛，词义内部的层次比较丰富，按照后代的词义观念，大体可以分为四个方面。

贞，乎（呼）見𠂤般。（林一·二五·六）

贞，叀壴令見于□。（甲二三九六）

这两条辞的見都是商王見臣下之見。

乙未卜，㱿贞，缶其来見王，一月。（合三○一）

乙未卜，㱿贞，缶不其来見王。（合三○一）

这两条辞的見是臣属見王之見。这种用法后来叫做『覲』，即诗韩奕『韩侯入覲』之覲，所以礼记曲礼说：『天子当依而立，诸侯北面見天子曰覲。』这种用法的見，后来发展、演化为『朝見』、『拜見』、『谒見』等义。

贞，登人五千乎（呼）見𠮷方。（续一·一三·五）

丁未卜贞，令𠂤見方，一月。（粹一二九二）

这两条辞的見都是监视之义。如果只列后一条辞，监视之义不容易一下子显现出来，很可能只被理解为『观察』之义。但是有了前面一条辞，有了命令五千人去見𠮷方的見，监视之义便昭然若揭。当然，这种监视必定包含着观察。

戊戌卜，其雀，翌己卯启（启），不见云（云）。（乙四四五）

这条辞的见是一般的看见之见。」（甲骨文行为动词探索（二）古文字研究第十七辑三二七——三二八页）

赵诚 「甲骨文的见字写作罗，象人跪坐着睁开眼睛；或写作罗，象人站着睁开眼睛，都表示有所看见。卜辞作为动词用的比较广泛，其中有一种用义表示观察、监视，应是本义之引申。如：

贞，登人五千乎（呼）见𢀛方。（续一·一三·五）

见就是看，用作观察、监视之义，……是很自然的引申。」（甲骨文行为动词探索（二）古文字研究第十七辑三三四页）

张亚初 「在卜辞中，有『见牛』一词（综类一〇七页）。西周的雁侯钟、大夫始鼎和史兽鼎，都有『见工』之词。『见工』就是献功，前人已有定说。所以，周原甲骨的『见工于洛』，就是献功于洛邑。早期的『见工』一词，到战国时期的鄂君启车节铭文就写成了『献工』。献、见都是元部字，声母也相近，故可通假。卜辞的『见牛』也即『献牛』。」（古文字分类考释论稿古文字研究第十七辑二三九页）

于省吾释罗，参遗字条下。

按：說文：「見，視也，从目儿」。饒炯說文部首訂云：「篆从儿从目者，緣其事爲人，其用在目，而直指其義之所在以製字」。其說是對的。苗夔說文聲訂以爲「人亦聲」，未免牽強。徐灝段注箋駁之云：「視而不見，聽而不聞，與字之本義無涉，段說支離已甚。目所睹爲見……」。段玉裁注云：「析言之有視而不見者，聽而不聞者。渾言之則視與見、聞與聽一也」。視、覽、覿、覘、覗皆見之後起區別字。卜辭「見」之用法爲：

一、覲

「己未卜，㱿貞，𠂤其來見王，一月；」 給三〇一

「己未卜，㱿貞，𠂤不其來見王」

「丙寅卜貞，來丁亥子美□見、以戠于□示、于丁、于母庚、于帚……」 前一·二九·二

見 𥃩 𥄎

「子美見，以民于丁」 前七．二八．二

說文：「覲，諸侯秋朝曰覲，勞王事」。詩韓奕：「韓侯入覲」。禮曲禮：「天子當依而立，諸侯北面而見天子曰覲」。爾雅釋詁：「覲，見也」。殷代並無此等區分，諸侯覲見謂之見，王見其臣屬亦謂之見。如珠六之「冓見呂侯」。春曰朝，夏曰宗，秋曰覲，冬曰遇，乃後世區別之文。

二，臨

「貞，𪉖人五千乎見呂方」 續一．一三．五

「丁未卜貞，令立見方」 粹一二九二

「丙辰卜，叀其見方」 甲三三七五

「：：乎𠂤見㞢𠂤」 粹一一三二

「丙午卜殼貞，勿乎𠂤往見㞢𠂤」 珠二八〇

說文：「臨，視也」。此實監字之孳乳，典籍皆作監。詩皇矣「監觀四方」，卜辭即用此「監觀」之義。詩節南山：「何用不監」，鄭箋云：「女何用為職不監察之」；禮王制：「天子使其大夫為三監，監於方伯之國」，注：「使佐方伯領諸侯監臨而督察之也」。卜辭恒言「見某方」，謂監視敵方之動靜，與「呈某方」同意。郭沫若於粹一一三二以「見」為地名，於粹一二九二以「見」為方國名，並誤。續一．一三．五「𪉖人五千乎見呂方」，此種監視敵方之行動，均得以武力為後盾。「乎𠂤見」亦此義。甲三三七五同版有「方其显南」之辭，方來侵犯，故令「叀」前往監視。

三、獻

「卑見百牛，汎用自上示」 前七．三二．四

「邑人其見方𠬝，不其見方㪅，一月」 南南一．五九

「見新來」 契一二六

見獻古音同，楊樹達疑見假作獻是對的。左傳昭廿七年：「獻體改服」，「獻體」即「現體」亦即「見體」，「見」、「現」為古今字。

唐蘭以清十．九之𥃩為「艮」，謂「見字或析書之，則為𥃩」，「見為前視，艮為回顧」，戴侗六書故即以艮為「已去而顧」，乃唐說所本。其說支離，與卜辭不合，不可據。卜辭「𥃩」與「𥄎」形體有別，用法亦殊。「𥄎」可用作「獻」，「𥃩」則不能。但其余則可通用。卜辭二者似已出現合併之趨勢，今姑併列。

丁驌　「罒与罯之别为男女之别，罒与罯之别为跪立之别，字分男女契文常见不鲜。我国文字原始固有他她之类别也。……

罒之用法，於下列辞中知之：

1. 今立见吕方（东京一二九二）
2. 乎往见于河㞢来（库一五七二）
3. 方其𦎫见何（续六九六）
4. 勿乎见𦏧（京二二一九）
5. 乎见𢓊于甫（掇二四七九）
6. 乎㠯见㞢㠯（粹一一三二）
7. 蕼见倉侯，六月。（遗六）

此见字有出现，会见，监视之义。

罯之用法於下列各辞知之（辞多略去干支字）

1. 王梦我大𦎫……辛亥㞢。壬子王亦梦父𠂢㞢……于父乙示。余见𢓊在之。（前七·三三·一，按𠂢，释尿不辞。当是勿字。此言勿㞢於某某，但于父乙示也。見即看見之見。）
2. 𠂹其来見王，一月（佮三〇一，按此謹見之見）
3. 卜王貞自今癸酉至于乙酉邑人其見方㞋，不其見方执。一月（南南一·五九，按㞋训治也。实妥字，执字契略草似成女旁。）
4. 𢀛見百牛𢓊，用自上示（前七·三二·四，此見为負責察看之义，𢓊释䥫。）
5. 己㞋㫚不見雲（外二二二，㞋治也，安也。此字𢓊与𢓊释按，训安为一文。犹之𢓊为妥，𢓊为奴，𢓊是㞋、按之女性字，皆是安、妥、和、治之义。契文妏字与奴字形近，虽为二字，训则可通也。）
6. 壬辰卜内，羽癸巳丙。癸巳見。允雨（甲三三三六，按癸巳見允雨为验辞。意当是『癸巳那天看看再说果然下雨了』或『今天癸巳，果然下雨了』从後义見即現，『到来』之意。）
7. 戊戌卜其翟。翊己（干，非支）按㫚，不見云（乙四四五，此按与外二二二之㞋，同辞同文之证）
8. 見眉，不雨……受年（前六·七·四）
9. 多鬼𥆞𧈢言見。多鬼𥆞𧈢……見。庚辰卜貞多鬼𥆞𧈢疾見（簠杂六五，見当训現，出現之意）
10. 㞢希嬉㞢見……婐其隹丙不（粹一一四一与缀二六合读，此王固辞。見亦是現）

11. 婦好允見出（續五·一八·六，罒从李釋應是老字。在此不辭。老字异形作𦉪者，亦非老字，而是南脯等字。）

𦉪，姐。

1. 乙卯姐子廣入圉羌十（㵐一·此人名姐）

2. 辛酉卜其知要。辛酉卜知于出日要。辛酉卜要㞢生（乙五四〇五）

字为人名女名，释姐或娊。（释見中国文字第四十四册四九七一至四九七三頁）

按：關於「罒」與「𦉪」之同異，諸家頗有分歧。張桂光以為罒乃「𦣠」字之異構，唯「𦉪」為「見」字。考之卜辭，「𦣠乘」之「𦣠」從無作「罒」之例。「罒」與「𦉪」在卜辭均可為人名，亦均可為動詞，但二者從不相混。而「罒」與「𦉪」則可相通，契文「覓」字从「罒」與从「𦉪」互作可證。參見0625「罒」字條。

0627

罒 蜀

孫詒讓 「𦉪疑是罒字。說文虫部蜀，葵中蠶也。從虫上目，象蜀頭形。中象其形蜎蜎。此省虫，于字例得通」。（舉例下九葉上）

王襄 「古蜀字，不从虫」。（類纂正編第十三第五十八葉下）

葉玉森 「按孫氏釋蜀是也。路史國名紀謂『蜀侯國乃帝嚳之裔』。卜辭之罒亦國名。上象葵蠶之目，下象身之蜎蜎。從虫乃後起字。（殷契鉤沈）商氏謂篆文之ㄅ為後增。按ㄅ即𠃌，古文本作此形。至藏龜第五葉之𦉪，孫詒讓釋蝨。予舊釋蠶之古文。……按臣實肖蠶形，蠶乃蠶之自縛者，故從臣。……是蠶亦從臣得聲。（揅契枝譚）……𦉪與罒疑非一字」。（前釋一卷一四〇葉）

商承祚 「說文解字『蜀，葵中蠶也，從虫，上目象蜀頭形，中象其身蜎蜎』。此字象之，ㄅ，當為後世所增，又有從二虫者，疑亦蜀字」。（類編十三卷三葉）

屈萬里 「國語楚語上：『而使太宰啓彊請於魯侯，懼之以蜀之役』。韋注：『蜀，魯地』。

成公二年左傳記陽橋之役，謂楚師侵衛，遂伐魯，師于蜀。則是蜀乃魯國近衛之邑。」（甲編考釋三九二葉）

饒宗頤　「『罒』舊釋『蜀』，陳夢家改釋『旬』，讀為荀是也。說文：『郇，周武王子所封國，在晉地。讀若泓。』左僖廿四年：『盟于郇。』水經涑水注：涑水又西逕郇縣。詩：『郇伯勞之，蓋其故國。』括地志：『郇城在（今山西）猗氏縣西南四里。』」（通考一八九葉）

陳夢家　「罒　王郭缶于罒　計九、七，粹一一七五
王奴人：正罒　下二七，七，
至罒，我又事　前八、三、八
至罒，亡禍　亿一八一一
才罒　庫一〇九六

此字孫詒讓以為是蜀字而省虫（舉例下九）。我們以為此字从四、从力，力即旬字。金文荀伯盨和伯荀父鼎（盨、甗）的荀字从竹，从目、从力，其音符即卜辭的罒字。卜辭先公高祖中的蒟，或从力（拾二、九，庫一六四四，燕續二），或从罒（下三六、三），可證力、罒是一。說文『旬目搖也』，義與瞚同；說文『瞚，側行蟲也』，今之蚯蚓，力象其形，加目為罒。卜辭之罒是後世的荀國，史籀作荀。……」（綜述第二九五葉）

陳夢家　「此字从目，从力，力即旬字。卜辭先公高祖中的蒟，或从力，或从罒，可證力、罒是一。說文『旬，目搖也』。卜辭之罒是後世的荀國，史籀作荀。」（綜述二九五葉）

孫海波　「罒，甲三三四〇反。从蛐。地名。　　　　，　　　
，　　，　　　　　　
ㄅ，佚五七一。或不从虫。」（甲骨文編五〇九頁）

李孝定　「說文『蜀葵中蠶也從虫上目象蜀頭形中象其身蜎蜎。詩曰「蜎蜎者蜀」』。孫氏釋為蜀是也。字為全體象形，上目象蜀頭，古文多以目代首者，許解不誤。ㄅ象交作ㄅ象身之蜎蜎，從虫者乃後起，於形已複。罒當别是一字，陳氏釋旬非是。字不從ㄅ，且此從目乃象頭形，非眼目字，與旬義無涉。又作眴，乃形聲字，與此象形者有别也。」（集釋三九一二葉）

陳汉平釋旬，參罒字条下。

裘锡圭　「『殸、𠂤间组』卜问……『𦎫缶于啗』：

庚寅贞：𦎫缶于啗，𢦏又旅。才□□月。怀1640

宾组也卜问……『𦎫缶于旬』：

丁卯卜殻贞：王𦎫缶于旬。二月。后上9.7（粹1175、续1.52.6、明2330等同文）

庚辰卜殻贞：王𦎫缶于「旬」。续5.35.4（天68）

『啗』和『旬』显然指同一地点。」（论「殸组卜辞」的时代古文字研究第六辑二九七——二九八页）

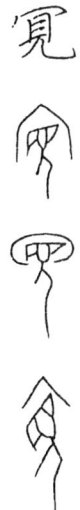

0628

[罒口]

按：「罒」上象頭，下象其身，小篆增「虫」作「蜀」，是變獨體象形為形聲。再進而加虫作蠋，複贅已甚。戴侗六書故云：「蜀似蠶，色多青。墳首瞿目，蔡藿蒴麻蹲鴟多產之」。韓非内儲説：「蟺似蛇，蠶似蠋，人見蛇則驚駭，見蠋則毛起」。卜辭為地名，未見用其本義者。

姚孝遂　肖丁　「『罟』当即『罒』之繁体，即『蜀』字之初形。卜辞或为地名，或为人名，此用为地名。」（小屯南地甲骨考释四六頁）

裘锡圭説参罒字条下。

按：「罟」即「罒」字的繁體，卜辭人名、地名多增「口」成為專用字。如「唐」、「𠷎」、「𠱓」、「召」等等均是。陳夢家據金文「𦊓」字釋「罒」為「旬」，李孝定已詳辨之。參見0627「罒」字條。

0629

[冖見]

王襄　「疑寡字」。（類纂存疑第八第四十四葉下）

饒宗頤　「『壬辰卜内：羽癸巳，雨。癸巳，冟，允雨。（佚甲三三三六）

0630

按⿱冖見即說文⿱冖見字，从日，冂音蒙，借為蒙或瞢。他辭言『⿱冖見日』，讀為『瞢日』。周禮眡祲『六日瞢』，日月瞢瞢無光也』。（通攷三一——三二葉）

于省吾

「第一期甲骨文的⿱冖見字作[字形]、[字形]、[字形]等形，旧不識，甲骨文編分別誤入宀部和附录。續甲骨文編把[字形]形誤摹為見。實則，⿱冖見字从冖，說文作冖（莫狄切），并謂：『冖，覆也，从一下垂也。』按訓為覆是对的，但以為『从一下垂』，那就錯了。甲骨文⿱冖見字說文譌作⿱冖見（莫紅切），并謂『⿱冖見，突前也，从見冂。』段注：『与冡音义畧同』。承培元广說文答問疏証：『⿱冖見即蒙犯霜露之蒙』。『⿱冖見為正字，蒙為借字』。按說文：『冡，覆也，从冂豕。』又：『蒙，王女也，从艸冡声。』典籍中均以蒙為冡。

本諸上述，甲骨文的⿱冖見字上从冂，說文譌作冖。甲骨文⿱冖見字象人目有蒙蔽形，从冂見，冂亦声，是会意兼形声。清邵瑛說文解字群経正字：『冖字虽今廢不用，而据說文，凡覆尊覆面竝当作冖為正也。』然則甲骨文⿱冖見字从冂，本来就有覆蓋蒙蔽之义。甲骨文言⿱冖見指的是天气陰蒙，乃引申义。甲骨文的『⿱冖見日』（藏四四·三）兩見，是指陰云蔽日而言。又『壬辰卜，内，翌癸子（巳）雨。癸子⿱冖見，允雨』（甲三三三三）。癸巳⿱冖見，是說癸巳日天气陰蒙。总之，甲骨文的⿱冖見字，說文譌作⿱冖見，通作冡，典籍則均借蒙字為之。」（甲骨文字釋林釋⿱冖見一一三頁至一一四頁）

赵诚

「[字形]，⿱冖見。或写作[字形]、[字形]，从冂从見，冂亦声。象人的眼睛被蒙蔽之形，有覆盖之义。甲骨文用来指上天被浓云蒙蔽，从下看，好象整个大地被云层密密覆盖，乃其引申义。如卜辞的『[字形]日』（⿱冖見日）（鉄四四·三），⿱冖見是动词，⿱冖見日即指浓云蔽日。这样的天气常常是将要下雨时的状况，所以卜辞也是⿱冖見、雨对举而言。」（甲骨文简明词典一九二頁）

陈汉平

「甲骨文有[字形]字（京津二七七八），旧不识，甲骨文编收入附录。按甲骨文面字作[字形]、[字形]、[字形]，知此字从人从面作，当释为偭。說文：『偭，鄉也。从人面声。』甲骨文此字即偭字初文。」（古文字释丛，考古与文物一九八五年一期一〇七頁）

按：字當釋「⿱冖見」，于先生已詳論之。字从「見」，與「面」字無涉。

柯昌濟 「蔓即媚子，卜辭有媚子之詞，即詩秦風：『公之媚子』之媚子。」（殷墟卜辭綜類例證考釋，古文字研究十六輯一五三頁）

于省吾 「甲骨文眉字有的作□形，象目上有眉形。又眉字也作□或□形，隶定作蔑。蔑字上部作西，象人的眉形，这和□之上部作罒，象横目以視，□之上部作臣，象举目以視，頗有相似之处。見見蔑三字都是独体象形字，但是，見和見的上部只是象目之横与竖，而蔑字的上部作西，不仅象眉形，同时也表示着蔑字的音读。」（甲骨文字释林释具有部分表音的独体象形字）

0631 蔑

于省吾释□見□字条下。

按：卜辭「子要」為人名，乃女性，均从「女」，無例外。而从「人」之「蔑」則用法有别，「要」與「蔑」不同字。刻辭類纂誤混。从「女」之「要」當併入0636「要」字。參見0636「要」字條。

0632

孫海波 「从見从屮，疑亦眉字」。（舊版文編八卷二十葉上）

按：孫海波舊疑眉字，增訂版文編已放棄舊說。字與眉之作□者有别，乃地名。

0633

按：此當與「蔑」同字。

按：卜辭用為地名及人名。

0634 [oracle glyph]

按：卜辭用為方國名。

0635 罗 [oracle glyph]

丁驌 參見字條

按：「罗」在卜辭為人名，與「見」字無涉。

0636 要 [oracle glyphs]

余永梁 「此媚字。說文『媚說也从女眉聲』」

李孝定 「說文『媚說也从女眉聲』契文同。竊謂此為會意兼聲之字，女之美莫如目，故契文特於女首著一大目又並其眉而象之。契文象形字於之以見意之部分往往特加誇大，如天之从大頭、見之从大目、聞之从大耳、望之从豎目，均是。此字於女字之上特著其眉目亦此意也。字在卜辭為女字。辭云『己卯媚子廣入俎羌十』續一、一、一『貞隹媚蠱』『不隹媚蠱』乙三四二四、『囚媚冥娩囚』乙四四六三、又四六二三、五二二九、六四八一並同『妾媚』乙五六八九、言媚娩與它辭偁婦某娩例同，言妾媚則猶言婦媚也」。（集釋三六四五葉）

按：卜辭「媚」為女字，李孝定集釋三六四五以為「女之美莫如目，故契文特於女首着一大目，又並其眉而象之」。其說牽傅。「糜」亦从「眉」，「蠶」亦从「眉」，均為聲符，與美無涉。又契文罗，从女从目，與「媚」有別。

0637 覞

按：字不可識，其義不詳。

0638

郭沫若　「以上二片（粹一一九四、一一九五）均有𩕀字，象一人以手於爐上取煖之形，疑即煴之古字。字乃地名，蓋殷邑也。」（粹一一九五片考釋）

李孝定　「郭氏隸定作𩕀略有可商，蓋以屬於人體之手形離而為ナ也，不如隸定作𩕀於字形較近。郭疑煴之古字，近之。」（集釋二八三九葉）

陈汉平　「安阳殷墟甲骨文有字作（掇一·四三七），旧不识，甲骨文编收入附录。按此字从即从蜀省。旧多释甲骨文字为蜀，甚误。字从目从旬省，即说文旬、眴字，而非蜀字。陕西周原甲骨蜀字作、，字不从旬作，可以为证。字从象灯炷火炬之形，从火，蜀省声，当释为燭。说文：『燭，庭燎火燭也。从火蜀声。』甲骨卜辞曰：

其將燭□又月……　粹一一九四

弜將燭師　粹一一九四

其將燭于　粹一一九四

……將燭……　粹一一九四

……寅卜方其至于燭師　掇一·四三七

燭字在卜辞中為地名，师餗名。春秋经传有人名燭之武，即以此地名为姓氏者。」（古文字释丛出土文献研究二二七——二二八页）

按：釋「煴」、釋「燭」皆不可據。卜辭用為地名。

0639

監 □ □ □

唐蘭

「右監字。商氏佚存考釋未釋，今按从皿从見，稍變作□，（見字有作□□兩形同），即今監字也。說文：『監，臨下也。從臥，䘓省聲』。『□，古文監从言』。以䘓省聲者，昔人已多疑之。戴侗曰：『監，盆類，从皿臨省聲。周官淩人：「春始治監」，莊周曰：「同濫而浴」，皆此物也，不當加水與金。借為監臨之監。又為鏡監之監，亦作鑑。又因鏡鑑而為監觀之監，別作矙』。徐灝取之。王筠說文釋例則有取于六書正譌之說云：『歃血為盟之詞，有曰「明神監之」，故盟與監从血會意』。林義光文源謂『監即鑑之本字，上世未製銅時，以水為監，故酒誥曰，「人無于水監，當于民監」。□象皿中盛水，人臨其上之形。从臣，臣伏也』。按如舊說從䘓省聲，以余所立省聲必先有不省之律繩之，必不能合。戴氏謂从臨省聲，亦然，然謂從皿而為鑑濫之本字，則殊有見地，遠勝於周伯琦從血會意說之迂曲也。林說較勝於戴，然不知臣即目形，故其解亦殊穿鑿也。余謂監字本象一人立於盆側，有自監其容之意，後世變為□，又變為□，其實非从臥从血也。其本義當為『視也』，（爾疋釋詁云）後別為『矙，視也』，又為『覽，觀也』。（並說文）引申之為所監之器之名，金製則為鑑，盛水則為濫。至說文『臨下』之義則又視義之引申矣。（凡監於水者必俛視之）監字本從皿從見，以象意聲化例推之，當是從皿見聲，二從見之字卜辭尚有之，詳釋見篇）見在元部，而監在談部，而監得從見聲者，同在見紐，一聲之轉也。說文監古文作警，實亦從言見聲也。語言隨時變異，文字之變異，有時不能相應，故某字雖諧某聲，而後世語變，往往轉入別韻，諧聲系統所以與周秦古韻多不合也。鑑音變入陽部，後人因假竟字為之，因而別為鏡字，此文字與語言之相應者。監從見聲而轉入談部，此文字與語言之不相應者。研究形聲文字，必合此二者以觀之而後可以馭無窮之變」。（文字記七十六葉下至七十七葉下）

李孝定

「唐氏折衷諸家之論，其說碻不可易。辭云『于監㚇』（佚九三二），地名。金文作□頌鼎□頌壺□頌簋均象人臨監窺影之形，頌鼎一文尤為逼肖」。（集釋二七一七葉）

孫海波

「□，寧滬一·五〇〇。象人臨皿俯視之形。人名。」（甲骨文編三五五頁）

趙誠

「甲骨文有一□字，从皿从見，象人立于盆側，有自矙其容之意，引申为監視之義。此字金文作□、□等形，見旁逐渐分离为从臣从人。三体石经作□，小篆作□，当继承金文而来，楷书当作監。古文竖目转化为臣，是合规律的，但一般人不甚清楚，因而監字的自瞰其容之义不易理解，于是再加一个目旁写成了䁙。」（古文字发展过程中的内部调整古文字研究第十辑三五八——三五九页）

姚孝遂　「說文解釋『監』字為『从臥、衉省声』。事实上古文字作『[glyph]』（甲骨文）、『[glyph]』（金文），从见从皿。古者以水为鑑，『監』乃『鑑』之本字，『鑑』为后起孳乳字。」（再论古汉字的性质古文字研究第十七辑三二〇页）

按：唐蘭釋監是正確的。鑑、䁙均其孳乳字。摭續一九〇之「令監凡」，用為動詞，當為監視之意。

0640

老 [glyph]

按：此乃「老」字之異體。辭殘，其義不詳。參見0034「老」字條。此當併入。

0641

[glyph] [glyph]

孫海波　「[glyph]，鄴三下．四四．四。疑見字。」（甲骨文編八〇七頁）

按：合集二七七四二辭云：「叀[glyph]遝令監凡」為人名。

0642

[glyph] [glyph] [glyph] [glyph] [glyph]

王國維　「麗，卜辭作[glyph]，从鹿首在网下。爾雅釋器：『麋罟謂之罞』，郭璞注：『冒其頭也』，蓋麋鹿大獸，不能以网网其全身，但冒其頭，已足獲之，此字正象以网冒鹿首之形，殆

即爾雅罞字也」。（識考六九葉上）

葉玉森　「卜辭之𦋺，地名。前四、九、二，甲一、六、八並言『往𦋺』可證」。

楊樹達　「前編四、九、二云：『往罞』？又云：『莫罞』？樹達按爾雅釋器云：『麋罟謂之罞』。此辭雖是殘文，然『往罞』『莫罞』，罞作動字用，義自可通。周禮天官獸人云：『獸人掌罟田獸』。罟作動字用，知罞亦可作動字用矣」。（求義廿七葉下）

陳邦懷　「此字从网从鹿省，當為麗字。說文解字：『麗，罜麗也，从网，鹿聲』。卜辭麗字乃从网鹿省聲，省鹿作廿，猶籀文䴪字，从䴪省作𪊨也」。（小箋十七葉上）

陳夢家　「王國維以為罞字（考釋中四九），亦當是䍡字」。（綜述五五四葉）

陳夢家　「罝是動詞，亦見鄴二：三八、三，粹一〇〇三，乃是設網小獵」。（綜述五一四葉）

孙海波　「𦊧，鄴二下・三八・三。方国名。叀王呂伐罝卒。」（甲骨文编三三三頁）

孙海波　「𦋺，甲一二三三。从网从苗，說文所无。王国維說：尔雅释器麋罟謂之罞，注，冒其头也。此正作冒麋头之形，当是罞字。」（甲骨文编三三三頁）

李孝定　「說文『麗，罜麗，从网鹿聲』。朱駿聲說文通訓定聲曰『小魚罟也。魯語「水虞於是禁罝麗」。罝者罜之譌字』。主且聲同，罝罜自得相通。麗為魚罟，當仍由麋罟一義所引申，引申之義專行，遂別造『罞』字以當之。栔文从𦋺當从网庙會意，非徒以庙為聲也，以其本義久湮，許君遂以為从鹿聲耳」。（集釋二五六四葉）

饒宗頤　「按罝亦作𦋺，亘卜辭云：『王往𦋺』。（林一、六、八）他又有『往𦋺　蕪𦋺』殘文（前編四、九、二）王静安引爾雅釋器：『麋罟謂之罞』。郭注冒其頭也。余謂罝於此為動詞，當釋罙。米麋同音，說文：『罙，冒行也』。詩曰罙入其阻」。鄭箋以為突字，冒也。卜辭云『先罝』者，言先罙入其地也」。（通考五五六葉）

金祥恒　「如罬从网从麋，麋省声，則罬与維同為支韵，則卜辭「罬豕罬率」之罬释為麗字，犹「維豕維率」也。率者犹說文畢也。詩小雅「鴛鴦于飛，畢之罗之」，孔疏云「大東傳曰畢所以掩兔，彼是以兔为文，其实亦可以取鳥，故此鴛鴦言畢之也。」今率本為捕鳥畢，然亦可以掩豕也。故「罬豕罬率」，其义為「維豕維畢」之意。」（釋率　中國文字第五卷二〇一三頁）

姚孝遂　「卜辭的「罝」、「罶」諸字，各家考釋有很大的差异。王国维释「罞」（戩考六九），尔雅釋器：「麋罟謂之罞」，其說較為近是。

「貞，罝𪊨鹿毕？」（粹一〇〇三）

「罝」為动词，这乃是貞問「罝」𪊨地之鹿是否能够有所擒获。陈梦家綜述五一四頁謂「罝是动词……乃是設網以猎」，这种解释是对的。

「叀王以成罝毕？」（鄴二·三八·三）

……「成」指「成卒」，这片刻辞是说商王使成卒去「罝」兽是否有所擒获。……」（甲骨刻辞狩猎考古文字研究第六辑三八頁）

姚孝遂　肖丁　「2170

(1)「于𣛭毕」

(2)「其罬于東方𢿢毕」

(3)「……于北方𢿢毕」

「罬」字从网、从目，諸家隶作罝，陈梦家先生謂「罝是动词……，乃是設網以獵」（見綜述514頁）。饒宗頤先生以為「罝」与「罶」同字，但讀作詩「罙入其阻」之「罙」（通考556頁）說有可商。

前4.9.2：「往罶……𡙇罶？」

「罶」显然不是地名，当如陈梦家先生所言，「乃是設网以獵」。叶玉森集釋据此以「罝」為地名，非是。

粹1003：「貞，罝𪊨鹿毕？」

此貞問「罝」𪊨地之鹿是否有所擒獲，「罝」為动词，指狩獵之手段，「罙入其阻」之「罝」，今本作「罙」，毛傳訓「深」，鄭箋訓「冒」，均与此不类。

鄴2.38.3：「叀戍罝毕？叀王𠂤戍罝毕？」此片又見京津4501。

孫海波甲骨文編333頁讀作「叀王自伐罥毕」，並以「罥」為方国名，非是。「戍」当指戍卒而言，非戍守之意。以戍為伐，尤誤。卜辞戍作𢦏，伐作𢦔，判然有别。因其誤以戍為伐，故进而誤以「罥」為方国名。

卜辞「罥」、「𦊔」用法无别，但一从「目」、一从「𠀠」，王国維释「罞」（戩考69頁）是否即同字尚有待于进一步之証明。

京津4499有辞当读作：「……罥……王敎毕」，据第(2)辞「其罥于东方敎毕」，則島邦男先生綜类108-3释读京津4499作「……王敎……罥毕」，显然错误。且与188-4之释读不一。188-4敓「毕」字。

（小屯南地甲骨考释一六五—一六六頁）

按：字从𠀠不从鹿，釋麗非是。卜辭云：

「王固曰㞢……𦊔豕𦊔率毕……」 存一·七三七

「王固曰㞢……豕𦊔率毕……」 存一·七三八

「王往𦊔……」 林一·六·八

「往𦊔……暮𦊔……」 前四·九·二

皆用為動詞，指獵獸而言。王國維、楊樹達以為即爾雅「麋罟謂之罞」，較為近是。卜辭麋字正作𦊔，𠀠乃麋之省，象麋頭，非鹿頭。至其用法則與𦊔同，其辭例如：

「貞罥𢦏鹿毕」 粹一〇〇三

「于矢先罥」 前一·四八·三

罥从目，與𦊔从𠀠（眉）有别。

0643

罛 眣

羅振玉 「說文解字：『斁，解也。从攴，睪聲。詩云「服之無斁」，斁，猒也。』毛公鼎「肆皇天亡斁」，斁字作𥄎，吳中丞釋斁，與此同」。（殷釋中五十七葉上）

羅振玉釋睛無說，見殷釋中五十七葉上。

王襄 「古斁字。𢼄，猒之緍文，與斁猒皆通」。（簠室殷契類纂第六十四葉）

王國維 「⿱目矢，諸家讀為斁，案無斁古通作無射，⿱目矢从目、从矢，矢著目上，意亦為射。殷虛卜辭有此字。」（毛公鼎考釋七葉下載王靜安先生遺書第十六冊）

孫海波 文編四卷一葉下亦收此作眣，即采戴說。

饒宗頤 「余謂⿱罒矢乃⿱目矢之繁寫。毛公鼎『皇天亡⿱目矢』，即詩之『無斁』。此⿱目矢字讀為圛。說文：圛下引商書云：『曰圛』。圛者，升雲半有半無。讀若驛。』⿱目矢指雲色，可證洪範。」（通考五八九葉）

屈萬里 「⿱罒矢，隸定之當作⿱目矢。吳大澂字說據毛公鼎釋斁；是也。卜辭⿱目矢字為地名，其地又名自⿱目矢（甲錄六、六八三）。⿱目矢之稱自⿱目矢，蓋猶商之稱自商，𠂢之稱自𠂢矣。」（甲編考釋二一葉）

戴家祥 「此字从目从矢，以聲誼繹之，實即眣之異文原形移置字也。公羊文七年傳『眣晉大夫使與公盟也』，又成七年傳『郤克眣魯衛之使』，何休解詁『以目通指曰眣』。說文目部無眣字而有从失之眣，訓『目不正也』，段玉裁謂『淺人無識以隸體改說文，字應作眣』。竊疑眣字从目从矢，在六書為會意，从目失聲則變為形聲，此六書嬗變例也。陸德明公羊釋文云『眣本又作眣，丑乙反又大结反』，則與失聲並相近，是从失非誤字也。古音失與寅同，故聲類互易變為瞚，廣韻玉篇眣同瞚，是其證。說文『瞚開闔目數搖也』，莊子庚桑楚篇『兒子終日視而目不瞚』，按瞚之古音與瞬相近，故陸德明釋文云『瞚一音瞬』，是眣之本誼為目動，故其字从目从矢，若以為射之本字則其字無取於从目矣。至眣字在金文則當讀為射，同音叚借字也。師遽毁靜彝及毛公鼎均以亡⿱目矢為文，讀為無射，乃宗周成語，見詩大雅車舝思齊周頌清廟及禮記祭統，皆與金文同。本為無厭之義。樂律亦名無射，見國語周語及淮南天文訓。射之音義與斁相近，爾雅釋詁『射厭也』，說文『斁厭也』，故無射亦作無斁。見書洛誥詩周頌振鷺駉魯頌泮水字均作斁。蓋古人言語本無定名，經文多通假，無⿱目矢之作無斁固不必求其孰正而孰叚也。⿱目矢字今既知其聲與斁相近，然則說文夰部臭字當為⿱目矢之字誤亦可以訂正矣。許書『臭大白澤也从大白古文以為澤字』，蓋古文⿱目矢亦作⿱白大（無斁鼎作⿱白大，鄭伯氏鼎）上文與白形近，故誤為臭。澤斁均从睪聲，金文⿱目矢與斁通，則許書云『古文以為澤字』，知東漢經師尚能知古文古誼。以此例推金文無斁鼎無斁二字為人名，知魏人田子方名，以無澤即無斁之義也。見莊子田子方篇及國策魏策又變為無擇，詩大雅思齊篇『古之人無斁』，鄭箋作『無擇』，釋文『斁擇也』，故莊子讓王篇有『北人無擇』，揚子法言吾子篇『君子言也無擇，聽也無淫，擇則亂，淫則辟。述正道而稍邪哆者有矣，未有述邪哆而稍正也』。太玄『元攡曰「言正則無擇，行正則無爽，水順則無敗。無敗故久也，無爽故可觀也，無擇故可聽也』，此即本孝經『口無擇言，身無擇行』，爲說無擇即無射之段字也。」（睪字說）

李孝定「說文『瞚開闔目數搖也从目寅聲』。卜辭正从目从寅，惟辭殘其義不詳。呂覽『其視萬世猶一瞚也』。莊子庚桑楚『終日視而目不瞚』，釋文『瞚字又作瞬同音舜，動也』，玉篇以瞬眣並爲瞚之重文，卜辭寅與矢形近，玉篇以眣爲瞚之重文蓋亦有故也。此與旬眴義近，經籍每以眣旬與旻混用」。（集釋一一五五葉）

李孝定「說文『眣目不正也从目失聲』段注引公羊文六年成二年傳陸氏釋文字皆从矢，云『眣音舜，本又作眣，丑乙反，又大结反』。五經文字曰『眣音舜，見春秋傳，開成石經公羊二皆作眣。』疑此字从矢會義，从失者其誤體。以誤體改說文，淺人無識之故也』。卜辭正从目从矢，段氏之精思卓識殊可驚也。戴氏復進而睪之通斁通射，說亦可从。金文之亡睪即詩之無斁也。惟羅王疑以斁釋睪則有未安，當如戴說眣睪爲斁也。金文作[字]毛公鼎『肄皇亡睪』即無斁[字]靜簋『靜學無睪』諸从奴容氏金文編亦从羅王之說逕收作斁。卜辭眣爲地名，辭云『庚其口戈睪』拾十一、三『壬寅卜㞢庚弗戈睪』前五、九、三『癸卯卜在宅睪亡禍』戩四七、八。言宅眣者，蓋謂卜宅於睪也。金祥恆續文編四卷二葉上收[字]作眣，其說未聞。按字與眣形绝遠，似非一字」。（集釋一一五二葉）

赵诚「甲骨文的[字]，到了小篆作眣，原来的矢，变成了失，也是讹变。」（古文字发展过程中的内部调整古文字研究第十辑三六五页）

按：[罒/矢]當隸定作睪，即說文眣字之初形。又說文瞚字，从目从寅，亦當是眣字之異，古矢與寅爲同源字，每相混。今字則作瞬。又說文訓爲「目搖」之眴，與瞚音義無別，實亦眣之孳乳字。然則眣、瞚、眴、瞬之初形均當作眣。其作[罒/矢矢]者，爲眣之繁體。在卜辭爲方國名。

0644

[罒/矢矢] [字]

孙海波「[罒/矢]，河四七二。眣或从矢。公羊傳文公七年，眣晉大夫使与公盟也。陸德明释文，眣本又作眣。段玉裁谓浅人无识，以讹体改说文。字应作眣，通假为戳。卜辞眣正从矢作眣。[illegible]，淋一·二五·九。地名。在吕眣卜。或从二矢。」（甲骨文编一六〇页）

按语详見罢字條下

0645 [illegible]

按：字不可識，其義不詳。

0646 ⿰⿱林西攴 [illegible]

姚孝遂「續九五五：『叀⿰阝心⿰⿱林西攴，隻又大鹿，亡戈？』

郭沫若先生考释以『⿰阝心⿰⿱林西攴』为地名，可能是误读『⿰⿱林西攴』为『麓』。《甲三五七也有『⿰⿱林西攴』字，其辞为：

『弜⿰⿱林西攴⿰阝心』

屈万里考释谓当为『狩猎之义』，这是对的。『⿰阝心』为地名，『⿰⿱林西攴』为动词，乃是贞问于⿰阝心地狩猎，能否有所擒获。根据《佚》二九七：

『丁丑卜，犾贞，王叀⿱亼⿻8录⿰⿱林西攴，亡戈？』

录在此即假作麓，足以证明『⿰⿱林西攴』是动词，不得读作『麓』。」（甲骨刻辞狩猎考古文字研究第六辑四六——四七页）

0647 [illegible]

按：「⿰⿱林西攴」在卜辭為狩獵之方法，不得釋「麓」，亦非「楙」、「鹿」之合文。

楊树达　「按罘字上从目，下从木，与左从木右从目之相字同。甲文亦有左从木右从目之相字，见书契前编卷贰（拾柒之肆）及卷伍（廿伍之伍），此偶异其形耳。罘相为一字，犹说文木部记李或作杍，李杍为一字矣。」（释相，积微居甲文说卷上三九至四十页）

屈萬里　「罘，隸定之當作罘。楊樹達釋相（積微居甲文說二四葉）。可從。」（甲編考釋三七八葉）

按：釋「相」不可據。卜辭為方國名。楊樹達釋「相」，讀作「傷」，非是。

相

羅振玉　「說文解字：『相，省視也。从目，从木。易曰：「地可觀者，莫可觀於木。」』古金文亦多省木作屮，此从目从木，與許書同。或从屮，乃木之省，猶他从林之字或从艸矣。此从目从木，與此同。」（殷釋中五十六葉下）

王襄　「古相字。許說省視也。从目从木。」（簠室殷契類纂第十七葉）

楊樹達　「曾毅公甲骨綴合編一一八片云：『口貞，旬亡囚？口，允有來艱（艱），自西。串告曰：口，冔夬方，罘四邑。十三月。』按此片郭沫若卜辭通纂四九八片。……郭君謂冔（此字郭釋魁，余據詩大雅大王『常服黼冔』，毛傳訓冔為殷冠，釋為冔。說文八篇下皃部覍字下云：『殷曰冔，省作吁。』）夬方罘為四邑名，余疑方當句斷，罘字當與四邑連讀。按罘字上从目，下从木，與左从木右从目之相字同。甲文亦有左从木右从目之相字，見書契前編卷二（十七之四）、卷五（廿五之五）。此偶異其形耳。罘相為一字，猶說文沐部記李或作杍，李杍為一字矣。相四邑者，相當讀為傷。知者，菁華一葉云：『癸巳，卜，㱿貞，旬亡囚？王固曰：有希（祟），其有來艱。乞至五日丁酉，允有來艱，自西。沚戓告曰：土方征於我東鄙，𢦏二邑。』甲骨綴存二六片云：『壬辰，亦有來自西。串乎口征我奠，𢦏四口邑。』二辭與此辭事例相同，此云傷四邑，猶彼云𢦏二邑，𢦏四邑也。說文十二篇下戈部：『𢦏，傷也。』𢦏傷義同，故彼二辭云𢦏，此辭云傷矣。詩召南采蘋云：『于以湘之。』漢書郊祀志顏注引韓詩作『於以鬺之』，此相聲易聲二字通作之證也。金文遣鼎云：『王令趞戡東及夷，遣肇从趞征，攻單（戰）無啇（敵），相於乍身。』

相亦當讀爲傷，與甲文可互證也。」（續甲文說二四葉釋相）

孙海波　「𡘋，乙四○五七。人名。貞乎相專牛。」

李孝定　「說文「相省視也从目从木易曰『地可觀莫可觀於木』詩曰『相鼠有皮』」。契文正从目从木，與小篆同。楊氏所引曹氏擬合之一一八片遺珠收爲一一八二片，即前七、三七、一與他片所擬合者字上目下木，與他辭之目木並列者不同，辭例亦異，二者是否確爲一字實未可知，今姑从羅楊二氏之說收𥄉作相。相四邑連文楊讀爲傷似亦可从。惟楊釋[glyph]爲昇，引後傳昇爲殷冠證之，似有可商。此實象人着面具之形，豈殷冠皆如此乎。它辭相或當訓視或爲人名，如「貞禍　貞其有禍」「相」乙、四六九五「甲辰婦相示二屯岳」鐵，九九九是也。或與許訓同，如「相亡日今允雨」前，五、二五、五似謂覘日色以定晴雨也。金文作粗四年相邦戟粗相庚簋粗庚壺」（集釋一一四六葉）

孙海波　参臣字条

按：卜辭相字作𥄉，辭殘，其義不詳。羅振玉等以𥄉及𡘋混入相字，非是。

白玉峥　「籀廎先生释为䠶之变体。孙海波氏文编列为不识之字（附录一七），李孝定先生作集释，列为待考之字（一四六○○）。峥按：字之构形，甚为奇古，故自甲文面世以来，迄今七十余年间，除籀廎先生初释为䠶外，举世之学者，竟无一言之赞，宁非难识哉？今详籀辞义，及字之构形，并博徵典籍，比勘辞例，窃疑为的之初文。盖字当从目从䠶；从目，示有所视也。隶定之，则当作瞮；说文解字无瞮字，而录作的，今俗作的，并经典中亦皆随俗而作的矣。其初谊为䠶的，引申之曰目的。诗宾之初筵：「发彼有的」，传曰：「的，䠶质也」疏曰：「的者，谓熊侯白质也」。礼记䠶仪引诗：「发彼有的」，郑注曰：「发，犹䠶也；的，谓所䠶之识也」。又汉书鼂错传：「矢道同的」，注曰：「的，谓所䠶之準臬也」。又荀子劝学篇：「质的张而弓矢至焉」，注曰：「质，䠶侯；的，正鹄也」。淮南子原道篇：「先者，则后者之弓矢质的也」，注曰：「质的，䠶者之準执也」。兵略篇：「夫䠶，仪度不得，则格的不中』注曰：『格，射之椹质也；的，射準也』。由典籍中之训释，推溯造字之本初，盖取张弓注矢，目觑正鹄，为字之构形；取矢中的之者，命字之音；取射必中的，而训其义者也。说文解字：『的，明也』之释，盖曰射侯白质之意，而引申之者。段氏『的，引申为射的』之注，盖昧於字之本义也。六书索隐有的字，音的，盖为的字之讹误者，又籀廎先生所示之例证，小子射鼎之[illegible]字，並为[illegible]字初文之转化。先生於古文字学之深湛造诣，良可佩也。字於本辞疑为人名，亦或为方国、地名，以孤文隻辞，难徵其例矣。』（契文举例校读十四第五十二册五七八七至五七八九页）

按：卜辭僅餘殘文，當為地名。

0650

按：卜辭為地名。

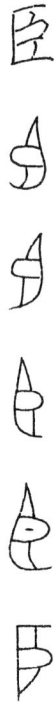

0651

羅振玉 「卜辭中小臣二字，多合為一字書之，作[illegible]，與古金文同」。（殷釋中二十葉下）

葉玉森 「按卜辭[illegible]或作[illegible]，與篆文同。予曩謂[illegible]象一人坐地，[illegible]象上牽其頸，中攣其手，下牽其足。許君說象屈服形，其誼自顯，並謂章氏之說為紆曲，（殷契鉤沈）嗣後認定卜辭中之[illegible]亦[illegible]之橫書者，如云『[illegible]苦方』（後下三二、六）他辭亦云『学[illegible]苦』（藏三九、四）則[illegible]為一字。推之『[illegible]畢』（後下三四、五）『[illegible]魯』（藏龜之餘十一、一）辭例亦同，則章氏之說似亦中肯。近讀郭沫若氏釋臣宰篇，謂[illegible]為一竪目形，人首俯則目竪，所以象屈服之形。予按卜辭臣字有横竪兩形，竪目之說仍未融洽，惟章氏謂臣為奴虜，郭氏謂臣為奴隸，均塙。卜辭有云『□□□戈貞因之臣于貍呂早俘[illegible]』（後下三三、十二）者，即云因此奴虜于貍地而用[illegible]之俘也」。（前釋卷二第十九葉背）

郭沫若

「臣字小篆作臣，許書云『臣，牽也，事君也，象屈服之形』。臣之訓牽，蓋以同聲為轉注，然其字何以象屈服之形，於小篆字形實不能見出。近人亦有依小篆字形以為說者，然皆以訛傳訛也。字於卜辭作𦣝若𦣞，金文如周公𣪘『錫臣三品』作𦣝，令鼎之『臣十家』作𦣝，均象一豎目之形。人首俯則目豎，所以『象屈服之形』者殆以此也。古人造字，於人形之象徵，目頗重要。如頁字，夒字，首字等，均以一目代表一人或一頭首，此以一目為一臣，不足為異……然殷人用臣之意亦有別。『貞乎多臣伐𢀛方』（前六、三一、三）『貞勿乎多臣伐𢀛方，弗受出右』（押二、二二、七、七），視此則殷人似以臣為兵士，此事於古代之希臘羅馬嘗有之，今則如英人用印度人任軍警，法人用安南人任軍警，亦同此意」。（甲研釋臣宰）

又曰：「上數例言『多臣』『多射』乃同例語，均關征伐之事，則臣與射乃兵卒之類也。古人稱奴隸為臣，左傳僖十七年卜招父曰『男人為臣，女人為妾』。書微子『今殷其淪喪，我罔為臣僕』。小雅正月『民之無辜，并其臣僕』。以多臣多射從事征伐，用知商人以奴隸服兵役矣」。（卜通一〇四葉上）

丁山

「蓋后妃出嫁，例有小臣充嫁妝。這些陪嫁的小臣，例得稱為媵臣。卜辭有云：

乙巳卜，穷貞：[illegible]出于大示。（佚五六一）

[illegible]，當是『美臣』合文，也就是媵臣。天問稱『小臣』，呂覽本味也說，『有侁氏以伊尹媵女』。媵女的小臣，例或稱為媵臣。由於甲骨文中發現『媵臣』官名，我認為伊尹與武唐的君臣遇合，絕對是由於媵女的關係，孟子所謂，『伊尹耕于有莘之野，而樂堯舜之道，湯三使往聘之』，硬將伊尹擡出處士的身份來；那祇合於儒家所想象的聖賢必備的條件，絕對不合於古代的史實。」

（商周史料考證第五十四葉，龍門聯合書局一九六〇年）

陳夢家

「卜辭有一、某臣：

子效臣田隻　鐵一七五、一

乎雀臣正，王氏臣正　乙六四一四

令吳耤臣　前六、一七、五

吳弗其氏王臣　鐵一、一

以上各辭在臣之前都有人名、族名或稱號。因此『雀臣正』『王臣』是雀之臣正或王之臣，王與族邦之有臣正，反映於殷人自然崇拜中以為帝亦有臣正。

『王臣』的名稱亦見於西周初期金文，大盂鼎『夷司王臣』與『人鬲』并為所賜的奴隸。

但王臣以「伯」計，人鬲以「夫」計，這兩種人是不同的：王臣原是被征服的族邦的有司，而人鬲原來就是奴隸（歷史研究：一九五四：六：九六）。由此可知大盂鼎中的「王臣」本來是族邦的有司。

二、臣、小臣：

臣不其𢀛——臣𢀛　乙二〇九三

臣其工汈——臣弗工汈　甲三〇二二十三〇七〇十三一〇七

叀小臣令衆黍　前四·三〇·二　續三·四七·一

小臣㚻　乙二四五一

叀馬小臣　粹一一五二

我家舊老臣亡害我　前四·一五·四

……昔我舊臣……　庫一五一六

凡此臣、小臣、老臣、舊臣都是官名。

卜辭中的「臣」字除用作名詞外，亦作動詞：

己酉卜亞，侜其隹臣——己酉卜亞，嬪其隹臣　乙四六七七

尸其臣商　京津一二二〇

此處的「臣」與多士「臣我監五祀（祀為祀之誤）」、顧命「綏爾先公之臣服於先王」，同是西周中期金文克盨和梁其鼎「畯臣天子」、梁其鐘「農臣天子」，皆謂臣服於周王。卜辭中動詞之「臣」說明了兩事：一、殷王與它邦有臣服的關係，二、它邦所臣者是商，則商為當時大邦殷的稱號。族邦與小臣對於商國的臣服關係，尚表見於以下卜辭：

缶不其來王——缶不其來見　乙五三九三

……小臣咏王　甲一二六七

……小臣𠧟堇（覲）　甲三九一三

卜小臣示之來王與來覲。來見、來覲是來朝，與來王不同，來王當指臣服。商頌殷武曰「維女荆楚，居國南鄉，昔有成湯，自彼氐羌，莫敢不來享，莫敢不來王，曰商是常」。此所謂「來王」與卜辭同；所謂「曰商是常」與卜辭「尸其臣商」（京津一二二〇）同。

卜辭中的小臣至少有兩類：一類是多方的小臣，記其來王來覲等等；一類是王朝的小臣，即臣正。卜辭中記個別的先王舊臣為祟於王；又有「我家舊老臣亡害我」，「昔我舊臣」，凡此舊臣都是殷王朝已故的臣正。

春秋時代宋遺叔尸鎛追述商事，說「伊少臣隹補」，指伊尹為輔（傅）於湯，少臣即小臣，而卜辭稱其官職為尹。殷代晚期金文如小臣邑斝、小臣艅尊、小臣缶鼎記王錫小臣而作器，此等小臣顯然為殷王朝不小的臣正。西周初期金文如小臣單尊、小臣宅毀、小臣謎毀、小臣傳卣亦是周王公的官吏。西周中期以後，臣與小臣作為低賤階級作爲賞賜的東西，如大克鼎王錫善夫克以田、人亞史、小臣等。

臣或小臣在殷代為一較高的官名，在此官名之後常隨以私名，其例甚多：

㞢臣舌令戈隻　湔六.九.二

乎臣阜亏　仟三七、六

小臣中　湔四、二七六

小臣鼎　押二八五一

叀小臣牆令乎从，王受又　粹一一六一

叀小臣䖒——叀小臣口　明續七六〇

小臣遷　珠七〇六

……

小臣受王之令，為其征伐，為其具車馬，為其司卜事。武丁時代甲橋、背甲、骨臼、骨面上的卜事刻辭，其上的人名亦兼為卜人之名，如小臣中或即祖庚卜人中。又康丁的小臣口可能是廩辛的卜人口；廩辛的小臣冎可能是祖甲的卜人冎。

三、多臣：

勿乎多臣伐邛方　拺二、二七.七

……

叀多臣乎从沚戠　渋五四四

……

𢓊追多臣，羌弗𠬪　押三四二七+三四七七

不𦥑𠬪，多臣往羌　𢓉五二四七

我多臣亦禍　粹一二〇七

多臣常常是受王之手征伐邦方。他們的地位顯然和「眾」或「眾人」是不同的。多臣而冠之以「我」，則此多臣乃是殷王國之臣，可能是「臣」與「小臣」的多數稱謂，猶酒誥之言「諸臣」。

康丁武乙之間有多辟臣：

多辟臣其口　粹一二八〇

叀多母𢌿——叀多辟臣𢌿　(綴一〇一)

由於多臣與多母的對貞，多辟臣可能是嬖臣，乃親近的褻臣。鄭制(左傳昭元、昭七、哀五)大夫分上、亞、嬖三等，所以卜辭的元臣、小臣、辟臣可能也是等級有差之臣。」(綜述五〇三——五〇八葉)

孙海波　「说文：『臣牵也，事君者象屈服之形；目人眼也，象形，重瞳子也。』卜辞目作罒，臣作𦣝，一横目，一竖目，二形无别，古当是一字。微之从目之字，相省视也，从目从木，卜辞作[illegible]，(前二·十七·四)亦从臣作[illegible]。颐和园藏器父乙壶作[illegible]，佚存七八七版作[illegible]，商先生释相，窃疑当为相，正象视木之义也。望月满也，与日相望以朝君，(此引申之义)从月从臣从壬，卜辞作[illegible]，象人举目相望之形。亦从目作[illegible]，佚存六五四版『口乘[illegible]由口，』此即望字别构。以上二字，皆臣目互用之证。许君训目象形，训臣牵也，是以声衍，本非初谊；若云牵目，谊亦未安。余谓臣目皆亦頁首之意，俘虏之人，縶其面部，以识别之，故以目为臣。盖人之頁首，惟目为最显，古文頁首之字，皆绘目以象其形，金文頁作[illegible]，(静𣪘顕之偏旁)[illegible]，(师遽尊顕之偏旁)首作[illegible](周公𣪘)[illegible]，(𦉢鼎)[illegible](友𣪘)皆是也。」(卜辞文字小记，考古学社社刊第三期五十七頁)

孙海波　「刘氏藏契有一版文云：

口口[illegible]
于帝
五臣又
大雨

王又岁
于帝五臣
足隹亡雨

辛亥卜
五臣

玩此辞文义，殆为祈雨而卜，其第一辞云卜祭于五臣，第二辞云侑祭岁于帝五臣无雨，第三辞则祭帝五臣有大雨，则帝五臣者，岂主雨之神耶，姑记之以俟知者。」(卜辞文字小记续，考古学社社刊第五期五十二頁)

胡厚宣　「舞臣即是跳舞的奴隸。」(甲骨文所見的殷代奴隸的反壓迫鬥争，考古學報六六年一期)

胡厚宣　「州，說文，『水中可居曰州。一曰，州疇，耕治之田也。』蒼頡篇，『疇，耕地也。』是州為耕治的田地，州臣即耕作的奴隸。」(甲骨文所見殷代奴隸的反壓迫鬥争，考古學

報一九六六年一期）

胡厚宣「小疒臣猶言小耤臣，小丘臣，小众人臣，小多馬羌臣，乃是疒小臣，即管理疾病的小臣，其地位較一般臣奴爲高，但也是一種奴隸」。（甲骨文所見殷代奴隸的反壓迫鬥爭考古學報一九六六年一期）

于省吾「甲骨文以横目为目，作□或□，以纵目为臣，作□或□，周代金文略同。臣与目只是纵横之别。《说文》臣字作□，而目字作□。

甲骨文臣字的用法有两种：一，臣谓奴隶。如「臭弗其氏（致）王臣」（《藏》一·一）。王臣指王室奴隶言之。「子效臣田，隻」（《京都》二八三），「氏子䇂臣于□」（《后》下三三·一二）以上两条指子效和子䇂的奴隶言之。二，臣谓臣僚。甲骨文言小臣或小臣某者习见，均指臣僚言之。西周金文以田若干田和臣若干家作为赏赐品者习见，则臣已为有家属的奴隶。又西周金文以臣妾连称者屡见。《书·费誓》的「臣妾逋逃」，伪《传》谓「男曰臣，女曰妾」。至于西周金文以臣为臣僚也是常见的。……

甲骨文既以臣为臣僚，臣僚屈服于最高统治者，是从奴隶屈服于奴隶主之义引伸而来。但是，奴隶为什么叫作臣？臣为什么作纵目形？由于臣字的造字本意已湮没失传，遂成千古不解之结。实则，臣字本象纵目形，纵目人乃少数民族的一种，典籍也称之为竖目。清代陆次云《峒谿纖志》：「竖目仡佬，蛮人之尤怪者，两目直生。」这是少数民族志关于纵目人的明确记载。再验之于其他典籍，《华阳国志·蜀志》：「周失纲纪，蜀先称王。有蜀侯蠶丛，其目纵，始称王，死作石棺石椁，国人从之，故俗以石棺椁为纵目人冢也。」《汉书·天文志》哀帝建平四年：「民相惊动，讙譁奔走，传行诏筹祠西王母。」又曰，从（纵）目人当来。」此外，鬼神也有纵目之例。《楚辞·大招》称西方之神为「豕首纵目」。汉王延寿《梦赋》称「撞纵目」。又《么些文字字典》的竖目天女作□（左旁象妇女形）。以上所列三项，都是由于世间已经有了纵目人而在神灵世界的反映。

甲骨文的见字作□，象人横目以视，望字作□，象人纵目以望。又《说文》：「頣，举目视人皃，从頁臣声。」臾頣二字可以理解为一般所说的举目，这和独体的臣字起源于纵目人有别。前文所说的纵目人都是双目，为什么臣字作单个纵目形？这不过是文字上的省化，因为见望二字也从单目，可以互证。

甲骨文屡见□字（原辞均残），象人纵目以跪。商器□乙觶有□字，上象连眉，下象纵目。《说文》：「𦣝，乖也，从二臣相违，读若誑。」又：「䀠，左右视也，从二目，读若拘。」其实，𦣝与䀠本係同字，后世分化为二。《说文》：「□，举目惊□然也，从夰从䀠，䀠亦声。」

说文部首订：「䀠即界愳之古文，说文当云惊恐也。」这是对的。说文懼之古文作愳。方言十三：「懼，惊也。」䀠与界典籍通作瞿。礼记玉藻的「视容瞿瞿」，孔疏：「瞿瞿惊遽之貌。」说文：「矍，隹欲逸走也，从又持之矍矍也。读若诗云穬彼淮夷之穬。一曰，视遽皃。」说文繫传训视遽皃为「左右惊顾」。按「隹欲逸走」和「左右惊顾」均与恐懼之义相因。说文：「趯，走顾皃，从走瞿声，读若劬。」走顾貌也是有所畏懼。总之，䀠象纵目形，纵目使人惊动，故䀠和从䀠之字多含有惊恐之义。

古代多种奴隶称名的由来颇有不同。今特略举数例：一，因其方国或地望而名之，如西周器师酉簋和师询簋的西门尸、秦尸、京尸、㚇尸（尸即夷）等，是其证。二，因其身份而名之，如甲骨文中的鞞（婢）与妾，是其证。三，因其职务而名之，如解放前大小凉山彝族奴隶的锅庄娃子，以其从事炊爨。安家娃子，以其从事劳作，安排家务。典籍中每称「析薪为厮」，「炊烹为养」（见史记张耳陈馀列传集解）。四，因其身体的特征而名之，如甲骨文称带发辫的奴隶为奚。甲骨文的交字之作[illegible]，来源于交胫国（见海外南经）。又山海经海外南经有岐舌国、长臂国；海外北经有一目国、深目国；大荒北经则有儋（聸）耳之国。这都是华夏人因其身体某一部分的特征而名之，并非其本来的方国名。这些身体上某一部分的特征，在当时本不足为奇，而后世却少所见，多所怪。本诸上述，则称纵目的奴隶为臣，无疑是根据他的面目特征。

总起来说，……臣字的造字本义，起源于以被俘虏的纵目人为家内奴隶，后来既引伸为奴隶的泛称，又引伸为臣僚之臣的泛称。……」（释臣，甲骨文字释林三一一——三一六页）

于省吾　「甲骨文的小臣地位有高有低，如卓和㚖每从事祭祀和征伐（左传成十三年「国之大事，在祀与戎」），其地位等于后世的大臣（甲骨文无大臣之称，前四·三二·五的「氏（致）出元臣」，指已故者言之），而称为小臣（小臣卓见掇三四三，㚖称小臣见下文）。他们和一般小臣的地位颇为悬殊。又甲骨文的「小臣冥，妫」（掇二·四七八），小臣为女官。至于小臣的职别，多为旧所不解或误解。兹在择录数条于下，并分别加以阐释。

一、☑小丘臣（佚七三三）。

二、乙亥卜，贞，令㚖小耤（藉）臣（前六·一七·六）。

三、贞，隹小臣令众黍。一月（前四·三〇·二）。

四、贞，叀㚖呼小众人臣（续存下四七六）。

五、丁亥卜，宾贞，叀羽呼小多马羌臣。十月（粹一一六）。

六、甲午，王往逐兕，小臣甾车马……（菁三）。

七、令小王臣（京津二〇九九）。

八、⊠来告大方出，伐我𠂤，叀马小臣⊠（《释》一一五二）。

甲骨文和商代金文每用倒句，例如「又于十立伊又九」，即又于伊十立又九的倒句。商器宰椃角的「隹王廿祀翌又五」，即隹王廿又五祀翌的倒句。又甲骨文的省略语常见，其尤甚者，例如「其卯上甲」（《佚》八三五），即其劉牲于上甲的省略语；「伐甲」（《乙》四五九二），即出伐于甲的省略语。以上述的两种辞例为据，则本文中的倒句和一般的省略语也可以迎刃而解。

第一条的小丘臣，即丘小臣的倒句。丘小臣是主管丘居的小臣。古代丘居以防外侵和水患，故甲骨文的地名每以丘某或某丘为言。第二条的令臭小耤（藉）臣，即令藉小臣臭的倒句，也即令主管耕藉小臣臭的省语。旧误认为「小耤臣，疑是殷代农奴」。第三条的隹小臣令众黍，旧误以黍为小臣之名。其实，黍作动词用，这是说，由小臣令众人从事种黍。小臣之不称名，当指臭言之，因为臭是主管耕藉的小臣。第四条的隹臭乎小众人臣，小众人臣即主管众人的小臣。这是说，由臭传呼主管众人的小臣以从事某项工作。第五条的隹羽乎小多马羌臣，羽为人名。小多马羌臣即主管多马羌的小臣。多马羌是羌族的一种，甲骨文屡见。这是说，由羽传呼主管多马羌的小臣以从事某项工作。第六条的小臣𠙵车马，𠙵应读为载（详《释𠙵》）。这是说，由小臣驾使车马。旧既误释𠙵为古，又误以古为小臣之名。第七条的令小王臣，即令王小臣的倒句。小王二字不应连读，以其并非指小王孝己为言。第八条在大方出伐我𠂤之下，以叀马小臣为言，旧误认为「马方之小臣」。其实，这是商王令主管马政的小臣准备骑兵以反击大方。甲骨文的出征，有时用旅马或三族马，均指骑兵言之。甲骨文的田猎每言其先马，是指骑马在先言之。总之，以甲骨文的倒句和省语为证，因而对于小臣的职别才有了进一步的辨解。」（《释小臣的职别》，《甲骨文字释林》三○八——三一一页）

陈福林

「《殷契萃编》第十三片所记的两条卜辞又是用「臣」为人牲的实证。其记载如下：

□□𡆥又于帝五臣，又大雨。

王又岁于帝五臣、正佳，亡雨。

郭老以「帝五臣」为一词，举《史记·封禅书》中有天界之小臣「九臣」、「十四臣」等为比，但未认为是的论。我们认为「五臣」即是五臣五人，如前面所举柏根氏旧藏甲骨文字中「王出三奚于父乙」的一条中「三奚」是用同一书法。这两条卜辞的内容是一问一答，为「用五个臣作人牲𡆥祭上帝，会有大雨？」「王如用五臣对上帝举行侑岁祭，前去征淮，不会遇雨。」「臣」的本意正如郭老所训释是俯首听命驯服的奴隶，在殷代虽已起了分化，有称之为「五臣」「小臣」「少臣」这些属于奴隶主地位的人，但其原意仍是奴隶。这有如在清代「奴才」既是奴隶的通称，也是满族统治集团中各级人物向皇帝用作特称一样，「五臣」就是「五个臣」，别无他意。沿至西周，也还有在《盂鼎铭》中称「夷嗣五臣」，《曶鼎铭》中称「臣曰寔、曰朏、曰奠、曰

用』的阶级地位。」（试论殷代的众、众人与羌的社会地位 社会科学战线一九七九年三期一三一頁）

寒峰 「古時以一目表示人头，也就是代表一个人，正如『臧』的初文『臤』以一目表示一人头被兵器所俘獲的一样。如係牽致，最初当有相应的构形如『臤』、『燮』等字。現在我们只能在商代看到仅仅一目之形的臣字，应該是由于社会的发展，人的劳动价值的提高，臣服者已取得人的身分而脫去牽绊的結果。『臣』与『人』、『身』以及由人字得声的一些字古代往往同韵，即是說，『臣』字在韵母上本来有着人的含义，只是在声纽上即『植鄰切』牽声才表明其為俘虜的語源。

『臣』含有人、身之义，在古籍不少互訓中可以看出。莊子在宥：『臣者，人道也。』史記燕召公世家：『而以啟人為吏』，索隐：『人犹臣也。』周礼遂人、掌訝、遂师等职文里的『人民』、『人』，注、疏皆以為奴仆胥徒。尚书泰誓：『若有一介臣』一語，实是指一切人而言。魯語的『宗臣』、『宗人』並提，韋注以為是一事。再如，臣与人皆訓微賤，左传莊公六年：『王人子突救卫』，注：『王人，王之微官也。』谷梁传僖公二十六年和襄公八年都云：『人者，微也。』左传昭公七年：『犹能馮依于人』，注：『人，謂匹夫匹婦賤身』。列子沖虛：『人之游也』，注：『人謂凡小人也。』就是說上述『人』字本来是臣字的假用。

『臣』与同一韵部的『身』字也時相通假，于鬯說的臣為㐆（反身）的变体，於字形固无关。不过他說屈㐆為臣亦犹屈身為臣，說及『臣』与『身』的音义上的联系，却是对的。和『臣』字有渊源的『臤』字同『身』字也有关系，如从『臤』的豎，說文：『豎』，又作鉮（鏗）。』广雅释詁四：『鉮，声也。』释言：『鉮，撞也。』這与『豎』之訓『余堅』声相近。还有『摼』字也作『[扌+身]』。這都表明：『身』与臣訓牽之『堅』有一定关系。

『人』、『臣』在詩经时代同韵部，不同声纽，但在某一历史时期中可能也同声紐，至今方言里还有遺迹。苏州人口头語念『人』字和『臣』同音，都是[zən]；廈门人讀臣為[sin]，口头語『人』為[ȵin]，也同一部位，只是塞擦与擦、濁与清的差異。如果臣与人在語言上发生了這些接近，只能反映這時社会意識已经脫去了臣為奴隶的羈绊，更便于表示君臣之臣的一般意义，所以莊子上才說君是天道，臣是人道了。」（商代臣的身份縷析 甲骨文与殷商史五六頁至五八頁）

楊升南 「臣、小臣。

貞令庚辰夕用畐小臣三十，妾三十于帚。九月。（合集六二四）

0652

臣 [古文字形]

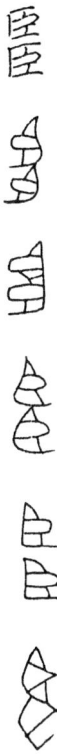

孙海波 「臣，鐵一八八、三。从二臣，说文所无，人名。」（甲骨文编一三〇页）

按：甲骨文臣字象竪目形，與金文同。但竪目何以為臣，實難索解。甲骨文「見」字横其目，「望」（望）字則竪其目，區别極嚴。葉玉森謂「臣」字亦有作横目形者，乃誤讀卜辭所致。卜辭「臣」為職官名，無一例外。從未見以臣為奴隸者，不得以周以後臣之身份為奴隸，以論斷卜辭「臣」之身份必為奴隸。郭沫若謂「人首俯則目竪，所以象屈服之形者，殆以此也」。此亦牽傅許慎之説解，不可據。

陈炜湛说参四字条下。

癸酉贞多妣鬲小臣三十，小妾三十于帚。（合集六三〇）

多臣用。（乙八七九六）

臣七十，妾□□（续补一〇四八五）

"臣"原来是奴隶之称，说文"臣，牵也，象屈服之形。"臣字在甲骨文中作竖目形，郭沫若说："人首俯则目竖，故臣字表示"屈服"之形。"男为人臣，女为人妾"是亡国之民的卑惨出路。不过臣字的用法在甲骨文字中已有分化，有地位的贵族官吏对商王也称"臣"或"小臣"，乃是下对上的一种谦称，当然其中也有奴隶的分化，像伊尹、傅说，传说皆出奴隶而升为商王的辅佐，而伊尹也被称为"伊小臣"，但这毕竟是极少数，大多数臣的地位低下，处境悲惨，象上引卜辞中被用作人牲，故他们常结伙逃亡：

壬午卜，宾，贞绲不祥幸多臣，亡羌。（粹一一六九）

壬□卜，殻，贞绲追多臣，羌，弗幸。（缀合七三）

是多臣（众多的臣）与羌一道逃亡，商王命令绲去追捕。"弗幸"、"不祥幸"是说捕获不到。多臣和什一样，也被送去参加征战和参与田猎：

贞乎多臣伐工方。（缀合一一四）

……臣田于……（合集三三五二五）

被用作人祭的牺牲，时常逃亡而又被派去参加战争和田猎的臣，其身份只能是奴隶。"（商代人牲身份的再考察，历史研究一九八八年一期一三六页）

0653

𦣠 望

李孝定 「从二臣，說文所無。金文有𦣠䁠二字，亦从此。」（集釋〇九九七葉）

按：「𦣠」在卜辭為人名。

羅振玉 「說文解字朢，月滿與日相朢以朝君也。从月从臣从壬。古文朢省作𦣠。此與許書合。」（殷釋中五葉上）

王襄 「古朢字。望字重文。」（類纂正編第八第三十九葉上）

葉玉森 「按羅氏釋朢是也。……字象一人挺立地上或土上眺朢形，从目非从臣。許君認為从臣，乃有朝君之解。」（前釋一卷七十四葉上引）

商承祚 「卜辭見字作罒，朢作𦣠。目平視為見，目舉視為朢，決不相混。又有作𦣠者，象人登丘陵而朢也。」（福十二片考釋）

吳其昌 「𦣠即『朢』字，省『月』。卜辭中『朢』『見』二字，甚相類近。『見』作『罒』；『朢』多作𦣠；蓋二者皆重在『目』，故皆作人形而『目』特大。但『見』並視，故其『目』平；『朢』高視，故其『目』斜耳。但卜辭『朢』有三形：作𦣠或𦣠者，乃為人名；其人在武丁時，善駕馭，似云『丙戌卜，㱿貞，王从𦣠乘，伐下危。』（鐵二四九．二）之語，多不勝舉，可證。……其作𦣠，若本片者（此說誤，應為引用後一、一〇．三片——摘錄者）乃為地名，如云：『□□卜，在𦣠圍，囯旬亡猷。囯□月。』（如狀）其『𦣠』字作風，與本片逼肖，可證也。」（殷虛書契解詁第二二八葉）

唐蘭 「𦣠或作𦣠，說文以為朢的古文，朢字從月，從臣，從壬，並誤。𦣠本見的孳乳字，朢當从月从𦣠。」（導論下編五十三葉上）

饒宗頤 「𦣠謂候望，廣雅釋詁：『望，覗也。』淮南子時則訓：『九月官候。』高注：『候，望也。是月繕修守備，故曰官候』。漢有伍候之法，見『竄錯傳』，又于邊鄙設候官，具見居延簡。由『望呂』之望，知此制殷已有之。」（通考一六八葉）

孙海波

「□，甲三一二二。人名。望乘。

□，乙七四五。或从人。

□，宁沪二·四八。象人立土上。」（甲骨文编三五四——三五五页）

白玉峥

「峥按：□字之结体，盖象人梃立大地，举目四望，躊躇滿志，睥睨一切之形；其初誼，盖为瞭遠也。其字，为人名者，于第一期武丁时作□形，点或作□形；至第四期文武丁时作□（续存三四），或作□（佚八七五）形，然其字之书法风格，与第一期相較，则大异其趣矣。又地名之□，见于第五期之卜辞。」（契文举例校读中国文字第八卷第三十四册三八五九页）

于省吾

「第一期甲骨文的晃羊也作𦣻華，凡五見，今录之于下：

一、癸子卜，殻貞，乎雀伐晃羊（掇二五二）

二、貞，晃華启（啟）雀○貞，晃華弗其启雀（乙四六九二）

三、令𦣻華歸○貞，弓令𦣻華歸（綴合二六○）。

按晃即𦣻字，周代金文多作朢，也作𦣻或望。說文朢之古文作𦣻，又誤分朢望为二字。第一条羊字作𦍌，与華通用。晃羊即古代的汪芒氏，晃羊和汪芒均屬迭韵謰語，故相通借。國語魯語：『仲尼曰，丘聞之，昔禹致群神於会稽之山，防風氏後至，禹殺而戮之，其骨节专車，此為大矣。……客曰，防風氏何守也？仲尼曰，汪芒氏之君也，守封隅之山者也，為漆姓。在虞夏商為汪芒氏，於周為長翟，今為大人。』說文：『鄭，北方長狄国也，在夏為防風氏，在殷為汪芒氏，从邑叜声。春秋傳曰，鄭瞞侵齐。』……說文段注引顧祖禹說，以為『鄭瞞在山東济南府北境』，較為可信。

前引第三条，以令𦣻華歸与否为对貞，則𦣻華自当为人名。……因此可知，晃羊或𦣻華既為方國名，也為其國的君長名是無疑的。這和典籍所記，不尽相同。前引第一条乎雀伐晃羊，則商和晃羊已有敵对軍事行动。第二条以晃華啟雀与否為言，第三条以令𦣻華与否為言，則晃華又降服于商。第二条的晃華啟雀，是說雀之出征，以晃華為前軍（詳释啓）。

总而言之，由于晃羊和汪芒同屬迭韵謰語而通用，由于甲骨文的人名有時也用作方国名，然則，典籍所記『在殷為汪芒氏』，甲骨文本作晃羊或𦣻華，是可以断定的。」（甲骨文字释

淋釋見羊一四一頁至一四四頁）

趙诚　「甲骨文的𦣞字写作□，象人佇立土丘之上睁目远望之形，其本义当为远望。或写作□，下不从土，但停立远望之意同。后来演化发展，写成了朢，以后逐步变写作望。卜辞的𦣞作为动词，有观察、监视之义，应是本义之引申。如：

贞，乎（呼）𦣞吕方。（戬十二·七）

𦣞本是远望，用为观察、监视之义，和目、見、覞一样，都是很自然的引申。」（甲骨文行为动词探索（一）古文字研究第十七辑三三四——三三五页）

孙海波　参臣字条

唐健垣说参□字条下。

裘锡圭说参□字条下。

林澐说参□字条下。

于省吾释□，参遣字条下。

于省吾说参□字条下。

张桂光　参見字条

按：自許慎以來，說解朢字，皆支離穿鑿。蓋形體譌異，漸失其初。自甲骨文出，其本形本義始明。商承祚所釋是對的。寧滬二、四八有□字，象人挺立土上，舉目企望之形。說文以朢望二字分列，實本同字。今望行而朢廢。說文朢之古文□，猶存其初形。卜辭云：

「貞𢦏人由王自𦣞𢀛」　佚七二六

「貞乎𦣞吕方」　續三·八·四

「弓隹王自𦣞」　京津一三四七

此乃用其本義，謂偵視敵方。

又「皇乘」、「皇華」之「皇」則為方國名。

0654 𦣞

按：合集九六辭云：「貞戔弗其以𦣞芻」當為地名或方國名。

0655

按：卜辭為人名。

0656 𢦔 臧

于省吾

「契文𢦔字作□，亦作□，郭沫若釋伐。（通攷八〇）按郭釋不可據。𢦔當即臧之初文。說文：『臧，善也，从臣戕聲。』按戕从爿聲，臧字加爿為聲符乃後起字，猶鼎字後加爿為聲符作䵼，是其證。凡初期之象形會意字，後加聲符易為形聲字之例習見，不備舉。𢦔字从臣从戈，乃會意字。施威武以征服臣妾，自為得意之舉，故引伸有臧善之義。菁八：『王固曰，其隻（獲），其佳丙戌囗，其佳乙𢦔。』其義則謂應有所獲，其唯丙戌不善而乙日善也。前七、四二、二：『束旻（得），王固曰，其旻佳庚，其佳丙其齒。』齒謂差錯也，言庚日有所得而丙日則差錯而無所得也。兩段文例相仿，可資參證。林一、六、九：『余𢦔。』謂余善也。即傷御『否臧』之臧。要之，𢦔為臧之初文。臧字加爿為聲符，乃後起字也。」（駢三第三十葉下釋𢦔）

于省吾

「甲骨文𢦔字作□或□形。郭沫若同志释伐（通考八〇），不可据。𢦔即臧之初文。说文：『臧，善也，从臣戕声。』按以甲骨文为据，则应作从𢦔爿声。𢦔字加爿为声符作臧，乃后起字，犹古文鼎字加声符为䵼，是其证。𢦔字从臣从戈，乃会意字。后世加爿为声符，变为会意兼形声。甲骨文称『王固曰，其隻（獲），其佳丙𢦔，其佳乙』。」（菁八）其义谓应有所获，其唯丙日与乙日均善也。又：『……其隹甲，余戠。』（南北师一〇二）是说甲日余善也。」（释戠，甲骨文字释林五一至五二页）

按：字當釋「臧」，于先生已詳論其形體演變之由來，卜辭均用為「臧否」之「臧」。

0657 ⿰木臣

陈炜湛说参四字条下。

按：卜辭「帚⿰木臣」為人名

0658 ⿱䀠卩

李孝定 「說文『⿱䀠夰，舉目驚⿱䀠夰然也，从夰从䀠，䀠亦聲。』又『䀠，左右視也，从二目，讀若拘，又若「良士瞿瞿」。』又『瞿，鷹隼之視也。』驚則左右顧，鷹隼亦善左右顧，是从䀠之字皆有左右顧之義。瞿字从隹，故謂鷹隼之視耳。⿱䀠夰則人之驚顧，䀠則人之左右視，䀠⿱䀠夰二字音同義亦極近，當本是一字。契文作⿱䀠卩，省卩則為䀠，易卩為大則為⿱䀠大，篆文又譌大為夰耳。」（集釋三二四三葉）

李孝定 「說文『䀠，左右視也，从二目，讀若拘，又若良士瞿瞿。』卜辭从二目从卩，正左右視之形，小篆省卩耳。珠五六四．五六五．均僅一䀠字，遺雜一三八『己巳卜䀠□』其義不詳。金文作 䀠父丁簋 䀠鼎 東䀠鼎 且癸鼎 䀠爵」（集釋一一五九葉）

金祖同 「上片及本片均只着一□字，从朋从人。說文無此字。說文瞿下曰『鷹隼之視也』，矍下曰『隹欲逸走也，从又持之矍矍也』，徐說『矍是左右驚顧』，又曰『視遽貌』，大其兩目，示其目之動作，于人于隹一也。說文有䀠字，音句，左右視也，疑即此字。」（遺珠三九葉）

金祥恆續文編三卷二葉下收此作䀠，其說未聞。

于省吾說參□字条下。

陈炜湛说参四字条下。

按：釋「朋」不可據。合集二〇二八一：「……于……朿虩」，乃祭牲之名。

0659

曾昭岷 李瑾 「古代曾國的史实，可以上溯到殷墟甲骨卜辞曾字之初文作㠯，甾，若㠯，盖『甑』之本字：上象立耳，下象腹体；繁文作䍇，䍇的，若曾。关于此事之繁簡各体，于省吾先生释甾一文具載之，兹不赘录。其名載卜辞者多为安陽王几内地名：

……田于䍇，往……御，获兕一：（右行）——續三·p24·五版

之『繒』（左傳宣公十八年：『晋侯，卫大子臧伐齐，至于阳谷。齐侯会晋侯盟于繒。』此陽谷附近之『繒』与安陽相距不足三百里其必为卜辞田猎之『䍇』，自在事理之内。」（曾國和曾國銅器綜考，江汉考古一九八〇年一期七一頁）

于省吾 参曾字条

按：字形與「甑」無涉，卜辭所僅見，為地名。

0660

按：字不可識，其義不詳。

0661

嚚

王襄 「古嚚字，許說語聲也，从㗊臣聲，此从 口，有雁雛之誼。」（簠室殷契類纂第十葉）

商承祚「象衆口之嘵嘵，疑即囂字」。（類編三卷一葉）

李孝定「說文『囂語聲也从㗊𦣞聲□古文囂』商氏疑此為囂，以㗊字作㗊例之，其說是也。辭云『㗊囂』，其義不明。」（集釋○六七五葉）

按：字从「㗊」，不从衆口。从「口」乃後世形體之譌變。卜辭殘泐，其義不詳。

0662 □

陳煒湛說參□字條下。

按：字不可識，其義不詳。

0663 □

陳煒湛說參□字條下。

按：卜辭為方國名。

0664 □

按：卜辭為人名。

0665 □

按：字不可識，其義不詳。

0666 臤

按：字从「臣」，與「[illegible]」當有別。辭殘，用義不詳。

0667 [illegible]

按：字不可識，其義不詳。

0668

按：卜辭為地名。卜辭云：「王田[glyph]」

懷一八五八

0669

按：字不可識，其義不詳。

0670

按：字不可識，其義不詳。

0671

按：字不可識，其義不詳。

0672

按：此為「見五」二字。

0673

按：字不可識，其義不詳。

0674

按：字不可識，其義不詳。

0675

按：沌八五七辭云：「辛未貞其[illegible]多宊」用為動詞，其義不詳。

0676

按：合集七〇六三辭云：「[illegible]來」為人名。

0677 [字形]

按：字不可識，其義不詳。

0678 [字形]

按：字不可識，其義不詳。

0679 [字形]

考古所「[字形]：也見于京都三五一〇十三一六〇十三〇七五片，貝塚茂树认为是殷祖先名（京都七〇五——七〇六頁），但在此当为地名。」（小屯南地甲骨一一五四頁）

按：卜辭為地名，非祖先名。

0680 耳 [字形] [字形] [字形] [字形] [字形] [字形]

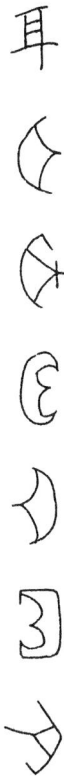

王襄「古耳字。」（類纂正編十二第五十三葉下）

李孝定「說文『耳主聽也象形』契文正象耳形。金文耿字偏旁作[字形]毛公鼎聖字偏旁作[字形]齊鎛[字形]曾伯簠[字形]井人鐘[字形]師望鼎[字形]穆公鼎與此並近可證。辭云『貞疾耳隹有壱』珠二七一、此耳疾之貞也。『帚井乞龜七耳十五自☒』續四、二六、五，此骨臼紀事刻辭，疑古獻馘之事。『足口耳隹有口』藏一三八、二，此當與珠二七一辭同意。足人名。『☒子☒夢☒作☒耳☒大鳴☒』前八、五、三，此辭殘泐過甚，似亦言耳疾之事。『丁丑邑示四屯耳』後下十五、十，此亦骨臼刻辭，耳為人名。『甲子卜亞戈耳龍母晦啓其啓弗每有雨』後上三十、五，耳龍疑並為方國之名。」（集釋三五一七葉）

屈萬里「當是耳字。聾鼎聾字偏旁耳作，與此形近。……取字偏旁耳亦作，與此全同。可證」。（甲釋四一一葉三二〇六片釋文）

于省吾释耳見鳴字条下

于省吾說参字条下。

按：卜辭「耳」用如本義。「疾耳」即指耳有疾。前八．五．三「耳鳴」當連讀。李孝定據葉玉森前釋釋讀有誤（參見綜類一一三）。乙五四〇五「觪耳鳴」可證。續四．二六．五骨臼刻辭乃進龜之事。當讀作「……入五……帚井乞龜自……七，耳五十」，耳為人名。與獻聝之事無涉。李孝定之說不可據。

0681

取

葉玉森「舊釋為又（父）之変體，卜辭於人名多用之。（說詳殷契鈎沈）復核卜辭有又二字於某一辭內竝見者，且『乎（許）』，『令』諸辭屢見，讀之終覺未洽，反復沈思，覺非又之変體，其字从又持，填實之則成，金文公伐郤鐘攻字偏旁作，填實之則成工與形近，乃斧形或省作，古訓工。曰『能攻王者』（周禮天官序官注）曰『作器物者』（周禮太宰注）攻玉作器匪斧不克，先哲乃以為工之標識，後乃交易作工，仍象工人用器形，作工則矩字所由生矣。从又持，當為攻字。而卜辭云『壬午卜王攻鼠方』，（前四．五二．五）『乎攻置』，（前五．十三．七）『辛丑卜亘貞乎攻彭』，（前三．十四．一）『☐貞☐攻陵若』，（前六．三．二）『令攻』，（前六．二〇．五）『□亩邑令攻射』，（前七．十．三）『甲午卜攻射』，（同上）『戊辰卜賓貞乎自（師）般攻于夫』，（後上．十一．十六）『貞乎攻般狩粟』，（後下．十六．十三）『☐往出狩☐獲攻風』，（藏三六．三）『貞亩華乎攻』，（藏七一．一）『貞乎自攻陵于☐』，（藏二四九．一）『貞乎昃攻弓』，（戩三七．二）『貞乎攻丘』，（外二三二五）各辭內鼠方、置、彭、陵、、射夫、般、風、陵、弓、丘竝為國名。又如『貞勿乎攻牛』，（前三．三〇．四）『貞勿自（師）攻牛弗其邑』，（藏一七八．三）牛亦國名。他辭云『☐丙多牛』（前六．一．六）猶馬方一曰多馬，羊方一曰多羊也。『□辰卜𠮛貞乎攻馬于串邑三月』（徵文地望四四）馬即馬方，辭言命攻馬方于串之地而用兵也。『貞乎从奠攻⿰山不畀蜀三邑』（前七．二一．四）奠疑鄭之古文。辭言命由鄭進攻⿰山不貴畐三邑也。以上各辭並釋為攻似較安適，至本辭曰「王攻唐褸」與前六．十八．六．「勿攻唐褸」一辭誼反例同，攻乃祭名。又他辭云「貞攻岳」，（前．七．二一．二）「己卯卜攻岳雨」（後．下．三六．三）兩辭中攻字疑並祭名。周禮大祝「五曰攻」，鄭司農注「攻祭名也。」」（前釋卷一第五十五至五十六葉）

商承祚

「㪿从又从耳，即取字。說文：「取，捕取也，从又耳，周禮「獲者取左耳」，司馬法曰：「載獻聝」，聝者取左耳也。」又聝注「軍戰斷耳也，春秋傳曰：「以為俘聝」，从耳或聲，馘聝或从首。」按詩大雅「攸馘安安」，傳「馘，獲也，不服者殺而獻其左耳，曰馘」。魯頌「在泮獻馘」，箋「馘，所格之左耳」，此字正象以手持割耳義，與馘同。金文毛公厝鼎作𦔻，番生𣪘作𦔻，已整齊其形，至小篆則更誤矣。葉氏謂為父之變體，（鉤沈乙卷二頁）非是。」（佚存十六葉）

郭沫若

「按：「癸酉卜其取茧雨」，取殆棷省。「棷，木薪也。」說文音義俱與槱近。」（粹考九葉背二八片釋文）

吳其昌

「㪿者，字亦偶或作𢦏。㪿為斧形，无复可疑；則㪿或𢦏，蓋乃象以一手或双手握斧之形，此实其最初之本义也。有斧在握，乃可刑，宰、屠，割，故引申而為动词，則㪿义又為持斧宰犧。卜辭中「㪿馬」續．五．四．五．又佚．七七．「㪿牛」前．三．三〇．四．又淋．二．八．二．又鐵．一七八．三．諸文，其左証也。宰犧，斯可以致祭；故苟再為之引申，則其义又為祭典之一种。如卜辭中婁云「㪿唐」詳前六辭。又婁云「㪿羹」，前．五．四．三．四、又七．二一．二．又鉄．一四一．一．又后．二．三六．三．羹，亦殷代先公名也。詳燕京学报十四期其昌所作殷先公先王三续考。又云「㪿彭」，前．五．三四．一、重見前．七．三、四、彭或当為論語中孔子所「窃比」之「老彭」，或当為離騷中屈原所「願從」之「彭咸」，皆殷人賢聖人矣。又如云「㪿宗白」佚．一〇．六．「㪿者父弗」，前．五．三四．一、宗伯，決為殷時之諸侯；省父弗亦必殷時之聞人矣。㪿，意皆為祀之，祭之，是㪿义得為祭名之显証矣。即如本片，㪿字，不以祭典之一名解之，必不可通也。若更旁轉而疏別其支义，則引手以攬斧，又可会意為「取」。今篆文以下「取」字皆从「耳」从「又」；按「耳」附着于脰題，匪可隨意摘取之物也，知「取」字所从之「耳」，必為某字之形近而譌矣。今按：㪿字簡速写之，則成㪿形，正与从「耳」从「又」之「取」之作𦔻形无异。卜辭「㪿羹」之文，正有栔作「㪿羹」沼．二．三六．三．者，更甚引為鉄証。故「㪿馬」後文轉而職名之「趣馬」矣。周礼注攺：『虎賁、綴衣、趣馬、小尹……』詩小雅十月之交：『蹶維趣馬』。周禮夏官大司馬之部屬有『趣馬』考甲骨契文中有『𢦏龍』續·五·三二·一、『𢦏鳳』鐵·一·三六·三、又佚·三·八·六、之辭，正謂取龍，取鳳也。又有『𢦏弜馬』續·五·八·三、之辭，謂取兼弓及馬也。則其余之『𢦏馬』当即為『取馬』，『取馬』又当即為『趣馬』可推也。昔嘗以經典中有『趣馬』，而金文中但有『𩣡馬』『走馬』，絶未曾見『趣馬』詳金文世族譜且工為深疑，今既知𢦏即較后之『取』字，則恍然悟『趣馬』固嘗明見于殷契，而不復疑書詩周禮之無據矣。」（殷虛書契解詁第一三七——一三八頁）

于省吾　「甲骨文每以取为祭名。陳夢家謂：『取是槱的假借，風俗通祀典篇槱者積薪燔柴也，大宗伯以槱燎祀司中、司命、風師、雨師。積薪燔柴謂之槱者，說文椒、木薪也。明續四二一尞尘与取尘並举，知尞取都是祭名，虽相类而有所异：珠三取尘廼尞，可知先取后尞，所以大宗伯謂之槱燎。郭沫若既以酌假為槱（粹六），又以为取殆椒肴……音义俱与槱近（粹二八），未有詮断，今定取为槱。』（綜述三五五）按陳氏本諸郭說加以裁断，頗有道理。但取与槱之通假並无验証，难以令人置信。

甲骨文的取字应讀为聚。說文：『鬻，熬也，从鬻芻声。』段注：『煼即鬻字。』按說文无聚字。玄应一切经音义（十八·十一）：『古文鬻、苗、聚、蔿四形，今作𩱦。崔寔四民月令作炒，古文奇字作槱。』这不仅可以看出，鬻字的声符由于音近互用，頗多变异；而更重要的在于証明了聚与槱之相通。取字古音『七振切』，故詩角弓以取与駒、后、饇为韵，楚辞天问以取与厚为韵。取之本义为以手取耳，指战争获聝言之。甲骨文以取为聚，聚为后起的分别字。禉（說文槱之或体作禉，古鉩文作粟）与槱又为后起的通假字。取与聚之通槱，为幽侯通諧。

总之，甲骨文的取字用为祭名时，应读作聚而通作槱，槱为燔柴之祭。甲骨文的燎祭次数超过取祭許多倍。前引陈說已指出取与燎有先后之别，并且，取祭不言用牲，而燎祭则多言用牲，是其大别。」（甲骨文字释林释取一五九頁至一六〇頁）

温少峰　袁庭栋　「殷王征收牲畜，以供国用，在卜辞中称为『取』。說文：『取，捕取也。』玉篇：『取，資也，收也。』卜辞云：

(31)貞：乎（呼）取牛？（乙三一七二）

(32)貞：牛取，亡囚（咎）？（佮三二二七）

「取牛」即征收牛，此事要由殷王下令呼名，可見「取牛」以供国用，不止一地，才需要「呼」，而且需要殷王下令「乎取」。

(33) 乎（呼）取羊，弗嬉（警）？（粹一二八三）

(34) 貞：弜（勿）取羊于戈？（乙三五八一）

(35) 壬午卜：王取豕：方？（前四·五二·三）

(36) 貞：叀（惟）吅令取豕宀？十三月。（遺二七九）

(37) 貞：𢀛乎（呼）取白马，氏（氏）？（乙五三〇五）

(38) 囗辰卜，㞢貞：乎（呼）取马于𢀛，氏（氏）？三月。（續五·四五）

以上為「取羊」、「取豕」、「取马」之辞。(36)辞之「宀」本作「𠂢」，即貯之初文，象貯物之器形，說文作「宁」，訓「辨積物也，象形。」卜辞之「取豕，宀」，即謂收取猪只而栏畜貯存之也。(37)与(38)辞之「氏」讀「氏」，說文「氏，至也」，即謂致也，送也，卜辞中謂收積致送之也。

「卜辞又有「取刍」之載，「取刍」之「刍」，泛指牲畜而言，國語楚語：「刍豢几何」韦注：「草食曰刍」（參見甲骨文字释林释刍）。卜辞云：

(39) 丁巳卜，争貞：乎（呼）取何刍？弜（勿）乎（呼）取何刍？（合二二四）

(40) 乎（呼）取生刍，鳥？弜（勿）取生刍，鳥？（乙一〇五二）

以上諸辞之「何」、「鳥」、「工」均為地名，「生刍」者，當即活的牲畜也。」（殷墟卜辞研究——科学技术篇二三四——二三五）

姚孝遂　肖丁　「卜辞「取」字用法很复杂，除用為「得取」之外，亦用為「娶」，再則為祭名。陳夢家先生以為假作「槱」，據風俗通謂「槱者積薪燔柴也」（綜述355）。于省吾先生釋林進一步加以申论，以為應讀作「聚」（160頁）「取且乙」謂槱祭于且乙。」（小屯南地甲骨考釋五一頁）

饒宗頤說參[illegible]字条下。

王襄　「古取字，說文解字：「取，捕取也，从又，从耳。」遣鼎作𠭥，揚敦作𠭥，與此相似。」（簠考地望七葉上）

楊樹達 「粹編二八片云：『癸酉卜，其取羔，雨？』又五七片云：『庚申卜，㱿貞，取河，㞢从雨？』郭沫若云：『取殆槱之省，槱，木薪也（說文），音義俱與槱近。』樹達按取蓋假為奏。粹編五三〇片云：『丙辰，卜，貞，其奏丁示于口？弜奏？』可證。又按奏為奏舞。知者，同書七四四片云：『丙辰，卜，貞，今日奏舞，㞢从雨？』是其證也。」（求義二十二葉下）

饒宗頤 「『庚申卜，㱿貞：取河，㞢从雨。』（粹編五七）按『取』疑讀槱，燒薪以祭。」（通考一二〇葉）

屈萬里 「卜辭：『丙午卜，𠂤貞：甲日馬困，隹丁取？二月』（甲編三五一二）取，蓋謂伐而取之也。」（甲編考釋四四七葉）

王襄 「古取字。許說捕取也，从又从耳。」（簠室殷契類纂第十三葉）

陳夢家 「……凡此『取河』『取岳』之下常系有『㞢雨』，乃是求雨之祭。『取』是槱的假借，風俗通祀典篇：『槱者積薪燔柴也』，大宗伯『以槱燎祀司中、司命、風師、雨師』。積薪燔柴謂之槱者，說文『槱，木薪也』。明續四二一『尞岳』與『取岳』並舉，知『尞』『取』都是祭名，雖相類而有所異；珠三『取岳迺尞』，可知先取後尞，所以大宗伯謂之『槱尞』。」（綜述第三五五葉）

按：取字从又从耳，本義為軍戰獲耳，引伸為一切取獲之義。卜辭取之用法有三：一為凡取得之義，如「取牛」、「取馬」、「取芻」；一為「娶」，如「乎取奠女子」（合二七六合集五三六）；「乎取女」（乙三一八六合集九七四一正），實則「娶」為後起孳乳字，典籍亦用取為娶。卜辭「取女」與「取牛」、「取馬」本無區分；一為祭名，郭沫若謂為槱省，音義俱與槱近，可從。葉玉森釋取為攻，非是。

0682

聯

丁山 隸定作聑。（甲骨文所見氏族及制度十七頁）

丁山 「字象以繩係耳形，殆即緝字。廣韻六止有緝字，云：『緝緝，蠻盛皃』。即魯頌閟宮所謂『六轡耳耳』。耳，古音同尔，得相通假。（中畧）卜辭『不緝雨』，蓋言雨不益盛也。」（氏族及制度八六——八七葉）

郭沫若　「緝疑輯（瑱）之古字，象耳有充耳之形。『不緝雨』者猶它辭言『不征雨』，雨不延綿也。」（粹考九九頁上）

于省吾　「按郭說非是。緝應讀作茸，緝茸並諧耳聲。（段注本說文「茸从艸耳聲」。）漢書惠帝紀：『及內外公孫耳孫』。師古曰：『耳音仍，仍耳聲相近』。按耳音仍，故从耳聲者可轉為茸。文選司馬遷報任少卿書：『在闒茸之中』。注：『茸細毛也』，字亦通氄。書堯典：『鳥獸氄毛』。傳：『鳥獸皆生耎毳細毛以自溫焉』。氄說文作毴，又作[illegible]。然則『不緝雨』者，謂雨之不茸細也。今吾鄉習俗猶謂細雨為茸雨。廣韻六止有緝字，云『緝〻纚盛皃』。按鳥獸細毛繁多，故引伸有盛義也。」（駢枝十三葉上釋不緝雨）

楊樹達　「緝征均當訓止。」（卜辭求義三五葉上）

李孝定　「從糸從耳，說文所無。辭云『甲子卜不緝雨』粹七二〇。當讀為弭訓止，楊說是也。郭疑瑱之古文，形音具不足據。字不從玉又字從耳以象意字聲化之例推之當從耳聲于以纚盛之義說之亦覺未安」。（集釋三八九九葉）

李孝定　「从耳从糸，說文所無。當是會意。其初義蓋為以繩繫耳。辭云『不緝雨』當為假借字，于讀為茸於義為長」。（集釋三五五〇葉）

于省吾　「甲骨文称：『甲兇卜，不緝雨。』（粹七二〇）緝字作[illegible]。郭沫若同志云：『緝疑輯（瑱）之古字，象耳有充耳之形。不緝雨者，犹他辞言不征雨，「雨不绵延也。」』按郭说非是。广韵六止有緝字，并训『緝緝纚盛皃』。甲骨文緝字应读作茸，緝与茸并谐耳声，故通用。段注本说文：『茸，艸茸茸皃，从艸耳声（而容切）。』汉书惠帝纪『及内外公孙耳孙』，师古曰：『耳音仍，仍耳声相近。』文选司马迁报任少卿书『在阘茸之中』，李注：『茸，细毛也。』茸亦通氄。书尧典『鸟兽氄毛』，伪传：『鸟兽皆生耎毳细毛以自温焉。』按细毛或谓之茸，故细雨亦可谓之茸。甲骨文之不緝雨，谓雨不茸细也。今吾乡方言犹谓细雨为茸雨或毛毛雨。」（释「不緝雨」，甲骨文字释林十三至十四页）

按：字當釋「聯」。說文：「聯，从耳，耳連於頰也。从絲，絲連不絕也。」契文即从「耳」，从「糸」。「糸」即「絲」之省。隸可作「緝」。「不聯雨」即「不連雨」，猶他辭之言「不征雨」。

0683

□

考古所「□：疑为『取』之异构。」（小屯南地甲骨一一三九頁）

按：字从「斧」，不从「耳」，與「取」字無涉。

0684 斧

□

按：于先生釋「斧」，謂「象横列的斧形」（詳見釋林三四二——三四三頁）。

0685

□

彭邦炯

「武丁卜辞中有一条重要史料，是学者们研究商代农业、土地制度、阶级结构和社会形态诸问题時所經常征引的，这就是：

癸巳卜，宾，贞令众人□入羊方圣田。一。

贞勿令众人。六月。一。（甲编三五〇一，甲编附图贰零捌，合集六）

……□字上所从的朩，甲骨文已有单字（参见乙三四四九），常见为朩形（参见甲骨文编三·一九，第三九一号），在复合字体中也有简作卜形的，则与甲骨文尹字同形了，但尹字也偶有作前者的，（邺三下三九·七有一字从上下文义显然为尹字就写作朩形。朩或朩一般都释作聿，聿字秦以后加竹头作笔，聿、笔原本一字。笔在某种意义上也算一种刷子。这种我们就可以确定□字上边所从者实为手持笔或刷形，释者只当此字为聿，实则还可释为『㕞』。

说文无单独的『㕞』，但草部收有『从草㕞声』的『蒯』字。段注：『读若怪切，即膭字』。然又云：『㕞字左边所从不知何物。』我以为此所从者就是朩形，象捆扎的毛或草刷。考林义光文源卷六就说：㕞『即蒯之古文』，又说：㕞、『束芻形，又象手持之。』林说非常正确。我们不必拘泥于『束草』，事实上，草或毛发均可束之作笔刷用，所以『㕞』与甲骨文□，字上所从手持者应为同类之物。聿、𤕌原本同形，后来才衍分为二字，其衍变之迹当如附图二：

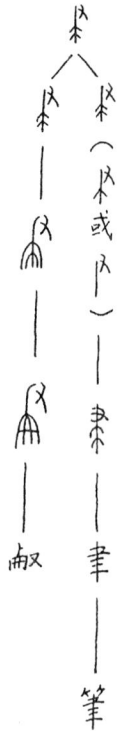

（或）——聿——筆

𤕌

再说[glyph]下所从者，王襄曾释为耳（簠室殷契类纂）。说文耳部：「耳主听也，象形。」甲骨文的这个字确为耳的象形，它与金文所见耳字或从耳的字完全一致，……由上，我们完全可将此字隶写作「⿱聿耳」字，这就是许慎讲的聵字的或体。……据尔雅释诂：「𤕌，息也。」当然，「⿱聿耳」也可能作「息也」。……商王进行这样的占卜，显然是先有命令发出要众人入羊方圣田，或者众人已经行动，但在此过程中出现了别的情况，故又才有这种取消成命，让众人暂时入羊方圣田的反复占卜记录。这正是𤕌（⿱聿耳）者息也，「苦劳者宜止息」的反映，也是商王实行安抚政策的一种表现。」（释卜辞「众人⿱聿耳……」及相关问题，殷都学刊一九八九年二期一一至一四页）

按：字从「聿」从「斧」，不从「耳」，釋「聵」不可據。

0686 ⿱耳收

按：字不可識，其義不詳。

0687 ⿰耳𢆶

按：卜辭云：「貞、⿰耳𢆶隹其出出自之；⿰耳𢆶亡其出……之」為方國名。

合集一八二一一正

0688

□　驟　□　□　□　□

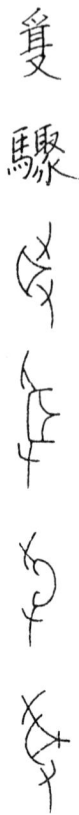

葉玉森　「古雷字或从上下兩手持斧鉞形，蓋古代神話，謂雷能殺人，乃天地之斧鉞」。（鉤沈一葉下）

于省吾　「契文『大□雚』習見。□字作□□等形，葉玉森釋雷，……按葉乃肊測之詞，殊不可據。□字中从耳，葉氏誤仞為斧鉞形。契文取字作□□，从耳从又，可資互證。商代金文之斧形，且乙卣作□，𨟻父乙毀□，父癸彝作□，與耳字迥別。□字象上下兩手持耳，當即掫字。說文：『掫，夜戒守有所擊也。从手取聲。』春秋傳曰：『賓將掫。』按古文从手从又一也。□字象兩手持耳，以後世六書之義求之，當為會意字。說文以為从手取聲，有失其朔。說文：『掔固也。从手臤聲。』契文作□，上下均从又，與□之演变正同。大掫雚，掫應讀為驟，驟从聚聲，聚从取聲，聲母同。朱駿聲謂說文掫字段借為聚。史記樂毅列傳：『夫齊霸國之餘業，而最勝之遺事也。』王念孫云：『最當為冣字之誤也。冣與驟同。』又云：『「冣古聚字」。周官獸醫注：「趨聚之節」。釋文：「聚本亦作驟」。驟聚冣三字古聲並相近。』按王說是也。掫之通驟，猶冣之通驟矣。老子二十三章：『驟雨不終日。』河上公注：『驟雨暴雨也。』以暴詁驟，驟猶暴也。玄應一切經音義九引國語賈注：『驟疾也。』詩終風：『終風且暴。』傳：『暴疾也。』是驟與暴古同訓。爾雅釋天：『日出而風為暴。』孫炎注：『暴陰雲不興，而大風暴起。』按大風暴起，猶言大風驟起。大掫雚即大驟風，猶今言大暴風矣」。（駢三第三葉釋大□雚）

孙海波　「□，拾七·一三。从受从耳。說文所无。卜辞□風連文。于省吾释掫云，掫应读为驟，驟犹暴也。大□風，犹今言大暴風。」（甲骨文编一九七頁）

李孝定　「說文『掫夜戒守有所擊从手取聲。春秋傳曰「賓將掫」』。契文作□，于氏釋掫讀為驟極是。許訓夜戒守有所擊蓋後起義。卜辭諸掫字均假為驟，其初誼疑與取同。古文从又从𠬪每無別，掫取古蓋祇是一字也」。（集釋三五七九葉）

于省吾　「甲骨文大□风常见，□字作□、□、□、□、□等形。……按古文从手从又一也。掫应读为驟，驟从聚声，聚从取声，声母同。朱骏声说文通训定声谓掫字『假借为聚』。史记乐毅列传：『夫齐霸国之余业，而最胜之遗事也。』王念孙读书杂志：『最当为冣字之误也。取与骤同。」又：「取古聚字。周官兽医注：「趋聚之节，释文聚本亦作骤。骤聚取三字古声並相近。」按王说是也。掫之通骤，犹取之通骤矣。老子二十三章之「骤雨不终日」，河上公注：「骤雨，暴雨也。」以暴诂骤，骤犹暴也。玄应一切经音义九引国语贾注：「骤，疾也。」诗终风之「终风且暴」，毛传：「暴，疾也。」是骤与暴古同训。尔雅释天之「日出而风为暴」，孙炎注：「阴云不兴，而大风暴起」。按大风暴起犹言大风骤起。总之，甲骨文之大𩗗风即大掫风，亦即大骤风，犹今言大暴风矣。」（释大𩗗风，甲骨文字释林十一至十三页）

按：廣雅釋詁三：「掫，持也」，當為「掫」之本義。王念孫疏證云：「掫當作㧘，讀為專輒之輒。字从耴，不从取。耴讀與㧘同。曹憲音鄒之上聲，則所見本已譌作掫。廣韻掫側九切，持物相着也，即踵曹憲之誤，說文：掫，夜戒守有所擊也，義與持不相近。玉篇掫字亦不訓為持。又說文、玉篇並云：㧘，拈也；釋名：拈，黏也，兩指翕之，黏着不放也。此即廣韻持物相着之義，今據以辨正」。

契文「掫」从兩「又」持耳，持之義也。說文訓為「夜戒守有所擊」，與其初形不符。王念孫昧於說文之說解，改「掫」為「㧘」，非是。

卜辭均假「掫」為「驟」，與「取」有別，未見有通用之例。

𦔻 ⿰耳吕 聽

王襄　「[illegible]古聽字反文，齊侯壺作[illegible]，與此類。」（簠文第二葉）

王襄　「古咠字。」（簠室殷栔類纂第五葉）

王襄　「[illegible]，古聽字反文，齊侯壺作[illegible]，與此類。」（簠徵文字二葉上類纂正編十二第五十三葉下釋文類似）

吳其昌　「𦔻」者，蓋亦殷代一先公之名，而自周以后久已失傳者。其名或作「𦔻」，或作「王𦔻」。其字：或从「口」，或从「吕」。其名以「𦔻」者，如本片云：「貞于𦔻」。又如他辞云：「戠𠦪于□」。前、六、一二、六、「方祊匕□」。後、二、三〇、一八、「癸亥卜，歸其出□」續、二、三、皆明白可知其為一先人名。其作「王□」者，如有云：「己卯卜貞王□。隹出𡆥」。續、五、二一、三、重見續、五、二二、六、又云：「己未卜𠂤貞，王□不隹田」。續、六、一五、八、即鐵、四五、九、又云：「貞王□，不□□」。前、六、五四、六、又云：「……貞王□……」。前、六、五四、七、又兩見「……王□……」之片。一見拾遺、四、七、一見前、六、五四、八、实与「王兇」泆、一一、即「王倪」「王龢」前、一二四一、「王亥」多，不举。「王亘」多，不举。「王矢」詳下三〇。四片疏等同其稱謂，蓋「文獻不足」，宣父已歎，殷代先王之不傳于后者多矣，此或千百一二之倖而僅見者乎！」（殷虛书契解詁第二九二頁）

葉玉森「『王□』，森按王下一字不可識，除後二辭外，殷虛文字第四十五葉之九、十版亦有二辭，云『己未卜亘貞王□王隹田』，『丁卯卜王□隹之𡆥』，頗疑即殷先公昭明。後人譌讀其字為昭或為明，又合稱為昭明耳」。（前釋卷六第四十九葉下眉批）

郭沫若「□，以它辭例之，當是貞字之異，从山耳聲，耳，魏石經尚書以為聽字。（無逸篇「此厥不聽」，古文作□）案古聽聲聖乃一字，其字即作耳，从口耳會意，言口有所言，耳得之而為聲。其得聲之動作則為聽。聖聲聽均後起之字也。聖从耳壬聲，僅於耳之初文附以聲符而已。左傳聖姜，公穀作聲姜，知聲聖為古今字，後乃引申為賢聖字，三字遂分化矣。聽聖聲與貞同耕部，故知此从耳聲之□當是貞字」。（卜通一三七葉上）

于省吾「栔文耵字作□□□，亦作□□□。𦔻字作□□，亦作□□。葉玉森疑耵聑即殷先公昭明，謂後人譌讀其字為昭或為明，又合稱為昭明耳（集釋六、四九）。吳其昌謂𦔻者蓋亦殷代一先公之名。（解詁六續七二八）郭沫若云：……當是貞字。（見前引）按葉吳二氏說並誤，郭謂古聽聲聖乃一字，耵从口耳會意是也。惟謂當是貞字之異亦誤。耵亦作聑，从二口與从一口同，古文有繁省耳。魏三體石經書無逸「此厥不聽」，古文聽作□。古文四聲韻下平十八青引義雲章聽作□，是以耵為聽也。又去聲四十七勁引古老子，聖作□，是以耵為聖也。又下平十七清引華嶽碑，聲作□，是以聑為聲也。金文聖字，早期作耵，晚期加壬為聲符作聖。此以形證之知古聽聖聲之本作耵聑也。禮記樂記：「小人以聽過」。釋文：「以聽本或作以聖」。秦泰山刻石：「皇帝躬聽」。史記秦本紀「聽」作「聖」。墨子經說下：「堯之義也，是聲也於今」。聲應讀作聖，詳荀子新證。漢書古今人表：「衛聲公」。史記衛康叔世家索隱作「聖公」。白虎通聖人：「聖者聲也」。此以載籍證之知古聽聖聲之通用也。栔文聲字僅一見，粹一二二五有□字，上已殘，應補作𠭰，从耳殸聲，即古聲字。契文耳字用法有二。耳與宮用法有別，茲分述於下。一、耳為聽聞之聽。後下三十、十八：「方亡耳」。言方國無所聽聞，謂某方已逃竄，故云無聽。續一、一三、五：「呂方亡聞（聞）」。聽聞同義。藏二、三：「歸其㞢（有）耳」。亡聽與有聽，語有反正耳。一、耳為聽治之聽。書大傳周傳：「諸侯不同聽」。注：「聽，議獄也」。書洪範：「四曰聽」。疏：「聽者受人言察是非也」。周禮小宰：「以聽官府之六計」。注：「聽，平治也」。荀子王霸：「要百事之聽」。注：「聽，治也」。王制：「聽之繩也」。注：「聽，聽政也」。是古謂聽為議獄為平治為聽政，均聽治之義也。前六、五四、七：「王耳」。言王聽治也。藏四五、九：「王耳不隹囚」。契文言囚與湯言咎同，言王聽不隹咎也。藏四五、十：「王耳隹㞢𡿧」。言有𡿧則不利於聽治也。湘一九：「王聑不隹于唐𡿧」。言王之聽治，唐不𡿧王也。殷王之動作，無事不占，況臨朝聽治之大事，豈能無所貞卜乎。一、宮為廷庭之初文，亦省作耳。宮从宀耳聲。耳古聽字。聽从王聲，乃後世所加之聲符，與廷庭之从王聲之符同。聽與廷庭為雙聲疊韻字。金文有廷無庭。庭後起字。說文：「廷，朝中也」。「庭，宮中也」。乃後世分別之文。金文廷作𢌲㢠，乃宮之借字。契文宮从宀者，以宗廟之廣廷，謂太室中央，在重屋之下也。太室中央謂之廷，說詳王國維明堂廟寢通考。余所藏安陽出土邲壺墨本有辭云：「乙子，王曰隮文武帝乙俎，才召大廊」。廊作𢉖，从广與从宀一也。大廷後上十二、一：「☐召宮☐其令」。當係在召之廟有所發令也。大廊即大廷。盂鼎二有大廷。大廷謂宗廟太室之廣廷。逸周書大匡：「朝于大庭」。謂明堂之大庭也。古者各封國皆有宗廟，宗廟皆有太室。金文言王在某地或某國而格于太室者習見。佚九四四：「才宮」。言在廷也。前六、一二、六：「奏于耳」。耳者宮之省。知其為省者者，契文耳聞耳治之耳從不作宮也。綴五五五：「兄（祝）于宮」。前一、二六、五：「于耳□（祊）令」。耳亦宮之省。祊同閍。爾雅釋宮：「閍謂之門」。言于廷之閍門施令也。庫一〇〇二：「于宮門丮言龠」。宮門猶宮閍也。粹二八一：「□小乙于宮」。當謂祭小乙于廷也。粹五四一：「弜鄉宮，饔隮必」。廷與必為對文，必即宓，言弗饔于廷，而饔隮于宓也。廷謂太室中央，宓謂室內也。鄴三下四一、六：「其啓宮西戶，兄（祝）于□□」。余所藏明氏墨本有辭云：「其啓宮西戶，兄（祝）于匕辛」。書金縢：「啟籥見書」。啟謂開也，以宮言開太室之西戶以祝於匕辛也。綜之，耳古聽字，宮古廷字。契文以宮為聽聞聽治之聽，以宮為廣廷之廷，亦省作耳。周人假廷為宮，廷行而宮廢矣」。（駢三第十九葉釋耳宮）

孫海波「𦔻，甲三五三六。从耳从口。說文所无。魏石經古文以为聽字。明，乙三三三七。或从二口。」（甲骨文编四六六頁）

孙海波「𦔻，存下四五五，从口从耳，說文所无，疑与耳为一字。」（甲骨文编五一頁）

屈萬里　「聽，作𦔻。按：大保敦有𦔻字，天字觚有𦔻字（並見攈古錄金文）。古籀餘論（上）並釋為𦔻；又疑為聖之省，且云：『或假為聽。』」（甲編考釋四五〇葉）

金祖同　「耶作𦔻，為聾之初文。蓋以口就耳，明白如畫，其為聾字無疑，今聾乃後起形聲字。」（遺珠二十三葉）

陳夢家　「𡪞字，于省吾以為即宮庭之庭或廷，其說近是。卜辭从宀，金文从广。𡪞為祝祭之所，亦是饗宴之所。」（綜述四七八葉）

李孝定　「說文『聽，聆也。从耳𢛳壬聲』。篆文為會意兼聲，契文作𦔻乃會意字。篆文从壬乃𦔻所衍化，既已作壬，許君不得不以『壬聲』說之矣。許書又有咠字訓『聶語也』。聶訓『附耳私小語也』。咠與聽聲音讀雖殊，其始蓋亦由耶所衍化也。金氏釋聾乃望文之訓。契文廳字从此為聲，以此釋聾則𡪞字不可解矣。葉氏謂是昭明，是臆說耳。」（集釋三五二二葉）

李孝定　「契文作𡪞，从宀耶聽聲。于氏釋庭是也，然其說猶有未盡。按从宀从广一也。于氏固已言之，然則此字从广聽聲正今之廳字耳。廳字許書偶佚；雷浚說文外編卷十四廳字條云『說文無廳字。高部「高，小堂也。从高省，冋聲。或从頃作廎，去穎切」。似即廳字。而隸辨卷二引曹全碑「廓廣聽事」云漢魏皆作聽，六朝以來乃始加广』。雷氏以高當廳字是不知古本有𡪞廳字，許書偶佚耳。高廎之與廳音義並近，謂為方俗殊語則可，謂竟是一字則過矣。隸釋引曹全碑文以聽為廳，猶卜辭假耶為𡪞，猶存古意。惟隸釋謂『六朝以來乃始加广』，亦非。設商之世固已有𡪞字矣，說文既無廳字，于釋乃以庭字當之，亦是，惟謂庭廷乃後世分別之文，似亦未安。金文廷作𢌬，𠃊象廷之匡廓，壬是其聲，庭从广从廷，廷亦省。宀广象交覆深屋之形，是則庭廷之別在有屋無屋之分。……契文有庭無廷，金文有廷無庭，二者音同義近，古或通用，然謂二者竟是一事，似亦猶有未盡也。至聖字从壬，郭于兩氏均謂取以為聲亦誤。克鼎聖作𦔻，他器作𦔻（師望鼎作𦔻，齊鎛从𦔻从𡈼），皆由𦔻所衍變。唐蘭古文字學導論已言之。蓋耶从口耳會意，是耳得之而為聲。今字从殸，殸為磬之本字，是亦以殳擊磬耳得之而為聲之意。于氏所舉契文作𣪠从殸復从口，於形已複，此蓋文字衍變之初之混淆現象。殸則𣪠字去口也。得聲之動作則為聽，得聲之官能之敏銳則為聖，聖明猶聰明耳。引申始有賢聖之義。聖字从人者以聽主於耳，故於耳之字形特加人字以為強調，又後人変為壬，其音適與聽聖諸字相近，遂謂壬聲耳。」（集釋二九五〇葉）

于省吾

「甲骨文⿰耳口字作□、□、□或□、□、□等形。⿱宀⿰耳口字作□、□或□、□等形。叶玉森颇疑⿰耳口⿱宀⿰耳口「即殷先公昭明，后人讹读其字为昭或明，又合称为昭明耳。」（集释六·五四）吴其昌谓：「□者盖亦殷代一先公之名。」（解诂七二八）郭沫若同志谓：「⿱宀⿰耳口以他辞例之，当是贞字之异，从宀⿰耳口声。⿰耳口魏石经尚书古文以为听字。按古听圣乃一字，其字即作⿰耳口，从口耳会意。言口有所言，耳闻之而为声，其闻声之动作则为听。聖聲聽均后起之字也。聖从⿰耳口壬声，仅於⿰耳口之初文附以声符而已。左传圣姜，公穀作声姜，知声聖为古今字。后乃引申为贤圣字，三字遂分化矣。聽聖聲与贞同耕部，故知此从⿰耳口声之⿱宀⿰耳口，当是贞字。」（通考六一五）按叶吴二氏说並误。郭谓古聽聲聖一字是也，惟谓当是贞字之異，亦误。⿰耳口亦作□、从二口与从一口同，古文有繁省耳。古文四声韵十七清，引华狱碑声作□，以⿰耳口为声。甲骨文声字作□（后上七·一〇），亦作□（粹一二二五），上已残，应补作□，从⿰耳口殸声。甲骨文⿰耳口与⿱宀⿰耳口用法有别，兹分述於下：

一、⿰耳口为听闻或听治之听。甲骨文称：「**方**亡⿰耳口。」（后下三〇·一八）是说方国没有行动消息可闻。又：「吕方亡烔（闻）。」（续一·一三·五）听与闻同义。听亦为听治之听。书洪范之「四曰听」，孔疏：「听者，受人言察是非也。」荀子王霸之「要百事之听」，杨注：「听，治也。」又王制之「听之绳也」，杨注：「听，听政也。」是古谓听为听政，甲骨文称：「贞，王⿰耳口不佳辥（孽）○贞，王⿰耳口佳辥。」（乙四六〇四一）孽之通诂训为患害，言王之听治有无患害。「王⿰耳口不佳𡆥」（戬四五·九）𡆥应读作咎。言王听不唯咎也。「王⿰耳口佳出告。」（戬四五·一〇）言有告则不利于听治也。「王⿰耳口不佳于唐告。」（柏一九）言王之听治，唐不告王也。

二、⿱宀⿰耳口为廷或庭之初文，有时亦省作⿰耳口。⿱宀⿰耳口从宀⿰耳口声，⿰耳口古听字，听从壬声，与廷庭之从壬声声符同。金文有廷无庭，庭为后起字。说文：「廷，朝中也。」又：「庭，宫中也。」乃后世分别之文。金文廷作𨑓或𨑓，与⿱宀⿰耳口音近字通。古代太室中央谓之廷，说详王国维明堂庙寝通考。商器切卣：「乙子，王曰：障文武帝乙俎，才盥大廟。」廟作□，从广与从宀一也。甲骨文省称为「盥⿱宀⿰耳口」（缀存一七）。大廟即大廷，亦见小盂鼎，大廷谓宗庙太室之广廷。逸周书大匡之「朝于大庭」，谓明堂之大庭也。古者各封国皆有宗庙，宗庙皆有太室，周代金文言王才某地或某国而格于太室者习见。甲骨文称：「才⿱宀⿰耳口。」（佚九九四）言在廷也。「奏于⿰耳口。」（前六·一二·六）「兄（祝）于害。」（文录五五五）「于⿰耳口口（祊）令」（前一·二六·五）害即⿱宀⿰耳口，⿰耳口者⿱宀⿰耳口之省，祊同閍，尔雅释宫：「閍谓之门。」于⿰耳口口令，言于廷之閍门施令也。甲骨文亦言「⿱宀⿰耳口门」（库一〇〇二）。甲骨文称：「□小乙于⿱宀⿰耳口。」（粹二八一）当谓祭小乙于廷也。又：「弜乡⿱宀⿰耳口，鬣𩰤必。」（粹五四一）廷与必为对文，必即宓。言弗飨于廷，而䏠（nan）隤于宊也。廷謂太室中央，宊謂室内也。又：「其啓宧西户，兄（祝）于匕辛。」（南北明六七七）书金縢之「啓籥見书」，啓謂开也，言开太室之西户以祝于妣辛也。

综之，耶古听字，宧古廷字。甲骨文以耶为听闻听治之听；以宧为廣廷之廷，有时亦省作耶。周人假㕓为宧，廷行而宧废矣。」（释耶、宧，甲骨文字释林八三至八六页）

島福林　「甲骨文有讼字，旧说误为听字。甲骨文中的这个字从耳从两口，亦偶有省作从一口者。其所从两口字，与讼字古文相合，并且甲骨文中已自有听（圣）字，因此这个字应当是讼字初文。……颂字在卜辞中多和王系连，称为「颂王」或「王颂」，应即小辛。如：

㈣己未卜贞，王颂来女。　合集一〇五六〇

㈤颂王入。　怀特氏等藏甲骨文集八〇〇，合集九三七六

㈥贞，王颂毋（毋）告。　合集一〇五一

㈦贞，王颂不隹有祟。　合集一一三九五

㈧丁卯卜扶，王颂、父戊。　合集二〇〇一七

……殷王小辛名颂，为了和时王相区别，在卜辞中称为「颂王」或「王颂」。」（殷墟卜辞中的商王名号与商代王权，历史研究一九八六年第五期一四二至一四三页）

陈炜湛说参□字条下。

按：于先生詳論「耶」字形義之流變，説無可易。金祖同釋「聾」，島福林釋「訟」，皆由於誤解卜辭，徒滋紛擾，毫無足取。

0690

□

李孝定　「从耳从口聽契文作耶从屮，説文所無。本辭第爲地名。」（集釋三五五〇葉）

按：合集二九二三七辭云：「叀□田湄日亡戋」為地名。

0691

聞 □ □

孫海波 「□，乙六二七三。从耳从儿。説文所无。疑聖字异文。□，乙八七二八。或从聑。」（甲骨文編四六七頁）

于省吾 「甲骨文闻之古文作□，常見，有的也作□，隶定作⿰女耳或⿱耳儿。唐兰同志谓『冥於卜辞盖当作⿰女耳，即慶字。』又谓：『慶冥一声之转。……貞，焚餌出从雨，焚⿰女耳当即焚冥也。』（考古社刊第六期怀鉛随条）按唐谓⿰女耳即慶字是对的，但以⿰女耳为先公之冥则非是。甲骨文于⿰女耳也从无用牺之祭。甲骨文乞雨每言焚⿰女耳或焚婵，则⿰女耳婵和⿰女耳均当为女奴隶之名。⿰女耳字左从□，即古欠字（详释次、盗），⿰女耳字右上从耳，与欠相连。⿰女耳字的造字本义，象人之坐，用手掩其口，以表示静默，而耸耳以听。这和甲骨文的望字作⿱耳儿，象人举目远望，可资参验。說文训闻为知、闻。吕氏春秋异宝和重言高注，并训为知。甲骨文称：「出疾齿，父乙隹出⿰女耳。」（南北师一·四三）「乙巳⿰女耳〇乙巳弗⿰女耳。」（缀合二二七）以上三个闻字并应训为知。甲骨文称：「其出来⿰女耳」（前七·三一·二），「吕方亡⿰女耳〇其出⿰女耳。」（珠三四五）以上三个⿰女耳字乃闻的引申义，指消息言之。」（釋林三八〇——三八二頁）

李圃 「□，闻。甲骨文□字当中之□象人跽张口形，实乃□形；右边之□乃耳之象形；□象举手之形。按□字全体象形，突出一耳，表听闻，人跽张口振臂举手，表报告。……本义当为闻报。负责闻报之机关亦可称闻，闻当为商代的政治制度，方国设此机构以通情报于殷商时王。后字义逐渐引申扩大，闻又具有听到的消息，传闻布达等义。」（甲骨文选注六至七页）

0692

聑 □

赵诚说参□字条下。

按：「聞」字重出，當併入0696「聞」字。

李孝定　「从耳从卩，說文所無，當為聑之繁文。金祥恆續文編逕收作聑十二卷五葉下。」（集釋三五五〇葉）

按：孫海波以為「□」之繁，金祥恆、李孝定以為「聑」之繁，於辭例均難以為證。

0693

聽

□ □

孫海波　甲骨文編十二、三收入聖字，無說。

李孝定　「契文从□，象人上着大耳，从口會意。聖之初誼為聽覺官能之敏銳，故引申訓通，賢聖之義又其引申也。聽聲聖同源，其始當本一字。本書仍依許例分收之。聞之與聖亦當是一字說詳九卷庭下。金文作□齊鎛□王孫鐘□曾伯簠□井人鐘□師望鼎□穆公鼎□克鼎□師趛鼎克鼎聖字與契文全同，餘均从壬，亦从人所衍化。」（集釋三五一九葉）

赵诚　「甲骨文的聖字写作□，从人突出耳朵，旁边有一个口，当表示有所听闻之义，当是听闻义之引申。如□出聑□（合二六一）与□出聑□（遗三四五）、□出聑□（铁二·三）同。由此可知，卜辞的聖、闻、聽在某种意义上相通。也就是说，聖的本义是听闻。后来，人们以为聖者闻声知情，通於天地，调畅万物，所以用有所聽闻来表示，当是引申义，应是后起。」（甲骨文行为动词探索（一）古文字研究第十七辑三三六页）

張亞初說參□字条下。

按：說文：「聖，通也，从耳呈聲」。藝文類聚引風俗通：「聖者聲也，通也。言其聞聲知情，通於天地，調暢萬物」。卜辭聖與聑有別，而義與「聞」近，但均不得謂為一字。西周以後，或相通假，卜辭則否。參見「聑」字條。

0694

聀

□ □

按：字不可識，其義不詳。

0695

聑

聑止

饒宗頤

「□口辰卜，出〔貞〕今夕〔亡〕〔囚〕，十月。〔在〕聑。」（後編上一一、一三）聑即

按後編上一一、二二亦云：「貞：在聑止。」知此為地名。他辭云：「在聑。」（續編三、三一、三）聑即攝。居延簡二〇五、一「居攝」正作「居聑」。左僖元年傳：「次于聶北。」杜注：「聶北，邢地。」昭二十年傳：「聊、攝以東」，地在山東博平縣。後編聑之下从肉，隸定可作䐑，蓋聶亦通作䐑，見禮記內則釋文。少儀：「聶而切之為膾。」鄭注：「聶之言䐑也。」卜辭有云：「乙卯卜貞：□先妣斗。」（屯乙八七二八）聶當讀為䐑，蓋切膾之意。」（通考八四八葉）

按：卜辭均用為人名。

0696

聞

王襄

「□，疑古禼字。說文解字：『禼，蟲也。』段氏云：『殷玄王以為名，見漢書，俗改用偰、契字。』古文作𥜿，說文通訓定聲移𥜿於嚳下。嚳，許氏說：『周成王時，州靡國獻嚳，嚳人身反踵。』爾雅曰：『如人被髮，讀若費。』朱氏云：『嚳本字作狒。』按狒狒即猩猩，山海經作猎猎，昔、禼一聲之轉，嚳、𥜿、禼古本通段，殷契之□象猴形，殆即禼之古文。史記殷本紀：『封于商』，正義：『帝嚳之子禼所封也。』又三代世表漢書古今人表均作禼。又按：部首之内、厹，許說『獸足蹂地也。』同系各字皆獸類，禹禼二字均應釋獸，方與部首合，蓋蟲無从厹之誼。至於萬古文作□，見蠆不从厹也。『烄□』，即郊禼之禮，與禮記祭法『殷人禘嚳而郊冥』之文不同，禮記出于秦漢，經生不能據彼疑此實錄也。」（簠考帝系一葉）

唐蘭

「□當即□字，後變為□，或為□，乃聞之本字。」（導論下四五葉）

又曰：「冥於卜辭蓋當作□，即夒字。余所得一骨與唐並列，昔作古史新證序據以為上甲微別名，今知不然。夒冥一聲之轉。天問云『昏微遵迹』，昏亦當是冥也。『郊冥宗湯』，故□唐並列。又簠室殷契徵文天象四四片『貞烄□㞢从雨』，烄□當即郊冥也。」（考古社刊第六期懷

鉛隨錄）

于省吾「按唐之釋䎽是也。以昏為冥，無由徵信。天問之『昏微遵迹』，昏讀為聽䎽之䎽，義亦可通。䎽字本象人之跪坐，以手掩面，傾耳以聽外警。可以想見古人造字之妙。上側特着其耳，亦猶見之从横目，呈之从主目，臭之从自矣。說文慶字，係由䎽字所演変。契文䎽字用法約分二類：(一)、續五、一四、二：『貞，⿱交火䎽，出从雨。』貞，弓⿱交火䎽。』⿱交火即烄。說文：『烄，交木然也。』䎽婚音近字通。金文婚字作䎽，⿱交火婚中間無介詞。除⿱交火䎽外，亦無特祭或具牲之祭，其非冥也可知矣。湔五、三三、二：『⿱交火⿰女力』。五、三三、三：『⿰女才⿱交火』。六、二七、一：『⿱交火婞』。辭例相同。⿰女力⿰女才婞均从女作，且下文均言雨，當係⿱交火然女奴以乞雨也。太平御覽天部十引莊子曰：『宋景公時，大旱三年，卜云：「以人祀乃雨。」』又地部二十引帝王世紀曰：『湯時大旱，殷史卜曰：「當以人禱。」』是乞雨以人為牲之證。(二)、湔六、十七、一：『貞方叀口（出）䎽。』七、七、三：『貞，出䎽曰口。』七、三一、二：『王固曰，其出來䎽，其隹甲不口。』續一、一三、五：『貞，呂方亡䎽。』五、二、四：『甲午，出䎽曰戊。』五、二三、六：『己亥卜，㱿貞，出䎽，允其囚。』五、二五、三：『允隹我口（出）䎽。』珠三四五：『其出䎽，貞，呂方亡䎽。』以上諸辭，所言出䎽、其出來䎽、亡䎽，語有正反。其出來䎽，與其出來嬉語例同，乃讀為其有來聞，以聞為聽聞，則不詞矣。䎽聞古今字，䎽應讀作閔，經傳聞閔與从昏之字每音近字通。說文婚之籀文作慶，即金文婚字作□者之譌变。毛公鼎⿰車慶字作□，下从慶。說文：『⿰車慶，車伏兔下革也。从車慶聲。慶古昏字，讀若閔。』淮南子脩務：『純閔條達。』文子精誠作『屯閔條達』。晏子春秋问上第七：『荆楚惽憂。』惽應讀作䎽，詳諸子新證。左傳『閔公』，史記魯周公世家作『湣公』。荀子王霸：『齊湣宋獻』，是也。注：『湣與閔同。』均其例證。詩柏舟：『覯閔既多。』傳：『閔病也。』閔亦作痻。桑柔：『多我覯痻。』箋：『痻病也。』左宣十二年傳：『寡君少遭閔凶。』注：『閔憂也。』病與憂義相因。卜辭之出䎽、亡䎽，即有憂、亡憂也。其出來䎽，即其有來憂也。殷時四夷為患，故偁䎽之有亡，多就方國言之也。且閔既可言覯言遭，故亦可言來。然則卜辭作䎽，經傳作閔或痻，用字雖異，音義不殊矣。」（駢續三七葉釋䎽）

董作賓「……唐蘭氏以為『當即䎽』，『乃聞之本字』，是也。容庚氏金文編第十二，收聞字，作䎽，註云：『盂鼎「我聞殷墜命」。』按此字……確為聞之本字，蓋會意也。『聞』，原為報告、奏事之專字，从㔾或㔾為耳字，从吕，為報告者跽而以手掩口之狀，从‖象口中液，或省之。掩口者，恐口液噴出，侮慢尊長，所以示敬也。金文分耳，伸足，縮手，加重口液置首上，去古誼已遠。後世改作形聲，說文古文作䎽，从耳昏聲，小篆作聞，从耳門聲。魏三體石經作𦕓，从釆，从耳。玉篇作聓，从釆，古辨字，後起會意字也。去古益遠，古誼益晦矣。「聞之義，一為聞知，一為達聞。此二義，殷代已並用之。……此字最初之意義，當為奏聞上「達」之聞，猶淮南子主術「而臣情得上聞」之「聞」。接受此奏報者必有所聞，故同時亦有「知」之義。卜辭一，「余聞」，金文孟鼎「我聞」，皆此義也。在殷代，聞之一字，似已成為公文中習用之語，如稱「有聞」，稱「有來聞」。「月有食」之「聞」，即「有聞」「有來聞」之省語也。月食而方國奏報以「聞」，則日食亦必有奏報可知。蓋殷人視日月食為同樣重要之天變也。自詩人作十月之交刺幽王，以「日有食之」為「亦孔之醜」；以「彼月而微」為「則維其常」；故春秋以下，歷代史籍，乃僅載日食，不載月食。說者謂「日者太陽之精，人君之象，君道有虧，為陰所乘，故蝕，蝕者陽不克也」（後漢書五行志引日蝕說）蓋藉以警惕時主，使之畏天威，懼天變，克己責躬，修政布德而已。史志中記載日食，常有「史官不見，郡國以聞」之語，與殷代記「月有食聞」之語酷似，事類既同屬交食，程式則皆為報告，而並用聞字，亦奇蹟也。……後漢書五行志……日食記「聞」者，十五次。殷代月食記「聞」者兩見，決非偶然，其文之繁簡雖異，而稱「聞」則一。上下千餘年，文書習用之專詞，乃能一脈相承，亦足見吾國文化源流之一斑矣。」（殷曆譜下編卷三第廿三葉下——廿四葉上）

屈萬里　「𩰫，從于省吾釋。按：𩰫，于此當讀為昏，暗也。」（甲釋一一四九釋文）

金祖同　「續卷五第二三葉六片：「己亥卜𡧊貞出[illegible]允其（雨）」，是「出[illegible]」與否，與風雨有關係。因憶曩曾釋[illegible]為焚人求雨之專字，左傳僖公三十一年：「夏大旱，公欲焚巫尪。」注：「巫尪，女巫也，主祈禱請雨者。」疏謂：「周禮女巫職云：「旱暵則舞雩」，此以為旱欲焚之，故知巫、女巫也。」禮記檀弓：「然則我欲暴巫則奚若。」注：「巫主接神」。周禮「女巫旱暵則舞雩」。按暴不應祇是舞雩，當是暴之日中，其甚者，則焚之矣。續編有[illegible]字釋烄，說文：「烄交木然也。」玉篇「烄，交木然以燎柴天也。」然說文交下曰：「交，交脛，从大象交脛，言交脛人也。」交為人交脛之形，何謂烄為交木然。卜辭[illegible]直象置交脛人於火上即焚尪求雨也。前卷五第三三葉：「貞烄奴出从雨、貞烄奴亡其从雨。」即以交脛之女巫，投火上祈雨。又按：巫，應是奴隸職司其事者，則為官守。周禮：「司巫中士二人，男巫無數，女巫無數，其師中士四人」云。「[illegible]」，巫也，象戴高冠峨峨，讀若禍。」（遺珠廿九葉）

陳夢家　「武丁卜辭，有好幾次記載月食：

……月㞢食，聞，八月。（甲一二八九）

……三日□酉夕，（月㞢）食，聞（燕六三二）……有二次說『月㞢食，聞』，古文字『聞』『昏』一字，或指月全食而天地昏黑」。（綜述第二三七葉）

李孝定

「說文『聞知聞也从耳門聲䎽古文从昏』契文象人跽而以手附耳諦聽之形，而特着其耳乃象意字，唐氏釋聞是也。王襄謂字象猴形，因釋爲禺而解爲殷之先公契。𦖞之與禺字形懸遠，且於卜辭『有𦖞』『有來𦖞』之辭例亦無一可通，其說已屬附會。金祖同氏據續五、廿三、六辭之𦖞謂字象焚巫尪以求雨，𦖞爲巫讀若禍，則更鄰於想像。考該辭『允其』之下所缺之文是否『雨』字，殊不可知，即令確是『雨』字，又安知『𦖞』爲焚巫求雨之事乎。金文作䎽（盂鼎『我䎽殷墜命』餘見龍氏釋婚引不具錄）。它辭多假爲婚若昏（詳見金文編十二卷十一葉下婚字條下龍氏說極確。說文婚字籒文作𤕟，即𩰾之形變。金文但假聞爲婚，作婚爲後起形聲專字。以金文假聞爲婚若昏既久，於是遂有从耳昏聲之䎽以爲聞之古文矣。實則𦖞𤕟爲象形初文，而䎽聞並後起形聲也。卜辭𦖞字用其本義，彥堂先生之說確不可易。于氏讀爲閔可商。契文聞字與聽聲聖三字造字時之構想實同，特聞字不从『口』微異耳。三體石經及汗簡聞之古文作𦔻，乃𦖞字省去人形但餘耳及首上飾物之形，『小』形龍氏謂是爵并亦是非从釆也」。（集釋三五三五葉）

龍宇純

「案盂鼎銘云『我䎽殷述墜命唯殷邊侯田雩殷正百辟率肆于酒古故喪𠂤師』容希白釋䎽爲聞，說『聞說文古文从昏作䎽古文尚書作𦗢』，容氏的意思是以爲䎽是聞的本字，或者只認爲此讀爲聞字，一則以話語簡單沒有肯定說明，一則以金文編所收之字並非限於本字，我們無以推測，然而由我們看來，第一古人敘述早先的事情慣用『我聞』的字樣，乃同尚書無逸的『我聞曰昔在殷王中宗』，又『我聞曰古之人』，君奭的『我聞在昔』，多士的『我聞曰上帝引逸』，酒誥的『我聞惟曰在昔殷先哲王』，尤其酒誥的『我聞亦惟曰在今後嗣酣身……惟荒腆于酒……庶羣自酒腥聞在上故天降喪于殷』，與盂鼎銘文文意口氣相同，在文義上講釋䎽爲聞是可信的。第一、䎽與𩰾字形上雖有差異，他們仍是一字卻是無可懷疑的。𩰾字或讀爲昏或讀爲婚，昏聲與聞聲古音極近，而說文古文聞字从昏聲，在聲音上講䎽釋爲聞也是可信的。就這兩點認爲䎽字應該讀聞已是絲毫不成問題。而番生簋轉字𩰾、毛公鼎字作𩰾、師克盨字作𩰾，前者較後二者所从聲符少一耳形，陳侯因資敦『朝问』的问字作𦔻也不從耳而單獨成字，不禁要令人想到有耳的□與無耳的□是否為一字的问题来。□字从耳與闻字从耳相同，而盂鼎字讀為闻，不分明□就是闻的本字嗎。近見商周金文錄遺載鄦王子旃鐘一銘，其中有幾句讚美鐘聲的話，『中韓虘鍚，元鳴孔皇，其音攸□于四方』。□字左旁稍有剝蝕，然而它是慶字較之盂鼎□字還要易於認識，顯然也是應該讀為闻字的，也是慶為闻本字的絕好證據。原來過去認為是毫無问题是婚字的金文□或籀文慶字，他實在是闻字，只因為借用為婚字，於是被認識錯了。」（說婚載集刊第三〇本六〇五——六一五葉）

陈炜湛

「甲骨文聞字作□□□等形，象人跪跽側耳傾聽之狀。聽作□，口耳相接示以耳聽声，与魏三体石经尚书无逸聽之古文作□者同；或作□，从二口。两字均强调耳（『主聽者也』），寓意相近。说文『聞，知声也。』又，『聽，聆也。』是谓二字同义。段玉裁注聞字曰：『往曰聽，来曰闻。大学曰：「心不在焉，聽而不闻。」引申之为今闻广誉。』又注聽字曰：『凡目所及者云視，如視朝、視事是也。凡目不能徧而耳所及者云聽，如聽天下、聽事是也。』是言二字之别。在先秦典籍里闻与聽确是同义词，意义略有广狭之别。聽泛指『聆』也的一般动作，而不管是否聽清楚、是否聽懂、理解。如礼记檀弓下所谓『夫子式而聽之』，只是说孔子在聽，聽清楚与否还不一定。聞比聽进一层，表示聽明白了其中的内容。所谓『心不在焉，聽而不闻』，是指漫不经心，形式上在聽，但没有聽见什么具体内容，亦即『不闻』。聽未必闻，闻必含聽。孔子讲的『朝闻道，夕死可也』（论语里仁），『闻』就不仅指聽到，而且有领悟、理解的意思。但这种区别在卜辞里是否已经存在，目前还难以肯定。卜辞关于闻的辞例不少，主要是闻与㞢（有）闻，如：

癸未卜，争贞：旬亡祸？三日乙酉夕，月㞢食，聞，八月。（新綴一）

这是由几片碎甲缀合后得到的一条关于月食的完整卜辞。辞中的『闻』，依董作宾的说法，『是一种公文程式，是方国诸侯对王朝的一种书面报告』，与汉书五行志中屡见的『史官不见，郡国以闻』记载『如出一辙』，『一脉相承』。

己亥卜，宾贞：㞢闻？允其□（续五·二三·六）

王固曰：其㞢来闻，其隹甲，不□（前七·三一·二）

其㞢闻？贞：𢀛方亡闻？（遗珠三四五）

癸巳卜，争贞：旬□甲午㞢闻曰：戍□吏□复七月在□壴囚。（续五·二·四）

有闻，是指有报告、消息；有来闻，是指有边境送来的消息；𢀛方亡闻，意即𢀛方方面没有什么消息。这几条关于闻的占卜，说明了殷王对边境战事的关切，也说明了『闻』的范围确实超过了一般的聽，乃是指有确切内容的消息，报告，犹如现今之所谓新闻、要闻。

卜辞聽多与𠭯（孽）、它、禍等災异不吉的字眼用在一起，其用法有二，一为聽闻之聽，一为聽治之聽，而以后者为主。例如：

方亡聽。（后下三〇·一八）

归其出聽。（鉄二·三）

丁卯卜，王聽，隹出它？（戩四五·一〇）

贞：王聽，隹𠭯？贞：王聽，不隹𠭯？（乙四六〇四）

贞：王聽，不隹于唐它？（粹一九）

贞：王聽，隹禍？贞：王聽，不隹禍？（乙三三九六）

丁卯卜，扶：王聽父戊？丁卯卜，王聽兄戊？（乙四〇九）

其中后下三〇·一八、鉄二·三之聽义为聽闻，其余多例之聽均为聽治，或即殷氏所谓聽事、聽天下。临朝聽治，是殷王平时管理国家的重要组成部分，一等大事，故要事先贞卜有无災禍。乙四〇九谓『王聽父戊』、『王聽兄戊』，较为费解，殆文句有省略，否则当读为『王聽于父戊』、『王聽于兄戊』，即在父戊、兄戊的庙里聽治理政也。故存此疑，以俟后证。」（甲骨文同义词研究古文字学论集初编一五五——一五八页）

柯昌濟　「𦔻字旧释闻似不确，字象人以手掩耳形，疑為恐字，於文义亦似近。」（殷墟卜辞综类例证考释，古文字研究第十六辑一四六页）

赵诚　「甲骨文的耿字写作𦔻，象人坐着以手掩口聳耳而听之形，即闻之本字。或写作𦔻，构形之意同，似为简体。闻的本义是听声音，近似小徐本说文所说的『知声』。发展一步，知道消息、了解情况都可以称之为闻，则为引申义。卜辞作为动词，基本上用其引申义。如：

乙丑卜，争贞，出疒齿，父乙隹出耿。（南南一·四三）

贞，吕方亡耿。（续一·一三·五）

第一条辞的『父乙隹出耿』，是说父乙了解情况。第二条辞的『吕方亡耿』是说吕方没有听闻，即不知道吕方的消息，不仅和『方亡耶』的句式相同，意义也一样。」（甲骨文行为动词探索（一）古文字研究第十七辑三三六页）

按：字當釋「聞」。說文：「聞，知聲也」（小徐本）。合二二七辭云：「妣己聞？妣己弗聞？」殷人以為神祖執掌人間禍福，故凡有災眚，皆上達於神祖。淮南主術：「臣情得上聞」，注：「猶達也」。

前南一．四三：「㞢疾齒，父乙隹㞢聞」；佣一二八九：「月㞢食，聞．．．八月」，均用聞之本義。卜辭「衮聞」多見，與「衮妫」、「衮婞」同義，于先生謂「以人為牲」，乃祈雨之祭。其作[glyph]者，亦當是聞字之異。辭云「戊子卜甾．．．亦㞢聞．．．甾固曰．．．聞」。前六．三一．八「聞」作[glyph]，其遞嬗之迹猶可得而見。

0697

洱 [glyph]

于省吾　「甲骨文称：『……湀豖亍洱〇弓□□于洱。』（綴合二四八）洱字作[glyph]或[glyph]形，旧不識。洱字右从耳，象耳之内外輪廓形，他辞耳和从耳之字，作[glyph]或[glyph]。甲骨文双鈎之字常見，例如：匚字多作[glyph]，龙字作[glyph]也作[glyph]（前四．五三．四），𣪊字从它作[glyph]也作[glyph]（外四五一），是其証。其于洱言湀豖与否，则洱為被祭的主名。此段卜辞刻于一版大龟的最上部。次一段為：『□覓卜，□𣥠于丘商（即商丘）〇弓𣥠于丘商。』因此可知，丘商和洱之均為地名，是肯定的。水経注清水：『清水又南，洱水注之。水出弘农郡盧氏县之熊耳山，東南逕酈县北，東南逕房陽城北。』总之，洱地是由洱水得名。」（甲骨文字释林释洱一四〇至一四一頁）

陈汉平　「甲骨文有字作[glyph]、[glyph]，甲骨文编收入附录。卜辞曰：

[glyph]于[glyph]　勿于[glyph]　乙编四五一八

按此字从水从耳，当释为洱。字在卜辞为地名或水名，盖其水泽湖泊形似人耳，故名洱。」（古文字释丛，考古与文物一九八五年一期一〇七頁）

按：「洱」在卜辭均為地名。

0698

[glyph]

劉釗　「卜辭聖字作『[glyph]』，字不見於字书。与伐字组辞為『聖伐』，『皇』有大义，『聖伐』即『大伐』。」（卜辭所见殷代的軍事活动，古文字研究十六辑一一三頁）

0699 [glyph]

按：字在卜辭當為人名。

按：字不可識，其義不詳。

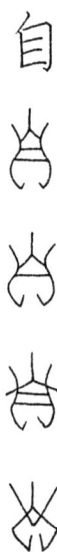

0700 自 [glyph] [glyph] [glyph] [glyph]

羅振玉

「說文解字：『自，鼻也，象鼻形。𦣹古文自。』又𦣹注：『此亦自字也，省。』許既以自白為一字，而分為二部者，以各部皆有所隸之字故也。卜辭中自字作𦣹，可為許書之證。但白部諸字，以古文考之，多非从白。魯字者字，均从口，或从曰。智字等亦然。許君生炎漢之季，所見古文，舍壁中書而外，固不能如今日之博，自不能無疏失矣。」（殷釋中二十四葉下）

唐健垣

「以余所見，自字在卜辭中至少有三種意义：一解作鼻，即用其本义，为名词；一解作由、從，为介词；一解作親自、自己，为代名词。此外可能还有三个用法，现无十足例证，即贞人名、方名、妇名是也，……

贞：帚（婦）好[glyph]惟出疾？（前六．八．五）

王國維釋为鼻液之涕字，蓋A示濃厚之涕，旁二点象水液。此因妇好流鼻涕，故贞问其是否患流涕之疾也。此可证[glyph]确用作鼻意。……」（释自中国文字第八卷第三十二册三四三三——三四三四页）

洪家义

「自，甲骨文作[glyph](1)，金文作[glyph](2)。說文自部：『自，鼻也，象鼻形（疾二切）。』又『百，十十也（博陌切）。𦣻，古文百，从自。』又『鼻，引气自畀也（父二切）。』据此可知，自有二声，一读并母[b]，一读从母[dz]。自的二声在說文中界线是非常分明的。例如：臱、邊、籩、櫋等字是从[b]得声的，而臮、息、洎、垍等字則是从[dz]得声的，二者截然有别。

为什么一自有二读呢？声轉是不可能的，因为从母与并母声类相距太远，通轉无由。我以为『鼻』在古代实际語言中念复輔音[bdz]，語言变成文字后，由于汉字一字一音的体制不能容納語言中的复輔音。可是，实际语言中的复輔音在相当長的時间里是不易消亡的，所以，汉字又不得不牵就語言，作些让步。于是便出现了一字二声的现象。例如自字，既保留了[ɕ]声，又保留了[dz]声。在某些字中取其[ɕ]声，在另一些字中則取其　声。这就是自有二声的由来，也是汉字和汉語从矛盾到妥协的結果。」（古文字杂记，文物研究第一期六一頁）

赵诚　「自，甲骨文写作𦣹，象鼻子的形状。本义为鼻子，引申为自己。卜辞用作副词，有『亲自』之义，则又为进一步之引申：

王自往从獸。（佚一一五）——商王亲自去追赶野兽。

吕方出，王自征。（鄴一·四一七）——吕方出动，商王亲自征伐。（甲骨文虚词探索，古文字研究第十五辑二七九至二八〇頁）

鍾柏生說參𦣹字条下。

按：甲骨文自字象鼻之形。金文已稍譌變，與小篆同。卜辭自字之用法有三：

一，用其本義——鼻

「貞虫疾自，隹虫壱；

貞虫疾自，不隹虫壱」　乙六三八三　合集一一五〇六正

此乃占問鼻有疾是否為患。

二，用其引伸義——自己

「王自往从獸」　續一·一〇·四　合集一〇六一一

「叀王自往西」　乙五三二三　合集六九二八正

徐灝說文解字注箋云：「人之自謂，或指其鼻，故有自己之稱。」

三，用其引伸義為「由」為「從」

「王賓自武丁至于武乙衣亡尤」　後上二〇·六

「其自卑出來嬉」　佃二一二三　合集五五七

「壬辰卜爭，自今五日至于丙申不其雨」　乙四六六一

卜辭自字用作介詞，義為「由」為「從」者，數量最多，由此及彼，由近及遠，此乃自己之「自」進一步引伸義。

0701

臭

王襄　「古臭字」。（類纂正編十第四十五葉）

孫海波　文編十卷六葉收此作臭。

李孝定　「說文『臭禽走臭而知其迹者犬也从犬从自』。栔文與小篆同」。（集釋三〇九九葉）

饒宗頤　「按臭殆即湨。左襄十六年：『會于湨梁』。阮氏注疏本作『湨』。校勘記云：『石經宋本岳本作「湨」。陸氏公羊釋文作「臭」，云本又作「湨」』。考爾雅釋地：『梁莫大于湨梁』。陸氏釋文又作『湨』。經傳『臭』『狊』常混。然卜辭明从自从犬，則以作『湨』為是。杜注：『湨水出河內軹縣東南，至溫入河』。續漢郡國志，『河內郡軹有湨梁』。一統志：『故城今濟源縣南十三里』。殷時地名之湨，當即春秋之湨」。（通考四七〇葉）

按：說文：「犬、禽走臭而知其迹者，犬也，从犬从自」。段玉裁注：「走臭猶言逐气」。桂馥義證云：「禽走者，野禽走逃也。⋯見夜獵者，放犬入山，隨其後，犬臭露草，知獾貍所在」。王筠釋例云：「禽走者，謂田獵所逐之禽已逃走也。臭而知其迹者，謂犬臭地而知禽所往之蹤迹也」。桂、王之說較優。卜辭「臭」為人名。

卜辭用為人名及方國名。

0702

臬

羅振玉　「說文解字：『臬，射準的也。从木，从自』。卜辭有此字，但不知與許書同誼否」。（殷釋中四十四葉下）

王襄　「古臬字」。（類纂正編第六第二十八葉下）

0703

⿰氵臬

商承祚收作⿰氵臬，謂「與集韻同」。（類編十一卷七葉）

葉玉森「按⿰氵臬為地名，亦水名。林泰輔氏曰：『⿰氵臬即濟源縣之⿰氵臬水，即左傳襄十六年

李孝定「契文與小篆全同。辭云『乙酉卜爭貞往復从臬夲呂方二月』（前·五·十三·六、似為人名。『从臬』者，臬从也，『王卜在臬亡禍王囚』（外·九七、地名。」均無義」。（集釋二○○一葉）

于省吾「甲骨文称：『乙丙卜，争貞，生复从臬，夲呂方。□月。』（前五·一三·五）又：『貞，涉⿰氵臬。』（續三·二七·四）以上兩条均屬第一期。前一条以臬為地名，后一条以⿰氵臬為水名。甲骨文第五期言『才⿰氵臬貞』者屢見，臬当为⿰氵臬之省文，甲骨文的水名有的省去水旁。⿰氵臬字不見于早期典籍，集韻十六屑：『⿰氵臬，水名。』⿰氵臬水当即后世的涅水，二字音近通用。古化文『涅金』常見，以涅為地名。集韻又謂『臬或作槷』，臬与槷古通用。周礼考工記匠人鄭注：『槷古文臬』，又輪人鄭注：『槷讀如涅』。汉书地理志上党郡涅氏注：『涅，水也。』師古注：『涅水出焉，故以名县也。』又：一統志：『故城今武乡县西五十五里。』水經注濁漳水：『有涅水，西出覆甑山而東流。』又：『涅水又東南流注于漳水。』按武乡县在今山西省東南部，在安陽西北方。這和前引甲骨文的夲呂方，地望相符。（甲骨文字釋林釋⿰氵臬一三九頁至一四○頁）

按：段玉裁臬字注云：「臬之引伸，為凡標準法度之偁。釋宮曰：樴謂之杙，在牆謂之臬；康誥曰：陳時臬事，考工記匠人作槷；自部曰：賈侍中說陧法度也，皆臬之假借字也。」徐灝箋云：「臬為凡標準之偁，乃其本義。考工記注：『中央樹八尺之臬』疏云：『臬即表也』，因之射準的謂之臬，門橜亦謂之臬，別作闑，又作槷。」

卜辭「臬」字僅此一見，「从臬夲呂方」，當是地名。李孝定疑為人名，說有可商。「从臬」者可為人名，亦可為地名。卜辭「从宮」、「从盂」等等習見，皆為地名。「臬」地當由⿰氵臬水而得名，續三·二七·四有「涉⿰氵臬」之占，又晚期卜辭多見「在⿰氵臬貞」，似地名與水名漸趨統一。然則臬與⿰氵臬乃地名之通用字。李孝定沿嚴一萍之誤，以外九七片之字為「臬」，實則原片从水作「⿰氵臬」。

所謂「會於湨梁」。湨蓋為湨之誤。……』（甲骨文地名考）卜辭臭字屢見，……並从自犬，但未見从水之湨耳。」（前釋一卷四十八葉下）

陳夢家　「㴬是水名，從水臬聲。水經『沁水出上黨涅縣謁戾山』注云『沁水即涅水也』。涅㴬古音相同，所以㴬水即沁水，亦名少水。續三、二七、四有『涉㴬』之文，與敦見於一版，敦在沁陽附近。于省吾亦有此說。」（綜述三一〇葉）

按：續三·二七·四「貞，涉㴬」，是㴬為水名。其它「在㴬」之辭多見，均為地名。卜辭水名、地名每相因。

0704　鼻

杨树达　「甲文有臬字，从矢从自，旧亦无释，余疑为臬字。说文云：『臬，射準的也，从木，自声。』射臬为矢之所集，故字从矢，犹侯为射侯，字从矢也。篆文变为从木，则又泛而不切矣。（甲文已有臬字，此字之变或不始於篆文）」（釋臬，积微居甲文说卷上十四頁）

李孝定　「从自从矢，說文所無。字在卜辭為地名。」（集釋一二〇九葉）

按：字从「自」从「畀」，當釋作「鼻」。卜辭用為地名。參見「畀」字條。

0705　濞

葉玉森　前二一九·二集釋隸作「湨」。

孫海波　文編十一、六謂「从水从臭，說文所無」。

按：前二·一九·二「戊午卜貞，于濞……」為地名。與前二·一九·一之「在鼻卜」為同地。卜辭地名每增水旁，為水名。地名、水名實難區分。

0706

創 𠟭 𠟭

王襄 「古劓字，从自，自鼻也。」（簠室殷契類纂第二十一葉）

羅振玉 「說文解字劓，刑鼻也。从刀，臬聲。或从鼻作劓。此作創，與說文或作合。自即鼻之初字也。」（殷釋中五十七葉上）

瞿潤緡 「从自从刀。自鼻也。說文或作劓。」（殷契文編四卷十二葉下）

唐蘭 「創即劓字。」（卜釋二九葉）

孙海波 「𠟭，乙三二九九。卜辭劓从刀从自，象以刀割鼻。」（甲骨文编二〇〇頁）

李孝定 「說文『劓刑鼻也从刀臬聲易曰「天且劓」劓劓或从鼻』自即鼻之古文。此从刀从鼻會意。卜辭劓字所見兩辭云『㞢劓』前.四.三八.『丁巳卜亘貞創牛爵』藏.二五〇.一.其義均不可解。金文作劓辛鼎劓齊侯鎛與小篆同。」（集釋一五三五葉）

白玉峥 「𠟭：籀廎先生隶作自（见文字篇）。罗振玉氏释劓，曰：『說文解字：劓，刑鼻也；从刀臬声。或从鼻作劓。此作创，与说文或作合。自即鼻之初字也』（考释中五七页）。峥按：罗释是也。创字於卜辞中之为用，以残辞且为字奇少，字义无由推勘。然就字之构形审之，是必为动词，说文刑鼻之说，固其初谊矣」。（契文举例校读十二中国文字第四十三册四九二三至四九二四页）

按：卜辭云：

「貞乎創」 合集五九九五正

「丁巳卜，亘貞，創牛爵」 合集六二二六

當用「創」之本義。

0707

溫

按：綴二一八："乙巳王卜，在溫貞，今日步于攸亡巛"，為地名。

0708

⿱自目

按：字在卜辭為人名。

0709

⿰自凡

李孝定 "从凡从自，說文所無。"（集釋〇八八七葉）

按：字不可識，其義不詳。

0710

臱

孫海波 文編四卷四葉上收此作臱，云"不从冂"。

陳夢家 "這是卜辭僅見的邊字。"（殷虛卜辭綜述五一六頁）

李孝定 "說文'臱宀宀不見也闕'卜辭此字義亦不詳。"（集釋一二〇九葉）

黄锡全 "按甲骨文臱字，上从自，下从丙，隶定作臱，不误。我们认为，臱是一个从自、丙声的形声字，即說文之臱，为边字古体。自本古鼻字。說文：'自，鼻也，象鼻形。'自有始义。說文皇下云'自，始也。……读若鼻，今俗以始自子为鼻子。'方言：'鼻，始也。'始即天地万物之开端。玉篇：'边，边境也。'即边鄙、边疆，实国之始。說文边，'行垂崖也」。段注：「行於垂崖曰边，因而垂崖謂之边。」垂崖即崖之尽头，即山崖之始。丙即丙，乃声符。边屬邦母元部，丙屬邦母阳部。二字双声，韵部也近。如馬王堆汉墓帛书戰国纵横家书攩作擅，攩屬阳部，擅屬元部，方乃后来叠加之声符……方丙同屬邦母阳部字，音同字通。……𦤎字后来增加彳、辵作𢕟、𨕤。如同後字，甲骨文本作𢓸，金文令殷加彳作後，杕氏壺作後；往字，甲骨文本作𡉚（戬八一·五），吴王光鑑作徃，侯马盟书作𢓸（六七·二九）甘。然甲骨文的𦤎与金文的𢕟、𨕤之间尚缺字形演变的环节。汗簡彳部保存有边字古形𢕟（乃𢕟形讹）。古文四声韵录云臺碑作𢕟，郭显卿字指作𨕤，古老子作𢕟，郭、夏均以为邉字。此字所从之𦤎，与甲骨文𦤎同，𢕟即边字。……

卜辞云：

叀往𦤎

戍循（德）往于來叀西𦤎衛卫又（有）𢦏（后下二二·六）

陈梦家谓：「辞云往边，则戍有守边之责。」」（利用汗简考释古文字，古文字研究第十五辑一四六页）

按：字當釋「邊」，卜辭均用為「邊塞」之義。

0711

㬝 𦥑

魯实先「卜辭一見𦥑字，其辭曰『比𣎆于𦥑』。桒𦥑隶定之為㬝。說文繫傳並无其字。以愚考之，所从之囟即𦤎之象形文。所从之叀枕叀之从叀，所以示叀牛之𦤎也。然則㬝当为牽之古文。案叀之古文作𠧪，正与玄及玄之古文作𠂹者相近，亦与糸及糸之古文作𠂹者相同。是以㬝之从叀，牽之从玄与䜌孿之从糸，皆所以象其可資持引之绳。夫以绳叀𦤎，則㬝必为牽字无疑矣……所谓『比𣎆于㬝』者，㬝为方名，当为春秋时卫之牽邑，即今河南濬县，密迩殷虛，实为殷人芻牧之地。」（殷契新詮之一第二六頁）

按：釋「牽」不可據。卜辭為地名。

0712

𢽵 𢽵

0713

帛 □ □

按：卜辭蓋用為人名。

考古所「帛、章：地名。」（小屯南地甲骨八六三頁）

按：卜辭云：「呼雀往于□」「……族奴人于帛……」均為地名。

合集六四六〇反
屯二九〇九

0714

□ □ □

按：合集二三五四骨臼刻辭云：「婦□示二屯」為人名。

0715

□

孙海波「□，前六・八・五。从自从肉，說文所无。王国维疑为鼻液之涕字。」（甲骨文編一六四頁）

温少峰 袁庭栋「(63)貞：帚（妇）好□隹出，疒？（前六・八・五）「□」字旧不释。按此字从自从肉，会鼻中长肉之意。可隶定为⿰月自，亦即⿰月鼻之初文。方言：「⿰月鼻，⿰月息也。」注：「謂息肉也。」集韵：「⿰月鼻，魚器切，音劓，⿰月息肉。」此辞大意为：妇好（殷王武丁之配偶）鼻中长出了息肉，是疾病吗？至今医学仍称突出于粘膜表面的增生組織团块为「息肉」，鼻息肉在中医又称为「鼻痔」，西医又称「鼻蕈」，堵塞鼻腔，妨碍呼吸，且常伴发鼻炎或鼻窦炎。(63)辞为武丁时卜辞，乃是世界上关于鼻息肉这一病例的最早记录，加之患者身份明确，故而甚可宝贵。

卜辞中又有□，或作□，□，或作□，疑当为一字，象鼻涕不止之形，或鼻中出血之形，乃鼻炎，鼻窦炎，鼻咽癌或鼻衄等病之症状。」（殷墟卜辞研究—科学技术篇三〇九页）

陈汉平 「甲骨文有□字，当释自。卜辞曰：

贞㞢疾自隹㞢害。 （乙六三八五）

贞㞢疾自不隹㞢害。 （乙六三八五）

说文：『自，鼻也。象鼻形。凡自之属皆从自。』卜辞贞『疾自』，即因鼻有疾而贞问也。

甲骨文有□字，字从自从肉。肉旁有二点。卜辞曰：

贞帚好□隹出疾 （前六・ㄧ・五）

此辞与续五・六・九：『己酉卜宾贞㞢疾匄出。』一辞辞例略同，俱有『疾』字『出』字。此辞言□复言疾，知字所指当为身体之某一部位，而与鼻有关。又息图铜器息伯禹息字作：□（金文编附录九五二页），从自从点而不从肉，与甲骨文此字形近，故知此字当释为息，盖卜贞鼻生息肉之疾，或气息之疾。又疑此字或当释鼻。」（古文字释丛出土文献研究二二四页）

按：释「䐗」可从。

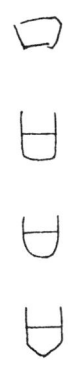

0716

□

按：字不可识，其义不详。

0717

□ □ □ □

金祥恒续文编二卷七叶收此作口。

李孝定 「说文『口人所以言食也象形凡口之属皆从口』。契文作□，正象口形。甲编一二一五作□，

亢肖。類纂類編文編文字編均失錄」。（集釋〇三四三葉）

饒宗頤 「卜辭『亡作口』（見庫方七〇三）『亡至口』（見沌乙八七〇四、十八、八二〇、十八、八二六十八八五五十八七一三）俱指興口舌之禍。大禹謨云：『唯口出好興戎』，大戴禮武王踐阼機之銘曰：『口生𠯑，口戕口』，說苑敬慎篇言金人三緘其口，戒以口生禍。故易頤卦以慎言語節飲食為訓。卜辭『作口』，為殷時成語，意指口出橫生𠯑詈之事，故卜其吉否」。（通考七〇〇葉）

饒宗頤 「『其手口』（侯家莊一三·一四）『口取貝六百』。（侯家莊一七）他辭地名有汩方（綜述葉三百引善齋藏七六）口地未詳，說文邑部有叩，『京兆藍田鄉』。不知與汩方有関否」。（通考一一二七葉）

饒宗頤說參亦字条下。

按：甲骨文口字象口形。卜辭有「疾口」之占，此乃用「口」之本義。又廩辛康丁時貞人名「口」。至於卜辭口字之另一種用法，如乙八八九二合集二二四〇五之「多口」、「又作余口千」，似相當於「人口」、「丁口」之「口」。甲骨文偏旁中之「口」，如「魯」、「唐」、「咸」、「高」、「君」、「啓」等等所从，則純屬區別符號，與「口」之本義無涉。

0718

甘 㔿

王襄 「古甘字，邯字重文。」（類纂五卷二十二葉下）

孫海波 「甘，乙一〇一〇。地名。」（甲骨文編二〇八頁）

于省吾 「說文：『甘，美也，从口含一，一道也。』按許說不足為據，而自來解者又附和之，训道为味道。甘字说文繫传以为指事，这是对的。王筠说文句读谓『以会意定指事字』，朱骏声说文通训定声谓『会意兼指事』，俞樾儿笘录以为象形。以上各说，无一可通。甲骨文甘字作甘，用作地名。甘之训美见于周代典籍。古化文甘丹（邯郸）之甘作甘。甘字的造字本义，系于口字中附加一划，作为指事字的标志，以别于口，而仍口字以为声（甘口双声）。（甲骨文字释林释古文字中附划因声指事字的一例）

按：說文：「甘，美也，从口含一，一，道也。」俞樾兒笘錄以為「許書說此字其義甚迂」。王筠說文釋例云：「恐是以會意定指事字。口是意，一則所含之物也。物則當屬形，而曰指事者，甘乃味也，味無形，故屬事。不定為何物，故以一指之。」卜辭甘為地名。

0719

羅振玉　「說文解字：『曰，詞也。从口，乙聲。亦象口出氣也。』卜辭从一不作乙，散盤亦作𠙵。晚周禮器乃有象口出氣形者。」（殷釋中五十八葉上）

楊树达　「龟甲兽骨文字卷二（柒之叁）云：『貞勿曰侯奠？』书契前编卷柒（壹贰之壹）云：『△△，卜，𡆥貞，曰雀翌乙酉至于□？』……按曰字义与谓同，勿曰侯奠，勿谓侯奠也。曰雀翌乙酉于于□，谓雀翌乙酉至于□也。」（释曰，积微居甲文说卷上二三頁）

陳夢家　「卜辭的『曰』字有兩種用法：一是一般的動詞，如

王其㞢曰多尹，若　乙八六七
勿曰之　拱五二四

『曰』義為『謂』，而『王曰』『王占曰』之『曰』則義為『說』。一是介於兩個名詞之间，表示等同的關係，如

月一正曰食麥　仆一、五
兒先且曰吹……雈子曰壹，壹弟曰攸……　庫一五〇六
帚妥子曰亯　乙四八五六
帚妥子亡若｜帚妥子曰羅若　鄴一二四〇
貞帝于東方曰析，風曰劦　拾二六一
……

此又可分為二：（甲）有動詞『叫』義，如正月叫做食麥，雈之子叫做壹，……近乎繫詞『是』；

（乙）由繫詞而發展為近乎連詞而表示同位關係者，如：『帚安子曰羅』是『君』的主詞，『東方曰析』『風曰劦』是帝的间接賓詞，……以上『曰』字的用法，和西周金文相同」。（綜述第一〇三——一〇四葉）

李孝定　「說文『曰詞也从口乙聲亦象口气出也』段注改『乙聲』以下八字為『乚象口气出也』六字，校許說為長，即篆形上亦非从乙也。惟契文作曰於口上著一短橫畫，似亦不能謂為气上出。王筠句讀云『此字屬形聲亦兼指事也。乙在口上與牟芈同法』。又釋例云『段氏刪乙聲是也，改乙為乚非也，非字者例不出曰當是以會意定指事字，其從口與牟芈從牛羊同意』，亦與乙乚同例。且既云指聲，又云象气騎牆之見，吾誰適從』。又曰『鐘鼎文曰字作曰，繹山碑猶然，是小篆未改古文。蓋曰乃指事字，非乙聲也，其所以作曰者，甘字古文有甘凵二形，故曰字以「一」記于口旁不正在口上，許君作㫚者蓋以大徐說㫚字中「一」上曲則字形茂美，漢之作小篆者偶然取之以為姿，許君即據以為說，非李斯本然』。王氏謂此為指事字殊具卓識，口上一短橫畫蓋謂詞之自口出也。曲之作乚乃書者徒逞姿媚，非篆體本然也。金文作曰毛公鼎曰頌鼎曰頌簋曰散盤曰虢季子白盤曰不嬰簋曰應公鼎曰孟鼎曰周公簋曰齊鎛曰邾公華鐘曰余義鐘曰陳侯因資鎛曰召伯簋曰陳猷釜曰𨍭侯鼎□□者沪鐘」（集釋一六〇三葉）

方述鑫　「曰，甲骨金文都作曰，小篆作㫚，和今的字形相反，象铃倒转过来，铃舌朝上，表示人摇铃将要说话。这种摇铃说话的现象至今还保留着，古籍里也有所记载。」（甲骨文口形偏旁释例，古文字研究论文集，四川大学学报丛刊第十辑二八〇页）

赵诚　「曰，甲骨文写作曰，或写作曰，从口从一，一在口，表示人说话要从口出声，为会意字，也可以看成指事字。卜辞用作虚词，则为借音字。……贞，帝于东方曰析，雚曰劦。（合二六一）……很显然，曰是表示同位关系的虚词，近似于文献的『即』，为副词。」（甲骨文虚词探索，古文字研究第十五辑二八四页）

按：說文解「曰」字殊誤，皇侃論語義疏引說文「開口吐舌謂之為曰」更屬荒誕。王筠說文釋例云：「鐘鼎文曰字作曰，嶧山碑猶然，是小篆未改古文。蓋曰乃指事字，非乙聲也。其所以作曰者，甘字古文，有甘凵二形，故曰字以一記於口旁，不正在口上。許君作㫚者，蓋如大徐說㫚字，中一上曲，則字形茂美。漢之作小篆者，偶然曲之以為姿，許君即據以為說，非李斯本然。」

0720

告 𠱓 𠱓 𠱓

王襄　「小吉記兆坼之象。」（簠考天象二葉反面）

商承祚　「小告昔讀為小吉，非也。吉作吉，此作告，即告之省。」（福考五葉）

吳其昌　「告字，父戊爵作告，戈句兵作告，田罍作告，告田父丁觶作告，告田鸜戻毀作告，小盂鼎作告，毛公鼎作告，父丁爵作告，告田鼎作告，栔告字之最初本義，碻為斧形，觀于上列諸字，顯然可見。引伸之，則為刑具。易大畜之牿，九家易作『童牛之告』，此告當即為牛之斧。說文猥云『告，牛觸人，角箸横木』，此鑿說也。告根本不从牛，其屮形乃斧之柄，與戈形之柄作ㄏ者等耳。虞翻即是受說文暗示而云『告，謂以木楅其角』，其誤一也。告為刑牲之具，故其後刑牲以祭曰告，如洛誥云『王在新邑，烝祭歲，文王騂牛一，武王騂牛一，王命作冊逸祝冊，惟告』，下略謂刑騂牛以告文武也。又如矢彝尊云『命𢓊告于周公宫』，亦謂用牲於周公之廟也。告為斧、為刑具，故又引申為慘酷之酷。斧類刑具是酷物也，猶辛類刑具令人見之為酸辛也。由祭告之義而更引申之，則為誥教，蔡邕獨斷云『告，教也』，爾雅釋詁云『誥，告也』，於是告之本義遂深埋地下，非賴遺器出土，則終不復知矣。」（金文名象疏證兵器篇）

胡厚宣　「告舊多釋吉，實誤。詳余釋告一文。」（履甲五葉十四行）

李孝定　「說文『告，牛觸人，角著横木，所以告人也。从口从牛。易曰「僮牛之告」凡告之屬皆从告』。羅振玉於牛下收𡴂字，引君告下說解以為言。羅氏似以𡴂為告，而羅氏明言𡴂為牛字，其引許書此解者，特以見𡴂角上著二横畫之意耳。𡴂當釋牿，已見前。卜辭告字與小篆告字全同，其義亦為告語，釋告無可疑。惟告字所从之牛均作屮，其下為一横畫，或並此而省之，與牛之本字作屮者竟無一相同。意者，古文於偏旁中每不拘執，故形體小譌耳。然許君解告為會意，當入口部，从口，牛聲。牛可入聲讀玉也」。徐承慶段注匡謬又痛駁其說。徐灝引戴侗說「告，龍牛口勿使犯稼」，其他諸家說者紛紜，非失之迂遠，即失之穿傅，無當意者。竊意，仍以段說為較長。然何以獨取牛聲，何以列為部首，終覺疑莫能明也。金文作告告田罍 告亞中告鼎 告亞中告簋 告沈子簋𠮛盂鼎告父癸尊均與契文及小篆相同。又卜辭習見「一告」「二告」「三告」「小告」之辭，告字作𠮛詳見文編附錄合文編十九至二一葉。舊釋吉非是。」

（集釋〇三三九葉）

李孝定「𠮛舊釋吉，非是，釋告是也。吳氏釋告為斧之象形，皮傅之論耳。且謂屮象斧柄，誠如其言，則斧刃與柄成一直線，是以斧為刺兵矣。所引洛誥文與騂牛有関者，為歲字，告則祝告之義耳。文義明白，矢彝矢尊之告亦同何由牽附。所引父丁爵，未知見於何書，寰齋所收數父丁爵均無此文𠮛是否為告字，亦不可知，未敢置評。要之，告字形既與斧不類，告之為刑具文獻又無足徵，吾人研究古文字不知，蓋闕可耳，無為徒逞臆說也。」（集釋〇三四二葉）

饒宗頤「卜辭：

□申卜，㱿貞：告……乎王章……乎王……（前編七·一·三）

㱿貞……告于……（南北無想一四三）

按『告』即『祰』。說文：『祰，告祭也。』周禮六祈二曰造。杜子春云：『造祭于祖也。』玉篇：『祰，禱也。』告即禱告。」（通考一五七至一五八葉）

饒宗頤「按通典禮十五有『告禮』一項。周制，天子將出，類乎上帝，造乎禰，太祝告，王用牲幣。大戴禮遷廟：『凡以幣告，皆執幣而告，告畢，乃奠幣于几東，小宰升，取幣埋兩階间。』蓋巡狩、遷廟、征伐諸大事，皆告于宗廟（及百神）也。」（通考九六八葉）

屈萬里「卜辭：『貞：王告𣥠戠，若？』甲編三〇〇八告，讀為誥，戒命之也。」（甲編考釋三八九葉）

方述鑫「告，甲骨文作告（粹三七四）、𠮛（粹二一）、告（乙八〇五二）、告（文八九七）等形，金文小篆作告，古文作告。下面的口形象铜铃，上面的牛屮屮屮等形象铃舌，是一个指事字。……告字的本义当是铃声使人知晓的意思，因此告可以训为言语。广雅释诂一：『告，语也』。荀子礼论注：『告，言也』。」（甲骨文口形偏旁释例，古文字研究论文集第十辑二八一至二八二页）

徐中舒「甲骨文是中国原始的古文字，造字之初，人非一人，各绘各的形，各会各的意，因而普遍产生了一字多形的现象。……如言、舌、告、音诸字，都为同义的异形字。在甲骨文中，言作[字形]，舌作[字形]，告作[字形]或[字形]。在金文中音作[字形]。此四字小篆作[字形]、[字形]、[字形]、[字形]，字形都象张口伸舌之形。舌在口中不能静止不动，言、告、音三字之上部，即舌在口中运动之形。何以知道这是舌的运动之形呢？甲骨文中有一[字形]字，象人在酒樽上张口伸舌饮酒之形，即饮字的原始象形字。将其上部倒转，即为[字形]字。言、告、舌三字在甲骨文的辞例中，都可以训为告。例：

贞[字形]疾于祖乙（京一六五〇）

贞王有[字形]祖丁正（乙四七〇八）

贞王[字形]父乙（给一四八）

在金文中言告亦通用。如：

卫以邦君厲[字形]于井白……（五祀卫鼎）

用[字形]王出入使人（伯矩鼎）

《说文》谓告「牛觸人角箸横木所以告人也」。《说文》言字「直言曰言，……从口辛声」，这是望文生义。告不是从牛；言也不是从辛，音字为后起字，盖从言孳乳而来。把这些相关的字，联系起来，并考察其辞例，就可以知道他们是同一个字的异体字。」（《怎样考释古文字》，《古文字学论集初编》一二——一四页）

周国正

「贞：㞢于上甲三宰告我匚（報）爇。《丙一一四（八）》

我们应该向上甲㞢祭三宰来（助成）向三報（？）的神灵用爇缚的因虏熏告（征战的胜利）。

贞：一宰于上甲告我匚（報）爇。《丙一一四（九）》

应该用一宰向上甲（㞢祭）来（助成）向三報（？）的祖灵用爇缚的因虏熏告（征战的胜利）。

十豛于上甲。《丙一一四（一〇）》

应该用十豛向上甲（㞢祭）。

在这组卜辞中有两组OB（上甲、三報），不过向这两组祖灵所作的宗教仪式却不是处于并列关系的。「告我報爇」这子句在一一四（八）、（九）之中毫无改动的重复出现，但对上甲所献的祭牲在种类（一一四（一〇））和数量（一一四（八）、（九））方面却改变了。这显示出「告我報爇」是已经决定了的行动，贞问的重心在于用什么（或多少）向上甲㞢祭。（一一四（一〇））之中「告我報爇」一语略去，更显出这是已决定了的「旧讯息」。）既对上甲行㞢祭又对三報（？）举行告礼这种做法可能是島邦男先生所称的「配祀」（见《殷墟卜辞研究》页二〇一）。在《礼记》中有类似的记载，可能源自商代而有所遞衍：

鲁人将有事於上帝，必先有事於頖宫；晋人将有事於河，必先有事於恶池；齐人将有事於泰山，必先有事於配林。（十三经注疏卷二四，页二）

这种「配祀」如何施行我们所知甚少，如何选「配」和两种祭祀之间的关系点是我们难以解答的问题。不过就告礼而论，辞中有些类似「配祀」的例子：

庚寅贞：其告高祖，燎于上甲三牛。　南明四七〇

辛巳卜，其告水入于上甲，祝大乙一牛，王受又。　粹一四八

癸丑卜，宾贞：酌大甲，告于祖乙一牛。八月用。　佚一一五

可见上文对一一四（六）、（九）所作的解释是有一定的可能性的。一一四（八）、（九）中的OC（即「告」的内容）並没有标明出来，如果執（㓞）的意义真是「執缚的俘虏」的话，那么所「告」的大概就是征战的胜利。中国古代时常在战胜之后举行献俘的仪式来向祖灵禀告成功。竹书纪年世俘篇中有「告以馘俘」一语（见范祥雍编古本竹书纪年卷四〇，页九）。礼记中点说：

出征，執有罪反，释奠于学，以讯馘告。（十三经注疏卷一二，页四）

与一一四（八）、（九）见于同版的有以下一条卜辞：

甲辰卜，争贞：我伐马方，帝受我又。　丙一一四（七）

可以支持我们对告礼内容的推断。」（卜辞两种祭祀动词的语法特征及有关句子的语法分析古文字学论集初编二六一——二六三页）

姚孝遂　肖丁　「卜辞『告』之内容大体可分为二类：一为祭告，其对象为神祖，如『告疾于且丁』（前1.12.5），『于大甲告吕方出』（後上29.14），『告秋于河』（佚625）等々。一为臣属之报告，如『戠其来告』（乙4578），『翌辛丑出告麦』（前4.40.7），『犬中告麋』（粹935）等々。臣属之報告内容多为有关田獵之情報及敌警等。凡称『告曰』者，均为臣属之報告，无例外。」（小屯南地甲骨考释一五八页）

徐锡台　「『告』，即郜字，为方国名，如殷墟卜辞云：『己酉卜，告方于父乙』（甲八五一）；『甲申……于河告方来』（后上六.五）。……告国地望可能在今河南汝水一带，今汝南有告地名。」（周原十篇重要卜辞考释中国语文研究第八期五页）

林政华　「壬午☐，贞：亡☐糸？三告。　甲二六〇

三告。　甲三六四八

卜辭此语多置於辭末，或於卜兆之旁独契之。屈师翼鹏考之，释云：

三告之[古文字]字，其形与二[古文字]、小[古文字]之[古文字]字不同，其义亦自殊異。此二字盖记事之辭，言灼卜三次乃见坼璺而告以吉凶也。

说似可从。」（甲骨文成语集释上，文物与考古研究第一辑五五至五六页）

黄沛荣说参[古文字]字条下。

伍士謙释告参舌字条下

按：關於告字的形體，許慎「牛觸人，角箸横木，所以告人也」之説，歷代學者多已疑之。甲骨文告字均不从牛，蓋以从「屮」者與牛字形近致誤。娄世榦説文校案告字條下云：「告字自來多不得其解，竊謂告字亦从舌加丨於上，殆即箸告人之象乎？」可備一説。張文虎舒藝室隨筆、陳詩庭讀説文證疑均以用牛告神故从牛説之，皆據譌誤之形體立説，未免臆測。至於吳其昌謂告象斧形，為刑牲之具，牽强附會，不可信。

舌 [古文字] [古文字] [古文字]

孫詒讓　「[古文字]疑亦香（[古文字]）之變體。」（舉例下十二葉下）

葉玉森　「按本辭若讀為『舌母庚』似覺不適，予疑古者字，即諸，殆貞諸母庚也。他辭云『貞口[古文字]妣乙弗其☐』（藏九四、四）則貞諸妣乙也。」（前釋一卷九十九葉背）

余永梁　「案此舌字。説文『舌在口所以言也別味也从干口干亦聲』」（國學論叢第一卷第四號殷虛文字續考一）

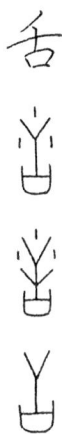

于省吾　「孫説非是，余釋為舌是也，葉疑為古者字誤矣。[古文字]字有點，象錫物之殘靡。然上端歧出，何以象舌形，舊均無解。説文以為从干口，干亦聲。易象形為形聲，已失造字本真。山海經海外南經：『歧舌國在其東。』郭注：『其人舌皆歧，或云支舌也。』郝氏箋疏云：『支舌即歧舌也。爾雅釋地云「枳首蛇」，即歧首蛇。岐一作枝，枝支古字通也。又支與反字形

相近。淮南墬形訓有反舌民，高誘注云：「語不可知，而自相曉。」又注呂氏春秋功名篇云：「一說南方有反舌國，舌本在前，末倒向喉，故曰反舌。」是支舌古本作反舌也。」按鄒說是也。郭氏謂支舌古本作反舌非是。支舌謂舌端岐出，作反舌者，或支譌為反，或以其岐出異常，因而云然。前四、五五、四有舌字，八、四、三作舌，象伸舌於口外之形。續四有歠字作㱃，象人俯首伸舌於酒器之形，此乃歠之初文。稍晚則加今為聲母矣。葉玉森不知其為舌形，謂象戴胄之人，俯首向下形，失之。金文舌字商器舌鼎作舌，舌觚作舌。周器盂鼎酓字从舌作舌。小篆作舌。小篆作舌，上亦岐出，猶與初文不相違也。續五、十七、三：「疒舌，隹㞢乍？」「疒舌」與他辭「疒齒」語例相仿。其餘舌字多為祭名。前一、二九、三：「舌母庚」，六、三四、五：「王㞢舌鼎𪔂。」後上二四、十：「乎舌酌丂。」粹五十：「王另舌丂。」舌祭當於周代何祭，未詳其義。吳其昌謂舌即說文䑙之本字（解詁六續），亦未塙也。一說舌古亦讀他念切，與禫字通。然與經傳禫祭之意義，迥不相同也。」（駢續十六葉釋舌）

吳其昌

「舌」者，蓋亦殷代祭典之一種，而推源其夙，則當為「䑙」字也。其字或作舌（前一、二九、三，㦰九四、四，前六、九、二，續六、一〇、六等）略減消之，則或作舌，（鐵一〇二、一，前四、一三、五，續五、一七、三）更減消之則或作舌，（續五、一〇、七）略增益之則或作舌，（前六、三四、五）或作舌（燕八）。由此舌形而減之則或舌，（後二、一〇、三）則已為小篆从干从口之舌（舌）字矣。卜辭云：「㞢痛舌！」（後二、一〇、三）又云：「甲辰卜，㞢貞，痛舌，隹㞢𡆥。」（續五、一七、三）皆與「痛齒」之語絕同，謂病在舌也。此足證舌字之碻為「舌」字，亦足證舌、舌，狀雖微異而碻為一字矣。然既加⺀、⺌，或八或⺌，或⺌⺌，此⺀、⺌、⺌⺌諸形，皆所以狀水點，此「舌」字何以什九須增从「水」耶？又「舌」字何以而演為祭名耶？按：此蓋即說文「䑙」字之本字也。說文舌部「䑙，歠也。从舌，沓聲。」「他合切」。蓋「舌」，實即「沝」之後增耳。从舌从水，是飲歠之義也。故說文云：「歠也。」「酒醴于鬼神，而祈其來歆來歠，是祭也。故卜辭中以舌為祭名之一種，固至宜矣。卜辭云：「貞，彡舌沝。」（鐵九四、四）又云：「彡舌」。（鐵一〇二、一）又云：「貞彡舌。」（燕八）及本片（指前一、二九、三）之「舌母庚。」皆舌字碻為祭名之證，亦即舌字碻為䑙字之證也。此字音讀既當為「他合切」，其後之同聲紐、同意義者，如「徒敢切」之「啖」，「徒濫切」之「啗」，似皆从此舌字聲變而來。故廣雅釋詁一：「啖，食也。」說文口部：「啗，食也。」（按：二「食也」之「食」並讀為「飼」）國語晉語二：「優施起舞云：『主孟啗我！』」謂里克妻宴饗之也。漢書王吉傳：「吉婦取棗以啖吉」，顏籀注：「啖，謂使食之。」則啗啖之意，皆為使他人食，然則為獻饗，卑則為施食也。卜辭以舌為祭禮，正謂獻饗于祖宗矣。詩云：「神嗜飲食」，又云：「為酒為醴，烝畀祖妣」，其舌之謂歟。（此字从舌从水，本當作「活」字。但後來「死活」之活字實从「昏」从「水」，乃水流聲之「洛」字假為之也。大抵漢時人欲使此字與隸寫之「活」字有別，故轉寫从「舌」从「昏」之「𠯑」也。）」（殷虛書契解詁第三一四——三一五葉）

朱芳圃 文字編三卷二葉下收此為「言」字。

楊樹達 「藏龜九四葉之四云：『貞勿舌河？』又百二葉之一云：『勿舌？』按辭云勿舌，以舌為動字，又云舌河，舌與河義不相承，頗為難解，余熟思之，舌蓋假為涉也。他辭云勿涉河。（藏龜一二葉二版）又云『其涉河？』（九十九葉六版）『虎方其涉河東狀？』（三十六葉之六）甲文固屢用本字之涉矣，此復假舌為之者，卜辭往往本字與借字雜用，有蠱或云有古，喪明或云喪黽，祭牲之羴或云矢，皆其比也。」（卜辭求義十六葉）

孫海波 「𠯑，甲三七一八。疑舌字。」（甲骨文編六·六三頁）

孫海波 「⿰水舌，坊間三·三五。疑与𠯑为一字。」（甲骨文編六·八三頁）

李孝定 「說文：『舌在口所以言也別味也从干从口干亦聲』。契文作上出諸形，為象形字，其字形與小篆猶相近似，許君以形聲說之，非是。惟是字何以獨取象岐舌則不可解。岐舌國之說雖見諸載籍，而實無有也。物類之中惟蛇信岐出，意者先哲造字或於此稀見者取象乎。于氏从余永梁之說而復加以推闡，並謂卜辭用此為祭名，說皆可从。楊氏謂當讀為涉，於『舌河』『勿舌河』諸辭固可通讀，而於『舌母庚』一辭則無由索解，不如于說之允當也。朱書收此為『言』字，非是。」（集釋〇六八一葉）

朱芳圃 「字从米，（一作丫丫，省作丫米，）从𠙵。米象平燃燒時火光四射之形，當為𤆍之初文。說文火部：『𤆍，小熱也。从火，干聲。』考干為丫之形誤，火為⺌之演變。𠙵為附加之形符。字之結構，與𠯑、舌同。孳乳為⿰炎舌，說文炎部：『⿰炎舌，火光也。从言，舌聲。』為燂，說文火部：『燂，火熱也。从火，覃聲。』為⿰炎占，說文炎部：『⿰炎占，火行也。从炎，占聲。』為燄，說文炎部：『燄，火行微燄燄也。从炎，臽聲。』一作燗，說文火部：『燗，火燗燗也。（今本作火門也。茲依六書故引唐本說文改正。）从火，閻聲。』玉篇火部：『燗，火焰也。』焰即燗之俗字。對轉孳乳為爚，說文火部：『爚，火光也。（今本作火飛，茲依文選景福殿賦、琴賦注引改。）从火，龠聲。一曰，熱也。』為燿，說文火部：

「爗，明也。从火，翟聲。」

又按𠚤在卜辭中用為祭名，如「庚辰卜𠚤母庚，」（前一·二九·三）「貞王𠚤父乙，」（殷綴一四八）是其證。从聲類求之，當為禴之本字。夾與禴，古讀定紐雙聲，侵緝對轉。易萃六二：「孚乃利用禴，」虞注：「禴，夏祭也。」王注：「禴，殷春祭名也。四時祭之省者也。」釋文：「禴，殷春祭名。馬、王肅同。鄭云夏祭名。蜀才作躍，劉作爚。」又既濟九五：「東鄰殺牛，不如西鄰之禴祭，實受其福，」虞注：「禴，夏祭也。」王注：「牛，祭之盛者也。禴，祭之薄者也。」一作礿，爾雅釋詁：「禴，祭也。」釋文：「禴字又作礿，同。夏祭名。」釋天：「夏祭曰礿。」釋文：「礿，本或作禴，字同。」說文示部：「礿，夏祭名也。从示，勺聲。」（殷周文字釋叢，卷上，第三十三葉三十四葉）

饒宗頤　「卜辭𠚤、𠯑字，余永梁釋舌（殷虛文字續考）于省吾從之。以商𤬪舌鼎及舌瓜作𠚤，周器盂鼎𨡬字从舌作𠯑證之是也。舌有數義：

一為口舌之舌：

甲辰卜，古貞：疾𠯑隹㞢𡆥。（戩壽三四·六）

貞疾舌犬于妣庚。（福氏二六）

疒（疾）舌謂舌有疾也，他辭云：「多舌亡囚，」「多口亡囚。」（佗乙八八九二）則祝口舌之吉也。

二為祭名

貞勿𠚤河弗其……（鐵九四·四）

勿𠚤且辛（六錄東四〇）

貞王𠚤父乙（佗乙一四一九十一四一八）

庚辰卜古貞𠚤母庚（前編一·二九·三）

按舌讀為祮，即䄑字。集韻「祮，報神祭也，本作䄑。」說文「䄑，祀也。」凡言舌某先王先妣，皆謂祮祭。有言舌𢦔者：

丁亥卜亘貞王𠚤𢦔于……（佗乙三八一一）

周禮「女祝掌禬禳之事」，鄭注「除災害曰禬，禬猶刮去也。」是舌可通禬，舌𢦔者，刮除𢦔害之意也。故勿祥則舌以禳之：

貞王曰之𠚤　勿酋曰之𠚤若（佗乙七一二二）

又有夢亦舌以禳之：

辛亥卜古貞王夢㞢𠚤隹之……（佚存九八）

舌之繁形又作禯：

……方（貞）……王禯龍告（于）……（拾掇二、一六一）

禯字从示从舌从丮，義為禱祀，即栝字無疑。

他辭亦言㞢舌，其否定語曰：亡舌，勿舌：

貞王㞢舌……（屯乙八〇五二）

……貞王㞢舌冐……（前編六、三四、五）

貞……聞㞢舌（續編五、一〇、七）

……

貞亡舌（屯乙三二九九）

勿舌（鐵九四、四，粹編五〇）

又言允舌及舌正：

貞允舌王（屯乙四五五〇）

癸丑卜爭貞㞢豕于娥羽舌正（遺珠七九〇）

右辭多殘缺，舌字皆為祭名，明為栝為禬。

三為人名：

貞叀臣舌令戈隻（前編六、九、二）

丙子卜殼貞乎舌酒河來三豕三羊卯五牛（後編上二四、一〇）

王固曰隹旬舌叀不生（屯乙二二八八）

上引諸辭之舌字，須解為人名，義始通暢。殷器有舌父己毁，舌鼎，舌爵，（鄴中片羽二集上）疑即舌之遺物。

四為从舌之字：

蟲：

……其蟲（屯乙六〇七三）蟲（屯乙五七七一）

此字从舌从蚰，隸定宜作蟲，乃動詞，或栝之繁形。

硈：

貞王硈疒隹㞢古（故）（屯甲三〇八〇）

胡厚宣謂居，為舌之別體。然其字从石从舌，石古祏字，从示與祏取義相近，則硈殆栝字矣。辭云：硈疾，亦禳栝之意，不宜逕目為舌字。」（巴黎所見甲骨錄三二——三四葉）

伍士謙「其实舌、言、告、音等字俱為同源之字。都是从舌之字。說文『舌，在口所以言也，别味也，从干从口，干亦声。』這个說法，是望文生义。我们認為舌形，即第一例罰字之吴之倒置，即木鐸之舌。舌形何以成為Y形或Ұ形。吾友常正光同志以為鐸即以后之鈴，以前有些古廟簷下掛的風鈴，遇風則舌左右摇擺，使鈴发声，人大即象鈴舌摇擺之狀。此說甚確。第二例形舌形更為顯著。以後省形為𠕁，即今字也。……舌字，仍是木鐸之形，屮像木鐸之舌。言字，亦然。……故言亦木鐸之形。甲骨作Ұ、Ұ、Ұ，金文作Ұ，亦鐸舌之形也。」（甲骨文考释六則 古文字研究論文集九一頁至九二頁）

徐中舒说参凷字条下。

按：字當釋舌，于先生已詳論之。卜辭多用為祭名。所引續五·一七·四「疒舌，隹有它」，此例為卜辭所僅見。島邦男殷墟卜辭綜類摹寫作凷，實誤。此片與續六·一五·二、鐵三四·四重出，其旁為小點，原形當作凷，為舌字無疑。楊樹達讀舌為涉，蓋不明「河」在卜辭中有二義，一為河水，一為先祖之名，是以致誤。

說文謂舌字「从干从口，干亦聲」。徐鍇進一步加以解釋，謂「凡物入口，必干于舌，故从干。」純屬想當然之辭。實則舌本象舌出於口之形，不从干。參見「飲」字條下。

饒宗頤讀祭名之「舌」為「括」，並旁及諸从「舌」之字，詳加申論，其意見是對的。

言

葉玉森

「按郭氏謂Y Y象簫管，口以吹之，接爾雅大簫謂之言。予思古有人類即有語言，先指造字似應先造言語之言。釋文本『大簫謂之言』之言作管，則言其省段。曰象吹簫必非朔誼，且口在Y下，何能象吹？觀卜辭侖字作龠，下象編管，上象覆口，吹意自顯。如先指造言字象吹簫，則口字必倒覆於上作令令方合。又按卜辭貞月諸辭，例如『今月盜』『今月亡庚』，『今月亡囚』，『今月亡來囏』等，今月下必繫吉凶之習語。殷虛卜辭內屢見『今月⊗吾』之辭，則⊗吾二字非吉語即凶孫。是卜辭言字非大簫之證。因疑卜辭吉字作𠮷，乃从倒辛从口，吾字則从辛从口。說文『辛，辠也』。先指造言字，即主慎言。出諸口即獲愆，乃言字本誼。納諸口即無愆，乃吉字本誼。揚繫辭傳云『吉人辭寡』，似吉之為象亦主慎言。先指造字法或以倒辛表示與辛相反之意，猶徐鍇說長之从倒亡，曰『倒亡不亡，長久之義也』。金文旅鼎之𠮷，舍敦之𠮷，猶象从倒辛形。卜辭嬗變愈奇，朔誼益晦。觀量作賓吉之演變繫統表可知矣。」

（前釋五卷二十四葉）

于省吾「言音初本同名，後岐為二。吳大澂謂：『古謹字从音，六國時字，音言互用也。』（古籀補）其證一也。羅振玉說戠字云：『說文解字：「戠闕，从戈从音。」此从言，古金文識幟諸字，皆如此作。趩尊「錫趩戠衣」，文作𢦏，格伯敦作𢧵，吳中丞以為識字。一从音，與許書同。一从言，與卜辭同。古从言从音殆通用不別。』（增訂考釋中五九）其證二也。郭沫若云：『考言音古本同類字。如許書言从口辛聲，音从言含一。字於古金文中每相通用，如王孫鐘之「中龢盧鴋」，沇兒鐘作「中龢盧鴋」，字雖不識，然同是一字，而一从言作，一从音作。』（甲研釋龢言）其證三也。秦公鐘『其音銑＝』，音字作音。古璽文字徵三、一，言字作音，亦作音。其證四也。墨子非樂上：『黃言孔章。』即『黃音孔章』。詳墨子新證。呂氏春秋順說：『而言之與響。』即如音之與響也。聽言：『其與人穀言也。』莊子齊物論穀言作穀音。詳呂氏春秋新證。其證五也。由以上五證觀之，可知言音古本同字。蓋古文於字畫空隙處，加點或小橫為飾，多無意義之可言。後以言音用途有別，遂分化為二矣。言音既為同字，囟言王及王囟言之言，即古音字。以詞例考之，應讀作歆。詩生民：『履帝武敏歆。』傳：『歆饗。』左僖三十一年傳：『不歆其祀。』注：『歆猶饗也。』國語周語：『王歆太牢。』傳：『歆饗也。』說文：『歆，神食氣也。从欠音聲。』歆之作音，猶古文歆亦省作酓也。再以金文證之。弭仲簠：『音王賓，』即歆王賓也。伯矩鼎：『用言王出內史〈使〉人。』言亦應讀作歆，謂作器以歆饗王之出入使人也。衛鼎：『乃用鄉王出入吏人。』小子生尊：『用鄉出內吏人。』宅毀：『其萬年用鄉出入。』鄉古饗字，詞例同。凡此皆可為言同音讀歆訓饗之證。又商器𠭰卣：『孫子用言出入。』即孫子用歆王出入使人之省語也。後下四一、九：『言多亞。』言作音，猶格伯毀戠字从言作音。左右从一點與从二點一也。聏毀：『王酓多亞。』酓即飲，飲猶歆也。言多亞與飲多亞，文義詞例並相仿。卜辭亦有言鄉者。前一、三六、二：『庚辰卜，大貞，來丁亥，其苹丁于大室，弜丁西鄉。』西作由，西鄉應讀為西饗。前四、二一、六：『叀王鄉，貞，弜隹王自鄉。』後上五、五：『己丑卜，告于父丁，口鄉宗。』是稱鄉猶稱歆也。……卜辭曰今夕西歆王，曰今夕王西歆，曰西鄉，曰西亦，所云西者，均謂西宗也。由是可證今夕西歆王者，言今夕王祭於西宗而禘歆其祀也。」（駢續三十葉下至三十三葉上）

李孝定「說文『言，直言曰言，論難曰語。从口辛聲。』契文作𠮷若𠮷，釋言無可疑。郭引沵浞大蕭曰言以為言之朔誼，說有可商，葉氏既言之矣。惟葉氏引卜辭吉从倒辛从口，言則从辛从口，以謂先哲造字即主慎言，出諸口即獲愆，乃言字本誼，其說亦屬牽傅少當。蓋吉之作𠮷僅其一體，非謂納諸口即無愆也，（前吉字本條詳下）安得以言吉對文說之乎。竊謂言字說解，但謂从口辛聲足矣。于氏引羅郭諸家之說，謹言音同字，並謂音可讀為歆。其說是也。惟謂卜辭之「西言王」或「王西言」者乃王祭於西宗而神靈格饗，亦蹈僖字解經之誤。蓋謂西示即西宗是也，單一西字何以知其為西宗。謂言讀為歆訊饗，是也，單一言字何以知其為神靈格饗。且全句之中未見主動詞「祭」之痕迹，即謂契文尚簡，亦必不若是其甚也。金文作言伯矩鼎言禹比盨言教自言楚王領鐘與契文同。」（集釋〇七四三葉）

屈萬里釋卜辭「叀今夕其用言？」（甲編四九九）云：「言，與粹編三八八片：『貞：求乙辛，其言日酒』之言字，義蓋相似。（燼研（三二九葉））以為祭儀。按：爾雅釋樂：『大簫謂之言』。本辭言字，殆即此義。」（甲編考釋七六葉）

李孝定「說文：『音，聲也。生於心，有節於外，謂之音。宮商角徵羽，聲也；絲竹金石匏土革木，音也。从言含一。』甲骨金文言音同文，不从一。言字重文，說詳前龢字及言字條下。」（集釋〇七五九葉）

于省吾「言与音初本同名，后世以用各有当，遂分化为二。周代古文字言与音之互作常见（详吴大澂说文古籀补三、三，罗振玉增考中五九，郭沫若甲研释龢言）。先秦典籍亦有言音通用者，例如：墨子非乐上之「黄言孔章」，即「簧音孔章」。吕览顺说之「而（读如）言之与响」，即「如音之与响」。又听言之「其与人彀言也」，庄子齐物论，彀言作彀音（以上详诸子新证）。甲骨文之「言其出疒」（掇三三五），「出疒言」（后下一〇、三）二言字应读作音。音其出疒与出疒音，指喉音之临将嘶哑言之。旧读如言字，失之。又甲骨文称：「口口卜，子𨍭言多亚。」（后下四一、九）「贞，王出言且丁，正。」（乙四七〇八）「贞，𢆉乙辛，其言日彭。」（粹三八八）以上三条言字均应读作音，音与歆通。音之通歆，犹古文字酓之亦作歆。左传僖三十一年之「不歆其祀」，杜注谓：「歆，犹飨也。」国语周语之「王歆太牢」，韦注谓：「歆，飨也。」再以周代金文证之，弭仲簠之「音王宾」，即歆王宾也。伯矩鼎之「用言王出内（入）使人」，言字亦应读作音通歆，然则甲骨文言之通音，音字有时亦读为歆，均脗合无间。」（释言，甲骨文字释林八七至八八页）

于省吾「说文：『言，直言曰言，论难曰语，从口辛声。』又：『音，声也。……从言含一。』按甲骨文言字作言，在偏旁中则作▽或言（详释设）。许氏误认为形声字。甲骨文有言无音。西周金文音字作音，与言字作言者互用无别，后来由于用各有当，因而分化。音字的造字本义，系于言字下部的口字中附加一个小横划，作为指事字的标志，以别于言，而仍因言字以为声（言音古通用，详鄂君启节考释）。」（甲骨文字释林释古文字中附划因声指事字的一例）

徐锡台「病音（即言字），见殷墟卜辞云：『贞，音其有病』（掇一．三三五）。『音与瘖同，如唐韵：『于今切』；集韵、韵会：『于今切』；正韵：『于禽切，并音音』；说文：『不能言也。从疒音声』；释名：『瘖，唵然无声也』；广韵：『瘖，哑』，文子曰：『皋陶瘖』。礼记王制篇：『瘖聋跛』；释名释疾病：『瘖者失青也』。史记扁鹊仓公列传：『臣意尝诊，安阳武都里成开方，开方自言以为不病，臣意以为病苦沓风，三岁四肢不能自用，使人瘖，瘖即死。今闻其四肢不能用，瘖而未死也，病得之数饮酒以见大风。所以知成开病者，诊之其脉法奇咳言曰：藏气相反者死，切之，得肾反肺，法曰，三岁死也』。集韵引徐广曰：『作沓，才亦反』。索隐：『瘖者，失青也。读如音，又作瘖。瘖者，置也，言使人遇置其一手足也』；国语晋语：『……：瘖不可使言』；素问奇病论：『人有重身，九月而瘖』。按『病音』，即患咽喉系统疾病也。」（殷墟出土的一些病类卜辞考释，殷都学刊一九八五年第一期九页）

徐中舒说参出字条下。

按：說文以為言「从口辛聲」，非是。鄭樵六書略謂「言从二从舌，二，古文上字，自舌上而出者言也。」其說近是。言之初形从舌，加一於上，示言出於舌，為指事字。鄭氏謂从「上」，以為會意字，乃據小篆立說，殊有未當。

0723

□

按：合集九〇六八辭云：「甲子……殻皂其以□」當為方國名。

0724 ⿰酉言

按：合集六〇五七反「王步自⿰虘戈于⿰酉言」為地名。

0725 ⿰言寻

按：合集四五五二辭云：「癸巳卜，王貞，⿰言寻往來亡……」為地名。

0726 ⿰大言

按：字不可識，其義不詳。

0727

按：合集二七六三九辭云：「貞，又子□」為人名。

0728

按：字不可識，其義不詳。

甾載由𠙹

孫詒讓 「𠙹……由……諦案之，實即一字。以『𠙹曰』及『由𠕇曰』之文推之，似是占者之名。但其字說文未見，（金文有𠙹作父乙觶𠙹，舊釋為甘，亦無確證）竊疑當為由字。說文無由篆而有由聲，金文如遽彝胄字作𦉢，盂鼎別器胄字作𦉢，偏旁由字，並與此相近，」（舉例下卅四葉）

郭沫若 「𠙹即古字。說文云『古，故也，从十口。』此正从十口，古王事者，當即勤勞王事之意，乃卜辭成語。詩亦屢言『王事靡盬』，古必盬之初字。」（甲研釋寇第二葉）

郭沫若 「由當是目不視之意，疑是古字，中畫筆誤，過於延長。古讀為瞽，『目瞽車馬』謂目無車馬也。」（卜通一五八葉上七三五片—即菁釋文）

金祖同 「古（𠙹）謂盬王事也。」（遺珠二葉下八片釋文）

于省吾 「卜辭由字習見，亦作𠙹𠙹由甾等形，孫詒讓疑為由字。郭沫若云：『𠙹即古字。』……按孫說近是，郭說殊誤。卜辭第一期貞人名有𠙹字，唐蘭釋古，並引亞古父己盉古字作𠙹，盂鼎古字作𠙹，婦闢鼎姑字作䀆為證，謂古字本从毌聲。（導論下四十）按唐氏釋是也。古字不从十，自周初以前，十字無作十十申者。古玉銘為晚周器，固字从古猶作𠙹，可資佐證。古然則釋由為古，於初文遞嬗之迹不相銜也。由即今甾字。古文甾由二字形音並相近。蓋初本同字，後歧為二。卜辭𢿘，即嬴霝悳殷之𣂑字，从由从甾一也，（詳駢枝）契文陟字从甾作由，𢍰字从甾作由，聘爵聘字从甾作由，番生毁甹字从甾作由，毛公鼎甾字从甾作甾，頌齋吉金續錄有子陟衎甾，甾作由，弓鎛淄澑之淄作𠚑，从水从二甾，一倒一正。前四、十三、五有𡿧字，疑即𠚑之初文。要之，甾字由由孳演為由為由。說文：『甾，東楚名缶曰甾。』由字既為甾之初文，契文甾王事之甾，應讀為載。載从才聲，从才从甾之字，古每音近通用。如載之通觀，紂之通緇，（詳已釋駢枝）詩大田：『俶載南畝。』箋：『載讀為菑，栗之菑。』漢書地理志：『梁國甾縣，故戴國。』按左氏公穀隱十年經，戴均作載，是甾即載也。書皋陶謨：『載采采。』偽傳：『載行采事也。』荀子榮辱：『使人載其事而各得其宜。』注：『載行也，任之也。』然則契文之『甾王事』，即載王事，言行王事也。前八、十四、二：『甾朕事。』即載朕事，言行我之事也。師訇毁：『鄉女彶纯卹周邦，妥立余小子，𩰫乃事。』𩰫應讀作載。吳大澂字說謂石鼓文𩰫西𩰫北，假𩰫為載。夜君鼎文之載鼎，假載為𩰫是也。說文𩰫讀若載，乃汝之也。載乃事，謂行女之事也。是金文之「載乃事」、與𧩪之「載采之」，𧩪子之「載其事」，契文之「載王事」、「載朕事」，語例正同。續五·三一·三：「行留王事。」行人名，言行行王事也。甲二·十一·十七：「行弗其留王事。」言行弗其行王事也。前八·十一·四：「茲若」。言行則順也。粹一五四五：「留亡囚」。言行亡囚也。殷契卜辭六：「不其留」，即不其行也。續三·二八·七：「王其令官不每，克留王令。」言克行王令也。嘗見墨本：「臭攴留王事」，謂臭始行王事也。言攴猶言肇，乃古人語例，金文習見。大龜四版第二版：「乃令由事。」由即留，言乃令行事也。續三·十三·一：「留戔四丰方。」即載踐四封方也。載為語詞。此文缺刻橫畫。留字原作凷，郭沫若誤釋為古，續一·一：「留來于夒。」即載來于夒。載亦係語詞。續三：小臣留車馬。說文：「載乘也。」廣雅釋詁：「載乘也。」小臣載車馬者，言小臣乘車馬也。郭沫若古代銘刻彙考釋畣亩引張丹斧所贈卜辭拓本：「戊戌貞，又敉（敉）于片，攸侯凷畣。（攸作㳒，乃攸字，非伊字。同版伊字作㳒，二字有別。）卓敉于義，攸侯凷畣。」郭謂張釋古畣為故鄙，至當。按釋故鄙誤矣。凷乃留字，為攸侯之名。攸侯留猶宮侯虎、攸侯喜、杞侯炽之比矣。片與義係地名，言在攸侯留之邊鄙也。攸侯喜見於晚期卜辭，則喜當為留之子孫。明二九九五：「王來正人方，在攸侯喜畣，永。」（見集刊六本三分五等爵在殷商文內所引）此言攸侯喜畣，尤可證成攸侯留畣之留為攸侯之名矣。前二·三八·二及二·三八·二，係晚期卜辭，均有「田留」之語，留作𡆧，為地名。要之，凷甶由𡆧為留之初文，自地名人名外，留讀為載，訓行訓乘訓語詞，均脗合無間矣。」（駢續三十九葉下釋留）

楊樹达　「以义求之，释叶者是也。」（卜辞求义五八頁下）

楊树达　「字当释叶，協字同。」（積微居甲文说六三頁）

楊树达　「卜辞通纂五三八片云：「貞令多子族从犬眔亩𦰩，凷王事？」其他辞屡見凷王事之语，凷字从十从口，或释为古而读为盬，或释为叶。余谓释叶者是也。周礼春官大史云：「大祭祀，与执事卜日，戒及宿之日，与群执事读礼书而協事。」又云：「大同朝觐，以书協礼事」，協事，協礼事，与甲文句例同。協叶字同，说文劦部協或作叶，是也。」（凷王事，卜辞琐记三页）

孙海波　「凷，乙四二。郭沫若释古，讀为詩王事靡盬之盬。凷，續三·四三·二。貞人名。」

由，京津二二四二．人名。

山，甲三三三八．由或作山．朱山王事。」（甲骨文編六．六二頁）

陳夢家

「甾字應從于省吾所釋為載字，言行王之事行我之事（騈枝二：三九——四二）。甲三三三八『吴甾王事——吴弗其甾』，可證甾為動詞。卜辭於卜征伐後言『甾王事』，則征伐為王事之一。」（綜述三一七葉）

李孝定

「說文『古，故也。从十口，識前言者也。𠕋，古文古』。栔文正从十口。郭釋古，謂卜辭習見『古王事』即詩『王事靡盬』之盬之初字，其說是也。于氏釋甾，蓋偶不察耳。按于氏所舉山出由甾四形，前二者當釋古，後二者當釋甾。栔文『古王事』之辭其字皆作山若由，無作由甾形者，二者實非一字。說文『東楚名缶曰甾』。甾為容器，作山若由無所取象也。于引地理志『甾縣故戴國』者，以戴从異，而異从甾音同故也。（說詳異下）左氏公穀隱十年經戴均作載，以戴載義近之故。于氏據此謂『甾即載也』，亦嫌費解。實則甾才音近，謂甾讀為載可已，不能謂甾即載也。屈氏从孫說釋由，按由即甾字，（說詳王國維觀堂集林卷六釋由）於栔文作甾若由。古文四聲韻及汗簡成書較晚，所引古文當有譌変也。楊氏引甲編三〇八〇一辭其字作𠙹，庫方一五一辭字作山，並釋為古，於由則釋為叶，實則二者辭例全同，當是一字。如『丙戌卜爭貞擊不作嬰山王事』前六、十八、一字作山，『貞行弗其出王事』甲二二十一、十七字作出，『勿出国事』鐵一二三、三字作出，『行出』『貞行出王事』後下二五、十二字亦作出，可證也。楊釋有古為有蠱可从。又引殷栔卜辭四〇九云『貞王疒不隹𡆥』與『隹有古』辭例全同，可為山當釋古之一證。至于引唐蘭釋𠙹為古以證山之不當釋古，按金文古及从古之字如師旂鼎古字作𠙹，婦姑鼎姑字作𡛷，姑馮句鑃姑字作𡛷，復公子盨姑字作姑，字均从十口，與栔文小篆並同。唐氏獨引婦闟鼎姑字異構作𡛷者以證古字當从毌不从十，則將置前舉數例於何地。于氏更从而張大其說，此均以偏概全之蔽也，（本編仍收𠙹作𠙹以為說文所無字入口部末）至金文古字或作𠙹若𠙹者，均由▮形衍変，（｜衍為┿，┿衍為┿，更衍為十）字固非从毌也。」

（集釋〇七〇八葉）

饒宗頤

「山王事，殷時成語，茲再補釋之。或讀『盬王事』，又或釋叶。此字从口从十，以叶為是。說文叶即協之或體。周禮『協辭命』，故書作『叶』。大戴禮誥志：『虞汁月』。堯典稱：『協時月正日。』周禮太史云：『與羣執事，讀禮書，而協事。』俱『叶』『協』一字之證。協王事者，周語上言料民之事云：『司民協孤終，司商協名姓，司徒協旅，司寇協姦，牧協職，工協革，場協入，廩協出，于是乎又審之以事。』是即協之義也。」（通考三〇九）

三一〇葉）

饒宗頤　「叶字作𠙵，與『叶王事』之『叶』形同。陳夢家釋由，未確。叶向被目為文武丁時人，當移于武丁為是。」（通考七四七葉）

屈萬里　「𠙵王事之語，卜辭習見。楊樹達卜辭求義（五八葉）云：『𠙵字从十从口，戠釋為古，戠釋為叶；古叶二字並从口从十，說皆可通。以義求之，釋叶者是也。知者，周禮太史云：「與羣執事讀禮書而協事。」說文十三篇下劦部協或作叶。則卜辭云叶王事，與周禮之協事正是同一事也。』按楊說似是而實未的。蓋汗簡及古文四聲韻並有迪字作𠙵，以證本編二三六九之𠙵乃迪字（彼片說見）。𠙵乃迪之偏旁，知其實為由字也。方言六：『由，輔也；燕之北鄙曰由。』又廣雅釋詁二：『由，助也。』然則『由王事』者乃輔助王事也。」（甲釋二六六片釋文）

屈萬里　「𠙵王事之語，卜辭習見。（中引楊樹達釋叶）……汗簡及古文四聲韻並有迪字作𠙵，以證甲編二三六九之𠙵乃迪字（說見該片考釋）。𠙵乃迪之偏旁，知其實為由字也。方言六：『由，輔也；燕之北鄙曰由。』又廣雅釋詁二：『由，助也。』然則『由王史』者，乃輔助王事也。」（甲編考釋三三九葉）

張秉权　「𠙵，从十从口，是古字。古在甲骨文中的用法有二：一，作為动詞之用，如卜辭常見的語詞『古王史』之古，史即事字，『古王史』即古王事，有人以為即『王事靡盬』的盬字作勤劳解，其实古字的本身，就有『治』与『為』的意思，說文：『古，故也。』『故』，使為之也』。尔雅释詁：『治，肆，古，故也。』古与治同訓故，而故又有使為之的意思，所以古王事，也，就是治王事，使為王事之意，不过古訓治与為的意义，后来用得不多，漸晦隱，郭璞注尔雅，就說：『治，未詳。』他已經不知道治与古，故可以訓詁的道理了，現在由於卜辭中的习語，給說文与尔雅中的『古』，『故』可訓『治』与『使為之』，找到了古老的根據。二，古作為名詞之用，則是一个人或國族之名，本版上的古字，是名詞，是人名，古亦曾封伯：

貞：令古伯于覃？（庫一五五一）

或單称古，和本版一样：

癸□〔卜〕，□貞：〔㠯〕〔疋〕化以田古？（乙編五九六七）

又有称伊侯古者：

古的領土，当在殷之西方，与旨方，𠂤𠂤化，𠅫，𢐗，𢆶，河等处相近。」（殷虛文字丙編考釋第二二頁）

> 戊戌卜，貞：又牧于片，伊侯古啚？
> 中牧于義，伊侯古啚？（張丹斧藏）

白玉峥　「窃疑：当为由字。説文无由篆，而有由声：金文如：𢖟疑胄字作𦊆，盂鼎：「寅卜口卜𠭰辛口𠭰之」（一一·二），「器作𦊆，偏旁由字并与此相近。又云：「卜殼貝甾其𢦏雀」（一一·二），「寅卜口卜𠭰辛口𠭰之」（一二〇·四），甾、甶，疑亦并凷之变体，附著於此，誒更犟覈焉（又金文京姜鬲宝字作甶，与此甾尤相近，附箸之，以备一义）。」（契文举例校读二一 中国文字第五十二册六〇一八页）

于省吾　「甲骨文甶字习见，亦作凷、甶、由、甾、甾等形……甶即古甾字。甲骨文𢿝字，即𣪘需惪毁之𢿝字。甲骨文𨸏字从甾作甶，𢿝字从甾作甶。畨生毁𡋾字从甾作甾，毛公鼎甾字从甾作甶，子使行甾之甾作甶。𢎨鎛「淄涾」之淄作𣶒，从水，从二甾一倒一正。甲骨文有𩰬字（前四、一三·五）旧不识，甲骨文编误释为油。实则即淄之初文。要之，甾字之构形由甶孳演为由为甶为甾。説文之𠙹与𠙹並从甾作由，犹存初文。甲骨文之「甾王事」与「甾朕事」习见，「甾我事」（乙一七八一）只一见。又甾字亦通作𢦏，甲骨文之「𢦏朕事」（续存下三三六），「羌弗𢦏朕事」（前四·四·七）……，与「余令角帚甾朕事」（佚一五）可以互証。至于𢦏从才声，从才声与从甾声之字古通用。……甲骨文之「甾王事」、「甾朕事」、「甾我事」，甾字均应读载训行。言行王事、行朕事、行我事也。至于甲骨文之「𢦏朕事」，𢦏字亦读载训行。又甲骨文之「乃令甾事」（大龟四版第二版），「克甾王令」（缀合一八九），甾字之解释亦同前例。此外，甲骨文之「小臣甾车马」（菁三），甾仍应读作载，説文训载为乘，是指小臣乘车马之车言之。」（释甾，甲骨文字释林六九至七一页）

方述鑫　「所从之「甘」為盛物的器皿，所从之「丨」「中」為記事的結繩，又从「丯」者，当是契刻成符券的竹木。」（甲骨文口形偏旁释例　古文字研究論文集二九二頁）

谢济　「協朕事：前 8.14.2，佚 106，乙 52，合集 20334，20335，甲 3349

協我事：乙 1781

協朕事、協我事意思是勤劳王事，为王事服务。」（武丁时另种类型卜辞分期研究 古文字

研究第六辑三三〇页）

晁福林　「卜辞里『古王事』的记载颇多，均为武丁卜辞。『古王事』即处理殷王朝的军政大事。某人『古王事』是指某人代行王事，並非处理殷王委派之事。……卜辞里有王族、多子族或众人跟随某人『古王事』的记载，……『古王事』都是由贞人卜问的卜辞，尚未见到由王来贞问的辞例，这说明选派某人『古王事』乃是贞人的意愿。『古王事』的卜辞从未有王的占辞，说明王与『古王事』人员的选派无涉。『古王事』是部落联盟时代诸部族首领轮流执掌权力的原始民主形式的遗存。」（试论殷代的王权与神权　社会科学战线一九八四年四期九八——九九页）

晁福林　「武丁时期习见的『古王事』为处理殷王朝的军政大事，后来则变为『古朕事』。如祖庚卜辞：

甲戌卜王，余令角帚古朕事。（佚一五）

这里的余和朕均为殷王自称。『古朕事』即处理我所委派之事，是对殷王个人负责的。」（试论殷代的王权与神权　社会科学战线一九八四年四期一〇一页）

赵诚　「甾，甲骨文写作由、甴、甾，构形不明。卜辞用作助词，以为借音字：

甲子卜，甾求于夒。（续一·一一）——向夒进行求祭。夒，祭祀对象。甾，用在句首，无义。上古从才从甾之字因为音近，常常通用，如戬通翦，纣通缁。卜辞的甾字亦通戠，如『甾朕事』（佚一五）（这个甾不是虚词）亦作『戠朕事』（续存下三三六）。而戠字典籍通作载字。因此可以认为卜辞的甾字和后代用作语首助词的载字有着某种继承关系。」（甲骨文虚词探索，古文字研究第十五辑二八九页）

连劭名　「帝乙、帝辛时代的关于征伐的卜辞中经常使用甾字，见于下列名版：

……屯盂方……曹盂……田，甾正……？　前二·三八·一

……余其从（侯田）甾正盂方……？　前二·三八·二

……屯盂方……曹盂方白炎……（余其从侯）田甾正……？　粹一一九〇

甲戌王卜贞：今𩃎，屯盂方，西戉典西田，……人妥，余一人从多田甾正……（亡）左自上下又若？　零拾九二

贞：今囚巫九备，屯……祭示，余其甾正……余其受又又，不曾……　河六〇二

上引各辞中的「正」，皆读为「征」，征伐之意。卜辞中也见有「甴伐」，试看下列各版卜辞：

余其[阝尊]，遣告侯田，册[虘攴]方、羌方、羞方、[纟惪]方，余其从侯田甴伐四丰方？（续三·一三·一）

辛卯……方于危……余其甴伐……余不首𢦏……（告于）天邑商，亡𡿧。（甲三六九〇）

……多侯田甴伐人方𣇊，率……？（上海博物馆藏骨）

应该说，「甴伐」与「甴正」是同义词。今按「甴」字见于说文解字卷十二下：「甴，东楚名缶曰甾，象形。」徐铉音「侧词反」，（玉篇引说文旧音云：「侧字反」。）这里徐铉的注音可能有讹误，王国维曾经指出二书的注音「皆甾之音，则以甾、甾为一字自六朝以来然矣。」

其实在商周古文中，还有一些以甴为偏旁的字，例如金文中有：

甹　甹

此字当释为甹，说文解字卷五上：「甹，亟词也。从丂，从由，或曰甹侠也。三辅谓轻财见义为甹。」徐铉曰：「由，用也，任侠用气也。普丁切。」今按：甹字字义与现代汉语的「拼」有相近之处。徐铉认为此字从由是错误的，因为甴不是由字。隶书中甴与由相近，故徐氏相混，但他保留了这个字的读音，却是很宝贵的。甹，普丁切，属邦母，阳部字。

甹字在金文中见于下列青铜器铭文：

番生簋：甹王位。

班　簋：甹王位。

史墙盘：上帝降懿德大甹。

毛公鼎：[口甹]朕位。

这句话是西周时代的常语，指王室的大臣们以及各方的诸侯犹如周王的藩屏，保护周王。……因此可以推断，甹当从甴得音，古与从并声之字通。所以，甴字读音于上古音部当属并母，是一个唇音字。……现在我们试释甲骨卜辞中「甴伐」「甴正」的含义。

「甴伐」应读为「薄伐」。

诗小雅六月：薄伐猃狁，以奏肤公。

薄伐猃狁，至于太原。

诗小雅出车：赫赫南仲，薄伐西戎。

薄字读音属并母、铎部。

「薄伐」一词属金文中写作「搏伐」「戮伐」。……其字或从尃声，或从蔑声。蔑、尃声本同。又金文中从蔑声的僕字，也多加甶为声符，表明这些字的读音，在上古时代的确是相近似的。」（甲骨文字考释，考古与文物一九八八年四期三八至三九页）

赵诚　「甲骨文有一个甶字，或写作甶、甶、甶、甶，构形不明。据考证，此即后代的甾字，多从。卜辞的甾作为行为动词，用现代的词义观点来看大体有两种用义。一种意义是指驾着拉车的马前进，即现在通俗所说的驾马车。如：

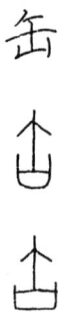

甲午，王往（往）逐（逐）兕，小臣甾車马，硪罕王车，子央亦队（墜）。（菁一）

另一种意义是处理商王交办之事，即行王事，用现代的话来讲，就是替商王办事。如：

贞，行甾王史（事）。（佚一）

……甾就是使什么进行、前进之义。」（甲骨文行为动词探索（一）古文字研究第十七辑三三一页）

晁福林说参［字形］字条下。

饶宗颐说参［字形］字条下。

按：從于先生當釋甾，讀作載。其作𠙴形者，乃「甶」字，讀作咎，或與此相混，非是。甲骨文自有古字作𠙴，或釋此字為古，亦非。

0730

缶 ［字形］ ［字形］

朱芳圃　文字編補遺十一葉上收此作匋無說。

陳夢家　「缶　王敦缶于罟　㐀九·七，粹一一七五……

王敦缶，受又　佚二六一，粹一一七六

我𢦏缶　𣪘四六三

子𢀛𢦏基方、缶　乙二一〇八，前五·一二·六

基方、缶乍郭　乙五七六五，五七九〇

缶與河津之基方、臨汾之犬、平陸之鄀、新絳之𠣱相近，亦當在晉南。說文匋下云：『史篇讀與缶同』，是匋、缶古是一字。缶疑即陶，漢水注卷四：『漢水又南逕陶城西，……陶城在蒲坂北，城，舜所都也，南去歷山不遠』。今永濟縣。」（綜述第二九三——二九四葉）

陳夢家「缶、福、𠂇都是帝對於時王的善義的保護。缶即保，韓非子難勢篇『而勢位足以缶賢者也』，多士『惟時上帝不保，降若茲大喪』。」（綜述五六九葉）

朴海波「□，甲二二、四。方国名。」（甲骨文編二四〇頁）

李孝定「說文『缶瓦器所以盛酒漿。秦人鼓之以節歌。象形』。卜辭缶多為地名，陳氏以陶當之，或是。又云缶之義為保，其說是也。金文作□缶鼎□偁缶簋，疑當云『从凵象形古文凵∪無別午聲』。而契文則非从午。」（集釋一八〇二葉）

饒宗頤「卜辭：

癸亥卜，殼貞：我史在缶。癸亥卜，殼貞：我史毋其𢦏缶。（屯乙六七〇二，又七七九五同文）

丁酉卜，殼貞：王由勿章缶，𢦏。三月（京都大學一七一〇）

按『缶』讀為『匋』。說文『匋』下云：『史篇讀與缶同』。左定二年傳，殷民七族有陶氏。左哀元年傳引夏書：『惟彼陶唐』『有此冀方』。冀在河東。漢書地理志河東郡蒲反有堯山。水經涑水注：『陶城在蒲坂北。城，舜所都也。南去歷山不遠』。今永濟縣。此并主陶為晉地。與另一說主山東定陶為陶丘者異。故缶可能是陶唐氏之陶，臣服于殷後為陶氏。卜辭缶與基方相近，當在晉南，與『□』之為『鄀』，地正相近。卜辭缶又作𡛷。（續編四、一五、一）」（通考一八九——一九〇葉）

朱芳圃「□藏一、二 □前三、三四、三 □前二、五、一 □前二、五八、一 □後上九、七 □後下一、二 □林一、二三、五 □屯乙八二

按上揭奇字，从个，从凵。个即矛之初文。象形。金文𢥞字有作左列形者：□遹小臣𢥞 □ □ 其所从之矛皆如此作，是其證矣。字在卜辭為方國之名，故增口以別之，例與㐱為兵器，引伸為吉利之義，增口作□相同。說文矛部：『矛，酋矛也。建於兵車，長二丈。象形』。徐鍇曰：『鉤兵也。酋矛，長矛也』。

卜、矛也、卜、其上所注旄屬』。段玉裁曰：『考工記謂之刺兵。其刃當直而字形曲其首，未聞。直者象其柲。左右盖象其英』。按矛為刺兵，篆文作卜，蓋象矛刃曲折，當即後世所謂蛇矛也』。（殷周文字釋叢卷上第六葉）

屈萬里　「國差罎，罎字偏旁缶作𠙴；毛公鼎寶字偏旁缶作𠙴。與卜辭缶字之形相近或全同。知𠙴即缶字。而宗婦鼎（攈古錄金文二之一）『其永寶用』之寶亦作𠙴；知缶與寶通。𠙴字隸定作缶，讀為寶，義與保通，可無疑也」。（甲編考釋三六葉）

張秉权　「卜辭有：

丁卯卜，殼貞：王臺缶于蜀？（粹一一七五）

缶与蜀當相去不远，缶在今山東定陶县。成公二年經：『公会楚公子嬰齊于蜀』，杜注謂蜀乃魯地，『泰山博县西北有蜀亭』，在今山東泰安县境（註一）」。（殷虛文字丙編考释第二四八頁）

（註一）胡厚宣甲骨学商史論丛二集殷代之農业謂：『自今之泰安南至汶上，皆蜀之疆土』，（P.四二）。而陳夢家則釋蜀為旬謂即后世之荀國，在今山西永濟新絳附近（見卜辞綜述P.二九五）。

陳晋　释合，谓即祫之省。（龟甲文字概论八二頁上）

白玉峥　「𠙴：……峥按：契文中自有寶、保二字，实无庸以𠙴通段，字当為陶之初文。陶字于契文中，有為地名，或方国之名者。如：

(一) 乙酉卜，王臺陶，受又？　甲二六一

(二) ……伐陶于……？　綜一·六三九

(三) 癸亥卜，殼贞：我史戈陶？

癸亥卜，殼贞：我史毋其戈陶？

翌乙丑，多臣戈陶？

翌乙丑，多臣弗其戈陶？　丙一

屈万里先生曰：『缶，為国名，綴上九·七云：「丁卯卜，殼贞：王臺缶于蜀？」遗珠四六三有「我戈缶」，乙編二〇〇〇有「多臣戈缶」等语，知缶时与殷為敌。綜述二九四页疑缶即后世陶城之地，在今永济县』（甲考四二）。疑甲文之陶，即今山东之陶丘。說文段氏注曰：『地理志曰：「济阴郡定陶县，禹贡陶丘在西南。」按定陶故城，在今山东曹州府定陶县西南，

古陶丘在焉』。」（契文举例校读中国文字第八卷第三十四册三七〇〇——三七〇一页）

贾平「据殷虚卜辞综类所列关于缶字的七十多条卜辞中，可以看出，此字主要有两种用法。

①方国名或地名。如：粹一一七五：『丁卯卜，𣪘貞：王𦎫缶于蜀？』丙一⒂：『癸亥卜，𣪘貞：羽乙丑，多臣戈缶？』

②人名。如：丙一二四：『己未卜，𣪘貞：缶其来見王？』鐵三四六：『甲辰卜，争貞：缶其𢦔？』

以第一种用法最为常見。甲二二四的缶字可能是方国名。」（读殷虚文字甲编考释古文字研究第三辑二一〇至二一一页）

張亚初「在卜辞中，我们曾见到『己未卜，𣪘贞，缶其来见』的记载（缀合三〇一），就是缶国来朝见商王的卜辞。还曾见到商王向缶索取贡物的材料，『己丑，乞自缶五屯』（綜一·七八，骨臼刻辞），就是商王从缶那里索取来五对卜骨。也有商王与缶通婚的记录，『己酉卜，宾贞，妌凡有疾』（續四·一五·一），就是贞卜从缶国娶来的女子有无疾病。在商器中有一件子作妇妌卣（三代一三·三五·五——六），这是商王朝的贵族子为其出自缶（匋即缶，三代一七·七·一陶子盘之陶或作匋，缶、匋、陶音同字通）国的妻子制作的铜器。尽管有这些和平交往的记录，二者间更多的则是兵戎相见。

戈缶（丙一·遗四六三）、𦎫缶（甲二六一）、牵缶（鐵二九一）、執缶（庫九八七）、獲缶（丙一）之卜屡出迭见。……缶有时被商人用作祭祀的牺牲，『缶獲，用』（二七七五二）可证。……

缶国的地望在哪里呢？陈梦家先生曾经指出，缶在晋南永济县。并谓『說文匋下云「史篇读与缶同」，是匋、缶古是一字。缶疑即陶，河水注卷四「河水又南逕陶城西……陶城在蒲坂北，城即舜所都也，南去历山不远」』（綜述二九四页，水经注引文有误，今正）。

我们认为，陈氏对缶地的考订是可取的。甲骨文中的国族之缶，文献上称为保。左传成公十三年传，晋侯使吕相绝秦云：『伐我保城，殄灭我费滑』，此保城殆即甲骨文中的缶地。缶在春秋时期的铭文中还称为寳。寳弃生鼎『寳弃生作成媿媵鼎，其子孙永宝用』（山东文物选集图九七）。古无轻唇音，缶读如寳，冏叔尊、尹舟方彝的作寳障彝的寳就写为缶（通考三九五页、依安一·一四），所以寳字以缶为声符，缶寳字通。保与寳在铭文中也是常常互相通用的。寳字有时又作匋（畓父盉，三代一七·三·四；[illegible]建鼎，三代二·五二·五）。保字或以缶為声符作保缶（陳侯午錞）。缶、匋、寶、保音同字通。

值得注意的是，我们从寶奔生鼎铭文可以知道，寶是媿姓国族，所以其女称为成媿（寶与郕国通婚，故称郕媿）。由此可以证明，甲骨文中的方国缶，无疑是一个媿姓的国族。也就是说，它是属于鬼方的一个分支。据左传定公四年传的记载，成王曾赐给唐叔虞以怀姓（即媿姓）九宗。可见山西一带是古代鬼方活动的主要地区之一。缶国早在武丁时期已经半臣服于商王，到商末，可能已完全为商王朝所控制。周人灭商以后，他们就转而沦为周人的奴隶。……

我们还应该指出，在甲骨文中往往是基方和缶连称的。这表明，基方和缶是地理位置相近，政治乃至血缘关系密切的两个联盟国族。基方据陈梦家先生考订，即晋南之冀，地在山西河津县，与缶距离不远（综述二八八页）。我们已经考订出缶是鬼方国，是媿姓国。武丁时期的基方和缶经常受到商人的讨伐。这与文献所讲的高宗（武丁）伐鬼方的记载是完全相吻合的。我们把基方看成鬼方方国，大体上是没有什么问题的。」（殷墟都城与山西方国考略古文字研究第十辑三九七——三九九页）

按：卜辭「缶」為方國名及地名，是否即舜所都之陶城，尚有待於進一步之證明。至於纖一九一·四合集一四一八八陳夢家釋讀作「帝弗缶于王」，以為「缶即保」，不可據。此辭當釋讀作「…王…缶于…帝弗…」，殘辭可補足為「王敦缶于…帝弗祐」，島邦男卜辭綜類一二六的釋讀是正確的。甲骨刻辭類纂二六〇頁此條的釋讀沿襲陳氏之誤，當訂正。同時懷八一之釋讀亦當訂正為「…缶帝…」。

卜辭「缶」均為方國名或地名，無用作「保」者。

0731

吉

羅振玉

「說文解字吉从士口。卜辭中吉字異狀最多，惟第一字（吉）與許書合，作古者與空首幣文合。又卜辭多以大吉、弘吉二字合為一字書之。大吉二字合書者作䶹。弘吉二字合書者作結結結。偶有分二字書之作古者，編中僅一見耳」。（殷釋中十八葉下）

葉玉森

「說文『吉，善也。从士口』。按契文吉字變態極多，疑古古為初文，从甲从日，為十干之首。古或以甲日為吉日，遂制吉字。至变十為丄，為个，為屮，屮為士，復由屮譌变為屮，與告字溷。由个譌变，以个个个象矢鋒形，朔誼乃益隱晦」。（說契三葉）

郭沫若

「吉見甲研釋祖妣九至十一葉。」（已見前壯字條下引）

于省吾

「契文吉字早期作𠮷𠮷𠮷𠮷等形，晚期作𠮷𠮷𠮷古吉等形。羅振玉云：『說文解字吉从士口。卜辭中吉字異狀最多，惟弟一字與許書合。作吉古者與空首幣文合』。葉玉森云：『疑吉古為初文，从甲从日。甲為十干之首，古或以甲日為吉日，遂製吉字』。案葉說殊誤。說文以吉為从士口，乃就已譌之篆文為說，非朔誼也。契文吉字上从𠆢𠆢𠆢，下从口。其𠆢為笠盧。𠆢形橫之，則作𠂇，近世出土之商代句兵多矣。契文吉字所从之𠆢，左象其援，右象其內，其有胡下垂者，均後起之制。吉字所从之𠆢，均縱而不橫者，必係當時安置句兵之成法。其且未納秘之戎器每作縱形，如金文斧形，髙父乙𣪘作[glyph]，父癸鼎作[glyph]，是其例。𠮷形本象置句兵於笠盧之中。凡納物於器中者，為防其毀壞，所以堅實之寶愛之，故引申有吉利之義。釋名釋言語：『吉，實也，有善實也』。从吉之字，義多為堅實。詩小明：『四牡既佶』。箋：『佶，壯健之貌』。書立政：『其克詰爾戎兵』。馬注：『詰，實也』。國策秦策：『不足以結秦』。注：『結，固』。爾雅釋詁：『劼，固也』。釋言：『硈，鞏也』。說文：『頡，直項也』。是佶詰結劼硈頡均含有堅固之義。古者戎器恒置諸笠盧之中。契文習見之字，如[glyph]象置弓於凵上，[glyph]象置中从於凵工。中即毌本象盾形。前四．一．七有[glyph]字，象置刀於凵上。弓毌刀並為戎器，下以笠盧盛之，與句兵之盛於笠盧作𠮷者義同。前六．一六．二有[glyph]字，象人兩手奉句兵之形。佚七四六有[glyph]字，象以火治鍊句兵之形，舊釋莫，不可據。要之，吉之初文，象置句兵於笠盧之上，本有保護堅實之義，故引申之為吉善、吉利也」。（駢三弟二十八葉釋吉）

陳邦福

「卜辭𠮷、𠮷、𠮷、吉，邦福案：从口从屮，或个，皆剃也，或上又从仐、士諸形，則更具荊焠卜龜上炎得兆之象。蓋上吉、宏吉、大吉、小吉，或驗于兆，傳于口矣。湯坤卦云：『安貞吉』，亦可參證」。（瑣言七葉）

李孝定

「說文：『吉，善也，从士口』。契文變體最多，朔義不詳，郭說之非，前已辨之。葉于兩氏之說，祇能於作古之一體者加以比傅，且字不从日，昭然可見。于氏之說較諸說為長，然亦不足以解吉之諸體。誠如其說，則仍可解為置兵於凵以示措而弗用，夫兵，凶器，戰危事也。既措而弗用，自有吉善之義，固不必如于氏之迂迴說之也。至從吉之字多有堅實之義者，乃由善之一義所引申。金文作𠮷旂鼎𠮷敔簋𠮷矢簋吉毛公鼎吉沈兒鐘吉格伯作晉姬簋吉黃韋俞父盤吉陳侯鼎吉中子化盤吉亘尊吉格伯簋，大抵與小篆同」。（集釋〇三八〇葉）

吴其昌　「吉字濬毁作吉、𣄰鼎作吉、師寰毁作吉、克鐘作吉、沇兒鐘作吉，皆象一斧一碪之形。一斧一碪為吉。上弦新月之象，亦象斧，故名初吉，年少美貌之士皎麗如月，故名吉士，此引申義之駢枝旁出者也」（金文名象疏證兵器篇）

李孝定　「吉字作斧形者除𣄰鼎、濬鼎、散盤、矢盤數器外，其餘金文吉字不下數十見，均从士，不能謂為斧形。且契文吉字多見，亦無一作斧形者，仍以于說為長。吴氏以一斧一碪為吉，其義亦無可說。且初吉、吉士之稱，亦取吉祥之義，初與斧形無涉，吴氏此說殊牽附少當也」（集釋〇三八一葉）

勞榦　「今指甲骨中之吉字，多數皆作𠮷形，但亦或有變體作吉，作吉，作吉作吉等，至於金文，則作吉者較多，亦有作吉者。是其形象。是其形象誠如于氏所指，类似句兵，但句兵之外，何以尚有他形，則必当求一解答，不得置而不言也。

據周禮春官典瑞云：

王晉大圭，執鎮圭，繅藉五采五就以朝日。……四圭有邸，以祀天旅上帝；兩圭有邸，以祀地旅四望。

此邸為何物，據爾雅說：『邸本也』，鄭玄引鄭眾說謂四圭有邸，言四圭連於一本而四出者。此自漢人解經，不免肊斷。蓋四圭連於一本而四出，則当别有命名，不得云四圭，今既云『四圭有邸』，必是四圭分别各有其邸，若四圭各有其邸，則每圭之形，正如句兵，圭之體為援，而圭之邸為内。以之薦祀天地，祈求福佑，正所以稱為吉也。其下口形則薦玉之藉，或薦玉之器，若謂藏之於櫝而謂之吉，則鑿矣。

圭之形製正由石器轉變而來。故与斧形有关，金文之吉或作斧形，非如吴其昌所謂一斧一碪謂之吉也。夫一斧一碪，何吉之有？金文中之吉，誠有类斧者在其上，但決不可率然以斧碪釋之。按上世石斧石刀制作匪易，而其用甚廣，故石斧石刀可以代表权威，可以代表貴重，亦可以代表吉祥。从其形制而定者，在玉則有圭璋，在金則有句兵，則有斧戚。雖其用不同，而形製相关，仍一貫也。其在吉字上部所从，在甲骨者自以类似句兵之圭而有邸者為主，再就各种变化及省略者言之，实亦兼具有圭之親屬中各种形製之器物。但若溯其命意，自不外兩事，一為增祥，一為除祟。而此二者，自皆吉之表徵，不得謂他事矣。

吉之表徵溯源於上世，不僅龟玉，而兵器亦在其列。迄於秦汉之世，則自乘輿以至私学弟子皆佩剛卯。其見於續漢書輿服志者，剛卯之文為：

正月剛卯既決，靈殳四方，赤青白黄，四色是當。帝令祝融，以教夔龍，庶疫剛癉，莫我敢當。此其所謂殳者，原本矛屬，為兵器之表。故秦書八體，其以銘兵器者曰殳書。則殳之用亦以除災遠害辟不祥也。自秦禁天下兵器，不復能佩兵。於是剛卯之文以代兵器之用。雖乘輿但可佩劍，亦終移於俗，猶佩卯焉。然以此亦可見兵器亦有增吉之义，固不獨圭玉為然矣。」（古文字試释，历史语言研究所集刊第四十本四十五冊）

按：字當釋吉。至於其形體結構，或以為象矢鋒形、或以為象句兵形，或以為象斧形。矢鋒之說不可據。戈、斧之類則較為近是。用為吉凶之吉，與其本形無涉。許慎以為「从士口」會意，此乃據小篆譌變之形體立說。徐灝進而以為「从士口所以異於野人之言」，純屬臆測。

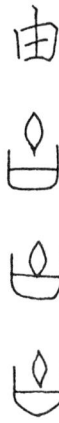

0732

由

王襄 「疑古字。」（簠室存疑第十二第六十二葉下）

郭沫若 「凷殆古字，金文作凷，此空筆作之也。『隹凷古』者其有故，『不隹凷古』者不其有故也。」（卜通別一第五葉背第六一及六二辭）

唐蘭 「凷，旧不识。余谓是由字，或作冑象冑形，与小盂鼎冑字作𠙵者正合，其作凷或凷者，冑形之省。猶鞄匽白晨鼎冑之作𠙵也。說文有由之偏旁，而元由字，后人說者甚多。繫傳引『李陽冰云，即缶字同。今按，古有由字，亦未審也。』（疑义篇）徐鉉說文注引徐鍇說，謂是粤之省者。夢瑛說文部首於甾下注由字，段玉裁補為䌛之古文，江藩謂是甲之倒文，鈕玉樹以为訓鬼头之田形最相近。鄭珍谓本即由字本字，以十合丂於内則成由。王煦谓柙，古文作凷，柙、由古音通轉，故得为柙，蓋以凷为由。孙诒讓疑由即用之异文。自戴侗、严可均、姚文田、桂馥、苗夔、王筠、朱駿聲等皆用徐說，以粤为由。独王国维作释由二篇，以甾为由，与夢瑛同，为近学者所宗。其所持之证，除由作曲与甾近外，仅据原本玉篇用部末由字注云：『說文从由为詧字在言部，今为由字。說文以由東楚謂缶也。音側治反，在由部。』一证较为重要。蓋王意在证明由字古作由，然由何以得为甾，則除玉篇及夢瑛所書外，無证据也。考万象名義、新撰字鏡等書於從甾之字，俱书作由，是六朝人书甾、由二字不別。万象名义由部：

「由，側治反；又与周反。曲，古𠙻，古甾今由。」此側治反之由实是甾字，云「甾今由」者，蓋本是甾字，今書作由也。（万象名义当本玉篇）然則側治反之甾与餘周反之由，显然是两字。前者在玉篇有甾部，与說文同；后者为說文所无，即因其形似，倒用而入用部。惟以六朝人书甾亦作由，故顧氏於由下既言「說文以『由』，東楚謂缶也。」音側治反，在由部。」而於由部兼举与周一音云「甾今由」。蓋俗书字形无别，則惟有以声音训义别之矣。夢瑛以由照甾篆，（夢瑛书甾为甾，音为方九，則亦以甾与缶同，李陽冰之說也。於此可見其以由照甾篆者为隶变，而非以甾为由從之由也。）亦当是承六朝唐人之习，非謂甾读餘周反之由也。玉篇甾、由既是二字，則王说根本无据。古文甾、由二字之形固相近，然不可謂是一字。（王謂甾不读側治反最误。尸鎛淄字陈尚陶量作甾，皆即臨淄，是甾之读可知。）今由卜辞、金文观之，則由即冑字（中象人戴冑之形）。唐宋以来所纷纷聚讼者，当以此为定谳矣。」（天壤阁甲骨文存考释四九頁下——五十頁下）

楊樹达

「原书（指殷人疾病考）辞二十二云：『貞王居疒，隹（唯）㞢（有）古？』胡君云：『居者，疑舌之别体。此貞殷王武丁患舌病，其或有故也。按胡君释古为故，谓其或有故。樹达按下文辞一一〇云：『㞢（有）疒，其隹（唯）蠱？』一一一云：『不隹（唯）蠱？』古与蠱二字古音同，余疑此文古亦当读为蠱也。（辞五五㞢古同，不复出。）殷契卜辞四〇九云：『貞王疒，不隹壴？』按壴为鼓之初文，此亦假壴为蠱，与此文正可互証也。」（读胡厚宣君殷人疾病考，积微居甲文说卷下八七页）

孙海波

「凷」，甲二一二三。于省吾释由。凹，甲三〇〇三。地名。疑凷字别体。」（甲骨文編六·六三頁）

饒宗頤

「按古讀為『故』，周禮：『國有大故。』鄭注：『兵寇也。』卜辭『己亥卜，即貞：馬又疒，隹又凷（故）』（劍橋大學藏骨，原列八六八號，葉慈舊藏。）此因馬有疾，不宜出師，故卜之。」（通考九七七葉）

饒宗頤

「按『古』疑讀為辜，磔牲以祭。周禮大宗伯：『以疈辜祭四方百物。』漢書地理志下：『越巫䣶鄉祠三所，』字从卯作『䣶』，錢大昕謂䣶从卯無義，當是酤之訛。然卜辭用牲，古與卯均見。漢志之䣶鄉『䣶』乃『古』繁形，益卯旁。孟康云：『䣶音辜磔之辜』是也。」（通考一六一葉）

饒宗頤 「『丙午卜，韋貞：昌爵犬，古。』（屯乙五〇八六）按福氏二：『貞員㠯般龜』文例同此。古疑讀為辜磔之辜。」（通考五五〇葉）

考古所 「古：从郭沫若释（甲研释寇二頁）。古可训故，『古训』亦作『故训』即其证。『故』含有『必』義，國策秦策：『吳不亡越，越故亡吳』，此『越故亡吳』即『越必亡吳』。在此片卜辞中，『古』与『必』义相近，正好相对。」（小屯南地甲骨一一三八頁）

林政华 「戊子卜，殻贞：王勿𠮛[illegible]，生出？ 遺四〇三

庚子卜，乙子弗𠮛福，不[illegible]？ 人三〇七一

𠮛，郭某释为古；古，故也，事故也。亡古即无事故也。」（甲骨文成语集释下，文物与考古研究一九八七年第二辑三九頁）

柯昌濟 「己丑卜矣貞隹其又凶 己丑矣貞五手口隹又古（𢦏四五四）此二文互証，知古字為凶字一类，疑通故字，謂有事故之義。」（殷墟卜辞综类例证考释，古文字研究一四四頁，十六辑）

按：釋「古」、釋「𠙹」均非是，當從唐蘭說釋「由」。于先生讀「由」為「咎」，於卜辭皆可通。

0733

闻宥 「今按卜辞有𠙹𠮛字，盖即古之正文。从口，从午省声，其不省者作𠮛，则極罕見。凡事物之故旧者，无从目验，必凭口以述之，故从口，午古同为舌根音，故从之得声……凡卜辞所出古字，大抵皆与牲名連称，如：『丁酉卜即貝（貞）𢁉且（祖）乙古十牛三月』又曰：『貝（貞）𢁉且（祖）乙古物三月』（均見戩寿堂殷虚文字第三页）是也。其字实即姑之借，而在经典中则以辜出之。」（殷虚文字孳乳研究，闻宥论文集一二〇至一二二页）

按：字形不甚清晰，辭残，當是「𠮛」字。「𠮛」字作「𠙹」、或「𠙹」，與「古」迥别。

0734

按：字當釋「胄」，在卜辭為方國名。

0735

葉玉森　「卜辭屢見⿱劦日日。金文亦數見。按⿱劦日似从劦，从日。說文無之。惟劦部有協字。古文作叶叶，卜辭亦作⿱劦日，从三十，从日，疑即叶叶所由譌變。篆从劦為劦，又誤加一十字於左。協之本字固當作⿱劦日。說文「協，眾之同和也」。方言「協，合也」。又說文「祫，大合祭先祖親疏遠近也」。詩雝箋「祫，合也」。是協祫古文聲誼並通。殷祭之⿱劦日，當即周之祫祭」。（鉤沈六葉上）

郭沫若　「上似从劦下从𠙵，與出之作𡴞者同，蓋盛物之器。或說从口，或說从日，均非也」。（引集釋四〇五二）

徐中舒　「此字从三力，或从口从劦聲，當讀為劦，劦屬來母。金文亦从口作⿱劦日己酉方彝⿱劦日丁子卣⿱劦日戊辰彝此為殷代祭名，其義當與協同，蓋即大合祭之祫。協有合力之意，古本與合相通，如詩江漢「洽此四國」，禮記孔子閒居引作「協此四國」，詩正月「洽比其鄰」，左襄廿九年傳引作「協比其鄰」，書堯典「協和萬邦」，「協時月正日」，史記五帝本紀引作「合和萬邦」，「合時月正日」，皆其明證」。（耒耜考）

董作賓　「「⿱劦日」祭之⿱劦日，卜辭中以為協合字，如武丁時卜辭有「王大命眾人曰：「⿱劦日田，其受年」，是其例。在祭祀專名中，亦當為協合之義，蓋此種「⿱劦日」祭在最後舉行，或同時聯合他種祀典，一並舉行之也」。（殷曆譜上編卷三第十五葉下）

吳其昌　「「⿱劦日日」者，亦殷代祭名之一也。其名亦得省作「⿱劦日」；此正猶「肜日」之得省作「肜」，「翌日」之得省作「翌」矣。其字从𡿪从𠙵，𡿪為三具耒耜之形。蓋木乂皆象耒耜之初形。其後乃衍為「力」字也。……更有一顯著之證，卜辭有云：「……大命眾人曰⿱劦日田，其受年。十一月』。（續二、二八、五）此𡿧字，正象三耒並陳之狀，故云『𡿧田其受年』。季即禾也；三耒並陳于田，而『命衆人』共作業焉，斯得『其受季』矣。是故𠷎字原始之初義爲三耒並陳之象形矣。其後又轉演而爲祭名者，殆此爲肆陳耒耜而舉行之祭典歟？又此字固大率从𡿧从口，然偶亦間有三耒省作二耒而作从从从口者，……亦間有更省而作一耒，作从力从口者，……。是故以廣義言之，『𠷎』亦偶得爲大合祭之義，……然普通習見者……『𠷎』祭或『𠷎日』祭，恆爲既祭後代先王，因而上祭前代先王之專名。……然則在同時合祭兩代以上先王之時，『𠷎』祭蓋爲最尊之祭名矣」。（殷虛書契解詁第二八——二九葉）

陳夢家　「卜辭祭名之𠷎，早期作劦、𠷎，中期作名。前者是『協』字所從，後者從『力』。因此𠷎田可有兩種解釋：一是尚書多方『力畋爾田』的『力畋』，一是協耕。呂氏春秋長利篇『協而耰』，周禮里宰『合耦而耡』，論語微子『長沮桀溺耦而耕』，詩噫嘻『亦服爾耕，十千維耦』，載芟『千耦其耘』。凡此皆後世所記耦耕之事。」（綜述五三七葉）

李孝定　「說文『𠷎同力也，从三力。山海經曰：「惟號之山其風若劦」』，又『協衆之同和也，从劦从十。旪古文協从曰十。叶或从口』，二者古當爲一字，旪叶其後起形聲字也。契文象三耒並耕，或並置口若中，引申得有同力同和之義。卜辭以爲祭名，說者謂當於周之祫祭是也。或爲風名，與許君所引山海經說同。金文作𡿧，戊辰彝銘云『隹王六祀𠷎日』，與卜辭同。」（集釋四〇五三葉）

屈萬里　「𠷎，葉玉森隸定作𠷎，謂是協之本字。一般隸定作𠷎，茲從之。𠷎，亦殷人五種重要祀典之一，詳見殷曆譜（上，卷三）及墟研（二八八葉）。按：𠷎，合也；其義略如祫祭之祫。吳其昌謂：『𠷎祭或𠷎日祭，恆爲既祭後代先王，因而上祭前代先王之專名』。（解詁六）是也。」（甲釋十葉四十七片二辭）

又曰：「名即𠷎之省。」（同上五十六葉）

又曰：「估當是𠷎之異體」。（同上一三〇葉）

饒宗頤　「呂氏春秋長利：『協而耰』，即詩載芟所云：『千耦其耘』。謂多數人協耕也。周語記籍田事云：『王使司徒，咸戒公卿百吏庶民』。又言：『稷則徧戒百姓，紀農協功』，則協田爲紀農協功，籍田之禮也，即所以示戒」。（通考九五葉）

白玉峥

「字於甲文之构形，约有四类：

1，𦓤：或其反书，除第四期外，其余各期大率皆如此作。

2，古：或其反书」見於第二、三、四各期。

3，𠬞：或其反书，見於第四期。第五期时间有作𢆶（佚五四五）者。

4，祜：見於第三、四两期。

综上观之，𦓤字之构形，以第一期时最为单纯，第二期以後渐趋繁复，而以第三、四两期为最；至第五期又渐为一致。其在辞中之为用，大率多为祭名，间亦有用为动词者。至𦓤日一辞，始見於第四期，终于第五期。第四期时以𦓤为𦓤日之专字，第五期时，除𦓤日之祭外，别无𦓤祭之辞。（契文举例校读中国文字第五十二册五七六三頁）

方述鑫

「上面的『卌』象耒形，下面的『𠙵』或『凵』象大地形。𦓤的本义是象耒在大地上耕耘。」（甲骨文口形偏旁释例古文字研究论文集二九七頁）

張政烺

「『𦓤田』是一种祭祀，最早這样講的是王襄，他說『𦓤，祭名。田，即田祖』（簠室殷契徵文考释第五编第一頁）。詩小雅甫田：

我田既臧，农夫之庆。琴瑟击鼓，以御田祖，以祈甘雨，以介我稷黍，以穀我士女。

毛氏传：

田祖，先啬也。

郑玄箋：

臧，善也。我田事已善，则庆赐农夫，謂大蜡之時劳农以休息之也，年不顺成则八蜡不通。御，迎；介，助；穀，养也。設乐以迎祭先啬，謂郊后始耕也，以求甘雨，佑助我禾稼，我当以养士女也。

周代祭先啬之礼以礼記郊特牲及郑玄注为最詳，引如下：

天子大蜡八（伊耆氏始为蜡（伊耆氏，古天子号也）。蜡也者，索也（謂求索也），歲十二月，合聚万物而索饗之也（歲十二月，周之正数，謂建亥之月也。饗者，祭其神也，万物有功加於民者，神使为之也，祭之以報焉，造者配之也）。蜡之祭也，主先啬而祭司啬也（先啬若神农者；司啬，后稷是也），祭百种以报啬也。饗農及邮表畷、禽獸，仁之至，義之尽也（农，田畯也。邮表畷，謂畯所以督約百姓於井间之处也，詩曰：为下國畷邮。禽獸，服不氏所教扰猛獸也）。古之君子使之必拔之。迎猫，为其食田鼠也；迎虎，为其食田豕也；迎而祭之也。祭坊与水庸，事也（水庸，沟也）。曰：土反其宅，水归其壑，昆虫毋作，草木归其泽（此蜡祝辞也）。……

这里的祭祀对像很复杂，以先啬为主……这种祭礼，周以后延续了三千年，其起源却不清楚，大约是长期农业生产中逐渐形成的，殷代𦔻田未必完全是这样，而𦔻田所祭者却肯定已经包含在蜡祭之中。……

礼记杂记下（郑玄注）：

子曰：百日之蜡，一日之泽，非尔所知也。（蜡之祭，主先啬也。大饮烝，劳农以休息之。言民皆勤稼穑，有百日之劳，喻久也。今一日使之饮酒燕乐，是君之恩泽。非汝所知，言其义大。）……

這是春秋末期鲁国的事。『百日之蜡，一日之泽』两句中的『蜡』字读『腊』音，读为『腊』义为乾肉，这几句是说农民忍受长期乾癟才换得一会儿的温润（参考俞樾群经平议卷二十一）就补是国君之恩泽，所以說是『义大』。殷王举行的𦔻田也是如此，是一种祭似，是欺骗劳动人民的手段，不是生产劳动。……

通过以上一些考証，企图説明殷人的𦔻田相当于周人的蜡祭，都是索鬼神而祭之。蜡祭有正常的，每年十二月（即殷曆十一月）在国中舉行；有非常的，由于災荒随時随地举行。𦔻田也如此，十一月𦔻田是岁终报功之祭，而为了災荒则择时择地举行。」（殷契𦔻田解 甲骨文与殷商史二頁至一二頁）

姚孝遂说参𦔻字条下。

常玉芝说参𢦏、甲二字条下。

按：說文「劦」部有「恊」、「勰」、「協」、「叶」諸形。王筠繫傳校錄謂「皆劦之重文」，其說可從。區别言之，「恊」乃「劦」之孳乳字，「勰」又為「恊」之别體。爾雅釋詁釋文：「勰本又作恊」。「協」乃由「叶」所演化，說文以「叶」為「協」之古文。而「叶」或从「口」乃从「甘」之譌。从「十」乃从「ㄨ」之譌。「叶」即由契文𠯑所演化。

「劦」字演變之迹如下：

0736

白玉峥　參劦字条

按：于先生釋「乇」，有「ナ」、「古」、「計」、「詁」諸形。均與从「力」之「劦」等有別。為祭名，亦為用牲之法。詳見甲骨文字釋林一六七——一七二頁。此當併入3271「乇」字條。

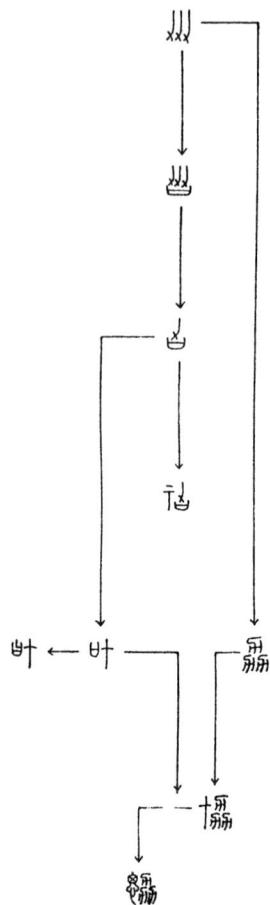

0737

饒宗頤　「□丁酉卜，即貞：毓且乙，古十牛，四月。……」（續編一·一六·二）按古乃「古」字，讀為辜。」（通考九八二葉）

按：「古」為倒子，實即「毓」之簡體，「古多」即「多毓」。饒氏所據之卜辭為戩三·七當讀作「𠫓十牛」，非「古」字。

0738

孫詒讓　「龜文有昌方者，似當時庶國之名，其文……並作吕𡴀。說文日部：『昌，美言也，从日从曰；一曰日光也。籀文作⊙▽』……今考此𠮵字，上从口下从曰，與籀文上日下口形小異大同。今所傳古幣有作昌字者，其文作𠮵𠮵，上亦从口，與此正同」（舉例上卅二至卅卅二葉）

王國維 「𠮵，方國名。孫氏部釋為昌方，然昌字無作𠮵之理。惟卜辭吉字或作𠮵、（前七．二二，七．二七）或作𠮵（前七．〇）相似，然無由證𠮵𠮵之為一字也。卜辭云：『土方征于我東鄙囗二邑，𠮵方亦牧我西鄙田』。（菁華一葉）則其國在殷之西矣」。（戩考廿五葉）

林義光 「卜辭𠮵方、Ω方並即鬼方。𠮵字口上之Ω，象土塊，亦即土字之變，與吉字口上之⇧⇧⇡初無大異，則𠮵與吉其初皆為古古字，不難以字形推知之。𠮵方既為古方，則古音與鬼相合。卜辭中屢見之𠮵方自即為經典所恒見之鬼方矣」。又云「土方亦即鬼方，土字作Ω，象土塊形，故古字可以土為之，乃引卜辭受年作受禾及古金文為證，謂皆一字二用，取形而遺其聲韻。𠮵方Ω方不能各為一國。卜辭云『癸巳卜㱿貞旬亡𡆥王卟云有求其有來艱三至五日丁酉允有來艱自西。𡆥戠告曰土方𢀛于我東鄙𢦏二邑，𠮵方亦侵我西鄙田』（菁華一葉）一辭前作土方，後作𠮵方，蓋古人用字不定，曾未足異」。（見鬼方黎國並見卜辭說，載國學叢編一．二．）

葉玉森 「卜辭𠮵之異體間作𠮵𠮵，無一作𠮵形者，吉字亦無一作𠮵形者，其非一字可以斷定。予舊釋苦，說文『㐁，舌貌』，倒置之與卜辭𠮵𠮵所從之ㄓ𠃊相似。㐁从口象舌，ㄒ象其糸，人象其紋，ㄓ𠃊則肖人，疑古象形舌字。𠮵𠮵象舌出口，乃古苦字。味苦則吐舌出口，猶甘从甘象含一物于口以表味甘，古人由辨味指造甘苦字，其文必表象以指事，非若許君含道古聲之訓也。禹貢『惟箘簵楛三邦底貢』，馬融注『言箘簵楛，三邦所致貢』，以箘簵楛為三國名，核之禹貢，辭例適合。禹貢所紀各國無渾稱幾邦不舉其名者，此三國之本名，疑為囷路苦三國名，後世或因囷路二國產竹，可為箭材，因繫以竹。苦國產木，可為箭幹，因繫以木。復名其所產之竹為箘，為路，故國策曰『箘路之勁』，所產之木為楛』，故家語曰『楛矢』，𠮵方殆即苦國，其國出矢。後下十七有辭云『囚于王曰𠭯苦方矢』，𠭯，求也。苦方以矢著名，故殷求之，所謂楛矢是也。荀子『窳苦不便利者弱』，苦即楛，古本通叚。（殷栔鉤沈）近讀林義光氏之說（見上引從略）森按𠮵與⇧⇧⇡其形絕異，卜辭土字及从土之字無作𠮵及⇧⇧⇡形者，林氏謂𠮵與吉其初皆為古字，未可遽信。至卜辭『土方𢀛于我東鄙𢦏二邑，𠮵方亦侵我西鄙田』二語中之土方𠮵方明為二國，故𠮵方下着一亦字似不能強斷為一國，猶他辭云『壬辰卜癸巳雨五月乙巳亦雨』（戩十五．七）癸巳乙巳明為二日，亦不能強斷乙巳即癸巳也。且據安陽發掘報告獲甲有鬼方二字，則𠮵方非鬼方

亦非土方可以斷定矣」（前釋一卷九十五至九十七葉）

唐蘭「呂方之名，卜辭習見，爲殷人西方之大敵。呂字舊無確釋。孫詒讓釋『昌』（舉例上三二）王國維謂與舌相似。林義光謂即鬼方。葉玉森釋苦。今按說文丙字即卜辭因字，偭彌等字可證，本象席、簟之形，許釋舌貌，後起之段借義也。因形與丂迥殊，因又非舌，是葉以丂爲舌，已無根據，古舌自作㕣，舌出口爲苦，尤屬杜撰，則呂決非苦字也。戠釋爲呂，予不憶其爲誰氏說，然金文呂作呂，與此迥殊，亦不足信。余謂呂爲丂在口中，曰者凵盧也，丂爲占之倒形。卜辭有占字，舊不能識，見甲骨文編附錄三三。郭沫若氏因工殸連文，工或作占若丂，謂『當是工之異，猶丄之作Ω，大之作𡗕也』。（通纂考釋六三）余謂郭以占爲工，至精且確。惟丄形實後起，由占媘變而成，與吕爲正相似，非工變異爲占也。占倒爲丂，後下廿七當即呂字所從之丂。近見柏根氏舊藏甲骨文字有佔字，即坙，當釋爲扛，又有𢀜字即𢻮，當釋爲攻，其所從之占若占，即呂或呂所從，尤爲顯明，則呂爲從工之字，可斷然無疑。呂象工在口中，以象意聲化例推之，當爲從口工聲，今無其字，卜辭用爲國名，則當是邛之本名。卜辭有弖方，舊不識，余以爲巴方，又有蜀，則吾當即邛筰之邛，其地略當四川之邛縣，在殷時當甚強盛，故爲西方之鉅患也」。（天壤文釋五十三至五十四葉）

董作賓「呂，从丂，从口，卜辭中，口多爲附加之體，可有可無，而丂則實爲工字，工典之工作丂及占，可證也。余疑呂方即鬼方，此念蓄之已久，以卜辭別有鬼方，故未能決，今乃知蓋同音假借，先後異文也。工、鬼同屬見母，同屬合口，而韻別陰陽，殆如『胡』與『匈奴』之演變矣。……呂方之名，不見於祖庚以下，而文武丁世又有鬼方與呂方，意者武丁征伐呂方之後，更易以鬼方之新名乎？鬼方、呂方，當皆殷人呼之之名，而先後異字耳。在卜辭中，先後異字之例甚多，其最顯著者，爲貞與鼎，因與畎，巛與找，黃尹與伊尹，唐與大乙之類，則易呂爲鬼，不足怪也」（殷曆譜下編卷九第三十九葉上）

于省吾「契文呂字習見，亦有稱呂。呂字作呂呂形。……按孫釋昌，葉釋苦，其誤自不待辨。林釋凷讀爲鬼是也。而誤以呂與凷吉古土等字牽混爲一，故研契者多未之信。唐謂呂象工在口中，當爲从口工聲是也。而以爲邛之本名亦誤。說文凷墣也，从土，一屈象形也。塊俗凷，从土鬼，按許氏釋凷之義不可據。契文金文無凷形，亦無从凷之字。凷上从丂，後譌變爲土，亦猶吉字初文上从企仐，後譌變爲士也。呂下从口，變爲凵，猶凷之作出，𡴀之作𡴈，其从口从凵一也。唐蘭謂呂从丂爲占之倒，丂即工字是也。然呂字从丂，無一作占者，其所以致倒之由，唐氏猶未之知。工作石，本為某種工具，用時向下作石。如砆字象以物插石之意，不用時向上作ㄗ，存於凵中。必係當時安置之法然也。呂字為凷之初文，以土乃ㄗ形之譌，呂从凵工聲，工鬼雙聲，並見母字。說文以塊為凷之重文，塊以鬼聲。契文以凷為鬼方之鬼，並以聲近字通。呂方之呂，至金文始以戚鬼為之，然猶與鬼神之鬼有別，經傳則通作鬼矣。……以契文觀之，呂方為武丁時西方惟一之強敵。易既濟九三：「高宗伐鬼方，三年克之」。未濟九四：「震用伐鬼方，三年有賞于大國」。其艱可知。……要之，呂字以形言之，象置ㄗ於凵上，以凵工聲，小篆譌為凷。以音言之，工鬼雙聲。以契文呂方之方位及為患之劇考之，亦非呂方無以當鬼方。林唐二氏之說，各有是非，爰截取之，以通其郵」。（駢三第五葉釋呂方）

吳其昌「「呂」者，实「呂方」之簡稱。所以知者，卜辭中于「呂方」之名，纏見疊出，奚翅百數，然或亦省稱為「呂方」之名二〇片疏。或亦省稱為「呂」。其省稱為「呂」者，尤所习見，他辭又云：「呂亡从」。續·一〇·一·「9戊出呂」。拾遺·四·一四·「叀呂」。續一五九·四·「三命伐呂」。續·三·七·三·「圓乎固般伐呂。貞令伐呂，帝禘。……」前·六·五八·四·皆簡稱「呂」，与本片同例。更明显之证，則如「呂方出」續·一二一·一、有時直稱「呂出」。續·二三四·一·「乎望呂方」續·二四·一、二、有時直云「乎望呂」。林·二·五·五·「隹王往伐呂方」，後·一·一六·一二·有時直云「王往伐呂」。後·一·一六·一·「乎多𠕀伐呂方」，前·七·三五·一·有時直云「乎𠕀伐呂」。前·六·三〇·五·「貞乎伐呂方」，前·三·二九·七·有時直云：「貞乎伐呂」。後·一·一六·二·且更有一片之中，上下節內，而「貞乎伐呂方。貞乎伐呂」。杂然遣出者，知「呂」与「呂方」無別，絕無疑矣。「呂方」者，為武丁時殷人之巨患，多出以寇殷。其出也，則殷人奔走訐號，告禱于先公、先王、先勛，先妣。

或告于王亥，前·七·二〇、三·或告于上甲，或告于报乙，或告于成湯，并詳前第二〇片疏。或告于大丁，續·一·六·五·或告于大甲，或告于且乙，乃至告于寅尹。並詳二〇片疏。皆所以祈祐匄福，而祓禍。本片云「用三小宰于母己」，而又云「呂允出」，蓋亦以呂方出寇之事，告于母己，而冀匄「受出又」也。「母己」，豈即成湯之爽「高妣己」歟？

其出也，恒于夜。

故卜辭云：「呂方□夾夜出」，續·一〇、三、「呂方其夾出」，續·三二·四·「呂方不夾出」，後·一·一六·五·「貞，呂方其夾出」，林·二·三·一五·又·續·三·七·七·等「呂夾出，十月」，續·三·六·五·也。其出也

其出也，恒与「土方」相偕而入寇。

下辭云：「……洗藏告曰：土方征于我東啚鄙，𢦏二邑。𢀛方亦牧我西啚田！」菁・一・二・「辛丑，卜，㱿貞，曰：𢀛方凡皇于土⿴囗方，其𦎫，爰援，允其𦎫。三月」續・三・一〇・一・「壬子卜，㱿貞，𢀛方出，不隹我㞢乍囚。五月。乙卯，卜，㱿貞，洗藏冉冊，王从伐土方，受㞢又」續・三・一〇・二・又續・四・三一・一・亦𢀛方・土方・同見于一片。皆其証也。

殷人之伐𢀛方也，則往往「大命衆人」。

故卜辭云：「癸巳卜，㱿貞，収人，聚人。乎伐𢀛⿴囗方」後・一・一七・一・「貞，今，乎多臣伐𢀛方」林・二・二七・七・「戊辰卜，穷貞，登人，乎往伐𢀛方」鐵・一一・一二・「貞，今，登人，乎伐𢀛方」續・三・五・七・皆其証也。

其「大命衆人」也，所収聚之人數，或三千，或四千，或多至五千。

故卜辭云：「貞，登人三千，乎伐𢀛方」續・一・一〇・三・「……因三千，乎伐𢀛方。」後・一・一七・一・又云：「庚子卜，穷貞。今，登人三千，乎「伐」𢀛方」林・二・二七・六・是其証也。

其所遣之戰將，則有若「禽」，若「𠂤般」，若「洗藏」……等。「禽」見本片，疏詳下。「𠂤般」見前・六・五八・四・上文已引。「洗藏」多不勝舉，詳前第七五片疏。

其伐之也，因𢀛方先入寇故，在殷人遂每為「逆伐」。

故卜辭云：「辛丑卜，㱿貞。𢀛方其來！逆伐」前・四・二四・一・「辛未卜，㱿貞。王今，逆伐𢀛方」後・一・一七・三・「癸酉卜，㱿貞。王今，逆伐𢀛方。……」續・三・六・六・又續・三・七・六・見下引。是其証也。

其伐之也，殷之君臣，兢兢業業，以上下一心為戒。

故卜辭云：「……正𢀛方，下上弗若，不我其受㞢冬」鐵・二四四・三・若，順也。言上下勿能順協，則不得受祐，而有禍也。又云：「庚卜，㱿貞。王今，正𢀛方，上下弗若，不〔我其受㞢冬〕」後・一・一六・八・「……貞今，隹王往伐𢀛方，下上弗若，不其受㞢冬」後・一・一六・一二・「癸酉卜，㱿貞。王今，逆伐𢀛方，下上弗若，不我其受㞢冬」鐵・一二・二・「□丑卜，㱿貞。今，隹王正𢀛方，下上弗若，不我其受㞢冬」林・二・九・六・「癸丑卜，㱿貞。今，隹王正𢀛方，下上弗若，不我其受㞢又」續・三・三・二・皆其証也。

至于𢀛方地域之所在，則似居于殷邦之西鄙。

故卜辭有「𢀛方牧我西啚田」見上之語。又卜辭云：「……𢀛方⿰𠂤正征我，其自西」前・七・一七・一・「⿰𠂤正」当与征伐之「征」為一字，从「𠂤」者，当謂以師旅出征也。斯亦其証也。

殷人之逆伐𢀛方也，似亦以「臬」地為前線。

故卜辭云：「乙酉卜，㱿貞。往復以臬，𩫖𢀛方，二月」前・五・一三・五・「𩫖」，后衍而為𢦏，即『執』字之初文，像兩手被桎梏，是被執也。亦即『執訊』之詞所从出，是亦記戰爭之語也。『臬』地，当即『㮚』地，又為殷人『伐盂方白炎』之前線。参上前第三九片疏。

其后𢀛方似卒為武丁击破，而臣服于殷。

故卜辭云：『𢀛方謝』。前、五、二三、四、『己卯卜，㱿貞。𢀛方　㞢賓，至于𡿧』。續、三、一、三、是其証也。此殷商一代，𢀛方入寇，与殷人禦侮之史实，其源委本末，今可从卜辭中鉤沉重見者也。

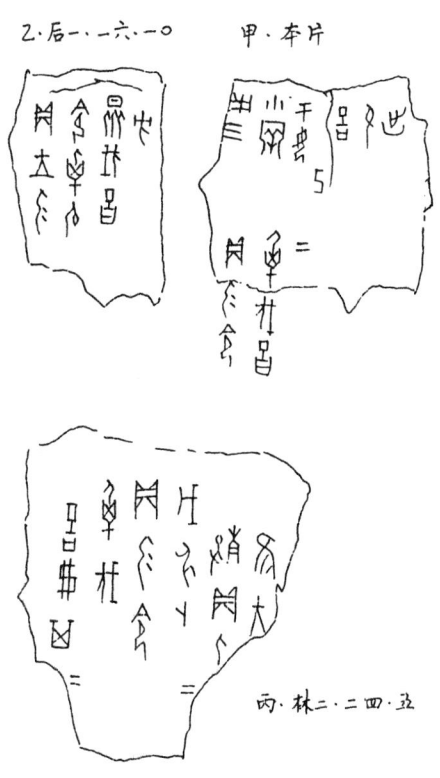

至于本片左下一隅，但存『貞……禽……』二字，而今乃得补足其文，实為『貞令命禽伐𢀛』者，蓋有同例类之二片，其一文云：『貞，王令，命禽以衆伐𢀛方』。后、一、一六、一〇。一文云：『貞，令，命禽伐𢀛……』林、二、二四、五、取相比勘，故知本片之闕文当尔也。同為記述逆伐𢀛方之事，可証所补之未誤。」（殷虛书契解詁第三〇五——三一〇頁）

乙·后一·一六·一〇　甲·本片

丙·林二·二四·五

胡厚宣　「吾者疑即共」（商史論叢初集二册八彙殷代吾方考）

丁山　「甲骨文所常见的𢀛方，近来颇多异释，我认为王国维尝疑是吉字，较为近理。𢀛，从口，从𡈼，𡈼即涅所从𡈼也。汉书地理志上党郡有涅氏县。货币文字考卷三所著晚周的『涅金』，字作：

湼 湼 湼

湼正许书所谓『黑土在水中者也。从水从土、日声』。从土日声，当是𡈼之形讹。方言六：『埋，垫，下也。凡柱而下埋，屋而下曰垫』。郭璞注云：『埋音涅。』山谓，𡈼象柱而下形，盖即枘字初文。庄子在宥『仁义之不为桎梏凿枘也』。释文引三苍：『枘，柱头枘也。』以柱头置于础上，必若凿枘之相合始为安吉。𢀛固象柱枘合于础凿，安全之象，亦吉字不谊矣。……甲骨文所见吉方，决为南燕故名。」（商周史料考证七九页）

陳夢家 「卜辭云『七日己巳允有來嬉自西，長友角告曰，邛方出侵我示𪎭田七十五人』（菁二）『允出來嬉自西，長戈化告曰：邛方显于我奠』（綴二七）『七日己丑允出來嬉自西，長戈化手告曰：邛方显于我亦』（菁五）『壬辰亦有來嬉自西，𠂤手告曰：[illegible][illegible]显我奠，戋四邑』（綴二七）『允有來嬉自西，𠂤告曰：[illegible][illegible]戋𩲃、夾、方、罘四邑』。（珠二八二）……由此可知邛方的入侵皆在西邊，沚處於邛、土之间，邛侵其西鄙而土侵其東鄙，凡從王征伐邛方或受邛方的侵伐者，皆當在與沚相近的地區，而邛所入侵之地亦當為殷的邊地或殷的同盟或降服的諸侯的地區。𠂤、戊、沚、原、土、唐、長、友、角、戈、化。……由邛方侵犯和受征伐的地方而言，邛方似在今垣曲與安邑之间的中條山地區。若邛在中條山，則東界沚而西鄰唐。邛與沚界於安邑與濟源西之间。……邛字作吾，大約就是後來的邛字所從來，但說文以邛在濟陰，後漢書西南夷傳的邛都夷，都和卜辭的邛方地望不合。我們曾經以為邛在河內太行山，其證據是考古圖所載邛仲之孫伯夷盤『得於河內』而同銘的盤『得於河內太行石室中』，因此以為邛在河內附近（燕報一九：九八，註八）這兩件春秋時代的邛器，可能和邛方之邛有関，可能是江、黃之江。無論如何，卜辭的邛方都是在太行山西北的地區，則似乎是較可信的」（綜述二七三至二七四葉）

孙海波 「𢀛，甲二二七九。从工从口中，說文所无。唐兰說卜辞为国名，当是邛之本名。林义光、于省吾並释𢀛。𢀛方即鬼方。𢀛，乙七七九三。武丁早期卜辞工字作工。」（甲骨文编四九頁）

李孝定 「𢀛字孫释昌，王已駁之，王疑𢀛舌之異體。林謂𢀛方即土方，古𢀛即『古方』，即經傳習見之鬼方。二說葉已丞駁之，駁之是也。惟葉釋苦，亦臆說耳。無論𢀛之非舌，已見唐氏所駁，即如其說，則吐舌出口安知其不為辛辣字邪。唐氏釋為从口从工，是也，然謂當於今之邛縣，則亦無確證，且卜辭𢀛方不下數十百見，其為殷邊患實至頻數。以地望言，邛縣之去殷都且數千里，以當時交通情形言之，呂之寇殷似不能若是其數也。呂蓋殷西大國，相去當在數百里之間，地望今不可考，則闕之可也。隸定作吾與呂同意，而音則不必同，亦猶口吅品之不同讀也，說文所無。（集釋〇四二〇葉）

李孝定

「于氏謂工誤為土，以今隸言之固有可能，而古文工之與土，則字形懸異，似不當謂吾為呂之譌。至謂吾方即鬼方，舍音近外，二者無若何其他之關係。吾方是否即為鬼方，似仍以存疑為是也。且即令假為鬼方，此字仍祇能依新定收之於此也」。（集釋〇四二三葉）

饒宗頤

「按『呂』字，向來異說紛紜，多誤以𠙵為工，故或釋為『邛』。今知𠙵與古為一文，即亦之異寫，則古字隸定應為从亦从口。玉篇有『咗』字，為嗜之古文，則呂乃咗字。（李亞農已發此說。）視之古文作眎，集韻亦作『睹』，五帝紀注：堯姓伊祁，禮記郊特牲作伊耆。由亦與耆通用證之，知呂方即耆方。尚書西伯戡黎，史記黎作耆。尚書大傳：『文王出則克耆』。周本紀云：『明年，敗耆國』。正義曰：『即黎國也。鄒誕生云：「本或作黎」。孔安國云：「黎在上黨東北」。括地志：「故黎城，黎侯國也，在潞州黎縣東北十八里」』。以卜辭所記呂方地望徵之，蓋在殷之西，常侵戍（越）唐諸地，當在太行山一帶，與上黨之黎，地理吻合。呂亦作『古』。如云：『乎取古』（金璋五六七）『自古』（屯甲十一）『古叀戍』（京津四九一〇）『己酉：弜呂方』（屯甲三六一三）弜即呂方，而省口作『古』。卜辭又屢言『呼臣呂』，則吾曾入事于殷，故又有『古侯』之記載。（前編六、二九、七）古之作呂，亦猶冊之作𦘔，目之作昌矣。耆為殷西大國，周之翦商，必先伐耆，乃克陳師東指，尚書因有戡黎之篇。今由卜辭之呂（咗），以證周本紀之耆，知漢人傳寫尚書，其作『黎』與『𨸏』（集解引徐廣說）并後來假借，而非其朔，是則有裨于经典者矣」。（通考一六三——一六四葉）

徐南洲

「卜辞中所见的呂字甚多，然而不外乎四种形式即：呂、呂（殷虛书契前编第四卷三二页六片）、呂（铁云藏龟第一五九页四片）、呂（殷虛书契前编第五卷一九页六片）。按此诸式，下部均有ㄩ，中部均有丨，上部均有口。故此字的基本形式或初形应当是『呂』，其余皆为变体。……字中部的丨、十、丄、厶四种形象，应当表示同一事物……窃以为此四者都是指古代祭祀时所用的一种名叫『互』的器具之形……字的上部为口形……而口字则表示大离……据此可知：胡字的造作，实为其下部之口字、中部之互字及上部之肉字三者组合而成……此与已隶定之甲文『古』字若合符節，另将象互物的长方形肉块口离析为单独的偏旁，写作『月』，从

而构成『胡』字。」（「舌」字门外谈，考古与文物一九八七年三期五七至五九页）

按：字隸作「舌」，為方國名。卜辭之方國，均難以確指，有待於進一步之考索。

0739

克

羅振玉

「說文解字克，肩也，象屋下刻木之形。古文作𠅞𠅩。古金文作𡴎（大保敦）岜（克鼎），與此略同，象人戴冑形。古金文冑作𡴎（盂鼎及𠫑彝）作𡴎（伯晨鼎）。克本訓勝，許訓肩，殆引申之誼矣。」（殷釋中六十九葉）

王襄

「古克字。」（類纂正編第七第三十三葉下）

李孝定

「字作岜若𠃓，下从ㄗ與古文𠂮字形近，象人躬身以兩手拊膝之形。上从𠙵象所肩之物，肩重物者恆作此形也。……此字當以肩也為本誼，引申之遂有任也勝也（勝任勝負二義）能也諸義。卜辭克字或為人名，『貞子克征』（拾、十五、五）是也。或訓勝，『貞其克乎』（前、一、二二、七、二）『囗其弗克』（前、三、二七、三）是也。或訓能，『乎歸克鄉饗王事』（甲編、四二七）『囗女口入乎許有司女克𠂤（疑承字之異構）二人』（甲編、三九三三）是也。」（集釋二三四三葉）

朱芳圃

「字上象冑形，下从皮省。當為鎧之初文，亦即甲冑之甲之本字。書費誓：『善敹乃甲冑』。孔傳：『甲，鎧』。孔疏：『古之作甲用皮，秦漢已來用鐵。鎧、鍪二字皆从金，蓋用鐵為之，而因以作名也』。周禮夏官：『司甲』。鄭注：『甲，今之鎧也』。賈疏：『古用皮謂之甲，今用金謂之鎧。从金為字也』。𠙵象冑形，羅氏已證明矣。皮、金文作𡿺，象手剝獸皮之形，有頭與手則為尸矣。字从皮省，以古代作甲用皮也。又古文作𠅩，結構亦同。𠮛即𠙵之異形，說文裘部裘之古文作求，裘為皮衣，小象附毛之皮，是其證也。克為戎服，用以自禦，故引伸有能義，爾雅釋言：『克，能也』。又有勝義，爾雅釋詁：『克，勝也』。」（殷周文字釋叢卷中第七十五葉）

屈萬里

「卜辭：『戊午卜：弜克貝、𡆥南丰方？』（甲編二九〇二）克，攻取也。」（甲編考釋三七四葉）

屈萬里　「□，與□同，即克字。知者，以師望鼎克字作□，與本辭□字正同也。……本辭克字，當為地名。」（甲釋三四五二片）

赵诚　「克，甲骨文写作□，或写作□，从凵从日同。均象人直立躬身以手拊膝而肩有所负之形，乃会意字。卜辞用作副词，有能够之义，似为本义之引申：弜鞁，乎归，克卿王事。（乙四二七一）——不要执捕而呼其归来，能为王事尽力。鞁，执字之异体，有捕捉，执拿之义。乎即呼，有命令之义。卿，用作嚮，动词，趋向之义。嚮王事，为王事尽力，则为本义之引申，克的这种用法，近似於后代的能，本为面向，像是助动词。但多少又有一点『将会』『将能』之『将』的语意，则又不完全像助动词。」（甲骨文虚词探索，古文字研究第十五辑二七八页）

赵诚　「□，克。或写作□。从卩象人微曲身体以手拊膝有所承负之形，从凵或凸象肩上所负之物，会肩有所负之意。本义当为肩任、擔负之类的意义。甲骨文用作助动词，有『能』的意思，当为本义之引申。」（甲骨文简明词典三六三页）

按：小篆克字形譌，但說文訓之為「肩」，猶存其初義，許書之彌足珍貴，即在於此。但謂「象屋下刻木之形」，則又涉荒誕，此須據古文字之初形加以辨正者也。徐鍇繫傳云：「肩者任也，尚書曰：『朕不肩好貨』，不委任好貨也。任者又負荷之名也，與人肩膊之肩義通，故此字下亦微象肩字之上也」。小徐謂「克」字下象肩字之上，驗之古文字，其說極確。俞樾兒笘錄申徐鍇之說，謂克字「象舉物高出人上，故其義為肩」，「許君因誤以彔為其克之古文，而屋下刻木之說亦移之克下矣」。其說亦是。但以克字上从之「古」為「高」省，則據小篆譌體立說，殊誤。

李孝定集釋謂卜辭克字「下从卩，與古文□字形近，象人躬身以兩手拊膝之形，上从凵，象所肩之物，肩重物者恒作此形也」。較徐鍇、俞樾之說更進一境，得「克」字造字之本恉。惟卜辭克字基本形體有二，其一作□或□，詳審其刻畫，其下所从之卩，先書乚，再加丨，作卩，象人直立躬身以手拊膝，凵或凸則象所肩之物，乃會意字，李說是對的。□則象人跽形，與此迥別，跽則無由肩重物。

另一形體作□或□，下所从之卩，乃先書丿，復加⺆而成，不得謂為象人躬身拊膝之形，實已苟簡，當為小篆「肩」字之所本，蓋為指事字。說文以肩為「从肉象形」，或體作肩。孔廣居說文疑疑，徐灝說文解字注箋並謂「象肩與臂形是也。又謂彐或⺆象肩上低窪處則誤。」乃指其肩之所在，猶肘之作𠃍也。卜辭克字作𠙵形者，其下所从之𠨍即肩字之初形，與戶易混，小篆復从肉，實已演化為形聲字。克之本義為「肩任」，引伸為「能」、為「成」、為「堪」、為「勝」。羅振玉適顛倒之，非是。

卜辭「克」字諸義，李孝定已加論列。惟其釋讀甲三九三三則承屈萬里之誤，且疑爯為「承」字，屈萬里則以為「未識」。爯即「爯」，今作「偁」。當讀作「⋯⋯从⋯⋯又司女，我克偁二人」。此片兩段之間似有界畫，屈氏以「从」、「我」等字屬下段讀，李氏從之，殊誤。殷墟卜辭綜類一三二、一四九且讀作左行，亦誤。

0740 合

𠓛

王襄　「古合字。」（類纂正編第五第二十五葉下）

余永梁　「合象器蓋相合之形，許君云『亼三合也从亼一象三合之形』乃望文生訓之肊說。」（殷虛文字考）

孙海波　「合，甲三三九九。貞人名。合，河七〇二。地名。在合卜。」（甲骨文編二三八頁）

朱芳圃　「說文亼部：『合，亼口也。从亼、口。』林義光曰：『按口象物形，倒之為亼。合象二物相合形。』（文源六）按林說非也。字象器蓋相合之形。會倉二字，皆从此作。」（殷周文字釋叢卷中第一〇三葉）

饒宗頤　「『合』殆祫字。春秋文二年：『大事于大廟。』公羊傳：『大事者何？大祫也。大祫者何？合祭也。毀廟之主陳于太祖，未毀之主，皆升合食于太祖。五年而殷再祭。』說文：『祫，大合祭先祖親疏遠近也。』卜辭『合㞢大御祖乙』，為合祭無疑。祖乙為武丁高祖，其下尚有祖辛、祖丁、陽甲諸世，當并升而合食于祖乙也。」（通考二九〇葉）

赵诚　「𠓛即后世的合字，象器盖相合，下面的日形即代表器物。卜辞用来表会合、聚合，乃合字之引伸义。」（甲骨文字的二重性及其构形关系　古文字研究第六辑二二一页）

按：余永梁謂「象器蓋相合之形」可信，引伸為會合、聚合，卜辭即用此義。

0741

趙誠 「𠮛，名。或写作㕯，从夕从口，表示在黑夜里以口自名，当为会意字。甲骨文用作卜官之私名 则为借音字。」（甲骨文简明词典七八页）

按：釋「合」、釋「名」均難以成立。屯二四八辭云：「貞又𠂤伐𠮛彡」用為祭名。

0742 會

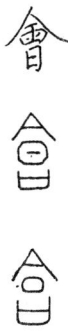

趙誠 「會上面的A象个盖子，下面的口象个器物，中间放着一个东西，上下一合，就是此字所要表示的意思，当然有會合之意。卜辞所谓的『又來會于……』（甲三六三〇），即用此义。此字小篆讹变作會，隶变作會。」（甲骨文字的二重性及其构形关系古文字研究第六辑二二一页）

趙誠 「會，会。合象盖，口象盛物之器，回象所盛之物，表示盛了物品盖上盖。所以引伸有会合之义。甲骨文作为动词即用此义，如『來會于……』……（甲三六三〇）。」（甲骨文简明词典三四九页）

按：甲三六三〇「又來會于……」，即用為會合之義。說文以為从曾省，非是。會之古文繫傳作「㣛」，與魏三體石經古文同。徐灝段氏注箋及朱駿聲通訓定聲以為古文从彡，故有衆義，並誤。

0743 會

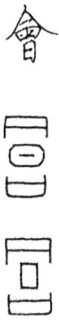

按：此亦「會」字，當併入0742「會」字條。合集二七四三五辭云：「戊申貞，王己步于會」為地名。

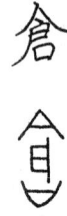

0744

倉

考古所「：疑與通別二、一〇、八之『倉』同。倉，金文編二八九頁隶定為倉。」（小屯南地甲骨一一〇二頁）

按：說文：「倉，穀藏也。倉黃取而藏之，故謂之倉。从食省，口象倉形」。「倉黃取而藏之，故謂之倉」，純屬傅會。字亦不从食省。卜辭皆用為「倉廩」之「倉」。

0745

按：合集二四三六六辭云：「壬午卜，王在合卜」用為地名。

0746

按：卜辭為人名。

0747

按：合集二八〇一一辭云：「乙酉小臣萛」

「小臣□」為人名。

0748

陈邦福　「戩寿堂殷墟文字第四十五页云：『木□七十□』。邦福按：木□疑释木豆，□古品字。尔雅释器云：『木豆谓之豆』，礼记礼器云：『天子之豆二十有六』，郑注引周礼『公之豆四十，侯伯之豆三十有二，子男之豆二十有四。疏引皇氏曰：『天子庶羞百二十品，笾豆各六十。今云二十六者，堂上数也。然卜辞云：木豆七十品，疑殷代荐七十牛羊犬豕之用。盖周代用豆实有定制，殷则视礼之隆杀为器之多寡耳。」（殷器琐言第三页）

0749

陳晋　「桒□宜為臨，貞者監臨其地而卜之也。」（龟甲文字概論二十四頁下）

按：「□」為貞人名，骨臼為卜人之簽署，陳邦福乃誤讀刻辭，釋「臨」尤誤。

0750

王襄　「疑晋字」。（類纂存疑第十二第六十二葉上）

按：釋「晋」不可據。卜辭為人名。

0751

按：字不可識，其義不詳。

王襄　「古龠字，許說樂之竹管，三孔以和衆聲，从品侖」。（簠室殷契類纂第九葉）

商承祚　「說文解字『戰，鬬也，从戈，單聲』。䢅鼎作𢧁，與此同，𠁥殆象兵器，口象架，所以置兵者，象形，許君从戈，于誼已複，謂為形聲，殆未然歟」。（類編十二卷八葉）

葉玉森　「按𠱠之異體作𠱠𠱠𠱠等形，予舊釋毀，謂魯公伐郑鼎『攻𠱠克𠱠』，䢅鼎曰『攻𠱠無啻』（作𠱠作𠱠），諸家並釋『攻戰克敵』，考單伯昊生鐘單作𠱠，姬單匜作𠱠，卜辭與鼎文同。𠱠𠱠並非單之𢀖體，且省戈戰誼亦不顯。殷氏盤襄作𠱠，从衣从𠱠，是𠱠即毀。說文『毀，亂也，从爻工交吅。一曰窒毀，讀若禳』。段氏謂攘即毀之叚借，良塙。鼎文如釋『攻毀克敵』，『攻毀無敵』亦可通。卜辭應釋毀。（鉤沈十四葉三行）」（前釋五卷二十一葉下引）

葉玉森　「按卜辭自有龠字作龠，如釋𠱠為龠者似尚可信，惟釋攻𠱠為攻躍覺仍未安。（郭氏亦主攻躍說與陳氏同）」（前釋五卷二十二葉背）

柯昌濟　「當即單字。案卜辭所載王賓率其先王先公單疑為河亶甲，單亶古通。左傳亶伯，史記作單伯。是惟先王率以干支繫名，此獨曰單不稱甲者，疑單即其名稱，若唐若土云」。（補釋）

陳邦福　「𠱠𠱠皆當釋龠禴之媘，禮記王制云：『春曰禴』，祭統云：『春祭曰禴』，又詩小雅天保云：『禴祠烝嘗』，孔疏引王制亦云：『自殷以上則禴帝烝嘗』，云云。至爾雅釋天：『夏祭曰禴』，為說文示部：『礿，夏祭也』之所本，則周制矣。（簠室殷契徵文人名篇第五葉云『庚子卜𠱠貞令念取𠦪于龠』龠蓋地名，𠱠之緐文）又案：魯公伐郑鼎䢅鼎并云：『攻𠱠無敵』，是又借作攻躍之躍，非祭名矣。據湯孚萃：『乃利用禴』，劉本作𥼶，蜀才本作躍，是其證」。（辨疑四葉上）

又曰「𠱠𠱠皆當釋龠禴之假借。湯既濟云『不如西鄰之禴祭』，注『禴煮新菜以祭』（下文與上引辨疑說略同以略）」。（說存三葉下）

許敬參釋毀，謂即許書褱字。見存真四葉四行。

郭沫若　「禴字古說頗參差，爾雅公羊以為夏祭，王制與祭統以為春祭。易萃卦釋文及注又以為殷之春祭。萃卦及升卦干注則謂『非時而祭曰禴』。今觀卜辭有於十一月舉行者，則知干注是，而春夏祭之說皆非矣。」（甲研釋龢言六葉）

董作賓　「祖甲時彡祭前一日之祭曰『彡夕』，後一日曰『彡龠』。彡祭用鼓龠，即管籥，皆用樂以祭也。」（殷曆譜下編卷二祀譜一祖甲祀譜二十五葉反面下欄）

陳夢家　「字書釋龠舊釋龢，方言一『踚，登也』。」（西周銅器斷代㈠，載考古學報一九五五年第九期一七三葉）

孫海波　「㗊，前五．一九．二。郭沫若釋龠，象編管之形，从吅，示管头之空。說文云，从品侖。侖，理也，非是。」（甲骨文編八一頁）

李孝定　「說文『龠樂之竹管三孔以和衆聲也从品侖侖理也』。契文作㗊㗊㗊象編管之器，从吅以，管端孔也。郭氏甲研究釋龢言說此甚詳，不可易也。詳見下龢字條注釋。戢釋單其誤顯然，可毋置辯。字不从文工文，釋殷亦非。字在卜辭為祭名，殆即用樂以祭，彥堂師之言是也。卜辭之龠謂其字當於後世之禴則可，若必執此以言殷代之龠祭為春若夏祭、或瀹煮新菜之祭，於卜辭均無佐證，必致牽附少當也。盧徵人名第四十二版有文作龠，當即龠字無疑。惟諦察原拓字跡艸率，如从字作从，羊字作𦍌，又有𠬝字，陳氏釋念，此於卜辭亦屬僅見，釋念亦無徵，疑係僞刻。且龠字僅見，餘均作㗊，不从亼，仍以存疑為是。金文龠作㗊散盤龠臣辰卣龠臣辰盉第一文不从亼，與契文同。二、三兩形則與篆文近似矣。」（集釋〇六五一葉）

饒宗頤　「按㗊即龠，謂用籥也。佚周書世俘解：『祀于位，用籥于天位』。而記籥人一奏武，王入進萬。春秋宣八年：『辛巳，有事于太廟，仲遂卒于垂。壬午猶繹，萬入，去籥』。知祭時萬舞與奏籥每並行之，觀詩簡兮之『執籥』，賓之初筵之『籥舞』可證。卜辭或言『龠』，或言『羽』，龠為用籥，羽即羽舞。」（通考八三二葉）

饒宗頤　「易萃六二，升九二并云：『孚，乃利用禴』。又既濟九五：『東鄰殺牛，不如西鄰之禴祭，實受其福』。東鄰殺牛，為殷之禘，西鄰禴祭，為周之禴，為四時之夏祭。天保為文王詩，所謂『禴祠烝嘗』者，孔沖遠以為周改夏祭之禘為禴也。卜辭所見之龠，非夏祭之禴，

似指祭時用籥舞」。（通考九五一葉）

趙誠　「𠎶，龠。象排管乐器。甲骨文用作祭名，当为以音乐助祭，与彭祭近似。」（甲骨文簡明辭典二五一頁）

按：「龠」、「籥」、「龥」、「龢」古本同字，後世始孳乳分化，義有引申，卜辭皆用為祭名。

0752

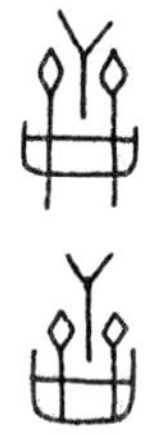

按：此亦當是「龠」字之異體。

0753

羅振玉　「說文解字：『龢，調也，从龠禾聲，讀與和同』。此从龠省」（殷釋中七十二葉下）

王襄　「古龢字。」（簠室殷契類纂弟九葉）

葉玉森　「按郭氏所舉二例『鼓』字上並有『其』字，下並有『于』字，本辭（定按即前二、四五、二、）之龢則緊接上甲，辭例不同。設易龢為笙，而云『上甲笙』，亦不辭。猶易前舉二辭為『唐鼓』也。龢字是否訓笙，尚難塙定」。（前釋二卷七十七葉上）

郭沫若　「說文和龢異字。和在口部，曰『相膺也，从口禾聲』。龢在龠部，曰『調也，从龠禾聲，讀與和同』。是許以唱和為和，以調和為龢。然古經傳中二者實通用無別，今則龢廢而和行，蓋龢和本古今字，許君强為之別耳。卜辭有龢字，文曰『貞甲龢眔唐』羅釋龢，謂『从龠省』是矣。按龠字說文以為『从品侖，侖理也』，然考之古金文，如沇兒鼎之『錫女史小臣霝龠鼓鐘』作龠，而从龠之龢字，如王孫遣諸鐘沇兒鐘子璋鐘公孫班鐘之作龢，𠭯鐘之作龢，魯邍鐘之作龢，虢叔鐘之作龢，邛君婦壺之作龢，字均不从品侖，諦視之，實乃从亼象形，象形者象編管之形也。金文之作𠁁若𠀀者，實亦管頭之空，亦此為編管而非編簡，蓋正與从亼冊之侖字有別。許書反以侖理釋之，大悖古意。（侖字既象編管，與漢以後人釋侖之意亦大有別，後人均以為單獨之樂管似笛，然或以為三孔，（說文解字、鄭玄周禮笙師、禮記少儀明堂位注，郭璞爾雅釋樂注）或以為六孔，（毛詩邶風簡兮「左手執籥」傳）或以為七孔，（廣雅）是皆未見古器之實狀而懸擬之耳。形之相悖亂既如彼，說之參差復如此，故知漢人侖似笛之說全不可信。爾雅釋樂云「大籥謂之產，其中謂之仲，小者謂之箹」，而說文籟字注云「籟，三孔侖也，大者謂之笙，其中謂之籟，小者謂之箹」。是則侖之與籟是一而非二。莊子齊物論云「人籟則比竹是矣」，籟為比竹，與侖之字形正相一致。許知籟侖為一而不知侖，故以「三孔侖」釋籟，其誤與侖下注云「樂之竹管，三孔」者正同。知侖籟為比竹，則知其大者自當為笙，爾雅「產」字蓋形近而訛，不則當因後人不識侖而妄改者也。（仲籟之異，其理亦同，蓋後人以籟為簫，疑中侖名籟與侖不合也）知此，則簡兮之「左手持籥，右手秉翟」，而後方可說明。詩之意，殆言萬舞者以樂器自為節奏，右手秉翟而舞，左手持籥而吹，籥而果似笛，乃或六孔七孔，則隻手不能成節奏，而左手允不能也。疑三孔之說即為調和此詩而生，蓋三孔則左手勉強可能也，然說文於笛字注下云「羌笛三孔」，則知中國古無三孔之笛。今知侖本比竹，於詩之義乃豁然貫通，蓋比竹如今之口琴，隻手優能吹之，即左手亦優能吹之也。在狂舞之時，舞者自吹此單純之樂器，節奏亦容易構成，迥非笛之比矣。故此詩於此適可為互證，蓋由侖始得解詩，由詩亦可以知侖也。知侖則知龢。龢之本義必當為樂器，由樂聲之諧和始能引出調義，由樂聲之共鳴始能引申出相譍義，亦猶樂字之本為琴（羅說「象弦附木上，其加白者乃象調弦之器」。按即琴矣）乃引申而為音樂之樂與和樂之樂也。引申之義行而本義轉廢，後人祇知有音樂和樂之樂而不知有琴絃之象，亦僅知有調和和譍和之和而不知龢之為何物矣。然龢固樂器名也。爾雅云「大笙謂之巢，小者謂之和」，（說文笙字下亦引此）此即龢之本義矣。然當以龢為正字，和乃後起字。字之从侖，正表示其為笙，故此亦正可為互證，蓋由侖可以知龢，由龢亦可以返知侖也。由上數項之推證，可知侖當為編管之樂器，其形轉與漢人所稱之簫相類。由周禮春官小師「掌教簫管」，鄭注云「簫，編小竹管，如今賣飴餳所吹者」。周頌有瞽箋亦同。許書於簫字亦注云「參差管樂，象鳳之翼」。此與笙籟無別矣。惟可異者漢人之簫與今制不同，今人之簫為單管。說者謂由排簫至單簫之變當在隋唐之際，此事余尚未深考。然余自文字上以形求之，則漢以前之簫並無編管之痕跡，而反有單管之實證。第一，簫字或作箾，說文云「箾，以竿擊人也」，以竹削之聲，虞舜樂曰箾韶，是箾本含竿義。又簫之別義，如廣雅釋草云「簫，箭也」，如簫之為梢或弓末。釋名釋兵曰「弓，其末曰簫，言簫梢也」。簫又通篠，文選長笛賦「林簫蔓荊」注云「簫與篠通」。似皆由竿義引申而出，無與編管義相涉者。第二，爾雅云「大簫謂之言」，按此當為言之本義，爾雅以外於墨子書中僅一見。墨仔𣴎樂上屬引古逸書云「舞佯佯，黃言孔章」。「黃」乃「簧」之省，「黃言」猶言笙簫也。墨子所非者為樂，故舉此以為證。偽孔書竊此以入伊訓而改為「聖謨洋洋，嘉言孔彰」，蓋不解「言」字古義，誤以為言語之言。考言音古本同類字，如許書「音从口辛聲」，「音从言含一」。字於古金文中每相通用，如王孫鐘之「中韽虘揚」，沇兒鐘作「中韓虘揚」，韽韓一字，當與翰通，而一从言作，一从音作。又如𣳾簋之「錫戠衣」，趩尊之「錫趩戠衣」，从音，至聞𣪘之「錫汝戠衣」則从言。格伯𣪘亦有此字，曰「書史戠武」，或作戠，或作戠，或作戠，或作戠，或作戠，三器之蓋各一字，均从言作。（具見周金卷五）卜辭亦有此字作戠若戠，二形同見於一片，（前四·四四·一）亦从言作。羅振玉謂「从言从音殆通用不別」，是也。觀此所从之言字並不从辛作，此乃言之最古字，字从口象形，與骨文之磬鼓字同意。磬於卜辭作𣪠𡴘即磬也，从殳以擊之。鼓作𡔷，豈即鼓也，从殳以擊之。言之丫若丫，即簫管也，从口以吹之。又無形之字必藉有形之器以會意，如喜、樂、和、雅，無形之字也，喜之藉為鼓，樂之藉為琴，和之藉為笙，雅之藉為雅。（雅樂器也，見周禮笙師）聲音亦無形之物也，故聲之藉為磬，音之藉為言，其意若曰以手擊磬，耳得之而成聲，以口吹簫，舌弄之而成音也。金文戠字於言若音之旁益以八者，殆即表示樂器之音波，如鼓音為彭，彭於骨文竟有作𧯠𧯠諸形者，即以點畫為音符也。後由此乃轉化而為𢦏若𢦏，更於其首加一，遂與从辛之字無別矣。言之本為樂器，此由字形已可得充分之斷定，其轉化為言說之言者蓋引申之義也。原始人之音樂即原始人之言語，於遠方傳令每藉樂器之音以藏事，故大簫之言亦可轉為言語之言。然由言之字形而言，最古之義必合最古之形，古音字之丫若丫之簫形，實係單管而非編管。以上徵諸字義，考諸古文，古代之簫似同今制。余疑簫之名物，今古無變，漢人之異說乃少數學者之偶有未照，以致簫與龠之名實互易耳。又簫龠互易於笙師之「掌教龢竽、笙、塤、籥、簫、篪、篴（笛）、管」之次第亦可略見其端倪。此殆以形制之近似為類聚，竽、笙、塤、籥為一類，簫、篪、笛、管又為一類。塤與竽笙雖異，然形制實近，周禮小師「掌教塤」，小鄭云「塤，燒土為之，大如鴈卵」，大鄭云「塤六孔」，以其不作管形，故類之於笙也。若籥果似笛，簫果編管，則當列簫於上，屬籥於下，古人為文雖不必如是拘慎，然亦自有理法可尋，其次序乃與余所推定者適合，此亦余說之一左證也。」（甲研釋龢言）

又曰：「和之為笙，於文獻中猶有存者，如儀禮鄉射記「三笙一和而成聲」，鄭注「三人吹笙，一人吹和」是也。卜辭之「貞甲龢眔唐」，余謂當與「其鼓彤告于唐」「其直于唐」同例，蓋彼用鼓以助祭，此用龢以助祭也。別有𬙮字，文曰「勿𬙮尤于妣△」，當亦龢之異體，从𠙴與从△同意，𠙴者匯管之器也。和字或此字之省矣」。（同上）

李孝定

「說文「龢調也从龠禾聲讀與和同」，郭氏說此至詳贍，說無可易。惟說前二、四

五、二，辭義確有未當。如葉氏言瀞四八、三二辭云『戊申白𤰈廿宁龢廿𡿧』此字下半殘泐」亦不明其義。金文龢字多見，如龢王孫鐘 龢沇兒鐘 龢邾公牼鐘 龢𤼈編鐘 龢虢叔鐘 龢曾遷鐘 龢邾公華鐘 龢比兜王鐘 龢井人鐘 龢益公鐘 龢邛君壺 龢余義鐘从音為龢字異構與卜辭同」。（集釋〇六六一葉）

饒宗頤 「『口巳卜，穷貞：……其……。貞：上甲龢眔唐』。（前編二、四五、二）按龢即和，疑指和甲，他辭亦作龍甲。此和甲與上甲及湯配享也」。（通考二七五葉）

金祥恆 「由是言之，『彡夕』或為彡祭前夕求神之祀典，『彡龠』為管龠之祭。犹春秋宣八年『壬午犹繹，万入去龠』。公羊傳云『龠者何，龠舞也』。孔穎達正义云『詩言碩人之舞云，左手執龠，右手秉翟』，或即送神之祀典。（釋彡 中國文字第七卷三二五八頁）

按：說文訓「龢」為「調」。契文無从「禾」之「龢」。卜辭均殘，無以見「和調」之義。字仍當釋「龠」。

叉

饒宗頤 「『丁亥卜，𡧊貞：茲叉于滴。茲不叉于滴』。（乙七三三六）叉者，毛公鼎：『亦唯先正𢀛辟厥辟』。劉幼丹以𢀛即襄，知叉為𢀛之初文，襄字從之。惟此讀為禳，說文所謂『磔禳祀除厲殃也』。周禮注：『却變異曰禳。禳攘也』。」（通考五二五葉）

于省吾 「甲骨文叉字作叉，甲骨文編入于附录，續甲骨文編附录于品部后。叉即說文斝字所从的吅。說文：『斝，王爵也。夏曰醆，殷曰斝，周曰爵。从斗，吅象形，吅与爵同意。或說，斝受六升。』按许氏醆斝爵之說既不足据，而解释字形也是任意割裂。斝字应从斗吅声，吅字的初文本作叉，犹說文从㗊的字习見，据金文則均应作𤇾或𤇾，隶定作𤇾。叉字又孳乳作器，商代金文屡見。又𤇾子簋的𤇾字，盂文作𤇾，也是从口与否无别之证。

甲骨文称：『丁亥卜，古貞，庳叉于滴（漳）○庳不叉于滴』（乙七三三六），『王固曰，庳叉』（乙七三三七）。庳字作𢀛，象鹿首戴角形。甲骨文以庳为地名。斝字本从吅声，已详前文。周礼量人郑注：『斝读如嘏尸之嘏』。甲骨文叉字应读为汨没之汨，广韻十一沒：『汨，古忽切，汩沒。」叟汩双声，故通用。甲骨文的「庙汩于漳」和「庙不汩于漳」，是贞问庙地是否为漳水所陷没言之。春秋僖十四年的「秋八月辛卯，沙鹿崩」，公羊传：「沙鹿者何？河上之邑也。此邑也，其言崩何？袭邑也。」徐疏：「袭者嘿陷入于地中，言崩者，以在河上也。」这和甲骨文的庙是否汩没于漳，可以互证。」（甲骨文字释林释叟）

陳邦怀「四五二九号　于南阳西叟　于鳥日北對「南阳」为地名无疑。「于鳥日北」与「于南阳西」为对句，可以推知「鳥日」亦为地名。地以鳥日名者，盖以其地为「玄鳥至日祈于郊禖」之故，此地名与殷史有密切之关系者也。「叟」，說文解字口部：「嚣，……读若禳。𠷎，籀文嚣。」叟，疑𠷎字初文，读若禳。說文解字示部：「禳，磔禳，祀除疠殃也。」」（小屯南地甲骨中所发现的若干重要史料，历史研究一九八二年第二期一二九頁）

按：于先生讀為「汩沒」之「汩」。但懷一六四八辭云：「丙辰：…王其令望叟于儽東」「叟」在此無「汩沒」之義。陳邦懷讀為「禳」，可備一說。卜辭皆為動詞，當為祭名。

0755

按：字不可識，其義不詳。

0756

嵒

王襄「古嵒字。許說山巖也，从山品。」（類纂正編第九第四十二葉上）

羅振玉釋嵒，無說。（殷釋中五十八葉上）

孫海波「嵒，粹一四九三。地名。乞自嵒。」（甲骨文編三八三頁）

李孝定　「契文从山之字多作𡴀若凵。此从山若凵與篆隸之體相近」（集釋二九四三葉）

裘錫圭

(1)〔辛〕丑，乞（乞）自嵒，廿屯，小臣中示（視）。𢆶。　掇七、七、二（合五五七四重）

(2) 辛丑，乞自嵒，廿☐。　粹一四九三（合九四三三重）

(3) ☐自嵒，廿屯，小☐。　合九四三五（六·曾十八重）

(4) ☐乞自嵒，廿☐。　合九四三二（簠·地三〇重）

(5) 辛丑，乞自嵒☐。　粹一六三五

骨面刻辞是记载卜骨来源等事项的一种记事刻辞。上揭五条刻辞的内容完全相同，它们是分别刻在同一来源的一批卜骨上的。由于卜骨都已残破，这些刻辞都不完整。(1)存字最多，只缺记日干支的第一字，释文已据(2)、(5)两条补出。

上揭刻辞里的「嵒」，是卜骨所从征集的地点的名称。这个字在(1)至(3)三辞里写作嵒，在(4)、(5)两辞里写作嵒，《說文》里有两个跟这个字相似的字。一个見于品部：

喦，多言也。从品相连。春秋传曰：次于喦北。读与聶同。

一个見于山部：

嵒，山巖也。从山、品（小徐本「品」下有「声」字）。读若吟。

这两个字在隶书里就很难区别了。

罗振玉在《殷虚书契考释》的文字章里，把甲骨文的「嵒」字收在「品」字之后（增订版卷中五八頁上），可見他认为这个字是「从品相连」的「嵒」字。王襄《簠室殷契类纂》則据上引第(4)辞的写法，把这个字释为「从山、品」的「嵒」字（正编四二頁上）。《甲骨学文字编》、《甲骨文编》等书都承用王说。但是，在甲骨文里「山」字从来不写作「山」，而这个字的下部却以作「山」为常。并且在武丁、祖庚时代的甲骨文里，「山」（多見于偏旁）通常写作𡴀，不但作「山」的「山」尚未出现），就是作「凵」的「山」也很少見。所以，見于这一时代骨面刻辞的「嵒」字决不可能是从「山」的，(4)、(5)两辞「嵒」字的下部显然是「山」的变体。罗氏把这个字释为「从品相连」的「嵒」，无疑是正确的。

「嵒」字所从的「品」应该理解为很多张嘴。徐灏《說文解字注箋》：「嵒从三口而山以连之，即絮聒之义。」比《說文》明白。《說文》言部：「讘，多言也。从言，聶声。」《玉篇》口部：「囁，囁嚅，多言也。」「嵒」与「讘」同训，并且「读与聶同」，彼此的关系十分密切。训多言的「讘」和「囁」，可以看作「嵒」的后起形声字。《集韵》叶韵「讘」小韵以「讘」

「嚻」、「嵒」为一字异体，是正确的。

在武丁、祖庚时代的骨面刻辞里，还可以看到比「嵒」字多出一个人形的[illegible]字（以下隶定为「哭」）：

(6) 乙酉，哭示（視）十屯。矣。 續五·二五、七（洽一五五一五及重）

(7) 乙酉，史哭（下部残）☒。 掇一二六背

(8) ☒乞（乞）廿屯，哭示。犬。 前七、二四、四（洽一七五九九及）

(9) ☒子（巳?），哭☒。 洽一七六〇一

(10) ☒哭示☒。 洽一七六〇〇（見·師二、三〇重）

(11) ☒哭示☒。 京津三一三（洽一六一一〇及重）

这个字象征一个人有几张嘴，「多言」的意思表現得极为明白，无疑就是「嵒」字的异体。

在古文字里，表示人的器官的动作的字，有一些既可以从「人」，也可以不从「人」。例如：甲骨文的聖（聽）字既可以写作[illegible]，也可以写作[illegible]（耶）。又如：甲骨文里有一个[illegible]字，在人形上加了两个豎目，是說文訓「举目驚界然」的「界」字的初文，跟說文訓「左右視」的「明」应该是一个字。說文誩部：「誩，競言也。从二言……讀若競」，「競，彊語也……从誩，从二人」。說文解字注箋說：「誩与競音义同，形亦相承，疑本一字。」这些都是「嵒」、「哭」应为一字的旁证。

「哭」字說文未收，全文里也尚未发現。不过，有一个以「哭」为偏旁的字，在周代全文里却是常見的。这个字就是「嚴」。說文吅部：「嚴，教命急也。从吅，厰声。」从全文看，說文对「嚴」字的分析是错误的。全文「嚴」字作以下诸形：

(A) [illegible] 㝬钟　(B) [illegible] 𤼈狄钟　(C) [illegible] 香生簋　(D) [illegible] 虢叔钟　(E) [illegible] 秦公簋

这个字显然应该分析为「从哭，敢声」。（A）所从的「哭」跟甲骨文最接近。（C）、（D）、（E）所从的「哭」，为变得比较厉害。不过，后二者所从的「厂」，不是「厰」字所从的「厂」，而是「人」的变形，仍然是很明显的。汉代铜器和印章上的「嚴」字，上部往往作[illegible]、[illegible]等形，尚存古意。說文所据篆形已进一步为变，所以便把它错析为「从吅，厰声」了。

「嚴」既以当「多言」讲的「哭」为形旁，其本义大概不会是「教命急也」。說文言部：「譀，誕也。从言，敢声。」「嚴」和「譀」都从「敢」声。「多言」和「誇誕」的意义也很接近（下文引旧唐书列传有「多言誇嚴」之語）。对「譀」字来说，如以「哭」为形旁，要比以「

言」为形旁更为切合字义。这样看来，「嚴」应该是「噭」的初文，「嚴厲」、「庄嚴」等义当是假借或引申义。杨树达在《积微居甲文说·释𩰫篇》里说：「余以甲文之形声字与篆文相较，同一字也，形旁或声旁甲文往往与篆文不同……其形旁则甲文必较篆文形旁之义为剀切。甲文有𩰫字。罗振玉释为鑊，是也。……从鬲，鬲为釜鬲，示烹煮之器也。篆文变为从金，则泛而不切矣。」「噭」字的形旁由「哭」变为「言」，正合乎杨氏指出的其义「剀切」的形旁为「泛而不切」的形旁所代替的规律。

《史记·日者列传》：「世皆言曰：夫卜者多言夸嚴以得人情。」原本《玉篇》残卷言部「噭」字下引《东观汉记》：「虽夸噭犹令人面热」（《广韵》、獮韵「噭」字下引此文脱「面」字）。「夸嚴」就是「夸噭」。这个「嚴」字用的正是本义。

「嚴」是疑母谈部字，「从品相连」的「嵒」是娘母葉部字。以声言，同为鼻音。以韵言，有阴入对转的密切关系。可见这两个字不但意义相似，字音也很接近。「嚴」很可能是由「嵒」孳乳的一个词。在汉字发展的过程里，有时人们在表意字所代表的词孳生出来的一个新词。例如：在「食」字上加「司」声，造成「飼」字，来表示由「食」孳乳的「飼」这个词。「嚴」和「嵒」的关系可能跟「飼」和「食」的关系相类。

我们附带讨论一下从「山」的「嵒」字。如果象大徐本《说文》那样，把这个字分析为「从山、品」会意，虽然讲不通。小徐本「品」下有「声」字。但是，「品」、「嵒」二字声母遠隔，把「嵒」说成从「品」得声，也不大合理。「嵒」字在古书里与「嚴」通用，如「巉嚴」、「崭嚴」亦作「巉嵒」、「崭嵒」。「巖」从「嚴」声，这两个字古代也可以通用。前面已经说过，「嚴」跟「从品相连」的「嵒」音义皆近，前者很可能是后者的孳乳字。所以，「嚴」跟「从品相连」的「嵒」，本来大概也可以通用。颇疑古代本無从「山」的「嵒」字，但是有时假借「从品相连」的「嵒」为「嚴」。「嚴」字从「山」，「嵒」字下部恰与「山」字相似。因此，有的人就误以为用如「嚴」字的「嵒」是从「山」的，把它跟一般的「嵒」字分了开来。见于《说文》的篆文「嵒」，大概是在这种误会产生之后追造出来的。不过，也有可能从「山」的「嵒」是由甲骨文中「嵒」字作嵒的一体讹变而成的。如果确是这样，这个字就应该出現得比较早了。

《说文》又有「碞」字。《石部》：「碞，磛嵒。从石、品（小徐本「品」下有「声」字）。《周书》曰：畏于民碞。读与巖同。」这个「碞」字又应该是从「山」的「嵒」字的后起异体。《说文》引《周书》语見《召诰》。从文义推敲，「畏于民碞」的「碞」本应作「从品相连」的「嵒」。俞樾《群经平议》以为「畏于民嵒」即诗所谓「畏人之多言也」，似可信。大概《召诰》原文中「从品相连」的「嵒」先被误认为从「山」之「嵒」，后来又被改成了「碞」。

最后，考查一下见于骨面刻辞的嵒的地望。说文品部「嵒」字下引春秋经地名「嵒北」，今本作「聶北」。春秋僖元年：「齐师、宋师、曹师次于聶北，救邢。」杜注：「聶北，邢地。」春秋传说汇纂：「今东昌府聊城县东北有聶城，齐之西界近邢地。」这个「聶」也可以写作「攝」。左传昭二十年：「晏子曰：⋯⋯聊、攝以东，姑、尤以西，其为人也多矣。」杜注：「聊、攝，齐西界也。平原聊城縣东北有攝城。」江永春秋地理考实以为「聊攝」之「攝」与「攝北」之「聶」为一地。其说可信。水经注河水五：「（黄沟）又东北迳攝城北，春秋所谓聊攝以东也。俗称郭城，非也。⋯⋯京相璠曰：聊城县东北三十里有故攝城、博平之间。商代的嵒可能就在这里。

古代宋、郑之间也有名嵒之地。春秋哀十三年：「春，郑罕达帅师取宋师于嵒。」左传哀十二年：「宋、郑之间有隙地焉，曰：弥作、顷丘、玉畅、嵒、戈、锡。」释文：「嵒，五咸反」，盖以为是从「山」之「嵒」。前面已经说过，古代文字里起初大概只有一个「从品相连」的「嵒」字，从「山」的「嵒」是后起的。所以，商代的嵒也有可能就是宋郑之间的嵒。

见于骨面刻辞的臾，是检视卜骨的人。在商代，地名与族氏往往相因，族氏与人名也往往无别，「人多不另举其名，即以其国族名之，如今人之称姓也」。臾大概就是一个臾族人。上引第（7）辞称「史臾」，史当是臾的职务。」（说「嵒」、「巖」，中华文史论丛增刊语言文字研究专辑一七七—一八三页）

連劭名　参□字条

按：「嵒」在卜辭均為人名，其異體作□。参見0757。

0757

□

連劭名　「甲骨文的□字仅见于记事刻辞，例如：

乙酉，□示十屯，□。　续五·二五·六

……廿屯，□示，犬　前七·二五·二

……□示……。　京津三一三

□示。　南南二·三〇

卜辞中又见有□字，旧释为嵒，□字应是□字的简体：

……乞自[字形]廿屯，小臣中示𢆶　前七·七·二

辛丑乞自[字形]廿……　粹一四九三

辛丑乞自[字形]廿……　库一六三五

……乞自[字形]廿……　京津三〇五

……[字形]廿屯小……　六曾一八

[字形]与[字形]都是人名，依字形分析，此字可释为嚴，金文中的嚴字有：

[字形]𢽅钟　[字形]楚王畬璋戈　[字形]虢叔钟

其字皆从[字形]、从敢。[字形]字的写法与甲骨文相比，稍有讹变，敢当为声符。说文解字：『嚴，从吅，厰声。』说文解字：『厰，从厂，敢声。』」（甲骨文字考释，考古与文物一九八八年四期四一页）

按：「[字形]」當為「嵒」之異體，均見於骨面記事刻辭，乃主管卜事者之名。

0758

品　[字形]　[字形]

孙诒让　「说文品部：『品，众庶也，从三口。』此品皆作[字形]，上两口下一口，与篆文小异。龟文反紫三成字，皆以下一承上二，如𦎧作[字形]，亦其比例。」（契文举例上十页上）

王襄　「古品字。」（簠室殷契類纂弟九葉）

羅振玉　「品……殆為祭名。」（殷釋下十一葉上）

商承祚　「作[字形]與周公彝同。」（類編二卷十九葉）

葉玉森　「按卜辭品一作[字形]，殷代祭名孔繁，罕詳其誼。」（前釋五卷三十八葉背）

陳直　「卜辭有品祭於古無徵，案：禮記郊特牲云：『鼎俎奇而籩豆偶，陰陽之義也，籩豆之實，水土之品也，不敢用褻味而貴也，品所以交於神明也。』又曰：『籩豆之薦，水土之

品也，不敢用常褻味而貴多品，所以交於神明之義也」。卜辭品祭疑為邐豆之祭」。（濟義二葉）

郭沫若　「依金文例，凡王、氏、族、土田、國均可言品」。（詳考古學報一九五八年第一期一葉保卣銘釋文）

李孝定　「說文『品眾庶也从三口』。契文作品或作㗊，均為祭名。辭云『己未卜貞王賓品亡尤』（前五・三五・二）『貞品月囗尤』（前五・三五・三）『辛酉卜貞王賓品亡尤』（前五・三五・四）『貞其品司于王』。『丁酉卜兄貞其品司在茲』（後下九・十三，又十一・一同）『乙未酒茲系品上甲十報乙三報丙三報丁三示壬三示癸三大乙十大丁十大甲十大庚七采三口三祖乙十』（粹一一二）『庚寅卜衛王品司癸巳不否二月』（甲編二四一）『乙口酒品』（甲編七九六）『乙卯卜彭酒品才自祖乙至于毓在𢊁門見』（甲編三五八八）均為祭名，其義則未詳也。契文又有品字，乃星之古文字。李旦丘氏釋品非是。與品之別在於口口口之間，从口作品者象列星之形，較晚者作𠷎，更增生為聲符，說詳星字下。从口作品若㗊者為品，从口之義未詳。段氏謂『人三為眾故从三口』。持此以解『眾庶』之義固為近之，然恐非其朔也。古文从口若口之字每無確詁。金文作品及史獸鼎品穆公鼎㗊周公簋字形與卜辭小篆並同。金文中凡土田國邑臣僕金玉皆得稱品，於許說為近，郭說是也」。（集釋〇六四四葉）

朱芳圃　「說文品部：『品，众庶也。从三口』。林義光曰：『按口象物形』（文源六）。按林說是也，惜未能質言其名。余以區从品證之，蓋象甌形。甌，小盆也，三之者，古人以三為多數，猶星之作品，亦其小而多也。品从三口，例與劦从三力，众力也；雥从三隹，羣鳥也；芔从三屮，百艸之總名也相同。許君訓為众庶，引伸之義也」。（殷周文字釋叢卷中第九十九葉）

按：甲骨文品字形體與小篆同。用為祭名。禮記郊特牲所謂：「不敢用常褻味，而貴多品」。卜辭即有「品其五牂」，「品其九牂」之記載，是為以「多品」交於神明。

0759

區

孙海波　「區，甲五八四。疑區字。」（甲骨文編六・八二頁）

金祥恒續文編十二卷二五葉下收此作區，無說。

李孝定「說文『區踦區藏隱也从品在匸中品衆也』契文从品在「下或左」上，亦有藏隱之意。金氏收作區可从。辭云『弗區𤔲』甲編五八四、『□丑卜□其□區』甲編一〇五四、其義未詳。又云『貞王其狩區』佚六四〇四、則為地名。金文編收子禾子釜之𡿺作區，為量器名」。（集釋三八一五葉）

按：釋區可從。林義光文源云：「古作□□（師寰敦敺字偏旁），象踦區隱匿形。石鼓作區（敺字偏旁）」。荀子大略：「言之信者，在乎區蓋之間」，楊倞注：「區，藏物處」。卜辭皆用為與狩獵有關之動詞，蓋假作「驅」，無用作地名之例。

0760

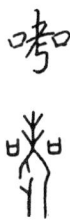

按：卜辭為地名。

0761

按：字不可識，其義不詳。

0762

按：字不可識，其義不詳。

0763

按：卜辭為方國名。

0764

按：字从「木」从「口」，當與禾穀有關。辭殘，難以確指。

0765

按：卜辭為人名。

0766

按：卜辭為人名。

0767

柯昌濟　「𠮷字从X从口，疑即古吾字，但X字不定為古五字。余疑此字為敔之古文，為一种止樂之樂器，尚書皋陶謨：『合止柷敔』。」（殷墟卜辭綜类例證考釋，古文字研究十六輯一五五頁）

按：釋「吾」、釋「敔」均不可據。卜辭當為地名。

0768

按：字不可識，其義不詳。

0769

按：字不可識，其義不詳。

0770

孙海波「，佚六四〇。疑吉字。」（甲骨文編六五三頁）

按：合集二二一一五僅餘殘辭，似非「吉」字。

0771

按：合集二二〇五〇辭云：「甲午卜，[illegible]于……若」為地名

0772

按：字不可識，其義不詳。

0773 㗊

王襄「古㗊字。許說衆口也，从四口。」（簠室殷契類纂第十葉）

考古所「㗊，即說文的㗊字，『衆口也，从四口。』『讀若戢，又讀若呶。』」（小

屯南地甲骨九八一頁）

按：字可隸作「品」，卜辭用義不詳。王襄所釋實乃「晶」字，字从「口」，不从「日」。

0774 ⿱樂口

按：合集三六五五三辭云：「乙丑卜，在⿱樂口貞，王今夕亡𡆥」為地名。卜辭地名多增「口」。

0775

按：字不可識，其義不詳。

0776

按：字不可識，其義不詳。

0777 咰

饒宗頤「按㕧从旬从口，乃『咰』字，玉篇：『咰，飲也』。楚世家有熊咰，史記作眴，集韻十八諄：詢謣、咰一字。他辭云：『口子卜……貞：咰……二月』（屯甲二〇四）咰殆人名」（通考一一八二葉）

按：釋「咰」可從。辭殘，用義不詳。

沓 ⿱水口

于省吾　「甲骨文第三期地名有沓字，作沓也作⿰彳沓、⿰彳沓，旧不識。甲骨文編謂『說文所无』，續甲骨文編混⿰彳沓于沓。按沓即沓字的初文。說文：『沓，語多沓沓也，从水曰。遼東有沓县。』說文在偏旁中往往訛从口為从曰。例如：甲骨文曹字說文作曹，昏字說文作昏，是其証。今將甲骨文以沓或⿰彳沓为地名者择录数条于下，并略加解释。

一、叀⿰彳沓田，亡𢦔○其遂沓鹿自西東北，亡𢦔○自西東北遂沓鹿，亡𢦔（綴合编一七六）。

二、辛子卜，貞，王其田⿰彳沓，亡𢦔（京都二五〇五）。

三、叀⿰彳沓田，亡𢦔（鄴初三三·九）。

四、其田⿰彳沓于𣪕，亡𢦔，毕（后上一四·一一）。

第一条沓与⿰彳沓互見，均为地名，故知二字同用，其地望待考。第四条于字应訓为与，詳经传释詞。𣪕也為地名。這是說，其田⿰彳沓与𣪕亡𢦔，並有所擒获。又甲骨文称：『戍其歸，乎騽，王弗每（悔）。』（京都二一四二）騽字从馬沓声，玉篇馬部作騽，并訓駁騽為『馬行皃』。按甲骨文于馬每言乎（呼），則騽当为馬名。」（甲骨文字释林释沓⿰彳沓一五三頁至一五四頁）

裘锡圭　「甲骨文里有一个从口从水的字，作⿱水口、⿱水口等形，甲骨文编把这个字当作未识字附在口部之末。甲骨文的口旁，在较晚的古文字里往往变作曰、口等形，在说文的篆文里又往往变作曰（或曰）旁。例如：曹字甲骨文作曹，周代金文从曰或曰，六国古文从曰或曰，汉代金石篆文从曰或曰，说文篆文从曰。會字甲骨文作會，周代金文从曰或曰，六国古文从曰或曰，秦汉金石篆文从曰或曰，说文篆文从曰。说文曰部有沓字：

沓，语多沓沓也。从水，从曰。

这个字六国古文写作沓、沓等形，汉印篆文写作沓、沓等形，都从曰不从曰，情况与上举曹、昌等字相类。由此可知甲骨文的⿱水口字就是沓字的初文。

甲骨文里还有一个从彳从⿱水口的字，作⿰彳⿱水口、⿰彳⿱水口等形，甲骨文编把这个字当作未识字附在彳部之末。甲骨文从彳与从辵无别，例如逆与徉，遘与𢓊，通（一通）与彳用，都是一字异体。所以⿰彳⿱水口字应该释为遝。玉篇辵部：『遝，遝遝，行皃。』这个字说文失收。

⿱水口、⿰彳⿱水口二字在卜辞里都用作地名：

叀（惠），用法与「唯」相近）沿田，亡（无）𢦏（灾）

其逐杏麋自西东北，亡𢦏。 粹九八〇十九五七

自东西北逐杏麋，亡𢦏。

弜（勿）逐沿麋，其每。

王其东逐沿麋，𢀛（擒）。 安明二〇二一

叀杏田，亡𢦏。 安明一九八一

叀沿田，亡𢦏。 邺初下三三·九，京津四四六八

叀沿田，亡𢦏。 人文二〇四七

叀沿田，〔亡〕𢦏，𢀛。 戬一一·四

王其田沿，叀☐ 佚八九二

其田沿，焚，亡𢦏，𢀛。 后上一四·二，菁九·一六

辛子（巳）卜鼎（贞）：王其田沿，亡𢦏。 人文二五〇五

殷契粹编第九八〇片，一条卜辞的地名作杏，另一条作沿，考释认为二者是同一地名的不同写法，其说可信。春秋文公十三年：「冬，公如晋，卫侯会公于沓。」沓当为卫地，卜辞之杏疑即此地，可惜确切地望已不可考。

甲骨文里还有一个从马从杏的字：

戍其遅（迟）母（毋）归于之，若，𢦏羌方。 人文二一四二

戍其归，乎（呼）䮳，王弗每。

玉篇马部：「䮳，馺䮳，马行皃。」说文马部未收䮳字，馺字的解释是「马行相及也」。馺又可以当马驰或马行疾讲。方言十三：「馺，马驰也」，郭注：「馺馺，疾貌也。」广韵合韵：「馺，马行疾。」䮳也有类似意义。集韵合韵：「馺，马驰也；䮳，疾行也。」按照卜辞文例，上引两辞里「戍其迟毋归于之」与「戍其归呼䮳」这两句话的意思应该是相对的。后一句的意思很可能就是让「戍」（担任防戍等工作的一种人）迅速驰归。」（古文字研究第四辑一五八—一六〇页）

方述鑫「㕣，甲骨文作㕣（缀一七六），古文作㕣，小篆作㕣，所从「口」形象山壑间窪地，「八」形象山壑间流水，是一个指事字。」（甲骨文口形偏旁释例 古文字研究论文集二九四页）

考古所「沿汖：地名。」（小屯南地甲骨一〇〇三页）

考古所「峇：地名。」（小屯南地甲骨一〇二七頁）

姚孝遂 肖丁「『[彳峇]』地与『盂』、『宫』等鄰近，李学勤先生以之居于『盂』区，『麦』居于『敦』区。今『麦』与『[彳峇]』同版，前所未見。这对于进一步了解商王之田獵地望，或許能提供一些線索。『[彳峇]』字于省吾先生釋『峇』，見釋林第153頁」。（小屯南地甲骨考釋一六四頁）

按：字當釋「峇」，亦或作「[彳峇]」，此當與「[彳峇]」合併。或釋作「谷」，非是。

0779

按：字不可識，其義不詳。

0780

按：此與0777重出，當刪。

0781 [示口]

按：字从「示」从「口」，隸可作「[示口]」。合集二一〇三八辭云：「貞，女[示口]疾」似為人名。

0782

0783

按：合集四五八反辭云：「取㗊于𠙵」為地名。

0784

按：字不可識，其義不詳。

0785

唐兰「纟夗字从夗，字作𠨍，是蛩或蜿的原始象形字。殷虛书契后编下三十九葉三片『弜弗省夗』，作㔾（过去是不认识的），象爬虫一类动物蚪曲之形。」（论周昭王时代的青铜器铭刻 古文字研究第二辑五一页）

按：字从「夗」从「口」，隸可作「夗口」。唐蘭謂「夗」象爬蟲類動物，不可據。

0786

按：卜辭為人名。

0787

按：合集一八一〇一文辭均殘，當為「喪」字之殘。

0788

哖

按：字从「年」从「口」，辭殘，用義不詳。

0789

按：合集二一〇九〇辭云：「……于屮土㚇……」為地名。

0790

會

按：字當為「會」之異體。合集一〇三〇正辭云：「……會我四……以西人……巾……」當為「會合」之義。

0791

按：合集六〇五六辭云：「令卲途攸于并」為人名。

0792

按：字不可識，其義不詳。

0793

𠮛

丁山

「𠮛字或省為𠮛，𠮛上所从之II，當是𢀜字之初文。說文：『𢀜，極巧視之也。从四工』。按，四工與兩工之誼同，皆謂善其事也。疑𠮛，从口，从II，即詩小雅所謂『巧言如簧』，其音則讀與展同。展，孳乳為囅，左思吳都賦：『東吳王囅然而咍』，劉淵林注：『囅，大笑貌』。莊子曰，齊桓公囅然而笑』。囅然，今本莊子達生作辴，釋文猶音『敕然反』，與李善文選注云：『囅，敕忍反』，音同。則今本莊子『辴然』，實『囅然』傳寫之誤。囅然，既為『大笑貌』，意其字本當從口作㖘，而𠮛實其本字。周官司徒充人：『展牲則告牷』。鄭司農注云：『展，具也；具牲，若今時選牲也』。鄭玄注云：『展牲，若今夕牲也』。按，儀禮聘禮，『展幣』，注：『展，猶校錄也』。左傳襄公三十一年：『各展其物』。哀公二十年：『敢展謝其不恭』。杜注則云：『展，陳也』。卜辭：『……出𠮛𠮛五月』。（前編四、三、五）此『𠮛𠮛』正與展牲，展幣，展物同誼，此𠮛之所以必讀為展也。左傳成公四年：『鄭師疆許田，許人敗諸展陂』。春秋彙纂：『展陂，在今河南許州西北』。此其因商𠮛氏所居而名歟？（方國志一一一〇至一一一一葉）

李孝定

「字从口从II，說文所無。王筠說文釋例說𢀜字，以為小篆但有从四工之𢀜，而無从三工二工之字為可異，殊為卓識。卜辭此字正从二工，當與𢀜字同意。从口即許書訓為飯器之凵盧，唐蘭說象以器貯二玉之形，後下二文作𠮛，正从二玉。古文从工从玉同意，丁讀為展可从。然謂即大笑貌之囅，則仍待商，蓋字所从固非口耳之口也」。（集釋〇四一四葉）

饒宗頤

「卜人有名𠮛者，向未詳為何字。其異體有𠮛、（後編下二三、一二）𠮛、（前編六、三九、八）𠮛、（屯甲三四九三）及𠮛（林二、一〇、八）等形，象置二玉于器中，皿安而為II，可知其即玨字，茲再舉證以明之。

一、卜辭言『洀（一油即淄）其來水，……出𠮛，舌（一祏）五月』。（前編四、一三、五）出𠮛者續存下七二言『出丑』，即侑玨也。此謂淄水為災，以玉侑之，而行祏祭，可證𠮛即玨字。

二、卜辭言『宮風』，（林二、二六、二）即穀風也，宮从玨益山旁，此例契文常見，如福之作䆅。

三、契文玨作玨（續編五、五、三）足證口乃玉字，兩口之吅，自即為玨，安而為II矣，故𠮛亦作𠮛。卜辭繁簡無定，時益口形，或省或否，如冊亦作冊（猶『爯冊』，屯乙三四一二作『爯冊。」）人名子邑，亦作子弓，（後編下三〇·四）可知吕𦉪并即珏字之異體。此字，陳夢家釋品，丁山讀為珏，謂即展字，均未確。」（通考五五三葉）

白玉峥 「峥按：王氏释豊，丁氏释展，均極辯解，析理颇当，然皆乏碻证，不能予人以肯定，故迄今未有定论。且字於卜辞，率为贞人之专名，而同为第一期者。𦉪与吕究否为同字，就卜辞观之，应为二名；缘斯之故亦必为二字矣。」（契文举例校读十六 中国文字第五十二冊五八二二页）

按：「𦉪」為貞人名，與「吕」不同字。字非从「工」，亦不从「玉」，只能存疑。

0794

按：字不可識，其義不詳。

0795 ⿰口受

按：字从「𠬪」从「口」，卜辭為人名。

0796

按：卜辭為人名。

0797

按：卜辭云：「丁酉卜，㱿貞，延吕宗亡妣酉甫」

合集一三五四三

「貞，勿延吕宗亡戠」「吕」疑當讀作「告丁」，「吕宗」謂祭告於「丁宗」，存以待考。

合集一三五四四

0798

丁山「毌象盘盂，𠂤則似舟……意者毌象承槃，其下有座，音則讀若舟。九毌疑即仇由……州、周与舟音同字通，則卜辭所謂九毌亦可讀为九州。」（甲骨文所見氏族及制度一〇四——一〇五頁）

按：字與「舟」形無涉，丁山讀卜辭為「九州」，不可據。

0799

可

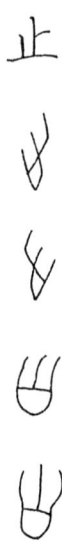

按：字从「丂」从「口」，當釋作「可」。合集二二一八僅餘殘辭為「不可」。此當併入2633「可」字條。

0800

止

羅振玉「說文解字：『之，出也。象艸過屮，枝莖漸益大有所之也。一者，地也』。按卜辭从止从一，人所之也。爾雅釋詁『之往也』，當為『之』之初誼」（殷釋中六十三葉下）

孫詒讓「說文『止下基也象艸木出有阯故以止為足』。依許說則止本象艸木之有阯而段借為足止。金文有足跡形，如毌自作屮、寓夫鼎作屮，皆無文誼可推，或即與止同字。龜甲文則凡止皆作屮」（名原）

又曰：「龜文从屮屮A ヨ ⅃諸形最多，而用各不同，今綜合箸之，以便斟竅。古文屮蓋象足跡形，此則以為止字。說文『止，下基也』。象艸木出有阯，故以止為足』。據許說是止有足義。一金文沈保敦降字偏旁夅从二A，即象足形，又其交也。段借為行止之止。此文止亦皆作屮，或反書作止，如云「□□其雨庚止」（藏十六之四）「□□□□雨克止□」（藏七四之三）「固云雨隹多止」（藏二三九之三）皆多雨而卜其止不是也。因之，凡字偏旁从止者亦作止」（擧例下二葉上）

又曰：「综考金文甲文，疑古文止為足止，本象足跡而有三指，猶說文又字，注云「手之列多略不過三」是也。金文足跡則實繪其形，甲文為止則粗具匡郭，猶■之為凵，其原本同」。（名原）

孙海波　「止，甲一四四〇。地名，于止若。止，后二·二五·九。人名。止，佚八二六。与之通用，止日魚。」（甲骨文编五五頁）

胡小石　「止象人足，於今文為止，其見於古经傳者如詩譚蠡曰「亦既見止」，「亦既覯止」，毛傳曰：「止，辭也」。在卜辭則以止為代詞，其用當於爾是之子，猶言是子也。之子古经傳皆以之為代詞，之於說文為㞢。求之卜辭，則有止與㞢（一定按原文㞢作㞢恐是偶誤）形近，然考卜辭用止之例，或以為又，如「𢀛乃丨止乃」，（菁六）即俘人十又六人也。或以為有，如「乃止朿鯥」，（菁一）即凡有來娃也。或以為告之者，如「冈止于且□」，（前一·十三·四）即貞告于且丁也。其用與止絶異，殷虛卜辭二九一八片文曰：「止于止」，足徵止、止之非一字矣。凡言止者其誼皆為是」。（文例卷下一葉言止例）

孫海波文編五卷十九葉上收此作夊。

于省吾　「止字卜辞作止或止，商代金文作■，乃「足趾」之「距」的象形初文。金文演化作止，說文误解为「草木有阯」。之字卜辞作㞢或㞢，从止在一上，一为地，象足趾在地上行动，止亦声，系会意兼形声字。小篆讹作㞢，說文误解为「艸木过屮，枝茎益大」。隶变作之，为今楷所本。以上是「止」与「之」字的发生、发展和变化的源流。」（诗经中「止」字的辨释，中华文史论丛第三辑一二一至一三二页）

李孝定　「此字與訓行遲夊夊之戈篆形僅毫微之異，實皆由倒止形所衍变，其始原為一字。以上引揄四、二八、辭證之，其音讀似當為楚危切」。（集釋一八九五葉）

李孝定　「古文从夊之字皆作夊若夂，象到止形，意與止同，均所以示行動，辭云「辛卯文及『滷八、四、二與追義似相近。又追聲韻並同，義自得通。玉篇文下引詩『雄狐文文』，今作綏，以為重言形況字，蓋後起之義也。滷下、一辭漫漶，乙編一辭云『文冂冂入三』，似為人名……』（集釋一八九五葉）

李孝定　「說文『止，下基也。象艸木出有址，故以止為足。凡止之屬皆从止』。契文止象足形，孫說是也。許君之說乃在篆體譌変之後，初形寖失而初誼乃晦。金文偏旁止字多作止，與小篆同，惟子且辛爵步字作□□，父癸爵作□□，另一爵文作□□，與契文同，譌為止為止為止，無復足形，故許君有此誤解耳」。（集釋〇四四九葉）

屈萬里　「畜即說文訓為『從後至也』之夊字，亦即各、降等字所以从者也。於此乃第五期貞人之名。」（甲釋二七片釋文）

屈萬里　「止，當讀為之，此也。」（甲編考釋三六三葉）

張秉权　「□，或作：□（本版）；□，□（佚三九二），□（滷七・一九・三）等形，均象足形，即足字。說文，二下，足部：『足，人之足也，在下，从止口』。徐鍇繫傳曰：『口象股脛之形』，徐灝說文解字注箋曰：『戴氏侗曰：自股脛而下，通謂之足』。股是大腿，脛是小腿，照徐戴諸氏的說法，足是包括了大腿小腿和脚板的。但王筠的說文釋例却說：『足下曰从止口，此文似有改易，足而从口，豈復成義，小徐以為象股脛之形，是也。然亦不当兼言股，此直象形兼会意耳。止即是足，故足字不能象形，仍从止而加脛以象之』。朱駿聲的說文通訓定聲亦說：『按郄下至跖之总名也。从止即趾字。从口象郄形，非口齿字，举郄与止以晐脛』。如按照王朱二氏的說法，則足字的意义，只指郄盖以下，或郄下跖上的部分而言的。由於小篆的口形，已经失去了原来的形狀，故后世的文字学者，对此字的解释：有了种种不同的界說。至於段玉裁们竟以口為口齿之口，对於原来所象之形，几乎风马牛不相及了。現在，由于這个象形字的发現，我们可以知道：『足』字的原始意义，应該包括：止（即現在我们日常口語中所說的脚板），胫（即小腿），股（即大腿）三部分。所以徐諧徐灝和戴侗们的說法是对的。

足字在卜辭中，有作足趾之足者，例如：

丁巳卜，争貞：疾足，知于父乙？（乙編二六八一）

在本版則為人或部族之名，這样的例子尚有：

癸酉卜，足于果餗？（佚三九二）

☒足疾耳佳出☒？（鐵一三八·二）
癸丑卜，王乎足𠭯牵？五月。（前七·一九·三）
☐戌卜，穷貞：足隻羌？（乙編八四二二）
☒叀其（戈）足？（粹一二八八）
叀其（令）足？（粹一二八九）
貞：由足来羌用？（乙編六四一〇）」（殷虛文字丙編考释第一七八——一七九頁）

按：止本象足趾之形，孫詒讓的說法是對的。許慎據小篆變異的形體立說，徐灝說文解字注箋、王筠說文釋例、劉心源奇觚室吉金文述均已指出許慎的謬誤，並據金文以「止」為「趾」之初形。胡光煒區别甲骨文「止」、「之」、「出」三形，甚是。卜辭「疾止隹有壱」（林二·九·七合集一三六八三；掇一〇·五合集一三六八四），即用為足趾之本義。

0801

步

羅振玉 「說文解字：『步，行也，从止少相背』。案步象前進時左右足一前一後形，或增彳（古金文涉字从此，从水者乃涉字。然卷五卜辭有曰『甲午王涉歸』，王無徙步之理，殆借涉為步字也），乃借涉為步。或又增行」（殷釋中六十五葉上）

王襄 「古步字，从向前左右各一足跡形，即許說从止少相背之誼」（簠室殷契類纂第六葉）。

王襄 「說文解字：『步，行也。从歨相背』，段注云：『歨，相隨者，行步之象，相背猶相隨也。』」按止訓『下基也，象艸木之有阯，故以止為足。』又癶訓『剌癶也，左右足並舉之形。』王菉友謂是箕踞，步象左右隨進之形，許訓相背，就步之形言之，一止向左，一止向右，故曰相背。契文步象二止相隨之形，一向左，一向右。異文更為二止皆向左，已失步之形誼，或一止向前，一止向后，為相反之形，更失步之形誼。並从反亍，為孳乳之繁文，或从行，与从反亍同誼。更衍為从歮，歮為四止相反，足相反于人行步之实事不合，与字誼亦相迕。可証其時貞史契书之率忽，而譌字由斯出矣。歬或释韋，歮或釋衛。」（古文流变臆說四五——四

六頁）

葉玉森 「按商說是也。古人陸行曰跋，水行曰涉。涉字固不必訓徒涉。卜辭曰『王涉歸』，猶言王水行歸也。他辭云『虎方其㞢沘』，（前六、六三、六。）沘水名，則㞢尤當釋涉。」（前釋一卷一四二葉下）

商承祚 「羅師曰：『前五、二十九有曰「王涉歸」，王無徒步之理，殆借涉為步字也。』然既有步字，固無庸借涉為之，其為涉字無疑。所謂王步于某，涉于某者，非王步行徒涉也，以車曰步，以舟曰涉耳。又卷二第二十六及後編上第十五葉曰：『王舟于某』者，凡二見，則此步字抑指以車涉淺水耶，誼不能明。許書篆文从水步與此正同，古金文亦然，無从二水者。」（類編十一卷八葉）

吳其昌 「『步』字之義，在卜辭中，亦偶得用以為祭名。其例証，即本片及同文之片前六、八、三是。此二片外，復有云：『庚辰，步于毋庚。』前一、二九、四。復有云：『丁未，酒叀于丁，十小宰，卯十勿牛。八月。貞叀告衆，步于丁。』后一、二四、三。一片之文，以『酒叀于丁』與『步于丁』前后曆照對舉，則步义之即等于『酒叀』之祭，尤明白可無疑矣。故『今日命戠步』者，謂今日行酒叀之步祭于沚戠，而有所告祝之也。」（殷虛書契解詁第一四九——一五〇頁）

郭沫若 「周禮地官族師職『春秋祭酺』，鄭注云『酺者為人物烖害之神也，故酺或為步。……校人職又有『冬祭馬步』，則未知此世所云蝝螟之酺與？人鬼之步與？蓋亦為壇位如雩禜云。』此『方步』當即祭酺，方假為祊，立讀為位。大乙者大乙之廟。」（粹考二六葉一四四片釋文）

李孝定 「說文『步行也从止㞢相背凡步之屬皆从步』。絜文步字多與小篆同，亦或从重止或从止夊相違為其異構，或又增行為繁文。許釋从行者為遉，非是。朱芳圃文字編步下兼收作𨔶𢓊二形，孫海波文編步下亦收作𨔶形者，並誤。𨔶當釋衛，𢓊當釋延，說見下。金文步字已見前止字條下引。羅氏謂卜辭或假涉為步，說非。㞢仍當釋涉，其意為渡，未必為徒涉也。」（集釋〇四七六葉）

饒宗頤 「『□申卜，行〔貞：〕其朿，由……申……今日步。』（文錄五四五）『丙申卜，行貞：王宜，伐十人，在自裕步。……』（鄴初下三三·八）按此步乃祭名，大戴禮誥志：『主祭于天曰天子，天子崩，步于四川，伐于四山。』孔氏補注：『步者，祭說之祭名。周禮溍𣎆祭酺，故書爲步。漢祀有人鬼之步，蝝螟之步』（通考一〇六四葉）

屈萬里　「乘舟以渡亦謂之涉，詩匏有苦葉：『招招舟子，人涉卬否』之涉，是其義也。」（甲編考釋六四葉）

考古所　「步：在此片卜辭中應為祭名。」（小屯南地甲骨九〇三頁）

按：甲骨文惟作□或□者為步字，其它諸形體均非是。前五·二四·二缺刻橫畫，步字作□，顯係誤刻。王筠說文釋例謂：「止字象足形，本不分左右，若以兩足取象，則必分左右矣。……步之足前後相隨，是步行也。」至於□、□、□等字，在卜辭中其用法與步字迥然有別，或釋為步，乃不明卜辭辭例所致，說不可信。□為方國名，□為人名，□字辭義不明，均與步字有別，不得混同。

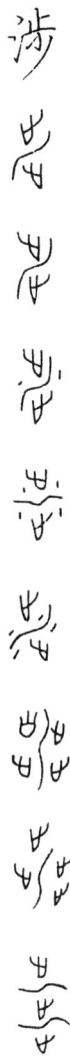

0802

涉 □ □ □ □ □ □ □ □

孫詒讓　「疑是歲字。說文步部歲，从步戌聲。金文曶鼎作□，此文亦从步，但省戌之戈形。又散氏盤涉字作□，則步字亦有如是作者。然龜文多作涧，或即以步為歲，亦自可通」。（舉例上五葉上）

王襄　「古涉字，象兩足跡在水旁，有徒行厲水之誼，或从水省」。（類纂正編十一第五十葉下）

李孝定　「說文『𣻘徒行厲水也从𣻘从步𣻘篆文从水』契文即象徒行厲水之形。非足跡王說誤許訓乃其初誼，引申之凡渡水皆曰涉，不必徒行也。金文作□格伯簋□放卣與許書篆文同。散盤作□，从𣻘，當即許書古文所本」。（集釋三三九八葉）

金祥恒　「象兩人並涉之足跡。广韻下平銜韻『𨒙，步渡水也』。清戚学标說文补考云疑此字涉即步之訛，恐非。並本从二立，象二人。元应一切经音义卷十八引說文『涖，涉渡水也』。麓省水溢省足，各有所偏，其义不显，溢麓均从並声，說文从朋之淜『無舟渡河也』，桂馥說文义證『無舟渡河也者玉篇徒涉曰淜』，从水朋声，与从水並声，或体之形声字，並与朋为並声，经典借馮字，释訓馮河徒涉。論語述而：

子曰：暴虎馮河，死而無悔者，吾不与也。

詩小雅小旻

不敢暴虎，不敢馮河。

馮為淜之借，說文顥，許訓『水厓也，人所賓附，从頁从涉』，恐非其厥义，以字形言之，『从頁从涉』，当象人涉水，其义就詩邶風匏有苦叶：

濟有深涉，深則厲，淺則揭。

涉毛传『由帶以上為涉』。即說文『徒行厲水也』。以声言之，顥帮声，淜並声，声音相近，今說文訓『水厓也，人所賓附』，与后起瀕义同矣。」（釋涉　中國文字第九卷三九九一頁至三九九二頁）

按：吴大澂據格伯毁謂「涉从両止，中隔一水。止，足跡也。屮亦止之變體」。林義光文源亦謂「象水中両足跡形」。王襄類纂亦同此說。水中無由見足跡，古文字偏旁「止」多表行動之意。詩載馳：「大夫跋涉」，傳：「水行曰涉」。廣雅釋詁二：「涉，渡也」。卜辭「涉」泛指渡水而言：

「貞，涉渠」　續三·二七·四

「王涉滴射又鹿，毕」　續三·四四·三

「王其田，涉滴，至于戠，亡𢦏」　京津四四七〇

「……王其涉河……」　鐵六〇·二

「……涉河」　佚六九九

「令𠂤般涉于河東……」　綴二三

「滴」即「漳」，「河」即「黄河」，是皆不可「徒行厲水」。

0803

之

胡光煒「㞢象人足，於今文為止，其見於古經傳者如詩漢廣曰：『亦既見止』，『亦既遘止』，毛傳曰：『止辭也』。在卜辭則以㞢為代詞，其用當於爾雅之『子』，猶言是子也。之子，古经

傳皆以之為代詞。之，於說文為㞢。……凡言㞢者，其誼皆為是，『王固曰茲三□㞢日允雨』（前、七九、）㞢日允雨，猶言是日允雨，『㞢月允雨』，（前、八、）㞢月允雨，與㞢日允雨，語例正同。『十□□□㞢月□』（前、五）㞢月□者，猶言是月□也。與㞢日允雨、㞢月允雨例同。葉玉森釋㞢月為正月，非。」（甲骨文例下卷一至二葉言㞢例）

唐蘭　「『之七月』者，之猶是也。古書恒曰『之子』，卜辭則以記時，如曰：之日，之夕，及至某月是也。亦以茲為之，後編下一辭云：『癸未卜，貞茲夕又大雨，茲知，夕雨。』同片云：『于之夕又大雨』，十八、十三，是之茲通用之證。」（天壤考釋五十五葉）

陳夢家　「之是『止』下加『一』，凡此皆同于西周金文。卜辭的『之』，由粹一四一，三三五兩例知其所指是人物與地方。」（綜述九八葉）

屈萬里　「卜辭『之日雨』？（甲編二〇一）詩蓼莪：『欲報之德。』箋云：『之，猶是也。』之日，猶言是日，此日也。」（甲編考釋三一葉）

張秉权　「㞢，是之字，在這里是指示代詞，之夕即是夕，是指癸亥之夕。」（殷虛文字丙編考釋第十三頁）

周国正　「下面的卜辭就是我們用上下文义来辨认时间句的例子：

癸卯卜，爭貞：王令三百射，弗告十示，王□（禍）隹之。（丙八三（一））

王命令了三百个射手（或命令了三位伯去射），他並沒有（將這件事）向十示禀告。他的禍患就是由于这件事（而引起的）。（大概商王有責任向祖灵禀告他的重要活动，但他沒有这样做，导致祖灵降禍。）

貞：王□（禍）不隹之，弗告三百射。（丙八三（二））

王的禍患不是由于（他）沒有（向祖灵）禀告（命令了）三百射（的事）。

在同版之上，有下列的卜辭：

貞王禍，□（龍＝寵）。（丙八三（七））

王有禍患，他会好转的。

王禍，不其□（龍＝寵）（丙八三（八））

王有禍患，他大概不会好转的。

可见当时商王遇上麻烦。丙八三（一）、（二）的卜辭可能就是要貞问麻烦的起因是否由于商王沒有向祖灵禀告命令三百射的事。在译译中我们用『命令了』，『沒有向……』等译词来表示这是已经发生了的事，这些时间译词在原文中本来是沒有的，我们之所以加上去是基于对上下文义的理解。（根据陈梦家先生的研究，「之日」中的「之」是指已经过去的那一天（殷墟卜辞综述页一一四）。因此我们把「王𡆥佳之」的「之」理解为已经发生的事，即「弗告三百射」，在语法上亦可以取得根据。还有就是一般上「告」的否定词是「勿」，但这里用的却是「弗」，最合理的解释就是「告」这件事已成过去，因此失去「可控制性」，参本文页三二。）」（卜辞两种祭祀动词的语法特征及有关句子的语法分析古文字学论集初编二七七—二七八页）

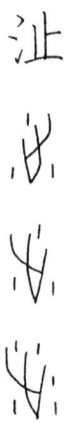

按：說文謂「之」字「象艸過屮」。嚴章福說文校議議已覺其「語難通」。但千百年來，均惑於許慎之說而曲為之解。羅振玉據甲骨文說「之」字之形義是正確的。胡光煒進而論證卜辭之字用為代詞，極是。但謂「㞢象人足」，則有未然。止與之同，與止有別。胡氏蓋混「止」、「止」為一字。

早期釋契諸家，或混「㞢」及「生」入「之」字，誤。

0804

沚

孫詒讓　「疑𡴀與金文糾𦤎𡴀字同。又疑𤔲仲簠𦤎黃之省」。（舉例下七葉上）

孫詒讓　「𡴀字不可識，𡳿即止字。金文糾𦤎有𡴀字，舊釋為足跡形，此疑與彼同。⁝⁝或為𣲖文。又龜文美字作𦤎，以⁝⁝為火。攷古文黃字作𦤎，金文𤔲中簠黃作𦤎，上从𡳿，下从火。此疑即𦤎之省。惜無塙證，未能決定也」。（舉例下七葉）

羅振玉釋洗。（殷釋中六十八葉下）

王襄　「从水从止，疑古沚字，舊釋洗」。（簠考地望八葉上 類纂正編十一第四十九葉下）

葉玉森又曰：「按𤔲仲簠諸作𡴀，疑即𡴀之譌變。……近見林義光氏說謂『𡴀之上下為火點，𡴀即熒惑，古官名。引史記天官書『熒惑外則理兵，內則理政』。漢書天官志『熒惑天子理也』。鮮藏『枚占熒惑曰不吉』為證，並謂𡴀為𦤎𦤎省。卜辭云『□□□（卜）𢦏貞𦤎从𡴀𦤎』（揃四十一）可㞢即出可誤倒。又呂氏春秋『殷湯良車七十乘，必死六千人』。必死即出可之譌。（什辭出可即熒惑說）森按林氏謂出之上下為火點，乃卜辭米（燹）之左右小點象火燄，乃由米省变。下本从火，故上着小點，火燄猶顯。出之小點若象火燄，乃並未見有从火不省之本字，于卜辭通例不無懷疑。釋熒似難遽信。又可與可非一字，出與㞢亦非一字。羅氏概釋出㞢為洗，固非。林氏臆斷可㞢為誤倒，亦非也。至林氏以天官書天官志之星名為官名，歸藏之枚占熒惑（句）曰不吉，（句）讀為枚占（句）熒惑曰不吉，（句）並未能信。又呂氏春秋之『必死六千人』若易為『熒惑六千人』，亦不可解。（同上一卷一三〇葉）

又曰：「出可鄭氏謂乃出國之長名可者，其說較塙。出从足形从水點，予疑即寒浞之浞。其國殆名浞也。𠙹與卜辭之出，予並釋者𠙹或古盾字借用者。則可即古文戲。其从日者，乃最簡之形，亦非。或浞長名戲，浞為殷屬，故屢命从戎或使稱冊，妄立一說，願共商之。」（同上眉批）

又曰：「又疑出即篆文𣥂，古本作出，象足前毅列諸物。……後譌作𣥂，復变从力，則更贅矣」。（鉤沈二葉下）

葉玉森　「按予曩釋卜辭之『从出可』為『从諸國』。因他辭亦作『从出可』也，可可當為一字。（鉤沈）近釋出可為浞戲。浞，國名。戲，浞君名」。（前釋一卷五十八葉下）

董作賓　「說文水部『洛水出左馮翊歸德北夷界中東南入渭从水各聲』。卜辭中水旁多作乁如𣲡，或作巛，象水滴之形，此兼从乁巛，文曰『癸丑卜𡧊貞王卜匕𡆥』」（新寫十四葉下）

金祖同　「旅金文作㫃，契文作㫃，象人立於下形，去出似遠。然說文旅下：『古文旅作㞷从止』。徐箋曰：『㫃部者下曰：米古文旅，疑㞷即米之譌體』。米則去其下，與出甚肖。出从止，而旅之古文表，玉篇以入止部，明其為一字。王筠說文釋例謂：『旅下古文米，者下曰：米古文旅字。案旅之古文作㞷，其形不相近，殆非米譌為㞷也。積古齋戎都敦都作米，諸女尊諸作米，皆省形存聲字也。米米皆旅字。而米尤與米形近』，米去其下，無疑為出字。金文旅亦有从止从辵者，如曾伯簠作旞。且旅許氏訓為軍之五百人為旅，而其形實不類。更有从車者，如毛公鼎作𨍭。口㛊鼎作𨍭。伯作大公鼎作𨍭。軍之五百人為旅，似非本訓。若釋為旅貢之旅，則當于執戈盾夾車而趨。故出可者，謂執戈盾夾王車而前趨之旅貢是也」。（遺珠一八二片考釋）

唐蘭「㞢可習見於武丁時卜辭。㞢金文作㞢，（奇觚三、二十，御殷）象止在水中之形，羅釋洗，葉玉森疑諸疑列，（鈎沈）疑涉，（前編考釋一下五九）均非，林義光以㞢可為熒戲，（國學叢編一期四冊允諄）近人多釋為沚者是。沚戲人名，卜辭或僅言沚，如『沚其或彝』，（燕十八、一）是沚為國名，戲蓋其國君之名也。卜辭尚有沚可前人俱以為與沚戲有關，故或謂可可一字，或以可為可省，今按沚可為別一時期之卜辭，其人自名可，與此非一人，固不必強求其通也。菁華云：『三至五日丁酉，允出來艱自西，沚戲告曰：「土方𢀛于東啚，𢦏二邑，𢀛方亦帰我西啚田……」』一葉由此可知沚為殷畿以西之諸侯，與土方𢀛方接壤，故殷人伐土方或𢀛方時，沚戲每從行也。」（天壤文釋五十一葉下——五十二葉）

于省吾「余疑沚戠即傅說，惜戠字不可識。然考其職事，非傅說無以當之。載籍屢言傅說相武丁，卜辭不應無之。第一期卜辭之𠂤般，即尚書君奭之甘盤。他如侯虎、望乘均與傅說或傅巖之名不符。毛公鼎：『麻自今，出入尃命于外，厥非先告父厝，父厝舍命，毋又敢憃尃命于外。』是父厝主尃命，其職事當即後世之宰輔。管子君臣上：『制令傅於相。』沚戠主冊命，其職事之重要，大於周禮內史明矣。其證一也。國語晉語：『天策焞焞。』注：『天策，尾上一星，名曰天策，一名傅說。』莊子大宗師：『傅說得之，以相武丁，奄有天下，乘東維，騎箕尾，而比於列星。』是傅說生則爯冊，死為天策，故天星一名傅說。其證二也。得此二證，疑卜辭之沚戠，即載籍之傅說。惟戠字今不可識，無以知其音近通假之由，存以待考。」（駢續十三葉下——十四葉上）

郭沫若「殷人于日之出入均有祭，殷契佚存四〇七片有辭云『丁巳卜又（侑）出日·丁巳卜又入日』（原釋誤為『廿日』『六日』）此之『出入日，歲三牛』為事正同。唯此出入日之祭同卜于一辭，彼出入日之侑同卜于一日·足見殷人于日，蓋朝夕禮拜之。書堯典『寅賓出日』，又『寅餞入日』（此據金文偽古文改入為納）分屬于春秋·禮家有『春分朝日，秋分夕月』之說，均是後起。」（粹考七葉上）又曰：「㣈字，羅云『未詳』。案即出字，新獲卜辭寫本第二三八片有此字作㣈。又三五一片有㣈字。董作賓釋出，以卜辭步或作衛，武或作衛，歬（前）或作衛，卸（御）或作衛，塵（逐）或作衛例之，確無可易。作㣈乃从行省。卜辭出字有作𡴀者（後上二九·十）即此所从之右旁也。」（清銅卷一三八葉今譯釋文）

郭沫若謂沚戛乃沚國之君長名戛者。（中國古代社會研究）

孫海波　「㞢，押六九五。人名。」（甲骨文編四三六頁）

裘錫圭　「沚戠、望乘這样的人名显然是由一个族氏和一个私名构成的。即使不承认沚戠、沚或是一名，望乘的例子总是无法否定的。这种人名为什么也重复出现于不同时期呢？立足于人名为族氏这一基点上的异代同名说，对此也无法作出完满的解释。」（論「歷組卜辭」的时代古文字研究第六輯二八四頁）

陳夢家　「卜辭先、㞢、前等字均从之得聲，當為跣之初文。沚亦从㞢，故此字可能是侁、姺、莘、㜪之初文。」（綜述二九六葉）

陳夢家　「『沚』从㞢从止，羅振玉釋洗（考釋中六八），王襄釋沚（類纂四九）。卜辭先、㞢、前等字都从㞢得聲，所以字應是『跣』的象形。卜辭的沚戠，亿三七九七『勿隹㞢戠』則作㞢。所以此字可能是侁、姺、莘、㜪的初文。左傳昭元『商有姺邳』，莊三十二『有神降于莘』杜注云：『莘，虢地』，今陜縣硤石鎮西北十五里有莘原。周本紀索隱引世本『莘國姒姓』。姺或作侁，莘或作㜪，四者又通用為一。……」（綜述第二九五——二九六葉）

饒宗頤　「㞢即出字繁形，益彳旁，此猶及之作彶，（屯乙五一二三）备之作徭（屯乙九七七）也。金文猶小臣謎毀、㲽禾等器，俱有『徣』字，與『出』同用。契文間又益『行』作衔者，則猶徣之作衔，步之作㣥，是并其例。他辭言及衔者，猶『邾衔于司』（明義士一六八）以字形論，出徣為一字，疑與出係一人。」（通考八七七葉）

李孝定　「說文『沚小渚曰沚从水止聲詩曰「于沼于沚」』。契文亦从水从止，王襄釋沚是也。羅氏釋洗並仞與㞢為一字，其意雖是，而於文字偏旁之分析則不符。洗為从水先聲，為純形聲字，沚則會意兼聲字也。又卜辭㞢沚二字文法辭例無一相同者，知非一字也。金祖同氏初釋涏於字形近之。古文从足从止例亦得通。惟契文此字無一从足作者，且小篆已並有沚涏二字，則此仍以釋沚為長。涏許訓濡於初誼為近。沚訓小渚與字形無涉，當為後起義。金氏繼又疑旅字殊誤。許書旅字古文作㞢者从止，乃㫃形之譌，从夊則㫃形之譌也。旅無从止之理，『者』下復出『㞢古文旅』，者猶非六國古文別字，即許君誤說。且即令旅字古文有此別體，其形亦與『㞢』字懸遠，無由比傅為一字也。卜辭此字皆與戠字連文並見，沚為國族之名，戠其私名也。

𠭯字異說甚多，本書从林泰輔說收作𢦏，見十二卷𢦏下。于省吾氏謂沚𢦏為傅說，其證據殊嫌薄弱，存之以備一說可也。」（集釋三三二二葉）

丁山　「佚侯的佚，果如秦诅楚文作𡴀（文云，淫泆甚乱）。那末，甲骨文所见：

乙卯卜，今日𡴀，王其遘，亡𢦔，大吉。佚一〇四

𡴀，当是失字初文，象人失足而血溢於趾形，『今日失，王其遘』，正谓王举足不慎，偶然蹶跌也。由𡴀、𡴀相近，而知其皆为失字，字读为佚，则武丁时代甲骨文所常见的：

鐵餘三·一

鐵一二二·二

前六·二五·七

前六·二五·六

戩三三·一三

旧或释洗，释沚，皆误，当亦失字初文。卜辞，『贞，蚰失于陬』（佚存八三八），『隹其不失口』（前六、二五、六），失，并读为泆失之失，决不能释洗或沚也。由是言之，世俘所称佚侯，当即武丁时代卜辞所屡见的『失戩』，失戩，卜辞有时省称为失云：

己卯贞，失不受年。前四·三三·六

贞，吉方弗𦎫失，登人乎伐口方其来于失　續三·三·三

癸卯卜，穷贞，叀𠙹乎令失、𦎫紉方，十月。前七·二九·一

丁卯卜，王在失，卜。前六·六〇·六

此固武丁、祖甲时代的卜辞，宜为佚侯的先君。」（高周史料考证一九七至一九八页）文录五五七

張秉权　「沚字的用法有三；一，用作人名；二，用作地名，本编考释（P.三〇）已经举例說明过了。三，用作动詞，解作止息，即本股第（一）辞中『其沚于娟』的沚，释名释水：『小渚曰沚。沚止也。小可以止息其上也』。」（殷虛文字丙编考释第一八二頁）

張秉权　「𡴀，从水止声，王襄释沚（注一），可信。𠭯，从戈从頁，孙詒讓释𢦏，读若𦎫（注一），可信。沚𢦏是人名，是武丁時代巴方，土方，𢀛方等的一員主將，在卜辞中，或单称沚，常是地名：

方其来于沚？

方允其来于沚？（前七·二九·一）

己未卜殻貞：令𠳋往沚？

己未卜，殻貞：勿令𠳋往沚？（乙編五三〇三）

貞：亡尤？在十二月。在沚卜。（錄六八五）

貞：來自沚？（乙編二九四三）

但也有单称沚，而是人名的：

王叀沚𢦔从？

勿隹沚从？（本編圖版貳叁考释插圖貳）

或单称𢦔，是人名：

貞：伯𢦔執？四月。（天九〇）

貞：𢦔往来其出𡆥？

癸丑卜，争貞：𢦔往来亡𡆥？王固曰亡𡆥。（本編圖版貳玖）

𢦔不其来？（乙編八四六六）

在成套的及对貞的卜辭中，可以看出沚𢦔常省称𢦔，如本套第四版（圖版壹柒）的第（四）辭。又如：

戊寅卜，殻貞：沚𢦔其来？三

貞：𢦔不其来？三（本編圖版貳柒正面）

有人以為𢦔是沚地的首長之名，這句話，大致是可信的，但卜辭中有字作𢦔形，是頁字，疑即𢦔字的别体，而頁是一个國族之名：

□□卜，爭貞：□挈多頁？（鐵一一八·二）

貞：勿頁人三千？（獸一·二五·一）

在第五期卜辭中，頁却是一个地名：

辛卯卜，在頁貞：王今夕亡𡆥？

癸巳卜，在頁貞：王今夕亡𡆥？

乙未卜，在頁貞：王今夕亡𡆥？（珠二六二）

也許那个地方，是因沚𢦔而得名的，在那一版龟背甲卜辭中，我们可以看出：殷王在這一次的巡行中，於沓、𤰈、樂等地方，不过住了一，二晚，但在頁却一連住了五晚，如果不是它的地方特别大，那就是它特别重要了，在第一期卜辭中，我们可以知道沚𢦔是一位有实力，有权势的重要人物，大概他是一位大國的諸侯吧。（殷虚文字丙編考释第三〇——三一頁）

姚孝遂　肖丁

「4690

（1）「……未……沚方」

（2）「丁酉貞，王……」

「沚」为商的重要盟邦之一，商与沚经常联合征伐「吕」、「召」、「土」、「𠬝」等方国。

卜辞常見「沚戠」、「沚戓」，「戠」及「戓」为沚方之首領名。以往的着录，只見有「沚戠」、「沚戓」，未見有「沚」与「沚方」，这一点屯南前言已曾言及。商王除了在军事行动中，与沚方之首領「戠」、「戓」相「比」即联合外，尚有：

亿1355：「王使人于沚，若」

游2.166：「王……逐兕于沚，亡災？之日王往逐兕于沚，允亡災，隻兕八」。

由此可見在军事行动以外，商与沚的关系也是非常密切的。

沚有时也是敌国，成为征伐的对象：

合57：「令伐沚」

押3510：「其显在沚」

这种現象不足为怪，大多数的方国都是与商时敌时友的。」（小屯南地甲骨考释九七頁）

白玉峥「峥按：沚字见于卜辞者，除为沚戠之人名外，于第一期武丁时，尚有臣「沚」之人名，如：

臣沚埶。　　前六．三六．一

乎从臣沚出册三十……兄口？　　亿六九六

亦有地名曰「沚」者，……㞢字，见于甲骨文字者，除为人名、及地名之谊外，未见有他义者；至字之结体，各期甚少变化，殊乏显明之时间成份。」（契文举例校读中国文字第八卷第三十四册三八六六——三八六八頁）

连劭名「甲骨文有㞢字……旧释此字为沚，不确，因为此字并不从水……㞢字应是桼字的省写，试看下版卜辞：

丁未貞：叀乙卯告㞢？

于乙亥告桼？

乙酉告桼？

乙未告桼？

乙巳告桼？

庚戌貞：其乞于六大示告桼？

商代青銅器銘文中的『者』字写作[glyph]，见于著名的亚醜青銅器群，其字上半部分与甲骨文米字完全相同，所以甲骨文中的米、氺应是者字的初文。……卜辞中的者字多用为地名、人名，例如：

丁卯卜：王？在者卜。　文录五五七

貞：亡尤？在十二月，在者卜。　文录六八五

貞：我在者，亡其刿？　字滬二·五二

……

辛酉卜，㱿貞：王叀者䤷从？

辛酉卜，㱿貞：王勿叀者䤷从？

辛酉卜，㱿貞：王从者䤷！

辛酉卜，㱿貞：王勿从者䤷？　丙一三

者䤷是武丁时代重要的人物，可惜史佚其名，他担负着保护大邑商的任务。」（甲骨文字考释，考古与文物一九八八年四期四〇页）

陳東新　「楊樹达云：『說文、广韵、玉篇並无此字，以地望及字音求之，盖即滍水也。蚩从止声，之蚩古音同故也。』按：滍水即今河南舞陽县以上沙河，与征人方路程不合。頗疑沚当读棘，章見邻纽，之职对轉。左传襄公二十六年：『吳于是伐巢，取駕、克棘，入州來。』杜注：『譙國酇县东北有棘亭。』此棘邑在永城西北，卜辞之沚盖即此地。」（殷虛征人方卜辞地名汇释，文物研究五輯七七頁。）

白川靜　參冊字条

按：字當釋「沚」，卜辭「沚」為方國名或地名：

「其显在沚」　甲三五一〇

「丁卯卜王在沚卜」　錄五五七

「方其來于沚；

貞方允其來于沚」　前七·二九·一

「貞舌方弗敦沚」　佚五一

「王使人于沚若」　乙一三五五

卜辭「沚𢦔」、「沚或」習見。「𢦔」與「或」皆沚方之長。

「沚」亦疑為人名：

「𠂤甫乎令沚巷䜌方，七月」 前六·六〇·六

「貞，于庚午令沚」 後上一六·二

「癸卯卜貞，沚其受𢀛又」 乙六五二八

「沚」又用為動詞：

「貞，其沚于姰」 乙八三一〇

「貞，雷沚于阱」 佚八三八

釋名：「沚，止也，小可以止息其上也」。詩秦風「湜湜其沚」，三家詩即作「止」。是「沚」可通作「止」。

出

孫詒讓 「說文『出進也象艸木益茲上出達也』金文毛公鼎作出，石鼓文作出，皆从止。龜甲文則作出，中亦从止。明古文出字取足行出入之義，不象艸木上出形，蓋亦秦篆之变易，而許君沿襲之也。」（名原卷上十七葉下）

又云：「出字皆从㞢，……金文則毛公鼎作出，伯矩鼎作出，石鼓文亦作出，皆从止，與許說不同。此文（出）从㞢，亦即从止，與金文石鼓符合，足徵商周古文皆同从止，許說恐非倉史之本恉也。」（舉例下三葉下）

王襄 「出，古各字，通格，來也，與尚書大禹謨：『七旬有苗格』誼同。」（簠考徵三葉下）

王襄 「說文解字：『出，進也。象艸木益茲，上出达也。』契文之出，从止从凵，止為足，象步行于凵外，凵為冂之倒文。冂，許說：『交覆深屋也。』人步行于屋外，出之誼也。……后演变作出，疑即格之省。或从彳，亦有出誼，与各之作𢓜同例。毛鼎作出，吳愙齋云：『古出字从止，止，足也；凵，象納履形，古礼入則解履，出則納履。』錄之以存异說。」（古文流变臆說四五頁）

0806

董作賓　「說文『𡳿進也象艸木益滋上出達也』金文毛公鼎作𡳿，吳大澂云『出字从止足也。』象納履形。古禮入則解屨出則納屨』甲骨文作𡳿作𡳿作𡴂，此从彳亍以示出行於途次。甲骨文中有增加彳亍之例，如𢓊御之作𢓊𢓊，肖前之作𢓊𢓊足。文曰『上缺𢓊干ㄎ𠬪』，又曰『𢓊卜𢓊太品后𢁒𢁒』。」（新寫十四葉下）

孙海波　「𡳿，甲二五六。卜辞用各为格。重見各下。」（甲骨文編二六〇頁）

楊樹達　「說文廣韻玉篇並無此字，以地望及字音求之蓋即㴍水也。蚩从㞢聲，㞢蚩古音同故也。」（甲文說四十八葉釋泏）

考古所　「𡳿：殆出之异构。」（小屯南地甲骨九一三頁）

白玉峥　「就字之构形审之，与𡴂字之意应为相对待者；𡴂之构形有𡴂、𡳿诸形，而𡴂之构形亦相应之；是二字在构形之初，即取相反相成之意，其初义当为『入也』。到也、至也之训，例当为引申。」（契文举例校读中国文字第五十二册五七五八頁）

方述鑫　「下面的『凵』形象独輪車的車輪，上面的『𠂈』形象推車人的脚趾。（甲骨文口形的偏旁释例古文字研究論文集二八四頁）

晁福林說參𡆥字条下。

按：孫詒讓說「出」字之形體是對的。𡴂亦出字，王襄釋「格」非是。或增彳作𢓊、增𢓊作𢓊者，與「出」字之用法迥别，不得釋為「出」。董作賓之說不可據。文字經過孳乳分化，形義均有所區分，僅屬同源，不得視為同字。說文以為「象艸木益茲上出達也」，乃據已經譌變之小篆形體立說。諸从「止」之字，「出」从「凵」，或从「𠙵」作「𡴂」，均亦「出」字从「止」，示「出入」之義。許氏多誤以為象艸木之形。「出」均亦足之所自出，既非从倒「山」，亦不得謂象納履。

按：卜辭均殘。綴二·一〇六「己……貞……亡……」；後上一〇·一一「戊午……貞……今……」，當為地名。楊樹達釋「灉」不可據。

0807 各

孫海波 「各，甲二五六。或从彳。說文元此字，經典作格。書堯典，格于上下，傳，格，至也。經典中有之。方言，狢，至也。」（甲骨文編四五頁）

楊樹達 「粹編一〇六一片云：『王各，夕△。』又一〇六二片云：『弜格之，若？其格，又正？弜格。』郭沫若云：『各若格即歸格于藝祖之格，至也。金文或作逄，見庚嬴卣（考釋一三七下）。』樹達按各甲文作各，亦足有所至之形，為来格之格本字，格逄皆後起加義旁字，郭說據經傳常用字為說耳。」（卜辭求義第六葉上）

李孝定 「說文：『各，異辭也。从口夂。夂者，有行而止之，不相聽也。』卜辭亦用為格，辭云：『各于口福口口受又』，拾十三·七『因寅卜圖己卯其名于囗易日』，前四·七·二『乙丑各且囗』，後下九·五·十是也。又每言『各云』，陳釋『霞雲』，固亦可通，然雲霞同類之物連言，究嫌重疊。疑各假為客，亦即落字，客云者，下垂之雲，猶言落日也。金文作各頌鼎各大鼎『王室』各頌壺各虢季子白盤各豆閉簋各乙亥鼎各趩尊各趙曹鼎各師奎父鼎各敔簋各師𤸫簋各無叀鼎各善鼎各師虎簋各沈子簋各庚嬴卣亦用為格。或从彳，或从走，義同，楊樹達氏所說是也。卜辭或从[illegible]，與[illegible]作[illegible]同。」（集釋〇四〇二葉）

屈萬里 「卜辭『王其各于大乙彳伐，不冓雨？吉。茲用。不雨。』（甲編六六三）各，讀為格。按：神降臨謂之格；祭祀以祈神降臨，亦謂之格。此『各于大乙』，猶言祭於大乙也。」（甲編考釋一〇五葉）

屈萬里 「卜辭『王其𠕁各僼呂囗？』（甲編六三九）各，即格字；至也。此蓋卜共方人渡水至於某塞，其吉否也。」（甲編考釋一〇一葉）

陳夢家 「『蠐』與『各雲』、『雨』常常聯及，它們之間當有關係。蠐當是隮：曹詩候人『薈兮蔚兮，南山朝隮』，傳云『隮，升雲也』，衛詩蝃蝀『朝隮於西，崇朝其雨』，箋云『朝有升氣於西方』，周禮眡祲鄭衆注云『隮，升氣也』，鄭玄注云『隮，虹也』，孟子梁惠王下『如大旱之望雲霓』，離騷『帥雲霓而來御』，都是雲霓並言，曹衛詩中的『朝隮』，即宋玉高唐賦中的『朝雲』，亦即楚辭遠遊和曹植洛神賦中的『朝霞』。遠遊王逸注云『霞謂朝霞，赤黃氣也』，字亦作赮。卜辭的大采即朝時，卜辭有三次說『大采，各云自北隮』，是朝時雲氣成隮（一霞）。朝隮為下雨的徵兆，所以詩云『崇朝其雨』，卜辭有『隮不雨』，『壬申隮，辛巳雨』，但卜辭的『隮』乃是動辭，所以後下一、十二所卜為『雨？隮？』隮因各雲自北而升起，『各云』一義應加探索。尚書西伯戡黎『格人元龜』，史記殷本紀引作『假』，堯典『格于上下』，說文引作『假』，『各』，『段』古音同，惟各收入聲，方言一『洛，登也』，爾雅釋詁『假，陞也』，方言一『假，至也』，說文『假，至也』，凡此可證『洛』『假』（假）同訓。『洛』『假』訓登訓陞，而說文『躋，登也』，爾雅釋詁『躋，陞也』，凡此可證躋、隮與洛、假同義。卜辭的『各云』應讀作『霞雲』，霞雲自北猶鄭箋『朝有升氣於西方』，霞與隮出現於朝時，霞指雲的本身，隮指霞的升騰。霞當是一種興雨朕兆的雲氣，故詩謂崇朝而雨，高唐賦說『望朝雲之館，有氣焉，須臾之間，變化無窮。……旦為朝雲，暮為行雨』，早上在西邊隮（即虹蜺廣義），乃下雨的徵兆，楚辭哀時命『虹霓紛其朝霞兮，夕淫淫而霖雨』，秋通政經云『虹霓旦見于西則為雨，暮見于東則雨止』，以此說來，隮是虹之一種，出現於早上，為夕雨之兆』（綜述二四三至二四四葉）

又云：「卜辭言『御各日王受又』（粹一二七八），『各日即落日』」（綜述五七三葉）

李孝定 「說文『格，木長皃，从木各聲』，經傳格多訓至，釋詁曰『格，至也』，抑詩傳亦曰『格，至也』，尚書『格于上下』，『格于皇天』，均此義也。金文多假『各』為之，『各于周康召公』，『各于大室』，是也。許書彳部『假，至也』，方言『假，洛，至也』，假、洛、格、各音並同。卜辭亦以各為之。」（集釋一九七七葉）

屈萬里 「各，古格字；至也；來也。各云之語，卜辭習見。謂有雲來至也」（甲編考釋四一葉）

屈萬里 「卜辭：『貞：今癸卯其各雨？』（甲編三三八四）各，象有足下降於坎穴之狀，其義猶落也。各雨，猶言落雨」（甲編考釋四三〇葉）

饒宗頤 「『□未卜，狄貞：重各……室……王受〔又〕』（屯甲一六九〇）按各即來格之格，與佫同」（通考一一四四葉）

于省吾 「说文：『各，异词也，从口夊。夊者有行而止之，不相听意。』按许说臆测无据。自来说文学家多附会许说，不烦引述。罗振玉谓：『各从夂象足形，自外至，从口自名也。』（增考中六四）林义光文源谓『□象二物相龃龉形』，朱芳圃殷周文字释丛释各为入，以为入之别构，以上三说未免乖谬。

甲骨文各字初形作□或□，后来作□或□，最后变作□或□。最后之形，周代金文因之。□字上从夂，象倒趾形，下从凵，即说文的凵字（口犯切），典籍通作坎（洋释凶）。□字象人之足趾向下陷入坑坎，故各字有停止不前之义。典籍各字通作格，小尔雅广诂训格为止。此外，典籍每训格为至为拒，均与止之义训相因。又甲骨文出字作□也作□，这和各字只是所从之止有向上向下之别。或谓出字『从止象足自坎出』（栒考一〇页）。各字之形象足陷入坎，故其本义为停止；出字之形象足自坎出，故其本义为上出。各与出的形与义相反而相成，可以互验而知其造字的由来。。（甲骨文字释林释各）

姚孝遂 「『各』字说文训为『异辞』，以附会从『口』之义，实际上『各』乃『格』之本字，古文字有的作□，有的作□，『□』在这里是和『去』字一样，因为『去』字的初形或作□，或作□，与『口舌』之『口』风马牛不相及。」（古文字的符号化问题古文字学论集初编一〇六页）

按：甲骨文各字作□□□□諸形，羅振玉謂「象足形自外至」與出作□相對。卜辭「各雲」當從于先生說，猶言「二雲」、「三雲」、「四雲」、「六雲」，謂各色雲。卜辭「各」字又為祭名。「王其各于大乙」（佚六六三五合集二七〇〇〇），謂祭於太乙，「兄辛戌，叀知各于日改」（佚二五八九合集二七六二五）、「王各月」（粹一〇六一），郭釋夕，謂祭於日、祭於月。粹一二七八合集二九八〇二之「知各日」，當為「知各于日」之省，陳夢家以「各日」為「落日」，非是。屈萬里以□為各之異體是對的，但對於釋讀佚三九一六之文辭則誤。

0808

各 □ □

羅振玉 「說文解字：『各，異辭也，从口夊。夊者，有行而止之不相聽也。』案各从夂，象足形，自外至。从口，自名也。此為來格之本字。」（殷釋中六十四葉下）

王襄　「古格字。各字重文。」（類纂正編第六第二十八葉下）

王襄　「古各字……通格字。」（類纂正編二第六葉上）

孫海波　「說文：『各，異辭也，从口夊。夊者，有行而止之，不相聽也。』此从夂，象足形自外至，从口自名也。孳乳為洛為格，方言：『格，至也。』格，說文所無，經傳通用格。書堯典『格于上下』，傳：『格，至也。』（文編二卷十二葉）

郭沫若　「各若格，即『歸格于藝祖』之格，至也。金文或作逧。庚嬴卣」（粹考一三七葉背一〇六二片釋文）

陳夢家　「……『各云』一義應加探索。」

徐中舒　「此字象脚趾踏於独轮车上。ㅂ為〇之讹变，因甲骨文用刀刻，不易刻成圆形，故讹为ㅂ，独轮车是无辐的推轮，如今日四川的鸡公车。在遥远的原始的社会，中国祇有独轮车而没有两轮大车。这在古文字中，有着明显的例证。如偏旁从各之字：客，是乘独轮车到人家作客。路，络，是独轮车行於路上。略，是乘独轮车经略土田。从各之原义去解释，俱可通。甲骨文车字作車（后七四三）、車（合集二七六八二），金文作車（盂鼎）、后简化为車（子禾子釜）。这是双轮高车的象形字。说明殷商晚期，高车已由西方传入中土。后起的辂字，是高车与独轮车並存的新造字。从这些字的关系，可以了解到文字之原义及其发展情况。」（怎样研究中国古代文字、古文字研究第十五辑三页）

方述鑫　「各，甲骨文作各（甲二五八九）各（甲二五六）、金文作各（虢季子白盘）、小篆作各、古文作各。下面的ㅂ形象独轮车的车轮，上面的夂形象推车人的脚趾。各是一个会意字，是在人为之事上加了人的动作以表达人的意志。因为甲骨文是契刻成的，象形表示法并不很严格，笔划往往由繁杂趋向简单，所以独轮车的车轮有的也刻成∪形的。……甲骨文各当是表示人推独轮车行走，所以甲骨金文有作𢓜（燕六九一）逧（庚嬴卣）形的，正象人在道路上推车行走。」（甲骨文口形偏旁释例，古文字研究论文集，四川大学学报丛刊第十辑二八四页）

按：此當併入0807「各」字條。

0809

洛 洛

按：卜辭「洛」為地名。存二·九七四：「癸丑……在洛……詠貞……畎王……吉」。當即指洛水。李孝定集釋以為人名，非是。

0810

⿱冖正 ⿱冖甘

林小安「武丁卜辞每有「𦫳⿱冖正化」𢦏⿱角廾、鵬、⿱𢦏虫方之辞……其辞曰：

丙辰卜，㱿貞：𦫳⿱冖甘化𢦏⿱角廾？貞：𦫳⿱冖甘化弗其𢦏⿱角廾？（合集一〇一七一）

辛酉卜，㱿貞：𦫳⿱冖甘化𢦏⿱角廾？貞：𦫳⿱冖甘化弗其𢦏⿱角廾？（合集六六五三）

□□卜，古貞：𦫳化⿱冖甘受㞢又？三旬㞢□日戊子𠦪𢦏⿱𢦏虫方？貞：𦫳⿱冖甘化其㞢𡆥？（合集六六五〇正）

王固曰：叀既三日戊子允既𢦏⿱𢦏虫方？庚寅卜，㱿貞：𦫳化⿱冖甘𢦏⿱角廾、鵬？貞：𦫳化⿱冖甘弗其𢦏？（合集六六四八）

……⿱冖甘化𢦏⿱角廾眔鵬？貞：𦫳⿱冖甘化弗其𢦏？王固曰：吉，𢦏？之日允𢦏⿱𢦏虫方。十三月。（合集六六四九）

伐⿱角廾、鵬、⿱𢦏虫方之役，仅见「𦫳⿱冖甘化」参与其事，规模似乎不会很大。后期吕方自西犯殷，每见𦫳、化呼告，知「𦫳⿱冖甘化」为殷西边陲要地。或以⿱𢦏虫方为春秋之戴国，恐非。「𦫳⿱冖甘化」之「𦫳⿱冖甘」，罗振玉释「[illegible]」，孙诒让释「遹」之省文，叶玉森释「内」，于思泊先生释「退」。今按之卜辞，知诸说于义皆有未安。今重释之如次：

字形有⿱冖甘、⿶凵人、⿱冂甘诸形：

⿱冖甘：辛酉卜，㱿貞：甾⿱冖甘化𢦏⿱角廾？（合集六六五三）

辛酉卜，賓貞：𦫳⿱冖甘化𢦏⿱角廾？（合集六六五四正）

⿶凵人：□亥卜，争〔貞〕：𦫳⿶凵人……？貞：𦫳⿶凵人化亡𡆥？叶王事？（乙八三三九）

貞：𦫳⿶凵人化王𡆥？叶王事？（乙八四五九）

⿱冂甘：□□卜，古貞：𦫳化⿱冖甘受㞢又？□□卜，古貞：𦫳⿱冂甘化弗其受又？（合集六六五〇正）

「𦫳⿱冖甘化」、「𦫳⿶凵人化」、「𦫳⿱冂甘化」为同一词，则「⿱冖甘」、「⿱冂甘」、「⿶凵人」当为同一字之诸异形。又：

癸亥卜，貞：旬一月，昃，雨自東？九日辛未大采，各云自北，雷征大風自西，刜云率雨，允雨日……。……大采日各云自北，雷……風……雨……不征……風……大風自北。（合七八）

各云不其雨？（合八一）

王固曰：㞢祟，八月庚戌㞢……各云自東面母，昃亦……㞢出虹自北，飲于河……（菁四）

「各云」即「各云」，是「各」又作「各」。又：

囗囗卜，囗貞：又……大……各雨？（庫一二八五）

癸酉卜，貞：王……各雨（陳八〇）

王固曰：今夕各雨？（佚五四六）

「各雨」即「各雨」，是各即各。总之，各之诸形为各、各、各、各。古文字各与各、各与各书为正反，字当无别；各与各，为有写与繁写；各、各与各，为字之异写。各即即「各」字，诸家无异议。徐中舒师谓：古文字之本义，当从偏旁所从之字中求之。是「各」即「格」也。格，《尔雅·释诂》曰：「至也」，《释言》曰：「来也」。《方言》：「络，至也」。卜辞之「各雨」、「各云」即「来雨」、「来云」。以「處」、「遹」、「内」、「退」释之，皆不辞。又：

貞：王其逐兕，获？弗各兕，获豕二？貞：其逐兕，获？弗各兕？（合二〇五）

叀宮麋殺各，擒？（人二〇八九）

囗未各鹿……允各三……获鹿二……（存二·三五六）

王其比言各兕？（后下二三·一）

各释處，释遹、释内、释退，显然是不通的。格麋鹿，显然是为擒获之，并非为驱退之。《逸周书·武称解》：「穷寇不格。」注：「鬥也」。《荀子·议兵》：「格者不舍。」注：「击也」。《殷本纪》：「帝纣资辨捷疾，闻见甚敏，材力过人，手格猛兽。」各鹿，即格击、格杀而擒获之。各兕，正所谓「手格猛兽」。格至，乃「各」之本义，格猛兽，格击、格斗、格杀，乃「各」之借义。以格释各、各、各、各，于卜辞之义皆无悖逆。以六书说之，字应从止、从凵，会意也。各字与出字正相反对。「出」为「趾」向「凵」外，作出、出状。「各」为「趾」向「凵」内，作各、各状。趾向户外，为外出，趾向户内，为格至。各字，卜辞多作动词。

貞：戊弗其各？（佚一三二·三）

貞：征其各？（合集四三三六九）

殆谓戊、征其格至与否。卜人亦有名各、各者，皆武丁时卜人，当为一人耳。」（《殷武丁臣属征伐与行祭考》，《甲骨文与殷商史》第二辑二五三至二五六页）

张亚初

「□ □（综类七〇页），□字旧释处（甲骨文字集释四〇七七页）。卜辞处字作𠭖，□字并不是处或處字，而是□字的省写体。𠂤（关）□化是一期卜辞常见的族氏人名。有时□字也写作□（乙二〇三一）。上面提到的□字省去两斜划作□，变化情况与此相似。由此可见，□、□是退字的两种繁简不同的形体。在甲骨文中，往往把一个字的形体稍加改变，以作为不同场合的特定用字。例如，年岁之岁从二止作□，祭名岁杀之岁则把二止省变为两点作□。与此相类，作为动词之退写成□，作为族氏名的退字则一般写作□。这样的情况在卜辞中是常见的现象，不足为怪。当然，这种区别不是绝对的。□字在卜辞中也曾作动词退字使用过。「壬寅卜，乙巳酌，王□」（京津二二九七），王□即王退。……

□字可隶定为𨑢。攴与扌通，故也可写作𢵧。篇海「𢵧，有追切，音鎚，打也。」从退的还有𢓭字，是捕猎的一种方法名称（综类七〇页）。」（古文字分类考释论稿 古文字研究第十七辑二五六页）

張秉权

「□，或作□（注一），孙詒讓以為遹之省文（注二），叶玉森释内（注三），罗振玉释处（注四），按罗説可信。我在拙著卜辞𠂤疋化説中曾对他们的説法加以討論：孙説於字形差得太远，可以不论。罗、叶二氏都以為□和□，□等是一字之异体。关于這一点，从卜辞的句法上看来，祇能証明□，□，□的用法是相同的，譬如在乙編一九八七十二三〇〇十二三〇二十二五〇〇十五九六七十七〇六七十八三三九十八四五五版中的𠂤□（□）化与𠂤□化对貞（复原图版待印）。可知□（□）与□是一个字的异体。又如在乙編二〇三一版中，𠂤疋化的疋字，即作□形。叶氏释「凵」為坎形是很高明的見解，但释疋為内（納），似乎不及罗氏释為处的好。因為甲骨文中，已经另有内字了。按説文对于出和处的解释，都与甲骨文的字形不合，説文六下，出部：「出，進也，象草木上出達也」。十四上几部：「処，止也，得几而止。从几从夊」。无论在形体上或意义上都和甲骨文的象足趾出穴和入穴有着明显的距离了。那是因為后世的人早就脱离了穴居時代，对于穴居生活，已经无法了解，对這两个描写穴居生活的文字，也就无从了解，于是在文字的结构上和意义上，渐渐地起了变化，而去适应后世的生活环境，因此，原来是足趾出穴的出字，变成了草木出芽的出字，因為无法了解足趾出穴的意义，所以误将足趾之形，认為草木的嫩芽，再因草木出芽長而有进义，与原来的本义相去益远了。原来是足趾入穴的处字，变成了夊在几旁止息的处字，因為无法了解足趾入穴的意义，所以把描写洞穴的门内之形，误认為后世的几桌之形，意义虽无大变，但在文字的结构上和解释上却有了变化，因為誤將宀形認作几形，那么止息自应在几旁而不当在几下，所以也就把∩形搬到几的旁边去了，那是跟着生活习惯的变更，而在文字上所起的变化，這种变化完全遵循着用進废退的自然原则。現在我们把[illegible]、[illegible]、[illegible]等形一律楷写為⿱宀止，其义則為止息，与出外相反。（集刊二十九本，P，七八○）

⿱宀止在此版為一被祭者之名，他辭有言：

『壬寅卜，☐巳巳（酒）☐王，⿱宀止☐？（京津二二九七）

『王⿱宀止』連文似与『王咸』連文之例相同，⿱宀止似是一先公之名。卜辭又有：

☐☐卜，穷貞：☐⿱宀止古王『史』？（乙編三九九三）

（丁）亥卜，⿱宀止，☐（曰）☐？（滬六．二四．二）

☐☐卜，⿱宀止『貞』：『令』夕乙『田』？六月。（粹一三八八）

⿱宀止乃武丁時人，又似為貞人之一」（殷虚文字丙編考释第一七二——一七三頁）

罗振玉　參[illegible]字条

按：卜辭[illegible]習見，為人名。而乙二○三一作[illegible]，乙八三三九、八四五九作「[illegible]」，是「[illegible]」、「[illegible]」、「[illegible]」可互作。張秉權、林小安均已詳加論證。其作動詞者，林小安讀作「格」是正確的。字當為「各」之異體。

0811 各

0810考釋。

按：「[illegible]」即「各」之倒書，當併入「各」字條。「[illegible]雨」即「各雨」，亦即「格雨」。參見

0812 ⿱宀止

考古所　「⿱宀止：殆宦者，祭名。」（小屯南地甲骨九五一頁）

按：此亦當為「各」之異構。參見0810「冝」字。

0813

孙诒让　「□疑遹之省文。遹述字通。遹市方，謂循行市方也。」（契文舉例上三十六頁上）

孫詒讓　「□……字不可識。以形求之，似从内从止，疑遹之省文」（舉例下四葉上）

羅振玉　「說文解字：『処，止也，从夂，夂得几而止也』此从止在几前，與許書和，或增宀，象几在宀内。或从内，與几同」（殷釋中六十四葉上）

王襄　「古定字，从穴」（類纂正編第七第三十五葉上）

王襄　「□疑古定字从穴」（簠文第五葉）

葉玉森　「疑契文出作□，□為足形，凵為坎形。□出凵故曰出。□與□相反，殆内字，□入冂故曰内，即納之初文，変作□，从内，復增冂形，乃愈繁縟，不若□象之簡明也」（說契五葉）

商承祚　「羅師釋處。說文解字：『処，止也，从夂几，夂得几而止也。或从虍作處』此作止在几下，或增冂象屋形」（類編十四卷一葉）

金祖同　「出，出戶也，入戶為反」（遺珠二五葉）

于省吾　「孫謂从内从止是也，而疑遹之省文非是。羅釋処，葉釋内，並不可據。契文作□□□等形者均从丙，契文丙作内，内作冂，二字有別。□字从内从止，乃迺之初文。亦如追作皂、逊作□、途作□之比。古文从止从彳从辵均亦行動之意，每無別。如逆作□□，遣作□構□，此例不備舉。□即迺字，亦作衲作退，俗作退。說文：『復，卻也，从彳从日从夂。

重文作衲，古文作退」。按衲⿱内止並从内聲。玉篇彳部復之重文作衲，走部退之重文作迌。古文四聲韻去聲十八隊引開元文，退作衲，又引義雲章，退作迌，均其證也。詩頌人：「大風風退」。與釋文引韓詩：「退，罷也」。呂氏春秋仲夏紀：「退嗜慾」。注：「退，止也」。說文訓退為卻，與罷止之義相因。佚五四六：「王固曰，今夕⿱内止雨」。余所藏明義士殷虛卜辭墨本亦有「王固曰，今夕⿱内止雨」之辭，⿱内止雨即退雨，謂雨罷雨止也。退與啓霋有別，啓霋言晴，退則未必晴也。後上六、八：「乎口夕虎⿱内止」。文殘，未識何義。藏一三二、三：「戊弗其⿱内止」。言戊弗其退卻也。安之，⿱内止字後世作衲。迌乃退之古文，今則退行而衲迌廢。世人不知初文之本作⿱内止，其湮久矣」。（㶉三弟二六葉釋⿱内止）

李孝定

「說文「復，卻也。一曰行遲也。从日从夊。衲，復或从内。退，古文从辵」。契文从内从止，于說是也。羅釋处，而字不从几；葉釋内，而字實从内从止，其誤甚明。卜辭⿱内止字，除于氏所舉數例外，又如「口辰卜貞，帚⿱内止弗其受又」。乙二〇三一、帚⿱内止似為人名或方國之名。「壬寅卜殼貞帚囹娩嘉。王固曰：其佳申娩吉嘉，其佳申寅娩不吉，退佳嘉」，「壬寅卜殼貞帚好娩不其嘉。王固曰：凡不嘉，其嘉不吉于⿱内止若茲廼冓死」，乙六五四九，此貞婦好免乳之期，上言申娩吉，甲寅則不吉，下言⿱内止佳嘉，則⿱内止當訓遲，訓緩，申當為庚申（方言「退，緩也」）言庚申娩乃吉也。「辛丑卜徬⿱内止方」，「今月⊠⿱内止」。⊠戈」。佚二三四⿱内止當為方國之名。「辛⊠貞有獲白木⿱内止」佚一五九白木似為人名，⿱内止當訓御。「⊠卜⿱内止夊屯七⊠六月」粹一三八八「⊠⊠佳⊠中𦣠狝⊠⿱内止⊠嘉二⊠」藏五、二「⿱内止圍用叒若八月」揄四、六、四「饕不⊠⿱内止⊠」揄四、二一、五「貞⿱内止」押一、二九、十六，則辭意不明」。（集釋〇五七九葉）

李孝定

「說文「处，止也。从夊几，夊得几而止也。處，处或从虍聲」。契文从止从几，古文偏旁从夊从止得通。羅氏釋⿱内止為处，可从。金文並从虍，與小篆同。如井人鐘作□、滔朕作□、齊鎛作□、魚顛匕作□，後一文已譌从止為从女，此亦金文所習見」。（集釋四〇七七葉）

饒宗頤

「按⿱内止字，郭氏釋⿱穴止，誤。上體明為內而非穴」。（通考一一八三葉）

張秉权

「⿱内止，从丙从止，楷写為⿱穴止，与⿱穴止字的或体作⿱内止从内从止者不同。⿱穴止字在此有获或捕殺之义，疑即阬之或体字，通為阬（俗作坑），史記項羽本紀：「於是楚軍夜击，阬秦卒二十余万人」。阬有陷杀之义。卜辞言：「弗⿱穴止兕，隻豕二」者，是說没有捉到（用阱陷捕兕，仅捕获了二头豕」。這是記事之辞。宅辞有曰：貞：戊弗其⿱穴止麋？（佚一三二、三）

貞：……勿⿱内止豕？（契二三四）⿱内止字的意义亦与此相同。」（殷虚文字丙编考释第一八○頁）

于省吾　「甲骨文⿱内止字作⿱内止、⿱内止形，甲骨文编以为说文所无。……甲骨文两作内，内作内，但因契刻之便，有时混同无别。⿱内止字从内从止，乃⿱内辶之初文。古文从止、从彳、从辵，均表示行动之义，每互作。例如：逆作⿱屰止、𢓜、⿰彳⿱屰止，遣作⿱⿱中𠂤止、⿰彳⿱⿱中𠂤止、⿰彳⿱⿱中𠂤止，是其证。⿱内辶即⿱内辶字，亦作衲，俗作退。说文復之重文作衲，古文作退。按衲与⿱内止并从内声。玉篇辵部退之重文作⿱内辶。近年来银雀山发现之尉缭子竹简，亦以⿱内辶为退。老子九章「功成名遂身退，天之道」，六九章「不敢进寸而退尺」，近年来马王堆发现之帛书老子甲本，均以芮为退。芮与⿱内辶并从内声，故通用。……说文训退为却，与罢止义相因。甲骨文称：「王固曰，今夕⿱内止雨。」（佚五四六）⿱内止雨即退雨，谓雨罢止也。……甲骨文称：「壬寅卜，㱿贞，帚口好冥，㛺。王固曰，其隹口申冥、吉、㛺（嘉）。其隹甲寅冥，不吉，⿱内止隹女。」（乙四七二九）按隹即惟，惟训为，详经传释词。周礼小司寇之「以图国而进退之」，郑注：「进退犹损益也。」按郑氏训进为益，训退为损。益与损犹言利与害也。上引甲骨文是说，帚好在口申日生育则吉而嘉，意谓生男；在甲寅日生育则不吉，以至有害而生女。以生男为吉，以生女为不吉，乃商人重男轻女之表现。」（释⿱内辶，甲骨文字释林五七至五八页）

赵诚　「甲骨文的退字写作⿱内止，从止内声，隶定当写作⿱内止。用作动词有三种意义。

贞，王其⿱逊止（逊）冢，隻（获），弗⿱内止冢，隻豕二。（合二〇五）

贞，戍弗其⿱内止。（铁一三二·三）

这两条辞里的⿱内止都是后退之义。

王固曰，今夕⿱内止雨。（佚五四六）

……⿱内止即退是停止之义。……可以作这样的理解：往前去了又回去是退。雨一直下着，就如是往前去。然后不下了，从地面上来看，雨没有了，一直往前去的雨哪里去了，最简单的理解就是退了，退回去了。这种意义上的退和「往前去了又回去」的退，在意念上确有关系，比一般的本义和引申义的关系还要紧密，……。

壬寅卜，㱿贞，帚……冥（娩），㛺（嘉）？王固曰：其隹……申冥，吉㛺。其隹甲寅冥，不吉，⿱内止隹女。（乙四七二九）

这条辞里的⿱内止（退），按照现代的词义观念来看，应该是「迟了」或「推迟」之义。如果按照当时的词义关系来考虑，似可这样理解：小孩出生是往前从母体里出来，应该有一定的速度，如果生生又不生了，按照前面那条辞的「⿱内止雨」来理解，当然是前进又退了，出生的时间就会推迟。而按照当时人的观念，出生推迟的太久就会是女的。为什么会推迟呢？其根本原因就是在出生过程中退了，所以说「⿱内止佳女」。甲骨文另外有一条辞，和这一条辞内容相当，可以参证：

甲申……帚好冥，⿰女力？王固曰：其佳丁冥，⿰女力。其佳庚冥，弘吉。三旬又一日甲寅冥，不⿰女力⿱内止佳女。（乙七七三一）

这一条辞也是说推迟太久出生会是个女的，虽然没有用「⿱内止」这个词，但和「⿱内止佳女」的用意一样。当然也可以这样理解：按照当时人的观念，在某些日子小孩出生是吉利的，而在另一些日子则是不吉利的，生下来的会是女孩。上引两条辞所提到的「甲寅」日显然是不吉的。从这一点来考虑，如果小孩从母体里正常地往前生，就会在那些好日子出生，当然是吉利的。如果小孩子生生又不生了，前进前进又退了，就会推迟到不吉利的日子出生。为什么会推迟到不吉利的日子出生呢？根本原因还是在出生的行进过程中退了，所以说「⿱内止佳女」。不管是哪一种理解（当然是后一种理解符合实际），「⿱内止佳女」和「⿱内止雨」在意义上都是一脉相承的，只不过层次略有不同。」（甲骨文行为动词探索（二）古文字研究第十七辑三二八——三二九页）

按：甲骨文⿱内止从「止」从「内」，即「各」之或體。或釋納、或釋処，均非是。于先生已詳加論及。合二〇五有辭云：

「貞，王其逐兕獲？弗⿱内止兕，獲豕二；貞，其逐兕獲？弗⿱内止兕……」

林小安讀「⿱内止」為「格殺」之「格」，其意見是正確的。

又乙四七二九辭云：

「壬寅卜，㱿貞，帚(好)冥⿰女力？王固曰，其佳(戊)申冥吉⿰女力，其佳甲寅冥不吉，⿱内止，佳女」

此卜婦好生育之事，商王武丁判斷早生育（戊申）則吉，遲至甲寅則不吉。果然到了甲寅，所生為女。此猶乙七七三一辭云：「甲申……帚好冥⿰女力？王固曰，其佳丁冥⿰女力，其佳庚冥弘吉。三旬出一日，甲寅冥不⿰女力，佳女」。「⿱内止」讀為「格」，訓「至」。謂及至甲寅之日。商王以生男為嘉，生女為不吉，錯過丁與庚黃道吉日，遲至卅一日以後之甲寅，所育為女，故稱「冥不⿰女力」。

此外，卜辭⿱内止尚有用為人名或地名。

甲骨文「内」作「内」，从「入」；「丙」作「内」，不从「入」。但經常相混。

卜辭「各雨」可作「⿱亼止」、「⿵冂止」、「⿱内止」諸形，而不作「⿵冂止」。籽徵之「⿱内止鹿」、「⿱内止兕」等，只能作「□」，不作其它形體，似已開始發生分化。參見0810「⿱宀疋」字條。

0814 ⿱宀疋

羅振玉　參□字條

饒宗頤說參□字条下。

張亞初說參□字条下。

按：合集二八四〇八辭云：「王其比言⿱宀疋兕」，亦當用為「格殺」之「格」。乃「□」之異體。

0815 ⿰⿱丙止攴

按：合集五六五八正辭云：「大⿰⿱丙止攴敹皀」乃與師旅有關之動詞，與「□」、「□」均有別。

0816 ⿱止冂

張亞初釋⿰扌退，參□字条下。

0817 ⿰⿱止冂攴

按：合集一一五七六有「□母」，又一四一五七有「□享」，當為祭祀之對象，亦或為祭名。

按：卜辭云：「于祖丁母妣甲知出𢼸」「貞，勿𢼸」乃祭名。

合集二三九二
合集一五六八四正

0818 □

按：字不可識，其義不詳。

0819 □

孫海波「□，燕一三四。从止从㝎，說文所无。人名。」（甲骨文編五八頁）

按：亦見於合集二二二四九，辭云：「癸巳卜貞，子□亡囚」，乃人名。

0820 定

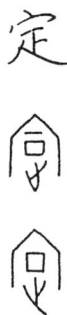

王襄「古迴字。」（類纂正編八葉上）

孫海波文編二卷二二葉收作迴，以為說文所無字。

唐蘭「甲骨文的□字，前人誤釋做『□』，迴我考為从宀正聲，即『定』字。」（導論下廿八葉）

李孝定「說文『定安也从宀从正』小徐作『正聲』是也。唐氏釋此為定，可从。字在卜辭為地名。金文作□□伯定盉。」（集釋二四四七頁）

按：當從唐蘭釋定，卜辭用作地名。

0821

正 征

孫詒讓 「龜文云征者有二，一為征行之征……一為征伐之征。」（契文举例上十一页）

王襄 「古正字。古𫝀與征通」（簠室殷契類纂第七葉）又云：「古征字」。

羅振玉 「說文解字正从止一以正，古文从二作𤴓，又从一足作𤴔。此从口。古金文作■。此但作匡郭者，猶丁之作口，就刀筆之便也。許君云从一足，殆由𠯑而譌。正月字征伐字同。又作𠯑从𣥠，知𠯑即正者，卜辭曰：『貞我弗獲正𠯑口（方）』。又曰：『昔甲辰方正于𢼸』。又云：『告曰，土方正我東啚』。以其文觀之，皆為正矣」（殷釋中六十三葉下）

王國維 「正以征行為本義，許訓是蓋引申之義」（集释〇四九八頁）

葉玉森 「按本辭于旬亡戾十月祐之下繫此正人方一語，舊釋人方為夷方，惟卜辭未見夷字。从夷之字如陝正作夷，則人方應否讀夷方尚為疑問。且各辭言正人方者，上必着一來字，亦均非記征伐之辭。觀上下文自見陳氏之說較可信也」（定按陳說見下）（前釋二卷八葉上）

葉玉森 「卜辭韋之別構作𠱠。……孫仲頌云『卜辭之㠯亦多借作圍』，其說似碻」（鉤沈九葉廿行至廿四行）

陳邦懷 「卜辭言『王來正盂方』者一，（類纂四十）言『王來正人方』者二，（前二十五、前二、十六、）言『王正人方』者一，（前二、六、）羅參事列正人方三條於考釋卜辭篇，且云：『𢽳尊亦有「隹王來正人方」語，乙亥方鼎則云：「隹王正井方」，其誼均不能塙知矣』。邦懷按：卜辭所謂『王來正某方』者，蓋以某方慢其經界故來正之。詩商頌：『古帝命武湯，正域彼四方』，是正方之制，湯時已然，以卜辭王正某方，與詩『正域彼四方』互證，知正域彼四方者，頌湯正彼四方之疆域也。毛傳訓正為長，訓域為有，恐失詩人本誼矣。又按：正域彼四方，與下「肇域彼四海」句法正同，余謂肇當訓正，（本國語齊語韋注）曰肇不曰正者，取文法之安，曰海不曰方，取音韻之協。鄭箋云：「肇當作兆，王畿千里之内，其民居安，乃後兆域正天下之經界。」鄭謂正天下之經界，足補毛所未及，其言肇當作兆，則因毛訓正為長，故曲為之說耳。」（小箋二十八葉）

聞一多　「甲金文正作[字形][字形]，或省作[字形][字形]。疑古有[字形]字，象人正立之形，[字形]即[字形]之省，犹[字形]之省作[字形]也。依許书之例言之，正当云『从止，■声』，■古丁字也。」（璞堂杂识中国文字第四十九册五四六〇頁）

郭沫若於卜辭通纂三六三片之[字形]釋為足。（通考七五葉三六三片釋文）按該片辭云「帝令雨[字形]年」「貞帝令雨弗其[字形]年」」

郭沫若　「卜辭正足二字頗相混，上二片之[字形]字（按卜通四八四，「壬子卜口貞隹我奚不[字形]十月」又四八五「隹我奚不[字形]貞𡚱」）不知是正是足。正則當讀為征也。」（卜通一〇五葉四八五片釋文）

吳其昌　「按「正」之原始本义，為征，為行。但象∀向口，預悬鵠的之方域進行，故「征」之义其初本未嘗固定為軍旅討伐，或巡省邦國，或縱狩郊畿，因皆可通称為「征」也。意者「正月」之得名，即因其為新岁之首月，殷末之俗，有于此時舉行或巡或狩之礼，蔚為一岁之盛節，故遂以「征」名其月欤？意者「正月」之义，即等于「征月」，而「征月」之称，又有类近于后世「灯宵」之比欤？此亦非尽出于肊測，亦其有甚明之根据。（憲齋集古録卷六頁八有鼎鼎者，即直書「正月」為「征月」。其文曰：「唯征月，既望癸酉，王戰狩于𫉬敝。王命鼎執犬休善，用作父甲[字形]彝。[字形]。」是其最初之證矣。蓋是鼎銘文，不特书一月為「征月」，且記王於是月有狩事也。是鼎乃為殷末周初之器，是其遺風麻傳至周而未改也。是故尔雅释天曰：「冬猎為狩，春腊為蒐。」春秋隐公五年左氏傳說苑修文引古說周礼大司馬郑玄注，並同此說。夷考其实，古无四声，而李善文选辩亡論注云：「蒐与搜古字通。」又糜信穀梁春秋桓四年魏大饗碑「蒐」並作「搜」。去四声之睆梏，則「狩」「搜」实一声（审母一韵尤部）无别，而「獸」「狩」「搜」实一字異書耳。是則經典与彝器所述之制度符合，周代与殷季所行之礼俗相因，皆不難委曲考見：而「正月」取义得名之源，亦为可覩矣。」（殷虚书契解詁第二四二——二四三頁）

孙海波「疋，甲二四一六。卜辞正用为征。征盂方伯。」（甲骨文编·六三页）

孙海波「疋，甲一六四〇。疾足。卜辞足与正字同形，从文义上可以别之。」（甲骨文编八六页）

陈梦家「卜辞的『雨不足辰』，或作『雨不昆辰』．所以足可能是時字．孟子梁惠王下『若時雨降』、済語『深耕而疾耰之，以待時雨。』墨子七患篇『故時年歲善，則民仁且良，時年岁凶，則民吝且悪。』凡此時字都是及時降雨之謂。卜辞的足雨、足年可能即孟子、墨子的時雨、時年。卜辞的『雨不時辰』，即雨不適時。」（殷虚卜辞综述五二五页）

陳夢家「……

黍年㞢足雨 前四·四〇·一

黍年㞢足雨——王飲亡壱

黍年㞢足雨——飲亡壱 乙三二八五十三三一九

才娟㞢足雨 乙三一八四

雨不足辰，亡匄 珠四五四

雨不昆辰，不隹年禍 前七·三〇·一

……

以上的足字，郭沫若所釋，以為『足』『正』一字（卜通四八五）。卜辭的『足辰』或作『昆辰』，所以『足』可能是『時』字。孟子梁惠王下『若時雨降』，齊語『深耕而疾耰之，以待時雨』。墨子七患篇『故時年歲善則民仁且良，時年歲凶則民吝且惡』。凡此『時』字都是及時降雨之謂。卜辭的『足雨』『足年』可能即孟子、墨子的時雨、時年。卜辭的『及雨』即及時而雨，『雨不時辰』即雨不適時。」（综述第五二五葉）

陳夢家「當時農作物所需主要的雨量是天雨。因此，殷人不但求雨，並且要求雨量的充足與及時。武丁卜辭云：『帝令雨昆年——帝令雨弗其昆年』（前一·五〇·一）『帝令雨足囷』（明一三八二）、『黍年有昆雨』（前四·四〇·一）、『才娟有昆雨』（乙三一八四）。卜辭的『雨不昆辰不隹年禍』（前七·三〇·一），所以以上的昆字，郭沫若所釋以為『足』『正』一字（卜通四八五）。卜辭的『足辰』，或作『昆辰』，所以『足』可能是『時』字。孟子梁惠王下『若時雨降』，齊語『深耕而疾耰之，以待時雨』，墨子七

潐扁『故時年歲善則民仁且良，時年歲凶則民吝且惡』。凡此『時』字都是及時降雨之謂」（综述五二四至五二五叶）

東世澂　「此例（拾五.二）及上例（乙三二六四）正字，不是征伐（下面没有被征的地名），這裏的『東正』『西正』就是到東方西方去征收貢品」（歷史研究一九五六年一期四十八叶夏代和商代的奴隸制）

金祥恒　「甲骨卜辭中，『又足』又作『出足』如前四四〇、一

己酉卜黍年，出足雨。

前五、三九、五：

其五𠂤，又足王受又祐。

……

甲文如甲三三四六：

貞弗其隻（獲），品土方

貞隻（獲）品土☐

珠一一七、續三、三二：

癸丑卜，殼貞：勿隹王足吕方，上下弗若，不我其受又。

癸丑卜，殼貞：勿若王足吕方，上下若，不我其☐☐。

品与足正同足乃品之省，說文：『延，正行也，从辵，正声征征延或从彳』丁福保說文詁林云：『慧琳音义九十六引行也，考尔雅釋言詩毛传郑笺皆与慧琳音义所引同。徐本作：正，行也，正行非连文，考经典多用延，或体作征，如书序作成王政，马本政作征注云：征，正也。孟子征之为言正也，核各说证之，古本当作延，正也行也，今本夺也字，宜据补，而小徐谓从正道行也，未免穿凿矣。』丁氏据孟子征之为言正也正可证正，征通用其实征延正原为一字，何以言之？说文从彳之征，乃从辵之延之省，金文同征簋之征作征，鼎作征延簋作征与汗简诂文尚书作征，乃从彳（行之省）从足说文谓从辵非，足者甲文品也而征者从正乃足之省，犹足为品之省如太保簋作征，虢仲簋作征鄦真簋作足，所从之匕者彳之讹误，正为延（征）之省然延不见于甲骨文而得之金文，盖金文常々书写古文。正、延、征古原为一字其本义当为征伐之义。孟子尽心章：『征者上伐下也。』左传莊公二十三年：『征伐以讨其不然。』书胤征：『胤后承命徂征。』传：『奉辞伐罪。』周礼太卜『以邦事作龟之八命，一曰征』司农注云：『征谓征伐人也。』即其义也。引申为正，正者正也如论语颜渊：『子帅以正孰敢不正』祖甲改

三例，年終閏，改為无节之閏，改一月為正月，月上加「在」。（見殷历譜旧譜五）如戩二九·三：

癸亥卜，𠭥貞：旬亡囚，在正月

又假借為足。說文古文一作𤴓，从一足，蓋由古文𤴓之譌，正乃𤴔之譌，犹吳之為吳，而說文「足，人之足也，在体下，从口止」之足，正是正字。足从口止，不詞，故馬氏六书疏証云：「人之足也，在体下，从止口，疑非許文。」而說𤴓，為足之本字，說文云：「足也，上象腓腸，下从止。」高田忠周曰：「足之初文作𠯁，后变作足」。甲骨文𠯁（沖二八七八）金文商周金文录遺五五父癸足冊鼎作𠯁，正象足，戴侗曰：「自股脛而下通，謂之足也。」如汇一一八七：

貞：疾足惇。

正象足形，而腿旁ㄱ者，指疾之所在也。金文編收足作𤴔，如免簋「冊令免曰：令女𤴔周師嗣鄙」之足作𤴔。師兑簋「王乎内史尹冊令師兑，余既令女𤴔師」（商周金文录遺二七八、一一「多正」作多𤴔，容氏以正為足，謬于說文之足也。但甲文亦借正為正，如沖一六四〇：

其方𠙹，疾足。

疾足者足病也。卜辭疾首疾目疾齿足疾等参見殷契徵鑒前一四八、六：

貞𤉲五牛，足。

貞：足。

蓋貞卜𤉲祭，用五牛足够也。前六七七：

丁卯卜余求于𫎲，三牛允足。

蓋余求于𫎲用三牛，允足也。元嘉造象室二四五

帝宗足王受又：

貞：王祝生

貞足。

貞足。绳一二七

蓋貞卜足够也。究為何者何者足够因残缺而不知也。續一六、六 珠六二五：

祝禹今其三牢，昌彫足王受又。

亦為用三牢足够也，汇六九五一：

出于且乙牢足。

出祭于且乙，用牢足够也。虛九六八：

足雨。

虚一三八二：帝令雨足。

盖求雨也，祈上帝下足够之雨也，足之相反词为不足如铁四五四：

貞：雨不足辰，亡匄。

庚辰卜，大貞：雨不足辰不 前三廿九三

辰疑为蓐，国语齐语：『深耕而疾耰之以待时雨』此言无足够之雨而蓐也郭氏释干支云：『辰实古之耕器，淮南氾论训：「古者剡耜而耕，摩蜃而耨。」』此其证也。

貞：帝令雨，弗其足年。

帝令雨，足年。 前一五〇一

足年者丰年也，雨足而后年丰，故祈上帝下足够之雨以耕耘也。诗小雅信南山『既霑既足，生我百穀』诗集传：『霑足皆饶洽之意也。』然上帝下雨不多，不足以耕耘，年弗足为凶岁，孟子告子上：『凶岁子弟多暴』礼记王制：『国无七年之蓄曰不足。』金璋甲骨七集五七〇：

貞：其于十岁乃出（有）足。

有足者亦足年也。足年穀梁传为有年，桓公三年『五穀皆熟为有年也』诗经曰有岁如诗鲁颂有駜：『自今以始岁其有』亦其有岁也。雨淫忧水大，雨少愁天暵，故以雨足为度前三二九三：

庚午卜貞：禾出（有）及雨三月。

孟子梁惠王上：『王知七八月间旱则苗槁矣，天油然作云沛然下雨，则苗勃然兴之矣。』礼记月令『时雨不降』『时雨将降』及时之雨为时雨。

足与不足相对成文足又书又足出足，不足书出不足，如拾三、一四：

三牢用，又足，王受又。

与

乙卯其黄牛，足，王受又又（祐）。 续存下九〇六

祝叀今其三牢，昌酚，足，王受又。 佚一六六

貞：尞，五牛足。 前一四八·六

之语法相同，意义相似。古语中常加有字为语首助词，如诗大雅文王：『有周不显』尚书召诰：『有殷受天命。』湯誓『有夏多罪。』召诰：『有王虽小』有周、有殷、有夏、有王者周殷夏王也。

貞：叀乙酚酚，又足。 甲一三三六

又足，王受又（祐） 铁八五七

昌其戠，鼎乃各曰，又足 甲四〇四

其口，于大丁，又足　珠八五六

又足者亦足也。京都帝大所藏甲骨一九三〇

癸酉

叀甲午王受年。

叀祖丁林𨑳（舞）用又足。

考釋云：「乙れ祖丁の禁に舞を用ゐ正あり」釋𨑳為無字。「無字は下に二于に从ってゐるのは二足に竹弓をつけての高脚無踊をかたどったのであろう」是也。釋林為禁則非。林舞殆為乐名，左傳襄公十年：「宋公享晋侯于楚邱，請以桑林。」杜注：「桑林殷天子之乐。」莊子養生主：「湯有桑林之舞」林舞疑即桑林之舞也。呂氏春秋順民篇：「湯克夏而正天下，天大旱，五年不收，湯乃以身祷于桑林雨乃大至。」林舞或因成湯祷于桑山之林，故名林舞，呂氏春秋慎大篇：「立成湯之后于宋，以奉桑林」注：「桑山之林，湯所祷也。」此卜貞卜王受年，祭祀且丁用林舞已足够。因殷商成湯又有大蒦之乐，古本竹书紀年，成湯二十五年作大濩乐呂氏春秋古乐篇：「湯乃命伊尹作為大蒦」周礼春官大司乐：「以乐舞教国子，舞云门……大濩大武。」墨子三辯篇云：「湯伐桀，因先王之乐，又自作乐，命曰護。」汉书礼乐志云：「湯作護……護者救民也。」春秋元命苞云：「湯之时，民大乐其救之于患害，故乐名大蒦。」公羊隐公五年何休注：「殷曰大護，殷时民大乐其護己也。」白虎通义礼乐篇云：「湯曰大護者言湯承衰，能護民之急也。」周礼春官大司乐：「乃奏夷则，歌小吕，舞大濩，以享先妣。」故以甲骨卜辞证之如前一、三、五：「乙丑卜，貞：王宾大乙，濩，亡尤」不独先妣也，先祖亦然，故不用大蒦之乐，已足够也。為求雨而舞者，周礼司巫：「若国大旱则師而舞雩女巫旱暵。」不独殷商求雨以舞，周亦然耳。沖九一〇

叀戊射，又足。

唯戊射，已足够矣。沖三一〇四：

丁卯卜，曰芇卩又品，飵，允品

此卜辞中芇卩与飵不识，其意义亦不详唯㞢品与允品为有足与允足也。

不足书㞢不足，如：

貞役隹㞢不足。

貞丝凤不佳，　前六、四、一

辛未卜：穷貞：王㞢不足。

貞：王亡不足。　乙七七七三

亡不足者㞢（有）足也。

昔年孙诒让撰契文举例，征下云：「☐由貝（貞）出于文乙牛𤴓（绝卅五之一）诸字皆著文末，其义难通，未知其为正为征，抑或别为足字，皆无由决定矣。」今以卜辞比较研究，释为有足，乃可定之矣。

甲骨文正，除作征伐之正，正月之正，借为足外，陈氏殷虚卜辞综述百官：「臣正」如乙六四一四：

王以臣正。

此片为残片，盖所谓臣正之正是否犹尚书康诰中「越厥小臣外正」之正，与酒诰「文王诰教小子，有正、有事」之有正之正难以遽断。但金文中以正为官长者，如商周金文录遗二七八三：

王孪于多正

三代吉金文存九三一师兑簋

王乎内史册令师兑，余既令女正师龢父嗣又右走马。

多正者犹尚书酒诰：「百僚庶尹」之庶尹。春秋左氏传隐公十一年「滕侯曰：我周之卜正也」杜注「卜正卜官之长」」（中国文字第二卷第七册七七三—七八四页）

饒宗頤 「按『允正』殷時成語。他辭云：『㱿小丁出正』。（京津四〇八三）『辛未卜，旁貞：王出不正。』（屯乙七七七三）『出正』『又正』為吉，『不正』為不吉。詩正月：『今茲之正，胡然厲矣。』又『雨無正』，『出正』即『無正』之反語」。（通考七一六—七一七葉）

饒宗頤 「卜辭『臣正』指官職。爾雅釋詁：『正，長也』。郭注：『謂官長』。左傳隱六年：『五正』，杜注：『五官之長』」（通考四九九葉）

饒宗頤 「足即是字。說文：『是，从日正』。又正字下云：『是也』。此云『正雨』即『是雨』……『是』與『時』古音義俱通；爾雅釋詁：『時，是也』。（參郝疏）故『是雨』即時雨。洪範：『肅時雨若』。禮記：『天降時雨，山川出雲』。月令：『季春之月，時雨將降，下水上騰』。時雨即謂順時降雨。卜辭又言『足年』。『帝令雨，足年，貞：帝令雨，弗其足年』。（前編一、五〇、一）即時年也。時年應如洪範『時暘』『時燠』『時寒』『時風』之時。墨子七患篇亦見『時年』一詞。卜辭盡用『是』為『時』字。『是雨』舊讀作『足雨』，未確。戰國長沙繒書每言『寺雨』，亦即時雨，惟借『寺』為時耳」（通考五〇七—五〇八葉）

李孝定 「卜辭別有𤴓甲編二八七八𤴓珠五四三字當釋足，亦即足字。說見後𤴓仍當釋正。

郭氏之說，其意仍不能確指。陳氏从之，復以為「足」可能是「時」。足時無可通之理，實則𡆥非𡆥字，一从日，一从口，不能謂為一字也。𡆥雨之正，疑當訓定，周禮宰夫注訓止，詩終風序箋惟辭意仍不順適，且於「𡆥年」之辭無以為解，姑存以待考。」（集釋〇五〇二葉）

李孝定　「說文『正是也从一一以止凡止之屬皆从正㱏古文正从二二古文上字𤴓古文正从一足足者亦止也。』契文作𡆥亦猶丅之作丅，或又作𠂤也。正又作𡆥，正月與征伐為一字，羅說是也。清二辭云『沚䘳告曰「土方𡆥于我東啚𢦏二邑𢀛方亦侵我西啚田」』，清五辭云『子𩴅告曰「昔甲辰方𡆥于蚁俘人十又五人五日戊申方亦𡆥俘人十又六人六月在口」』，前辭𡆥侵對舉，自以釋征為是。葉釋韋假為圍，非也。卜辭韋作𩏑，與此有別。正人方亦當讀為征。董彥堂先生殷曆譜下編卷九日譜三帝辛日譜紀帝辛征人方之日程，自帝辛十祀九月至十一祀七月，先後凡十一月。倘謂為往正其經界，則歷時不應若是之久也。金文作𡆥䱷文𡆥文癸尊𡆥𢀛母尊𤴓盂鼎𤴓智鼎𤴓毛公鼎𤴓散盤𤴓陳侯鼎𤴓邾公鈺鐘𤴓禾盤𤴓𤴓邾大宰簠（上）楚王酓忎鼎𤴓𦨻鼎𤴓衛鼎𤴓中子化盤䢓父甲鼎「正月」从彳作征字重文，或同於卜辭，或同於小篆，或與許書古文同。」（集釋〇五〇〇葉）

屈萬里　「卜辭『貞：今□王正□方？』古正、征通；此正字即征伐之征也。」（甲編考釋一四九葉）

于省吾　「甲骨文祭名之𤴓应讀作禜，正禜迭韵，故通用。楚辭遠遊『魂煢煢而至曙』的『煢煢』和哀時命『魂眐眐以寄獨兮』的『眐眐』音近相假。王注訓眐眐為『独行貌』，和詩杕杜『独行煢煢』（煢煢二字依釋文）之义相符。这是从𤇾（金文本作𤆍）从正字通之証。

再就义訓来說，甲骨文多以𤴓为征伐，而禜則是攘除殃患之祭，兩者义也相涵。說文：『禜，設綿蕝為營（按禮記祭法鄭注：『禜之言營也』），以禳風雨雪霜水旱癘疫於日月星辰山川也，从示从營省声。一曰禜卫，使灾不生。』按許氏前一說是概括左傳昭元年子产之語，后一說是本諸倉頡篇『禜，卫也』之解。又左傳哀六年的『若禜之，可移於令尹司馬』，杜注：『禜，禳祭。』这和許說以禳風雨云云，都是以禜为禳祭之一种。依据典籍，則禜祭与禳祭之不同，在于禜祭之設綿蕝为營——束草以为壇位周围之屏蔽，而禳祭則无之。今將甲骨文有关𤴓祭者择录数条于下，並畧加解释。

一、辛卯卜，㱿貞，乞乎彫河，不酒，𤴓（綴合七六）。

二、貞，𤴓唐〇弗其𤴓唐（丙五七）。

三、貞，㞢祖乙（綴合二七八）。
四、癸酉卜，貞，翌日乙亥，王其又勹于武乙必（宓），正，王受又（前一·二〇·七）。
五、甲午卜，㝑貞，㞢于匕甲一牛，㞢（乙三四二四）。
六、貞，𠱾告疒于祖辛，㞢（摭續三〇〇）。
七、□□卜，㱿貞，吕方衛，率伐不（否）？王告于祖乙，其㞢，旬又。七月（南北明七九）。
八、王又𢦏于帝五臣，㞢，隹亡雨○□□卜，𢆶又于帝五臣，又大雨（粹一三）。

以上所引各条的㞢祭，即周代的禜祭，也是攘除災殃之祭。第一条是于先公河用㞢祭，自第二条至第五条，是于唐、祖乙、武乙和妣甲用㞢祭。第七条为貞问是否率伐吕方，王告于祖乙，該用㞢祭以乞福佑。以上六、七两条为了疾病和征伐吕方而用禜祭，自然是除殃去患之义。第八条是反㞢对貞，用㞢祭于帝五臣（五臣是上帝的辅佐），而以亡雨和有大雨为言。这可以和周禮党㞢郑注的『禜謂雩禜水旱之神』以及說文謂禜也以禳水旱相验証。」（甲骨文字释林释㞢正一五六頁至一五九頁）

王　辉　「我们的看法是：正是象形字，与足、疋是一字；𠯑上之口象胫；古人所谓足，包括胫在内，与后人所谓足即脚趾者有异。甲文有𤴔字（甲二八七八），象趾胫相连的形象，又有𤴔、𤴔字（佚三九二），中间连接处细，与腓部之细瘦相象，𠂆上部肥大，象小腿肚。佚三九二六：『癸酉卜𤴔』，粹二一五一云：『𤴔……自东……』，后一句虽残泐，义难通晓，但𤴔之象足形，则无庸置疑。前一句之大意当是卜问足之有疾患否。𤴔、𤴔都是足的初文，上古足包括胫在内，这从字形上看是很清楚的。……说𤴔、𤴔为足之初文，还有其它根据。乙一一八七云：『貞疾𤴔𢀛』，其中的𤴔字当是足字。金祥恒先生曰：『正象足形，而腿旁之𠃍者，指疾之所在也。』他的看法是对的。而𠂆、𠂆为𤴔诸形，曲笔刻画颇不便，故上边的𠂆、𠂆逐渐省变作口，与下边的𠂆、𠂆不再相连，𤴔有些讹变作𤴔（见容庚金文编附录上四十八页𣪘鼎），于是𤴔、𤴔逐渐变成𠯑或𤴔（即足、正）。小篆作𤴔，隶定作疋。……疋、正一字，甲文中亦有例证。甲文有楚字。粹七三：『于楚𡕣』，楚作𣡦。粹一三一五：『甲辰卜㸚（舞）楚亯』，楚作𣏟。周原甲骨亦有楚字。I（一）·83：「𪔵（秋）楚子来告……」，楚字作𣐈。諸楚字或从𣏟，或从林，或从林，但皆从𤴓（正）、足（与金文足字同），而隶定之后，𤴓、足变作足。楚字从足，其本义当与脚胫有关。楚又称荆，荆字金文𤔲簋作刅，象手持被有刺的荆條划破。而楚字亦象赤脚深入丛林或荆棘中。荆、楚本象有刺灌木，古时江汉一带居民，常用这一类灌木作围墙，所以后人舒荆楚借指江汉一带。……正的本义是脚胫，脚胫可以行走，故正的第一个引伸义是动词行。《京》一四四四：「勿正，我令禽。」《合》二七八反：「王占曰吉，正。」……西周以后，正开始作为官名出现。……但在商代，正似乎还不能作官名解。陈梦家先生《殷墟卜辞综述》第十五章《殷代职官》为史官、武官、臣正三类，以为臣正是官名，这在我们看来是不妥的。前人认为可解为官名正的卜辞，主要是下边几条：

《合》三〇二：「乎雀臣正。」

《乙》六四一一：「王以臣正。」

《金》六〇〇：「贞：乎正。」

《鉄》一九〇·五：「贞：正亡尤。」

《佚》二三四：「癸卯卜，令正田祊。」

《粹》一三：「王又岁于帝五臣，正，隹亡雨。」

这几条中，《鉄》一九〇·五、《佚》二三四之正可以解作人名，如在正后断句，也可释作动词。《乙》六四一一之正和臣连言，似乎可以释作正長，但我们以为仍然以释作动词征伐为合适。……《金》六〇〇、《合》三〇二之正显然用作动词。

因为正、足本为一字，所以甲文中有𤴓作足解的例子。《甲》一六四〇：「……其方……疾𤴓。」称𤴓有疾，𤴓显然应解释为足。

卜辞又习见「足雨」、「足年」：

《合》二二九：「辛未卜，𡆥贞，黍年有足雨。」

《乙》六九五一：「帝其令足雨。」

《前》一五〇·一：「贞，帝令雨弗其足年。帝令雨足年。」

《乙》三一八·四：「足雨。」

以上诸例足皆作𤴓，凡称「足雨」、「足年」的足都应训「满」，这是借名词足来表示「充足」的意思，这说明在甲文中已有了同音假借现象。商人祈求上帝令雨量充足，农作物丰收，在农业已经发展，但仍需靠天吃饭的时代，这是可以理解的。」

（《正、足、疋同源说》，《考古与文物》一九八一年四期七八至八一页）

王光鎬「象形的腿足字自然刻契不便。于是随着文字的簡化，表示脛及股的部分便逐漸省簡為『○』，這就是足字所以从口的由來。……值得注意的是，无论殷商抑或西周，简化了的足字上口一概作圆圈形而非今日的方正矩形。……殷商甲文『正』亦从口，但绝大多数的『口』皆属方正矩形，与殷末已脱离腿足原形的殷墟文字甲编一六四○。『足』字上口的圆形不类，与周金文中足字各例上口的圆圈形亦不符，据此很容易将它们区别开。……以『正』的上口表国邑而下又脚趾向之，這才是征伐方國的『征』意或远行它方的『行』意的由来。……殷商时期，正字已从口从止，同期足字却还处于腿足实体的象形阶段。殷末的帝乙帝辛时期，足已由象形文字蜕变为文字符号而从口、止。但此『○』与以往正字的『口』不同，与同是帝乙帝辛时期的甲文正字上口已开始填实为●的情况更不同。何况这时足、正下部各从的止符，形状也迥然有别。至于西周乃至东周金文中足、正的区别，更是明显到了有目共睹的地步。总括起来，足、正于不同时期的字形可列如附表四，

	商	殷末	西周	東周
正	[illegible]	（甲三九四○）	（盂鼎）（虢季子白盘）	（陈子匜）（酓忎鼎）
足	[illegible]	（甲一六四○）	（免簋）（师兑簋）	（望山M1简）（碧葭精舍印存）

表中它们的区别一望可知，由此更说明足、正不同字。」（正足不同源楚楚不同字补正，江汉考古一九八五年二期六二——六三页）

陈炜湛「正和足，小篆、金文都有明显区别，不相混淆。但在甲骨文里，正和足都可写成𠯑，二字完全同形，颇易弄错。……从文义上看，甲骨文『正』大多用作征伐之征，……或用为正月之正，如后下一·五片称『月一正』，甲二二七四，粹一三五○、一三五二、一五七○诸片均称『在正月』。正月二字合文之例亦甚多，……又有『又正』一语，多见于祭祀卜辞中，例如：

各日，又𠯑。 甲四○四

贞：叀乙酉酒，又𠯑。 甲一三三六

□眔大乙酒，又𠯑。 粹一四三

王宾母戊岁，又𠯑。 粹三八三

叀小宰，又𠯑。叀牛，又𠯑。叀一牛，用。叀二牛，用。叀三牛，用。〔叀〕一

宰，用。《粹五九六》

……此正，决也。《诗·大雅·文王有声》：『维龟正之。』注：正，决也。卜辞言又正，即有正，意谓有决，犹他辞言用，兹用。《粹五九六片『又正』与『用』并见，义当相近。

下列诸辞之□或□亦当释正：

甲申卜，令喙宅□？　《乙八八九三（八八九同文）

庚寅卜，争贞：旨□妻？　《乙一〇五四

于□京北。　《佚三七四

令从永□。　《龟一·二六·一八

而足，有用其本义者，如《甲一六四〇片称『疾足』，即文献所谓『足疾』（《左传昭公二十七年「光伪足疾入掘室」，《史记吴太伯世家「公子光详为足疾入于窟室」），不过，例不多见；有用其引申义者，常见的辞例有足雨或雨足：

帝其令雨□？　《乙六九五一

乙酉卜，黍年出□雨？　《前四·四〇·一

□□卜，黍年出□雨？　《金三七三

贞：雨不□，辰亡匄？　《珠四五四

庚辰卜，大贞：雨不□辰不佳年？　《掇二五二

或称足年：

贞：帝令雨，弗其□年？帝令雨，□年？　《前一·五〇·一

此数例之足，义均为充足、丰足。足雨，即雨量充足，足年，意即丰足之年。若释正，则诸辞均不可通。

值得注意的是，正除作□与足同形外，也有写成□的，此字见于《甲三九四〇，即著名的鹿头骨刻辞，辞称『王来正□』，正下残缺。也可以从□或□作□，□，……案□实□之繁，义亦同征，……以字形论，□似每见于早期刻辞，□通行于各期卜辞，□则与金文相近，然仅一见，姑置不论。窃疑□是正的本字，是早期写法，所从之口呈长方形，代表一个处所，双止（趾）所至，是为正，其意与韋之作□或□者相仿而有异。金文小篆从一实由口演变而来（甲骨文从口或□而后世易为一者尚有工作□、天作□），□或□，与□通用不悖，渐渐取而代之。故武丁以后，□便很少见有使用了。

另一方面，足字所从的口，也并不是口，它本是胫骨的俯视形，原当与止相联象小篆的□字一样的。《甲骨文编附录（上）第十七页录有如下数文：

[glyph]（甲二八七八）[glyph]（珠五四二）[glyph]（佚三九二）恐怕就是足的初文，[glyph]代表脚趾，亦即止，[glyph][glyph]代表膝盖以下的小腿骨。……把这些字整齐规范化，也就是𤴓或𤴓字了。

如此说成立，则正与足本不同形，只是由于各自简省而变得同形的。这两个字的渊源关系略如下图：

[glyph] — 𤴓 — 𤴓 — 𤴓 — 𤴓

𤴓 — 𤴓 — 𤴓

正 — 正

（甲骨文异字同形例古文字研究第六辑二三一——二三四页）

王光镐「𤴓」在甲文中还有一种较特殊的用法，见于贞卜雨情或年景的卜辞：

1、帝其令雨𤴓。（殷墟文字乙编第六九五一）

2、𤴓雨。（殷墟文字乙编第三、八四）

3、黍年又𤴓雨。（殷墟书契前编四·四〇·一）

4、雨不𤴓辰。（同上第七·三〇·一）

5、贞，帝令雨弗其𤴓年。帝令雨𤴓年。（同上第一·五〇·一）

以上诸𤴓，一般的看法认为应当释「足」，训为「满」，是祈求雨量或农作物的充足的意思。

……我们认为贞卜雨情或年景的「𤴓」也仍然是正或征，只不过它们在此处当训「行」。甲文𤴓的本义之一，即泛指某种有终止地的运动，故有行义。周秦典籍中正与征也同可训「行」。《说文》：「延，正，行也。从辵，正声。」征，延或从彳」，即以正、征、延同为行。又《尔雅·释言》「征，行也。」《诗·小星》毛传：「征，行。」以行训𤴓，例一可释「帝其令雨行」，例2可释「行雨」，例3可释「黍年又（有）行雨」。于是事情变得很简单，这些甲文无非是下雨、落雨或降雨之卜。例4辞为「雨不𤴓辰」。此中的甲文「辰」，源于蜃之象形，可引申为节令或农时。如《说文》释辱：「辰者，农之時也。」以农時解，辰在例4句中应是动词「行」的时间状语，表示「雨不行」的时间。「雨不𤴓辰」，实际上就是「雨不行于辰」。至于例5中所见的「𤴓」，义的确定，关键在于对「年」字的理解。《说文·禾部》：「年，谷熟也。」《太平御览》卷三五引《广雅》：「年……谷熟也。」从甲文用法来看，「谷熟」也确为「年」字本义。以「谷熟」训年，我们认为例5中的𠮷仍当训行。翻译过来，全辞就是『贞，帝令雨弗其降于谷熟（之时）。……帝令雨降于谷熟（之时）』人所共知，出于农业生产与农作物生长的不同需要，雨有合宜与不合宜之分，于是如第五辞所反映的那样，同是为了谷熟，人们也就有了求雨与不求雨之别了。……

……在贞卜雨情或年景的卜辞中，𠮷仍是『正（征）』，当训『行』。此义与𠮷的『征伐』或『远征』实出于同一本义。……

上古時期，足属屋部、精纽、入声，正属耕部、章纽、平声，二者音也不同。

从形、音、义三方面考察，殷契中的足、正两字都无相同或相通之处，自当说明足、正本不同字。」（甲文楚字辨，江汉考古一九八四年二期五九—六一页）

赵诚　「𠮷，正。甲骨文用作祭名，为借音字。卜辞的正祭，即后世的禜祭，为攘除灾殃之祭，是禳祭之一种。后世举行禜祭先要设坛，并在坛住的周围用束草做成一个屏障，卜辞中的禳祭與此不尽相同。」（甲骨文简明辞典二四五至二四六页）

考古所　「正：在此片为祭名。」（小屯南地甲骨九二一页）

陈炜湛　「卜辞征伐二词常见而同义，但不连用。征多不从彳，仅作𠮷，[字形]则其繁形。口代表某一处所，双止所至，是为正即征，其义与韦之作[字形]或[字形]者相仿而有异。亦偶作■止，与金文近。此词五期卜辞通用，关于战争、方国的卜辞中多见之，例如：

癸丑卜，㱿贞：勿隹王征𢀛方，下上弗若，不我其受又？（佚一一六）

口酉卜，贞：王征𢀛方，下上若，受我又？一月。贞：勿征𢀛方，下上弗若，不我其受又？（铁二四四·二）

庚寅卜，争贞：旨征婁？（乙一〇五四）

王来征人方。（甲三三五五）

癸卯王卜，贞：旬亡𡆥？在正月，王来征人方，在攸侯喜啚。（缀一八九）

（此例正月与征人方并见，均作𠮷）

沚馘告曰：土方征于我东啚，𢦏二邑，𢀛方亦侵我西啚田。（菁二）

戊寅卜，宾贞：今秋𢀛方其征于𡊣？（续存一·五五〇）

子𧺆告曰：昔甲辰方征于蚁，俘人十又五人。（菁五）

甲寅卜，口贞：戉其蔑征土方？（戬一二·一四）

癸口卜，王贞：羌其征沚？（粹一一七〇）

丁亥卜，扶：方征商？（殷缀三四）

大量的文例说明，在商代语言中，商王朝对各方国的军事行动称征，方国与方国之间的战争也可称征，而且，方国进攻商王朝也同样称征，并无什么上对下或下对上，义与不义的区别。《孟子·尽心下》："征者上伐下也，敌国不相征也。"《国语·周语上》："穆王将征犬戎。"注："征，正也，上讨下之称。"《书·胤征》传："奉辞伐罪曰征。"《疏》："奉责让之辞，伐不恭之罪，名之曰征。征者正也，伐之以正其罪。"验诸卜辞，知实不尽然。"上伐下"云云，殆西周以后事。

甲骨文伐字作[字形]、[字形]、[字形]，象以戈砍人首之形，本义即为杀戮，卜辞屡见伐羌若干人、伐若干羌或伐若干人的记载。引申之为征伐之伐，因战争中兵戎相见，干戈相向，以戈砍人首司空见惯，乃战争之一大特征。此词用在关于战争的卜辞中，与征同义。其常见的辞例有伐𢀛方、伐土方、伐下危、伐巴方、伐龍方、伐羌方、伐旨方、伐猷等等，例如：

辛未卜，㱿贞：王勿逆伐𢀛方，下上弗若，不我其受又？八月。（续一·三六·五）

戊午卜，宾贞：王从沚戓伐土方，受出［又］？（后上一七·五）

辛酉卜，㱿贞：今𡆥王从望乘伐下危，受出又？辛酉卜，㱿贞：今𡆥王勿从望乘伐下危，弗其受出又？（丙一一）

贞：我奴人伐巴方？（缀二五九·二）

贞：勿乎妇姘伐龍方？（续四·二六·三）

甲辰卜，争贞：我伐马方，帝受我又？一月。（乙五四〇八，丙一一四）

壬辰卜，争贞：我伐羌方？（佚六七三）

从大量的文例分析，征与伐似无感情色彩或程度深浅的差异，几乎凡称征者均可称伐，凡称伐者也几乎都可称征。明显的例外是下危，商王朝对下危似乎只称伐而不称征，如"王从望乘伐下危"之辞数十见，却绝不见"王从望乘征下危"之辞。方国对商王朝用兵，也不见称"伐"之例。再有便是人方，不称"伐"，只称"征"。这也许是贞人用词习惯所致。征伐同义而分用，金文亦然（例见《金文编》、《金文诂林》）。"征伐"合为一词，先秦文献见于《诗》、《论语》、《左传》等书，当是春秋以后出现的语言现象。」（《甲骨文同义词研究》，《古文字学论集初编》一三四——一三七页）

李学勤「西周卜辞中"𡆥"字最多见，我们已指出此字不是"叀（惠）"或"迺"，应释为"囟"，读为"思"或"斯"，并引宋代著录师询簋"万囟年"即"万斯年"为证。……读为"思"或"斯"的"囟"，在西周卜辞中多用在全辞最后一句，也有时用于单句构成的辞。下面是一些例子：

囟亡咎　H一一：二八、三五、七七、九六　H三一：三
囟亡眚　H一一：二〇
囟正　H一一：八二、八四、一一四、一三〇
囟又（有）正　H一一：一
囟尚（當）　H一一：二
囟克事　H一一：二一
囟克往密　H一一：一三六
囟城（成）　H三一：五
囟又（有）𪚥　齐家村采一一二
囟不妥王　H一一：一七四
囟不大追　H一一：四七
囟御于永冬（終）
囟御于永令（命）　齐家村H三一：一

不难看出，这些都是带有判断口吻的话。最多见的前五条，「亡咎」即《周易》习见的「无咎」，「亡眚」的意义相近。「正」、「有正」和「當」三者意义相同，殷墟黄组卜辞辞末也常有「正」或「有正」。古代「贞」、「正」二字相通假，所以洪润坊堆卜骨辞尾的「贞」也就是「正」，恰与《周易》文例相合。

《左传》、《国语》所载卜筮命辞，辞的末句常冠以「尚」字，「尚」当依《尔雅》训为「庶幾」，杨树达先生认为是命令副词。西周卜辞的「囟（斯）」字应训为「其」，也是义为「庶幾」的命令副词。

必须注意的是，「斯……」或「尚……」这样以命令副词开首的句子，绝不是问句。这表明，西周卜辞都不是问句。……

既然西周卜辞的「斯正」、「斯有正」之类不是问句，殷墟卜辞的「正」、「有正」也肯定不是问句。卜辞是否问句，近年在学术界是一个争论问题，涉及对所有卜辞的理解。上面的分析可能对解决这一问题有所裨益。」（《续论西周甲骨中国语文研究》第七期五——六页）

沈之瑜　「……正字甲骨文作□𣥂，与足同形，从文义上可以区别，正字卜辞借作征，如正人方、正吕方、正盂方等，作征伐解；另一用意为足，如「常其令足雨」（《乙》六九五一），「贞帝令雨弗其足年，帝令雨足年。」（《前一五〇·一》），「乙酉卜，黍年有足雨」（《前四〇·一》）等等；再有一种用意与祭祀有关，「正河」（《粹》五二四）这个「正」字，我认为是祭名，

于省吾先生认为殷人之正祭，即周代的禜祭，他说『甲骨文祭名之正应读作禜，正禜叠韵，故通用。……再就义训来说，甲骨多以正为征伐，而禜则是攘除殃患之祭，两者义也相涵。』（见甲骨文字释林释生、正一五六页）例证如下：

1、『贞……正唐，弗其正唐』？（丙五四。唐即殷王成汤。

2、『贞……正祖乙』？（合二七八。

3、『……正于父乙』？（遗八五四。

4、『……祖乙用正，王受又（祐）』？（甲五七二。

5、『其正日』？（京二四八三。

6、『贞……弜正日，八月』？（遗八五五。商人『出日』『入日』有祭。（见宋镇豪甲骨文「出日」、「入日」考，载于出土文献研究，一九八五年文物出版社）5、6二辞卜『正日』疑泛指祭日。

7、『辛卯卜，㱿贞：气乎酌河，不潜，正』？（缀合七六。

8、『癸酉卜，贞：翌日乙亥，王其又彳于武乙必（宓），正，王受又』？（前一·二〇·七。

9、『甲午卜，宾贞：出于匕甲一牛，正』？（乙三四二四

10、『贞：𡆥告疒于祖辛，正』？（摭续三〇〇。

11、『王又伐于帝五臣，正，隹亡雨……卜，[illegible]又于帝五臣，又大雨』？（粹一三。

12、『叀丁酌上甲卯又正』？（屯南二二七。

总之，『正河』不是治河，如正训治上列各辞均说不通，卜辞中𡍬年于河，𡍬禾于河的卜辞很多，应该就是祭河……。」（「百洪」、「正河」解上海博物馆集刊第四期一九三页）。

于省吾说参𠱫字条下。

俞伟超说参[illegible]字条下。

按：甲骨文「正」字之基本形體作𠯑，繁體作品，其特殊形體作𠱫或品。其用法為：

一、征伐之「征」

「王収人五千𠯑土方，受出又」後一·三一·六（合集六四〇九）

謂商王聚集五千人眾以征伐土方。

「王吕舌方」（佚一一六合集六三一五、六三一七）

「王品召方」（佚五二〇合集三三〇二三、三三〇二四）

商王外出征伐敵方，可用吕，亦可用品，惟敵方前來侵犯，則只用品，而未見用吕者。

「土方品于我東啚，𢦔二邑，舌方亦侵我西啚田。」（菁二合集六〇五七正）

「貞，隻品土方；貞，弗其隻品土方」（甲三三四六合集六四五一正）

謂征伐土方，是否能有所俘獲。

「丁卯……戠吕𠬪隻……鹿百六十二……百四十，豕十，旨一」（後二·一一·四合集一〇三〇七）

「品𠬪隻六十八」（甲三一一三合集一〇五一四）

「品隻……百四十」（拾一五·四）

「品𠬪」（鐵八〇·一合集七〇五二）

「叀今日辛㗊𠬪；于翊日壬㗊𠬪」（甲六三八合集三三三九八）

「于㫃㗊𠬪」（寧一·四〇九合集三三三九九）

此類當指田獵言之。吕、品、㗊之用法同。伐人曰征，將獵禽獸，亦得謂之征，乃其引伸義。商代以後，征字不僅專限於人，而且有其特定的涵義，所謂「奉辭伐罪曰征」，「上伐下曰征」，敵人之來侵犯，不得言征。

其形體作品、品者，辭例為：

「方品商」（甲二三七八）

「口來品，十月」（佚六九八合集二〇〇九三）

其用法與品同，均指外方來侵犯而言。在甲骨文偏旁中，口中或加小點為飾，此例多見，上非從日。（前七·三〇·一）正字亦作吕。

二，正月之正

卜辭或稱一月為正月，武丁時期未見稱正月者。

三，用為「足」

卜辭或稱「吕雨」，或稱「吕年」，或稱「雨不吕辰」，此類「正」字，均假作「足」。詩信南山：「既霑既足」，即卜辭「足雨」之意。禮記王制「國無九年之蓄曰不足」，豐收之年則蓄積多，此卜辭「足年」之義。進而言之，「足」字本無豐沛充足之義，朱駿聲以為此類「足」字乃「浞」字之通假，實則浞字後起「充足」之義，本無其字，經典假「足」為之，卜辭則假「正」為之，不得因此而得出卜辭「正」、「足」同字的結論。

四，用為祭名：

「正唐」（合二三〇、合集一四八四正）

「正且乙」（合二七八、合集一四三一五正）

「正河」（粹五二四）

「正于父乙」（珠八五四）

或有稱「正日」者，見乙八七三二、珠八五五、合集二四六三九、二六〇七二，當屬祭日之禮。此類均為祭名。

又甲骨文𢓜字，郭沫若以為「征之繁文」是對的，專指敵方來犯而言。

0822

徒

葉玉森

「从△即土，从止乃歨省，即𨑒字。說文『𨑒，步行也』」（鈎沈五葉下三行）

李孝定

「說文『𨑒，步行也，从辵土聲』。契文偏旁止、彳、辵、行每無別。葉釋可从。辭云『癸未☐𨑒☐』鐵十四、十八，『貞于庚午令𨑒☐』後上十六、二，『己未卜徒㪿眔☐』後下八、十三，『甲戌卜，㱿貞雀☐子𨙵徒基克』乙五五八二，除後上十六、二之徒似為人名外，另三辭之意不明。佚三七四辭云『于徒京北』，又似為地名。金文作徒揚簋 徒師寰簋 徒子仲匜 徒南疆鉦，从辵，與篆文同。」（集釋〇五〇五葉）

饒宗頤

「甲戌卜，㱿貞：雀及子𨙵迲𢀛方，克。（屯乙五五八二）按迲即『𨑒』。說文：『𨑒，步行也。』廣韻，𨑒古徒字。徒通涂，列子天瑞：『食于道徒者』，道涂即道涂。故知迲与途同，迲某方即途某方也。途，集韻训止，卜辞多用为祓除之『除』。如『途若兹鬼』（殷存二八），谓有鬼祓除之，曰：『途首』，即除道。又为诛。考工记玉人：『以除慝』，郑注训除为诛。卜辞言途某方若途𢀛方、途虎方（佚存九四五）『途』字并读为诛。于省吾谓借为屠（骈枝三编）义亦通，不如释『除』较当。」（通考一七七页）

按：字當釋「𨑒」，即「徒」。合集六五七三辭云：「雀及子商徒基方，克」。饒宗頤讀「徒」為「屠」可從。

又合集三二五一辭云：「徙㞢妣壬𦝲暨唐若」乃祭名，蓋為層牲以祭。

0823

⿱口址 征 ⿱口𣥠 ⿱口𣥠

商承祚 「此征之義為巡狩、為行，非征伐之征。周禮春官大卜『一曰征』，鄭玄注：『征，亦云行，巡狩也』，公羊僖十八年傳『與襄公之征齊也』，疏『征謂巡狩征行』，說文延正行也，从辵正聲，征延或從彳，此辭殆王巡行于商漁而卜也」。（佚存八四葉）

陳夢家 「卜辭的⿱口𣥠从𣥠，說文讀若撥，詩谷風釋文引韓詩云『發，亂也』。土方之『撥於我東鄙戋二邑』即為亂於我東鄙，災及二邑」。（綜述三二二葉）

陳夢家 「卜辭征伐方國亦曰⿱口𣥠，字與『正』不同。說文𣥠讀若撥，⿱口𣥠當是撥亂之撥。『乎⿱口址舞』或是『𢗪舞』。」（綜述六〇一葉）

饒宗頤 「癸巳卜，㱿貞：旬亡𡆥。王固曰：有希！其㞢來𡆥（艱？）三（乞）至五日丁酉，允㞢來𡆥自西。沚戠告曰：土方⿱口址（發）于我東啚（鄙），（戋）二邑；𢀛方亦𠬝（侵）我西啚田……。（菁華一）……『⿱口址』與『足』異字，⿱口址从址，說文讀若撥，詩谷風引韓詩云：『發，亂也』。他辭亦言：『方⿱口址于𢼄，俘人』。⿱口址均即發字，謂方為亂也」。（綜述三二二通考第一六四葉）

饒宗頤 「『⿱口址』與『足』異字，⿱口址从址，說文讀若撥，詩谷風引韓詩云：『發，亂也』。他辭亦言『方⿱口址于𢼄，俘人』。⿱口址均即發字，謂方為亂也」。（通考一六四葉）

饒宗頤 「咎即𣥠，乃『發』字」。（通考一一三九葉）

李孝定 「說文『延正行也从辵正聲征延或从彳』。卜辭之𠭯，郭釋為征之繁文，是也。正月字未見从𠂤作者，故收之於此以為征伐征行之專字。卜辭征伐、征行字通作㕣或⿱口𣥠，與『正』

同，不从辵若彳。正字重文。陳讀𤼲為撥，非是。𤼲所从之𢀳，乃意符，非从之為聲也。陳讀為拔，無據。正舞殆雅舞之意。吕覽『古樂有正有諾』，注『正，雅也』。樂有正諾之別，舞亦猶然耳。餘詳見前正字條。金文作征甲鼎 征延簋 征大保簋 征天君鼎 或从辵，或从彳，與小篆同。（集釋〇五〇八葉）

屈萬里　「卜辭『叀今日辛𤼲，𢀜？』（甲編六三八）𤼲，隸定之當作𤼲；疑即𤼲字之繁文。𤼲字有征伐之義。此𤼲字蓋圍獵之義也。」（甲編考釋一〇一葉）

唐健垣　「將其中所稱引有𠮚𤼲（或作𠮚𤼲）字之卜辭一一查閱，所得結論如下：

一、『卜辭中之𠮚𠮚字，無論用為征伐之意或非征伐之意（例如正月）者，其下皆不用于為介詞。』

二、卜辭𤼲字下常用『于』為介詞。从有无介詞，可証『甲骨文𠮚（𠮚）字与𤼲（𤼲）字不同。』

此足以証严先生释『𤼲為圍字，非征（𠮚）字』之說。」（从于字用法証甲骨文𠮚𤼲之不同　中國文字第七卷三二三二頁）

考古所　「第(11)辭𤼲𤼲二字，第一个为人名；第二个为动词，义与征相近。」（小屯南地甲骨一一五四頁）

姚孝遂　肖丁　「卜辭『𤼲』有『征伐』、『侵犯』义。《粹》1146：『貞，乎𤼲吕方』，郭沫若先生即读『𤼲』为『征』。故来犯亦曰『𤼲』。《殹》26：『吕方𤼲于我奠』；《菁》2：『土方𤼲于我東啚𢦏二邑』，均为敌方来犯之事。卜辞于征伐敌方可以称『正』、称『𤼲』，而于敌方来犯则但可称『𤼲』而不得称『正』，是『正』与『𤼲』仍有所区别。

陈梦家先生谓『卜辞征伐方国亦曰𤼲，字与正不同。《说文》𤼲读若拨，𤼲当是拨乱之拨』，但乎𤼲舞或是帗舞。奏是奏乐，奏乐或是乐舞』（《综述》601）。谓『𤼲』与『正』不同是对的，但『𤼲舞』是否即『拨』，则待考。

《佚》928：『其又燎亳土，又雨』。是燎祭于亳地之社以祈雨之记载。

《前》6.26.2：『庚午卜貞，乎𤼲舞，从雨』，『𤼲舞』即祈雨之祭。

頁）

「令𠂤亳、𠂤𨶒」，謂于亳地，于𨶒地举行「𠂤」祭。4513通版皆有关祈雨之事，此「𠂤」字不当为「征伐」之义。」（小屯南地甲骨考释一四

姚孝遂　肖丁　「卜辞「𠂤」有征伐义，亦有狩獵义。

續2：「土方𠂤于我东啚，𢦏二邑」

粹1146：「乎𠂤𢀛方」

此用为「征伐」，我往伐，敌来犯均可谓之「𠂤」。

林2.14.10：「壬辰卜，王貞，翌癸巳我弗其𠂤𦎫。」

铁181.3：「己酉卜貞，雀往𠂤豕，弗其𠂤……」

此用为「獵取」，于省吾先生释林268頁曾论及，甚详。

甲3916：「貞，其祝叀𠂤，乙，王其㠯乂兕？」

「㠯」乃「𠂤」之倒书，此为祝祷于乙日獵取乂地之兕，能有所擒獲。」（小屯南地甲骨考释一八九頁）

劉釗　「卜辭「吕」、「品」皆用作征伐之征，但兩者在用法上有別。从殷的角度对方國的征伐用「吕」，也可偶而用「品」，而从方國角度的征伐則祇用「品」，決不用「吕」。這之間存在着不可逆性。」（卜辭所見殷代的軍事活动，古文字研究十六輯一〇九頁）

姚孝遂　「「吕」与「品」均用为征伐之「征」。但商对敌方之征伐既可用「吕」，也可用「品」，在概念上並无区分，此为其「同」。而敌方对于商之征伐则只能用「品」，不得用「吕」，此为其「异」。从这个角度来说，则「吕」与「品」在表达上似乎存在着微小的差别。这是一个较为特殊的例子。」（再论古汉字的性质古文字研究第十七辑三一六頁）

曹定云　「……此「𠂤」与「𠂤侯」当即一人。他是武丁时代的人物，卜辞中有关于他的记载：

壬寅卜：王令𠂤伐□于巳□？　佚三八三

庚午卜：乎𠂤舞，从雨？　前六·二六·二

□𠂤不𡆥，易贝二朋？一月。　南坊三·八一

丁未卜：令⿱𣥠口⿱𣥠口（征）月亳？　屯南四五一三

癸卯卜：令⿱𣥠口⿱𣥠口田旂？　佚二三四

以上属𠂤组卜辞

此属宾组卜辞

以上均武丁时代卜辞……『⿱𣥠口』是一个重要人物，他从事过征伐，随武丁进行过田猎，主持过求雨的仪式，接受过武丁的赏赐等。看来，⿱𣥠口可能是武丁身边的近臣，司护卫武丁之职。」（论殷墟侯家庄一〇〇一号墓墓主，考古与文物一九八六年二期四八至四九页）

孙诒让　参韋字条

闻一多　参正字条

于省吾说参⿱囗𣥠字条下。

陈炜湛说参⿱口止字条下。

李孝定「从业从日，說文所無」（集釋〇四七四葉）

按語詳見正字條下。

0824

征 ⿱囗𣥠

李孝定「从重止从口，說文所無。辭云『叀今日辛⿱𣥠口卒　叀翌日壬⿱𣥠口卒』甲编六三八疑圍字古文。圍衛古當是一字，其義則屈說是也」（集釋〇四七四葉）

屈萬里「隸定之當作⿱𣥠口，疑即⿱𣥠口字之繁文。⿱𣥠口字有征伐之義。此⿱𣥠口字蓋圍獵之義也」（甲釋六三八片釋文）

于省吾「甲骨文以正為祭名，也以正与⿱𣥠口為征伐某方之征。第一期甲骨文又于獸猎言正或𤰈，例如：「獸正𢎺（擒），隻鹿百六十二……」（《后下》一·四），「我弗其𤰈𢓊」（《林》二·一四·一〇），「雀生𤰈豕，弗其𢎺」（《藏》一八一·三），是其证。此外，第四期甲骨文屢見[字形]字，旧释为「圍」，以为「圍猎之义」，或以为「圍衛古当是一字」，并误。……此字又屢見于商代金文，作[字形]也省作[字形]，《金文編》入于附录。甲骨文称：「叀今日辛𦋹，𢎺〇于𣈉日壬𦋹，𢎺。」（《甲》六三八）又：「于𣄰𦋹，𢎺。」（《佚》一·四〇九）以上两条之言𦋹，均指狩猎言之。但为什么狩猎言𦋹？需要加以说明。𦋹为正与𤰈的繁构，典籍通作征。《诗·泮水》的「桓桓于征」，郑笺谓「征，征伐也」。《孟子·梁惠王》的「上下交征利」，赵注训征为取。征字既然训为伐为取，故甲骨文用作猎取野兽之义。总之，猎取野兽谓之征，犹之乎甲骨文杀人以祭叫作伐，杀牛羊以祭叫作卯，都是典籍所不見的。」（《甲骨文字释林·释𦋹》二六八——二六九页）

周永珍

「最早释[字形]为韋的是孙诒让，他说此为韋的变形，其义多为围之借字。李孝定从之。张秉权释[字形]为韋、衛、圍。严一萍进而考订[字形]、[字形]、[字形]同为围字。现将卜辞韋（围）字在早、晚期（五期分法）的变化，举例说明如下。……韋（围）字甲骨文一期多作[字形]或[字形]……二、三期卜辞作[字形]……四期卜辞围字作[字形]……甲骨文时代上的差异与殷代铜器铭文韋字的变化是相合的。所谓时代上的差异，并不是断然分截的，前后两种形式往往有一段并行交替的过程，又因每种形式使用的时期长短不同，论止时间不固定，但它们出现的时间上限是比较明确的。

甲骨卜辞中有卜人「韋」，是武丁时的卜人。卜人韋字作以下诸形：

[字形] 《粹》七八一、《诚》三九五

[字形] 《乙》八六七、八八五

[字形] 《前》七·二六·二、七·二七·四

[字形] 《乙》八六七、《粹》六五〇

[字形] 《京津》五六六

[字形] 《粹》五六二

[字形] 《前》五·四七·一、《乙》六七七二、八一六七、八三二〇

[字形] 《乙》三二〇六

[字形] 《乙》二四八五

[字形] 《乙》二一一八、二一一九

卜人韋没有一个作[字形]或[字形]的，但我们认为卜人韋与卜辞一、二期中作为人名的[字形]、

⿱品止是同一人。例如卜辞：

……⿱品止不囚，易贝二朋，一月 《南北坊》三·八一

……⿱古尹囚，…… 《京津》一六九七

以上所卜是同一事，所指是同一人，一作⿱品止，一作韦。似乎可作⿱品止即卜人韦之证。

⿱品止字作名词即韦，作动词即围。一九七三年小屯南地出土一件卜甲，辞为：

丁未卜，令⿱品止 ⿱品止 ⊠ 亳 《考古》一九七六年四期二三四页图四

前一字是名词，即人名韦，后一字是动词，即围，围攻之意。韦、围一字，犹如或、國一字，啚、圖一字。张秉权说韦、围、衛皆为一字。衛字似乎与韦、围不是一个字。甲骨文有「衛」字，武丁时作衛，廪辛以后作衛，与西周金文同。

另有卜辞韦、衛见于同版：

壬寅呼⿱品止伐口衛𡈼……

壬寅卜，王令⿱品止伐口口于衛…… 《佚存》三八三

韦、衛见于同版写法不同与前引卜辞韦、围见于同版写法相同，这种情况可以证明，衛字并不与韦、围同。作为地名的衛、韦也非一地，后面还要提到。

韦又称子韦，卜辞有《后下》一八·二可证，铜器铭文作「子⿱⿲止口止止」，详本文第三组铜器。由于铭文的韦字从四止，所以有人把它释作衛。⿲止口止释衛是不对的，杨树达先生已经指出过，此字也是围字。「子韦」卜辞始于武丁的晚期，所以我们以为他是武丁之子，称子韦同称妇好一样，后一字是私名，前一字子、妇是对武丁的关系而言。胡厚宣先生说武丁卜辞称王、我，乃武丁之自称，是正确的。子、妇是武丁时代王子、王妇之省称。

关于韦的事迹，略举以下数事。韦是武丁时代的卜人，与韦见于同版的卜人有㱿、宾、争、亘、古、品、箙等，可见韦是宾组卜人。与韦见于同版的人物还有「子不」（《续编》五·九·二）、「子⿱阜止」（《铁》二四一·三）、妇好（《乙》五〇八六、《前》七·二七·四）、妇姘（《乙》三三三〇、《粹》一四）等。韦在武丁时代除作卜人以外，据卜辞：

徵入七，帚井示，韦 《乙》三三三〇。

知他兼作卜官。据卜辞

……寅卜，韦贞：嫔妇好

……贞：弗其嫔妇好 《前》七·二七·四

知妇好死时韦仍在作卜人。小屯北一八号墓出土的铜簋上有「侯韦」两字合文。侯是身份。此侯韦亦即卜人韦，他在武丁晚世才能被封为侯，祖庚时沿之。据《尚书·酒诰》所述殷的诸侯有侯、甸、男、卫、邦伯等阶层。侯排在最前，可见「侯」在当时是仅次于王的占有一定土地的统治

者。武丁晚世将其子韋赐封为侯，也属情理之事。这个侯与大盂鼎的「殷边侯甸」恐不是一回事。由于「韋」字铭文铜器多出土在安阳，韋的封域或距安阳殷墟不远，即在王畿之内，亦属可能。分域驻守，保卫王都，也是子臣的责任。韋之胙土地名亦称韋，为其族属及后人使用或继承。如卜辞：

戊寅卜，才韋餗𠂤，人无𢦏异，其耤。（京都二一四一）

此为三期卜辞。可见在韋地既可屯兵，也可耕田，是一块不小的地方。它与衛并非一地，衛即康叔就封之地，在淇水岸之浚县辛村一带，辛村今属鹤壁市。」（殷代「韋」字铭文铜器出土文献研究四四——五九页）

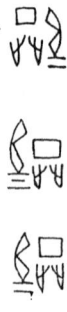

按：詳見正字條下。

0825 征 □ □ □

葉玉森「按孫詒讓氏釋□一字。（舉例上·七）此从□與□□同，乃師所止之地。从品象足迹圍繞，或圍之古文。異體作□。」（前釋七卷三葉下）

叶玉森释鉦为围之古文、（集释柒卷叁叶下）其说无据，非是。余谓字从𠂤，𠂤下从二，或从一，又或从三，此与册或作𠕋同（通纂三〇〇、三〇一、叁〇贰叁片皆有𠕋字），繁文无义，一云文与師同，从正，殆征伐之征本字也。征伐必以军旅，故字从𠂤，正则其声符也。：：一辞之「吕方鉦」，二辞之「吕方鉦我」，当与菁华之「土方正于我东啚」相当。二辞之「叀亦𢦏」，当与菁华之「吕方亦㑴我西啚田」相当。两辞「鉦」字本皆从正，今知其相当於菁华之「正」字，则音读如正，其为字之声符甚明。征伐必以師，故字从𠂤，此犹军之所止谓之師，军门谓之𨸏（详余释𨸏篇。其字皆从𠂤矣。两辞作鉦，皆用本字，菁华作正，用同音假字，其义固无异也。」（释鉦，积微居甲文说卷上十六至十七页）

楊樹達「字葉釋圍之古文說非。余謂殆征伐之征本字也，征伐必以軍旅，故从𠂤，正則其聲符也。」（甲文說七葉）

楊树达「书契前编柒卷（肆叶二版）云：

𨒪字又作𨑩，前编柒卷（拾柒叶壹版）云：

(1)△牛家△亦有来△，𢀛方𨒪△。

(2)△自西，𢀛方𨒪我△𠭯亦𢦏△。

郭沫若「此片雖殘，然其文必左行。全辭當為『（癸口卜口，貞旬亡𡆥。王固曰㞢希，其㞢來鼓。口（殺日字）曰口口（干支）允㞢來」鼓自西，「口告曰」𢀛方𨑩我……（所缺當僅三四字為某某若干邑）蒐亦𢦏𨑩……』𨑩字以辭意推之殆征之繁文，它辭有作品若𠁁者。羅振玉釋征，此右旁从𠂤二，文更繁矣。亦有作𨑩者，言『𢀛方𨑩』（前七.四.二）上下文均缺，自是一字」。（卜通一〇九葉第四九九片（前七.十七.一）釋文）

李孝定「从𠂤从二从正，說文所無。楊說較為近之。辭云『囗𢀛方𨒪囗』（前七.四.二）、『囗𢀛方𨒪我囗』（前七.十七.一），釋征辭意順適」。（集釋四一二八葉）

劉釗「『品』又繁化作『𨑩』、『𨑩』，衹用于𢀛方对殷邦國之征伐。」（卜辭所見殷代的軍事活动，古文字研究十六輯一〇九頁）

按語詳見正字條下。

0826

韋 𩏑 𩏒 𩏓

孙诒让「𩏒，或释为𡕥字而读为復。今攷說文夊部，𡕥从夊富省声。此形殊不类，宲文实当为韋字。說文韋部，『韋，相背也。从舛口声』。兽皮之韋杜戾相违背，故借以为皮韋，古文作𡕥。此上下从𠂤𠂤者，即舛形，中从口则尤明析矣。……又有品字，……以文义推之，似亦即韋字。」（契文举例上七页下至八页上）

王襄「古韋字，許說：『相背也，从舛口聲』。按此从二人相背，韋从口，从二𠂤相背，口，圍也，𠂤，足跡也，相背而馳，有違背之誼，从口得聲」。（類纂五卷二十七葉上）

孙海波「𩏑，甲三五〇。貞人名。」（甲骨文編二五五頁）

陳夢家　「左傳襄二十四杜注云『東郡白馬縣東南有韋城』，續漢書郡國志東郡白馬縣有韋鄉，濟水注濮渠水又東逕韋城南，即白馬縣之韋縣也。』據一統志，韋在今滑縣東二十里」。（綜述二六五葉）

李孝定　「說文『韋相背也从舛囗聲獸皮之韋可以束枉戾相韋背故借以為皮韋[glyph]古文韋』。許云从舛，而栔文从二止。舛象一人之兩足，二止則象二人或象多人，其義有別。韋貲即古圍字也，在卜辭為人名。金文作[glyph]黃韋俞父盤許書古文韋與三體石經古文同」。（集釋一九二九葉）

饒宗頤　「卜人韋字，大抵作[glyph]形，其異體又有[glyph]，（屯乙六七七二）[glyph]，（屯乙三二〇六）[glyph]（屯乙二四八五）諸形，繁文又作[glyph]者，（屯乙二一一八）僅一見。按韋與[glyph]祇豎書橫寫之異，自是一文，或目為二人，非是。韋於夏殷之際，乃國名。詩長發：『韋顧既伐，昆吾夏桀』。鄭箋以為韋即豕韋，彭姓也。續漢郡國志：『東郡白馬有韋鄉』。史記曹相國世家謂之圍澤，呂氏春秋具備篇：『湯嘗約于郼薄矣』。郼即韋亳是湯伐韋，後嘗居其地。卜辭有子韋，殆殷王族之封于韋地者」。（通考五四〇——五四一葉）

屈萬里　「羅振玉釋衛，云：『卜辭韋衛一字』（殷釋中六五葉）。按：卜辭護衛字作衛；其作韋者，乃第一期貞人之名。二字有別，羅說蓋未的也」。（甲編考釋五五葉）

饒宗頤說參[glyph]字條下。

周永珍說參[glyph]字條下。

按：羅振玉以為「卜辭韋、衛一字」（殷釋六五），其說不可據。卜辭韋為人名，與衛之用法有別。凡已分化之同源字，形義俱乖，均不得視為同字。

0827

[glyph] [glyph] [glyph] [glyph] [glyph]

葉玉森　「案卜辭此字或參差書，或竟析書如二字。王襄氏疑玉為王，（類纂存疑第四第三十四葉）尚待商」。（前釋四卷三十四葉上）

商承祚 「王徵君釋⿰韋柬」。（類編七卷七葉）

楊樹達 「前四．四二．六云：『⿰韋柬鳳，叀豚，又（有）大雨』？第一字類編七．七記王靜安釋⿰柬韋，是也。按說文七篇上柬部云：『⿰柬韋，東也。从柬，韋聲』。鳳字甲文恒叚為風，依說文之訓，東風．義不可通．余謂：⿰柬韋風者，西方之風也．知者，劉體智所藏甲片云：『東方曰析，鳳（凬）曰劦．南方曰夾，鳳曰先．西方曰朿，鳳曰彝．□（北）□（方）□（曰）□，鳳曰𠭯』。此四事皆見山海經，胡厚宣曾言之矣。按大荒西經云：『有人名曰石夷，來風曰韋，處西北隅以司日月長短』。此條與劉藏甲骨西方一則相當，甲骨言『西方曰朿』，山海經云『石夷』，書堯典亦言『厥民夷』者，朿字稀見，字形極似夷，故經傳皆誤為夷．．．．．．山海經云『來風曰韋』，正此辭所謂⿰柬韋鳳（風）也．特甲骨用韋聲之⿰柬韋，山海經則第用韋字耳．劉藏甲骨曰『鳳曰彝』者，韋與彝同屬古韵微部字，以音近通假也．據劉藏甲骨片及山海經合觀之，⿰柬韋鳳為西方之風，殆明確無疑矣．『⿰柬韋風叀豚有大雨』者，將以豚為牲祀西方之風，貞問其有無大雨也』。（積甲文說十六葉釋⿰柬韋鳳）

李孝定 「鄉先輩楊遇夫先生从王靜安氏之說釋⿰韋柬為⿰柬韋，謂⿰柬韋風即山海經之『韋風』亦即它辭『風曰彝』之彝，甲文『西方曰朿』即山海經及堯典之『夷』，闡其形譌音假之故，以讀卜辭及有關經傳之文莫不怡然理順，證據鑿然，誠不易之論也。至卜辭所見它⿰柬韋字，辭云『貞勿令⿰柬韋八月』前四．二六．四、『叀⿰柬韋乎往□』前七．六．四、『貞叀⿰柬韋乎往于長』續三．二六．三、『貞叀⿰柬韋令往于長』續三．二七．、⿰柬韋均為人名。又云『其寧叀最⿰柬韋用』粹一二八一、其義不詳，然均與⿰柬韋風之義無涉，字形亦小異，是否一字似不能令人無疑』。（集釋二三〇二葉）

于省吾説韡、⿰韋柬參王字条下。

按：説文作「⿰柬韋」，乃形體之譌變，于先生已詳論之。卜辭用為西方風名。大荒西經則作「韋」。

0828

⿰韋柬

楊树达 「殷虛书契前編卷四（肆貳頁陸版）云：

⿰韋柬凰，叀豚，又（有）大雨？

第一字（殷墟书契类编卷柒（柒叶））记王静安释韡，是也。……山海经云「来風曰韋」，正此辞所谓韡風也。特甲骨用韋声之韡，山海经則第用韋字耳。刘藏甲骨片曰「鳳曰彝」者，韋与彝同属古韵微部字，以音近通假也。据刘藏甲骨及山海经合观之，韡风为西方之风，殆明确无疑矣。韡风叀豚又大雨者，将以豚为牲祀西方之风，卜问其有无大雨也。」（释韡風，积微居甲文说卷上二九至三〇页）

按：此當併入0827，乃其異體。

0829

足 𠙵

孫詒讓「𠙵口口日佳之口」。（藏一三八．二）𠙵當為凵字。說文凵部：「凵象器曲受物之形也。古文作𠙵」。即此字。但上尚有丫形，不知何義。」（舉例下廿六葉上）

楊樹達「（胡厚宣殷人疾病考）辭八云：『佳唯𠙵有疾耳，𠙵囚』。胡君云：『𠙵字不識』。樹達按𠙵象足跟，余向釋為踵字。說文二上止部云：『踵，跟也，从止，重聲』。甲文此字蓋以音同假為腫。說文四下肉部云：『腫，癰也，从肉，重聲』。」（積甲文說五十九葉）

金祥恒續文編二卷三十三葉下收此作足。

李孝定「說文『足，足也。上象腓腸，下从止。弟子職曰：「問足何止」。古文以為詩大雅字，亦以為足字。或曰胥字，一曰足記也』。契文上出諸形，正上象腓腸，下象其趾，或到書，當釋為足。古文足足當是一字。徐灝段注箋曰『足乃足之別體，所菹切，亦足之聲轉』，是也。惟篆文足已分衍為二。足从口，小徐謂象股脛之形。王筠釋例从之，惟謂『不當兼言股』，是以口象脛。說云『此直象形，兼會意耳。止即是足，故足字不能象形，仍止而脛以象之，脛在足上，故加諸止上。非謂脛在腳指尖也』。誠如王說，則口乃象脛之橫斷面。古人制字，於象形但畫成其物，隨體詰屈，必無取象橫斷之理也。實則足所从之口及足所从之○並象腓腸之形所搗变也。足作𠙵尚略存初形，足作𠙵則形譌已甚，茲从許例收此作足。楊釋踵近之，然蓋未嘗見𠙵𠙵諸形。孫釋曲，所據藏一三八、二拓本，右上有殘泐，足之當作𠙵非作𠙵也。足在卜辭當為人名。如『庚辰卜命足子戍』（甫一．四四、三）『癸丑卜王㞢足寇夲方國名五月』（甫七．十九．三）『□辰卜足☐獲』（甲編三〇六七）『貞足不其獲羌」（乙四五〇九）「貞亩惟足來羌用」（乙六四一〇）「□戌卜㝵貞足獲羌」（乙八四二二）「貞足□□羌用自□戌大甲大丁大庚」（粹一七三）是也。亦有用其本義者，如「貞疾足围」（乙二八七〇）此與它辭言疾目疾齒疾耳之例正同。隹下當缺「有壱」二字。又如「□□卜王貞勿足在妊虎獲」（洪九四三）足在此當動詞，其義不明，疑假為胥待也。史記廉頗列傳「奢曰「胥後令」」是也。」（集釋〇六四〇葉）

饒宗頤　「⿱止㔾字，舊無釋。按說文曲古文作㔾，此字从止从㔾，隸定應作⿱止㔾。莊子人間世「我行郤曲」。郤，釋文引字書作迡，迡說文云：「曲行也」。⿱止㔾疑即郤曲之曲本字。康熙字典有⿰足曲，謂俗拜字，⿰足曲當是⿱止㔾之後起字。楊樹達釋⿱止㔾為踵（甲文說）以形揣之，殊無據。」（通考六五六葉）

徐锡台　「病足（足），見殷墟卜辭云：「貞：病足龍（腫）」（乙一一八七）。按「病足」，即足病也。」（殷墟出土疾病卜辞的考释中国语文研究第七期二〇页）

陈汉平　「甲骨文有字作[illegible]，从肉附于膝关节之处。字当释厀，字今作膝。說文：「厀，胫头卪也。」卜辞曰：

贞疾[illegible]不……（乙一一八七）

此乃因膝关节有疾而卜贞之辞。又此字之肉形或可视为附于小腿处，字或可释为脚、胫、胻。說文：「脚，胫也。」「胫，胻也。」「胻，胫耑也。」

甲骨文又有[illegible]字，卜辞曰：

贞出疾[illegible]隹父乙害。（乙二九一〇）

此字造字与[illegible]字相类，惟字形正反不同。此字若非膝字，亦当释为脚、胫、胻。姑附此存疑。」（古文字释丛出土文献研究二二一页）

張秉权释脛参[illegible]字条下

王　辉　　参正字条

按：此為人名，或以為足字，李孝定以為當釋「疋」，其意見是正確的。

0830

□ □

按：此與0831同字，當合併。

0831

□

陈汉平

「甲骨文有字作□、□、□、□，旧不识，甲骨文编收入附录，卜辞曰：

□示三屯宁　续存下五六

行弗其□□女　乙编八三六〇

贞□刍于丝庙　乙编三三三一

□刍于𫹗　乙编三三三一

壬申卜□贞叀□令金册　前编四·五·一

乙酉贞王令□金亚侯又　邺初四三·九

按甲骨文旬字作□或□，此字从止从旬，止与彳通用，故此字当释徇，字旧作㣛。说文：『㣛，行示也。从彳匀声。司马法：斩以㣛。』即此字。」（古文字释丛，考古与文物一九八五年第一期一〇五页）

按：字不从「旬」，釋「徇」不可據，卜辭為人名。

0832

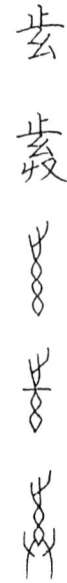

□ □ □ □ □

黄锡全

「甲骨文有□（京津四一〇五）、□（明二五三）等字，甲骨文编列入止部，隶作𡳿，认为从止从午，说文所无。李孝定的甲骨文字集释（一三：三九〇一）收一□字，隶作紟，认为从糸从之，说文所无。甲骨文又有□（前二·一五·四）字，甲骨文编列入附录上二五，甲骨文编列入附录上十七；有从攴作□（前六·一三·三）之字，甲骨文字集释列入待考字（四六二二页）。岛邦男殷墟卜辞综类又将上列诸字与□字混为一谈。按□字，思泊先生释为先後之後，确切无疑，显然与□□等形并非一字。上列諸字所从之𢆶𢆶即糸。……止或屮乃是声符，声韵並同，故可通作。因此，上举諸字可以隶作紫或紫，释为⿰糸止。

⿰糸止字见于集韵、韵会，並音齿。类篇「續苧一端謂之⿰糸止」，汗简录义云章耻作⿰糸止，均与卜辞文义无涉。古文字中「志」每每作止。如侯马盟书「敢有志復趙尼及其子孫于晋邦之地者」之「志」字有作止（二〇三：三）；楚简中人名志，又作「止」。准此，则⿰糸止可视为綕。汗简糸部录王存乂切韵織作⿰糸止。西周金文假戠为織，玉篇「綕」为古文「織」。长沙马王堆汉墓帛书老子甲本「織」作「志」。還未见有从糸之織。鄂君启节織字作𢦏（齐镈作𢦏），从糸戈声。说文：「絨，乐浪挈令織，从糸从式」。止、戈、志、式、戠诸字音近。因此，⿰糸止当是織或綕、𢦏字之初文。紫字又加𢆶作□，其字或作□（京都二六三）……，犹如登字或作□（前五·二·一）……，福字或作□（前四·二三·七）……等，其捧丝治理之义尤为鲜明。

小尔雅广服：「治丝曰織。」……

卜辞中有⿰糸止字的辞例多已残缺，现摘录几条如下：

（1）己巳卜兄貞尊告□室其紫　前四·三三·二

（2）貞其紫□　前六·一三·三

（3）貞……□……紫　南坊三·一〇七

（4）貞其紫三月　明二五三

……「□室」即「盟室」，叶氏认为即告祭盟誓之室。以上几条辞例，大概都是在「盟室」就该不该紡織举行告祭。」（古文字考释数则古文字研究第十七辑二九九—三〇一页）

按：字从「止」，从「糸」，可隶作「𥾝」。或增「廾」。在卜辭為祭名。釋「織」不可據。或以為「𢍺」之倒書，考之辭例，難以為證。且「𢍺」從無增「廾」之例。

0833

⿱幺夂 後 𢆶夊 𢆶彳

于省吾「甲骨文⿱幺夂字作⿱幺夂或⿱幺夂，甲骨文編附录于夊部，並謂「从幺从夊，說文所无。」按⿱幺夂即後字初文，从彳作乃后起字。金文後字屢見，也作遂。說文：「後，迟也，从彳幺夊者，後也。遂，古文後从辵。」段注：「幺者小也，小而行迟，後可知矣，故从幺夊，会义。」林义光文源：「𢆶古玄字，繫也，从行省，夊象足形。足有所繫，故後不得前。」按许說既不足据，段注又曲加附会。林说也误。夊字的造字本义，还须待考。说文训夊为「行迟曳夊夊（楚危切）」，又训夂为「从後至」，「读若黹」。古文字的偏旁中有夂无夊，夂象倒止形。夂字孳乳为後，比如甲骨文復作复，往作𡉉，得作㝵，御作卸，是其例证。甲骨文称：「来甲申，先于大甲从戠」（粹一六四五），「其夂从戠」（粹一一九五）。先与夂相对成文，然则夂之即後，是显而易见的。甲骨文的「夂束希」（乙八八二三），应读为后刺杀。甲骨文的「先後束」（乙八七二八，八八一四），是说刺杀有先后。以上两条均就祭祀杀牲言之。。（甲骨文字释林释夂）

赵诚 「夂，甲骨文写作，构形不明。或写作，从[illegible]从夂无别，即后字的古文；卜辞用作副词有两种含义。一为「向后」之义：夂束（乙六八九七）——即后刺，向后刺杀。束为刺古文。一为「先后」义：夂酌（文五二三）——後酌，後进行酌祭。从词义发展的历史来看，後作为副词，在商代正處於由向后义转变为先后义的过渡时期。」（甲骨文虚词探索，古文字研究第十五辑二八〇页）

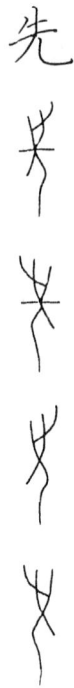

按：字當從于先生說釋「後」。於卜辭均可通讀。或省作「」，乃其異構。

0834

按：此乃「夂」之省體，當併入0833「夂」字下。

0835

先

羅振玉釋先。（殷釋中六十四葉下）

王襄 「古先字，从儿从止」。（類纂正編第八第四十葉上）

朱芳圃　「字象人頭上有神光三出，義為光燀普照之神人，當為堯之初文。說文：『堯，高也。从垚在兀上，高遠也。』𡸁、古文堯。考篆文堯上所从之垚，實兟之形誤。古文土與火常混不分，如散氏盤之土字作⊥，召伯虎毁堇字偏旁所从之火亦作⊥；子璋鐘基字偏旁所从之土作土，齊侯壺堇字偏旁所从之火亦作土，是其證也。兀與元為一字，下从人，上从一為古文，从二為篆文，皆上字也。从音言之，古讀疑紐雙聲，元術對轉。義當訓首，儀禮士冠禮：『加元服』，鄭注：『元，首也』；左傳僖公三十三年：『狄人歸其元』，杜注：『元，首也』。許君訓元為始，訓兀為高而上平，一隸一部，一隸儿部，疏矣。字从兟从兀，與甲文之𡴀，結構雖有繁簡，形義實無二致。𡴀之為堯，確無可疑。（互詳拙著殊彝圖銘考釋）」（殷周文字釋叢卷上第五十六葉）

孫海波　「舊無釋，今諦審當為先字。儿上所从之㞢即之字別構，卜辭之亦多作㞢。龜甲獸骨文字卷一第二十葉十一版『貞之十三月帚好不其來』，之正作㞢，可證。」（文錄二葉）

李孝定　「說文『先前進也从儿从之』。栔文與篆文同。或从㞢前二·二八·二似从生，栔文生之每混用也。」（集釋二八〇九葉）

張秉权　「在這里，有若干书本上的知識，可以作為研究本版卜辭的参考，如左传，昭公元年：『商有姺邳』的姺与邳，可能就是本版所載的先与不（注一）。左傳，成公二年：『齐侯伐我北鄙，围龙（史記作隆）』的龙，可能就是本版所載的龙。左傳，定公十五年：『郑罕达敗宋师于老丘』的老丘，可能就是本版的老，魯國附庸的郮，可能就是本版的専。假如這些資料可用的話，那末我們可以大致确定它们的地望如下：先在今河南陳留東南，老在河南陳留東北，不在山東滕县，缶即陶，在山東定陶，龙和蜀在山東泰安，専在山東郯城」（殷虛文字丙编考释第十五——十六頁）

（注一）关于姺与邳，陳槃厂先生曾经揀示許多材料，謹此致谢。

饒宗頤　「先為殷時侯國，亦稱『先侯』。

壬戌卜，爭貞：三令擊田于先侯，十月。（前編二、二八、二）

左昭元年傳：『商有姺邳』。杜注：『三國，商諸侯』。今本紀年：『外壬元年，侁人叛』。『河亶甲五年，侁人來賓』。姺侁，皆即先也。左傳隱五年正義引世本氏姓作『先』，與卜辭同。……」（通考第六四七葉）

饒宗頤 「『……爭……貞：勿乎衆人先于𦎫。』（京津一〇三一）按前驅曰先。越語：『勾踐親為夫差先馬。』周禮大司馬：『右秉鉞以先。』先字作動詞用。」（通考四一〇葉）

饒宗頤 「『乙丑卜，殼貞：子㚒弗其隻先。』（乙七七九五）按先即侁，通莘。呂覽本味：有侁氏女子得嬰兒于空桑之中，命曰伊尹。高注：『侁讀曰莘。』孟子：『伊尹耕于有莘之野。』漢書古今人表：『有㜪氏，湯中妃，生太丁。』字亦作㜪。路史國名紀：『侁，商世侯國名。』卜辭有『先侯』。（前編二·二八·二）」（通考一九三葉）

丁驌 「先 □ □：凡辭云帚先均是帚某先為某事之意，如前一二·三：『帚好先共人于庞』对贞辭作『帚先』『帚不先』非帚先帚不二人名也。契文别有女性字先作□，或是人名。」（諸帚名中国文字第八卷第三十四冊三五七五頁）

屈萬里 「卜辭：『貞：馬弜先，其遘雨？』甲編一九九二先，蓋謂先往田獵之處也。」（甲編考釋二五一葉）

胡澱咸 「卜辭：

乙酉卜，𡧊貞，乎帚好先収人于庞。（前七·三〇·四）

乙酉卜，殼貞，勿乎帚好先于庞収人。（粹一二二九）

乎我人先于𢀛。勿乎我人先于𢀛。（乙綴二七二）

口口卜，𡧊貞，勿乎众人先于䣙。（京津一〇三〇）

辛卯卜，殼貞，勿令望乘先。（续存下三三三）

先于進。（柏五二）

从向归，迺先于盂。（粹一〇六七）

乙卯貞，王先田。（粹七七六）

庚申卜，貞，翌日辛。王其田口，其先𢦏，不雨。（京津四四七一）

（缺）𠂤先御羌。（续一·三八·二）

说文云：『先，前進也，从儿之』。从上列卜辭看，『先』字义盖为往。『先』义为往，上列卜辭辞意明白无碍。『乎先収人于庞』，即命往庞共人。『先于𢀛』，『先于䣙』，『先于進』，『先于盂』，即往𢀛，往䣙，往進，往盂。『先田』，即前往田猎。『𠂤先御羌』，即𠂤前往抵御羌人。又卜辭：

甲戌卜，宾贞，今日先□。翌乙亥用祖乙。（乙七七六七）

乙亥卜，贞，王往于□。（同上）

这两条卜辞所卜问的是一件事。甲戌日卜问是否当日「先□」，次日乙亥日卜，「王往于□」。一用「先」，一用往，「先」义为往更很明显。

我以为「先」字本义就是往。《说文》训「先」为「前進」，就是前往。「先」字甲骨文作□

这里礼物只有帛一种，无先后之分，若以「先」为先后之「先」，便不可通，由此可知杜预和郭璞的解释都只是望文生义。从上述《穆天子传》和《左传》文义看，「先」字都有进献或赐予之意。

按僖公三十三年《左传》：秦伐郑：「及滑，郑商人弦高将市於周，遇之，以乘韦先十二牛犒师」。《淮南子·道应训》述此事云：「郑贾人弦高矫郑伯之命，以十二牛劳秦师而宾之」。由此推测，「先」有宾敬之义。

我以为「先」就是《说文》的「詵」字。《说文》云：「詵，致言也，从言从先，先亦声」。《说文》「亦声」字，声旁多就是原来的字，后加义旁。……《说文》训「詵」为「致言」。「詵」义实为致。《说文》训「致言」，乃是解释从「言」的。「先」义为致，则上述古书和卜辞便都可以解释通顺。《说文》云：「致，送诣也」。「先」义为致，又有宾敬之意，其义当为敬送，敬奉。「先豹皮十，良马二六」，是说以豹皮十，良马二六敬奉给周穆王。「先吴寿梦之鼎」，是说以吴寿梦之鼎送给荀偃。「先八邑」，是说郑伯以八邑送给子展。「先之以玉」，是说以玉送给左师。卜辞之「先」义也当为敬奉、敬献。」（《甲骨文字考释二则》，《古文字研究》第六辑一五三——一五六页）

或□，从「人」从「之」，或从「人」从「止」。「之」义为往，「止」甲骨文也是表示前行。「先」盖表示前往之意。

卜辞「先」字已有先后之义。卜辞有「先祖」、「先妣」、「先子」。……这乃是由「先」义为往引申的。在我国语言里，对于过去称往，称前，称先，都是由前往引申的。

卜辞「先」字还有一种用法。如：

乙丑卜，出贞，大史[酒，先酒，其出匚于□，卅牛，七月。（前四·三四·一）

先出于唐。（前七·四·三）

贞，先酒。（同上）

丙申卜，即贞，翌丁酉，叀中丁岁先。（粹二九九）

叀父丁先岁。（续一·三○·二）

庚寅卜，行贞，兄庚岁先日。（续一·四四·二）

叀王亥先又。（明续四八〇）

沈先酒。（明续四二七）

『先』都是祭名。但是什么意思不甚明瞭。

穆天子传：『河宗之子孙𨛺柏絮且逆天子于智之口，先豹皮十，良马二六。天子使井利受之』。

又：『河宗柏天逆天子于燕然之山，劳用束帛加璧，先白口，天子使鄒父受之』。

郭璞云：『古者为礼，皆有以先之，传曰：先进乘书』。襄公十九年左传：『公享晋六卿於蒲圃……贿荀偃束锦，加璧乘马，先吴寿梦之鼎』。

杜预云：『古之献物，必有以先之。今以璧马为鼎之先』。襄公二十六年左传：『郑伯赏入陈之功。三月甲寅朔，享子展，赐之先路三命之服，先八邑；赐子产次路再命之服，先六邑。子产辞邑』。

杜预云：『以路及命服为邑先』。襄公二十六年左传：『左师见夫人之步马者，问之。对曰：君夫人氏也。左师曰：谁为君夫人？余胡弗知？圉人归以告夫人。夫人使馈之锦与马，先之以玉』。

杜预云：『以玉为锦马之先』。杜预、郭璞都以『先』为先后之先。从文义上看，很明显，这种解释是非常牵强的。若照这种解释，则献物或赐物时必同时献两种或赐两种以上的礼物。这样才可以以一种礼物为另一种礼物之先。按吕氏春秋贵生篇：『鲁君闻颜阖得道之人也，以币先焉。颜阖守闾，鹿布之衣而自饭牛』。

赵诚「先，甲骨文写作[illegible]，从之从人。或写作[illegible]，从止从人。本义是走在人前。卜词用作副词有二义，一为『向前』之义，当为本义之引申：

甲子卜，先叐束。（乙八七二八、八八一四）——即先後刺，向前向后刺杀。

一为先后义，用得较多，当是进一步之引申：

先酚（佚四四六）——先进行酚祭。

辛卯卜，争贞：勿令望乘先归。（前七·四·三）——望乘，人名。

从词义发展的历史来看，先作为副词在商代后期正处在由『向前』义转变为『先後』义的过渡时期；而『向前』义已逐步消失，即处在逐步消失的过程之中，所以用得极少。仅仅由于『先』作为动词在当时还有『之在前面』的含义，而又有『先后刺』这一条卜辞把先和後同时对主地用在一起，才使人看清正在消失中的『向前』之义，这是甲骨文先这个词的特别之处。」

（甲骨文霊词探索，古文字研究第十五辑二八〇至二八一页）

考古所 「馬其先：又作其先馬（粹六.五：后下三三.四）。先蓋謂先行、先導。馬陳夢家认为是官名（综述五〇九頁），当为武官。」（小屯南地甲骨八五三頁）

按：說文：「先，前進也。从儿从之」。契文从止，从人。或从丂。止在人前，故有先義。卜辭均用為先後之先。段玉裁注謂「之者出也，引伸為往也」；王筠句讀謂「之，出也。出人頭地，是先也」，是皆曲為之解。

李孝定集釋以為先字或从「生」。契文有𡳿字，或作𡳿，乃方國名，與「先」迥別。甲骨文編以佚三八三、後二.二四.九、前二.二八.二、掇二.一二九諸方國名之𡳿字混入「先」字，李氏承其謬誤，故以「先」字或从「生」說之，非是。

0836

㞷 往

羅振玉 「說文解字：『㞷，艸木妄生也。从之，在土上』又：『往，之也。从彳，㞷聲。古文作𢓸』。卜辭從止從土，知㞷為往來之本字。許訓㞷為艸木妄生，而別以徃為往來字，非也。」（殷釋中六十四葉上）

王襄 「古往字，省彳。」（簠室殷契類纂第八葉）

叶玉森 「从止在土上，当是地之初文。」（殷契鉤沈三頁）

孫海波 「說文：『狌，狾犬也』。契文以為往字。」（文編十卷五葉）

李孝定 「說文『往之也从彳㞷聲𢓸古文从辵』契文不从彳，即許訓艸木妄生也之㞷字重文，或从犬，狂字重文，古匋文作𢓸，與許書古文同。」（集釋〇五六一葉）

李孝定 「說文『㞷艸木妄生也从之在土上讀若皇』。契文除三數从止从土者外，絕大多數均从止从王，竊以為當是从土王聲，王㞷聲韻皆同也。許君解云从之在土上，蓋誤金文作㞷

陳逆簋。卜辭均以此為往來字」（集釋三二二九至三二三〇頁）

屈萬里　「𡉚與㞢當為一字，羅振玉釋往（殷釋中六四葉），是也，蓋𡉚乃往字之異體耳。卜辭：『壬午卜，殼口：臣往羌，牵？』（甲編三四二七）臣往羌者，謂有臣逃亡，往于羌地也。」（甲編考釋四三七葉）

胡厚宣　「𡉚字从止从立，與往字从止从王者不同。止有向前之義，立與位同，象人本來安居其位，因受逼迫而出走，其義當為逃亡。

字疑即說文㞢之古文㞢，其所从之出，當即止，壬从人立土上，與立字从大立地上義同。徐鉉說，『壬，人在土上，壬然而立也』。朱駿聲說，『壬字从人立土上會意，挺立也，與立同意』。㞢即止，壬立義同，則㞢字當即義為逃亡之㞢字。

㞢即㞢，㞢即𡉚，兩字本來不同，自从許氏混而為一，以一為篆文，一為古文，後世雖以分辨，㞢字遂亦成了㞢字，即是往來之往的古文。不過就其用法來說，往字除了往來之往，仍有逃亡之義。朱駿聲說，『往，假借為亡』，往亡聲亦相近。說文，『亡，逃也』，又，『逃，亡也』，亡逃兩字互訓。管子·權修說，『無以畜之，則往而不可止也』，尹知章注，『往，謂亡去也』。王鳴盛說，『往，實兼驚恐往竄意』。義即逃亡」（甲骨文所見殷代奴隸的反壓迫鬥爭，考古學報，一九七六年一期）

張桂光　「𡉚，或作𡉚、𡉚等形，前人多以为与㞢为一字，均读为『往』。实际上㞢与𡉚并不是一个字，㞢字从止王声。王与立相比，不但笔画少，而且都是便于刀刻的直线条，将立误为王还可以理解，若将㞢字的王写作立，则与简化、声化都完全相违，六七十字都这样写是不合常理的。从文例看，确可认为『往』字的『往来』『往伐』『往狩』『往逐』『往追』等卜辞例，往字均作㞢，无一作𡉚的；其余文例，亦多不相似，㞢与𡉚应该不是一个字。那么𡉚当释什么字呢？从𡉚字或作𡉚（后二·一四·六）𡉚（燕三六〇）、𡉚字或作𡉚（中大三五）𡉚（乙九〇五七）𡉚字或作𡉚（后二·四二·九）𡉚（前四·五二·二）等形看，将立看作立也是可能的。试比较𡉚与𡉚二字的文例，也颇为相似：

貞𡉚羌得（珠六一三）

貞𡉚羌，不其得（前四·五〇·八）

乎𠂤般取𡉚自（存一·一八六）

……𡚻羌，得（天九二）

貞，𡚻羌，不其……貞，𡚻羌……（合一三五）

……𡴂乙巳卜𡚻（羌五）人，五月在𦎫（續五·三〇·二）

……𡴂乙未卜宀𦎫𦎫𡴂自文，圉……（后下四一·一）

……旬亡囚……𦎫𦎫𡚻自……文，𡚻六人，八月（燕一二四）

因此我怀疑，𡴂当是𡚻的省体。至於𡚻的本义，或可解作脚镣，即后世桎梏的桎字。」（古文字中的形体讹变，古文字研究第十五辑一七八至一七九页）

柯昌濟　「以上六文相证，知𡴂为往字之異文。三、四、五、六四文，往字与𡚻字作用等用法，其互為通用可证。」（殷墟卜辞综类例证考释，古文字研究十六辑一四九页）

劉釗　「卜辞有『𡴂』字，应為『𡚻』字之省。也用作執获义。」（卜辞所見殷代的军事活动，古文字研究一三九页）

罗琨　参𡚻字条

按：凡此諸形，聚訟紛紜，證以辭例，𡴂或𡴂乃「奉」字之省形，而𡴂與𡴂則為「往」之異構。合集八四六、八四七、八四八皆「奉𡴂」連言可證。

0837

㞷　往　𡴂　𡴂

王襄　「古㞷字，與往為一字。」（類纂正編第六第二十九葉）

孫海波　「𡴂，鐵一二。卜辭用㞷為往，重見㞷下。𢓸，后一一四·八。卜辭用𢓸为往，重見𢓸下。」（甲骨文编七五頁）

孙海波　「𡴂，甲一九〇。㞷用为往。」（甲骨文编二七〇頁）

吳其昌　「『𡴂』者，羅振玉曰：『說文解字：「㞷，艸木妄生也。从之，在土上。」又：「往，之也。从彳，㞷聲。古文作𢔆。」卜辭从止从土，知「㞷」為往來之本字。許訓「㞷」

為艸木妄生，而別以「往」為往來字，非也」。按：羅辨正《說文》妄分「㞷」「往」為二，而以為「㞷」即往來之本字，是也。而仍襲《說文》之說，且「㞷」字為「从止，从土」，則疑非也。若誠為「从止从土」者，則又何从而得「往」之聲讀耶？按卜辭中「□」字，奚啻數十百見，凡可以確定作往來解者，則其字皆从太（王）。从「王」聲，故得衍轉而讀為「往」，「往」聲蓋即由「王」聲所孳生也。惟偶有七字，不从「王」，亦不从「土」，而从「□」作「□」、「□」（一九四字）或从「丅」作「□」，（一一字）或从「○」作「□」，（一字）其文云：「□羌不其𢦏」。（前四.五〇.八）「□□」（前六.二〇.一）「□余不□其……」（前七.三六.一）「王固曰：□了茲出求日」。（菁三.一）「㛗□」（林一.二九.一三）「己未□□□自□」。（後二.四一.一）諦審其字，如以往來之誼訓之，將無一可通也。又有一字作「□」，似从「土」矣，而其文云「貞□□□」，（前四.一七.三）則仍不容以往來之義為訓。故疑此□□□……諸字，乃別為一字，與往字不同，而「㞷」字乃从「止」「王」聲也」。（殷虛書契解詁第三一一——三一二葉）

于省吾

「甲骨文每用㞷（往）与□为祭名，自来均不得其解。……我认为，往祭即后世之禳祭，禳乃往的借字。就古音言之，往禳迭韵，故通用。《礼记·祭法》的「相近於坎壇」，郑注谓「相近当为禳祈，声之误也」。然则往之通禳，也犹相之通禳。再就义训言之，典籍每训往为去，又训禳为攘除，以为除凶去殃之祭。然则往和禳不仅音通，义亦相涵。《周礼·女祝》的「掌以时招梗襘禳之事」，郑注：「卻变异曰禳，禳，攘也。」又肆师的「与祝侯禳于畺及郊」，贾疏：「禳者禳去殃气。」《仪礼·聘礼》的「禳乃入」，郑注：「禳祭名也，为行道累历不祥，禳之以除災凶。」以上是略述典籍中禳祭的义训。现在将甲骨文有关往祭者择录数条，并略加解释。

一、贞，于羌甲卯，克㞷疒（乙一三九四）。

二、丙寅卜，㱿贞，匕庚出女，㞷，二牛，翌庚用（珠三四一）。

三、壬戌卜，贞，帚好不㞷匕庚（粹一二三二）。

四、庚申卜，旅贞，㞷匕庚宗，𢦏、滋。才十二月（文录四四七）。

五、癸子卜，㞷夒以雨（南北明四二九）。

六、贞，㞷于頊，出从雨（珠一九）。

七、贞，㞷于河，出雨（续存下一七六）。

八、……乎□㞷于河，出从雨（乙一四六五）。

以上所引八条的㞷均应读作禳（攘）除或禳祭之禳。第一条的于羌甲卯，克㞷疒，是说于羌甲用御祭，能够攘除疾病，攘作动词用。第二、三、四条是于匕庚用禳祭，以攘除殃災。第五、上两条是乞雨于㞷和頍。第五条的㞷㞷以雨，是说因为乞雨而用㞷祭于㞷。后四条都是乞雨于先公而用㞷祭。乞雨而用禳祭，为的是禳除旱灾。由于用㞷祭于先公之下，均用以雨、出雨或出从雨之辞，其非霪雨为灾以求晴，是显而易见的。」（甲骨文字释林释㞷正一五四页至一五六页）

于省吾　「甲骨文『往来』之『往』作㞷（往从彳乃后起字，始见于东周器吴王光鑑），从止王（王）声。这和甲骨文的『前』字作歬，从止凡声（详甲骨文字释林释歬），都是上形下声的形声字。㞷之从止乃表示行动之义。古文字从止（趾）与从止（之）迥然有别。甲骨文第五期的『㞷』字有的作㞷（前二·二〇·三）。周初器沫伯卣的『沫』字从㞷作㞷，犹与契文衔接。又周初器煌甗的『煌』字从皇作㞷，下从王作王，与契文早期王字相仿。值得我们注意的是，周初器□作乐皇考尊的『皇』字作㞷。此字是由甲骨文晚期的㞷形递嬗而来，乃㞷字演化为皇的枢纽，所谓『中流失船，一壶千金』。周代金文诸皇字的上部变化繁多。总起来说，前引尊铭的皇字，已由契文㞷字开始变作㞷，再变则作㞷或㞷，三变则作㞷、㞷或㞷、㞷，四变则省作㞷或㞷（以上凡未注明器名，均见金文编）。至于皇字的下部作土或王，皆用『王』字作为声符。依据上述，由㞷字孳乳为皇，其上部变动不居，已与㞷字显然分化。至于秦器的『皇』字皆作皇，已为说文皇字讹作『从自王』的由来。」（释皇，吉林大学社会科学学报一九八一年第二期二一页）

王献唐　「说文，㞷，艸木妄生也，从之在土上，读若皇。实即皇字古文，不祇读皇也。卜辞字作㞷（前二·二〇）、作㞷（同上三〇）。」（古文字中所见之火烛，第一一六页）

考古所　「卜辞『往』後有連以地名者，如往于臺（粹下三七一），往于喪（遺九〇〇），也有連以先祖者，如往于上甲（粹下一八七、南誠一七、乙四五七八），『此往有来往之义。此片卜辞『往』後一字也可能是先祖名，即祖丁或兄丁的省称。』（小屯南地甲骨八七八頁）

姚孝遂　肖丁　「『㞷』即『往』。于省吾先生以『往』为祭名，读为『禳』（《释林》154頁）。陈梦家先生则坚持『往于某』与『使人于某』之『某』，『常为地名』，是往于某地而祭」

（《綜述》358—359頁）。卜辭「往于某」多為地名，謂往于某地，但亦有「往于先祖」者。《珠》19「往于夒有从雨」与此片之「往夒」同。「往夒」為先祖名，从无用作地名之例。《粹》1232：「妇好不往匕庚」，「匕庚」為先妣名。此类「往」字，不当理解為「往來」之「往」。」（《小屯南地甲骨考释》六頁）

按：㞷从止王聲，其或體从土，小篆復譌變為从之在土上，許慎解為「草木妄生」。此乃往來之本字。陳逆毁作㞷，用作皇，形體已譌變為从之从土。或釋卜辭「㞷」為「逃亡」，不可據。

0838

夅 咎

金祖同 「夅疑仍是皀字，『出皀』謂有俘也。」（《殷契遺珠釋文》二六頁）

陳夢家 「夅是動詞，或即說文『咎災也』之咎，省口。卜辭有先且先妣先公先王為咎于王之辭（下略）。」（《綜述》五六九葉）

李孝定 「从人从夊，或从各，當即許書之咎字。辭云『辛亥已𠤎（匕之倒文）隹口处』其義不詳。《乙》一一七四。金文作咎（咎卣）咎（咎尊）咎（集咎簋）容氏金文編收作偺。按字只从一人，仍是咎字，與契文略同。」（《集釋》二六六五葉）

饒宗頤 「夅即夊。說文：『夊，行遲曳夊夊，象人兩脛有所躧也。』徲下云：『夊也。』很字从夊，云：『行遲也。』易蹇卦：『往蹇來連。』釋文云：『遲久之意。』詩南山：『雄狐綏綏。』玉篇引作『夊夊』。故卜辭成語之『又夅』，即謂行有所蹇阻不前；所云『亡之』，謂毋往也。屯乙八六九六言『夅不』，義應同。間有用作動詞，如：『父乙夅婦好』，（屯乙三四〇一）亦有蹇阻意。或釋夅為咎，非是。」（《通考》六九九—七〇〇葉）

屈萬里 「唐蘭釋囚為自，而讀為咎（《天釋》一一葉）。按：卜辭無咎字，而周易則咎字習見；疑囚、眣皆咎字，殃咎之意也。」（《甲編考釋》四葉）

許進雄　「S 0042　第一期　右腹甲

囗二月。

口戊卜，囗祖乙囗夂囗

夂於卜辭有災禍作祟之意，其字象人為足所踐踏，可能是咎（卜辭作𠂢）的异体。」（懷特氏等收藏甲骨文集第三頁）

裘錫圭　參卒字条

按：釋咎可從。乙一一七四與一四四六可綴合，見綴合二六五，其辭當為：

「己酉，丁匕：：咎；

辛亥，丁子唯咎；

辛亥，丁匕隹咎；

辛亥，己匕唯咎；

辛亥，庚匕唯咎」

李孝定讀「唯」為「隹口」，以為二字，實誤。據第三辭，「隹」字即不从「口」，原作「咎隹」，誤倒，今正。「丁匕」即「匕丁」，餘類推。

咎或作夂、𠂤，與𠂢同字，人或在上，或在旁。陳夢家隸定作「夅」。為咎者有祖妣，亦有帝：

「父乙夂王」（乙七七四五）

「隹父乙夂帚好」（乙三四〇一）

「匕丁夂」（乙八九四九）

「不隹帝夂王（乙四五二五）

金文咎字形體已稍增繁，吳大澂古籀補、林義光文源皆釋咎。

0839

此

葉玉森　「𠂢似非此字，續五、三十三、『貞㚤奴之从雨』㚤𠂢當與㚤奴義近」（殷契拾考十七葉下）

陳邦福　「鐵雲藏龜拾遺第八葉云：『烄𣥠有雨』，邦福案：𣥠當釋此，柴之媘。說文示部云：『柴，燒柴尞祭天地』，古文作禧，从隋省，段注：『柴與柴同此聲，故燒柴祭曰柴，釋天：「祭天曰燔柴」，祭法曰：「燔柴于泰壇，祭天也」，孝經說曰：「封乎泰山，考績柴尞」，鄭特牲曰：「天子適四方先柴」，注：「所到必先燔柴有事于上帝」』，是卜辭烄柴之禮，足與古經籍相參證者」。（說存四葉上亦見辨疑四葉下）

李孝定　「說文『此止也从止从匕匕相比次也凡此之屬皆从此』陳氏釋此，讀為柴，說並可从。拾八、二『烄此有雨』，烄从火，亦與燔柴之事類相近。粹三八〇『叀牛王此受又』『王其又母戊一郏此受囚』，甲一四九六『叀此又又有祐』，讀為柴均可通。金文作𣥠此尊𣥠此盉𣥠南彊鉦𣥠居簋」。（集釋〇四九六葉）

屈萬里　「……按：余冄鉦此字作𣥠，小篆作𣥠，並與𣥠同；（粹釋）釋『此』是也。……本辭此字，似是祭名」。（甲釋第二〇二葉）

屈萬里　「𣥠，又見粹編三八〇片。粹釋釋『此』而無說。按：余姛鉦『此』字作𣥠，小篆作𣥠，並與𣥠同，釋『此』是也。拾釋疑其非『此』字者，實不然矣。惟本辭『此』字，似是祭名。俟考」。（甲釋一四九六片釋文）

赵诚　「𣥠，此。从止从匕，构形不明。或写作𣥠、𣥠，上下左右无别。甲骨文用作祭名，即后代所谓的柴祭。说文：『柴，烧柴焚燎以祭天神。』看来应是尞祭的一种，也可能是近于尞祭。但两者如何区别，从卜辞无法证明。」（甲骨文简明词典二三七页）

陳初生　「『此』字甲骨文作𣥠、𣥠等形，以脚趾与一側身人形會脚步到此停止之意。金文字停作𣥠，小篆沿作𣥠。說文二上：『此，止也。』」（商周古文字讀本三一五頁）

按：「此」在卜辭為地名，亦為用牲之法。

「貞使人于此」　合集五五二四

則為地名。

0840 ⿱夂大

按：合集一一〇一八辭云：「令⿱夂大取大以」為人名。

0841 ⿱𣥠卩

饒宗頤　「『壬申卜，爭貞：父乙⿱𣥠卩羌甲。　壬申卜，爭貞：父乙弗⿱𣥠卩羌甲。　父乙⿱𣥠卩且乙。「父乙弗」⿱𣥠卩「且乙」』。（殷綴一〇三）按此卜躋陞廟主也。⿱𣥠卩即『躋』字。楊桓六書統：『登，古躋字』，與此同。集韻十二齊作『𦻏』，上體譌变，而下尚从卩。春秋文二年：『大事于大廟，躋僖公』。詩長發：『聖敬日躋』，又『至于湯齊』。鄭注讀齊為躋。公羊傳：『躋者何？升也』。爾雅釋詁：『躋、登，升也』。此辭即謂升小乙廟主，配享于先王羌甲與祖乙，因而卜其事」。（通考三八〇葉）

李孝定　「从𣥠从卩，說文所無」。（集釋〇四七三葉）

按：饒宗頤釋「躋」可從。卜辭但見「父乙⿱𣥠卩祖乙」、「父乙⿱𣥠卩南庚」、「父乙⿱𣥠卩羌甲」，均為武丁卜辭，其它則尚未見。

0842

丁山　參沚字条

按：卜辭皆用為祭名，與「沚」字無涉。

0843

𣎴

葉玉森　「按說文口部『困，故廬也。从木在口中。𣎴古文困。』卜辭从止从木者，與困之古文合。『廿牛于困』，殆叚作梱也。或爲地名。」（前釋一卷一四一葉）

郭沫若釋困爲困，無說。見粹考。

于省吾　「𣎴（𣎴）即𣎴字，猶未之作𣎴亦作𣎴，栗之作𣎴亦作𣎴，𣎴亦作𣎴，是其證。……說文困之古文作𣎴，然从止从木，無由見義。且粹六一已有困字。𣎴乃古文根字。古文四聲韻上平二十五痕引古老子，根字作𣎴。上从𣎴與从止每易混，猶𣎴之作𣎴，𣎴之作𣎴也。說文古文以𣎴爲困，乃借根之初文以爲困也。借𣎴爲困，猶借昆錕以爲銀也。……前一·五二·四：『貞，奴牛于𣎴。』葉玉森謂『廿牛于困，殆叚作梱也，或爲地名。』（鐵釋一·一四一）按葉以困爲地名，是也。……𣎴即根之象形初文。上从𣎴者，恐其與木形混，別上以見下也。从木而加艮爲聲母，乃後起字。」（駢續七葉下至九葉上）

孫海波　「𣎴，乙六七二三反，从止从巾，說文所无，地名。」（甲骨文編五七頁）

金祥恆亟收上列困𣎴二形爲困，無說。見續文編六卷十五葉上。

李孝定　「說文『困故廬也从木在口中，𣎴古文困』。契文多作𣎴，與古文同。亦或作困，于氏釋根非是。按木作𣎴，其下之𣎴即象根形，如必另製根之象形專字，亦當作𣎴若𣎴，猶𣎴之作𣎴若𣎴也。何慮與木形混哉。根在下而於文則作木上从止以象之，古人造字必不如此也。且說文去古未遠，而困下既有古文作𣎴，許君必有所受之。于氏乃引後出之古老子根字以實其說，而謂許書之古文爲叚借，恐未必然也。至困訓故廬，而古文則从止从木，殊覺費解。說文『梱門橛也』。王筠說文句讀梱下云『釋宮「橜謂之闑」。又曰「樴謂之杙，在地者謂之臬」。郭注「即門橛也」。門部「闑門梱也」。廣雅「橜機闑𣎴也」。廣雅以𣎴爲梱，說文以𣎴爲困之古文。莊子「和之璧，井里之厥也」。晏子作「井里之困」。然則古通用困後乃作梱爲專字。閫見經注而說文不收，蓋其作尤後矣』。俞樾兒笘錄說困云『說文口部「困故廬也从木在口中」。重文𣎴曰「古文从止木」。樾謂困之為故廬經傳無徵，且木在口中於故廬意亦無取，許君所說殆非也。今按，困者梱之古文也。木部「梱門橜也从木困聲」困既从木、梱又从木，緟複無理，此蓋後出字。古字止作困，从口者象门之四旁，上為楣、下為閾、左右為根也，其中之木即所謂从止橜也。曲禮曰「外言不入於梱，內言不出於梱」。鄭注曰「梱門限也」。梱有限止義，故古文从木从止會意。廣雅釋室曰「橜機闑朱也」。是即以朱為門梱字，然則困梱之為一字可知矣。凡困極困窮之義，皆从限止義而引申之。其後引申義盛行而本義反為所敓，乃更製从木之梱、又或从木作閫而困之即為門橜，雖許君不知矣。幸有廣雅朱也一訓，足證古文朱之即為梱。而人猶莫知困梱之同字，何哉」。王俞之說皆是也，俞說尤為顯豁。蓋困朱為门橜之本字，梱閫皆為後起，困為象形而朱則會意也。以文字衍進之通例言，象形之字當先於會意，且契文即已有困朱二形，知許君以困為象文、朱為古文者非也。當云「困或作朱」乃合。卜辭云「乙酉貞取椒河其困于日雨」粹六一。困疑當訓限。又云「奴牛于朱」滷一、五二四、則為地名。「貞茲朱旬其雨　貞茲朱旬不其雨」佚六七二三困引申有窮盡終極之義，朱旬其雨者猶言終旬其雨也。同片它辭云「癸酉卜穷貞自今至于丁丑其雨」癸酉至于丁丑凡四日，前卜終旬而此貞四日也。金氏續文編六卷十五葉困下收粹一一七四一文作□，諦審影本字實作□，乃从水从木，郭氏釋沐乃貞人名，金氏誤收」。

（集釋二一一二〇葉）

沈建华

「甲骨文□字习见，偶作□。上部从屮为正体，从屮而于旁增两点者，乃文饰，这种现象甲骨文常见，如□字偶作□（后下四一·一），于屮之右旁增两点；也偶作□（林一二九·一二），两旁各增一点，和□作□同。□字下部作个，乃木字之简写省化，这种现象甲骨文也常见，如樂字正体作□，下部从木，省体作□（京津三七二八），下部省作个。又如□字习简写□（簃四·五三·四）。

□字从止从木，与说文困字的古文□同，隶定之当作朱。……

从止从木，本义不明。卜辞用法有二：一用来说明天上的云色。如《乙》六七二二：「贞丝朱（困）云不其雨？贞丝朱（困）云其雨？」这种场合下的困字，似借为混。困与混古同为文部字。又困属溪母，混为匣母。溪、匣二母上古音亦相近，《尔雅·释天》：「太岁在子曰困敦」孙炎注：「混沌也。言万物初萌，混沌于黄泉之下也。」《开元占经》引李巡云：「在子言阳气皆混，万馬茅孽，故曰困敦。」《论语·子罕》：「不为酒困」。《集解》引马注：「困，乱也。」《广雅·释诂三》：「惃，乱也。」是困又通惃，凡此皆足以证明困与混二字上古通假。卜辞所谓「困云」，就是昏暗混濁的云色，即後所谓阴云密布。这种混混沌沌的天象，所以要卜问「其雨」，「不其雨」。古代占卜气候，多望云气，《周礼》有所谓「五云」，即指五色之云。卜辞有「六云」（后上二二·三）、「三云」（林一·一四·一八）之占，六谓有色之云，和「困云」正好对稱，由此可見商代于云有祀典，是有它的特殊含义和内容的，……卜辭朱字的第二个用法是作地名，即『共牛于朱』（前一·五二·四）之朱。」（甲骨文釋文二則古文字研究第六輯二〇七——二〇八頁）

考古所　「朱：葉玉森等释困，谓即說文古文朱，但此字下部並不从木，故是否为困，难以肯定。字在卜辭中多用为地名或人名，在此可能为先祖名。」（小屯南地甲骨九九九頁）

按：于先生據古老子以「朱」為「根」之古文。說文以「朱」為「困」之古文，乃假借。李孝定非之。實則古老子與說文古文同屬戰國古文，無早晚之別。自其形體結構言，當以于先生說為是。

耑

羅振玉　「說文解字：『耑，物初生之題也。上象生形，下象根也。』卜辭耑字增∴象水形，水可養植物者也。从屮，象植物初茁漸生歧葉之狀，形似止字而稍異。許君止字注云：『象艸，木出有址。』乃因形似致譌矣。」（殷釋中三十五葉下）

王襄　「古耑字。許說物初生之題也。上象生形，下象其根也。殷契耑或从∴∷八，象水滋形，有雨露滋長之誼。」（類纂正編第七第三十四葉下）

孙海波　「，掇二·四六三。地名。侯其𢦏耑。」（甲骨文編三一四頁）

李孝定　「說文『耑物初生之題也上象生形下象其根也』絜文作上出諸形。前四·四一·七、應作原影本倒置上从『屮』，羅云『似止字而稍異』。許君謂『上象生形』，蓋象物初生之形。止下許君注云『象艸木出有址』，是許君明謂『止』象艸木初生之形也。絜文金文『止』字均象足形，與許說異。惟卜辭恒言『之㞢幾月』，間亦作『生㞢幾月』，見前六卷生字下引前疑作『生』者當是偶誤，而『生幾月』之辭數見，似非誤書。且此下許君云『上象生形』，而絜文兩作『㞢』，豈古文『生』『之』二字之間尚有其它若何之關係，不能概以偶誤說之，然終疑莫能明也。字象艸木初有耑緒之形，下象其根。在卜辭為方國之名。金文作義楚耑邻王耑與篆文略

近。」（集釋二四二五葉）

饒宗頤 「耑日（見寧滬一、一〇七）乃記時之語，或倒言『日耑』。說文：『耑，物初生之題也。』耑端古一字，耑日殆即元日。左文元年傳：『先王之正時也，履端於始。』桂馥說：元者，端也，端即春也。』以是耑日可解作元日或春日。」（通考八九〇葉）

張亞初 「卜辭有耑字作□（綜類八〇頁）。耑為端字初文，从止从根須形，是指植物根端的會意字。」（古文字分類考釋論稿 古文字研究第十七輯二四四頁）

陳世輝 「……甲骨文中的耑字字，其字形如下：

□（前四·四二·一）□（前四·四二·二）□（后下七·三）

……說文：『耑，物初生之題也。上象生形，下象其根。』小篆的字形虽然和甲骨文有很大的不同；但是，许慎的解说却是很正确的。题就是头，指植物初生露土冒头。这个耑字，就是开端、发端的端本字。甲骨文的耑字，正象草卉初生的形状，用六书来说，这是一个会意字。甲骨文耑字可分解为两个部分，分别相当于甲骨文的之字与不字。甲骨文之字作：

□（前四·三四·七）□（前七·二〇·一）

不字作：

□（藏二·一）□（拾一〇·一五）

□（前一·二七·四）□（鐵四八·一）

把这二者结合起来即为耑字（见前引甲骨文）。说文：『□，出也。象艸過屮，枝茎益大有所之。一者地也。』这和许慎对耑字的解释可以相互印证。甲骨文耑字的上体所从即是之字。之字甲骨文作□，而小篆作□，这是字形相近的讹变。犹如甲骨文先字作□，小篆作□，□也变为□。……

更当说明的是，之字在耑字偏旁中可以写作□□，省去象地的一横划；作为文字而单独使用时，之和止绝不混淆。甲骨文□字本象足形，是趾的初文。足趾向前与草卉初生向上都有前进的意思，所以止既是足趾，同时又用这种形象表示草卉初生向上。

耑字的下体是植物的根形，它所从的□□即不字。甲骨文不字上面的一横划有很多是省略的，耑字中间一横划也正如此。由此可见这部分确是不字。说文：『不，鸟飞上翔，不下来也。』还有人以为不是花树的树本字。这都是靠不住的。不象植物之根，乃茇字的初文。说文：『茇，草根也。从艸犮声。』方言：『茇，根也，东齐曰杜或曰茇。』茇就是不字的后起形声字。由于不字借作否定词用，后来就另造一个形声字来代替它。古文字中这种情形多得很。金文编附录收有一个近似图画的爵文（上三七），是一个很原始的象形不字，结合甲骨文就可以看出此字逼肖根形。我们对不字的解释足以纠正旧说。

甲骨文帝字所从的不字，一般都为三笔，更有一例写做五笔，象植物的根形更为明显。此外还加有几个不规则的点饰以表示土颗。……

更进而考察，甲骨文象植物根形的不字，倒转来即象人发之形。甲骨文若字作或，象人双手上靠头发的形状。发形的部分，倒之即为不字。可以认为，甲骨文帝字作，正是把人体的最上端（发）和最下端（止）接合在一起而倒置之。这是一种把自然界和人体相比附的造字方法；它不仅是方法，而且是反映了造字思想。淮南子原道训：『倒生挫伤。』高注：『草木首地而生故曰倒生。』古人就是根据这种认识论建立起造字思想，是这种思想支配他们使用一定的方法去创造文字。他们认为植物和人相比是倒生的，所以帝字头朝下，脚向上。古文字中这种现象很耐人寻味。回顾起来，我们现在对甲骨文有很多字不能辨认，其主要原因就是我们还没有系统地研究当时的造字思想。」（释戠——兼说甲骨文不字古文字研究第十辑三七——四一页）

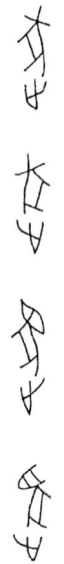

按：羅振玉之説是對的。卜辭帝字下象根，上象初茁之形。與「止」字作者有別，金文形體已稍譌而近於小篆，林義光文源據之以為「上即之字，下即而字」，其説非是。契文下乃「不」字，「不」即象根形，參見「不」字條下。「帝」在卜辭為方國名。

0845

逐

羅振玉　「説文解字：『逐，追也，从辵从豚省。』此或从豕，或从犬，或从兔，从止，象獸走壙而人追之，故不限何獸。許云从豚省，失之矣。」（殷釋中七十葉上）

王襄　「古獄字。」（類纂正編十第四十六葉上）

王襄　「古逐字。逐或从兔，疑逸字。」（簠室殷契類纂第八葉）

唐蘭　「以偏旁考之，則字昔人所誤釋為逐者，當釋為逸。逸本象逐兔，引伸為兔

之奔逸」。（天壤文釋二十九葉）

楊樹達 「余考之卜辭追逐二字用法劃然不紊，盖追必用於人，逐必用於獸也」（甲文說十五葉釋追）

陳夢家 「楊樹達分別卜辭中追逐二字，以爲追是追人而逐是逐獸（甲文說一五——一六），是很確實的。逐當是用獵犬追逐，但有時也有用田車追逐的，如粹一 「甲午王往逐兕，小臣甾車馬，硪馭王車」，又如續三、四〇、二 「王獸」用車」（綜述五五四葉）

李孝定 「說文「逐，追也，从辵从豚省」許書自有从辵豚聲之遯，則逐不當云豚省。段注謂韻會作豕省乃豕省聲之誤，遂改逐下說解作「豕省聲」，是以此爲形聲字。徐承慶段注匡謬引小徐說駁之曰「遯者，走也，逐者，追也，豚走而豕追之（此會意也」，則豚省字非誤」。按小徐以會意解逐字，其意是也，而其說則殊迂曲。遯字分明豚聲，與豚走豕追之義何涉。且寧有爲豚走豕追而造爲專字者乎。是亦猶禿下王育說「倉頡出，見有禿人伏禾下，因以制字」之同爲郢書而燕說之也。羅謂象獸走壙而人追之，其說是也。所逐者非一，故字或从豕或从犬或从鹿或从兔。今以牝牡二字之例，僅收从豕者作逐，从兔者入兔部作逸，以許例也。从犬鹿者入辵部末，而其義則一也。金文作[illegible]逐簋[illegible]逐啓鼎均从豕」（集釋〇五四八頁）

李孝定 「說文「逸，失也，从辵兔，兔謾訑善逃也」。契文从兔从止，兔走而止逐之也，與逐同意。唐說可从。說見二卷逐下。金文作[illegible]秦子矛[illegible]齊陳曼簠「不敢逸康」」（集釋三〇八五葉）

姚孝遂 「卜辭逐字，或从豕从止作[illegible]，或从犬从止作[illegible]，或从[illegible]从止作[illegible]，而从豕者爲其主要形体，三者通用无别。

……說文「逐」和「追」轉注，而卜辭「逐」与「追」的用法，区别極爲严格。卜辭「逐」之对象爲「兽」，「追」之对象爲「人」，二者从来不相混淆。典籍則「逐」可施之于人，如左傳隱十一年：「潁考叔挾舟以走，子都拔棘以逐之」。「追」亦可施之于兽，如孟子：「如追放豚」。「逐」在卜辭乃指某种具体的狩猎手段而言，根据大量有关辭例的观察，应該是圍猎之一种形式。缀一七六有刻辞为：

「其逐咎鹿，自西、东、北，亡戋？

自东、西、北逐咎鹿，亡戋？」

这种「逐」的方式，显然是一种围猎的方式。围猎一般的情况都是三面包围，将野兽从其隐藏的森林中逐出，然后加以捕获。又给一一六通版都是「逐鹿」的记载，其中有一段刻辞为：

「我叀卅鹿逐？允逐，隻十六，一月」

「卅鹿逐」，也显然是围猎鹿群，结果是捕获十六。……」（甲骨刻辞狩猎考古文字研究第六辑四二——四三页）

白玉峥　「峥按：唐氏释逸，是也；然於本义之说解则非。杨氏就逐、追二字构造之异，及於卜辞用法之殊，说解为义之不同，颇有创见；然亦未的；兹就愚见略申之：盖逸字造字之初义，为兔之奔逸。兔为名词，增止而变为动词；类此之字例颇多，举不胜举。盖造字之初，为全画物象之象形字，所造之字必为名词。人类思想情意日见发达后，此等名词字，已不能适应其生活环境，及情意之表达，必得再予造字以适应之。最简之法，莫若增加意符。因此，原始之象形字，日後率多成为声符。逸字，亦产生於此种情景下者也。盖兔性善奔逸，故增止为意符，而为动词。严格言之，与逸乃一字；惟兔为静态之名词，而逸则动态之动词而已。（契文举例校读二二　中国文字第五十二册六〇三二页）

姚孝遂　肖丁　「卜辞「逐」字不同于后世一般「追逐」之义，而是一种具体的狩猎方式。

说文「追」与「逐」互训，典籍中追与逐在用法上也没有严格的区分。而卜辞的「追」与「逐」则判然有别。「追」之对象为人，「逐」之对象为兽，从不相混。下列的卜辞可以帮助我们理解「逐」的具体涵义：

缀176：「其逐咎麑，自西、東、北亡戋？」

这显然是一种围猎的方式。围猎一般都是三面包围，将野兽从其隐藏处所驱出，然后加以捕获。

给116通版都是「逐鹿」的记载，其中有一段刻辞为：

「我叀卅鹿逐？允逐，隻十六」。

「卅鹿」，獲取其十六，也显然是一种围猎的形式。

「逐」晚期卜辞常見「王田，衣逐亡巛」的记载。李学勤先生谓：「衣读为殷，训「同」或「合」，衣逐即合逐之意」（小屯南地甲骨考释一六六——一六七頁），这是正确的。」

商承祚　「逐作□異體」（佚存考釋一〇五葉）

高明說參□字条下。

高明說參□字条下。

李孝定　「从止从犬，說文所無。辭云『壬寅卜口貞田衣迖亡𢦔』，前二·十一·三，義與逐同。說詳前逐字條下」（集釋〇五五一葉）

按：逐字或从豕，或从犬，或从兔，卜辭均通用無別。唐蘭釋从兔者為逸，非是。又甲骨文有从鹿从止者，辭例均殘，難以確定是否即為逐字之異構，姑附於此以待考。拾六·八拓本漫漶不清，葉玉森以為「麈即逐之異構」，據其辭例，當作「禽有鹿」，下不从止。至於佚九七七合集一〇六三九之卜辭，乃「逐虎」二字，商承祚誤為一字。

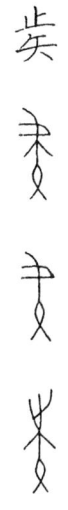

0846

⿱止矢　□　□　□

孫海波　「□，乙二三〇七。从矢从止。說文所无。人名。」（甲骨文編二四三頁）

商承祚　「集韻謂⿱止矢為古族字，而許書無。」（類編五卷十五葉）

李孝定　「从矢从止，說文所無。絜文族作□，此非族字也。」（集釋一八一六葉）

按：合集一〇一九六辭云：「……日……狩兕，允隻虎二佣出⿱止矢𢦔友若」，當為動詞，非人名，亦不得釋「族」。

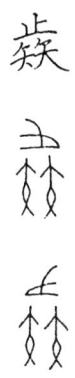

0847

⿱止族　□　□

按：「易伯⿱止族」，乃「易伯」之名，與「⿱止矢」有別。

0848

□

孙海波 「□，佚九六九。商承祚释宀贞合文。」（甲骨文编八七六页）

按：合集二九三五辭云：「壬寅卜，兄□」字右从「宀」，左不从「㱿」，非「宀㱿」合文。

0849

条 條 □ □

李孝定 「从夂从木，说文所無。按王襄收此作夆，見類纂五卷二十七葉下。以下不从𠦒，王説非。」（集释一九二五葉）

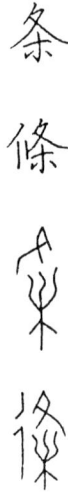

白玉峥 「□，籀廎先生释采。商承祚氏释条（类编卷五），王襄氏释夆（类纂卷五），推於字之结体，皆无说。叶玉森氏释条；曰：□，本春之省文；象猱猗阿儺形，条意尤显。疑为條省。」（说契）峥按：字於卜辞中之为用，约有二焉。其一，有用为动词者，如：

甘亡其条，来自南？允无条。 乙三一一六

……弗条？ 乙八八八八

其二，有用为名词者，如：

贞：帝于条？

勿帝于条？ 合二四四

此条，疑为殷世供祀之神名。」（契文举例校读十六 中国文字第五十二册五八二七至五八二八页）

按：字當釋「条」，或从「彳」作「倏」。合集七七五正辭云：「貞，王条戈人；貞，王弗条戈人」乃用為動詞。「帝于条」之「条」乃地名，非神名。

0850 条

按：合集三六五八七辭云：「甲午卜，在洓貞，王步于条，亡𡆥」乃地名。

0851

按：字不可識，其義不詳。

0852

按：卜辭云：「己巳卜，𠬝」「己巳𠬝」當為地名，或國族名。

合集二二一四四
合集三二一七九

0853

郭沫若「于九畓當係人名。」（甲研釋繇八葉下）郭氏後又釋此為咎，無說。見粹考一五三葉下一一八九片釋文。

唐蘭「畓字又作畓，皆見於『今旧巫九畓』之辭。其辭或作『今日巫九旧』，（殷栔餘論十九）則畓與旧通，其聲亦應為旨若卟矣。郭氏初以巫九畓為人名，後又謂未能明，而於萃編考釋寫畓為咎，而無說。余謂此語當讀為今卟巫九繇，或今卟巫九占，巫九占當為占法之一種也。以字論，則畓與各相近，由卟咕之例推之，得變為各。古自有各字，此特相混耳。西伯戡

《繇》云：「格人元龜，罔敢知吉」。格人舊不能解，余謂當作𡆥人，即占人也。《殷庚》云：「非廢厥謀，弔由靈各。非敢違卜，用宏茲賁」。舊以各非敢違卜為句，不可通，各亦當作𡆥，弔由靈各，謂淑由靈繇或靈占也。𡆥之字象有足來至囗上，其本義或是卜而神靈來降於繇歟？」（《天壤文釋》十二葉）

又曰：「巫九當即九巫。余謂巫者筮也，筮及毉同皆巫術，故字並从巫耳。則卜辭之巫九𡆥，疑即《周禮》之九筮也」。（同上眉批）

于省吾

「按郭唐二君前後自易其說，巫九𡆥既不詞，九繇九占九各九筮於文理辭例，均不可通也。𡆥字下从囗，以其用於貞卜，故中从卜也。卜辭晚期以⿰囗犬代囗，郭唐二君均釋為猷，又均謂與繇通。按囗酉均象酒尊，是从囗从酉一也。⿰囗犬通猷，猷即猶，郭唐二君已詳言之，茲不繁述。𡆥从夊囗聲，既可讀為繇。載籍繇猷搖通用，《書·大誥》：「王若曰：『猷大誥爾多邦』」。《釋文》：「猷，馬本作繇」。《詩·巧言》：「秩秩大猷」。《漢書·敘傳》注引作「秩秩大繇」。《小旻》：「我龜既厭，不我告猶」。孔廣森讀猶為繇。以上三證，郭沫若已言之矣。繇搖古同用，《周禮·追師》注：「其遺象若今步繇矣」。《釋文》：「繇本或作搖」。《禮記·明堂位》注：「今之步搖是也」。《釋文》：「搖本又作繇」。《素問·氣交變大論》：「筋骨繇復」。注：「繇，搖也」。《史記·蘇秦傳》：「二日而莫不盡繇」。《索隱》：「繇音搖，搖動也」。《爾雅·釋詁》：「繇，喜也」。注：「《禮記》曰：『人喜則斯陶，陶斯詠，詠斯猶』。猶即繇也，古今字耳」。《禮記·檀弓》：「咏斯猶」。注：「猶當為搖，聲之誤也」。搖謂身動搖也。秦人猶搖聲相近」。《淮南子·脩務》：「君子有能精搖摩監」。《要略》：「精搖靡覽」。二搖字均應讀作猶，詳《淮南子新證》。是均𡆥猷搖字通之證。𡆥當係形聲字，从夊為倒趾，有舞意，囗其聲也。卜辭九𡆥字均應讀作搖。《說文》：「搖，動也」。《管子·心術》：「搖者不定」，搖謂舞搖也。九搖即九舞、九伐之謂也。亦即《檀弓》詠斯猶之猶。古者樂與歌與舞往往並作，其節奏每以九計。《書·皋陶謨》：「簫韶九成」。《列子·周穆王》：「奏承雲六瑩九韶」。《周禮·春官·鍾師》：「凡樂事以鍾鼓奏九夏」。《大司樂》：「若樂九變，則人鬼可得而禮矣」。《楚辭·天問》：「啟棘賓商，九辯九歌」。《左》文七年傳：「九功之德，皆可歌也，謂之九歌」。《楚辭》有《九歌》《九章》。《山海經·海外西經》：「大樂之野，夏后啟於此儛九代」。《藝文類聚》四十三樂部引蔡邕《月令章句》：「樂聲曰歌，樂容曰舞」。是歌舞與樂相比附，樂與歌，多以九為變節奏，故舞亦九為度矣。卜辭恆云「今囗巫九𡆥」。今囗之囗，應讀為由。𡆥从囗聲，既與猷繇搖字通，至猷由古籍尤多通用，詳《經傳釋詞》。郭沫若亦讀囗為由自之由。按由用也。今囗巫九𡆥者，即今用巫九搖也。《殷契遺珠》九八二有「今用𡆥」之語，即今用搖舞也，與「今用巫九搖」之義可互證。一說今囗之囗讀繇，即爻，謂爻詞也。於義亦通。前引《檀弓》注訓搖為身動搖，是初動為搖，繼動為舞，實則搖即舞也。對文則殊，散文則通耳。《說文》：「巫，祝也，女能事無形以舞降神者也。象人兩褎舞形」。按巫乃男女巫之通稱，初不涉於男覡女巫之說也。周禮春官司巫：「若國大旱，則帥巫而舞雩」。御覽七百三十五方術部，引桓子新論：「昔楚靈王驕逸輕下，信巫祝之道，躬舞壇前。吳人來攻，其國人告急，而靈王鼓舞自若」。爲古文尚書伊訓「敢有恆舞于宮，酣歌于室，時謂巫風」。卜辭巫九备下每言祭祀征伐，是有祈於神，每用巫舞以事之也。總之，备字从倒止，从田聲。备搖爲一聲之轉。巫九搖猶言巫九舞。古者歌舞恆以九爲節，巫祝以歌舞爲其重要技能，所以降神致福也。」（駢枝廿八葉釋巫九备）

李孝定　「从夂从冎，說文所無。郭釋咎，與其釋田爲冎之說不合。唐氏釋繇或占，其誤乃緣田之釋甶。說見四卷冎字條下于氏謂唐氏前後自易其說實屬誤解，唐謂九筮乃釋「巫九」二字，非謂备當釋筮也。于氏讀此爲搖，其誤與唐氏同。蓋甾當釋冎，从之得聲之字固不得爲搖也。且卜辭自有舞字作[glyph]，何不逕用此字而必叚「备」爲搖再轉以會「舞」意乎。竊謂此字之義不可塙知，當以存疑爲是。至于氏謂繇搖通叚，歌舞以九爲節，巫以舞事神諸說則均是也。」（集釋一九二四葉）

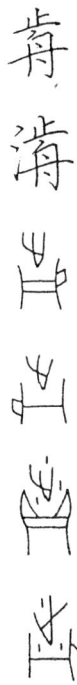

陈梦家　「卜辞冎或从丂作𠶷，戬寿堂（四六、八）曰子又𠶷甫今……」疑即殄之别构。说文曰「殄，腐也，从歺丂声」，而歺曰「从半冎」，是歺冎同为骨类；又习见一术语曰「今冎𡉉九𡆥（前三、廿八、一及四、三七、五）从止冎，疑即過字，卜辞趞作𨑒，与此同例。」（释冎，考古学社社刊第五期十七至二十二页）

林沄华　参巫字条

按：卜辭「巫九备」習見，于先生已詳論之。惟古禮難徵，不妨存疑。

0854

孫詒讓　「𠀠字奇古難識，以形推之，疑當爲市字。說文冂部：「市，買賣所之也。市有垣，从冂从乁象相及也。乁古文及字。㞢省聲。」此上从屮，即之省。（先字上从㞢，此文亦作𡴀，是其例。）中从冂，即从冂。下褰𠀠，即古文及。或左下或右下者，反正之異。金文兮田盤市作𡴀，亦與此相類」。（舉例上卅五葉下）

羅振玉　「說文解字：『洗，洒足也。从水，先聲。』此从廿（即足形）从八八（即水形），置足於水中，是洗也。或增凡象盤形，是洒足之盤也。中有水，置足於中。由字形觀之，古者沐盥以皿，洗足以盤。」（殷釋中六十八葉上）

王襄　「古洗字。許說洒足也。此象盤中注水洗足之形。」（類纂正編第十一第五十葉下）

葉玉森　「按歬之異體作歬歬歬歬等形，卜辭為國名。察其字形，固象洒足于盤。予曩疑从止从舟，即歬。篆文歬从力，即卜之之譌変。廣雅釋詁『湔，洒也。』卜辭或从八，象水點，即湔所由來。或省水點，置足于般，湔意仍顯。（說契）」（前釋四卷十五葉下）

杨树达　「余谓歬字从凡，从止声，乃礼经洗之本字。仪礼士冠礼云：『设洗。』郑注云：『洗，承盥洗者，弃水器也。』……甲文字从凡，象槃形者，洗古文谓之槃。礼记内则云：『进盥，少者奉槃，長者奉水，请沃盥。』郑注云：『槃，承盥水者。』……说文槃训承槃，亦此义也。盖举其器则谓之槃，明其用则谓之洗，其实一也。经文作洗者，省形存声耳。向非甲文，此字终古不可见也。」（释歬，积微居甲文说卷上十二至十三页）

楊树达　「歬方究当为何国乎？以声类求之，盖即有莘氏之莘也。孟子万章上篇曰：『伊尹耕於有莘之野。』说苑尊贤篇曰：『伊尹，故有莘氏之媵臣也。』莘字或作侁。吕氏春秋本味篇曰：『有侁氏女子採桑，得婴儿於空桑之中，长而贤。』……据此知湯王天下以前有侁氏已立国也。字又作姺。……甲文歬从止声，止为初文，洗其後起之形声字，洗与莘为双声，与侁姺则声类相同之字也。」（释歬方，积微居甲文说卷下六七頁）

李孝定　「歬字从止在盘中，乃洗足之会意字也。衛若𧗳乃从行（或从彳），歬声，其但作歬者，乃假洗足字为歬進字，非歬進字本作此形也，下逮小篆，歬字反为借义所专，乃别出从水歬声之湔字，以为洗足之专字……」（读契识小録，历史语言研究所集刊第三十五本四八至四九页）

李孝定　「說文『湔水出蜀郡緜虒玉壘山東南入江从水前聲一曰手瀚之』契文象洒足于般。其作歬者當釋歬，作湔者當釋湔。葉說是也。說詳前二卷歬字條下。本書分收作歬湔二文，其始本一字。而分收之者，从許例也。卜辭湔為國名，當即由湔水得名。」（集釋三二七六葉）

張秉权　「渝与戉地相近，卜辭有曰：

貞：戉其受渝方又？（粹一一二三）

□□「卜」，（殷）貞：戉受渝方又？（鐵一六二·四）

壬辰卜，殷貞：戉戋渝方？（掇存三一）

而戉又是吕方与土方入侵所經之地，故卜辭謂：

□□卜，殷貞：吕方允戋戉？（粹一〇七一）

己巳卜，殷貞：吕方弗允戋戉？（通五〇；前七·八·一）

戉弗伐吕方？（鐵五六八）

吕允戋戉？（續三·三五·五）

貞：吕允戋戉？（庫三九）

甲寅卜，（爭）貞：戉其隻征土方？（續三·九·五）

其他与戉发生过关系的如羌（甲編三三三八；乙編四六九二），亘（乙編四六九三），雀（乙編四六九三）与戉的距离也不太遠。胡厚宣說戉在今山西平陸（注一），則渝方与山西平陸的距离，似乎也不应太远的，而四川松藩又似乎觉得太远了一点。」（殷虛文字丙編考釋第一九〇頁）

（注一）見甲骨学商史論丛初集第二冊，殷代吕方考P.七。

饒宗頤　「按戉伐渝方，亦見續編四·二九·一，他言：『戉受渝方又』，見粹一一二三，鐵一六二·四。渪字从沚从月，月亦作用，乃槃字。契文般庚之『般』字，并从『月』，則肯為前字無疑。渝方乃春秋之泉戎，見左僖十一年傳。又昭二十二年：『司徒醜以王師敗績于前城』。服虔曰：『前讀為泉，即泉戎也』。杜注：『今伊闕北有泉亭』在河南洛陽縣西南」。（通考一八六——一八七葉）

于省吾　「說文：『歬，不行而进謂之歬，从止在舟上。』林义光文源：『人不行而能进者，唯居于舟為然，故从止舟。止者人所止也。』徐灝說文段注箋：『象人足在舟上，前进之义。』按許說乖舛不通，徐林二氏又加以阿附。歬為前后之前的本字，典籍作前，乃歬字的隶变，歬為俗字翦的本字。甲骨文歬字作肯或㣎、𠙵。其从止，乃足趾之趾。其从月，即古凡字，甲骨文般字本从凡声，般字后世孳乳為盤。甲骨文般庚合文之般多省作月。凡与盤同居脣音，又為疊韻，二字初本同文，后來分化為二。又古文字凡、般（一般）与舟有时混同，但音讀有别。商器般甗的般字从月。西周金文从月者多譌变為舟，故般字皆从月。金文歬字作肯或肯，為《說文》歬字所本。本諸上述，歬字的初文自应以甲骨文为准。古文字从止从彳从征之字每互作，均表示行动之义。甲骨文肯字从止，止有行动向前之义。其所从的月，即古般字，歬般叠韻。因此可知，肯为从止月声的形声字，《说文》误认为会意」。（《甲骨文字释林·释歬》）

于省吾说□、□参中字条下。

按：甲骨文「歬」、「湔」同字，《續甲骨文編》分列為二字，非是。本象洒足於盤之形，从止、从水、从凡（盤）會意。字或省水，或增彳、廾為形符，其實一也。小篆譌為从舟，又别出从水之湔字。釋湔為「一曰手澣之」。手蓋誤字。《禮·內則》：「衣裳垢，和灰請澣」，鄭注：「足曰澣」。澣足當為「湔」之初義。《漢書·武五子傳》顏注釋湔為澣，猶存古訓。引伸為一切洗濯之義。《廣韻》、《廣雅》釋為洒或洗。在卜辭均用作人名或地名。葉玉森所引《前》一·四〇·二當為「·：兄戊卸衛」，猶它辭言「于兄己卸衛」（《前》六·二一·八）、「于匕癸卸衛」（《粹》三八二《合集》三二〇八），均為人名。或稱子衛。葉釋為「肯兄戊」，讀肯為先，殊誤。

0855

按：當是「里」之繁體。

0856

于省吾

「前六·二四·五『貞□』、六·五六·二『出□』、後上·九·五『貞出于□』、作□者，省畫也。貞下為所祭之公王名，如前一·二二·八『貞且丙』、二·四五·二『貞甲龢眔唐』，是也。至言『出某』、『出于某』者，尤所习見，不煩舉例。余疑□字即朱司二字之合文。朱即柴字，犹未之作米，亦作米，栗之作㮚，亦作㮚，木亦作木，是其証。《甲骨文編》所录卜辞司字作司，后字作后。按，司、后初本同字，反正无别。《說文》困之古文作朱，然从止从木，元由見义，且粹六一已有困字，司、朱乃古文根字。《古文四声韵》上平二十五痕引《古老子》根字作朱，上从出，与从止每易。棍，犹㞢之作㞢，㞢之作㞢也。《說文》以朱为困，乃借根之初文以为困也。借朱为困，犹借昆、錕以为銀也。漢龙氏竟『和己昆易清且明』。昆易即銀錫。《瀨氏家训书证篇「新论以金昆为银」，是其讹。前一·五二·四「贞奴牛于朱」，叶玉森谓「卅牛于困，殆段作梱也。或为地名。」（集释一·一四一）按，叶以困为地名，是也。前五·十二、三「乎帚好先奴人于庞」，与「奴牛于朱」辞例同。殷契卜辞五九○「省生追龙从朱西及」，朱即朱即根，尤可为地名之讹。朱即根之象形初文，上从甘着，恐其与木形混，别上从见下也。从木而加艮为声母，乃后起字。唐兰谓卜辞归作𢓊，以讹朱乃帝之讹体（文字记十八）。按，卜辞妇作帚，无作朱者。归字从朱，乃偏旁中之异构，且若、若形，必非从帚从口之字。卜辞言贞朱司，出朱司，出于朱司，是朱司当为殷先公之名。《史记·殷本纪》「昌若卒，子曹圉立。曹圉卒，子冥立。」《礼记·祭法》正义引《世本》「昌若生曹圉，曹圉生根国，根国生冥。」是《世本》于曹圉与冥之间多根国一世。《史记·索隐》引《世本》曹圉作糧圉。《国语·鲁语》「冥勤其官而水死」，韦注「冥，契后六世孙，根圉之子也。」《国语·周语》「玄王勤商十有四世而兴。」按，由契至汤适为十四世，如曹圉、根国互见，则于商之世数不符。盖曹圉与根国互歧，校者旁注异文，因而误入正文，析为二世。朱起凤云「曹字先误作漕（按，应先误作槽。）因又误作糧，糧或省为粮，根乃粮字之讹。圉字作国，亦形相近。」（辞通十三·九）按，朱谓为形讹允矣，惟不知作根为是，而以根为粮之讹失之。曹圉、糧圉并根国之讹。国又为司之讹。卜辞国字作古、可，即或字，或为国之初文，或、司形近，故易讹也。又金文国字间作国，缺右竖画，亦与司形近。凡殷先公、先王之名号一字者无讹矣，其二三字者多作合文。且若与若上体向右微斜以就成司字，尤为合文之明征矣。就以上论述所考，知者朱为根之象形，初文从木艮声，乃后起字。若为朱司二字合文，若为若之省画。载籍讹根为曹为糧，讹司为圉为国，沈晦数千年，而由卜辞若字始推知昌若之子，冥之父之本作朱司也。」（《殷契骈枝续》七——九页）

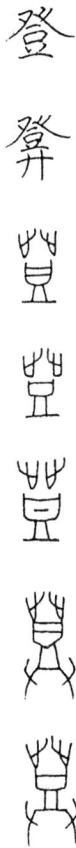

按：「朱司」為殷人祭祀之對象。于先生以為「根司」之合文，于卜辭難以取證，姑存疑以待考。

0857

按：此字形體有誤，孤例無證，只能存疑。

0858

羅振玉 「說文解字：『登，上車也。籀文从収作𤼷。』與此合。散盤亦作𤼷。此字从癶昪聲。昪即瓦豆，謂之登之登。」（殷釋中六十六葉上）

王襄 「古𤼷字，借為登，文曰登人五千，此貞登民數事。周禮司民：掌登萬民之數，猶沿用商之遺制也。或以為類周世比軍衆之事。」（簠室殷契類纂第六葉）

楊樹達 「說文二篇上癶部云：『登，上車也，从癶豆。』或从収作𤼷，云：『籀文登从収。』甲文有此字，……形與說文所記籀文同。省癶形則作昪，或作𤼷，舊釋分𤼷昪為二文，別釋昪作弇，非也。續一、三七、一云：『登人伐下𠃌，受㞢又（祐）？』前五、二十、七云：『貞勿登人乎望土方？』續一、十三、三云：『貞登人三千，乎伐舌方，受㞢又？』前七、二、三云：『庚子卜，𡧊貞：勿登人三千乎𠂤（伐）舌方，弗𠂤（其）受㞢又？』佣二、二七、六云：『戊寅卜，㱿貞：勿登人三千乎伐舌方？』庫方三一〇云：『辛巳卜，貞：登婦好三千，登旅萬，乎伐羌？』王襄云：『登人疑即周禮大司馬比軍衆之事，將有征伐，故先聚衆。』樹達按王氏明登字之意，是矣，而未能言其本字當為何字。余以聲類求之，登蓋當讀為徵。說文八上㐺部云：『徵，召也。』登徵古音同在登部，又同是端母字，聲亦相同，故得相通叚也。如余說而是，則殷時兵制殆由於臨時之召募矣。卜辭又恆云奴人，與登人用法同。如後上十七、一云：『癸巳卜，㱿貞：奴人乎伐舌？』又三一、五云：『丁酉卜，㱿貞：今載王奴人五千征土方，受㞢又？』是其例也。以辭例觀之，此與前記諸登人之例相同。然奴字無徵召之義，音與登字亦遠，頗為難解。余疑甲文登字多从奴作，此即登字之省寫也。佚三七八云：『甲午卜，亘貞，奴馬乎伐口。』又六六九云：『貞，乎𡧊奴牛。』奴並為登之省，謂徵馬徵牛也。余於一九四五年四月撰此文，是年九月十二日，董彥堂贈余以所著殷曆譜寄到辰谿，其書下編九卷三十九葉云：『殷代征伐，必隨時登人，亦作奴人，殆即徵兵之義。』與余說正同。惟董君未及登徵音同通假之說，故余仍存此文云。」（積甲文說二三葉釋登）

李孝定 「說文：『登，上車也，从癶豆，象登車形。𤼷，籀文登从収。』繫傳云：『臣鍇曰：登車亦制癶難也。豆非俎豆字，象形耳。籀文登从収，臣鍇曰，兩手捧登車之物也。登車之物，王謂之乘石。』鄒伯奇讀段注札記云：『癶部登字注云（定按指段注）「籀文省昪，又或益之肉，小篆並肉収省之」。是謂登因昪而作矣，乃又於豆部注云「籀登作𤼷，又或益之肉」，則又似謂昪因登而作，前後不相照應。』按說文昪解云「禮器也，从廾持肉在豆上」，不云从登聲。登解云「上車也，从癶豆，象登車形。𤼷籀文登从収」，俱不云「从癶从昪省聲」，是兩不相蒙。蓋云癶豆象登車形，則登下之豆非从俎豆之豆，但字相似耳」。徐鄦兩氏之説是也。許解云「𣥠豆象登車之形」者，謂𣥠立豆上，乃象「登車」之一動作。豆者，象乘石之形。今吾湘甲第大門兩側常見兩圓形石鼓，分置作八字形，石鼓橫置下有座，側視之正作Ω形，俗謂之圓鼓，登或謂之上馬石，即此物也。許書登入𣥠部，𢍏入豆部，各从其類也。卜辭𤼷𤼲，舊分釋為登𢍏，不誤。𤼲或作𧯠，象豆中食物豐盈之形。从𣥠之字則絕無作𤼷形者。古人造字皆有精誼，不可亂也。楊氏謂兩形並當釋登，說非。𤼲𤼷兩字在卜辭之用法惟𢍏字辭義較明，登字有一片為人名，其他則辭不明，然兩字辭例無相同者，已足證楊說之誤。辭云「喜貞其𢍏且辛于卯一牛」（鐵四八．四）「□子卜貞☒𢍏豚☒𠀀正」（前五．二．乙）「戊午卜貞𢍏口自上甲大示暨隹牛小示由口」（前五．二．四）「☒蔛稱（定按此二字漫漶不明，姑隸定之如此）其禱兄辛」（後上．七．十）「☒貞𢍏王亥羌☒」（後上．二六．五）此皆𢍏進之義，為𢍏之本義。又云「丁酉卜㱿貞勿𢍏人三千」（藏二五八．一）「貞勿𢍏人乎𡈼國伐口方」（前五．二十．七）此則如楊氏說假為徵𢍏字。辭云「☒𢍏☒佳☒」（前五．二．一）「貞𢍏☒」（甲一．二九．十五）殘泐，辭義不明。「貞犬𢍏其出不若☒」（續四．三四．二）「庚寅卜爭貞令𢍏眾焱所工衛出米」（甲編一一六七）「犬𢍏」辭殘不明，疑為犬登某處之省文。若然，則與今語登樓登車之義同。「令登眾焱登焱」均為人名，凡此均與用𢍏之辭例不類，可證兩者之非一字。又楊氏謂卜辭言「奴人」亦𢍏人之省。竊疑奴當讀為供，言與之眾使伐某方也。登字金文作𤼷登鼎𤼷散鼎𢍏芇戾鼎𤼷鄭鄧叔盨𢍏鄧公簋𤼷陳侯因資鎛𤼷𤼷陳侯午錞𢍏姬鼎與契文籀文並同。陳侯因資鎛銘云「以𢍏以嘗」，姬鼎銘云「用𢍏用嘗」，則與卜辭用𢍏之例同。經典以烝為之。詩信南山「是烝是享」，傳「烝進也」，爾雅釋詁「烝進也」，春秋繁露「四祭冬曰烝。烝者，以十月進初稻也」，皆與卜辭之𢍏，金文之𢍏義同」。（集釋〇四六七葉）

考古所　「登：祭名。」（小屯南地甲骨一〇三一頁）

陈炜湛说参𤼲字条下。

0859

按：甲骨文𤼷字从登从廾，與說文登字籀文同。从𣥠、𢍏聲。許慎以為象登車形，非是。徐灝、王筠、孔廣居均已疑之。王筠說文釋例、朱駿聲說文通訓定聲並謂从𢍏省聲，實則𢍏即古𢍏字。卜辭多用為人名。與𤼲、𤼷之用法有別。說詳𢍏字條下。

孫海波　「⿱目址，河七〇九。从目从址，說文所无。地名。在⿱目址卜。」（甲骨文編一六〇頁）

按：字从「址」从「目」从「山」，非从「目」，乃地名。

葉玉森　「按此字極奇，乃國名，从田疑象鼈形。卜辭龜作𠁁，（𠕁字偏旁見後上十九．五）鼈伏不見首足尾，則去𠁁之首足尾作田反置之即與田同。从三屮，象三足，當即古文能字。爾雅論衡並載鼈三足能之文。小篆能作𦙶从ㄋㄣ，象二足。从㠯象首。（或即ㄣ之譌）从月即田之譌矣，古之能國不可考，疑其國多產能」。（前釋卷六第二十八葉上）

商承祚　「說文解字『邋，拹也，从辵巤聲。』石鼓文作躐，以為田獵字，象止所踐殆獵也，訓拹意後說。」（類編第二卷十四葉）

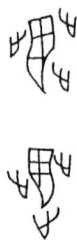

唐蘭　「⿲止羽止字，商承祚釋邋，誤。葉玉森……以附會三足之能，其怪誕不经，有如此者。⿲止羽止字从羽从歨，今字所無，余以為此翣之本字也。周禮縫人：『衣翣柳之材。』注：『故書翣柳作接櫝。鄭司農云：接讀為⿱羽止，櫝讀為柳，皆棺飾。檀弓曰：「周人牆置⿱羽止。」春秋傳曰：「四⿱羽止不蹕。」』又喪祝：『除飾。』注：『鄭司農云：「除飾，去棺飾也，四⿱羽止之屬。」玄謂除飾便其窆爾。周人之葬牆置⿱羽止。』按今檀弓及左襄二十五年傳，⿱羽止並作翣，與二鄭所見異，⿱羽止翣蓋古今字也。說文：『翣棺羽飾也，天子八，諸侯六，大夫四，士二，下垂，从羽妾聲。』然則翣本羽飾，故从羽。卜辭⿲止羽止字當从羽歨聲，（歨即⿱羽止字）乃其正字，檀弓左傳段⿱羽止為之，後世或段妾聲為之，因為翣字，而⿲止羽止字晦矣。（周禮故書翣作接，釋文『翣本又作⿱竹妾。』明堂位釋文、少儀釋文均云『翣又作⿱竹妾。』可見本段妾聲為之，無定字。說文以⿱竹妾為箑之重文，扇也。蓋以竹為之，則為⿱竹妾，以羽為之，則為翣矣。）說文：『翣棺羽飾也。』段玉裁謂翣無用羽明文，以說文羽字為衍，當為棺飾。今按段說非也。喪大記：『黼翣二，黻翣二，畫翣二。』注云：『漢禮，翣以木為筐，廣三尺，高二尺四寸，方兩角高，衣以白布，畫者畫雲氣，其餘各如其象，柄長五尺，車行，使人持之而從，既窆，樹於壙中。』（後漢趙咨傳賢注引三禮圖略同，唯云『以竹為之』）蓋如近世之掌扇。釋名釋喪制：『齊人謂扇為⿱竹妾，此似之也，象翣扇，為清涼也。』淮南子氾論

淵注：「翣狀如要扇畫文，插置棺車箱以爲飾。」則棺飾之翣，本象扇形，無疑也。考古者扇亦名翣，（既夕禮：「燕器杖笠翣。」禮記少儀：「手無容不翣也。」呂覽有度：「冬不用翣。」諸注均云「扇也」。淮南子說林注：「扇也，楚人謂之翣也。」釋名：「齊人謂扇爲翣。」小爾雅廣服：「大扇謂之翣。」）周禮巾車：「輦車，組輓，有翣，羽蓋。」注：「所以禦風塵。」則尋常用車，亦有翣扇，以障風塵，喪儀之翣，當即仿此而作耳。翣與羽蓋相近，則本乃緝羽以爲扇，後世固或以布衣木，然不能謂翣不用羽也。卜辭本作𦏸字，從羽從歨，羽者所以蔽障，歨象徒衆，然則𦏸本象意字而衍变爲形聲字者，亦聲化象意字之一也。」（文字記十三葉下至十四葉下）

孫海波　「𦏸，粹一五五五。方国名，勿伐𦏸。」（甲骨文编五八）

李孝定　「說文『翣，棺飾也，天子八，諸侯六，大夫四，士二。下垂。從羽妾聲。』契文作𦏸，商釋選，是仍承孫王兩氏釋冊爲選之誤。冊即羽字已見上引唐說，則商氏之誤可以不辨自明。葉氏能引爾雅龜三足能爲說，尤爲荒誕不经。既云龜伏不見首足尾，則冊字已是龜之全形，足亦當在其中，何以於體外更著三足，又何以此龜形必反置而三足則前向，其說之支離滅裂已不攻自破。且能字金文作𦘦（毛公鼎𦘦番生簋），自象熊形。國語「晉侯夢黃能入於寢門」，是其本義。龜三足能之說於動物學中已屬無徵，葉氏乃據此肊說以釋本字，不足取也。唐氏隸定爲𦏸，謂即說文之翣，其說是也。大扇曰翣，乘車者用之以蔽風塵，不必棺飾。棺飾亦謂之翣耳。卜辭从羽𦏸聲與篆文从羽妾聲相通，蓋𦏸妾二者聲韻並相近也。𦏸古音在七部緝韻，妾則在八部葉韻，二者本自相近也。字作𦏸作翣並無棺車之象，義止是扇，一人足以舉之，何煩徒衆，唐氏「歨象徒衆𦏸本象意」之說實爲蛇足。蓋从歨祇是聲符別無意義，誠如唐氏之言，不將以「姬妾掌扇」解翣字乎。」（集釋一二四六葉）

按：諸家所釋，皆不可據。字在卜辭爲方國名及地名。

0861

癹　發　𤼲

商承祚釋發。曰：「卜辭文癹攴諸偏旁多不分，觀其誼之所在，而不能以形斷也。」（類編二卷十葉）

李孝定　「說文『癹以足蹋夷艸从癶从殳春秋傳曰「癹夷蘊崇之」』商氏釋此為發，可从。卜辭發似為人名，辭云『□辰卜其先發』，前五·二四·八『□王乎發』，前六·五五·六『戊子卜令發往雈戊□自』，藏二二六·二其義不詳。粹一三一八之[字形]，郭某隸定為⿰氵⿱癶又，蓋以彡為水形也。然水形何可把握，此字彡下从又持之，仍當以釋发為是。金氏續文編收此作發，是也。」（集釋〇四七一葉）

裘錫圭釋發，參彡字条下。

按：字當釋「發」。合集八〇〇六辭云：「戊子卜，令發往雈師」乃人名。

0862 ⿰彳⿱癶又

裘錫圭　「『⿰彳⿱癶又』字……，見甲骨文編八〇頁。文編將此字隶定為『⿰彳⿱癶又』，似不確。此字疑即『迹』或『跋』的古体。」（釋「勿」「發」中国語文研究第二期四一頁）

按：字可隸作「⿰彳⿱癶又」，不从「涉」。辭残，其義不詳。

0863

按：字不可識，其義不詳。

0864

按：字不可識，其義不詳。

0865

唐兰　「卜辭习見。𡆥字或作𡆦，前人不识。我以为从止从𠁥。𠁥即毋字，象盾形。而『乏』字本义是『持獲者所蔽』的革盾（見仪礼和周官）。可見𡆦就是乏。『正』字作𡆥，『乏』字作𡆦，形体相近，后人就改做『反正为乏』了。」（古文字学导論下六十页上）

考古所　「𡆥：地名。」（小屯南地甲骨八四〇页）

饒宗頤　「按𡆥者，以祴之从戔例之，𠁥乃升字，𡆥隸定可作『𡘷』，乃升之繁形。升為祭名，他辭如：『丁酉卜，出貞：今𣎆𡆥……鳴……。』（前編五、四六、四）『口卯卜，矣（貞）王其𡆥，（亡）𡆧。十三月。』（戩壽四五、八）儀禮覲禮：『祭山丘陵升。』禮器『因名山升中于天。』升，進也，謂升進祭品。」（通考二六四葉）

饒宗頤　「𡆥殆即今昇字。說文新附：『昇，日上也。』古與升同用，儀禮士冠禮：『若殺，則特豚載合升。』鄭注：『在鼎曰升，在俎曰載。』覲禮：『祭山丘陵，升。』是𡆥為進品物之祭。」（通考一一四一葉）

裘锡圭　参迯字条

按：釋「乏」、釋「升」皆不可據。卜辭用為祭名。

0866

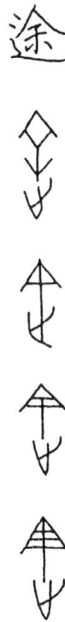

途

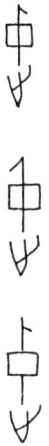

王襄　「古徐字，从辵省，辵、彳二字古相通叚，古與郐通。郐字重文。」（類纂正編第八葉上二卷）

葉玉森　「王襄氏释徐，……商承祚氏释从女从余之𡛚為㛛。（類編十二卷七葉）按：此為動詞，釋徐释途均未安。」（前釋六卷二十六葉下）

李孝定「从止从余，說文所無。于氏釋途，謂或假為屠，其說是也。來世徵夏代和殷代的奴隸制一文亦从其說。見歷史研究一九五六年第一期五十一葉行李道途之途古經籍多有之，許書殆偶佚耳」（集釋〇五五七葉）

李孝定「卜辭以途為之途字重文。說文『郑下邑字从邑余聲魯東有郑城讀若塗』」（集釋二一七一葉）

孙海波「[illegible]，佚三八七。疑途字或体。」（甲骨文編六七四頁）

孫海波「从止从余，說文所無，古通郑」（文編二卷二十一葉）

孙海波「[illegible]，乙三四〇一。从止从余，說文所无。于省吾释今途字，其在卜辞中用法有二，一為道途之途，一為屠殺之屠。此辞云，翌乙亥，王途首，亡囚。途首犹言屠首。[illegible]，前七、二四、二与七、一八、三缀合。途若兹鬼。途犹言道途。」（甲骨文编七一頁）

于省吾「契文途字，……即今途字。其用法有二：一為道途之途，綴存二八：『途若兹鬼』，鬼為惡劣之義，滙一三五四『叀鬼』與『叀吉』對文，則鬼為不吉明矣。此言道途若此之惡劣也。前五、十七、五：『日若兹敏』，句例同。一途作動字用，義為屠戮伐滅，應讀為屠。途與屠聲韻並同。逸周書周祝『國屠』注：『屠謂為人分裂也』，荀子議兵『不屠城』注：『屠謂毀其城殺其民若屠然也』，史記絳侯周勃世家『屠渾都』索隱：『屠，滅之也』。前六、二六、五：『易乎虎途，子姪來？乎虎途，子姪來？』上下對貞，屠謂殺伐。言勿乎虎屠戮之，而子姪來歟？抑乎虎屠戮之，而子姪來歟？乃疑詞也。前七、三二、一：『叀陵令途，卒』，言令陵屠戮而有所禽獲也。前六、二五、二：『王途衆人』。續三、三七、一：『王易往途衆人』，途謂屠戮也。鄴三下四三、九：『王令甾途，亞侯又』，言王令甾有所屠伐，而亞侯佑助之也。佚九四五：『其途虎方，告于且乙。其途虎方，告于丁。其途虎方，告于大甲。令𡈼乘眔輿途虎方』。途虎方即屠虎方，謂屠戮虎方也。亦即荀子『不屠城』、史記『屠渾都』之屠。要之，契文之途，从止余聲，以為道途之途者，本字也。以為屠殺之屠者，借字也」（駢三第二十二葉下釋途）

金祥恒「『首途犹今啓程，資暇錄『見將首途者，多云車馬有行色』，如『王途首亡囚』，即卜问『王首途无禍也。』『王来途首雨小』言王来啟程時雨小矣。」（加拿大多倫多大学安

饒宗頤 「按𨓹字，見集韻，止也。卜辭每以『𨓹』為除。首讀為道（左成十六年『行首』，襄二十三年『盟首』。兩『首』字并讀為『道』。見經義述聞。史記始皇紀『追首高明』，索隱云『今碑文「首」作「道」』，皆其證。）『𨓹首』猶言『除道』。左莊四年傳『除道梁溠』，王出行先除道。其下接言雨小者，蓋指雨師洗道，九歌所謂『使涷雨兮洗塵』是矣。」（通考八三——八四葉）（达黎奥博物館所藏一片牛胛骨刻辞考释 中國文字第九卷四二五四頁）

按：字當釋途。惟讀途為屠，則似有可商。如「王途首亡囚」（乙三四〇一、合集六〇三二正）、「王來途首雨」（乙六四一九、合集六〇三七正），似此類「途」字讀為「屠」，說固可通，但如「叀[illegible]令途子叓」（卜一六）、「途子叓」（存下四六一）、「途子敏」（前六·二六·五、合集一〇五七九），讀途為屠則不可解。卜辭屢見「令途卒」，與田獵有關，義不可曉，存疑待考。金祥恒以「𨓹首」為「首途」，饒宗頤以為「除道」，皆不可據。

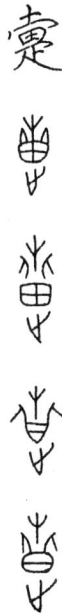

0867

按：字在卜辭為地名。

0868

疐

羅振玉 「說文解字：『疐，礙不行也。从叀引而止之也。』古金文有迧字（陳侯因敦），前人釋疐，與卜辭文正同。」（殷釋中七十五葉下）

王襄 「古疐字。」（簠室殷契類纂第二十葉）

葉玉森 「似非从叀，姑从羅釋。𨒅人鐘之亦此字。」（前釋二卷五十一葉正）

孙海波 「，前二·二七·八。地名。」

甾，游二二三六·或省止。」（甲骨文編一九四頁）

李孝定　「說文『疐礙不行也从叀引而止之也叀者如叀馬之鼻从此與牽同意』字在卜辭為地名，無義可說。字不从叀，許君云云就篆形為說也。金文作𤳬疐自𤳬疐尊𤳬疐甗秦公簋與契文同，與篆文均小異。秦公簋一文與篆文近，其衍変之迹可尋也。」（集釋一四三五葉）

陳初生　「甲骨文作𤰇、𤰇、𤰇、𤰇、甾等形，張亞初曰：『疐字早期作甾，是「脫華」（花）後的象形字。后来才在下面加意符作𤰇。「止」表示「疐」為花的下基、底座。』『禮記曲禮：「士疐之」，疏云：「疐謂脫華处。」該字初文作甾，下部的田、⊗、○，都是花的底座即花托之象形。』金文作𤳬、𤳬、𤳬、𤳬，下部止变作止，上部稍訛。小篆上部更訛作𡔲，花托之形全失。『疐』与『蒂』古音义並同。」（商周古文字读本三五五頁）

按：羅振玉釋疐可從。說文關於疐字之說解，乃據小篆譌變之形體立說，諸家注釋說文者又從而強加牽傅。古文字疐之形體不从叀，卜辭皆用為地名。

0869

夏

孫詒讓　「龜文自有夏字，如云『乙卯卜余乎夏』（藏一四五·一）是也。說文夊部夏，行故道也。从夊畐省聲。此上从亞，即畐省，下从夂，即夊也。金文曶鼎復作𢔦，散氏盤作𨘢，偏旁正相似。」（舉例上八葉上）

羅振玉　「說文解字：『復，往來也。从彳，夏聲。』曶鼎作𢔦。此从亞，殆夏之省。从夂，象足形自外至，亦往而復來。」（殷釋中六十四葉下）

王襄　「古復字。」（簠室殷契類纂第八葉）

葉玉森　「按夏復古殆一字，禹比簋復作𢔦夏可證。夏疑殷之屬國，他辭云『乙卯卜余乎夏』，（藏一四五·一）曰『乎夏』，知受殷命也。」（前釋卷五第十六葉背）

陳邦懷 「此即說文夊部之夏字，羅參事以為彳之復字，非也。許君說夏字：『行故道也，从夊，畐省聲』。邦懷按，夏當是從亯省，許君說亯字曰：『從回，象城亯之重，兩亭相對也，或但從口』。段注謂篆作亯也，是知夏從合，其為亯省，殆無可疑。考卜辭及古金文中從亯之字，皆作亯。曶鼎復字所從亯之畐即古字，卜辭夏字所從之亞為畐字之省，審矣。然則許君所謂夏從畐省聲，殆未然歟。又按苗夔說夏字曰：『畐非聲，當從筥篆文筥省，乃得聲。亯，篆文作合，亯，篆文作亯，知筥篆文必作筥也。因今本脫篆文筥，而夏遂為畐省聲也』。（見說文聲訂）按苗說不從畐省聲極碻，惟說從筥篆文筥者，稍紆曲耳」。（小箋二十一葉下至二十二葉上）

孫海波 「夏，鐵一四五．一。卜辭用夏為復，重見夏下。」（甲骨文編七四頁）

孫海波 「夏，乙一八四。夏用為復。」（甲骨文編二五三頁）

孫海波文編五卷十九葉下收此作夏，云「孳乳為復」。

李孝定 「說文『復往來也从彳夏聲』此不从彳，夏字重文。金文作復散盤 復 夏 夏鬲比盨 復復公子簋 復小臣逋簋 亦有不从彳以夏為之者」。（集釋〇五五九葉）

李孝定 「說文『夏行故道也从夊畐省聲』栔文作夏从亞，疑象器形，下从夊無義，當以亞為聲符。陳氏謂乃从亯省聲，而亯字金文中多讀為庸，不讀為郭，陳說似仍未塙。夏金文从畐，與早形近，疑即以之為聲。許君云畐省聲，畐早形近，故以為畐省聲耳。金文復字偏旁與此近」。（集釋

屈萬里 「复，疑是復字之異體，復，返也」。（甲釋第九二葉）

徐中舒 「古代黄河流域普遍营穴居或半穴居生活，周人居邠时还是『陶復陶穴』而居，復是半穴居，穴是窑洞。穴，甲骨文作内，象以土覆盖梁木之上。復，甲骨文作复，象半穴居前后有两道出入之形。从夊，象足趾从门道外出之形。偏旁从复之字，如覆，如復，如複，就有覆盖，重復，複杂诸义。」（怎样考释古文字古文字学论集初编一〇页）

趙誠　「复，甲骨文写作复，也写作复、复，构形不明。甲骨文有一些与行走有关的字，到了后代都增加一个彳旁，如复（复）字后来写作後；生（生）字後来写作往（往）。复字后来写作復也是如此。卜辭用作副词，有『又』、『再』之义。

丁卯卜，戊辰复旦。（南明四四七）——丁卯那一天占卜，第二天戊辰日再一次出太阳。旦，动词，日出。

其复伐。（京四一四八）」（甲骨文虚词探索，古文字研究第十五辑二八一页）

白玉峥　參P字條

徐中舒　參良字條

按：字當釋复，段玉裁謂復字乃後增，徐灝謂复復古今字，甚是。說文以為从畐省聲，陳邦懷以為从𩫖省，均與甲骨文形體不合。金文从𩫖省，乃形體之譌變。卜辭或用為人名，或用為地名。其用作動詞者如：

「王复；王弓复」　乙七三八六　合集七七七二正

「疾肖不其复」　庫一五六五　英一八九

爾雅釋言訓「复」為「返」，說文訓「复」為「行故道」，訓「復」為「往來」，義均相因。此言「復」，猶它辭之言「歸」。書舜典「卒乃復」，偽孔傳：「復，還也」。

甲骨文复从亞，蓋象某種器物之形，作為聲符。

0870

腹

楊樹達　「按復字……左从复，右疑从人，字蓋叚為腹，不安謂有疾。祉與止同。卜辭於病愈恆云祉。」（求義三十葉上）

李孝定　「从人从复，說文所無。疑與[illegible]為一字，並腹之古文。」（集釋二六七二葉）

李孝定　「說文『腹厚也从肉复聲』上出第一形从身复聲，第二形从人复聲，並是腹之本字。从身从人同，楊說是也，惟謂『假為腹』則稍有未諦耳。有身者腹部隆墳起，故腹字从之取義．篆文改為从肉，不必从身於義較洽矣。从身复聲者，當為腹之初文，非假字也．辭云「癸酉貞卜爭貞王腹不安亡祉」，祉即延字，辭言王腹有疾，其不纏綿不愈乎．楊氏謂祉與止同亦似有未安，第二文从人與从彳者有別。屈氏云「疑是復之異體」，似有可商，从人與从身義同，當是𪧐之異構，仍當釋腹．此辭言「弜復」，當讀為「弗復」，言弗返也．叚復為復」（集釋一五○九葉）

于省吾　「说文：「復，重也，从勹復声。」复或省彳。」甲骨文有复无復，可見复为初文，復为后起字。又甲骨文有复无復，复作𡕒，金文复与復互見。说文：「复，行故道也，从夊，畐省声。」又：「復，往来也，从彳复声。」说文既误认为复从畐省声，又不知复为復之古文。甲骨文复字为旧所不识，甲骨文编和续甲骨文编入于附录。今分别阐明于下：

一，第一期甲骨文称：「癸酉卜，争貞，王復不安，亡祉。」（续五·六·一）復作𩫖，研契诸家之所以不识此字，以其从𠂊，不从勹，实则𠂊形乃勹字的异构。𠂊形从𠃌乃羡划，古文字往往随形附划，即以前引一段甲骨文的安字为例，安字从女作𡚱，在下部加一邪划，是其证。至于𠂊形的末划之所以作𠃌，因为勹即伏的本字，象人匍匐形（详释勹鳥䳿），故𠃌形的中部即象人的腹形。甲骨文「帚好不祉疾」（后下一一·八）之疾作𤕫，左从人作𠃌，是其证。说文训復为重，训複为重衣，古文字有復无複。前引的王復不安，亡祉，祉即古延字。这是说王有疾病，身体仍然感到不安适，要乞救于鬼神，不可延缓。

二，第一期甲骨文有𠭧字（京都八三八B，原辞已残），上从𠃌乃勹字的省划。字作𠭧，上从「，可互证。下从又，乃夊形的讹变，小臣𧾱簋的復字也讹变为从又。魏三体石経左传古文復字作𨓃，从祉与从彳古同用。

三，第四期甲骨文的「弜复」（甲五八七），复字作𩫖，左从𡕒，即𡕒字的异构。甲骨文亯字每作亯。又郭字作𩫏或𩫏，周器𣎆伯章盘作𩫏，国差𦉜作𩫏。这就证明了复字的繁构从𡕒，与亯和𩫏字中部加口或○形，其演变之迹完全一致，只是甲骨文为便于锲刻化圆为方而已。至于𩫖字从人与从勹互作，如倗字甲骨文有的从人，金文则从勹，但字金文从人，说文从勹，是其例证」。（甲骨文字释林释复）

屈萬里　「𪧐，疑是復之異體．復，返也。」（甲釋五八七片釋文）

按甲骨文腹字从身复聲，此為腹字之本形。李孝定之說可信。

0871

㚇

張亞初「在甲骨文中，除了从内从止的退字外，還有从皀从夊作㚇的退字（綜類八七頁）。」（古文字分類考釋論稿古文字研究第十七輯二五六頁）

考古所「㚇：卜辭有㚇，此字可能是㚇之異構。」（小屯南地甲骨一〇二四頁）

按：字在卜辭為祭名，與「[illegible]」有别。

0872

按：此當與0871之「㚇」同字，在甲骨文偏旁中，从「皀」與从「酉」可互作。

0873

按：字可隸作「[illegible]」，卜辭以為人名或方國名。

0874

武

羅振玉釋武，無說。（殷釋中六十八葉下）

王襄「古武字」。（類纂正編第十二第五十六葉上）

余永梁「按衜為武字初文。从行从止从戈，操戈行於道上趠趠武也。觚文[illegible]、敦文[illegible]為旂字初文，象人持旂以行也。下从止與此同例，是踵武伐武乃武之本誼。後省行作武，猶散盤从行作[illegible]，[illegible]作[illegible]作[illegible]，从又與从止通。篆文省作[illegible]，而說文古文遂省行作[illegible]矣。宣十二

年左傳楚子曰『夫文止戈為武』从彖形會意乃望文之訓，非朔誼也。」（殷虛文字續考，国学论丛一卷四号）

羅振玉「衛从行从武，此步武之本字。後世經典借武字為之，而專字亾矣。」（殷釋中六十五葉上）

葉玉森「从行者即為武，亦後起字，非初文。」（前釋六卷二十五葉下）

金祖同「武為止戈合文，舊說因以止戈而稱武，……宋鄭漁仲會疑之。……詩曰：『履帝武敏』，禮曰：『堂上接武』，皆就趾足起義有前進之意，猶衛之作衛，象躡躅守衛之形。玉篇戰古文作弄，與武同从止，若訓為止干為戰，則不辭甚矣。止干，謂進干也，止戈，謂進戈也，足跡前向，因取為進取之義。……」（遺珠三三葉）

于省吾「說文：『武，楚莊王曰：「夫武定功戢兵，故止戈為武。」』按左宣十二年傳『楚子曰：「夫文止戈為武。」』漢書武五子傳：『是以倉頡作書，止戈為武。』按止戈為武之說，自來學者多無異議。惟俞樾兒笘錄云：『在倉頡造字時，則但以為足止字，而無此展轉相生之義也。乃謂武字从止為取止戈之意，豈得其本義哉。然則武字本義謂何，曰武舞古同字，武即舞字也。』按俞氏不从止戈之訓，至具卓識。惟謂武即舞，以借字為本字誤矣。古文無即初文舞字，金文亦作𨘢。古文从止之字，就狹義言之，限於足之止；就廣義言之，則表示人類行動之義。故徐行為步作歨；由卑而升曰陟作踄；由高而卑為降作跭；行所經為㭘㭘，象人行田中戓林中；行在前為先；却行為很；自他至為各，均詳羅振玉釋止。（貞松遺稿一至四）又按從為移動，金文作𢓊，衛字作[illegible]，象眾人之圍守城邑。古文从止从足从辵每互作無別，均有行動之意。武从止从戈，本義為征伐示威。征伐者必有行，止即示行也。征伐者必以武器，戈即武器也。許氏以楚莊王說武之斷章取義為武之本義，豈其然乎」。（騈三古文雜釋九葉釋武）

朱芳圃「戈，兵器；止，足趾，所以行走，象揮戈前進也。字之結構，與旋相同。旋，甲文、金文作左列諸形：

[illegible] 後上二八、三 [illegible] 後下三五、五

[illegible] 沼伯[illegible]盨

說文㫃部：『旋，周旋，旌旗之指麾也。从㫃，从足；足也。』徐鍇曰：『人足隨旌旗以周旋

也』。武从戈从止，猶旋从㫃从疋矣。春秋元命苞：『武者伐也』，此本義也。廣雅釋詁：『武，勇也』，又『武、健也』，引伸之義也」。（殷周文字釋叢卷下第一六二葉）

李孝定 「說文『𨑃，楚莊王曰「夫武定功戢兵，故止戈為武」』。契文亦从止从戈。于氏說字義甚是。古文从止从辵从行从㢟从彳均表行動意，偏旁中亦每得相通，故衛當亦𨑃之異構」。（集釋三七八四葉）

饒宗頤 「武疑即武城。左昭二十三年，襄十九年并有武城，魯地。僖六年亦有武城，春秋申地，後屬楚，在南陽宛縣北。殷人畋獵之武城，未詳所在」。（通考二六一葉）

方述鑫 「殷商第二期以后的甲骨卜辞里『武唐』，前人未曾注意，有的学者误释为『武庚』。現在加以考释。

(1) 口口卜，出〔貞〕：今日魚武唐？允魚。（合集八二六七〇，鉄六七·四，京三七二九）

(2) 叀武唐用，王受有佑？（续一·七·六）

按『武唐』即成湯。成湯，殷商甲骨卜辞中习称作『唐』、『成』、『大乙』，而有『武唐』的卜辞仅此两条。王国维云：『卜辞之唐，必湯之本字。』一九七七年陕西岐山凤雏村发现的周初甲骨文里，成湯就称作成唐。湯王又名武王，所以殷商甲骨卜辞中亦称作『武唐』。」（甲骨文字考释两则，考古与文物一九八六年四期七〇頁）

按：武之本形本義，于先生已詳論之。許書說解武字，乃斷章取義。王筠釋例謂「武字說解，與車部轉字說解，同一苟且」。但以「後人刪節」為言，曲意為許慎迴護耳。

0875

⿱子止

李孝定 「从止从子，說文所無」。（集釋〇五五三葉）

按：合集四五六辭云：「貞，乎取⿱子止伐」，當為人名。

0876

⿱秝止 歷

羅振玉　「說文解字：『歷，過也，从止厤聲』。此从止从厤，足行所至，皆禾也，以象經歷之意，或从林，足所經皆木，亦得示歷意矣」（殷釋中六十四葉下）

王襄　「古歷字」（簠室殷契類纂第六葉）

葉玉森　「許書訓歷為過，予疑𠀠為足跡。足跡在禾邊林下即知有人過，即歷之初誼。若謂足行所止，固不必皆禾皆木，即皆禾皆木而歷意仍不顯也」（前釋一卷一〇七葉下）

孫海波　「⿱秝止，甲五四四。說文，歷，过也。从止，厤声。卜辭从秝得声。貞人名」（甲骨文編五五頁）

李孝定　「說文『歷過也从止厤聲』羅氏釋此為歷，可从。其說則葉氏為長。然竊謂此字祇是形聲，非會意也。許說不誤。說文厤从秝聲，秝下云『稀疏適秝也从二禾讀若歷』足證歷秝音同。卜辭正从秝聲。其作林者，則秝字之譌，據文編及續文編所收歷字凡十一文，祇一文从林，偏以為會意，則足之所經何，莫非歷，又何必林下禾邊乎。金文作厤毛公鼎不从止歷字重文歷戊鼎」。（集釋〇四五五至〇四五六页）

裘錫圭　「⿱秝止組卜辞前辞中的『⿱秝止』，其实也有不是卜人名的可能。宾组卜辞的前辞里，卜人名与『贞』字之间有时有『⿱秝止』字，如『干支卜争⿱秝止贞』、『干支卜宾⿱秝止贞』，还有少数卜辞作『干支卜⿱秝止贞』。一般以⿱秝止为贞人名，以『争⿱秝止贞』、『宾⿱秝止贞』为二人共贞之例。但唐兰先生认为⿱秝止不是人名而应读为『再』（天第四片考释）。剑桥大学藏片有『王⿱秝止贞』语，饶宗颐读⿱秝止为语辞之『载』（人物764页）。饶氏对其它宾组卜辞前辞中的⿱秝止，仍认作人名）。这些意见是值得考虑的。⿱秝止组卜辞前辞中的『⿱秝止』，似乎也有可能不是人名，而是说明『贞』的性质的。」（论「⿱秝止组卜辞」的时代古文字研究第六辑三一七页）

按：甲骨文⿱秝止从秝聲，羅振玉以為「象經歷之意」，不可據。字或从林，甲骨文从木从禾之字在偏旁中易混，當以从秝為正字。

0877

⿱林止

按：此當為「⿱林止」之異構。

0878

按：字可隸作「⿱本止」，辭殘，其義不詳。

0879

⿱不止

李孝定「从止从不，說文所無。字在卜辭與宋伯連文佚一〇六當是人名。粹一五九三片⿱不止上亦與伯字連文」（集釋〇四六三葉）

按：「⿱不止」乃「宋伯」之私名。

0880

夆

按：字不可識，其義不詳。

0881

⿱夂豕

商承祚「疑遂之本字。說文从彖乃寫訛，金文史敖殷作㒸，增田，豕亦家也。散氏盤遂作⿱吅豕，下从豕与此同。」（殷契佚考六頁上）

饒宗頤「按『⿱夂豕土』即『原土』。『原』者，左隱十一年：以蘇忿生田與鄭，有原。水經注

『濟水東源，出原城東北，昔晉文公伐原，以信而原降，即此城也。』故城在河南濟源縣西北，殷之象土，疑在此。」（通考一六六葉）

饒宗頤「卜辭：

癸未卜，㱿貞：王象𠂤（祀）若。二月。（續存上七四二）

『象』爲『𩫖』，（史敖毀）即邍之本字，應釋『原』。（商氏佚存考釋）此辭象爲副詞。爾雅釋言：『荐，原，再也。』原亦訓『重』。（漢書禮樂志注）此云『王象祀』者，謂王再行祀也。」（通考一五六葉）

按：合集三二九八辭云：「……𢀛方其至于象土方無𡆥」乃地名，釋「原」不可據。

0882

按：此當爲0881「象」字之異構。

0883

疋

陳煒湛釋足，參𠬝字條下。

按：此當併入0829「疋」字條。此用爲人名。

0884

盧

按：字从「止」从「界」乃國族名。

0885

按：字不可識，其義不詳。

0886

按：合集一二三八六正辭云：「貞其出[glyph]不若」當與災咎有關。

0887

按：字不可識，其義不詳。

0888

按：字不可識，其義不詳。

0889

按：字不可識，其義不詳。

0890

⿱束止 速

0891 迴

按：字不可識，其義不詳。

0892 𨘢

按：字不可識，其義不詳。

姚孝遂「摭續181 ㄖ……卜在𡕦……𢓊于𢇁，生來亾𡿧ㄖ。生字适残，甲骨文编3253、续甲骨文编2.24误摹作𨘢，甲骨文编又于4787混入𢆶字。李亚农殷契摭佚续编考释摹作𨘢，李孝定集释隶定𨘢、都是错误的。惟综类472-2释读作ㄖ……卜才𡕦……𢓊于𢇁，生来亾𡿧。ㄖ独具卓识。」（殷虚卜辞综类简评 古文字研究第三辑一八五页）

按：刻辭類纂釋讀有誤，當正。「𨘢」在卜辭為地名。

0893 𣥠

按：字不可識，其義不詳。

0894

按：字不可識，其義不詳。

0895

按：合集三五二三五辭云：「弗□」用為動詞，疑為「寍」字之異。

0896

笹 □

于省吾　「甲骨文笹字只一見，作□形（續存上一二三七，辞已残），旧不识。按笹字从竹世声，世字作□，需要加以说明。说文世字作卋，并谓「世，三十年为一世，从卅而曳长之，亦取其声也。」段注：「曳长之谓末笔也。末笔曳长，即为十二部之乀，从反丿，亦是抴引之义。世合卅乀会意，亦取乀声为声，读如曳也。」林义光文源：世「当为葉之古文，象茎及葉之形。草木之葉重累百叠，故引伸为世代之世。」按许说出诸杜撰，段氏还阿附其说，林氏又以草木茎葉为解，这都无异后世的拆字和猜谜，毫无道理。其实，周代金文有的以止为世（伯尊），有的以杫（从止声，見楷簋）为世，可见止与世有时通用。又世字师晨鼎和师遽簋作□，寧簋作□，在止字上部加一点或三点，以表示和止字的区别。石鼓文世字作□，变三点为三横，为说文所本。此外，最引人注意的是，周器祖日庚簋「用笹亯孝」的笹字作□，和甲骨文的□字完全相同，只是其三点有虚实之别而已。笹字虽然不見于后世字书，但簋文以笹为世，也证明了笹从世声，与世同用。因此可知，世字的造字本义，系于止字上部附加一点或三三点，以别于止，而仍因止字以为声（止世双声）。」（甲骨文字释林释古文字中附划因声指事字的一例）

按：于先生釋「笹」。辭残，可能為方國名。

0897

□

按：合集二八三九八辭云：「壬寅卜，王其田□寧兕先𣅀亡𢦏，□，王永」字當从「日」作「𣅀」，乃「各」字之異。

0898

按：乃「条」字之倒書，劉釗有專文論及。合集一四二九三正即作「不条婁日」，與合集二〇七七二之辭例略同。參見0849「条」字下。

0899

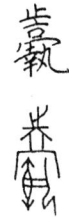

按：當為「嵩執」二字之合文。

0900

按：合集二一八九一辭云：「戊戌卸□子步」當為人名。

0901

按：字不可識，其義不詳。

0902

按：字不可識，其義不詳。

0903

按：合集三七五〇七辭云：「……在夆……衣逐……犯……犯……」為地名。

0904

⿱己止 ⿱己尸

王襄「疑跽字。」（類纂存疑第二第六葉）

商承祚「此从止从己，殆即許書之跽字，後世增心耳。」（類編二卷十九葉）

孫海波「⿱己止，前六、二五、一。高承祚釋跽。⿱己尸，七W二九，貞人名。」（甲骨文編八六頁）

李孝定「說文『跽長跪也从足忌聲』此从止與从足同。許書跟之或體从止作𧾷可證忌从己聲，則从止己聲與从足忌聲同。商說可从。」（集釋〇六二七葉）

饒宗頤「⿱己止从己从止，或釋跽。（文編）按說文起，古文作⿺辶己，从辵；故⿱己止殆即起字。卜人⿱己止與大同時。『癸巳卜，⿱己止貞：旬亡𡆥。』（七集衛二九）同版有卜人大之名，『癸巳卜，⿱己止貞：旬亡𡆥。六月。』（續存上一六七三）……胡厚宣南北甲骨錄摹本誤作『⿱己疋』，陳氏綜述據之，並於卜人總表別出『⿱己豆』一人，殊誤，應刪。……⿱己止之卜辭除上舉卜旬外，塗譚七〇僅一見」（通考八四二葉）

按：字當隸定作⿱己止，在卜辭為貞人名。說文訓跽為「長跪」。甲骨文人跽形均作[illegible]或[illegible]，是否已出現从己聲之形聲字，商氏釋跽，終有可疑。饒宗頤釋「起」，亦可備一說。卜辭辭例均不足以證明。

0905

又 有 右 祐 侑

羅振玉　「卜辭中左右之右，福祐之祐，有亡之有，皆同字。𠂇又為『又』之異體也。」（《殷釋》中十九頁）

王國維　「《說文解字》左部：『差，貳也。差不相值也，从左𠂹，𢀩籀文差从二。』按差作𢀩，則籀文左當作𠂇，殷虛卜辭有𠂇字，其文曰：『王受𠂇』，羅氏曰：『𠂇即又字，他文多作受又，又即右，猶言受福矣。』今據此左作𠂇，𠂇確是右字，𠂇𠂇殆左右之初字也。又古文从又之字，後世多从寸作𠂇，蓋从𠂇省。《師寰敦》有左字，與篆文同。」

王国维　「又之言侑，《詩楚茨》『以妥以侑』，犹言祭也。」（《戩寿堂所藏殷墟文字考释》第一页一）

王襄　「古又字，與右、有、侑並通。」（《簠室殷契類纂》第十二葉）

王襄　「卜文之受年或不其受年，為卜歲之豐歉。《周禮·肆師》：『社之日，涖卜來歲之稼』，周時亦有卜歲之典，所謂周因殷禮也，受年猶云有年。《天府》：『季冬陳玉以貞來歲之媺惡。』」（《簠歲》第一葉）

王襄　「𠂇古右字，通作祐。」（《簠帝》第十五葉）

王襄　「又，古右字，與有、祐、侑均通。」（《簠考天象》一葉）

王襄　「古侑字，疑祭名。《詩·楚茨》以妥以侑，誼可證。」（《類纂正編》第十二第五十五葉上）

王襄　「古有字，石鼓亦段又為有，又侑重文。」（《類纂正編》第七第三十三葉上）

吳其昌　「『又』者，《戩寿堂殷虛文字》有云：『……又土，𡨦羌一小牢，圛』一、一、一、二、二、三、四、王先生释之曰：『又之言侑。《詩·楚茨》：「以妥以侑」，犹言祭也。』按：先師之說是也。《楚茨》之詩云：『……以為酒食，以享以祀，以妥以侑……』享、祀、妥、侑，四者平列，律以王引之《經傳释詞》所定，經傳上下数字平列，皆同义之公例，則侑、妥，之义，自与祀、啚，等耳。其啚謂：「又」即通「有」，「有」即通「侑」；「侑」亦通「宥」。卜辭作「又」，凡「又于某」云云，义皆為祭。周易作「有」，萃之卦辭云：「萃」，亨。啚。王假（各）有廟……」渙之卦辭亦云「渙，亨。」啚王假（各）有廟……」「有廟」，皆謂侑祭于廟也。似汎作「侑」，有司徹，以人飾鬼而受祭啚者，有「尸」有「侑」。「尸」以同宗，「侑」以異姓。「侑」者，正当祭啚之時侑食于尸也。故經云：「乃議侑于賓」。鄭氏注：「擇賓之賢者，可以侑「尸」。」其明証也。古文汎经作「宥」。鄭注又云：「古文侑，皆作宥」是也。蓋其字由簡而益繁，文字滋化變演之序，固其然尔，「又爽」者，又侑祭于且辛之爽也」（殷虛书契解詁第一七四頁）

丁山「又，當然是右師，也即是「右氏」。鄴羽三、下、四三、九、「乙酉貞，王令𠭯途亞侯又。」又氏之為亞矦，尚有殷銘足徵。續存上三六[illegible]」（甲骨文所見氏族及其制度六三葉）

郭沫若「按差許訓貳，此即籀文从二之意。籀文𢀩字仍以ナ為左，非以左為左也。卜辭有王受又＝之成語，當讀為王受有祐。又作重文，金文重文之例均如是作。」又曰：「『又＝』重文當讀為『有祐』，『受有祐』或『弗受有祐』乃卜辭恒語，王國維說「又＝」為古右字，非是。」（《卜通考釋》第一四頁背）

董作賓「又在卜辭通作祐，亦作侑，侑蓋祭祀時勸食之樂。詩楚茨「以妥以侑」，傳「侑勸也」。」（引集釋〇八九一葉）

孙海波「𠂇，鐵七·四。卜辭用又为右，重見又下。」（甲骨文编四二頁）

孙海波「𠂇，粹一三。卜辭用又为有，重見又下。」（甲骨文编二九四頁）

孫海波「又，通假為祐，助也，福也。」（誠齋考釋十葉）

孫海波「𠂇，甲三九六。卜辭用又为婧，重見又下。」（甲骨文编四七八頁）

孙海波「𠂇，甲二七三。又用为右。右子族

𠂇，甲二七九。又用为祐，受祐。

𠂇彡，拾三·一四。祐祐。見合文二五

□，粹一三。又用为有。婤于帝五臣，有大雨。
□，佚三八四。卜辞ナ又通用。ナ田即有田。
□，佚三九六。又用为婤。祭名。婤□。」（甲骨文編一一四——一一五頁）

孫海波

「《前編》卷三第二十五葉二版「癸丑卜貞王賓冬自上甲于多毓衣亡尤，」《後編》卷下第十九葉十一版「□王亩□其□，」諸家釋□為祐不誤，然又下加□，於誼無居，製作之義，殊費說解。竊疑其从□之由，恐乃因幼字致誤。《說文》「祐，助也，」《孟子》「老吾老，以及人之老，幼吾幼，以及人之幼。」是幼亦有提攜扶助之意。幼，卜辭作□，□字下从之□即□字，□與□形亦近似，就形音義三者言之，以幼為祐，理固所宜。且卜辭錯簡甚多，如㞢之作虫（《藏龜》四十六葉二版「隹虫」乃隹㞢之譌）此義近而譌者也。又之作ナ，（《藏龜》二百五十五葉二版「丁卯卜爭貞王㞢于𦎫不ナ，」ナ乃祐之譌。）此形近而譌者也。用之作巛，（《後編》卷上第四葉五版「□卜貞□□□宰□巛」巛乃用之譌。）由是言之祐之作□，亦其例矣。不然作□而助祐之意已明，加□豈非其義反晦乎，姑記之以俟達者。」（《考古》四期二十頁《卜辭文字小記》）

屈萬里

「《粹編》五六七片云：「王乍三𠂤：右、中、左。」《前編》三第三一葉二片云：「𠕋馬，左右中人三百。」又《後編》下八葉六片云：「貞：令中人。」⋯⋯右人甾，謂右隊之甾人；蓋此時之右隊乃以甾人組成者也。田獵與戰陣相類，故亦有右人之稱。」（《甲釋》第三二四葉）

屈萬里

「卜辭：「貞：王其又酒于又宗𩁹，又大雨？」又宗之又，當讀為右；右宗，謂右方之宗廟也。《粹釋》（一一六）謂又宗為「宗祭於西方」；《綜述》（四七四葉）則謂：「當指河六示的諸宗」。皆不然也。」（《甲編考釋》一七八葉）

屈萬里

卜辭「戊戌卜：又伐岳？」云：「此又字當讀為有，語助也。《詩·載馳》：「大夫君子，無我有尤。」言無我尤也。《書·多士》：「朕不敢有後。」言朕不敢遲緩也。又《盤庚》：「曷不暨朕幼孫有比！」言何不與朕幼孫親善也。有字皆語助無義。此云「又伐」，即伐祭也。」（《甲編考釋》四二頁）

楊樹達

「卜辭恒言「又宗」，說者以為右宗，然絕未見「左宗」之文，知說者之說非也。又疑即紀年雍己名伷之伷。又在咍部，伷在幽部，二部音相混，自古已然。」見（甲文說三十六葉）楊氏謂「卜辭言唐宗者成湯之廟也他如丁宗中丁宗且辛宗且丁宗之文亦屢見於卜辭然則『又宗』之『又』不殷王之名」見同上本段在「知說者之說非也」下

楊树达　「太平御覽八十三引古本紀年云：『雍己伷即位，居亳。』今本紀年云：『雍己名伷。』……卜辭屢見又宗之文。甲編壹叁壹捌片云：『貞即又宗。』又壹貳伍玖片云：『貞王其酒△于又宗，又（有）大雨？』……說者皆釋又宗為右宗，果如其說，卜辭何以絕未見左宗之文，知說者之說非也。考甲編柒柒玖片云：『于羔宗酒，又（有）雨？』羔宗者，帝嚳之廟也。后编上卷拾捌頁伍片云：『癸卯卜，穷貞，井方于唐宗，彘。』唐宗者，成湯之廟也。他如丁宗仲丁宗且辛宗且丁宗之文亦屢見於卜辭，然者又宗之又必殷王之名，疑即雍己名之伷，又宗即雍己之廟也。」（竹书紀年所見殷王名疏证，积微居甲文說卷下五四頁）

陳夢家　「庚申以後『ナ』『又』互用，𠂇左可能是𠂇右，即無佑。」（綜述五七〇葉）

饒宗頤　「『又』蓋即『侑』，侑以佐尸，為之勸也，見少牢饋食禮及燕禮。繹祭時，宗人請侑，王乃命某為侑，其出入升降，各隨其尸；立侑之禮，殷時已有之。」（通考九八一葉）

張秉山　「『錫多女出貝朋』亦当与此相同，出读作又，起助词作用。這樣理解不仅使全辞通暢易懂，而且有加強語氣的效果，即強调『錫多女』之外，还有『貝朋』。类似的用法也多見於商周金文。如：

庚贏卣（三代一三．四五）

……王薨庚贏曆，易（錫）貝十朋，又丹一麻。……

圅皇父簋（三代八．四〇．二）

……自豕鼎降十，又簋八，兩罍降兩壺。……

上兩例的又字連接的是平列的事物，起得也是虛词（即助词）作用。」（試析錫多女出貝朋，古文字研究十六輯三四頁）

陈炜湛　「卜辭ナ（左）又（右）字分别作𠂇和又，象人之左右手，引申之則為方

位之左右。但甲骨文字大都可以反书，又反书即成𠂇，遂与ナ同形。卜辞𠂇，在相当多的场合下，乃是右的反书而不是ナ。其常见的辞例如宰𠂇一牛、𠂇豕、𠂇羌、𠂇雨、𠂇大雨、𠂇大風、𠂇祟、旬𠂇禍、受𠂇年、𠂇岁、𠂇伐、王受𠂇，等等，多假为有无之有、祭祀之侑或保祐之祐。这类辞例，大都属于中期卜辞。卜辞中尚未见反ナ为又或以又为ナ的现象，故实际上ナ又二字只共𠂇形而不共又形。」（甲骨文异字同形例古文字研究第六辑二四八页）

赵诚　「甲骨文的又，即后世的又字。在卜辞中的用法基本有五种：一，用为有无之有，如卜辞习见之「又史」、「又雨」、「又祟」即「有事」、「有雨」、「有祟」；二，用为福佑之佑，如「咸𠂇大」（丙三八）即「咸允佑王」；三，用为侑祭之侑，如「其又于小丁牛」（文三三八）即「其侑于小丁牛」，「其又父己」（粹三一七）即「其侑父己」；四，用为左右之右，如「王乍三𠂤又中𠂇」（粹五九七）即「王乍三師右中左」；五，用为再又之又，如「其桒自上甲十示又三牛小示二羊」（后上二八·八）即「其桒自上甲十示又三，牛；小示，羊」。……又象右手之形，引申为左右之右；其它的有、佑、侑、又，只是借用了又的声音以表义，这些字只是同音字。」（古文字发展过程中的内部调整古文字研究第十辑三六二页）

于省吾　「甲骨文没有重文，第五期卜辞「又=」，有人读「又又」成问题，其义待考。」（引陈士辉怀念于省吾先生，古文字研究十六辑一八页）

高嶋謙一　「「㞢·又」的意义是强调性的连接词「和，在……之外」。」（甲骨文中的並联名词仂语古文字研究第十七辑三四一页）

裘锡圭说参㞢字条下。

按：又字本象右手形，與𠂇象左手形相對。卜辭又與𠂇有所區分，亦有個別例外。在偏旁中則無別。卜辭有無之有，福祐之祐，侑祭之侑，左右之右，再又之又，均作又。實則「有」、「祐」、「侑」、「右」均由「又」字孳乳演化而來，義俱相因。

0906

左佐𠂇

王國維 「古文反正不拘，或左或右可任意書之，惟𠂇又二諸字例外。」（引集釋〇九五一葉）

王襄 「古左字，省工。」（類纂正編第五第二十二葉下）

孙海波 「𠂇，藏一〇．二。𠂇用为左。左赤馬，官名。𠂇，粹九五〇。𠂇即又字，与有通。𠂇豕即有豕。𠂇，粹四九七。受𠂇，即受祐。」（甲骨文編一二六——一二七頁）

考古所 「𠂇，应读为又，祭名。」（小屯南地甲骨九七九页）

陳夢家 「缶、福、𠂇都是帝對於時王的善義的保護。𠂇即左、佐，義為佐助。除帝以外，先王亦佐時王。」（綜述五六九葉）

屈萬里 「卜辭稱『亡𠂇』，𠂇，即左字。綜述（五七〇葉）讀為佐，殊費解。疑此當讀

王國維以為𠂇㕚「殆左右之初字」，作肴起來，似乎很對，實際上則似是而非。卜辭早期作「㕛又」，晚期作「㕛㕚」，從這一點，可以證明「㕚」即「又」之異體。但是，早期卜辭有無之有，左右之右，再又之之又，福祐之祐，均作「又」或通作出」。晚期「有」、「又」、「右」仍作又。唯獨「㕛祐」作「㕛㕚」，但「㕛㕚」與早期「㕛出又」之辭例相同；「㕚」當讀作「有祐」，所加之「ニ」，應為重文符號。甲骨文有大量合文，重文如「大甲辰」當讀作「大甲甲辰」；「大乙未」當讀作「大乙乙未」等，均不加重文符號。甲骨文的重文符號問題，仍有待進一步的探討。

孫海波疑㕚「乃因幼字致誤」，想象之辭，毫無足取。

卜辭「𠂇」、「又」二形，區別甚嚴。但偶爾也有相混者，當屬例外。唯「左右」之「左」，只能作「𠂇」，從無作「又」之例。此與「气」字作「三」，中畫較短，但有時亦三畫等長，與數字之「三」相混。但數字「三」從無作「气」之例。「報甲」之專用字「田」，中間之「十」與周邊不相連，但亦有與周邊相連，而與「土田」之「田」相混者。「土田」之「田」，則必須與周邊相連，從未見與周邊不相連而作「田」之例。

為昭公四年左傳『不亦左乎』之左，杜注所謂『不便』者也。『亡ナ』，意謂無有不便；言事將順遂也。」（甲編考釋三〇四葉）

饒宗頤「左子　按殷文存有子左爵。」（通考一二九九葉補通考三五七葉）

饒宗頤「『貞：咸允左王。』『貞咸弗左王。』（乙七二〇一+七五〇九）左讀為佐，周禮序官：『以佐王均邦國。』鄭注：『佐猶助也。』左王讀為佐王。」（通考一四八葉）

饒宗頤「ㄓ即左字，爾雅釋詁：『左右、助，勴也。』說文力部：『助，左也。』助與右復同訓。說文右字分隸二部：口部云：『助也。』又部云：『手口相助也。』并訓助；右與祐同，說文：『祐，助也。』右又通作『侑』，『繫辭』：『可與佑神，』釋文荀本作『侑』。』左與右俱有助義，乃知卜辭之言『ㄓ某先王，』與祐神之祐，義無二致。卜辭『畐ㄓ，』（見屯甲二六一八）實即禱祐也。」（通考八九七葉）

饒宗頤「左字契文作𠂇，即左字加飾文。左即佐也。詩長發：『實左右商王。』他辭云：『且乙弗左王』『咸弗左王。』左字作ㄓ，與𠂇實一文。」（通考二七八葉）

李孝定「言『弗ナ』言『不ナ』，蓋言不相違戾也。」（集釋〇九五一葉）

按：卜辭ㄓ象左手形，相對而言，左右有別。其可以確定無疑者，如：

「王作三𠂤，左中右」（粹五九七合集三三〇〇六）

「左右中人三百」（前三・三一・二合集五八二五）

引伸為佐助之義，其辭云：

「祖乙ㄓ王；祖乙弗ㄓ王；祖辛ㄓ王；祖辛弗ㄓ王」（合一三二丙三八合集二四八正）

「咸允ㄓ王；咸弗ㄓ王」

凡此諸ㄓ字，就其涵義而言，與ㄨ之用作祐者，實無區別，但當是ナ字，用如佐。李孝定集釋一律以為左戾之義，非是。卜辭確有用「左」為違戾之義者，如：

「其彭彡下上亡ㄓ」（甲二六一六合集二七一〇七）

「……若，亡ㄓ」（續一五六三・英一九九六）

「余其从多田于多白征盂方白炎，叀衣，翌日步，亡□，自上下于㲋示，余受又又」（甲二四一六 合集三六五一一）

卜辭亦有左右混同者，如：

「王受又又；弗受□□」（甲三九一三）

此與卜辭所在龜甲之部位有關，在左則作□，在右則作又。卜辭或作「受出又」，均「受有祐」之意。

0907

肘 □ □

趙誠 「□，肘。象肘形，為象形字。后此字借用为数目字之九。为了区别，始于□下加一点作□以表示肘，则成了指事字。再后，由于和寸口字（指手腕上一寸处，由此引申为尺寸之寸）形近易混，才又加一肉旁月，变成了从肉从寸之肘，则又成了形声字。卜辞所说的□（疾肘——肘有病）（乙五五八七），即用其本字。对于人来讲，甲骨文的□近似于现代汉语所说的手腕，即手臂的前一部分。」（甲骨文简明词典一六一页）

李孝定 「說文：『九，陽之變也，象其屈曲究盡之形。』契文大抵作□，間亦作□，前半與又同，延長中畫象臂形而屈曲之以示肘之所在，丁氏後說是也。既假肘之象形字以為數名之九，遂不得不另製形聲之肘以代之。肘字古蓋作肒，以九與又近，又與寸通，偏旁中又寸得通，遂為篆文之肘耳。九之作肒，古肘字亦猶七之作切矣。金文作□盂鼎□矢作丁公簋□善夫克鼎□麻伯簋□克鐘□□□伯簋□宅簋□曾伯簠尤肖肘形臂節屈曲。」（集釋四一八九葉）

按：李孝定說肘字形體及其演化之由是對的，但於卜辭之有關資料，則掌握不足。實則尚有下列諸形體及辭例：

「貞出疾□……」（乙七四八八 合集一三六七九）

「貞……□……」（乙六八四三）

「甲子卜㱿貞，王隹□……」（存一・一二三五 合集一三六八〇）

「疾□」（人四四七 合集一三六七八）

「王□隹出告；乎□□」（合二一一 合集一一〇一八正）

「疾□」　乙五五八七　合集一三六七七正

此均屬第一期卜辭，占問肘疾之事，□或□皆象肘形，與九形體略有區分。其作□或□者，則為指事字。

0908　肘　□　□

于省吾　「甲骨文厷字作□或□，旧不识。甲骨文编入于附录。说文厷字作□，並谓：『厷，臂也，从又，从古文□。□古文厷，象形。肱，厷或从肉。』按说文既讹□为□，又误认□为古文厷。说文段注谓『小篆以厶太古文厷，故加又』，□『象曲肱』；王筠说文句读谓『此字最古，隶所不用，故无楷法。』按段王二氏出于主观猜测，以附会许说。今以甲骨文验之，则厷字作□或□，既非从又也不从□。其从□，尾划上弯，象曲肱形，与又之作□迥别。其从□，后来讹变作□。商器鼎文和父乙器亚中均有□字，与甲骨文厷字形同。古鉨文厷字作□，已经分化为二体，为小篆所本。按厷为肱之初文。甲骨文的『出疾厷』（乙七四八八）和『疒厷』（京都四四七），是指肱腕有疒言之。此外，甲骨文也以肱为俘获品，如『王隻厷』（续存上一二三五），『王不其隻厷』（后下二〇、一七），是其例。总之，甲骨文厷字作□或□，于肱之曲折处加□，以示厷之所在，于六书为指事字」。（甲骨文字释林释厷）

陈汉平　「甲骨文有字作□、□。字从肉从九作，当以九为声。字象肉形附于臂节之处，当释肘。说文：『肘，臂节也。』卜辞曰：

贞□　乙六八四三

贞□　乙六八四三

贞王不其隻□　后下二〇·一七

甲子卜宾贞王隻□　续存一·一二三五

此数辞卜贞肘或贞王隻肘，辞义未明。隻字或读为矩矱（彟）之矱（彟）」（古文字释从出土文献研究二二〇页）

陈汉平　「甲骨文有字作□、□。字从肉形附于□、□之上。此字当释厷，即肱字之初文。说文：『□，臂上也。从又从古文。□，古文厷，象形。□，厷或从肉。』按□字即由□若□字形演变而来。卜辞曰：

貞㞢疾□□小□御于……　乙七四八八

……疾□……　京人四四七

……御□于且（辛）　乙三〇六二

此三辭俱為因肱有疾而卜貞御于祖先之卜辭。」（古文字釋丛出土文献研究二二〇页）

趙誠　「肘字，本作□，后借為数字九，遂加一□作□，成了指示字，甲骨文即如此作，……后来□又借為寸口字，即指手腕上一寸处，才又于寸字加一形符月（肉），再次增繁為肘字。」（古文字发展过程中的内部调整古文字研究第十辑三六〇页）

趙誠　「□，厷。或写作□，左右无别。□或□象整条手臂之形，（或）指示手臂上端弯曲之部位，即所谓肱腕，乃是指事字。后来加肉旁月作為形符，则变成了从月厷声的形声字肱。卜辞所说的『疾□』（疾厷——肱有病）（乙七四八八），即用其本义。和现代汉语比较，甲骨文的厷，只是现代汉语所说的手臂的一部分。」（甲骨文简明词典一六一页）

按：此亦當是「肘」字。參見0907「肘」字條。

0909

叉 □ □

羅振玉　「說文解字：『澡，洗手也。从水，喿聲』。此从∴∴象水，从□象手。□在水中，是澡也。許書所載亦後起之字。卜辭或增从□。」（殷釋中六十八葉上）

羅振玉　「說文解字：『□，手足甲也，從又，象叉形。』古金文亦作□（叉卣）均與此合。惟字既從又，不能兼為足甲。許書舉手並及足，失之矣。」（殷釋中二十四葉下）

王襄　「古叉字。」（簠室殷契類纂第十二葉）

王襄　「古澡字。許說洒手也。此象手在水中，即澡字。」（類纂正編第十一第五十葉下）

葉玉森　「按□之異體作□□，本辭為地名。」（前釋二卷三十四葉背）

陳邦懷

「此字从水从丑，當即沑字。說文解字：『沑，水吏也，又温也，从水丑聲。』原本玉篇沑注引蒼頡篇：『主水者也。』……亦象水，又汉字所从之㕚，亦為丑字，一非又字）骨文从丑字作㕚，可證也。羅參事釋為滐，謂許書滐字為浚起之字，非是。」（小箋二十三葉下）

孙海波

「汉，前二·一九·三。地名。㕚，前五·七·一。或从ナ。」（甲骨文编一一·六頁）

陳夢家

「郭沫若釋此字為爪，『殆即（漢書地理志）沛郡之鄭縣也，應劭音嗟。師古云：「此縣本為鄐聲，今鄭縣。」……鄐、爪古音同紐，借鄭字為之耳，讀皆為鄐』。說文邑部『鄐，沛國縣，从邑虘聲，今鄭縣是對的，地在今永城縣西三十公里（考古Ⅱ：八六），在澮水即今澮水之北。我們以為㕚為鄭縣是對的，地在今永城縣西三十公里（考古Ⅱ：八六），在澮水即今澮水之北。字亦可以讀為㕚或鄐。說文又部『㕚，手指相錯也』，『鄐，㕚取也』，其音與左嗟相同。……』（綜述第三〇七葉）

李孝定

「說文『沑水吏也又温也从水丑聲』。契文象滐手之形，羅氏說字意是也，然謂即是滐字則未安。就偏旁分析證之，陳說是也。沑下說解『水吏也』之『吏』，各本及他家所引各殊，或作利、或作文、或作和，或以為駛字（駛說文作䭾）爛文，竊謂當以和字為是。和温義近，滐手則温，亦猶温字本象人浴形而引申得有温義也。」（集釋三三五七葉）

陳秉新

「按，陳說汉即睢水、大睢城亦可能是汉，並非。睢水及大睢城之睢，从目隹声，說文訓『仰目也』，鴡字从鳥且声，說文訓『王鴡也』，兩字音义俱殊，陳說說文睢从鳥且声，失之粗忽。汉、汉与睢，一在宵部，一在微部，不能通假。故汉不可能是睢水，汉也不可能是大睢城。汉与鄐声虽相近，韵亦远隔，又即鄭（鄐）县尚难论定。頗疑汉当读蕭，蕭，左傳秀紐，宵幽旁转，声韵俱近，可以通假。左傳六十四年：『宋萧叔，心宋附庸国。』在今安徽蕭县西北。征人方归程二月庚辰，在危，宋高哀為蕭封人。』杜注：『蕭，辛巳，在汉贞』，在今安徽蕭县西北。征人方归程二月庚辰，步于汉（缀二一八），后一月，十汉贞：「田一于栗，亡灾？才二月。」（前二·一九·三：……王卜，知蕭亦距永不远，在杞、栗之间。」（殷虚征人方卜辞地名汇释，文物研究五辑七七頁）

按：釋叉非是。「叉」、「爪」為古今字。小篆形體已譌誤，不足據。字當釋「叉」。說文：「叉，手相錯也，从又，象叉之形」。段玉裁注：「謂手指與物相錯也。凡布指錯物間而取之曰叉」，因之凡歧頭皆曰叉」。段氏並改「从又」為「从又一」，謂「象指間有物也」。字不當从「一」，契文作……、……、……、……、……。即象手指與物相錯形。小篆作……，乃其省變。小篆……訓為「手足甲」，而「手足甲」實當為「丑」字，小篆「叉」、「叉」、「丑」諸形已淆亂，當訂正為：

……、……均為「叉」，訓為「手指相錯」；

……，訓為「手甲」，乃「丑」字，借用為干支字。久假不歸，後世復借「爪」以為「手足甲」。而「爪」本為「覆手曰爪」，「爪牙」乃其借義。師克盨「作王……牙」，即「作王爪牙」，詩祈父「予王之爪牙」。「丑」為本字，「爪」為聲借。……為本形，小篆……、……皆為形譌。「丑」、「叉」則為後世區別之文。詳見「丑」字條。

……不得象手甲，甲與指不得分離。且甲骨文亦作……、……，更不得謂象手甲，不得釋為訓「手足甲」之「叉」。

前二·一九·三、二·一九·五合集三六九〇二「在……貞」；鄴三·四三·一〇「……准于……」，均為地名。

前四·二五·八合集一三九三七「至于……佳……妾奉……出子」，亦當為地名。

後下三七·六合集六四五〇「貞……眾卓夸」，……為人名。卜辭人地名俱相因。羅振玉釋前四·二五·八「……」為「渫」（增考中六六），陳邦懷釋「沺」（小箋二三）均不確。卜辭自有从水之「……」（綠八七八）及「沒」（前五·三一·二合集一八七八一反）。甲骨文偏旁水字作……、……，或齊整之作「……」，否則非是。

0910

沺　……　……

按：甲骨文錄八七八「……沒又……」，孫海波考釋隸作「汊」，非是。此从水从又，「叉」與「丑」通，前四·三一·二「貞乍沒……」，即从水从丑。卜辭均殘，用義不詳。

甲骨文編附上一〇六，續甲骨文編一一·六誤混「叉」、「沺」二字為一，李孝定集釋三三五七亦沿其誤，均非是。唯前五·三一·二及綠八七八為「沺」字，其餘均當釋「叉」。

0911 □

按：此字不識，其義不詳。

0912 □

王襄「古寇字」。（類纂正編第七第三十五葉下）

容庚「字当释寇，卜辞多作□。葉玉森疑寇之初文，象盗寇手持干挺入室抨击，小点象室中什物狼藉形。」（殷虚卜辞考释十八頁上）

唐兰「□似非寇，尚待商。寇为攴□，即攴賓也。郭沫若说甚是。」（見容庚殷虚卜辞考释十八頁下）

劉釗「卜辭『宷』字作『□』、『□』等形，象以手探取状，应为『探』之本字。說文『探，遠取之也』。易系辞『探頤索隐』，疏『探謂窥探求取』。卜辭『宷』与『伐』組辭为『宷伐』，义為袭击。」（卜辞所見殷代的軍事活动，古文字研究一一三頁）

蔡哲茂释宷，参□字条下。

按：釋「寇」不可據。卜辭每「□伐」連言，事與征伐有關。釋「宷」可備一說。又合集一三七四七有辭云：「貞，□其有疾」則為人名。

0913 □ □

蔡哲茂释罙，参[glyph]字条下。

按：字為「[glyph]」之倒書，然其用法則判然有別。卜辭云：

「貞，令化[glyph]」 合集四八五六

「貞，弗見于[glyph]」 合集八二七八

均為地名或國族名，未見有用作動詞者。

0914

芻 [glyph] [glyph] [glyph]

羅振玉：「从又持斷草，是芻也。《散盤》有[glyph]字，與此同。古陶文騶字从[glyph]，漢騶四朱小方錢騶字亦从[glyph]，均尚存古文遺意矣。」（《殷釋》中三十六頁）

王国维「[glyph]，从又持艸，疑即芻蕘之芻。古匋文騶字作[glyph]，从[glyph]与此相似，或謂即說文訓择菜之若。」（戩寿堂所藏殷墟文字考释六十一頁）

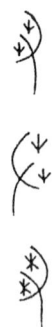

唐蘭：「[glyph]字羅振玉釋芻，余昔釋為[glyph]，漢印有[glyph]，昔人誤釋為艾字。艾當从艸乂聲，即《說文》訓『擇菜也，从艸右聲』之若字。《詩》『薄言有之』，有當作艾或若，擇之也。（余說詳《唐氏說文注》稿，容庚采用於《金文編》）至經傳通用之若字及《說文》从若之字，並當於《說文》之叒及[glyph]，甲金文之[glyph]或[glyph]，蓋由隸誤為從右聲之若，而篆文亦受其影響耳。（《三体石經》已誤以[glyph]當古文之若，《金文編》以[glyph]當《說文》之若，而以[glyph]為芻，注曰『唐蘭以為若也。』孫氏蓋未解余意。今按[glyph]亦即芻字，羅說不誤，但與余各得其半耳。[glyph]象以手取艸，可訓為擇菜，亦可解為芻蕘之芻，（《古文聲系》訓為牧也，大誤。由象意聲化之例，為從艸又聲，聲轉為芻，猶又之即寸字也。[glyph]形變而為[glyph]，又誤為[glyph]，《說文》訓為刈艸也，象包束艸之形，非是。」（《天壤文釋》三十六頁）

胡厚宣：「芻是一種畜牧奴隶。《說文》：『芻，刈艸也。』段玉裁注『謂可飼牛馬者。』《周禮·充人》郑玄注：『養牛羊曰芻。』《孟子·梁惠王》下趙岐注：『芻蕘者，取蕘薪之賤人也。』《漢書·賈山傳》『芻刈艸也，蕘草薪也，言執賤役者也。』所以，芻乃是一種刈

草飼養牲畜的奴隸。」（《甲骨文所見殷代奴隸的反壓迫鬥爭》，《考古學報》一九六六年一期）

陈邦福 「戩寿堂殷墟文字第三十六頁云：『芻十一月』。邦福按：周礼充人云：『芻之三月』，注：『养牛羊曰芻』孟子告子篇云：『犹芻豢之悦我口』，赵注：『草牲曰芻』。卜辞『芻十一月』，当为养牲备祭之用，故与古礼经若合符节也。又墨子法仪篇云：『此以莫不犓羊豢犬』，豬犓为后起字。」（殷契瑣言第二頁）

張秉权 「卜辭中『挈芻』的芻是名詞，這一版上的『芻于某』的芻是動詞，与說文：『芻，刈草也』的意思相合，也就是孟子梁惠王：『芻蕘者往焉』的芻的意思。名詞的芻，有時也可以數計，例如：

己丑卜，殻貞：卽挈芻其五百隹六？

貞：卽挈芻不其五百隹六？丙编三九八

芻是用来飼養牲畜，和祭祀時候薦牲的，卜辭中屢言『挈芻』，是与祭祀之繁和牲畜之多，有着密切的关係，因為王室需要大量的『芻』来飼養成千萬的犧牲和連續不斷的祭祀，勢必向四方徵取草料，饒宗頤說：『呂覽季夏紀：是月也，令四監大夫，合百县之秩芻，以養犧牲。（貞卜人物通考p.二〇二）可「氏芻」（秉权按挈饒氏从于唐二氏之說，释氏）即「致芻」』見挈芻的風俗，源遠流長。」（殷虛文字丙編考释第四六三頁）

張秉权 「从這一版上的卜辭看来，挈芻之芻，恐怕不祇指芻草而言，卜辭中常常提到挈芻之事，但很少說到它的數目多少，在第（一）（二）兩辭里却說了『五百惟六』，而反面的（即下一图版）第（一）辭又說：『乎取牛百，挈？王固「曰」：吉，挈其至』。所謂『挈其至』很明白的是指牛而言的，那末挈芻之芻，也可能指的是芻豢之芻，而不是芻草之芻了，孟子告子篇說：『猶芻豢之悦我口』，趙歧注『草生曰芻，穀養曰豢』，孟子正义：『說文云：牛馬曰芻，犬豕曰豢，是其解也』。虽則段玉裁說：『今說文無此語。（見說文二上犓字段注）』但从孟子的語气上看来，芻豢指的是牛馬犬豕，似乎不成问題，而禮記月令『共寢廟之芻豢』也是指牛羊而言，國語楚語的『芻豢幾何』，韋昭注：『草食曰芻，穀食曰豢』。都是以芻為吃草的牲畜来講的。我们如果把反面的第（2）辭也放在一起来看，就不難推想当時大概為了要征伐巴方，而在籌措糧食，於此可見，王室在用兵的時候，不但要各部族供給人力，而且還得供給物力，来支持戰争。」（殷虛文字丙編考释第四六八頁）

卫斯「刍字的甲骨文象牧畜张口吃草状的简形。引申一下，刍即牲口吃草的专用词或首是牲畜饲草的统称。殷人牧牛于田，田中『种植的是以牧畜为对象的刍秣』。郭沫若指出：『最古的田是种刍秣的田』。」（《从甲骨文材料中看商代的养牛业》，《中原文物》一九八五年第一期五八页）

于省吾「罗振玉释[甲骨字]、[甲骨字]为刍，并谓『从又持断草是刍也』（《增考中三六》）。按罗说是对的。《说文》：『刍，刈艸也，象包束艸之形。』许说据已讹之小篆，以包束为言，殊误。甲骨文刍字有的从木作𣏟、[甲骨字]，从木与从艸古无别。甲骨文刍字作名词或动词用，多为旧所不解，今特分别加以阐述。

甲，刍指刈草言之，例如：

一、贞，于𦎫大刍（《前四·三五·一》）。

二、贞，叀今刍（《粹九二〇》）。

三、戊戌卜，雀刍于效（《甲二〇六》）。

四、贞，朕刍于門（《乙六九八八》）。

《诗·板》毛传：『刍荛，薪采者。』孔疏：『刍者饲马牛之草。』今只从甲骨文祭祀方面来看，用牛羊为牲，多至不可胜数，则刈草作为饲料是需要的。

乙，刍指牲畜言之，例如：

一、贞，臭率氏[罒兒]刍（《前一·一一·五》）。

二、囚来刍，陟于西示（《前七·三二·四》）。

三、庚申卜，乎取[豕匕]刍（《甲三〇七〇》）。

四、勿乎取[豕匕]刍（《甲三〇二二》）。

五、贞，乎形羞刍（《乙五〇二六》）。

六、庚午卜，宾贞，戋氏䣭刍（《乙七二九九》）。

七、之日侃至告，自来氏羌刍（《库一七九四反》）。

八、……氏羌刍五十（《珠六二〇》）。

九、己丑卜，殸贞，即氏刍其五百隹六〇贞，即氏刍不其五百隹六（《丙三九八》）。

以上各条的刍字，均应读作牲畜之畜，刍与畜为幽侯通谐，故借用。《国语·楚语》的『刍豢几何』，韦注谓『草食曰刍』。《说文》训嘼为牲，以嘼为牲畜之畜，乃后起字。甲骨文有畜字，但是不作牲畜用，以畜为牲畜也是后起字。甲骨文的『畜马在兹寓』（《粹一五五一》），寓即马牢之牢字。畜马之畜应训为饲养。秦公钟的『咸畜百辟胤士』，畜为养育之义。《书·盘庚》的『用奉畜汝众』，佑往训畜为畜养。甲骨文以从單（嘼）之獸为狩猎之狩，金文又以嘼为狩或守，但从不用作牲畜之畜。

前文所列第一条的臭率氏罷䍙，氏应读为致，罷䍙谓用兽網網得的畜。因此可知，甲骨文以䍙为畜，并非以家畜为限，野兽也叫作畜。第二条的☐来䍙，陟于西示，是说某来畜，升祭于西示。第三、四两条的牝䍙即牝畜。第五至八条的䍙上一字系地名或方国名。第八条的氐羌䍙五十，第九条的即氐䍙其五百佳六，䍙下均有纪数字，更足以说明䍙之应读为畜。

丙，䍙读作畜训为好，例如：

一、父乙䍙☐（乙三二〇〇）。

二、父乙䍙于王（乙五五四）。

三、父乙大䍙于王（乙五二八）。

四、丙戌，子卜贞，方不䍙我（乙六〇九二）。

五、☐亥卜，方来人，隹䍙我（前八·四·五）。

䍙既通畜，畜与好叠韵，故典籍每释畜为好，以音为训。说文谓：「嫱，好也」。按典籍嫱皆作畜。孟子梁惠王：「畜君何尤，畜君者好君也。」赵注：「言臣说（悦）君谓之好君。」吕氏春秋适威：「民善之则畜也，不善则讎也。」高注训畜为好。诗彤弓：「中心好之。」毛传：「好，說也。」好与悦义相函。

上引前三条属于第一期。父乙指小乙言之。父乙䍙于王和父乙大䍙于王，䍙均应读作畜训为好。这是说，王被父乙所喜悦或大喜悦。商代的统治阶级媚神获悦，企图得到佑助。第四、五两条系非王卜辞。辞中的方乃商之鄰国。这是占卜鄰国能否与我修好之义。

在上述三项之外，甲骨文也以鸜为雛。甲骨文称：「乎取生鸜〇马取生鸜。」（乙一〇五二。旧误释鸜为䍙鳥二字）鸜即古雛字。尔雅释鸟的「生噣（啄）雛」，释文：「鳥子生而能自啄者。」说文：「雛、雞子也，从隹䍙声。鸜，籀文雛从鳥。」按前者是广义的，后者是狭义的。甲骨文的生鸜当指雞子言之。近年来安阳小屯曾发现「罐中有鸡蛋，殼尚完整」。可见商人已经用雞蛋为食品。生雛是活的雞子。甲骨文有「其获生鹿」（粹九五一），周初器中鼎有「生凤」，可以互参。」（甲骨文字释林释䍙二六三——二六七页）

考古所　「䍙：说文「刈草也」。但在此片中，应是一种人的身份，即刈草之人，或牧人。」（小屯南地甲骨九二八页）

考古所　「𢦏：疑为㦰（䍙）之異构。」（小屯南地甲骨一一六三页）

罗琨

「武丁卜辞曾见『囗来刍陟于西示』（前七·三二·四），陟在卜辞中常用作祭名，如『贞陟于丁用』（安明七二），『勿祥陟用于下乙，丁未允用』（合集一六六七），因此这是来刍用于祭祀的占卜。过去学者们多据文献释刍为饲养牲畜或祭祀时荐牲的草、引申为吃草的家畜。但在卜辞中见有刍逃亡的内容，如：『有告曰：有亡刍自益十人有二』（佚三）『龟刍亡自爻圉六人』（前三·一三·三十契一二四）。亡字甲骨文作□，从止（足趾）从幸，或体作□，从立（幸字一作□），幸是枷锁的象形，这个字作足趾脱离枷锁之状，特指奴隶的逃亡，偶借为往。有人认为，这个字在卜辞中均作『前进』解，然而据卜辞文例但见往于某地或来自某方，绝不见『往自』连言的，明确表示前往意思的如『往田』、『往伐』，都用从止从王的『㞷』字。可知上两例记载的都是关於刍逃亡的内容，辞中明言亡刍若干人，可证这里的刍绝非牲畜和牧草，而是某种身分的人。以畜为牲仅见此条占卜，当是极少见的现象。」（商代人祭及相关问题，甲骨探史录一三四至一三五页）

赵诚

「甲骨文有个□，从又从断草，象以手将草折断之形，即刍字。或写作□，从断木与从断草同。其本义近似于现代口语里所说的『打草』，……卜辞的刍作为动词，其用义之一即用为『打草』，当即用其本义，如：

于𦎫大刍。（前四·三五·一）

……『打草』用来喂牲畜，后代把牲畜叫做刍。应该是由此发展而来，当是本义之引申。……卜辞的刍也有这种用义。如：

勿取刍于佳。（铁二六一·四）

庚子卜，亘贞，乎（呼）取吕刍氏。（金五六七）

刍的这种意义为名词，与『打草』之本义不能说毫无引申关系，但却颇为勉强。……卜辞的刍作为动词另有一种意义，即是将牲畜赶去吃草，当是所谓的放牧。如：

刍于兹庙。（乙三三三一）

刍于卣。（佚九一〇）

……卜辞的刍作为动词还有这样一种用义，如：

父乙大刍于王。（乙五二八）

父乙刍于王。（乙五五四）

『刍』在这两条辞里是抚佑子孙之义，按照词义系统性这一特点来理解，当由打草、饲养牲畜之义发展而来。」（甲骨文行为动词探索（二）古文字研究第十七辑三三一——三三二页）

按：説文：「芻，刈草也，象包束艸之形。」此據小篆譌誤之形體，其說解是錯誤的。甲骨文从又持艸，即芻蕘之義。刈草以飼牲畜謂之芻，引伸之，牧放之牲畜牛羊之類均謂之芻，再引伸之，牧放牲畜亦謂之芻。

卜辭云：「弓芻于𢦏」（乙三四二二合集一五一正）；「屮往芻自益，十人屮二」（續三合集一三七正），此類芻字為牧放之義。古文聲系訓芻為牧，蓋有所本。卜辭又云：「允屮來自光，以羌芻五十」（珠六二〇合集九四正）；「以芻其五百隹六」（乙六八九六合集九三正），此類芻字為牲畜之義。泛指牛羊而言，即禮記月令「共寢廟之芻豢」之「芻」。

卜辭芻字之另一種用法，如「父乙大芻于王」（乙五二八合集二二二〇）；「父乙芻于王」（乙五五四合集二二二一），此類芻字用義不明，存以待考。

0915

祭

羅振玉　「此字變形至多，然皆象持酒肉于示前之形。□象肉，□持之，點形不一，皆象酒也。或省示，或並省又。篆文从手持肉而無酒，古金文亦然。」（《殷釋》中十五頁）

王襄　「古祭字。」（《簠室殷契類纂》第二頁）

葉玉森　「似祭字並象持器灌酒形，不从肉。金文篆文並為譌變也。又疑象挹水盥手形，祭必先盥，故祭字即取盥手之誼。」（《前釋》一卷二十九頁）

陳邦福　「□、□、□，各家釋祭至確。邦福案祭或从又，持肉，或从示从八，象滴瀝，卩象牲肉，或从匕象鸞刀。《禮記·祭義》云：『毛牛尚耳，鸞刀以刲，取膟膋乃退』。《小雅·信南山》云：『祭以清酒，从其騂牡，享于祖考，執其鸞刀，以啟其毛，取其血膋』。毛傳『鸞刀，刀有鸞鳥者，言割中節也。』」（《瑣言》五頁）

陳夢家　「胡厚宣以為祭是管城之祭國（《殷代農業》三六至三七）。《左傳》成四晉『伐鄭取氾祭』，杜注云『鄭地』；《周本紀》正義引《括地志》云『故祭城在鄭州管城縣東北十五里，鄭大夫祭仲邑也』；《釋例》云『祭城在河南，上有敖倉，周公後所封也』；《路史·國名紀》『祭，伯爵，商代國，後為周圻內，今管城東北十五里有古祭城也』；《春秋地名考略》「隱元年祭伯來……《後漢志》中牟有蔡亭，蔡與祭通，今在開封府鄭州東北十五里」、而《後漢書．郡國志》「長垣有祭城」，屬於衛地。卜辭之祭至少在殷代晚期似屬殷國範圍以內，武乙卜辭云「辛未貞今日告其步于父丁一牛，才祭卜」。（《寧滬》一．三六四）」（《綜述》二八八頁）

吳其昌「『祭』者，《說文解字》：『祭，祭祀也。从示，以手持肉。』卜辭中『祭』作……諸形，（均《前》卷一）甚且有消作（《前》四．一六．五）（《前》一．二二．七）諸形者，並消去所从之「示」，其象手，或象肉，⋮或∴，則象所祭之醬湆，脯醢，切肺，抖肝，折膱……等之末粒狀也。羅振玉氏以為象酒形，非也。所以知等狀之決為肉形者，按契文雖無獨立之「肉」字，然从「肉」之字，則有「膏」、「」「俎」三字。其「膏」字有（《前》一．二九．四）（《前》二．一五．一）（《後》二．五．一）……諸狀，與祭字所从之「肉」相同，惟移易其上下向耳。其「俎」有（《前》一．二七．三）（《後》二．二五．一）（《前》七．三一．三）（《前》七．二〇．三）（《前》七．一七．四）（《後》一．二一．六）（《商》一四六）（《前》五．三七．二）（《後》一．二二．七）（《商》四〇七）（《續》一．五二．二）（《商》四二七）……諸狀，亦與祭字所從之「肉」相同，惟移易其所向之方耳。其「」字有（《前》一．二二．一）（《前》五．三．六）（《續》五．三〇．一五）……諸形，其「肉」字亦悉與祭字所从者相同，但移易其上下向耳。而有一字作（《前》五．三．七）則不特其所从之「」與祭字所从者並其上向亦同，且附着于肉質之湆汁∴亦具，尤與字無別。知祭字手所持者為肉形，矣。按鄭玄《周禮．膳夫》「授祭」注云：「禮，飲食必祭，以示有所先。」是祭禮之在周代，乃為極輕易、普通、煩數之事，而在殷代則如云「祭于中丁」（《後》一．二．一〇）「祭于祖乙」（《後》一．一九．一一）其事似較隆重。但其動作儀式，則周因殷禮，無甚易革，此可與周代三禮所述「祭」之狀況，與殷虛卜辭所契「祭」字之形體，相參證而說明之也。其一：卜辭「祭」字無論其變狀何如，而手形必在右，肉形必在左。此歷考萬餘甲骨中其「祭」字無不如此。（詳索引表）只有一片反書作（《後》一．二．一〇）耳。按之《儀禮》，則云：「左執爵，右祭脯醢。」「左執觶，右祭脯醢。」「左執觚，右祭脯醢。」錯見《士冠》、《士昏》、《鄉射》、《燕》、《大射》等禮）云「左執爵，右取肝，擩于俎鹽，振祭。」（《士虞》、《少牢饋食》略同）「左執角，右取肝，擩于鹽，振祭。」（《特牲饋食》）「……右取肺，坐祭之。」（《有司徹》）「右取韭菹，揳于三豆，祭于豆間。」（《有司徹》，

《士虞》略同）「右受佐食，坐祭之。」（《少牢饋食》）云：「右手取肺，左手執本（肺本）……絶末以祭。」（《鄉飲酒》。）是左手執爵、觶、觚、角，……等，而右手乃取脯醢、韭菹．佐食，肺、肝，……等，揳鹽醢而祭也。（鄭注：擩，揳，染也）或以右手取肺，傳之左手執其本，而右手乃摘絶肺末以祭也。是古者祭尚右手，實為固定習慣，《儀禮》所叙述，與契文所摹繪者，相譍證矣。

其二，所祭之物，必為小塊末粒。此在卜辭，祭字作[glyph]，正象右手摘絶左旁肉上小塊末粒以祭之形。按之《儀禮》，則無論何種牲俎，皆預備有小塊可祭之品。如《少牢饋食禮》之羔鼎、每鼎皆預備有「……舉肺一，祭肺三。……」《特牲饋食禮》之尸俎，即預備有「……離肺一，刌三肺……（刌肺，即切肺。即祭肺）又《有司徹》云：「尸俎五魚，……橫載之，皆加膴祭于其上。」《鄉射禮》及記云：「設折俎，俎與薦，皆三祭，……釋獲者之俎，折脊、脅、肺，皆有祭。」又云：「薦脯用籩，五膱。祭半膱，橫于上。」（《聘禮略同》）鄭注：「古文膱為胾。」又《周禮．春官．太祝》九祭「七曰絶祭，八曰繚祭。」鄭司農注：「繚祭，以手从肺本循之至手，末乃絶，以祭也。」絶祭，即《鄉酒禮》之「絶末以祭」也。是三禮所述祭品，亦皆為小塊末胾，或先已備具，或臨祭摘絶矣。此又契文與禮經相證譍者矣。（《殷虛書契解詁》第四六至四八頁）

饒宗頤　「祭者，《荀子．禮論》云：「祭，齊大羹，而飽庶羞。」楊注：「祭，月祭也。齊讀為嚌，至齒也，謂尸舉大羹，但至齒而已矣，至庶羞而致飽也。」此即祭之義。」（《通考》九七九頁）

饒宗頤　「按「奴」（見《乙》五三一七、《南北．誠明》三〇）亦稱「奴方」即祭。《說文》作鄈。云：「周邑也。」《穆天子傳》「鄈父」字同許氏。《春秋》隱元年「祭伯來」。」《僖二十四年傳》謂：「祭，周公之胤。」然殷已有其國，而字作「祭」。」《春秋釋例》：「祭在陳留長垣縣北祭城。」」（《通考》一八七頁）

常玉芝　「……翌祀是单独举行的，即在举行翌祀祭祀期间，不举行其他祀典的祭祀。本节所要讨论的祭、壹、劦三种祀典则是相互交叠举行的，即在一旬中，有时只举行一种祀典，有时举行两种祀典，有时是三种祀典同时举行。三种祀典组成了一个祀组。……
……祭、壹、劦三祀虽是相互交叉举行的，但是在同一旬内（更确切地说是在同一天内）对同一个祖先绝不举行两种以上祀典的祭祀。……

「祭壹劦」祀组的祭祀到劦祭祖甲之旬终止，这与先王先妣祀序表终于祖甲之旬是一致的。

「祭」壹劦祀结束之后，就是另外一种祀典的祭祀了……

以上十版附记甲名先王祭祀的卜旬卜辞证明，「祭」壹劦祀组的祭祀开始于「祭工典」之旬，终于「劦祖甲」之旬，共需十三旬的时间，如以甲名先王的祀序表示，其祭祀周期如下：

祭壹劦祀组的祭祀周期

第一旬　祭工典
第二旬　祭上甲、「壹工典」
第三旬　壹上甲、劦工典
第四旬　劦上甲、祭大甲
第五旬　壹大甲、祭小甲
第六旬　劦大甲、壹小甲
第七旬　祭戋甲、劦小甲
第八旬　祭羌甲、壹戋甲
第九旬　祭阳甲、壹羌甲、劦戋甲
第十旬　壹阳甲、劦羌甲
第十一旬　祭祖甲、劦阳甲
第十二旬　壹祖甲
第十三旬　劦祖甲

上面已经证明，在「祭」壹劦祀组中，「祭」祀和劦祀开始时都要先举行工典祭，即都要分别举行将本祀典所要祭的先王（先妣）的谱谍贡献于神前的祭祀。「祭」祀的工典祭举行于「祭」上甲的前旬，劦祀的工典祭举行于劦上甲的前旬。从「祭」祀和劦祀有工典祭来看，壹祀也应该有工典祭，但至今未见到记有这种祭祀的卜辞。……大概应如董作宾先生所说的「有缺遗也」。……

既然壹祀和劦祀都有工典祭，为什么卜辞中所见甚少或甚而不见呢？这或许是由于发现的不多，或许是当年主管祭祀的史官的有意省略，因为壹祀、劦祀与「祭」祀是组成一个祀组举行祭祀的，壹祀的工典祭、劦祀的工典祭分别与「祭」上甲、壹祭上甲在同一旬举行，即不是独占一旬举行的，卜辞中省略它们的祭祀不记不会影响整个祀组的祭祀周期；「祭」祀的工典祭是独占一旬举行的，是整个祀组最先举行的一个工典祭，所以是必须要附记的，不记就将使整个祀组的祭祀周期减少了一旬。

「祭」、壹、劦三祀是相叠交叉举行的，又是按照一定的规律举行的。每一种祀典开始的前一旬都有本祀典的工典祭。按照自上甲开始的王妣的世次，三种祀典分别先后相错一旬陆续举行，对每一位祖先在一旬内只举行一种祀典的祭祀，三种祀典在三旬内完成。因此，从整个祀组的进程看，三种祀典祀序交而不乱，从每个祀典的进程看，也是各自井然有序的。将前面的以甲名王表示的「祭」壹祀组的祭祀周期分解开来，每种祀典各自的祭祀周期也就十分清楚了。

「祭」祀的祭祀周期

第一旬 祭工典
第三旬 空旬
第五旬 祭小甲
第七旬 祭戋甲
第九旬 祭阳甲
第十一旬 祭祖甲

第二旬 祭上甲
第四旬 祭大甲
第六旬 空旬
第八旬 祭羌甲
第十旬 空旬

壹祀的祭祀周期

第一旬 壹工典
第三旬 空旬
第五旬 壹小甲
第七旬 壹戋甲
第九旬 壹阳甲
第十一旬 壹祖甲

第二旬 壹上甲
第四旬 壹大甲
第六旬 空旬
第八旬 壹羌甲
第十旬 空旬

劦祀的祭祀周期

第一旬 劦工典
第三旬 空旬
第五旬 劦小甲
第七旬 劦戋甲
第九旬 劦阳甲
第十一旬 劦祖甲

第二旬 劦上甲
第四旬 劦大甲
第六旬 空旬
第八旬 劦羌甲
第十旬 空旬

以上各周期中的「空旬」都是表示此旬没有甲名先王受本祀典祭祀的一旬，如「祭」祀的祭祀周期中的空旬是没有甲名王受「祭」祀的一旬，壹祀的祭祀周期中的空旬是没有甲名王受壹祀的一旬，劦祀的祭祀周期中的空旬是没有甲名王受劦祀的一旬。「祭」、壹、劦三祀分别对先王先妣进行祭祀时，连同各自的工典祭在内，每一种祀典一周期都需要十一旬的时间，与翌祀的祭祀周期的时间相同。但三种祀典作为一个祀组进行祭祀时，壹祀后于「祭」祀一旬举行，劦祀又后于壹祀一旬举行，所以壹祀后于「祭」祀一旬结束，劦祀又后于壹祀一旬结束，因而整个祀组的祭祀周期也顺次延长两旬，即需要十三旬的时间。……

「祭」、壹、劦三种祀典为什么要组成一个祀组交叉相叠举行，而使祭祀周期缩短成十三旬呢？据学者们推测，这可能是为了使五种祭祀的一周期保持在大约一年的时间内而特意安排的。如果「祭」、壹、劦三祀都分别单独举行，它们的整个祭祀周期应为三十三旬，加上翌祀

和彡祀的祭祀周期，就要大大超过一年的时间了。」（商代周祭制度一四八——一六九页）

陳初生　「『祭』字甲骨文作□、□，象以手持牲肉獻肉祭，小点多寡不一，或指酒滴。字或从示作□，祭祀之意更显。」（商周古文字读本二九〇页）

常玉芝说另参□字条下。

按：卜辭早期祭字均不从示，晚期開始从示，从手持肉以祭，與說文合。所从諸點，或以為象酒滴，不確。陳邦福以為象「滴瀝」是對的。「祭」字之異體甚多，但□、□諸形則斷非祭字，不能混同。

衩祭

孫海波　「□，鐵一三·九。卜辭祐从又。□，甲二四〇。祐或从十。□，前三·二八·五。或从又↓又，鐵七·四。卜辭用又为祐，重見又下。」（甲骨文編九頁）

孫海波　「□，前二·三八·二。□，甲一五九六。或不从示。□，陳六七。地名。在祭。」（甲骨文編八頁）

屈萬里：「□，疑與□（《南北·明》六三四）、□（《甲編》四二六）、□（《甲編》五〇九、□（《甲編》五五三）為一字。諸家或釋衩，或釋祐，或釋示，或釋祭。似皆未的。」（《甲編考釋》一八七頁）

金祥恒　「其字皆从手或双手持木燎於示前，示旁之点，象火烧木，木為火掩，不見木仅見其火，故作□或□形。燎為『放火也』，叔為『手持木於示前』，柴為『束薪於示前』，均系古代表示燔燎以祭神，祭天或祭祖先也。段注說文尞云：『示部柴下曰：烧柴尞祭天也，是祡尞二篆為转注也。燎祡而祭謂之祡，亦謂之尞，亦謂之槱。木部曰：槱，祡祭天神。周礼槱、燎字当為槱、尞，凡祡作柴燎者皆誤字。』由是言之，甲骨文𣏟之尞，𣏟之𣏟，𣏟、𣏟之祡及𣏟、𣏟之尞皆一字之繁衍。……其尞或作𣏟或作𣏟，体无定形，乃第三期文武丁卜辭之特色也。（释𣏟𣏟，中国文字第五卷一九一四頁至一九一八頁）

于省吾「𣏟也是祭字（粹編二三七片）。」（引陈士輝怀念于省吾先生，古文字研究十六輯一八頁）

考古所「𡧐、𣏟：皆为祭名。」（小屯南地甲骨八四三頁）

白玉峥释祡，参𣏟字条下。

按：此均「祭」之異體。

0917 [glyph]

按：此與「祭」字形義俱乖，乃動詞。

0918 弅 [glyph]

孫海波文編三卷四葉上及金祥恒續文編三卷七葉下均收此作弅，無說。

李孝定「說文『弅，持弩拊也从廾肉（大徐本無聲字，云「从肉未詳」，小徐通釋云「肉非聲」，則小徐本原作「肉聲」，段氏據小徐此說於肉下增聲）字讀若逵』經籍未見此字。从廾或从廾肉，均未見弩拊之義，許說不知何所本也。辭云『叀多母☐弅』（拾三、五）『辟弅』『弜弅』（戩三七、十二）『☐湢肉其弅☐』（甲編一八二三）亦不詳其義。甲編一辭與肉字並備，則弅當是持肉之意，非从肉為聲。拾三、五與多母連文，弅疑是祭名，持肉以祭也。祭字結構與此相近，但多一示字偏旁耳。」（集釋〇七九一葉）

屈萬里　「从A从廾，當即弅字。說文廾部云『弅，持弩拊。从廾，肉聲。』說文以為形聲字，疑未確。其義似亦與卜辭不合。俟考。」（甲釋一八二三片釋文）

屈萬里　「𢍏，从雙手捧肉，隸定之當作𢍏。」（甲編考釋一七八葉）

按：隸可作「弅」，但與說文「弅」之涵義不合。卜辭用為祭名。

0919

尹

羅振玉　「說文解字：『尹从又丿，握事者也。古文作𡰯。』今卜辭與許書之篆文同。古金文亦作尹，从又丨。許書所云从丿，殆傳寫譌矣。」（殷釋中十九葉下）

王國維　「尹字从又持丨，象筆形。說文所載尹之古文作𡰯，雖傳寫譌舛，未可盡信，然其下猶為聿形，可互證也。」（集林卷六釋史）

葉玉森　「宭即宭，地名。所从之尹亦作A，横書之，即𠀀矣。」（鉤沈十三葉廿一行）

陈梦家　「王氏又曰金文之尹氏与史同意，尹从又持丨，象笔形。按史尹同意是也，而尹从笔之说非是。卜辞金文聿从又持木，木象毛笔形，商人已知用毛笔，故所获殷代卜骨有毛笔所书之字；然尹字与父字略同从又持斧而尹从又持杖，杖斧皆所以田猎攻战之具，故尹之古文作𡰯，从奴从希，说文训脩豪豕之希古文作斎与尹之古文略同，是古文尹象双手奉希之状，希与史之为搏兽之具，其义正同。由搏兽之官进为祭祀之官，由祭祀之官进为文书之官，由文书引申为历史，由猎事祭事战事引申为一切事，此史、事二字之衍变大概也。」（史字新释，考古学社社刊第五期七一一二页）

張秉权　「尹，是人或氏族之名，第二期卜辭有貞人尹：

丙辰卜，尹貞：其夕父丁三宰？十二月。（通别二·二〇）

在這里，又与四朝元老的殻同見於一版，所以尹如果是一个人，如果就是第二期的貞人，那末他的年寿也不会太短。」（殷虛文字丙編考释第一一一頁）

饒宗頤　「多君」或省口作「多尹」，考「尹」「君」二字古通，左隱三年傳：「君氏卒」，公穀并作「尹氏」。是其證。卜辭所見，多尹司祭祀、（如屯甲七五二：「元毀，叀多尹饗。弜不饗，叀多尹饗。」）作寢、（續編六、一七、一）墾田、（書道一〇、三）等職，酒誥：「越在内服，百僚庶尹。」多尹當即庶尹也。」（通考九六九葉）

李孝定　「說文「尹，治也。从又丿，握事者也。𡰱古文尹」。契文不从丿而从丨，金文亦然。王筠說文釋例曰「尹下云从又丿，握事者也。握以說又，事以說丿，定按此本段說然十二篇丿厂二字皆無事義，恐丿非字，祇是以手有所料理之狀。要之依文訓義則然耳。」孔廣居說文疑疑云「尹當作𠀘，从又从丨。「又」手治之也，「丨」上下通也，治當通乎上下也。丨亦聲。」二氏於許君从「丿」之說深致疑義，是也。孔氏並改篆文作𠀘，尤冥與古合。惟謂所从之丨為許訓上下通之丨，則初民之制字恐尚不知隱含此深奧之政治哲理。竊疑尹之初誼當為官尹字，殆象以手執筆之形，蓋官尹治事必秉簡書，故引申得訓治也。筆字作𦘒，以其意主於筆，故特象其形作肀。尹之意主於治事，故于筆形略而作丨也。金文作𠀘頌鼎𠀘頌壺𠀘克鼎𠀘毛公鼎與卜辭同。又作𡰱𨝍伯盤𡰱魯侯壺𡰱邻䭫尹鉦則與說文君吾尹之古文偏旁相近。」（集釋〇九〇七葉）

屈萬里　「綜述以尹為史官（五一七頁）。然卜辭有謂「令尹乍大田」者（乙編一一五五十二〇四四），有言「其令多尹乍王寢」者（續編六第一七葉一片）。作田作寢，似皆非史官之職；以此言之，則尹不盡為史官也。尚書顧命：「百尹御事」。偽孔傳云：「百尹，百官之長。」則尹乃主管官之謂。主管官非一人，故言多尹也。」（甲編考釋一一八葉）

張政烺　「令庸氏有族尹。

……羽氏有族。

……得氏王族。

令羽及鳴氏𢀛尹。

可以看出「族尹」這樣記載最完整，稱「族」或「尹」事實上也是「族尹」，大約是族必有尹，尹可以代表族，所以參互錯見。又如：

貞：惟多子族令，从亩蚩，出王事。

貞：惟尹令，从亩蚩，出王事。（後編二、三八、一）

這也是第一期卜辭，尹和族相提並論，尹也就是族尹，族尹當是一族之長。」（卜辭裒田及其相關諸問題考古學報一九七三年一期）

赵诚　「[illegible]即后世的尹，原来是一种史官，所以从又从丨，用一个手拿着一支笔（商代甲骨有殊书，可见当时已有笔一类的书写工具）来示意。卜辞有伊尹、黄尹，当即这一史官，但在当时地位較高。卜辞还有『多尹』，可能指称一般史官。

[illegible]即后世的君字，但在商代只是一种职官名，卜辞所谓的『多君』，在商王左右，地位較高，然而並非诸侯，更非国君。章太炎文始曰：『春秋君氏亦作尹氏，荀子「君畴」，新序作「尹畴」，则尹、君一也。』卜辞多尹与多君地位相当，官职相近，且均在商王左右，当是异形同实，君亦即尹，只不过增加了口形作为文饰。」（甲骨文字的二重性及其构形关系古文字研究第六辑二二二页）

考古所　「卜辞中某尹之某，应為族名，尹即该族之首领，如朿尹为朿族之首领，子尹为子族首领等等。」（小屯南地甲骨八六四页）

考古所　「小尹：官名。」（小屯南地甲骨八八〇页）

齐文心　「迄今为止，多数的学者都将伊尹和黄尹视为一人。最早提出这种看法的是王国维。王氏在《古史新证》中误将『黄尹』读为『寅尹』，又以古音『伊』、『寅』相通而将伊尹和黄尹混为一谈，这种謬误流传至今。虽有学者早已提出二者并非一人或持存疑观点，但这些正确的意见由于缺乏足够的史料佐证，並未受到学术界的重视。我认为黄尹、伊尹和甲骨文中所見的其他『X尹』一样，前一字为国族名，『尹』为官名，都是来自不同的方国氏族为殷王朝供职的官吏。对于误将伊尹、黄尹混为一人的错误，有必要加以澄清。」（《古文字研究》十二辑一四五页）

王贵民　「『尹』是治理之意，也是最古的纯粹官名之一，但它本身并无职位高低之别，从这个伊尹到下面的族尹、多尹均名为『尹』。」（商朝官制及其历史特点，历史研究一九八六年第四期一〇八页）

饶宗颐说参[illegible]字条下。

裘锡圭说参[illegible]字条下。

晁福林說參[字形]字條下。

俞偉超說參[字形]字條下。

按：尹在卜辭為職官名，陳夢家謂「尹之職司為作大田、作寢、饗，都是國內的事，但亦有出使於外的」。卜辭祭祀之對象有伊尹、黃尹，伊、黃為私名，尹為官名。

李孝定《集釋》謂尹字「殆象以手執筆之形。蓋官尹治事，必秉簿書，故引伸得訓治也」。甲骨文畫字从聿作[字形]，或省作[字形]。尹屬史官之類，故从又持筆以象之。

0920

君 [字形]

孫海波《文編》二卷九葉收此作君。

李孝定 「《說文》『君尊也从尹發號故从口 [字形] 古文象君坐形』尹，治也。口以發號，會意，尹亦聲。《後下》十三．二辭云『丁酉卜疑貞多君曰「來叔氏馭」王曰「余其[字形]」』二七、十三辭云『辛未王卜曰「余告多君曰『般有祟』」』多君殆殷官名，與偁多尹、多臣、多公同。《釋詁》『天帝皇王后辟公侯君也』。君之偁公不限於帝王，《謚法》「從之成羣曰君」則小部落之酋長亦可稱君也。金文作[字形]天君鼎[字形]𣪕[字形]鼎[字形]君夫簋[字形]番君鬲[字形]番君簠[字形]邾公釛鐘[字形]白者君盤[字形]史頌鼎 文同簠[字形]散盤 當以作[字形]形者為正體，與卜辭、小篆並同，漸變為[字形]散盤，其左側直畫漸趨彎曲遂變作[字形]，為許書古文所由譌變。」（《集釋》〇三五三葉）

李学勤 「這一時期卜辭每每提到多君，例如：

丁酉卜矣貞，多君曰『多弗以㝵』，王曰『余其𡧊』，以王？（《后下》一三．二）

辛巳卜矣貞，多君弗言，余其出于祖，庚亡？九月。（《續存》上一五〇七）

在有些辭中出現多尹，我們知道，卜辭君、尹二字往常互用，多尹也就是多君，例如：

戊子卜矣貞，王曰『余其𠚤多尹，其令二侯：上絲眔給侯』，其……周？（《通別》二．三）

……貞，王曰……，多尹曰『其于……』曰『弗用，受……』（《掇》一．一九三）

從這些卜辭可以看到，多君（多尹）的地位非常显要。商王的重要決定要告于多君，而且倸后下一三、二一辭所表明的，当王和多君的意見有分歧时，是不是按王的意旨办，有时还需要卜问。这里的多君究竟指什么人，很值得探討。

按多君一詞，曾見于周康王時的小盂鼎。鼎銘开端云：

惟八月既望辰在甲申，昧爽，三左三右多君入，服酒。明，王格周廟，□□□賓延。邦賓尊其旅服，東向。

陈夢家西周銅器斷代就此解释說：「多君亦見殷卜辭，当指邦君諸侯。三左三右当指率領邦君諸侯的周室諸侯。」

小盂鼎銘文記次日之事，又云：

粤若翼日乙酉，三事大夫入，服酒，王格廟，嵩王邦賓延。

陳氏指出「多君入，服酒」与「三事大夫入，服酒」是相同的，此說甚確。甲申、乙酉兩天的典礼前后连续，不能理解为前一日有三左三右多君，而后一日改换为三事大夫。陳氏以三左三右与尚书顧命大保奭、芮伯、彤伯、毕公、卫侯、毛公对比，也是对的。三左三右云者，即所謂六卿。不过，他将三左三右多君分读为二，以多君为专指邦君諸侯，則未可信。查三事大夫之称，見于詩小雅雨无正，云：「三事大夫，莫肯夙夜；邦君諸侯，莫肯朝夕。」三事大夫同邦君諸侯相对称。陳氏既承認多君与三事大夫相当，又以多君为邦君諸侯，便不免陷于矛盾了。

雨无正所說三事大夫，鄭玄主张指三公，王肅則以三事为三公，大夫謂其屬，后世学者对此有不少討論。清代胡承珙毛詩后箋作了詳細分析，結論是「三事大夫疑为在内卿大夫之总称，对下邦君句为在外諸侯之统称。」其說最为妥当。因此，小盂鼎銘的三左三右多君和三事大夫是一回事，均指在周王格廟前先来准备迎候的朝臣卿大夫，其說法不同只是行文变化而已。

据此，殷墟卜辭里的多君（多尹）也应即商的朝臣。卜辭所反映的商王有事与多君計議，正符合洪範箕子所言「汝則有大疑，謀及乃心，謀及卿士，謀及庶人，謀及卜筮。」卿士的从逆，是商王不得不考慮的。

朝臣何以称多君？這是由於商周中要职常由畿内外諸侯充任。史記殷本紀載紂以西伯昌、九侯（一作鬼侯）、鄂侯（一作邘侯）为三公，即其明例。了解这一点，对以下几条卜辭的涵义，就不难通晓了：

癸亥貞，王令多尹坙田于西，受禾？
癸亥貞，多尹弜作，受禾？（京人二三六三）

甲午貞，其令多尹作王寢？（識二五、一三）

呼多尹往甾？（后上二二·五）多君服事于农垦、营建，或以事征伐，恰是当时朝臣应尽的责任。」（释多君多子　甲骨文与殷商史一三页至一五页）

陳初生　「"君"字甲骨文作⿱尹口，上部为以手持杵之形，金文天君鼎作⿱尹口，县妃簋作⿱尹口，乃⿱尹口之变体，许慎解为"象君坐形"，未得。」（商周古文字读本三〇五——三〇六页）

赵诚　「⿱尹口，君。从又（手）持笔从口。甲骨文中从口（凵）与否常常无别……章太炎文始谓"春秋君氏亦作尹氏。荀子君畴，新序作尹畴，则尹君一字也。"卜辞的"多⿱尹口"（多君）（存一·一五〇七）在商王左右，其地位较尊，当属于史官之类。……甲骨文的君可能就是尹字，意义相等。」（甲骨文简明词典六〇页）

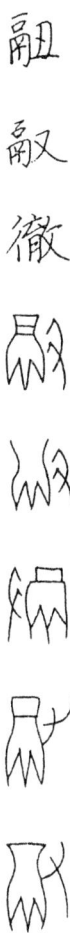

赵诚说参尹字条下。

按：君字从尹从口，許慎說解，孱雜了後世關於君字的概念，不可據。卜辭有「多君」，蓋殷代職官名，陳夢家謂「卜辭的多白與多君則屬於邦內的諸侯」，此亦局於後世「君」的觀念，非是。「多君」在商王左右，其地位較尊，可能屬於尹、史之類，甚至可能即武丁卜辭之「多尹」。「君」乃「尹」之孳乳分化字。小盂鼎「三左三右多君」並言，均職官名，與所謂「諸侯」的概念無關。

0921

⿰鬲丑　⿰鬲又　徹

羅振玉　「說文解字徹，通也。古文作徹。此从鬲从又，象手象鬲之形，蓋食畢而徹去之。許書之徹从攴，殆从又之譌矣。卒食之徹乃本義，訓通者借義也。」（殷釋中七十一葉下）

葉玉森　「按卜辭屢見『貞鬲』、『令鬲』之文，疑鬲為國名，非禮器名。他辭云『丙戌鬲偁口』（前七·三七·一）偁下缺一冊字，即言鬲國偁冊也。鬲國或即左襄四年傳『靡奔有鬲氏』之故國。本辭之⿰鬲又乃又（有）鬲二字合文，省偁曰鬲，繁偁曰有鬲。他辭又云『⿰鬲又京囗受』（前

六、三五·一）敽京即有禹氏之京也。（鈎沈）」（前释二卷二十葉背）

唐蘭隸定作𦝲·無說。」（天壤文释五十六葉）

李学勤「𦝲在武丁时就是商王狩猎的地点，它是一个山丘，所以称作『𦝲京』：

……之日王往于田，从𦝲京，允获麑二、雉十七。十月。（天七六；续三·四三·六）（一1）

𦝲近于高：

丁巳（卜）王卜在𦝲貞，……步于……亡灾？

口口王卜在口貞，其弋于𠂤高西，往来亡灾？（拓本，（五））

在上章我们已经考定，高距書不过二日程，它当然在旧怀庆府境。」（殷代地理简论第五二至五三页）

孙海波「敽，前二·九·五。說文徹字古文作徹，此复省彳，从丑从鬲，象食毕而徹去之谊。」（甲骨文编一三八頁）

周清海「契文敽，许书所无，当隶定作𦝲若敽，依字之形音义求之，当为𠭥之本字。說文：『𠭥，发也，从力从徹，徹亦声。』俗作撤。论语乡党：『不撤薑食』，注：『去也』，皇疏：『除也』，用的是本义。许训『发也』，当为引申义。小篆变会意为形声，声符徹又讹作徹。戴侗未見古文，而疑敽自为字，卓识警人。金文有敽字作𢿱（𢿱羌钟）容庚云：『說文所无』，今以契文例之，当亦敽字，𠭥之初文也。」（读契小记释敽中国文字第四十一册四五六三至四五六四页）

陳秉新「敽，徹的初文，本義为徹食，卜辞用為地名，疑读为厉，透来旁纽，月部疊韵。厉为商至春秋時方国，在今河南鹿邑县東。春秋僖公十五年：『齐師、曹師伐厉』。（殷虚征人方卜辞地名汇释，文物研究第五輯七二頁）

按：字从鬲从丑，唐蘭隸定作𦝲是也。羅振玉據說文徹之古文作𢿱，釋此為徹，其說可從。小篆从育為从鬲之譌，自許慎以來，聚訟紛紜，均不得其解。戴侗六書故獨具卓識，謂「敽疑自為字，从攴从鬲，屏去釜鬲徹饌之義也。徹从彳敽聲，鬲譌為育耳。」商周金甲文字作敽，不从攴而从又、从丑，丑亦即手，徵饌之義益為顯明。

卜辭鼬為地名，如：

「王往于田，从鼬京，允隻罷二，雉十。十月」佚九九〇合集一〇九二一

「今日步于鼬」前二·九·六合集三六五六七

又卜辭有「鼬示」之稱，疑與「伊示」、「黄示」同例，似為人名。西周金文𣪘字从又，為人名。

0922

李孝定「从又从㞢，説文所無。卜辭又㞢每通用。」（集釋

按：字當隸作「𢻮」，卜辭為方國名。

0923

按：字在卜辭或為地名，或為方國名。

0924

按：字在卜辭為人名。

0925

按：合集一九〇四五辭云：

「……允㕛……」

用為動詞，與从「又」之「㕛」有別。

0926

按：此與「[illegible]」可能為同字。

0927

按：「[illegible]」或為地名，或用為動詞，其義不詳。

0928

按：卜辭用為動詞，其義不詳。

0929

按：字不可識，其義不詳。

0930 㺬

按：在卜辭為地名。